山西省交通运输执法局

2009年12月，经省编办批准，山西省交通征费稽查局整体转变职能，组建成立山西省交通运输执法局。至2010年12月，全省11个市交通运输执法局，119个县（市、区）交通运输执法分局全部挂牌成立，省交通运输执法机构组建工作全部完成。新成立的省交通运输执法机构，内设14个职能处室，下辖职工教育培训中心、资讯中心、督查总队、网络监控中心4个直属单位；11个市交通运输执法局及霍侯路征费管理处和11个督查支队，119个县（市、区）分局。全系统仍实行省、市、县垂直管理。

山西省交通运输执法局成立以来，在省交通运输厅党组的正确领导下，以邓小平理论和“三个代表”重要思想为指导，深入贯彻落实科学发展观，进一步解放思想、深化改革，立足夯实基础，加快转型发展，坚持严格执法与文明服务有机统一，坚持预防与纠正不当执法行为有机统一，正确处理监督与服务的关系，努力构建科学布局、运转高效、执行有力的交通运输行政监督体系，全力为全省交通运输转型跨越发展提供监督保障。

“大力弘扬右玉精神，深入开展创先争优活动”部署动员大会

传达学习十七届五中全会精神专题讲座

省交通运输厅领导在省交通运输执法局调研指导

交通运输行政执法评议考核暨行政监督工作会议

全省交通执法系统治理超限监督培训开班仪式

阳泉煤业（集团）有限责任公司

煤炭产业——综放采煤工作面

阳泉煤业（集团）有限责任公司是山西省五大煤炭集团之一，是全国最大的无烟煤生产基地。阳煤集团具有得天独厚的资源赋存，交通畅达便利，人文环境优越，管理扎实严细，装备设施精良，科技实力雄厚。经过六十余年的建设，特别是“十一五”期间跨越式发展，阳煤集团已成为一个以煤炭和煤炭化工为主导产业，铝电、建筑建材地产、煤机化机装备制造、贸易服务四大辅助产业强势发展的煤基多元化企业集团。目前，集团拥有包括阳泉煤业、山西三维和太化股份三个上市公司在内的502个分、子公司，总资产966亿元，职工16万人；位列中国企业500强第128位，中国煤炭企业100强第12位。2010年，实现销售收入755亿元，实现利税100亿，生产商品煤5206万吨；2011年上半年，实现销售收入600亿元；2011年度，将完成销售收入1000亿元以上，利税突破150亿元。

“十一五”期间，阳煤集团以建设亿吨级煤炭集团和全国第一大无烟煤基地为目标，大力推进煤炭产业结构调整，继续做大做强煤炭核心产业，实现了煤炭主业的可持续发展。原煤产量从3245万吨增长到6100万吨，实现翻番。煤炭产业实现几何级扩张，煤矿数量由5年前的9处增加到45处，煤炭储量从37亿吨增长到168亿吨，生产和基建规模达到亿吨以上，建成阳泉、晋东、寿阳、晋北、晋南五大生产基地，煤炭可持续发展能力后劲十足。

在已形成的七大煤化工板块、80余种产品中，BDO、PVA、三聚氰胺、尿素、化工装备制造进入全国前五名，BDO、PVA产能位居全国第一，三聚氰胺产能进入全国前三位。阳煤集团还是世界上唯一同时掌握炔醛法和顺酐法两种BDO生产技术的企业。

“十二五”期间，阳煤集团将紧紧围绕山西省委、省政府转型跨越发展战略，大力实施“强煤强化，五年双千亿”战略，五年完成固定资产投资1000亿元以上，建成山西最大、中国五强煤炭化工集团，建成山西产业链条最完整、规模最大的建筑建材地产企业，建成山西第一大煤机化机成套制造基地，建成以现代服务业为核心的山西第一大综合商社，建成晋东百万吨全循环铝工业基地，确保营业规模超过2000亿元，进入世界企业500强。

煤化工产业——三维BDO生产装置

建筑建材地产产业——太行国际新城项目

装备制造产业——华越综采成套设备

铝电产业——兆丰电解铝分公司

贸易服务产业——药林会议中心

山西杏花村汾酒

SHANXI XINGHUACUN

省委书记、省人大常委会主任袁纯清，省委副书记、省长王君观摩杏花村白酒集中发展区建设工程

山西杏花村汾酒集团有限责任公司是国家520户重点企业和山西省12户授权经营企业之一，是全省“513”工程农产品加工龙头企业。拥有“杏花村”、“竹叶青”两个中国驰名商标，据世界品牌实验室发布的2009年度《中国500最具价值品牌排行榜》，“杏花村”品牌价值以44.88亿元位列第182位，是山西省唯一上榜品牌。

汾酒集团地处驰名中外的山西杏花村，占地面积230万平方米，2010年末资产总额49亿元。集团下属3个全资子公司，7个控股子公司，3个参股子公司，3个隶属单位。其中，汾酒厂股份有限公司为集团核心子公司，于1993年在上海证券交易所挂牌上市，为中国白酒第一股，山西第一股。公司在册员工8000余人，其中：初级职称304人，中级职称473人，高级职称46人，现有6个国家级白酒评酒委员，20个省级白酒评酒委员；共有党员2091名，二级基层党组织30个，其中：二级党委4个，党总支17个，党支部9个。

汾酒文化源远流长，和华夏文明、黄河文明、晋商文化同根同源、一脉相承。早在1500年前的南北朝时期，汾酒就作为宫廷御酒受到北齐武成帝的推崇，被载入廿四史；晚唐大诗人杜牧的“借问酒家何处有？牧童遥指杏花村”使汾酒再度扬名；明清时期，汾酒伴随着晋商的足迹传遍祖国的大江南北，成为酒中珍品；1915年，在巴拿马万国博览会上汾酒一举荣获中国白酒品牌唯一甲等大奖章，使汾酒名扬海内外；解放以后，汾酒5次蝉联国家名酒，竹叶青酒3次被评为中国名牌产品。

2010年，在省委、省政府和省国资委的正确领导下，汾酒集团党委以科学发展观为统领，以“创建和谐、凝聚力量、奋起直追、再铸辉煌”为指导思想，紧紧围绕“夯实基础、创新管理、深度营销、加速发展”的年度经营方针和“百年金奖、百亿汾酒”的发展目标，大力创新党建工作，找准新形势下党建工作的重点，牢牢把握服务经济、服务大局的主动权，以干部队伍思想政治建设为突破口，积极建设学习型党组织，深入开展“创先争优”活动，大力加强汾酒特色企业文化建设，不断健全党组织机构，完善党建工作制度，改革干部人事制度，加强人才队伍建设，努力把党的政治优势转化为发展优势，把组织活力转化为发展活力，为汾酒集团转型跨越发展提供了坚强的组织保证和思想保证。

2010年，汾酒集团全年各项经济指标全部超额完成,再创历史新高，实现销售收入53.7亿元，同比增长41.52%；实现利税21亿元，同比增长40%；实现利润9.8亿元，同比增长53.78%，实现了企业从小步慢走到加速发展的重大转折,为百亿目标的提前实现，为汾酒集团跨越发展奠定了坚实的基础。

兹授予 山西杏花村汾酒集团有限公司

This is to certify Shanxi Xinghuacun Fen Jiu Group Co.,Ltd is awarded

最具安全责任感食品企业奖

The Most Responsible Food Enterprise

CEO圆桌会议组委会

2010年11月7日

7th.Nov. 2010

CCGA

山西杏花村汾酒集团有限责任公司

山西省公益杰出奖

2010山西省首届公益事业与企业形象高峰论坛暨十大公益人物颁奖盛典

荣誉证书

HONORARY CREDENTIAL

山西杏花村汾酒集团有限责任公司：

荣获2010·中国【重庆】国际食品博览会金奖

特发此证！

2010·中国【重庆】国际食品博览会

二0一0年十月

集团有限责任公司
FEN JIU GROUP CO.,LTD.

副省长任润厚（右二）在汾酒集团调研

省国资委主任朱晓明（左二）在汾酒集团调研

汾酒集团《杏花村诗书画文选》首发式在北京钓鱼台国宾馆隆重举行

汾酒集团2010年全国经销商大会

纪念汾酒荣获1915年巴拿马万国博览会甲等大奖大会在人民大会堂举行

中国酒业首家公益基金会——汾酒集团公益基金会成立

临县住房保障和城乡建设管理局

局长曹明明(左二）陪同县委副书记、县长张建国（左一）在湫水河景观工程调研。

临县住房保障和城乡建设管理局是综合管理全县建设事业的政府职能部门，担负着全县住房保障和城乡规划、建设和管理的重要职能。

2010年以来，临县住建局在县委、县政府的正确领导下，坚持以邓小平理论和“三个代表”重要思想为指导，深入贯彻落实科学发展观，积极调整工作思路，克服临县经济底子薄、城市基础设施建设历史欠账多的实际困难，扎实苦干，努力赶超，使城区面貌发生了明显的变化。

一、大项目牵引，抓好城市发展的基础工作。为了建设生态宜居城市，2010年以来，临县住建局争取省级重点项目投资1.03亿元，建成了城市污水处理厂和城市垃圾处理厂，从根本上保证了城市功能的正常运转和县城环境的持续好转。

二、抓民生工程，完善县城服务设施功能。2010年以来，临县住建局多渠道筹资，在县级财政主渠道投资的同时，引入城市基础设施多元化投入，由政府牵头、企业融资4.9亿元铺开集中供热、供气工程，实现供热面积170万平方米，城区供热覆盖率达到70%，实现供气覆盖2万户，城区供气覆盖率达80%；投资7150余万元对全长10.8公里的从龙路进行改造，极大地改善了县城交通状况；投资380余万元，建成可停放中小型车辆250余辆的高标准停车场，有效解决了城区主街道车辆乱停乱放、堵塞交通的问题。

三、注重休闲文化建设，提升城市品位。2010年总投资1.5亿元，对全长2.7公里的湫水河城区段进行了综合治理，不但使湫水河城区段防洪能力由20年一遇提高到50年一遇，而且为城区打造出一个绿树成荫、花香遍地的休闲场所；为改善县城的人居环境，投资8368.84万元实施了西山生态公园项目工程，缓解了城区街道“雨天泥水流、雨后尘土扬”的状况；为传承和保护国家级非物质文化遗产——临县秧歌，投资1000万元修建了临县秧歌文化广场，成为广大市民休闲娱乐的好去处。

秧歌文化广场

县城一景

湫水河音乐喷泉景观

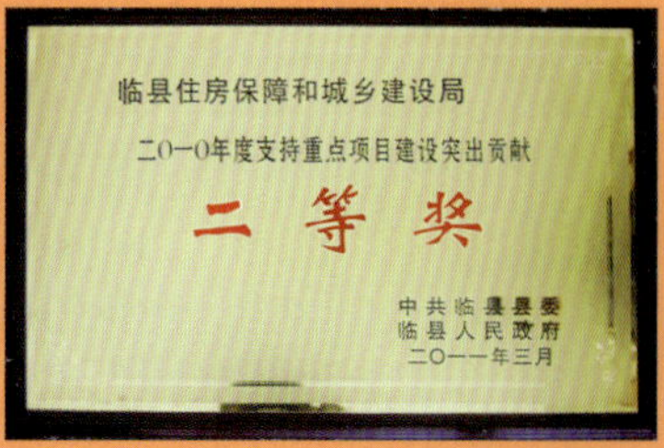

乡宁县国土资源局

乡宁县国土资源局组建于2002年7月1日，现有干部职工297人，内设14个部门，下设14个乡镇国土资源管理所。主要依据《矿产资源法》、《土地管理法》、《测绘法》三部法律及相关配套法规，负责全县土地、矿产、测绘行政管理工作。

乡宁县国土资源局坚持以邓小平理论和“三个代表”重要思想为指导，以科学发展观为统领，以“服务人民、奉献社会”为宗旨，按照“保护资源、保障发展、严格执法、周到服务”的总体要求，充分发挥新时期国土资源工作职能，打造了廉政建设、国土资源管理、土地开发整理、电子政务、部门文化五大品牌，全县国土资源管理工作快速发展。

建局10年来，乡宁县国土资源局连续8年保持省级文明单位称号，并于2009年1月被中央文明办授予“全国精神文明建设工作先进单位”称号；先后荣获“山西省机关档案目标管理一级单位”、全省国土资源系统“执法监察先进单位”、“山西省首届‘国土资源杯’好新闻评选先进宣传单位”、“临汾市打击非法采矿专项整治活动先进集体”、临汾市平安创建示范单位等荣誉，被临汾市劳动竞赛委员会记“集体一等功”。

省国土资源厅党组书记、厅长李建功（右三）在乡宁调研。

临汾市国土资源局党组书记、局长栗纲（右三）在乡宁调研执法监察工作。

乡宁县国土资源局局长　刘波

局领导班子召开例会

追求卓越　永争第一

盂县跃进煤业有限公司

总经理　王怀宝

盂县跃进煤业有限公司位于盂县路家村镇滴水崖村，主要从事原煤开采和地质测量。公司为股份制有限公司，占地面积2.7平方公里，井田面积4.7903平方公里。2010年底，保有煤炭储量为4400万吨，年生产能力120万吨，年工业总产值4亿元，实现利税1.6亿元，职工年人均收入达到36000元。公司党总支下设5个支部，拥有党员217名。2010年底在职员工1886名，其中：工程技术人员45名，大中专毕业生286名。

公司依托矿区资源优势，立足“高起点、高技术、高质量、高效益”的建设方针，发扬“追求卓越，永争第一”的企业精神和“我是跃进人”的团队精神，把“成本领先战略、资源储备战略、人才发展战略、创新发展战略、环境建设战略、品牌优先战略、信息化战略”作为公司发展战略，坚持技术和管理创新，走上了科技领先、超常规跨越式发展的道路。多年来，跃进人自觉肩负“引领行业方向、改变煤业形象、推动社会发展”的历史使命，以“保障能源安全，提升生活品质”为企业宗旨，通过实施“煤炭生产规模化、技术装备现代化、队伍专业化和管理手段信息化”四化工程，集成国内外先进的采掘工艺和生产技术，形成了国内一流的矿井综合自动化系统，体现了“以快制胜、以变应变”的企业作风和“安全、清洁、优质、高效”的生产理念。公司还坚持以安全塑文化，用文化保安全的原则，突出人的身心安全与健康，树立“关爱生命、关注健康”、“只有感悟不到的隐患，没有避免不了的事故”的安全理念，增强安全第一的责任意识。同时，公司还确立环境建设战略，站在人与自然协调发展的角度，“系统思考、科学发展”积极推进绿色转型，以“产环保煤、建绿色矿区”的环保理念和“节约就是创造”的节约理念为指导，不断改善原生环境，减少开采造成的二次污染，以良好的企业环境吸引人才，促进企业健康发展，获得更大的经济效益，实现“环境、人才、效益”三者良性循环。

公司多次受到国家、省、市、县政府及煤炭、二轻系统的表彰，国家能源部两次授予《全国地方煤矿安全生产先进企业》光荣称号。2010年，公司被中华全国总工会、国家安监局授予“全国‘安康杯’竞赛优胜企业”称号，被省委、省政府授予“山西省模范集体企业”称号，被省总工会、省安监局授予“安全明星企业”等荣誉称号。

团结奋进的领导班子

井下作业

矿井一角

群团组织党组工作概况

省总工会党组工作概况

党组书记　郭海亮

2010 年，省总工会党组围绕中心，服务大局，突出重点，全面履职，不断提高工会工作科学化水平，各项工作取得新的进展。

一、紧紧围绕转型跨越发展，团结动员广大职工为促进我省经济社会又好又快发展贡献力量

大力弘扬劳模精神和中国工人阶级伟大品格。“五一”前，省总精心组织筹办了三年一次的全省劳动模范表彰大会，评选表彰 100 名省特级劳模、820 名省劳模、212 个省模范单位和 83 个省模范集体，同时，为全国劳模大会推荐了 82 名全国劳模和先进工作者，表彰树立了一批具有时代特点的劳动模范。省总举办了“山西省劳模创新成果展”、“谋跨越促转型劳模事迹报告会”，各级工会采用多种形式广泛宣传劳模的先进事迹，努力在全社会营造学先进、赶先进的浓厚氛围。

以全省劳模大会为契机，广泛组织劳动竞赛活动。省总出台了《关于弘扬中国工人阶级伟大品格，掀起全省社会主义劳动竞赛新高潮的意见》，以创建“工人先锋号”为载体，在全省各类企业中深入开展谋跨越、促转型“百千万立功竞赛活动”，推动劳动竞赛由生产领域向管理、技术、营销、科研、招商引资、新兴产业等领域延伸，由国有企业向非公企业、机关事业单位等部门拓展。省总在太古高速公路召开现场推进会。组织“心系重点工程，情暖一线职工”慰问演出，省总慰问演出团在 10 个重点工程工地进行了演出，送文化活动进工地，授“工人先锋号”旗帜到一线，调动了重点工程建设者的积极性、主动性、创造性。

二、充分发挥工会“大学校”作用，为转型跨越发展提供坚实智力支撑和人才保障

深入推进群众性经济技术创新活动。省总积极组织全省各级工会以行业技能大赛和争创“创新示范岗”、“创新能手”，争当“金牌工人”、“技能带头人”为平台，广泛开展技术培训、技术比武、岗位练兵、岗位创新、技能提升活动，开展“我为节能减排献一策”活动，开展女职工节能减排“三个一”活动。全省参加技能提升、技术比武的职工达 415 万人次，职工提合理化建议 743822 条，采纳实施 7.3 万条，创造价值 11.7 亿元。

不断加强职工思想宣传教育工作。省总在全省各类企业建立了 100 个职工思想动态联系点，组织职工思想动态大调研，及时掌握职工思想状况，有针对性地开展工作。深入组织开展“创建学习型组织、争做知识型职工”活动，营造了转型发展、跨越发展的良好氛围。省总在大同召开全省职工文化活动阵地建设现场推进会，学习推广大同市总工会等单位的经验，进行规划部署，争取用 3 到 5 年时间，实现全省市、县和基层单位职工文化活动阵地全覆盖。大力推进全省非公企业、建设工地“职工书屋”建设，全年新建“职工书屋”329 个。目前，各类企事业单位都有不同规模的“职工书屋”，车间班组建有“职工书柜”。全省“职工书屋”藏书量达到 2105 万册。

三、努力做好新形势下的职工群众工作，维护职工队伍和社会和谐稳定

各级工会大力推动全省各类企业健全完善职代会制度，开展星级职代会竞赛，实行厂务公开，推行平等协商集体合同制度，从源头上保证职工参与企业重大决策，维护职工合

法权益。全省国有、集体及其控股企业职代会建制率、厂务公开实施率达到99%;200人以上的非公企业职代会建制率达到94.3%；通过多种方式实行厂务公开的非公企业达到80.5%。全省签订集体合同的企业达到30309个,签订女职工专项集体合同12846份。被省依法治省领导组授予首批十佳“省级依法治理标兵单位”。

组织开展“工资集体协商百日攻坚行动”。各级工会推动所有企业普遍建立工资集体协商制度,全省共签订工资专项集体合同14291份,覆盖各类企业31004家、职工324万人。2010年,参与行动的企业职工工资都能按时发放,并有一定幅度的增长,基本消除了工资连年不增长的现象。在营口召开的全国工会工资集体协商工作经验交流会上,我省作了典型发言。

大力实施安康工程。各级工会以创建“安全班组”为重点,不断引深“安康杯”竞赛活动,落实煤矿职工“安全生产十项权利”。省总工会与省煤炭厅、煤监局联合下发文件,加强煤炭资源整合矿井安全生产群众监督工作。全省“安康杯”竞赛参赛企业达到10063家,参赛职工403万人,参赛班组12万个,特聘煤矿群监员8000名,并落实了每人每班不低于8元的津贴待遇。省总召开了全省“安康杯”竞赛表彰会议,树立了一批典型。

大力为职工群众办实事做好事解难事。在省总的组织下,在全省范围开展的市、县及基层工会承诺全年为职工办十件实事活动,目前已全部完成。各级工会通过与有关部门联合开展“春风行动”、举办“民营企业招聘周”、建立用工信息网等,帮助职工联系就业岗位。全省县以上工会共举办就业招聘会582次,帮助6.09万人找到了就业岗位。深化“千万农民工援助行动”，全年培训农民工40035人，介绍就业38037人。努力做好职工大病医疗互助,全年帮助15204名患大病职工支付医疗费5773.3万元。继续开展“金秋助学”,全年全省共资助困难职工、困难农民工子女14199人入学深造。深入推进困难职工帮扶中心建设,乡镇(街道)和中小企业建有帮扶工作站。全面建成困难职工数据库,目前,全省191934户困难职工情况都录入微机,实现动态管理,跟踪帮扶。2010年“两节”,筹集资金10686.97万元,慰问困难企业2860户,慰问困难职工188616户、劳模1334户。

大力促进维权维稳工作。全省各级工会深入开展创建劳动关系和谐企业活动，我省的创建工作规程被全总转发,在全国推广。全省建立工会劳动争议调解组织11205个,有效化解了许多劳动纠纷。深圳富士康公司发生员工连续跳楼事件后,省总和太原市总多次深入富士康(太原)公司调研,指导、帮助公司工会开展工作,会员人数由1.1万人发展到3.5万人,保持了职工队伍稳定。对此,省委书记袁纯清同志在省总的汇报材料上作出重要批示,指出“工会对此事工作积极,新形势下工会工作面临着新的挑战,也完全可以大有可为”。我省工会积极做好职工队伍稳定工作,在全国工会有关会议上作了典型发言。

四、广泛开展“深组建、广覆盖、强活力”活动，把包括农民工在内的全省广大职工最大限度地组织到工会中来

以煤矿兼并重组企业、非公企业建会和农民工入会为重点,进一步夯实工会组织基础。2010年6—9月,省总工会组织开展了“工会组建月”活动,提前完成全年组建任务。召开了煤矿兼并重组企业工会组建推进会议,努力做到企业改制与工会组建同步。对全省2.8万个10人以下非公企业进行了普查。大力推进“双措并举、二次覆盖”工作,全省建立区域性、行业性基层工会联合会和联合基层工会3121个,实现对小企业和包括农民工在内的广大职工的广覆盖。截至2010年9月底,全省基层工会组织发展到56785个,覆盖法人单位13.2万户,工会会员达到745.5万人,职工入会率在动态中保持在90%以上。省总被全总评为“全国‘双措并举、二次覆盖’工作先进单位”。与此同时,建起了山西省工会组织、工会干部管理数据库和全省小型非公企业工会联合会数据库,初步实现工会组织和工会干部管理动态化、电子化。省总下拨经费1437.6万元,对基层工会进行补助。

以“星级工会”竞赛为载体,进一步提高工会工作水平。各级工会认真贯彻落实“一条例五规范”,深入开展创建“星级乡镇(街道)工会”、“星级基层工会”竞赛活动,全面加强基层工会组织规范化建设,充分激发基层工会组织活力。省总工会召开了加强企业工会建设、发挥企业工会作用电视电话会议,开展了乡镇(街道)工会建设情况、企业工会主席配备情况调研,基本摸清了企业工会主席配备状况和工作开展情况。省总工会与省国资委联合下发文件,进一步加强改制企业工会主席专职化配备工作。建立完善工会干部教育培训工作机制,省总一级培训基层工会干部2900人。我省加强企业工会工作的做法得到全总肯定,省总在全总十五届四次执委会上介绍了经验。2010年,省总工会制定出台了《山西省产业工会工作规范》,在北京举办了两期全省产业工会干部培训班,使产业组织体系、工作关系更加顺畅,活力显著增强,作用更加明显。

五、广泛开展创先争优活动,不断提高服务转型跨越发展、服务职工群众的能力和水平

深入开展“党工共建创先争优”活动。省总工会紧紧围绕全省转型、跨越发展目标,确定了全省工会开展创先争优活动“建坚强组织,做职工朋友,促转型跨越”的主题,明确要求工会系统开展“创先争优”活动。9月29日,省总工会召开视频会议,交流了经验,对在全省工会系统和职工中开展创先争优活动进行了再动员和部署。省委创先争优领导小组与省总工会下发文件作了全面安排。省总工会在5月和10月分两个阶段组织了全省企业工会工作大观摩活动,省总领导班子成员、各市总工会分管副主席和部分企业工会主席,深入11个市31家不同类型企业学习观摩。

大力加强学习型、创新型、责任型、效率型、服务型机关建设。全省县以上工会机关的面貌都发生了深刻变化，11个市共获得市直机关以上表彰奖励184项。省总机关坚持每月一次集体学习制度、每月一次集体下基层劳动制度，两年多已集体学习31次，机关集体劳动26次，各支部集体劳动60次。在坚持省总领导、处级干部联系市、县工会制度基础上，去年又建立了“五联系”制度，即每名处级以上干部联系一个县工会、一个先进基层工会、一名劳模、一户困难职工、一个创先争优单位，并建立联系台账。进一步健全工作绩效管理体系，推动工作目标、任务落实到岗到人，推动工作创新，提升机关工作效率。2010年，省总机关共获得16项省部级和2项厅级表彰。

六、加强党组自身建设，提高服务转型跨越发展的能力和水平

省总党组高度重视自身建设，自觉同党中央保持高度一致，认真落实省委、省政府和全总的各项决策部署，紧密结合工会工作实际，以身作则，率先垂范，着力提高服务转型跨越发展的能力和水平，为全省工会干部作出了表率。一是在抓好各项决策部署的贯彻执行上做出表率。党的十七届五中全会、全省领导干部大会、省委九届十一次全会、中央和全省经济工作会议召开后，省总每次都及时召开领导班子成员会议、省总常委扩大会议、机关大会和全省工会电视电话会议，传达学习贯彻，统一思想，并结合工会工作实际，提出贯彻落实的具体要求。二是在加强理论学习、提高实践能力上做出表率。省总进一步完善各项制度，坚持从领导班子成员自身抓起，率先学习、自觉学习、主动学习，通过学习提高调查研究、总结提炼和落实工作的能力。2010年中心组学习八次12天，做到有记录、有考核，发挥了中心组的领导示范作用。三是在发扬民主、团结共事上做出表率。省总党组认真贯彻民主集中制原则，坚持凡属事关全局的重大决策，都要做到充分酝酿，反复协商，在民主的基础上，集体决策。2010年省总先后召开了民主生活会、山西省市县总工会主席座谈会和山西省企业工会主席座谈会，征求大家对工作的意见和建议，针对提出来的问题，制定整改意见，明确努力方向。四是在坚持正确的用人导向、提高选人用人满意度上做出表率。省总工会严格执行《干部任用条例》，建立和完善干部任用、管理体系，在选拔任用干部时，严格标准，规范程序，坚持用好的作风选人，选作风好的人，坚持“凭实绩、重德才、看民意”选用干部，形成了良好的选人用人导向。五是在坚持廉洁自律、树立良好形象上做出表率。省总领导班子成员带头落实党风廉政建设责任制，严格遵守廉洁自律各项规定，坚持述职述廉制度，带头倡导省总机关大兴密切联系群众之风、求真务实之风、艰苦奋斗之风、批评和自我批评之风，树立工会领导机关的良好形象。

（宋海兵）

附：省总工会党组书记、副书记、成员名单

书　记：郭海亮

副书记：高凤平

成　员：王兴旺　梁若洁　安　娜（女）
王　珍　梁克昌　赵沂旸

共青团山西省委党组工作概况

党组书记　刘润民

共青团山西省委机关系统共有3个党委，1个党总支，30个党支部，282名党员。2010年，团省委党组以邓小平理论和“三个代表”重要思想为指导，以科学发展观为统领，全面贯彻落实党的十七大和十七届四中、五中全会精神，紧紧围绕全省工作大局，认真履行团的各项职能，深入开展“创先争优”活动，着力加强机关党的建设，团结带领全省各级团组织和广大团员青年在服务转型跨越发展、再造一个新山西的伟大实践中发挥了积极作用。

一、加强机关党建，夯实团的工作基础

（一）强化党组班子建设。团省委党组始终注重强化素质、锤炼作风，不断增强凝聚力和战斗力，着力提升班子整体领导能力与水平。

坚持正确方向，认真贯彻执行党的路线方针政策。一是坚持中心组学习制度，及时学习领会中央和省委一系列会议及讲话精神，不断用党的最新理论成果武装头脑，提升对党的路线方针政策的总体认识，切实做到了思想政治上始终同中央和省委保持高度一致，进一步坚定了为党做好青年群众工作的政治信念。二是紧紧围绕党的中心工作，深入研究贯彻落实。及时学习领会中央和省委重要会议精神，并结合实际进行贯彻落实。在省委“7·29”全省领导干部会议之后，及时召开务虚研讨会议，围绕“山西大发展、青年怎么办”主题，确定了“山西转型，青年争先”、“全面实施青少年分类引导工作”、“区域化推进青年创业就业”等10个研究课题，由分管书记和相关部门领题调研，并集中时间进行专题研讨，使团的各项工作始终围绕党政中心开展。三是在理解吃透党的路线方针政策的基础上，注重深入基层、深入青年开展调研，准确了解青年实际需求，及时发现青少年群体存在的新问题、新情况，从而获得决策问题的依据，进一步提高了班子解决问题的能力。

坚持民主科学决策，认真贯彻执行党的民主集中制原则。不断健全完善党组会议制度和决策机制，严格按照“集体

领导,民主集中,个别酝酿,会议决定"的原则,始终把民主集中制贯穿于各项工作决策的全过程。在重点工作的决策、大额资金的使用和干部的选拔任用上,能够严格按照有关规定,走民主程序。决策前能够做到积极协商、反复研究,确保了决策的可行性;决策中能够做到集思广益、相互补台,确保了决策的民主性;决策后能够认真贯彻集体领导下的分工负责制,做到各司其职、各负其责,确保了决策的实效性。定时召开民主生活会,开展批评与自我批评,各抒己见,相互学习,使班子进一步凝聚了力量,增进了团结,提高了工作效率。坚持年中述职制度,听取各市级团委和机关各部门的年中工作述职,面对面地交流了看法和认识,认真听取意见和建议,及时改进工作中存在的问题,进一步提高了党组班子的决策水平。

坚持正确用人导向,认真贯彻执行党的干部政策。在干部培养选拔任用工作中,坚持注重培养、强化锻炼、严格程序,树立了正确的用人导向。一是注重培养。选派2名处级干部到县区挂职锻炼,1名处级干部到国家机关团工委挂职锻炼,2名干部参加援川工作,选派21名基层团干部到团省委挂职,促进了干部的成长。二是规范程序。严格执行省委组织部关于干部选拔任用的相关规定,进一步规范有关程序,提高了选人用人的公信度。三是严格管理。坚持团要管团,从严治团,不断推动干部作风转变。对干部出现的苗头性问题和不良作风及时加以纠正,党组成员经常与所分管部门干部交流谈心,指出不足、明确方向,逐步形成团结向上、朝气蓬勃、奋发有为的良好风气。

坚持廉洁自律,认真贯彻执行党风廉政建设责任制。始终把落实党风廉政建设责任制工作纳入党组的中心工作,认真研究,精心部署,狠抓落实,努力提高党员干部拒腐防变的能力。对照党风廉政建设"七个方面工作"要求,年初制定了党风廉政建设《责任分解意见》、廉政建设年度考核意见。按照"一把手负总责"、"谁主管谁负责"和"一岗双责"的要求,层层分解工作任务和工作责任,形成了党组统一领导、机关党委组织协调、单位各负其责、任务全面落实的廉政工作格局和保障体系。

(二)强化机关系统党的建设。团省委党组始终注重加强机关系统党的建设,坚持将机关系统党建工作落实到对机关基层党组织和广大党员干部教育、管理、监督的各个环节。

加强机关系统党组织建设。规范"三会一课"的有序开展,对机关基层党组织的工作开展进行了认真具体的指导。严格按照有关程序,指导下属山西青年管理干部学院召开党员大会,圆满完成党委换届;指导山西青年创业服务中心、青少年维权中心等单位成立党总支;结合机关人事调整,指导机关4个党支部分别召开党员大会,进行了支部换届。

加强机关系统党员队伍建设。按照计划,坚持"严格标准程序、严肃组织纪律,确保党员发展的质量,保持党员的先进性"的要求,机关系统全年共发展党员10名,审批预备党员转正10名。各直属事业单位党员队伍建设不断推出新举措,建立专门的党员活动室,组织党员重温入党誓词,赴革命传统教育基地进行学习,开展党员干部《弟子规》学习,通过各种行之有效的载体让广大党员在经常参与组织活动中受到教育。进一步建立健全党内激励、关怀、帮扶机制,使基层干部、老党员、生活困难党员得到党组织的关心爱护。

加强学习型机关建设。围绕"建设学习型机关、培养研究型干部"的目标,机关干部坚持每周2次集体学习活动,"青年讲坛"由机关干部轮流上台主讲,参加人员个个踊跃发言,全年共举办了68次。邀请专家学者专题辅导8次,组织机关全体干部赴中共太原支部旧址、罗克佳华工业园等学习考察7次,为机关干部统一购发《把信送给加西亚》、《公司的力量》、《五百年来谁著史》、《苦难辉煌》、《七个怎么看》等书籍,并开展读书学习谈体会活动。目前,工作学习化、学习工作化正逐步成为机关青年干部的常态。

加强反腐倡廉教育。积极贯彻落实中纪委和省纪委有关会议精神,通过专家讲座、观看廉政警示教育片等方式,对机关干部进行经常性的党性观念和廉洁自律教育。坚持年度财务审计制度,严格执行有关规定,深入开展"小金库"专项治理自查自纠工作和"自纠自查回头看"工作。通过一系列的廉政教育与工作实践,团省委机关干部在思想上充分认识腐败问题的严重危害性和反腐倡廉工作的重要性,时刻保持清醒头脑,能够严格按照党章、党员干部"五不准"和团中央《严格管理团的专职干部的几项规定》的要求规范自己的行为,牢固构筑拒腐防变的防线。在行动上能够用党的"四大纪律"、"八项注意"严格要求和约束自己,自觉从一点一滴事情做起,廉洁自律,防微杜渐,抵御各种不良侵蚀,较好地保持了团干部应有的朴实本色。

深入开展创先争优活动。认真贯彻落实中央、省委和团中央深入开展创先争优活动的有关要求,坚持创先争优活动与团的工作有机融合、互促共进。一是成立机构。成立了团省委书记、党组书记刘润民为组长、其他党组成员为副组长、各部门主要负责同志为成员的全省共青团创先争优活动领导小组,并抽调专人组成领导小组办公室及相关工作组,具体负责机关系统创先争优活动的整体推进。二是明确主题。领导组在深入调研、准确把握全省共青团现状和认真分析存在的问题的基础上,结合相关要求先后三次召开会议专题研究活动的主题及总体要求。在广泛征求并充分吸收基层组织意见之后,明确了以"扩大组织覆盖、增强组织活力,增强团员意识、发挥带头作用"为主题,以"推动工作、解决问题、选树典型"为目标,以"四好(组织建设好、团员教育好、活动开展好、青年反映好)四带头(带头坚定信念、带头刻苦学习、带头争创佳绩、带头弘扬新风)"为主要内容,以党建带团建、分类开展、全团争创为原则,以"五争五创"(即争当优秀共青团员,争创五四红旗团组织;争当创业致富带头人,争创青年科技示范户;争当青年岗位能手,争创青年安全生产示范岗;争当青年志愿者,争创青年文明号;争当青年马克思主义者,争创学习型青年组织)为活动载体的争创实施意见。三是突出重点。按照创先争优活动的要求,确立了"三坚持三突出"的重点。即坚持党建带团建,突出"带动"——党组织带动团组织开展创先争优活动；坚持活动促进工作，突出“结合”——把开展创先争优活动与着力解决工作中存在的突出问题有机结合起来，找准工作与活动的最佳切入点，实现活动与工作互促共进；坚持服务青年群众，突出“基层”——把开展创先争优活动与贯彻“两个全体青年”的重要指示结合起来，继续在工作经费、干部力量、工作载体等方面全力支持基层，依靠基层组织带动广大青年的积极参与。四是公开承诺。围绕创争活动的主题要求，团省委机关系统全体干部在中共太原支部旧址纪念馆进行了重温誓词和公开承诺活动。

二、履行团的职能，做好党的青年群众工作

做好新形势下青年群众工作，是党赋予共青团的根本职责。团省委党组始终紧紧围绕胡锦涛总书记“两个全体青年”的重要指示，以基层组织建设和基层工作为主线，以促进青年就业创业和维护青少年合法权益为重点，充分履行团的四项职能，进一步巩固和扩大了党执政的青年群众基础。

履行“引导青年”职能，青少年思想政治教育不断深化。针对青少年思维方式、行为方式和价值取向多元化的实际，坚持继承与创新相结合，教育与服务相结合，分类引导与分层实施相结合，教育引导广大青少年坚定理想信念，将思想统一到山西转型跨越发展的伟大实践上来。一是以建党、建国、建团、建队等纪念日为契机，广泛开展爱国主义教育，保持青少年思想教育的正面声势。600多万青少年参与了“我与祖国共奋进”、“青年月”等主题实践活动，500多万青少年通过实物、手机、网络等多种媒体参与了国旗、党旗、团旗、队旗“红色传递”爱国主义教育活动。二是根据不同层次的青年实际，实施分类分层引导。200多万农村青年踊跃参加“青春建功新农村”行动；180多万企业青年踊跃参加“青年安全示范岗”、“青年文明号”“青年突击队”、“青工技能大比武”等活动；100多万城市社区和进城务工青年踊跃参加青年创业就业、社区志愿服务等活动；196万大中学生踊跃参加就业创业指导、青年志愿者、社会实践、“三支一扶”、青年马克思主义者培养工程等活动；380多万少年儿童踊跃参加争当“四好少年”、“手拉手”等活动。三是广泛开展青年志愿者活动，全省注册青年志愿者70多万名，“一助一”志愿结对服务1.5万对，选拔100名青年志愿者服务上海世博会和广州亚运会，选派18名青年志愿者赴四川茂县参加灾后重建，选派近千名青年志愿者参加西部计划和“三支一扶”志愿服务。为西南五省抗旱救灾和青海玉树抗震救灾捐款220余万元，纯净水315吨。希望工程筹到善款1479万元，资助了贫困青少年求学就医，立项新建希望小学15所。组建“中华优秀传统文化讲师团”，为广大青少年宣讲1000多场《弟子规》等优秀传统文化。

履行“组织青年”职能，基层组织和基层工作活力增强。坚持党建带团建，眼睛向下、重心下移，集中团内工作资源、工作力量、工作载体向基层倾斜，努力增强基层团组织的活力。一是在各级党委和组织部门的支持下，全省县、乡、村三级团委圆满完成换届任务，850余名团干部转岗，18630余名大学生村干部兼任村团支部书记。统计掌握了8万多个团支部、8.5万团干部和185万团员的基本信息。二是组织1600余名乡镇（街道）团干部在省委党校进行培训，组织187名团干部赴京沪培训，选派13名市县团委书记赴境外学习考察，选调22名基层团干部到团省委机关挂职锻炼。三是继续开展干部联系点和驻点工作，启动实施了高校团干部到县区挂职工作（包括浙江21名高校团干部），继续为每个县(市、区)团委派遣1名志愿者。四是联合中国电信为3101名团干部和12844名大学生村（社区）干部配备了手机。五是联合省委组织部等七部门出台了《关于进一步加强非公有制经济组织和新社会组织团建工作的意见》，召开了晋中现场推进会，新增非公团组织2934家。六是按照省委常委会意见，会同省委政研室赴福建、湖北、重庆和运城、临汾等地开展共青团基层基础工作专题调研，形成了《关于进一步加强共青团基层基础工作的调研报告》，为省委和我省共青团工作提供了决策参考。

履行“服务青年”职能，促进青年就业创业取得重大突破。重点围绕青年创业过程中遇到的资金、技能、岗位等突出问题，积极开展观念引导、小额贷款、技能培训、见习基地等工作。一是举办“山西青年创业大讲堂”146场，联合山西电视台举办《我要创业》真人秀栏目67期，联合山西移动开通创业就业信息“高校通”，覆盖全省93所大中专院校，在《山西青年报》开辟“找工作”专版，积极引导青年树立正确的创业就业观念。二是联合金融机构，发放小额贷款21.03亿元，服务青年创业30937人，带动青年就业68340人。青年创业投资担保有限公司帮助解决小额贷款3.6亿元。三是整合各类培训资源，为62296名青年提供创业就业培训，与大中型企业联合举办就业招聘会79场，帮助2.4万名农村青年达成用工意向，12089人实现转移就业，建立大学生就业见习实习基地954个，提供岗位11087个，16051人上岗见习实习，直接聘用5653人。

履行“代表与维护青少年合法权益”职能，代表和维护青少年权益工作机制日益完善。立足青少年成长发展的普遍性需求，着力完善青少年维权工作体系，进一步畅通青少年合法诉求表达渠道，积极营造有利于维护青少年合法权益的有利氛围，不断优化青少年成长环境。一是以多种形式开展《山西省未成年人保护条例》宣教活动200余场次，免费发放3万册条例单行本，提供咨询服务1.8万人次。二是完成《山西省志愿服务条例》初稿，并列入2011年省政府立法预备项目。《山西青少年事业发展“十二五”规划》正在组织调研论证。三是实施“为了明天——预防青少年违法犯罪工程”和开展“未成年人维权关爱月”活动，“青少年维权超市”深入社区、农村、务工青年聚集地开展巡回服务活动300余场次，提供咨询服务1.9万余人次。四是举办“共青团与人大代表、政协委员面对面”活动40余次，形成省级提案建议8份。五是12355青少年公共服务平台共受理青少年及家长各类咨询求助7678人次，解决涉及法律、心理、就业等方面的个案4809起。

（刘晓晖）

附：共青团山西省委党组书记、副书记、成员名单

书　记：刘润民

副书记：高　键

成　员：雷健坤(女)　安　华　任　忠　李云峰

省妇女联合会党组工作概况

党组书记　李悦娥

2010年，省妇联党组深入学习贯彻胡锦涛总书记在纪念“三八”国际劳动妇女节100周年大会上的重要讲话精神，围绕加快推进我省转型跨越发展这一中心任务，深入实施“巾帼创业就业”、“妇女普法维权”、“和谐家园共创”和“女性素质提升”四大行动，团结带领全省妇女积极投身经济、政治、文化、社会和生态文明建设，各项工作取得新成效。

一、围绕大局，立足服务，在转型跨越发展实践中展示巾帼风采

围绕我省转型发展、跨越发展的目标任务，省妇联党组以资金扶持、项目带动、培训引导、市场对接等为手段，全力构建“一条龙”式服务的妇女创业就业支持网络。一是以红玫瑰行动计划为载体助推妇女创业就业。先后制定下发《山西省妇女小额担保贷款实施办法》，举办全省妇女小额担保贷款工作培训班，全力推动落实妇女小额担保贷款财政贴息政策。与省工商联、省银监局、省财政厅联合开展“红玫瑰行动计划”，计划5年内投放20亿元、累计投放50亿元信贷为女企业家发展提供资金支持。2010年为2245名妇女发放妇女小额贴息担保贷款1.9075亿元，为12名妇女企业家提供贷款1.47亿元。二是进一步加大项目扶持力度。积极争取香港回归扶贫项目、玫琳凯项目、母亲水窖项目等7个项目资金，受益妇女近5万人。先后组织了我省女企业家参加全国妇女创业创新成果博览会，参加义乌博览会妇女“市场带千村”项目成果展示展洽会，帮助我省女企业家和以农村妇女为主体劳动力的农副产品加工业和手工业开拓市场。参与晋北农业综合开发项目和亚行贷款河川流域农业综合开发项目实施，对妇女发展子项目进行调研督导。三是继续深化“春风送岗位”活动和女大学生创业导师行动。组织召开全省妇女创业就业工作推进会，总结、安排布署了全省妇女创业就业工作，表彰了一批优秀创业女性，颁发了山西省巾帼创业功勋奖和明星奖，进一步掀起妇女创业就业的高潮。全年通过组织各类女性招聘会帮助46210名妇女达成就业意向，组织劳务输出9063人，女大学生创业实践基地数量和创业导师队伍迅速增长。

二、制度保障，爱心救助，着力保障广大妇女儿童共享改革发展成果

一是加大源头维权力度。借助全国人大常委会妇女权益保障法执法检查组来晋检查指导工作的契机，推动《妇女权益保障法》的贯彻落实和男女平等国策的学习宣传，积极营造全社会尊重和保护妇女的良好氛围。依托省政府妇儿工委办公室这一工作平台，积极推动妇女儿童发展重点项目的实施和规划目标的实现，同时，深入调研、整合力量，推动我省“十二五”妇女儿童发展规划的出台。二是强化妇女利益协调、诉求表达、矛盾调处和权益保障四大维权机制建设。先后出台《关于进一步加强12338妇女维权公益服务热线工作的意见》和《山西省妇联加强矛盾纠纷调解工作的实施方案》。三是广泛开展“关爱妇女健康”活动。扎实推进妇女“两癌”检查工作，完成宫颈癌检查156137例、乳腺癌检查13644例，对“两癌”检查中患病妇女的经济情况进行了摸底调查。组织妇科专家深入基层、农村开展健康教育，推动成立了山西省宫颈癌筛查远程诊治中心。启动实施“母亲健康快车”、“母亲安馨工程”项目。为全省贫困县捐赠45辆流动医疗救护车，捐赠了价值21万元的医疗急救箱和1万册医疗手册。四是大力开展帮扶弱势妇女儿童工作。全年开设春蕾班5个，安康图书馆3个，运行留守儿童“儿童之家”示范项目1个，资助孤残贫困儿童1321名，为孤残儿童编织毛衣2721件，完成了对全省零就业家庭情况调查摸底工作。

三、活动凝聚，示范引领，妇女儿童思想道德建设影响更加广泛

一是开展形式多样的主题教育活动。隆重召开全省纪念“三八”国际劳动妇女节100周年大会，组织“现代女性大讲堂山西行”活动，举办女书画家作品展，在全省妇女中掀起弘扬“三八”精神、推动科学发展的热潮，展示现代女性丰富的精神追求和时代风采，引领女性弘扬“四自”精神，绘制美好人生。二是培育选树宣传各类妇女典型。省妇联下发了《关于号召全省广大妇女向太原矿山机器集团公司刘胡兰小组学习的决定》，号召全省妇女学习和发扬“刘胡兰小组”精神。表彰了三八红旗手(集体)、“先进妇联组织”等一大批妇女先进典型，在广大妇女中营造了学先进、赶先进、当先进的良好氛围。三是创新文明和谐家庭创建活动。围绕转型发展主题，在全省启动了“低碳家庭·时尚生活”主题活动，实施了千区万户“低碳家庭·时尚生活”示范行动，在全省1000个社区、5万户家庭中普及和应用低碳生活知识，建立“低碳生活家庭小台账”、“低碳生活社区档案”。四是深化家庭教育工作。成立了省家庭教育指导委员会和省家庭教育讲师团，省网上家长学校正式开

通，组织教育专家深入市县举办家庭教育巡回报告会；科学的家教理念、知识和方法得到普及。

四、党群共建，创先争优，推动妇联基层组织建设不断迈上新台阶

一是全面开展党群共建创先争优活动。制定下发了《关于在省妇联机关党组织和党员中深入开展创先争优活动的实施方案》、《省妇联党群共建创先争优实施方案》和《关于在全省妇联组织和党员中开展创先争优活动的实施意见》等文件，组织创先争优先进典型事迹巡回报告会，编发创先争优活动简报30期，指导和推动活动深入开展。在全省妇女中掀起了学习先进、创先争优的热潮。二是全面启动“妇女之家”建设，争取党建的带动支持，从建设模式、阵地设置、运作方式等进行了有效探索。三是开展了城乡妇女参与群众自治实践、社区居委会和基层基础工作进行了调研，摸清了我省1666个社区居委会妇女工作的底数，形成了《山西省妇联关于“推动城乡妇女参与群众自治实践”调研报告》。举办全省妇联基层组织建设暨市、县（市、区）妇联主席岗位职务培训班，并通过一级带一级，层层抓培训，完成了对全省所有村妇代会主任和部分妇女致富带头人的培训，为农村妇女进入村“两委”打下坚实基础。（李　敏）

附：省妇女联合会党组书记、成员名单

书　记：李悦娥（女）

成　员：张烈珍（女）　郑　红（女）　顾青圻（女）　韩　红（女）

省作家协会党组工作概况

党组书记　翁小绵

2010年，省作协坚持以邓小平理论和“三个代表”重要思想为指导，认真贯彻落实科学发展观，深刻领会党的十七届四中全会、五中全会精神，围绕创建“学习型党组织”、“廉洁型机关”、“创新型协会”等活动，全面做好协调、联络、服务工作，继续着力培养我省作家队伍，认真办好所属刊物，为繁荣和发展我省文学事业努力奋斗，各项工作都取得了长足的进步，较好地完成了省作协五届七次全委会确定的任务。

一、忠实践行“三个代表”重要思想，确保文学事业沿着正确的政治方向前进

2010年，全系统各级党组织紧紧抓住学习实践“三个代表”重要思想这条主线，继续抓好先进性“回头看”和建立健全长效机制等项工作，始终围绕胡锦涛总书记所要求的“关键是要取得实效”和真正成为“人民群众满意工程”的要求，着力实现“提高党员素质，加强基层组织，服务人民群众，促进各项工作”的总目标，扎实做好各项工作，取得了良好效果，得到了上级党组织的肯定。

（一）党员政治素质明显提高，领导班子执政能力得到加强，党建工作提高到一个新水平。根据省委、省政府和省直工委的要求，2010年我会对党组、党委中心组、广大职工的学习进行了细致安排，认真组织大家学习贯彻党的十七届四中、五中全会精神，做到了年初有计划，中间有落实，年终有总结，不断提高广大党员干部职工的理论水平和自身修养。通过民主生活会，领导班子认真开展批评与自我批评，进一步统一了思想，鼓舞了斗志，增强了团结。通过多种形式的学习，党员普遍受到了一次全方位的理论武装；通过严格的民主生活会和组织生活会，党员普遍受到了一次深刻的党性教育，党员的党性观念、组织观念切实得到了加强；通过反面典型警示教育，消除了党员思想中存在的各种非马克思主义的东西，增强了拒腐防变的意识。各级领导班子带头大力弘扬理论联系实际的学风，学理论、议大事、转观念、出思路、建班子，在注重提高领导和决策水平上下功夫，在运用马克思主义立场、观点、方法上下功夫，在培养班子凝聚力和战斗力上下功夫，各级党委中心组把工作的难点作为学习的重点，把调查研究作为增强学习的重要环节，广大党员干部特别是领导干部的政治素质和理论素养得到了进一步提升。党委的政治核心作用、党支部的战斗堡垒作用、党员领导干部的带头表率作用、党员的先锋模范作用等“四个作用”得到了较好的发挥，基层党建工作水平有了新的提高。

（二）切实解决党组织、党员自身建设中存在的突出问题和影响改革发展稳定的突出问题，营造了良好的发展环境。加强党组班子和干部队伍执政能力建设，确保了各项工作目标的落实。按照上级部署，我会全年分别参加厅级领导干部培训1人、党员处级干部轮训5人、创建精神文明和谐业务培训2人、学习十七届五中全会精神专题培训2人、党外处级干部培训1人等相关学习活动，进一步提高了干部的政治和业务素质。在党建工作方面，认真研究基层党建工作的薄弱环节，探索组织建设和党员队伍管理的科学机制；认真研究党员队伍中存在的突出问题，探索党员发挥先锋模范作用的实现形式；认真研究解决党员教育管理问题，重点探索如何准确、认真和严肃处置不合格党员；认真研究新时期党建工作如何围绕中心、服务大局问题，探索党建工作与中心工作有机结合的更有效的方法和途径。对群众提出的具体问题和实际困难认真地、负责地给予解决，密切了党群、干群关系。为文学事业又快又好发展创造了稳定的局面，确保了各项

工作圆满完成。

二、不断提高党风廉政建设和反腐败工作水平，为文学事业发展起到保驾护航作用

各级党组织以“三个代表”重要思想和科学发展观为指导，坚持标本兼治、综合治理、惩防并举、注重预防的方针，积极构建与文学事业相适应的教育、制度、监督并重的自律和预防腐败体系，营造了廉洁高效的发展局面。

（一）认真落实党风廉政建设责任制。各级党组织在年初都及时召开了领导班子专题会议，研究落实党风廉政建设责任制，把责任内容进行了分解、细化，目标到人，责任到人，各级干部都做到职责任务明确。建立健全了党风廉政建设责任制考核制度，将考核结果作为干部选拔任用和评优选先的重要依据，有效地促进了党风廉政建设责任制的落实，形成了党政齐抓共管、部门各负其责的良好局面。

（二）认真落实廉洁从政各项规定。首先是把学习贯彻《实施纲要》当作一项重要任务加以落实，并结合实际有重点地制定了落实措施，加强了对权力运行的制约、资金使用的监管和干部选拔任用的监督。认真落实中纪委五次全会提出的“五不许”，对违反规定送现金、有价证券和支付凭证、“跑官要官”等五方面的突出问题加大治理力度，狠刹了五股歪风。尤其是中纪委六次会议召开后，把学习党章、遵守党章、贯彻党章、维护党章作为一项重大任务，促进了党性锻炼，提高了党员素质。领导干部普遍做到自觉遵守“四大纪律、八项要求”和廉洁从政“五项规定”。定期对领导干部职务消费进行公示，建立健全各项费用开支管理制度，推行费用包干、计划管理以及费用公开的办法，有效地遏制了奢侈浪费之风。强化监督的有效手段，做到有访必接、有案必查。依纪依法办案，维护了党纪政纪的严肃性。

（三）开展创先争优活动。按照省委的统一安排，开展了创先争优活动。2009 年 12 月，党组召开专题会议，成立了由党组书记翁小绵为主任的省作协文明委，下设文明办、创先争优领导组。文明办紧密结合省作协实际，制定了年度精神文明建设工作的各项计划、任务和创建目标。把文明和谐创建工作与单位业务工作同部署、同检查、同落实，形成了全面发动、大家参与、共创文明、共建和谐的精神动力和良好氛围。通过各方努力，2010 年我会被山西省直机关精神文明建设委员会授予年度“文明和谐单位”称号。

三、不断探索党建、思想政治工作新路子，努力构建和谐、稳定的内部环境

（一）认真落实党建工作责任制，不断增强党组织的活力。按照省直工委要求，认真落实党建工作责任制，把党建工作摆在重要位置，纳入工作整体规划，明确了责任体系，责任内容和考核与奖惩标准，层层落实责任制，统筹安排，做到与行政工作一起部署、检查、考核、奖惩。把党建工作责任制执行情况的考核结果，作为干部业绩评定、奖惩、选拔任用的重要依据，同时作为民主评议党员、领导班子民主生活会和干部述职的重要内容。把党要管党、从严治党方针贯穿于党建工作整个过程中，体现到对各级党组织和广大党员干部的严格管理、严格教育、严格监督的各个环节中，提高了党建工作水平。

（二）与时俱进调整思想政治工作的方式方法，增强了针对性、实效性。做好思想政治工作和群众工作，是构建和谐部门的基础。一年来，各级党组织和领导干部发挥密切联系群众的优良作风，努力把握新形势下思想政治工作的特点和规律，通过说服教育、示范引导、强化服务、提高收入、解决困难等途径，深入细致地做好职工群众的思想政治工作，倡导人与人之间和谐共处，形成人心思进、人心思稳的良好氛围。同时高度重视那些影响改革稳定的因素，做到了早预防、早发现、早报告、早控制、早解决。一是按照科学发展观的要求，强化民主决策、科学决策、依法决策，结合行风评议工作，狠抓了行风建设和机关作风建设，努力做到防患于未然；二是通过超前联动排查调处机制，变上访为下访，及早发现和掌握可能影响文学部门稳定的重大矛盾和突出问题，尽量将各类矛盾和问题解决在基层。

（李金山）

附：省作家协会党组书记、副书记、成员名单

书　记：翁小绵

副书记：李　歆　杨占平

成　员：秦　溱　张锐锋

省科学技术协会党组工作概况

党组书记　韩裕峰

山西省科学技术协会是一个联系全省80余万科技工作者的人民团体，是党和政府联系科技工作者的桥梁和纽带。山西省科学技术协会现有党员211人，党的组织机构有山西省科学技术协会党组、山西省科学技术协会机关党委、山西省科学技术协会机关纪委，下属一个基层党委、一个总支、七个基层党支部。2010年，坚持用科学发展观指导党建工作，不断提升党建工作质量。

一、坚持用科学发展观武装党员、干部和群众的头脑

为做好2010年科协工作，坚持用科学的理论武装党员

干部群众。根据省直工委的指示精神，按照省科协党组的要求，制定学习计划，运用多种形式，分层次、有重点、重实效地开展理论学习，取得了良好效果。一是党组中心组成员在理论学习中率先垂范，带头学习。科协党组书记、常务副主席韩裕峰同志把这项工作摆在重要位置来抓，对中心组的学习作出指示和安排；坚持集中学习与自学相结合，基本上做到了每月集中一次学习讨论或收看专家学者专题辅导。二是重点抓好处级党员干部和机关党员干部的学习。坚持每周学习日制度，利用每周五下午半天的时间，组织直属单位处级以上干部和机关干部集中学习。三是抓好一般党员和干部职工的学习。先后下发了《山西省科协2010年干部理论学习安排》、《关于学习党的十七届五中全会精神的通知》等文件，较好地指导了直属各单位、广大党员干部职工的理论学习。

二、加强党的组织建设，发挥两个作用

认真执行“一岗双责”制度。省科协有9个总支、支部，其中8个单位的书记担任行政一把手。他们在做好本单位行政管理工作的同时，兼顾党务工作，做到了业务工作与党务工作一起抓。为加强党的工作，2010年“七一”前，省科协机关党委组织了一期党务干部培训，省科协直属各事业单位的党务干部全部参加，有力地促进了各单位的党建工作。

认真落实《关于省直机关党的工作责任制的暂行规定》。一是科协党组定期组织党组成员、各基层单位党的书记学习《关于落实省直机关党的工作责任制的暂行规定》；二是按要求进行了自查和考核。在自查党组、机关党委落实责任制情况的同时，专门召开了总支、支部书记会议，听取各支部实行党的工作责任制自查情况的汇报，检查了“三会一课”记录。

严格党组织生活，强化党员管理。一是开展了党支部目标管理。二是认真执行“三会一课”制度和民主生活会制度。2010年，省科协党组按照省委、省直工委的要求和组织程序，于11月19日召开了党组成员参加的民主生活会，会上各党组成员畅所欲言，达到了增强团结和提高领导能力的目的。省科协党组的模范作用，有力地促进了省科协各级党组织的工作，所有总支、支部都能较好地坚持了“三会一课”制度和民主生活会制度。同时，认真做好党费收缴和党内年报统计工作。

认真做好发展党员工作。2010年初，下发了《2010年度党员发展工作通知》，根据党员发展计划，按照党员标准和发展程序，本着成熟一个发展一个的原则，把先进分子吸纳到党内来，不断为党的肌体注入新的活力。全年发展党员1人，预备党员转正3人。

开展创先争优活动。2010年，科协机关党委根据科协党组的要求，在“七一”前夕，通报表彰了4个先进基层党组织和27名优秀共产党员。

加强科协干部队伍建设。严格按照《干部选拔任用条例》的规定和要求，公开选拔和选调、聘用了一批干部到合适的岗位上，量才使用，人尽其才，使机关各部室和大多数直属事业单位的干部配置得到进一步加强与充实，极大地调动了科协广大干部职工的工作热情和积极性，有力地推动了科协工作和谐发展。

三、围绕中心，突出重点，努力实现山西省科协事业的新发展

2010年是党和国家事业发展进程中非常重要的一年。省科协紧紧围绕中心大局，立足科学发展，按照《山西省科协“十一五”期间发展战略纲要》的安排部署，创新工作模式，广泛整合资源，积极搭建平台，全力为经济社会发展服务，为提高全民科学素质服务，为科技工作者服务，着力加强科协团体自身建设，各项工作取得了新成绩。

（一）深入开展学术交流和科技服务活动，为推进我省转型跨越发展服务。一是成功举办“2010年促进资源型城市转型发展论坛”。在省科协的积极推动下，由中国科协和省政府主办，省科协、太原市政府承办的“2010年促进资源型城市转型发展论坛”于11月23日在太原隆重召开。二是积极举办“学术茶座”、“星期日知识讲座”等活动。省科协充分发挥学会的学科优势和人才资源优势，围绕经济社会发展中的热点问题，以“学术茶座”为平台，举办了一系列高层次、高水平的学术交流活动。2010年，共举办各类“学术茶座”33场，超额完成了原定30场的目标考核任务。“星期日知识讲座”被中央文明办作为精神文明创建工作优秀范例在全国推广，全年共举办讲座48期，超额完成了原计划30期的目标考核任务。

（二）加快学会改革，搭建精品学术交流平台，推动学会工作创新发展。一是加大对学会的管理和服务力度，增强学会的凝聚力、影响力和发展能力。省科协与省内燃机学会、省微量元素研究会等学会进行沟通，提出整改要求；对105个省级学会进行了年检，推动省林学会等8家学会完成换届，新接纳了省新世纪专家学者协会入会；对于超期不换届、长期无活动的学会向省民政厅提出注销建议。二是创新学会工作机制，打造学会工作品牌。为规范和加强学术活动项目管理，提高学术交流质量和成效，促进学科繁荣及创新人才成长，省科协实施了《山西省科协精品学术活动管理办法》，对基层科协组织开展的重要学术交流活动进行择优支持。

（三）着力服务“三农”，深入实施“科普惠农计划”，在我省新农村建设中发挥了独特的作用。“科普惠农计划”是科协推进新农村建设的一个重要切入点，实施6年来，经过不断的创新和完善，目前已形成了以“一站、一栏、一员”建设、农村110服务体系建设、科普惠农兴村计划、科普惠农绿色通道建设和农民科学素质培训等五大工程为主要内容的科普惠农体系，受到了各级领导的充分肯定和农民群众的热烈欢迎。

（四）以“国办”督查为契机，深入实施《全民科学素

质行动计划纲要》，推进我省全民科学素质工作新发展。省科协作为牵头单位，紧密联系各成员单位，认真落实纲要，推动提高我省公众科学素质。全省11个市全部成立了领导小组，118个县（市、区）也相继成立了领导小组，全民科学素质工作在各地各部门有序开展。一是及时组织召开省全民科学素质领导组第二次会议。3月26日，省全民科学素质工作领导组第二次会议在并召开。会议对2006年以来全省全民科学素质工作进行总结，交流了各地各成员单位纲要实施工作，安排部署了2010年重点工作，同时就全省实施纲要工作督查进行了研究部署。二是以督查为手段，进一步加大全民科学素质工作力度。根据国务院办公厅有关通知精神，从2010年5月开始，利用近一个月的时间，通过自查、互查、实地督查三个阶段在全省深入开展了一次纲要落实情况督促检查。9月2日至6日，国务院督查组莅晋进行实地督查，充分肯定了山西省在近年来实施纲要工作中取得的成绩，并强调要继续发挥优势，创造性地开展科学素质建设工作，努力走在全国前列。通过卓有成效的各层次督查，我省的纲要落实工作，领导重视程度空前，组织架构日趋完善，统筹协调更加有力，基础工程建设等工作取得明显进展。三是面向重点人群，广泛开展主题科普活动。省科协和省委党校签署了关于联合开展领导干部和公务员科学素质行动工程的协议，在省委党校建立了“山西领导干部和公务员科学素质教育基地”；组织发动广大农民积极参与“全国农民科学素质网络知识竞赛”，全省29万农民参赛，取得了全国第四名的好成绩；在全省选定了太谷、阳泉郊区、广灵三县（区），开展青少年科学素质共建共享试点工作，其中太谷县代表我省在全国青少年科学素质共建共享工作经验交流会上做了典型发言；出色完成中国科协公民科学素质调查任务。

（五）充分发挥桥梁和纽带作用，大力表彰举荐优秀科技人才，推动建设高素质科技人才队伍。省科协认真贯彻人才强省战略和省人才工作会议精神，坚持以表彰奖励为抓手，精心打造了“山西省优秀科技工作者”、“山西省十佳中青年优秀科技工作者”、山西省“科技奉献奖”等优秀科技人才表彰奖励品牌。2010年，省科协深入开展了“第四届山西省十佳中青年优秀科技工作者”评选表彰工作，评选出10名“山西省十佳中青年优秀科技工作者”，对获奖人员各奖励1万元。省劳动竞赛委员会对“十佳”全部授予了“山西省五一劳动奖章”。省科协会同省人社厅等单位联合开展了2010年度山西省“科技奉献奖”评选活动，评选出先进集体120个和先进个人308名。省科协认真做好“全国优秀科技工作者”推荐工作，推选了一批具有代表性的优秀科技人员参选。最后我省有18位同志被中国科协评为“全国优秀科技工作者”，1位同志荣获“十佳全国优秀科技工作者提名奖”。

（六）深入开展丰富多彩的科普活动，加快科普场馆建设，推动科普工作迈上新台阶。一是组织开展“全国科普日”活动和“科技活动周”。9月中下旬，省科协组织开展了“山西省2010年‘全国科普日’暨第七届‘科普三晋’系列活动”，活动受众70余万人次。5月15—21日，省科协会同省科技厅、省委宣传部开展了“山西省科技活动周”，集中宣传了我省科技事业发展的最新成果，集中展示了科普工作的成效。二是组织开展“山西省青少年科技创新大赛”、“青少年机器人竞赛”等活动。两次大赛参赛人数众多，涉及内容丰富，取得圆满成功。在随后举行的全国大赛上，我省均取得了优异成绩，名次位列全国并列第三。此外，还深入开展了青少年科学工作室建设、科学调查体验等活动。三是省科技馆新馆建设加紧进行。省科技馆新馆建设项目是我省十大社会公益事业重点工程之一。该项目于2008年7月启动，省科协配合省工务局开展了大量工作。目前新馆土建工程的主体已经封顶，即将进入深化设计和展项展品制作及布展的招标阶段。

（李朝胜）

附：省科学技术协会党组书记、成员名单

书　记：韩裕峰

成　员：郭振德（2月离职）　侯晋川（5月任职）

王德贵　崔　忠（5月任职）

郝建新（5月任职）

省文学艺术界联合会党组工作概况

党组书记　宋新柱

2010年，山西省文联党组坚持以邓小平理论和“三个代表”重要思想为指导，深入学习实践科学发展观，坚持“二为”方向、“双百”方针和“三贴近”原则，紧紧围绕中央、省委对宣传思想文化工作的总体部署和全省宣传工作会议确定的工作任务，紧密结合文联实际，围绕中心、服务大局，履行职能、发挥优势；面向基层、深入群众，在改革创新中焕发活力，在热情服务中增强凝聚力，在奋发有为中扩大影响力，不断加强文联党的思想建设、政治建设、组织建设、作风建设，在推进学习型党组织建设、提高文化产业发展质量、开展群众性文化惠民活动、打造文艺精品等方面力度大、成果大，工作可圈可点，高潮迭起，各项工作成效显著，为推进“转型发展、跨越发展”，“再造一个新山西”提供了强大的精神动力和舆论支持。一年来，省文联牢牢把握“高举旗帜、围绕大局、服务人民、改革创新”的总要求，团结带领广大文艺工作者奋力拼搏、开拓进取，主要表现在服务全省工作大局更加自觉；服务人民群众方式更加多样；引领文艺创作和生产更加主动；开展对外文化交流更加活跃；推动文联组织自身建设更加有效，在推动我省文艺大发展大繁荣方面做出了积极贡献。

一、进一步树立学习意识，建设学习型党组织、学习型文艺团体

省文联党组认真贯彻中央精神，扎实推进学习型党组织建设，不断提高党员、干部思想政治水平，增强其推动科学发展的本领。一是重点抓好党员学习。要求广大党员充分认识加强学习的重大意义，自觉把学习作为一种政治责任、一种精神追求、一种生活方式，以主人翁的姿态积极投身于学习型党组织建设。二是创新学习方法，丰富学习内容，完善学习制度。制定并落实了《2010 年省文联党组中心组及领导干部理论学习安排》，努力做到学以致用，研究新情况，解决新问题，在学习效果上狠下功夫。三是在党组织和党员中深入扎实地开展了创先争优活动。力争在活动中达到“五个好”，即：领导班子好；党员队伍好；工作机制好；工作业绩好；群众反映好。

按照中央的部署，山西文联迅速兴起学习贯彻落实党的十七届五中全会精神的热潮，深刻领会、全面贯彻落实胡锦涛总书记的重要讲话精神和《“十二五”规划建议》。通过学习，深刻地认识到胡锦涛总书记的讲话总揽全局，内涵丰富，有一系列新阐述、新观点、新要求，有很强的政治性、思想性、指导性。我们把学习贯彻全会精神与规划未来结合起来，紧密结合自身实际，认真谋划好今后五年的工作，始终保持昂扬向上的精神状态和奋发有为的工作作风，更加自觉、更加主动地推动社会主义文艺事业的大发展、大繁荣。

二、把认真学习贯彻《廉政准则》作为落实党风廉政建设的重要内容

2010 年，省文联按照省委和省直工委的部署，结合党风廉政建设责任制和党的工作目标责任制，对文联机关、协会及所属事业单位的党员干部开展了以学习贯彻《廉政准则》为主题，加强领导干部作风建设的教育活动，以“学习右玉精神”为内容，树立政治意识、责任意识、切实转变工作作风的教育活动。

(一)加强自身建设，转变工作作风。文联党组把加强自身建设，树立良好形象作为党风廉政教育的重点，不断加强领导班子整体素质提高，通过中心组成员参加中央党校、省委党校的理论培训，提高领导班子的理论水平和把握全局的工作能力。在深入开展“创先争优”的活动中，党组一班人带头学习，撰写学习心得、积极开展专题讨论，班子的向心力和凝聚力进一步加强。同时，我们把党风廉政建设纳入文联的整体工作中，党组成员按照各自的分工制定了《2010 年党风廉政建设责任制分解》，根据各自分管的业务部门，直接落实责任分解的工作任务。

(二)学习《廉政准则》，规范从政行为。2010 年，在学习贯彻《廉政准则》、加强领导干部作风建设的主题教育活动中，省文联组织全体党员认真学习下发单行本，组织副处以上党员干部参加省纪委《廉政准则》知识考试，通过学习 8 个方面的 52 个“不准”，使党员干部认识到贯彻执行《廉政准则》的必要性，自觉严于律己，自觉接受监督，切实落实各项规定。一是人事处按照省委组织部要求，对机关及所属十一个协会的处以上干部的护照进行了摸底排查，并根据要求对处以上干部持有的因公出国护照进行了收回、注销，对持有的因私出国护照进行了收回，进行统一规范管理，杜绝违纪情况发生。二是严格审计制度。5 月，省文联按照干部条例的有关规定，委托山西乾明会计师事务所，对调整离任和近年来退休的协会秘书长及下属单位(美协、剧协、中外故事等 10 个单位)的领导干部进行了离任审计。三是积极开展“小金库”治理工作。财务处根据中办发[2009]18 号文件、晋纪发[2010]20 和 21 号等文件精神，对我会“小金库”治理工作进行了动员部署、自查自纠、重点检查工作。12 月，山西省治理小金库领导组办公室重点检查组又对文联社会团体及直属企业治理小金库工作进行检查，尚未发现原则性问题。文联机关、协会及各直属事业单位的财务制度健全，日常工作严格按照经费收支部门预算的有关规定“收支两条线”管理，不存在设置“帐外帐”、“小金库”以及以个人名义私存公款等违反财经纪律的行为。通过检查工作，进一步提高了工作人员的政策法规水平，强化了财务规范管理意识，确保了资金的合理使用，严肃了财政纪律，从源头上防治了违规现象的发生，完善了预防腐败的工作体系。

(三)完善制度，切实落实责任制。2010 年，文联党组始终把加强党风廉政建设落实责任制，作为党建工作的重要内容。采取多种形式，组织广大党员干部学习领会《廉政准则》和《四项监督》制度，尤其是把《廉政准则》提出的 8 个方面 52 个“不准”作为教育党员干部的行为规范。不断完善落实党风廉政建设责任制考核中各项制度。一是坚持处以上干部的述职述廉制度，对党组成员落实党风廉政建设责任制《责任分解》工作和党建工作责任制进行考核。二是进一步规范党员领导干部民主生活会，提高党员领导干部民主生活会质量和效果。2010 年，党组专题召开了“贯彻落实《党员领导干部廉洁从政若干准则》切实加强领导干部作风建设”为主题的党员领导民主生活会，党组书记带头发言，班子成员积极开展批评与自我批评，认真交流学习体会，查找各自存在的问题，分析存在问题的主客观原因，研究整改工作措施。通过民主生活会，进一步沟通思想，形成共识，明确目标，民主生活会开出了实效。三是坚持民主集中制，严格执行重大决策和重大事项、重大开支党组集体决定和通报制度。在 2010 年的干部调整工作中，党组始终坚持集体研究、民主推荐、严格考察、党组集体讨论决定的工作程序，使重大事项、重要开支做到严格规范。

三、把开展创先争优活动作为创建学习型党组织的重要载体

按照中央和省委的统一部署,坚持高起点、高标准、精心组织,狠抓落实,制定了《省文联关于在基层党组织和党员中深入开展创先争优活动的实施方案》,带领全体干部职工积极开展创先争优活动。进一步推进了学习型党组织建设和文明和谐单位建设。坚持做到四个结合:

(一)把开展创先争优活动和创建学习型党组织结合起来。自开展活动以来,党组高度重视,召开了党组中心组学习会议和全体干部职工动员大会,强化组织领导,狠抓工作落实,为确保创先争优活动和推进学习型党组织建设起好步,开好局,成立了由党组书记、文联主席为组长的省文联创先争优活动领导小组,下设了办公室,加强对各支部创先争优活动的领导和督促检查。采取支部集中学习和党员自学相结合的方法,积极组织党员干部认真学习领会中央和省委关于开展创先争优活动的精神,通过动员和学习,统一广大党员干部的思想认识,增强参与活动的责任感和使命感。同时,明确工作目标,把握活动特点,根据创先争优的活动要求,结合我会的工作实际,明确活动的针对性和实效性。机关党委制定了《省文联关于在党组织和党员中深入开展创先争优活动表》,对活动的指导思想、目标任务、方法步骤、基本要求等做出了具体安排。结合创建学习型党组织活动,进一步引导党员干部树立想学习、爱学习、终身学习的理念,用先进的理论武装头脑,用精通的业务知识提高素质,使广大党员学有所获、学有所长,逐步形成重视学习、热爱学习的学习型党组织的良好局面。

(二)把开展创先争优活动和学习贯彻五中全会精神结合起来。在学习贯彻党的十七届五中全会精神中,按照省委和省直工委的部署,及时传达学习,党组下发了《省文联关于学习贯彻党的十七届五中全会的通知》,机关党委购买了《党的十七届五种全会〈建议〉学习辅导百问》,在全省文联系统掀起了学习贯彻十七届五中全会精神的高潮。中心组和处级干部以学习五中全会为契机,积极发挥表率作用,带动了各党支部的学习,在学习五中全会精神过程中,结合"争先创优"活动,注重理论联系实际,进一步加深对新形势下加强和改进党的建设重要性的理解;进一步明确党员干部及党组织在党的建设中肩负的重大责任;进一步研究探索新形势下文艺繁荣和文艺队伍建设的规律,坚持以学求实,加强了干部队伍建设,深化了"创先争优"活动。

(三)把开展创先争优活动和学习右玉精神,转变作风结合起来。在省委下发转变机关作风的"五不准"要求后,文联党组及时召开了党组扩大会议传达省委规定,机关党委和机关纪委转发了"五不准"的规定,对文联机关、协会和所属事业单位的全体党员干部提出了明确要求,党组两次组织相关处室对执行情况进行了检查,并在例会上进行了通报。同时,文联把学习弘扬右玉精神作为加强机关作风建设的重要内容,组织党员和艺术家50余人赴右玉进行了参观学习。艺术家们为右玉精神所感动,留下了诗词、书法、摄影作品。通过学习右玉精神,落实《廉政准则》,文联机关和协会工作作风进一步转变,广大干部职工和文艺工作者的素质进一步提高。

(四)把开展创先争优活动和学习贯彻"7·29"讲话结合起来。认真学习袁纯清书记"7·29"讲话是创先争优的重要内容,落实讲话精神是加快发展、跨越发展、率先发展的重要任务。在学习贯彻袁书记的重要讲话精神的基础上,坚持把真抓实干贯穿于学习始终,把办实事作为学习贯彻讲话的落脚点。加强内部建设,一是文联进行了轮岗,按照新的工作要求,完成了各处室、各协会办公室的调整,并对办公室进行了粉刷,进一步改变了工作环境。二是重新恢复了图书馆建设。三是启动了职工食堂的工程。四是为文联两栋宿舍楼顶部进行的漏雨维修。五是机关党委和我会的扶贫工作队共同组织干部职工和图书协会一起为我会扶贫点浑源县蔡村镇捐献了10万元的图书,为村里的图书室丰富了内容。六是党组成员按照各自的分工坚持到各市文联和各协会参加各类活动,指导工作。一年来,党组成员分别参加基层活动60余次,调动了基层单位的积极性和主动性,真正把下基层办实事做为党组开展"创先争优"活动的重要工作。确保了活动见实效。

四、进一步树立大局意识,积极开展有声势、有影响、有特色的主题文艺活动

2010年,省文联和各团体会员积极开展了一系列主题鲜明、影响广泛的文艺活动。

一是抗震救灾献爱心。青海省玉树地区发生强烈地震后,党中央、国务院高度关注抗震救灾斗争。山西文联发文向全省广大文艺工作者发出号召,积极开展献爱心捐款活动。省文联机关捐款14650元,并将捐款送往省民政厅社会捐助管理中心。在这场抗震救灾斗争中,全省广大文艺工作者心系灾区人民,满怀深情创作了一大批优秀的文艺作品,在社会上引起了较大反响。二是省文联会同省委宣传部、省人保厅联合举办了"山西省第二届德艺双馨文艺工作者"表彰大会,在全省文艺界掀起了学先进、争上游、比贡献的热潮,充分调动了全省广大文艺工作者的积极性和创造性。三是省文联组织承办了由中国文联、农业部、文化部主办的"中国首届农民艺术节"农民画展活动。四是省民协承办了由中国文联、中国民协在大同举办的"第八届中国民间艺术节"。省民协组织了13支表演队参加了艺术节的比赛。省民协还分别参与了在吕梁、寿阳举办的"全国首届年俗文化节"、"第二届寿星文化节"活动。五是省音协承办了由省委宣传部、省直机关工委主办的"山西省庆祝中华人民共和国成立61周年合唱音乐会",主办了"中国民族音乐经典赏析音乐会","山西省第三届'音特杯'小提琴演奏比赛"。六是省产业(企业)文联举办了"俄罗斯当代著名油画大师精品展"、"中国和顺·第四届牛郎织女文化旅游节书法美术摄影展"。七是省曲协承办了由中国曲协主办的"第六届中国曲艺牡丹奖全国曲艺大赛(鼓曲唱曲)"。八是省文联、省外宣办、省美术家协会主办,省

油画学会承办了"塞上绿洲——右玉采风油画写生展",省美协、省画院主办了"山西省中国画作品邀请展"。九是省影协、中共榆次区委、区人民政府联合主办了"中国老电影文化周暨第二届中国老电影收藏品交易博览会"。十是省摄协举办了"山西省第十八届摄影艺术展"、"千人摄影看山西大型展览"、"非物质文化遗产摄影展"、"五台山摄影展"。省舞蹈家协会与太原市教育局联合举办了以"颂祖国、展才艺、创和谐、共成长"为主题的太原市第二十届学校艺术教育活动月学生舞蹈比赛。《小学生习字报》承办了由国家教育部主办的第十五届全国小学生书画比赛·山西赛区的组织工作。

五、进一步树立精品意识,在全国进一步提升山西文化新形象

2010年,省文联及各团体会员,坚持正确文艺导向,积极组织、引导全省广大文艺工作者潜心创作、勤奋耕耘,创作出一大批思想性、艺术性、观赏性相统一的精品力作,深受广大人民群众的欢迎,并在国家级文艺评奖及国际艺术节评奖中屡获大奖。

一是我省摄影家李伟光、崔和平、贺子毅荣获第十九届奥地利国际摄影大奖赛金奖。

二是我会文研室主任崔莹玺的论文《近年来农村电影掠影》荣获中国文联第七届文艺评论奖二等奖。我省书法家张明智、卫恒善、范珍明、王岳青被评为2009年中国书法进万家先进书法家。我会刘廷明、韩清波、杨志刚、史佳华、崔俊恒、武勇荣获"山西省第二届德艺双馨文艺工作者"荣誉称号。

三是在第六届中国曲艺牡丹奖大赛中,我省作者创作的潞安鼓书《割肉还娘》荣获中国曲艺牡丹奖。在"中国宝丰全国曲艺擂台赛"中,我省曲艺家李鸿民创作的山东快书《各就各位》荣获金奖,李晋平创作的相声《学方言》荣获银奖。在第六届"天桥杯"国家非物质文化遗产鼓曲邀请赛中,由山西省文联主席、省书法家协会主席李才旺创作、崔嫦娟表演的潞安大鼓《千秋万代怀邓公》;襄垣鼓书《鸿雁传书》均获金奖。李晋平创作的小品《欢送会》荣获国家文化部主办的《中华颂》全国小戏小品大赛一等奖。

四是在第十四届中国戏曲少儿梅花奖评比中,省剧协报送的12名小选手均荣获"金花奖"。在"首届中国剪纸艺术节"上,省民协推荐的五名剪纸艺术家,分别荣获金奖1名,银奖1名,铜奖2名,优秀奖1名。在"首届中国农民艺术节"上,省文联推荐的四名选手均荣获优秀歌手奖。

五是在第二十五届中国电视金鹰奖评选中,电视剧《江阴要塞》、《西口长歌》荣获三等奖。

六是在第七届中国舞蹈"荷花奖"校园舞蹈大赛中,省舞蹈家协会推荐的太原师范学院舞蹈系表演的群舞《大山支教》、长治歌舞团表演的群舞《花开时节》、双人舞《红雨伞》分别荣获铜奖、十佳作品奖。

七是我省傅山书画院、长治县书协被评为2009年中国书法进万家先进集体。

八是为进一步推动我省的文艺理论、文艺评论工作,山西文联举办了"第七届山西省文艺评论奖"评奖活动。省视协举办了"山西省第十八届电视文艺评奖"活动。省摄协举办了"聚焦山西"摄影大赛评奖。省文联艺术研究创作中心举办了"山西省平面艺术设计研讨会"。

九是山西梅花奖艺术团先后赴广东、上海参加了中国艺术节和上海世博会的演出,梅花版《打金枝》受到了戏剧专家和海内外广大观众的高度赞扬和热烈欢迎。此外,我会樊丽红出版的摄影诗文集《行色如歌》,承蒙全国政协副主席、中国文联主席孙家正为封面题字,中共中央候补委员、中国文联党组书记、副主席胡振民作序,《中国艺术报》、《山西日报》、《山西晚报》、《人民代表报》、《生活晨报》、《太原日报》等报刊杂志推出专版和专栏作了作品评介。

六、进一步树立服务意识,深入开展文艺惠民工程

2010年,省文联及各团体会员精心组织以"送欢乐、下基层"、"聚焦新农村、文艺为农民"为主题的系列活动,为广大人民群众送文化、种文化,受到了热烈欢迎。一是省书法家协会组织书法家赴武警山西总队开展了"送书法、进警营"活动,并现场为官兵创作书法作品200余幅。二是省文联、省书协组织文艺工作者、书法家赴榆社县北寨乡青峪村进行慰问演出、书写春联活动。三是省文联及省文联下乡工作队积极联系和争取,由山西省读书援助协会组织国内出版社出版的各类图书达3600册,价值达10多万元的各种图书,一次性捐赠给省文联扶贫点蔡村农民图书馆。同时,省文联还捐赠了图书、音像制品2000多册(套)。四是省文联会同省纪委、省教委、省旅游局组成的春节慰问组,赴联企帮困结对子企业太化公司进行慰问,并为特困职工送去了米、面、油及慰问金。五是省摄协组织摄影家深入吕梁山区为老乡义务拍摄全家福并免费现场打印相片。六是省杂协组织杂技团赴基层举办"闹元宵,送欢乐"民间文艺活动等等。

七、进一步树立发展意识,积极发展文化产业

晋宝斋是省文联直属的文化企业。2010年,晋宝斋在文化产业发展中主要采取了以下几条措施。一是全力打造创意文化品牌,举办了"霍春阳画展"、"裴氏后人画展"等活动。二是不断扩大经营规模,创建了珍宝馆,举办了各类艺术品拍卖活动。三是深入挖掘民族传统文化及具有山西地域特色的文化产品,推出了"山西民间剪纸"系列产品,"锦绣山西系列剪纸"等,形成了我省艺术价值较高的系列礼品册。

八、进一步树立建设意识,加强自身队伍建设,把文联真正办成文艺工作者的"温馨和谐之家"

一是根据省委组织部《关于山西省实施干部选拔任用工

作四项监督制度的操作规程(试行)》和省委组织部关于认真组织开展"一报告两评议"的通知要求,省文联党组对省文联机关、协会和所属单位部分干部进行了轮岗,同时选拔任用了部分德能勤绩廉各方面表现优秀的干部。二是召开了省书法家协会第五次会员代表大会,选出了新一届主席团、理事会。三是根据社团管理的有关规定,认真进行了文联所属社团年检登记审核工作。四是调整了晋档工资并随工资变动调整了相关人员的医保和公积金,并报送了职工住房信息管理系统信息。五是进一步做好老干部工作,组织老干部进行了体检。对遗属一次性发放了抚恤金。九九重阳节组织离退休老干部赴蒙山大佛旅游区登高采风。五是粉刷了办公区,进一步美化了办公环境。 (樊丽红)

附:省文学艺术界联合会党组书记、副书记、成员名单

书　记: 宋新柱

副书记: 石跃峰

成　员: 刘廷明　李和平　靳　忠　李剑斌

省工商业联合会党组工作概况

党组书记　郭海刚

中共山西省工商联党组下设机关党委1个,机关党委辖5个支部,其中2个机关支部、1个老干部支部、1个福建商会支部、1个普大集团支部,共有党员46名。

2010年,山西省工商联在省委、省政府的正确领导下,在全国工商联和省委统战部的有力指导下,坚持以邓小平理论和"三个代表"重要思想为指导,深入学习实践科学发展观,全面贯彻党的十七大和省委全会精神,紧紧围绕全省经济转型跨越发展的中心工作,牢牢把握促进非公有制经济健康发展和引导非公有制经济人士健康成长的工作主线,认真履行职能,创新发展思路,突出工作重点,打造工作亮点,提升工作层次,圆满完成了全年工作任务。

(一)组织招商引资融资活动。围绕民营经济转型跨越发展目标,充分发挥经济服务的职能优势,组织举办了一系列效果显著的招商引资活动。8月3日,协助省政府成功组织了全国知名民营企业家山西行招商活动,达成项目合作意向19个,项目总投资额25.76亿元,拟引资金18.78亿元;10月21日,组织了山西省民营企业招商项目推介活动;11月3日,与省委统战部共同赴深圳举办了山西省招商引资项目深圳推介会,270余名粤港澳企业家参加推介会,取得丰硕成果,省委书记袁纯清批示称赞"这是主动作为之举",王君省长批示"统战部的工作,工商联的工作,围绕中心,服务大局,抓得紧、抓得实、有成绩。望在省委提出的转型跨越发展中做出新贡献";11月19日,举办了民营经济转型跨越发展招商引资项目签约仪式,46个合作项目成功签约,项目总投资136.2亿元,拟引进资金119.2亿元。与民生银行太原分行、兴业银行太原分行签订了战略合作协议,民生银行、兴业银行太原分行分别与23家民营企业签约,承诺未来三年各投放500亿元资金支持我省民营企业。

(二)协助省委、省政府召开全省民营经济转型跨越发展大会。11月19日,协助省委、省政府召开了全省民营经济转型跨越发展大会,省委书记袁纯清在大会上发表重要讲话,并隆重表彰了100个优秀民营企业。省四大领导班子主要领导出席大会,省、市、县三级党政领导、有关部门负责人和民营企业家代表共700余人参加了大会。会议期间,与省委统战部共同在南宫广场举办了山西省民营经济转型跨越发展成果展览,11市200多家民营企业参展。这次大会是2005年之后我省召开的第一次推动民营经济发展的大会,推动了全省上下鼓励民间投资、服务转型跨越发展、激发创业激情的良好环境和氛围的形成。

(三)继续推进"新晋商万企联万户感恩行动"。1月24日,隆重召开了全省感恩行动表彰大会;5月20日,组织近70名非公经济代表人士参加了统一战线光彩事业"左权行"活动,捐资500万元设立光彩助学基金,捐资333万元结对帮扶左权县185名"三老"人员,为麻田八路军纪念馆捐资130万元,受到老区人民的热烈欢迎和社会各界的广泛好评。截止2010年底,全省参加活动的非公企业达6524个,结对帮扶"三老"人员12538人,投入帮扶资金8053万元。开展"新晋商万企联万户感恩行动",得到中央政治局常委、全国政协主席贾庆林的肯定。他指出:"山西等地开展的感恩行动,引导非公有制经济人士结对帮扶老革命、老党员、老模范,体现了社会主义荣辱观的本质要求,激发了非公有制经济人士的爱国情怀和社会责任感,对于在统一战线乃至全社会形成感恩党、感恩国家、感恩人民的良好风尚,具有重要意义,值得普遍推广。"全国政协副主席、中央统战部部长杜青林也多次作出重要批示。7月15日,中央统战部召开全国引导非公有制经济人士感恩回报社会电视电话会议,我省介绍了经验。省委书记袁纯清对这项活动作出重要批示:"感恩行动主题好、内容好、效果也好。

(四)组织省工商联领导班子成员进行届中考评。8月25日,召开了省工商联(总商会)领导班子届中考评工作会议,通报了2007年换届以来36名兼职副主席履职情况,兼职副主席在分组会上进行了述职并作了大会交流,兼职副主席和市工商联主席、书记对省工商联驻会领导干部进行了工作满意度测评。通过双向考评、双向交流,有效地增强了专兼职副主席履职的责任感。中共山西省委书记、省人大常委会主任袁纯清接见了与会同志,提出民营经济要在转型发展、循环经济、投资山西、经济翻番四个方面率先发展的要求，并在报告上作出批示“这个办法好，这也是加强在工商联党的工作的一种好形式，要在巩固的基础上不断深化。”

（五）开展非公有制经济人士教育培训。4月下旬，省工商联与省委统战部联合在中央社会主义学院举办了“山西省非公有制经济代表人士培训班”，对担任省级以上人大代表、政协委员和省联常委共150余人进行了政治培训。国家发改委副主任彭森，全国工商联副主席庄聪生，国务院宏观经济研究中心主任余斌，中央社会主义学院副院长张峰，全国工商联副秘书长、中国民（私）营经济研究会常务副会长兼秘书长王忠明等领导、专家和学者分别作了关于加快转变经济发展方式、当前宏观经济形势分析、努力做合格的中国特色社会主义事业建设者和推动科学发展、促进社会和谐及我国民营经济发展若干问题等五个专题的讲座。

（六）引导树立新晋商新形象。组织开展了“民营企业招聘周”和民营企业吸纳高校毕业生就业见习活动，3449户民营企业向社会提供空岗信息6.2万个，签订就业意向3.6万人次，签订职业培训意向8000余人次，全省民营企业接收高校毕业生就业见习人数7214人。大力宣传先进典型，在《中华工商时报》设四个专版，对我省四家民营企业转型发展的典型事迹、“新晋商万企联万户感恩行动”和光彩事业工作进行特别报道；在山西卫视山西新闻联播栏目开设民营企业转型发展专题报道，宣传了一批典型企业的转型发展事迹。对受到省委、省政府表彰的100家优秀民营企业，获省光彩事业、“感恩行动”突出贡献奖的80余名民营企业家进行了集中宣传报道，树立了一批非公有制经济人士的社会新形象。

（七）履行参政议政职能。围绕全省民营经济转型发展中面临的难点、热点问题，有针对性地组织了三次大规模调研，形成了一批优秀调研报告。承担并完成了省政府重大决策咨询课题《充分发挥民间投资和民营经济在我省经济社会发展中的作用》的研究报告，参与了省委常委、统战部部长李政文领题的《进一步发挥民间资本在山西经济社会中的作用》课题调研工作。《山西省加强非公有制经济代表人士队伍建设的调研报告》获中央统战部理论研究成果奖。为省委、省政府了解和掌握民营经济发展状况、制定相关政策措施，提供了有较高价值的决策参考。

（八）狠抓机关自身建设。把“风清气正、高效有序、团结和谐”作为机关建设的目标，开展了“学习型、业务型”机关建设，开辟了图书室，购进近百册经济类书籍；开展了树立和践行社会主义核心价值体系学习教育活动，举办了机关人员经济知识专题培训和法律知识考试，召开青年干部业务学习专题座谈会、学习效果评议会和处长业务学习交流研讨会，形成了学业务、钻业务的浓厚氛围。组织开展了学习“右玉”精神活动，全体机关干部赴右玉参观学习，开短会、务实效、重服务、深入企业调研、帮助企业反映解决问题的工作作风逐步形成。开展党员活动日主题活动，引导党员干部发挥先锋模范作用。探索非公有制经济组织党建工作的途径和模式，积极指导会员企业建立党组织，发展新党员；指导全省非公有制经济组织开展创先争优活动，宣传创先争优活动中的先进典型事迹，印发简报20期，确保活动扎实有序进行。机关连续四年被省直工委评为精神文明单位。

（九）加强班子建设。坚持用中国特色社会主义理论体系武装头脑，组织中心组理论学习六次，及时学习贯彻胡锦涛总书记在全国“两会”期间对工商联工作提出的新要求和中共中央、国务院《关于加强和改进新形势下工商联工作的意见》，认真学习党的十七届五中全会、中央经济工作会议精神，全省领导干部大会、省委九届十一次全委会议、全省经济工作会议精神，提高领导班子了解全局、把握方向的能力，自觉做到了在政治上、思想上同党中央保持高度一致，在重大问题上旗帜鲜明、立场坚定。严肃党的政治纪律，坚决维护党的集中统一，确保工商联工作围绕省委、省政府的工作思路、工作重点展开；坚持民主集中制原则，充分发挥每个班子成员的工作积极性，健全党组和会领导班子会议制度。围绕“增强政治敏锐性，树立大局观念，坚持公道正派，努力树好形象”四条标准，不断提高“破解各种难题的攻坚力，解决复杂问题的决断力，提升组织协调的领导力，贴近工作对象的亲和力，弘扬高尚人格的影响力”；争做“业务学习的表率，敬业负责的表率，转变作风的表率，廉洁自律的表率”。在重大问题、重要决策、人事调整上，做到集体领导、民主集中、个别酝酿、会议决定。按时召开民主生活会，开展了班子成员之间、班子与群众之间谈心谈话活动，班子内部团结协作，凝聚力、战斗力不断增强。在干部选拔任用中，严格执行干部政策和有关规定，坚持正确的用人导向，推行竞争上岗，严格履行程序，在机关形成了人人干工作、人人比实绩、人人讲正气的良好风气。严格执行《廉政准则》52条禁令，积极开展党风廉政教育和警示教育，从思想上筑牢防腐拒变的防线，努力做到：绝不利用职权和职务上的影响谋取不正当利益，绝不干预和插手市场经济活动，绝不讲排场、比阔气、挥霍浪费，绝不假公济私、化公为私，绝不借选拔任用干部之机谋取私利等等；注重保持高尚的精神追求，培养健康的生活情趣，管住小节、抗住诱惑，坚决抵制腐朽没落思想和生活方式的侵蚀，始终做到讲党性、重品行、作表率，无一人违反廉洁从政的规定。

（冯学亮）

附：省工商业联合会党组书记、成员名单

书　记： 郭海刚

成　员： 樊秀清　王建华　郎宝山　赵淑芊

省残疾人联合会党组工作概况

党组书记　郭贵仁

2010年，省残联党组以科学发展观为统领，认真学习贯彻党的十七大和十七届四中、五中全会和省委九届十一次全会精神，认真落实中央7号文件、国办19号文件和省委18号文件决策部署，紧紧围绕全省转型发展、跨越发展，深入开展创先争优活动，全面推进残疾人社会保障体系和服务体系建设，大力实施残疾人事业“康馨工程”，为发展残疾人事业提供坚强的思想、政治和组织保证，在新的起点上推进残疾人事业又好又快发展。

一、深入学习实践科学发展观，坚持用马克思主义中国化最新成果武装干部职工

坚持政治理论学习，创建学习型机关。坚持用马克思主义中国化最新成果武装头脑、指导实践、推动工作。全省领导干部大会召开后，省残联迅速在机关及直属单位副处级以上干部会议上传达了省委书记袁纯清同志在全省领导干部大会上的讲话精神，党组书记、理事长郭贵仁同志对贯彻落实袁纯清书记的讲话精神作了安排部署。7月20日，省残联召开深入开展创先争优活动暨建设学习型党组织动员大会，省残联机关全体党员干部职工、直属单位处级干部、全体党员120多人参加。党组书记、理事长郭贵仁主持会议，党组成员、副理事长温万一就深入开展创先争优活动作动员讲话，党组成员、副理事长郝保平就建设学习型党组织作动员讲话。各党支部、全体党员按照深入开展创先争优活动要求进行了公开承诺、领导点评。中心组集中学习13次，中心组成员、党员干部积极参加山西省领导干部历史文化讲座“文源讲坛”、山西省直机关领导干部思想讲坛，充分发挥了中心组在学习理论和武装头脑工作中的示范带动作用。

积极组织参加党员干部教育培训工作。党组高度重视党员干部培训工作。省残联党组书记郭贵仁在省残联掀起学习右玉精神新高潮会议上，传达了省委会议精神并对省残联学习右玉精神作了安排部署。组织省残联机关干部职工及直属单位处级以上干部共60人到右玉县参观学习。省残联在上海中国残联干部培训基地举办了专题业务培训班，机关全体和直属单位副处以上干部共40余人参加了培训。参观考察了上海世博园“生命阳光馆”和上海市虹口区曲阳社区的“阳光之家”。各支部采取多种形式抓好干部职工的集中学习培训，全年21名党员干部参加了省直机关处级干部轮训、中青年干部培训等工作，提高了党员干部素质。

二、深入开展创先争优活动，不断加强执政能力建设和先进性建设

认真履行职责，不断提高领导班子推动科学发展、促进社会和谐的能力。省残联党组始终以高举旗帜、坚定信念、践行宗旨为根本，加强领导班子的思想政治建设。党组书记、理事长郭贵仁，认真履行岗位职责，班子成员积极配合，不断增强领导班子团结协作的自觉性，提高运用科学发展观干事创业的水平。

加强民主集中制建设，坚持民主决策、依法决策、科学决策。省残联党组坚定不移地贯彻执行民主集中制这个根本的组织制度和领导制度，坚持“集体领导、民主集中、个别酝酿、会议决定”的原则，坚持用坚强的党性、良好的作风、规范的制度和人格的魅力，带头执行民主集中制。凡是重大事情，都要广泛调查，集思广益，召开会议，集体决策。

按照党的组织工作要求，开好民主生活会。省残联领导班子于2010年10月28日召开了民主生活会。民主生活会以“贯彻落实《党员领导干部廉洁从政若干准则》，切实加强领导干部作风建设”和“深入学习右玉精神，切实加强领导干部作风建设”为主题，进一步沟通思想、增强团结、凝聚力量，更好地推进残疾人事业“两个体系”建设。各支部相继召开了民主生活会（组织生活会），广泛开展批评和自我批评。

进一步转变工作作风，关心帮助困难群众。进一步巩固深化学习实践科学发展观活动的成果，深入开展创先争优活动，继续深入开展“进万户门、解万家难、暖万人心”和联企帮困送温暖活动，积极组织开展各项募捐活动，看望慰问贫困残疾人、老党员和老干部。到联企帮困企业太化集团太原溶济厂走访慰问，送去现金1.2万元。举行了“向玉树地震灾区人民献爱心”及“博爱一日捐”的捐款活动，机关及直属单位全体职工踊跃参加，共捐款37590元。组织了2010年“送温暖、献爱心”社会捐助活动，领导带头，干部职工积极捐款，共捐款12775元。

三、坚持围绕中心、服务大局，认真落实党建工作责任制

认真落实中央四个长效机制文件，全面巩固和发展先进性教育活动成果。坚持以党的执政能力建设和先进性建设为主线，进一步提高党员素质，激活党组织活力。党组、理事会领导密切联系群众，经常深入基层调查研究，指导基层残疾人工作，帮助和解决广大残疾人最关心、最直接、最现实的利益问题。各党支部继续发扬在基层党建工作中“走在前、作表率”的优良作风，多次深入基层调查研究，了解残疾人的心声，切实解决残疾人的生活和生产问题。

把社会主义核心价值体系融入思想道德教育和文明和谐创建全过程，大力倡导和践行社会主义荣辱观，大力开展政治品德、社会公德、职业道德和家庭美德教育。举办了省残

联2010年迎新春联欢会，机关及直属单位自编自演了丰富多彩的文艺节目。组织各支部书记到广州等地参观学习，接收先进理念和革命传统教育。组织机关及直属单位党员干部观看了电影《复兴之路》、《唐山大地震》。

积极推进党内民主建设，尊重党员主体地位。认真落实《中国共产党章程》及党员权利保障条例等党内规章赋予党员的知情权、参与权、选举权、被选举权和监督权等各项民主权利。在评选先进、推荐代表、各项重大活动中，广泛征求党员干部意见，做到集思广益、发扬民主。深入开展"讲党性、重品行、作表率"活动。

认真抓好农村工作队扶贫工作，切实为定点扶贫的村民解决实际困难。党组书记、理事长郭贵仁及党组成员、副理事长温万一带领机关相关部(室)负责人、农村工作队员到扶贫点阳高县进行调研。看望了县聋儿语训班教师和学生，给他们送去了慰问品。为罗文皂镇小学200名贫困家庭的学生赠送了学习用品。观看了罗文皂村日光大棚种植项目，为残疾人扶贫项目提供资金16万元，为扶贫点118个贫困家庭捐赠婴儿奶粉等，为扶贫点下拨培训经费5万元，为扶贫点的旧砖瓦厂建设用地进行复垦整理解决所需资金20万元。

按照党的工作目标责任制的要求，注重加强党组织的自身建设。依照发展党员的"十六字"标准，做好发展党员工作。通盘安排工作经费，保证党建活动扎实开展。党组把党建活动经费列入行政预算，重大活动拨给专项费用。2010年给机关党委安排经费38.5万元，为扎实开展党建工作奠定了良好的基础。

四、以开展丰富多彩的活动为载体，推进精神文明和谐单位的创建活动

积极组织参与省直机关纪念建国61周年庆祝活动。参加省直机关第三届"智奇杯"职工运动会，取得了参加历届运动会的最好成绩。参加了2010年"工商银行杯"省直领导干部乒乓球邀请赛比赛，荣获优秀组织奖。参加了省直机关庆"三八"保龄球比赛及女职工开展"女职工特病保险"活动。参加了全健排舞培训活动。通过形式多样的活动，增进了团结，凝聚了力量，推动了事业。唱响了共产党好、社会主义好、改革开放好、伟大祖国好的主旋律。

深入开展创建文明和谐单位活动。倡导文明和谐思想，发扬互敬、互爱、互帮精神，不断推进文明和谐单位创建活动。积极开展文明和谐单位和文明和谐标兵单位创建工作。2010年12月13日，山西省直机关精神文明建设委员会授予省残联机关、省残疾人康复研究中心、省脑瘫康复医院为2010年度省直文明和谐单位标兵，授予省残疾人辅助器具资源中心、省残疾人就业服务指导中心、省聋儿康复教育研究中心为2010年度省直文明和谐单位，授予王秋妮为2010年度省直文明和谐创建先进工作者。省直机关工会、省直机关劳动竞赛委员会授予省残疾人就业服务中心模范单位荣誉称号，授予王世平、赵爱萍劳动模范称号。

五、以加强惩治和预防腐败体系建设为重点，扎实推进反腐倡廉建设

加强领导，落实责任，深入开展党性党风党纪和反腐倡廉教育。认真学习贯彻胡锦涛在中纪委十七届四次、五次全会上的讲话及全会工作报告，中共中央关于《中国共产党党员领导干部廉洁从政若干准则》的通知，认真学习，加强领导，落实责任。制定了《中共山西省残疾人联合会党组关于2010年党风廉政建设和反腐败工作任务分解意见》，党组书记、理事长负总责，党组成员和理事会领导按照各自分工，对分管部室和单位的党风廉政建设和反腐败工作负全面领导责任，并明确了各部室、各单位的责任。

以贯彻落实《建立健全惩治和预防腐败体系2008—2012年工作规划》为重点，制定了《山西省残联建立健全惩治和预防腐败体系2008—2012年实施意见》。严格执行党内监督各项制度，做到清正廉洁，有针对性地开展示范教育、警示教育和岗位廉政教育。扎实推进惩治和预防腐败体系建设，严格执行党内监督各项制度，做到清正廉洁。

领导干部带头，党员干部严格要求自己。按照"抓班子、带队伍、建制度、正风气"的要求，党组、理事会能够严格执行廉洁自律的各项规定，围绕省委、省政府转型发展跨越发展的工作大局，组织带领党员干部职工，团结一心干事业，齐心协力谋发展，群策群力促和谐。

六、爱岗敬业做贡献，各项业务工作成效显著

制定完善政策法规，为科学发展残疾人事业提供制度保障。一是积极推进立法修订工作，《山西省残疾人保障条例》，获省人大常委会表决通过。二是在充分调研的基础上，起草了我省加快推进残疾人社会保障体系和服务体系建设实施意见初稿。三是筹划起草山西省残疾人事业"十二五"规划。

精心组织实施省政府为残疾人办实事项目，使党和政府的关爱真正落实到残疾人身上。省政府将"对3000名贫困残疾儿童实施康复救助、为200个社区配备康复训练器材和对2400户农村贫困残疾人危房进行改造"列入为民办实事项目之中。省残联协调各有关部门及时制定方案，进行专项部署，全面、超额完成了民办实事项目的目标任务。

全方位实施"康馨工程"，圆满完成残疾人工作各项任务。一是加强残疾人社会保障体系建设，进一步改善残疾人生活状况。二是加强残疾人服务体系建设，不断改进对残疾人的服务。残疾人康复、教育、就业、扶贫开发、宣传文体、维权、组织建设、第二代残疾人证换发、残疾人综合服务设施建设、基金募集、救助工作取得新成效，广大残疾人得到了实实在在的利益。

（尹惠民）

附：省残疾人联合会党组书记、成员名单

书　记：郭贵仁

成　员：郝保平（11月离职）　温万一

省社会科学界联合会党组工作概况

党组书记　侯秀娟

2010年，在省委省政府的正确领导下，省社科联以邓小平理论和"三个代表"重要思想为指导，深入贯彻科学发展观，以学习贯彻党的十七届四、五中全会为主线，以学习型党组织建设和创先争优为抓手，加强机关党的政治建设、思想建设、组织建设、作风建设，促进了社科联各项工作的全面发展。

一、抓好班子，带好队伍，创建学习型、研究型、服务型组织

（一）加强领导班子建设，在围绕中心服务大局上下功夫。一是认真贯彻党的路线方针政策，坚持马克思主义在意识形态领域的指导地位不动摇。社会科学带有意识形态的性质，面对近年来思想理论界出现的宣扬新自由主义、民主社会主义、历史虚无主义等错误观点，以及否定改革开放、否定中国特色社会主义道路等错误思潮，党组一班人始终保持清醒的政治头脑，旗帜鲜明地反对新自由主义、民主社会主义、历史虚无主义等错误思想，明确提出我省社科界要"力求在多元多样中立主导、在交流交融中谋共识、在变化变动中一以贯之，始终坚持马克思主义在意识形态的指导地位，用社会主义核心价值体系引领社会思潮"。在新成立学会审批时，按照有关规定严格审核，把好准入关，特别是注意抓好学会"举旗人"的问题；学术活动实行申报制，根据中央精神加强对各种讲座、研讨会、报告会的监督管理；评审成果时注意严把政治关，对涉及民族问题、宗教问题、敏感问题的个别成果慎之又慎，执行"研究无禁区，宣传有纪律"。党组领导以高度的政治觉悟、政治敏感性和政治责任感，保证了我省社科界始终坚持正确的政治方向，这些年没有出现任何政治倾向性问题，学会活动没有出现一例违法行为，真正发挥了社科联管理、指导的职能。

二是认真贯彻落实省委的重大战略部署，为山西转型跨越发展献计献策。我们适时提出了"高举旗帜，围绕中心，服务大局，抓好'四个一批'，发挥思想库作用"的总体工作思路。围绕山西转型跨越发展的重大问题，组织专家学者开展理论研讨和课题研究。省委书记袁纯清"7·29"讲话后，我们认真学习，统一思想，及时向省属学会（研究会）、各市社科联，各高等院校、科研院所，下发了《学习贯彻省委书记袁纯清同志"7·29"讲话精神的意见》。同时党组书记和领导班子成员亲自领题，带头调研，围绕我省工业新型化、农业现代化、市域城镇化、城乡生态化问题开展了专题研究。如党组书记侯秀娟亲自负责组织的省社科联课题组完成的《山西推进新型城镇化建设步伐加快统筹城乡发展研究》，就山西新型城镇化建设中应当把握的五个基本理念、应注重解决的重点问题和应处理好的几个关系问题进行了系统研究和阐述，提出加速资源型产业转型、增强城镇化发展动力、优化城市空间布局和处理好政府与市场的关系等观点和对策建议。该课题完成后，在省政协会上进行了交流，参加了省政协统筹城乡发展论坛，荣获一等奖。党组成员及机关干部积极开展课题研究，完成了《山西矿业安全发展机制研究》、《山西提升文化软实力的对策研究》、《中部五省省会城市"十一五"期间工业和信息化建设启示研究》等课题，推出了一批有价值的研究成果，为山西的转型跨越发展发挥了我们的智力优势。

2010年是全国文化体制改革的攻坚年，根据宣传文化系统的这一重点任务，省社科联承担并完成了省软科学课题《全球化背景下山西文化产业竞争力研究》，以世界眼光分析了山西发展文化产业的比较优势及山西具有的静态文化资源比较优势和动态需求比较优势，冷静地分析了山西文化产业发展中存在的问题，提出了山西文化产业"三步走"战略。在此基础上，参与了全省文化产业发展规划纲要的研究和制定。

我们还深入各高校科研院所等高层次人才集中的地方进行调研，完成了省委人才领导组、省委组织部下达的2010—2020年人才发展规划课题"加强人才队伍社会环境建设研究"。该研究报告为我省人才发展规划的制定提供了重要的决策参考。并积极参与了山西省人才发展中长期规划的研究制定。

根据中央在"十二五"规划建议中加强和创新社会管理的意见，我们还对非政府组织在和谐社会中的作用进行了专题研究，提出对策建议。并以自身的努力积极探索非政府组织在国家转型时期、在协调利益冲突、缓解社会矛盾等方面的作用，增强为和谐社会建设服务的能力。

与此同时，我们组织省属学会、研究会围绕我省的转型跨越发展及"十二五"规划的制定，开展了一系列学术研讨、课题研究、规划制定的活动。与省政治学会就"收入分配制度改革"召开了理论研讨会；与省哲学学会就"社会转型与马克思主义哲学"进行了理论研讨；与省城市经济学会举办了"山西城镇化发展战略高峰论坛"；与省世界经济学会召开了"忻州市经济转型发展方式研讨会"；与省《资本论》研究会、省科社学会就学习贯彻党的十七届五中全会精神和袁纯清书记的"7·29"讲话精神进行了研讨；省未来研究会、省决策咨询委、省发改委联合召开了12场次"山西'十二五'规划建议座

谈会”，省经济学会承担了阳泉市、朔州市、运城市等地市的“十二五”规划的制定，等等。所有这些活动，都是我省社科团体及社科工作者发挥思想库、智囊团作用的具体体现。

三是认真贯彻民主集中制原则，领导班子的凝聚力明显增强。党组建立健全了党组会议制度、办公会议制度、议事决策制度，做到了主要工作每周碰头研究，互相通气；重要事情，党组民主讨论，集体研究决策，如对社科信息中心的运行、干部的提拔、职工的调动和大的财务开支等重大问题，都是通过党组会、办公会民主讨论后拍板定案，不是某个人说了算，或随意决策。由于很好地坚持了民主集中制原则，班子成员敢于各抒己见，工作中既分工明确又密切协作，具有凝聚力和战斗力。

四是认真执行《党政干部选拔任用工作条例》和四项监督制度，不断提高选人用人的公信度。在选拔任用干部问题上，省社科联党组首先是注重提高政策水平。省委学习四项监督制度的文件下发后，省社科联召开了党组扩大会，认真传达文件精神，专题学习了“四项监督制度”。通过学习，党组一班人进一步增强了执行四项监督制度的自觉性，把四项监督制度落实到了干部选拔任用的各个环节。其次是严格执行有关规定。每次选拔干部时都严格执行党政干部任用条例，本人自愿报名、经过民主推荐、进行考察、党组讨论决定、任前公示、省委组织部职数审批等程序。2010 年提拔任用 1 名正处级调研员，严格按这一程序进行。还公开招考录用了 2 名公务员，均严格按照省委组织部规定，面向全社会，公开透明，择优录用，为机关增添了新生力量。

（二）加强精神文明建设，创建文明和谐单位取得新成效。省社科联创建文明和谐单位的特点是领导重视，班子齐心，全面发动，人人参与，共创共建，共建共享。党组领导亲自安排部署并全力支持；党组成员分工把口带头创建；机关总支具体负责全面协调；各部室规定了“五好”标准，创建文明和谐部室，年底进行验收；职工人人争做文明和谐职工，年度进行考核。并且实行了创建文明单位、文明部室、文明职工挂钩奖惩制度。还组织大家开展了各种丰富多彩、喜闻乐见、寓教于乐的活动。如参观了世博会，举行了“庆三八”和纪念“七一”活动，参加了省直机关体育比赛等。积极开展扶贫帮困献爱心活动，与困难企业结对子，向玉树和舟曲灾区捐款。机关同志重病手术和家里出现重大困难，大家都伸出友谊之手，体现了大家庭的温暖。我们把开展以社会主义核心价值体系为重点的公民思想道德教育与日常工作、日常言行和有意义的活动结合起来，在大家的共同努力下，2008 年、2009 年、2010 年连续 3 年被评为“省直文明和谐单位”。通过开展创建文明和谐单位活动，机关干部职工的精神面貌发生了深刻的变化，形成了团结、进取、文明、和谐的良好氛围，“我们工作着、我们快乐着”的理念深入人心得到体现。同时省社科联的社会影响逐步扩大，省社科联的文明和谐创建工作得到省直文明委和省直工委的充分肯定，不少省直单位先后到我单位参观学习此项工作。

（三）加强机关建设，开展创先争优活动，把社科联建成学习型研究型服务型组织。根据党中央及省委关于开展创先争优活动的意见，制定了《山西省社科联开展创先争优活动实施方案》。以创先争优活动为抓手，着力加强机关党组织建设。党支部按照“五个好”基层党组织标准争创先进，全体党员作了公开承诺，按照“五带头”优秀党员的要求争做优秀党员，全机关积极创建学习型、研究型、服务型组织。我们还在学会、研究会中积极探索建立党组织工作，对各学会党员状况进行了认真调查摸底，有两个学会作为试点建立了党支部。通过创先争优活动的深入开展，进一步调动了广大党员干部的积极性，特别是将创先争优活动与干部作风建设、“讲党性、重品行、作表率”活动有机结合，以党建促进了机关队伍建设。

为加强机关党的建设和干部队伍建设，我们认真贯彻《2009—2013 年全国党员教育培训规划》，制定了省社科联党员干部学习培训规划，在干部培训上舍得出钱出力给时间。近两年 3 名党组成员分期参加了中央党校的理论骨干培训，2 名成员参加了省委党校中青年培训班学习，1 名成员到垣曲县挂职锻炼，党组书记参加了国家行政学院培训，处级干部全部参加了省直分校培训，机关每年进行一次集中培训，并对学会骨干进行了业务培训。我们还狠抓了基础理论的学习，系统学习了《马克思主义哲学教程》，并为干部职工购买了相关业务知识书籍。大规模的学习培训全面提高了机关党员干部的素质和思想理论水平。

坚持中心组学习制度。按照省直工委中心组理论学习的要求，年初，党组书记、机关党总支书记侯秀娟亲自组织制定中心组学习计划，确定了学习内容、学习重点、学习时间、方式及通过学习要解决什么问题等。坚持每月集中学习一次的制度，每次一个重点议题。力求把科学发展观的理论精髓和精神实质充分应用到社会科学工作实践中，有针对性地研究解决社科研究服务转型跨越发展中的重大问题。

（四）坚持依法行政，按照《条例》和章程管理好新社会组织。省社科联认真贯彻落实《法治山西建设纲要》，建立健全了依法治理组织机构，制定了计划，明确了责任人。在干部职工中开展学法、用法、守法教育，进行了法律知识培训和考试。根据社科联的工作性质和特点，重点是依照国家法律法规，加强社团管理。严格按照国务院颁布的《社会团体管理条例》，进行学会的年检、审批成立、学术管理，逐步形成了《学会登记管理制度》、《学术活动申报制度》、《社会团体年检制度》、《学会工作绩效考核制度》、《山西省社科联重点课题管理办法》、《山西省社会科学研究优秀成果评奖实施细则》等一系列制度，保证了学会工作沿着正确方向健康发展。我们还实行了评审复议制度，确定了行政复议人员，以确保评审结果的客观公正。

二、严格要求，率先垂范，扎实推进党风廉政建设

党风廉政建设是党的建设的保障。省社科联认真落实党风廉政建设和反腐败工作目标责任制，强化领导，加强教育，

健全制度，促进了党风廉政建设工作的健康发展。

（一）加强领导，明确责任，认真贯彻落实党风廉政建设责任制。成立了省社科联党风廉政建设责任制领导小组，组长由党组书记侯秀娟担任，成员由各党组成员、机关党总支副书记、主管人事劳资的办公室主任和主管财务的办公室副主任组成，领导小组办公室设在机关党总支。明确规定了党组书记为第一责任人，对单位党风廉政建设负总责，各成员根据分管工作分别负责。党组每个成员都签定了责任书。

（二）加强教育，预防为主，为党风廉政建设奠定坚实的思想基础。重点抓好《廉政准则》的学习教育，抓好人生观、价值观的学习教育。党组中心组、各支部组织党员干部认真学习了《廉政准则》和建立健全惩治和预防腐败体系的有关规定。我们还组织机关全体同志到右玉参观学习。10月8日分别召开党组民主生活会、各支部组织生活会，以"学习右玉精神，加强机关作风建设"为题，结合学习《廉政准则》和省委提出的"四条禁令"、省纪委提出的"五不准"要求，找差距、找问题，制定具体落实和整改措施。

（三）健全机制，加强监督，为党风廉政建设提供有力的制度保障。一是坚持和完善民主生活会和组织生活会制度。把党风廉政建设作为党组民主生活会和支部组织生活会的主要内容。二是坚持和完善社科评奖工作制度。实行严格的回避制度，各级评委及工作人员均不得申报成果参评；实行纪检委参与全过程监督和评审结果公开接受全社会监督机制；实行初评推荐、学科评审、评审委员会审定的三级评审机制；执行"五不准"的评审纪律，党组书记侯秀娟带头执行纪律，保证了评审工作风清气正。三是坚持和执行干部选拔任用工作制度。贯彻落实《公务员法》、《党政领导干部选拔任用工作条例》和省委出台的干部选拔任用3个规定，完善民主推荐、民主测评、干部考察、任前公示、竞争上岗等选拔任用机制。四是坚持和完善财务管理制度。大项开支集体讨论，千元以上开支需经两人以上经手。

（四）深入实际，密切联系群众，树立了良好的工作作风。为切实改进工作作风，班子成员经常到学会、高校及地市社科联进行调查研究，指导工作。评奖期间，与各社科单位、各有关部门加强协调联系，对每个环节、每个程序、每个评审组、甚至每个评委等方方面面都进行认真细致的考虑，确保各项工作的顺利开展，促进了我省社科事业的全面发展。党组成员积极深入学会开展调查，全年深入学会、基层达到200余人次，不仅密切了社科联与学会、基层的关系，而且推动了全省的群众性社会科学工作的蓬勃发展，使深入基层、扎实工作的作风在社科联蔚然成风。

三、以党的建设为基础，推动社科联各项工作的蓬勃发展

（一）成功主办了华北地区社科联协作会，展示了山西历史文化和良好形象，积极推动文化产业发展。5月24日至27日，华北五省市社科联领导带着职能部门负责人及专家齐聚山西召开了华北地区社科联协作会，会议的主题是"传承历史文化，促进文化繁荣发展"，我省由省委常委、宣传部部长胡苏平和党组书记侯秀娟分别介绍了山西省打造文化品牌、发展文化旅游产业的做法和经验，与会代表就如何发挥社科联优势、推动文化产业发展进行了交流探讨，并进行了实地考察。通过这次会议很好地展示和宣传了山西的历史文化，展示和宣传了山西的文明形象，也展示和宣传了山西社科联的全面工作和干部职工的精神风貌。山西社科联的工作得到兄弟省市同行的一致好评。在10月召开的全国社科联工作会议上进行了经验交流，会后山东、湖南、浙江、吉林、广东、宁夏等社科系统人员先后来山西学习参观。

（二）隆重举行了山西省第六次社会科学研究优秀成果表彰大会，推出一批高质量的优秀成果，为我省经济社会发展提供智力支持。社会科学研究优秀成果评审工作，是省社科联受省委省政府委托开展的。它对于社科界的学科建设、人才成长、学术研究具有重要的激励作用。第六次大评奖，我们组织了135名评审专家，分9个学科组，认真进行了三级评审（初评、学科评审、高评委审定）、网上公示、领导组确认。最后评出256项优秀成果，其中荣誉奖2项，一等奖21项，二等奖64项，三等奖83项，优秀奖86项。3月24日，隆重召开了表彰大会，省委、省人大、省政府、省政协四大班子主要领导出席会议并颁奖，获奖的专家学者、各高校和科研单位代表、学会（研究会）领导400余人出席了表彰会议。会议规格高、层次高、表彰成果的质量高，在学界引起很大的反响。表彰的优秀成果既有理论上的重大突破，又有较强的实际应用价值。如《煤炭资源开发与区域经济发展中的福与祸：基于山西的实证分析》（国家社科基金重点项目）一文，通过对丰富的煤炭资源与山西经济增长、结构演进、区域差异等方面的关系研究，论证了煤炭资源开发给山西经济发展带来的利与弊，对于推动资源型区域转型发展提供了有益思路。《山西可再生能源开发利用研究》一文对我省不同资源的总体产能、新能源开发与重点项目合理规划布局提出对策建议，已被有关部门采纳。

我们还对获奖成果进行了全方位的宣传推广，汇总、编辑出版了山西省第六次社会科学研究优秀成果评奖资料，通过新闻媒体进行了广泛的宣传报道，《山西日报》以"为科学发展提供有力的理论支持"为题，专版刊登优秀成果集萃。

（三）围绕我省经济社会发展战略，认真组织社科专家开展重点课题研究，努力发挥思想库作用。完成了2009—2010年度重点课题76项，原计划完成50项，超额完成了任务；又确立了2010—2011年度重点课题143项。学习了袁纯清书记的重要讲话精神后，我们又重点组织了《山西转型发展途径及对策研究》、《山西战略性新兴产业发展的若干问题研究》、《山西农业产业化发展研究》、《山西城乡生态化建设研究》等重大课题研究，组织专家学者积极参与"十二五"规划战略研究，参与了山西省人才发展规划、文化产业发展规划的研究制定，为推动我省转型跨越发展建言献策，推出一批有决策参考价值的研究成果。有些研究成果已被省委省政府领导和有关部门采纳，有的成果已经获奖。

（四）积极开展学会创先争优活动，提升学会管理水平。学会管理是社科联的一项基本职责。社科联管理的学会123个，团体会员单位3900个、会员5万人，涵盖了社会科学的各个学科，涉及各个领域。根据中央和国务院有关文件精神，我们要求各学会、研究会严格执行省社科联学术活动申报制度，建立健全了学会联系人制度、学会年检制度。按照社团管理的有关规定，从4月份开始对全省学会组织建设、学术活动、课题研究、财务审计以及遵纪守法等方面的情况进行严格审查，对一些不合格的学会进行了整顿注销。并根据财政部对新社会组织小金库专项治理的要求，对各学会、研究会小金库情况进行了全面清理整顿。

为提升学会管理水平，我们开发了学会管理软件，建立了计算机管理平台。开展了优秀学会、先进学会工作者评选活动。对学会从思想建设、组织机构建设、学术活动建设、规章制度建设等4个方面23个环节进行考核，评选出优秀学会（包括市社科联）33个，先进学会工作者38名。创先争优活动激发了学会的活力，我省123个社科类学会、研究会焕发出勃勃生机。

（五）开展了社科优秀成果"百部（篇）工程"评审工作，促进学术繁荣和人才成长。这是省社科联精心打造了15年之久的一项优秀品牌性工程，其影响越来越大，质量越来越高。共评出获奖成果139项，其中：荣誉奖1项，一等奖25项，二等奖48项，三等奖65项，同时评出组织奖8个。与大评奖相比，"百部（篇）工程"不仅具有专业水平，更体现了群众性学术活动的特点，使一大批青年社科人才脱颖而出，逐渐成为学术骨干和理论创新人才。

（六）办好"一网两刊"，为社科工作者提供良好的信息平台，同时做好社会科学的宣传普及工作。一是办好网站。山西社科网在用社会主义核心价值体系引导网上舆论的同时，为社科工作者提供了方便快捷的服务。先后开发了社科成果网上申报系统、"百部（篇）工程"网上申报系统、重点课题申报系统、学会管理平台，还建立了局域网，既有内网又有外网，运用现代管理手段来提高工作效率，提升工作水平。二是办好《学术论丛》。全年高标准完成6期、120余万字的编辑出版发行任务。这一刊物以其较高的学术水准得到学术界的重视与认可。三是办好《山西社科联》。围绕山西转型跨越发展进行宣传，同时及时反映社科界和学会的信息，高质量完成了30多万字的编辑发行工作，深受学会工作者的欢迎。

（王纪山）

附：省社会科学界联合会党组书记、成员名单

书　记：侯秀娟（女）

成　员：王崇德　王纪山　王志超

省归国华侨联合会党组工作概况

党组书记　李体柱

2010年，省侨联党组坚持以邓小平理论和"三个代表"重要思想为指导，深入贯彻落实科学发展观，全面贯彻党的十七大和十七届五中全会及全省干部大会、省委九届十一次全会精神，按照全国"八代会"和省"九代会"的工作部署，围绕全省侨联"两个123"的工作思路，以学习型机关建设为重点，着力加强班子建设和机关队伍建设，严格落实党风廉政建设责任制，积极开展创先争优和精神文明创建工作，带领全省各级侨联拓展思路、创新方法，发挥优势、突出特色，履行职能、共促和谐，圆满完成了全年工作任务。

一、用科学发展观统领侨联工作，着力创建学习型侨联组织

建设学习型侨联组织，是贯彻落实党的十七届四中全会精神的一项重要工作，也是侨联事业发展的重要保障。2010年，省侨联党组从全局和政治的高度，深刻认识加强学习的重要性，坚持不懈地推进学习型党组织建设和创先争优活动，在班子成员和机关干部中牢固树立了"学习、学习、再学习"的意识，着力在全省各级侨联机关自觉养成终身学习的良好习惯，形成一种普遍的、浓厚的学习风气，为各项工作的顺利进行提供了保障。

一年来，各级侨联在继续深入学习贯彻胡锦涛总书记关于"三个最大限度"、充分"发挥四个作用"的重要讲话精神，深刻认识中央书记处对侨联工作提出的四个方面的新任务、新要求，深刻领会王兆国同志"广大侨界群众是党执政的重要基础"重要论述的精神实质，进一步发挥好侨联组织的桥梁纽带和独特优势作用的同时，重点深入学习了党的十七届五中全会、全省领导干部大会、省委九届十一次全会精神，以及中央经济工作会议和全省经济工作会议精神。通过学习，全省各级侨联干部切实把思想和行动统一到了中央和省委关于侨联工作的新指示、新要求、新任务上来，进一步理清了工作思路，自觉地把党的重大决策部署体现在侨联的各项工作之中。

另一方面，在日常工作中，不断丰富学习载体，创造学习条件，抓好侨联委员和侨联干部培训工作。省侨联党组书记

李体柱参加了中国侨联和中联部在香港举办的“港情研习班”;在年初召开的省侨联九届二次全委会期间,采取以会代训的形式对省侨联新一届委员进行了集中培训,重点向各位委员介绍了侨联工作的性质、特点和面临的形势、任务等内容;11月,又举办了全省侨联系统秘书长、办公室主任培训班;忻州市侨联积极组织参加了市委市政府开展的《忻州大讲堂》学习活动。

此外,全省各级侨联还按照省委和有关部门要求,组织开展多项专题教育活动:一是按照省委部署,在全省侨联系统再次开展了学习右玉精神活动,掀起了学习右玉精神新高潮;二是按照省委统战部安排,在全省归侨侨眷和侨联干部中深入开展了树立和践行社会主义核心价值体系教育活动,并组织省侨联机关全体工作人员赴革命圣地西柏坡学习参观,接受革命传统教育。

二、围绕中心,服务大局,努力为全省经济建设献智出力

一年来,全省各级侨联组织认真贯彻中央和全省经济工作会议精神,紧紧围绕“发展”这一要务,充分发挥人才荟萃、智力密集、联系广泛的优势,不断探索为经济建设服务的方法和渠道,积极参加各级政府组织的招商引资、招贤引智活动,为我省的转型跨越发展做出了积极贡献。

一是园区建设获突破。积极推进山西华侨城和华侨科技创业园区筹建工作,华侨科技创业园区筹建工作得到了省政府的高度重视,几个园区的建设工作正在稳步推进。晋城市侨联提出的“建设我市光电科技园区”建议,得到了市政府的采纳,并同意先期组建晋城市光电科技研究中心,首期给予了100万元的财政经费扶持。

二是组织活动有特色。积极响应中国侨联的号召,于6月份组织开展了“亲情中华世博行”活动。各级侨联在组织侨界人士赴上海参观世博的同时,广泛动员、引导和推进广大归侨侨眷和海外侨胞关注世博、宣传世博、支持世博、服务世博,共享世博机遇。在赴上海参观世博期间,省侨联还与上海市侨联进行座谈,积极了解和学习上海市侨联参与组织世博会的经验和做法,为2011年参与中博会组织工作积累经验。

积极参与“介休绵山寒食文化节”的组织工作。2010年4月,我会同省委宣传部、晋中市委市政府共同承办了由中宣部、文化部、省委省政府主办的“2010山西介休·中国清明(寒食)文化节”。在文化节举办期间,特邀请海外知名侨领40余人参加了活动。通过活动宣传山西、推介山西,从而强化与海内外及港澳地区侨商及其社团的联系。

三是人才工作结硕果。积极响应国家“千人计划”和省“百人计划”,不断加强对新侨和留学人员工作力度,主动联系侨界高科技人才并为他们做好服务工作,为优化山西发展的软环境、为产业升级储备高端人才,更好地发挥侨联组织的作用做出了贡献。在侨联的积极推动下,省侨联常委、晋城市侨联副主席伍永安博士成功入选国家“千人计划”和省“百人计划”;忻州市侨联常委银小龙博士入选省“百人计划”;来自新加坡的王鹏博士和来自德国的马森源博士双双入选省“百人计划”。在12月省侨青委换届时,将一批侨界高科技人才也吸纳到了侨联队伍中。

在年初召开的国家科学技术奖励大会上,山西省侨联主席、太原理工大学副校长许并社教授带领的科研团队承担的“抗菌纤维材料功能化过程的界面物理与化学研究”项目喜获国家技术发明二等奖。在2010年8月举行的“第十届海外高新技术人才为国服务暨第三届新侨创新成果交流会”上,我省侨联推荐的许并社、方敬爱、伍永安、史沁卫四人荣获“中国侨界贡献(创新人才)奖”。

四是招商引资创佳绩。一年来,各级侨联积极参加各级政府组织的招商引资和商贸洽谈活动,并取得了可喜的成绩。太原市侨联4月份组织侨企参加了石家庄“正定国际小商品博览会”,促成和协调合作项目10余个;通过阳泉市侨联的联系,百度总裁李彦宏于11月为阳泉市建设捐款1000万元;2010年11月在香港召开的“2010年晋城产业项目(香港)推介会”上,晋城市侨联邀请香港侨界、工商界人士200多人参加,签约项目12个,总投资129亿元人民币,拟引资90亿元人民币,并成功促成晋城富士康园区三期工程扩建,世界代工之王郭台铭先生将再增投资38亿人民币用于该项目的建设;经过大同市侨联不懈努力,印尼侨商黄宗墉先生放弃了回祖籍福建投资办厂的初衷,在大同投资1560万元,创建了首家外商投资食品企业——山西大望食品有限公司;长治市侨联促成加拿大斯派瑞冻干股份有限公司中国市场总监、加拿大中国商会副会长王迪录回乡投资创业,先后成立了山西绿色庄园农业有限公司和襄垣县绿色庄园农业有限公司。

为认真贯彻全省领导干部大会和省委九届十一次全会精神,12月6日,省侨联组织召开了“山西省侨联为经济建设服务(晋城·泽州)现场会”,与会代表学习、观摩了晋城市和泽州县侨联服务当地经济建设的经验和成果,总结、交流和推广了全省各地、各级侨联为经济建设服务的做法和经验,进一步探索了侨联组织为经济建设服务的方法和途径,并对全省侨联组织为经济建设服务作了进一步的安排部署。

三、认真履行侨联职能,着力为加快和谐山西建设凝心聚力

一年来,各级侨联组织围绕省委、省政府工作重点和经济社会发展的难点以及侨界关注的热点,深入开展调查研究和政策理论探讨,不断提高侨联组织参与社会建设的能力,努力发挥侨联组织在和谐山西建设中的独特作用。

一是参政议政工作取得新突破。认真学习贯彻中国侨联《关于进一步加强侨联参政议政工作的意见》,加强对参政议政工作的指导,积极与人大、政府、政协有关涉侨部门沟通、协调,努力实现资源共享;全省各级侨联都确定一名专职领导主管参政议政工作,并指定具体部门负责参政议政工作;充分发挥侨界人大代表和政协委员的主体作用和侨联组织的基础作用,召集各级侨界人大代表和政协委员参与侨联组

织的重大活动,主动向他们提供侨情民意,使侨界人大代表和政协委员参政议政的主动性和积极性、反映侨情民意和撰写提案议案的数量质量都有了较大幅度的提高。由省侨联提出《加大支持力度,促进山西省华侨科技创业园区快速发展》的提案得到省有关部门的高度重视。例如省发改委在对该提案的答复中认为:"这一提案提得很好,对改进政府工作具有很好的参考价值和指导意义。"长治市侨界两名政协委员被市检察院聘为监督员,一名被供水总公司聘为监督员;运城市侨联副主席朱建中被市规划局、工商局、城管大队和盐湖区公安局聘为行风监督员。

二是维护侨益工作有了新举措。按照省侨联九届二次全委会议安排,省侨联作出了"五心"和"五必访"的为侨服务承诺(即:接待侨户要热心、接受意见要虚心、解答问题要耐心、服务周到要真心、为侨办事要诚心;归侨侨眷家中有要事必访、患重病必访、发生困难必访、婚丧嫁娶必访、海外亲戚回乡必访)、设立了"6192927"为侨服务热线,并在省侨联国际信息网上进行了公布;进一步完善了信访第一接待人制度,成立了山西省侨联法律顾问委员会,形成了科学维权、主动维权、依法维权的合力;举办了《归侨侨眷权益保护法》颁布20周年系列纪念活动。一年来,全省各级侨联共接待来信来访200余人(件)次,全部得到妥善解决。

三是海内外联谊工作取得新成绩。进一步加强与海外山西同乡会及其他友好社团的联系,建立健全海外重点华商和侨团领袖的联系网络,建立了侨界代表人士动态档案。10月份,与省侨办共同举办了山西省第二届海外华侨华人联谊会,邀请来自美国、加拿大等13个国家和地区的华侨华人社团侨领、专家学者、工商企业界人士和中国台湾同胞共200余人共同为山西转型跨越发展献计出力;与省侨办等单位共同举办了2010年"海外华裔青少年'中国寻根之旅'夏令营(山西营)"活动;6月份成立了"山西海外人员亲属联谊会",为充分发挥海外华人华侨和留学生在联络"亲情、友情、乡情"和"血缘、地缘、业缘"等方面的作用,增强中华文化在世界上的影响力和感召力提供了平台。在第八届中国民间艺术节暨第九届中国(大同)云冈文化艺术节期间,大同市侨联先后邀请全国各地侨联、侨界代表人士和海外侨胞共184人参加两节活动。

四是群众工作出现新气象。一年来,省侨联紧紧围绕解决侨界群众最关心、最直接、最现实的利益问题,帮侨所需、解侨所困,把"送温暖、献爱心"为主题的扶侨帮困工作做得更加扎实。全年全省共筹集20余万元救济、慰问贫困归侨侨眷。积极争取珍珠班的创建,年内全省有三所学校与浙江新华爱心基金会建立合作办学关系,共有300名珍珠生得到资助,每生2500元,共计得到资助75万。晋中侨联积极与香港华革会、宝祥寺、凤凰影视城等联系并争取到他们的大力支持,在晋中捐助4所希望小学和36个农村卫生所,合计金额约400万元。按照省委安排部署,于李林烈士牺牲纪念日——4月26日,与省军区政治部、省委党史办、省妇联、朔州市委共同承办了华侨抗日女英雄李林烈士牺牲70周年纪念大会,特邀中国侨联顾问、原副主席黄军军出席大会。青海玉树特大地震后,全省各级侨联积极开展赈灾募捐工作,仅朔州市侨联就发动侨界群众捐款达10.16万元。临汾市侨联成功举办了"爱我临汾、树我形象、建我家乡"演讲比赛。

四、以务实创新精神推进自身建设,着力提升侨联工作科学化水平

一年来,省侨联党组按照党的十七届四中全会和省委九届十次全会要求,切实加强侨联党组织的建设,积极开展创先争优活动,充分发挥各级侨联党组织的领导核心作用、党支部的战斗堡垒作用和共产党员的先锋模范作用,坚持用党建促侨建,侨联基层组织建设取得新成绩。积极推进侨联组织"网络工程"建设,制定并下发了侨联基层组织建设三年规划,着力解决县级侨联组织发展不平衡的问题,力争三年内在归侨侨眷人数较多的县实现"全覆盖";组织力量在新侨集中的机关、科研院所、高校、创业园区和大中企业进行了调研,并就成立侨联组织工作,与有关部门进行了沟通和交流。

积极做好参加全国侨联基层工作经验交流会的准备工作,向大会推荐了4篇交流材料,晋城市侨联进行了大会交流发言,长治、晋中两市侨联进行了书面交流。年内,晋中市侨联完成了换届工作,临汾市侨联的换届工作正在筹备中。忻州、晋中两市侨联又为5个县级侨联争取了机构、编制。

不断探索符合侨联特点的组织模式和工作机制。长治市侨联结合自身特点建立了"4+1"(即"党委领导、政府支持、人大监督、政协参与"和"侨联运作")为经济建设工作模式和"一成熟、二突破、三级联网"的基层组织建设工作法(即:本着基层侨联成熟一个马上成立一个的原则;在成立侨联基层组织上突破地域限制、突破组建形式,对侨资源相对较少的街道或社区可考虑侨联组织的拓展,联合成立社区侨联组织;构建三级联动的侨联机构,形成区、街道、社区侨联工作网络,上下互动)。

建立健全规章制度,加强机关制度建设和作风建设。省侨联机关完成了自成立以来的历史档案的收集、整理和归档工作;按照文明和谐单位的要求,完成了争创文明和谐单位的各项准备工作,正在积极申报2011年度省直文明和谐单位。在2010年度全省目标责任考核中,省侨联被评为"良好"。按照省委常委会提出的机关作风建设"五不准"要求,分别召开以作风建设为主题的党组会、处以上领导干部会和机关全体人员会议,进行层层发动,并紧抓工作中存在的问题不放松,对工作中存在的学风、作风、文风不严等问题进行了认真地分析,进行批评与自我批评,达到了相互帮助、相互促进、共同提高的效果。

五、加强制度建设,确保清正廉洁,努力建设开拓创新、团结干事的领导集体

省侨联党组高度重视和切实加强班子自身建设,认真执行民主集中制和党风廉政建设责任制,着力提高为侨服务和为经济建设服务的本领,坚持以科学发展观统领侨联各项工

作，紧紧围绕省委工作大局，把实现好、维护好、发展好侨界群众的根本利益作为一切工作的出发点和落脚点，班子成员团结风正，心往一处想、劲往一处使，确保全省侨联工作整体协调推进。认真落实党风廉政建设责任制。认真学习贯彻中纪委四次全体会议精神和省纪委五次会议精神，认真学习胡锦涛同志重要讲话精神，建立了党组书记为第一责任人的党风廉政建设责任制，坚持把反腐倡廉建设纳入工作总体规划，在年初安排部署工作的同时对廉政建设一起安排、年底一起检查。严格执行干部人事制度，严格按照德才兼备的标准选拔任用干部，尊重群众意见、坚持民主决策。2010年配合省委组织部推荐任命1名副巡视员、机关内部调整3名处级干部，杜绝以个人名义接受客人馈赠礼品。坚决落实中央和省委关于厉行节约的有关规定，严格执行有关接待和到基层调研工作的具体规定，没有私设小金库，无公款出国（境）旅游等事项。（张志龙）

附：省归国华侨联合会党组书记、成员名单

书　记：李体柱

成　员：许并社

省红十字会党组工作概况

党组书记　郭慧民

山西省红十字会党组设有机关党总支1个，党支部2个，共有党员14人。

2010年，省红十字会党组以党的十七大、十七届四中、五中全会、省委九届十一次全会精神以及科学发展观为指导，认真落实中国红十字会总会第九次全国会员代表大会和省红十字会五届六次理事会议精神，开拓进取、勤奋工作，弘扬“人道、博爱、奉献”的红十字精神，深入贯彻落实《中华人民共和国红十字会法》、《山西省红十字会条例》，围绕省委、省政府“转型跨越发展”的新思路，坚持以人为本，服务弱势群体，发挥独特作用，各项工作取得了较大成绩，红十字事业得到快速发展。

一、积极发挥政府人道领域工作助手作用，全省红十字事业健康快速发展

（一）积极推进全省红十字会组织建设工作，理顺县级管理体制工作有了较大进展。2010年是全省各级红十字会加强基层组织建设，全面提升能力建设的关键之年。面对新的形势和任务要求，省红十字会以开展创先争优活动为抓手，以学习右玉精神为动力，认真贯彻红十字会法律、法规，加强全省各级红十字会依法建会、依法兴会，积极推进全省红十字会组织建设工作。2010年6月，组织召开了全省红十字会组织建设工作会议，对近年来全省各级红十字会组织建设工作进行了总结、探索和交流，进一步推动各级党委和政府及相关部门按照《中华人民共和国红十字会法》和《山西省红十字会条例》的规定，依法支持、资助、保障、监督红十字会的工作，为全省红十字事业的全面发展起到了积极的推动作用。119个县（市、区）全部成立了红十字会组织，56个县（市、区）理顺了管理体制，占全省县级总数的47%。全省有基层组织1801个，专职工作人员384人，兼职工作人员255人，团体会员单位1895个，会员692205名，志愿者112466人。

（二）以救灾备灾工作为主线，多渠道开展筹资，加强救灾、救援、救助的能力，红十字会备灾救灾力量日益增强。2010年，全省红十字会在重点援助西南旱灾、玉树地震、舟曲泥石流灾区、“3·28”王家岭矿受困矿工等突发事件的同时，以救灾备灾工作为主线，多渠道开展筹资，成效显著，全年募集款、物6021万余元。

全省各级党政机关、事业单位以及太原钢铁集团公司、太原铁路局、山西煤炭运销集团、山西焦煤集团等企业和社会各界积极参与“博爱一日捐”活动，全年接收“博爱一日捐”公益募捐款1300余万元。其中太钢（集团）、太原铁路局分别向“博爱一日捐”公益募捐救助项目各捐助50万元。太钢集团将所捐赠的50万元设立了2010年“太钢红十字爱心基金”，专项用于救助我省14岁以下贫困先天性心脏病患儿。太原三迁堂食品有限公司等民企积极参与“博爱一日捐”募捐活动，踊跃捐款捐物，积极参与“博爱助老公益项目”。省红十字会与山西醋产业发展有限责任公司联合开展了“携手人道，与爱同行”公益活动。该公司每销售一瓶醋就将其利润的2分钱捐赠山西省红十字会，以支持山西红十字事业发展。贝因美集团通过中国红十字基金会向山西省红十字会捐赠价值100万元的婴儿奶粉，省红十字会迅速向省残联、太原市儿童福利院及各市红会进行了转赠。

在广泛开展募捐工作的同时，积极整合资源，深入开展博爱助医、助困、助老等活动，不断拓宽人道救助领域。目前，“红十字博爱救心工程”项目已成为一个品牌项目，并引起社会各界及上级领导的关注和支持。2010年累计投入公益资金160万元，共为140余名贫困先天性心脏病患儿成功实施了心脏病救治手术。截至目前，“红十字博爱救心”项目已累计使全省463名贫困先天性心脏病患儿恢复健康。开展的“微笑工程”公益救助项目，为436例贫困唇腭裂患者实施救助修复手术；援建“红十字博爱卫生站”8所并陆续投入使用，直接受益人口约8000人；与省直工委开展的对省直机关单位因大病致困职工救助活动，救助75人；与华电国际电力股份有限公司联合在全省实施救助贫困白内障患者的项目，投资40万元，帮助200名贫困白内障患者免费实施复明手术。与省红十字眼科医院实施五年的“红十字光明行动”项目

也顺利完成500例复明手术任务；5年累计对全省11个市的2526名白内障患者、眼疾患者实施了救治手术，投入资金约750万元，使这些患者重见光明。

开展2010年"红十字博爱送万家"救助活动，向全省11个市40个县（市、区）2万余个城乡特困户提供总价值500余万元的物资援助。投入资金2万余元，与省纪委等部门联合开展"联企帮困"送温暖活动，走进困难企业太化集团，向特困职工家庭进行了慰问。

（三）围绕红十字自救互救主题，积极开展救护培训，受训范围不断扩大。进一步落实省红十字会、省公安厅、省交通运管局联合下发的《关于贯彻落实中国红十字总会、公安部、交通部〈关于深入开展救护培训工作的通知〉的实施意见》精神，大力推动驾驶员初级救护培训，为铁路、煤矿、旅游、机动车驾驶员、大学生及志愿者培训急救员5000余人。继续开展救护知识普及公益宣传活动，为社区居民及群众普及了灾害应急、自救互救、逃生避险的知识，普及人数达4万余人次。组织阳泉煤业集团救护队参加总会举办的"全国红十字应急救护技能大赛"，荣获三等奖。加强备灾仓库的管理，完善了备灾仓库管理制度，对三个备灾仓库的储藏物资进行清点、归类整理，并做好出入库登记，做到账目清楚，为应对突发事件做好物资准备。

（四）广泛开展艾滋病预防宣传教育活动，造血干细胞捐献及人体器官、遗体和组织捐献等工作呈现新局面。广泛开展艾滋病预防宣传教育活动，普及艾滋病防治知识、提高宣传覆盖面，间接受益群众10余万人。在第23个世界艾滋病日之际，向夏县艾滋病防治协会捐赠10万元艾滋病防治资金，帮助他们开展关爱艾滋病人活动。

2010年，山西省造血干细胞捐献者资料库各项工作稳步推进，先后举办、协办了业务培训班、中华骨髓库HLA数据导入工作研讨会和捐献者"与爱同行"联谊会。截至2010年11月，山西省分库保质保量地完成了总库下达的2010年5000人份的志愿者入库、血样采集和检测以及数据传输任务。累计向总库传输志愿者HLA分型数据5.6万人份，2010年有6名志愿者捐献了造血干细胞，累计捐献41例。

认真实施中国红十字基金会"小天使"救助项目，全年共审核、上报我省白血病患儿105个，已救助51名贫困白血病患儿，发放中国红十字基金会救助金153万元。

积极推动全省人体器官、遗体和组织的捐献工作。2010年，有100多位志愿者登记身后捐献器官、遗体和角膜。全省有志愿身后捐献器官、遗体和角膜登记在册的有350余人，2010年有一人实现了捐献遗体和角膜的愿望，累计我省已有23人实现了捐献遗体或角膜。

（五）加大红十字运动基本知识宣传和传播力度，红十字会的社会影响力进一步扩大。全年在电视、报纸、网站等媒体报道红十字会消息、信息和公益广告2万条（次）；在山西医科大学、山西大学工程学院、职工医学院等院校进行了红十字运动基本知识和捐献造血干细胞知识的传播。通过户外大型电子屏、高速公路、铁路车站公益广告等媒体、宣传折页、宣传品及《山西红十字通讯》、《健康生活报》专版等全方位、多渠道地宣传、传播红十字运动，进一步提升了红十字会在社会各界的知名度，产生了良好的社会影响。

（六）加强志愿者规范管理，重视社区服务，积极推进红十字青少年工作。积极贯彻落实《山西省红十字志愿服务实施办法》，在30个社区建立了贫困家庭健康管理档案，建立了5支社区红十字志愿者救援服务队，并对志愿服务队的红十字志愿者进行了实施电子化管理和培训。全年累计参与各项活动的红十字青少年和志愿者300余人次，志愿服务时间达2000余小时。

（七）注重对外友好交往与交流，引资幅度不断增大。重视对外友好交流与合作，积极与日本、港澳台等国家和地区开展多层次的交流与互访。组织考察团对台湾台北、高雄等红十字组织进行了考察。完成了省红十字会系统第14批赴日研修生的选派工作。派员参加了总会在奥地利维也纳召开的第十八届亚太地区艾滋病大会。12月中旬，接待了澳门特别行政区红十字会20多名义工组成的冬季义务教学交流团。积极进行引资和争取援建项目工作。先后完成了中国红十字会总会、美国红十字会和挪威红十字会在大同县和长治、晋中市开展的改水、改厕项目。

二、不断加强全会党的建设，努力推动全省红十字事业又好又快发展

（一）狠抓党的工作责任制落实。加强政治理论学习。一是严格坚持党组理论学习中心组制度。2010年，会党组将学习贯彻党的十七大、十七届四中、五中全会精神和省委袁纯清书记在全省领导干部大会上《以转型发展为主线 为实现山西经济社会跨越发展努力奋斗》的讲话精神作为年度的理论学习重点进行了安排部署，作为全会政治生活中的一件大事来抓，党组理论学习中心组率先垂范，带头学习，坚持集中学习与自学相结合，党组理论学习中心组全年集中学习达六次12天。先后组织全会党员干部职工学习了《党员领导干部廉洁从政若干准则》、《省委袁纯清书记在全省兴起学习弘扬右玉精神新高潮大会上的讲话》以及十七届五中全会精神等，学习内容丰富，记录翔实，体现了学以致用、务求实效的学习态度。组织处级以上干部及党务干部赴右玉县进行参观学习，深刻领会了右玉精神的核心理念、本质内涵和重要意义。会领导积极参加省委宣传部、省直工委举办的"文源讲坛"文化讲座活动，全年出勤率为100%。按照省直工委的统一部署，我会全体干部职工观看了电影《第一书记》，深切感受了沈浩同志以党和人民的事业为重，干事创业、勤奋务实、勇于创新、为党的事业鞠躬尽瘁的无私奉献精神。

根据中央、省委和省直工委统一部署，在基层党组织和党员中深入开展创先争优活动。会党组高度重视此项学习活动，专门成立了领导组，制订了详细的《关于在基层党组织和党员中深入开展创先争优活动暨建设学习型党组织实施方案》，并于7月2日召开了全会全体党员干部职工参加的动员部署会。《实施方案》明确了活动的指导思想、目标要求、主

要内容、方法步骤和组织领导。活动中，党员同志认真书写读书笔记和心得体会，郑重向组织和群众作出公开承诺，努力创建“五个好”基层党组织，争做优秀共产党员，切实在全会营造了“比、学、赶、帮、超”的浓厚学习氛围。

加强党的组织建设。根据《中国共产党党和国家机关基层组织工作条例》，会党组组织召开了全会党员大会进行了机关党总支换届工作，审议通过了省红十字会第一届机关党总支部委员会工作报告并选举产生了新一届总支部委员会。严格按照“坚持标准、保证质量、改善结构、慎重发展”的方针认真做好发展党员工作。2010年，一名预备党员经考察合格转为正式党员。会党组高度关心党员工作和生活，对生活困难党员及时给予帮扶。完善党员激励机制，认真做好党员表彰工作。

班子成员具有较强的政治意识、大局意识、责任意识，富有改革创新精神，充分发挥了党组的政治核心作用、战斗堡垒作用和先锋模范作用。一是做到了团结协作。班子成员之间，相互支持不争权，相互信任不怀疑，相互尊重不攀比，相互配合不推诿，有效发挥整体合力。二是做到了民主集中。健全了班子内部议事和决策机制，在干部选拔任用、公务员招考、专项资金使用、救灾物资采购等“三重一大”事项中均坚持集体研究、集体决策。三是加强相互沟通，做到坦诚相待、互帮互助，增进理解、支持和信任，增强凝聚力、战斗力和向心力。四是发挥班子示范作用。班子成员做到了共同维护班子权威，带头执行各项规章制度，塑造班子整体形象，将班子形成的团结务实作风带到整个单位，带动全体干部职工把精力投入到全省红十字事业发展上来。

（二）全面加强党风廉政建设工作。一是学习弘扬右玉精神，加强领导班子和干部队伍作风建设。9月19日，省红十字会党组成员、专职副会长冯晋生率省红十字会党组成员、处级以上干部及党务干部7人赴右玉县进行参观学习，深刻领会了右玉精神的核心理念、本质内涵和重要意义；向全会全体党员干部职工传达学习了《省委袁纯清书记在全省兴起学习弘扬右玉精神新高潮大会上的讲话》和省直工委《关于学习弘扬右玉精神加强机关作风建设的意见》，切实加强领导班子和干部队伍作风建设。二是严格执行党风廉政建设责任制，认真落实反腐倡廉各项任务和党内监督各项制度。会党组对党风廉政建设工作年度任务进行了细化分解，建立起责任落实机制、工作测评考核机制、监督机制和保障机制。制定了《2010年党风廉政建设工作安排》和《2010年党风廉政建设和反腐败工作任务分解意见》，坚持业务工作与廉政建设工作一起部署、一起安排、一起考核检查，促进了党风廉政建设责任制的落实。三是加强班子廉洁自律，积极推进惩防体系建设，坚决查处违纪违法案件，强化反腐倡廉教育，防止腐败问题发生。会领导班子坚持以科学发展观为指导，认真贯彻落实党风廉政建设责任制和会党组《关于贯彻落实<建立健全惩治和预防腐败体系2008—2012年工作规划>的实施意见》，切实做到密切联系群众，团结协作，公道正派，勤政廉洁，政绩突出。通过深入学习《党员领导干部廉洁从政若干准则》等党风廉政教育，领导班子带头做好廉洁自律，增强自重、自省、自警、自律的能力，贯彻落实好反腐倡廉的各项要求，结合省红十字会的实际工作，明确责任，规范自身行为，增强拒腐防变的自觉性。严格按照省纪委部署，认真建立省管领导干部廉政档案，及时将省管领导干部《廉政档案表》报送省纪委，机关和直属事业单位中层领导干部也都按规定报告了个人有关事项。四是加强行风建设，积极推进党风和社会风气进一步好转。根据《中国共产党章程》和中央组织部《关于建立民主评议党员制度的意见》有关规定，指导机关党总支和各支部紧紧围绕抓好征求意见、党性分析、民主评议、党员定格等重点环节，结合省红十字会工作实际，认真开展党员党性分析和民主评议工作，从而保持了党组织的先进性，提高了党员队伍的整体素质，增强党的凝聚力和战斗力。指导全省各级红十字会广泛开展行风评议活动，对红十字会系统专职干部加大教育培训力度，着力维护红十字会公益形象和良好声誉。

（三）精神文明创建工作常抓不懈。一是会领导班子高度重视精神文明建设工作，着力加强创建活动的组织领导，机构、人员、经费到位。二是在精神文明创建活动中，制定了年度精神文明建设工作计划、任务、创建目标，并扎实推进。三是积极开展以社会主义核心价值体系为重点的公民思想道德建设和学习型党组织建设活动等。四是开展多种形式的志愿服务活动，履行社会责任，按要求完成结对帮扶工作任务。五是积极开展丰富多彩的群众喜闻乐见的精神文化活动。

（侯晓俊）

附：省红十字会党组书记、成员名单

书　记：郭慧民

成　员：冯晋生　白　冰（女）

省管国有企业党委工作概况

太原钢铁(集团)有限公司党委工作概况

党委书记　杨海贵

2010年,太钢各级党组织以科学发展观为指导,深入学习贯彻党的十七大和十七届四中、五中全会精神,围绕企业发展战略和年度目标任务,全面落实党建工作的指导思想和工作方针,扎实推进党的各项建设、群众工作和稳定工作,实践“三个转化”,推进“三个转变”,为企业的持续健康稳定发展发挥了积极作用。太钢全年产钢959万吨,其中不锈钢272万吨,继续保持全球不锈钢业界的领导者地位;实现营业收入1115亿元,实现利润25亿元。

一、党内基层民主建设取得新成效

作为中央党务公开工作联系点单位,太钢党委围绕推进党内基层民主建设,大胆探索,创新实践,党务公开工作取得明显成效。建立完善了领导体制和工作机制,设立了“太钢党务公开”网站,确定了党务公开目录,利用多种载体实现了公开的高效快捷和全覆盖;坚持党组织的主动引导和党员的积极参与双互动,通过组织开展“支部书记说事日”和“党员说事日”等活动,推动了党务公开工作的持续深化;研究制定了例行公开、依申请公开、检查考核等配套制度,实现党务公开的规范化。在全国党的基层组织党务公开工作电视电话会议上,太钢作为唯一一家企业进行了经验介绍,《人民日报》全文刊登了太钢事迹材料,新华网等多家媒体进行了报道,极大地提高了太钢的知名度和影响力。太钢荣获“中纪委党务公开工作联系点先进单位”称号。

二、形势任务和主题宣传教育广泛深入

开展以“坚定发展信念,明确任务目标,推动‘三个转变’”为主题的形势任务教育,促进了太钢各项政策措施的贯彻落实;开展“重点工程巡礼”宣传教育,先后组织了品种结构、节能减排、资源开发等20余个项目的报道,起到了鼓舞和激励的作用;开展“对标找差、创新超越”宣传教育,及时宣传企业的思路举措和基层单位的典型经验,促进了对标工作的深化;开展安全生产的宣传教育,通过刊发评论员文章、事故警示、漫画、征文等,营造了安全发展的浓厚氛围;在关注民生的宣传上,围绕创建文明宿舍活动、创建三甲医院、职工住宅建设等,加强舆论引导,促进了企业的和谐发展。对外宣传力度进一步加大,中央媒体刊发太钢报道50多条,市级以上新闻媒体刊发500多条,新华网、人民网、凤凰网等外部网站转载太钢各类消息6000多条,为太钢改革发展创造了良好的社会舆论环境。

三、领导班子和干部队伍建设不断加强

以创建“四好领导班子”为目标,不断加强政治理论和党的路线方针政策的学习。太钢党委中心组先后到西柏坡和右玉县参观考察,接受党的历史和革命传统教育。李晓波董事长先后三次为两级党委中心组成员进行专题辅导,统一了思想,凝聚了人心,推动了发展。组织举办4期党员领导干部理论培训班,组织参加省委组织的领导干部自主选学培训,进一步提升了干部队伍的综合素质。强化落实党内重大事项报告制度和党员领导干部参加双重组织生活会制度,组织职工代表开展干部年度民主评议,中层以上干部优秀和称职率达99%。坚持德才兼备、以德为先、注重实绩、群众公认的原则,对中层管理人员进行调整,进一步优化了干部队伍的整体结构。

四、党组织和党员队伍建设扎实推进

各级党组织通过搭建平台、创新载体、健全制度、典型引路等方式,积极创建学习型党组织,实现了知识更新、视野拓

展和能力提升。两级党委中心组学习进一步规范，更加扎实有效。各级党组织深入开展创先争优活动，认真落实各项规定动作，与推进"三个转化"实践活动紧密结合，精心设计活动载体，保证在岗党员100%参与，形成了"组织活动有载体，党员人人能参与，一个单位一特色"的生动局面。有的基层党支部开展"三比一创"主题活动，在党员中开展星级竞赛活动，成效明显。太钢"实践'三个转化'，推动科学发展"项目被评为全省组织工作创新项目。大力推进党员提升素质轮训工程，共举办轮训班37期，培训党员2212名。继续按照"双向培养"的思路发展新党员194名。持续开展困难党员救助帮扶工作，春节和"七一"期间共慰问救助困难党员214人次，发放救助款15.8万元。

五、职工队伍建设取得重大进展

各级工会坚持开展职工标准化操作技术比武、重点项目立功、合理化建议和全员挖潜竞赛活动，全公司2万余名职工提出合理化建议31382条，其中创造价值在10万元以上的合理化建议成果754项、先进操作法59项；开展劳模事迹巡回报告活动，用先进典型引导职工；举办群众性全民健身和文艺汇演活动，丰富了职工文化生活。各级共青团组织坚持以导师带徒和青工技能提升为重点，不断加大青年人才培养力度，持续深化以创新创效为主题的青工岗位实践活动，积极服务企业生产经营建设。二钢厂北区1号转炉、炼铁厂5号高炉在"全国重点大型耗能钢铁生产设备节能降耗对标竞赛"中，分别获得冠军炉和优胜炉称号；热连轧厂2250运行乙班荣获国家"工人先锋号"称号。太钢荣获全国"安康杯"竞赛优胜企业、全国总工会机械冶金建材系统"劳动关系和谐企业"称号；在第五届全国钢铁行业职业技能大赛中获得第三名，荣获山西省首届冶金行业职业技能大赛特别贡献奖。

六、党风建设和反腐倡廉工作成效显著

不断深化党性党风党纪教育和廉洁文化建设，增强了各级干部廉洁从业意识，促进了工作作风转变。以各级领导人员和有业务处置权人员为监督重点，对苗头性问题进行全程跟踪、监督。建立廉政风险排查防控机制，排查出风险点7506项，并通过健全制度、优化流程、加强监督等措施，有效规范了权力运行。持续深化效能监察工作，全年增创效益1.3亿元，挽回和避免经济损失6820万元。加大惩处力度，对于不履行或不正确履行岗位职责、违反党纪政纪的人员进行严肃查处，全年共处分违纪人员128人。太钢反腐倡廉和作风建设工作得到了上级机关的充分肯定，典型经验在全省进行推广。太钢荣获了"山西省纪检监察系统先进集体"称号。

七、思想政治工作、精神文明建设和企业文化建设持续深化

坚持开展职工思想动态调查分析，增强了工作的针对性和实效性；开展"倡导文明上网，共建和谐太钢"主题活动，"在线倾听"栏目成为省内大型企业中唯一公开运行的网络社情民意通道，较好地发挥了现代信息网络在思想政治工作中的独特优势。扎实推进精神文明创建活动，14个单位和2个社区荣获省属企业文明和谐单位称号。积极开展文化体系建设和文化对标工作，持续深化查摆"不文明、不规范、不精细"行为活动；广泛开展"我们身边的闪光点"宣传活动，推动了文化落地。太钢被评为"全国企业文化建设先进单位"；"李双良精神"荣获"新中国60年优秀企业精神六十佳"。

八、和谐稳定工作取得新进步

太钢党委加强对稳定工作的领导和指导，及时排查和处理问题，确保了大局的安全稳定。发挥信访主渠道作用，全年共接待群众来访920多人次，举办领导干部民主接待日活动8次，对于职工反映的各类问题及时进行了答复和处理。坚持开展困难职工救助和"金秋助学"活动，发放救助金1997万元。向玉树、舟曲灾区等捐款438万元，向王家岭煤矿透水事故救援现场、西南特大旱灾地区提供了抢险救援和物资捐赠；开展"公众参观日"活动，邀请社会各界群众走进企业，感受绿色钢城的魅力，赢得了广泛赞誉。公司统战、离退休、医疗卫生、治安保卫、民兵武装等方面都结合自身特点开展工作，取得明显效果。太钢荣获"山西省慈善突出贡献企业奖"、"山西省希望工程20年特殊贡献奖"、"山西省民族团结进步模范集体"、"全国厂务公开民主管理先进单位"称号。

（丰汉谦）

附：太原钢铁(集团)有限公司党委书记、副书记、常委名单

书　记：杨海贵

副书记：王新平　韩瑞平

常　委：李晓波　胡玉亭　刘复兴　周宜洲　侯进平　王继光

山西焦煤集团有限责任公司党委工作概况

党委书记　白培中

山西焦煤集团有限责任公司是我国煤炭行业第一家以资产为纽带，由原西山煤电、汾西矿业、霍州煤电三家国有重点煤炭企业合并重组设立的煤炭大集团，是中国目前规模最大、品种最全的炼焦煤生产企业。

2010年，山西焦煤集团实现原煤产量10129万吨、精煤产量4032.9万吨、商品煤销售量8031万吨、发电量59.27亿度、焦炭产量705万吨、销售收入1020亿元、利润50.6亿

元。原煤产量过亿吨，销售收入超千亿元的历史性跨越，山西焦煤集团成为国内第二家“双亿”级煤炭企业、山西省第一家产量过亿吨煤炭企业。

截至2010年底，公司共有基层党委112个，党总支275个，党支部2446个，党员46145名。

（一）思想建设方面。以党委中心组学习为抓手，系统开展党的十七届四中、五中全会、省委九届十一次全会、全国全省“两会”精神学习解读活动，运用党的最新理论成果武装头脑、指导实践，在各级领导班子中筑牢了以科学发展为主题，以加快转变经济发展方式为主线的发展思路。适时召开领导干部大会，专题学习宣贯“7·29”全省领导干部大会精神，围绕省委袁书记视察山西焦煤时提出的“安全第一常抓不懈，整合重组务求实效，加快发展转型翻番”要求和王君省长“安全、重组、翻番、转型”八字要求开展大讨论活动，进一步完善了建设亿吨级现代型国际化能源化工大集团的战略目标，明晰了“安全、转型、绿色、和谐”相统一的发展道路，转型跨越发展成为广大干部职工的共同意志。加强对外学习交流，组织人员分赴宝钢、晋煤、陕煤等大集团大公司参观调研，在学习、引进先进技术和管理经验的同时，充实了头脑，开阔了眼界，拓宽了思路，增强了本领。

（二）组织建设方面。全面启动党组织换届选举工作，按照规范程序、严格标准的原则，顺利完成114个党委、228个党总支、1848个党支部的换届选举工作。以换届选举为抓手，进一步完善党的组织构架体系，优化各级党委班子结构，推选一批年富力强、基层工作经验丰富的人员进入各级领导班子，激发了党组织的活力和战斗力。12月7日，山西焦煤第一次党代会顺利召开，大会提出了“十二五”期间狠抓“五建设”、确保“五翻番”、实现“五转型”，牢固奠定亿吨级现代型国际化能源化工大集团基础，全面建成山西省品牌支柱企业、中国一流能源企业、全球五百强企业的总体目标，明确了今后五年党的建设的主要任务，为企业发展指明了目标和方向。深入开展创先争优和学习型党组织建设活动，重点围绕安全生产、资源整合、经济运行和市场营销三项重点工作落实活动方案，在推动科学发展，促进和谐稳定，改善民生事业等方面取得显著成效，全年共涌现13个先进党委、84个先进基层党组织，190名优秀共产党员，75名优秀党务工作者。

（三）作风建设方面。结合企业发展形势和任务要求，提出并倡导“紧、严、细、实、廉”作风要求，引导各级干部落实责任、转变作风，以实际行动赢得企业发展主动权，取得职工群众信任和支持。严格安全生产“双三十条”制度，制定并规范“321”安全工作等制度，坚持每月召开3次总经理办公例会，每月2次深入基层督查督导安全工作，每月召开1次党政联席安全专题会议，以严谨务实的作风促进安全工作关口前移、过程保证。集团、子分公司两级机关全面铺开现代型、服务型、高效型“三型”机关创建活动，通过推行限时办结制和全员绩效考核，改善了服务水平，提高了工作质量。各子分公司相继开展整合矿井“六长”培训加军训、准军事化管理等活动，发出领导干部“星期六一定不休息，星期日不一定休息”的倡议，干部队伍精神面貌明显改观。大力开展学习弘扬右玉精神活动，组织人员先后赴右玉县学习参观，开展“五不准”禁令专项检查活动，坚决杜绝了各级干部中的“闲谈风、吃喝风、玩乐风”。

（四）党风廉政建设方面。引深党风廉政“一十百千”教育活动，坚持与新任领导干部进行任前廉政谈话，组织召开“廉洁文化经验交流会”，深化检企共建活动，提高了各级领导干部的廉洁自律意识。深化“三重一大”决策制度，不断完善领导干部重大事项报告体系，推广党风廉政建设抵押金制度，针对机关和矿厂62个关键领导岗位的275个廉洁从业风险点制定防控措施348条，健全完善了党风廉政建设的制度体系。围绕产品销售、设备及材料采购、工程建设项目、对外投资等进一步强化效能监察参与经营管理的作用，出台效能监察管理、考核、项目评价指导“三个办法”，切实发挥了效能监察在经营工作中的监督、管控作用。认真开展煤焦领域反腐败专项斗争、工程领域突出问题专项治理以及“小金库”专项清理工作，共发现和清理“小金库”11个，涉及金额385万元。进一步增强案件查办能力，共立案33起，涉及人员197人，给予党纪政纪处分192人，起到了有效的警示、震慑作用。

（五）安全管理方面。严格安全红线和安全问责“双三十条”制度，扎实推进“法定代表人安全生产承诺制”，对死亡事故和等级非伤亡事故、瓦斯超限事故进行严肃调查处理，全年安全问责、安全处分118人。狠抓安全生产“四个按钮”，一是严格规范领导带班下井制度，切实把领导带班下井作为转变作风、密切干群关系的重要抓手；二是全面推广“手指口述”安全操作法，共组织各级各类竞赛100余场次，促进了职工标准化作业行为的养成；三是严格落实班组长素质准入管理办法，带动班组建设水平不断提高；四是开展应急预案现场演练101场次，参演1.76万人次。深化示范矿井建设和安全质量标准化达标工作，针对性开展瓦斯治理、防治水、防灭火、机电提升运输等专业示范矿井建设，12座高瓦斯矿井全部实现抽采达标，瓦斯超限次数由2009年的936次下降至296次，共建成“一通三防”、地测防治水、防灭火等专业示范矿井16个、专业防治水队伍67个。整肃劳动组织纪律，加强职工教育培训，全年开展各级各类培训27万人次，投入培训资金1.59亿元，建立安全教育培训档案18.9万份。

（六）生产运行方面。优化生产系统，合理生产布局，积极推广建设“一井一面”矿井，对设计能力在300万吨/年以上的矿井提出回采工作面控制在2–3个的要求，全员工效由2009年的6.551吨/工上升到7.26吨/工。加大装备投入和核心技术改造力度，努力加快采掘装备技术升级，共有6座矿井达到400万吨/年以上的生产规模，西山煤电斜沟矿原煤产量突破1000万吨。大力推进开掘工作上水平，积极开展万米掘进队伍建设，全年共建成万米综掘队2个，6000米综掘队21个，进尺完成情况首次好于产量完成情况。狠抓生产衔接和环节配套，将“四量”关系纳入对子公司董事长和矿长的年度和任期考核，为连续稳产创造了条件。深化“精煤战略”，强化煤炭洗选、储装运能力建设和存量入洗能力挖潜，原煤入洗率达到72%以上，同比增加2个百分点，精煤产量首度突破4000万吨。

（七）资源整合方面。积极推进资源整合兼并重组工作，共整合地方煤矿169座，整合为69座，新增井田面积657平方公里，地质储量59.27亿吨，规划产能7086万吨/年，协议签订率、矿井接管率、资金补偿率、应关闭矿井关闭率达到100%。建立资源整合领导组月度例会制度，实施“确认、拆关、派人、加快”八字工作方针，确保了整合重组工作的积极稳妥推进。明确“一矿一井一面”、辅业垂直管理、专业化建设的要求，组织召开资源整合现场推进会，大力推广霍州煤电木瓜、店坪矿的典型经验，为整合矿井安全、高效、绿色发展奠定基础。积极响应省委省政府部署，明确整合重组董事长负责制，对进度、目标、任务层层签订责任状，加快了整合重组后阶段工作步伐。

（八）经营调控方面。加强计划投资、费用预算、工资奖金分配、资金预算管理四项工作，实施“限薪、限保、限批”措施，可控费用同比下降7.9亿元，留存发展储备资金及工资储备资金84亿元。下半年起对五项重点监管指标逐月进行打分、排名、点评，有力促进了经济总量的快速增长。围绕“三稳”、“三保”目标开展运销市场调研和业务调整，全年铁路用户数从293户压缩至263户，合同量与资源量比例保持在1.49:1。充分发挥集中销售龙头作用，构建“四统筹”大营销格局，精煤与电煤销量、省内与省外销量实现同步增长。积极推动物流贸易产业发展，推行销售贸易一体化管理，形成统一洽谈、自主衔接的销贸互保机制。对山西焦化实行超常规、超严格、超精细的“三保一促”措施，指导协调山西焦化调整产品结构、优化经济配煤、严格费用支出，同时将焦炭销售纳入统一销售大平台，全面实行煤种、合同、拉运“三优先”措施，全年焦炭产销率达到100%。

（九）改革发展方面。加大重大项目和重点工程推进力度，全年重点工程和项目66个，完成投资117亿元，除王家岭项目外，列入省重点工程名录的项目全部完成计划投资，古交发电厂二期等项目顺利竣工验收。加快对外交流合作，先后赴宝钢集团、陕煤集团学习调研煤化工技术、管理等先进经验，与神华集团形成了合作开发3000万吨煤焦化循环经济一体化项目意向。明确“组织结构扁平化、煤业经营板块化、非煤产业专业化、要素配置科学化”的体制机制改革方向，先后设立公共事业发展公司、焦化产业发展局、质量管理与监督服务中心、整合矿井销售管理与监督服务中心，在技术中心、新闻中心实行了集团设中心、子公司设分中心的管理运行体制，推动了资源共享、业务整合和专业化发展。全面开展“十二五”发展规划编制工作，形成15个特色产业和循环经济工业园区、65个重点项目，包括6个骨干支撑项目的总体发展框架，勾画了企业“十二五”发展的蓝图。

（十）民生改善方面。完善绩效工资改革，适时调整岗位工资基值和年功工资计算方式，全年职工人均收入达到63183元，同比增长18.81%。围绕向职工群众承诺的十件实事开展工作，共安置矿区职工待业子女就业1.1万人，布局三级创伤急救点595个，走访慰问劳模、离退休人员、困难职工113428人次，发放慰问金3235万元。加快保障性安居工程建设，制定并出台山西焦煤保障性安居工程建设三年规划，全年竣工面积58.72万平方米，竣工7380户。大力推进矿区基础设施建设、环境面貌整治和城市化改造，完成绿化面积14.09万平方米，先后建成一批环境优美、设施完善矿区花园。组织“生命之歌”安全文艺巡演，积极开展消夏晚会、歌咏比赛、书法展览等多种形式的娱乐活动，丰富和提升了矿区的生活品味。（曹大军）

附：山西焦煤集团有限责任公司党委书记、副书记、常委名单

书　记： 白培中

副书记： 高斌旗　李堂锁

常　委： 金智新（2月任职）　潘得国（12月离职）　李建胜　邓保平　杨根贵　游　浩　武华太（7月离职）　薛道成（12月任职）

山西国际电力集团有限公司党委工作概况

党委书记　常小刚

2010年，山西国际电力集团有限公司党委认真抓好思想、组织、作风、制度和反腐倡廉建设，全面推进集团公司转型跨越发展。以科学发展观为指导，深入开展创先争优活动，认真贯彻落实党的十七届五中全会、全省领导干部大会和全省经济工作会议精神，不断创新发展思路和管理理念，编制完善“十二五”发展规划，进一步动员和鼓舞全体党员和员工，抢抓机遇，开拓创新，奋勇争先，促进集团公司转型跨越发展。现集团公司党委下属基层党委14个，党总支6个，党支部78个，党员1909人。

一、深入开展创先争优活动，推动转型跨越发展

根据省国资委党委的统一安排部署，组织全体党员深入开展了创先争优和学习型党组织建设活动。集团公司党委专门召开集团公司创先争优活动暨推进学习型党组织建设动员大会，成立了集团公司创先争优活动领导小组，制定工作方案，明确分工职责，将开展创先争优活动和推进学习型党

组织建设作为巩固扩大学习实践科学发展观活动成果和推动集团公司转型跨越发展的重要抓手，引导党员干部进一步准确把握科学发展观的科学内涵、精神实质及对各方面工作提出的新要求，夯实推动集团公司转型跨越发展的思想基础，促进学习实践科学发展观向深度和广度发展。

集团公司党委开展了领导班子成员创先争优领题调研活动，选取事关集团公司转型跨越发展大局的10个课题，由每位集团领导牵头组成调研小组，经过3个月的调研论证，提出了具有前瞻性、引领性的思路和对策，形成了一批有情况、有分析、有对策的调研报告，对集团公司在全省的定位、自身的优势和不足、当前面临的主要矛盾及在全省经济社会发展中应当肩负的责任和义务有了更加深刻清晰的认识，理清了思路，形成了共识。集团公司致力于传统能源新型化和新兴能源规模化，逐步形成了以电力和燃气为核心、以金融和投资为支撑的产业格局，业务范围涉及证券、物流、置业、煤炭、水务等领域。

二、创新组织体制机制，加强公司党建工作

2010年，集团公司召开了第一次党代会，选举产生了新的集团党委和纪委班子，在明确今后五年发展目标的同时，积极探索建立与市场经济和现代企业制度相适应的党建工作体制机制，使党建工作更好地溶入业务工作当中。

为建立适应现代企业制度、有利于党组织发挥作用的管理体制，集团公司围绕发挥党组织的政治核心作用和完善公司治理结构的要求，妥善处理各级党组织与董事会、监事会、经理层的关系。在集团公司层面，实现党委会、董事会班子成员“双向进入，交叉任职”，坚持党管干部原则，落实总经理对班子成员的提名权，提名人选由上级党委研究确定，从制度上保证了集团党委在公司治理结构中发挥政治核心作用。在二三级公司层面，党委书记、总经理一肩挑，二级公司中分别设立专职党委副书记，责任主体更加明确，三级公司中的95%的车间和部门成立了党支部。从组织体制上保证了党组织参与决策作用的发挥。集团公司党委及时跟进党组织建设，在新建经济组织的同时建立党组织，调整管理机构的同时调整党组织设置，配备经营管理人员的同时配备党务工作人员，2010年，集团公司在新成立的新兴能源产业集团、山西燃气产业集团成立了党委，实现了企业的业务开展到哪里，党的组织就设置到哪里，党的工作就延伸到哪里，确保基层党组织的战斗堡垒作用得到充分发挥。

同时，集团公司党委注重把党建工作内容纳入企业绩效考评体系，层层落实责任，各级班子成员落实“一岗双责”，根据分工在推动业务工作的同时，抓好职责范围内的党建工作，形成了党政齐抓共管的党建工作格局。

三、加强党风廉政建设，促进企业健康持续发展

集团公司党委注重发挥党组织保证监督职能，将企业廉政建设与完善内控体系、防范经营风险结合起来，通过开展“反腐倡廉制度建设年”活动，深入推进工程建设领域突出问题专项治理、“小金库”专项治理和廉政风险防控，以加强对重要招标活动的监管、推行企务公开为抓手，着力形成“清白做人、干净做事”的良好机制。在内部招标活动中，集团公司通过公开招标，确定三家招标代理机构为集团合格招标代理，所有招标均在合格招标代理名单中选择招标代理。合格招标代理单位实行动态管理，每年进行考核，末位淘汰，重新补充。招标采用经评审的合理最低价中标法。集团公司纪检委参加监督组全程参与监督，其中组织进行的国锦煤电交城2×300MW发电机组主机设备招标，中标价在华北地区同类型机组中为最低价格。

四、推进企务公开工作，进一步改进工作作风

集团公司将推行企务公开作为实现民主监督的重要途径。2010年，集团公司召开了企务公开现场推进会，出台了《集团公司企务公开工作实施意见》，建设完成了集团公司企务公开应用系统，紧紧抓住企业工作中的重点和员工关注的热点问题进行公开。集团所属的阳光发电公司在网络化公开的基础上，引入ISO9001管理标准，形成了《企务公开质量管理手册》，将企务公开民主管理工作纳入规范化、制度化、程序化的轨道，被全国总工会等国家五部委联合授予“全国企务公开工作先进单位”的称号。

良好的作风是推动发展战略顺利实施的保障。集团公司党委将作风建设作为党建工作的重要内容，摆在企业发展的突出位置来抓，领导班子成员和每个党员按照“两个务必”的标准严格要求自已，转变作风，深入基层生产施工一线，深入员工群众体察掌握真实情况，及时了解基层企业和员工的需求，发现工作落实中存在的倾向性问题，并尽可能及时解决，充分发挥党员的先锋模范作用，努力营造干事业、抓转型、促跨越的氛围。

五、加强精神文明建设，构建和谐文明企业

集团公司党委将精神文明建设作为推进企业发展的重要推手，组织开展了企业文化理念宣贯系列讲座，举办了职工书法摄影竞赛，在太原举行了第三届“通宝杯”龙舟赛和“阳光杯”广播体操比赛，通过多种有效的载体，用精神、理念、价值观激励员工，规范管理，着力营造了和谐健康、团结友善的企业人文环境，凝聚了全体员工的智慧和力量，激发了公司活力，振奋了企业精神，进一步提升了企业精神文明建设水平。2010年，集团公司所属的山西阳光发电责任有限公司、大同热电有限责任公司和山西地方电力股份有限公司柳林分公司分别被山西省精神文明建设指导委员会评为“全省文明和谐单位标兵”，山西地方电力股份有限公司朔州分公司、离石分公司、中阳分公司、方山分公司和交口分公司分别被评为“全省文明和谐单位”。

一年来，山西国际电力集团党委认真学习贯彻落实党的十七届五中全会精神，在山西省委和省国资委党委的正确领导下，深入开展创先争优活动和学习型党组织建设，进一步

深化了对集团公司发展道路的认识，提高了推动转型跨越发展的自觉性和坚定性。 （杜豪俊）

附：山西国际电力集团有限公司党委书记、副书记、委员名单

书　记：常小刚

副书记：傅志明（12月任职）

委　员：白　雷（12月任职）　刘世文（12月任职）

樊　洪　张　然（12月任职）

曹　冬（12月任职）　郭永和

薛文晔（12月任职）　刘会成（12月任职）

崔立新（12月任职）

大同煤矿集团有限责任公司党委工作概况

党委书记　吴永平

大同煤矿集团有限责任公司党委下设94个基层党委，118个基层党委和直属支部，2375个基层支部，共有48607名共产党员。

2010年，同煤集团党委紧紧围绕省委省政府的工作总体部署，深入学习实践科学发展观，广泛深入开展创先争优活动，各级党委充分发挥政治核心作用，把方向、谋全局、管大事、强保障，把党的政治优势转化成推动企业科学发展的强大动力，开创了集团公司党委各项工作的新局面，为集团公司圆满完成"十一五"各项目标任务，提供了坚强的思想保证、组织保证。

（一）把方向，谋全局，开创了科学发展的新局面。以科学发展观为统领，坚持理论先导、思想先到、战略先谋，不断增强贯彻落实党的大政方针的主动性、自觉性、超前性，牢牢把握企业正确的发展方向，形成了企业科学发展的理论体系，这是"十一五"期间最显著的成果。81620发展战略全面实施，"三新"总体发展思路深入人心，"高起点上再跨越、创造同煤新历史"的新目标和建设百年同煤的宏伟蓝图，引领同煤阔步前行，跨越发展。达到了思想上高度统一、行动上高度一致、氛围上高度和谐，开创了同煤科学发展的历史新篇章。

（二）抓班子，带队伍，开创了干事创业的新局面。以改革创新的精神，全力推进党的建设新的伟大工程。以"四好班子"建设为重点，转变作风，提高班子成员的政治理论素质、管理能力和领导水平。坚持党委中心组学习，扩展思维；坚持民主生活会，沟通思想；坚持"三重一大"，集体决策；实施班子成员绩效考核，调动起了每个班子成员的积极性，充分发挥了班子的整体效能，充分体现出这届班子是干事创业的班子、风清气正的班子、尽心履职的班子。以领导人员队伍建设为关键，明确用人导向，匡正用人风气，实施了"四推荐一考察"选人用人新机制，在班子调整中优化配置、在干部交流中提升综合能力。一大批事业型、专业型、作风好、肯干事、能干事的优秀同志走上领导岗位。以基层组织和党员队伍建设为基础，不断扩大党的工作的覆盖面。新建项目延伸到哪里，党的组织机构就设在哪里，党的优势就发挥到哪里。深入开展创先争优活动，"共产党员服务站" 成为服务群众的一面旗帜。无论是抗击南方雨雪冰冻灾害的"三讲四保"大决战，还是"5·12"抗震救灾大行动，都发挥出了重大作用。牢牢抓住人才队伍建设这个"第一资源"，建立和完善了优秀人才培养激励机制，实施了煤炭行业技术人才"653"工程，选拔了331名优秀青工进入大专院校学习；招聘引进1600多名大学生补充技能操作岗位；选拔出近900名优秀人才，为企业跨越发展注入了新的活力。

（三）强引领，塑形象，开创了心齐人和的新局面。以思想的大解放推动企业的大发展。宣传党和国家的方针政策、企业发展思路，广泛开展形势任务教育和理论研讨。邀请国内知名专家举办各类专题讲座。在解放思想中把握规律，在广泛实践中丰富发展理论，形成了《科学发展观的学习与实践》、《人人都是通风员——煤矿安全新论》等系列理论专著，有效地指导了实践。以精神的大引领，激活发展的新动力。知荣辱、讲正气，开展"八大主题"荣辱观教育，营造了文明道德新风尚，先后向灾区捐款捐物达4500多万元，展示了同煤人道德新风范；建成了国家级爱国主义教育基地；工程式设计，项目式推动，"八大文明创建工程" 构建了百里文明和谐带，创建了5个国家级、60多个省市级文明单位；传承优良传统，奏响时代强音，将"特别能吃苦、特别能战斗、特别能奉献"、"勇于奉献、争创一流"、"爱企敬业、创新发展"的企业精神，凝练形成了"强企报国、敬业奉献、创新发展、卓越至上"的同煤精神，转化成了企业跨越发展的强劲动力。集团公司荣获全国精神文明建设工作先进单位。以文化的大融合，拓宽发展的新领域。从最初的理念引领、标识统一，到全面推行精细化、人性化管理和"快乐工作法"，构建了五大支撑体系，培育和形成了企业与员工共同的核心价值观，促进了大集团文化融合，形成了具有同煤特色的"制度管企，文化管人"管理新格局。集团公司被授予全国企业文化示范基地。以开放的大胸怀，塑造企业新形象。我们承办了煤炭工业节能减排暨循环经济现场会、中国矿业循环经济论坛等行业盛会，召开了第八次党代会、"建设百年同煤，合作共创未来"大会，举办了建企60周年庆典、"百名记者塔山行"活动，同煤的发展成就让世人刮目相看，荣登"新中国创业建设标志地"榜首。接待《人民日报》、中央电视台等各类主流媒体采访，报道集团公司发展成就，充分展示了同煤改革发展的新成就。

（四）重预防，强惩戒，开创了风清气正的新局面。以"打造企业廉洁净地"为目标，以教育预防为先导，以监督查处为核心，建立完善教育、监督、预防和惩治制度180多个，全方位推进“源头防控”体系建设。立足建立廉政教育长效机制，深入开展学法规、知法规、守法规系列教育活动，举办警示教育直通车图版展、廉政主题党课，发挥廉政教育阵地的作用，实施廉洁文化视觉工程，建立廉洁文化示范点，党风廉政教育实现了全覆盖。有效规范人财物、产供销关键部位和重点环节的权力运行。对资源整合超前监督，对各类招投标全程监督，对工程领域专项治理，对员工群众关心的敏感问题重点核查，真正体现了廉政出效益、廉政出形象、廉政出团结、廉政出和谐、廉政聚人心、廉政产生亲和力。坚持有信必核、有案必查、违纪必处，充分发挥了惩治的威慑作用。

（五）凝人心，聚人气，开创了齐抓共管的新局面。用实干赢得信赖，用为民凝聚人心。企业里对班子的信任度更高了、发展信心更强了，大家都在一心一意抓工作、一门心思谋发展、一股劲头干事业。加强党对工会、共青团、武装、老年等群众工作的领导，工作上支持、业务上指导、经费上倾斜，特别是党政联席会专题研究职代会提案，职工代表提案落实率达100%。各级群众组织紧紧围绕集团公司党政工作中心，在党委和群众之间架起了一座座连心桥。各级工会组织主动作为，强化企务公开和民主管理，广泛开展劳动竞赛，在全心全意依靠员工办企业中建功立业。各级团组织主动融入，积极帮助待业青年转变择业观念，外出就业创业，向外输送1万多名，大大缓解了集团公司的就业压力。此外，科技创新创效、女工安全“二道防线”、老年大学的兴办、群众文体活动活跃、统战“献才智、创效益、促和谐”，等等，让员工群众在共享企业发展成果的同时，真心实意地感激、依靠、支持我们的企业，生活有奔头，工作有劲头，一心一意投入到企业改革发展稳定的工作中，做出了卓越的贡献。

（六）知冷暖，保平安，开创了和谐稳定的新局面。牢记宗旨，把员工群众冷暖时刻放在心上，尽最大能力为员工群众办实事，办好事。在不断提高员工收入的基础上，千方百计改善员工的居住、就医和生活环境。实施了两区改造工程，一、二期顺利完工，6万多户员工家属喜迁新居；社区医疗网络实现了全覆盖，矿区面貌焕然一新，员工群众安居乐业。积极开展扶贫帮困。成立了大病救助中心，“阳光”、“希望”两个理事会，兑现了“不让一个员工因为贫困不能正常生活、看不起病、子女上不起学”的承诺。最大限度地维护稳定，开通了社情民意通道、党委书记信箱，建立了新任副处领导信访挂职制度，强化了信访稳定考核，畅通了诉求渠道。强化社会治安综合治理，持续开展严打整治，维护了一方平安。营造了和谐稳定的发展新环境。

（七）经济总量开创历史新篇章。经济总量增长是企业强势发展最直接的体现。五年来，同煤集团各项经济指标跨越式提升。2005年与2010年相比，销售收入由258亿元上升到600亿元；固定资产由337亿元上升到1100亿元；员工收入由2万多元上升到5万多元。总投资由77亿元上升到500亿元。利润等主要经济指标全部实现翻番，大集团竞争实力日益增强。同煤集团的千万吨矿井从无到有，煤炭产量逐年攀升，塔山矿达到全世界单井口井工矿最高水平；同忻矿创造了千万吨矿井当年投产、当年达产的新纪录。轩岗、朔煤、地煤三大子公司产量全面提升，云冈沟产能充分释放，口泉沟产量总体稳定。2010年产量过亿吨，总量实现1.5亿吨，开创了大同煤矿煤炭生产的新纪元。同时，通过资源整合，集团公司资源储量由2005年的60多亿吨扩张到2010年的300多亿吨，奠定了晋北煤炭基地的坚实基础。

（八）产业结构调整开创历史新篇章。积极探索转型发展之路，非煤项目完成投资近150亿元，累计实现非煤销售收入300多亿元，比“十五”期间增长了262%。其中，煤电产业从无到有，相继建成了4×5热电厂、全国煤矿第一个控股自建的亚临界的塔山电厂、第一个超临界的轩岗电厂，开创了煤矿人自己办大电厂的先河；煤化工产业从无到有，120万吨甲醇项目进入了加速建设期，奠定了晋北煤化工基地的基础；冶金产业从无到有，100万吨氧化铝开工在即，钢铁产业技改升级；煤机制造产业从无到有，生产了同煤历史上第一台采煤机、第一台掘进机；建材产业由小做大，新型干法水泥、高岭土、煤矸石烧结砖等项目全部投产；旅游、服务、建筑、外贸和工程项目承包等正蓬勃兴起。特别是建成了全煤第一个产业链最完整的塔山循环经济园区，代表了中国煤炭工业的发展方向。（樊卫兵）

附：大同煤矿集团有限责任公司党委书记、副书记、常委名单

书　记：吴永平

副书记：王保玉　谷　泉（4月任职）

常　委：张有喜（4月任职）　靳　华　王　宏　陈旭忠　张润锁　金智新（2月离职）　刘纯贵（4月离职）

阳泉煤业（集团）有限责任公司党委工作概况

党委书记　任福耀

2010年，阳煤集团各级党组织和广大党员充分发挥政治核心、战斗堡垒和先锋模范作用，公司全年没有发生重大安全事故，销售营业收入达到750亿元以上，实现利税突破100亿元大关，原煤产量达到6100万吨，商品煤销量达到5158万吨，职工工资达到5.5万元以上。

煤炭产业基本完成28处煤矿的产权收购任务和17处煤矿的开工批准手续、2处煤矿的能力核定、4处煤矿的项目验收、7处煤矿技改开工和泰安煤矿150万吨、孙家沟煤矿300万吨、平舒煤矿500万吨扩建，新增煤炭产能1000万吨左右，一矿顺利突破1000万吨，寿阳公司顺利突破1200万吨大关。

化工和铝电产业在经济危机的持续影响和节能降耗的巨大压力下突出重围，整体扭亏；顺利托管太原化学工业集团公司，顺利推进对盂县煤炭化工公司和广瑞达机械制造公司收购重组；顺利完成齐鲁一化7万吨丁辛醇投产达产、临猗45万吨甲醇改尿素工程；三维集团120万吨焦化项目收购重组完成，7.5万吨BDO装置顺利投产，销售收入创出历史最好水平，一举打破焦炉煤气瓶颈，完成今年的翻番准备；顺利结束电解铝12万吨扩建，氧化铝二期70万吨如期开工，铝矾土矿形成80万吨供矿能力。顺利实现国际贸易香港公司、物资贸易太原公司、铝业贸易公司和运输公司、三维上海技术许可和工程总承包公司落地挂牌。高质量完成太原阳煤大厦建设和药林会议中心扩建工程。保障性住房和改善性住房建设面积达到100万平米左右。在职工子女就业、职工工资福利增加、矿区公共设施建设和矿区绿化上取得突破性进展。

一年中，阳煤集团党委紧紧围绕安全生产和快速发展大局，以提高经济运行质量、加强安全生产能力、推动发展速度加快、扎实改善职工生活为目标，在党管思想、党管干部、党管领导班子建设、党管安全、党管自身建设、党管群众工作、党管矿区风气、有效参与重大决策等8个方面有新的举措，有创新发展，有效地促进了经济运行质量的提高和改革发展速度的加快。

在党管思想教育工作方面，阳煤集团各级党委紧紧围绕加强安全生产、提高经济效益、加快发展步伐、促进节能降耗、改善群众生活、净化矿区风气等重点工作，坚持不懈地开展六大教育活动，全力支持工会、青年团、居民自治组织独立自主地开展对群众的思想教育和行为引导工作，在统一认识、凝聚人心、鼓舞斗志、促进稳定等各个方面做了大量工作。

在党管领导班子建设方面，2010年集中进行了“统一领导、集体决策、分工负责、分级管理”的领导体制原则教育；实施了纪委书记月度书面报告本单位决策事项情况制度；成立了党委巡视组，并对6个单位进行了巡视调研；坚决清理了行政一把手管财务、党委一把手管干部的过度集权现象和各级领导干部子女、亲属在自己管理范围内担任领导职务的现象；实施了审计体制中监督职能与管理职能分离；组织落实了非煤企业采购管理制度改革。

在党管干部方面，阳煤集团各级党委从干部严重短缺和大批新干部初上岗位，知识欠缺、能力不够的迫切要求出发，紧紧依靠广大职工群众选干部、用干部，积极发现人才，大胆启用人才，破格提拔人才，基本上满足了快速发展对干部配备的需求。同时，针对大批新干部上任后遇到的知识不足、方法欠缺、组织协调能力不够等问题，两级党委大规模开展干部培训，组织业务技术知识宣讲团，专门对煤矿领导班子进行财务经营知识培训，在提高干部队伍素质上做了大量工作。特别是在8月份以后开展的“两大整顿”中，两级党委分别派出督察组，按照以事找人、岗责联系的方法在现场工作实践中教育培训干部，在火线训练干部上做了大量工作。

党管安全是我们2010年“七一”期间提出的新课题，本质是要求各级党委要把对干部的选拔培训、任用考察延伸到管理各级领导干部安全生产责任制的落实环节，加强对各级领导班子特别是党政一把手精神状态的监督。新任务提出以后，两级党委通过现场管理缺陷与各级领导干部的作风紧密联系的方法，通过安全生产事故分析处理中的问责环节，加强了党委对安全关键环节的管控，有效地促进了干部安全意识、责任意识和工作作风的转变，在党管安全上进行了有效的探索创新。

党管自身建设是阳煤集团各级党委最重要的本职工作，也是各级党组织充分发挥三大作用的基础工程。2010年以来，各级党委通过中心组学习活动，通过创先争优和创建学习型党组织两大平台，在党员队伍和支部书记队伍建设、党的积极分子队伍培养、减少一线空白车间队组班组、集团和分公司党委换届准备、党的基层支部建设、党的干部学习等方面都取得了明显进展，特别是各级基层党组织按照“把党员培养成业务技术骨干、把业务技术骨干培养成党员”的思路和工作要求，认真学习推广开元经验，有效地发挥了党支部的战斗堡垒作用和党员的先锋模范作用，党组织和党员干部在群众中的形象有了很大改善。

党管群众工作是我们党的优良传统，也是我们党的力量所在。一是积极推动招工、提干、住宅建设发售、医药采购、工资分配等关乎群众直接利益的体制机制改革，在维护群众利益方面做了大量实际工作，得到了群众的热烈拥护；二是努力加强群众来信来访接待工作，各级党委领导直接接待群众来访、批示群众来信，努力协调解决群众反映的实际困难，认真落实矿区稳定责任制，在减少越级上访方面取得了明显成效；三是各级党委支持同级工会、青年团和居民组织独立自主地开展丰富多彩的学习教育和文化体育活动，在安全思想教育、现场安全督察、活跃矿区文化生活、动员家属和离退休职工积极参与安全生产方面发挥了很好作用。

在廉政建设方面，阳煤集团各级党委一抓干部子女和亲属在本企业经商现象的清理和打击，收到了明显效果，处级以上干部向党组织作出了庄严承诺。二抓采购销售工程发包体制机制改革，有效地遏制了这些领域的暗箱操作现象。三抓艰苦奋斗、勤俭办企业教育管理，重新核定车辆配备标准，全面降低各级领导干部配车标准；严格控制干部出国出差期间利用公款旅游；严格查处干部上班时间逛市场、进娱乐休闲场所和公款吃喝现象。四抓违规违纪案件查处，年度查处各类案件84件，处分204人，其中矿处级干部32人。这些都对矿区风气的好转发挥了很大作用。

在有效参与企业重大决策方面，主要是围绕破解干部队伍快速年轻化带来的矛盾，及时提出了开展大规模教育培训的建议；围绕破解煤矿兼并重组僵局，提出了适度让步的原则和分工负责、奖惩明确的具体措施；围绕破解安全生产危局，提出了开展“两大整顿”的建议；围绕提高效率、服务基层，提出了简政放权、深化改革的意见；围绕破解煤炭质量下降的趋势危机，提出了实事求是、说明情况、调整标准、质价挂钩的建议；围绕"十二五"规划编制，提出了党委的原则和思路建议等。

（颜建华）

附：阳泉煤业（集团）有限责任公司党委书记、副书记、常委名单

书　记：任福耀

副书记：白　英　李彦璧　裴西平

常　委：赵石平　王炳俊（4月离职）
张建起（4月任职）　靳培宏（12月任职）
廉　贤（12月任职）

山西潞安矿业（集团）有限责任公司党委工作概况

党委书记　王安民

2010年，潞安矿业集团公司党委认真贯彻党的十七大和十七届四中、五中全会精神，坚持科学发展观，深入开展创先争优活动与学习型党组织建设，全面推行"一个机制、四个载体"党建工作新模式，有力地彰显了党的政治优势，推动了企业又好又快发展。2010年，潞安集团煤炭产量达到7098万吨，营业收入达到900亿元，实现利润42亿元。

一、创先争优活动与学习型党组织建设取得阶段性成效

按照省国资委党委要求，集团党委成立了两级活动领导机构，组建了活动办公室，逐级落实主体责任，加强了对活动的组织领导。强化舆论宣传，及时召开动员会，通过媒体、简报等方式进行宣传发动，使党员与职工群众知晓率分别达到99.2%、87.8%。特别是选树十年来的20名先进典型，组建潞安先锋宣讲团，进行了11场巡回报告，引起强烈反响。强化活动融合，将创先争优活动与生产经营相融合，建立了172个党员攻关项目、77个党员品牌工程；501个党组织、9849名党员就履行岗位职责、完成生产经营任务作了公开承诺；将活动与项目建设相融合，健全了整合矿井、新建单位的党组织。强化分类指导，针对工会、女工、老干、武装、团委、社区等组织的不同特点，制定了针对性的活动方案；活动指导组每月带着课题深入基层调研，集团及基层班子共建立活动联系点340个，确立调研课题192个。去年，漳村矿被中组部确定为全国国有企业创先争优活动联系点，省国资委在潞安集团公司召开了全省监管企业创先争优活动暨学习型党组织建设推进会。

二、深入推行党建工作绩效管理，进一步完善了现代企业制度下党建工作的新机制、新方法

坚持树立"闭合理念、系统理念、超越理念"，进一步提升了党建工作绩效管理水平。坚持树立闭合理念，健全了党建工作绩效管理激励机制，完善了评价结果奖惩兑现办法，探索推行了绩效风险抵押制度。坚持树立系统理念，针对信息采集过程中存在的问题，及时修订完善了调研巡查、互动交流、岗位职责等制度；编印了潞安集团党建工作实践与探索系列丛书，对"一个机制、四个载体"党建工作新模式作了理论总结。坚持树立超越理念，组织开展"三对三查"反思季活动，进一步提高了推行绩效管理的自觉性。党建工作绩效管理，被省科技厅列为"山西省国有企业党建工作新模式探索"课题，被省煤炭工业协会评为"山西煤炭企业管理现代化创新成果特等奖"；去年8月，在北京召开的全国党建研究会国有企业党建研究专业委员会成立大会上，潞安集团被确定为专业委员会会员单位。

三、以主题活动为载体，进一步加强党的建设

根据战略发展需要，确定了"弘扬方方面面争第一时代精神，推进七六五四三二一战略目标实现"的活动主题，并通过丰富多彩的活动形式，加强了党的自身建设。一是加强了党员干部队伍建设。按照学习型党组织建设要求，组织了矿处级干部、支部书记集中培训活动，增强了各级干部的思想素质和业务水平。基层各单位相继召开了集团成立以来首届党代会，健全了党组织设置，增强了基层党建工作活力。根据7·29干部大会讲话精神，结合潞安"十二五"发展战略，开展了"思想再解放，推动潞安大转型、大跨越、大发展"讨论活动，为潞安转型跨越发展奠定了思想基础。二是加强了反腐倡廉工作。围绕构建潞安特色的惩防体系，重点抓好工程领域突出问题专项治理、煤焦领域反腐败专项斗争和"小金库"治理工作。特别是按照资源整合、矿井改造工作的政策法规要求，规范了新单位的管理流程、工作程序，加强了新建单位、新加盟单位、新整合单位的反腐倡廉建设。加强了效能监察工作，建立统一的招投标管理大厅，实现从开标到公示的集中管理和全程监控。2010年，共监督招标项目656项，完成招标金额253578.24万元，进行671个项目的商务谈判，节约资金15078.27万元。加强了案件查处工作，全年共查结案件34起，党政纪处分64人，其中矿处级干部3人，科队级干部45人。三是加强了职工队伍建设。围绕战略发展和生产经营目标，深入开展劳动竞赛，集团公司荣获国家技能人才培育突出贡献奖。坚持扶贫解困，积极安排特困家庭子女就业，开展"金秋助学"、大病医疗互助等活动，加强民主管理，推进企务公开，积

极维护职工合法权益，维护矿区和谐稳定。制定《群监组织检查条例实施细则》等制度，开展"自保、联保、互保"三保活动，全年查出事故隐患1200余起，制止"三违"现象3000人次，充分发挥了女工和群监组织的安全协管职能。

四、以企业文化建设为载体，进一步加强企业管理，提升企业的软实力、竞争力

在企业文化方面，结合潞安"十二五"发展的新形势，对文化理念进行了征集和修订，在基层队组推行了新的潞安员工誓词、潞安之歌，开展了理念答题、电视知识竞赛等活动，进一步强化了理念渗透。在行为文化方面，坚持执行红黄牌制度、动态转换制度、"不简单"流动红旗竞赛机制，集团文化办先后17次抽查24个单位的6S管理科队，下发8个白牌、6个黄牌、5个红牌，对23个6S科队实行了动态转换。坚持"一三一"工作模式，6S管理从基层科队向机关科室进行拓展延伸，运行范围进一步扩大。劳资、武装、职教、女工、团委等部门，不断提升待岗员工培训质量，丰富文化建设内涵，加大文化共建力度。在物质文化方面，把文化整合融入产业整合、资源整合的全进程，加大形象文化识别系统10个大项、130多个小项的推行力度，确保了6S管理的规范运行。各基层文化办向加盟单位、整合矿井进行文化渗透、输出，塑造了良好的企业形象，为整合矿井技改扩建奠定了基础。2009年，集团被中国企业文化研究会授予"新中国60年企业精神60佳"和"全国企业文化建设优秀单位"。

五、以社区建设为载体，进一步推进了矿区和谐

按照"4523"工作模式，规范细化了"一卡三表两台账"运行办法，进一步加强了社区日常管理。为35个小区全部配备计算机，全面建立居民档案，全面加强了信息化建设。特别是针对居民私家车不断增长的实际，探索了自动信息卡、三定卡等车辆存放管理方式，确保了小区车辆安全。推行"一站式"服务，加强对社区弱势群体的重点服务，开展特色小区创建活动，全面加强了社区八项功能建设。加大了志愿者注册、宣传、培训力度，启动了志愿服务活动，对志愿者队伍进行分层次管理，成立了环境保护、医疗卫生、治安防范、文化娱乐、家政服务等多支服务队伍。截至目前，全集团共注册志愿者1.28万人，占集团户籍人数的15%，超出了国家标准5个百分点。石圪节、漳村社区被国家民政部表彰为"全国社区服务先进单位"。

在安全社区建设方面，坚持树立大安全观念、构建大安全格局，每季度开展以疾病预防、紧急救助等为内容的宣传教育活动。健全完善了伤害监测制度，开展各类安全培训20多次，提高了伤害监测人员的素质和伤害监测质量。建立了社区应急救援机制，制定和完善了居民紧急避险、家庭自救互救、自然灾害、突发事件等四方面20项应急预案。针对矿区商铺管理中存在的薄弱环节，专门出台了商铺防火和治安管理的新规定，保证了矿区商业网点的消防安全和治安稳定。潞安安全社区建设模式，得到国家安全社区支持中心的高度认可，将作为全国企业安全社区建设模式进行推广。

六、以全国一流文明矿区建设为载体，进一步加强了文明创建工作

围绕一流文明矿区建设"9+1"工程，将环保、技术、财务等20多个行政业务处室纳入推进组，拓展了文明矿区建设内容，形成了四个文明同步推进、同步建设的新局面。坚持理顺推进组的工作职责，制定了《年度计划书》、《季度任务书》，落实了两个例会制度，逐步形成了以"两书"、"两会"、"两评"为主要内容的运行机制。坚持思想道德建设，积极构建社会主义核心价值体系，开展了"感动潞安"人物评选活动，"爱潞安，我为潞安添光彩"系列活动，举办了全煤系统弘扬石圪节精神论坛，干部职工思想道德水平有了新提高。2010年，青海玉树发生地震，广大共产党员、职工群众自发为灾区捐款400多万元。

（平晓明）

附：山西潞安矿业(集团)有限责任公司党委书记、副书记、常委名单

书　记：王安民

副书记：任润厚　曹晨明(3月离职)
王志清(5月任职)　张丛林(5月任职)
王俊彦(12月任职)　孙宏波(12月任职)

常　委：李晋平　王光彪(12月任职)

山西晋城无烟煤矿业集团有限责任公司党委工作概况

党委书记　武华太

2010年，晋城煤业集团党委紧紧围绕企业改革发展稳定大局，认真贯彻落实党的十七大和十七届四中、五中全会精神及上级党委部署，深入开展创先争优活动，加强学习型党组织建设，持续推进党群工作运行体系，不断在企业党的建设、宣传思想工作、和谐企业建设等方面求突破，上水平，为实现企业"十一五"发展的精彩跨越提供了强大的精神动力、智力支持和组织保证，先后荣获"全国企业党建文化建设先进单位"、"中国工业党建优秀单位"、"全国百佳先进基层党组织"等荣誉，"不怕榜上无名，坚信脚下有路"的企业精神荣获"新中国60年企业精神60佳"。

一、认真贯彻中央和上级党委的安排部署,各项重要活动取得良好效果

围绕"两保一促"精心组织开展"创先争优"活动。按照中央决定和省委、省国资委党委的统一部署,从7月份起,晋城煤业集团党委及45家二级党组织、7910名党员全部按要求参与了"创先争优"活动。期间,企业两级领导班子成员共建立了338个联系点,保证了活动的全覆盖;选购各类学习书籍4300本,制作《工作手册》和支部笔记本等,确保每一个基层支部都有一套完整的学习资料;充分发挥各类媒体联动优势,设置活动专题网页,并组织编印《简报》425期,其中有6篇在省国资委《国企党建通讯》和国资委网站《基层动态》栏目中得到报道;重在"促发展"上做文章,确立259个调研课题。

扎实推进学习型党组织建设。制定下发《关于推进学习型党组织建设的实施意见》,充分发挥党委中心组的带头作用,进一步完善了集体学习制度、个人自学制度、学习考勤和请假制度、专题调研制度、学习档案制度、学习考核制度、学习示范点制度七项制度,晋城煤业集团党委中心组按制度要求组织开展学习活动更加规范。同时,加强督导检查,对基层单位中心组学习情况进行集中诊断、评比与公开展示,进一步推动基层单位中心组学习的规范化。

二、不断引深党建"四五六"系列创建活动,企业党建工作科学化水平进一步提升

2010年,晋城煤业集团党委进一步引深企业党建"四五六"创建活动,提出包含组织、干部、档案、考核、任免、奖惩、教育和干部巡视八项基础工作在内的"四五六八"党建工作模式,鼓励基层党组织积极探索、认真总结、推陈出新,推动企业党建工作进一步发展。一是抓龙头,全面引深"四好"领导班子创建活动。按照"企业中心工作发展到哪里、党组织建设就覆盖到哪里"的原则,成立财务公司党支部、正诚公司党支部、金明公司党总支、金和公司党总支,保证了党组织工作的全覆盖;提拔一批年轻干部充实到领导班子中,在干部年轻化、班子结构等方面均有较大改善;突出对班子的"四好"民主测评,对矿处级干部的"五字"考评,考核更具全面性、权威性;组织实施领导干部《昨日要情》报送制度,全年共编发94期,促进了领导干部作风的持续转变。二是抓基础,强力推动"五星"党支部创建。各党支部以"创先争优"活动为契机,突出抓好"安全星"建设,围绕安全生产作出书面保证,并在一定范围内进行公开,接受职工群众监督,实行"安全星"一票否决制,以五星党支部创建带动了安全包保责任区的建立。三是抓关键,全面引导"六好"党员竞赛。把"六好"党员竞赛评比引入"创先争优"活动,做到重要岗位有党员,主要骨干是党员,关键时刻见党员。同时,严把党员发展"入口"关,坚持"双向培养"原则,在保证质量的前提下,新发展党员270名,为党组织注入了新鲜血液。2010年,晋城煤业集团党委被山西省委组织部评为"全省干部人事档案工作先进集体",连续两年获得山西省委组织部颁发的党建工作创新推荐奖。

三、加强人才队伍和后备队伍建设,推动企业转型跨越发展的骨干力量不断壮大

制定出台晋城煤业集团《中长期人才队伍建设战略规划纲要》,创造性地将全体员工纳入经营管理、专业技术、岗位技能三大序列,最大限度地畅通了专业技术和岗位技能人员的成才通道;出台晋城煤业集团《管理人员管理条例》,内容涵盖了职级划分与岗位设置、编制与任期、选拔任用、公开选拔与竞争上岗、考核评价、交流轮岗、教育培训等一系列内容,使干部管理工作更加规范化、制度化;加强政工干部队伍建设,特别是政工人员岗位技能建设,全年共有151名同志具备初级政工师专业职务任职资格;加强后备干部队伍建设,组织了2010年中青年后备干部培训班,共有115名学员充实到企业后备干部队伍人才库。

四、深入推进反腐倡廉建设,为企业转型跨越发展提供了纪律保证

以开展党纪政纪条规教育活动、警示教育活动、廉洁文化建设活动、建立党风廉政建设网、筹建廉政教育基地等为抓手,不断强化党风廉政教育工作,提高各级领导干部拒腐防变意识;以建立健全惩治和预防腐败体系各项制度为重点,紧紧围绕现代企业管理、生产经营管理、招投标、资源整合、干部作风建设等重要方面和关键环节,健全完善规章制度和反腐倡廉制度体系;以审计监督、法律监督、招投标监督为切入点,建立健全了由纪委、监察处、审计部、法律事务部等多部门构成的监督协调机制。抓好领导干部自律教育和管理、监督以及查办案工作力度,并设立了"廉政专户",不断加大反腐倡廉建设工作成效;坚持开展煤焦领域反腐败专项斗争,工程建设领域突出问题专项治理以及"小金库"专项治理等工作,不断深化源头治理工作;加强企业审计监察工作和招投标管理,制定下发晋城煤业集团《煤矿资源整合监督管理办法》、《落实"三重一大"决策制度实施办法》等文件,积极探索内部市场建设和运行机制,主要针对工程建设项目决策、招标投标、工程建设和工程质量管理、物资采购和资金使用等内容加强监督;加强对重大经营决策的法律论证、对重大经济活动的管控和法律风险防范机制建设,建立健全了法律顾问制度。

五、加强企业思想政治工作和形势任务教育,为企业转型跨越发展提供了动力支撑

加强与改进职工思想政治工作,把创新谈访工作作为体现企业人文关怀的一项重要工作全力推进,广泛开展案例征集活动,共征集到60多个典型案例、27篇典型经验介绍材料,在晋城煤业集团思想政治工作责任落实与创新谈访工作推进会上遴选了最具代表性的"安全工作五谈帮教"、"做好

80、90后思想工作”、“做好转岗分流员工的思想工作” 三个案例进行现场在线、谈访交流。深入开展企业形势任务教育，围绕企业“两会”精神，编印学习宣传要点1万份和《形势教育简报》14期，为各单位的学习贯彻活动提供了重要资料，及时反映了各单位的进展情况和特色做法；围绕企业“十二五”规划的出台，召开意见征集座谈会，广泛征询广大干部职工对企业“十二五”发展思路和发展目标的意见建议。同时，围绕企业“十二五”的奋斗目标和发展思路，通过电视、报纸、网站、《简报》等媒体开展了广泛的宣传活动，让广大干部职工充分了解集团公司“十二五”的美好发展前景，增强荣誉感和使命感。

六、加强企业文化建设和新闻宣传工作，企业的凝聚力和向心力进一步增强

一是持续推进企业文化建设。开展企业文化典型案例、企业文化理念故事、企业文化建设图片等征集工作，并组织了安全教育与活动场所会诊，在对生产矿井和资源整合主体12个单位诊断的基础上，形成《安全教育与活动场所会诊报告》。二是加强新闻宣传和舆论引导工作。通过《中国煤炭报》、《山西日报》、《人民代表报》等各大媒体，加大企业在转型跨越发展方面取得良好业绩的宣传力度，晋城煤业集团煤层气开发利用的领军地位得到凸显和认可。

七、深入推进党群工作体系建设和精神文明创建，树立了优秀的企业品牌和企业形象

大力推广党群工作运行体系，并根据该体系的实际运行情况，积极予以完善。同时，充分利用各种途径向上级党委和外界媒体推介这一体系，先后在山西省委《前进》杂志、《中国党建报》、《中国党建网》进行了刊登。

在精神文明创建方面，组织开展“2009感动晋煤十大新闻人物”活动，公开推选出10名感动晋煤的典型模范，举行了颁奖典礼。2010年7月，召开了社区建设现场会，全面总结了近年来企业社区建设的经验启示，提出了努力方向和具体举措。

八、加强社会治安综合治理工作，保证了企业改革发展大局和谐稳定

大力创新综治工作机制，编印形成《综治工作制度汇编》手册，召开了综治工作机制创建推进会，全面总结了六大工作机制创建工作。认真落实社会治安综合治理目标责任制，完善了各基层单位党政主要领导、分管领导和其他领导抓综治工作的实绩档案，对各级领导综治工作责任制落实情况、履职情况、协调解决综治工作实际问题情况等作出详细规定，对综治工作进行任务分解，切实增强各级领导抓稳定的政治责任感。在上海世博会举办期间，突出抓好治安防控工作。加强矛盾纠纷排查和信访工作以及重点地段整治和五管要害等重点目标的治安防范，认真落实人防、物防、技防措施，加强视频监控系统建设，治安防控能力大大提高。对校园周边治安环境进行集中整治，加大对校园周边治安复杂部位的巡逻密度和力度，建立了民警、保卫干部、学校保安、教师“四位一体”工作机制，确保了校园环境的安宁和谐。

九、加强工团组织建设和民兵工作，为企业转型跨越发展夯实了群众基础

各级工会组织紧紧围绕企业“保安全、保稳定、保发展”的中心工作，以“五型工会”为基础，以“数字工会”为抓手，积极开展创建和谐工会各项工作。工会信息化建设，建功立业活动，“工人先锋号”活动，劳动竞赛活动和职工技术创新活动扎实开展；“安全生产年”和“安康杯”竞赛工作成效显著；“创建星级职代会”竞赛活动全面推进，职代会水平得到全面提高；深入推动平等协商签订集体合同机制建设，强化《集体合同》监督检查工作；广泛开展送温暖、职工大病医疗互助、金秋助学活动，全年慰问、救济各类困难职工13964人(次)，发放慰问、救济金607万余元；精心组织开展群众文化体育活动，成功承办全国煤矿第二十一届“乌金凤凰杯”男子(A组)篮球比赛，晋城煤业集团男子篮球队夺得冠军。

共青团组织围绕“服务企业改革发展、服务青年成长成才”主线，以“激扬青春、豪迈征程”为主题，加强团的组织建设和品牌建设，创新工作载体，丰富工作内容，持续推进具有晋煤特色的“六为”共青团组织创建，企业团青工作呈现出蓬勃发展态势。2010年3月，晋城煤业集团团委被授予“全省企业共青团工作特色奖”，救护消防中心抢险救援队荣获第四届“山西青年五四奖状”。此外，1人荣获第11届“山西青年五四奖章”，2个集体荣获“山西省属企业五四青年奖状”，4人荣获“山西省属企业五四青年奖章”。

各级民兵组织和广大民兵，以做好军事斗争准备、推动企业经济建设持续稳定发展为根本，努力做好民兵“三落实”工作，深入开展国防教育和拥军优属活动，充分发挥了民兵组织和广大民兵在企业改革发展稳定中的作用。

（张永林）

附：山西晋城无烟煤矿业集团有限责任公司党委书记、常务副书记、副书记、常委名单

书　　　记：朱晓明(6月离职)　武华太(7月任职)
常务副书记：贾国华
副　书　记：张虎龙　郝新建
常　　　委：杨茂林(7月离职)　郭爱堂(3月离职)
　　　　　　文士华　苏清政　李鸿双

太原重型机械集团有限公司党委工作概况

党委书记　岳普煜

2010年，太重集团党委认真贯彻落实集团公司第三次党代会精神，紧紧围绕企业生产经营、改革发展中心工作，坚持推进三个转化，努力实现一个融合，不断提高党建工作科学化水平，为全面实现年度方针目标提供了坚强的政治保证、思想保证、组织保证、舆论支持和精神动力。2010年是太重建厂60周年，集团公司组织了隆重热烈的系列庆祝活动，广大党员群众普遍受到了一次厂情厂史教育，极大地增强了职工向心力，提升了社会影响力，有效促进了企业发展。

一、深入开展"创先争优"和学习型党组织建设活动，积极推进党建工作新发展

按照省委、省国资委的安排部署，集团公司党委在所属的15个党委、22个党总支、235个党支部、7908名党员中深入开展了"创先争优"和学习型党组织建设活动。制定下发了《深入开展创先争优活动的实施方案》和《关于推进学习型党组织建设的实施意见》，成立了活动领导组及办公室，召开了动员大会，建立了党委委员联系点制度，落实了基层党组织"五个好"、共产党员"五带头"的基本要求，取得了明显成效，得到了省国资委的充分肯定。各基层党组织都成立了相应的活动领导小组，明确工作目标和工作举措，制定实施方案，层层召开了动员会。各基层党组织结合中心工作，提出了各具特色的活动主题，做出了公开承诺。集团公司机关党委和太原重工机关党总支联合发出了《致全体共产党员的倡议书》，提出了做三个表率的倡议。集团公司领导结合各自分管工作认真开展调研，撰写了调研报告。全年，各级党组织中心组学习次数达到280余次，编印下发了《太重宣传》学习资料两期2000余册，累计编发简报26期。推广了挖掘机党委创建学习型领导班子，技术中心党委开辟网上学习论坛，山西煤机党委加强学习制度化规范化管理等8家联系实际、加强学习、促进工作的好经验。同时，全方位、多角度宣传报道活动进展情况，营造了浓厚的活动氛围。

二、坚持党管干部原则，积极加强各级领导班子和干部队伍建设

坚持以开展"四好"领导班子创建活动为载体，以提高创新能力和推动科学发展能力为重点，认真执行各级领导班子的议事规则、决策程序，认真召开民主生活会、经常性检讨工作会，增强了领导班子的整体功能和合力。一是修订下发了《关于中层领导干部选拔、任免及管理的若干规定》。就中层领导干部选拔任用条件、资格、程序，调动、考核评价、免职、辞职、降职以及纪律监督等作出了新的规定。二是积极推进干部自主选学。共有103人参加了培训，选送6人参加了省管领导干部进修班和中青年领导干部进修班，3人参加了省国资委举办的"创建学习型企业党组织与开展创先争优活动高级研修班"和"学习党的十七届五中全会培训班"。集团公司作为全省自主选学试点单位之一，党委书记、董事长岳普煜在全省推进干部自主选学工作会议上作了交流发言。三是圆满完成了第八期青年后备干部的选拔和培训工作。经过层层环节，从108名青年中选拔出30名后备干部，举办了第八期青年后备干部培训班，进行了为期13天的集中培训，为集团公司下一步的发展储备了高素质的管理人才。四是加强领导班子和领导干部的考核管理。集团公司党委组成7个考核组，对47个处级单位，36个领导班子，157名直接管理的领导干部，20名二线干部，85名40岁以下的后备干部进行全面考核，为集团公司年初调整干部提供了重要的依据。五是积极推进人才工作。及时更新整理集团公司高级人才库，新进库人才269人，人才库总人数目前达到2383人。其中："享受政府特殊津贴专家"有5人，"山西省新世纪学术技术带头人333人才工程省级人选"有5人，21人取得成绩优异高级工程师资格。集团公司代表山西省先进装备制造业重点企业参加了在湖南举办的第四届中国·中部崛起人才论坛的研讨与交流。

三、充分发挥基层党组织的战斗堡垒作用和党员的先锋模范作用，扎实推进基层党组织建设和党员队伍建设

一是认真组织基层换届选举，制定下发了《基层党组织实施换届选举工作的安排意见》，督促、指导完成了24个基层党组织换届选举工作。二是认真做好组织发展工作，制定下发《发展党员票决制试行办法》，在基础好的党支部进行了较大范围的试点工作。及时调整党委组织员设置，全年组织召开集团公司党委组织员会议8次，共培训积极分子125名，预备党员126名，发展党员120名。三是认真开展"两创"评比表彰活动。"七一"前对评出的集团公司所属11个先进党组织、8个优秀领导班子、20个红旗党支部、10名共产党员标兵、160名优秀共产党员、11名优秀党务工作者、10名勤政廉洁优秀领导干部、10名优秀党务干事和太原重工党委的72名优秀共产党员进行了隆重表彰。四是进一步建立和完善困难党员帮扶机制，春节前夕对生活困难的党员进行了慰问，发放慰问款21500元。

四、坚持围绕中心、服务大局，努力推动宣传思想工作实现新突破

宣传思想工作坚持正面引导，强化理论武装，认真组织了集团公司重要会议、重大决策、重点工作和标志性产品的宣传战役，全年完成广播新闻1500余条，专题400余期，电视新闻1000余条，专题节目80余期；《太重新闻》报出版了51期。外宣报道643篇次。《太重新闻》报获市一级内部资料出版物和市新闻作品一等奖，太重电视台获省安全播出先进单位、太原电视台通联工作先进单位和电视作品一等奖。

针对新产品开发多、产品涉及领域广的形势，加强了与专业媒体的合作，形成了大外宣格局。组织了挖掘设备、煤机产品、轧钢成套项目抢占市场制高点的重点产品宣传报道，组织了万吨项目启动、临港基地建设、移动破碎站签约等重大项目的宣传报道，组织了升船机螺母柱、盾构机项目等重大科研成果的宣传报道，为生产经营工作提供了有力的舆论支持。新华社、《人民日报》、中央电视台、中央人民广播电台、《经济日报》等分别对集团公司进行了广泛报道。与省国资委共同组织了百名摄影家"太重一日"摄影比赛活动、"中部六省记者看太重"活动和网络媒体太重行的活动。

在新闻中心全体人员中开展了"讲学习、比业务"竞赛活动，提高了新闻工作者的理论素质和业务水平。《太重新闻》报全面实现了电子排版，并首次编发了四期对开彩报。太重电视台全面实现了非线编辑和硬盘播出。积极应对拆迁、安全事故等突发性事件，主动做好应对媒体的工作，为化解矛盾、维护稳定发挥了积极作用。顺利完成了1.4万余户闭路电视用户的数字化平移改造工程。

五、积极推动企业文化建设，有力促进和谐太重建设取得新进展

以纪念建厂60周年为契机，进一步深化企业文化建设与生产经营两个轮子推动发展的思想认识，按照"产品创名牌，文化出品牌"的工作思路，着力加强企业文化建设，系统总结了太重60年深厚的文化积淀，提炼出一系列新的文化理念，编印下发了《文化手册》(试行本)，广大党员群众对企业文化理念的认知度进一步增强。

积极推进文明和谐创建活动，进一步细化了"文明和谐单位"、"百佳文明太重人"的评选条件和办法，组织开展了主题鲜明的实践活动。集团公司荣获全国机械行业2007～2010年度文明单位和太原市"十大诚信企业"荣誉称号。3个单位获得省国资委"文明和谐单位标兵"称号，10个单位获得"文明和谐单位"称号，数量和规格均比以往有所提高。

进一步加强了新时期统战工作，在统战人士中开展了"爱太重、献良策、比贡献"活动，组织了统战工作调研活动，积极为统战人士办实事，进行了重要节日慰问，为统战人士生活、工作创造了良好条件。

六、纪检监察工作取得新的明显成效

以落实党风廉政建设责任制为主线，以完善惩治和预防腐败体系为重点，拓展了从源头上防治腐败工作领域，党风廉政建设和反腐败工作取得新的明显成效。深入开展党性党风党纪教育，为处级以上领导干部和关键岗位的科级干部购买下发《中国共产党党员领导干部廉洁从政若干规定》。通过发放廉政笔记本、发送廉政短信、深入推进"五进"、更新改造宣传栏等多种形式推进了廉政文化建设。开展了反腐倡廉征文活动。成立预防职务犯罪领导组，加大预防职务犯罪工作力度，稳步推进了源头治理工作。集团公司被确定为全省5家廉政风险排查防控工作试点企业，确定廉政风险点643个，积极建立健全了廉政风险防控机制和措施。进一步加大行政监察力度，开展了专项监督检查、工程建设领域专项治理和标书费专项检查。深入推进效能监察工作，全年立项57项，其中3项受到省国资委的表彰。（徐永健）

附：太原重型机械集团有限公司党委书记、副书记、常委名单

书　记：岳普煜

副书记：何　青（8月离职）　丁永平

常　委：王创民　王春明　张克斌　林　经

山西煤炭运销集团有限公司党委工作概况

党委书记　赵进明

2010年，省煤炭运销集团有限公司在科学发展观指引下，加快推进转型跨越发展，夯实三大支柱产业，紧紧围绕集团公司"12345"发展思路和"三步走"战略步骤，按照"围绕转型，融入管理，夯实基础，促进发展"的指导思想，不断加强和改进新形势下的党建工作，重点抓好"一个班子"、坚持带好"两支队伍"、扎实开展"两项活动"，全面推进"五项建设"，为集团公司转型发展提供了坚强有力的保证。2010年集团公司销售收入达1158亿元，实现利税达100亿元，各项主要经济指标创历史新高，转型发展保持良好的态势，企业综合竞争力显著提高。

一、重点抓好"一个班子"，各级领导班子转型能力显著提高

集团公司党委以"四好"领导班子建设为目标，加强对各

级领导班子的教育、管理和监督，不断增强各级班子和干部队伍的凝聚力、执行力和战斗力，各级班子的整体合力不断增强。

思想政治建设进一步加强。积极探索领导干部培养、教育、管理机制。公司党委坚持以党委中心组集中学习为主，以自学为辅，采取集中学习、专题讨论、举办讲座等多种方式，广泛深入开展理论学习，切实加强经营管理、安全生产、煤炭物流等方面的业务教育学习，进一步提高了集团各级领导班子的理论素养、管理水平和决策能力。

民主集中制建设进一步完善。健全并落实"三重一大"决策制度。集团公司党委身体力行，不断规范领导班子议事规则和决策程序，出台了煤销集团《贯彻"三重一大"决策制度实施细则》，完善了《"三重一大"决策失误责任追究办法》，落实"三重一大"市场调研、专家论证、结果公示等程序，最大限度地减少决策失误，提高民主决策的质量；严格执行和认真落实党员领导干部民主生活会制度，以"弘扬右玉精神，切实解放思想，认真改进作风，强化廉洁自律，推动转型跨越发展"为主题召开了各级班子民主生活会，实事求是开展批评与自我批评，班子成员找问题、寻根源、作剖析、定措施，民主生活会质量明显提高，班子合力进一步增强。

基层班子配备进一步优化。按照"双向进入、交叉任职"的体制要求考察、配备各市子公司领导班子。一年来，对大同、朔州、晋中、太原、阳泉、长治、晋城、临汾等市子公司班子进行了部分人事调整，市子公司班子无论是年龄结构、知识结构、专业结构，还是工作经历都趋于合理，进一步优化，形成了梯次配备，增强了整体效能。特别是集团公司在长治地区进行了改革试点，经过民主测评、民主推荐、谈话推荐等方式，以"一体两翼"模式，对长治有限公司和三元煤业公司及两个领导班子进行了重组调整。重组后的长治公司领导班子三大产业的干部比例趋于平衡，班子形成了梯次配备，整体结构优化合理。这次改革试点，对集团公司体制机制和干部选任工作进行有益探索，无论是对长治公司，还是对集团公司而言，都意义重大，影响深远。

管理考核进一步规范。加强了对各级班子的业绩考核，积极探索以推进转型跨越发展为导向，以提升工作绩效为目的，责任明确，指标分解，建立了注重实绩、奖罚分明的绩效管理考核评价体系。对各市分公司领导班子按季度进行经营业绩考核评比、年度进行考核兑现；考核结果与干部选用、薪酬奖励相挂钩，逐步形成干部能上能下、薪酬能增能减，优胜劣汰的领导干部选用机制。集团公司出台了《领导干部任职回避制度》等制度，部分干部按照制度要求进行了任职回避；推进薪酬制度改革，对集团各子公司领导人员试行年薪制，逐步建立起了有效的激励约束机制。

二、坚持带好"两支队伍"，干部人才队伍建设取得新成效

干部队伍建设取得新成效。围绕三大支柱产业，坚持民主、公开、竞争、择优的原则，深化了干部人事制度改革，完善了公开选拔、竞争上岗工作，建立健全了干部选拔任用机制。积极探索干部管理体系的新模式，制定出台了集团公司《领导人员选拔任用实施细则》，进一步理顺了干部管理权限，规范了干部管理程序。出台了《建立和完善煤业公司法人治理结构的指导意见》，完善了煤炭生产体系组织建设；制定了《煤炭安全生产管理系统管理干部工作业绩综合考核方案》，以个人述职、民主评议、组织谈话相结合的方式，对煤炭安全生产管理系统干部全部进行了考核评议，准确掌握了煤炭安全生产管理系统干部的年度工作状况，对1027名管理干部进行了综合业绩考核，对4名不称职干部进行了调整，引导各级干部把精力用在工作上、干事上，形成了良好的选人用人导向。

人才队伍建设取得新突破。建立和完善了集团公司人才工作体制、机制，在人才吸引、培养、激励方面出台了一系列办法，培养储备了一批人才。2010年，着重抓了煤炭专业技术人才的招聘选用，集团公司安全生产人才队伍整体实力显著提升。通过多年努力，集团各级公司的人才意识普遍增强，各地各部门纷纷筑巢引凤，"人才资源是第一资源"的观念深入人心；人才队伍建设不仅总量显著增长，而且素质稳步提高，结构逐步优化，为集团转型发展提供了智力支持和人才保证。在人才外引的同时强化了内部培养，各单位结合企业发展需要，有针对性地开展培训教育，干部职工的整体业务素质和技能水平大幅提升。

三、扎实开展"两项活动"，服务企业的意识和能力进一步提升

创先争优和推进学习型党组织建设活动从8月份启动以来，集团公司党委贯彻中央和省委、省国资委的决策部署，紧紧围绕集团公司转型跨越发展的实际，精心设计活动载体，不断丰富活动内容，扎实推进两项活动的深入开展，取得了明显的阶段性成效。

一是紧扣主题、贴近转型，扎实开展创先争优活动。以"爱我煤销，创先争优，加快转型，实现跨越"为主题，组织集团公司各级基层党组织和广大共产党员广泛开展了创先争优活动，集团上下呈现出党组织履职尽责创先进、党员立足岗位争优秀的生动局面。集团公司94%以上的党员作出承诺，各单位100%建立了领导干部联系点制度，80%的班子成员深入联系点调研指导检查工作。集团公司制定了考核细则，分组深入各市子公司和基层单位，对创建活动进行了一次全面调研督导。各单位紧扣活动主题、结合转型实际，把创争活动融入到转型实践中，落实到各项工作任务中，把创先争优目标内容具体化、实践载体具体化、考评标准具体化、推进过程具体化，激发和调动了各级党组织和广大党员投身创先争优活动的积极性和主动性。集团公司各基层煤矿广泛开展了"党员身边无事故、党员身边无隐患"等特色活动；各基层窗口单位、公路站点不断深化"党员挂牌上岗"活动，开展了"党员示范岗"活动；各级机关中普遍开展了党员干部争当岗位能手、争当技术标兵、争当先锋模范的"三争当"活动，集

团公司上下形成了党政联动、全员参与、整体推进的生动局面。同时,各基层党组织积极搭建培养先进典型、促进典型成长的各种平台和载体,深入挖掘和精心培养先进典型,在集团公司内部初步筛选培养了一批"干部认可、群众信服、旗帜鲜明、影响较大"的先进典型,初步形成了学先进、赶先进、争当先进的氛围。

二是着眼实践、完善机制,扎实推进学习型党组织建设。集团公司各单位从完善学习制度、提升履职能力入手,先后制定了学习预告制度、集中学习制度、学习考勤制度、交流发言制度、学习通报制度、学习台帐制度、学习督查制度、学习考核制度等八项学习制度,逐步使学习成为一种常态机制。在学习过程中,围绕难题确定学习主题,在学习中发展思路、武装头脑、解决问题。围绕转型实际开展了煤矿安全生产知识、现代物流基础知识、物联网技术等专业知识讲座,通过学习解决工作中遇到的实际问题,把学习成果转化为推动工作的新思路、新办法。为增强学习吸引力,扩大学习覆盖面,各基层党组织着力创新学习方式方法,拓展学习领域,广大党员的学习主动性、积极性明显增强,各单位初步形成了重视学习、崇尚学习、坚持学习的浓厚氛围,为转型发展、跨越发展提供强有力的智力支持,学习型党组织建设活动推动了学习型企业的建设。

四、全面推进"五项建设",党委政治核心作用得到充分发挥

思想作风建设不断加强。为切实转变不适应转型跨越发展要求的思想观念,着力解决影响转型跨越发展的倾向性问题,努力形成步调一致、同心同德的发展氛围,集团公司党委以"解放思想、立志争先、转型跨越、再造煤销"为主题,在集团公司广大干部职工中深入开展了为期两个月的"解放思想大讨论"活动。通过大讨论,集团上下各级班子和干部职工转型跨越发展的思想形成了高度共识,发展的思路逐步清晰,转型的步调更加协调,集团上下进一步形成了干事创业的大气候、大氛围、大环境。同时,以整肃工作纪律、转变工作作风为重点,落实"两严"工作部署,加强作风纪律整顿,组织三个检查小组对集团公司各单位落实省纪委"五不准"要求进行了明查暗访,对11名违反工作纪律相关责任人员进行了严肃处理。通过整肃行动,集团公司各级工作纪律明显改进,工作作风明显增强,工作效率显著提高。12月初,集团公司领导班子带领各市子公司党政主要负责同志,深入全省各地市调研观摩,实地学习右玉精神,相互观摩检查工作,在集团公司掀起了"学习右玉,艰苦奋斗,负重赶超,转型跨越"的新高潮,有力地推动了集团"十一五"的圆满收官和"十二五"的良好开局。

基层组织建设不断加强。集团公司各级党组织按照"无组织抓组建、有组织抓规范、软弱涣散抓整顿"的工作思路强化基层党组织建设,进一步建立和完善了党组织体系。一是在新建经济组织的同时建立了党的组织,调整经济组织的同时调整党的组织设置,配备经营管理人员的同时配备党务工作人员,进一步扩大了党组织的覆盖面;二是结合资源整合工作的推进,在各市煤业公司、煤矿企业建立和完善法人治理结构的同时,同步设置党的基层组织、工会基层组织,积极开展党组织活动和工会活动;三是组织开展党员教育培训,指导各基层党组织建立全面详细的党组织和党员信息库,推进了党建工作信息化建设。

党风廉政建设不断深入。以服务集团公司转型跨越发展为目标、以进一步引深煤焦领域和工程建设领域两个专项治理为重点,积极推进具有煤销特色的惩防体系建设。紧贴集团公司自身特点和实际,制定出台了有关贯彻专项治理、落实"三重一大"、完善招投标监管、推进效能监察、严肃作风纪律、严格责任追究等八个方面30余项制度规定,将集团公司近年来的违规违纪典型案例汇编为教材,深入开展警示教育。积极探索问责制度,狠抓源头治理,积极探索并总结推广公路站点"三权制衡"管理模式,深化站点和票据专项治理,有效规范运销秩序,站点管理明显加强,得到上级领导的充分肯定。以深化效能监察,加强监督检查为重点,对万景苑职工住宅项目、王家岭煤矿、张礼集运站等建设项目实施立项监察,并对各单位资源整合重点项目推进情况进行重点督导;围绕项目建设应招标不招标、规避招标、违规擅自招标以及对未招标项目违规拨付资金等问题,加强和规范了招投标管理,严把招投标程序,实行集体审批和计划管理制度,纪委参与监督项目开标300余次,招投标工作逐步步入规范轨道。加大案件查处力度,严查腐败案件和站点违纪问题,纪委、公路事业部联合出动12次、行程数万公里,对群众反映强烈的站点进行明察暗访。全年,各级纪委初步核实线索43件,立案查处31件,对128人给予党纪政纪处分,有效遏制了腐败问题高发多发态势。同时,积极探索建立企业和检察机关预防职务犯罪联动机制和联席会议制度,开展联合办案,初步形成检企共防职务犯罪的长效机制。

民主政治建设不断提升。一是企务公开工作进一步向深度和广度延伸。进一步完善《企务公开实施意见》,把职工关心的企业中长期规划、重大项目、重大决策、当前资源整合等情况以及涉及职工自身利益的问题作为企务公开重点,保障了职工的知情权、参与权、监督权。各级工会在健全机制、规范内容、创新形式的基础上,不断增强公开实效性。二是职代会制度进一步健全完善。集团各级工会着重在组织规范、制度规范、内容规范、程序规范、形式规范等方面不断完善职代会制度,保障职工民主参与、民主监督权力,保证企业重大决策的民主性、可行性。目前,全系统职代会建会率达到95%以上。

企业文化建设不断深化。围绕集团公司转型的新情况,完成了企业文化手册的修订,制作完成了企业形象宣传片,在修改完善视觉识别系统的基础上,对集团公司的理念识别系统进行了完善,形成了企业文化理念系统方案。积极创建安全文化,制定出台了安全文化建设指导方案,并在集团公司选树了安全文化示范单位。集团公司组建专业化新闻中心,子公司和重点单位设立了新闻工作站,基层单位设立了

通讯组，形成了集团公司新闻宣传网络体系。建立健全企业新闻宣传工作机制，加大了新闻宣传力度。在强化内部宣传的同时先后在《人民日报》、《中国煤炭报》、《山西日报》、山西电视台等媒体对集团公司转型跨越发展进行专题报道，多渠道、多角度强化外宣，树立企业的良好形象。严格落实维稳工作责任制，建立健全维稳应急机制，及时排查不稳定因素，保持了企业的和谐稳定发展。紧密结合生产经营和安全生产实际，修订了文明和谐单位创建办法，扎实推进文明和谐创建活动。按照"面向基层、服务一线、融入管理、贴近职工"的要求，不断丰富创建的内容和载体，积极开展了"达标创优"、"煤销工人先锋号"、"优秀安全班组"、"安康杯竞赛"、"青安岗"、"青年文明号"等劳动竞赛、技能比武等活动。2010 年，集团公司有 3 个单位被评为全国文明单位，2 个集体获得全国煤矿优秀安全班组，30 多个单位被评为省级文明和谐单位，4 个单位获得省级"青年文明号"；1 名同志获得全国劳动模范、1 名同志获得山西省特级劳模、18 名同志获得山西省劳动模范。（张世权）

附：山西煤炭运销集团有限公司党委书记、副书记、委员名单

书　记：赵进明

副书记：刘建中　王建设　张泽田

委　员：石魁英　荣海涛　王利君（女）　龙孝忠　张银元　徐忠和　张　树　韩振贵　郑　涛　于喜东　郭润喜

山西省国信投资（集团）公司党委工作概况

2010 年，省国投集团公司党委在省委和省直工委的正确领导下，以深入开展学习实践科学发展观活动为统领，认真贯彻落实党的十七大和十七届四中、五中全会精神，牢牢把握"围绕中心，服务大局，以党建工作促经营工作"的工作思路，紧密结合公司实际，认真抓好学习型党组织建设、创先争优活动和党建工作长效机制的落实，充分发挥党组织的战斗堡垒和党员的先锋模范作用，有力地推动了各项工作的开展，取得了良好的成绩。

一、认真组织开展学习型党组织建设和创先争优活动

创先争优活动和学习型党组织建设是今年党建工作的重要内容，（集团）公司党委高度重视，按照省委和省直工委的要求，扎实开展，稳步推进。

（一）领会精神，制定方案，打牢活动基础。为认真组织好两项活动，集团党委中心组及各公司党组织认真学习了中央、省委以及省直工委相关文件，明确活动意义，了解活动内容，掌握活动步骤，把握活动要求，制定了创先争优活动实施方案和推进学习型党组织建设的实施意见，成立了活动领导小组和办公室。形成了集团党委统一领导，各公司党委（总支）及其主要领导负总责，相关职能部门具体负责，一级抓一级、层层抓落实的工作格局。为充分发挥党委中心组学习带头示范作用，集团党委再次重申了中心组学习的有关规定，要求各公司结合实际健全完善中心组学习制度，并下发了 2010 年学习型党组织建设参考学习书目，同时决定将推荐参考学习书目作为一项长期制度坚持下来，从而进一步强化对学习型党组织建设的指导。

（二）层层动员，分类指导，活动开展全员参与。针对营业网点众多且分布较广的特点，为确保所有员工都能真正参与到两项活动中去，确保活动的实效性，上半年，集团党委成员按照分工，深入各公司及基层网点进行调研，了解各公司党建工作现状，听取一线党员干部职工意见建议，指导基层党支部工作，发现并解决工作中存在的突出问题，并对两项活动进行分类指导，分别动员，确保活动组织到位、指导到位、动员到位、安排到位。各公司党组织于 8 月 10 日前后都完成了动员，做到了活动动员全面覆盖，不留死角。

（三）结合实际，形式多样，活动开展有声有色。集团党委非常重视活动的实效性，多次研讨，广泛征求意见，在此基础上形成了以"围绕中心，服务大局，建设队伍，促进发展"为主题的争创活动，主要内容突出体现在五个方面：一是以党支部为单位开展的读书月活动；二是"亮身份、树形象、比贡献"承诺公示活动；三是开展了"金点子、金路子"活动；四是加强阵地建设，开展了党支部建设活动；五是实施双培工程，把党员培养成业务骨干，把业务骨干培养成党员。根据创先争优活动的总体安排，集团党委领导班子率先制定了《创先争优活动承诺书》，党委每个成员带头签订了创先争优承诺书并进行公示，各公司党组织也认真组织公开承诺和亮牌示范等活动。截至到 2010 年 9 月底，集团系统全体党员均已签订了创先争优活动承诺书。

在学习型党组织建设方面，各公司党组织积极落实集团党委要求，构建宣传网络，建设学习阵地，结合岗位特点，认真开展形式多样的学习活动。一是充分发挥中心组学习的示范带动作用，集团党委中心组集中学习 9 次，其中中心组（扩大）学习专题报告会 2 次（省纪委检查员丁继云做的廉政准则专题报告会和国家发改委经济研究所常修泽教授做的转变经济发展方式专题报告会），学习内容包括：中央及省经济工作会议精神、全省国有企业党建工作会议精神、中纪委十七届五次全会精神、党的十七届五中全会精神等；二是优化知识结构，扩展视野，创新观念，集团党委于 7 月初组织高管人员 34 人赴上海干部管理学院培训；三是强基础，铸队伍，信托公司 9 月份分两批组织中层干部赴上海进行集中培训；四是继承和发扬五四精神，激发全体员工的工作热情，集团和信托公司 5 月份组织全体员工赴大寨进行爱国主义教育活动；五是为上市做充分准备，证券公司多次大规模组织开展了上市准备工作培训；六是重视职工队伍技能提升，国贸

中心认真组织餐饮服务技能与产品知识培训、交叉轮岗培训、岗位英语培训；七是立足实际，注重知识更新，集团直属党支部、光信博爱党总支认真组织读书月活动，形成一项长期的制度加以落实。

（四）大力开展学习弘扬右玉精神和沈浩精神，转变工作作风。在7月29日的全省干部大会和8月28日省委召开的兴起学习弘扬右玉精神新高潮电视电话会议上，袁纯清书记都做了重要讲话。集团党委对这两个讲话非常重视，召开专题会议认真传达学习，研究部署落实会议精神的相关事项，制定了《关于学习弘扬右玉精神　转变思想工作作风的决定》，发出了关于《节约能源保护环境倡议书》，并于9月2日组织召开了学习弘扬右玉精神　推动集团跨越发展动员大会，要求党员干部弘扬右玉精神，把弘扬右玉精神与学习型党组织建设和创先争优活动紧密结合起来，切实把学习活动的成效转化为推动发展的强大动力。(集团)公司及各公司分别组织党员干部赴右玉实地参观。通过参观，党员干部亲身感受到了右玉精神的精髓，领会了右玉精神的深刻内涵，一致表示，要以学习弘扬右玉精神为契机，立足本职岗位，牢记党的宗旨，扎实开展好创先争优活动。12月6日，根据省直机关创先争优活动领导小组的要求，集团系统广大党员干部集体观看了影片《第一书记》，切实感受了沈浩同志扎根基层、无私奉献、鞠躬尽瘁、为民谋利的高贵品质，纷纷表示要对照先进典型找差距，立足本职岗位，争创一流业绩。

（五）总结经验，学习先进，促进活动更好地开展。9月中旬，省直纪工委卫建友书记听取了包括我公司在内的9家单位关于创先争优和学习型党组织建设开展情况的（分片）汇报，卫书记给予了充分肯定，同时，对如何搞好两项活动提出了指导意见。10月上旬，省直工委在中审国际会计事务所召开了创先争优活动现场推进会，听取了中审国际在创先争优活动中好的做法及总结出的经验，要求各单位要认真做好创先争优活动的组织领导、指导检查工作，认真做好公开承诺工作。会后，根据集团党委的安排，集团党工部召集各公司党建负责人赴中审国际参观，学习中审国际好的做法和经验，吸收借鉴，更好的促进了集团系统两项活动的顺利开展。

二、围绕中心，服务大局，扎实落实党建工作长效机制

（一）认真组织开好民主生活会，促进党委领导班子民主建设。根据安排，集团党委于8月25日召开了主题为“贯彻落实《党员领导干部廉洁从政若干准则》、《国有企业领导人员廉洁从业若干规定》，切实加强领导干部作风建设”的民主生活会。省直工委刘传旺书记到会指导，给予了充分肯定。他认为，此次民主生活会，准备充分，操作规范，氛围良好，会议取得了应有成效。并对党委领导班子给予了高度评价：一是政治坚定，干事创业；二是规范经营，稳步发展；三是开拓创新，做强做大；四是民主决策，科学管理；五是重视党建，综合发展；六是以人为本，关心员工。同时，刘书记还对党委领导班子提出，要认真学习贯彻省委袁纯清书记重要讲话精神，进一步规范党委和经营班子重大问题决策程序，重视存量人才培养和增量人才队伍扩大，抓好学习型党组织建设和创先争优活动，大力学习弘扬右玉精神，抓好反腐倡廉建设和作风建设。杨小勇书记代表集团党委作了表态发言，表示不辜负各级领导的关怀和期望，认真做好各项工作，促进集团健康发展。

（二）加强党员队伍建设，做好党员发展工作。党员发展和党员教育工作是党员队伍建设的两个重点。党员发展方面，集团党委和各公司党组织严格执行党员发展制度，认真贯彻“坚持标准，保证质量，改善结构，慎重发展”16字方针，严把党员发展质量关，做到成熟一个，发展一个。而且特别重视空白点、一线和重要岗位的党员发展工作。党员教育方面，各基层党支部充分利用视频、网络等多种手段，采取理论问答、知识竞赛等形式，寓教于乐，认真学习党的基本理论知识，不断扩大学习范围，提高学习效果，培养了一大批优秀的入党积极分子。根据计划，2010年共推选25名入党积极分子参加了省直工委组织的入党培训。2010年共发展新党员21人，预备党员转正31人。截至2010年12月底，集团系统共有党员486人。

（三）加强党风廉政建设，不断完善党风廉政建设体系。“重事先教育，重制度防范，重监督管理”是集团党委、纪委一贯坚持的工作方针。2010年，集团党委、纪委狠抓党风廉政建设，党员干部廉洁自律意识不断增强。一是认真学习《中国共产党党员领导干部廉洁从政若干准则》和《国有企业领导人员廉洁从业若干规定》。二是按照干部管理权限，年初在党的工作会议上组织各子公司领导班子和集团中层以上干部集体廉政谈话，签订《廉洁从业承诺书》。三是开展现身说法，组织中层干部到榆次监狱参观，增强廉洁从业意识，并结合实际开展以典型案件和金融行业违法违规案件为主的各种警示教育活动。

（四）组织第六届职工书法绘画摄影写作作品展，丰富职工文化生活。为庆祝(集团)公司成立25周年，6月份，集团党委举办了第六届集团系统职工书法、绘画、摄影、写作作品展，各公司党组织大力支持，广大职工积极参与，认真创作，踊跃投稿，共收到各类作品452件，经初选，最终参展作品442件。展览集中展示了广大职工爱岗敬业、艰苦奋斗、开拓进取、追求卓越的精神风貌，记录了广大职工投身公司建设的火热情怀，饱含了广大职工对公司成立25周年的深情祝福，同时，书画展的举办，进一步丰富了职工的业余文化生活，提高了职工的文化素养。

（五）爱心帮困，彰显广大干部职工良好的社会责任意识。集团系统广大干部职工在省委、省政府和省直工委以及集团党委的号召下，积极向受灾地区和集团设立的爱心帮困救助基金捐款，彰显了良好的社会责任意识和爱心。经统计，集团系统为玉树灾区捐款171014.5元，为我省受灾地区和人民捐款77943元，向爱心帮困救助基金捐款72657元。共计捐款321614.5元。

（刘琦伟）

附：山西省国信投资(集团)公司党委书记、副书记、委员名单

书　记：杨小勇

副书记：张广慧

委　员：袁东生　郭晋普

山西出版传媒集团有限责任公司党委工作概况

党委书记　齐　峰

山西出版集团是适应出版业改革发展的需要，经中宣部、国家新闻出版总署及山西省委、省政府批准，于2006年12月21日正式成立的大型出版发行机构。2009年12月18日正式转制为山西出版传媒集团有限责任公司，下设山西人民出版社、山西教育出版社、希望出版社、北岳文艺出版社、山西科学技术出版社、山西经济出版社、三晋出版社、山西春秋电子音像出版社等8个出版社，山西新华书店集团1个子集团，山西新华印业有限公司、山西人民印刷有限公司、山西省美术印务有限公司等3家直属印刷企业，山西省新闻出版纸张公司、山西省印刷物资总公司2个物资供应公司和教材中心、报刊中心2个本部二级核算单位，由集团对成员单位行使出资人权利。集团共有员工近万人，其中党员2600多人，基层党组织217个。

山西出版传媒集团成立以来，始终高举中国特色社会主义伟大旗帜，深入贯彻落实科学发展观，大力推进社会主义文化大发展大繁荣，坚持正确的出版导向和方向，在集团确立的“六个转变”的发展和改革战略思想指导下，深化企业改革，优化资源配置，以资产为纽带，以市场为导向，强化经营管理，加强交流合作，依靠科技进步，高度注重提升自身的创新能力、核心竞争力和抗风险能力，在加快出版主业发展的同时，积极推进跨媒体、跨行业、跨地区和跨所有制发展的“一主多元”的产业体系建设，确立了“创新、创优、竞争、和谐”的集团价值观；明确了专业化、特色化、品牌化的产业发展方向，形成了品牌、效益和特色优势群体，推动了集团快速发展，探索出一条具有三晋文化特色的出版产业科学发展之路。

一、社会效益再上台阶

2010年，集团共有45种图书获得全国各类奖项。在第三届中华优秀出版物奖评选中，有3种图书获正式奖，在该奖50种获奖图书中，获奖数量仅次于安徽出版集团，与江苏凤凰出版集团、湖南出版集团并列第二位。

2010年，集团所属各出版社在打造畅销书方面进行了卓有成效的探索。本年度7家出版单位有36种图书冲上全国各类排行榜，在读书界、知识界形成了较大影响，引起了读者的广泛关注。其中《中间地带的革命》《天崩地解：1644大变局》《国家记忆》《历史：何以至此》《赵俪生高昭一夫妇回忆录》《大投资家：牛股基因》等13种图书21次登上全国畅销图书排行榜；《低碳阴谋》《陈志武说中国经济》《唐骏：我的商业逻辑》等3种图书登上全国畅销图书排行榜；《公司的力量》在出版后的几个月中，长期雄踞各大书城财经类图书销售排行榜，创造了集团年度发行近30万册的单品种图书新纪录。在《中国新闻出版报》发布的2010年度“全国优秀畅销书排行榜”上，总榜10种图书集团占了1种；经管分榜10种图书集团占了2种；社科分榜10种图书集团占了2种。在《光明日报》发布的2010年度“光明书榜”上，10本上榜书集团占了3种。在香港《亚洲周刊》评出的年度十大华文好书(非小说类)中，《国家记忆》榜上有名。这些优秀畅销图书的上榜，极大地提高了集团的影响力和美誉度。

二、经济效益跨越增长

2010年是山西出版传媒集团发展速度最快和发展质量最好的一年。集团实现营业总收入47.4亿元，是年度计划的135.8%，比上年增长31%。完成利润总额3.01亿元，比上年度增长1.18亿元，增幅为65%；实现税后净利润2.75亿元，比上年度增长1.06亿元，增幅为63%；综合货款回收率为90%；国有资产保值增值率为147%，各项经济指标均呈现出跨越发展的良好态势。与集团成立之初营业总收入22亿元的规模相比，资产总额和销售收入都翻了一番。

三、版权贸易再创新高

集团始终将版贸工作作为重点工程来抓，通过切实可行的措施推动晋版图书与国际市场接轨，使山西出版的影响力显著增强。2010年，集团实现图书版权贸易68项。其中引进图书27种，输出图书41种，输出版权比上年增加了10种，引进和输出比为1:1.52，连续三年保持顺差。少儿、文化、中医养生、武术成为集团“走出去”的特色板块，并呈逐年增长的态势。2010年，中国版协评出“第九届输出版、引进版优秀图书”，在50种引进版科技类获奖图书中，《游戏中的科学》占据一席；在100种引进版社科类获奖图书中，《22条商规》榜上有名；在99种输出版获奖图书中，《杨氏太极拳、剑、刀》成功入围。

四、文明创建成绩喜人

2010年，山西教育出版社被新闻出版总署评为“首届新闻出版行业文明单位”。山西教育出版社、山西新华书店集团、山西省新闻出版纸张公司、山西人民印刷有限公司4家单位蝉联省直文明和谐单位标兵称号，集团本部、山西人民

出版社、希望出版社、山西省印刷物资总公司、山西新华印业公司、山西省美术印务有限公司6家单位获得省直文明和谐单位称号。高平市新华书店被中宣部等授予"全国服务农民服务基层文化建设先进集体"称号。学习报理综版编辑部、新华书店集团计算机中心被共青团山西省委授予"青年文明号"称号。集团2010年取得的成就,受到各级领导同志的高度关注,省委书记袁纯清先后两次对集团工作作出亲笔批示,鼓励集团做大做强。全国各大媒体也从不同角度对集团的改革发展进行宣传报道,集团广大干部职工团结奋进的工作热情进一步高涨。 (郭文礼)

附:山西出版传媒集团有限责任公司党委书记、副书记、委员名单

书　记:齐　峰

副书记:王宇鸿　邓国帅

委　员:安小慧　崔元和　琚林勇　李文芳

中条山有色金属集团有限公司党委工作概况

党委书记　王树琪

2010年是中条山有色金属集团有限公司党委落实省委转型发展、跨越发展新目标的起步之年,通过不断深化企业改革,扩大对外合作,推进重点工程,筹划冶炼技改,拓展非铜产业,经营任务超额完成。创新党建工作,推进企业文化建设,较圆满地实现了企业各项奋斗目标,较好地发挥了党组织的政治核心作用和监督保证作用,为实现集团公司各项工作目标提供了坚强保证。

一、紧扣主题,结合实际,认真开展创先争优活动和学习型党组织建设活动

深入开展创先争优活动。坚持"五个结合"、创新"五项工程",对活动进行了周密部署,召开了动员大会,制定了活动方案,确定了《中条山集团企业发展战略研究》、《企业信息化与企业发展有效融合研究》等6个集团公司领导调研课题。确立了"党性和党员意识教育"、"党员示范岗"、"打造学习型党组织"、"创收增效"、"服务职工群众"五个活动载体。两级党组织和广大党员进行了公开承诺,共公布承诺事项3948个,完成3000余个。建立了干部联系点235个,党员服务站174个,积极为群众办实事办好事639件,完成急难险重任务226件,组织公益捐款19万元。在全公司范围内深入开展增收创效活动,全年增收创效活动共立项169个,取得效益0.9亿元。活动期间,编印专题简报18期,其中《中条山集团创先争优活动和推进学习型党组织建设突出实践特色,注重五个结合》、《中条山集团把活动效果体现在让职工得实惠上》、《创建学习型党组织,推动运城跨越发展》等文章在国资委简报和《运城日报》上发表,集团公司创先争优活动经验在省国资委举办的"创先争优活动推进会"上进行了交流,受到上级部门好评。

深入开展了打造学习型党组织活动。集团公司党委专门制发了活动文件及方案,向全体党员发出了"读书倡议书",并为全公司中层干部统一购买了《国情备忘录》和《苦难的辉煌》两本必读书。集团公司党委职能部门举办了十七届四中全会、集团公司职代会、党建知识、市场经济等知识培训18次,2200余人次参培。在中层干部中开展了学习科学发展观征文活动,共收到论文279篇,获奖36篇,促进了学习型党组织建设活动的蓬勃开展。

二、夯实基础,加强管理,扎实推进各级领导班子和干部队伍建设

集团公司把创先争优与创建"四好"领导班子相对接,实施"堡垒工程",开展"四强"党组织活动,以班子建设带动基层党组织建设。健全了决策机制,重新修订了企业"三重一大"议事规则,确保了决策科学化、民主化。成功召开了两级班子民主生活会,增强了班子的凝聚力和战斗力。

加强了干部日常管理。圆满完成2010年中层管理班子和中层管理人员的年度考核工作。完成了领导班子年度及任期经营业绩考核工作。坚持执行《党员领导干部报告个人有关事项的规定》、中层管理人员个人收入申报制度、中层管理人员重大事项报告制度,维护了党纪党规的严肃性。

突出抓了干部队伍作风建设。加大了舆论监督、群众监督、制度监督力度,开设领导干部作风问题举报箱、举报电话、网络监督、有奖信息线索征集,通过强化监督,切实扭转不良作风。加强了领导干部政策、法纪法规的学习,实施了领导干部的诫勉教育和警示教育,严办违纪违法案件,提高领导干部的原则意识和依法办事意识,促进作风建设长效机制的形成。

三、健全制度,创新管理,促使党建工作水平不断提升

认真落实党委工作目标责任制。设置60个考核项目,分项打分,综合汇总。全年共检查出各类问题和工作不足735个次,扣罚基层单位5.02万元,同时奖励工作突出单位25万元,使各单位在考核中感受到了责、权、利的统一性。

推进党群工作计划费用管理。集团公司党委打破过去那种年初党委安排管一年、日常工作缺指导的工作套路,站在全局高度,改进方法,制定党建工作计划费用管理制度,从2010年二季度开始,对党建工作实行项目预算提前上报、工作内容集中审批、费用资金统一下达、完结效果每季考核的

工作模式，保证了党组织任务明确，资金到位，调动了各级党组织的工作积极性，推进了党建工作的精细化、规范化、制度化管理，促进了党建工作同企业中心工作的有效融合。党建工作计划管理的实施，实现了党建工作由传统型向现代型、封闭型向开放型、被动型向主动型、条块分割向一体化的转变，增加了党建工作的预见性和超前性，将党建工作较好地贯彻上级精神、服务于企业各项工作提高到新的水平。

不断加强党员管理基础工作。认真落实《2009—2013年全国党员教育培训工作规划》和《集团公司2010—2013年党员教育培训规划》。各级党组织广泛开展了党员培训工作，举办了党务干部、支部书记、党员培训班。开展了观摩学习、经验交流。坚持了"三会一课"制度。全年先后举办3期党务干部专业知识培训，各级党组织全年举办9期入党积极分子培训班，300余人次参加。重视了离退休党员的管理工作，积极为他们提供学习娱乐条件，关心困难党员生活。2010年春节前对部分建国前老党员和困难党员进行了慰问。切实做好党员发展工作，2010年共发展新党员76名。

四、突出重点，积极推进，精神文明和企业文化建设取得新成效

坚持不懈地加强精神文明建设。开展了社会主义核心价值教育，引导广大职工树立正确的人生观和价值观，积极倡导公民基本道德规范，深化"知荣辱、树新风、促和谐、争当文明中条人"活动。完成了向《山西省精神文明建设巡礼——省属企业卷》和运城市《魅力运城丛书》的组稿、图片上报工作。加大了法制宣传力度，完成了"五五"普法工作的总结和验收考试工作，参加了省国资委在太原五一广场举办的"法制山西在国企"展览宣传活动。集团公司"五五"普法工作顺利通过了省国资委的验收，并受到了省国资委验收领导组的一致好评。由党委主抓的《集团公司制度汇编》工作，分上下两卷426项、220余万字的讨论稿已印制完成。

成功召开了集团公司精神文明和企业文化建设表彰大会。表彰了三年来集团公司在精神文明和企业文化建设上取得优异成绩的先进集体和个人，并对今后的精神文明和企业文化建设工作做出了重要部署和规划。

五、把握原则，执行政策，努力提高人才工作水平

加强了人才的培养工作。相继开展了大规模全员培训工作，举办了科队级干部、技术工人、管理人员等培训班303个，培训员工26992人次。2010年引进大专以上学生61人。

加大了人才的激励力度。集团公司各级组织认真执行了对管理、专业技术人员、工人技师的激励政策，执行了新毕业生的安家费、生活补助费发放规定，妥善安排好他们的居住条件。集团公司重新规范了企业表彰，提高了奖励标准。通过职代会、"七一"表彰会、"五一"劳动节、"五四"青年节、"三八"妇女节等表彰了一大批奋斗在集团公司各条战线上的优秀人才。2010年年末，集团公司决定较大幅度地提高职工的基本工资和效益工资，提高集团公司补贴住房公积金提取比例，激发了广大员工和各类人才的事业心和责任感。

六、关注民生，维护稳定，积极构建和谐中条

狠抓了民生工程、社会稳定、构建和谐等工作。针对职工住房难问题，加大住房供给量，新建住房800多套，完成分配600余套，较大程度地改善了职工居住条件；积极与地方政府协调，解决了1200多名"五七"家属工的养老问题；积极办理职工家属子女的医疗保险和城市居民最低生活保障，目前有1000多名职工家属子女参加医疗保险，有652人享受城市居民最低生活保障金；为了更好地服务职工家属，各级党组织都建立了社区党员服务站，开展了党员志愿服务、走访慰问、一帮一等活动，帮助职工群众解决生产生活中的实际问题。设立"爱心助学基金"，建立"帮扶基金"，形成了扶贫帮困的长效机制。同时，按省委要求，履行社会责任，支持新农村建设，为集团公司周边的帮扶点给予了一定的项目和资金支持。

进一步加大了稳定工作力度。建立信访形势分析研判工作机制，定期通报情况，揭摆问题，研究对策。加强舆论引导和《信访条例》宣传力度，突出规范信访秩序，印制发放"信访联系卡"400余张，并开通网上信访平台，有效减少了信访人员流量，缓解了信访事项处置压力，提高了信访案件的办结效果，圆满实现了上级提出的非正常"零上访"的目标任务。开展了矛盾纠纷大调研、大排查和大化解活动，共排查出矛盾纠纷44起，成功调处41起，调处成功率达93%，确保了把矛盾化解在单位，把问题解决在基层，夯实了维护稳定的第一道防线，确保了集团和谐稳定的大局。2010年，中条山集团实现销售收入49.2万元，超额完成了计划目标和省国资委的要求目标。2010年末，中条山集团资产总额达72亿元，基本实现了集团公司"十一五"规划提出的"再造一个中条"的奋斗目标。

（吴少鸿）

附：中条山有色金属集团有限公司党委书记、副书记、委员名单

书　记：王树琪

副书记：刘正国

委　员：刘广耀　张新乐　何小青

山西杏花村汾酒集团有限责任公司党委工作概况

党委书记　王敬民

山西杏花村汾酒集团有限责任公司是以生产经营中国名酒——汾酒、竹叶青酒为主营业务，兼科、工、商、贸等领域的大型综合性国有独资企业，是国家520户重点企业和山西省政府12户授权经营企业之一，现拥有职工8000余人，占地面积230万平方米，资产总额达31亿元。

汾酒集团公司现有党员2030人，下设29个二级基层党组织。其中二级党委4个，党总支17个，党支部8个，三级党支部123个。党组织实现了全覆盖，特别是销售公司党委在全国各省市销售片区都建立了党支部。

汾酒集团党委以科学发展观为指导，以理顺内部管理为基础，以拓展市场、促进经营业绩快速增长为主要目标，科学谋划公司未来，积极推动企业持续、健康、稳定发展，确定了"创建和谐，凝聚力量，奋起直追，再铸辉煌"的企业指导思想，提出了公司到2015年，即汾酒获得巴拿马万国博览会金质奖章百年之际，汾酒销售收入达百亿的奋斗目标，以及建立符合现代企业制度的管理秩序和抓好汾酒队伍建设三大历史性任务。

一、围绕中心，联系实际，思想政治建设深入推进

一是开展学习型党组织建设活动。集团公司把干部队伍的思想政治建设放在首位，修订完善了党委中心组学习制度和基层党组织学习制度，定期不定期地组织学习，采取了专题讲座、演讲比赛、知识竞赛、有奖征文等多种形式，开展了全方位教育培训，力求在武装头脑、指导实践、推动工作上取得成效。同时，要求每一个党员干部都要根据自己工作的特点，有针对性地抓好平时的自学，努力把学习成果转化为谋划工作的思路、推进工作的措施、统领工作的本领，在全公司逐步形成比学习、比贡献、比进步的新风尚。

二是解放思想，转变观念，树立加快发展的责任感和紧迫感。面对白酒行业日趋激烈的市场竞争，在充分认识、科学分析汾酒面临的挑战和机遇的基础上，大力开展形势任务宣讲教育。2010年7月29日，我省召开领导干部大会，省委书记袁纯清提出：以转型发展为主线，以跨越发展为目标，推动山西经济又好又快发展，在中部崛起和全国竞相发展格局中再造一个新山西。在全省转型跨越的春潮中，怎样把汾酒这张山西名片擦的更亮？怎样把汾酒这个山西的品牌叫的更响？上任不久的新一届领导班子深感责任重大，发动全体员工展开了大思考、大讨论。10月开始，汾酒集团在全公司范围内深入开展了"解放思想大讨论"活动，各级党组织和全体党员干部认真对照"九个克服、九个树立"进行广泛深入的讨论，不断突破旧有的思维定势，查找制约发展的突出问题，进一步明确影响和阻碍汾酒发展的症结所在，深刻理解转变思想观念对推进汾酒跨越发展的重要意义，为提前实现百亿目标、重铸汾酒辉煌统一思想，凝聚力量。

三是着力培育具有汾酒特色的企业文化，打造企业的核心竞争力。新一届汾酒人认识到要大力实施文化兴企、文化强企战略，才能进一步增强企业凝聚力、向心力和社会美誉度。对外要求突出汾酒"国酒之源、清香之祖、文化之根"的战略地位，挖掘、集聚文化元素，将其融入产品营销过程，积极策划、参与各种具有文化内涵的营销活动，努力缔造汾酒文化管理和文化营销的发展体系，弘扬汾酒文化，提升企业软实力。2010年6月18日，汾酒集团在北京人民大会堂隆重举行了"汾酒唯一荣获巴拿马万国博览会中国白酒品牌甲等大奖章95周年纪念大会"。宣布汾酒是"唯一荣获1915年巴拿马万国博览会中国白酒品牌甲等大奖章"的白酒，并首次向社会公开了权威的历史资料。这一历史事实公布于众后，在全国引起了极大的震动，汾酒的知名度和美誉度得到了很大的提升。2010年9月5日，"国藏汾酒纪念酒"公益拍卖会在北京隆重举行，20瓶纪念酒全部拍出，拍卖总额高达3076万元，平均每瓶153.8万元，其中最高一瓶拍得209万元。这一结果创造了中国白酒拍卖的一个奇迹！汾酒集团的这一招一式皆发力于7月29日全省领导干部大会召开前后，招招精彩，式式相连，一气呵成，共同构成了汾酒集团抢抓机遇促转型、上下同心谋跨越而打出的一套漂亮的"组合拳"。对内，新一届领导班子进一步传承和发展了汾酒深厚的文化底蕴，把企业文化建设与思想政治工作和精神文明建设有机结合起来，加强对职工的思想道德、职业道德教育，引导广大干部职工始终保持良好的精神状态；把企业文化的精髓贯穿到各项规章制度建设之中，形成规范、合理、适用的管理体系，形成人人遵守、自觉执行、运转有序的制度文化和行为文化。

二、打牢基础，推进创新，党组织活力有效提升

一是党组织机构进一步健全。针对公司机构变动情况，立足新的实践与发展，3月份，公司党委将原有的党委办公室、组织部、宣传部合并为党委工作部，精简工作机构，理顺工作关系。同时，根据各个职能部门及二级单位的党员分布情况，按照公司生产经营工作的需要，合理设置基层党组织机构，及时调整和组建了29个二级基层党组织，123个三级基层党支部，做到了有党员的地方就有党的基层组织，有生产经营活动的地方就有党的活动，实现了组织全覆盖，党的

组织管理体系得到进一步健全,为发挥党组织的政治核心作用奠定了基础。

二是党建工作制度日臻完善。公司党委修订了《党委会议事规则》《领导班子民主生活会制度》《中心组学习制度》《干部选拔任用管理办法》《关于"三重一大"集体决策制度的实施办法》《科级干部备案暂行管理办法》;建立健全了责任目标考核体系,对基层党组织贯彻落实集团党建工作、党风廉政建设工作以及"四好"班子创建工作情况进行检查和考核,层层落实党建工作各项目标责任,促进了各级党组织建设的制度化、规范化、程序化。

三是继续开展精神文明创建活动。公司党委重新调整了精神文明建设指导委员会、思想政治工作研究会等组织机构,下发了《精神文明建设考核办法》,以文明创建活动带动精神文明硬件建设、规范管理、员工文明素质的全面提升。2010年,经过层层选拔,共向省国资委推荐了3个精神文明标兵单位、5个文明单位和6名精神文明先进工作者,已于年底接受了国资委精神文明办公室的考核验收。

三、注重培养,提升能力,干部和人才队伍建设取得实效

一是紧扣科学发展主题,强化各级领导班子建设。坚持中心组学习制度,在深入学习实践科学发展观、学习贯彻中央、省委的重大决策部署上始终做到先学一步,快人一拍,进而带动全公司的学习热潮。建立健全了党委议事规则、民主决策机制,坚持在重大工程招投标、大宗物资采购、干部选拔聘任等重大问题上集体研究、集体决策,保证了民主集中制的落实。

二是以干部人事制度改革为切入点,启动了三项制度改革。根据"公开公正、择优聘任,德才兼备、提高素质,自荐报名、组织决定"的原则,进行了两次竞聘,共有37名管理人才脱颖而出,走上了领导岗位,对公司匡正用人风气,形成优胜劣汰的用人机制起到了积极的导向作用。对全公司科级干部实行组织备案制度,将选拔权、考核权下放到用人单位,用人机制更加灵活。通过干部人事制度改革,树立了上岗靠竞争、收入凭贡献的思想观念,真正让能力强、干得多、贡献大的人政治上有光荣感,经济上收入多,对激发广大干部员工干事创业的巨大热情,共同营造汾酒集团上下心齐气顺的良好氛围必将起到积极的作用。

三是加强人才队伍建设,实施人才强企战略。2010年年初,择优选拔了50名经营管理人才和28名技术人才分别选送到清华大学和江南大学进行了为期半年的基础培训,为公司下一步的快速发展储备人才资源,以尽快扭转人才匮乏制约企业加速发展的被动局面。同时,通过组建汾酒集团员工教育培训中心,实施培训项目策划、课程开发、师资培养等举措,大力开展员工岗位技能培训和文化知识学习,提升干部员工综合素质,满足员工多样化、多层次的学习培训要求,为公司战略目标的实现提供人才支持。

四、创新党建工作新思路

汾酒集团以"创建和谐,凝聚力量,奋起直追,再铸辉煌"为总的指导思想,紧紧围绕集团公司"追赶、超越、领先"的发展战略,抓好党的建设工作。

首先,不断加强对企业党建工作的研究和探索,创新党组织活动方式,真正把企业各级党组织建设成为贯彻落实科学发展观的组织者、推动者和实践者。把企业的政治优势转化为竞争优势,把党建工作渗透到企业改革发展和生产经营中去,做到围绕发展抓党建,抓好党建促发展,确保企业党组织政治核心作用的发挥。

其次,加强对党员干部、特别是对各级领导班子的教育和管理,进一步加强各级领导班子和领导干部建设,建立健全促进科学发展的干部考核评价和选拔任用机制,认真贯彻中组部《关于加强党员经常性教育的意见》等四个长效机制的文件精神。

再次,加大力度,健全和完善各级干部的考核工作,拓宽渠道,多方面培养选拔干部。集团公司将按照三项制度改革后新的绩效管理办法,搞好工作量化,加大考核力度,强调责任落实,做到人、责、权、利相统一相匹配。整个过程要有奖有罚,有"进"有"出",有"上"有"下",从而促成一种良性的用人氛围,坚决匡正用人导向。对具有潜质的和工作中表现突出的业务骨干,采取"传——帮——带"式或交流培养等多种方式,为他们整体素质和综合能力的系统性快速提升创造条件和环境,并使之能在实际工作和岗位上学以致用。集团公司将根据战略发展的需要,重点培养锻炼和选拔一批年轻的德才兼备的年轻骨干,充实到各级管理岗位上。

五、经济建设取得显著成就

一年来,汾酒集团公司党委以科学发展观为统领,围绕"创建和谐,凝聚力量,奋起直追,再铸辉煌"的指导思想,牢牢把握服务经济、服务大局的主动权,努力把党的政治优势转化为发展优势,把组织活力转化为发展活力,为公司经济平稳较快发展提供了坚强的组织保证和思想保证。2010年,公司全年各项经济指标全部超额完成,实现销售收入53.7亿元,同比增长41.52%;实现利税21亿元,同比增长40%;实现利润9.8亿元,同比增长53.78%,再创历史新高,实现了企业从小步慢走到加速发展的重大转折,为百亿目标的提前实现奠定了坚实的基础。 (贾春浩)

附:山西杏花村汾酒集团有限责任公司党委书记、副书记、委员名单

书　记: 王敬民

副书记: 李秋喜　阚秉华　高润珍

委　员: 谭忠豹　武瑞明　李明强

山西能源交通投资有限公司党委工作概况

党委书记　曹晨明

山西能源交通投资有限公司成立于2009年9月16日，是山西省人民政府批准并出资设立的国有独资公司，注册资本63.3亿元，是省属11户国有大型骨干企业之一。公司主要使命是履行山西省新建铁路出资人职责和构建现代综合物流体系。截至2010年底，公司总资产193亿元，员工4.3万余人，主要从事铁路投资、铁路运输、道路运输、煤炭运销、商贸仓储、现代物流、新能源开发利用等。公司参与部省合资建设的铁路项目有：山西中南部铁路通道、大同至西安客运专线、太原至兴县铁路通道、太原铁路枢纽等10条新建和改扩建铁路项目。公司所属的山西地方铁路集团有限公司是山西省从事地方铁路建设运营、铁路专用线管理的骨干企业；山西汽运集团有限公司是山西省从事道路客货运输经营、汽车站场经营的主要企业，承担我省交通战备和应对突发事件的重任；山西能源产业集团有限公司是山西省从事煤炭和焦炭的运输销售，煤层气、焦炉煤气的综合开发与利用的重点企业，是我省确定的煤炭运销计划单列单位之一；山西省物资产业集团有限责任公司是山西省从事物资内外贸易、仓储物流的骨干企业，在全省汽车、化工原材料、塑料原料、农地膜等物资贸易和物流配送以及汽车拆解等特种行业中处于重要地位。

2010年是山西能源交通投资有限公司全面起步、规范运行的第一年。在省委、省政府正确领导下，在省国资委和省有关部门的大力支持下，公司党委紧紧围绕新建铁路投融资中心任务，边抓公司建设边抓铁路投融资，各项工作取得新进展。

一是深入开展创先争优活动。按照省委的部署和省国资委党委的安排，以开展创先争优活动和创建学习型党组织建设为契机，全面推进党的思想、组织、作风、制度和反腐倡廉建设。制定完善《党委会议事规则》、《党委中心组学习制度》等党委工作制度，落实贯彻《三重一大决策制度实施办法(试行)》和《廉政准则》等规定，围绕中心，服务大局，把创先争优活动融入生产经营全过程，与加强学习、提高业务理论水平相结合，积极提升集团党建工作科学化水平。

二是圆满完成铁路投资任务。全年共完成铁路投资46.672亿元，其中：大西客专27.59亿元、中南通道9.56亿元、太兴铁路2.8亿元、吕临支线0.5亿元、石太客专太原枢纽征地拆迁6亿元、黄韩侯铁路0.222亿元。认真履行了省政府赋予的铁路投资使命，为确保山西省重点铁路工程建设，促进全省投资增长做出了贡献。

三是圆满完成公司组建任务。按照省委省政府高起点规划、高标准建设的要求，进一步完善法人治理结构，健全组织架构。积极开展创先争优活动，加强班子队伍建设，着力建设精诚团结、务实高效、风清气正的领导集体，公开招聘优秀人才，大力培育企业文化，努力培养一支懂经营、善管理、能开拓的管理队伍。

四是圆满完成整合重组任务。2010年12月，省政府决定将山西地方铁路集团、山西汽车运输集团、山西能源产业集团、山西物资产业集团等4户省属企业划转至我公司，成为我公司的全资子公司。为确保整合平稳过渡，公司制定了《接收划转省属国有企业重组工作方案》，主动帮助子公司解决实际困难，狠抓安全生产。目前，各子公司干部思想稳定，员工队伍稳定，安全生产稳定，生产经营稳定，发展态势良好。

五是圆满完成主要经营指标。2010年底，子公司总资产101.68亿元，净资产22.94亿元，实现收入99.86亿元，实现利润总额0.80亿元。“十一五”期间，四个子公司合计总资产增长33.5亿元，净资产增长6.82元，营业收入累计实现292亿元，利润总额累计实现3.31亿元，圆满完成了省国资委下达的生产经营指标。

六是制定“十二五”发展规划。按照省委省政府加快我省铁路建设和省国资委建设大型能源交通物流企业集团的要求，结合省“十二五”规划和划拨企业资产、业务、项目等情况，研究制定了公司“十二五”发展规划，为今后五年的发展指明了方向。

(王福宝)

附：山西能源交通投资有限公司党委书记、副书记、委员名单

书　记：曹晨明(3月任职)

副书记：郝瑞珍(12月任职)　郭鹏飞(12月任职)
刘　波(12月任职)　张广明(3月任职)

委　员：武　强(3月任职)　任　秀(12月任职)
梁润德(12月任职)　荣建明(12月任职)
杜　峰(5月任职)　邢海洋(3月任职)
潘来喜(3月任职)　赵敏崎(3月任职)

中央部属单位党组(委)工作概况

省邮政管理局党组工作概况

党组书记　张勤学

2010 年，省邮政管理局党组紧紧围绕全省邮政业改革发展稳定的大局，认真贯彻落实省直党建工作会议精神和《中国共产党和国家机关基层组织工作条例》，积极抓好学习型党组织建设，深入开展创先争优活动，大力推进机关党的思想建设、组织建设、作风建设、制度建设和反腐倡廉建设，全面完成了机关党建工作的目标任务，为推动我省邮政业又好又快发展提供了强有力的思想、组织和作风保证。

一、积极推进学习型党组织建设，党组织和党员的学习能力不断提高

局党组将加强学习型党组织建设作为党建工作的重要内容之一，制定了《加强学习型党组织建设实施方案》，分阶段、有重点地开展学习。机关党委按照"四有"(有学习计划、学习心得、学习交流、学习小结)要求，采取指定学习篇目、检查学习笔记、开展学习研讨等方式，营造了浓厚的学习氛围。各支部通过召开理论学习心得交流会，切实保证理论学习各项要求落到实处。全年中心组集中学习了 5 次 12 天，邀请省委党校教授举办讲座 2 次，参加国家局组织学习培训 8 次，省直工委学习培训 9 次。按照省委部署，局机关党委开展赴右玉学习 1 次。通过学习，进一步提高了机关干部的思想理论水平，增强了全体党员的党性观念，为发挥党组织的战斗堡垒作用和党员的先锋模范作用打下了较为扎实的理论基础。

二、深入开展创先争优活动，党组织的凝聚力、战斗力不断增强

高度重视创先争优活动，成立了创先争优活动领导小组，研究制定了实施方案，以"加强基层党组织建设，体现党组织和党员行为"为活动载体，召开了创先争优活动动员大会，先后开展了内容丰富、形式多样、特色鲜明的系列活动，较好地将"创先争优"活动落到了实处。一是为纪念中国共产党成立 89 周年，积极开展了"五个一"教育活动，即：组织一次主题教育活动，讲授一次党课，观看一部教育影片，发放一张读书卡，写一篇心得体会。二是深入开展"五个结合、五项提升"活动。全面提升了队伍能力和水平，进一步促进了各项管理工作的科学发展，提升了管理效能。在 9 月份国家局组织的创先争优和学习型党组织建设活动演讲比赛中，我局获得优秀组织奖，选派的两名选手中有一名获得了二等奖。该活动受到国家邮政局的充分肯定，并在国家局创先争优活动海南研讨会上进行了经验交流。三是组织各支部和党员参加公开承诺。制作了公开栏，全体党员向群众做出了公开承诺。通过公开承诺，增强了全体党员的党性意识，进一步激发了党员的责任感、荣誉感和使命感，增强了党员的自我约束力，提高了党员素质。四是组织开展了"送温暖、献爱心"等社会公益募捐活动，在向甘肃舟曲特大泥石流灾区捐款中，局领导率先垂范，党员干部踊跃参与，累计捐款 3.5 万余元，进一步树立了党员干部的大局意识，弘扬了中华民族"一方有难，八方支援"的优良传统。

三、加强组织建设，党建工作不断取得成效

一是严格党内生活和纪律。坚持民主集中制原则，在执行中做到了重大决策、干部任免、重要项目安排、大额资金使用等通过办公会议集体研究决定，做到了班子成员之间勤沟通、常交流，保持了领导班子团结向上、奋发有为的精神面貌；坚持"三会一课"制度，认真过好组织生活，定期召开党员

大会和支部生活会，每年召开一次领导班子民主生活会，建立健全党员民主评议等制度。

二是严格党建工作责任制。把落实党的工作责任制作为全局的重要工作任务纳入到局工作目标管理中同安排、同分解、同落实、同考核，并作为年终评比考核的重要条件之一，不断推进党建工作的制度化和规范化。

三是严格党费管理工作。严格按规定收缴党费，并按照规定比例足额上缴省直工委。

四、加强党风廉政建设，党组织的监督作用不断增强

把抓好党风廉政建设摆在重要位置，坚持在党员干部中进行党风党纪教育和反腐倡廉教育，6月份，在党风廉政宣传月活动中，积极组织党员认真学习中央纪委五次全会精神，学习了《廉政准则》、党纪政纪条规。在全局范围内有组织、有步骤地开展了警示教育活动。全年，机关党委共组织广大党员干部集中学习党的各项纪检条例规定3次，观看教育影片、电教片5次，组织座谈讨论会5次，增强了党员干部的反腐倡廉意识和自律意识，全体党员干部勤政廉政意识不断提高。

五、颁布实施《山西省邮政条例》

一年来，我局以推进全省邮政业又好又快发展为目标，以贯彻落实《邮政法》为主线，全力以赴，克难攻坚，艰苦奋斗，扎实工作，较好地完成了年初既定目标。《山西邮政条例》颁布实施，村邮户箱工程取得突破，行政许可工作有序开展，行业监管力度不断加强，全行业发展呈现平稳较快发展的态势。2010年，全省邮政行业业务总量完成39.42亿元，同比增长9.2%；业务收入完成22.58亿元，同比增长18.11%。快递业务量完成1538.68万件，同比增长23.22%；快递业务收入完成3.69亿元，同比增长20.02%。

《山西省邮政条例》是2010年省人大确定的一类立法计划。一年来，我们把制定出台《山西省邮政条例》作为贯彻落实《邮政法》的重要措施，将其放到全局工作的重中之重，举全局之力，积极配合省人大、省政府立法部门做了大量艰苦细致的工作。《条例》先后经过了近50稿的修改，于2010年11月26日经省人大十一届常委会第二十次会议表决通过，2011年1月1日正式实施。《山西省邮政条例》的颁布实施，是我省邮政业发展历程中的重要里程碑，填补了我省邮政地方立法空白，丰富和完善了我省邮政法制体系，是我省邮政法制建设取得的重大成果。对于贯彻落实科学发展观，促使我省邮政行业走向法制化、规范化和科学化管理轨道，促进我省邮政业又好又快发展，具有重要而深远的意义。

六、邮政普遍服务基础设施建设取得突破

一是启动空白乡镇局所补建工作。对省邮政企业报送的409个空白乡镇局所补建数量等基础资料进行了认真审核，与省发改委、省邮政公司联合召开电视电话会议，安排部署了山西省空白乡镇邮政局所补建工作，计划用三年时间、分三批完成建设任务，第一批123个空白乡镇于2010年开工建设。

二是集中开展新农村村邮站试点建设工作。在2009年启动村邮站建设工作的基础上，2010年积极协调省政府相关部门出台推进村邮站建设政策，将省财政专项补贴资金落实到位，多部门联动推进村邮站建设。9月份，我局联合省新农办、省财政厅、省农业厅出台了《山西省新农村村邮站建设试点工作方案》，建立了“新农办牵头、财政支持、邮政协调、企业实施”的工作机制，明确了由村集体按照公益性岗位给予村邮员工作补助的保障机制。11月，联合省农业厅和省邮政公司召开电视电话会议具体部署了该项工作。目前1098个试点村村邮站建设工作在有序推进。

三是深入推进信报箱建设。以协调建设部门加强验收环节监管为重点，联合建设部门持续推进信报箱建设。促使省住建厅发文将信报箱纳入住宅工程质量分户验收内容，将信报箱分户验收纳入地方建设监管制度环节。

七、快递业务经营许可工作有效开展

快递业务经营许可工作是2010年一项集中性强的重点工作。省局高度重视，严格按照“优质、高效、规范、廉洁”的原则积极有序地开展快递业务经营许可工作。一是及时通过省局网站和新闻媒体做好许可申请流程的发布和宣传咨询工作；二是采取召开会议、集中培训、印发手册等方式，对快递企业就申请方法、申报事项、填写内容和申报要求进行了认真解答和详细指导；三是成立了职业技能鉴定中心，积极指导快递企业做好职业技能鉴定工作，先后组织了三批共计1400多人次参加快递业务员职业技能资格考试，72%的业务员通过了初级资格认证；四是深入到快递企业对快递许可情况进行了调研和督导，规范企业的快递许可申报工作；五是与工商局进行了联系沟通，就快递企业延期年检、年检办理、分支机构登记、营业执照经营范围等许可事项予以明确，达成共识，做好许可工作的衔接；六是通过服务内容、办事程序、申报材料、办理时限的“四公开”，有效确保了许可工作公开透明，高效便捷。全年，共接待、接听企业咨询申请1000余次(家)，正式受理申请办理许可的企业97家，颁发快递业务经营许可证96家，国际货贷企业山西分公司办理备案手续的5家。

八、邮政普遍服务和邮政市场的监督管理得到强化

一是强化了邮政普遍服务的监督管理工作。按照国家邮政局的安排部署，认真开展了邮政普遍服务和特殊服务监督检查。全年监督普服网点1381个次，对省会机要服务场所和重要用户进行了144人次监督，按照纪特邮票发行计划对全省13个网点的服务情况监督394人次；走访用户2475人次；填写监督报告书1879份，提出建议(反馈问题)486条；向企业发整改意见书12份，整改率100%。认真做好时限监测工作。圆满完成了对平常信函、印刷品、机要函件和包裹的

时限监测工作。组织开展了省内45个市县间信函传递时限监测工作和省内主要党报时限服务抽样调查工作,加强省内邮件时限管理。依法开展行政审批工作。妥善处理了新平堡镇邮政支局停止办理邮政普遍服务业务事件。注重对邮政特邀监督员的日常管理工作,完成2010年邮政特邀监督员续聘和更换工作,我省社会监督员共有77人,覆盖全省56个市(地)、县,覆盖率为58.33%,充分发挥了社会监督作用。

二是强化了邮政市场的监督检查工作。继续强化以快递、集邮、用品用具三大市场为重点的监督检查。快递市场开展了以“规范市场秩序、维护用户权益”的专项执法检查。以查处制售假邮资凭证行为为重点,采取多种有效手段,加强了集邮市场监管力度。认真受理了4家信报箱生产企业和透明窗口信封、快递封套、国际邮件包装箱以及机要信封生产企业的申请审查和发证(换证)工作,及时查堵使用假冒机要信封事件2起,邮政用品用具生产企业的管理水平和产品质量得到进一步提高,市场秩序得到有效规范。全年,共检查单位254个次,下达整改通知书50份,其中涉及检查快递企业165个次,经营集邮票品的公司32个次,邮政用品用具生产企业和邮政网点57个次,有效地规范了邮政市场秩序。同时,认真做好邮政业消费者申诉受理工作。全年,共处理申诉139件,其中国家局转办96件,本省处理43件,用户申诉处理满意率96%。

三是强化了行业安全监管。突出抓好世博会和亚运会期间的邮路安保工作。省局及时召开了安保工作动员会,对世博会和亚运会期间全省邮政行业安保工作作了部署,同与会企业负责人签订了安保责任书。以落实收寄验视制度为重点,加大了安全检查工作力度。会同省安全部门对太原地区规模以上快递企业世博会和亚运会安保工作进行了现场检查,确保大会期间寄递渠道的安全。

九、邮政管理队伍工作效能得到提高

政府职能不断加强。一是“十二五”规划编制工作扎实推进。积极联系省发改委宏观研究院编制我省邮政业“十二五”发展规划,重点研究如何将邮政业做大做强,如何将快递业做大规模的问题。二是出台文件解决了快递车辆通行问题。省交通运输厅下发文件,就快递车辆客车载货事宜做出了具体规定,从而解决了我省快递车辆通行问题,为快递发展创造了良好的市场环境。三是邮政行业统计执法检查工作总体完成。

基础管理进一步夯实。充实完善了管理制度,促使管理工作更加规范有序;落实《公务员职务任免与职务升降规定》,严格执行任职试用期制度,全年考察提任2人次;加强机关财务管理,提高预算水平,完善规章制度;加快信息化建设,推进政务信息公开,编制了49期《政务信息》,加强门户网站的信息发布和维护,编发信息80余条,受理局长信箱意见45条,实现了信息畅通。

党建和精神文明建设取得实效。认真开展了学习型党组织建设和创先争优活动。组织学习反腐倡廉建设之反面案例警示录,廉洁自律意识不断增强。深入推进机关精神文明建设,坚持中心组理论学习,加强党建工作制度建设,促使机关精神文明建设不断增强。2010年,再次被确认为省直文明和谐标兵单位。

(赵俊芝)

附:省邮政管理局党组书记、成员名单

书　记:张勤学

成　员:李志明

中国电信集团公司山西省电信分公司党组工作概况

党组书记　李洪波

2010年,中国电信山西分公司在省委、省政府的大力支持和帮助下,在中国电信集团公司的正确领导下,通过全公司上下的共同努力,深入推进聚焦客户的信息化战略,团结拼搏、开拓进取,圆满完成了各项工作任务,企业发展取得了新的成效。

一、围绕中心,狠抓落实,不断夯实党建基础工作

一是加强了组织建设。按照省直工委的要求,选举了新一届机关党委和机关纪委,对支部进行了重新调整,保证了党支部的健全和稳定。二是坚持开好领导班子民主生活会。省公司党组严格按照规范要求,确定民主生活会的主题为“贯彻《廉政准则》,加强作风建设”。会前,广泛征求意见,撰写发言提纲;会上,深刻剖析思想根源,深入开展批评与自我批评,明确努力方向;会后,认真研究制定整改方案,及时通报会议召开情况。三是组织进行了党员民主评议工作。坚持“党要管党、从严治党”的原则,不断加强对党员的经常性教育、管理和监督工作,通过学习教育、组织考察、自我总结和民主评议等措施,激发广大党员干部在经营管理、企业发展、工作学习和社会生活等诸多方面的先进性,党组织的凝聚力和战斗力不断增强。

二、精心部署,扎实推动,深入开展创先争优活动

一是及早部署、宣传发动。按照省委、省政府和集团公司的要求,迅速成立了由公司一把手任组长的领导小组;研究

制定了主题鲜明、载体丰富的活动实施方案；提出了以“创先推动转型上水平、争优实现发展新突破”为活动主题；明确了动员部署、公开承诺、领导点评、群众评议、成果展示、评选表彰六个步骤；召开了深入开展创先争优活动动员大会，对全省电信的创先争优活动提出了具体要求；建立了山西公司创先争优活动领导小组成员联系点制度。二是明确标准，务求实效。为把工作做实、做细，创先争优活动领导小组多次召开阶段会议研讨具体工作，要求要广泛动员、营造氛围、明确标准、务求实效，明确了“三抓”，即抓基础、抓关键、抓重点的基本思路，充分利用简报、标语、专栏、互联网等各类平台，宣传开展创先争优活动的好做法、好经验，加大了对先进典型、先进事迹的宣传力度，努力做好“四个到位”：即认识到位、责任到位、措施到位、宣传到位；突出抓好“六个结合”。通过一系列具体活动的开展，全省上下掀起了争当“五个好”先进基层党组织、“五带头”优秀共产党员的热潮，全体党员的思想认识高度统一，党组织的战斗堡垒作用和党员的先锋模范作用进一步凸显，有力地促进了公司战略转型目标的实现。

三、解放思想，实事求是，扎实推进学习型党组织建设

一是坚持理论学习制度化。按照年度理论学习安排，严格执行每月一次的党组中心组学习制度，保证了省公司每月一次的党组中心组学习和各支部的理论学习雷打不动，使党员教育经常化、规范化、制度化工作得到落实。二是坚持学习内容形式多样化。从省直工委讲师团订购了党组(党委)中心组学习视频材料，并集中组织观看；为加强党风廉政教育，组织收看了主要领导干部廉洁奉公警示录等；组织部分党员领导干部、普通党员代表赴朔州市右玉县实地参观学习了“执政为民，尊重科学，百折不挠，艰苦奋斗”的右玉精神，使党员干部受到了一次生动的艰苦奋斗和党员作风建设教育；组织党员观看了影片《第一书记》。三是坚持学习对象全员化。在日常学习中，主要抓了党组中心组、党员领导干部和广大党员三个层次的学习，举办了不同形式的专题辅导和培训学习，做到了有计划、有内容、有要求、有记录。2010 年，省公司党组共组织中心组学习 12 次。按照学习安排，在组织广大党员过好组织生活会的同时，每月编发党支部学习内容，要求各党支部每月至少组织集中学习 1 次。通过一系列扎实有效的学习培训，使广大党员受到了较为系统、全面的教育，形成了重实际、说实话、办实事、求实效的务实作风，达到了提高素质、武装头脑、指导实践、推进工作的目标要求。

四、加强反腐倡廉，狠抓源头治理，筑牢拒腐防变的思想防线

一是细化内容，层层签订落实。根据责任到人、层层负责的要求，把党风廉政建设和反腐败各项工作进行了分解细化，层层签订了《党风廉政建设责任书》和领导人员《廉政承诺书》，形成了横向到边、纵向到底、层层有责任、层层抓落实的工作格局。二是深入学习宣传，全面把握内涵。开展了以“执行制度、从我做起”为主题的反腐倡廉宣传教育月活动，继续深入推进企业反腐倡廉建设，积极开展重点领域和关键环节的效能监察，各项工作取得新的成效。三是加强以案释法，突出警示教育。公司推行廉洁文化网上行，切实增强了廉洁文化教育的针对性和有效性，进一步提高了领导与员工的思想政治素质和廉洁自律意识。公司成立以来，未发生任何违法违纪事件。

五、注重了解沟通，细化思想工作，持续加强企业文化建设

一是立足于“倡导以企为家、促进和谐发展”的工作思路，不断细化思想政治工作，编发了山西电信企业文化电子专刊，并对全省的优秀企业文化案例进行了分类汇总，开展了思政论文征集活动。并通过面对面、心贴心的交流和沟通，不断发现和了解员工的所思所想，有针对性地做好解释和改进工作，全面提升工作的执行力，努力营造和谐的企业氛围，使员工能快乐工作、幸福生活，使公司的转型发展更加顺利。二是结合山西省委着力开展的“学习右玉精神、转变工作作风”活动要求，公司领导面向全省本地网老总和省公司中层干部以《统一思想 争取胜利》为题，分两次进行了集中交心，统一思想、再鼓干劲，把胜利进行到底；由公司领导带队，组织部分党员领导干部、普通党员代表赴朔州市右玉县实地参观学习了右玉精神，受到了极大的震撼，大家纷纷表示，要开拓创新、攻坚克难、努力工作，为公司各项生产经营工作迈上一个新台阶而不懈奋斗！三是结合创先争优的要求，为充分倾听员工对创先争优活动及公司发展的意见和建议，公司领导分别与来自省公司机关各部门员工代表、生产单位员工代表进行了两次面对面沟通，就员工现场提出的问题进行了认真耐心的解答。

六、围绕中心抓党建，抓好党建促发展，各项工作任务圆满完成

一是圆满完成了年度预算目标，收入规模和收入贡献有效提升。公司坚持以科学发展观为指导，学习与实践相结合，深入推进聚焦客户的信息化创新战略，坚持转型统领、品牌经营和融合发展，群策群力、克服困难，不断加快全业务经营发展步伐。完成集团下达目标的 102.94%，预算完成率列集团第 3 名，各项工作迈上了一个新台阶！二是业务结构逐步改善，抗风险能力逐步增强。用户结构逐步优化，业务结构更加健康合理，收入结构日趋改善，全业务收入同比增幅达 30.6%，抗风险能力得到有效增强。三是注重发展质量，全业务经营成效明显。3G 业务发展质量保持较高水平，有线宽带业务发展提速，WAP 运营初显成效。四是信息化切入能力不断提升，客户经营效果良好。大力拓展大众市场，加强存量保有，公众客户离网率在北方排名前列；党政军、煤炭等多个行业客户取得突破，进一步强化了信息化应用，聚焦重点产品树立标杆客户，积极拓展聚类市场；差异化的信息化应用产品取得初步成效。面向单身青年市场，以婚介交友为切入点，

推出“翼佳缘”业务。面向老年通信市场推出“寸草心”业务,受到客户的欢迎。五是加快渠道拓展和体系建设,营销服务能力不断增强。自有渠道进一步优化布局,社会渠道实施分类经营,加强帮扶支撑力度,不断提升销售能力,不断加强电子渠道服务销售能力,积极稳妥推进终端社会化,引商入厅工作取得明显进展。六是响应市场前端,支撑保障能力明显提升。进行了短信中心及翼机通等增值业务平台建设,网络品质不断提升;开展了网络深度优化和网络性能的专项攻坚活动,网络质量显著改善;稳步提升全网实时运营能力,实现了出帐期间“五不停”,有力支撑了全业务发展;关注重点领域,有效提升了客户满意度,服务提升效果明显。

(任冠儒)

附:中国电信集团公司山西省电信分公司党组书记、成员名单

书　记:李洪波

成　员:李红斌　左德志　陈晓峰

山西储备物资管理局党组工作概况

党组书记　徐一行

2010年,在国家局党组和省委、省政府的正确领导下,储备物资管理局党组认真贯彻落实党的十七大和十七届四中、五中全会精神,深入贯彻落实科学发展观,紧紧围绕国家物资储备中心工作和年度工作思路,坚持以改革为动力、以发展为目标,进一步夯实基础,巩固和完善改革,各项工作取得了长足的发展。

一、突出重点,适应发展,党建工作有了新提高

组织领导更加有力。2010年,全局系统内党组、党委中心组,深入学习党的十七大,十七届四中、五中全会精神,认真贯彻落实7·29全省领导干部大会精神,积极开展创先争优和弘扬“右玉精神”活动,在新形势下,进一步解放了思想,统一了对科学发展观的认识,党组织的凝聚力、战斗力得到进一步提高。

精神文明建设有声有色。在局党组的坚强领导下,经全局上下积极努力,一三九处、四七六处保持了山西省文明和谐单位称号;一五二处、二五四处、一七一处、九七二处、六三九处、五七七处和局机关保持了省直文明和谐单位称号;一三八处、二七三处、四七五处、三五一处保持了局文明和谐单位称号。

储备文化建设日益深入。继续坚持储备文化建设方略,启动了一五二处云冈大锣鼓申遗工作,文化部已通过媒体向社会进行了公布,进入国务院批复程序。云冈大锣鼓艺术社应邀参加省直第三届“智奇杯”职工运动会开幕式,引起社会重点关注。《山西物资储备志》及基层处志编纂印刷工作全部完成。2005年以来储备文化优秀成果推荐工作中,上报国家局优秀成果17篇,其中3篇获储备文化优秀成果奖。深入开展局系统“创先争优暨建设学习型党组织活动”,组织开展的“学王洁、创先争优作表率”演讲比赛,有力推动了活动的深入开展。

反腐倡廉工作稳步推进。春节期间,深入开展了“厉行节约,廉洁自律过春节”活动。年初,对各基层单位推进惩防体系建设工作进行了自查和抽查。4月,召开了局系统纪检监察工作会议。修订完善了《山西储备物资管理局党组巡视工作办法》。深入开展“小金库”专项治理检查,共收到群众来信来访7件次,其中国家局转来2件,来访1次。按照信访工作程序,均认真进行了核查落实,并妥善予以解决,确保了全局和谐稳定的发展态势。

老干部工作进一步加强。组织离退休人员47人,赴西安进行了健康疗养和参观学习。重阳节前夕,成功举办了局系统老年书法绘画摄影展。11月,根据国家局《关于做好事业单位退休人员相关工作的通知》精神,制定了相应的方案,按每人每月100元标准提高了退休人员津补贴待遇。

二、夯实基础,壮大实力,中心工作取得新的突破

国储物资硬实力实现历史性跨越。2010年,储备物资总量比“十一五”初期翻了两番,实现了硬实力的历史性跨越,而且品种结构也发生了质的变化,基本达到了“以油为主,做大综合,火工补充”的战略目标。

力促安改工程又好又快建设。2010年,全局全年安改及改扩建项目共完成投资3950万元。其中,一三八处安改工程将于2011年1月竣工,项目全部投资4523万元,已完成投资1540万元。一五二处改扩建工程共计投资22710万元,已完成2040万元。2010年,国家局共下达维修改造资金320万元,灾害修复资金50万元,已全部落实完成,并通过项目竣工验收。

积极开展安全审计工作,进一步提高安全监管水平。2010年,全局继续把安全保卫和维稳工作作为工作的重中之重。成立了安全审计专项工作领导组,聘请有关专家、教授对基层相关人员进行了培训;认真落实“一把手”负责制,进一步强化了安全工作“一票否决制”;深入开展消防安全工作专项检查,按照国家局要求,对局属油库的工艺及管线进行了专项检查;在大规模收储和出库过程中,先后派出保卫处人员,对现场作业进行监管;继续深入开展了“安全生产月”、

安全生产“三项行动”、创建“平安单位”活动和隐患排查治理,取得了良好的效果。

经营创收取得新突破。2010年,全局累计完成经营服务收入2636.6万元,完成年计划的119.3%,事关山西储备事业发展的创收项目有了实质性进展。一五二处与中国北方化学工业总公司合作建罐、经销成品油项目,进入工程扫尾验收和成品油批发资质申领阶段。一三八处与太原铁路局联合物流有限公司合作建设战略装车点项目,全面实施展开,其中,铁路专用线和站台硬化工程基本竣工。一三九处与山西方略物流保税中心合作成立山西方略物流保税中心仓库项目取得重大进展。山西方略物流保税中心进驻一三九处后,按照海关要求对保税仓库进行了围网、监控项目施工,并报请铁路部门准备投入运营。九七二处与襄垣出口煤公司合作建设的铁路专用线延长和发运站台扩建项目顺利通过了验收,并达到郑州铁路局战略装车点的要求。2010年9月正式开始发运,发运量直线上升。

三、健全制度,完善体系,仓库管理规范化活动有序开展

按照国家局精细化、规范化管理的新要求,在2009年工作的基础上,由物管处牵头,进一步在全局系统组织开展了以加强物资安全管理、安全生产为核心的规范化管理活动。活动中,各基层仓库根据事业发展的新要求,重新制定和规范了岗位职责、作业指导书、业务流程和图例、设施设备操作规程以及出入库方案范本等多项内容,通过流程再造、文本固化,进一步提升了物资管理水平和安全保障能力,实现了提升形象、服务发展的目的。

活动中,各基层处不断涌现出好的经验和做法。九七二处提出了建设“560”工程,将全年工作确定为五大目标,分解为六十项,规范各项工作,并在全国储备系统首家开发了智能钥匙柜。四七五处从细节上抓管理,为解决保管员进出库时间登记无准确依据的问题,为每组保管员配备了电子时钟。六三九处以橡胶出库和倒垛工作为契机,通过实践检验修正作业指导书和作业流程,受到了客户好评。一七一处按照“保留合理,废除过时,固化使用,编制需要”原则,对所有制度进行了梳理归纳,重新编制了适应工作发展的科学化作业流程。一五二处根据设备普遍处于磨合期的特点,强化了设备管理和操作规程。二七三处制定了《职工行为规范》,内容包括:《职工总体工作规范》、《办公工作规范》、《会议规范》、《上下级关系规范》、《同事关系规范》。

四、谋划发展,绘就蓝图,编制完成山西储备“十二五”事业发展规划(初稿)

按照国家局要求,山西储备局“十二五”事业发展规划(初稿)如期上报国家局。

为着力打造以壮大山西储备综合实力为主体,以做强国储山西物流基地和拓展山西储备应急、预警、监管职能为两翼的“一体两翼”发展战略,按照国家局提出的融合发展方式,结合省委、省政府提出的“一核一圈三群”为主体的城镇空间布局规划,规划提出了支撑“一体两翼”发展战略的五大重点工程:1、积极争取完成二五四处仓库扩容。2、充分利用“十二五”期间国家储备加大中心城市综合库建设力度以及国家批复大太原经济圈建设的有利契机,积极争取国家对一三八处和一三九处追加投资,进一步完善配套功能,不断增强山西储备综合仓库实力。3、积极争取一七一处转产兴建大型油库,得到省政府的大力支持。4、与打造国储山西物流基地相配套,积极争取在晋北地区建立大型综合仓库。5、尽快完成机关、基层网络信息化平台的搭建,到2015年逐步建立起山西储备信息化网络平台,基本实现安全管理信息化、物流业务网络化的目标。

2010年,储备物资局始终把提高履职能力与促进中心工作结合起来,全力提升山西储备综合实力;始终把规范管理与完善制度规程结合起来,全力打造国储仓库品牌;始终把班子建设与提高执行力结合起来,全力造就一支富有朝气又有战略思维的干部队伍;始终把安全稳定与和谐发展结合起来,全力保持系统平安发展;始终把改革创新与维护干部职工权益结合起来,全力保证职工收入分配公平合理,全年工作取得了新的更大的成绩,在服务山西经济建设,提高储备物资科学化水平方面,迈出了坚实步伐。

(徐一行)

附:山西储备物资管理局党组书记、成员名单

书　记:徐一行

成　员:邹　皓　柴亚敏

省气象局党组工作概况

党组书记　杜顺义

省气象局是中国气象局与山西省人民政府双重领导的事业单位。下辖11个市气象局,14个直属单位,截止2010年底有职工1790人,主要承担为省委、省政府的决策气象服务、为社会各界的公众气象服务和为重点工程建设的专项气象服务。山西省气象局在中国气象局和省委、省政府的正确领导下,坚持“公共气象、安全气象、资源气象”的发展理念,为促进我省转型跨越发展做出了突出的贡献。

省气象局党组设书记、副书记各1人,2010年底有党组成员3人,设直属机关党委1个,下设党支部27个,共有党

员 418 人。

一、加强党建、党风廉政建设工作

2010 年，省局党组和各级党组织以邓小平理论和三个代表思想为指导，深入贯彻落实科学发展观，坚持围绕中心、服务大局，服务我省转型跨越发展，维护改革发展稳定大局为重点，以改革创新精神全面加强和改进机关党的建设，深入开展创先争优活动，积极推进党风廉政和气象文化建设，为促进经济社会建设、部门科学发展营造了和谐环境、提供了坚强保证。省局党组把抓好气象部门基层党建工作列为年度工作计划的一项重要内容，按照“组织坚强有力、党员作用突出、工作得到促进、干部群众满意”工作目标的要求，做到党建工作同其他各项工作一同部署、一起考核，有力地推动了机关党的建设、文明和谐建设和党风廉政建设工作向更高层次、更高水平发展。

认真落实党建工作责任制，明确了党组(支部)书记为本单位党建工作的第一责任人，省局及各市局党组班子成员年底考核中把抓好职责范围内党建工作责任落实情况作为述职述廉的重要内容。各单位年底前向省局党组报告抓党建工作的情况，制定了考核评价办法，确保了党建工作各项目标的完成。

按照中央和省委的部署，各级党组织深入开展了创先争优活动。在活动中结合工作实际，开展主题教育实践活动，组织机关和直属单位党员干部赴武乡革命老区接受爱国主义教育，邀请全国劳动模范、连续十一届全国人大代表申纪兰作艰苦奋斗优良传统报告。组织领导干部赴右玉县参观学习，开展“学习弘扬右玉精神，加强机关作风建设”主题实践活动，促进了各项工作的开展。召开了直属机关第六次党代会，选举了新一届的党委委员和纪委委员。深入学习宣传贯彻《廉政准则》，开展了党风廉政宣传教育月活动，机关纪委被省纪委、省监察厅授予“2006-2010 年度党风廉政先进集体”荣誉称号。

二、服务转型跨越和经济社会发展

2010 年，省气象局着力实施“重服务、强能力、优环境、促发展”十二字工作方针，全力做好气象防灾减灾和应对气候变化工作，着力推进气象现代化体系建设，不断提高气象预报预警能力，大力提升公共气象服务水平，各项工作取得了新进展新成效。

(一)贯彻中国气象局和省委、省政府决策部署积极到位。积极推动“省部共建”合作协议的签署和落实。2010 年，在太原隆重举行了山西省人民政府与中国气象局共同推进新基地新山西建设公共气象服务合作协议签署仪式。王君省长和郑国光局长分别代表双方签字。根据协议，中国气象局与山西省人民政府将共同加快建设公共气象服务体系、气象预报预测体系、综合气象观测体系，构筑全国一流的气象现代化体系。协议签署以来，各项工作正在有条不紊地逐步开展，气象服务示范县等项目建设已开始发挥效益。

积极推进“国家突发事件预警信息发布中心”建设。总投资达 2.5 亿元(省级投资 3258 万元)，承担全省 81 个省级部门预案和 31 个专项预案所涉及的自然灾害、事故灾难、公共卫生等三类突发公共事件预警信息授权发布工作的“山西省国家突发事件预警信息发布中心”建设工作进展顺利，目前硬件建设基本完成，软件开发有序进行。预计该中心将于 2011 年 6 月全部建成，成为全国第一家投入业务运行的省级中心。

积极推进“山洪地质灾害防治”气象监测预警工程建设。按照国务院国发〔2010〕31 号文件和中国气象局有关文件要求，省局主动向省领导作了汇报，积极联系发改委、水利、国土等相关部门，着手开始了“山洪地质灾害防治”气象监测预警工程建设规划编制和实施方案制定工作。与省发改委联合开展了“山洪地质灾害”易发区的气象监测盲区调查，并根据调查结果进行了气象自动监测站点布局的前期准备工作。目前正在积极争取 8 个山洪灾害防治县气象部门非工程措施建设工程。2011 年将开始大规模开展“山洪地质灾害气象自动监测网”和“山洪地质灾害气象预报预警系统”建设。

(二)气象防灾减灾和公共气象服务水平不断提高。气象防灾减灾应急服务工作成绩突出。2010 年，低温冻害、沙尘暴、局部地区暴雨、霜冻、阶段性严重干旱等严重气象灾害接连发生。根据中国气象局重大气象灾害预警应急响应命令要求和山西天气发展形势，全省各级气象部门加强监测预警预报服务工作，提前部署、严密监视、滚动预报、主动服务，为各级党委、政府和有关部门有效组织防灾减灾救灾、群众避灾自救提供了气象保障。注重发挥气象防灾减灾职能和作用，先后 4 次启动气象灾害应急响应，共组织召开新闻发布会 107 次，向政府及各部门决策人员发送预警短信 21 万多条，利用多种媒体，及时发布各类气象预警信号 3085 次，发送手机气象短信信息 8100 多万人次，在防御重大气象灾害中发挥了重要作用。

针对“3·28 华晋焦煤王家岭矿透水事故”，省、市、县三级气象部门组成的应急气象服务分队当天赶赴事故现场，及时开展现场救援气象保障服务。气象应急分队在救援现场坚守 15 天，不畏艰苦、克服困难、创新思路、努力工作，对可能影响现场救援工作开展及影响救援人员安全的各类天气要素做出准确预报，在救援过程中共制作完成各类预报服务材料、服务建议 100 余期，有力保障了救援工作开展和救援人员的健康与安全。

应对气候变化和气候资源开发利用工作有效推进。与省发改委联合撰写了《增强山西省应对气候变化能力》、《山西省应对气候变化办法》，并已联合下文征求各相关厅局意见，待修改完善后以省政府名义颁布实施。向省政府上报的《气候变化对我省冬小麦的影响及应对建议》得到省领导高度重视，刘维佳副省长做出重要批示。实施研究多项气候资源开发项目，风电功率预报业务初步开展。大气成分理化实验室建设方案通过评审。省气科所被省发改委指定为“山西温室气体测算项目主要技术支撑单位”。开展了风能资源详查实时观测和太阳能资源普查分析，为更好地开发利用风能、太阳能资源提供科学依据。

现代农业气象服务工作保障有力。认真贯彻中央农村工作会议和全国春季农业生产工作会议精神，着力提升农村气象灾害监测预报能力，深化农业气象技术服务，不断提高农业防御气象灾害水平。制定实施了《现代农业气象业务发展专项规划实施方案》、《农业气象业务体系建设实施方案》、《农用天气预报技术规范细则》等一系列农业气象服务的方案和规范。加强信息员队伍建设，目前全省专兼职气象信息员28598人，行政村覆盖率基本达到100%；村气象信息服务站256个；可用大喇叭系统3352套，显示屏489个；第一批10个气象服务信息全覆盖示范县建设已基本完成。开展和加强了粮食产量监测预报、农田土壤墒情预报、农用天气预报和农业年景预报等涉农预报。适时发布了26种农业气象服务产品。优质的气象服务为农业生产提供了可靠保证。

人工影响天气工作成效显著。3架作业飞机全年投入人工影响天气业务、森林火险监测和大气云物理科学研究。去年共组织实施飞机增雨作业153架次，飞行时间293小时，作业覆盖影响面积117万平方公里，各市县局共组织人工影响天气作业246次，发射增雨炮弹2640发，发射火箭弹1267枚，全年人工增雨总量突破30亿立方米，为抗旱保墒、降低森林火险、加强生态环境建设做出了突出贡献。

专业气象服务工作日趋完善。目前与28个部门、单位签署了合作协议或联合发文，提供了防汛抗旱、道路交通安全、森林防火、地质灾害预警、环境空气质量、建筑防雷及施工安全、旅游景点环境监测预报、城市集中供热等气象保障服务，开发专业气象服务产品109种。开展了输电线路气象灾害监测预警，已布设2个点对电线覆冰进行24小时可视在线监测。利用人工增雨飞机开展了气象灾害航空遥感监测试验，为今后逐步开展农作物长势监测、植被识别与提取、突发性重大灾害实时监测、森林资源调查、矿产勘查打下良好基础。

（三）现代气象业务体系建设扎实推进。实现中国气象频道在全省11个市全覆盖。完成了中国天气网山西站和中国气象信息员网站（山西站）建设工作，其中天气网山西站日平均点击率10万次左右，最高达20万次。手机短信移动气象通、农信通用户数大幅度增长。研发了11大类55项气象指数产品。完成了气象服务400热线电话的建设并上线运行。开展了政策性农业保险气象服务。编制完成了《山西省气象局服务产品手册》，共计8大类426种服务产品，为社会各界了解气象、气象更好服务社会提供了更为直观便捷的窗口。

制定了《山西省气象局现代天气业务体系建设实施方案》。引进中国气象科学研究院"气象要素精细化客观预报系统"。建立了乡镇天气预报业务系统。组织开发了气象实时与历史资料数据库、GPS水汽监测数据库、农业气象数据库业务平台、山西省遥感数据信息库、大气成分与沙尘暴观测资料以及各种气象服务指导产品共享业务平台。短时临近预报系统（SWAN）已在全省进行业务应用。"省级综合干旱监测预警评估系统"通过中国气象局验收，并且已在赞比亚、摩洛哥等非洲国家推广应用。完善了天气预报质量统一评定软件，实现了省、市天气预报质量的统一客观评定。

不断加强区域自动气象观测站建设，已建成区域自动站964个，其中529个区域站观测资料实现了全国共享。建成了由41个固定水分监测仪和12个便携式土壤水分仪组成的自动土壤水分监测网，自动化观测水平不断提高。长治多普勒雷达投入业务试运行。启动了空间天气项目五寨中频雷达、岢岚大气光学干涉成像仪建设。全省63个GPS/MET水汽站效益明显，监测资料已得到业务应用。太原高空站L波段探空雷达安装完成投入业务试运行。气象信息系统运行稳定高效，通信传输提醒报警系统在全省推行，业务运行监控能力不断提高，初步建立了实时资料质量控制业务，完成了全省自动观测与人工观测资料对比评估，各类观测资料传输质量均保持较好水平。（李增友）

附：省气象局党组书记、副书记、成员名单

书　记：杜顺义

副书记：郭洪源

成　员：张洪涛

省地震局党组工作概况

党组书记　赵新平

2010年，山西省地震局认真贯彻落实党的十七大，十七届四中、五中全会和省委九届十一次全会精神，紧紧围绕防震减灾中心工作，以深入开展创建学习型党组织和创先争优活动为抓手，以全面提高基层党组织能力和党员队伍素质建设为目标，全面推进机关党的建设，为防震减灾工作顺利开展提供了坚强的思想、政治和组织保证。

一、加强理论武装，积极推进学习型党组织建设

根据中央、省委《关于推进学习型党组织建设的意见》，紧密结合省防震减灾工作实际，主要抓了以下的工作：一是明确学习目标，突出"四个深化"。即：紧紧围绕"创建学习型党组织活动"，以"学习氛围浓厚，政治素质先进，业务能力过硬，服务管理增强"为目标，深化中国特色社会主义理论体系武装工作、深化社会主义核心价值体系学习教育、深化本职业务知识学习提高、深化学习实践科学发展观活动，理论武装提高到了新水平。二是创新学习理念，落实学习制度。通过

开展创建学习型党组织活动,使全局党员干部树立学习工作化、工作学习化的理念,把学习作为一种政治责任和精神追求。通过学习先进的政治理论,确立正确的世界观、人生观、价值观、事业观、工作观、政绩观,理想信念更加坚定;通过学习钻研本职业务,掌握过硬的本领,“三大体系”建设蓬勃发展;通过拓宽工作思路,创新工作方式,不断增强社会服务和管理职能,服务防震减灾事业发展,强化了理论学习的针对性。三是注重实践环节,重视学习效果。始终坚持理论联系实际,突出工作实践活动,始终坚持党组成员调研制度、联系点制度、局长接待日制度等。全体党员干部在理论学习的基础上,注重联系工作实际和调研情况来撰写心得体会和调研文章,形成了理论学习的长效机制。

二、加强组织建设,不断增强基层党组织的凝聚力和战斗力

一年来,局党组坚持以创先争优活动为抓手,不断加强基层党组织和党员队伍建设,充分发挥了党组织推动发展、服务群众、凝聚人心、促进和谐的作用。一是开展创先争优活动,抓好支部班子建设。成立了创先争优活动领导组,制定了“山西省地震局开展创先争优活动的实施方案”,隆重召开深入开展创先争优活动动员大会,统一全局党员干部的思想,明确工作目标。在活动中,从党组书记到支部书记,党组一班人到支委一班人,每名党员都能积极参与到活动中来,有效开展了党员、支部承诺、领导点评等活动,进一步激发了广大党员服务防震减灾事业的热情。“七一”期间,表彰了22名优秀共产党员,11名优秀党务工作者,4个先进党支部。二是密切联系群众,开好民主生活会。按照上级要求,8月份,召开了专题党组民主生活会。会前向各市地震局、直属地震台和机关各支部广泛征求意见,收集整理意见46条。会后,对召开民主生活会的情况,进行了通报。三是坚持“三会一课”制度,抓好各项党务工作。坚持支委会、支部党员大会、党小组会制度和民主评议党员制度、党课制度等,学习贯彻上级文件精神,听取群众意见、建议。认真做好了入党积极分子的培养工作,发展3名入党积极分子加入了党组织,对3名预备期满的党员进行了考察,履行了转正手续。

三、加强廉政建设,不断提高党员干部廉洁自律意识

2010年,局党组认真贯彻执行省委党风廉政建设工作会议精神,有力推进了惩防体系建设。一是积极开展反腐倡廉制度建设活动。成立了反腐倡廉制度建设活动领导小组及办公室,对99项制度进行了清理评估,其中保留61项、修订28项、废止4项、新建6项。二是大力开展学习《廉政准则》活动。坚持把落实《廉政准则》同贯彻惩治和预防腐败五年规划、建设一支高素质的防震减灾干部队伍、加强制度建设提高管理水平、全面完成“十一五”任务结合起来,丰富和拓展反腐倡廉建设的内容;制定了《山西省地震局关于坚决制止领导干部大办婚丧喜庆事宜和借机敛财行为的规定》,使陈规陋习的治理工作取得了实际的效果。三是狠抓了工作作风整顿和“小金库”治理工作。认真学习贯彻“五个不准”,通报了山西省各级纪检监察机关查处的违反“五个不准”的违纪案件。在“小金库”专项治理工作中,重点学习了中央治理“小金库”领导小组《关于做好2010年“小金库”治理工作的通知》和山西省治理“小金库”领导小组《关于做好全省2010年“小金库”治理工作的通知》,对所属的四家单位进行了检查。

四、加强精神文明建设,不断推进机关全面建设上水平

2010年,局党组以构建社会主义核心价值体系,培育“安全、和谐、创新、奉献”防震减灾特色文化为主线,以坚持四个面向、提升六个能力、共创文明和谐、推动事业发展为载体,以“六个好”为目标,继续在全局上下营造防震减灾特色文化氛围,提升了文明和谐创建水平。一是能力建设讲安全。坚持从发展的高度和全局的角度,围绕提高地震安全保障能力,谋划、部署和推进能力建设,三大体系建设成效明显:第一,监测预报能力稳步提升。汇集5年来的成果,在全国评比中,33项获全国前三名。投资1743万元,完成7个直属地震台站的优化改造工程,地震监测效能明显提高。第二,震害防御工作逐年加强。全省8个市将抗震设防要求纳入基本建设程序或行政审批事项。省政府在各级政府投入20亿元的基础上,向国家开发银行贷款100亿元用于校舍安全工程建设。第三,地震应急能力不断提高。成功应对了“2·20地震谣传”事件,有效处置了河津4.8级、大同4.5级和阳曲4.6级三次强有感地震事件。二是爱岗敬业讲奉献。为在全局进一步营造崇尚先进、学赶比超的良好氛围,利用“五一”、“七一”重大节日,表彰荣记三等功的先进工作者、先进党支部和优秀共产党员、优秀党务工作者,激发干部职工爱岗奉献,争当模范,创一流业绩。全局广大党员干部职工积极参加“博爱一日捐”、扶贫济困等社会公益活动。4·14青海玉树地震和8·7甘肃舟曲特大山洪泥石流发生后,全局职工身体力行,捐款捐物,支援抗震救灾,展现了过硬的综合素质和良好的精神面貌,诠释了防震减灾特色文化的奉献特质。三是工作推进讲创新。按照省政府能力建设有关文件要求,认真落实2010年防震减灾工作目标责任制,严把防震减灾事业经费的使用,提高了防震减灾综合工作的有效落实。进一步健全防震减灾领导工作机构。领导组成员单位由45个增加至57个,并实行A、B角制,将各厅局的正职确定为省抗震救灾指挥部成员。强化了《山西省地震应急预案》的权威性和执行力,颁布了《山西省地震应急救援规定》,成立了省级地震应急中心,组建了省地震灾害紧急救援二队。将防震减灾“十一五”规划首次列入省政府专项规划,标志着防震减灾工作纳入了依规划发展的轨道。

五、促进和谐发展,群团组织作用发挥不断增强

局党组十分重视对工青妇团体组织的指导和协调,坚持

党建带团建，坚持工、青、妇工作与党建工作同研究、同部署，并通过群团组织密切联系群众，及时了解职工意见和建议。工会对生活困难、患病职工及时组织救济慰问；共青团、妇工委积极参与组织活动，发挥生力军作用。"三八"、"五四"等节日开展了革命传统教育和体育健身等活动，选派运动员参加省直第三届运动会等。在春节、中秋节期间走访慰问了困难职工和帮困企业困难职工，把党的关怀和温暖送到困难职工家中。

（兰青龙　焦天明）

附：省地震局党组书记、成员名单

书　记：赵新平

成　员：樊　琦　郭跃宏　郭君杰

省国家税务局党组工作概况

党组书记　许月刚

2010年，在省委、省政府和国家税务总局的正确领导下，全省国税系统坚持以科学发展观为统领，以服务全省转型跨越发展为己任，扎实开展各项工作，全面引深"三大战略"，实现了山西国税事业六年发展规划圆满收官，为促进全省经济社会发展作出了应有贡献。

一、增强大局意识，服务转型跨越

2010年，学习贯彻党的十七大，十七届四中、五中全会精神，认真落实7·29全省领导干部大会精神，全省国税系统不断强化服务全省经济社会发展大局的意识，按照省委、省政府的要求，掀起了服务转型跨越发展的热潮。一是统一思想、提高认识。省局党组年内组织进行了9次专题学习，多次召开会议分析形势，研究服务转型跨越发展的措施，提出了"思想积极、头脑清醒、工作主动、态度坚定、方法得当"的思路，在全局上下形成了谋发展、求跨越的崭新局面。二是组织开展多种专题讨论活动。深入开展"山西大发展，国税怎么办"大讨论、大调研活动，以《山西国税信息》、《税收经济调研》以及省局内外网站为载体，刊发全省国税干部学习袁书记重要讲话心得体会200余篇，激发了全体国税干部职工干事创业的激情和放胆争先的勇气，形成了上下齐心谋发展、群策群力促转型的浓厚氛围。三是深入调研，为转型跨越发展献计献策。结合工作实际和形势发展要求，研究制定了贯彻落实省委书记袁纯清重要批示、支持转型跨越发展的具体意见，并由局领导带队，深入基层，开展调查研究，初步形成了推动我省"国家资源型经济转型综合配套改革试验区"建设的税收政策，为服务转型跨越发展奠定了基础。四是不折不扣落实税收优惠政策，全力服务转型跨越发展。面对复杂的经济形势，牢固树立政治意识、大局意识、服务意识和责任意识，着眼促进全省转变发展方式和增强企业发展活力、改善民生，全面落实增值税转型、矿产品增值税税率提高、小规模纳税人增值税征收率调低、居民储蓄存款利息个人所得税免征等一系列结构性减税政策措施；积极落实国家促进区域协调发展、统筹城乡发展、推动节能环保、新能源、低碳经济、新兴战略产业发展和就业创业的税收优惠政策，坚持应免尽免、应抵尽抵、应退尽退，全年共为各类企业减免抵退税117.7亿元，为全省转型跨越发展提供了有力支持。

二、抓好组织收入，国税收入实现新突破

2010年，面对金融危机影响持续、税源环境复杂多变的经济形势，全省国税系统上下齐心，迎难而上，坚持不懈抓好组织收入工作。年初，将税收计划层层分解，实行目标责任制；工作中积极实行领导包片、处(科)室包点制度，坚持不懈地搞好了税收督查；坚持分析经济税源形势和税源预测工作，准确把握收入趋势；加大堵漏增收力度，认真落实总局各项措施，高标准、高质量地完成了全面税收任务。经统计，全年累计完成税收1014.71亿元，占年度计划的105.26%，比上年实绩增长14.73%，增收130.25亿元，国税收入首次突破千亿元大关，实现了历史性跨越。其中：全年清缴陈欠1.09亿元，与地方财力挂钩收入完成943.91亿元（占年度计划104.83%，比上年实绩增长13.64%，增收113.28亿元），为全省转型跨越发展提供了坚实的财力保障。

三、优化纳税服务组织体系，构建和谐征纳关系

2010年，局党组始终坚持以纳税人合理需求为导向，以纳税服务组织体系的建立为起点，坚持"由易到难、由近向远、由点及面、由浅入深、横向联合、上下联动"的工作方法，一手抓落实，一手抓创新，加强督促指导，扎实推进了纳税服务工作。一是根据国家税务总局纳税服务三年规划，制定了《全省国税系统2010—2012年纳税服务工作规划》，为深入推进纳税服务体系建设指明了方向。二是以全省系统机构改革为契机，增设了市、县两级纳税服务机构，充实了纳税服务人员，指导各地对纳税服务机构职能和岗位分工进行了细化，并在部分单位启动了纳税服务岗责体系建设，整合优化服务资源，全省纵向纳税服务组织体系初步形成。三是全面启动全省办税服务厅标准化建设工作，在11个县(区)局办税服务厅试点工作的基础上，明确了环境建设、功能建设、制度建设、行为规范等方面的标准。四是继续推行和完善多元化办税方式，推出了网上申报、网上认证、网上抄报税等办税服务措施。全省累计4.8万户纳税人开始使用网上申报系

统,3.3万户纳税人启用了网上发票认证系统,1.7万户纳税人使用远程抄报税系统。大多数个体双定户实行了简并征期、以缴代报和银行批量扣税。五是以第19个税收宣传月为载体,紧紧围绕"税收·发展·民生"的宣传月活动主题,全面推进税收宣传活动,并与电台、电视台、报纸等新闻媒体联手开办了税收宣传专栏,使税收宣传走近了百姓、贴近了民生、深入了人心,取得了良好的社会效益。

四、扎实推进依法行政,营造良好税收法治环境

2010年,全局认真贯彻落实国务院、省政府和国家总局依法行政工作会议精神,进一步规范了税收执法,整顿了税收秩序,维护了良好的税收法治环境。一是深入推进依法行政工作。按照"有件必备、有备必查、有错必纠"要求,完成了对2006年至2010年上半年各地报备文件的集中审查工作。积极开展"依法行政示范单位"创建活动,太原市、大同市、长治市、朔州市等6个市县国税局被确定为全省首批依法行政示范单位。二是强化税收执法督察。围绕抓好组织收入、落实税收政策、规范执法行为、服务转型发展四个方面重点内容,采取"下查一级、重点延伸"的方法,在全系统组织开展了税收执法督察,发挥了税收督察的监督促进作用。三是充分发挥税务稽查职能作用。结合我省实际,开展了对房地产及建筑安装业、药品经销行业、交通运输业、非居民企业、营利性医疗及教育培训机构、煤炭运销行业的税收专项检查工作,共检查纳税人2412户,实现查补收入总额6.39亿元。按照省政府"坚持打防并举、标本兼治、综合治理"的工作方针,积极配合公安、地税、通信等有关部门,在全省范围内开展了打击发票违法犯罪专项行动,截止2010年11月底,共查处各类发票违法案件333件,打掉犯罪团伙9个,捣毁制售假发票窝点15个,收缴172台作案机器等作案工具,查获假印章1334枚,抓获制售假发票犯罪嫌疑人113人,查获涉案发票1616.61万份。全年累计查补收入25.12亿元。

五、加强队伍建设,干部素质进一步提升

一是顺利完成机构改革。按照机构改革方案,规范设置各级各类机构,在编制限额内科学调配人员,在职数限额内合理使用干部,完成了市、县两级国家税务局的机构改革工作。二是强化干部选拔任用工作。按照《党政领导干部选拔任用工作条例》的有关规定和要求,全省国税系统提拔任用处级干部103名、科级干部1081名。一大批德才兼备、年富力强的同志走上了领导岗位,干部队伍焕发出了新的生机,激发出新的活力。三是加强领导班子建设。根据国家税务总局对干部任期交流有关办法,制定出台了《山西省国税系统领导干部职务任期管理暂行办法》,在优化领导班子知识和年龄结构的基础上,对4个市局、31名班子成员进行了巡视,对48名领导干部开展了离任经济责任审计,对3名领导干部开展了任中经济责任审计。四是大力学习弘扬右玉精神。积极响应省委学习弘扬右玉精神的要求,在全省各级国税部门大力开展了学习右玉精神活动。严格执行省纪委"五个不准",狠抓了机关作风纪律整顿,国税系统的工作作风和广大国税干部的精神面貌发生了可喜的变化。五是扎实开展教育培训。建立全方位、立体式、宽领域、开放型的全省国税系统教育培训体系,强化领导干部培训,扎实进行"六员"岗位技能培训,深化专门业务培训,重点抓了所得税、稽查和反避税业务骨干培训。全年举办领导干部培训10期,"六员"培训23期,其他业务培训39期。六是全面推进党风廉政建设。认真学习贯彻《廉政准则》,大力推进反腐倡廉制度建设,初步建立了省局机关内控机制。继续开展政风行风评议工作,自找差距,创新标准,促进了全局系统的建设与发展。七是深入开展创先争优活动。召开了全省国税系统创先争优表彰暨创建学习型党组织推进会,对全省国税系统近两年来涌现出的60个先进基层党组织、193名优秀共产党员和49名优秀党务工作者进行了表彰。

2010年,在省委、省政府和国家税务总局的正确领导下,全省国税系统继续开展文明创建工作,省局和各市、县局均保持了已获得的"文明和谐单位"称号。在省政府组织的政风行风评议工作中,连续7年获得了"政风行风评议先进部门"称号;省局机关被省政府评为"山西省创建省级依法行政示范县示范单位活动优秀组织单位","全省政府系统信息工作红旗单位";被省直文明委评为"2010年度省直文明和谐单位标兵"。

(孙　珂)

附:省国家税务局党组书记、成员名单

书　记:许月刚

成　员:王德平　高建文　王学农　皮本固　贾志坚　乔占平　张有乾

国家统计局山西调查总队党组工作概况

党组书记　杨润广

2010年,按照全国统计工作的部署和要求,山西调查总队党组认真落实科学发展观,以提高统计能力、统计数据质量和政府统计公信力为指针,强化国家队意识和调查队意识,努力提升统计调查数据质量,提升服务国家和省中心工作的能力水平,全面完成了各项工作任务,统计调查工作取得了新的成绩。

一、认真履行国家调查职责，全面落实统计改革任务

山西总队高度重视国家调查和统计改革任务的落实，正确认识调查队在国家统计工作中的重要地位和作用，把为国家提供准确、及时、真实、可靠的调查数据作为首要职责，恪尽职守，勤奋工作，狠抓调查数据质量，高质量地完成了国家统计调查任务。年内，在组织完成城乡住户调查、消费价格(CPI)调查、生产者价格(PPI)调查和粮食产量调查等常规调查工作的同时，积极落实国家统计制度方法改革任务，采取有效措施，加强协调配合，攻坚克难，开拓进取，认真组织实施了调查系统“企业一套表”试点工作，扎实推进了CPI基期轮换和手机采价试行工作，以及工业生产者价格、房地产价格改革工作；完成了农作物抽样调查、农村住户调查样本轮换工作和城镇住户大样本调查及样本轮换工作，保证了国家统计调查制度改革任务的全面推进。

二、围绕“三个提高”方针，切实加强数据质量管理

山西总队把保障统计调查数据质量作为中心工作，围绕“三个提高”认真履行庄严职责，加强了数据质量管理，数据质量工作得到全面提升。一是严格了数据质量管理措施。认真执行国家的方法和制度，健全工作制度、流程、机制，对重点工作明确目标、落实措施，严格数据审核和源头数据把关，注重主要指标数据的质量把控，确保了年报数据的真实可靠和所有专业报表的如期高质量完成，在国家评比中取得了好的成绩。二是进一步夯实基层基础工作。继续推进实务制度的贯彻落实，严格源头数据质量，强调带着问题入户，突出了制度的针对性和有效性；加强市县调查队查纠整改，结合数据质量检查中发现的问题，进一步改进完善制度，加强对源头数据采集、审核、汇总的质量管理；加大基层基础建设的投入，业务经费向基层倾斜，提高调查户和辅助调查员补贴，更新办公设备，规范档案、保密工作管理，改善办公住房与环境，基础工作质量明显提升。三是深入开展数据质量检查。把督促检查作为数据质量重大工作措施来抓，多轮开展了调查数据质量检查工作，对工作中发现的苗头性、倾向性问题，及时组织力量设法予以解决；对各项重点工作，坚持上半年和下半年各进行一次检查。四是加强了基础工作达标升级工作。把基础工作达标升级作为推动工作的重大措施，从基础工作规范、实务工作制度落实、数据质量控制、统计调查服务等方面制定了“A级”和“AA级”基础工作达标升级标准，扎实推进调查方案科学化、报表台账标准化、调查行为法制化、调查过程程序化、数据检查制度化，进一步夯实了统计调查工作的基础，确保了“三个提高”工作方针的落实，基层基础工作得到进一步提升。

三、强化调查服务社会意识，着力提升调查服务水平

山西总队十分重视调查服务社会职责的履行，深入开展调查研究，加强经济运行监控，积极推进信息服务，努力强化调查服务工作。一是认真提升信息工作。重视信息工作服务经济发展和社会公众的积极作用，积极捕捉关系人民群众切身利益、社会普遍关注的热点和难点问题，通过信息刊物等渠道向国家和各级政府报送情况，调查信息工作取得了新的成绩。2010年共编写经济类信息5525篇，其中总队机关编写信息519篇，有2篇信息被中央领导批示，有71篇次被国家统计局内外网采用，有209篇次被省委省政府“两办”采用，发挥了调查服务的作用。二是加强调查研究工作。在充分利用调查数据进行深入分析研究的同时，积极开展大调研活动，掌握了丰富、翔实的资料，撰写出一批具有参考价值的调研报告。在转变生产方式、调整产业结构专项调研中，深入煤炭、焦化、建材等传统企业和光电信息、新材料、新能源等新兴企业，对企业生产方式、产业结构现状，转变生产方式、调整产业结构、节能降耗、自主创新等重大项目进行了调研，提出了对策建议，及时提供高质量的统计调查报告，收到了积极的效果。三是强化统计分析。围绕复杂经济环境，认真组织召开季度经济形势分析会，研究分析经济运行态势，提出具有建设性的分析意见和观点，针对经济现象进行深层的解读，适时引导各专业分析把握正确的方向。四是认真开展了重大委托调查。扎实开展山西省组织工作满意度调查、党风廉政建设民意调查、国有企业反腐倡廉民意调查等重大调查，服务了党政机关决策。五是加强了经济运行指标监测工作。认真组织实施了重要生产资料价格监测、食品价格五日报、重要工业品价格监测旬报、主要农资价格监测、重点农产品市场价格监测、主要畜禽监测和农民工监测工作，有效地服务了国家宏观经济调控；继续开展了全省重点企业生产经营监测工作，按月调查全省重点企业的生产经营、经济效益和发展趋势等情况，及时准确地反映山西企业经济运行质量和效益情况，较好地服务了地方经济发展的决策需要。

四、加强思想政治教育，推进文明和谐队伍建设

山西总队深入贯彻十七届四中、五中全会精神，加强机关党组织建设，促进学习型机关创建，提升党员干部的党性观念和品德品行，教育党员干部争做模范。一是加强调查队伍思想建设。注重培育政治坚定、作风优良、业务精通的高素质干部队伍，加大队伍建设力度，扎实推进党的建设，加强思想教育和精神激励。先后组织干部赴井冈山和延安学习，接受革命传统和爱国主义教育，坚定了理想信念，增强了做好统计调查工作的自觉性。二是扎实推进学习型机关建设。召开了学习型机关建设推进会，制定了学习计划，列出读书目录，有针对性地开展了多种形式的教育活动。坚持走出去学习，在杭州和上海举办了全省统计调查技能培训班，使干部职工开阔了视野，更新了观念，提升了能力。三是认真开展创先争优活动。召开了推进“创先争优”活动座谈会，开展了“讲党性、重品行、做表率”教育，推动党员干部加强党性修养、树立重品行的道德形象，激发了广大党员干部立足本职工作、

献身统计事业的热情,取得了创先争优活动的实效。四是积极推进领导班子建设。加强对中国特色社会主义理论体系和科学发展观的学习,努力提高班子成员的理论素养,增强把握复杂局面、处理复杂问题的能力;加强民主集中制建设,落实党的民主集中制,加强党内民主,规范了党内生活,严格执行了领导班子议事规则和决策程序;站在调查事业发展的高度,以责任感达成理解、以团结促进事业,互相理解、互相支持,共同营造团结的氛围,班子凝聚力得到增强。五是加强调查文化建设。组织举办了"庆祝建国61周年散文、诗歌朗诵会",总队成立五周年纪念大会等,贴近干部职工的文体活动,联欢会、文艺汇演、运动会等文化建设,展示了调查人的精神风貌。在重大节日开展的联欢活动中,总队及市县队自编自演节目,丰富了文化生活,提升了干部职工士气。机关合唱队、管乐队、舞蹈队提高演出水平,活跃机关生活,陶冶了干部职工的道德情操。加强农村扶贫工作,建设了文化服务设施,开展爱心捐款救助等社会活动,表现了调查人为国分忧解难、心系群众的觉悟和情怀,推进了机关精神文明建设。

五、加强党风廉政建设,落实纪检监察工作任务

山西总队认真贯彻落实国家党风廉政建设工作部署,围绕中心工作,明确纪检监察工作思路,健全和完善惩治和预防腐败体系制度,推进了党风廉政建设。一是广泛开展了党风廉政教育。组织干部职工认真学习了《中国共产党党员领导干部廉洁从政若干准则》,进行了深入讨论,教育干部职工要学习好、执行好《廉政准则》,用《廉政准则》规范自身行为。在提高认识的基础上,组织全体干部进行了《廉政准则》知识考试,参加了《廉政准则》知识问答测评活动。多次组织全体党员干部观看廉政警示教育光盘,通过会议、座谈讨论等对广大党员干部开展讲党性、讲廉政的教育,增强了廉洁自律和廉洁从政的自觉性。二是落实党风廉政责任制。结合山西调查队系统的工作实际,总队进一步明确纪检监察工作新思路,印发了《国家统计局山西调查总队2010年党风廉政建设工作要点》,从八个方面对全省调查队系统纪检监察工作做出部署;落实党风廉政建设责任制,制订了《实施意见》和《任务分解方案》,明确了党风廉政建设工作的责任、考核和追究办法,与市县调查队签订了《党风廉政建设承诺书》,要求各级调查队认真履行职责,健全和完善惩治和预防腐败体系制度,为实现"三个提高"提供保障。三是扎实推进了反腐倡廉工作。认真抓了党风廉政的重点工作,开展了系统干部廉政测评工作;以推进统计调查系统惩治和预防腐败体系建设为主线,进一步健全惩治和预防腐败体系,狠抓党风廉政建设责任制落实,充分发挥纪检监察部门作用,扎实推进党风廉政建设和反腐败工作。加强市县调查队领导班子考核,强化对县级调查队的管理,印发了《国家统计局县级调查队队委会议事细则》,确定了县级队兼职纪检监察员,负责承办本队党风廉政建设日常工作,使纪检监察工作进一步强化,保障党风廉政建设工作落实到了基层。四是加强了党员领导干部廉洁自律。严肃了党员领导干部廉洁从政的要求,规范了领导干部履职行为,增强了贯彻落实的自觉性。总队领导带头廉洁自律,从自身做起,严于律己,起到了示范和表率作用。

(师荣贵)

附:国家统计局山西调查总队党组书记、成员名单

书　记:杨润广

成　员:王续孔　毛　峰(9月离职)

贾　海(10月任职)　陈并生　徐秀安

包超英(4月任职)

中国人民银行太原中心支行党委工作概况

党委书记　赵志华

2010年,中国人民银行太原中心支行按照省委、省政府的相关要求,紧密结合实际贯彻落实国家金融调控政策,以支持山西经济转型发展和服务社会民生为重点,积极探索与创新,不断提升金融服务水平,促进了我省经济转型跨越发展。

一、大力推进"138"金融工程,切实支持地方经济转型

山西是"国家资源型经济转型发展综合配套改革试验区",如何将总行的政策要求与地方实际紧密结合起来,找准工作突破口,为转型发展提供有力的金融服务,是人民银行太原中心支行提高履职水平的关键。为此,我们按照省委省政府的战略部署,结合山西转型发展的实际需要,在深入调查研究的基础上,与各方面沟通协调、达成共识,启动了金融支持山西经济转型发展的"138"金融工程。即:出台了"一个实施意见"——《关于金融支持山西资源型经济转型发展实施意见》,这个实施意见是统揽银、证、保的一揽子计划,是对山西经济转型发展提出的全方位支持方案;制订了"三个指导意见"——《关于金融促进消费需求的信贷指导意见》、《金融支持山西薄弱环节发展指导意见》和《金融加大支持"三农"发展指导意见》;实施了"八个重点推动",即:推动中小企业发展、妇女创业就业、棚户区改造、农村金融产品创新和大学生村官创业、文化和旅游产业发展、下岗再就业、国家助学贷款和生源地贷款、工业园区和高新技术产业发展。

"138"金融工程，为金融机构支持山西经济转型发展提供了明确的方向和具体的措施，得到了山西省委、省政府的充分肯定和金融机构的大力支持。为确保"138"金融工程顺利实施，我们采取了三项大的措施：一是制定完善了《2010年全省金融机构信贷政策评估办法》，根据总行货币信贷政策的有关要求和山西经济发展的客观需要，该办法突出金融对山西经济转型发展、新农村建设、中小企业发展、民生领域和薄弱环节的信贷支持；并取得省政府支持，由政府出资1000万元对实施效果突出的金融机构进行表彰奖励。二是确立8家银行为"138金融工程"八项重点推动工作试点行，通过典型引路，不断探索积累经验，在此基础上寻求工作上的突破。三是围绕八项重点推动工作，紧张有序地组织召开8个推动会，积极搭建政银企交流合作平台，总结推广经验做法，提出针对性的措施和意见，推动相关工作深入开展。

二、重点做好保障和改善民生工作，扶持弱势群体生存发展

在"138"金融工程实施过程中，我们针对民生、薄弱环节的金融支持相对较弱的省情，在政策引导方面，除了保证基建项目、重点工程外，着重强调了对民生和薄弱环节的支持力度。

一是支持微小企业，推动山西中小企业发展。我们通过深入调研，并结合山西实际，确定在晋城、长治、吕梁开展试点工作，以点带面推动全省微贷业务发展。先后组织召开了"全省金融机构支持中小企业发展推动会"和"全省中小企业集合票据推进会"，银行和10家企业现场签约，总授信额度1.84亿元。在全省形成了"典型示范、上下联动"金融支持中小企业发展的良好局面。

二是支持大学生村官创业，加大大学生就业贷款力度。出台了《金融支持大学生"村官"创业富民指导意见》；联合省教育厅、人事保障厅等8个部门下发了《关于实施2010年高校毕业生就业推动行动的通知》；要求金融机构为大学生就业和村官创业提供金融服务，增加创业贷款额度，并实行优惠贷款利率。与省委组织部联合出台了《关于为大学生村干部创业富民提供金融服务支持的意见》。截至年底，全省金融机构累计向1.5万名大学生发放就业贷款8.75亿元，其中，向396名大学生村官发放创业贷款2079万元。

三是支持棚户区改造，推动保障性住房工程建设。把支持棚户区改造作为支持保障性住房工作的突破口，积极主动与大同市委、市政府及相关部门联系，并在大同召开了"全省金融支持棚户区改造推动会"，交流推广大同经验，推动全省工作。截至年底，全省金融机构对棚户区改造的贷款余额达到20.9亿元，合作协议金额达到74亿元，为10多万户居民改善了居住条件。

四是支持下岗再就业和妇女创业，引导金融机构加大对弱势群体的信贷投入。组织召开了"金融支持下岗人员再就业和妇女创业推动会"，与省妇联、财政厅、人事保障厅以及金融机构负责人交流探讨支持下岗人员再就业和妇女创业工作，强调金融机构在支持薄弱环节和民生领域中应承担相应的社会责任，切实加大信贷支持力度。截至年底，全省累计为2.6万名下岗再就业人员投放小额担保贷款6.95亿元，当年投放1.52亿元。支持妇女创业信贷累计投放近5亿元，支持妇女创办中小企业30户，新增约6000个就业岗位。

五是推动助学贷款，支持贫困大学生完成学业。与省教育厅组织召开了山西省助学贷款推动电视电话会议，引导推动国家助学贷款和生源地助学贷款。特别要求全省各级人民银行加强政策宣传，营造推动助学贷款的舆论氛围，提供相应的社会信用服务。截至年底，全省金融机构累计向39所高校14.41万名贫困大学生发放国家助学贷款9.2亿元，向全省8974名贫困大学生发放生源地信用助学贷款4647万元，发放生源地商业性助学贷款1900万元。

三、不断拓展金融服务功能，提升基层央行社会形象

借助中央银行现代化支付系统和较为完善的金融基础设施，不断拓展金融服务功能，创新金融服务手段，较好地满足社会群众的金融服务需求，提升了基层央行的影响力。

一是全力打造"便民国库"、"惠民国库"。目前，财税库银横向联网已覆盖山西全省，10万余户纳税人足不出户就可以享受到便捷的缴税服务。积极拓展国库服务社会功能，与省纪委等有关部门联合推广国库直接支付工作，实现了政府补助资金直拨到户到人，消除了延压、挪用问题，防止了腐败问题发生，有力促进了国家各项惠农、惠民政策的落实，深受群众欢迎。中央电视台、《人民日报》、《经济日报》等中央主流媒体对此进行了专题报道。

二是着力改善农村支付服务环境。根据总行有关要求，按照"统筹规划、因地制宜、抓好示范、鼓励创新、持续推动"的工作思路，加强组织领导，制定方案，明确目标，建立考核机制，积极争取地方政府支持，在抓好7个试点县(市)示范带动的基础上，协调各方力量，全面扎实推进农村支付服务环境建设。目前，全省形成了"三覆盖、三到位、二促进"的农村支付环境新局面。

同时，不断深化其他金融服务工作，一些工作做出了山西特色。如组织举办了省内银行业、证券业反洗钱"结对子"活动，与省公安厅、省检察院、太原海关签署了《反洗钱合作备忘录》，配合公安部门破获了2起网络赌博案件，受到总行通报表扬；征信服务规模不断扩大，总结推广了5种具有山西特色的新的农村信用体系建设模式。

一年来，我们通过"试点先行，典型引路，现场推动，上下联动"的工作方式，使"138"金融工程得以顺利实施，辖区金融服务民生工作不断深入，有效发挥了基层央行对辖区金融业的牵头、协调和指导作用，提高了执行货币信贷政策的针对性、灵活性和有效性，同时也进一步增强了金融机构履行社会责任的信心和使命感，有力地促进了山西经济转型跨越发展，为社会稳定和谐发展发挥了积极作用，得到了地方政府及社会各界的高度评价。 （武文全）

附：中国人民银行太原中心支行党委书记、副书记、委员名单

书　记：赵志华

副书记：郭保民

委　员：熊　俊　朱新春　宋　连　王小平　梁娟娟(女)　轧　英(女)

中国银行业监督管理委员会山西监管局党委工作概况

党委书记　邓智毅

2010年，山西银监局坚持以科学发展观为指导，充分发挥监管引领服务功能，始终致力于提升金融服务水平，致力于山西银行业做大做强，致力于在发展中防化金融风险，实现了各项工作的重要突破和可喜进展，促进了全省经济金融持续较快发展。

一、始终坚持宏观政策导向，把国家政策要求与山西经济发展需要有机结合起来

2010年，全局系统加强领导、组织、协调和督促，把支持发展方式转变和经济结构调整作为主线，统筹兼顾、灵活审慎，宏观调控政策得到较好落实。

(一)有保有控，加快经济发展方式转变。一是保障信贷平稳运行。督促银行业机构以审慎监管指标为底线，以满足实体经济有效需求为目标，科学合理安排信贷投放。截至2010年12月末，全省银行业机构贷款余额9636亿元，较年初增加1745亿元，较年初增长22.12%，信贷投放总量、节奏、结构调控均实现预期目标。二是加快经济结构调整。组织召开银行业促进山西经济转型发展座谈会。出台打造低碳金融区支持经济转型发展的若干意见，制定促进银行业支持文化产业振兴和发展繁荣的思路和措施。与山西省旅游局等主办"晋旅卡"启动仪式。三是支持经济转型发展。引导银行业机构以资源型经济转型综合配套改革试验区为统揽，集中金融产业优势，大力支持煤炭资源整合、十大产业调整振兴、文化旅游产业发展等，为地方经济转型发展提供引擎动力。

(二)突出重点，加大薄弱环节支持力度。一是扶持中小企业发展。与省妇联联合开展"红玫瑰行动计划"，全年妇女创业贷款达382亿元。与省科技厅联合开展科技型中小企业贷款评审专家选拔工作。2010年12月末，全省银行业机构中小企业贷款余额2878亿元，占全省贷款总量的29.87%；较年初增加647亿元，占全省新增贷款总量的37.1%；较年初增长28.98%，高出全省贷款平均增幅6.88个百分点。二是提升"三农"服务水平。起草山西银行业切实做好"三农"服务工作指导意见。全面实施"空白乡镇金融机构覆盖工程"，提前1年7个月实现了金融机构空白乡镇全覆盖，并积极探索延伸乡镇以下金融便民服务，设立便民服务点12个、金融服务中心270个。推动开展农村青年和大学生村官创业小额贷款业务，发放青年创业贷款14亿元，支持2.26万名农村青年创业。建立106家"送金融知识下乡"宣传服务站。三是大力发展消费信贷。支持保障性安居工程建设，向符合条件的城市和国有工矿棚户区改造项目提供贷款。引导银行业加大对科、教、文、卫等民生领域的贷款投放，贷款增速30%以上。

(三)深入调研，提高科学决策服务水平。一是攻坚克难解决新问题。加大调研力度，重点反映中小企业、"三农"等薄弱领域的融资难题，持续关注农村金融改革新政的贯彻落实，对系统性、倾向性、苗头性问题进行深入分析研究。二是实事求是探索新办法。召开现场会推广落实案件防控、监管文化建设方面的丰富经验。以评选"十佳监管办"为契机，广泛宣传监管办在队伍建设、内部管理、监管工作中的有益探索。三是内外联动实现新突破。全年编发各类信息刊物420余期，被省委、省政府采用信息80余篇，多篇调研报告被银监会或省政府领导批示肯定。《国内动态清样》、《经济日报》、《金融时报》、新华网、人民网等宣传报道我局工作150余篇。

二、始终坚持科学发展导向，把深化银行业改革与促进银行业发展有机结合起来

2010年，全局系统强化监管引领，定目标、勤指导、讲原则、重协调，一以贯之地推动银行业改革发展，银行业整体竞争实力和服务经济社会发展潜能得到提升。

(一)完善体系，提升金融服务经济能力。一是以健全体系挖掘服务深度。将2010年确定为"服务提升年"，广泛开展《职业操守指引》宣传月、"2010年银行业公众教育服务日"、2009年银行业文明规范服务"双十佳"和"特色银行"评选活动，完成山西银行业履行企业社会责任专题报告。二是以优化布局扩展服务广度。支持银行业机构在优化布局前提下延伸辐射，13家异地机构挂牌营业或正在筹建；推动邮政储蓄银行县支行全覆盖，农发行设立县域支行9家。新型农村金融机构组建进度明显加快，9家村镇银行、1家资金互助社先后开业。出台设立银行业金融机构简易服务网点的指导意见。三是以制度变革破解服务难度。通过省外考察、社会调查、征求意见、综合论证、请示报告、统一部署、宣传公告、现场推进、跟踪了解等工作，在太原市银行业机构推行"早九晚五"工作作息时间制。针对磨合期出现的问题，专题召开会议，研究解决对策。

(二)多措并举，引领银行业改革发展。一是引领银行业

科学发展。推进省内城市商业银行达标计划的顺利完成。制定农村合作金融机构2010—2012年主要风险控制指标规划，出台进一步加强村镇银行监管指导意见。开展"三新杯"山西银行业贷款新规知识大奖赛。召开严厉打击银行业违规揽储行为会议。举办3期"银行业科学发展之路"讲坛及全省企业集团财务公司培训。推动晋城市商业银行引进1名海外高层次人才。二是力促银行业深化改革。关注资产管理公司体制转型和新业务拓展情况。引导辖内中小银行业机构强化风险防控。督促晋商银行加快流程银行建设步伐，就进一步加强和完善晋商银行业务发展向省政府专题报告。召开全省农村信用社体制改革推进会，繁峙县农村合作银行、尧都农村商业银行先后挂牌成立。三是制定银行业发展规划。研究制定《山西省银行业2011—2015年发展规划》，明确全省银行业"十二五"期间的战略任务和发展方向，切实增强银行业机构风险管理能力、持续发展能力和综合竞争力，更好地支持全省经济社会转型跨越发展。

三、始终坚持风险防范导向，把监管引领与长效机制建设有机结合起来

2010年，全局系统始终注重审慎监管、有效监管，注重提高监管的前瞻性和主动性，注重风险防范长效机制建设，银行业运行更趋稳健。

（一）坚决遏制不良贷款反弹。着重关注大额不良贷款变化、关注类贷款迁徙变化、新增贷款资金流向，坚持"月通报、季考核"制度。2010年12月末，银行业机构不良贷款余额513.97亿元，较年初减少105.77亿元，比例5.33%，较年初下降2.52个百分点。

（二）努力转变案防被动局面。深入开展"案防攻坚年"活动，组织银行业基层网点负责人案防和主要业务风险知识大测试，召开加强案防攻坚活动暨接管式稽查交流推动会、基层主要负责人日常案防工作评价现场会。对往年已发的19起案件进行集中审核，查处责任人238名，共处罚金164.1万元。2010年，各银行业机构成功堵截196起案件，涉及金额1.26亿元。

（三）有效缓释平台贷款风险。多次召开专题会议研究部署，积极向政府汇报沟通，形成工作合力。认真完成"六个环节"的工作，银行业机构将全省融资平台贷款整改为公司类贷款涉及25家，余额1478.32亿元；保全分离为公司类贷款涉及10家，余额81亿元；清理收回类贷款涉及4家，余额4.18亿元；仍按平台贷款处理的贷款涉及144家，余额499.5亿元。

（四）严密管控住房贷款风险。采取下发通知、预警提示、召开会议、开展检查等方式，将有关土地储备贷款、房地产开发贷款、个人住房贷款等风险防范要求落到实处，银行业房贷风险防控得到加强。

（五）继续加大处非工作力度。召开处置非法集资工作座谈会，印制《防范非法集资违法犯罪活动社会宣传小册子》广泛宣传。加强对临汾"段东炎案件"督办，2起非法集资案件完成资金清退。向省政府提交《关于将处置非法集资工作纳入省以下各级政府经济社会综合评价体系和领导干部综合考核评价体系的建议》并得到采纳。

四、始终坚持有效监管导向，把监管能力建设与加强内部管理有机结合起来

2010年，全局系统始终坚持在提高监管履职能力、提升内部管理水平上下功夫，不断健全工作机制，切实加强人本治理，监管有效性进一步提升，内部管理进一步优化。

（一）科学审慎，提高监管有效性。一是发挥合力，把好闸门关。把握市场准入进度，确保机构、业务扩张速度和幅度与监管对象的风险管控能力相适应。探索准入监管角度的案防措施，加强高管人员履职行为管理办法。建立拟任董事、高级管理人员任职资格"三考三承诺"制度。高管人员任职资格机助考试系统成功上线并推广至各分局。二是精确制导，提高前瞻性。推广运用风险早期监测预警系统和银码平台系统。加强非现场监管信息资料日常监测分析。完成法人机构2009年度监管评级和风险评价审核。督促指导城商行开展信贷集中度达标工作。制定山西银监局信息科技工作发展规划（2010—2012年）。开展"建设防风险信息体系 促进银行业稳健发展"竞赛活动。三是准确打击，提升有效性。重点对信贷资金流入股市和楼市、贷款分类偏离度、贷记卡和个人理财业务、企业社保基金（资金）账户风险排查、农发行商业性中长期贷款业务、股份制银行票据业务、非银行金融机构银信和信政业务、全省农村中小金融机构新增贷款和票据业务等进行现场检查。开展现场检查综合能力实战大比拼活动，建立现场检查专业人才库。2010年，现场检查累计派出检查组940个，投入工作量9万余个，检查各类机构3267家（次），发现违规问题4439项，提出整改意见4758条，查出违规金额352亿元。

（二）围绕中心，开展创先争优活动。围绕"为党旗增辉，让党徽闪光"的主题，深入开展创先争优活动。开展"创建学习型党组织、争当知识型员工，创建先进基层党组织、争当优秀共产党员，创建文明和谐单位、争当社会道德模范"活动。赴革命圣地西柏坡和右玉开展主题党日活动。发挥银监会"三大模块"培训测试系统的平台作用，举办两期"创三新"论坛沙龙活动。圆满完成处级干部党校培训五年轮训任务，切实加大干部交流力度，实施处级干部竞争上岗。

（三）凝聚力量，推动和谐单位建设。召开系统监管文化建设推进会，深入开展"创新金融服务，支持经济发展"建功立业竞赛及"学国学、赏国画、识国情、促监管"系列主题活动。参加2010年中国银监会系统"青春风采杯"中英双语金融知识大赛，荣获"三等奖"。举办庆祝"三八"妇女节联欢会。承办并参加银监会北京片区第一届乒乓球和羽毛球比赛。举办山西省银行业书法大赛和作品展。召开退休干部座谈会，开展集中疗养、参观世博会、家访慰问等活动。开展"献爱心，送温暖，携手互助，共建和谐"捐款活动。省局机关荣获"省直文明和谐单位"和"山西省五一劳动奖"，临汾银监分局荣获

"全国模范职工之家"。

(四)服务大局,完善内部管理机制。加强政务履职考核,强化督查督办,规范会议管理,改进公文运转,强化"大信息"建设,推进政府信息公开。编写完成《山西银监局 2008-2009 年报》。对系统办公楼抗震性能进行检测。出台银行业机构信访事项办理规程。组织观看高技术窃密泄密演示活动,开展保密检查。加强财务预算管理,增强后勤保障能力。加强对银行业协会的指导,被民政部授予"全国先进社会组织"荣誉称号。

(五)多管齐下,推进党风廉政建设。召开严明工作纪律反对不良风气会议,联合举办金融系统反腐倡廉建设展。编印《2010 年廉政手册》,制作《现场检查纪律规定挂图》,并跟踪回访。开展《职业操守指引》宣传月活动。强化案件防范和信访核查工作,举办《纪检监察综合业务管理信息系统》培训班。积极推进纪检监察机构组织建设,召开银监分局纪委书记座谈会。完成会纪委交办的"银监监管防止利益冲突的实践与探索"课题调研。

(张　健　连　娟)

附:中国银行业监督管理委员会山西监管局党委书记、委员名单

书　记:邓智毅

委　员:赵金童　岳予晋　吴增平　罗学东　祁绍斌　杨庆和

中国农业银行股份有限公司山西省分行党委工作概况

党委书记　曹少雄

中国农业银行山西省分行是中国农业银行股份有限公司在山西分设的一级分行,下辖 11 个市分行,171 个县级支行,501 个营业网点。2010 年,在山西省委、省政府和农总行党委的正确领导下,作为一家大型上市银行,秉承"大行德广 伴您成长"的品牌理念,以支持山西经济建设为已任,充分发挥省内唯一一家县县有网点,县县通网络的大型股份制商业银行优势,高举科学发展的伟大旗帜,在"中部崛起和全国竞相发展格局中再造一个新山西"的伟大征程中,努力开创转型发展、跨越发展的新局面,在自身改革与跨越发展等方面取得重大突破的同时为全省工农业发展以及城乡经济建设做出了巨大贡献。

一、统一思想,振奋精神,着力提高践行科学发展和转型跨越发展的认识水平

农行山西分行新一届党委成立以来,团结一致,紧密合作,大力度实施治理、营销、改造、建设等一系列举措。2010 年,提出了"提升三农业务社会影响力、城市业务核心竞争力、案件与风险防控力、经营机制驱动力、干部队伍战斗力"的发展路径,犹如一盏明灯,为全行指明了方向,鼓舞了士气、振奋了精神。围绕这些思路、思想、路径,全省农行 1.4 万名干部员工在新一届党委的带领下,万众一心,奋力拼搏,初步改善了基础建设严重滞后的局面,逐步夯实了竞争力和发展后劲提升的基础;初步破解了服务"三农"难题,稳步推进了服务"三农"深入开展;不断提高了干部队伍素质与战斗力,全省农行走上稳健、和谐、安全、有效发展的道路。截至 2010 年 12 月末,全省农行各项存款余额 2313.5 亿元,各项贷款余额 687.57 亿元,取得了良好的经营业绩。特别是勇于担当服务"三农"的社会责任,不断探索新形势下支农惠农的新路子,2010 年在农村和县域发放贷款净增 47.48 亿元。全行资金实力、盈利能力、核心竞争力得到全面增强。

二、抢抓机遇,全面营销,着力抓好加快科学发展和转型跨越发展的关键环节

农行山西分行党委将加快业务发展作为中心工作,以服务山西地方经济建设和煤炭资源整合为重点,省分行党委带头营销,全行上下联动营销,成功实施了一系列大型高层营销活动。一是签署"三大协议"全面支持全省重点工程项目建设、煤炭并购和公路建设。与山西省政府签订 1330 亿元重点工程项目合作协议,与七大煤业集团签订 450 亿元煤炭并购贷款合作协议,与山西省交通厅签订 300 亿元公路贷款合作协议。2010 年,"三大协议"共发放贷款 305.92 亿元,其中:支持省重点工程建设项目 41 个,发放贷款 146.92 亿元;支持煤炭资源整合并购发放贷款 64.63 亿元;支持公路建设项目发放贷款 94.37 亿元。二是大力支持全省铁路网、公路网、电网"三网"重大基础设施建设项目,支持了大西铁路、中南铁路等铁路建设;支持了忻保高速、长临高速等公路建设,为全省交通设施的改善做出了贡献。三是大力支持全省煤炭、电力、钢铁等传统产业中的优良客户发展。同煤、太钢、大唐集团等一大批优秀企业获得支持。四是积极支持"民生"项目,支持商品住房、省级重点医院、院校、著名旅游景区的建设和发展。省分行党委书记、行长曹少雄同志深入调研,认真撰写了《关于加快我省旅游业转型发展的调查报告》,对农行支持县域旅游业发展、培育县域新型产业提出了新的思路。调查报告得到了省委书记袁纯清同志的高度重视,并做出重要批示。与省建设厅签署了 50 亿元保障性住房信贷合作协议,积极支持全省保障性住房建设和棚户区改造项目。2009、2010 年两年时间累计新增实体贷款 315 亿元,几乎相当于"十五"期间和"十一五"前三年八年间新增实体贷款的总和。2010 年获得省政府"支持经济发展贡献奖"。

三、实施转型，优质服务，着力打造助推科学发展和转型跨越发展的软硬条件

农行山西分行党委始终坚持"客户至上，始终如一"的服务理念，为全省提供高效优质的金融服务。一是加强网点建设。从2009年开始，用3年的时间完成全省农行网点标准化建设，达到标识统一、布局统一、形象统一、服务统一"四个统一"。2010年，全省农行共完成146个网点的标准化改造，网点面貌焕然一新。二是开展服务导入。2010年，已完成全省农行501个营业网点的规范化服务导入工作，服务水平进一步提升。三是加大检查力度。建立了"神秘人"队伍，随机检查网点服务，全面提高服务质量。四是开发金融产品。推出了金钥匙、金光道、金穗卡、金e顺和金益农等"五金"系列420种金融产品，供不同层次客户选择。五是认真开展行评。按照省委、省政府《关于深入开展民主评议政风行风工作的实施意见》的要求和步骤，全省农行认真开展了以"端正政风行风、优化发展环境"为主题的政风行风评议活动，加强了作风建设，树立了良好社会形象。被省政府授予"2010年度政风行风评议先进行业"。

四、创新模式，服务"三农"，着力做好推进科学发展和转型跨越发展的重点工作

农行山西分行党委从省情出发，坚持做精、做细、做实"三农"服务的基本要求，按照"突出重点，量力而行，有限目标，扎实推进"的原则，不断拓宽工作思路，改进与深化"三农"服务。一是实施支持产业化龙头企业发展的"龙腾计划"。编制了《"三农"金融服务图谱(农业产业化篇)》。重点支持了30家国省级优质产业化龙头企业。二是实施支持县域中小企业发展的"虎跃计划"。择优选择50家优质中小企业进行重点支持。2010年共支持县域中小企业190户，贷款余额69亿元，比年初增长31亿元。三是实施提升县域市场竞争力的"强县计划"。确定了10家重点县支行优先发展，从资源配置、财务费用、信贷政策等方面给予积极支持。四是实施服务广大农户的"惠农计划"。2010年发放惠农卡131万张，居全国农行系统第2位；农户小额贷款增加2.58亿元，累放5亿元(超过前两年总和)；新农保、新农合代理行占比居全国农行前列。五是实施消除金融服务空白乡镇的"普惠计划"。2009年，在同业中率先在2家金融服务空白乡镇设立自助服务机构。2010年，又选择7个金融机构空白乡镇投放了自助服务机构，在全省41家空白乡镇的设点比例达到22%。六是实施改善农村支付环境的农村小额支付"村村通"工程。以"转账电话"为载体，实施"机到村、卡到户、钱到账"的农村小额支付"村村通"工程，使农民足不出村就能享受到刷卡消费、小额提现、财政直补的便利，形成了财政补贴的"直通车"、社保资金的"快车道"，得到了政府、农民和社会各界的一致好评。《新华社内参》、《金融时报》和山西省内主流媒体进行了专题报道，省委书记袁纯清在《新华社内参》上作了专门批示。2010年，全省农行确定的13个重点推进县已经基本实现村村通，覆盖2673个行政村，310万农民。

五、加强管理，提升素质，着力强化科学发展和转型跨越发展的根本保障

农行山西分行党委努力打造一支召之即来、来之能战、战之能胜的干部员工队伍。一是持续加强党委学习。将中心组理论学习制度化、规范化、常态化。2009—2010年，共组织10次中心组学习，其中六次扩大学习。先后学习了《廉政准则》、右玉精神、"十二五"规划等专题。二是持续加强干部培训。2010年，先后举办了六期处级干部"讲党性、重品行、作表率"系列讲座，委托山西财经大学举办了EMBA学习班，拟用3年左右时间，培养200名左右掌握现代工商管理知识的高素质干部。自编了《解决问题才是好干部》、《进一步加强党员干部管理简明读本》等学习读本。三是持续加强干部管理。制定出台了《进一步从严管理干部实施意见》、《科级干部管理办法》等从严管理干部的制度办法。实行了干部分层、分级谈心谈话制度和班子集体谈话制度。四是持续加强员工教育。2009年，在全行启动了员工成长计划，已举办培训班15期，开发了员工成长计划考试系统。

六、弘扬文化，和谐发展，着力营造力促科学发展和转型跨越发展的浓厚氛围

2010年，农行山西分行作为农总行确定的企业文化试点行，以"三个阶段、四个目标、六个一活动、八项工作、三项保障措施"为重点，在全省农行深入开展企业文化建设工作，先后在全行开展了企业文化征文、演讲、文体等"六个一"活动；巡回宣讲和企业文化知识培训；形成了"设计统一、风格统一、内容统一、文化统一"的企业文化墙；在2009年成功举办大型综合职工运动会和红歌会的基础上，2010年又成功举办了第二届红歌会，并确定每年举办"红歌永唱"活动；积极向弱势、受难群体和学校社区捐款捐物；筹集专项资金，建立了"扶贫爱心"助困基金，救助病困员工，帮助35个国定贫困县支行建设职工食堂，全力建设"温暖家园"。

(贾　峰)

附：中国农业银行股份有限公司山西省分行党委书记、副书记、委员名单

书　记：曹少雄

副书记：杨　光

委　员：潘淑珍(女)　骆朝根　郭玉琳(9月任职)　程耀业　金喜年　田俊庆

中国建设银行股份有限公司山西省分行党委工作概况

党委书记　马　卓

2010年，建行山西省分行在省委、省政府的积极支持下，认真贯彻落实总行战略决策和工作部署，坚持以党建工作为基础，以“三年再造”和“新的三年规划”为引领，坚持“更好、更快”的发展目标，各项工作整体推进，业务发展再创新高。

一、加强基础建设，推动创先争优

一是加强队伍建设。根据《中国共产党发展党员工作细则》，进一步了解、考察和培养入党积极分子，采取专题辅导讲座、看录像光盘、学员自学、讨论交流、综合测试的方式，对入党积极分子进行短期集中培训。2010年新发展党员135人。

二是加强作风建设。根据省纪委《关于进一步整肃工作纪律、狠刹不良风气的通知》文件精神，建行山西省分行党委按照“五不准”要求，开展整肃不良风气专项行动。尤其是对工作纪律、工作作风、服务质量和效率提出严格要求，工作作风有了明显改观。

三是开展创先争优活动。在中央及总行党委“五个好”、“五带头”的基础上，建行山西省分行党委进一步扩展到“八个好”、“八带头”，引导全行在鼓士气方面动脑筋，在聚人心方面下功夫，继续扩大品牌示范效应。开展创建“红梅理财示范点”活动，27个红梅理财示范点成为全行业务发展的旗帜；组织一年一度的优秀党员、优秀党组织表彰和全行“十佳优秀青年”评选活动，党、政、工、团齐心合力，积极宣扬各类先进典型，形成学习先进、崇尚先进、争当先进的良好风气和浓厚氛围。

二、加强理论学习，提高政治素质

2010年，建行山西省分行党委将学习政策理论、提升领导干部素质与解决突出问题相结合，收到了良好效果。

全年共组织中心组学习12次（其中党委会传达中央有关会议精神2次，集中研讨、辅导讲座8次，举办专题培训班2次）。重点学习了党的十七届四中全会精神，中国共产党党员领导干部廉洁从政若干准则、胡锦涛总书记在中纪委五次全会上的重要讲话、刘云山在全国宣传部长座谈会上的讲话、中组部党员领导干部选拔任用工作责任追究办法、刘明康主席在银监会党委中心组学习会议上的讲话，传达学习了总行2010年工作会议精神和其他重要会议精神。

同时，省分行机关党委编发《中心组理论学习参考资料》10期，在省分行网站和《企业文化建设动态》登载二级分行党委中心组的学习动态30余篇，对促进省分行和二级分行党委中心组学习起到了积极作用。

通过扎实有效的学习，全行领导干部的思想政治素质和理论水平进一步提高，党委班子建设进一步加强，团结协作的氛围更加浓厚，指导和驾驭全局的能力不断增强。

三、加强案件防控，深化反腐倡廉

一是深入开展“风暴”活动。结合工作实际，在全行开展“严格履职、防控案件，坚决打击违规操作行为风暴”活动。在活动过程中，召开了万人视频动员大会，各级领导班子围绕案件风险防控召开了以“履职尽责”为主题的专题民主生活会，将“履职是根本，较真是灵魂，能力是保障”观念深入渗透到领导认识中、员工行动中。同时，组织全行开展各项履职检查，共检查出不同问题2604个，全部得到整改。“风暴”活动成果得到了建设银行总行肯定，相关经验在总行网页进行报道介绍。

二是完善案件防控体系。推行案件防控工作与领导人员年度绩效考核、职务聘任晋升等“六挂钩”制度，建立并实施案件防控工作月报制度和风险提示落实反馈机制，提出纪检监察特派员履职十项要求，实行基层行主要负责人案防日常工作评价办法。同时，通过梳理案件暴露的突出问题，研究制定《关于从严规范员工行为，切实防范案件风险的禁止性规定》，明确了16条员工从业禁区和职业操守底线，从制度上进一步完善了案防机制，提高了案防能力。

三是推进案件专项治理。狠抓重点人员、重点业务、重点环节和重点行专项治理工作，在个金、公司、会计等条线组织开展现金柜员岗位风险、公司业务客户经理违规代客、防治非法高息融资案件等多项专项治理活动，发现违规问题限期落实整改。

四是深化反腐倡廉建设。通过组织开展行为排查、主题教育和参观金融系统反腐倡廉建设展等活动，增强领导员工履职意识和责任意识。全行对新任领导人员进行任前廉政谈话241人，对履职不到位提醒谈话88人，诫勉谈话86人，各级领导人员参加述职述廉1111人。

四、狠抓业务发展，服务地方经济

一是加大信贷支持力度，支持服务重点项目。认真研判市场、把握机遇，结合地方经济快速发展和投资旺盛的良好局面，瞄准重点客户、重点行业，扎扎实实支持地方经济建设。2010年，建行山西省分行各项贷款余额达到880亿元，新增110亿元。对公非贴现贷款余额达到807.6亿元，累计投放358亿元，纯新发放贷款233亿元，有力地支持了山西省地方经济建设。

二是积极响应政府发展战略，支持煤炭资源整合。配合山西省煤炭资源整合需求，在全省系统开展煤炭整合主体营销工作，对主体企业逐户制定营销方案，逐一上门营销；同时申请政策支持，在核准等方面取得总行差别化政策。

三是加快小企业信贷业务发展，为促进社会繁荣做贡献。出台《建行山西省分行小企业信贷业务发展指导意见》和《建行山西省分行小企业信贷结构调整实施意见》，提出发展小企业信贷业务的明确要求和具体措施。成立小企业经营中心，并在晋中、运城两地先行试点，在全省范围内推行"速贷通"和"成长之路"及供应链融资产品，积极支持小企业迅速发展。

四是加快个人住房贷款投放，着力改善民生居住环境。加快个贷中心建设，发挥集中经营优势，从制度建设、业务培训、激励考核、联动营销等多方面入手，全面推进个贷业务发展。独家承办"西华苑"经济适用房项目，为1142户经适房申请户提供了金融支持，发放个人住房贷款2.03亿元。全年累计投放27.5亿元，新增18.5亿元，创出历史新高，四行占比29.5%，排名第二；贷款余额57亿元，四行占比28.6%，排名第二。

五是发挥银行平台作用，积极支持民生领域。积极开展"社保营销年"、"民本通达"等系列活动，在支持地方民生民计方面效果明显。代理中央级、省级财政集中支付市场占比分别为35.3%、29.6%，均列同业第一。

六是积极开展贸易融资，支持拓展外向型经济发展。结合山西省经济特点，着力支持大型煤、焦、钢铁等民营企业及优质中小客户的进出口业务，陆续推出了"融货通""融税通""融链通"等融字系列产品，有效地解决了外贸企业特别是中小企业融资困难和银行授信担保条件弱的问题。2010年发放内外贸易融资100亿元，投放额和余额均在同业和系统名列前茅，有力地推动了山西外向型经济的发展。

七是积极推进信用卡业务发展，促进消费拉动内需。充分发挥网点发卡主渠道作用，加强公私联动和交叉营销，新增公务卡2.7万张，累计发卡5.6万张，同业排名第二位，获得山西省公务卡推广先进集体。加快产品创新，推出厚利性产品汽车卡和民生工程信用卡民生一卡通数字龙卡。

八是扶持下岗职工再就业，促进社会稳定。2010年，按照人民银行在金融界实施138工程的指导意见，建行分工支持下岗职工再就业工作。根据建设银行总行与中华工商联签署的《共同支持中小企业、县域经济发展框架合作协议》，积极支持中小企业和县域经济的发展，制定了相应发展策略，抓住山西省大力调整产业结构的契机，大力支持下岗职工再就业。据初步统计，建行山西省分行所扶持中小企业为全省下岗职工提供了1.4万多个再就业机会。

（赵建伟）

附：中国建设银行股份有限公司山西省分行党委书记、副书记、委员名单

书　记： 马　卓

副书记： 陈东平

委　员： 解陆一　斛文锋　宋海林

中国农业发展银行山西省分行党委工作概况

党委书记　郭丕胜

2010年，在中国农业发展银行总行党委和省委、省政府的正确领导下，农发行山西省分行党委认真贯彻落实总行工作会议及各专业会议精神，围绕实现"五新"总体要求和五项重点工作、三大攻坚战的任务目标，狠抓各项重点工作落实，各项工作取得了明显成效。

信贷支农力度不断加大。全年累计发放各类贷款107.82亿元，累计收回各类贷款96.15亿元，各项贷款余额达294.07亿元，较年初增加11.67亿元，增长4.13%。

信贷结构进一步优化。政策性中长期贷款余额80.5亿元，占各项贷款余额的27.4%，较上年增加4.6个百分点；准政策性贷款余额14.5亿元，占各项贷款余额的4.9%，较上年下降4.1个百分点；商业性短期贷款余额42.9亿元，占各项贷款余额的14.6%，较上年增加1.9个百分点；商业性中长期贷款余额4.4亿元，占各项贷款余额的1.5%，略低于上年。

经营效益显著提升。2010年综合利息收回率达到了89.39%，比上年提高11.46个百分点。全年，全行实现账面利润4.01亿元，比上年增加1.7亿元；资产利润率0.29%，比上年提高1.98个百分点；收入成本率38.78%，比上年提高15.36个百分点；各项存款余额72.75亿元，人均存款224.92万元，比上年增加71.39万元；人均中间业务收入0.42万元，比上年增加0.02万元。

基础管理不断强化。二级分行基础管理平台建设扎实推进，各项内部管理制度和业务操作规程不断完善，内部考核体系与激励约束机制进一步强化，党建、企业文化和队伍建设水平得到提高，全行案防工作实现了"零案件"目标。

一、理清思路，突出重点，信贷支农工作得到加强

（一）大力实施大项目营销战略。制定《2010年贷款业务发展指引》，成立大项目营销工作领导组推进项目营销工作，在向省政府汇报支持新农村建设信贷政策的基础上，先后与5个市进行面对面沟通，宣传本行的信贷政策，推介信贷产

品,协商解决贷款项目办理中遇到的问题。省分行与长治市政府签订了《农业政策性金融支持新农村建设合作备忘录》,拟定对该市"十二五"期间的农村土地整理整治和农民集中住房建设项目、生态环境综合治理项目、城乡一体化的农村基础设施、县域城镇建设、农业综合开发项目进行支持;大同市分行营销的御东新区农民集中安置房建设23.3亿元项目贷款,已出贷7亿多元,未发放贷款正陆续投放,实现了全行大项目营销战略的良好开局;晋中市分行营销的晋中公路分局11.8亿元农村基础设施(经营性)贷款项目获总行审批;运城市分行营销的运城市城区东郊35亿元农村土地整治项目,完成调查程序;吕梁市分行营销的离石区亿元道路改造项目进入手续完善阶段。

(二)切实加大粮油收购贷款管理。分行党委在严格执行总行收购贷款管理"八个环节"、"十条底线"信贷政策的基础上,结合实际编印了《粮油准政策性贷款管理和操作要领》,就准政策性贷款管理和操作提出"七个三"的操作管理要求,对引导基层行做好工作提供了政策支撑。2010年,全省粮油收购环节累计投放贷款23.72亿元,支持各类企业收购粮食14.45亿公斤,收购油脂245万公斤。

(三)积极优化调整信贷结构和质量。各级行根据省分行出台的支持农产品加工"513"工程实施意见,对照符合国家政策和区域发展政策,把23个国家级和188个省级农业产业化龙头企业作为支持重点。根据全系统贷款客户风险排查情况,针对各类贷款客户在经营管理和贷款营运方面的风险底数,按照省分行"区别对待、有保有压、择优扶持、严控风险"的原则,稳步退出一些规模小、抗风险能力差的加工企业、小企业,调整了信贷结构,合理配置了信贷资源,使贷款客户进一步优化。

二、强化责任,细化措施,风险防控工作扎实开展

2010年,省分行党委坚持把风险防控作为全行工作的重中之重,客观准确地分析贷款形态,严控增量贷款风险,精心组织存量不良贷款清控攻坚,努力加大对不良贷款的清收处置力度,进一步提高了信贷风险管理水平。

(一)有效控制新增贷款风险。严格信贷授权管理,根据各二级分行的管理水平和风险状况实行了差别授权;严格贷款准入条件,对不符合认定条件的企业坚决予以退出;严格客户信用等级审查,省分行对上报的167户AA-(含)级以上客户,组织专门力量进行严格审查,保证了评级授信结果的合规准确;加大了对信贷项目行业风险、市场风险、财务风险及关联企业风险的审查力度;在全省系统确立了贷款调查从细、审查从紧、审议从实、审批从严的工作导向和管理机制。

(二)全力清收处置存量不良贷款。制定了不良贷款年内必须实现"双降"的目标,坚持不良贷款清收处置定期汇报制度。按照"四落实""三明确"要求,分企业制定清收方案和落实清收责任。在全省系统建立了不良贷款清收管理卡,直观显示贷款发放、清收、督导等各环节责任人,有效推动了不良贷款清控工作。针对地方储备及准政策性粮油库存差额较大的问题,集中开展了"三清一规范"活动(粮油库贷差额清理、清查、清收与整治规范活动)。

三、多策并举,狠抓落实,案件防控工作卓有成效

根据银行业建设发展形势,省分行党委明确提出并建立了"不愿为"的自律机制、"不能为"的约束机制、"不敢为"的惩戒机制,全面组织开展案防攻坚战,全行上下始终保持了案件防控的高压态势,形成了多管齐下、综合整治的案防工作格局。

(一)精心谋划案防工作,全面安排部署落实。省分行党委全面部署和加强案件防控工作,在全行上下组织开展"案防攻坚年"和"制度执行年"活动,建立了按季度召开案件防控汇报分析会制度,加强了对案防工作的督导落实。

(二)广泛开展思想教育,着力提升整体素质。进一步完善了党委理论学习中心组学习制度,合理制定党委理论学习中心组学习计划,定期集中学习中央和总行有关反腐倡廉的文件和会议精神。组织开展了以学习《廉政准则》为主要内容的廉洁自律教育,进一步增强了党员干部廉洁自律意识。深入开展银监会贷款新规、总行信贷管理十六项制度为主要内容的学习教育活动,切实增强了干部职工的合规经营意识;积极开展以学习《银行业金融机构从业人员职业操守指引》、《农发行从业人员行为规范》为主要内容的职业道德教育,进一步增强了员工的尽职履责意识。

(三)落实各项廉政制度,有效增强案防力度。按照总行要求,落实银企廉政共建机制,营造了银企共同遵纪守法,促进业务健康发展的氛围。制定《员工承诺保证书》,与全省系统1710名员工签订了《员工廉政承诺保证书》,将中纪委、总行的各项廉政规定编印成《山西省分行廉政手册》,发放到全行每名员工手中。各级行认真执行领导干部三项谈话及重大事项报告制度,实现了防控工作的经常化、制度化。

(四)完善案件防控措施,加大责任追究力度。按照银监会、总行专项治理"小金库"的有关要求,组织开展了"小金库"自查,对存在的问题及时进行了整改。与省分行机关各处室和各市分行负责人签定了党风廉政建设、"四无"创建和安全保卫责任书,全面加强了全行系统党风廉政建设工作,有效防范了各类案件的发生。

四、深化改革,精细管理,经营管理水平进一步提高

(一)加强平台建设。根据总行《关于加强二级分行经营管理基础平台建设的指导意见》,结合实际,制定了《关于加强二级分行经营管理基础平台建设的实施意见》,对全省二级分行经营管理基础平台建设工作做出了全面安排部署。

(二)加强基础管理。制定下发了《中国农业发展银行山西省分行客户资金支付监管实施细则(试行)》,强化了对贷款客户资金支付环节的风险防控。各职能部门进一步加大了

对基层行的检查力度,通过检查监督推动工作的落实。

(三)加强考核管理。完善对各二级分行的考评机制,研究制定了对二级分行的《业务经营与管理综合考核挂钩兑现办法》。修订完善了《省分行机关岗位绩效考核办法》。通过完善考核机制,提高各职能处室工作的主动性和自觉性,对各项工作的开展起到了较好的激励作用。 (牛晓辉)

附:中国农业发展银行山西省分行党委书记、委员名单

书 记: 郭丕胜(3月任职)

委 员: 冯立平 王进谦 孙明珠

华夏银行股份有限公司太原分行党委工作概况

党委书记 王一平

华夏银行太原分行成立于1998年4月,截至2010年年末,资产总额422.7亿元,负债总额419.05亿元,实现拨备前利润6.19亿元。现有同城机构10家,异地机构2家,员工逾400余人。经过10余年的发展,已成长为一家在同类股份制银行中规模居前、创利水平较高、在当地政府、企业和居民中享有较高声誉的中型银行。截至2010年11月底,共有党员174名,占全行员工总数的39%,党员队伍不断壮大。

一、加强党的建设

2010年,华夏银行太原分行紧紧围绕经营发展中心工作,认真贯彻党委年度工作部署要求,以深入开展"创先争优"活动为重点,以服务保障各项改革发展任务为目标,以加强领导班子和党组织建设为着力点,以完善党建工作机制为载体,认真落实党建工作责任制,充分发挥党组织领导作用和党员队伍的模范带头作用,团结和带领全行干部员工齐心协力抓经营、谋发展,为实现该行又好又快发展提供了有力的思想、政治和组织保证。

(一)严格落实基层党建责任制及党建工作目标管理要求。太原分行党委严格按照责任目标,年初制订了党委年度工作计划,细化制订了支部党建责任书,分行党委书记王一平与各党支部书记签订了党建目标责任书,并建立起了党委书记带头抓党建、齐抓共管、上下互动、分层落实的党建工作格局。全年重点抓了以下几方面工作:一是加强了思想政治工作,发挥引领作用。分行党委将群团工作和企业文化建设作为党建工作的重要组成部分,纳入党委会工作议题,建立完善学习教育、思想交流、信息沟通的平台,贴近员工的心愿和需求,开展了喜闻乐见的学习教育、经验交流和文化体育活动,组织开展了第三届职工运动会、卡拉OK比赛,成立了华夏银行山西艺术团和乒乓球、羽毛球队等,定期开展活动,通过活动丰富了员工文化生活,培养了员工健康的思想文化。二是切实加强了领导班子建设。认真落实党委对改革发展重大问题和工作事项进行集体研究的工作制度,严格贯彻民主集中制,坚持"集体领导、民主集中、个别酝酿、会议决定",做到科学民主决策。进一步规范党委中心组学习,坚持学以致用,提高了学习的针对性和实效性,使中心组学习真正成为了党委"学理论、议大事、转观念、出思路、增能力、促发展"的重要平台。及时召开党委民主生活会,通过民主生活会,增强了领导班子及成员责任意识,增进了班子团结,改进了工作作风,提高了领导推动科学发展的能力和工作成效。三是加强党建工作创新,增强了基层党组织活力。深入开展创先争优活动,及时检查、指导和推动党支部活动开展,引导党员立足岗位做出表率,充分调动了全行员工积极性。四是加强了基层党组织建设,严格按照程序发展党员,进一步健全支部"三会一课"制度,规范了支部活动。五是加强了基础管理。认真做好组织关系接转工作,加强党费管理、党委数字公文管理和党员信息库建设,积极利用宣传栏、宣传展板等载体,宣传党建和思想文化建设活动情况及经验事迹,扩大了党建工作的覆盖面。

(二)扎实开展"创先争优暨四强四优"创建活动。华夏银行太原分行积极响应党中央号召,在全行基层党组织和共产党员中积极开展"创先争优暨四强四优"创建活动,取得良好效果。在活动开展过程中,分行党委成立了活动领导小组和活动领导小组办公室,制订了《华夏银行太原分行深入开展"创先争优"暨"四强四优"创建活动的实施方案》,明确了活动主题,进行了具体部署和督导,为创先争优活动的开展确立了组织保证。结合当前中心工作,积极探索创先争优活动的新思路、好方法,围绕"以党建抓发展,以发展促党建"的中心思想,重教育,倡学习,比业绩,比作风,将创先争优活动作为赢得竞争优势和发展优势的重要抓手。活动开展以来,各党支部认真贯彻落实"调结构、控风险、创效益、促发展"工作方针,积极推进创先争优活动,掀起了争创活动的高潮,并结合业务工作组织开展"党员示范"活动,践承诺、当示范,保持党员干部的先进性和代表性。"七一"期间,树典型,立榜样,该行共表彰先进基层党支部5个,优秀共产党员20名。

(三)党建带团建工作情况。太原分行共青团工作在分行党委的高度重视下,进一步夯实基础,丰富活动,团建工作取得了新成就。华夏银行太原滨西支行团支部荣获总行五四红旗团支部。2名同志分别荣获山西省优秀团干部和优秀团员。为纪念五四运动91周年,分行团委组织全体团干部在太原桃南支行召开了"青春华夏我先行,文明服务争先锋"主题座谈会。组织全行团员赴"山西省爱国主义教育基地"——中国煤炭博物馆,开展主题团日活动。围绕"青年文明号"创建活动,在春节前夕组织开展了"青年文明号真情助困进社区"

活动，为太原市6个城区近80个社区的400个困难户和群众捐赠价值10万元的米、面、电饭锅等物资。结合世博主题，开展了“与世博同行，树文明形象”服务竞赛活动，选树了11名分行“青年文明服务形象大使”。围绕青年岗位能手创建活动，分别开展了营销条线青年能手和会计条线青年能手的选树活动等。

二、积极投身经济建设，取得较好的经营业绩

2010年，华夏银行太原分行在山西省委省政府的正确领导下，在各级监管部门的大力支持下，始终坚持科学发展，积极投身经济建设，取得了较好的经营业绩。截至2010年末，太原分行资产总额422.7亿元，负债总额419.05亿元，实现利润总额6.19亿元。一般性存款余额为393.3亿元，较年初增长77亿元，增幅25%。储蓄存款余额64.3亿元，计划完成率112.81%。完成中间业务收入7053万元，计划完成率102.22%。累积完成供应链金融业务量8.78亿元，计划完成率109.78%。完成国际结售汇业务量64829万美元，计划完成率144.06%。案件防范工作实现全年零案件工作目标，全年工作取得了较为圆满的结果。

三、积极履行社会责任，树立良好企业形象

华夏银行太原分行在积极响应、坚决贯彻国家和地方产业政策、信贷政策的同时，坚持履行社会责任，树立起良好的社会公民形象。一是贯彻实施绿色信贷，加大对我省经济转型发展的支持力度。2010年累积投放信贷资金超过315亿元，主要投向20余个“政府主导新一轮基础建设重点项目和市重点骨干企业”、“新能源行业、现代装备制造业，现代服务业，高新技术产业等新兴市场”等符合地区经济发展特点的行业和市场。同时支持了涉及到城市供电、供水、供热、供气等涉及千家万户民生工程、公用事业企业。二是坚持“服务社会、反哺社会”的信念，开展参与了多项社会公益活动。连续两年在太原市开展“真情助困进社区”活动。为汶川地震灾区捐款金额近40万元，为玉树地震灾区捐款金额达10万余元。积极参加太原市“慈善一日捐”活动，累积捐款3.6万元。累计为社会其他团体、事项捐助百万余元，累计为本行困难员工捐助近50万元。

2010年12月，在山西省2010年经济工作会议上，山西省政府为华夏银行太原分行颁发了“山西省金融系统支持地方经济发展贡献奖”荣誉证书，授予“支持山西转型发展信贷评估先进单位”。山西省企业家联合会授予“2010年度山西省优秀企业”荣誉称号。在2010年12月由山西省劳动竞赛委员会和山西省金融工委联合召开的全省金融系统表彰大会上，山西省金融工委授予华夏银行太原分行“山西省金融系统优质服务竞赛先进集体”称号，山西省劳动竞赛委员会为太原分行荣记“集体一等功”一次。华夏银行太原滨西支行荣获“山西省金融系统工人先锋号”和“山西省工人先锋号”称号。姚玲玉同志荣获“山西省金融系统优质服务竞赛先进个人”称号并荣立“个人一等功”。华夏银行太原分行是山西省金融系统中唯一一家囊括全部奖项的单位。

（韩　雪）

附：华夏银行太原分行党委书记、副书记、委员名单

书　记：王一平

副书记：宋晋生(9月离职)

委　员：闫晓红(女)　高更超　张　礼　俞宇明

中国人民财产保险股份有限公司山西省分公司党委工作概况

党委书记　王力峰

2010年，公司党委坚持以邓小平理论和“三个代表”重要思想为指导，以科学发展观为统领，认真贯彻党的十七大、十七届四中全会精神，以转型跨越发展为主题，以创先争优活动为抓手，坚持围绕发展抓党建，抓好党建促发展，不断增强各级党组织的先进性和战斗力，为促进公司全面和谐发展提供了坚强的组织保障和政治保障。

一、以思想政治建设为核心，领导干部综合素质不断增强

紧紧围绕“创建精品公司”5年奋斗目标，从思想政治建设入手，健全重大问题民主决策机制，丰富学习型组织建设载体，鼓励多岗锻炼，加大上下交流，各级领导干部思想解放，措施果断，执行坚决，落实有效，综合素质不断提高，形成了风清气正、干事创业的良好局面。

一是注重政治责任，完善民主决策机制。公司党委始终按照民主议事规则，严格决策程序，制定完善了党委和总经理室议事规则、党委中心组学习制度，出台了领导作风建设的八条规定，各级党委民主决策机制更加健全，党性修养和宗旨观念得到提升，党委集体权威得到高效保证，班子凝聚力、向心力不断增强。

二是注重作风培养，宗旨意识不断加强。开展“贯彻落实《廉政准则》，切实加强领导干部作风建设”主题民主生活会，对照准则，查找不足，各级党委为人民服务、为客户服务、为员工服务的意识有效增强；强化求实作风，倡导务实工作，深入开展基层调查研究，积极解决基层实际困难，将关爱员工落实到位；建立员工关爱制度，完善员工职业规划，畅通员工晋级通道，切实关心员工生活，关心员工疾苦，重视员工价

值,实现了员工发展与公司发展同步。

三是注重廉政教育,坚持严格管理干部。紧绷合规经营弦,推进合规经营刚性考核;逐级签订依法合规经营承诺书,制定违规违纪责任追究暂行办法,完善重大违规事件处理流程,从内部做到摸清家底;认真学习党员廉洁从政"两个制度",对照廉政准则8个禁止、52个不准,深入开展"廉洁从业、合规经营"和"反腐倡廉"警示教育活动,通过正面典型、反面剖析,促进领导干部廉洁从业;严格执行违规违纪人员处理办法,对损害公司利益、损害公司形象的人和事进行了果断处理,保持了良好的队伍风气。

四是注重载体创新,推进学习型组织建设。创新运用"三合一"、"最佳实践"、"管理团队学习实验室"、"读书分享"等模式,加快领导干部思想转型、观念转型、行为转型,推动公司实现跨越发展;实施"一年考评、两年考核"制度,加大领导干部交流,提供多种平台,激活干部潜能,10名干部进行了省市交流,开展了4期管理人员培训,参训人员406人,71人通过核保核赔师专业资格认证,同比增加2倍;先后组织开展高管以上对标河北找差距,冷静思考找对手,认真履责求自醒,学习忻州市委关于领导干部提升能力和素质的"十句话、二十个字"体会,将集中学习与分散自学有机结合,提高学习的针对性、有效性,使学习成为习惯、追求,使创建学习型组织成为自觉行动。

二、以基层党支部建设为重点,基层发展更加稳固

基层是基础,基层是源泉。公司党委始终坚持发展依靠基层的原则,通过加强基层党组织建设,带动和促进基层单位全面发展,真正使政治优势转化为发展优势;通过党组织和党员创先争优,带动争创先进单位、争做优秀员工,形成齐争共创的良好局面。

一是注重组织建设,基层支部实现全覆盖。依据"支部建在经营一线"和有利于党员发挥作用、方便组织活动开展的原则,通过全辖检查摸底,对具备建立党支部条件的分支机构进行完善充实,对暂不具备成立党支部条件的分支机构,采取就近组成联合党支部的方式进行了整合。全省共有党支部210个(含机关支部),其中区县基层党支部191个(含9个联合党支部),基层党组织覆盖面达到了100%,确保了各分支机构有组织、有党员、有活动。

二是注重党员发展,营销团队实现党员全覆盖。针对用工形式多样化情况,大力倡导"把业务骨干培养成党员,把党员培养成业务骨干",认真贯彻"坚持标准,保证质量,改善结构,慎重发展"的方针,注重在一线销售人才中培养和吸收新党员,不断增强党员队伍的生机活力,实现了每个营销团队至少有一名党员,营销员队伍不断巩固扩大,基层科学发展的战斗力、凝聚力明显增强。

三是注重教育培训,党员队伍素质不断提升。加强积极分子和党员的教育培训,积极引导他们学习理论和业务等各种新知识;利用晨会、夕会等时机,开展党员经常性教育,引导和激励营销员党员在诚信执业、优质服务方面发挥模范带头作用。

三、以创先争优为抓手,各级党组织的活力有效激发

在全辖开展"科学发展争先进、创建精品比奉献"创先争优主题活动,制定工作方案,明确目标任务和主要内容,号召各级党组织紧密结合公司中心工作,把创先争优融入经营管理与业务发展,以干事创业新成效、新业绩检验创先争优。

一是重点明确,创先争优有内容、有目标。按照"科学发展争先进,创建精品比奉献"主题,明确省、市、县创先争优活动内容,在省、市分公司本部以"增强服务意识,提高工作效率,改进机关作风,争当服务标兵"为重点,讲政治,讲正气,讲责任,讲实干,爱岗敬业,无私奉献;区县公司以"规范经营,引领市场,精细管理,优质服务,科学发展"为重点,着力提升党组织的凝聚力、战斗力和区域市场竞争能力;明确创先争优全面推进阶段党建目标,重点在建立健全基层党组织、完善基层党建工作联系点、提高党务工作者岗位技能和加强党员队伍建设四个方面完善提高;按照《党建工作联系点管理办法》,建立健全创先争优活动党建工作联系点制度,开展联系点实地调研、现场检查,使创先争优和公司中心工作同步推进;加强信息宣导,建立创先争优活动联系人和信息员制度,省公司制作创先争优活动专栏14期,及时展示活动的先进经验、典型事例和突出成效,营造创先争优良好氛围。

二是丰富载体,创先争优有声有色。各级党委围绕中心工作精心设计特色鲜明、务实管用的活动载体,有声有色推进创先争优。大同新开南路营销服务部党支部以"巩固一线堡垒,推动业务发展,构建和谐企业"为主题,充分发挥党组织堡垒作用和党员模范带头作用,创新"零发展、零突破,向纵深发展要效益"新机制,展示了分散业务进社区的工作亮点;太原并州营销服务部党支部开展"争当优秀党员"活动,以"谏一言、献一计、办一件实事、做一份贡献"为主题,推行"党员示范岗",在职场中设立党员公示栏,将党员的姓名、岗位、职责公开展示,激励党员按照党员标准严格要求自己,以自身的模范行为带领群众为客户提供更加满意的服务;长治分公司以"加减乘除"四字口诀,加入"以人为本"理念,全面加强队伍建设,减掉"蜻蜓点水"作风,切实履行承诺,乘以"百花齐放"效应,塑造各岗位典型,除去"千篇一律"模式,丰富了活动内容,促进了活动落实,走在了系统前列,起到了标杆示范作用。

三是典型引路,创先争优落地有声。通过培养、挖掘、总结和推广基层党组织和党员的先进事例,营造学先进,赶先进,当先进氛围,公司涌现出了大同广灵支公司经理班勇、晋城分公司理赔中心车险分部经理乔新会、临汾分公司直属营销部经理高会虎、吕梁汾阳支公司经理王小芸、阳泉盂县金龙营销服务部经理任永胜、忻州理赔中心主任丁建成、晋中平遥支公司经理王雅凤以及大同支公司党支部、晋城分公司营业部党支部、安泽支公司党支部、孝义支公司党支部、盂县金龙营销服务部党支部、忻州繁峙支公司党支部等一大批立

足本职、踏实敬业、甘于奉献的优秀共产党员和在关键时刻充分发挥基层党组织凝聚力和战斗力的先进基层党组织。

(茹哲峰)

附：中国人民财产保险股份有限公司山西省分公司党委书记、委员名单

书　记：王力峰

委　员：陈海平(女)　陈英豪(1月离职)　彭怡元(4月任职)　刘瑞祥　张小平　张锦南(3月任职)

中铁十二局集团有限公司党委工作概况

党委书记　史道泉

中铁十二局集团有限公司是国有大型施工企业，下设14个具有独立法人地位的子公司和7个专业化分公司，在海内外设有30个经营机构和42个负责具体施工的工程指挥部。全集团现有职工16582人，共有各级党组织660个，其中集团公司党委下设17个党委和39个直属党工委，党员7278名。2010年全集团承揽任务544亿元，完成施工产值435亿元，实现利润8亿元，均创历史新高。同年2月7日至8日，集团公司胜利召开了第三次党代会，在认真总结企业发展经验和教训、确立今后发展目标的基础上，选举产生了新一届党委、纪委，顺利完成了换届选举工作，为企业可持续发展奠定了良好基础。

(一)加强各级领导班子和干部队伍建设。集团公司党委坚持把提升能力素质、加强整体功能作为各级领导班子建设的重点。一是按照构建学习型领导班子的要求，在制定学习计划，督促班子成员自学的基础上，较好地坚持了每月1次的中心组学习制度，提高了班子应对复杂局面、促进企业科学发展的决策和管理能力。二是通过适时召开领导干部大会、领导班子民主生活会、党政主管座谈会、刊登领导干部体会文章等形式，及时统一思想认识，增强了各级领导迎难而上、维护稳定、推进企业稳健快速发展的信心和斗志。三是认真抓了所属领导班子的考察，对部分单位领导班子进行了调整充实，2010年共调整提拔处级领导99人次、增强了领导班子的活力。四是深入开展创建“四好领导班子”活动，集团公司被中国铁建股份公司党委评为“四好领导班子”，所属10个单位被集团公司党委评为“四好领导班子”。各单位按照集团公司党委的统一部署，通过集中学习教育、对照检查，召开反思会，进行民主测评等程序，开展了干部队伍作风大整顿活动。集团公司党委适时派出工作组进行了专项检查指导，促进了活动的有序开展。活动中，对7984名干部进行了考核，对表现优秀的干部进行了表彰，对考核不合格的干部进行了诫勉谈话、组织处理或纪律处分。各级均修订完善了干部教育管理制度，形成了长效机制。

(二)健全基层党组织，加强书记队伍建设。按照“四同步”原则，及时成立了新上项目党组织，成立项目党工委12个，增补了3个单位的党委委员，并指导任期届满的126个基层党组织进行了换届选举，保持了基层党组织健全。加强了基层党组织考评工作，2010年共考评基层党组织258个，其中被评为先进党组织165个，达标党组织93个，没有不达标党组织。加强了书记队伍建设，一是全面推行了项目书记与项目经理交叉任职，即项目书记兼任项目副经理，党员项目经理兼任项目副书记，目前，已全部落实到位。二是建立了项目书记薪酬与考核挂钩制度，采取述职、测评与考核相结合的方式，使项目书记的工作绩效与薪酬挂钩，促进了工作责任落实。三是加大从管理技术干部中选拔书记的力度，2010年共选拔48名管理、技术干部充实到项目书记岗位。同时，通过超配项目副书记、增加项目专职政工干部职数、建立政工干部后备人才库等途径，加大了书记后备干部的培养力度。

(三)深化创先争优活动，强化党员教育和管理。根据中央及上级安排，集团公司党委把创先争优活动作为加强企业党建工作的有效途径，狠抓了工作落实。通过层层发动、大力宣传，设计活动载体，制定推进计划，明确了活动的目标和任务；通过成立组织、建立领导人员联系点、定期督促检查、帮扶指导、加强了对活动的领导；通过开展“党员岗位承诺”，亮明党员身份，增强了全体党员的责任意识和创先意识；通过选树典型、召开现场推进会、经验交流会，推动了活动健康开展。2010年集团公司共有8个单位、10名党员被国资委等上级党委评为先进党组织、优秀共产党员或优秀党务工作者。所属单位也对表现突出的60个基层党组织和477名党员进行了表彰。加强了党员教育和管理。一是通过“三会一课”、看录像、组织培训、座谈研讨等形式认真学习贯彻了十七届五中全会和集团公司第三次党代会精神，开展了纪律观念、“讲党性、重品行、做表率”等专题教育活动。二是根据两年民主评议党员一次的要求，按照集团公司党委规定的方法步骤，严肃认真地开展了民主评议党员活动。三是认真做好发展党员工作，年初制定并下发了发展计划，按照成熟一个发展一个的要求，2010年共发展新党员260名。

(四)推进党风廉政建设和群众工作。各级纪检监察机关按照《国有企业领导人员廉洁从业若干规定》和《党员领导干部廉洁从政若干准则》要求，加强了党员领导干部廉洁教育和组织监督。进行了工程建设领域突出问题治理、小金库治理、物资集中管理和机械设备租赁等专项监察，进一步规范了管理行为。成立项目纪工委，实施“企检联防共建”，按照

"上下联动、内外联防、企检联手"的要求,加大对违法违纪案件的惩处力度。各级工会紧贴生产经营中心,组织开展了各种劳动竞赛和立功创模等活动,并着力抓好建家建线、劳动保护、现场文艺演出、群众性文化体育活动等工作,极大地调动了广大职工的生产积极性。全年工会共推荐48个单位和57名个人受到上级表彰,筹资1100余万元慰问帮扶了1400余名家庭困难的员工。各级共青团组织坚持以服务企业、服务青年为宗旨,广泛开展了青年突击队、青年文明号、青年岗位能手、创新创效等主题实践活动,深入开展导师带徒活动、项目主管与青年人谈心活动,关心帮助青年思想成熟、工作成才,充分调动积极性,发挥了在重难点工程施工中的突击作用。

(五)改善人才队伍结构,强化职工思想教育。一是加大了人才引进力度,2010年接收大学本科毕业生1129名,并与1120名2011年应届大学毕业生签订了就业协议;二是有针对性地进行了管理、技术、外语等人才的公开招聘,缓解了急需人才短缺的局面。三是积极推进教育培训工作,针对施工现场和企业管理需要,全年举办各类培训班19期,先后有3290余人次参加了培训,有效提升了员工队伍的整体素质。认真组织了对十七届四中、五中全会精神的学习宣传,将职工思想统一到中央精神上来;大力加强了施工生产动员和现场宣传鼓动,先后为国内重点工程以及海外项目的上场编发了专题教育提纲;紧密结合生产经营实际,搞好经常性的形势任务、信誉责任等专题教育,调动了广大员工的生产积极性。充分发挥《建设先锋报》等宣传阵地的作用,将企业发展的方针政策动态及时贯彻到基层,极大地增强了企业的向心力和凝聚力。

(六)企业文化建设蓬勃开展。集团公司党委把企业文化建设作为核心竞争力,围绕"实干、执行、诚信、荣誉、责任、奉献"为主干的优秀文化,开展了"践行企业价值观,提升发展软实力"活动,采取举办演讲比赛,讲身边故事,开展征文活动等,引导员工以实际行动践行企业文化。以"标准化管理"为抓手,通过强化规范学习、完善考核机制、加大宣传力度等,轰轰烈烈地开展了"学标准、用标准"活动,着力提升员工规范操作、一次成优的履责意识。针对苏州站、兰新线应急抢险、沪杭转体桥梁施工总结出来的实干精神,以开展大讨论、写心得体会的形式,开展了"实干兴企、实干增值"的理念教育活动,着力营造员工想干事、敢干事、会干事的氛围。以齐岳山隧道贯通为契机,通过观看录像、下发宣传教育提纲,大张旗鼓地开展了齐岳山精神学习教育活动,着力强化员工队伍不畏艰险、勇攀高峰的拼搏精神。同时,注重企业的对外宣传工作,利用重难点工程获重大突破的时机,在国内大型媒体、报刊上发表稿件2600余篇,提高了企业的知名度。

(毛奎东)

附:中铁十二局集团有限公司党委书记、副书记、常委名单

书　记: 史道泉

副书记: 宋津喜　王爱民　刘永年

常　委: 和万春　薛如明　张喜胜

审计署驻太原特派员办事处党组工作概况

党组书记　刘满堂

2010年,审计署驻太原特派员办事处党组在审计署党组领导和山西省直工委的指导下,以科学发展观为指导,牢固树立科学的审计理念,紧紧围绕促进经济平稳较快发展这条主线,认真落实审计署的各项工作部署,取得了较好的审计成效,为山西转型跨越发展发挥了积极的推进作用。同时,将党建工作紧密结合审计工作的特点和太原办的实际,切实加强党组织能力建设,队伍建设和审计工作都取得了较好的成绩,连续十一年获得省直文明和谐标兵单位,连续九年获得山西省文明和谐单位称号。

一、加强组织实施,较好地完成了各项审计任务

2010年,太原办共实施审计项目26个,其中17个审计项目按审计署规定时间完成并上报了审计报告。全年查出违规金额9.18亿元,管理不规范金额467.34亿元。查办有较大影响的经济案件3件,4人被立案审查、1人被追究刑事责任。通过审计挽回损失和直接促进国家财政增收节支7.13亿元。提交审计报告、审计调查报告26份,专题报告10份,编发审计信息119篇。

(一)重点关注和揭示了影响结构调整和发展方式转变的问题,推动科学发展。2010年在这方面重点反映的问题有:重点行业淘汰落后产能政策落实不到位问题;两大制度性障碍制约生物柴油产业健康发展问题;一些地方和企业违规扩大钢铁产能问题;山西省风力发电存在规划不匹配问题;建筑节能改造项目进展缓慢问题。这些问题有些引起了省政府领导同志的重视,推动了整改;有的被审计署编入重要信息上报,引起国家领导同志的高度重视和批示。

(二)继续加大力度查处重大违法违规案件和经济犯罪线索,促进反腐倡廉建设。全年共查出重大违法违纪问题和经济犯罪案件线索15件,其中移送司法机关2件,移送地方政府1件,移送主管部门3件。

(三)继续揭示体制机制方面的问题,提出审计建议,促进完善制度。在对山西省重点行业节能减排专项审计调查项

目中,揭示了山西省重点行业和重点单位在节能减排政策执行、节能减排工程项目建设和运行等方面的16类25个问题,并在分析问题产生原因的同时,提出了针对性和操作性较强的审计建议,引起了山西省政府领导的高度重视。山西省发改委、山西省经委、山西省环保厅、山西省建设厅等部门和相关地方政府,针对审计提出的问题多次召开会议进行了专题研究。省市两级财政积极筹措资金,加大了节能工程、污水处理工程等节能减排项目资金投入力度。截至2010年底,列入"十一五"规划内的污水处理厂全部建成。

继续关注审计查出问题的整改,提高了审计效果。2010年,太原办共向被审计单位提出审计建议68条,被采纳39条,在被审计单位加强规范化管理,完善制度方面起到了积极的推动作用。如在对山西省中央农业综合开发资金管理使用情况进行审计中,对县级财政配套资金不到位、农民筹资投劳不到位等问题提出了具体意见,引起了山西省政府的高度重视,王君省长专门做出了重要批示,要求对审计查出的问题限期整改,并组织相关部门认真落实,使审计报告中提到的问题都得到了及时整改。对此,山西省印发了《关于进一步加强农业综合开发项目和资金管理工作的通知》等4项制度,进一步规范了对农业综合开发资金的管理。

二、开展创先争优活动,提升党员政治素质

2010年,太原办认真贯彻落实审计署党组和山西省直机关工委关于开展创先争优活动的有关通知要求,结合本办实际,精心组织,狠抓落实,把创先争优活动作为推动太原办整体发展的抓手和推动力,以良好的精神状态,紧紧围绕审计业务工作,认真完成创先争优各项规定动作,收到了比较好的效果。

(一)加强学习宣传,认真领会创先争优活动精神实质。组织全体党员干部深入学习领会党的十七大,十七届四中、五中全会精神,胡锦涛同志在第十七届中央纪委第四次全会上的重要讲话以及科学发展观的系列重要论述,李源潮同志在中央创先争优领导小组会议上的讲话等重要文件精神,深入宣传开展创先争优活动的重要意义,统一了党员干部思想,为活动开展奠定了坚实的思想基础。

(二)结合学习刘家义审计长在太原办调研期间的讲话精神,推进活动深入开展。刘家义审计长针对太原特派办的实际,就如何加强和改进太原办各项工作做了重要讲话。太原办党组和机关各级党组织将学习贯彻刘家义审计长重要讲话精神与创先争优活动紧密结合,努力促进全办各项工作稳步发展。审计署机关党委创先争优系列专刊第十八期全文刊登了《鼓舞士气聚人心,努力奋进促发展——太原特派办以学习刘家义审计长讲话精神为契机推进创先争优活动深入开展》的主要经验和做法。

(三)扎实开展"四手"活动。按照审计署党组统一部署,太原办将"立足本职建功立业、争当'四手'奋发有为"主题活动融入中心工作。突出"以审计业绩作为检验创先争优活动成果"的主要标准,引导党员干部以干事创业为中心,重在审计实践、重在工作表现、重在审计实效。要求各党支部和全体党员结合工作实际,定出努力方向,扎实做好公开承诺。15个党支部均完成了创先争优承诺和《党支部开展"四手"活动承诺书》,112名党员完成了党员岗位承诺和《党员争当"四手"承诺书》。

(四)认真开展领导点评工作。按照活动的统一步骤,坚持把点评工作作为推动工作、解决问题的重要手段,努力增强点评的针对性、实效性和多样性,使点评工作"点"在点子上,"评"在心坎里。通过点评,每位党员自觉把创先争优活动与审计实际紧密地结合起来,提升了审计工作的层次和水平,提高了自身素质能力。

(五)典型引领,使活动"创有方向、争有目标"。注重典型示范带动作用,注重用身边的先进事迹教育身边的人,在全办开展了"树先进、学先进"活动。通过办简报、内部网站、事迹报告会等多种形式,大力宣传了自愿到灾区挂职的杨志军、克服困难勇于攻坚的审计骨干张晋峰、张宁、卫更力、卫维峰,默默奉献做好后勤保障的徐芳、刘超等8名同志的先进事迹,在党员干部中引起较大反响,收到良好效果。

三、以能力建设为抓手,加强支部建设

太原办坚持把机关党建工作的重点放在加强支部建设上,使党支部真正成为促进审计工作"免疫系统功能"的坚强堡垒,干部职工温暖和谐的"党员之家",增强了支部的凝聚力,提高了支部的战斗力。

(一)坚持理论学习,积极创建学习型党组织。采取以党组中心组集中学习带动全办理论学习的方式,创建学习型审计机关。2010年办党组中心组在开展政治理论专题学习的同时,还确立了财政、金融、企业、经济责任等七个审计业务学习主题,安排了10次集中学习,把所有处级干部都纳入中心组学习范围,扩大了中心组学习的辐射面。有关做法得到了刘家义审计长的肯定和山西省直机关工委的好评。在山西省直机关工委组织的山西省直机关学习型党组织建设经验交流会,太原办代表中央驻晋单位以《不断创新学习方法,努力提高学习能力,为充分发挥审计机关的"免疫系统"功能提供人才保障》为题作了大会发言。

(二)解决工学矛盾,加强党支部书记培训。为解决党支部中存在的重审计业务、轻党建工作的倾向,切实增强党支部书记的党建工作责任感,把党建工作与审计业务摆到同等重要位置,专门邀请中科院龙芯课题组胡伟武博士作了专题报告,认真学习了科研人员不畏困难,勇于攀登,用毛泽东思想武装"龙芯",研制成功我国首枚拥有自主知识产权的高性能微处理芯片——"龙芯"的先进事迹,使支部书记深受教育,进一步认识到了党建工作的重要性。

(三)强化"三位一体",完善党建工作责任制。积极探索适应特派办审计工作实际的党建工作机制,强化了"三位一体"的党建工作责任制。建立了一套以岗位目标责任制为主要内容的考核激励机制,有效调动了全办人员的工作积极性,受到山西省直机关工委的充分肯定,在山西省直机关工

委组织的中央驻并单位党建工作经验交流会，太原办以《积极探索，勇于创新，切实加强党组织能力建设》为题，交流了经验和体会。

四、以创建文明和谐单位为抓手，树文明审计之风，着力培养相互支持、团结友爱的互助精神

太原办始终坚持把创建省级文明和谐单位标兵作为党组织思想作风建设的标志性工程和机关形象建设的导向性工程来抓，不断发展和改进机关党建工作的运行机制。

（一）倡导文明理念，扩展文明创建外延。以创建"省级文明和谐单位"为契机，将文明创建工作向社会、向家庭不断延伸。机关工会、妇委会、团支部积极组织有职工家属参与的活动，大力倡导文明健康的生活方式。同时，坚守文明审计理念，积极开展文明审计、文明和谐处室、文明和谐审计组、文明家庭、文明标兵、文明和谐创建先进工作者评选活动，丰富了创建活动内容。

（二）保持廉政作风，树立文明审计良好形象。廉洁从审是审计工作的生命线和高压线。太原办坚持将廉政教育纳入思想政治工作和党课教育的重要内容，积极开展审计廉政文化建设，进一步树立为民、务实、清廉的审计形象。办纪检组利用审计项目回访的机会，主动了解审计人员在开展文明审计方面好的做法和需要进一步完善的地方，并及时反馈给审计组，促使审计人员不断增强了文明从审意识。

（三）弘扬审计文化，营造文明和谐氛围。通过大力弘扬不畏艰难、艰苦奋斗的"太行精神"和敬业勤奋、诚实守信的"晋商精神"，在全办大力培养爱岗敬业的良好风气，促进了审计职业道德建设。通过组织兴趣小组活动，陶冶了情操。先后成立了摄影、篮球、羽毛球、乒乓球、游泳、台球等兴趣小组，组织了首届趣味运动会，培养了全办团结一心、和谐向上的团队精神。（郎少萍）

附：审计署驻太原特派员办事处党组书记、副书记、成员名单

书　记： 刘满堂

副书记： 王铁英

成　员： 卢华胜　朱伟定

省烟草专卖局党组工作概况

党组书记　李泽华

山西省烟草公司成立于1982年，1983年7月设立山西省烟草专卖局，1984年6月山西省烟草公司上划中国烟草总公司，改制更名为中国烟草总公司山西省公司。下辖太原、大同、阳泉、长治、晋城、朔州、忻州、吕梁、晋中、临汾、运城等11个地市级烟草专卖局（公司）。公司拥有总资产102.37亿元，其中，固定资产19.95亿元、流动资产75.68亿元，资产负债率为7.45%。

2010年，省局（公司）被山西省直机关精神文明建设委员会授予"文明和谐单位标兵"称号，被国家烟草专卖局授予"2006-2010年全国烟草行业法制宣传教育组织工作先进集体"称号。

一、加强烟草专卖管理工作

（一）卷烟打假打私。全省共查处各类涉烟违法案件12526起，其中：假烟案件6358起（5万元以上假烟案件176起），查获假冒卷烟15786.69万支，标值4955.58万元，依法公开销毁7457.25万支，打掉制假窝点4个、贩藏假烟窝点274个，查获制假烟机6台；真品卷烟案件6030起，查获真品卷烟6931.82万支。全省共查处符合国家局标准的网络案件22起，11个直属地市级局均圆满完成年度打击制售假烟网络案件任务，其中晋中市局"1·23"网络案件被列为公安部、国家局挂牌督办案件。共向公安机关移送案件113起，公安、司法机关依法拘留132人、逮捕114人、判刑100人。

（二）内部专卖管理监督。完成2009年度和2010年上半年度"两烟"生产经营内部专卖管理监督全面检查，责令有关单位对套购真品卷烟等不规范问题进行了处理。依托山西烟草专卖监督管理信息系统，以预警提示为日常监管的主要线索，全年共处理系统预警222809条，省局下达整改通知22份、督办函7份。

（三）专卖队伍建设。制定《山西烟草专卖执法十条禁令》，开展"加强职业道德教育、规范文明执法"专项活动。组织行政处罚程序、涉烟司法解释、专卖信息系统操作、生产经营管理人员专卖内管、专卖管理上岗资格考试、执法检查证换证培训，全省专卖人员参训率达100%，人均培训时间40课时以上。省局组织培训12批次，参培人员达1710人次。

二、加强生产经营工作

2010年，全省烟草商业系统销售卷烟726.54亿支

(145.31 万箱),同比增长 3.31%,其中,销售一类烟 65.09 亿支(13.02 万箱),同比增长 30.71%;二类烟 8.88 亿支(1.78 万箱),同比增长 96.32%;三类烟 190.74 亿支(38.15 万箱),同比增长 17.85%;四类烟 323.68 亿支(64.74 万箱),同比下降 0.08%;五类烟 138.09 亿支(27.62 万箱),同比下降 15.33%。年末卷烟库存 39.72 亿支(7.94 万箱)。本辖区销量居前三位的品牌为“红河”、“红旗渠”、“云烟”,其中,销售“红河”120.55 亿支(24.11 万箱),同比增长 20.25%;“红旗渠”83.22 亿支(16.64 万箱),同比下降 3.25%;“云烟”76.17 亿支(15.23 万箱),同比增长 37.13%。

全年实现卷烟销售收入 215.58 亿元,同比增长 16.92%。实现卷烟税利 50.54 亿元,同比增长 21.55%,其中,实现卷烟利润 28.17 亿元,同比增长 5.2%。

(一)烟叶生产与收购。按照“烟农申请、资格审核、签订合同、建立档案”的要求,督促并指导各县逐村逐户与烟农签订合同,确保国家计划落到实处;实行“以烟苗定株数、以株数定亩数、以计划控烟苗”办法,有效遏制了烟叶过热苗头。全省签订烟叶种植收购合同 2457 份,同比减少 20.5%;合同约定和实际移栽面积 4.79 万亩,同比减少 10%;合同约定收购和实际收购 16.8 万担,其中上等烟叶 3.74 万担,中等烟叶 11.74 万担,下低等烟叶 1.32 万担;全省烟叶均价 624 元/担,同比提高了 9 元/担;全省调出烟叶 16.87 万担,完成年度计划的 100%,连续三年保持了烟叶产销平衡.

(二)实施规模化生产。优化和调整烟田布局,全省烟叶集中连片种植较往年有了大幅度提高,全省 500-1000 亩连片区域 9 个,共计 5443 亩;100-500 亩连片区域 101 个,共计 16297 亩;100 亩以下连片区域 17 个,共计 6909 亩。随着布局调整,全省烟农户均种烟面积达到 19.5 亩,机械化作业面积较往年有所提高,机械化深耕 39222 亩,机械起垄 28522 亩。

(三)烟叶生产基础设施建设。2009 年全省建成的 900 座烟叶烤房通过国家局项目组的检查验收。2010 年未实施新的烟叶基础设施建设。

三、加强党的建设工作

制定下发《中共山西省烟草专卖局党组关于在全省行业党的基层组织和党员中深入开展创先争优活动的实施方案》,开展创先争优、“两个至上”进班子、进制度、进岗位、进流程和“读书、励志、创新、和谐”主题读书活动,在全省行业开展“卷烟上水平”解放思想大讨论活动,在省局(公司)机关开展“三讲一树”作风纪律集中整顿活动,取得明显效果。党员教育制度化、党员管理规范化日趋完善,圆满完成机关党委换届选举工作和发展新党员工作,民主生活会内容丰富、务实、高效。完成省委组织部确定的自主选学试点任务。省局(公司)机关承办中央驻晋企业党建工作经验交流会,并作了重点经验介绍。强化扶贫济困工作,提升党建新形象。2010 年,山西省局(公司)共向扶贫点永和县的桑壁镇、交口乡、阁底乡投入扶贫资金 76 万元,同时帮助当地老百姓进行大面积的植树造林,种植 1.06 万亩核桃树和 2000 亩红枣树。省局(公司)领导在春节前到阁底乡走村串户,为当地贫困群众送去了 2700 袋白面、2700 桶油、1.86 万元现金。同时,山西省局(公司)机关干部职工积极向青海省玉树地震灾区捐款人民币 4.11 万元。

(陈晓勇)

附:省烟草专卖局党组书记、成员名单

书　记:李泽华(女)

成　员:王志毅　程高峰(1 月离职)　杜毓志

中华人民共和国
太原海关党组工作概况

党组书记　周　斌

2010 年,在省委、省政府和海关总署党组的正确领导下,太原海关党组坚持求真务实、整合创新,着力加强队伍建设和业务建设,各项工作继续保持了平稳健康发展的良好态势。

一、深化创先争优活动,不断提升党建工作水平

以创建“五个好”先进基层党支部、争当“五带头”优秀共产党员为主要内容,深入开展创先争优活动,并以此为重点,积极加强党建工作。积极发挥获得“全国青年文明号”称号的机场海关和获得“全国海关先进集体”称号的指挥中心的示范带头作用,在业务现场一线窗口全部设置了党员示范岗、先锋岗等标识。组织各党支部和党员干部向全关同志做出公开承诺,并在政务信息网公布,接受群众监督。在建党 89 周年时,对一批表现优秀的党支部、共产党员和党务工作者进行表彰,9 月又对各项工作中取得优异成绩的集体和个人进行奖励,切实鼓舞了士气。注重丰富和创新学习形式,先后组织党组中心组成员走出机关,赴太原海关扶贫点兴县、中国(山西)装备制造业博览会、山西武警总队训练基地以及山西省艰苦奋斗、干事创业的先进典型——右玉县参观学习,并将右玉县确定为太原海关艰苦奋斗教育基地,在该县种植“海关林”。结合年终总结考核、领导下基层调研等活动,认真做好领导点评工作,及时肯定成绩、指出问题,推动创先争优

活动深入开展。经过努力，全关党建工作质量明显提升，省直工委在考核落实党的工作责任制情况时，对太原海关工作给予了充分肯定和高度好评。

二、加大综合治税力度，业务运行质量稳步提高

2010年，围绕税收这一“轴心”，扎实推进综合治税工作。量化目标责任，加大督办和检查力度。全年定期召开业务形势分析例会，及时通报和研究具体业务工作。继续实行“日监控、周倒查、月复核、季检查、年总评”经常性复核制度，随时纠正存在问题。经过努力，全关主要业务指标完成情况良好，业务运行质量持续提升。全年税收入库40.86亿元，比上年增长26.7%，完成税收计划34亿元的120.2%；监管货运量1503万吨，比上年增长30.3%。

三、结合内陆海关实际，积极推进大监管体系建设

按照海关总署的部署，继续把推动大监管体系建设作为重点任务，取得明显成效。一是确保“两个中心”规范运行。在2009年底对集中审核中心和风险分析防控中心进行试运行并认真总结经验的基础上，2010年4月正式组建“两个中心”，之后又将集中审核中心更名为审单中心。“两个中心”的成功运行，有效促进了内控机制的不断完善，推动了业务运行质量的显著提升。二是积极推进分类通关改革。7月将机场海关确定为改革试点，并于10月底在关区所有业务现场推广分类通关模式，进一步提高了通关效率。三是做好总体规划设计工作。在积极探索实践和认真调查研究的基础上，拟订了《太原海关推进大监管体系建设实施方案(试行)》，明确了推进大监管体系建设的主要内容和计划步骤。四是启动第二步整合工作。按照分“三步走”推动全关大监管体系建设的思路，在第一步组建“两个中心”工作取得阶段性成效的基础上，年底启动了第二步整合工作。先后印发了基层单位“三定”暂行方案和“三查合一”实施方案，对各业务现场实施内外勤分离作业模式，将企业稽查、减免税核查和保税中后期核查职责归口稽查部门管理。同时，按照职能与执行分离的原则，积极落实职能部门剥离审批操作的要求，将必须由总关承担之外的审批事项一律下放到业务现场。

四、围绕科学发展主题，全力服务山西经济建设

2010年，全关认真落实中央提出的“以科学发展为主题，以转变经济发展方式为主线”的要求，把服务山西开放型经济作为自身的重要职责，较好地促进了山西的转型、跨越发展。积极做好了省政府与海关总署签订《署省合作备忘录》的前期准备工作，多次向省政府分管领导汇报情况，努力为地方经济发展争取更大支持。坚持提前介入省内重大建设项目和招商引资活动，参加省政府在深圳举办的民营企业招商推介会。在全国海关系统第3家开通“12360”海关服务热线，统一受理社会各界向海关提出的服务需求。与外贸企业建立紧密合作伙伴关系，继续落实大客户服务制度，指定专人具体服务重点企业，及时解决通关过程中遇到的问题。加强统计预警分析，坚持定期向省、市政府和商务部门提供海关统计数据及对进出口贸易和重点商品的进出口分析情况，积极辅助地方领导决策。一年来，全关工作多次受到省委书记袁纯清、省长王君、副省长李小鹏等同志的批示肯定。副省长高建民同志在调研工作时，称赞海关为山西外向型经济发展作出了重要贡献。

五、保持打私高压态势，努力维护正常外贸秩序

在2009年侦破“10·10”走私汽车专案的基础上，2010年再次侦破“5·31”焦炭出口走私大案，两年之内连破两起在全国海关引起反响的重大案件，有力震慑了走私违法犯罪活动，挽回了国家税款损失。年内继续做好“10·10”走私汽车专案的后续工作，案件进入审判程序后，认定的主要犯罪事实均得到法院支持。在12月侦破的“5·31”焦炭出口走私大案中，对3家出口走私焦炭的企业进行了集中查处，该案案值超过16亿元，涉嫌偷逃税款3500万元以上。在办案过程中，将工作重心放在引导企业守法自律上，认真区分故意与过失、初犯与累犯，正确处理严格执法与企业生存发展、社会稳定的关系，取得了良好的社会效益。

六、加强干部队伍建设，不断提高关员综合素质

按照“政治坚强、业务过硬、值得信赖”的12字要求，不断加强队伍建设，干部的履职能力不断提高。海关总署年内对关党组班子进行了适当调整，原党组成员中2名同志分别交流到青岛、湛江海关任纪检组长，并为太原海关选派了新的纪检组长。关党组以“贯彻落实《党员领导干部廉洁从政若干准则》，切实加强领导干部作风建设”为主题，于10月召开民主生活会，以批评与自我批评的方式，查摆了问题，增进了团结，促进了工作。在全关开展“加强班子建设、构建和谐海关”主题教育活动，重点加强党组和处级两级班子的思想建设、组织建设、能力建设、制度建设和凝聚力建设，为今后的事业发展提供了坚实保障。根据岗位空编情况，关党组注重培养使用年轻干部，先后开展正副科级、副处级领导干部竞争上岗工作，共提拔处科级领导干部18人，选拔任用缉私局副局长1人。切实加强教育培训工作，全年组织各级干部外出参训127人次，进一步提高了关员的思想素质和业务技能。在全关开展“队伍管理专项检查月”活动中，通过重点检查《海关内务规范》及内控机制、廉政制度的落实情况，强化了关员的纪律意识和作风养成。全年先后组织干部职工为西南旱区、青海玉树震区、甘肃舟曲泥石流灾区募捐活动，共捐款79620元，充分展现了海关关员对社会的赤诚爱心。一年来，关党组要求各级领导干部努力做到“四个一”：每月读一

本好书,每季度听一次党课或专题报告,每半年撰写一篇学习心得或理论文章,每年至少接受一次学习培训。通过努力,干部的综合素质明显提高,领导决策和创新能力得到增强。2010年,机关第九年蝉联"省直精神文明和谐标兵单位"称号,办公室指挥中心荣获省直机关"十佳文明窗口"荣誉。

七、狠抓反腐倡廉工作,继续保持关区一方平安

2010年,关党组认真落实"标本兼治、综合治理、惩防并举、注重预防"的工作方针,不断推进党风廉政建设和反腐败工作深入开展。经海关总署批复同意,正式设立了处级建制的监察审计室,进一步强化了对反腐倡廉工作的组织领导。认真落实党风廉政建设责任制,组织关处科三个层面逐级签订党风廉政建设责任书,有效强化了领导干部的"一岗双责"意识。严格执行"三项谈话"制度,关领导与部门负责人谈话80人次,开展领导干部任职前廉政谈话19人次,做到了教育在前、防范在先。组织科级以上领导干部报告个人廉洁从政情况及配偶、子女从业情况,并在关区公示,接受群众监督。深入开展廉政文化建设,通过在大屏幕播放廉政格言,发送手机廉政短信,以及组织关员学习典型反腐案例等方式,激励全关同志自省自警,时刻保持如履薄冰、如临深渊的忧患意识。组织开展对大同海关关长的任期经济责任审计和对大同海关的管理审计,积极促进隶属海关提升管理水平。继续加强推广应用海关廉政风险预警处置系统(HL2008)的力度,不断完善内控机制,努力强化对权力运行的监督制约。由于各项防控措施得力有效,全年未发现不廉洁事件。

(张新年)

附:中华人民共和国太原海关党组书记、成员名单

书　记: 周　斌

成　员: 韩　渡　高志凯　岳玉敏(女,8月任职)
鲁　皓(8月离职)　许广安(8月离职)

国家电力监管委员会太原监管办公室党组工作概况

党组书记　李廷勇

2010年,山西电监办党组以推进学习型党组织建设、深入开展创先争优活动为牵引,全面落实年初制定的党建目标和廉政建设责任制,党建工作取得了较好的成效。2010年,被省直文明委评为"文明和谐单位",被省直纪工委评为"党风廉政建设先进集体",获得山西省青少年发展基金会和山西省希望工程办公室颁发的"山西希望工程20年贡献奖"。

深化理论学习,夯实思想建设基础。2010年,电监办始终把理论学习摆在重要位置,紧紧围绕推进学习型党组织建设、深入开展创先争优等重大活动,精心筹划,严密组织,保证人员、时间、内容和效果的落实。2010年先后利用中心组学习、专员办公会等时机安排部署了30次专题学习,党组书记、监管专员李廷勇同志授课辅导3次,组织党员干部交流学习体会15次。通过学习教育,进一步提高了党员干部的政治意识、大局意识、责任意识和创新意识,夯实了思想建设基础。

抓实组织建设,构筑坚强的战斗堡垒。电监办高度重视党的组织建设,不断完善机关党组织结构体系,做好党员发展工作,注重提高党员的能力素质,为做好党建工作构筑起坚强的战斗堡垒。二三月份,先后召开机关工会和共青团组织成立大会,选举产生办机关工会第一届委员会和共青团第一届委员会。11月份,按照党章规定进行了机关党委换届选举,选举产生新一届机关委员会、机关纪律检查委员会。积极吸收发展新党员,2010年,全办有3名预备党员转为正式党员,发展预备党员2名,培养积极分子2名。通过集中培训、现场观摩、帮教传带等方式,抓好学习培训活动,进一步提高了党员的理论素养和电力监管专业能力。

坚持求真务实,深入开展创先争优活动。电监办积极开展创优争先活动,成立了"山西电监办深入开展创先争优活动领导小组",制订《山西电监办深入开展创先争优活动实施方案》和《山西电监办推进学习型党组织建设实施方案》。6月28日,召开了开展创先争优活动暨推荐学习型党组织建设动员大会。广大党员始终以积极的态度、饱满的热情投入到活动中去,形成了抓学习、强素质、勇争先的良好氛围。结合电力监管工作实际,先后查找出五大类45项问题,并提出

了整改意见，有力推动了活动的深入开展。

注重惩防并举，不断提升党风廉政建设成效。电监办于年初举行全体会议，对2009年度办机关党委班子及其成员、办机关处级以上干部的党风廉政责任制履职情况进行了考核；处级以上干部签订了《2010年度党风廉政建设责任制责任书》。办党组多次组织全办工作人员认真学习讨论《中国共产党党员领导干部廉洁从政若干准则》、电监会《关于认真贯彻中央纪委五次全会精神，做好电监会2010年反腐倡廉工作的意见》、省委《关于加快推进反腐倡廉制度建设的意见》等文件，使全办人员进一步提高了对加强党风廉政建设重要性的认识，增强了在实际监管业务工作中廉洁从政的自觉性。制定了《党风廉政建设责任一览表》，明确了各级领导干部的党风廉政建设工作职责，积极牵头在全省电力行业中开展治理商业贿赂和工程建设领域突出问题专项治理等活动。

注重效果落实，扎实推进文明和谐创建工作。办党组高度重视开展创建文明单位活动，成立了以党组书记任组长的创建文明单位领导组，建立起主要领导亲自抓创建，干部职工全员参与的创建工作机制。注重发挥机关党组织的核心堡垒作用，以处室为单位进行动员，充分调动全办干部职工的积极性和创造性。全办同志对创建活动的指导思想、目标任务、工作内容、步骤要求都做到了心中有数，每一个职工都从思想深处充分认识到创建文明单位的重要意义，自觉树立了从我做起，从点滴小事做起的良好意识，在全办形成了浓厚的创建氛围。2010年连续四年被省直文明委评为“文明和谐单位”，创建工作得到了省直工委和省直文明办的高度肯定。

2010年，山西电监办全面完成了国家电监会和省委省政府部署的年度工作任务，电力监管事业取得了新的成绩，被评为“山西省安全生产工作先进单位”。

电力系统安全稳定运行。2010年，电监办认真落实“安全生产年”活动，确保了全省全年电力安全生产形势总体平稳。为切实加强电力安全生产工作的组织领导，先后组织召开了三次全省电力安全生产委员会会议；深入开展安全生产和煤矿供电专项督查，全年共督查36次；加强电力应急管理工作，建成了山西电力应急信息平台，开展了“保电网，促和谐”应急演练，成功进行了山西电网首次“黑启动”试验，配合处置了“3·28”王家岭煤矿透水等事故；规范完善并网安全性评价工作，成立了安全性评价监督管理评审委员会。

电力市场建设稳步推进。2010年，山西省电力市场建设稳步推进，有所突破。辅助服务市场化正式启动，山西省“两个细则”开始试运行；筹备建设用户受电工程监管系统，用户受电工程市场化有序推进，不断规范用户受电工程“三指定”行为，促进电力建设市场公平开放；开展电力交易与市场秩序情况检查，加强发电权交易、跨省区电能交易和抽水蓄能容量电费交易监管，电能交易市场化不断规范。

电力市场秩序不断规范。2010年，电监办不断规范电力市场秩序，有效维护市场主体的合法权益。在全省建立购售电合同及并网调度协议备案制度等制度，努力构建和谐厂网关系；推行供电服务常态监管，全面贯彻落实《供电监管办法》；积极开展输电监管，专题研讨了风电、光伏发电并网接入的规范，研析了省内550千伏–220千伏电网运营情况，大力提高电网运行质量；推进标准化良好行为试点确认工作，向国家确认办申报了全省第一批5家电力企业；开展新机调试差额资金专项治理活动，对2007年以来遗留的差额资金进行了分配。

电力监测预警不断加强。2010年，全省电煤全年趋紧，电监办通过应急信息平台，坚持按日统计电煤储运，健全调度日报制度，完善月度专报制度，掌握了全省电力行业比较全面的数据。向国家电监会和省委省政府报送《山西主力发电企业经营困难的情况报告》、《关于山西部分地区有关部门为完成节能降耗目标任务要求百万电厂停产情况的紧急报告》、《关于协调地方政府有关要求发电企业停机的情况汇报》，多次反映行业生产经营中面临的突出问题，王旭东主席、王君省长等领导多次就有关报告做出重要批示，为上述问题的解决起到了重要作用。

许可后续监管不断深化。2010年，电监办行政许可工作从重事前审核向重事后监管转变，从重行政审批向重高效服务转变。突出许可评审制度，全年召开12次许可评审会；将许可日常管理与五项许可准入专项检查相结合，重点加强许可后续监督检查工作，全年现场核查企业63家；深化发电许可试点工作，研究探索高效核准制度，促进企业合规取证；推行电工考试常态管理，实施考试远程监控，全面推行电工计算机考试。

行政执法力度显著增强。2010年，电监办把加大行政执法力度作为推进电力监管工作的重要抓手，切实维护各市场主体的合法权益。一是行政执法有力度，历时2个月，开展价财行政执法专项行动，共查出6大类21个问题；二是专项治理有深度，完成了对工程建设治理范围内电力项目的摸底排查，发现未批先建、合同签订不规范等问题共计432项；三是争议调解有实效，有效化解电力市场各方矛盾，较好的履行了职责。

节能减排目标圆满实现。在2009年提前完成“十一五”减排目标的基础上，再接再厉，不断加大脱硫和烟气在线监测工作力度，圆满完成了电力行业节能减排任务：省调发电企业平均煤耗350克每千瓦时，省内火电企业脱硫设施投运率达到98%以上，全年关停小火电机组163.41万千瓦，电网企业综合线损7.02%。

（王剑虎）

附：国家电力监管委员会太原监管办公室党组书记、成员名单

书　记：李廷勇

成　员：宋晋冀　赵乃方

中国华能集团公司山西分公司党组工作概况

党组书记　陈和平

2010年，华能山西分公司党组坚持以邓小平理论和“三个代表”重要思想为指导，深入贯彻落实科学发展观，认真落实党的十七届四中、五中全会，山西省直机关党的建设工作会议，华能集团公司党建工作会议精神，按照围绕中心、服务大局的根本要求，以促进华能在晋企业的项目前期工作、安全生产、控亏减亏、工程建设为主线，以建设敬业、务实、清廉机关为目标，把服务中心、建设队伍两大任务贯穿党组织活动始终，积极开展党建工作，较好地完成了2010年各项党建工作任务。

一、加强直属机关党委机制体制建设，建设学习型党组织

公司直属机关党委成立以来，在省直工委的指导和帮助下，在分公司党组的领导下，积极指导公司在晋各企业的党建工作。2010年3月在太原召开了一届二次会议，对2009年工作进行了总结，对2010年重点工作进行了安排部署。2010年5月完成了山西华能经贸公司党组织关系和工会关系的归口管理。指导各单位开展了工程建设领域专项治理、小金库专项治理、燃料效能监察、工程招投标专项审计、“见证岁月、爱在华能”等活动。2010年9月上旬，分公司党组书记陈和平、纪检组长余斌深入基层，对经贸实业公司、大同焦煤矿党建工作进行了检查。10月中旬，分公司在榆社电厂召开了直属机关党委一届三次会议，会后，分公司党组全体成员对榆社电厂、左权电厂进行了党建绩效检查，对各单位开展创先争优活动情况进行了点评，有效促进了各单位党建工作的开展。

为加强领导班子思想政治建设，分公司党组指导华能在晋各单位认真贯彻集团公司党组《关于进一步加强和改进党组中心组学习的意见》，坚持每月开展中心组学习。分公司党组坚持每月最后一周的周五进行2个小时的学习，围绕贯彻落实科学发展观、推进创先争优活动、学习十七届四中、五中全会精神，学习山西省的有关经济政策，开展好“本质安全年、经营评价年”等4个管理年内容的集中学习，加强党性修养、弘扬良好作风。在学习中，坚持向各基层单位发送学习材料，并通过网络和会议等方式做好学习情况的传达和通报，指导基层单位的学习型党组织建设。在学习中注重理论联系实际，注重研究讨论，注重把握工作中的实际问题，以中心组学习带动各级党组织的学习讨论，营造学习氛围、提高学习质量。分公司坚持以党建带工建，认真组织各基层单位的培训活动，组织基层工会干部参加了“十一五”工会干部培训班，“咱们工人有力量、咱们工会有作为”研讨会，工会维稳信息员(通讯员)培训班，有效提高了人员素质。10月，分公司党组还邀请省委党校教授对在晋企业部门以上领导做了“以创先争优促央企在山西转型发展”的党课培训，使党员领导干部深受教益。

二、积极开展创先争优活动，取得明显成效

2010年5月以来，分公司党组根据集团公司的安排部署，督促指导在晋各单位开展了以“四强四优”活动为主要抓手的创先争优活动。分公司本部组织全体员工赴阳曲县开展了“美化环境，绿化山川”主题植树活动；分公司在创先争优活动中积极为群众办实事、办好事，5月，根据群众要求，合理调配了接送班车，并多次征询集团公司有关政策，解决了异地调入员工的住房补贴问题，得到了员工的广泛好评，提高了分公司的凝聚力。榆社电厂各党支部设立党员示范岗20个；举办了《如何当好班组长》演讲比赛和“唱响红歌，加油榆电”大型歌咏比赛；运行党支部王立新同志被集团公司授予“四优”共产党员荣誉称号。左权电厂通过组织“大干100天，建优质工程”和在党员中开展“党员先锋号”、“党员责任区”、“党员身边无事故”等活动，规范活动程序，增强了活动效果。经贸实业公司开展了创建“政治政策水平高、队伍素质高、工作效率高、领导班子凝聚力强”的“三高一强”基层党组织创建活动，打牢了“一个支部一个堡垒”的坚强组织基础。大同焦煤矿以“明责践诺、党员先行”为主题，制订了创先争优活动流程图，拟定了党员干部在创先争优活动中如何起到带头作用等八个方面的调研内容，党员领导干部带头深入基层开展调研，把创先争优活动与推动井下改造工程等工作紧密联系起来，成立党员监督岗，加大安全检查的力度，确保了矿井安全顺利改造。10月中旬，华能山西分公司在榆社电厂召开了创先争优活动现场推进会，总结了成绩，分析了不足，部署了继续推进创先争优工作的重点内容。

三、认真组织学习实践科学发展观“回头看”工作，确保整改工作落实到位

2010年7月，根据省直工委要求，开展了学习实践科学发展观“回头看”工作。“回头看”中，分公司党组对照整改方案，逐条逐项进行了自查。重点检查各项整改措施有没有按进度完成，整改的效果怎样，存在哪些问题。从整改任务看，17项整改任务中，已完成16项，加强与地方政府的沟通，促进项目开发与公司发展的问题已列入分公司党组长期整改和重点把握的内容。从总体上看，整改落实工作能紧扣分公司中心工作，按照预定的步骤和时间要求，不断深入推进，影响和制约分公司科学发展的突出问题正在得到解决，新的体

制机制不断建立健全。

四、深入开展反腐倡廉工作，筑牢思想防线

分公司党组坚持将加强党性修养，弘扬良好作风的教育贯穿全年始终，组织党员干部学习了《中国共产党党员领导干部廉洁从业若干准则》和《国家工作人员廉洁从业若干规定》，开展了廉洁自律专题教育活动。组织分公司处级以上干部签订了《廉洁自律承诺书》，组织党员干部开展了廉政教育，收看了《国门反腐》、《贪婪的代价》等警示教育光盘，开通了网上举报邮箱和举报电话，提高了党员干部的廉洁意识。按照《建立健全惩治和预防腐败体系2008-2012年工作规划》，制订了实施办法，构建了惩防体系，并在工作中不断得到健全和完善。根据山西省工程建设领域专项治理办公室和华能国际电力股份有限公司安排，组织榆社电厂、左权电厂开展了工程建设领域专项治理工作，完成了调查摸底和自查自纠，对问题进行了整改。9月，分公司开展了榆社电厂燃料效能监察、左权电厂自行组织的工程招投标项目审计，肯定了成绩，指出了不足，提出了整改意见。

11月，分公司党组召开了部门以上领导干部民主生活会，进行了述廉议廉。12月，邀请省检察院检察官进行了一期反舞弊培训讲座，取得了良好效果。此外，分公司积极响应股份公司撰写纪检监察论文的要求，监审部王金明同志提交的《加强电力廉政建设，促进企业健康发展》获得股份公司论文评审二等奖。

根据华能集团公司统一安排，分公司在晋各单位开展了"小金库"专项治理工作，通过自查自纠，发现了问题，完善了制度，健全了体制机制，规范了财务管理，取得了明显成效。

五、落实党内监督制度，加大信访举报督查力度

分公司党组责成监察审计部设立了举报邮箱和信访举报电话，重点提高了信访举报的办理质量，增加了网上投诉的反馈机制。针对个别单位存在上访的倾向性苗头等问题，积极做工作，排查化解矛盾，全年未出现违纪上访案件，确保了华能在晋企业的政治安全和形象安全。

六、进一步强化基层组织工作

按照"业务工作延伸到哪里，党建工作就要开展到哪里"的要求，进一步完善了各基层党组织。指导基层单位根据机构变动情况新成立了榆社电厂脱硫党支部、左权工程处党支部，并对部分党支部管辖范围进行了重新划分，为提高基层党建工作水平奠定了组织基础。同时，认真做好党员发展和组织关系接转事宜。下发了《关于进一步做好党员培养发展工作的通知》，进一步规范了党员发展工作。2010年，转正预备党员6名，办理组织关系转移8人次，完成了10名发展对象的发展工作。

七、大力开展帮扶工作，积极履行社会责任

根据山西省委、省政府安排，分公司承担了对吕梁市石楼县两个乡镇的扶贫任务，经过不懈努力，完成了养蜂项目、许家山移民新村引水工程、教育人员培训、配套完成3000亩核桃林种植等项目，完成投资80余万元，圆满完成了2010年度山西省委、省政府交办的定点扶贫工作任务，受到了有关各方的充分肯定，有效地维护了华能在晋形象。《吕梁日报》以《多措并举为民办实事》为题、《石楼时讯》以《多渠道、真扶贫、扶真贫》为题，分别对分公司扶贫工作队扶贫工作进行了宣传报道。石楼县委授予分公司"2010年度机关定点扶贫贡献奖"，山西省委下乡办授予分公司扶贫工作队队长王常胜同志"2010年度模范扶贫队员"荣誉称号。

此外，分公司还在中秋、春节期间对对口帮扶企业太化溶剂厂进行了慰问，发放慰问金12000元。榆社电厂工会开展了"博爱一日捐　和谐新榆社"活动，722名员工捐款25331元。4月14日，青海省玉树地震发生后，分公司25名员工捐款19990元，榆社电厂1155人捐款55800.6元。体现了华能员工的良好道德风尚。

八、开展形式多样的职工文体活动

在山西省电业工业联合会和集团公司工委的领导下，分公司党组积极组织各单位开展了工人先锋号创建活动，并开展了百千万工程、技术创新和管理创新活动。榆社电厂成功进行了"空冷岛喷雾强化换热系统"改造，使机组和电网的安全经济运行水平得以提高，年创造收益近74万元。该成果被中国电力企业联合会授予"全国电力企业职工技术成果三等奖"。2010年10月，在山西省总工会召开的"工人先锋号"表彰大会上，榆社电厂运行部被授予"工人先锋号"荣誉称号。分公司积极为职工办实事，开展了"金秋助学"活动，向省总工会为贫困职工子女申请到助学金3000元。

在华能国际电力股份有限公司组织的"见证岁月，爱在华能"主题企业文化活动中，分公司广大员工踊跃参加，特别是榆社电厂作品上传率在第一赛区名列前茅，山西赛区共有6部DV作品、13篇征文被评为优秀奖，榆社电厂郭敬泽等6名同志获得单项奖和三等奖。分公司党组书记陈和平带领分公司乒乓球队和榆社电厂乒乓球队参加了集团公司2010年乒乓球赛华北赛区的比赛，获得"优秀组织奖"，榆社电厂获得"道德风尚奖"，榆社电厂褚晋生荣获男子单打第一名。此外，分公司还参加了省电业工会组织的消夏月活动，并在台球友谊赛中夺得团体第三名。榆社电厂、左权电厂组织的迎国庆拔河比赛，受到了职工的广泛好评。　　（王金明）

附：中国华能集团公司山西分公司党组书记、副书记、成员名单

书　记：陈和平

副书记：王　葵

成　员：武锦强　曹国强　余　斌

驻晋部队党委工作概况

省军区党委工作概况

党委书记　张少华

2010年是全党全军深入学习贯彻党的十七大和十七届四中、五中全会精神、大力加强党的建设的重要一年，是省军区上下团结一致、狠抓落实、奋发作为的一年，也是各项工作取得长足进步、全面建设成果显著的一年。一年来，全区部队在北京军区党委和省委、省政府的正确领导下，按照省军区党委年度工作部署，坚持重心下移，巩固基础，固强补弱，促整体提高，圆满完成了各项工作任务，部队建设的质量和水平大幅提升。

（一）针对省军区部队特点，抓好创新理论武装，思想政治建设不断加强。针对省军区部队与地方融入度高、一些社会不良现象负面冲击影响大的实际，紧紧扭住思想政治建设这个根本不放松。加强对第三批学习实践科学发展观活动的具体指导，全面总结三个批次学习实践活动的经验做法，持续抓好整改落实后续工作，推动学习实践科学发展观活动向深度广度发展。大力加强学习型党组织建设，广泛开展“争创学习型党组织、争建学习型机关、争当学习型干部”活动，两次举办师团职干部理论集训，采取务实与务虚相结合的方法，探索实施实践课题责任制、重大现实问题专题讲座等制度，积极走开走活“常委分工调研、上下同步学习、区分层次研讨、形成纪要指导”统分结合、推进学习的路子，学习质量不断提升。始终把培育当代革命军人核心价值观作为基础工程来抓，区分现役、预备役和民兵，采取先集中学习教育后经常性实践培育，先团以上党委机关后基层部队，先试点先行后全面展开，使学习培育活动逐步走向经常化制度化规范化。省军区通信站副营职助理员吴永亮被军区评选为践行当代革命军人核心价值观新闻人物。广泛开展抗战胜利65周年系列庆祝活动，不断深化“四项重大教育”，大力弘扬我军优良传统，适时开展形势政策教育，部队忠诚举旗、带头尽责的思想基础更加牢固。省军区军史馆按期建成，“八一”正式开馆，共接待社会各界群众和参观团体1万余人，较好地发挥了思想政治教育阵地和省军区形象展示窗口的功效作用。

（二）着眼提高党的建设科学化水平，大抓党委班子建设，党委核心领导作用发挥明显。深入贯彻党的十七届四中全会关于提高党的建设科学化水平重大战略思想，重视抓好省军区部队党的建设。着眼省军区部队特点规律及其与党的建设的关联影响，及时召开提高党的建设科学化水平交流研讨会，28个单位从不同侧面进行研讨交流，出台规范性《意见》，着力解决党的建设存在的最突出最紧要的现实问题，努力探寻实现省军区部队党的建设科学化的方法途径，取得一批认识和实践成果。军区刘福连政委亲临会议指导并给予高度评价。在团以上党委机关广泛开展“崇尚学习、增强党性”主题教育，注重把教育与组织生活、干部考核、典型激励有机结合起来，确保了教育的质量和效果。紧紧围绕党委班子和干部队伍建设中存在的动力不足、能力不强、自律不严、贯彻落实民主集中制质量不高等，坚持大抓学习培训、严抓教育管理、狠抓制度落实，省军区常委先后三次深入部队集中帮带，第四季度组织对师旅级党委班子进行全面考核，实现了由结合民主生活会一并组织向单独组织、由内部考核向延伸地方党委征求意见、由领导个别谈话向大会述职的转变，并在年初党委扩大会上常委集体进行面对面讲评，有力促进了各级党委班子建设。严格干部选拔配备，下力抓好任前考核、岗前培训、集中轮训、送学深造和交叉任职等，干部队伍整体素质得到提高。全区班子建设形势越来越好，广大干部精神振奋、士气高涨，呈现出你追我赶、创先争优的良好局面。

（三）积极拓展和深化军事斗争准备，部队完成多样化军事任务能力全面提升。牢固树立综合安全观念，紧紧围绕担负的核心使命任务，积极拓展和深化军事斗争准备。及时召开小型作战会议，修订完善各级各类作战方案，高标准完成“铸盾—2010”演习任务，探索组建军事电磁频管大队，狠抓省地震紧急救援二队和全区应急(战备值班)分队建设，经常性战备工作扎实有效。持续兴起大抓军事训练热潮，深化作战体系和军事训练转变问题研究，严格教学责任制落实，规范训练基地建设，对部分师旅级单位进行年度军事训练考核，全面展开冬季适应性训练，广泛开展基础训练比武竞赛活动，通过自下而上比、按系统比、分类别比、成建制比，全区3级共15类人员，进行了36个专业520个课目的比武竞赛，万余人参训，涌现出一大批训练尖子。在军区比武竞赛中，参谋军官前10名我们占了3名，预备役83师249团司令部参谋吴永亮、248团司令部参谋时鹏祥分别取得第一名和第三名的好成绩，并荣立一等功。积极参加支援抗旱救灾、矿难救护、森林灭火等行动，特别是在2010年王家岭“3·28”矿难救援中，省军区党委果断决策指挥、迅速展开行动，持续有力保障，连续奋战20天，发挥了重要作用，受到国务院张德江副总理、军委徐才厚副主席充分肯定。

(四)始终坚持重心下移抓基层，部队发展基础更加巩固。始终把抓基层打基础作为工作重心，全面打牢部队建设持续发展的基础。重点加强部团“一线指挥部”建设，军师两级普遍建立联系点抓先帮后、解决问题、规范秩序。首次组织50名部团主官跨区赴山东考察学习，达到了增长见识、开阔视野、鼓劲加油的目的。有针对性地抓好新任部团主官岗前培训和选送省委党校学习驻训工作，着力提高部团主官胜任本职的能力。着眼优化基层干部整体结构和增强履职尽责的主动性，联合省委有关部门出台《关于进一步加强专职人民武装干部队伍建设的意见》，为规范新形势下专武干部的选、用、训、管提供了政策依据。协调军地力量对预备役83师副团职、正营职预备役军官进行全面考核，进一步探索走开了联合考核预备役军官的方法路子。在全区基层党组织部署开展创先争优活动，加强组织领导，分类实施指导，广泛开展“一诺三评”，掀起学先进、比先进、争当先进的热潮。注重搞好小散远直单位建设，省军区投入200万元对干休所进行重点帮建，召开全区干休所全面建设暨重点帮建现场观摩经验交流会，大力总结宣扬临汾军分区干休所已故离休干部刘怀玉同志先进事迹，干休所规范化建设有序推进。直属队建设全面加强，野营驻训、文艺汇演等任务圆满完成。

(五)探索山西特色军民融合式发展路子，国防后备力量建设质量进一步提高。紧贴省情实际，积极探索实践军民融合式发展的新领域新途径。认真搞好顶层设计，年初协调省委省政府联合出台《关于推进军民融合式发展的意见》，成为推进我省军民融合式发展的基本遵循。积极创建军民融合活动载体，在全区推广了忻州市“十纳入、十统一”做法经验。编制国防动员建设军民融合式发展“十二五”规划，从十个方面对任务进行了细化明确。突出指挥协调机制、应急力量体系、综合保障模式三个重点，研发的省军区军地联合指挥信息系统获全军科技进步一等奖。组织召开规范国防后备力量队伍组建秩序暨整组工作部署会，拓展延伸编组范围，统筹“六种力量”建设，规范“行业归口提需求、军事机关总协调、统一集中抓点验”工作机制，探索“编训装管用”和“选征育储建”一体化建设路子，基层组织动员质量明显提升。按照“市建营、县建连、乡镇建排”要求，在30余个有条件的县(市、区)组建常备民兵应急分队，在全省村级组织新建2000余个民兵连部。接待中央军委委员、国务委员兼国防部长、国家国防动员委员会副主任梁光烈上将对我省国防动员建设视察调研。继续扩大国防教育规模效应，广泛开展国防教育巡回宣讲，着力规范政府职能机构国防教育职责，探索总结的“坚持抓结合促融入、走开领导干部国防教育法制化规范化路子”经验做法在全国县以上领导干部国防教育座谈会上进行了交流。大力开展“当好娘家人、温暖战友心”活动，主动为省外山西籍官兵送温暖、解难题、办实事。发动民兵预备役部队积极参与全省植树造林建设，绿化面积达23万亩，建成了一批“国防林”、“民兵林”。加大干部转业协调督导力度，安置进度在全国各省市名列前茅。着力推进学生军训工作深入发展，全年军训青年学生46万余人。严格落实“双优先”政策，坚持把宣传发动贯穿始终、把廉洁征兵贯穿始终、把确保安全贯穿始终，圆满完成年度新兵征集任务。

(六)持续保持深化风气建设成果的强劲态势，部队风气建设质量得到新的提升。始终把风气建设作为部队的根本性建设来抓，一步一步推进，一年比一年深入。继续加大对跑官要官、不廉洁征兵、领导干部插手工程建设、乱告状等“四股歪风”的查纠力度，既注重建章立制、规范权力运行，又勇于正视问题、较真碰硬，部队上下触动很大。扎实开展巩固风气建设成果专题教育，通过强化理论武装、专题授课辅导和认真自查自纠，深入查找和解决在风气建设中存在的九种突出现象，激发了各级推动风气建设根本好转的内在动力。深入搞好预防职务犯罪专题教育，坚持有报必接、有信必查，全力处理涉及官兵利益的敏感问题，加大对违规违纪人员的惩处力度。始终把风气建设与完成大项任务结合起来，采取常委分片包干、巡视对检组巡视检查、纪检部门上门服务等，多法并举严督查，及时有效地预防征兵工作中的不正之风，使风气建设基础更加牢固，质量得到新的提升。

(七)坚决贯彻依法从严治军方针，部队安全稳定形势持续向好。牢固树立安全发展理念，始终把安全稳定工作摆在突出位置，作为各项工作的重中之重。层层落实安全责任制，坚持主官负全责、分管领导负总责、机关各部负专责，一级抓一级，层层抓落实。省军区常年派出两个工作组不间断地检查指导，每季度召开一次安全管理工作会议直呼其名点评问题。贯彻全军开封集训、军区张家口集训精神，在晋城组织召开省军区学习贯彻新条令暨正规化管理现场观摩集训，研究探索人本管理、法制管理、文化管理、责任管理“四位一体”管理模式，提升了部队正规化建设与管理水平。深入开展“十项治理”、保密清理整治和“百日安全评比竞赛”等专项活动，从严过细进行重大安全隐患排查，从源头上消除了事故隐患。机要工作实现了全区连续38年、省军区机关连续49年安全保密无事故；保密档案工作始终保持了无泄密案件、无失密问题。

（八）认真落实双重领导体制，军政军民关系和谐融洽。着眼实现富国与强军相统一，进一步加大党管武装工作力度。认真落实党管武装各项基本制度，年初协调召开省委议军会议，“八一”组织11个市国动委主任大会述职，起到了述职与培训的双重效应。各级党委政府始终把武装工作摆在突出位置，纳入经济社会发展全局，统一领导，全力推进，依据法规管武装、落实制度建武装的自觉性不断增强。协调地方有关部门为机关帮扶的交城县大营村、淡村协调解决了145万元扶贫资金，积极组织民兵预备役部队参加地方建设，全力维护人民群众生命财产安全，受到了社会各界、全省人民和地方党委政府的广泛赞誉。中秋节前夕，省委、省政府、省政协主要领导集体到北京军区走访慰问，在军地引起良好反响，充分体现了密切的军地关系和浓厚的双拥共建氛围。

（九）注重提高综合保障能力，后勤装备建设扎实推进。贯彻落实全面建设现代后勤要求，坚持把加大对下管控力度、解决遗留棘手问题作为后勤工作的重点突出出来，大力开展以财经、营房、车辆管理为重点的专项治理整顿，四次在全区范围内进行集中大排查，发现梳理10类20个方面问题，三次召开电视电话会议讲评部署并提出整改要求，力度大、效果实，强化了各级依法建、按规办的意识。持续深化“双配套”建设，全年加大军事训练和各类野战化设施投入，保障部队遂行任务的能力明显增强。强化基础训练，组织全区98名业务骨干进行集中研练，参加军区后勤比武竞赛取得1个第二名、3个第三名的好成绩。坚持党委理财，严格管控标准经费，突出“三超”和“小金库”治理，大力压减行政消耗性开支，审减不合理开支，提高了经费的使用效益。坚持为部队办好“十件实事”，帮助官兵解决实际问题。深入开展部团后勤建设小食堂、小客房“两小”活动，创造了拴心留人的环境。贯彻总部、军区房清工作指示，克服困难全面清退超占住房457套。高度重视武器装备管理，落实民兵武器装备仓库技术防范手段，安全圆满完成轻武器封存试点和民兵报废弹药销毁、日遗化武回收作业。

（杜占甫）

附：省军区党委第一书记、书记、副书记、常委名单

第一书记：张宝顺（6月离职） 袁纯清（6月任职）

书　　记：张少华

副 书 记：方文平（8月离职） 刘云海（8月任职）

常　　委：何永才 谢玉久（5月离职）

曾广超（5月任职） 姬亚夫

张　韧（2月任职） 黄献军 谢新宁

武警山西省总队党委工作概况

党委书记　刘建华

2010年，武警山西总队坚持以科学发展观为指导，紧紧围绕建设现代化武警目标，全面加强部队建设，忠实履行职责使命，圆满完成以执勤处突为中心的各项任务，部队建设呈现出稳步发展的良好势头。

思想政治建设得到新的加强。狠抓中国特色社会主义理论体系武装，严格落实党委中心组学习制度，组织团以上干部理论培训，巩固深化学习实践科学发展观活动成果，及时传达学习十七届五中全会精神，推动理论武装工作不断深入。大力加强经常性思想工作，深入开展培育当代革命军人核心价值观主题教育，扎实进行“深知兵、真爱兵”、新兵“三查一度”和“五个过一遍”活动，积极做好心理服务和个别人工作，抓好“四位一体”警营文化建设，评比表彰“十佳四会优秀政治教员”，打牢官兵高举旗帜、听党指挥、履行使命的思想基础。

执勤处理突发事件和各项重大任务完成圆满。大力开展勤务治理整顿，加快推进“四防一体化”建设，撤并单独执勤点11个，治理执勤隐患39处，确保固定目标万无一失。加强战备处突体系建设，建立健全应急反应机制，圆满完成敏感期、涉日游行和地震应急抢险等战备任务。大抓军事训练，严密组织新兵教育训练、勤训轮换、预提指挥士官培训，举办特战预备队员集训、抗震灭火专业培训和“三手”比武竞赛，抽组2280名兵力参加“卫士-10”演习。全年成功处置目标险情37起，连续13年无执勤事故，吕梁支队临县中队被武警部队表彰为执勤先进中队；累计出动兵力57258人次，担负各类临时性任务564起，圆满完成中央首长视察警卫、9个地市125所学校护校巡逻、昔阳排爆、安泽和古交灭火、榆社化工厂爆炸抢险救援等重大任务，特别是临汾3·28矿难救援、晋城8·19抗洪抢险任务完成出色，受到各级领导的充分肯定和驻地人民群众的广泛赞誉。

整体保持安全稳定。深入贯彻辽宁会议和依法从严治警集训精神，狠抓《武警法》和新条令学习贯彻，严格落实正规化管理“两个规定”，加强经常性检查督导，分批组织士官教育整训，开展“治三松、严纪律、保安全”教育整顿和“查隐患、堵漏洞”集中整治，消除安全隐患166处，全年实现“三无”。

后勤综合保障能力不断增强。积极推进后勤“六大体系”

建设，调整补充战备物资，举办后勤部(处)长集训，扎实开展"技术能手"比武，严格执行"四类经费"管理规定，开展有偿服务清理整顿和不合理住房清退，加大基础设施建设力度，注重后勤队伍建设，保中心保生活能力进一步提升，基层全面建设不断进步。狠抓《纲要》、《三十条》和《政工条例》学习贯彻，重视做好经常性基础性工作，普遍开展大练基本功活动，分两期组织基层主官《纲要》培训，突出对基层党支部考察帮建，召开座谈会集中研究基层组织建设中的重难点问题，制定《加强基层组织建设的意见》，积极开展创先争优活动，严抓组织生活制度和"一诺三评"落实，基层党支部建设得到加强，各级党委班子建设进一步加强。认真贯彻全军党建工作座谈会精神，以改进思想作风为重点，大力加强党委班子建设。深入开展"建设学习型党委机关，争做学习型领导干部"教育活动，大抓民主集中制贯彻落实，加强对党委班子考察帮建，集中开展风气教育整顿，制定加强总队党委建设和提高风气建设质量的两个《意见》，各级党委班子领导核心作用明显增强。

(一)坚持用中国特色社会主义理论体系武装官兵，大力加强部队思想政治建设。牢牢把握"三个确保"的时代课题，按照"三个紧贴"要求，有力地推动思想政治建设。下大力抓好党的创新理论武装，认真组织两级党委机关中心组学习，采取课题牵引、调研深化、工作带动等方法，推动学习成果向实践转化。高度关注意识形态领域斗争，加强形势政策教育、隐蔽战线舆情监控稳控和"四反"工作。通过强有力的思想政治建设，打牢官兵高举旗帜、听党指挥、履行使命的思想政治基础，确保部队建设的正确方向。

(二)坚持职责使命牵引，提高执勤处突能力。坚持执勤工作抓正规、战备工作抓体系、军事训练抓质量，实现"执勤确保安全、处突确有把握、反恐确保制胜、维稳确保平安、救援确保有效"的目标。狠抓正规化执勤，认真学习贯彻执勤法规，积极开展"三共"、"三个一遍"和正规化执勤等级评定活动，加快推进警卫、守卫、守护目标"四防一体化"建设步伐。加强战备体系建设，健全警地应急协同指挥机制，优化处突力量编成，修订完善战备方案，规范战备库室、战备设施和战备资料，抓好省、市、县三级反恐力量建设和以直属支队工化中队、总队医院救护分队、地市支队抢险排险为主体的专业救援力量建设。

(三)坚持狠抓正规化建设，确保部队安全稳定。坚持从严治警，全面落实总部辽宁会议和高岭集训精神，扎实开展"条令学习月"、作风纪律整顿、士官教育整训活动，突出治理"三松"和兵员管理不严格的问题，强化各级依法建设、依法指导、依法办事意识。认真开展正规化建设达标活动，加强机关和直属队正规化管理。按照"六个确保"要求，认真贯彻《安全条例》、《预防犯罪工作条例》和《隐患排查治理规定》，加大对外出零散人员、小散远直差单位、节假日敏感期和重点环节、要害部位的管控，抓好"四不"和擅离部队问题集中整治，加大安全隐患排查治理力度，有效防范重大安全问题发生。积极推进管理理论和手段创新，及时总结推广安全管理经验，形成人人抓管理、事事保安全的良好局面。

(四)坚持服务中心、服务基层、服务官兵，不断提高后勤综合保障能力。认真落实总部遂行多样化任务、处置突发事件和应急保障有关要求，加快完善总队、支队和中队三级储备体系，抓好应急战备物资的购买配置，加大战备物资储备力度。严格工程项目的预决算审计。大力提高精细化管理水平，深入开展治理"小金库"和打击假发票违法犯罪活动，执行预算外经费"收支两条线"管理办法，加强枪弹、车辆和油料储备库的安全管理。突出后勤人才队伍建设，不断提高后勤队伍的专业技能和服务保障水平。

(五)坚持把工作重心放在基层，进一步夯实部队建设基础。认真贯彻《纲要》和《三十条》，着力提高"三个一线"按纲抓建的能力素质，继续深入开展大练基本功活动。坚持把经常性基础性工作"当日子过"，突出"四个基本"，抓实"四个经常"，打牢"五个基础"，全面提高八项经常性基础性工作落实质量。加大帮建指导力度。制定典型培育计划，充分挖掘标兵中队、先进个人的典型经验和事迹，努力使部队建设各个方面都有典型、各个层次都有标杆，扩大宣传辐射效应，不断引领基层建设创新发展。

(六)坚持以建强党委(支部)班子为重点，努力提高党的建设科学化水平。以能力建设和先进性建设为主线，以创建学习型党组织为载体，以创先争优活动为抓手，以思想作风建设为切入点，全面加强党的思想、组织、作风、制度和反腐倡廉建设。按照建设学习型党组织、争当学习型党员干部的要求，完善集体学习、调查研究、成果转化、检查考核等制度，不断推动创建学习型党组织向深度发展。在两级党委机关开展"强党性纯洁人品官德，严党纪纯正党风军风"为主题的反腐倡廉教育，严格落实党风廉政建设各项规定，加强对权力运行的监督监察，纠治官兵反映强烈的突出问题。开展创先争优活动，严格落实组织生活会制度，加强分类指导、跟进督导、典型引导，确保实效。修订完善干部教育管理规定，不断改进干部考核和选拔任用办法，加大优秀年轻干部培养力度，提高干部队伍素质，增强发展活力。加大对转业干部择业安置工作的关注和支持。（吴　鹏）

附：武警山西省总队党委第一书记、书记、副书记、常委名单

第一书记：杨　司（省公安厅厅长兼总队第一政治委员）
书　　记：刘建华
副 书 记：仲　轩
常　　委：（按姓氏笔画排序）
王树海　吕明录　张承聘　张喜文
李善勇　杨建国　周旭光　胡占林
夏家亮　穆瑞国

省公安消防总队党委工作概况

党委书记　陈子浩

2010年，在省委、省政府及省公安厅党委的正确领导下，全省消防部队牢记使命，开拓进取，深入贯彻落实党的十七届五中全会精神和胡锦涛总书记"三句话"总要求，围绕"一个目标、五项要求"和省公安厅"1+8"规划蓝图，着力推进管理创新、制度创新、工作创新，山西消防事业持续发展。2010年，全省共发生火灾4439起，死亡25人，受伤12人，直接财产损失6331.7万元，与上年相比，火灾起数下降7%，死亡增加18人，受伤减少2人，直接财产损失上升75%，有力地维护了我省火灾形势持续稳定的局面。

一、不断提高党委班子建设

抓班子、带队伍，是部队建设的重要手段。山西消防总队党委把班子建设作为龙头工程，按照"讲党性、重品行、做表率、求实效"的原则，努力保持谋事干事的精神状态，保持团结务实的工作作风，带领全省官兵攻坚克难，有力地发挥了领导核心作用。公安部刘金国副部长专门批示指出"山西坚持务实、创新、发展，出台的举措是过硬的，给人的感觉是强烈的，按目前态势发展下去，山西消防工作一定会走在全国前列"。与此同时，基层班子建设也取得了重大突破，在省厅党委的坚强领导和厅政治部的大力支持下，全省消防部队顺利组织了正团、副团职领导干部公选，65人通过公正、公开、竞争、择优的干部选拔新机制，走上了团职领导岗位，不仅配强了13个支队级班子，而且首次配齐了大队级班子，并且出台了《进一步规范支队级党委班子建设的意见》，使班子结构进一步优化，工作分工、议事规则进一步规范，官兵和群众的认可度逐步提升。

二、不断促进思想政治建设新发展

全省消防部队始终把思想政治建设摆在突出位置，以"三句话"总要求为主题，以党的创新理论武装头脑，扎实推进"三争优"活动，深入开展当代革命军人核心价值观教育，大力实施"阳光行动"，组织各类读书班32批次，理论宣讲112人次，主题演讲比赛12场，创作主题文艺作品90余件，以富有针对性的教育形式，促进了理想信念的深化，促进了思想认识的提高，促进了思想政治工作的创新发展。总队在大同召开了警营文化建设和党风廉政建设现场会，总结推广了"入伍即入学、退伍即成才"的警营文化建设经验，朔州支队廉政文化建设工作被省公安厅作为先进典型向全省公安机关介绍。全省消防部队精神文明建设也迈上了新台阶，总队、支队全部获评为精神文明建设标兵单位，一批优秀干部被评为省级劳动模范、青年卫士，85%以上的基层大中队受到党委、政府表彰，在省市举行行风评议活动中，各地消防部队名列前茅。

三、保持消防安全形势持续稳定

为了预防和遏制重特大火灾，全省各级、各部门共同打响消防安全保卫战，做了大量扎实细致的工作。省人大多次审议、修订《山西省消防条例》，新修订的《条例》于2010年11月1日正式颁布实施；省政府定期召开全省消防工作会议，签订消防安全责任书，将消防工作作为评定政府工作业绩的重要指标，要求各级政府、各有关部门落实消防安全责任，采取有力措施杜绝重特大火灾事故；有关职能部门联合执法，发挥消防安全监管的重要作用，消除了大量火灾隐患。全省消防部队认真履行职责，深入开展火灾隐患排查整治、建筑消防设施和消防控制室"双达标"等专项行动，联合公安派出所开展古建筑、高层、地下建筑、人员密集场所、在建工地的消防监督管理工作，对违法违规单位和人员采取"三停"、查封、拘留等措施，有力防范禁止了消防违法行为。2010年，全省火灾形势总体平稳，连续27年未发生群死群伤火灾事故。

四、开创构筑社会消防安全"防火墙"新局面

省政府高度重视"防火墙"工程，张建欣副省长明确要求各地将"防火墙"工程作为"民心工程"来抓，并在太原召开现场会做出具体部署。各地认真贯彻落实省政府和公安部消防局的要求，以推动政府落实"四项责任"、提高社会单位"四个能力"、夯实农村社区"四个基础"、提高公安机关消防监管"四个水平"为重点，以大排查大整治专项行动为载体，强力推进"防火墙"工程。全省11个市、119个县(区)全部出台了"防火墙"工程工作方案，层层签订了"防火墙"工程责任书；多数乡镇、街道办事处成立了消防安全组织；4281家属于人员密集场所的消防安全重点单位全部达标，25处政府挂牌督办的火灾隐患全部整改销案；通过开展消防执法技能竞赛、创新消防管理，全省公安消防监管水平进一步提高，我省构筑"防火墙"工作多次受到部消防局表扬，并在全国会议上作了经验介绍。

五、巩固建设消防铁军新成果

2010年是打造消防铁军的关键年，山西省消防部队着力提高攻坚克难能力，76个普通中队、10个特勤中队组成了77个灭火救援攻坚组、10个灭火攻坚组和10个抢险救援攻坚组，配齐了装备器材，总队组织388名攻坚组队员进行了集中强化培训，开展了3次灭火救援攻坚组比武竞赛，在全

国公安消防部队打造铁军北方地区比武中，山西代表队获得了团体总分第三名。随着打造消防铁军的顺利推进，全省消防部队的训练水平、实战能力进一步提升，官兵体能考核达标率首次达到98%，技能考核合格率达到99%，摸底排查、预案修订、测试演练、战例研讨达到了“四个100%”，全省消防部队开展演练1418次，演练单位1241家，全年共出动10106次，出动车辆2.3万辆次，出动人员1 3万人次，抢救人员3265人次，保护国家和个人财产6.9亿元，圆满完成了“10·13”忻州今天服饰商城火灾、“11·20”晋中榆社化工厂爆炸事故、“11·28”晋城广电大楼高层火灾等各类灭火救援任务。12月21日，刘金国副部长在省厅工作专报上作出批示，赞扬山西消防总队在处置榆社化工厂爆炸火灾中，“决策果断、行动坚决、指挥正确，官兵奋不顾身、科学救援，为保护人民生命财产安全做出了突出贡献”。各地还把打造消防铁军与科技强警、从严治警结合起来，向信息化要战斗力，向精细化管理要战斗力，建成了功能完善的消防指挥中心，配备了“动中通”等先进的通讯指挥设备，拓展了“八小时外”管理途径，保障了政令警令的畅通，保障了灭火救援任务的圆满完成。

六、实现应急救援队伍建设新突破

省人民政府高度重视应急救援队伍建设工作，11月3日，在太原召开应急救援总队成立大会，张建欣副省长和杨司厅长亲自为总队和11个支队揭牌授旗。各地普遍召开了应急救援队伍现场会，81个县(市、区)政府依托公安消防大队组建了综合应急救援大队，占总数的68%，超出了公安部要求的50%工作目标。其中朔州、忻州、运城所辖县(市区)全部完成应急救援队伍建设任务。朔州支队和当地环保部门联合成立的环境应急救援队，经过两年多的实践，已经形成了一套健全完善的工作机制，在实战中发挥了积极作用。

七、掀起基层基础建设新高潮

全省消防部队立足长远、夯实基层，集中财力保障基层基础建设。占地322亩、总投资4.1亿元的消防训练基地于去年6月22日正式开工建设，目前已基本完成预定建设任务，有效填补了我省消防基础建设的空白；全省消防部队新增执勤消防车50辆，新增器材装备8万多件套，投资1.15亿元新建、改建、扩建18个消防站，新增营房面积6万多平米。各地还大力加强后勤管理规范化建设，努力提高规范化建设，努力提高资金使用效益，狠抓基层基础建设，实现了硬软件全面发展，为圆满完成各项工作提供了坚实的保障。

（张静琼）

附：省公安消防总队党委书记、副书记、委员名单

书　记：陈子浩

副书记：朱志发

委　员：赵　鹏　任珠善　薄成效　王建平　戴芝荣　刘孟龙　刘振山　赵江畔　王　政

2010年12月，山西消防总队党委召开民主生活会。

高等院校党委工作概况

山西大学党委工作概况

党委书记　秦良玉

2010年，在省委、省政府的正确领导下，在省高校工委、教育厅的关心指导下，校党委团结带领全校师生员工，深入贯彻落实科学发展观，深刻领会刘延东、袁纯清同志视察山西大学时的讲话精神，加强和改善党的领导，推动学校科学发展，为早日实现具有地方示范作用研究型大学奋斗目标提供了强大的精神动力和坚强的政治保证。

一、以党的十七大和十七届五中全会精神为指导，全面贯彻落实科学发展观，加强党的思想建设和理论建设

校党委以党的十七大和十七届四中、五中全会精神为指导，认真贯彻落实全国高校第十九次党建工作会议和全省领导干部大会精神，全面贯彻落实科学发展观，坚持用马列主义、毛泽东思想、邓小平理论和"三个代表"重要思想武装全校党员领导干部，牢固树立马克思主义在社会主义办学方向中的主导地位，思想建设和理论建设取得显著成效。多次召开党委会、党委扩大会、党务工作专题会议，安排部署学习活动。依托校院两级中心组理论学习制度和党员培训制度，组织学习了党的十七届五中全会、省委九届十一次全会精神和袁纯清书记在全省领导干部大会上的重要讲话。集中下发了王立英同志、袁纯清同志视察山西大学时的讲话，就《国家中长期教育改革和发展规划纲要》进行了深入学习，教育和引导党员干部把理论学习和思想建设与巩固学习实践科学发展观成果结合起来，与创先争优活动和建设学习型党组织结合起来，与贯彻落实学校第三次党代会各项安排部署结合起来，将思想解放和理论知识真正转化为促进学校各项事业发展的强大动力。

校党委坚定不移地巩固和加强马克思主义的指导地位，用中国特色社会主义理论占领思想阵地。注重发挥思想政治理论课的主渠道、主阵地作用，加强思想政治队伍建设和学科建设，马克思主义理论学科一级学科博士点授予权获国务院学科评议组高票通过。大力开展"青年马克思主义者培养工程"，用马克思主义中国化的最新成果武装青年大学生，用爱国主义、集体主义、社会主义思想凝聚和团结青年大学生。牢牢占领宣传主阵地，把握宣传主旋律，发挥网络、电视、报纸等媒体的宣传优势，开展马克思主义的宣传教育活动，提升了教职工的理论素养，坚定了师生的社会主义信念。

二、贯彻落实中国共产党山西大学第三次代表大会精神，促进学校各项事业科学发展

根据全省高校党建工作会议精神，经省委组织部和省高校工委批准，2010年5月15日至16日召开了中国共产党山西大学第三次代表大会。大会选举产生了中国共产党山西大学第三届委员会委员及纪律检查委员会委员，全面回顾和总结了第二次党代会以来，特别是近5年来的主要工作，实事求是地总结了学校发展积累的宝贵经验和重要启示，科学冷静地分析了学校发展和党建工作面临的新形势、新挑战，与时俱进地确定了新的奋斗目标和主要任务，对"十二五"时期建设具有地方示范作用研究型大学奋斗目标作了安排部署，为学校科学发展指明了前进方向。

校党委及时传达了第三次党代会会议精神，广泛宣传大会确定的奋斗目标、工作部署、工作任务。全校党员领导干部

深刻领会近10年来，特别是学校成为省部共建大学以来，各项事业取得的巨大成就，对学校面临的办学形势有了更加清醒的认识，对学校的主要任务有了更加深刻的把握。全校各级党组织、各级中心组围绕学校中心工作，把学习宣传贯彻第三次党代会精神与提高党建工作科学化水平结合起来，与深化“五个转型”的发展目标结合起来，与构建和谐校园、促进各项工作结合起来，切实把学校的安排部署落到实处，有力地推动了学校科学发展、创新发展、和谐发展。

三、抓基层打基础，加强干部队伍和基层党组织建设

校党委以健全民主集中制为重点加强领导班子建设，积极贯彻落实《山西大学党委会议制度》，按照集体领导、民主集中、个别酝酿、会议决定的“十六字”方针，坚持党委集体领导下的分工负责制。出台了《山西大学关于实施“三重一大”制度的暂行办法》，进一步规范了学校领导班子议事决策程序，提高了民主科学决策水平。依托党代会、教代会、工作情况通报会制度，促进党务校务公开透明。继续完善校级领导联系学院制度和调研制度。严格执行《党政领导干部选拔任用工作条例》，在干部考察中实行“五个结合”，实行新提任领导干部试用期制度和干部交流制度，进一步健全民主程序，提高干部提拔使用的公开化和透明化。

校党委坚持“哪里有党员，哪里有需要，就在哪里建党组织”的工作思路，支部建设覆盖了学科、班级和临时工作人员，基层党支部增加到208个。按照“四高四强”标准选配党支部书记，注重在优秀人才和研究生中发展党员，全年共培训入党积极分子2407人，发展党员1069人。开展全省干部自主选学培训，全校共有173人次报名参加，136人完成培训，报名参学率达到93.8%。

四、全面开展创先争优活动和学习型党组织建设，不断提高党建工作科学化水平

按照中央、省委的统一部署，校党委把开展“创先争优活动和学习型党组织建设”作为一项重大政治任务，实现学校安全发展、转型发展、科学发展的重要战略举措，成立了创先争优活动领导小组，召开了动员大会，制定了《实施方案》。按照“五个好”和“五带头”的要求，对各级基层党组织和共产党员提出了明确要求和目标任务。对全校26个分党委、直属支部，208个党支部开展活动的具体情况进行了调研。总体看，活动呈现出四个鲜明特点。一是全员覆盖。在全校各级党组织和党员领导干部积极投身活动的同时，将活动覆盖面延展到学生党员、党员学术骨干、入党积极分子和团员青年。二是步骤规范。将规范性建设理念融入创先争优活动，对公开承诺方法步骤实施规范化流程式设计，增强了活动的可操作性和时效性。三是思路创新。根据各自单位的实际，创造性开展创先争优活动，涌现了许多特色做法，形成了“百花齐放”的新格局。四是工作务实。将创先争优活动与学科发展、教学科研、社会服务紧密结合，力争国家科研重大项目，不断增强科研创新和应用转化能力；充分利用学科优势，创建教育、实习、共建基地，设立特色亮牌示范岗；将活动阶段和目标要求分类整理，统筹推进。

在抓好创先争优活动的同时，建设学习型党组织工作也取得了明显成效。完善了校院两级中心组学习制度，加强了调研检查工作。作为首批承担全省干部自主选学培训的高校基地之一，校党委在“管理细、方法活、师资优、课程精”上下功夫，精选了36位名师任教，精心设计了7个专题58门课程，共完成21个培训班，培训干部1759人次，共计234个学时，受到省委组织部的表扬。

五、抓党风促校风，深入推进党风廉政建设和反腐倡廉工作

校党委深刻领会中纪委十七届五次全会及全国教育系统党风廉政建设工作会议精神，认真贯彻落实全省教育系统党风廉政建设干部大会暨纪检监察工作会议各项安排部署和王立英同志来校视察对我校党风廉政建设的重要指示，深入推进反腐倡廉建设。在全校党务工作会议和纪检监察工作会议上多次安排部署学校反腐倡廉工作。出台了《二〇一〇年党风廉政建设和反腐败工作责任分解实施意见》《关于贯彻落实〈中国共产党党员领导干部廉洁从政若干准则〉的实施办法》《廉政风险排查防控工作实施方案》等文件，制定了《党员领导干部述职述廉暂行规定》《党员领导干部报告个人重大事项的规定》《学术道德规范及学术不端行为处理暂行规定》等制度，进一步健全和完善了学校反腐倡廉建设制度框架。制定了《关于大力弘扬右玉精神进一步加强领导干部作风建设的意见》，组织考察团赴右玉县参观学习，号召广大领导干部发扬艰苦奋斗的作风，忠实践行党的宗旨。

学校注重弘扬廉政文化，营造清正廉洁的校园氛围。通过组织各类专题报告会、讲座，观看廉政警示片等方式，培养和树立领导干部的廉政意识。全年受理办结信访举报25件。召开了廉政风险排查防控工作会议，通过调研督导、检查与自查等措施，有针对性地采取防控措施，推动了全校廉政风险排查防控工作的进行。把校务公开工作纳入学校日常管理之中，强化行政监察。积极开展“小金库”专项治理和工程建设领域突出问题专项治理工作，成效显著。加大了对专项测试、基建工程招标等重点项目的监察监管力度。

六、以学生为本，加强思想政治教育，打造大学校园文化品牌，不断提高精神文明建设水平

校党委坚持用“一面旗帜”凝聚新一代，用“一条道路”引领新一代，用“一个理论体系”武装新一代，围绕“立德树人”，拓宽工作思路，创新工作方法，努力培养中国特色社会主义事业合格建设者和可靠接班人。依托《山西大学青年马克思主义者培养工程实施方案》，充分发挥思想政治理论课的主

渠道主阵地作用，推进马克思主义和中国特色社会主义理论体系"进教材、进课堂、进头脑"。建立了思想政治教育网站"君宇网"。组织学生为舟曲、西南旱区、玉树灾区捐款15万余元。参加了"新时期高校思想政治教育工作研究"主题征文活动，上报论文24篇。

校党委坚持"以学生为本"，把学生作为学校教育和管理的根本，推进教书育人、管理育人、服务育人工作，促进了学生的健康成长、全面成才。开展本科教育教学工作大调研和学生思想动态调研，实施学生集中住宿和学生宿舍文化建设工程。大力实施建团"四进"工程，实现了团组织对学生的双重覆盖；根据《关于在全校基层团组织和团员青年中深入开展创先争优活动的实施方案》要求，全面展开争创活动，获全省五四红旗团委和五四红旗团支部称号；出台了《山西大学学生社团推优入党实施办法（试行）》。完善以奖、勤、助、贷等形式为主体的多元化扶困助学体系，建立家庭经济困难学生信息档案，开辟入学"绿色通道"。以《山西大学"青年就业创业见习基地"工作实施方案》为指导，建设"我爱我村"网络化就业见习基地，举办了"创新挑战杯"大学生创业计划竞赛等。举办各类招聘会、洽谈会175场，提高了学生考研、就业能力。2010年，考研率达到27.4%，就业率达到76.95%。

以校园文化建设为核心，充分发挥山西大学百年老校优势，推动精神文明建设不断升级。打造了科技文化节、文化艺术节、大学生电影文化节、校园媒体文化节暨"我的宿舍我的家"宿舍文化节等一系列文化活动。作为我省唯一一所研究生支教团招募高校，研究生支教团工作得到共青团中央的充分肯定，荣获"第八届中国青年志愿者优秀项目奖"和"挑战杯优秀组织奖"荣誉称号。组建了31支暑期社会实践队，招募志愿者2000余名，形成了《参与志愿服务对促进女大学生就业的研究报告》，被省文明委评为"结对帮扶共建文明和谐村先进单位"。

七、坚持大安全观理念，抓好学校稳定安全工作，扎实构建平安和谐校园

省委袁纯清书记在视察学校时强调指出：校园的稳定安全是压倒一切的重要工作，要放在政治的高度，深刻认识稳定安全的重要性。校党委坚决贯彻袁纯清书记的重要指示，把校园稳定安全摆在学校各项工作的首要位置，坚持大安全观理念，扎实构建平安和谐校园。校党委多次召开党委会、党务工作会和稳定安全工作会议，对学校的稳定安全工作进行全面安排部署，教育广大干部师生牢固树立大安全观念。按照"明确职责，加强防范，强化措施，追究责任"的16字工作方针，进一步完善稳定安全工作台账，实行责任追究制度。出台了《山西大学突发公共事件总体应急预案》，提高了学校处置重大、突发事件的能力。成立了山西大学信息安全工作领导组，出台了《山西大学校园稳定研判工作月报制度工作方案》《山西大学各单位安全隐患排查及整改台账》，创新性地将研判工作和隐患排查相结合。不断完善心理健康教育与心理危机干预四级危机防护网络，严格落实"三排查"，积极开展"安全教育进课堂"工作，确立"安全教育课"为学校必修考查课，有力推进了学校安全发展。

八、凝聚各方共识，形成办学合力，推动学校科学发展

党委高度重视统战工作，制订了《民主党派基层组织工作制度（试行）》（讨论稿）和《中共山西大学委员会关于选拔举荐党外代表人士的办法》（讨论稿）。《统一战线与公民有序政治参与》被中央统战部评审为优秀课题。充分发挥工会联系教职员工的桥梁纽带作用，在获得省"五星级职代会"的基础上，进一步健全和完善了二级教代会工作机制，形成了指导教代会工作的"五点体会"。开展抗震救灾献爱心捐款活动，为玉树灾区募集捐款32万余元。校党委抓"两个待遇"和涉老政策落实，完成了医药费报销、住房调整的服务工作。贯彻落实中央和省委保密工作会议精神，对保密工作队伍手机使用状况进行了摸底排查。在举办"五五"普法考试，建立教职员工普法考试档案的基础上，将普法宣传教育与《保密法》的学习宣传有机结合。作为省内唯一的教育部信息直报高校，2010年，向教育部、省委、省高校工委上报《山大信息》12期，信息采用率居全国省部共建高校第一名。

（徐冠华）

附：山西大学党委书记、副书记、委员名单

书　记：秦良玉

副书记：郭贵春　张汉静　李忠人

委　员：赵怀洲　贾锁堂（1月离职）

梁吉业（5月任职）　党志峰（5月任职）

丁耀武（5月任职）　王世杰（5月任职）

太原理工大学党委工作概况

党委书记　姚芝楼

太原理工大学现有党委常委5名；24个基层党委（直属党总支）；20个党总支（教工总支11个，学生总支9个）；294个党支部（教工支部186个；学生支部108个）。全校党员共计6621名。

2010年，校党委认真贯彻执行党的路线方针政策，坚持社会主义办学方向，以培养中国特色社会主义合格建设者和可靠接班人为根本任务，坚持以邓小平理论和"三个代

表"重要思想为指导,全面落实科学发展观,紧紧围绕学校的改革发展大局,坚持"围绕中心抓党建、抓好党建促发展"的原则,以改革创新精神全面推进学校党的建设工作和各项事业的发展,为学校进入新时期科学发展提供了坚强的政治保证、组织保证和思想保证。在全校教职工的共同努力下,学校事业呈现出了和谐发展、快速发展、跨越发展的良好态势。

一、以七项工程为抓手,加强党在高校的执政能力建设,全面推进学校党建工作

(一)领导班子办学治校能力提升工程。党委领导下的校长负责制得以充分贯彻和体现,党的执行力得到加强。省委先后调整和充实了校党政领导班子,校级班子初步配齐配强。通过"抓政治、抓学习、抓团结、抓决策",新班子呈现出信心足、决心大、节奏快、效率高、事业心强、富有朝气、充满活力的特点,办学治校能力进一步得到加强。党政主要负责人和班子成员团结务实、勤奋高效、坦诚共事、互相支持、凝心聚力、同谋发展,在较短时间里,为师生树立了想干事,能干事,能干成事的良好形象。校党委高度重视校院两级中心组学习和处级以上干部民主生活会,并取得实效。党委、行政分工协作、互相配合,认真落实党委会议和校长办公会议议事规则,严格按照程序对学校事业发展的重大事项做出决策。

(二)干部队伍素质内涵提高工程。校党委既注重了干部的选任工作,也注重了干部的素质和内涵提升。通过抓培训教育、抓管理考核、抓廉洁从政,大大提高了各级干部的思想政治水平和行政管理能力。校党委提出了竞争性分类选任干部的新思路,先后分两批公布了44个和29个竞争上岗、自荐推荐的中层干部岗位,并出台了《太原理工大学处级干部竞争上岗实施办法》。全校报岗人数近300人次,先后组织竞职演讲和民主推荐大会10场,全校干部、教师和各方面代表约5400余人次参加了民主推荐活动。一批水平高、能力强、素质优的年轻干部脱颖而出,形成了干部工作风清气正、群众满意的局面。省委组织部主管部门曾组织全省30余所高校的组织部长进行观摩指导,具体做法和工作体会在省委、教育厅等召集的专题座谈会上做了交流发言,得到上级组织的肯定。在年底全省组织部长会议上成为山西高校唯一被列入2010年度全省组织工作创新项目的单位。同时,加大了对干部的培训和考核力度。校党委将党建例会开在右玉县,号召广大党员干部学习"右玉精神",并将"党员干部教育基地"的牌子挂在了右玉县南山绿化基地。全体中层以上干部参加了省内外干部自主选学专题培训。同时,积极与国家行政学院联系申报,以"中国教育干部培训网学校管理平台"为基础,在全省高校率先建成了"太原理工大学干部教育在线学习中心",2010年,首批完成了300余名中层以上干部在线学习的学员注册、信息登记、网上选课和学习等相关工作。继2008年派出56名干部赴日研修后,2010年又完成第二批22名干部赴日学习的选派工作。学校作为全省确定的干部自主选学培训基地之一,协调组织全校相关学院承担了12个专题15个班次,共有来自省直、太原市以及企业、高校的700余名学员参加的培训任务。年底对全体处级干部进行了规范认真的测评考核。建立了述职述廉、责任追究、离任审计等管理监督机制。

(三)学习型基层党组织建设工程。通过深入开展创先争优活动、大力推进学习型党组织建设,进一步加强了基层党组织建设。在创先争优活动中,校党委提前策划、突出主题、拓展优势、注重实效,围绕中心抓创争,充分发挥基层党组织战斗堡垒和共产党员模范带头作用;提升内涵抓创争,加快推进高水平大学建设;主动服务抓创争,为实现我省转型发展、跨越发展提供人才、技术支持,有力地推动了学校事业的进步。校党委在省委9月召开的深入开展创先争优活动座谈会、12月召开的省学习型党组织建设工作会议上作为高校唯一的代表,介绍了我校创先争优、学习型党组织建设的情况和经验,得到好评。

(四)民主管理建设推进工程。依法治校,民主管理,全心全意依靠教职工办学一直是学校重大决策的基础和原则。通过抓制度健全、抓渠道畅通、抓党务校务公开,进一步推进了学校的民主管理建设进程。以迎接召开第一次党代会为契机,通过加强党内民主来带动全校的民主建设。2010年,全校基层党委顺利完成了换届选举和组建工作。为进一步积极发挥教代会的民主管理作用,加强工会组织的自身建设,校党委出台了《关于加强工会和教代会工作的意见》。关系到学校快速发展、涉及全校教职工切实利益的一件大事,就是"岗位津贴方案"的大力度修定和及时出台,在起草和修改过程中,最大范围征求和听取了广大教职工的意见和建议,校党委拓展渠道,广开言路,为了了解基层情况,直接听取民意,书记校长在经常深入基层调研的基础上,又先在确定10位离退休老同志作为直接联系人,现在又将联系人制度逐步扩大到学生中去,效果十分看好。校党委充分发挥民主党派、无党派等各界人士在学校发展建设中的积极作用。高度重视党外干部的安排使用,一年来又有7位民主党派成员走上了处级干部岗位。校党委将每年一次的各界人士座谈会确定为两次,分别在每个学期末向各界人士通报学校情况,并积极听取意见和建议。

(五)文明和谐校园建设工程。通过抓思政教育、抓文明创建、抓文化建设、抓校园治安,使文明和谐校园建设上了一个新的台阶。大学生思想政治教育工作探索新形势下的新思路、新方法,初步构建起了具有理工大学特色的育人工作新机制,基本形成了以理想信念教育为主体,以"科技实践能力、创新能力提高"和"人文素质、身心素质提升"为两翼,以三项服务贴近学生为着力点的学生思想政治教育新格局。12月,校文明委隆重召开总结表彰大会,一大批先进集体、先进个人受到表彰。中国文明网、山西文明网对此予以了专题报道。文明创建工作继续获得省文明和谐单位(标兵)称号。校园文化建设有了新的突破和成绩。CUBA男队历经十余年磨练登上了总冠军的宝座。男子足球队在2009年—2010年李宁杯中国大学生足球联赛决赛中获得亚军。以CUBA为品牌的校园文化蓬勃发展,中央芭蕾舞团等国家级艺术团体进校

演出，科技文化日渐活跃，成为校园文化的重要组成部分和亮点。综治工作得到加强，校园治安得以改善，"平安校园"大检查通过验收，获得省里表彰。

（六）人才强校聚才引智工程。坚持党管人才的原则，通过创建平台、创优环境、创新机制等工作，人才队伍建设工作有了突破。双聘王一德、王安两位院士进校。1月，由我校党委申报的聚才引智"四个机制"项目，被省委组织部确定为全省组织工作服务"三个发展"的"十大创新项目"，并在1月8日召开的全省组织部长会议上向全省推介。我校作为省委"山西省海外高层次人才创新创业基地"，全年先后引进海外高层次人才8名作为"山西省特聘专家"。

（七）民生工程。校党委校行政始终把解决广大师生的切身利益问题作为一项重点工作。坚持以人为本，通过提高待遇、改善条件，不断改善民生，为广大教职工和学生解除后顾之忧。学校投资1000多万元完成了学校主体建筑美化、校园道路维修、烂尾楼改造等工程，校容校貌有了大的变化。投资220多万元改造了虎峪校区一条20250㎡的主干道。大力改造教职员工居住区的环境条件。柏林校区统一规划，重新整修，也发生了明显变化。长风住宅小区对既有建筑进行节能改造，不花教职工一分钱对16栋楼暖气管网改成分户热计量，为外墙加上保温材料，替换成双层中空保温窗户。对人事分配制度进行了重大改革，改革方案在教代会主席团联系会议上全票通过，我校教职工的津贴收入以翻番的概念大幅度增加。

二、以贯彻落实党风廉政建设责任制为重点，全面推进学校反腐倡廉建设工作

（一）工作部署及时到位。年初，我校及时召开了党风廉政建设干部大会，传达全省教育系统纪检监察工作会议精神，研究部署全校党风廉政建设和反腐败工作。校党委把党风廉政建设作为学校党建工作的重要内容和学校工作的重要组成部分，列入了学校全年的工作要点，与学校的各项中心工作同部署、同检查、同落实、同总结。

（二）健全制度，狠抓落实。一年来，我们重点抓了党风廉政制度建设的进一步落实，并对干部人事、经济财务、校务公开、招标采购、审计监督等方面的制度作了进一步的修订和完善。

（三）作为廉政风险防控排查试点高校，认真动员，科学制定方案，加强过程管理，取得了预期效果。我们还深入开展了工程建设领域突出问题专项治理工作和治理"小金库"工作。

（四）重视支持纪检监察工作。一年来，党委大力支持纪检监察对学校的各项工作和各级干部进行监督，同时自觉接受纪委对党委的监督。

校党委书记作为全校党风廉政建设的总负责人，对党风廉政建设和纪委提交校党委的事项从不拖延，及时批阅举报信件，注重督办信访案件。2010年，学校共收到来信来访30件，除了2件正在核实以外，其余均已通过调查按规定做了处理，并及时进行了上报。在工作中，积极组织班子成员研讨反腐倡廉工作，提出指导性意见，努力调动班子成员齐抓党风廉政建设的主动性和自觉性，形成反腐倡廉的整体合力。校级领导班子成员都能够按照年初党委的要求和部署，以强烈的责任感和紧迫感真抓实干，一手抓学校的改革发展，一手抓反腐倡廉，真正做到两手抓、两手硬。一年来，班子成员都能够按照《廉政准则》的要求规范自己，在工作中自觉遵守党风廉政建设的各项规定，对分管部门发生的违反廉洁自律规定的行为高度重视、督促及时纠正。一年来班子成员没有任何违规违纪行为。

（李济民）

附：太原理工大学党委书记、副书记、常委名单

书　记：姚芝楼

副书记：谢克昌（1月离职）　张文栋（1月任职）
安川全　张惠元（7月任职）

常　委：王秀珍　马福昌（1月离职）

山西财经大学党委工作概况

党委书记　杨怀恩

2010年，在省委、省政府、省高校工委的正确领导下，财经大学党委认真学习贯彻党的十七届四中、五中全会和全省领导干部大会精神，深入贯彻落实科学发展观，深刻把握高校发展建设形势，团结和带领全校教职员工，创新实践，有力推动了学校全面建设。

一、以求真务实的态度，大力开展深入学习实践科学发展观活动

扎实开展深入学习实践科学发展观活动。按照中央、省委和省高校工委部署，从3月份开始，在全校开展深入学习实践科学发展观活动。认真学习领会中央精神，深刻认识在全党开展深入学习实践活动的重要性、紧迫性和必要性。成立专门领导机构和工作机构，加强对学习实践活动的领导，做到认识到位、组织到位、措施到位、工作到位。围绕深入学习实践科学发展观这一主题，认真制定实施方案，做好思想发动，开展调研活动，增强针对性，注重实效性，充分调动广大党员干部参加学习实践活动的自觉性，确保学习实践活动取得实效。

深入开展主题宣传教育活动，努力营造科学发展的良好舆论氛围。以推进学校科学发展为主题，进一步丰富宣传内容，创新宣传形式，拓展宣传途径，加强以校报、广播、网络为主的宣传体系建设。完善学校重大突发事件新闻快速反应机制，努力建立信息畅通、反应快捷、高效有序的宣传工作体系。提高校报质量，挖掘特色选题。充分运用各种宣传媒体，重点宣传学校改革发展的新举措新成果，为学习实践活动营造良好的舆论氛围。加强与媒体特别是主流媒体的联系与合作，对学校进行有计划、有步骤、有重点的宣传报道，进一步扩大学校的社会影响力和知名度。

进一步解放思想，用科学发展观指导工作实践。以科学发展观为统领，正确处理规模、质量、结构与效益的关系，改革、发展与稳定的关系，教学、科研与社会服务的关系，充分调动各方面工作的积极性。在处级干部学习研讨活动的基础上，紧紧围绕党员干部受教育、科学发展上水平、师生员工得实惠，着力解决影响和制约学校改革发展和关系师生切身利益的实际问题，深入研究推进学校内涵发展、科学发展和可持续发展的问题，开创了学校各项工作新局面。

二、以改革创新精神，推进学校党建工作

进一步加强基层党组织建设，建立健全基层分党委工作运行机制。深入推进学校党建研究工作，认真探索和解决学校党建工作中的热点和难点问题。切实加强各级党组织建设，合理划分分党委职能，创新党支部活动方式，充分发挥基层党组织推动发展、服务师生、凝聚人心、促进和谐的作用。做好党员发展工作，进一步加大在学科带头人、中青年学术骨干和优秀大学生中发展党员的力度，进一步优化了学校党员队伍结构。

进一步加强领导班子和干部队伍建设。认真贯彻第十七次全国高校党建工作会议精神，进一步完善党委领导下校长负责制、党政联席会议制和民主集中制，着力提高各级领导班子解决实际问题的能力。加大干部培训工作力度，创新培训方法，充分发挥干部教育在线网站作用，构建干部培训长效机制。认真做好科级干部选任工作。积极实施“选拔部分处科级干部赴省外兄弟院校挂职锻炼”项目，学校干部队伍的综合素质得到进一步提高。

继续加强党风廉政建设。深入贯彻中纪委十七届五次、六次全会精神，认真落实《关于建立健全教育、制度、监督并重的惩治和预防腐败体系实施纲要》，健全和完善党风廉政建设责任制。以改进领导干部作风为重点，继续加强领导干部廉洁自律工作，增强领导干部“四服务”意识，不断提高行政工作效能；强化权力运行监督，坚决遏制损害师生利益的不正之风，促进了学校改革发展各项任务的落实。

继续推进学校民主建设。组织召开四届一次“双代会”，做好“双代会”换届工作。全面完善各类规章制度，加大对规章制度落实情况的督察力度，不断推进依法治校的进程。进一步深化校务公开，大力推进院务（处务）公开工作。

高度重视离退休人员工作，充分发挥离退休老同志和关工委在传、帮、带以及关心下一代等工作中的重要作用。组织开展丰富多彩的适合老同志特点的活动，使他们老有所养、老有所为、老有所乐。

进一步加强统一战线工作。支持各级人大代表、政协委员和民主党派成员认真履行参政议政、建言献策、民主管理和民主监督的职责。加强党外知识分子思想政治工作，为学校建设与发展营造团结、和谐、奋进的氛围。

（马晓娟）

附：山西财经大学党委书记、副书记、委员名单

书　记：杨怀恩

副书记：原梅生　申建设　薛文治

委　员：赵润廷　刘明贵

山西医科大学党委工作概况

党委书记　王茂林

2010年，学校党委高举中国特色社会主义伟大旗帜，坚持以邓小平理论和“三个代表”重要思想为指导，深入贯彻落实科学发展观，扎实开展创先争优活动，以筹备和召开学校第五次党代会为契机，团结带领全校师生员工，围绕年初确定的六项重点任务做了大量卓有成效的工作，取得了一系列突出的成绩，为“十一五”划上了圆满的句号，为“十二五”发展奠定了良好基础。

一、校第五次党代会胜利召开，为学校发展指明了方向

2010年5月28至29日，成功召开了学校第五次党代会，共有来自教学、科研、医疗、管理、服务等不同岗位的236名党员代表参加了会议。大会选举产生了新一届党委和纪委领导班子，认真回顾和总结了第四次党代会以来学校建设发展的丰硕成果和工作经验，客观分析了学校发展现状和面临的机遇挑战，提出了“建设特色鲜明的教育研究型医科大学”的奋斗目标和战略部署，明确了今后一段时期学校党的建设和事业发展的方向和任务，汇聚了推动学校加快发展的强大合力。

二、创先争优活动和学习型党组织建设扎实推进，成效显著

根据上级党组织关于开展创先争优活动、推进学习型党组织建设的要求和部署，自7月起，在全校24个基层党委、

党总支、直属党支部，229个党支部，4802名党员中深入开展了创先争优活动和学习型党组织建设活动，成立了专门机构，制定了实施方案，开设了专题网站，通过举办处级以上干部培训班、右玉精神专题学习考察，开通“干部在线学习中心”，创建“八个示范岗”、争做“六种标兵”，开展党员亮牌示范、公开承诺等丰富多彩的专题活动，进一步提高了学校党建工作的科学化水平。各基层党组织共承诺事项1646件，党员承诺事项26023件；成立党员志愿者服务队37支，624名党员志愿者开展志愿服务活动77次，提供志愿服务725人(次)；党组织结对58个，党员结对507个，机关党员干部下基层252人次；为群众办好事、办实事81件次。

三、基层党组织建设和党员队伍建设不断增强

根据省高校工委《关于认真做好全省高校基层党组织按期换届选举工作的通知》精神，对到期应换届的19个基层党委、党总支、直属党支部和225个基层党支部按期进行了换届工作；依据新修订的《高等学校基层组织工作条例》，结合学校实际，校党委制定了《关于加强和改进大学生党支部建设的实施意见》，大学生党支部的设置原则和职责更加明确，基层党组织的基础进一步夯实，战斗堡垒作用进一步凸显。认真开展了入党积极分子培养和发展党员工作，积极探索发展党员工作评估机制和责任追究机制，进一步完善了分党校培训机制，强化了三级预审制度，确保了党员发展质量。全年共培训入党积极分子945名，发展党员599名，预备党员转正535名。

四、干部队伍建设持续加强

根据中央、省委有关干部教育培训文件精神，校党委进一步加大干部培训力度，通过举办处级干部培训班、开通“干部在线学习中心”、组织开展干部自主选学活动、组织管理干部参加“学习贯彻全国教育工作会议和教育规划纲要精神国家级远程专题培训” 等方式对处级以上干部进行了专题培训。在全校深入开展了学习“右玉精神”系列活动，校领导和正处级干部共42人赴右玉实地考察学习，亲身体验感受右玉精神；刻制了“右玉精神”专题片，发放到各基层党组织，组织广大党员和干部认真观看，组织座谈会深入讨论，深刻领会“右玉精神”的核心理念和本质。按照学校关于干部选拔任用工作的相关规定，对2009年新提拔的74名处级干部进行了试用期考核；完成了学校处级以上干部的年度工作考核。通过强化培训和严格考核，切实提高了干部的整体素质，打造了一支政治坚定、素质过硬、团结奋进的干部队伍。进一步加强了干部人事档案规范化管理工作，被评为山西省干部人事档案工作先进集体。

五、引进海外高层次人才工作取得实效

学校认真贯彻落实省人才工作会议精神和省委“海外高层次人才引进计划实施意见”，制定出台了《山西医科大学关于做好海外高层次人才引进、管理与服务工作的暂行办法》，成立了人才工作领导小组，出台了相应的配套支持措施，切实做好引进海外高层次人才工作。美国东卡大学医学院丁健民教授被批准为第三批“百人计划”特聘专家。学校被批准为山西省海外高层次人才创新创业基地，成为全省16家创新创业基地单位之一。

六、深入推进“讲党性、重品行、作表率”活动

2010年是组织系统“讲党性、重品行、作表率”活动的巩固提高年。根据省委组织部《关于印发〈中共山西省委组织部关于在全省组织系统深入开展“讲党性、重品行、作表率”活动的推进意见〉的通知》(组通字[2010]16号)，将活动从突出加强党性教育、扎实开展“组工干部下基层”活动、积极创建学习型组织部门、带头深化干部人事制度改革、进一步落实从严治部要求和积极开展创先争优活动六个方面积极推进，营造了组织部门创先争优的良好氛围，增添了组工干部创先争优的内生动力。

七、反腐倡廉建设取得新成效

校党委不断加强反腐倡廉建设，科学分解了党风廉政建设任务，使各级党组织的相应责任与义务更加明确。完善了考核评价和奖惩机制，加强了履职情况考核，有效促进了党风廉政建设任务的全面落实；着力推进反腐倡廉制度建设，通过完善反腐倡廉制度框架和提高制度执行力，有效防止干部的不规范行为；不断强化对《中国共产党员领导干部廉洁从政若干准则》的学习宣传和贯彻落实，促使《廉政准则》内化成为党员干部的行为标尺；全面开展廉政风险排查防控工作，通过加强组织领导、制定方案、宣传动员、召开试点工作推进会等措施，进行了廉政风险点识别、防控登记，并采取了针对性的防控措施；持续加强行风建设，重点解决教风、学风、医德医风及学术不端行为等方面存在的行风歪风问题，营造了风清气正的良好氛围。学校纪委被评为“山西省纪检监察系统先进集体”。

八、大学生思想政治教育稳步推进

充分发挥思想政治理论课的主渠道主阵地作用，着力推进马克思主义和中国特色社会主义理论体系“进教材、进课堂、进头脑”，坚定学生的马克思主义理想信念。开展了大学生思想状况调研，深入了解学生思想动态，根据调研结果，针对性地强化爱国主义教育和文明养成教育。加强学生工作队伍建设，加大辅导员培训和支持力度，打造了一支高素质高水平的专职辅导员队伍。1个班级获全国优秀班集体称号，2名教师分别被评为全国优秀班主任和全国优秀辅导员，1名教师以第一名的好成绩荣获“山西十佳辅导员”荣誉称号。

(成星亮)

附：山西医科大学党委书记、副书记、委员名单

书　记：王茂林

副书记：段志光　郭巍伟　吴　刚

委　员：顾昭明　王　斌（女）　李汝德

景　雅（5月离职）　吴毓秀（女，5月离职）

王　军　刘越泽（女）

山西农业大学党委工作概况

党委书记　石扬令

2010年，在省委、省政府和省高校工委、省教育厅的正确领导下，学校党委深入贯彻落实党的十七届四中、五中全会和全省领导干部大会精神，狠抓学校全面建设，整体建设水平迈上了新台阶。学校被省委组织部授予"山西省党员教育培训示范基地"，先后被评为"2010年度山西省创建'平安校园'暨学校安全专项整治工作先进单位"、"消防安全'四个能力'建设达标星级单位"、"统战工作先进单位"、"2010年度山西省内部审计工作先进单位"、"春运志愿服务优秀组织奖"，学生党建工作论文，作为山西省高校唯一的典型材料，入选全国高校党建工作会议交流材料汇编。

一、胜利召开第四次党代会，引领学校各项工作科学发展

选举产生了新一届党委和纪委班子，明确提出了今后5年学校的发展思路，即围绕一个目标，就是到"十二五"末初步把我校建设成为地方农业院校先进水平的教学研究型大学；实现两个突破，就是实现学校核心竞争力和服务地方经济发展能力的重大突破；推进四个发展，就是坚持不懈地推进学校的内涵发展、特色发展、开放发展、和谐发展。

二、开展创先争优和学习型党组织创建活动，切实加强了党组织和党员的能力建设和先进性建设

举办了基层党组织书记专题培训班，紧紧围绕"深入贯彻落实科学发展观，全面提高教育教学质量，积极推进学校'四个发展'"活动主题，针对不同岗位党员，分别提出了"四个当先锋"的活动要求。校党委带头，全校各基层党组织和全体共产党员，全部结合岗位特点做出了公开承诺，设立了党员先锋岗，建立了校领导和党委委员联系基层党委制度，开展了多层次、有针对性的点评活动。

突出领导班子这个重点，以校院两级中心组学习为抓手，先后邀请中国高教学会会长周远清教授、华中科大别敦荣教授、省宗教局卫望军副局长等来校作专题报告，校院两级中心组先后学习150多次。坚持向党员干部推荐学习资料，并组织专题学习活动。坚持理论学习与实践体验相结合，组织党员干部代表先后赴上海世博会、八路军太行纪念馆、井冈山等地考察学习，接受世界观、权力观和政绩观教育。

三、深化干部人事制度改革，进一步增强了选人用人的公信度

2010年共选拔任用正处级干部25名、副处级干部19名。工作中均实行加权提名的办法，不论是投票推荐还是谈话推荐，都按照不同权重，对正高职称人员、正处级干部、校党政领导的票数进行加权核算，按得分多少进行排队推荐。有效地拓宽了选人视野，保证了好中选优、优中选强。

在2010年秋季干部调整中，根据岗位设置要求和学校处级干部队伍实际，将年龄偏大的干部调离了主要领导岗位，专门成立了党务与思想政治工作指导组和行政效能督察组，发挥了传、帮、带作用。特别是在副处级干部的选拔任用过程中。拿出12个岗位在全校公开选拔。在笔试环节，坚持"用什么、考什么"，得到大家一致认可。在公选面试环节，实行"大评委"制，由全校正处级以上干部做评委，扩大了干部选任的民意基础，增强了干部公开选拔的科学性。

四、开展廉政风险排查防控试点工作，不断深化反腐倡廉责任体系建设

作为全省5所高校廉政风险排查防控试点单位之一，学校党委专门成立了廉政风险排查防控工作领导组，召开了全校动员大会，设立了专职联络员并进行了专题培训；设计了《权力运行目录统计表》，全校47个单位根据各自工作职责的不同，共梳理填写了547项权力运行目录，基本涵盖了各单位所属的全部公共权力；全校各部门、各单位共提出拟制定的措施或制度280多项，得到了省纪委、省高校纪工委主要负责同志的肯定。

五、加强日常教育、管理和监督工作，着力创新廉政工作机制

坚持召开科级以上干部党风廉政建设工作会议和《廉政准则》专题培训活动；积极推进廉政文化进校园活动，先后与新提拔的50余名副处级以上干部进行了任前集体谈话。出台了学校党风廉政建设安排意见，与全校各部门、各单位党政主要负责人签定了《2010年党风廉政建设责任书》。继续实施学院党政联席会议制度。建立起了以工作实绩为主要内容的评价指标体系。

坚持推进校务公开工作，各部门、各单位年终财务公示已形成制度。坚持实施"阳光工程"，加强了对重点领域、关键环节和社会普遍关心的热点问题的监督。出台了学校《基建工程、修缮工程审计管理实施办法》，完成了全年各项常规性审计。

六、创新大学生思想政治教育，不断增强工作的针对性和实效性

继续深化“集体备课、分专题主讲”的形势政策课改革模式和思政研究生到学院担任兼职辅导员工作，不断推进思政课、党课、学生日常教育“三结合”试点工作；启动了青年马克思主义者培养工程，200多名学生接受了27个学时的专题理论培训和挂职锻炼。

紧紧抓住青年学生积极要求进步的政治热情，将党的基本知识教育纳入新生入学教育内容，年培训人数达到了4000多人次。建立了学生党建工作三级责任制，狠抓了阳光作业的三个环节，严格执行四级审查机制。严肃党内政治生活，坚持开展主题党日活动和社会实践活动，发挥了示范、带动和引领作用。

坚持开展为期半年的新生入学教育和为期12天的军事训练，继续推进“校友导航——成功者之路”教育工程，启动了“农大青年人文素质大讲堂”。出台了《大学生心理危机应对处理预案》。深入开展了“培育农民科学素质，服务农村科技创业”万名学生主题实践和主题调研活动，坚持推进大学生农业创业园区建设，大学生科技创新和创业计划竞赛蓬勃开展，多项活动走在了全省高校前列。

七、加强对教学、科研、社会服务工作的领导和推动，切实提高学校的办学水平和办学质量

学校5个一级学科博士学位授权点申报成功，一级学科博士点达到了6个，基本覆盖了90%的学科专业。积极推动新一轮本科人才培养方案的修订论证工作。班子成员坚持深入一线听课、检查和指导工作，及时解决存在的各种问题和难题。始终将学风和考风放在事关干部队伍作风建设的高度，加强领导，积极督查，有效地维护了正常的考试秩序。经过艰苦努力，2010年获得了推荐优秀应届本科毕业生免试攻读硕士研究生资格。

始终坚持党管人才原则，先后通过省委“百人计划”引进海外博士5人，学校博士总人数达到了7人。加大扶持和服务力度，设立专项资金，建立了校领导联系“百人计划”引进人才制度。2010年学校被确定为“山西省海外高层次人才创新创业基地”。有1名教授高票当选为国家小麦产业技术体系“十二五”冬春混播区岗位科学家。有7名教授当选省现代农业产业技术体系首席专家，5名教授当选副首席专家，首席专家人数占到了全省总数的50%。全校农科110专家、农企特派员等各类专家已近200多位，全年受邀实地服务160余次。坚持校党政领导带队，先后组织有关专家、教授赴介休、左云、武乡等10多个县市开展科技文化服务活动。

成立了“三农”服务中心和12个研究所（研究中心），积极参与全省三大现代农业示范区建设。2010年承担了太原市现代农业发展规划和太谷县全国现代农业示范区的规划工作，主持了介休市等10多个县域规划和近百个新农村建设规划。承接全省“阳光工程”农民创业培训和吕梁市大学生村干部农业技术培训工作，举办全省首批干部自主选学（农大基地）培训班，先后在有关县市建立“大学生村干部培训基地”7个，多层次开展培训工作。

八、坚持以人为本、服务师生的工作理念，不断推进和谐校园建设

学校党委始终将专项治理作为工作的重中之重，购买了电动巡逻车，组建了公寓学生安保员队伍，设立了标准化警务室，坚持开展安全专项检查。对南院进行了整体规划，通过做工作推动了全部住户的搬迁，解决了多年顽疾；对北院家属区环境进行规范化治理，重新编排了楼号，实施了硬化、绿化、亮化工程。

坚持举办小型专场“天天招聘会”活动，积极到各类招聘会上宣传推介毕业生。高度关注特困生、单亲家庭学生、少数民族学生和信教学生的思想状况，为200多名学生提供了勤工助学岗位，帮助56名特困新生通过绿色通道顺利入学。坚持对老专家、老教授、老领导、老党员以及生活困难的职工进行慰问，先后为副高、副处以上人员和35周岁以上干部职工进行了体检，受到了全校师生的好评。 （赵水民）

附：山西农业大学党委书记、副书记、委员名单

书　记：石扬令

副书记：董常生　岳文斌　崔富春（1月离职）　滑云龙（1月任职）

委　员：周富国（1月任职）　崔克勇　邢保荣　姚考文　田晓东（6月任职）　李玉冰（6月任职）　李长萍（6月任职）

山西师范大学党委工作概况

党委书记　倪生唐

2010年，在省委、省政府和省高校工委、省教育厅的正确领导下，学校党委高举中国特色社会主义伟大旗帜，以科学发展观为指导，深入贯彻落实十七大和十七届四中全会、五中全会精神，紧紧围绕我省转型发展、跨越发展战略，团结和带领广大教职员工，顽强拼搏，奋发进取，继续推进内涵发展、特色发展、和谐发展，各项工作均

取得长足进展，圆满完成了“十一五”既定的各项任务，学校呈现良好发展态势。

一、以科学发展观统领全局，推动学校又好又快发展

2010年，围绕完成“十一五”规划各项任务，实现学校建设“三大转变”奋斗目标，学校党委科学统揽各项建设，进一步推进了学校建设科学发展。

党的建设进一步得到加强。校级领导班子补充了两名成员，增加了两位党委委员。顺利完成处级干部换届和科级干部的聘任工作。启动青年干部重点高校挂职锻炼项目，进一步加强了中层干部队伍建设。通过进一步加强基层党组织建设和学习型党组织建设及创先争优活动的开展，进一步提高了各级党组织的战斗力。

教学质量工程取得新突破。物理化学教学团队入选国家级教学团队，实现我校国家级教学团队零的突破。新增国家级特色专业2个，使我校国家级特色专业达到6个，省内名列第一。承担了《教育规划纲要》颁布后第一个重大项目国培计划的教师培训任务。

国家级重大科研项目取得新进展。新获国家杰出青年基金项目、国家自然科学基金重点项目、国家973项目(子课题)。2010年共获国家课题26项，省级课题80项。

“磁性分子与磁信息材料实验室”正式被批准为教育部重点实验室，实现我校国家层面重点实验室零的突破。

学位点建设取得新进展。新增加艺术、公共管理、翻译、工程4个专业学位硕士点。艺术学博士后流动站开始招收第一批博士后。

师资队伍建设又有新提高。师资队伍中新增加了国家杰青、省高校优秀创新团队、省高校中青年拔尖创新人才、省高校优秀青年学术带头人等优秀人才。全年引进了47名优秀人才，其中包括1位学科带头人。全省教学基本功大赛上取得优异成绩，还首次荣获霍英东教育基金会高等院校青年教师奖。

对外合作与交流跃上新的水平。成功举办第七届全国师范大学联席会议。全年主办或承办了10多次重要国际国内学术会议。与广岛大学新签友好合作协议，与日韩两国的多所教育大学达成了合作意向，与国内院校、科研机构的合作关系不断深化和拓展。

办学条件得到进一步改善。全年完成教学楼等基建项目、覆盖三个校区的无线网络项目以及29项维修改造工程，总投入达5000多万元，是继50年校庆后，第二次投资高峰。

二、胜利召开第四次党代会，吹响新一轮发展号角

大会高举中国特色社会主义伟大旗帜，以邓小平理论和“三个代表”重要思想为指导，深入贯彻落实科学发展观，坚持“以人为本、崇尚学术”的办学理念，坚持内涵发展特色发展和谐发展战略，贯彻落实《教育规划纲要》，全面回顾历史，客观总结经验，深入分析问题，准确判断形势，科学谋划未来，确立了今后一个时期学校发展的指导思想，提出了“十二五”期间要全面实现战略转型，形成与教学研究型大学相适应的办学特征和办学水平，全面步入教学研究型大学行列的奋斗目标。并对人才培养、学科建设、科学研究、对外交流、社会服务、办学条件、体制机制建设，以及今后5年的主要任务和改革发展举措进行了系统谋划和全面部署。党代会通过的《党委工作报告》，描绘了学校发展的美好蓝图，是指导学校今后发展的纲领性文件。大会选举产生了新一届党委和纪检委领导班子。

党代会的胜利召开，标志着山西师范大学进入一个新的历史发展时期，吹响了新一轮科学发展的号角。会议总结了经验，谋划了未来，加强了团结，鼓舞了人心，振奋了精神，凝聚了力量，增强了信心，为进一步实现学校的科学发展提供了强有力的思想保证、政治保证和组织保证。

三、推进民主治校、依法治校进程，营造平安和谐有序的良好发展环境

2010年，学校继续在《山西师范大学依法治校规划(2006—2010)》的总体框架下，以建立先进性长效机制为根本目的，以推动制度完善落实为重点，以着眼解决影响和制约学校科学发展体制机制障碍为突破口，制定、修订、整合、完善了一批制度文件，进一步完善了学校制度体系。继续开展“五五”普法工作，并将法制宣传教育工作纳入新教师岗前培训和新生入学教育，广大师生法制意识和观念明显增强。普法验收总结工作在有条不紊进行之中。严格按照法律、规章、制度办事，在重大决策、招投标、招生、招聘、收费、干部提拔、职称晋升、津贴分配、学生和教职工违纪处理、师德师风、工作作风等方面都没有出现违纪违规现象。完成了教职工房屋产权办理发放工作，有效地维护了师生员工和学校的合法利益。

2010年，学校继续坚持校、院两级教代会，民主党派和老干部工作通报制度，充分调动了各方面积极性和创造性。学校被授予四星级教代会单位称号，通过了五星级教代会的检查验收。继续加强党务校务公开，实施信息公开管理办法，干部选拔任用票决制度，校领导接待日制度，及时处理网络留言，畅通民主渠道，充分保证了广大教职工的参与权、知情权、表达权和监督权，进一步发挥了师生员工参与民主决策、民主管理以及民主监督的作用。

大兴调查研究之风，校领导和所有中层干部深入各学院、各基层组织、课堂、基础教育一线，进行了四次大规模调研。在党代会期间，共收到各类问题和建议101条，其中已解决的65件，限期解决的9件，占总数的73%，需要在今后工作中逐步解决的27件，占总数的27%。领导听课月期间，梳理了教学工作的九类问题，进行了集中整改，进一步畅通了民意渠道，优化了学校决策，促进了学校科学发展。

2010年，学校进一步推进文明和谐单位创建活动，在年初被授予“山西省文明和谐单位标兵”荣誉称号后，提出要向

"国家级文明和谐单位"迈进的目标。为进一步总结经验,扩大成果,发挥先进典型的带头示范作用,举行了校内第一批文明和谐单位授牌仪式,对评选出的5个学院实行"文明和谐单位"挂牌运行。一年来,各学院、各单位围绕创建总目标,根据各自实际情况,明确思路,制定措施,明确职责,落实到人,形成了一级抓一级,层层抓落实,整体推进的工作局面,在创建内容、措施、方法上形成了新的特色。

继续抓好全校的安全稳定工作。坚持每月校长办公会议研究一次安全工作;加强安全教育,开展打击非法传销等专项教育,实现全校学生应急疏散演练全覆盖,提高学生安全意识和自我防范意识;落实综合治理层层责任制,积极排查和整改安全隐患;加强政保信息调研和收集工作,密切关注涉"法"人员动向,及时掌握学生思想动向,消除不稳定因素,特别是今年物价持续上涨,学校坚持做到了饭菜保质保量不涨价,确保了校园安全稳定和谐,营造了一个民意顺畅、充满活力、稳定和谐、团结协作、共谋发展的良好氛围。

四、高举中国特色社会主义伟大旗帜,全面加强党的建设和思想政治教育工作

着力在学习型党组织创建上下功夫。校党委坚持把思想理论建设放在首位,以校、院两级中心组学习、专题讲座、干部培训、自主学习等为主要形式,组织广大党员、干部深入学习十七届四中全会和五中全会精神、全教会精神、《教育规划纲要》等内容,用马克思主义最新理论成果武装全体党员,教育引导广大师生,进一步坚定了广大师生中国特色社会主义的共同理想,为学校各项事业的发展提供了强大的理论支撑。开展学习型党组织建设征文活动,共征集到论文280余篇。加强新时期马克思主义理论研究,获得教育部人文社科基金项目1项,获山西省高等教育研究优秀成果一等奖。坚持理论学习和实际工作紧密结合,进一步提升了全体党员、干部运用科学发展观指导实践,推动"三个发展"的主动性、积极性和自觉性。

着力在加强领导班子和干部队伍建设上下功夫。坚持党管干部、德才兼备、以德为先原则,全面实施了选拔任用干部票决制度,建立了干部选任工作的全程监督制度,推进了干部选拔任用工作的科学化、民主化、制度化,提高了干部选拔任用工作的透明度和公信度。新提任的40名正副处级干部,平均年龄为40.8岁,具有研究生以上学历或硕士以上学位的占73%,进一步改善了中层干部的年龄结构和学历结构。在科级干部聘任工作中,坚持公开职数、公开条件,坚持原则不动摇,坚持标准不走样,确保了136名符合条件的科级干部顺利走上新聘任的工作岗位。加大干部培训力度,开展了学习型党组织、《教育规划纲要》、十七届五中全会精神、袁纯清书记"7·29"讲话精神、"右玉精神"等系列专题培训和学习,选派三名年轻干部到兄弟院校挂职锻炼,进一步开阔了广大领导干部视野,提高了理论素养、创新意识、管理水平和创新能力,为学校科学发展提供了有力保证。

着力在增强基层组织的创造力、凝聚力、战斗力上下功夫。校党委坚持在基层党建工作方面进行大胆探索,强化了基层组织的功能,增强了基层组织活力。以创先争优活动为契机,明确活动主题,创新工作方式,形成了教工党支部争创"教书育人模范党组织"、"科研攻关先锋党组织"、"管理服务示范党组织",学生党支部争创"成才奉献和谐支部"、"科技创新示范支部"、"创先争优红旗支部",离退休人员党支部争创"老有所为好支部"的基层党组织建设模式。在"国培计划"顶岗支教学生党员中设置临时党支部和党小组,78名学生党员在奔赴顶岗支教实习学校前,向全校师生作出公开承诺,在校报连续刊发顶岗支教学生党员的"一句话心得",在全校师生中引起了强烈反响。

着力在加强和改进大学生思想政治教育工作上下功夫。2010年,学校继续加强辅导员队伍建设,着力构建辅导员队伍建设长效机制。加大招聘、培训、考核力度,新补充6名专职辅导员,辅导员队伍业务素质和工作能力得到较大提升。继续采取主题教育、专项教育、典型教育、基础教育相结合的方式,通过寓教于乐、丰富多彩的活动,将对社会主义核心价值体系融入于教书、管理、服务各个育人环节,突出正面教育,引导学生成长成才。继续完善学生心理健康教育体系,加大贫困生资助力度,推进就业服务体系建设,有力地促进了学生的健康、全面、和谐发展。本科生一次性就业率达到73.8%,三本生达到52.1%,专科生为67.3%,同期比较都有所上升。继续加强校园文化建设,举办大师论坛、诺奖论坛、社团活动月、大学生挑战杯、暑期"三下乡"等丰富多彩的活动,实行了项目化运作方式,进一步延伸了社会实践的内涵,强化了特色,锤炼了品格,增长了才干。

五、扎实推进党风廉政建设和反腐败斗争,为学校发展提供坚强保障

2010年,学校党委深入推进党风廉政建设,着力在党性党风党纪教育、惩防体系建设和学术道德建设上下功夫,进一步营造了风清气正的校园环境。

认真落实党风廉政责任制。校党委坚持事业发展和党风廉政建设工作同安排,同部署,同检查,同落实,不断强化和巩固"党委统一领导,党政齐抓共管,纪委组织协调,部门各负其责,依靠群众的支持和参与"工作格局。按照党风廉政建设责任制的要求,把廉政建设明确列入学校年度工作要点。年初对党风廉政建设及反腐败工作任务逐一进行分解,落实到具体班子成员、主管部门和责任人,加强监督、检查和考核,真正做到了一岗双责,使党风廉政建设工作呈现整体推进的态势。

加强党性党风党纪教育。2010年,校党委积极组织开展《廉政准则》学习、警示教育等活动,对新提任的40位处级领导干部进行了廉政谈话。对照《廉政准则》规定的52个"不准",组织单位认真分析查找本单位本部门党员领导干部廉洁从政方面存在的薄弱环节,采取自查、互查、帮查等形式,认真分析和查找在廉洁从政、廉洁从教等方面存在的问题,并认真加以整改,进一步树立了党员干部廉洁从政从教的良

好形象，在全校营造了以廉为荣、以贪为耻的良好氛围。

加强对权力运行的制约和监督。严格执行两个《条例》，加强党内监督，认真开好各级领导班子民主生活会，校级党员领导均参加了双重民主生活会。针对处级干部民主生活会，除分管校领导出席外，校党委还派出一名党委（副）书记出席，校纪委、组织部也分别派员列席，保证了民主生活会严肃认真，不走过场。以加大对重点领域和关键环节监督检查作为反腐倡廉建设的抓手和突破口，发挥纪委监察部门作用，纪委监察全程跟踪参与招生、考试、招聘、基建、维修工程和大宗物资、设备、图书采购的招投标，实行有效监督，没有收到家长、社会有关方面的投诉。认真开展执法监察，治理"小金库"，领导干部违反规定收送现金、有价证券、支付凭证和收受干股，以赌博和交易等形式收受财物，利用婚丧嫁娶收钱敛财等问题，有效预防了腐败问题发生。

坚持以党风带校风，继续加强师德师风建设、工作作风、学风考风建设，狠抓学术道德建设，确保了以教学育人为中心的各项工作任务的完成，进一步营造了风清气正的办学环境。（钱 成）

附：山西师范大学党委书记、副书记、委员名单

书　记：倪生唐
副书记：武海顺　刘子学　王心平
委　员：李德龙　畅伟杰（6月离职）
常乃军（6月任职）　卫建国（6月任职）
鞠　振（6月任职）　高　峰（6月任职）

中北大学党委工作概况

党委书记　师　谦

2010年，在省委、省政府的正确领导下，校党委坚持以邓小平理论和"三个代表"重要思想为指导，以开展创先争优活动和学习型党组织建设为契机，全面推进党的思想、组织、作风和制度建设，有力地推动了各项事业发展。省委副书记、省长王君，省委常委、组织部部长汤涛先后来校视察工作，对学校建设给予高度评价。

一、成功召开中北大学第一次党代会

按照《中国共产党章程》和《中国共产党普通高等学校基层组织工作条例》的规定和要求，结合学校实际，经上级党组织批准，召开了中北大学第一次党代会。会议认真审议并通过了党委工作报告和纪委工作报告，明确了"强化内涵、发展特色、提高质量"的总体思路，提出了学校今后几年的奋斗目标和战略重点；选举产生了中国共产党中北大学第一届委员会和纪律检查委员会。会议的召开，为提高学校党建工作的科学化水平，增强党组织的凝聚力和号召力，发挥党员在学校发展中的先锋模范作用，奠定了坚实的思想和组织基础。

二、认真开展创先争优和创建学习型党组织活动

根据省委和省高校工委的统一安排，紧扣"推动科学发展、促进社会和谐、服务人民群众、加强基层组织"的目标要求，明确主题，突出特色，全面推进创先争优和创建学习型党组织活动。认真开展了"一个党员一面旗帜"、"佩戴党徽"、争创"党员示范岗"、"书记论坛"、"党务干部培训"和公开承诺等系列活动。坚持把理论学习与解决实际问题相结合，创新了学习方式。校院两级中心组理论学习50余次，培训党员1000余人次，进一步引深了学习型处级领导班子、学习型支部创建活动，激发了广大党员、干部的学习和工作热情，营造了"比、学、赶、帮、超"的浓厚氛围，基层党组织的创造力、凝聚力和战斗力得到增强。

三、高度重视领导班子思想政治建设

坚持中心组理论学习制度，努力提高用中国特色社会主义理论体系武装头脑、指导实践、推动工作的能力。班子成员增强了贯彻落实科学发展观和党的教育方针的自觉性，思想政治素质和办学治校能力有了明显提高。坚持党委领导下的校长负责制，贯彻执行民主集中制，学校的重大问题和重要事项都要经过集体讨论决定。党委在抓大事、谋全局、管方向上发挥了领导核心作用，健全了党委统一领导、党政分工合作、密切协调配合的工作机制。

四、大力加强干部队伍建设

高度重视干部队伍建设，干部工作逐步走向规范化。在选拔任用方面，根据工作需要，严格履行规定程序，对43个处级岗位进行了补充调整。积极推进干部人事制度改革，不断完善干部选拔任用机制，扩大选人用人工作的民主，努力营造风清气正的选人用人氛围。在教育管理方面，积极完善民主测评、民主评议制度和干部考核办法，组织开展了对50个处级领导班子和171名处级干部的任期考核、学年度考核及试用期考核。成立了干部自主选学培训基地，开通了"中北大学干部在线学习中心"，集中开展了干部作风整治活动，干部的教育、培训和管理水平有了显著提高，在提高干部队伍整体素质上发挥了重要作用。

五、着力抓好基层党组织建设

根据《中国共产党章程》和《中国共产党普通高等学校基

层组织工作条例》的相关规定，组织完成各党总支、直属党支部的集中换届选举工作。充分发挥校院两级党校的教育培训职能，认真做好发展党员工作，全年新发展学生党员1887名、教工党员32名。坚持政治理论学习与业务知识学习相结合的原则，继续推进经常性教育工作，提高了党员的理论素养，增强了党员的业务能力。

六、切实加强宣传思想工作

坚持"围绕中心，服务大局，内聚人心，外树形象"的工作思路，抓好了理论武装工程，推动了以"太行精神"为核心的品牌校园文化建设工程的实施。组织开展了"太行大讲堂"、"中北文化节"、"太行精神宣讲"等活动，在教职员工中树立了正确的价值导向，营造了良好的发展氛围。重视哲学社会科学研究工作，配套专项经费，通过省部级课题鉴定20多项，获奖12项。全年社会各种媒体宣传学校60多次，提高了学校的声誉，扩大了学校的影响。

七、扎实推进反腐倡廉工作

以制定2010年党风廉政建设和反腐败工作任务分解实施意见为重点，进一步完善"党委统一领导、党政齐抓共管、纪委组织协调、部门各负其责、依靠群众支持和参与"的反腐败领导体制和工作机制。狠抓制度建设，强化源头治理，加强了招生录取、科研经费使用、财务管理、大宗物资（设备）采购及招投标、后勤管理、资产管理和基建项目等方面的制度建设。严格执行校内监督的各项制度，共审核设备采购合同33项，监督现场招标、设备验收110余次，涉及金额350多万元。对于校内各级干部的选拔考核、教师职称评定、一到四级岗位津贴评审、各类招生、重大考试、收费工作等进行了科学监督，不断提高了工作的透明度和师生员工的参与度。年内，共受理上级批转的来信3件、学校内部的来信13件，均按照权限规定进行了认真的调查与处理。

八、着力提高思想政治教育实效

坚持育人为本、德育为先，继续加强大学生思想政治教育。积极巩固主题班会制度，组织召开了主题班会座谈会，进一步推进了主题班会工作的开展；加强毕业生离校教育，进一步引导毕业生树立爱校意识，营造了健康和谐、安全文明的离校氛围；加大了"红色太行"网站的建设力度，巩固网上阵地，"红色太行"网站获得教育部授予的全国高校"百佳网站"称号；落实思想政治教育进公寓工作，辅导员在公寓内办公、值班，推进了公寓内学生思想政治教育工作的深入开展；以国家大学生文化素质教育基地为依托，逐步建立和完善了大学生文化素质教育体系，成功举办各类报告100余场；加强心理健康教育和咨询服务，促进了学生身心健康发展。

九、认真做好学校群团统战工作

一是指导校工会积极开展工作。在全校范围内开展中青年教学基本功竞赛活动，推进高素质教工队伍建设；积极组织文体活动，组织开展了教职工运动会、教职工休闲登山等活动，丰富校园文化生活；关心广大教职工生活，组织教职工进行短期疗养，重阳节期间，对老干部进行了慰问；探索女工工作新思路、新方法，4名女教师荣获省文卫体工委员会"魅力女性"和"和谐家庭"奖。

二是以深入开展创先争优活动为契机，坚持党建带团建，开展系列团建创新试点工作，加强了团组织自身建设。在全国"挑战杯"学术科技作品竞赛、"兴晋挑战杯"课外科技作品竞赛等大赛中，获奖283项；成立青年研究中心，积极开展《大学生政治关注度调查》等多项调研；以创建具有中北特色的校园文化为统领，组织开展了一系列精品文化活动，提升了校园文化活动品味。

三是进一步加强统战工作。组织召开了由各级政协委员、民主党派、无党派人士参加的中秋茶话会，认真听取意见和建议，发挥民主党派在学校改革发展中的作用；推荐4名民主党派人士到中央社会主义学院和省委党校接受政治理论学习；参加了省高校工委召开的高校统战工作会议；协助尖草坪区委统战部完成了统战对象在我校的培训工作。

十、积极创建平安和谐校园

围绕落实平安和谐校园建设，不断加强安全宣传教育，认真执行"一岗双责"和安全管理责任制，实现了全年安全无事故工作目标。坚持定期开展安全例会约谈、安全隐患排查整治和安全应急演练活动，加强了校内交通安全管理，有效提高了安全事故防控能力。积极推进校园门禁系统和校园监控系统建设。通过校长信箱、来访接待等，及时协调解决了有关师生关心的热点和难点问题。积极帮扶贫困学生、青年教职工、低收入教职工和离退休老同志的学习、生活和工作，以实际行动树立了党委联系群众、关爱职工的良好形象。

（张小明）

附：中北大学党委书记、副书记、委员名单

书　记： 师　谦

副书记： 贾锁堂　张惠选　常晓宝

委　员： 王宝儒　肖忠良　刘有智　韩　焱　潘晋孝　苏铁熊　王俊元

山西中医学院党委工作概况

党委书记　陶功定

2010年，在学院党政领导班子健全完善的形势下，在全体师生员工的共同努力下，深入开展创先争优活动和推进学习型党组织建设活动，胜利召开第三次党代会，不断加大教学内涵建设，稳步推进重点学科建设，全面启动专业建设与教学改革，新校区立项取得实质性进展，十二五事业发展规划起草完成，教学、科研、医疗等综合实力显著增强。

一、教学工作

教学质量工程建设成绩突出。2名教师被评为山西省普通高校教学名师，“补中益气汤对慢性萎缩性胃炎作用的分子机制研究”等2个项目被评为山西省普通高校大学生创新性实验项目，有机化学被评为山西省普通高校精品课程，中药分析实验室被评为山西省普通高校实验教学示范中心。积极组织申报省高等学校省级教学成果奖，获得一等奖1项，二等奖4项、三等奖1项的好成绩。

专业建设与教学改革工作稳步推进。按照“分类改革、整体推进”的工作思路，下达了第一批17项改革建设中标项目。各项目组围绕“一个中心”，实施“四个步骤”，层层递进，步步落实，营造了“人人关心改革，人人思考改革”的良好氛围。召开了第一批项目中期总结暨第二批项目启动大会，下达了专业建设与教学改革第二批招标目录和教材编写规范，重新定位了人才培养目标，构建了57个知识模块，344个门类，3597个知识单元，14389个知识点，取得了基础性的阶段成果，整体改革向纵深推进。

高水平运动建设再获佳绩。成功举办第十五届田径运动会和承办“黄河武校杯”2010年全省大学生武术锦标赛。组队参加全国中医院校第十届传统保健运动会，获得集体项目团体总分第三名，女子团体总分第四名、集体太极拳第一名及个人单项二块金牌的优异成绩。

对外交流活动日益活跃。成功举办了一期国际针灸及推拿技术临床应用培训班，得到了35名外籍学员的一致好评。成功举办了中华中医药学会对外交流与合作分会成立大会暨中医药国际交流合作学术研讨会。与美国费弗尔大学就互派教师和学生、科研等方面的合作签署了友好院校协议。日本大阪医科大学看护学部专家来校考察交流，国际交流与合作进一步增强。积极推进与新西兰梅西大学合作办学。10名师生顺利通过选拔赴梅西大学攻读硕士学位。

二、科研工作

筹备召开了2010年科技工作会议。对2006—2009年度101项科研项目、7项科技获奖成果、3项发明专利、151部著作、385篇论文和9篇SCI收录论文进行了奖励。

国家中药现代化科技产业（山西）基地建设办公室正式在学院挂牌。精心组织、成功举办了第一届现代中药农业发展论坛及华北地区道地药材规范化种植基地优化升级及系列产品综合开发研究项目座谈会，有力地促进了中医药的现代化水平。

科研经费再创新高。全年共申报科研课题98项，项目立项共27项，其中国家自然基金项目2项。累计获得各类纵向科研经费1315.6万元，顺利通过科技项目验收7项，科技成果鉴定项目3项，均达到国内领先水平。

启动十二五规划编制工作。按照《国家中长期教育改革和发展规划纲要》、《国务院关于扶持和促进中医药事业发展的若干意见》以及《山西省中长期教育改革和发展规划纲要》，为落实学院第三次党代会提出的“创建具有鲜明特色的高水平中医药大学”奋斗目标，在充分调研、酝酿的基础上，召开了八场不同层面的征求意见座谈会，数易其稿，形成了十二五规划的初稿。

三、后勤工作

后勤服务职能不断提高。后勤管理部门团结协作、务实奉献，高质量完成了供水设施、学生公寓、供暖管网、教学楼排污管道维修改造以及家属区综合整治工程。

新校区建设有序推进。紧紧抓住省政府建设规划新校区的绝佳机遇，积极向省政府以及上级主管部门申请入住在晋中市北部建设的山西省高校大学园区，获准批复征地912亩。在外出考察国内六省九所大学新校区建设成功经验与做法的基础上，着手实施新校区建设规划方案。

四、党建工作

胜利召开第三次党代会。按照省委和省高校工委的通知要求，成功召开了中国共产党山西中医学院第三次代表大会，审议通过了党委工作报告和纪委工作报告，选举产生了中国共产党山西中医学院第三届委员会和纪律检查委员会。会后，各基层党组织深入贯彻落实学院第三次党代会精神，全体师生员工立足本职，向着第三次党代会确定的目标努力奋进。

开展创先争优和学习型党组织创建活动。专题召开了深入开展创先争优活动和推进学习型党组织建设动员大会，印发了《山西中医学院深入开展创先争优活动和推进学习型党组织建设的意见》，明确了“坚持科学发展、内涵发展、特色发展，创建山西中医药大学”的活动主题，确立了“推动科学发展，促进校园和谐，服务师生员工，加强基层组织”的总体要求和核心目标。

加强党的思想建设。坚持党委中心组学习和理论学习制度，掀起学习科学发展观、社会主义核心价值体系，促进高等中医药教育的新高潮，提高了广大干部和教职工的思想理论素质。发挥院报、广播、橱窗等校内舆论阵地的作用，抓住重点，突出亮点，传递校园和谐音符，营造良好育人环境。不断加强对外新闻宣传，各级各类媒体的关注度不断提升，学院的社会知名度大幅上升。

加强党的组织建设。严格发展党员工作程序，严把发展党员入口关。全年发展新党员330名。举办两期入党积极分子培训班，共有575名学员参加培训，结业率达95.8%，为党员发展工作打下良好基础。落实《山西中医学院民主评议党员制度》、《关于对流动党员管理的规定》要求，认真组织了民主评议党员工作。作为全省干部自主选学试点单位，共有87名干部、114人次参加了培训。组织完成了中层干部述职述廉及年度考核测评工作。召开了院级和处级党员领导干部民主生活会。对第三中医院及院本部部分处级岗位进行了调整。积极配合省委组织部，做好了院级后备干部的推荐工作。

加强反腐倡廉建设。认真学习贯彻中纪委第十七届四次、五次全会和全省教育、卫生系统党风廉政建设工作会议及全省高校系统纪检监察干部大会精神，及时召开了全院党风廉政建设工作会议，安排部署了2010年党风廉政建设和纪检监察工作。深入贯彻落实《中国共产党党员领导干部廉洁从政若干准则》，制订了具体的实施办法。通过下发学习资料、组织中心组学习、开展知识考试，强化媒介宣传等方式，深化对全体领导干部、教职员工的廉政教育。同时，及时转发省纪委、省高校纪工委关于党员领导干部违法违纪典型案件的通报，组织全体处以上干部观看了警示教育录像片《天网难逃》，营造了廉洁自律的良好氛围。

认真落实党风廉政责任制。完善党政领导班子“一把手负总责，分管领导各负其责”的领导体制，制定了《山西中医学院2010年党风廉政建设和反腐败工作任务责任分解意见》，促进领导班子廉洁自律。健全完善惩治与预防腐败制度建设，强化了制度对易发腐败问题风险点的制约和监督作用，为学院各项事业发展提供了制度保障。积极开展民主评议政风行风工作，出台了《山西中医学院2010年民主评议政风行风工作实施意见》。切实履行监督职能，积极开展教育收费监督检查，全程监督了研究生和本科（对口升学、成人）招生、财务管理、基建维修、物资采购、处级干部考核、人才招聘、职称评审等工作，确保学院各项工作“公平、公正、公开”进行，切实维护了教职工权益。（郭宏鹏）

附：山西中医学院党委书记、副书记、委员名单

书　记：陶功定

副书记：贾学萍（女）　张俊龙

委　员：冯　海（2月任职）　冯前进　孙　玮（2月离职）　张　波（7月任职）　杨　波（7月任职）

太原师范学院党委工作概况

党委书记　田润华

2010年是我院发展历程中具有特殊意义的一年。一年来，在省委、省政府和省教育厅、省高校工委的正确领导下，院党委带领全院教职员工，高举中国特色社会主义伟大旗帜，以邓小平理论和“三个代表”重要思想为指导，深入贯彻落实科学发展观，认真学习贯彻党的十七届四中、五中全会精神和省九届十一次全会精神，以全教会精神和《教育规划纲要》为导向，科学规划了发展战略，明晰了重点任务，奋力拼搏，开拓进取，为学院上层次上水平做出了积极的努力，各项工作取得了突破性进展，保持了强劲的发展势头，为学院下一步发展奠定了良好的基础。

一、围绕中心工作，大力推进党建科学化、规范化

成功召开学院第一次党代会。经过半年的精心筹备，2010年9月，学院召开了第一次党代会，大会审议通过了题为《深入贯彻落实科学发展观 为加快提升我院办学层次而努力奋斗》的报告，明确了学院今后五年的奋斗目标和重点任务，选举产生了第一届党委班子和纪委班子，为学院实现科学发展理清了思路、鼓舞了人心、指明了方向。

深入开展创先争优活动。按照省高校工委的统一部署，从7月2日开始，学院开展了创先争优活动。院党委确定以“深入开展创先争优活动，努力做到‘五个好’、‘五带头’，实现‘三新’、‘三突破’，强化育人质量和学科建设，全面推进学院上层次上水平”为活动主题。出台了《中共太原师范学院委员会关于在全院基层党组织和党员中深入开展创先争优活动的实施方案》，明确了开展创先争优活动的总体要求、主要内容和方法步骤，活动在全院各基层组织迅速推开并取得了实效。

有序推进学习型党组织建设。制订出台了《关于推进学习型党组织建设的实施意见》和考核细则。对校（院）系两级中心组学习进行安排布置。组织了6次党委中心组专题学习，举办了2期“学习论坛”。开展了教育思想观念大讨论活

动，并举办了教育思想观念讨论专题学习论坛，组织各单位各部门对教育思想观念进行了广泛讨论，营造了学习氛围，取得了实际成效。

加强基层组织建设。对2010年度期满的基层组织进行了换届选举工作，这次换届中，把教师党支部建在教研室、学生党支部建在年级上，强化了党支部的作用。

重视干部队伍建设和党员队伍建设。进行了干部选任工作。提任副处级干部2人，平级调整副处级干部6人，改任调研员2人，对21名试用期满的处级干部进行了试用期考核，考核结果为称职的按期转正。完善了中层干部考核工作方案。制定了党校工作职责和党校培训工作规划，举办了7期党校培训班，对中层干部、总支书记、支部书记、共青团干部、辅导员、学生党员、入党积极分子进行了培训，培训达3149人次。组织了中层干部的自主选学工作，培训209人次，学习课时为5208学时，有147名中层干部参加了培训并全部取得培训结业证书。加大了党务干部调研学习工作力度，组织了党务干部赴上海、河北等地学习考察。发展大学生党员667人，教职工7人。完成了预备党员505人的转正工作。进行了民主评议党员工作，召开了庆祝建党89周年暨七一表彰大会，表彰了优秀党员和优秀党务工作者。

二、思想政治工作和师德师风建设创新发展

进一步推动了中国特色社会主义理论体系和社会主义核心价值体系进教材、进课堂、进头脑工作。召开了第二届大学生思想政治教育工作会议，表彰了大学生思想政治教育工作中的先进集体和个人，明确了今后一个时期我院大学生思想政治教育工作的总体思路。健全完善了思想政治教育的领导机制和保障机制。认真实施了思想政治教育“五大工程”。思政网运行进一步完善，更名为“行知网”，彰显了我院行知文化特色，更好地发挥育人功能。举办了“太行精神进高校”文艺演出及展览。

在全院组织开展了两年一度的“师德先进个人”评选活动，于教师节评选表彰了19名师德先进个人，进一步发挥了榜样的示范带动作用；继续坚持开展了“师德先进集体”评选活动。

三、学团工作取得新成效

深入南区调研学风建设的好思路、好做法，总结提炼出“南区精神”，并对教育活动提出了实施意见。积极把握学生思想动态，就学生的思想倾向、宗教信仰等诸多问题组织了两次问卷调查工作，对学生思想中存在的热点问题、倾向性问题等进行信息收集和调研分析。

加强了辅导员（班主任）队伍建设。强化了辅导员（班主任）的培训、督促检查工作，举办了两期辅导员培训班，成立辅导员工作沙龙，选聘了4名研究生充实到辅导员队伍当中。

开展了心理健康宣传月活动，为2400余名学生进行了心理健康状况测查。进一步完善了家庭困难学生的救助体系，实施了“阳光工程”。全年共为1313名学生申请到生源地助学贷款，贷款总额639.72万元。共有17名学生获得国家奖学金，总金额为13.6万元。有338名家庭经济困难学生获得国家励志奖学金，总金额为16.9万元。有2462名家庭经济困难学生获得国家助学金，总金额为367.38万元。评选出25名“行知之星”，奖金总额为5万元。确保了家庭困难学生顺利完成学业。

加强了团的组织建设。大力推进了学习型团组织建设，对11828名团员集中开展了团员民主评议活动。对33个团支部、607名优秀团员进行了表彰。组织了“大学生青年马克思主义者培养工程”骨干培训和团学干部骨干培训班，提升了广大团员的理论素养。

开展了第六届校园科技文化艺术节，活动覆盖9000余人次。组织了2010年寒暑期社会实践活动，并进行了总结表彰。积极组织参加了山西省第四届“兴晋挑战杯”大学生创业计划竞赛，报送参赛的11件作品中，7件获奖。以“五四”等节日为契机，广泛开展了主题教育活动。举办了“师魂颂”演讲比赛和烛光诗会。

四、统战、老干部和工会工作扎实推进

学院坚持了制定重大政策征求民主党派意见、重大活动邀请民主党派负责人出席、重大事件及时通报和集体通报学院工作等方面制度。组织开展了民主党派为学科建设出力活动；民盟成员赴夏县、左权进行了2次“扶贫示教”活动；民盟、九三学社有多位成员受到了中央一级的表彰。

认真落实好“两个待遇”，组织老干部赴青海、日照等地健康疗养；慰问了住院、家庭困难、过生日的老同志约280人次；重阳节、春节走访老同志约190人次。

25个分工会圆满完成了换届选举工作；举办了山西省2009年度本科院校中青年教师教学基本功竞赛；为690名女教职工进行妇科检查；组织了第五届教职工乒乓球比赛和第二届教职工“联通杯”歌手赛，丰富教职工的文化生活；广大教职工积极为玉树灾区捐款91911.7元；向甘南舟曲灾区捐款59581.6元。

五、安全稳定工作常抓不懈

开展了安全专项行动工作，召开四次安全稳定工作专题会议，对76条隐患集中进行了整改，已整改完成65条。严格坚持24小时值班、全天候巡逻检查制度。成立安全教育教研室，开展了“安全教育进课堂，应急演练全覆盖”活动，举办了“普及安全知识，创建平安校园”安全教育周活动，使学生树立起积极主动的安全防范意识。对师生思想状况、信教情况、社团活动情况进行了调查与摸底。并对境外师生全部建立了档案，及时掌握了境外师生的基本情况。

六、党风廉政建设稳步推进

认真学习贯彻了《廉政准则》，制定并下发了《中共太原师范学院贯彻落实〈中国共产党党员领导干部廉洁从政若干准则〉的实施办法》，对全院中层以上干部进行了《廉政准则》

专题学习培训，强化了领导干部廉洁自律意识。大力学习弘扬右玉精神，分别组织纪委委员、部分处级干部以及思政部教师赴右玉县参观学习。开展太原师范学院“廉政教育周”活动。开展了“五个一”活动。加大了监督力度，参与并监督了各类考试和招标活动。

七、学科建设成效显著，科研水平不断提升，申硕建设目标取得重大突破

学院以一级学科为建设平台，不断优化学科结构，突出特色学科，凝炼学科方向，加强团队建设。中国语言文学、地理学、数学被获批为省级重点建设学科，应用经济学、艺术学、计算机科学与技术获批为省重点扶持学科，成功申报山西省人文社科重点研究基地“汾河流域科学发展研究中心”，其中，汾河流域科学发展研究中心关于创建历史流域学的理论构想及水患灾害防治的一些建议，引起了中央领导同志的关注，并通过省委办公厅要求我院做出汇报。

组织申报各级各类科研项目260余项，获批国家自然科学基金项目3项，国家社科基金项目2项，国家社科基金艺术学项目2项，国家社科基金教育学项目1项，国家软科学项目1项，教育部人文社科项目3项，教育部人文社科专项任务项目1项，全国教育科学“十一五”规划教育部单位资助项目1项，山西省科技厅科技攻关项目3项，山西省科技厅自然基金项目2项，青年基金项目1项，山西省科技厅软科学项目15项，山西省留学基金项目7项，山西省社科基金项目9项，山西省教育厅人文社科及科技开发项目18项，山西省社科联项目11项。合计80项。

积极组织各类项目申报奖项，获得省级以上奖项12项。以组建10年庆典为契机，举办了学术活动周系列讲座、10年成就展、山西基础教育论坛等一系列学术讲座活动，全年共举办140场高层次学术报告。

八、育人质量继续提高，教育教学改革不断推进

加强教学管理，构建与完善以课程为核心的教学平台和管理平台；完善以教务行政系统、教学质量监控系统、教学信息系统、教学研究系统、教学保障系统为构成要素的综合教学管理体系，育人质量不断提高。

获批省级教学名师3人，省级精品课程1门，省级大学生创新性实验项目2项，省级人才培养模式创新实验区1个，省级实验教学示范中心1个；获批省教学成果奖一等奖2项，二等奖7项。组织申报校级教学名师5人，优秀教学团队8个，大学生创新性实验4项，人才培养模式创新试验区7个，精品课程14门，校级教改立项34项，校级教改结题15项。组织有关院系申报建设2个新专业（小学教育、信用管理），2个专业方向（休闲体育方向、软件工程方向）。对全院92个教研室和研究室的工作进行了全面检查，评出了27个“先进教研室”。

我院与加拿大希尔克学院签属了合作协议书，经山西省人民政府批准，2010年5月教育部批复，我校外国语专科部更名为中加希尔克学院。9月20日，中加希尔克学院举办更名揭牌仪式，副省长张平、教育厅厅长李东福发来贺信，省人大常委会副主任安焕晓、省教育厅副厅长贾坚毅等为中加希尔克学院揭牌。本年度招收512名新生，办学规模突破1500人，开放办学取得新成绩。

（侯学文）

附：太原师范学院党委书记、副书记、委员名单

书　记：田润华（女）

副书记：王尚义　王敬泽　王亦农

委　员：吴生彦　张瑞君　王川龙　侯学文　薛建武

运城学院党委工作概况

党委书记　师　帅

2010年，在省委、省政府、省高校工委和省教育厅的正确领导下，运城学院党委高举中国特色社会主义伟大旗帜，坚持以邓小平理论、“三个代表”重要思想为指导，认真贯彻落实党的十七大和十七届四中、五中全会精神，深入学习实践科学发展观，紧紧围绕应用性人才培养根本任务，以教学为中心，抓住“以评促建、大学文化建设、盐湖校区建设”三件大事，进一步解放思想，锐意进取，狠抓落实，进一步推进了学院建设发展。

一、以加强执政能力建设为核心，深入落实科学发展观，扎实推进党建工作

积极推进学习型党组织建设，努力提高干部队伍的思想政治素质。出台了《关于推进学习型党组织建设的实施意见》，全方位开展学习型党组织建设活动。党委中心组集中学习11次，重点学习了党的十七届五中全会、全国教育工作会议、省委九届十一次会会、《党员领导干部廉洁从政若干准则》、《国家中长期教育改革和发展规划纲要》等重要内容。组织处级干部培训18次，赴上海主题实践活动和赴右玉考察学习活动各1次，科级及以下干部培训18次。以“围绕系部建设，发挥好基层党组织作用”和“亮身份、明职责、树形象，扎实推进创先争优活动”为主题，举办了两期书记论坛。开展为玉树和舟曲两次献爱心捐款活动，激发了全院师生的爱国热情和社会责任感。

深入开展创先争优活动，不断加强党组织领导能力。在

全院深入开展创先争优活动，扎实进行“亮身份、明职责、树形象”公开承诺活动，紧密结合各单位和党员个人工作实际，进一步明确了各自工作职责和工作规范。完成了全院22个党总支、48个党支部的换届选举工作。举办了两期入党积极分子培训班，培训发展对象和预备党员1721名，发展党员597名，按期转正党员512名。任用、调整干部8名，加强了国际学院班子和学生工作干部队伍。

着力构建党风廉政建设长效机制，有效防范腐败现象滋生蔓延。组织中层以上领导干部学习了胡总书记在中纪委第十七届五次全会上的重要讲话精神和《廉政准则》，积极贯彻落实中纪委、教育部、监察部《关于加强高等学校反腐倡廉建设的意见》，出台了2010年纪检监察工作要点。通过上廉政党课，看警示教育片等活动，促进党员领导干部树立正确的权力观、地位观和利益观，提高遵纪守法、廉洁自律、拒腐防变的自觉性。

积极做好群团工作、离退休干部和统战工作。成功召开了学院一届三次教代会，审议通过了年度院长工作报告和财务工作报告。积极开展形式多样的教职工文体活动，关心师生切身利益。进一步完善团组织自身建设，积极实施青马工程。加强对离退休人员的组织和管理服务工作，积极落实老干部政治和生活待遇。召开了统一战线座谈会，形成了学院宗教工作的教育管理意见，充分发挥了统战工作的积极作用。在物价大幅上涨的情况下，及时发放了在职人员月人均300元、退休人员月人均240元的临时补贴，完成了2010年度夏季防暑福利、教师节奖金、取暖补贴、年终津贴发放。

二、加强教学管理，提升教学质量，扎实推进以评促建工作

学习研究本科教学评估新方案，改进完善以评促建工作。编印了《新方案解读》15篇，组织了教学系统、学生系统、领导及职能部门三次新方案学习会议，分解了办学理念、人才队伍、教学条件、教学工作、学生工作等项目组的工作任务，构建了学院本科教学评估数据库系统。开展“评学”工作，进一步完善了教学管理体系，提高了教学管理水平。

争取申报国家和省级教学资助项目，专业建设和课程建设取得重要成果。数学与应用数学专业、电子科学技术专业双双获批为国家特色专业建设点。旅游管理专业“5+1+2”人才培养模式被评为2010年省级人才培养模式创新实验区。物理与电子技术实验实践教学团队被评为山西省普通高校优秀教学团队。申报了信息管理与信息系统等4个本科专业、2个本科专业方向和旅游日语等5个专科专业。《金融市场学》和《有机化学实验》课程被评为2010年省级精品课程。两名教授被评为“2010年省级教学名师”。

进一步改善实践教学条件，提升大学生动手能力。出台了《运城学院应用性人才培养方案实践教学体系构建的实施意见》，完成了实验室与实践教学管理信息化平台建设及相关人员培训。完成了中央财政支持地方高校发展专项资金2010年项目计划及2010—2012年项目建设规划论证及申报工作，获得财政部200万元实验室建设经费资助。应用化学实验教学中心被评为省普通高校实验教学示范中心，获得30万元的经费资助。获批山西省大学生创新实验项目2项，设立开放实验项目28个，新建专业实习基地4个，完善教育实习基地40个，集中实习人数占到实习总人数的80%。

三、推动重点学科和科学研究不断突破，学院学术地位和社会地位进一步提升

科研项目申报取得较大进展。2010年共申报各级各类纵向项目81项，立项34项，横向项目3项。到账经费计127.95万元。国家自然科学基金项目取得历史性突破，两项国家自然科学基金项目立项。同时，年内争取到全国教育科学“十一五”规划自选课题1项。

科研成果不断丰富和提高。2010年，全院发表学术论文559篇，其中中文核心及以上221篇，三大检索和CSSCI检索论文30余篇，获专利1项。学术交流110人次，学术报告154场。“C语言程序设计公共课程项目教学法”获得省教学成果一等奖，另有二等奖1项，三等奖1项。在省“百部（篇）工程”评选活动中，获二等奖3项，三等奖3项，优秀组织奖1项。在省第六次社会科学成果评选活动中，获三等奖1项，优秀奖3项。全年科研成果数量和质量均较往年有了提高。2010年，共计发放科研奖励和补助128万元。

重点学科建设呈良性发展态势。应用数学学科共发表学术论文70余篇，其中核心及以上30篇，获省级及以上科研项目5项；成功引进山西省“百人计划”特聘专家加拿大罗瑞尔大学陈玉明副教授，在全省同类院校属于首家。管理科学与工程学科“财务与金融投资研究平台建设”项目获省教育厅资助，资助经费30万元；流程管理方向争取到全国教育科学“十一五”规划自选课题1项；共发表学术论文32篇（核心及以上14篇），获省级及以上科研项目2项。河东文化研究中心争取到省科技基础条件平台建设项目和省重点基地研究项目各1个，增聘校外2名专家参与河东文化研究，出版专著2部，发表论文4篇。学报荣获全国高校优秀社科期刊奖，“河东文化研究”栏目荣获全国高校社科期刊特色栏目奖。

四、大力实施“人才强校”战略，不断加强师资队伍建设

坚持党管人才的原则，引进和培养高层次、高水平人才。2010年，学院引进博士11人，硕士19人。积极鼓励一线青年教师在岗攻读博士，2010年共有10人外出攻读博士学位。评审教授3人，副教授10人，讲师19人。师资队伍结构更趋合理，整体素质进一步提高。

强化教师岗位培训，促进师资队伍建设健康发展。组织38名新进教师进行了岗前培训，318人次参加了教育部网培中心的精品课程师资培训，18名教师取得了“高等学校骨干教师培训证书”。25人次参加了由省教育厅师资培训中心组织的国家级精品课程培训。组织了教师课堂教学能力考核工作，举办了青年教师教学基本功竞赛活动和中青年教师教学

能力竞赛活动，推选出 9 名教师参加省教育厅和工会组织的竞赛活动，3 人获二等奖，并荣记省劳动竞赛委员会一等功。2009—2010 学年全院 8 个教学获奖项目共 143 人（项），获得 20.5 万元的奖励。

五、树立以学生为主体的办学理念，促进大学生德智体美全面发展

切实加强大学生思想政治教育。组织形势政策课 256 场，受教育学生上万人次。发放调查问卷 5590 份，多种渠道了解学生动态，开展大学生思想状况调研，对辅导员进行专题培训，针对性地做好教育引导工作。学院心理健康教育与咨询中心顺利通过省厅达标验收。开展了以健康从“心”开始为主题的心理健康教育宣传活动，对 2010 年 3760 名新生进行了心理健康普查，在各系成立了心理健康辅导站和班级心理互助小组，组建了一支以专职教师为骨干、专兼结合的工作队伍。

深入调查研究，积极完善学生素质拓展计划。开展素质拓展计划调研活动，按照“刚化原则意见，强化得分措施，简化认定程序，细化计分办法”的思路，全面修订了《运城学院学生素质拓展计划实施办法》，加大了素质拓展在学生工作考核中的权重系数，制定了专门的考核方案。年内，共有 900 多人次参加了全国大学生数学建模竞赛、全国大学生数学竞赛、CCTV 英语演讲比赛、全国三维数字化创新设计大赛、GE 智能平台全国大学生自动化控制大赛、全国大学生英语竞赛、山西省创业计划大赛、山西省“兴晋挑战杯”课外学术科技作品竞赛、山西省化学实验竞赛、山西省大学生定向越野比赛等各种专业性的比赛，获得奖励 70 余项。2010 年本科学生毕业率为 98%，学位授予率为 96.5%，英语四级通过率为 56.9%，考研录取率为 17.4%，学生体质健康测试合格率为 99%。

大力推进大学文化建设，提升文化软实力。在坚持抓好“五个一”和谐文化活动的同时，突出抓好“一系一品”校园文化建设活动。组织开展了“高雅艺术进校园”、“激情红歌比赛”、“大学生校园歌手大赛”和“经典演绎英语话剧演出”、“社团联展”、“文化套餐”等校园文化活动，丰富了校园文化生活。思想政治工作专题网站——虹网通过了省教育厅验收，获得专家好评。积极参与教育部校园文化优秀成果评选活动，《学生论坛——搭建育人平台》在省内胜出后，进入全国评选。在院报开设“校园文化优秀成果巡礼”专栏，对优秀文化成果进行大力宣传。《光明日报》、《中国教育报》、《山西日报》等国家、省市媒体对学院的先进事迹作了报道宣传。

完善贫困生资助体系，帮助贫困学生完成学业。落实各项资助政策，受理困难学生认定 7231 人，受理生源地信用助学贷款回执 1007 人，设置勤工助学岗位 278 个，发放勤工助学补助 26 万余元；落实国家助学贷款 226.589 万元，受助学生 561 人；发放国家奖学金、励志奖学金、国家助学金 2778 人次，共计 543.6 万元。同时，发放学院奖学金 6297 人次，共计 152 万余元。

高度重视大学生就业工作，为大学生就业创造条件。落实院、系两级就业工作责任体系，就业指导课纳入必修课程，举办学院毕业生就业洽谈会，组织各种专业招聘会，2010 年，学院毕业生就业率达 91.2%。

六、全力推进盐湖校区建设，着手筹备 2011 年第一批搬迁工作

土地审批方面。2010 年，完成 728 亩土地审批手续，正式批复建设用地 1730 亩，基本满足一期建设工程需要。建设资金方面。置换资金累计完成 1.79 亿元，通过远东国际租赁公司融资 5000 万元，完成工商银行贷款 1 亿元，煤炭可持续发展基金累计拨付 3850 万元，学生公寓和后勤服务楼后勤社会化引资建设完成投资 7800 余万元。工程进展方面。学生公寓、学生食堂通过初验，后勤服务楼安装工程接近尾声。第一、第二实验实训中心、综合教学楼正在安装和装修工程。锅炉房主体基本完成；河东大讲堂、主校门和东西次校门、校园市政工程施工进展顺利。教学行政楼、美术楼、艺术长廊、体育场和绿化已开工，学生食堂招商引资全面铺开，安居工程已着手实施。各项工作进展顺利，确保 2011 年实现搬迁。

七、做好安全稳定、后勤保障、资产管理等其他各项工作，切实保证学院工作全面顺利进行

院党政高度重视安全稳定工作，制定了《运城学院学生安全教育实施方案》，积极落实安全教育进课堂活动。坚持安全教育工作经常化，安全卫生巡查制度化。开展了以交通安全知识、防灾减灾知识和禁止传销等为主题的宣传教育活动。认真做好安全隐患排查整改工作，强化了校园交通和外来人员的安全管理。加强消防安全四个能力建设，组建了 873 人的消防志愿者队伍，开展了应急疏散演练，省消防总队授予学院“消防安全四个能力建设二星级单位”。省平安校园检查组考核后，充分肯定学院安全工作站得高，安全教育有特色有创新，应急工作建设扎实，被评为 2010 年山西省创建平安校园先进单位。

积极做好后勤服务工作，强化后勤文化建设，采取有效措施稳定了饭菜价格，确保了饭菜质量和食品安全。积极开展了学院资产管理信息系统资料填报核实工作，完成了对二、三级资产管理部门的资产建账、建卡工作，积极组织教职工住房货币化申报补贴工作，进一步改进教职工住房管理。完成了清理“小金库”工作、危房改造工程的收支核算和小高层的决算工作。监督和服务并重，积极开展审计工作，不断规范审计行为，全年审计金额 4997.6 万余元，核减金额 123.25 万余元，提出合理化建议 19 条，发挥了审计免疫系统作用。

（张伟峰）

附：运城学院党委书记、副书记名单

书　记： 师　帅

副书记： 姚纪欢　赵小狮　安建平（12 月离职）

长治学院党委工作概况

党委书记　张富明

2010年,在省高校工委、教育厅的正确领导下,学院党委认真贯彻落实党的十七届四中、五中全会精神和党的教育方针政策,深入学习实践科学发展观,以加强学习型党组织建设、开展"创先争优"活动为主线,大力加强内涵建设,不断提升办学质量,锐意创新,开拓进取,各项工作都取得了新进展。

一、党建和思想政治工作进一步加强

(一)完成基层党组织换届选举工作。根据省高校工委的安排部署,2010年3月底至4月初对全院14个党总支、36个党支部进行了换届选举。换届选举工作的完成,进一步健全完善了基层党组织,为召开长治学院党代会提供了组织保证。

(二)召开第一次党代会,明确未来发展目标。2010年6月,学院成功召开了升本后的第一次党代会。会议认真总结了上次党代会(2001年晋东南师专第二次党员大会)以来的工作,深刻分析了党的教育对高校改革发展提出的新要求,科学审视了学校发展建设在新阶段的形势与任务,明确提出了学校今后几年的发展目标、战略任务和工作思路,即:"以科学发展观为统领,以迎接教育部合格评估为契机,适度控制办学规模,加大内涵建设,全面突出重点特色专业和课程建设,优化内部管理,创建和谐校园,全面提升人才培养、科学研究和社会服务能力,尽快把我校建设成为地方特色鲜明、水平较高的教学型本科院校为重点"。

会议听取和审议了学院党委工作报告、学院纪检委工作报告,选举产生了新一届委员会和新一届纪律检查委员会。会议的召开对加强学校党的建设、充分发扬民主、促进党内政治生活更加民主化、正常化,进一步提高领导班子的领导水平、执政能力和拒腐防变能力,促进学校各项改革和建设事业的顺利进行指明了方向,产生了深远影响。

(三)努力构建学习型党组织建设。学习型党组织建设,是新时期提高党的执政能力、保持党的先进性,推进中国特色社会主义伟大事业和党的建设新的重大工程,院党委认真学习贯彻上级精神,起草下发了《关于全院推进学习型党组织建设实施方案》,明确了总体要求、学习内容、方法和途径、组织领导。坚持以科学发展观为指导,按照科学理论武装、具有世界眼光、善于把握规律、富有创新精神,紧紧围绕改革发展稳定大局,紧密结合学校工作实际,以学习中国特色社会主义理论体系、学习实践科学发展观、学习实践社会主义核心价值体系、学习《国家中长期教育改革发展规划纲要》和全国教育工作会议精神等为主要内容,认真抓好了党组织学习和党员学习。院党委及各党总支中心组在学习中带头学习,每学期不少于4次,每次不少于4学时,中心组成员按时撰写了学习体会。全校举办了副处以上干部学习研讨班,认真学习了胡锦涛同志重要讲话精神,邀请山西省委党校刘树信教授作了题为《执政党自身的改革创新》的专题讲座。赴大寨接受革命传统教育,学习自力更生、艰苦奋斗、与时俱进、艰苦创业的大寨精神。通过学习,对党组织的凝聚力、战斗力、党员干部的素质和思想政治觉悟起到了积极的推动作用。

(四)创先争优活动成效显著。根据省高校工委和省教育厅党组《关于在全省教育系统党的基层组织和党员中深入开展创先争优活动的实施意见》的精神,学院党委成立了创先争优活动领导组及办公室机构,制订了《关于在全院党的基层组织和党员中深入开展创先争优活动的实施方案》。活动中,学院党委和各党总支紧紧围绕加强内涵建设、提高教育教学质量,培养合格人才的主题,按照"五个好"和"五带头"要求,开展了丰富多彩、各具特色的活动,踊现了一批先进集体和先进个人。在开展"心系灾区、奉献爱心"募捐活动中,学院全体党员干部为青海玉树地震灾区捐款103673.80元。

(五)切实加强思想政治教育工作。发挥"两课"主渠道作用,院党政领导亲自授课,邀请专家开办讲座,在师生中广泛深入地进行形势政策教育。举办了处级干部安全知识答题竞赛活动,召开了学院思想政治工作研讨会,传达学习了中央关于大学生思想政治教育工作文件精神,学习了省教育厅和高校工委有关会议精神,对学院进一步做好学生思想政治工作起到了积极的推动作用。

(六)积极做好党员发展工作。以各党总支为单位,分两期培训入党积极分子1000余人,按照"坚持标准、保证质量、改善结构、慎重发展"16字方针,2010年分两批发展党员441人,其中教工9人。学院现有学生党员917人,占到学生总数的9.5%。

(七)进一步加强干部队伍建设。严格按照党中央《党政领导干部选拔任用条例》和学院党委《选拔任用干部的实施方案》,根据工作需要,选拔任用正处级干部7人,副处级干部6人,正科级干部2人,并对16名处级干部、8名科级干部进行了轮岗交流。

根据省委、省高校工委的要求,以学习右玉精神、转变工作作风,贯彻党风廉政建设为主题,召开了校级领导班子及成员和系处级领导干部民主生活会。院领导参加了各党总支的民主生活会,并对"创先争优"活动进行了点评。根据学院党委的安排部署,对学校80余名副处级以上干部进行了年度考核。

(八)大力推进党风廉政建设。召开了2010年党风廉政建设工作会议，认真学习贯彻了党的十七届四中全会和中纪委第五次全会及全省高校党风廉政建设会议精神，安排部署了学院2010年党风廉政建设工作。

注重预防，加强廉政教育。邀请中纪委原副局级纪检委员邵景均研究员为我院师生作了反腐倡廉专题报告。全校副科级以上干部和部分学生代表参加了报告会。在正确认识反腐倡廉形势、加强综合治理、抓好廉政建设，正确认识违纪与违法、不廉洁行为、怎样远离腐败等问题上受到了深刻教育。邀请长治市检察院王慧勇副处长做预防职务犯罪专题讲座。组织观看反腐教育片，进一步增强了党员干部廉洁从政、从教意识。教育活动被省高校工委转载报道。

完善制度，规范工作。出台了《长治学院纪委会议规则》，进一步健全了决策权、执行权、监督权等管理职能。按照“谁主管、谁负责”的原则，制定了《长治学院二〇一〇年党风廉政建设和反腐败工作任务分解意见》，进一步明确了党风廉政建设反腐败工作责任主体，并采取不定期抽查和集中考核的方式，认真抓好责任分解、责任考核，使责任制真正落到了实处。

（九）重视校园文化建设，努力构建和谐校园。坚持以“为学生成长成才服务”为重点，紧紧围绕学院党政中心工作，在青年学生中开展科技、校园文化社会实践等主题社团活动，提高了学生综合素质。组织“青年马克思主义培养工程”暨团学干部培训会，完善了学院学生组织运行机制，提高了学生干部的理论素养；成功举办了第18届校园文化艺术节；组织暑期“三下乡”大学生社会实践活动团队展开实践调研，开展“太行精神伴我行”主题思想教育实践活动，深入打造“长治学院青年大讲堂”精品校园文化建设品牌，2010年组织了近20场讲座，逐渐形成了具有学院特色的“百家讲坛”模式；稳步推进就业见习工作，成功举办“就业见习岗位对接会”；努力建设志愿品牌服务队伍，圆满完成了多项志愿服务工作，开阔了学生的知识视野、加深了学生对社会变革的深刻认识，全面提高了综合素质，增强了社会适应能力。

二、教学质量、教学水平稳步提升

学院党委坚持“以教学为中心、以学生为主体、以专业建设为龙头、以师资队伍建设为重点，增强全体教职员工的服务意识，促进学生素质全面提高”的办学理念，积极转变教育观念，深化教学改革，教学水平与教学质量有了新的提高，进一步得到社会认可。

（一）召开2010年教育教学质量工程建设大会。认真贯彻中共中央、国务院发布的《国家中长期人才发展规划纲要》和《国家中长期教育改革和发展纲要（2010—2020年）》文件精神，全面总结分析近年来学院教育教学工作，对在教育教学工作中涌现出来的先进集体和先进个人进行了表彰，对今后一个阶段学院的教育教学改革发展工作进行了再动员、再部署，为全力打造教育教学质量工程，将学院建设成为地方特色鲜明、水平较高的教学型本科院校，进一步奠定了基础。

（二）实验室建设逐步推进。为新闻学、法学、旅游管理、体育教育和艺术设计等专业新建了模拟法庭、模拟导游、人体解剖生理、营养保健实验室、艺术多媒体计算机实验室和8个多媒体教室；为理、化、生和计算机系新建30多个专业实验室；为外语系改造、新建了数码语言实验室和视听教室。在学校原有生物实验室、基础物理实验室两个省级本科基础课教学示范实验室的基础上，计算机教学实验中心、化学实验室和语言教学实验中心等3个实验室被再次评为山西省高等学校本科基础课教学示范实验室。学院省级本科基础课教学示范实验室达到了5个。

（三）专业建设进一步加强。坚持以社会需求为导向，以人才培养为根本，积极调整专业结构与布局，改造老专业，增设新专业。目前，历史学、生物科学两个专业评为校级重点建设专业；历史学、数学与应用数学、生物科学和音乐学等4个专业被评为校级人才培养模式创新实验区。其中历史学和数学与应用数学两个专业还被评为山西省普通高等学校人才培养模式创新实验区，生物科学专业被教育部、财政部评为高等学校特色专业建设点，音乐学专业成为教育部高等学校艺术类教师教育课程改革试点专业。

（四）科研工作再上台阶。2010年，纵向科研项目共立项38项。发表学术论文242篇，其中在SCI上发表论文7篇；在EI上发表论文1篇；在国家级学术刊物与核心期刊上发表论文49篇；出版论著12部，申请专利2项。获省自然科学基金一项，其他省级项目10项。成立了“太行山生态与旅游研究中心”，生态学学科被评为省重点扶持学科。

（五）师资队伍建设取得新成绩。坚持实施人才强校战略，根据科学发展规划，调整人才引进政策，积极引进高水平教师，录用高学历人才，选拔和培养优秀青年教师，全力支持中青年学术带头人、学术骨干和学术梯队的成长。2010年，引进博士1名，硕士研究生7名。学校师资队伍整体素质不断地得到提升。

（六）教学质量稳步提高。提高教学质量是学校生存和发展的生命线。随着学校条件的不断改善和管理的不断加强，教育教学质量不断提高：非英语专业学生参加全国大学英语四级考试及格率逐年提高，2010届毕业生及格率达到了81.2%；本科毕业生考研达线率逐年上升，2010年文理科各专业平均为36.4%，音乐、体育、美术各专业平均为10.8%；数学建模比赛连年取得好成绩，体育系健美操队在世界啦啦队健美操中国赛区比赛中获得冠军等。

三、基本建设取得突破性进展

南校图书馆正式投入使用，完成了30余万册图书的搬迁上架和开放工作，为师生提供了科研、教学、学习的良好环境。南校区“圣人广场”、校园道路基本建成。绿化、美化、净化的校园环境初步形成。南校大门正在建设当中，预计2011年上半年投入使用。北校实验楼（1号教学楼）改建结束，投入使用。对北校冬季取暖锅炉进行了检测维修，保证了师生冬季正常取暖。

（霍笑波　秦晋荣）

附：长治学院党委书记、副书记、委员名单

书　记：张富明

副书记：李忠康　成洪才　郭爱民

委　员：茹文明　赵水琛　武有祯（6月任职）

张玉水（6月任职）　王建平（6月任职）

晋中学院党委工作概况

党委书记　解根法

2010年，在省委、省政府和省高校工委的正确领导下，晋中学院党委团结带领全院师生员工，紧紧围绕科学发展主题，牢牢把握教育发展形势，进一步扩大办学规模，改善办学条件，深化内涵建设，强化内部管理，各项事业取得显著成效，为学院又好又快发展奠定了良好的基础。

完成基层党组织换届选举工作。按照《中国共产党章程》、《中国共产党普通高等学校基层组织条例》等有关规定和精神，完成了全院23个党总支和69个党支部的换届选举工作，积极推动了学院政治生活的正常化和制度化，党的基层组织建设得到进一步加强。

胜利召开晋中学院第一次党代会。大会听取和审议了中共晋中学院委员会和纪律检查委员会的工作报告，选举产生了中共晋中学院第一届委员会和纪律检查委员会，确定了"2011—2025年"学院"三步走"中长期发展战略、"十二五"期间学院办学规模、人才培养等各项事业的发展目标，提出了实现"十二五"规划目标和中长期战略的主要措施。大会的召开，进一步激发了广大党员的政治热情，增强了政治责任感和历史使命感，为推动学院改革发展奠定了坚实的组织保障和群众基础。

深入开展创先争优活动。按照上级要求，结合学院实际，制定印发了《关于在全院党的基层组织和党员中深入开展创先争优活动的实施方案》。活动中，各级党组织高度重视，以创建"五个好"先进基层党组织、争当"五个带头"优秀党员为目标，积极开展了"岗位奉献"、"公开承诺"、"服务师生"等系列活动，激励广大党员争当师德楷模、学习标兵、业务能手、服务模范，达到推动学院科学发展，办人民满意教育的目标要求，取得了实实在在的阶段性成果。

扎实推进学习型党组织建设。按照以学习型党组织建设带动学习型校园建设的工作思路，成立了学习型党组织建设领导小组，印发了《晋中学院关于推进学习型党组织建设的实施方案》，开辟了"晋中学院学习型党组织建设专题网站"，组织师生员工开展了学习型党组织建设主题征文活动。院党委发挥"先学"作用，完善"领学"功能，先后学习了《中国共产党党员领导干部廉洁从政若干准则》、《国家中长期教育改革和发展规划纲要（2010—2020年）》、省委书记袁纯清在全省领导干部大会上的讲话等重要内容。通过加强学习，党委班子对党建工作新的理论成果的认识进一步深化，对制约学校科学发展的问题认识进一步提高，把握和驾驭高等教育发展的能力进一步增强。

承办全省高校网络思想政治教育工作座谈会。2010年7月，由山西省教育厅主办，学院承办的由全省56所高校参加的山西省高校网络思想政治教育座谈会在学院召开。作为全省高校网络思想政治教育的典型，学院在座谈会上作了主题汇报，介绍了近年来学院党委大胆创新思政工作方法，以学生为主体，以网络为平台，寓思想政治教育于学生学习生活的关爱和服务之中的经验做法，受到了省教育厅和兄弟院校的一致好评。

隆重表彰"三育人"先进集体和个人。为在全院营造尊重知识、尊重劳动、崇尚先进、赶超先进的良好氛围，召开了庆祝第26个教师节暨"三育人"先进集体和先进个人表彰大会，对近年来在教书育人、管理育人、服务育人方面涌现出的15个先进集体、90名先进个人予以了隆重表彰。暑假期间，结合学习型党组织建设，学院组织"三育人"先进个人参观了上海世博会，赴华东五市进行了考察调研，取得了良好效果。

学科专业建设取得长足进展。学院新增思想政治教育和历史学两个本科专业，使本科专业达到30个；经济学、教育学、新闻学、音乐表演、艺术设计、信息与计算机科学、生物技术等7个专业获得学士学位授予权，学院学士学位授予专业达到19个；音乐学专业被教育部批准为第六批高等学校特色专业，获得20万元国家资助经费，实现了学院国家级特色专业零的突破；无机及分析化学专业被评为省级精品课程。

教学质量工程取得丰硕成果。2010年，学院有15个教育教学改革研究项目被列入山西省普通本科高等教育教学改革研究项目名录，获准正式立项。有2项教改成果获得山西省教学成果二等奖，确立了2010年度院级"质量工程"项目42项。

师资队伍建设得到进一步加强。2010年，引进硕士研究生教师10名，专任教师硕士比达到60%以上；3名教师晋升教授，12名教师晋升副教授，专任教师高级职称比达到30%以上；两位教授被评为省级教学名师，省级教学名师总数达到6人。

学术文化交流氛围更加浓厚。邀请一大批国内知名专家学者、企业家、艺术家走进学院，开展了包括语言、音乐、经济、政治、管理、文学、美术、摄影、就业创业等众多领域的专题讲座和报告共计60余场，听众达1.8万人次，极大地丰富了广大师生的知识，开阔了广大师生的视野。2010年，省级以上科研课题立项共22项，在省级以上刊物发表论文200

余篇。

开展形式多样的校园文化和实践教育活动。坚持以学生为中心，积极营造“积极向上、清新高雅、文明健康”的校园文化氛围。举办了第六届校园文化艺术节、第六届校园歌手大赛、第五届英语演讲大赛、第七届社团活动月、第六届田径运动会、纪念“一二九”定向越野等一系列校园文化活动中。大学生暑期文化、卫生、科技“三下乡”社会实践活动中。志愿者们深入到乡村和社区，开展了形式多样、内容丰富的宣传实践活动，受到地方干部群众的热烈欢迎。学院被团省委、省教育厅授予“大学生暑期三下乡社会实践优秀组织奖”和“山西省大学生第四届‘兴晋挑战杯’创业计划大赛优秀组织奖”。

积极开展“阳光工程”，切实做好经济困难学生的资助工作。2010年，学院通过“绿色通道”共接待特困新生246名，缓、减、免费用达98万元；办理贫困生贷款1100余人次，贷款金额累计达700多万元；通过评审产生国家助学金2797人，发放金额419.55万元；国家奖学金19人，发放金额15.2万元；国家励志奖学金381人，发放金额190.5万元。

积极推进毕业生就业创业工作。坚持以就业为导向，以服务为宗旨，采取多种有效措施，内引外联，积极开展就业指导服务，引导大学生转变就业观念，大力推进毕业生报考“特岗计划”、“西部计划”、“三支一扶”、村官和入伍预征工作，努力创建在校大学生创业实践教育基地，为大学生步入社会实现自主创业创造良好条件。举办了毕业生就业双向选择洽谈会和用人单位校园专场招聘会，到会用人单位248家，为毕业生提供就业岗位5000余个，达成就业意向1800余个。

教职工福利待遇进一步改善。学院以“科学发展上水平，人民群众得实惠”为指导，巩固和扩大学习实践科学发展观活动成果，积极拓展筹资融资渠道，努力改善教职工生活福利待遇。先后筹措资金1500万元，兑现了2006-2009三年的班主任津贴，以及2008—2009一年半的教职工岗位津贴、教师代课费。

新校园建设取得重大进展。2010年，经山西省人民政府批准，学院进入高校新校区，规划占地1190亩。10月，组织中层干部到全国十几个省市进行了新校园建设实地考察，开阔了视野，学习了解了新校建设的经验和教训。

深入开展党风廉政建设。2010年，学院党委严格执行党风廉政建设责任制，把反腐倡廉工作纳入学院总体工作规划，寓于各项工作之中，通盘考虑，协调推进。制定出台了《2010年晋中学院领导班子成员党风廉政建设和反腐败工作任务责任分解意见》，对班子成员在学院党风廉政建设和反腐败工作中的责任范围和责任内容做出明确规定；认真组织学习了《中国共产党党员领导干部廉洁从政若干准则》，制定了《晋中学院关于贯彻落实<中国共产党党员领导干部廉洁从政若干准则>的实施方案》；举办了首届廉政文化作品展，在全院营造了“以廉为荣、以贪为耻”的校园廉政文化氛围，形成了反腐倡廉建设工作整体合力，为学院改革发展稳定提供了健康保证。

（王　栋）

附：晋中学院党委书记、副书记、委员名单

书　记：解根法

副书记：孙建中　马建华　史忠新

委　员：刘润生　杨高才（6月任职）

广播电影电视管理干部学院党委工作概况

党委书记　李远程

2010年，广播电影电视管理干部学院党委在省委及省高校工委的领导下，认真贯彻落实省高校工委各项工作部署，深入学习党的十七大精神和《国家中长期教育改革和发展规划纲要（2010—2020）》，全面落实科学发展观，围绕教育教学和人才培养工作，以深入开展创先争优活动和学习型党组织建设为抓手，以加强基层党组织建设为重点，以提升办学层次为目标，以党风廉政建设为保障，狠抓党委核心领导作用的发挥，进一步增强了党组织的凝聚力、战斗力，为教育和培养广播电影电视人才作出了突出贡献。

一、深入开展创先争优和学习型党组织建设活动，进一步提高了党员干部的思想政治水平

按照上级安排部署，学院党委积极组织开展了创先争优活动，成立了活动领导小组，召开了动员大会，制定了实施意见，明确了“推进党建和内涵建设科学化，建设具有鲜明特色的传媒艺术学院”的活动主题。以加强内涵建设、加强队伍建设、加强专业建设和全面提升办学层次工作为载体，组织学院各级党组织和全体党员开展了“创建先进党组织、争做育人模范、争做成才先锋、我为学院作贡献”特色活动。

为深入推进学习型党组织建设活动，修订了《党委、党总支两级中心组学习制度》，制定了活动方案，以党的十七届四中、五中全会、山西省委九届十一次全会等会议精神以及省委书记袁纯清同志的讲话为学习重点，严格落实学习制度，认真开展调研活动，积极探索新形势下高等教育的发展规律，保证了学习的层次和水平，切实提高了党委班子的科学决策能力和管理水平。活动中，坚持校内培训与校外培训相结合的原则，组织1人参加了省委党校领导干部培训班学习，组织37名处级干部参加自主选学培训，开办了第五期干

部培训，并组织中层干部赴上海交通大学进行学习交流，进一步提高了干部队伍整体水平。

二、以召开第二次党员代表大会为契机，不断加强党的组织和队伍建设，进一步强化基层党组织战斗堡垒作用

2010年6月，组织召开了第二次党员代表大会，全面总结了四年来的工作，选举产生了新一届委员会和纪律检查委员会，进一步明确了创建具有鲜明特色的山西传媒艺术学院的奋斗目标，在全院上下营造了为实现学院建设奋斗目标做贡献的浓厚氛围。

根据《党章》和《中国共产党普通高等学校基层组织工作条例》的规定，结合学院发展实际，成立了6个党的总支部委员会，党支部由10个增加到16个。同时，加强了对群团组织的领导和建设工作，选举成立了6个分工会。

2010年，严格按照中组部《党政领导干部选拔任用工作条例》和干部选拔任用工作四项监督制度等文件精神，坚持民主、公开、竞争、择优的原则，首次采取公开竞聘的方式，选拔任用了9名正处级干部和8名副处级干部。干部队伍素质得到了提升，结构得到了优化，广大教职工对干部选拔任用工作的公信度和满意度得到了进一步提高。

进一步推进党员管理规范化、科学化，修订完善了《发展党员公示制度》、《党费收缴使用管理办法》、《领导干部述职述廉规定》、《处级以上党员领导干部民主生活会实施细则》4项制度和《党总支工作细则》，在党员管理方面迈出了新步伐。坚持标准，严格程序，共培养入党积极分子500余名，发展党员142名。

三、坚持民主集中制，加强作风建设，不断提高为师生服务水平

坚持党委领导下的院长负责制和教职工代表大会制度，积极完善党委议事制度和议事规则，坚持“重心下移、分级管理、责权统一”的原则，学院重大事项，都广泛听取教职工的意见，进行充分调研论证。年内共收到和采纳教职工提案10条，意见10条，召开各类专题会议86次，召开党委会议19次，保持了党员良好的民主作风。重视统战和退休人员的工作，充分发挥他们在学院改革发展建设中的积极作用，切实维护师生员工的合法权益。

学院党委狠抓党员干部作风建设、师德师风建设和学风建设，召开了党员领导干部民主生活会，认真落实了各项组织生活制度，开好了院系两级班子的民主生活会和党员的组织生活会，并制定具体整改措施。在师德师风建设上，制定并落实《学院教师学术道德规范》；在学风建设上，开展了学风建设活动月，树立了典型，进行了表彰。

2010年，学院党委始终重视为教职工创造更好的工作生活条件，始终关怀学生的成长，累计为教职工发放各类津贴845万元，比2009年增长14.96%，人均增长了8.87%；全年为在校学生发放补贴66.29万元。

四、以提升办学层次工作为重点，大力加强内涵建设，进一步提高为山西地方经济和行业发展服务的能力

2010年7月，省政府正式批复在学院基础上建设山西传媒艺术学院。12月，省政府批准学院入驻山西高校新校区，对此学院成立了新校区建设领导组、新校区建设规划筹资工作领导组，组织开展了系统调研、论证等工作。

对照教育部本科设置要求，学院重点加强了师资队伍建设：一是积极争取上级支持。新增人员编制120个，学院总编制数达到484个，教师专业技术职务正高级指标由5个增加到26个，副高级指标由30个增加到79个，中级指标由50个增加到135个。二是完善了人才引进政策。通过公开招聘，接收教师37人；通过试讲、考核，调入高级职称教师6人、接收博士生1人。三是加强了现有教师的培养，重点加强了教学团队建设，建成一个省级优质课程教学团队；完善了学院《关于进一步加强教师队伍建设的实施意见》等政策，有11位教师在职攻读硕士和博士研究生，5名教师培训进修；15名教职工参加了职称评聘，其中副高级2名、中级10名；加大了对教师的奖励力度，对连续四年考核优秀、课程建设上有突出成绩，获得省级以上科研项目、优秀教材的教师进行了表彰。

围绕提升办学层次，结合国家动画教学研究基地建设，启动了动画专业改革，完善了新开办的媒体营销专业教学大纲，成功申报影视表演专业(舞蹈方向)；与山西大学联合招收戏剧影视文学专业(播音主持、电视摄像方向)本科生106名；2门课程被确定为省级精品课程；出版教材、专著24部，比去年增加7部；荣获省部级以上奖励的教师作品28部，特别是《大红公鸡毛毛腿》荣获2010中国(常州)国际动漫艺术周“最佳电视动画大奖”；在山西省第十二届中青年教师教学基本功竞赛中，我院教师荣获工科组一等奖，同时获得“山西省五一劳动奖章”。坚持实践教学，不断加强校内外实训、实践基地建设。始终坚持以人才培养为中心，努力构建符合行业发展与我省经济社会发展的人才培养体系。2010年，通过调整计划、加大招生宣传力度等措施，共招收新生1630名，创历史新高，报到率达到99.4%，在校生规模达到4900余人；2010届毕业生就业率达到94.38%。

五、以学生思想政治教育工作为重心，大力开展和谐校园创建，进一步提高人才培养水平

一是大力加强辅导员队伍建设。通过公开招聘引进5名专职辅导员，在编专职辅导员数量达到了12名；加大专职辅导员的培训力度，开展了辅导员自主选学活动，组织了辅导员工作沙龙，鼓励辅导员外出参加培训和交流，提高了辅导员的专业素质。

二是重点实施学生养成教育。积极推进“三进”工作，深入挖掘思想政治教育资源，以“薪火传媒”网建设为契机，开展以“尚德树魂”、“我与祖国共奋进”等主题教育活动；注重典型的示范和激励作用，对优秀学生和先进集体进行了表彰。一年来，获得省级以上表彰的集体4个、个人19人次，获得院级表彰的集体27个、个人421人次。

三是着力深化校园文化建设。开展了学院电视艺术节、校园文化艺术节、学生社团文化活动月、影视创作大赛、大学生技能大赛、主题演讲朗诵大赛、校园辩论赛、话剧专场演出等活动。加强对学生社团活动的指导和管理，完善专业教师兼任学生社团指导教师的机制。

四是强化安全稳定工作。全力做好了宣传教育、校园管理工作。加强学生心理健康教育工作，心理健康教育与咨询中心建设通过省教育厅检查验收。完善了应急预案，开展了安全演练。被评为“山西省创建‘平安校园’暨学校安全专项整治工作先进单位”，被山西省公安消防总队确定为“消防安全‘四个能力’建设达标星级单位”。

六、坚持落实党风廉政建设责任制，大力开展党风廉政教育活动，为促进学院的科学发展提供了保障

2010年，学院党委认真落实中央《关于实行党风廉政建设责任制的规定》和《学院党风廉政建设和反腐败工作责任分解意见》，坚持落实党风廉政建设责任制，注重制度建设，制定《关于贯彻落实<中国共产党党员领导干部廉洁从政若干准则>的实施意见》、《关于开展工程建设领域专项治理工作方案》、《财务收支审计管理办法》、《关于领导干部办理婚丧喜庆事宜实行报告制度的实施细则》、《建设工程项目招投标管理办法》等8项廉政制度。探索和完善对领导干部的考核办法，将责任制落实情况列入部门和本人年终总结，各部门领导对本部门党风廉政建设和反腐败工作负责，各自履行责任，抓教育、抓制度、抓监督，为学院科学发展提供了坚实的保障。

按照“教育在前、防范在先、关口前移”的工作理念，坚持每学期至少二次的院系两级中心组党风廉政建设专题理论学习，党委会6次研究反腐倡廉工作19项，党委中心组5次学习反腐倡廉的有关文件和政策。组织召开以“贯彻落实《廉政准则》，学习弘扬‘右玉精神’，切实加强领导干部作风建设”为主题的院系两级民主生活会。年初召开了党风廉政建设干部大会和中层干部述职述廉会议，对广大干部进行集中教育。通过深入学习《廉政准则》、“右玉精神”和“全省高校系统纪检监察干部大会”精神，组织党员和领导干部观摩《小官大贪警示录》、《溃坝》等警示教育片，加强廉政网站建设，创造性地开展校园廉政文化建设，使党员干部牢固树立“立党为公、执政为民”的宗旨意识、服务意识，并自觉地落实到实际工作中。

（刘　磊）

附：广播电影电视管理干部学院党委书记、副书记、委员名单

书　记：李远程

副书记：郝本廉　李成来

委　员：王建国　朱晓明　王新塘　吴建庭　武升平　翟延东

市、县（市、区）委工作概况

中共太原市委工作概况

市委书记　陈川平

2010 年，太原市委坚持以科学发展观为指导，认真贯彻落实党的十七大和十七届三中、四中、五中全会精神，团结带领全市广大干部群众，坚定信心，振奋精神，真抓实干，锐意进取，积极应对各种挑战，全力推动经济社会发展，着力保障改善民生，切实加强党的建设，各项工作取得新成绩。全年地区生产总值 1750 亿元，增长 13%；规模以上工业增加值 582 亿元，增长 17%；全社会固定资产投资完成 938 亿元，增长 20%；社会消费品零售总额 820 亿元，增长 16.3%；财政总收入 322 亿元，增长 15.2%；一般预算收入 138.5 亿元，增长 17.8%；城镇居民人均可支配收入 17168 元，增长 10%；农民人均纯收入 7573 元，增长 10.9%。

截至 2010 年底，太原市共有基层党组织 8871 个，其中党委 389 个，党支部 8056 个，共有党员 196335 名。

（一）加快产业结构优化升级，推动经济平稳较快发展。坚持以新兴化为方向、以园区建设为载体、以重点项目为抓手，大力推进传统产业新型化和新兴产业规模化，全市经济实现平稳较快发展。一是产业转型取得新进展。太钢 5 万吨不锈钢无缝钢管、智奇高速轮对二期等传统产业升级改造项目陆续建成，太阳能薄膜电池、富士康苹果手机等新兴产业项目稳步推进；煤炭资源整合和企业兼并重组有效推进，协议签定率和接管率均达到 100%，全市煤矿数量同比减少 59.23%，平均单井规模提高 203.71%，煤炭产业集中度全面提升，安全生产形势持续好转。二是“三农”工作得到加强。以三大基地和五大加工产业为载体，进一步加快农业产业化进程和农村社会化服务体系建设，带动 18 万农户增收，新农村集中连片建设取得新进展，农村“五个全覆盖”提前实现。三是服务业持续快速发展。坚持把发展服务业作为产业转型的重点，商贸、餐饮等传统服务业和家政服务、物业管理等生活性服务业发展迅速，现代物流、会展等现代服务业发展态势良好，武宿货运中心、清徐物流园等重点工程建设进展顺利，被确立为国家物流园区试点城市。四是绿色转型扎实推进。进一步完善绿色标准体系，新制定标准 22 个，总数达到 45 个，全面实施“绿色百强”工程，对 73 个示范项目进行重点扶持；切实加大节能减排力度，严格落实目标责任制，“十一五”期间万元生产总值能耗和化学需氧量、二氧化硫排放量全面完成预期目标任务。五是改革开放不断深化。累计完成 15 户市属国企的破产工作，事业单位分类改革扎实推进；贯彻落实全省民营经济转型跨越发展大会精神，进一步加大了引导和扶持民营经济的力度，民营经济增加值占到全市经济总量的 48%；不断扩大开放，对外贸易实现恢复性增长，前 11 个月外贸进出口总额完成 72.2 亿美元，增长 36.7%。六是自主创新能力进一步增强。科技成果转化进一步加快，全市研究与开发费用增长 21.2%，占到 GDP 的 2.82%，科技成果转化率达到 47%。

（二）有效提升城市承载能力，城镇化建设迈出新步伐。坚持把城市建设作为构筑发展平台、改善民生的重中之重，大力实施“三城联动”战略，全面加强城市规划、建设和管理。一是抓规划。组织编制了城市总体规划纲要和近期规划、土地利用总体规划，配套编制了一批专项规划和片区规划，实现了“四规合一”。二是抓建设。加大建设力度，积极探索城建投融资的新路子，成功发行城市建设企业债券，融资 20 亿元，全年开工建设项目 106 个，完成投资 113.1 亿元。全力抓好省城“十大建筑”的建设和服务保障，完成了一大批城市道桥、小街小巷和生活配套设施建设改造项目,城市综合承载能力进一步增强。三是抓管理。全面加强数字化管理和综合执法,深入开展城乡清洁工程,共拆除广告100万平方米,垃圾日处理量由2007年的1800吨提高到今年的3500吨。四是抓城镇化建设。着眼于城乡一体化,以主城区的发展带动周边小城镇发展,全市7个小城镇被列为全省重点小城镇,新开工建设项目9个,总投资1.17亿元。五是抓生态环境建设。西山地区综合整治取得新进展,关停重污染企业60余家,推动狮头水泥等12家企业整体搬迁,完成绿化3.65万亩。加快环城林带提档升级和主要道路绿化建设,完成12项公园、游园和18项道路配套绿化工程,建成区新增绿化面积238.77万平方米,荣获国家园林城市称号。实施汾河流域综合治理等重点工程,水环境质量进一步好转。严格控制燃煤污染,拆除城中村土小锅炉4304台,取缔不符合环保要求的燃煤设施2180台。市区空气综合污染指数下降10.8%;二级以上天数达到304天,创历史新高。

(三)加强民主法制建设,提高依法治市水平。一是坚持和完善人民代表大会制度。支持人大及其常委会依法履行职能,围绕制定"十二五"规划和工业经济运行情况、土地问题等重点工作开展集中调研视察,提出意见建议。突出立法重点,提高立法质量,制定了《太原市科技资源开放共享条例》等4件地方性法规,废止了不适应经济社会发展要求的7件地方性法规。完善监督机制,创新监督方式,加强对"一府两院"的法律监督和工作监督,依法作出重大事项决定,促进政府依法行政、科学行政和法检两院依法履职。二是坚持和完善共产党领导的多党合作和政治协商制度。支持政协认真履行职能,围绕全市大局开展调研视察,高质量办好政协委员提案、建议,充分发挥政协协调关系、汇聚力量、建言献策、服务大局的作用。进一步巩固统一战线,坚持重大问题协商、"双月座谈会"等制度,充分发挥各民主党派、工商联和无党派代表人士参政议政作用,全面贯彻落实党的民族、宗教、侨务和对台政策,做好党外知识分子和港澳台海外统战工作,注重发挥非公有制经济人士在全市改革发展稳定中的作用。三是加强法治太原建设。加快政府职能转变,稳步推进司法体制改革,法治政府建设取得新进展。深入开展"五五普法"活动,法律服务和法律援助工作不断加强,全社会学法、用法和守法意识明显提高。切实加强市、县两级党委"社情民意通道"建设,进一步畅通党委与人民群众的联系渠道。加强基层民主法治建设,继续推进厂务、政务、村务"三公开"。加强国防和驻并部队建设,双拥共建水平进一步提高。

(四)加强宣传思想文化工作,特色文化名城建设取得新进展。大力实施文化强市战略,不断加快文化创新,以文化的大发展大繁荣为经济社会发展注入活力。一是加强宣传和舆论引导。深入宣传党的十七届五中全会和全省领导干部大会精神,推动新一轮思想解放,切实增强全市上下加快转型跨越发展的紧迫感和责任感,先后推出《科学发展在并州》等20多个专栏,营造了促进转型跨越发展的良好舆论氛围。二是深入开展精神文明创建工作。积极倡导城市核心价值观,进一步巩固和加强全国未成年人思想道德建设先进城市工作成果,广泛开展各类群众性文明创建活动,营造了良好的社会人文环境。三是全面发展文化事业和文化产业。加快公共文化服务体系建设,十县(市、区)两馆建设进展顺利,文化信息资源共享、广播电视"村村通"工程稳步推进。积极开展各类群众性文化活动,成功举办2010年晋商文化艺术周,文化惠民举措进一步落实。加快推进国家历史文化名城申报工作,创作推出舞剧《千手观音》等一批精品剧目,晋剧《傅山进京》、《龙兴晋阳》荣获国家奖项。加快文化产业发展,预计全年文化产业增加值占全市地区生产总值5.6%。

(五)着力保障和改善民生,人民群众得到更多实惠。坚持把改善民生作为各项工作的出发点和落脚点,把更多公共资源投向民生领域,让人民群众享有更多发展成果。一是就业和社会保障工作扎实推进。全面落实国家促进就业政策,积极开发公益性岗位,加强职业技能培训,切实解决好农民工、大学毕业生、城乡困难群众等重点群体就业问题,全年城镇新增就业9.58万人。在全国率先建立了社会散居孤儿最低养育制度,实现了农村养老保险全覆盖和农村五保户全部集中供养。积极推进限价商品房建设,加大廉租房、经济适用房建设和棚户区改造力度,新建各类保障性住房6898套,有效解决了部分低收入家庭住房困难问题。积极做好稳定物价工作,切实减轻了城乡居民特别是中低收入群体的生活负担。二是社会事业全面发展。加快推进"百校兴学"和校舍安全工程,投资34.51亿元,完成了528所学校的改造建设。深化医药卫生体制改革,稳步实施国家基本药物制度和公立医院改革试点工作,健全农村、社区和公共卫生服务体系,新型农村合作医疗参合率达到98%。体育、人口与计划生育、关心下一代等工作取得新成绩。三是狠抓安全生产工作。认真落实好政府安全监管主体责任和企业安全生产主体责任,严格实行安全生产工作"一票否决",围绕重点行业和领域积极开展各类安全生产专项整治,有效防范和遏制各类重大安全事故发生。全市各类安全生产事故起数同比减少1015起,下降26%;事故死亡人数减少6人,下降2.33%。四是全力维护社会和谐稳定。加强社会矛盾化解、社会管理创新和公正廉洁执法三项重点工作,严格落实维护稳定责任制。探索与实践"复杂场所等级化治安管理"等五项政法创新课题,"司法治超"专项活动取得明显成效。加强和改进信访工作,一批重信重访案件得到解决,信访秩序稳步好转。建立了重大工程项目建设和重大政策制定的社会稳定风险评估机制,从源头上预防和减少了社会矛盾发生。加强社会治安综合治理,全面落实校园安全保卫工作,实施社会治安重点地区排查整治,深入开展"晋阳风暴"等系列专项行动,努力维护省城和谐稳定。

(六)全面加强和改进党的建设,不断提高党建工作科学化水平。坚持以党的执政能力和先进性建设为主线,不断以改革创新精神加强和改进党的思想、组织、作风、制度建设和反腐倡廉建设,为全市改革发展稳定提供了坚强保证。一是认真组织开展深入学习实践科学发展观活动和创先争优活动。圆满完成学习实践活动，全面开展以深入学习实践科学发展观为主题的创先争优活动，精心组织实施，分步扎实推进，取得一系列阶段性成果，全市各级基层党组织为群众办好事实事7万余件。大力弘扬右玉精神，通过组织广大党员干部实地参观，召开县级以上领导班子民主生活会，积极教育引导各级领导干部牢固树立正确的政绩观，进一步激发了全市上下真抓实干、锐意进取的积极性和创造性。二是加强领导班子和干部队伍建设。大力加强学习型党组织建设，推进全市各级中心组理论学习的经常化和制度化。采取领导干部理论考试、自主选学等形式，进一步加强干部教育培训工作。坚持德才兼备、以德为先原则，严格执行《干部选拔任用条例》和四项监督制度，全年共调整7个批次213名干部。完善促进科学发展的领导班子和领导干部考核评价机制，进一步明确了科学发展的导向。继续深化干部人事制度改革，各县(市、区)全面实施常委会票决制。加强基层党组织和党员队伍建设，全市行政村全部推行“四议两公开”工作法，圆满完成社区换届选举工作，党员管理模式进一步创新，村级组织活动场所实现全覆盖，大学生村(社区)干部管理工作进一步加强。不断创新人才工作机制，编制完成《太原市中长期人才发展规划纲要（2010—2020年）》。三是加强党风廉政建设。坚持把制度建设摆在突出位置，扎实开展“反腐倡廉制度建设年”活动，以建立完善廉政风险防控、权力运行监督、民主公开、制度落实和问责追究“五大机制”为切入点，加快推进惩治和预防腐败体系建设；全面落实党风廉政建设责任制，严格执行《廉政准则》，对领导干部的教育和监督得到加强；深入开展纪律作风整顿，规范干部从政行为，提出“八条禁令”，狠刹“三股歪风”，对一批违规党员进行了处理；扎实推进工程建筑领域专项治理和煤焦领域反腐败专项斗争，收缴、查缴各类基金、价款、税费等共计49.5亿元；坚决纠正损害群众利益的不正之风，重要部门、重点岗位、基层站所民主评议政风行风工作进一步深化，农村党风廉政建设深入推进；加大违法违纪案件查处力度，全年共受理信访举报案件1797件，立案387件，结案394件，共处分党员干部510人，其中县(处)级党员干部32人，切实维护了党纪政纪的严肃性。

(七)认真研究制定“十二五”规划《建议》，科学谋划率先转型跨越发展。高度重视“十二五”规划的编制工作，精心组织，集思广义，科学谋划。围绕制定“十二五”规划《建议》，广泛开展调查研究，组织召开座谈会，听取包括各民主党派、工商联和无党派代表人士在内的各方面意见建议，学习借鉴其他省会城市的发展经验和思路，进一步明确了指导思想、主要内容和发展路径，增强了前瞻性、科学性和指导性。市委九届七次全会对“十二五”规划《建议(草案)》进行了认真审议，作了进一步的修改完善并正式通过，成为全市未来发展的重要指导性文件。规划《建议》全面贯彻了党的十七届五中全会和省委九届十一次全会精神，体现了科学发展这一主题，贯彻了加快转变经济发展方式这一主线，落实了省委“四化”战略，紧密结合太原实际，突出了率先转型跨越发展的鲜明特点，提出了把太原建成一流的省会城市，努力成为具有国际影响力的区域性现代化大都市的宏伟目标，并相应确定了经济社会发展的七个方面的目标任务和九个方面的重大举措，从而使全市各级各部门和广大干部群众进一步坚定了信心，明确了方向，把握了工作重点。

（谢 洋）

附：中共太原市委书记、副书记、常委名单

书　记：申维辰(9月离职)　陈川平(9月任职)

副书记：张兵生　李永林(12月离职)　吴清海(11月任职)

常　委：邹天敬(11月任职)　张贵元　李俊明　荣　彤　李志江　弓　跃　张春根　柳遂记　刘海芸(女)　贠自博

中共太原市小店区委工作概况

区委书记　张金旺

2010年，小店区委认真贯彻党的十七届四中、五中全会、省委九届十一次全会和市委九届六次、七次全会精神，深入落实科学发展观，团结带领全区四大班子和各级党组织、广大干部群众，按照区三次党代会的战略部署，坚持转型发展、跨越发展，全区经济建设、政治建设、社会建设、生态文明建设和党的建设提升到新的水平。

一、加强党对各项工作的领导，开创党建工作新局面

小店区委下辖1镇2乡6个街道党(工)委和9个区直党(工)委，共有463个党组织，其中：农村党组织59个，社区党组织86个，“两新”党组织60个，学校党组织27个。党员11563名，其中，农村党员2504名，社区党员2991名，非公经济和新社会党组织党员581名；35岁以下党员2561名，占22.1%，60岁以上党员3027名，占26.2%；大专以上学历党员4475名，占38.7%，初中及以下学历党员4567名，占39.5%。流动党员157名，占党员总数的1.4%。

致力于建设一流的领导班子和干部队伍，为事业发展提供坚强保障。区委领导班子认真履行党要管党、从严治党的政治责任，努力培育一支“真心实意、真才实学、真抓实干”的

干部队伍,建立一套务实创新、创先争优的制度体系,营造凝心聚力抓发展、全面对标创一流的良好环境。第一,狠抓了区委班子自身建设。一是加强思想政治建设。大力推进学习型党组织建设,强化区委中心组学习,及时组织好中央、省、市委重大决策部署的学习贯彻,始终与党中央保持高度一致。二是坚持民主集中制,坚持重大问题集体讨论、集体决定,做到作决策遵守民主集中制规定,办事情符合民主集中制程序,干工作体现民主集中制要加强班子的团结。第二,进一步加强了基层党组织建设。一是扎实开展了创先争优活动。以"凝聚、服务、争位、提质,推动汾东新区科学发展"为主题,以"六大先锋工程"为载体,组织全区443个基层党组织和11114名党员开展了创先争优活动。整顿软弱涣散党组织8个,党员公开承诺事项13392项,落实13208项,为群众办好事1542件,落实帮扶资金643.8万元。涌现出亲贤社区、贾家寨村等一批先进典型。二是加强基层组织建设。全面推行了"四议两公开"工作法,又有5个村级组织活动场所实现达标升级。率先在全市完成了社区居委会换届,坞南社区成为全省第一个海选的社区。充分发挥"四位一体"工作机制,全区社区办公和活动场所、党建经费不足问题得到有效解决,进一步增强了基层党组织的战斗力。第三,进一步加强了干部队伍建设。一是创新了干部教育培训模式。推行"一档一考"管理新模式,全区500余名科级干部全部建立培训档案,在上海复旦大学和井冈山举办了科级干部培训班,提升了干部的理论水平和执政能力。二是创新了干部选拔任用新机制。率先在全省实行了干部选拔任用区委常委会票决制,先后票决任免干部5次、47人。加大了干部公开选拔力度,在全区公开选拔了11名副科级领导干部,形成了良好的用人导向。三是认真落实干部选拔任用四项监督制度。健全和完善了领导干部经济责任审计制度等一系列干部监督制度,设立了干部监督信箱、监督电话和监督电子邮箱,干部监督工作更加规范化、制度化。四是进一步加强了干部作风建设。严格落实"五个不准"、"八条禁令",加大明查暗访工作力度,开展行政许可事项办理效能监督检查。举办了以引深民主评议政风行风、推进反腐倡廉制度建设为主题的大型对话活动,召开了山西省政风行风面对面太原·小店专场活动,全区干部工作作风明显转变,被评为全省政风行风评议先进区。

致力于构建惩治和预防腐败体系,党风廉政建设得到新加强。坚持标本兼治、综合治理、惩防并举、注重预防的方针,努力建设与小店地区新形势相适应的教育、制度、监督并重的惩治和预防腐败体系。认真落实《廉政准则》,广泛开展"八个一"活动,进一步提高了全区各级干部的廉洁自律意识。深入开展了"反腐倡廉制度建设年"活动,构建起以五大体系为支撑的反腐倡廉制度体系。省、市加强反腐倡廉制度建设、引深廉政风险排查防控工作现场推进会在小店区召开,小店区的经验作为先进典型在全省交流推广。进一步加大了对腐败案件的查处力度,全年查处各类腐败案件43件,党纪政纪处分57人。全面推行农村工作九项制度,农村财务审批"两笔会签"率达到96%,每月召开"两委"联席会议率达到97.7%,"两委"村干坐班率达到98%,村务公开和重大问题集体决策率达到100%,荣获全省农村党风廉政建设工作先进集体称号。

二、以转型跨越发展为目标,保持小店区经济社会发展在全省的领先地位

2010年,小店区经济社会发展水平名列全省第一,发展指数名列全省前茅。全区生产总值达到222亿元,比"十五"末增长82%;财政总收入达到18.38亿元,增长2.01倍;一般预算收入达到9.75亿元,增长2.15倍;固定资产投资完成179亿元,增长1.86倍;社会消费品零售总额达到248.2亿元,增长1.4倍;农民人均纯收入达到10157元,增长76%。

区委三届四次全会确定的小店地区"十一五"及今后一段时期60项重大重点项目和工作大部分圆满完成。十大公共工程中,经济区九一中学已经建成。汾东创新大厦正在建设。法院审判中心、公安指挥中心、消防特勤站、汾东和谐大厦已完成规划、征地、设计等全部前期工作。汾东医院已与武警医院达成合作建设协议。十大基础设施工程中,迎宾公园、人民公园、昌盛街拓宽改造工程、真武路打通工程、经济区中水系统建设等九项已完成。十大功能片区中,东山绿带、学府公园、汾河生态公园小店城镇段等五项已建成。十大服务工程中,太中银铁路、滨河东路南延、晋阳街打通、南中环街打通等7项工程已完成。十大产业工程中,装备制造业、商贸地产已形成产业集聚,新材料加工业、微电子与信息产业、食品及农产品加工业、生物制药业、现代农业等八大产业已具规模。十项重点工作中,经济区整体美化绿化、设立和谐小店基金已经完成,新农村建设、和谐标准化社区建设、城中村改造、平安小店建设、干部队伍和基层组织建设等八项工作均走在全省前列。

小店地区带动全省产业结构战略性调整的八大产业基地正在形成。一是国家级装备制造业基地:已形成以三一重工、太重煤机等为主的煤机装备产业,以智奇铁路设备、长安重汽等为主的交通运输装备产业,以富士康精密电子、中电科技特种装备为主的电子信息装备产业,以中国电子太阳能芯片产业园、山西纳克太阳能科技有限公司为主的新能源装备产业。二是国家级新材料基地:主要企业有国际最大的镁铝合金深加工企业——鸿富晋精密工业有限公司、中科院碳纤维项目等。三是省级信息产业基地:主要企业有富士康苹果园。四是省级食品及农产品加工基地:以青岛啤酒、蒙牛乳业等19个企业被列为全省"513"工程,农业产业化企业发展到140个,占到全市的50%以上。五是省级生物制药产业基地:主要企业有国药集团、亚宝药业等企业,已初具规模。六是现代农业基地:已形成1万头奶牛规模养殖基地、6.5万亩无公害蔬菜生产基地、100万只蛋鸡生产基地、10万头生猪养殖基地和100万只肉鸭生产基地。同时以现代农业开发园区、华辰高科技农业观光园区为代表的都市现代农业快速发展。七是现代服务业基地:以太原南客站片区、东峰新区片区等服务业片区为重点发展区域,法国家乐福、北京王府井等

一批国内外知名企业集聚发展，已成为全省规模最大、企业素质最高的现代服务业基地。八是自主创新基地：已建成富士康全球科技实验室和煤矿采掘装备国家工程实验室等3个国家级研究检测机构以及太重煤机等11个省级企业技术中心。

现代化都市新区建设正在加快推进。按照市委、市政府建设南部新城的战略部署，围绕国家省市重点工程建设、小店城镇五项重点工程、城市基础设施建设和城市重点片区改造，组建成立了以区委书记张金旺为组长、区长常青为常务副组长的"十一五"期间60项重大重点项目和工作领导组、杨家堡整村改造推进组、真武路建设推进组等12个工作推进组，自加压力，奋力攻坚，确保了60项重大重点项目和工作的圆满完成，确保了重点工程项目的有力推进。龙城大街、太小线拓宽改造等一大批城市建设工程建成完工。太原南客站、太原铁路枢纽三项工程、西南环线、太原至太谷连接线等一批国家、省、市重点工程正在顺利建设。太原南客站片区、东峰新区片区、小店城镇片区、杨家堡片区等城市亮点片区建设正全力推进。名海星河湾、恒大绿洲三期、香港盛高置业日出东山、城南都市嘉园等6个千亩商住小区正在加紧建设，汾东新区建设迈上了新的水平。

新农村建设取得显著成绩。在完成省"建制村通水泥(油)路、中小学校舍安全改造、村级卫生室、村村通广播电视、农村安全饮水"五个全覆盖的基础上，又基本完成了全区确定的新农村主干道路建设、农村绿色循环、城乡环卫一体化管理、农村安全饮水、科技信息服务、新型农村合作医疗、健身休闲娱乐、农村公共服务、农村制度管理、知法守法护法等十个方面的覆盖，新农村建设水平居全省前列。连获全省新农村建设先进区、全省增加农民收入先进区称号。

城乡清洁工程不断取得新突破。建成了全省第一个农村垃圾中转站——西桥垃圾中转站，在农村全面推行"村清扫、乡收集、区清运"的城乡环卫一体化管理模式。80%的街道实现机械化清扫，10个"城中村"纳入专业化管理。城乡清洁工程连续三年名列全市第一。

建立健全了覆盖全区经济社会的制度体系。围绕农村基层组织建设，制定了《农村工作九项制度》等26项制度，构建起推进农村工作的制度体系；围绕维护社会稳定大局，制定了《小店区重大社会决策、重大工程项目社会稳定风险评估实施办法》等22项制度，构建起维护社会稳定的"大信访"制度体系；围绕提升社会公共服务水平，制定了《小店区现场处置突发事件工作规范》等11项制度，构建起应急管理的制度体系；围绕保障人民群众安全，制定了《小店区安全生产行政问责制度》等九项制度，构建起安全管理的制度体系；围绕加强干部队伍建设，制定了《小店区干部选拔任命初始提名办法》等12项制度，构建起科学选拔任用干部的制度体系；围绕作风建设和反腐倡廉建设，制定了《小店区廉政风险点排查评估防范办法》等38项制度，构建起教育、制度、监督并重的惩治和预防腐败制度体系，为小店地区转型跨越发展提供了坚强的制度保障。

社会事业长足发展。"十一五"期间，区财政累计用于民生的支出达到17.18亿元，占到区级财政支出的42.36%。全力推进和谐标准化社区建设，打造和谐标准化社区44个，占到全区社区总数的62%。建立起覆盖城乡的社会保障体系，国有、集体企业和职工基本养老保险实现全覆盖，城镇居民基本医疗保险、农村养老保险、机关事业单位养老保险全面推行，全区"五保"老人全部实现统一供养。创业就业保障更加有力，城镇登记失业率控制在3.6%以内。"十一五"期间，投入资金4.4亿元，新改扩建学校53所。创建省、市星级社区卫生服务站29个，所有农村卫生所全部达标，新型农村合作医疗参合率达到98.36%。人口和计划生育工作进一步加强，人口自然增长率控制在3.23‰以内。统战工作荣获中央统战部中国统一战线宣传先进单位。区老促会荣获全国先进老促会称号。同时，民族宗教、对台、人防、地震、档案、史志、审计、粮食、物价、气象等各项工作也取得新的成绩。

区委领导班子坚持把社会安定作为第一责任。在全面抓好信访稳定工作的基础上，一方面，坚持安全发展，开展了"安全生产专项整治年"活动，有效杜绝了重特大事故的发生。另一方面，加强社会治安综合治理，开展了集中清理涉法涉诉信访积案、案件评查和司法治超专项行动，创新了"1331"流动人口管理工作，严厉打击各类违法犯罪活动，保障了在党的十七届五中全会、全国"两会"、上海世博会、广州亚运会等国家大事、喜事期间的安全稳定。（高筱燕）

附：一、中共太原市小店区委书记、副书记、常委名单

书　记：张金旺

副书记：常　青　连金会　孙锁刚

常　委：王　健　陈其武　宋晓丽(女)　李树忠　高筱燕(女)　崔宏伟　边军红

二、乡镇(街道)党委(党工委)书记、副书记名单

坞城街道

书　记：马　明

副书记：李素梅(女)　邢　炜　李勇彪　郭改琴(女)

营盘街道

书　记：白振江(8月离职)　许国平(8月任职)

副书记：靳贤亮　任宝中　李凤山　王定国

北营街道

书　记：高彤燕

副书记：侯继保　权利民(10月离职)　王卫民(11月任职)　许文阁

平阳路街道

书　记：王建文(12月离职)

副书记：雍志斌　张志杰　任贵贵　郭国权

黄陵街道

书　记：王成周

副书记：张　军(女)　王保文　吴德胜　李　健

小店街道

书　记：任效杰

副书记：张志中　郝江寿　张惠梅(女)　高云斌

西温庄乡

书　记：陈晨明

副书记：李太平　任朝华(女,11月离职)　任润兰(女)

刘家堡乡

书　记：李天亮

副书记：荣杰峰　郭晋明(11月离职)　郑德勇

北格镇

书　记：樊胜利

副书记：魏志刚　尚红宝(11月离职)

刘仙梅(女,1月任职)

中共太原市迎泽区委工作概况

区委书记　卫　国

一、组织概况与党的建设

迎泽区下属有18个党委,43个党总支,509个基层党支部,共570个基层党组织。全区现有党员10661名,其中,在职党员3443名,离退休党员3252名,农村党员519名,社区党员3765名。

2010年,区委发挥总揽全局的作用,以科学发展观为指导,全面加强党的建设,为全区经济、政治、文化、社会建设提供了坚强的政治保证。

深入推进党的思想建设。以推进学习型党组织建设为主线,搭建中心组学习、赴外学习、党校培训、专题辅导、讨论讲座、研讨交流等多种平台,加大干部教育培训,组织党员干部集中学习了党的十七届五中全会、全省领导干部大会讲话等最新精神,全区党员干部的思想政治素质和跨越发展的理念进一步强化。全区构筑互动共享学习平台、推进学习型党组织建设的经验在全省学习型党组织建设工作座谈会上进行了交流发言。

深入推进干部人事制度改革,出台了《区委常委会任免干部票决办法(试行)》,对中层正职领导干部任用进行了区委委员、候补委员初始提名,对新任职的6名街道、镇党政正职领导干部实行了全委会票决,选人用人公信度有了新突破。健全完善干部考核评价体系,建立了日常考核联动机制,强化了考核结果的运用。

以开展创先争优活动为契机,全面加强基层党组织建设。将创先争优活动作为加强基层组织建设的重中之重,精心组织,全面推进,创新形式,取得阶段性成果。在全区范围组织召开的"我参与、我承诺、我奉献"专题组织生活会受到省委组织部部长汤涛的高度评价,老军营街道党工委的作法在全省创先争优活动座谈会上受到省委书记袁纯清肯定。在全市率先实行了街道"大工委"领导体制,成立了柳巷商业街区党委、老军营"城市花园"楼宇党总支、文庙五龙口海鲜市场党支部,基层党组织设置形式有了新拓展。开展了党代表接待日和集中视察调研活动,党代会常任制试点工作进一步深化。优化社区干部结构,圆满完成社区换届,86个社区全部实现书记、主任"一肩挑"。全面落实"一定三有"的要求,健全村党支部书记"三明确一承诺"、"双述双评"制度,全面推行"四议两公开"工作法,新建6个、改扩建3个村级组织活动场所,村级活动场所建设实现了全区"全覆盖",农村党建更加扎实。严格制度,提高发展党员质量,全年共发展党员211名。搭建创业平台,大学生村(社区)干部管理工作有了新进展。

反腐倡廉工作取得新成效。以完善具有迎泽区特色的惩治和预防腐败体系为重点,突出制度建设,扎实推进党风廉政建设工作。一是全面落实党风廉政建设责任制。始终将党风廉政建设和惩防体系建设纳入区委重要议事日程,区委常委会经常研究党风廉政建设工作,召开全区党风廉政建设干部大会进行安排部署。狠抓责任制的落实,严格落实一岗双责。完善农村党风廉政建设责任制,建立了农村党风廉政建设长效机制,郝庄镇被评为全省农廉先进乡镇。二是狠抓反腐倡廉制度体系建设。按照省、市纪委的总体部署和要求,以构建"四大制度"和"五大机制"为主线,围绕"打基础,抓重点,求突破,重结果,见实效"的工作目标,建立了具有迎泽区特色的"1522"反腐倡廉制度体系,形成了一批可行、实用、有效的反腐倡廉制度。三是大力推进监督体系建设。建立迎泽区党风廉政建设督察工作制度,成立了党风廉政督察工作办公室,聘请了一批专职党风廉政督察员,建立了"两书一卡一本",督察监督体系更加规范。一年来,对6个扩大内需项目、节能减排和环境保护政策落实情况、汾河流域生态环境治理修复与保护工程4个水保项目进行了专项监督检查;对全区校舍安全工程、春季护林防火等工作进行专项效能监察;对行政不作为、慢作为、乱作为的现象和服务窗口单位的工作作风进行专项督查,进一步规范了行政行为,优化了政务环境。积极开展工程建设领域、商业贿赂、煤焦领域专项整治工作,取得明显成效。四是加大案件查处力度。出台《迎泽区反腐败案件协调小组工作制度》,建立了案件协查联办机制,严肃查处了一批群众反映强烈的案件。一年来,共受理群众来信、来访51件,立案23件,结案23件,处分党员12人,非党员干部11人,挽回经济损失30余万元。五是不断引深政风行风工作。建立参评部门日常考核动态机制,依托"区、街(镇)、社区"三级评议体系,促进了评议活动向基层站所、窗口单位延伸,实施突查暗访,推动了政风行风的好转。对中小学教育收费、医疗市场和社保资金、救灾资金、婚姻登记收费进行专项检查,对存在的问题进行了依法依纪处理。六是不断完善反腐倡廉宣传教育体系建设。以《廉政准则》的宣传教育为重点,通过深入开展廉政文化“七进”活动,采取组织党纪政纪条规知识考试、集中收听收看电视电话会议、廉政承诺、集体廉政谈话和拓展廉政基地建设等多种形式,加强廉政宣传教育,进一步增强了全区各级领导干部的廉政意识。

二、重大决策与主要工作

2010年,区委努力实现新起点上的新跨越,确定了全年的工作思路是:全面贯彻党的十七大和十七届三中、四中全会精神,以科学发展观为统领,按照市委九届六次全会和全市经济工作会议的部署,着力转变经济发展方式,提升党建科学化水平,统筹推进经济、政治、文化和社会建设,以更大的决心和措施,抢抓机遇,集聚优势,在更高水平上重塑太原老城科学发展的新形象,夺取“三区”建设的新胜利。一年来,区委紧紧围绕这一工作思路,从省城中心城区实际出发,团结带领全区广大党员干部群众,深入贯彻落实袁纯清书记7·29讲话精神,以学习弘扬右玉精神为动力,全力保增长促转变,惠民生维稳定,全区经济社会发展实现了新突破,取得了新成效。

经济保持平稳较快发展。把加快支柱产业优化升级作为调整产业结构、转变经济发展方式的主攻方向和突破口,精心规划产业布局,确定了一轴一带八圈十二条街六大片区的产业发展初步格局;以项目为载体和依托,下功夫集中推进,一批以城东现代物流园区为主的重点项目有了新进展;启动了枣园、马庄和双塔片区建设;完成了一批新农村建设项目;加大为企业服务的力度,发展环境进一步优化。一年来通过多措并举,全区经济保持了平稳运行健康发展的良好势头。2010年全区地区生产总值完成320.5亿元,比上年增长8.5%;社会消费品零售总额完成192.2亿元,比上年增长17.2%;财政总收入完成15.7亿元,比上年增长9%;其中一般预算收入完成7.5亿元,比上年增长13%;农民人均纯收入达到9455元,比上年增长10.1%。

宜居城市建设迈出新步伐。着眼于建设具有国际影响力的区域性现代化大都市对城市环境的高标准要求,加大拆迁、建设和综合整治力度,城市面貌有了新的提升。完成了南内环东延工程拆迁任务,启动了大西线、太中银、石太线三项枢纽建设迎泽段的前期拆迁工作;按照连片改造和“建设一条道路、打造一片街景”的思路,对桃园南北路、双塔东西街进行了高标准整治,改造了一批小街小巷,新建了一批花卉盆景示范街、城市小游园和街巷小绿地,全区道路环境有了新跃升;大力度推行城市管理体制改革,形成了管事与管人相结合、费随事转的“大城管”管理体制,率先在全市开展了疏堵结合的取缔违章占道经营活动,城乡清洁工程“五进”工作和社区环境卫生整治成效明显,集中人力物力,拆除高速路口有碍观瞻的大型广告牌,大城管工作体制初见成效;开展了环保模范区创建工作,坚决杜绝燃煤设施冒黑烟和建筑工地二次扬尘污染现象,区域环境质量明显改善。

宣传思想文化建设取得新成果。不断加强宣传思想文化工作,深入开展主题宣传教育活动,为跨越赶超发展提供了强大的动力支持和良好的舆论环境。在全区掀起了学习弘扬右玉精神和学习沈浩同志的热潮,进一步营造了学习先进、转变作风、苦干实干、跨越赶超的干事氛围。组织开展了“迎泽区纪念抗美援朝战争胜利60周年暨‘三区’建设成果摄影展”、“清明节祭英烈网上征文”、“做一个有道德的人”启动仪式、“爱我中华”国旗悬挂等活动,社会主义核心价值体系进一步深入人心。健全完善创建全国文明城市工作机制,实施了网格化管理,文明创建更加惠民务实有效。紧扣全区跨越发展、科学发展的主题,在重要媒体刊发了一批反映迎泽区亮点工作、创新工作的有影响报道,树立了迎泽区开放发展、惠民务实的对外形象。举办了以“传晋商精神,展迎泽新貌”为主题的晋商文化艺术周活动,组织开展了迎泽区首届老干部趣味运动会及“农家书屋”建设工作,群众文化生活更加丰富。启动《迎泽区文化产业发展纲要》的编制,打造“迎泽广场文化艺术节”、“庙前高跷”、恒义诚“老鼠窟”元宵等一批特色文化品牌和东部王家峰神农园、董家庄生态农家乐旅游品牌,文化产业发展迈出新步伐。坚持不懈地开展“扫黄打非”专项治理,文化市场清理整治行动收到明显效果,社会文化环境得到净化。

民生社会事业扎实推进。积极落实各项就业再就业政策,开展了“暖春”就业援助活动,创建了一批就业困难群体就业援助基地。全面启动新农保工作,对困难群体社会救助提标扩面,实现由大病救助向常见病救助转变,爱心救助超市向低保边缘户拓展,社会救助体系不断完善。深入开展“社区基础设施建设年”活动,拓展居家养老服务,社区工作受到省民政厅领导的充分肯定。有序推进棚户区改造,新建了一批廉租房。大力推进校舍安全工程和“三个标准化”建设,加强校园治安防范网络建设,全区教育环境进一步改善。大力开展“科技创新促进转型发展年”活动,实施了一批拉动内需、扩大就业、培植税源的科技项目,人民群众获得更多科技发展带来的实惠。深化医药卫生体制改革,实行了区属医院委托管理的新尝试。全面落实基本药物制度,健全基层医疗卫生服务体系,深化“省社区卫生服务示范机构”创建活动,基本公共卫生服务均等化不断推进。加大计生信息化建设,引深“五到家”活动,流动人口服务管理经验在全省进行交流。双拥优抚安置工作不断深入,荣获“全省优抚工作标兵区”称号。大力推进常备民兵正规化建设,迎泽区常备民兵应急连建设受到省军区的高度评价。

和谐稳定局面更加巩固。牢固树立维稳是第一责任的理念,把稳定工作做为重中之重,摆在更加突出的位置抓紧抓好。狠抓信访稳定,通过采取“四包一”责任制、越级上访快速处置制度、书记大接访制度、重点上访人员随访制度、信访工作责任追究制度等一系列强有力措施,化解处理了一批信访积案,较好地完成了世博会等重大敏感时期的稳控任务;狠抓平安迎泽建设,保持“严打”高压震慑态势,集中整治了太原火车站广场、朝阳街地区和学校周边等重点治安突出问题,人民群众安全感进一步增强。狠抓基层基础工作,构建了街道(镇)、社区(村)全覆盖、无疏漏的矛盾纠纷排查化解网络,扎实开展了"法律七进"活动,全民法制观念进一步增强;狠抓安全应急工作,深入开展非煤矿山、危险化学品、轻工、建材、机械等行业的专项整治行动,对重点地区、公众聚集场所及高层建筑进行火灾隐患排查综合治理,有效预防了重特大安全事故的发生。不断完善应急预案,强化应急队伍,保障应急物资,全区应急管理水平不断提高。

民主政治建设有了新进展。一年来,发挥总揽全局、协调各方的作用,支持区人大及其常委会围绕全区的科学发展,开展了环境保护、特种设备管理、计生服务、城市管理、交通管理等方面的视察,依法任免了一批国家机关工作人员,履职水平进一步提高。支持区政协牢牢把握团结和民主两大主题,围绕中心、紧扣发展,创新民主评议工作,更好地发挥了政治协商、民主监督、参政议政的作用。工会、妇联、共青团等群团组织按照章程履行各项职能,完成了工会工作管理信息库工程建设,开通了12338妇女维权服务热线,圆满完成了区三届团组织换届工作,为全区的跨越赶超发展,凝聚了方方面面的力量。 (秦 琦)

附:一、中共太原市迎泽区委书记、副书记、常委名单

书 记:卫 国

副书记:阴国平 田 宁

常 委:阎生华 王 晋 刘文华 侯富田
詹玉梅(女) 孟永宁 秦 琦
郝文杰(女,挂职)

二、乡镇(街道)党委(党工委)书记、副书记名单

迎泽街道

书 记:王国栋

副书记:张健康 王舰英(女) 黄耀增
杨红梅(女) 于丽华(女)

桥东街道

书 记:高庆元(3月离职) 薛晓明(3月任职)

副书记:秦宇星 张 跃(4月任职)
赵淑艳(女,3月离职) 田 华(女)
赵喜梅(女) 张利宏(女)

文庙街道

书 记:白 霞(女,3月离职) 王文潇(3月任职)

副书记:樊世勋(3月任职) 王文潇(3月离职)
马东明 任文英(女) 石林全
王爱香(女)

庙前街道

书 记:贾永明

副书记:姚丽蓉(女) 韩淑芳(女) 骆耀红(女)
王亚生 史秀萍(女)

柳巷街道

书 记:李 威(3月离职) 白 霞(女,3月任职)

副书记:侯 森 于以江 吉根秀(女)
郭晓军(女) 郑慧霞(女)

老军营街道

书 记:王文生

副书记:胡伟民(3月离职) 叶 涛(3月任职)
梁丽鸿 李青枝(女) 秦建平 钱桂萍(女)

郝庄镇

书 记:何吉铮(3月离职) 尹晓平(3月任职)

副书记:畅耀宗 陈祚斌

中共太原市杏花岭区委工作概况

区委书记 魏 民

2010年,杏花岭区委坚持以科学发展观为指导,紧紧围绕"创宜居环境、建和谐城区"的目标,以改善民生为主题,以开展"访贫问寒送温暖,排查矛盾大接访"活动为主线,以推进"双十工程"为载体,转变作风,狠抓落实,全力推进经济、政治、文化、社会、生态文明和党的建设,全区经济社会保持了平稳较快发展。杏花岭区先后荣获全国学习型城区示范单位、全国养老服务示范单位、全国中医药特色社区卫生服务示范区、全省法治县(区)创建先进单位、全省政风行风评议先进区等荣誉称号。

一、全面加强领导班子和干部队伍建设,努力营造干事创业的浓厚氛围

一是认真坚持党的民主集中制,着力提升干部队伍素质。区委始终把加强班子自身建设放在首位,坚持重大问题集体讨论、集体决定,工作中互相配合、互相支持,充分发挥了区四大班子的整体作用。完善科学考核评价机制,建立了全区副科以上干部、一般干部和村(居)干部业绩档案和作风档案。创新教育培训途径,扎实开展干部自主选学试点工作,提高了全区干部攻坚克难的本领。

二是深化干部人事制度改革,激发干部队伍工作活力。创新选任机制,扩大干部选用民主,以《干部选拔任用条例》和"四项监督制度"为准绳,制定科学方案,推行区委常委会票决制,实现了从"以人选人"向"以制度选人"、"阳光选人"的转变。坚持民主、公开、竞争、择优原则,加大干部交流力度,激发了全区干部干事创业的热情。

三是深入推进创先争优活动，切实加强各级党组织建设。以开展创先争优活动为总抓手，以"创宜居环境、建和谐城区"为载体，全面加强各级党组织和党员队伍建设。深入开展以公开承诺、党性教育等为内容的系列主题活动，引导基层党组织和党员积极办实事、解难事，不断强化各级党组织的骨干带头作用。坚持高标准、高起点，出精品、出亮点，建成了 10 个村级组织活动场所，同时全面推行"四议两公开"工作法，打造了 20 个党建精品社区。率先在全市完成社区换届选举，增强了社区党组织服务居民、改善环境、促进和谐的创造力和凝聚力。

四是切实加强作风建设，着力营造风清气正社会氛围。强化干部日常管理。出台了《机关事业单位工作人员日常管理制度》、《行政事业单位公务用车配备使用办法》等一系列规章制度，规范干部从政行为。深入开展机关干部职工作风纪律整顿，加强作风考核，推行"一线工作法"，全区形成了"一级带着一级干，一级做给一级看，人人出主意，层层抓落实"的工作氛围。强化干部监督约束，出台了《全面推行国库集中支付制度改革的实施意见》、《财政专项资金监督检查办法》、《党政正职不直接分管人事和财务工作试行办法》等一系列制度，保证了权力的规范运行。强化干部问责，出台了《信访工作责任查究暂行规定》和《城乡清洁工程绩效考核和问责办法》，加大干部失职、渎职和不作为行为的查处力度，促进了全区真抓实干工作风气的形成。

二、狠抓第一要务，高度关注民生，着力推动经济社会平稳较快发展

全区经济社会保持了平稳较快发展。全年地区生产总值预计完成 269 亿元，增长 12%；财政总收入完成 15.6 亿元，增长 20%，一般预算收入完成 8.06 亿元，增长 25%。

一是大力实施东山生态宜居建设，加快推进城乡统筹发展。深入贯彻省委关于推进"农业现代化、城乡生态化"的战略部署，将改善生态环境、调整种植结构、发展生态产业、增加农民收入有机结合，实施了东山生态宜居建设，积极推进城乡统筹发展。重点开展了东山"一环四点"大规模生态建设，高标准绿化 3850 亩，绿化里程 12.6 公里，植树 21 万株。实施了山庄头垃圾填埋场生态恢复治理工程，平整覆盖总面积 13 万平方米，造地 195 亩，彻底消除了该区域的环境污染及安全隐患。大力发展生态农业、高效农业、观光农业。高标准建设了杨家峪集高档花卉种养、交易、展示以及休闲旅游为一体的 3 万平方米的高效农业基地，长沟村 8500 平方米的高档现代化智能温室，小返乡 580 亩优质葡萄园。在大力改善生态环境的同时，为发展现代都市农业，加快农民增收步伐奠定了基础。

二是大力加强城市建设，不断提升城市承载能力。坚持把城市建设作为构筑发展平台、拓展发展空间的有效举措，不断加大城市建设力度，努力构建宜居城区。注重历史气息与现代风格相结合，实施了国师街片区小街巷连片综合整治项目，共整治小街巷 8 条 3.3 公里，方便了该区域 5570 户市民出行，优化了人居环境。实施了南华门历史文化街区 7 条小街巷保护整治工程，有效保护了这一区域的历史文化遗迹。启动了集文化、休闲、商务为一体的胜利广场建设项目，规划总用地 8 万平方米，规划建筑面积 18 万平方米，该项目建成后将填补城北地区没有大型公共文化活动场所的空白，并成为城北地区的标志性建筑。加快太原万达广场、府东街东延等重点项目建设，为推动全区服务业的转型、加快现代商务区建设创造了条件。深入开展城乡清洁工程百日专项整治行动，市容环境整治取得阶段性成效。

三是深入开展"访贫问寒送温暖、排查矛盾大接访"活动，全力维护社会和谐稳定。牢固树立全心全意为人民服务的宗旨意识，始终坚持正确的群众观点、群众立场和群众工作方法，带着感情做好群众工作。针对下岗职工多、困难家庭多、矛盾纠纷多的实际，在全区广泛开展了以"千人帮千户、单位包村居、干部大接访、领导包重点"为主要内容的"访贫问寒送温暖、排查矛盾大接访"活动。全区千名副科以上干部和全区一千余户困难家庭结成帮扶对子，帮助群众解决上学、就业等实际问题；全区 103 个副科以上单位深入到 145 个村居，帮助解决办公用房、环境整治等方面的实际困难，并开展排查化解矛盾活动；23 个区级领导，每人包一个重点案件，实行带案下访。活动开展以来，共帮助困难家庭解决实际问题 698 件，办实事好事 3645 件，救助困难群众 2 万余人，化解信访积案 55 件，全区信访总量大幅下降，结束了多年来赴省越级访排名前十位的历史。

四是着力保障和改善民生，有效促进经济社会协调发展。始终秉持"以人为本，民生优先"的理念，关注群众意愿，倾听群众诉求，将更多的公共资源投入到民生领域，让全区人民共享发展成果。以"对学生负责，让家长放心"为目标，大力推进校舍安全工程建设，用 40 多天的时间，全面完成了校舍安全加固工程，共加固 41 所学校 50 栋校舍 12 万平方米，保证了全区 5 万名学生的如期开学。大力加强精品社区建设，以强化社区服务功能为核心，高标准建设了 10 个精品社区，新增办公用房 3571 平方米，受益居民达 2 万余户 6.5 万余人。全力做好社会保障工作。全区新增就业 24465 人，下岗失业人员再就业 10665 人。新建改建 16 个社区卫生服务站和 15 个村卫生服务所。实施了全省唯一的早教综合培训教学楼项目。对全区 2 万名困难群众实行了医前救助，为全区 1.8 万名农民实行了新型养老保险，为全区 4000 余名 60 岁以上老人发放了生活补贴。（张振国）

附：一、中共太原市杏花岭区委书记、副书记、常委名单

书　记：魏　民

副书记：韦和平　姜二爱（女）　王建堂

常　委：白建生　王晋章　李恩星　张振国
李　颖（女）　刘绍信（12 月离职）
李领国（12 月任职）　赵　敏（女）

二、乡镇（街道）党委（党工委）书记、副书记名单

三桥街道

书　记：续奇才(7月离职)　郭亚君(女,7月任职)

副书记：连会银(7月离职)　付彦军(7月任职)

徐卫丽(女,7月离职)　宋永柱(7月任职)

焦　斌(7月离职)　李瑞萍(女)

吴　敏(女,7月任职)

敦化坊街道

书　记：樊永德(7月离职)　刘玉辉(7月任职)

副书记：赵联庆(7月离职)　李建香(女,7月离职)

吴　敏(女,7月离职)　韩雪梅(女,5月离职)

张　汾(女,7月任职)　贾汝萍(女,7月任职)

焦　斌(7月任职)

巨轮街道

书　记：任文忠(7月离职)　赵联庆(7月任职)

副书记：张　汾(女,7月离职)　梁计恭(7月离职)

陈海林(7月离职)　陈向琰(女,7月任职)

徐卫丽(女,7月任职)　张　钢(7月任职)

涧河街道

书　记：张雪松(7月离职)　赵　林(7月任职)

副书记：窦丕郁(7月离职)　张　钢(7月离职)

李洁亮(7月任职)　王守明(7月任职)

王东军(7月任职)

鼓楼街道

书　记：李步云(7月离职)　李　晶(女,7月任职)

副书记：李洁亮(7月离职)　贾汝萍(女,7月离职)

刘洪亮(7月离职)　王金华(女)

苏常青(7月任职)　李高峰(7月任职)

陈海林(7月任职)

杏花岭街道

书　记：郭亚君(女,7月离职)　任文忠(7月任职)

副书记：苏常青(7月离职)　张秀芝(女,6月离职)

史芝茹(女,7月离职)　刘庆生(7月任职)

孟庆林(7月任职)　王天娇(女,7月任职)

坝陵桥街道

书　记：赵　林(7月离职)　姚静忠(7月任职)

副书记：陈向琰(女,7月离职)　刘庆生(7月离职)

张卫华(女,7月离职)　张秀芝(女,7月任职)

王启元　苏广生(7月任职)

大东关街道

书　记：周慧卿(女,7月离职)　尹　骏(7月任职)

副书记：姚静忠(7月离职)　王守明(7月离职)

王文新(女,7月离职)　赵小萍(女)

韩书萍(女,7月任职)　史芝茹(女,7月任职)

职工新街街道

书　记：张荣义(女)

副书记：李高峰(7月离职)　孟庆林(7月离职)

杨建华(女,5月离职)　郭　坚(7月任职)

王建生(7月任职)

杨家峪街道

书　记：杜小灵(7月离职)　连会银(7月任职)

副书记：尹　骏(7月离职)　宋永柱(7月离职)

郭志宏(女,7月离职)　冯存栓

贺　驹(5月离职)　梁计恭(7月任职)

李彩霞(女,7月任职)

中涧河乡

书　记：杨根武(7月离职)

副书记：田　景　刘根生(7月离职)

张瑞敏(女,7月任职)　张雁冰(7月任职)

小返乡

书　记：刘玉辉(7月离职)

副书记：李秋生　张雁冰(7月离职)

成建鱼(7月任职)　成雪原(女,7月任职)

李　蕊(女,7月任职)

中共太原市尖草坪区委工作概况

区委书记　陈河才

2010年,尖草坪区委紧紧围绕市委建设一流省会城市战略部署,强化“对标”意识,抢抓机遇、奋力赶超,全力打造“傅山故里”、“不锈钢城”两大区域品牌,深入开展“重大项目突破年”、“基础设施提升年”和“作风建设加强年”活动,扎实推动全区各项工作持续健康快速发展,全区呈现出经济发展、文化繁荣、政治稳定、社会和谐的良好态势。

一、坚持团结奋进不懈怠,为贯彻落实科学发展观提供坚实的政治保证

尖草坪区共有基层党组织502个。其中:党工委24个,党总支27个,党支部451个,共有党员9521名。一年来,区委紧扣加强党的执政能力建设和先进性建设这个根本,着力突出“围绕发展抓党建,抓好党建促发展”这个主题,为贯彻落实科学发展观提供了强有力的政治保证。圆满完成了学习实践科学发展观活动的总结和后续工作,建立健全了学习实践科学发展观的长效机制。精心组织、周密部署创先争优活动各项工作,开展了“围绕三区目标,突出科学发展,在三个年活动中争当先锋”的主题活动,已完成学习发动、公开承诺、领导点评步骤,进入了群众评议阶段,整个活动扎实有

序、进展顺利，并推动了各项工作的有效落实。

积极探索干部管理的有效途径。深入贯彻实施四项监督制度，深化干部人事制度改革，推行了干部任免常委会票决制，引入公开竞争机制，选拔配备了乡（镇）和街道工会、团委、妇联、计生、综治负责人，在全市较早配备了13个乡（镇）、街道纪委专职副书记，努力在提高选人用人公信度上下功夫，切实增强了各级领导班子及干部队伍建设。

人才工作得到加强。选出市级优秀人才6名、青年学科带头人2名，为省委组织部选送援疆医疗人才1名，召开了全区首次人才工作会议，表彰了10名优秀人才，建立了区级领导干部联系人才制度，人才管理的制度化、规范化和科学化水平进一步提高。

基层组织建设日益规范，圆满完成了社区党组织换届选举工作。进一步完善村级组织活动场所建设，高标准完成了省、市确定的第二轮10个村级组织活动场所建设，全区村级组织活动场所实现了全覆盖。“四议两公开”工作法在全区90个行政村得以全面推行。村“两委”主干岗位报酬基础部分和奖励部分的比例由6:4调为8:2，并为工作满10年、60岁以上的两委主干发放了一定的养老补贴，进一步激发了村干部的工作积极性。新组建非公有制企业党组织13个，实现了规模以上和够条件的非公有制经济组织党组织动态组建率100%的目标。党员发展和管理教育进一步加强，完善了流动党员管理台帐和月报制度，流动党员的规范化管理水平进一步提高。

全面推进反腐倡廉各项工作，党风廉政建设和反腐败工作取得明显成效。进一步完善党风廉政建设责任制网络体系，努力构建惩防教育体系新格局。加强效能建设和督查落实，切实保障重大建设项目和惠民工程的顺利实施，确保区委、区政府重大决策部署落到实处。进一步规范领导干部从政行为，深入开展政风行风面对面活动，扎实开展各项专项治理活动，切实纠正损害群众利益的不正之风。农村廉政建设工作在全区84个行政村实行了会计委托代理，进一步落实了“四权制衡”的村务运行机制和“三小组”监督的村务监督机制，得到了省、市的好评；党风廉政责任制考核工作和政风行风评比工作被市委、市政府授予优秀单位称号；案件检查和执法检查工作名列全市第一；纪检机关自身建设创出特色，在全省作了经验介绍。

二、坚持统筹推进不停步，为贯彻落实科学发展观确立清晰的工作思路

针对处于太原市“上风头、水源地”的区情实际，区委着眼于人与自然的和谐相处，坚定不移地走可持续发展道路，充分发挥区内国有大中型企业聚集、工业基础雄厚、人才技术优势突出的有利条件，区委常委会审时度势，在坚持推进“三区”建设的过程中，对“三区”战略目标的内容进行适当的丰富和完善，提出“十二五”时期要全力建设“产业结构合理的经济发达区、生态环境优美的现代宜居区、区域特色鲜明的文化旅游区”。这一新“三区”战略目标既与原有的“三区”战略目标一脉相承，又吸收融合了近年来特别是全省领导干部大会和市委九届七次全会后一些新的发展理念，充分体现了与时俱进的时代特征，为深入学习贯彻科学发展观起到有力的促进作用。

（一）经济持续快速发展。全年全区地区生产总值完成43.07亿元，同比增长13.30%；财政总收入完成8.72亿元，同比增长15.09%；农民人均纯收入完成7286元，同比增长11.19%。

重点工程成效显著。年初确定的33个重点项目有序推进，到位资金22.08亿元，其中10个市重点推进项目资金到位15.73亿元。现代家居综合馆等项目建设完成并投入运营，太原铁路装备制造园等项目完成当年投资，辰兴房产商贸中心等项目前期准备工作进展顺利。全年引进新改（扩）建项目68项，引资到位24.8亿元，完成年计划的123.92%。

工业经济高速运行。积极利用高新技术和先进适用技术改造提升传统产业，推进新型工业化进程。全区工业现价总产值完成105.8亿元，同比增长12.45%；固定资产投资完成24.93亿元，同比增长21.02%。不锈钢产业园区作为我区新型工业化的重要载体，产业集聚效应日益显现，大多数企业产值增长明显。全年新引进项目10个，协议引资11亿元，新建续建项目到位资金6亿元。以无缝钢管项目为龙头的不锈钢深加工基地和以晋西春雷、北方风雷、中德工业园等项目为集群的装备制造业基地建设全面推进；国际物流中心项目与太钢集团搬迁改造项目等重点工程前期手续进展顺利；节能环保循环经济示范中心加快建设。

农村经济稳步推进。全年完成粮食产量1.35万吨，蔬菜、果品生产质量和效益明显提高；畜牧业生产发展迅速，新建以万头奶牛场和西村兴业养殖场为代表的一批规模养殖企业。继续调整优化农业结构，中药材、小杂粮种植面积进一步扩大，小杂粮新品种和优良品种的推广率达到95%。以山西众成有机农业生态观光产业示范园为代表的现代化农业建设步伐进一步加快。农民专业合作组织蓬勃发展，多种形式的农民专业合作社达87个。全年完成6100人的农民工职业技能培训，转移输出1万余人。

第三产业蓬勃发展。着力提升和改造传统商贸业，加快推进尖草坪小商品市场群建设步伐，培育和引进了一批专业化现代物流企业，以全国家居连锁知名品牌——红星美凯龙为代表的专业市场快速发展，带动了我区商贸服务业向高档次、品牌化方向转变。继续实施“万村千乡市场”工程，家电下乡的品种更加多样，领域进一步拓宽，数量进一步扩大，有效刺激了消费需求，拉动了经济增长。旅游业稳步推进，成功打造太钢和宇文山庄两处工农业旅游示范点。全年全区累计接待游客量27.7万人次，旅游经济收入1650余万元。

（二）城乡建设步伐加快。继续大力推进城市基础设施、交通路网、功能配套和环境改善，全面完成兴华街、和平北路、金桥街改造及滨河东路北延工程，太阳高速公路和大西高速铁路的拆迁工作基本结束，太原铁路枢纽新建西南环线完成年度拆迁任务，太兴铁路太原至静游段部分节点开始施

工。全力实施柴村地区综合整治,积极开展柴村中心广场改造、迎宾路整治工程,深入实施城乡清洁工程,对重点区域、突出问题进行全面整治,城市形象不断提升,城市功能进一步完善。城中村改造工作稳步推进,北固碾、赵庄、新村、新城、大东流、西流村的撤村建居和集体经济转制等工作进展顺利。园区基础设施建设力度加大,投资17亿元的不锈钢园区生活区项目被列入市重点推进项目,目前到位资金3亿元。继主干道钢园路顺利建成通车后,阳兴大道和新店北街道路的前期准备工作全面展开。新农村建设有序推进,全区累计确定省、市、区新农村建设重点村54个,占全区总数的60%。"五个全覆盖"全面实现,60%的村完成了"五个一"工程建设,"四化四改"建设成果显著,农村生产生活环境明显改善。

(三)社会事业全面进步。社会保障和救助体系逐步完善,低保工作的日常管理和规范操作得到加强,农村低保工作严格实施动态管理下的应保尽保和按档施保,城市低保工作做到了动态管理下的应保尽保和按标施保。农村合作医疗推行网络化管理,参合率继续提高,农村医疗救助覆盖面进一步扩大。区总工会创立全市首家农民工爱心定点医院;卫生所建设荣获"全省村级卫生所全覆盖先进集体"称号;尖草坪社区卫生服务中心被命名为"省级社区卫生服务示范中心"。深入开展"科技创新促进转型发展年"活动,全区共申报各类科技项目71项,恒山机电的模块式分层控制钢坯修磨机等15个项目被列入全省科技发展计划。按照省定标准全面完成校舍安全、"百校兴学"工程各项建设任务。校园周边安全整治工作力度加大。各类教育齐头并进、均衡发展,区一中连续6年本科一次性达线突破200人大关,达线率60%以上;区职业中学被评为"国家级重点中等职业学校"。新建区文化活动中心,建设全国文化艺术之乡1处,市级特色文化广场5处,有50个村被列入山西省农民健身工程建设试点村。

(四)精神文明建设和民主法治建设不断加强。积极推进学习型党组织建设,制定下发了《关于推进学习型党组织建设的意见的通知》,牢牢抓住领导班子、基层组织、全体党员三个关键环节进行统一安排部署,通过抓督查、抓宣传、抓示范、抓载体、抓实效,切实发挥了理论学习对实践的指导和推动作用,提升了党组织的学习力、创新力、执行力和公信力。积极开展精神文明创建活动,大力加强社会主义核心价值体系建设。扎实推进创建全国文明城市活动,加强未成年人思想道德建设,继续推进"讲文明、树新风"活动,开展志愿服务、道德模范评选、"缅怀革命先烈、做一个有道德的人"等公益主题实践活动,通过深化文明创建活动,在以文明促和谐、以和谐促发展中迈出更加扎实有力的步伐。

始终坚持党的领导、人民当家作主和依法治国的有机统一,不断加强社会主义民主政治建设,高度重视和支持人大、政协工作,充分发挥其职能作用。全区统一战线围绕"凝聚力工程"积极开展系列活动,先行先为的"新晋商万企联万户感恩行动"受到中央和省市统战部的肯定,荣获"全省统战工作先进县区"称号;积极支持各民主党派参政议政、建言献策,加强自身建设;开展"和谐寺观教堂"主题活动成效显著,依法加大对宗教事务管理的力度,积极引导宗教与社会主义相适应。加大依法治区力度,深入实施"法治草坪"建设,全面推进社会矛盾化解、社会管理创新、公正廉洁执法三项重点工作,全力维护全区社会和谐稳定。区公安局被评为"全国公安机关执法规范化建设示范单位",区法院荣获"全国巾帼文明示范岗"称号。圆满完成"五五"普法工作,作为太原市的四个亮点之一,汇丰司法所法制教育基地在我区召开的山西省司法行政系统"加强基层基础年"太原现场会上向全省做了经验介绍。坚持书记大接访和干部下访制度,深入开展"信访积案化解"活动,大力推进规范化接访,集中化解一批疑难信访问题,逐步形成文明有序的信访环境,区检察院被最高人民检察院授予"文明接待室"称号。 (杨俊栓)

附:一、中共太原市尖草坪区委书记、副书记、常委名单

书　记:陈河才
副书记:白玉明　王国卿
常　委:李增锁　王承江　王琳玉　袁尔铭
杨天玉　李文权　杨小平(女,12月离职)
蔚　来

二、乡镇(街道)党委(党工委)书记、副书记名单

马头水乡
书　记:刘永成
副书记:郝晓中　卢素琴(女)

柏板乡
书　记:李凤义
副书记:王　鹏　赵玉龙

西焉乡
书　记:刘富生
副书记:王为民　温瑞芬(女)

向阳镇
书　记:魏新红
副书记:焦　勇　赵海平

阳曲镇
书　记:李　蓉(女)
副书记:张玉和　袁美兰(女)

柴村街道
书　记:马高明
副书记:姚新顺　孙　艳(女)　张宇波

上兰街道
书　记:史瑞泉
副书记:江志军　乔荣槐　武海峰

新城街道
书　记:李　汇
副书记:宋国旺　段晓燕(女)　刘素珍(女)

南寨街道

书　记：阴建中

副书记：古秀娥（女）　史宝儒　张满惠

尖草坪街道

书　记：田　娟（女）

副书记：王玉贵　王　丽（女）　高晋平

迎新街街道

书　记：孙晋成

副书记：史海俊　李春录　王　彤

光社街道

书　记：刘　智

副书记：赵　杰　吕建新　王建法

古城街道

书　记：赵晓红（女）

副书记：田永胜　王保东　史瑞卿（女）

汇丰街道

书　记：李福贵

副书记：侯　岳　张进芳（女）　梁炳龙

中共太原市万柏林区委工作概况

区委书记　赵伟东

2010年，万柏林区委坚持以邓小平理论和“三个代表”重要思想为指导，深入贯彻落实科学发展观，紧紧围绕保持经济又好又快发展“第一要务”，紧扣西山地区综合整治、城市基础设施建设和生态绿化“三个重点”，主攻全省转型发展的样板区、安全发展的先进区、和谐发展的模范区“三大目标”，各项工作取得新进展、新成效。

一、坚持加强党的建设不动摇，党组织凝聚力、战斗力和创造力显著增强

以学习型党组织建设为抓手，加强思想政治建设。积极推进学习型政党、学习型社会、学习型组织建设，大力弘扬理论联系实际的马克思主义学风，紧密结合全区工作实际和党员干部队伍的现状，完善领导干部理论学习制度和考试办法。积极推进“自主选学”，持之以恒开展各级党委中心组的理论学习，切实增强贯彻落实科学发展观的自觉性和坚定性。

以“深化干部人事制度改革”为抓手，加强干部队伍建设。大规模开展机关干部理论培训，积极推进干部人事制度改革，学习贯彻干部监督四项制度，认真组织实施区委常委会任免干部票决制。加强对关键岗位干部的重点管理，改进和完善干部考核与民主评议评价工作，立足于培养造就大批优秀年轻干部和党外干部。

以创先争优活动为抓手，加强基层党组织和党员队伍建设。全区共设置各类党组织416个。其中：区直机关工委1个，党委4个，总支8个，乡党委1个，街道党工委14个；二级党委、总支14个，基层党支部374个。全面落实党建工作责任制，积极开展创先争优活动。加强农村党组织建设，优化街道社区党组织设置。认真落实“一定三有”保障激励机制，大力推行“四议两公开”工作法，积极作好村级组织活动场所建设，建立健全教育、管理、服务党员长效机制。加强大学生村干部管理，积极开展“人才进村”活动。

以贯彻落实《廉政准则》为抓手，加强作风建设和反腐倡廉建设。认真落实党风廉政建设责任制，严格遵守“五个不准”、“八条禁令”，狠抓《廉政准则》学习贯彻实施，开展“学右玉、抓作风、促发展”为主题的整肃作风纪律、明查暗访大行动。深入开展“反腐倡廉制度建设年”活动，不断创新廉政教育方式方法，积极开展“廉政进村”，形成区、乡（街）、村三级农村党风廉政监督网络，全面深化农村党风廉政建设。重点对中央、省、市重大决策部署贯彻落实情况和功能区建设重点工程进行效能监察、执法检查，始终保持对领导干部腐败的高压态势。有力地推动了全区党风廉政建设和反腐败工作的健康发展。

二、坚持转型跨越不动摇，发展、建设齐头并进

产业转型步入整体提升新阶段。综合实力不断增强。2010年地区生产总值、社会消费品零售总额、财政总收入、农民人均纯收入等主要经济指标均比“十五”末有了大幅增长，圆满完成了“十一五”规划所确定的目标任务。现代服务业实力增强。围绕功能区建设，确定涉及基础设施建设、现代服务业、社会公益事业等项目30个，总投资160亿元。三产投资量占到全区投资总额的43%，长风文化商务区、汾河金融商务中心建设的协调服务工作得到有效落实。企业绿色转型取得实质性进展。抓住省市加快西山地区综合整治契机，坚决淘汰落后产能，取缔污染企业，完成了煤矿兼并重组工作。铁路装备制造工业园建设征地、拆迁工作已经完成，并积极引导中小企业与北车集团对接，推动区域装备制造业整体上水平。

城市转型跨入全面飞跃新高度。城乡路网基础地位持续巩固。千峰北路打通、南屯安居街、南屯路、众纺路北段打通等4条道路全部完工。5条新建改建县乡公路建设工程、市下达的7条农村公路全覆盖工程、西山生态绿化防火通道工程都全部完成，新建王封至一线天旅游公路，全区城市的综合承载能力显著增强。生态绿化效应整体显现。“一点三线”绿化整体推进，西山生态恢复工程三期进展顺利，西山综合整治企业绿化完成3000亩，四达沟森林公园建成开放。城市

园林绿化工程完成17项,绿化覆盖率、人均公共绿地在六城区名列前茅。城市管理整体效能大幅提升。继续引深"城乡清洁工程",进一步提高城乡管理行政效能。延伸拓展数字城管工程建设,对严重影响环境面貌的区域、路段、河道进行整治并初见成效。加大节能减排降耗和环境保护力度,推进"蓝天碧水工程"向纵深发展。

农村转型开启齐头并进新征程。各城中村规划编制、土地转用、安置用地、撤村建居等工作正在积极办理当中。坚决执行"拆旧建新"的原则,共拆除城中村各类建筑17万平方米,闫家沟整体改造工程全部竣工,村民全部安置。小井峪、下元、小王、南寨等8个城中村村民住宅项目建设进展良好,九院移民小区一期、二期工程全部完工。2010年省新农村建设重点推进村的规划编制完成,观光农业、生态旅游发展迅速。积极发展农民专业合作社,对农民种粮补贴和农机具购置补贴政策落实到位,并对农民进行系列的科技培训,进一步推动边山村的城市化进程。

三、坚持和谐发展不动摇,民生工程建设实现历史性跨越

社会事业发展进入前所未有的加速期。整合地区科技资源,争创"山西省科普示范城区"。健全完善重大疾病防控体系和突发公共卫生事件应急预案,区中心医院新建工程进展顺利,区中医医院挂牌成立。深入开展"晋商文化艺术周文艺展演"等群众性文化、体育活动,提高社会公共文化服务水平。不断加强文体市场行政综合执法,营造健康有序的文化市场环境。第六次全国人口普查工作扎实推进。38所"百校兴学"工程高效、优质推进,区实验中学以及一批文体场馆的集中投入使用,不断满足了人民群众的精神文化生活。

社会保障体系建设日臻完善。实施积极的就业政策,城镇新增就业9826人。以基本养老、基本医疗、最低生活保障为重点,推进覆盖城乡居民的社会保障体系建设。棚户区改造、经济适用房的申请、审核和意向登记、廉租住房保障工作得到落实。加强社会福利事业建设,积极开展慈善捐助和"博爱一日捐"活动,努力推动公共资源配置向农村和弱势群体倾斜,确保人民群众共享改革发展成果。

四、坚持安全发展不动摇,安全生产形势持续稳定向好

运用创新理念狠抓安全生产。建立健全"三位一体"安全生产责任长效机制,严格落实安全生产"一岗双责"责任制,稳步推行安全质量标准化建设工作,安全生产信息管理系统开始运行。继续深化安全生产专项整治,突出开展对高危行业和重点环节的监管,确保全区安全生产形势的持续稳定。

采取创新举措维护社会稳定。建立健全应急管理体制,有效应对各类突发事件。进一步落实信访工作责任制,加大对信访案件的解决和督查力度。严格落实稳控措施,开展领导包案和带案下访。信访大接访活动效果明显,群众的合法权益得到维护。

加强基层基础推进平安创建。继续加大对各类违法犯罪活动的严厉打击,扎实开展和谐示范社区创建活动。拓宽社情民意表达渠道,深入推动"服务进村"。全面推进依法行政,"五五"普法取得预期成效。集中开展治安混乱地区和突出治安问题整治,并加强流动人口和出租房屋管理。

(孔一龙)

附:一、中共太原市万柏林区委书记、副书记、常委名单

书　记:赵伟东

副书记:张齐山　高屹城

常　委:张奇峰　侯　安　张宝军　王静恩　冯润春　李晓玉(女)　牛选奎(6月离职)　王凤余(11月任职)

二、乡镇(街道)党委(党工委)书记、副书记名单

王封乡

书　记:王志勇

副书记:闫晋宏　刘双海　程明生

下元街道

书　记:赵丽生

副书记:康爱国　郭天宝　张　武　郑亚雄

千峰街道

书　记:王俊仙(女)

副书记:刘志刚　李文秀　赵伟强　石发财

小井峪街道

书　记:翟永清

副书记:梁红根　黄天宝　尚　武　王爱军

和平街道

书　记:田晋明

副书记:杨　威　杨淑萍(女)　裴冬梅(女)　侯力红

万柏林街道

书　记:宋国强

副书记:王五义　张凯娣(女)　魏傲枝　王红峰

兴华街道

书　记:王少强

副书记:王丽芬(女)　刘丽君(女)　唐　杰(女)　耿彦忠

南寒街道

书　记:王建中

副书记:陈永哲　闫　斌(女)　牛沁萍(女)　翟建武

白家庄街道

书　记:张　勇

副书记:柳丽辉　张改萍(女)　乐丽梅(女)　李星照

杜儿坪街道

书　记:王晓燕

副书记:张文会　李德刚　苗小林(女)　胡太生

西铭街道

书　记:乔俊刚

副书记：马保平　郭晋生　雷旭辉　周振才

东社街道

书　记：张　杰

副书记：李润敖　郝天贵　杜广迁　张智平

化客头街道

书　记：王建民

副书记：冯建军　张跃进　张永利　蔡增辉

长风西街街道

书　记：高建军

副书记：王在峰　毕文莲(女)　巫　健　张晋萍(女)

神堂沟街道

书　记：张　莹

副书记：张立奇　李天明　景志强　曹建华

中共太原市晋源区委工作概况

区委书记　张新伟

晋源区辖金胜、晋祠、姚村3个镇,义井、罗城、晋源3个街办。区委下属10个党(工)委,有党(总)支部265个,其中农村党(总)支部90个、社区党支部24个、企业党支部70个、机关党(总)支部56个、事业单位党支部25个。全区党员总数6285名,占全区总人口的3.16%。2010年,晋源区委坚持以邓小平理论和"三个代表"重要思想为指导,深入践行科学发展观,全面贯彻落实党的十七大和十七届四中、五中全会以及省委九届十一次、市委九届七次全会精神,认真学习贯彻省委书记袁纯清、市委书记陈川平重要讲话精神,大力学习弘扬右玉精神,锐意进取,积极探索,与时俱进,全力推动全区党建工作迈上新台阶,在思想政治建设、组织建设、作风建设等方面取得了新进展。

一、思想政治建设工作

2010年,全区深入学习贯彻中央、省、市宣传思想文化工作会议精神,立足大局,开拓创新,紧紧围绕我区文化生态旅游宜居区建设目标,围绕推进转型跨越发展,坚持理论武装与实践锻炼相结合,强化中心组学习,着力抓好全区党员、干部思想建设,为全区各项事业发展提供了有力的思想保证、舆论支持,精神动力和文化条件。

一是深入学习省、市领导干部大会精神,积极推进全区转型跨越发展。全省领导干部大会作出了加快转型跨越发展的重大战略决策,提出了大力推进工业新型化、农业现代化、市域城镇化和城乡生态化,构建"一核一圈三群"城镇体系等一系列新举措。太原市全面贯彻落实省委精神,提出了太原市要在全省加快转型发展、跨越发展和城市化进程中发挥表率作用,努力建设一流省会城市,成为具有国际影响力的区域性现代化大都市。作为太原市城市拓展的主战场,我区面临着南部新城建设、加快经济结构调整、推动转型跨越发展、推进农村城市化的艰巨任务。区委将学习贯彻袁纯清书记、陈川平书记讲话精神作为一项重要的政治任务,狠抓学习宣传和贯彻落实。通过召开常委会、党政联席会,组织中心组学习,举办科级干部培训班等多种形式的学习宣传,把思想和行动统一到省、市委的决策和部署上来,使全区干部群众进一步明确了发展思路,坚定了发展信心,凝聚了发展合力,形成了干事创业、争先争上的浓厚氛围。

二是大力弘扬右玉精神,引导各级领导干部树立正确的政绩观。按照省、市委要求,把学习弘扬右玉精神作为建设学习型党组织、开展创先争优活动的具体内容和转变干部工作作风的有力举措。组织四大班子领导和相关部门负责同志实地进行了参观学习,召开各级专题民主生活会,认真对照检查,积极教育各级领导干部牢固树立正确的政绩观。区委及时出台了《学习弘扬右玉精神　加强机关作风建设　推动我区转型发展跨越发展的通知》和《加快林业发展　推进文化生态旅游宜居区建设的意见》,将弘扬右玉精神贯穿于全区各项实际工作当中。

三是认真学习宣传贯彻落实党的十七届五中全会和省委九届十一次、市委九届七次全会精神,高度重视"十二五"规划编制工作。党的十七届五中全会、省委九届十一次和市委九届七次全会召开后,区委常委会及时进行了传达学习,结合晋源区实际,将省、市委全会精神贯彻到日常各项工作中,贯彻到"十二五"规划的编制中,为确定"十二五"发展目标和发展思路奠定了良好基础。同时,深入宣传贯彻党的方针政策和省、市新政策、新目标、新举措,推动新一轮思想解放;推进学习型党组织建设,严格实行"一述两考";注重对社会热点问题、突发公共事件的正确引导;深入开展精神文明创建工作,大力发展文化事业和文化产业,实施文化惠民工程,不断完善基层文化活动室和农家书屋,全面推进"2131"农村电影放映工程;成功申报了7项非物质文化遗产。举办了"晋之源"民间文艺集中展演和"晋商文化艺术周"文艺展演活动;全国文化资源信息共享工程晋源区支中心建设得到进一步健全。

二、组织建设工作

在组织建设方面,以加强党的执政能力建设为主线,全面贯彻落实科学发展观,大力加强领导班子和干部队伍建设,继续深入开展"三级联创",大力推动基层组织建设,不断加强党员队伍建设,全区组织建设工作迈上新台阶,为推动文化生态旅游宜居区建设提供了强有力的组织保证和人才支持。

一是深入开展创先争优活动，加强组织建设。按照中央和省市委的部署和安排，认真总结、充分借鉴学习实践科学发展观活动的成功经验，以"强基固本、三化并举、争创先进、跨越发展"为主题，以争创"五个好"先进党组织和"五带头"优秀共产党员为目标，扎实开展创先争优活动，全区292个基层党组织和5705名党员已全部进行了公开承诺，"领导点评"工作正在稳步推进。以创先争优为契机，基层组织建设整体水平实现新跨越。各级党组织召开民主生活会，在全区全面推行"四议两公开"工作法，完成第四届社区党组织和居委会换届工作，建立了全区街道社区党建基础台账，33个村级组织活动场所已全部建成投入使用。认真做好大学生村干部的管理和考评工作，对服务期满的19名大学生村干部择优进行了录取，1名大学生村干部被评选为山西省优秀大学生村干部。大力推进机关、社区、企业党组织建设，深入开展创建党员示范楼院活动，引导社区党组织和党员积极服务社区居民，促进了社区和谐发展。加强非公有制经济组织党建工作，新建非公有制经济组织党支部3个，总数达到了23个，基本实现了我区党组织在符合条件的非公有制经济组织中的全覆盖。从制度建设入手，进一步完善了党员教育管理工作机制，促进党员队伍日常管理的规范化。加大对流动党员信息库的管理和使用力度，提高了流动党员网络化管理水平。

二是贯彻落实干部选拔任用四项监督制度，优化干部队伍结构，加强干部队伍建设。深化干部人事制度改革，严格执行《干部任用条例》、干部选拔任用四项监督制度和省委"三个规定"，细化干部推荐、考察和讨论决定的工作程序，科学规范的选人用人机制逐步形成，有效防止和杜绝了用人上的不正之风，为促进全区经济社会发展提供了坚强的组织保证。紧紧围绕改革发展大局，加大干部调配和教育培训力度，干部队伍结构得到新的改善，部分领导班子得到新的加强。全年共调整任用干部45人，其中正科23人，副科22人，提拔16人，平调交流17人，免职12人。一批综合素质较高、工作实绩突出、年富力强的干部走上了领导岗位，为各级领导班子注入了新的活力。扎实开展干部培训工作。举办干部培训班2期，培训干部293人。圆满完成省市组织部门的干部轮训、调训工作，共调训干部9人。以落实《公务员法》及配套政策为重点，进一步强化干部队伍的综合管理。扎实搞好区管部分科级领导干部和党群机关公务员登记及参照公务员管理登记的后续工作；配合市委组织部完成了2010年度从村、社区干部和大学生村干部中招录公务员和事业人员的招录工作，完成正式录取12人；进一步规范了干部工资、档案管理等工作，研究通过了《太原市晋源区优秀人才、太原市晋源区特聘专家、太原市晋源区青年学科带头人选拔、管理办法》，全面做好了全区人才工作。

三、作风建设工作

贯彻落实《廉政准则》，加强党风廉政建设。坚持与干部学习培训相结合，将《廉政准则》的学习列入区委中心组学习、民主生活会、干部培训班的重要内容，组织广大干部认真学习，深刻领会，并通过赠廉政台历、发廉政短信、创办《晋源廉雨》刊物等形式，对全区党员干部开展廉政教育；坚持与警示教育相结合，运用违反干部选拔任用条例的典型案例，加强对全区广大干部的警示教育力度，引导他们进一步提高认识，吸取教训，谨慎用权，秉公用权，提高贯彻执行干部制度的自觉性。认真开展"制度建设年"活动，出台了实施意见、进行任务分解和确定工作要点，明确责任，层层落实，推进全区党风廉政建设和反腐败工作再上新水平。认真贯彻落实中央省委关于党政机关厉行节约"八项要求"，以优良的党风促政风带民风。深入开展纪律作风整顿，强化煤焦领域的廉政建设。认真落实建立健全惩治和预防腐败体系的各项工作，严格执行党风廉政建设责任制，加大责任追究力度。深入开展廉政文化建设，进一步加强农村党风廉政建设，认真落实领导干部重大事项报告等各项监督制度。围绕全区中心工作，加大对全区重点工程的跟踪监督力度。高度重视，认真贯彻落实省纪委"五个不准"和市纪委"八条禁令"精神，全区党风廉政建设和反腐败工作继续保持了良好的发展态势。

(薛运中)

附：一、中共太原市晋源区委书记、副书记、常委名单

书　记：张新伟

副书记：冯　霞(女)　阴海锁

常　委：计建中(11月离职)　芮辰文　董云飞
施国立　梁宏宇　薛运中　侯天慧(女)
葛德高(11月任职)　朴铁权(11月离职)

二、乡镇(街道)党委(党工委)书记、副书记名单

义井街道

书　记：李良宝

副书记：张　仕　赵宏保

金胜镇

书　记：张兴旺

副书记：李国亮

罗城街道

书　记：江金魁

副书记：范永生　郝润川

晋源街道

书　记：姜保牛

副书记：温志勇　乔玉斌

晋祠镇

书　记：计建中(11月离职)

副书记：李茂生　成练明

姚村镇

书　记：王吉康

副书记：钮宝林　路国萍(女)

中共古交市委工作概况

市委书记　郭建发

2010年，古交市委深入贯彻党的十七届四中、五中全会精神，全面落实科学发展观，紧紧围绕建设新型煤化工、能源新产业及以工补农示范区这一目标，充分发挥总揽全局、协调各方的作用，坚持把方向、谋全局、议大事、抓大事，进一步解放思想，攻坚克难，针对国际金融危机的冲击和全省煤炭资源整合带来的压力，采取重点工程牵动、实事项目带动、扩大投入拉动、安全管理促动、党建工作推动、干部群众齐动等措施，全力以赴推动我市经济转型、民生改善、社会和谐发展，为“十二五”发展奠定了坚实的基础。

一、创新载体抓党建，创先争优保发展，党的建设科学化水平有了新提升

古交市委直属党(工)委27个，其中乡镇党委10个，街道党工委4个，机关党工委6个，系统党委3个，机关党委1个，国有企业党委1个，民营企业党委2个。全市共有党总支22个，党支部513个，党员9909名。一年来，重点做了以下几方面的工作：

一是思想政治建设切实加强。坚持把理论学习摆在首位，以市乡两级党委中心组学习为龙头，以市乡两级党校为主阵地，强化对全市党员干部和农村“两委”干部的教育培训、轮训工作，共对1527名党员干部进行了集中培训。全年组织了10次市委中心组专题学习，其中有7次邀请省、太原市有关专家作讲座。通过组织集体学习，使各级领导班子成员学到了知识，开阔了视野，统一了思想，增进了团结，凝聚了合力。

二是创先争优活动成效明显。开展创先争优活动以来，一方面充分发挥《太原日报·古交新闻》、古交电视台等宣传主阵地的作用，开设专栏，公示承诺，宣传典型，营造了创先争优的良好氛围；另一方面，加强制度建设，制定并实行了市级党员领导干部“一包一联”制度，严格落实“三评两审一公开”，使各级党组织和党员科学定诺、公开示诺、严守承诺，避免了承诺内容“虚、空、高”和千人一面，全市党组织和党员干部的精神面貌与工作作风有了很大的提升和改观。

三是领导班子和干部队伍建设进一步强化。着眼于优化班子结构、增强整体素质，严格按照《干部选拔任用工作条例》和省委“四个规定”要求，坚持重政绩、重公论、重实践和公开、公平、公正的原则，采取“先定原则后定人、先定方案再执行”的办法和“两沟通、四征求、四把关、两听取、一票决”的方式，对科级干部进行了合理调整，年轻干部、妇女干部、党外干部得到合理使用，领导班子年龄结构、知识结构、气质搭配进一步优化，班子的整体效能明显提高，为促进经济社会转型跨越发展提供了坚强有力的组织保证。

四是基层党组织的创造力、凝聚力、战斗力得到充分发挥。制定出台了《关于统筹城乡党建工作、推进基层党建科学化的实施意见》，提出了创建“党建工作先进市”的口号，一方面结合开展创先争优活动，深入开展“强基联创争先锋”活动，按照“经济部门联系穷村、党委部门联系弱村、政法部门联系乱村、农业部门联系产业村”的思路，全市市直单位(部门)分别挂点联系14个乡镇、街道的146个行政村，有力地推动了农村各项社会事业的健康发展；另一方面深入开展了“六百进村”活动，使城市优质资源和服务项目向农村倾斜，有效解决了农村党组织活力不足、活动方式单一的问题。同时，全面加强非公有制经济组织和新社会组织党建工作，使得基层党组织的创造力、凝聚力、战斗力进一步增强。

五是学右玉改作风成果显著。通过领会精神结合学、外出考察对照学、内树典型激励学、激浊扬清督促学“四种方式”，掀起了学习的新高潮。同时结合实际开展了以“转变作风树形象、狠抓落实创业绩”为主题的作风大整顿，选树了市检察院等一批先进单位和邢家社乡龙子村党支部书记成拉旺等一批先进个人，以身边的人、身边的事教育广大党员干部，使先进典型成为激励干部群众干事创业的航标。并对照“五个不准”和“八条禁令”，狠刹“三股歪风”，由纪检监察部门牵头，通过明察暗访，对上班时间洗浴的5名机关工作人员，2名给予党内警告，3名给予行政警告；对上班期间玩电脑游戏的3名协警予以辞退；对上网看电影的1名机关工作人员给予党内警告处分，严肃了党纪党风，促进了机关工作和干部作风的转变。

六是反腐倡廉力度不断加强。严格落实党风廉政建设责任制，对任务进行分解细化、责任到人。各领导班子成员按照“一岗双责”的要求，在加强廉洁自律的同时，切实抓好分管范围内的党风廉政建设责任制的落实，形成了抓党风廉政建设的整体合力。严格执行“四项监督制度”和《廉政准则》，切实加强农村党风廉政建设和抓好煤焦领域、工程建设领域反腐败工作，严肃查处违纪违法案件，全年立案查处29件，处分违纪党员44人，诫勉谈话11人，既震慑了违纪违法者，又教育了广大党员干部。

二、科学定位谋发展，攻坚克难调结构，古交经济步入转型发展新轨道

一年来，古交市委准确把握经济发展规律，深入分析市情民意，将加快推进转型作为经济发展的重中之重来抓，全

年完成财政总收入13.8亿元,同比增长12.9%。预计地区生产总值完成29亿元,同比增长8%;城镇居民人均可支配收入达到15671元,同比增长11%;农民人均纯收入7449元,同比增长10.1%。

一是坚持以煤为基、多元发展,精心谋划转型发展新思路。古交市委把如何实现转型作为一大重要课题进行研究和探索,尤其是"7·29"全省干部大会后,通过认真学习袁纯清书记的讲话精神,进一步明确了古交转型发展的思路:紧紧围绕建设新型煤化工、能源新产业及以工补农示范区,着力打造华润、西山煤电、省煤运、科技园区、民营企业"五大经济板块",形成"一区带三川、三川建八园"的产业发展布局和"煤—焦—精细化工"、"煤—电—新型建材"、"白云石—金属镁—镁合金"、"采矿—冶炼—精密铸造"四条产业链,实现在生产规模上由小转大、生产方式上由污转净、生产工艺上由粗转精、产业结构上由黑转绿"四种转型",把古交建设成为全国一流的新型煤化工基地和具有国际水平的循环经济示范基地。

二是坚持规划先行,立足长远,集中智慧编制各项发展规划。古交将2010年确定为"规划年",与国家发改委产业发展研究所等单位联合举办了"中国资源型城市可持续发展、山西古交新型煤化工产业规划论坛",与德国技术合作公司就完善焦化发展规划、提升改造传统产业、发展新型煤化工达成了合作意向,并委托有关科研院所为古交编制"十二五"经济社会发展规划、新型煤化工产业发展规划、新能源产业发展规划、科技园区发展规划及其他各类专项规划。同时,结合"五大经济板块"建设,与华润集团、西山煤电集团、省煤运集团协商编制其在古交的产业发展规划。目前科技园区发展规划已通过专家评审,"十二五"规划及其他专项规划也已完成初稿,待有关专家评审论证后出台。

三是坚持项目带动,突出转型,全力以赴推进重点工程建设。坚持把项目建设作为调结构、促转型的抓手,筛选上马了"十大重点工业项目",总投资76亿元,年内已完成投资31.22亿元。目前,5个项目已全面完工、进入试生产阶段,其它项目是跨年度项目,正在加紧建设中。这些项目都是符合转型跨越发展要求的绿色项目,投入大,前景好,后劲足,必将有效地拉动古交经济增长,带动就业和发展。同时,为了持续推进转型发展,还储备了兴能公司三期2×60万千瓦超临界循环流化床发电项目、纳米聚晶金刚石、液体金属散热芯片、泡沫彩釉玻璃等一批循环经济和新能源开发项目,这些项目上马建设后,必将更加有力地推动古交转型发展,成为古交新的经济增长点。

四是坚持安全为首,落实措施,严厉打击私挖滥采。牢固树立古交经济就是"安全经济"的理念,坚持每天都是从零开始,真正把安全工作作为古交的生命工程来抓,尽管煤矿大部分停产,但抓安全工作的思想丝毫没有放松,在抓好日常监管的同时,严厉打击私挖滥采,重新封堵、填埋私开坑点150多处,立案处理11处,有效遏制了重特大安全事故的发生。与此同时,切实强化防火、防汛、食品、交通等各项安全工作,确保了人民群众生命财产安全。

三、夯实基础搞建设,突出重点抓整治,城乡一体化发展取得新成效

一是以新农村建设为抓手,稳步推进以工补农示范区建设。健全完善了财政补农、企业支农、单位帮农三个机制,以整治村容村貌和加强农村基础设施建设为突破口,重点在"增点扩面、提档升级"上下功夫,实施了"五个一批"工程,全市分类建设的44个村,其中有24个达到了新农村"四化四改五个一"标准,连续两年被评为全省新农村建设先进县市。严格落实强农惠农政策,高度重视抓好农业生产,并向农民发放粮食直补和农资、家电补贴资金720万元,使农民群众得到了实惠。

二是以提升品位为着力点,进一步加强城市建设和管理。完成了大川西路拓宽改造一期工程、中心污水处理厂扩建工程、城市集中供热二期延伸工程、汾河景区后续治理工程等,工人文化宫、体育场改造和国防动员指挥中心建设等工程进入扫尾阶段。以开展"城乡清洁工程"为契机,全面整治"一河三川"、城乡结合部和重点农村,对城区内主干道和小街小巷全部实行"一扫全保"和"网格化、精细化"管理,清除垃圾6.5万立方,立面整饰10.6万平方米,使城乡面貌焕然一新,在创建全省卫生城市评比中获得第二名的好成绩。

三是以提升环境质量为重点,强化污染治理和生态建设。启动了煤矸石规划利用工程,"十大重点工业项目"中有5个项目属于煤矸石、粉煤灰、煤泥、煤气综合利用项目。关停了两户焦化企业、拆除了6台燃煤锅炉、拨除了3根烟囱,并制定了洗煤企业综合整治标准,提高了洗煤行业准入门槛,打造了13户精品洗煤企业。全年万元地区生产总值综合能耗下降15%,主要污染物排放下降11%,市区大气二级以上天数达到了358天,环境质量明显改善。同时,加强生态建设,启动了"三环生态圈"建设,实施了通道绿化、城市绿化、北山绿化和太古高速公路古交段绿化等工程,全年绿化6.4万亩,森林覆盖率达到16.27%,林木绿化率达到24.3%,为创建全省园林城市奠定了坚实的基础。

四、尽心竭力保民生,想方设法解民忧,人民生活保障得到新加强

切实加大民生投入,年初制定的为民办的"十件实事"全部兑现,农村"五个全覆盖"工程基本完成,培养了436户科技示范户,对47所中小学校舍进行了改造,高标准实施了文化宫、体育场改造工程,完成了中心医院住院楼和乡镇卫生院配套工程以及妇幼院放射楼建设工程,城镇基本养老保险、基本医疗、失业、工伤、生育保险覆盖范围进一步扩大,尤其是在新型农保领域,我市农村养老保险作为国家试点县(市)之一,实施了分档次缴费和财政相应给予对等补贴的办法,做到了有弹性、可持续,多缴多补,使人民群众享受到改革发展带来的伟大成果。

五、强化措施保稳定，多措并举促和谐，和谐古交建设取得新进展

一是全面推进民主法制建设。坚持总揽全局、协调各方，紧紧围绕团结和民主两大主题，大力支持人大、政府、政协开展工作，积极同各民主党派、工商联、无党派人士开展政治协商，及时通报有关工作情况，建立了市级党员领导干部与民主党派成员联系制度，扎实做好民族宗教事务和对台工作，进一步巩固和发展爱国统一战线，工、青、妇等群众团体的桥梁纽带作用得到了有效发挥。

二是大力加强信访维稳工作。坚持开展书记、市长联合大接访，实行了市级领导信访接待日制度，每日由2名市级领导在信访接待中心接待上访群众，既维护了机关正常工作秩序，又解决了一大批群众反映的问题。信访工作受到太原市的肯定和好评。

三是加强社会治安综合治理。围绕建设“平安古交”，扎实推进“天眼”工程建设，不断加大对各种违法犯罪行为的打击力度。同时，公开招聘了50名协警、126名校园保安，为做好维稳工作提供了重要保障。（程顺安）

附：一、中共古交市委书记、副书记、常委名单

书　记：郭建发
副书记：韩良会　李并敏
常　委：阎亮娥（女）　李　浓（女）　刘爱林
孙　泉　高保民　郝淑贞（女）　程顺安
牛全英　任志启（挂职）

二、乡镇（街道）党委（党工委）书记、副书记名单

河口镇
书　记：张吉明
副书记：姜　玉　左　铭
镇城底镇
书　记：吕四虎
副书记：弓梅梅（女）　李开明　王二娃（挂职）
马兰镇
书　记：阎文平
副书记：阎　伟　张所元
加乐泉乡
书　记：李宏刚
副书记：续福明　郝根师　阴才顺（挂职）
梭峪乡
书　记：张宏印
副书记：程兴旺　冀树林　徐国昌（挂职）
岔口乡
书　记：张维维
副书记：武卫伟　程明芳
常安乡
书　记：杨爱爱（女）
副书记：张全荣　郝学忠
原相乡
书　记：武　让
副书记：张拉明　武三小
邢家社乡
书　记：刘爱民
副书记：周保平　邢树明　张耀清
阁上乡
书　记：卢俊鹏
副书记：康通明　李秀忠
东曲街道
书　记：阎新义
副书记：王志刚　任永刚　李兰英（女）
西曲街道
书　记：牛春明
副书记：高　鹏　阎存旺　李丽光
桃园街道
书　记：赵文梁
副书记：贯维龙　高福英（女）　冀学贵
屯兰街道
书　记：张明旺
副书记：周爱勇　阎亮平　刘俊武

中共清徐县委工作概况

县委书记　车建华

清徐县辖区面积609平方公里，辖4镇5乡1个街道办事处、188个建制村、24个社区居委会，常住人口35万。县委下属16个党（工）委（党委12个、工委4个），43个党总支。至2010年底，全县共有586个基层党支部。其中农村有9个乡镇党委，192个建制村党支部（农村党总支8个），全县共有党员14461名。

一、各项工作取得新进展

2010年，清徐县委深入贯彻落实袁纯清书记“7·29”讲话精神、陈川平书记10月22日来我县调研讲话精神和省委九届十一次全会、市委九届七次全会精神，深入开展“项目推

进年”、“城镇建设年”、“创业富民年”、“强基固本年” 四项活动，瞄准建设一流的省会城市南部新区、新兴产业基地和自主创新基地，加快转型发展，全力改善民生，维护和谐稳定，切实加强党的建设，各项工作取得了新的成绩。

全年全县地区生产总值92.2亿元，同比增长18.3%；财政收入14.4亿元，同比增长15.5%；一般预算收入6.2亿元，同比增长36%；规模以上工业增加值49.7亿元，同比增长45.8%；全社会固定资产投资完成56.5亿元，同比增长42.2%；社会消费品零售总额25.5亿元，同比增长15.2%；外贸进出口总额18.2亿元，增长66.9%；城镇居民人均可支配收入16248元，同比增长11.2%；农民人均纯收入8792元，同比增长11.8%；大气污染指数1.67，二级以上天数354天。

被确定为全国知识产权强县工程试点县、国家级晋中文化生态保护区、国家小型农田水利建设重点县、全省“十二五”规划试点县和太原市“十二五”期间第一批循环经济试点县，获得了全国休闲农业与乡村旅游示范县、全国群众体育先进县、全国第三次文物普查先进县、全国县级公共文化服务体系建设先进县、全省文化建设示范县、全省现代农业示范县、全省十佳卫生县城和全市城乡清洁工程最佳县等荣誉称号。

抓住全省、全市加快转型跨越发展的重要机遇，转方式，扩总量，提质量，促转型，狠抓“四区两园”承载，发展新兴产业，积极开展招商引资，壮大县域经济，以项目建设为抓手，建立“五个一”工作机制，推动各项重点项目落实到位；围绕农业龙头企业上项目，发展现代农业；发展汽配、钢铁、煤化工、煤炭、新材料产业集群，加速发展新兴产业；大力发展观光农业、现代物流业和节庆经济，经济结构不断优化。

以建设一流省会城市南部新区为目标，坚持规划引领，基本实现土地利用规划、城镇建设规划、产业规划、环境保护规划“四规合一”；加大基础设施建设力度，拉大城镇框架，提升城镇承载能力；突出建设中心镇、中心村，提高城镇化水平，提升新农村建设质量；大力推进“城乡生态化”，全县森林覆盖率达到16.2%，建成区绿化覆盖率36%，建立了城乡环卫保洁一体化长效机制。

始终把改善民生放在突出位置，让更多的群众享受到发展成果。“五个全覆盖”全部完成；全面落实了国家基本养老、基本医疗、失业、工伤、生育社会保险制度，城镇职工基本养老保险净增1156人；新型农村养老保险参保率96.5%。新农合参合率达到97.3%；新增就业岗位14685人，城镇登记失业率2.6%。村级文化活动场所达到平均每村1.2个，预计公共文化服务体系建设达标率2.0；建立了“1+3”矛盾纠纷联调工作机制，建设了县、乡、村三级信访服务中心，创新建立了以“民警+群众+科技”为主要内容的“1+2+3”防控模式和流动人口“六个一”管理模式，全年未发生重大安全责任事故。

二、党的建设有了新突破

坚持将提升党员干部思想素质作为转型跨越发展的重要保障，坚持每月两次县委中心组集中学习不动摇，组织广大党员干部认真学习袁纯清书记“7·29”讲话精神、陈川平书记10月22日来我县调研讲话精神和省委九届十一次全会、市委九届七次全会及省、市经济工作会议精神。组织县、乡、村、企三级四个层面200余人次赴右玉、怀仁、朔城区学习考察；组织中青年干部集中以城乡一体化建设为重点内容赴上海、杭州、苏州、温州等地学习培训，使党员干部进一步解放了思想，开阔了眼界。

深入开展创先争优活动。提前三个月完成村级组织活动场所全覆盖，全县188个村全部推行了“四议两公开”工作法；严格执行《干部任用条例》，提高选人用人公信度。顺利完成了社区居委会和社区党组织的换届工作，实现了“两新”组织全覆盖；美锦农艺园成为市委组织部命名的全市唯一的大学生村干部创业实践基地；高度重视民主法治建设，注重发挥县人大和县政协的职能作用，有效凝聚各方力量，为转型跨越发展和社会和谐提供有力支撑。

扎实推进“反腐倡廉制度建设年”工作，探索建立了有针对性和可操作性的新措施、新办法。学习和弘扬“右玉精神”，加强作风建设；严格落实省纪委“五个不准”、市纪委“八个禁止”要求，出台了《清徐县对重点领域、重点岗位、重点对象的监督办法》，建立了12项制度，初步形成了上下联动、立体监督的网络；深入开展工程建设领域突出问题专项治理、煤焦领域反腐败专项斗争和“小金库”专项治理等各项工作，全年共处分党员干部70人；在10个乡镇配备了专职纪委书记兼行政监察员，农村党风廉政建设效果显著提升。

认真贯彻落实国家、省、市人才发展规划纲要精神(2010—2020年)，出台了《清徐县进一步加强人才工作的实施意见》，县财政列支100万元设立了“清徐县人才资源开发专项资金”，重点实施“695人才发展计划”，即：建设6支队伍(党政人才、企业经营管理人才、专业技术人才、高技能人才、农村实用人才、社会工作人才)，创新9项机制(创新人才管理、培养、使用、流动、激励、评价、投入、政策、服务机制)，实施5大工程(县级突出贡献优秀人才选拔工程、县级优秀人才培育工程、重点产业急需人才聚集工程、名师名医名家命名工程、农村实用人才培养工程)，为我县实现转型跨越发展提供坚强的人才保障和智力支持。

探索发展党员新机制，推行“2468”工作法。“2”是两个结合，即科学谋划和适度倾斜相结合、培养教育和设岗定责相结合；“4”是扩展推荐制、票决制、预审制、公示制四项制度；“6”是六个优先，即优先发展“双带”能人、优秀青年、优秀妇女、大学生村干部、非党村委会主任、重点领域；“8”是严把培养、推优、票决、培训、政审、预审、公示8个关口。“2468”发展党员工作法，规范了程序，提高了透明度，有效杜绝了支部发展裙带党员，提高了新党员质量，党员队伍结构得到改善，党员队伍的先进性、代表性明显增强。

创新“两化五式”模式，实现党员教育新突破。“两化”即经常化、规范化教育；“五式”即：结对式、自主式、点面式、菜单式、网络式教育。制定出台了《清徐县2009—2013年党员教育培训工作实施办法》和《2010 年清徐县党员教育培训计划》，由县委组织部、县委党校组织共同编写了 30 万字的《清徐县党员教育培训教材》，突出党建基本知识、党的基层组织、法律法规、相关会议、写作知识、农业科技等知识，结合县乡村基层组织工作特点，全县 1.5 万余名党员和入党积极分子人手一册，组织了四期科级干部和两期理论骨干培训班，构建起场地、教材、经费、师资、远程教育“五位一体”的党员教育培训体系。（邢蕴武）

附：一、中共清徐县委书记、副书记、常委名单

书　记：车建华
副书记：张　强　萧芬芬（女）
常　委：张启亮　马金安　冯原平　裴耀军　刘振华　刘永华　杨登科　张红谱（女）

二、乡镇（街道）党委（党工委）书记、副书记名单

清源镇
书　记：李晓辉
副书记：岳建强　李建国

马峪乡
书　记：武威飚
副书记：李　杰　布存江　阎清德　王国庆（11 月离职）

东于镇
书　记：左喜维
副书记：岳兔立　贯效文　王东海　常继武　赵润生

柳杜乡
书　记：陈晓勇
副书记：连利强　丁保平　王振刚

西谷乡
书　记：靳秀发
副书记：陈　晋　庞晓东　张建新

孟封镇
书　记：郭　彬
副书记：贯宏俊　郭建平

王答乡
书　记：李凤梅（女）
副书记：牛志来　李八一　乔晓燕（女）

徐沟镇
书　记：李德祥
副书记：贯　环（女）　赵四顺

集义乡
书　记：（空缺）
副书记：陈俊峰　董隽杰　王卫民　潘巨发

东湖街道
书　记：杜钢毅
副书记：罗学功　王玉和　王贵河

中共阳曲县委工作概况

县委书记　冯晋生

2010 年，中共阳曲县委深入开展“转型发展年”活动，大力解放思想、招商引资、改善民生、转变作风，各项工作都开创了新局面，取得新进展、新成效。

一、全面加强党的建设

阳曲县委下辖 10 个乡（镇）党委、7 个系统工委，16 个党总支，309 个党支部，其中农村党支部 123 个、非公企业党支部 12 个。全县共有党员 8228 名。

2010 年，县委以作风建设和执政能力建设为重点，着力推进党建工作。率先在全市开展“四议两公开”试点工作。把开展“四议两公开”试点工作做为全县农村工作、农村基层组织建设的主抓手，精心组织，周密安排，典型带动，分类指导，全县 124 个村先后决定和公开了 600 多项议题和决议内容。通过试点，全县农村“两委”工作进一步规范化，党群干群关系进一步密切。阳曲县“四议两公开”工作法试点经验在全市基层组织建设现场会上进行观摩推广。

加强基层党组织建设。全县各党工委应换届的 81 个党组织全部完成换届任务。目前全县基层党组织合理设置为 309 个，进一步理顺关系，规范了党组织设置。逐步完善党内激励、关怀、帮扶的“一定三有”机制，目前，全县 204 名农村两委主干的岗位报酬和养老保险补助都能按时足额发放到位，169 名离任村干部每月给予 120 元的固定生活补贴。17 个列入省市第二轮村级组织活动场所现已全部投入使用，全县基本实现了村级活动场所全覆盖。

加强各级领导班子和干部队伍建设。以建设学习型党组织和学习型领导班子为重点，进一步完善了县乡中心组学习、考评制度。注重干部的培训、交流、考核工作，一年中，对 80 名新任科级干部和 200 名“两委”主干进行了培训。加强大学生村干部创业的扶持指导，大学生村干部创业能力进一步增强。认真落实中央“大规模培训党员”的要求，组织了“春训”、“冬训”和各类就业技能培训 300 余场次，对 8000 余名党员普遍轮训。

坚持把贯彻执行党风廉政建设责任制作为党风廉政建设的总抓手。以推进“三级三务”公开为重点，着力构建阳曲特色惩防体系。以规范“三资”管理为重点，巩固农村财务委

托代理。以"百岗评议"为重点,引深民主评议政风行风工作,切实解决损害群众利益的突出问题。以干部作风建设为重点,集中开展了作风纪律整肃工作,全县各级干部的纪律观念、遵纪守法的意识和自律意识明显增强,有力地促进了各项工作。

二、以培育扶持重点项目为抓手,推动经济平稳较快发展

新型工业承接区建设扎实推进。先后召开全县创优发展环境动员大会、东西两山开发新闻发布会,举办招商引资签约仪式,唱响大开放、大引资、大发展主题,不断掀起招商引资和重点项目建设的热潮。2010年的"转型发展年"活动,县委、县政府确定了36个重点项目,总投资约28亿元。目前已完成投资10亿元,其中,横店工业园一期工程、广厦水泥技改、晋汇南白水泥、三兴洗煤、吉港水泥、轴心特种钢、万佳建材一期等7个项目投入运营。汉波食品二期、旭美三期、新型炉业、锦宏电力铁塔、丰泉镁合金等项目取得积极进展。与江苏仁泰集团就建设投资百亿元的"龙城总部经济发展中心"项目正在积极筹备签约。全县水泥建材、铝镁加工、轻工食品呈现出产能扩张、转型升级步伐加快、市场竞争力不断提高的发展态势。

农村经济平稳发展。认真落实国家强农惠农政策,共发放生产资料、粮食直补等各项补贴1831万元,农民人均受惠161元。实施蔬菜"双千亩"扩建工程,探索建立农超对接的产业链条。抓好万亩玉米高产示范基地、万亩旱作农业示范基地,以及测土配方施肥项目建设,带动农田大面积均衡增产。完善重大动物疫病防控应急机制,全年未发生重大动物疫病和农产品质量事故。大力发展东西两山旅游、生态和农业适度规模经营,发展专业大户、家庭农场、股份合作经济组织。全县农民专业合作社发展到273家,实现了农民专业合作社行政村全覆盖。全县共有省级新农村建设试点村、重点推进村72个,目前,18个村的规划已经全部完成评审,"四化四改"和"五个一工程"正在同步建设。

三、把改善民生作为根本出发点,努力提高城乡群众生活质量

卫生园林县城建设成效明显。2010年,认真做好县城控制性详细规划,县污水处理厂已经投入试运行,完成安镇街道路拓宽改造工程,生产资料公司片区改造项目全面铺开,完成县城集中供热维护和管网改造,阳曲公园万亩景观带建设项目、杨兴河县城段综合治理(蓄水)项目进展顺利,北郑村整体改造的前期工作进展顺利。与此同时,继续完善园林绿化、道路硬化、公园游园建设等工作,县城汽车修配市场、二级汽车站、大运路县城段拆迁改造工程(续建)、天然气置换(续建)等一大批民生工程正在加紧后期施工。在达到省级卫生县城的基础上,接受了"省级园林县城"检查验收,阳曲县成为全市唯一申报省级园林县城的县区。

社会事业快速发展。全面完成"五大惠民工程"和"五个全覆盖"目标任务。坚持优先发展教育,推进义务教育标准化建设,并通过省政府的评估验收。大力实施"百校兴学"和校舍安全工程,规划改造的38所学校全部完成,校安工程进入全省先进行列。加强平安校园建设,全县中小学全部配备了专职保安员、治安员、门卫,50人以上的学校全部设置治安警务室、视频监控系统,确保了校园安全。深化医药卫生体制改革,稳步实施国家基本药物制度和公立医院改革。加强医疗卫生基础设施建设,投资5200多万元,高标准新建了县医院门诊住院楼、县中医院住院楼,目前全部投入使用。完成东黄水、泥屯等7个乡镇卫生院改建工程。村级卫生室实现了全覆盖,县、乡、村三级医疗机构达标率达到85%。加强新型农村合作医疗,全县新农合参合率达到97%,有4.3万人次的参合农民享受补偿金1336万元。全县13个乡镇卫生院和54个村级新农合定点医疗机构实行了门诊统筹直补,农民看病难、看病贵的问题得到了有效缓解。全面完成农村饮水安全工程、广播电视全覆盖、农村公路建设任务。积极促进重点科技项目的普及,提高工农业科技含量。建成了文化大院60个,建成"农家书屋"35家,全民健身路径116条。

社会保障体系进一步完善。积极开发公益性岗位,加强职业技能培训,重点扶持零就业家庭、下岗失业人员等困难群体就业。进一步完善覆盖城乡的社会保障体系,企业养老保险、医疗保险、失业保险等社会保障覆盖面逐步加大。新型农村养老保险全面启动,基本实现了应保尽保。进一步规范城乡低保工作,逐步提高城乡贫困群众保障水平。社会福利、残疾人、老龄和慈善事业获得新发展。

安全稳定的局面进一步巩固。加强社会治安综合治理,城乡防控体系进一步完善。依法做好信访稳定工作,精心组织好大接访活动,有效解决了一批群众反映的问题。高度重视、严格落实安全生产、护林防火责任制,确保了全县政治社会持续稳定,人民群众安居乐业。

四、以高标准实施城乡清洁工程为着力点,大力改善城乡环境面貌

县委提出"大干四十天,全市争一流,省内赶长治,全国学先进"的工作目标。全县上下把城乡清洁工程作为"一把手"工程,全党动员、全民动手、全社会参与,雷厉风行,重拳整治,全县共投资3200余万元,集中治理垃圾乱堆、污水乱排、摊点乱摆、广告乱设、车辆乱停、违章乱搭滥建专项整治集中行动。严格落实县级领导包乡、县直单位包村、乡镇领导分片包村、包路段、村干部包户的责任制。实行"10天一观摩,10天一排队"评比检查制度,先后组织六次大规模现场观摩,并组织了考评和综合排名,对城乡清洁工程中行动迟缓、整治不力、进展不快、效果不明显的村庄、单位、街道、楼院发放阶段性"环境最差"牌匾,县、乡、村干部焕发出争先争上、不甘落后、勇创一流的精神,形成山区向平川看齐、平川向县城看齐、县城向新阳大街看齐的比学赶超的浓厚氛围。为推动全县城乡清洁工程向纵深发展,为每个行政村配备垃

圾清运车125台,保证了"一村一车",垃圾随时清运。全县配备1070名保洁员,10个乡镇全部配齐了环卫所和环卫队,做到乡乡有环卫所、村村有环卫队、街街有保洁员,并探索建立了考核检查机制,收到了良好效果。

五、创新工作思路,转变工作作风

县委结合学习贯彻全省全市领导干部大会精神,不断创新工作思路。一是结合阳曲实际,认真学习贯彻省、市决策部署。全县上下组织了解放思想、转型跨越发展大讨论,组织了"问计于民、问需于民"大调研、万人问卷调查,全县各乡镇、各部门深入开展了"对标"活动,寻找对标、找准差距、争创一流,形成了干事创业、争先争上的浓厚氛围。二是部署开展了"转型发展年"活动。围绕促进经济平稳较快发展、提高城乡群众生活水平这个重点,集中精力狠抓了一批民生保障、产业发展、基础设施建设、生态建设等重点工程。同时,就开展创先争优活动、优化发展环境、做好城乡清洁工程、转变干部队伍作风,制定实施"十二五"规划以及加强基层党组织等重点工作及时研究部署,主要经济指标实现了两位数增长,全面完成了年初确定的各项目标任务。三是大力弘扬右玉精神,转变干部作风。组织县乡干部赴右玉县学习,把右玉精神体现和落实到各项工作中。在近两个月的城乡清洁工程中。四是不断完善领导体制和工作机制。认真执行民主集中制,坚持重大问题集体讨论、集体决定,同时充分发挥各个班子成员的积极性,工作中互相配合、互相支持。健全和完善县四大班子领导分包重点项目、联系乡镇和下基层调研制度。尤其是面对今年繁重的工作任务,县级领导带头抓学习调研,深入所联系的乡镇、企业和重点工程现场,千方百计抓投资、抓项目、抓民生,发挥了榜样表率作用,促进全县经济社会又好又快发展。 (李建国)

附:一、中共阳曲县委书记、副书记、常委名单

书　记:冯晋生

副书记:薛东晓　王素红(女)

常　委:刘国伟　何爱萍(女)　李贵增　李建国　田文浩　乔文清　赵　洪

二、乡镇(街道)党委(党工委)书记、副书记名单

黄寨镇

书　记:路宇明(4月离职)　王志勇(4月任职)

副书记:王志勇(4月离职)　王向正(4月任职)　张俏元　冯爱全

泥屯镇

书　记:王凯明

副书记:李保明　李育明　张载修

东黄水镇

书　记:金润全

副书记:侯爱英(女,4月离职)　王福刚(4月任职)　李和平

侯村乡

书　记:张明生

副书记:王丽琴(女)　陈亮明

大盂镇

书　记:王　涛(4月离职)　康国奇(4月任职)

副书记:康国奇(4月离职)　赵　斌(4月任职)　梁永胜(4月任职)　杨爱根

高村乡

书　记:侯爱英(女,4月任职)

副书记:荣素青　白　洁(女,4月任职)

凌井店乡

书　记:王国兴

副书记:孙国锋　薛宇斌　袁文魁

杨兴乡

书　记:岳　波

副书记:陈永胜(4月离职)　王建兵(4月任职)　张新文

西凌井乡

书　记:于文成(4月离职)　陈永胜(4月任职)

副书记:赵东明　徐新华(女)　祁建军

北小店乡

书　记:李贵龙

副书记:闫文革　裴　瑜　王喜庆

中共娄烦县委工作概况

县委副书记　张秀武

2010年,在市委市政府的正确领导下,我县紧紧依靠全县干部群众,坚持以邓小平理论和"三个代表"重要思想为指导,深入贯彻落实科学发展观,全面贯彻党的十七届四中、五中全会精神和全省干部大会精神,按照"坚持一个中心,加强五项建设,严格六个必须"工作思路,持续推进生态建设,着力加快转型调整,大力实施民生工程,深入抓好党的建设,圆满完成了年初预定的各项目标任务。2010年,全县地区生产总值(预计)完成10.5亿元,同比增加17.4%。财政收入6.37亿元,同比增长24.45%。全县农民人均纯收入3089元,同比增长10.5%。

一、组织概况与党的建设

(一)组织概况。全县共有9个基层党委(其中乡镇党委8个),10个党组,14个党总支,303个党支部,6290名党员,其中女党员1198名，占19.0%；农村党员3226名，占51.2%;35岁以下党员1217名,占19.3%;高中以上文化党员3011名,占47.9%。

(二)党的建设。县委以加强党的执政能力和先进性建设为重点,以学习贯彻落实党的十七大、十七届四中、五中全会精神和深入开展创先争优活动为契机，全面推进党的思想、组织、作风、制度建设。

一是加强党的思想建设,不断提高班子成员思想政治素质。坚持把加强学习、深化理论武装工作作为加强班子成员思想政治建设的首要任务来抓。坚持用党的先进理论武装头脑、指导实践、推动工作。坚持县委中心组学习制度,集中学习了十七届五中全会精神、“7·29”全省干部大会精神和袁书记、陈书记在娄烦调研时的指示精神。印发2000多本《学习资料汇编》,对全县干部进行了理论考试,开展了“干部下乡问计于民”活动,真正地提高了全县党员干部的思想理论水平,有效地把理论学习的成果,转化为谋划发展的正确思路,转变为奋勇争先、锐意进取的干劲。

二是深入开展创先争优活动,狠抓基层党组织建设。把深入开展创先争优活动当作政治生活中的头等大事,高度重视,迅速动员。深入开展“双包双联”、“走十村、进百户、访千人”“承诺践诺”等活动,以党建带动工作,全县党员干部队伍形成了良好的精神风貌和强大的团结战斗合力。投资1164.8万元,建设了145个村级组织活动阵地,实现了全优全覆盖,得到了市委的充分肯定,全市基层组织建设推进会在我县召开。加强干部管理培训,强化监督考核,领导班子和干部队伍建设进一步加强。树立正确的用人导向,严格执行常委会票决制,营造了风清气正的选人用人环境。

三是大力弘扬“右玉精神”,以作风建设新成效推进转型跨越发展。一年来,县委在全力推进生态建设和经济发展的同时,认真落实党风廉政建设责任制,扎实开展“反腐倡廉制度建设年”活动,突出抓好煤焦领域反腐败、工程领域专项整治、案件查处、行风评议等重点工作,全年处分党员干部25人,累计追缴各类基金、价款、税费2.48亿元,真正做到了用党风廉政建设和反腐败斗争的实际成果取信于民。大力弘扬“右玉精神”,严格执行“五个不准”、“八条禁令”和“六个必须”,立足实际,突出重点,下大力气整顿,通过县党政主要领导带队突击检查,单位自查自纠、纪检监察部门明察暗访、群众举报等一系列措施的实施,全县干部队伍纪律作风建设明显加强。

四是以狠抓工作落实为重点，切实加强党的制度建设。建立了党政领导班子工作例会制度,坚持每周日晚召开党政领导班子工作例会；坚持民情日记制度和干部下乡住村制度;实行县四大班子领导配合协助工作制度,领导包案责任制、领导干部定期接待群众来访制;扎实落实“每天多工作2小时,每周多工作1天”的超常规工作制度,一系列制度的实施,极大地提高了党政班子的工作效率,有效地促进了全县各项工作的落实。

二、重大决策与主要工作

娄烦县是集山区、老区、库区为一体的国家扶贫开发重点县,也是省城太原最重要的水源地和生态屏障,具有明显的县情特点。2010年我县在坚定不移地贯彻党的路线方针政策的同时,又坚持走具有自己特色的路子,按照县委八届五次全委会提出的“坚持一个中心,加强五项建设,严格六个必须”工作思路,创造性地开展工作,全县各项事业呈现出稳步发展、积极向好的势头。

(一)多措并举促发展,调整转型实现新跨越。一是积极开展生态建设,生态建设综合效能逐渐显现。大力进行植树造林,完成造林绿化8.0474万亩。全县绿化率提高到45%,森林覆盖率达到15.7%,城镇绿化率达到37%。广泛开展集体林权制度改革工作,完成50万亩的确权到户任务。狠抓护林防火,实现了全年无森林火灾事故。认真实施“蓝天碧水”工程,2010年我县空气质量二级以上天数达到360天,比去年增加了23天。汾河水库水质首次达到地表水一类水质标准,为20年来最好水平。主要污染减排指标均提前一年完成“十一五”任务。

二是积极推进工业优化整合,不断增强经济的可持续发展活力。煤矿、选矿企业整合步伐加快,企业安全生产技术大幅提升。与山西国际能源集团签署全面战略合作协议,涉及合同投资50亿元。我县第一条高速公路—太佳高速公路建成通车,娄烦人民盼望已久的太兴铁路已全面开工建设。太原煤气化年产500万吨原煤的龙泉煤矿建设顺利。为实现“十二五”主要经济指标在全市率先翻番奠定了坚实的基础。

三是积极发展现代特色农业,农业产业化步伐加快。农业发展规模进一步扩大,农作物播种面积达到20.3万亩,粮食产量1.05万吨。以绿色瓜菜、绿色优质干鲜果和绿色优质小杂粮为特色的县域农业得到巩固。特色产业基地建设步伐加快,初步形成了以花果山、云顶山、康庄、大地林牧为主的四个农业龙头公司。

四是充分发挥资源优势,发展旅游服务业。依托我县“一山、一水、一名人”资源优势,加大招商引资力度,加快景区的建设进度,鼓励发展乡村旅游客栈和“农家乐”旅游,建设生态山庄和生态农庄旅游景点。花果山景区接待中心建成。完成了高君宇故居改扩建工程的前期准备工作,并积极申报国家二期旅游经典景区名录。服务业发展壮大的步伐逐渐加快。

(二)千方百计惠民生,和谐娄烦建设迈出新步伐。一是民生保障持续加强。千方百计扩大就业,购买了1000个公益性岗位,共开发就业岗位2425个,安排下岗失业人员再就业602人,转移农村富余劳动力1.5万人。覆盖城乡居民的社会保障体系进一步完善,对1072名五保户实现了应保尽保。为全县90岁以上高龄老人发放津贴52150元,为全县60岁以上老人每人发放补助金600元,为县城集中供热户补贴三万吨煤折价1500万元。完成了1000户危房改造工程。30个自然村14772人已全部饮用上了安全卫生水,实现了安全饮水全覆盖。大力发展慈善事业,资助了37名贫困大学生,建成独石河慈善爱心学校。积极开展"慈善一日捐"活动,全县筹集善款3100万元。

二是基础设施进一步完善。投入2亿多元,实施了覆盖农林水利、道路交通、公共设施、文教卫生发展等5个方面的23项工程。完成了县城北大街东段道路改造工程、娄烦新村15条小巷硬化工程、县城排洪渠整治工程和自来水改造工程。涧河大桥、龙龙线、塔米线、太克线至富足村公路和京家岔至方山界公路建成通车。由省交通厅投资1.3亿的太古高速—太佳高速的连接线通过评审,即将开工建设。

三是社会事业全面发展。投资5556万元,实施了百校兴学和校安工程,建成了教师培训大楼、完成了第一幼儿园改扩建工程、高标准新建了第二幼儿园和两个操场。通过了义务教育标准化初验和"普三"复查验收;大力实施科教兴县战略,深入开展群众性的科普教育活动和农牧民培训工作;文化设施进一步改善,群众性文化体育活动日趋活跃,建成3个乡镇文化站。完成了卫星电视"村村通"工程,实现了全覆盖目标;农村卫生服务体系进一步完善,实施了县医院数字化建设、医疗污水处理、医疗垃圾处理及新型农村合作医疗信息化建设工程项目。出资300万元,实现了新农合"人口全覆盖、筹资全免费",看病难看病贵的问题得到缓解;人口计生工作常抓不懈,新增了100名工作人员,实现了网络化管理,启动了集中双服务活动,全员人口信息核查得到省市的充分肯定,全省人口和计划生育工作目标责任制考核荣获先进。扶贫开发工作发展势头良好。建成文华职业技能培训学校,整村推进等多种形式的扶贫工作深入开展。

四是社会和谐稳定全面加强。加强安全监管,全面开展道路运输、矿山企业、消防、地质灾害、民爆物品等方面的安全整治和检查,强化社会治安综合治理,持续开展"严打"整治斗争,依法打击各类犯罪活动,坚决扫除社会丑恶现象,全年刑事案件和治安案件发案率同比去年分别下降34.9%和33.3%。完善和落实信访工作责任制,积极开展每周二大接访和领导主动下访活动,努力把不稳定因素化解在基层,消除在萌芽状态,实现了赴京、赴省越级上访、非正常上访零目标。

(三)全力以赴筑诚信,诚信娄烦建设取得新进展。一是优化投资发展环境。进一步明确了"发展是第一要务,环境是第一要素"的责任意识。强化长效监管,深入开展"百城万店无假货"活动,教育引导工商企业合法生产、诚信经营。深入开展专项整治行动,重点打击食品、药品、农资等领域的假冒伪劣违法经营活动。组织开展涉农、涉企和教育收费专项检查,有效规范了市场价格秩序。严格执法程序,规范执法行为,整顿规范文化市场经营秩序取得了良好效果。有效地促进了诚信娄烦的建设,为跨越发展营造了稳定和谐的社会环境。

二是积极打造诚信政府。一年来,我们始终把人民群众的冷暖放在心头,严格兑现为民承诺,全心全意为群众办实事。承诺的十大工程和十件惠民实事已全部兑现。冬季提前一周供暖,并履行集中供热财政补贴制度,兑现了供暖保质不涨价的承诺。全面推进政务公开,积极推进依法行政,开展"万人评政风行风评议"活动,一系列规范、高效、诚信的行政举措为诚信政府建设做出了突出贡献。

三、创新与经验

2010年,在市委的正确领导下,我县在领导班子建设、贯彻落实干部政策法规方面坚持以科学发展观为指导,突出重点,强化措施,创新干部选用方法和干部考核办法,为全县经济社会发展提供了坚强的组织保证。

一是勇于探索实践,创新干部选用方法。实行了常委会干部任免票决制。制定出台了县委常委会任免干部票决的实行办法,进一步扩大了干部选用民主,规范了干部任免程序,提高了选人用人公信度。

二是坚持考有所用,创新干部考核办法。在考核内容上,由过去单纯看经济发展转变为全方位综合分析,除设定计划生育、护林防火等六项刚性指标外,还设定了体现保证和改善民生的11项社会指标和体现党的建设、精神文明建设等五项常规性指标,做到了既突出重点,又兼顾大局。在考核形式上,由过去年终重结果向重平时、重过程转变。实行乡镇按季、县直机关按月考核制度,将平时考核的得分按60%记入综合考核结果。对考核实行"三个把关",即:被考核单位主要领导把关、县级分管领导把关、督查组抽查把关,并通过电视直播的形式召开述职述廉大会,公开接受全县人民的监督。

(冯永魁)

附:一、中共娄烦县委书记、副书记、常委名单

书　记:(空缺)

副书记:张秀武(主持工作)　张　磊

常　委:李发平　武润生　王剑峰　尹洪志　杨宏林　尹海斌　赵　炜(9月离职)

二、乡镇(街道)党委(党工委)书记、副书记名单

娄烦镇

书　记:董叶青(女,5月离职)　王秀峰(10月任职)

副书记:王永灵(10月离职)　强国生(10月任职)　张爱平

静游镇

书　记:赵生魁

副书记:高　林(12月任职)　刘志生

杜交曲镇

书　记:雷爱婵(女,11月任职)

副书记:雷爱婵(女,11月离职)

天池店乡

书　记:段润义(6月离职)　李永强(11月任职)

副书记：高　林（8月离职）

李永强（8月任职，11月离职）

马家庄乡

书　记：李贵军

副书记：郭建生（8月离职）　郝爱国

盖家庄乡

书　记：侯尚德

副书记：刘俊奎　段文奎

米峪镇乡

书　记：王珠峰（5月离职）　郭建生（11月任职）

副书记：李永强（8月离职）

郭建生（8月任职，11月离职）　冯代生

庙湾乡

书　记：孙晋生（11月任职）

副书记：孙晋生（11月离职）

中共大同市委工作概况

市委书记　丰立祥

2010年，在党中央和省委的正确领导下，市委坚持以邓小平理论和“三个代表”重要思想为指导，深入贯彻落实科学发展观，全面贯彻党的十七大和十七届三中、四中、五中全会精神，深入贯彻落实“7·29”全省领导干部大会精神，围绕“转型发展、绿色崛起”的战略目标，以深入开展学习右玉精神为动力，全面推进经济、政治、文化、社会建设切实加强党的建设，各项工作取得了新进展新成效。2010年，全市地区生产总值完成700亿元，同比增长14%；财政总收入完成138.42亿元，增长14.49%；一般预算收入完成55.17亿元，增长15.86%；全社会固定资产投资完成543.6亿元，增长23.7%；社会消费品零售总额完成313.8亿元，增长18.53%；城镇居民人均可支配收入为16044元，增长10%；农民人均纯收入为4146元，增长15.5%。

一、项目建设和产业转型

扎实推进煤炭企业兼并重组整合工作，打造新型能源基地。市委坚决按照省委、省政府的部署要求，继续加快煤炭企业的兼并重组整合步伐。全市地方煤矿由184座整合为64座，产能由整合前的3918万吨提升为整合后的4865万吨。煤炭企业从“多、小、散、乱”的困扰中走了出来，朝着规模化、集约化、机械化、信息化的目标迈进。同煤塔山2000万吨矿井能力提升及总投资83.1亿元的同忻、马道头、东周窑三个千万吨大型矿井建设进展顺利，全市总产能可达1.2亿吨以上。在做强煤炭产业的同时，清洁能源项目有了较大发展。总投资50亿元的天镇、阳高、浑源、灵丘、广灵共50万千瓦的风电项目陆续开工建设；同煤热电（二期）2×30万千瓦、大唐御东热电2×30万千瓦、中海油煤制天然气、富士康英利集团投资多晶硅和光伏太阳能板等项目正在积极推进。

大力实施项目攻坚，全力推进产业转型。按照“三个依托”的工作思路，市委以项目促转型，以项目求发展，力求形成传统产业新型化、新兴产业规模化、支柱产业多元化的发展格局。重点推进园区建设，占地80平方公里的装备制造、医药、新材料、煤化工、循环经济、冶金管材六大工业园区的基础设施建设速度加快，资源集中利用、产业集群发展、服务集聚配套的发展格局初步形成。冀东水泥重组大同水泥投资12亿元、年产500万吨水泥生产线一期工程、山橡集团3万吨氯丁胶项目投产运行；北车集团大同电力机车公司投资3.9亿元的技改项目，首台大功率机车已成功落车；中国重汽投资50亿元变速箱基地项目、中国化工投资130亿元TDI、MDI、ADI新材料项目以及国药销售收入达100亿元的抗生素基地项目一期工程已经开工；豪洋公司投资3.2亿元的铜精粉生产项目、雨润集团投资38亿元的“大同农副产品物流交易中心”正在抓紧推进。

抢抓政策机遇，在重点工程建设和投资上取得新进展。2010年全市共确定省、市两级重点工程项目141项，总投资1338.11亿元。总投资约202.6亿元的荣乌、大呼、大浑、大天、浑广5条高速公路正建设中。大同到西安铁路客运专线以及大同机场扩建工程加紧建设，大张高速铁路正在积极推进。投资3.3亿元的大同机场改扩建工程正加紧建设。引黄工程北干线建设全面提速，确定了“2011年国庆通水到大同”的工期目标，文瀛湖清淤防渗工程现已完成。总投资2.06亿元的孤山、文瀛湖、御河三大水利生态工程及册田水库、恒山水库、赵家窑水库、十里河水库除险加固工程进展顺利。

大力发展现代农业，促进农村经济社会全面发展。加快传统农业向现代农业转型步伐，继续加大设施农业发展力度，努力提升标准化养殖园区建设水平，大力扶持农产品加工龙头企业，扎实推进社会主义新农村建设，全市农村经济呈现出快速发展的良好局面。一是设施农业实现了跨越发展，全年新建温棚面积4.41万亩，累计达到8.29万亩。二是龙头企业发展势头良好，投入2000万元对龙头企业进行扶持，全市规模以上龙头企业已达135户，预计实现销售收入23.1亿元。三是项目带动大见成效，总投资2.3亿元的17个山西大同现代农业示范区项目重点项目已全面开工建设，投资1256万元的南郊、阳高、浑源3个优势农产品基地县建设全部完成，完成耕地综合生产能力建设38.5万亩。全市农村基本实现了“五个全覆盖”。

二、民生和各项社会事业

扎实推进就业再就业工作，社会保障体系进一步健全。2010年，全市城镇新增就业人数51932个，完成全年任务的115.9%，城镇登记失业率控制在3.5%以下。加快推进覆盖城乡的社会保障体系建设，城镇职工养老、医疗、生育、工伤及农村社保等各类保险政策得到有效落实。城市低保制度不断完善，9个农业县区全部实现了农村低保资金社会化发放，实现了动态管理下的应保尽保。

高度重视社会安全稳定，切实维护安定团结的政治局面。一是扎实推进平安大同建设。开展了社会矛盾化解、社会管理创新、公开廉洁执法三项重点工作，从源头上解决了一大批影响社会和谐稳定的问题。深入开展了一系列“严打整治”专项斗争，2010年，全市共破获各类刑事案件3844起，八类案件616起，打掉各类犯罪团伙53个，全市刑事案件同比明显下降。二是高度重视信访工作。深入开展县区和乡镇领导干部接待群众来访活动，组织机关干部下基层带案督办，努力解决群众合理诉求，积极化解疑难复杂陈年积案，实地化解信访问题，大量信访突出问题得到妥善解决。三是全面加强安全生产工作。继续深入开展“安全生产年”、“三项行动”、“三项建设”、专项整治和“打非治违”等专项行动，认真做好隐患排查治理工作，构建安全生产长效机制，有力推动了安全生产形势稳定好转。

加大科教、卫生、文化、体育等方面投入，各项社会事业快速发展。投资34亿元实施了校舍安全工程，投资10.96亿元实施了大同一中、五中、十六中、实验小学等10所学校的新建迁建扩建工程。投资20亿元启动了市直4所医院新扩建工程。大力实施了文化繁荣“四项工程”，大型民俗歌舞《想亲亲》获中国民间文艺大奖“山芪奖”，大型音乐剧《天下云冈》获得第二届全国优秀电视文化栏目优秀大型特别节目奖。竞技体育取得了可喜成绩，十六届广州亚运会上，我市参赛选手取得两金、两银，位列全省各市之首。国防后备力量建设全面加强，军民融合式发展深入推进，军地“双服务”和双拥共建工作取得新成绩。

保障性住房建设稳步推进，城市人居环境得到明显改善。集中财力物力大力推进城市居民棚户区和国有工矿棚户区、廉租住房建设和经济适用住房四项建设，投资120亿元800万平方米的保障性住房建设，已交付1.4万套，到年底再完成2.9万套。

三、加强党的建设

深入开展创先争优活动和学习型党组织建设，进一步巩固和拓展全党深入学习实践科学发展观活动成果。一是创先争优活动扎实推进。市委按照中央和省委部署，制定出台了具体活动实施方案，确定了活动主题和载体，由市委常委和党员副市长带头建立了联系点制度，在全市范围内大力开展了“双十双百”评选表彰、举办建国以来全国全省全市劳动模范、道德模范、优秀党员巡展、开展“大同先锋”工程、建设“万里千点党建示范长廊”、“重起记忆温顾经典”百部红色电影送基层、革命传统教育进校园等六项活动，努力营造良好的争创氛围。二是精心组织了学习型党组织建设活动。出台了《关于推进学习型党组织建设的实施意见》，对全市各级党组织提出了学习的具体要求。充分发挥党校、学校等阵地和报纸、广播、电视、互联网等媒体的作用，利用讲坛、学堂、学习会、读书会、交流会、互帮互学小组等平台，开展了丰富多彩的促学、讲学、评学等学习活动。

以提高领导水平和执政能力为核心，着力加强领导班子和干部队伍建设。进一步加强各级领导班子思想政治建设，把学习贯彻党的十七届五中全会精神和“7.29”全省领导干部大会精神作为重点，组织各级党委（党组）中心组进行各类专题学习。不断完善干部实绩考核目标体系和考核办法，制定下发了《关于加强对领导班子和领导干部年度考核的意见》，建立健全了考核通报制、等次评定制、表彰奖励制、鞭策惩戒制等各类考核机制，制定了考核评价体系、考核指标、考核办法和工作制度，受到省考核办检查组的高度赞扬。扎实推进深化干部人事制度改革，下发了《中共大同市委深化干部人事制度改革的实施意见》《实施意见任务分工方案》，确定了加大选调优秀干部挂职锻炼力度、创新事业单位选人用人机制等19个全市干部人事制度改革试点项目。全面推行县区委常委会和市直机关党委党组任免干部票决制，加大干部监督工作力度。

大力推进基层党组织工作创新，基层党组织建设全面加强。认真开展基层党组织换届选举工作，全市市直党（工）委所属基层党组织完成换届的595个，县区直党（工）委所属基层党组织完成483个。加强农村干部队伍建设，着力建立健全农村党支部书记选拔培养、教育培训、激励保障等体制机制，在全市农村全面推行了“四议两公开”工作法。在社区全面落实“三有一化”要求，选树了20个党建工作示范社区，进一步引深在社区党组织和党员中开展的各项便民、利民、为民活动。在企业开展争创“四强”党组织、争做“四优”共产党员活动，充分发挥企业党组织的政治核心作用，推动了企业的改革和发展。进一步加强大学生村干部队伍建设，充分发挥了大学生村干部在新农村建设中的作用，促进了全市大学生村干部工作健康发展。

认真落实党风廉政建设责任制，全面推进全市反腐败工作。一是全面落实党风廉政建设责任制。制定《2010年全市党风廉政建设和反腐败工作任务分解意见》，把78项工作任务分解落实到17位市级领导和74个市直单位和部门。市县两级全部建立了党政领导、职能部门和纪检监察机关分工负责、协调配合的“三位一体”的责任体系，建立了以责任分解为基础、责任考核为动力、责任追究为重点的责任运行机制。将责任追究与监督检查、案件查处等有机结合，全市责任追究34案68人。二是针对重点领域、重点环节、重点部门和重点对象，进一步加大查办案件工作力度。2010年，立案614件，给予党政纪处分658人，其中县处级干部32人。三是突出干部转型重点，加强效能作风建设。出台《关于在全市兴起学习“右玉精神”新高潮，进一步加强和改进作风建设的实施意见》和《实施办法》等文件，严格执行整肃工作纪律“五个不准”，对公开违反“五个不准”的给予党政纪处分40人。市、县两级全部建立效能投诉受理中心，强化效能建设各项制度落实，着力解决群众反映强烈的“机关病”，对42名干部进行组织处理和纪律处分。认真受理群众举报投诉，共受理各种投诉186件。四是抓好纠风工作。2010年共查教育乱收费涉及金额39.95万元，政纪处分5人。加大治理医药购销和医疗服务不正之风的力度，共取缔无证行医“黑诊所”63家。对2008年以来968个已建和在建项目的立项审批、用地管理、招标投标、容积率等情况逐一检查，重点排查500万以上362个建设项目，发现问题316个，整改到位269个，整改率达到85.1%。五是以突出完善机制为重点，进一步优化煤焦领域健康发展环境。紧紧围绕煤焦初审、生产、监管、运销、税费征收等环节，初步建立了符合全市实际的煤焦领域惩治和预防腐败长效机制，全市出台制度84项。加大清缴煤焦和非煤矿山领域偷逃税费、基金、价款力度，全年共追缴煤焦及非煤企业资金3.39亿元。进一步加大查办案件力度，2010年全市共立案122件，党政纪处分128人，收回违纪资金1881.227万元。

（高　启）

附：中共大同市委书记、副书记、常委名单

书　记：丰立祥

副书记：耿彦波　高　玮　柴树彬

常　委：李世杰(女)　姚生平　李俊敏

赵向东(11月任职)　马　斌(11月任职)

侯立智　卫　国(12月任职)

苑　吉(6月离职)　阎文照(6月离职)

王雁峰(4月免职)

中共大同市城区区委工作概况

区委书记　雷雪峰

全区有党(工)委22个，总支14个，党支部527个，党员9299名。2010年，区委坚持以党的十七届四中、五中全会精神为指导，以科学发展观为统领，认真贯彻落实全省干部大会精神和省委九届十一次全会精神，以转型跨越发展为主线，以推进“四化”建设为抓手，牢牢锁住建设“五大强区”、打造“首善之区”的发展目标，通过扎实做好“调结构、破瓶颈，育产业、扩项目，惠民生、促和谐，抓党建、转作风”等方面工作，在完善思路中强化举措，在突破瓶颈中实现超越，形成了以项目为载体带动发展、以改革为动力加快发展、以党建为保障促进发展的良好局面。全年完成地区生产总值97.37亿元；规模以上工业总产值完成99.2亿元；规模以上工业增加值完成28.4亿元；社会消费品零售总额完成125.16亿元；人均可支配收入1.6万元；固定资产投资完成117.55亿元；完成财政总收入21.03亿元，占年任务101.33%，同比增长4.91%。各项经济指标较去年都有了大幅度提升。

一、坚持把优化产业结构和发展新兴项目作为主攻方向，致力于经济转型、结构优化，努力推动经济平稳较快发展

区委始终把项目建设作为经济转型发展的唯一动力和支撑，紧紧抓住大同历史文化名城复兴的历史机遇，以中国古都、大佛名城、雕塑之都为名片，打破现有的以商贸和餐饮为主的三产经济结构，推动经济向文化创意产业、现代物流业、文化旅游业转型。在项目建设上，坚持三管齐下，一手抓招商，一手抓服务，一手抓环境，为企业提供优质、高效、便捷的服务，吸引大企业、大集团落户我区；健全完善了《大同市城区招商引资奖励办法》，调动各街道和企业的招商引资积极性，年初专门召开了全区非公经济表彰大会，拿出300万元重奖了华林公司等26家贡献突出的非公企业，充分激发出企业服务城区经济发展的激情。全年共敲定重点项目23项，其中推进项目12项，前期项目3项，为民办实事项目8项，总投资36.1亿元。

二、坚持把创新管理模式和创优发展环境作为重点突破，致力于优化环境、提升服务，努力推动城市管理水平上档升级

区委紧跟市委、市政府建设文化名城、旅游名都、生态名邑和经济强市“三名一强”战略目标的步伐和节拍，把2010年确定为“城市管理规范年”，力求推动城市管理在硬件上档次、管理上水平。投资1900万元新购置了一批市容、环卫、园林专业车辆，对全市新建道路全部实行机扫作业；进一步加强了城市管理基础设施建设，提高了机械化作业程度。投入200万元新购置了10个移动水冲公厕，完成了2座大型垃圾中转站和6个移动垃圾挤压式站的选址。全年用于城市管理的资金达1.36亿。坚持数字化、精细化、人性化管理，以市容环境卫生集中大整治为抓手，进一步引深“爱我美丽家园·争做文明市民”主题实践活动，集中开展了市容环境卫生集中整治活动，制定了“门前五包”抵押金管理细则，在全区16条示范路街共2600多家单位全面推行“门前五包”责任制；推广了鞭炮燃放器和上门收集垃圾服务，圆满完成了环城高速公路和市区内道路的绿化美化工作；以打造市容管理样板路街道和标准区域为重点，继续加大了对乱搭乱建、乱写乱

扔等不文明现象的整治力度，市容环境面貌焕然一新。同时，充分发挥数字化城管平台作用，实现市容、环卫、园林、综合执法“资源共享”，通过城管信息人员实时监控，平台及时立案，部门及时处置，全面提升城市管理水平。工作赢得上级领导和兄弟市县区的好评和关注，先后有包头青山区、呼市武川县等50多个兄弟县区组团前来我区考察学习城市管理先进经验。

三、坚持把持续改善民生和提升居民生活水平作为基本保障，致力于民生改善、基层稳固，努力维护社会和谐稳定大局

区委集中精力抓民生，在加快经济发展的同时，重点向民生事业倾斜。坚持困有所助、学有所教、老有所养、医有所保、住有所居的原则，大力实施“五个全覆盖”工程。全年为全区28168户低保家庭发放低保资金1.54亿元。大病救助613人次发放202万元。为城镇居民发放临时救助金21.97万元；为15.7万居民办理了基本医疗保险，为全区职工和城镇居民报销医疗费6200多万元；为3万户居民发放了廉租房补贴3600余万元，为57户特困家庭配租了廉租房。坚持稳定就业和扩大就业两手抓，广开渠道，推出了“春风行动”等，开发就业岗位13749个，安置再就业6929人。总投资3.6亿元，新建15所学校，建筑总面积12.5万平方米。投资6000多万元完成16所小学校舍(共24栋教学楼)的加固改造任务，目前全区小学全部达到8级抗震标准。同时，为了提升小学校长整体管理水平，在全区教育系统中层干部中择优公开选拔了9名小学校长，实现了校长队伍的年轻化、专业化和知识化。全区呈现出民有、民安、民生、民和、民乐的良好局面。

以“全国和谐社区建设示范城区”荣誉为动力，牢牢扭住“硬件、队伍、服务”三大重点，积极探索和谐社区建设新路子，在全区开展了“星级社区”创建系列活动。全年新建7个社区活动阵地，新增建筑面积2010平方米。出台了《大同市城区社区标准化建设实施方案》，大力推进特色精品社区建设，专门召开了“星级社区”创建系列活动总结表彰大会，对评选出的14个星级社区和10位社区之星给予了18万元的奖励。

构筑街道办事处、公安派出所、社区、楼院社会治安“四级联防”网络，先后组织开展了“云安六号”、“打防控一体化”社会治安整治行动等一系列专项行动。全年共破刑事案件1138起，刑事拘留495人，逮捕410人，强制戒毒396人，抓捕逃犯182人，受理治安案件7170起，查处5228起，行政拘留512人。社会治安明显好转，居民安全感明显增强。加强了学校、幼儿园及周边治安综合治理，向社会公开招聘20名退伍复转军人，组成校园安保巡逻中队，维护小学及幼儿园的周边安全。圆满完成了第八届中国民间艺术节暨第九届中国(大同)云冈文化艺术节期间的安保工作。抓信访维稳，实行了领导干部大接访、领导干部带案下访等活动，使一大批信访案件得到妥善化解。同时，加快推进“区信访受理中心”阵地建设，充实了信访工作力量，进一步夯实了信访工作的基础。

四、坚持把阳光拆迁安置和锻炼干部队伍作为重要抓手，致力于和谐拆迁、科学安置，努力担当历史名城复兴的尖兵

区委始终本着“拆迁谁、改造谁、造福谁”的拆迁理念，坚持阳光拆迁、和谐拆迁、依法拆迁。在拆迁过程中，本着“民有所需、我有所帮，民有所困、我有所助”的工作原则，全体动员，主动上门，带着感情，提供全方位、人性化服务，始终做到“十个不”(执行政策不动摇，保证时间不拖延，和谐拆迁不出事，敢于碰硬不妥协，严格程序不走样，正视困难不泄气，反复上门不厌烦，加班加点不叫苦，细致严谨不粗心，决战到底不收兵)。全年围绕市区5处文物景点、17条道路及9个安置区展开城市拆迁工作，总共拆迁8778户，110万平方米。坚持科学安置，针对弱势群体拆迁户，专门制定“和谐拆迁七条倾斜政策”，坚持公正、公平、公开的原则，按照面积大小对应，户型匹配合理，多层与高层搭配的方法合理分配房源，力争满足被拆迁户的选房需求。全年安置住房1821套。保证了城市道路建设和历史文化名城保护修复工程的顺利推进。同时，区委把拆迁工作作为一号工程，作为锻炼、检验、提拔干部的主战场，选派机关科级后备干部、转业干部、大学生社区干部到拆迁一线接受锻炼，服务城市拆迁工作。区委专门召开拆迁、维稳一线优秀党员座谈会，对21名一线优秀干部给予表彰奖励。

（李宏宾　王晓霞）

附：一、中共大同市城区区委书记、副书记、常委名单

书　记：雷雪峰

副书记：祁学峰　来　彦　王建江

常　委：王建成　闫　军　董建中　张进宝　曹葆春　罗士彬

二、街道党工委书记、副书记名单

东街

书　记：刘巨平

副书记：韩　杰

西街

书　记：郝连志（2月离职）　张力宏(2月任职)

副书记：刘翰龙

南街

书　记：王　强（2月离职）　王殿武(2月任职)

副书记：刘　顺

北街

书　记：田培山（2月离职）　郝连志(2月任职)

副书记：郭进宝（2月离职）　任根德(2月任职)

南关街

书　记：安志刚

副书记：樊　菁

北关街

书　记：杨云鹏（2月离职）　郭进宝(2月任职)
副书记：王殿武（2月离职）　李文杰(女,2月任职)

新建南路
书　记：王立中
副书记：孙雪彬

新建北路
书　记：白静玲(女)
副书记：田德禹

新华街
书　记：刘鹏飞（2月离职）　王　强(2月任职)
副书记：曹利兵（2月离职）　常占库(2月任职)

振华南街
书　记：解宏元
副书记：魏　军

向阳里
书　记：王　巨
副书记：王建军

大庆路
书　记：周　雁(女)
副书记：杨根旺

老平旺街
书　记：王红峰
副书记：姚　斌

西花园街
书　记：巩文利
副书记：王鸿宾

中共大同市矿区区委工作概况

区委书记　门开发

全区有党(工)委36个，党总支15个，党支部419个，党员9258名。2010年，区委在市委、市政府的正确领导下，坚持以科学发展观为指导，深入贯彻落实党的十七大和十七届四中、五中全会精神，按照省委“转型跨越发展”和市委“转型发展、绿色崛起”的战略部署，团结带领广大干部群众与时俱进、开拓创新、攻坚克难、扎实工作，较好地完成了全年各项目标任务，全区呈现经济平稳较快发展、社会和谐稳定的良好局面。全区地区生产总值130366万元，完成年计划的111.11%，增长20.4%；财政总收入142816万元，完成市调整计划的101.36%；一般预算收入9943万元，完成市调整计划的103.9%。

一、抓班子、带队伍，全面提高党建科学化水平

思想政治建设成效显著。坚持中心组学习、党校培训等学习制度，认真组织学习宣传十七届五中全会精神，进一步增强了党员干部贯彻党的路线方针政策的自觉性和坚定性。深入学习贯彻袁纯清书记在全省领导干部大会上的讲话和在大同调研时的讲话精神，为进一步推动矿区经济社会转型跨越发展提供了理论指导和实践方向。大力弘扬“右玉精神”，组织全区科级以上干部赴右玉观摩学习，使艰苦奋斗、百折不挠的“右玉精神”成为矿区广大干部群众的思想共识。加强干部教育培训，组织全区各级领导干部学习参观上海世博会，开阔了眼界，更新了观念，提升了素质；对全区102名社区支部书记进行了集中培训，进一步增强了社区干部的党性观念和服务意识。

领导班子建设和干部队伍建设不断强化。始终把加强领导班子建设作为加强和改进党的建设的核心工作来抓，着力改善领导方式，健全领导体制，各级领导班子执行力、创新力、凝聚力不断提升，在发展矿区经济、管理社会事务、维护和谐稳定等方面发挥了越来越重要的政治核心和战斗堡垒作用，为推动全区经济社会转型跨越发展提供了坚强保证。深入推进干部人事制度改革，干部选拔任用科学化、民主化、制度化水平明显提高，进一步修订完善《关于在干部选任工作中防止民意失真，提高民主程度的实施办法》等一系列干部工作配套制度，推进公开选拔工作，把政治合格、作风过硬、实绩突出、群众公认的干部选拔到领导岗位上来。全年共调整干部60名，面向社会公开招考选聘事业单位工作人员50名。

基层党组织建设持续稳固。全面推进社区党建工作，不断深化“创四优，做表率”、“六加强一巩固”、“社区党建日”活动，全区26个街道全部形成了“以街道党工委为核心，社区党组织为基础，全体党员为主体，驻街单位共同参与”的社区党建新格局。深入推进国有企业党建工作，围绕争做“创新发展先锋”行动，把创先争优活动与争创“四强”党组织活动紧密结合起来，国有企业党建活力显著提高。认真抓好非公经济党建工作，积极推行向非公有制企业选派党建联络员制度，全区规模以上非公企业党组织组建率达到100%。不断引深学校党建工作，成立了3个学校党支部，在整合教学资源、维护教学秩序、提升教学水平方面发挥了重要作用。认真做好发展党员工作，全年发展党员72名。

党风廉政建设扎实推进。严格执行《廉政准则》各项规定，全区反腐倡廉工作取得了新进展。积极开展整治公车私用、公务接待、公款旅游、大操大办和私设小金库“三公一大一小”专项活动，全年共行政免职3人，辞退2人。深入推进机关效能建设，认真贯彻落实“五个不准”，对全区各部门各单位进行了六次较大规模轮回检查，全区干部作风明显转变。切实加强纪检干部队伍建设，按照上级要求，为区纪委增

加了11名行政人员,纪检专职干部队伍进一步壮大。不断引深煤焦及非煤矿山领域反腐败专项斗争,加大违法违纪案件查办力度,全年共查处违纪违法党员干部29人。

二、上项目、促转型,进一步推进经济转型跨越发展

2010年,我们坚持以科学发展观为指导,本着夯实基础、培育特色、增强后劲的原则,按照省委"转型跨越发展"和市委"转型发展,绿色崛起"的战略部署,提出了"围绕转变经济发展方式这一目标,抓住项目建设这一根本,依靠二产、三产两轮协同推进转型,推动国有企业、行政管理体制、现代化市场服务体系和财税体制四项改革"的"1124"战略,坚持项目攻坚拉动转型、横向联合促进转型、壮大民营推动转型,全区经济保持了平稳较快的发展态势。深入推进项目建设。2010年,我区共确定重点建设项目14项,投资额近10亿元,全部完成年度目标任务。特别是华亿新天地购物广场和恒安新区家佳玛商厦2个项目在中博会上签约成功,引资1.85亿元,创矿区招商引资之最,现已全部投入运营。切实扩大横向联合。与同煤集团就煤炭资源整合和主体企业选定进行了广泛联系磋商,拟定了整合方案,有效推动了煤矿兼并重组工作;2010年煤机制造企业实现产值9000万元,上缴税收455万元,其中55.8%销往同煤各矿,借助同煤集团发展矿区煤机制造业取得了重大突破。发展壮大民营经济。坚持放开手脚、放开政策、放开服务、放开发展"四放开"方针,通过创优发展环境、提供高效服务、出台优惠政策和表彰优秀民营企业等举措,有效促进了民营经济发展。全年民营经济实现税收11590万元,占全区本级财政税收的70%,新发展私营企业和个体工商户725户,新增从业人员1530人,新增注册资金14000万元。

三、优管理、强保障,切实加快和谐矿区建设进程

社会稳定进一步加强。切实加强社会治安综合治理,深入开展严打整治专项斗争,社会治安形势明显好转。全年共破获各类刑事案件698起,打掉犯罪团伙13个,打击处理刑事作案人员198人,抓捕网上逃犯110人。严格落实维稳工作部署,着力加强对重点信访人员的稳控,深入开展矛盾纠纷排查调处工作,努力消除不稳定、不和谐因素,五一、国庆等重大节假日期间进京赴省上访案件得到有效抑制;上海世博会和广州亚运会期间社会治安稳定,没有发生一起到"两会"上访事件。高度重视信访工作,下大功夫解决各类信访突出问题,着力化解久拖未决的信访积案。全年共受理群众来访73批975人次,解决了3起省市交办的疑难信访案件。

民生状况进一步改善。扎实做好就业再就业工作,通过各种途径开辟就业岗位,全年共帮助7003人实现了就业。进一步加强社会保障体系建设,共征缴各类保险金5110.6万元,支出11216万元,切实做到了应收尽收、应发尽发;投入185.1万元,为全区104家困难企业8240名职工办理了基本医疗保险。切实加强城市居民最低生活保障工作,全区27376户66548人享受了低保待遇,累计发放低保金10739.8万元;加大政府补贴力度,为低保户每月每人增加补贴10元;全面落实低保对象大病医疗救助和子女教育资助政策,累计发放各类救助金166万元。积极平抑物价,严厉打击哄抬物价行为,有力维护了人民群众切身利益。深入贯彻落实国家优待抚恤政策,对285名重点优抚对象发放抚恤事业费200余万元。认真做好退役士兵接收安置工作,接收退役士兵890名,安置852人。

各项社会事业全面发展。扎实推进城市基础设施建设,圆满完成了新泉路改造项目、南三环西延路建设项目、同煤云城安置区建设项目的拆迁任务,实现了和谐拆迁。市政府督办的重点绿化工程口泉植物园项目进展顺利,绕城高速矿区段公路绿化项目如期完工,进一步改善了人居环境,提升了矿区美誉度。大力发展文化事业,全区26个街道全部成立了文体活动站,组建文体活动队伍100余支,极大丰富了人民群众文化生活。大力发展社区卫生服务事业,在原有40多家社区卫生服务机构的基础上,投资600万元,新建了3所社区卫生服务中心,改建了1所,惠及48万城市居民的社区卫生服务机构覆盖率达到100%。 (孙振华)

附:一、中共大同市矿区区委书记、副书记、常委名单

书　记:门开发

副书记:刘勇军　邢　斌　车清太(12月离职)

常　委:幸学武　姚夏冬　孟永胜　戴　陶

　　　　王　吉　苏　海　石　忠

二、街道党工委书记、副书记名单

煤峪口街道

书　记:张蕴杰

副书记:刘　健　张建新

永定庄街道

书　记:范爱君

副书记:张　伟　付　胜

同家梁街道

书　记:王有成

副书记:丁丽英(女)　邓改梅(女,10月离职)

四老沟街道

书　记:王　权

副书记:许治堂

忻州窑街道

书　记:李延军

副书记:孙有贵　刘宝玉

白洞街道

书　记:张万祥

副书记:孟　括

雁崖街道

书　记:于亚铭

副书记：李建宏 张吉瑞(女)

挖金湾街道

书 记：董占成

副书记：梁田盛

晋华宫街道

书 记：姜玉玺

副书记：白继明(8月任职) 冯玲奇(8月离职)

马脊梁街道

书 记：陶 飞

副书记：曹元宝 麻丽秀(女)

大斗沟街道

书 记：付 启

副书记：郑 富

王村街道

书 记：郭 金

副书记：李晓东 郭全慧(女)

姜家湾街道

书 记：王 俊

副书记：卢永平 张德民

四台沟街道

书 记：孙海生

副书记：杨圣河 郭 璧

燕子山街道

书 记：幺宏利

副书记：田海平

青磁窑街道

书 记：张 毅

副书记：宋 河 王 进 次建清

马口街道

书 记：汪玺印

副书记：程小平

杏沟街道

书 记：董 青

副书记：黄进贤

口泉街道

书 记：李 刚

副书记：乔 江 王春江

新泉街道

书 记：裴艳华(女)

副书记：李松吾 邓仙梅(女)

平泉街道

书 记：孟青峰

副书记：陈桂英(女) 丁新华(女)

新平旺街道

书 记：赵晓周

副书记：王丽娟(女) 郭照宇

新胜街道

书 记：彭国斌

副书记：赵 耀

民胜街道

书 记：力日才

副书记：冯玲奇(8月任职) 白继明(8月离职)

米俊琴(女)

和顺街道

书 记：杨琮圣

副书记：魏 广

和瑞街道

书 记：李长春

副书记：樊海龙

中共大同市南郊区委工作概况

区委书记 张建平

全区有乡镇党委10个，区党委(总支)15个，区直机关工委1个，党支部491个，党员12416名。2010年，区委认真贯彻落实全省领导干部大会精神，继续坚持“艰苦创业，转型跨越，科学发展，再铸辉煌”总体要求，紧紧围绕“稳中推进，科学发展；稳中增效，共建和谐”工作思路，团结带领全区干部群众，强化举措，攻坚克难，奋力拼搏，真抓实干，全区经济社会发展成绩显著，“十一五”规划目标圆满完成。全区GDP完成120.12亿元，同比增长18.7%；一般预算收入完成5.12亿元，同比增长11.63%；农民人均纯收入达到6774.47元，同比增长13.7%；规模以上工业增加值完成29.18亿元，同比增长57.3%；固定资产投资完成125.62亿元，同比增长14.05%；社会消费品零售总额完成54.2亿元，同比增长18.08%。特别是全区财政总收入突破60亿元大关，达到62.81亿元，连续三年位居全省县区之首，同比增长16.67%。

一、以项目建设为抓手，推动转型发展取得了新跨越

区委坚持以经济转型为主线，充分发挥资源优势、交通优势和区位优势，推进项目建设，培育多元产业，增强发展后劲。

全区新上续建项目44项，总投资231.5亿元，其中投资亿元以上的项目23个，重点培植壮大了电力、煤化工、冶金、

建材、商贸产业。电力产业:重点抓了投资14.8亿元的国投公司2×13.5万千瓦煤矸石综合利用电厂等项目,壮大了全区的电力装机容量。煤化工产业:重点抓了投资35亿元、年产120万吨甲醇的同煤集团甲醇等项目。冶炼产业:重点抓了投资5500万元、年产镁合金1万吨的大同市世纪星镁业有限公司镁合金续建等项目。建材产业:重点抓了投资6亿元、日产熟料4500吨、年产水泥200万吨的云中水泥干法水泥生产线项目和投资6.1亿元的大同冀东水泥二期项目建设,使全区水泥产量达到了1000万吨。商贸产业:引进了投资20亿元的庞大集团汽车文化广场项目,重点抓了投资4.4亿元的兴旺国际大酒店、投资1.8亿元的现代家居博览中心以及投资1.2亿元的大同市康圆果蔬综合市场等项目。

二、以农民增收为核心,现代农业发展取得了新突破

区委紧紧抓住全省现代农业示范园区建设的有利时机,在加强农业基础设施建设的同时,依托特色基地引领,标准园区示范,龙头企业带动,推动了传统农业转型升级,促进了农民持续稳定增收。

一是设施农业蓬勃发展。以提升农业竞争力为目标,通过实施"粮改菜"和"蔬菜保护地"建设,新建了日光温室1025栋,智能连栋棚2个,全区温室大棚总数达到6606栋,蔬菜种植面积达到3.8万亩。

二是特色农业效益显现。遵循"一村一品、一乡一业"发展模式,继续提升西韩岭乡北村"云中一号"西瓜、口泉乡落里湾村"甜而美"葡萄等品牌产品,积极扶持冯庄百花园基地、杨家窑兰花基地等特色农业项目扩规模,上档次,增效益。全区特色农业产值达1.5亿元,占农业总产值的17%。

三是龙头企业示范带动。坚持"优势整合,扶优扶强"的原则,继续做大做强夏进乳业、华晟果蔬、象丰禽业等农业龙头企业,推进农业产业化进程。2010年,全区农业龙头企业达到15家,带动农户14万户,安排就业1.3万人,创利税7000万元,农民从产业化经营中增收达4.6亿元,户均增收820元。

四是园区建设方兴未艾。目前,全区累计用于现代农业示范园区建设的资金达8.39亿元,共建现代农业示范园区13个。

五是畜牧产业不断壮大。继续推进雁门关生态畜牧经济区建设,实施"畜牧强区,奶牛富民"战略,大力推行标准化、规模化园区养殖。全区奶牛存栏2.25万头,奶类产量达到7.9万吨,农民人均畜牧业纯收入达到1250元,畜牧业成为全区农民增收的主要渠道。

三、以创先争优为载体,党建工作取得了新成绩

区委坚持在推动经济发展上创先争优,在维护社会稳定上创先争优,努力争经济转型之先,创社会和谐之优,有计划、有步骤、有重点地推进创先争优活动,取得了明显成效,夯实了党建基础。

一是树典型,弘扬先进。在全区各个系统、不同领域实施样板示范工程,培育先进典型,打造先进群体,力求乡乡有样板,行行有标兵。全区选树先进农村基层党组织典型110个,优秀共产党员典型380多名。"七一"期间,在全区各行各业、各乡各村,经过自下而上的推荐和自上而下的考察,选树了20个红旗基层党组织、22名标兵党员,进行大张旗鼓地宣传表彰,以点带面,示范引导,有力地推动了全区创先争优活动深入开展。

二是严考核,兑现奖惩。按照"一定三有"要求,制定了农村"两委"主干年度考核办法,严格兑现村干部岗位报酬,基本工资每月1000元,绩效工资根据各村的税收贡献、工作量大小、社会稳定情况、表彰奖励情况等四个方面确定,使农村"两委"主干实绩考核与工资奖惩挂沟,为91个村172名干部发放了奖励工资。同时,为连续任职10年以上、累计任职15年以上的212名"两委"离任主干每月发放生活补贴100元,既激发了工作动力,也稳定了干部队伍。

三是传帮带,齐头并进。全区20个红旗党组织书记、22名标兵党员与老先进、老模范、老干部"一对一"结对子,进行传帮带;杨家窑等经济强村与南湾等贫困村进行联建,推动了共同发展;区财政局等机关先进党组织与平旺乡大北沟等重点村、难点村、矛盾突出村开展结对帮扶活动,促进了转化升级。

四、以惩防并举为根本,党风廉政建设取得了新成效

区委始终坚持"标本兼治、综合治理、惩防并举、注重预防"工作方针,认真研究,精心部署,突出重点,整体推进,为推动全区经济社会又好又快发展提供了坚强的政治保证。

一是抓宣传教育,筑牢思想防线。以贯彻落实《廉政准则》为抓手,为全区各级领导干部印发了《廉政准则》手册和学习资料,充分利用广播电视、《南郊周报》等媒体宣传反腐倡廉的方针政策,增强了宣传教育的感染力和辐射力;以学习弘扬"右玉精神"为载体,严格落实"五个不准",深入开展"六治六督"活动,即:治愚督德、治学督能、治懒督勤、治庸督绩、治奢督廉、治浮督责,并组织全区各级干部到右玉实地参观学习,加强党性修养,增强党纪观念,使广大党员干部提升了思想境界,改进了工作作风。

二是抓案件查办,发挥震慑作用。坚持领导包案、联合办案、依法办案,健全纪检监察、公安机关、检察、审计等部门查办案件协调机制,整合力量,重点突破,切实加大案件查办力度,充分发挥惩治腐败的教育震慑作用,促进廉洁从政,规范从政行为。全区共立各类案件34起,结案34起,查结率达到100%,给予党纪处分30人,政纪处分3人。

三是抓农廉建设,促进社会和谐。成立了农民权益保障促进会,建立了10个农村集体"三资"管理委托代理中心,农经信息网、农廉监督网覆盖了全区10个乡镇、190个行政村,投资38万元设立了区阳光农廉服务大厅,在全区190个

行政村推行"四议两公开"工作法,有效制约权力,规范干部行为,提升了全区农村基层党风廉政建设工作水平。

(池文斌)

附:一、中共大同市南郊区委书记、副书记、常委名单

书　记:张建平

副书记:赵志坚　李　杰　张　团

支　军(挂职,7月离职)

常　委:龚廷云(12月双开)　魏建新　王　玺

常国文　王义萍(女)　刘少忠

二、乡镇党委书记、副书记名单

新旺乡

书　记:刘中文

副书记:高彦东　任　明　高　煜

马军营乡

书　记:梁翼龙

副书记:李　徽　刘翰启　王　升

水泊寺乡

书　记:王　伟

副书记:魏毓思　李英霞(女)　齐卫东

平旺乡

书　记:李继忠

副书记:杜　军　翟小平　李秉军

口泉乡

书　记:李　银

副书记:苗泽田　韩光华

西韩岭乡

书　记:赵世彪

副书记:杨建中　杜　安

鸦儿崖乡

书　记:张一多

副书记:庞有文　梁　春

云冈镇

书　记:李鹏飞

副书记:韩志杰　李　武

古店镇

书　记:乔正南

副书记:刘　熹　孟善高

高山镇

书　记:王海军

副书记:李森林　董　平　孙　毅

中共大同市新荣区委工作概况

区委书记　董志刚

全区有党委18个,党总支12个,党支部321个,党员6390名。2010年,在省委、省政府的正确领导下,区委坚持以邓小平理论和"三个代表"重要思想为指导,深入贯彻落实科学发展观,按照转型跨越发展的总要求,以"凝心聚力、转型创业,建设活力、开放、生态、法制新荣"为主题,继续克服国际金融危机带来的冲击,着力保障和改善民生,切实加强党的建设,全区经济社会发展保持了平稳较快发展势头。地区生产总值完成178077万元,比去年同期增长19.7%;规模以上工业现价总产值完成212301万元,规模以上工业增加值完成95032万元;财政总收入完成52398万元,一般预算收入完成17385万元;农民人均纯收入达到4570元,城镇居民人均可支配收入达11755.5元。

一、积极应对挑战,加快资源性经济转型,努力保持经济平稳较快发展

一是紧紧围绕转型创业,在项目建设和产业转型上取得新进展。大力实施项目带动战略,大力推进经济结构调整,着力加快产业转型步伐,以此扩张经济总量、促进经济转型。今年投资3.1亿元,开工建设非煤工业项目7个,这些项目建成投产后,可实现年销售收入5.4亿元,利税1.1亿元,将改变我区一煤独大的工业格局,形成能源、建材、机械制造、电力等多元发展格局。同时,大力实施"引进来"和"走出去"战略,积极参加重大招商引资活动,在高新技术、制造业、现代服务业等领域广泛吸引外商投资,共签约11个项目,拟引进区外资金6.6亿元,到位资金4.4亿元,在产业转型上取得了新进展。

二是坚决贯彻省市部署,在加快煤炭企业兼并重组步伐上实现新突破。在去年良好开局的基础上,进一步加快工作进度,相关各项工作正有序开展,积极推进。目前,5座整合煤矿的采矿许可证全部办理完毕,过渡期生产的唐山沟煤业有限责任公司开工报告已批复,已正式开工建设;甘庄煤业能力核定已批复,正在办理相关执照;小梁沟煤业安全专篇已批复,正在办理开工报告的审批;其他两座煤矿的初步设

计均已批复,正在办理四个安全专篇的审批工作。煤矿整合矿井关闭工作全部到位,煤炭企业朝着规模化、集约化、机械化、信息化的目标迈进。

三是加大节能减排环境保护力度,在生态绿化建设上有新进展。全面开展集体林权制度改革,加强国家级生态公益林保护管理,圆满完成年初确定的造林绿化任务。全年完成各项造林投资 7044 万元,完成植树造林面积 1.5 万亩,栽植各类苗木 122 万株。大力发展低碳经济,大力发展循环经济,积极推进节能减排,提高资源利用效率,不断加大环保执法力度,严厉打击环境违法行为,辖区生态环境质量明显提高。

二、高度重视三农工作,着力推进社会主义新农村建设

农村经济快速发展。严格执行国家封山禁牧政策,积极引导农民舍饲圈养,新建标准化养殖小区 9 个,畜牧业发展状况呈现良好的增长势头。扶持农业龙头企业发展,增强了龙头企业的辐射带动能力,促进了农村经济的快速发展。

新农村建设稳步推进。高标准高质量完成农村"五个全覆盖"任务。在继续巩固完善已建的试点村和重点推进村的基础上,又新增新农村建设重点村 11 个,全面铺开了这些村庄的"四化四改"、"五个一工程",改善了农村居住环境。

支农惠农政策持续有力。一是补贴资金足额到位。粮食补贴资金、良种补贴、农机具补贴、汽车摩托车下乡补贴全部足额发放。铺开了"万村千乡工程"、"放心粮油工程",大大减轻了农民生活负担。二是科技惠农力度加大。高度重视地膜覆盖、良种使用、科学施肥和机械化作业等实用技术的推广,完成了 18 万亩土地测土配方施肥土样采集工作,改造中低产田 1.4 万亩,农业基础条件得到进一步提升。三是技能培训和就业工作再上台阶。全年组织培训 50 余次,培训农民 1.9 万人次,新增转移劳动力 3064 人,拓宽了农民增收致富的渠道。

三、创新社会管理机制,全力维护社会稳定

在加强政法工作综治工作上,严格落实维护稳定责任制,深入开展治安专项整治行动,持续保持严打高压态势,特别是拨付专项资金增加了校园安保力量,加强校园周边治安巡逻及治安秩序整治,有效地维护了校园及周边的社会秩序,有效遏制违法犯罪案件上升势头,创造了良好的社会环境,人民群众安全感进一步增强。

在加强信访工作上,深入开展书记大接访活动,着力解决民生问题,努力化解疑难复杂信访案件,集中解决一批群众反映强烈的问题。全年共接待群众来区上访 97 案 167 批 1174 人次,其中,个体访 50 案 67 批 101 人次,集体访 47 案 100 批 1073 人次,连续两年实现信访总量、个体访、集体访进京非正常访明显下降,整个信访秩序基本平稳趋好。

在加强安全工作上,始终坚持安全发展的理念,时刻绷紧安全生产这根弦,进一步健全完善安全生产长效机制,深入开展安全生产大检查,着力抓实重点行业和领域的安全生产,特别是加强了煤矿的安全监管,有效防范和坚决遏制重特大事故,全区连续六年未发生一次死亡 3 人以上重特大事故。

四、加强和改进党的建设,为转型发展提供坚强组织保障

一是深入开展创先争优活动。按照中央、省、市的安排部署,各级党组织以"党组织创先进、党员争优秀、群众得实惠"为目标,结合实际开展了"凝心聚力争先锋、转型创业树红旗"评选表彰等十项专题活动,在全区范围内营造学先进、赶先进、作贡献、当表率的良好风气,为新荣转型跨越发展提供了强大的精神力量。

二是不断加强干部队伍建设。制定了《关于贯彻落实干部选拔任用工作四项监督制度的实施意见》,确保各项监督机制得到进一步健全完善。2010 年以来,对部分乡镇、机关、事业单位、企业领导班子进行了调整充实,涉及干部 140 名。新提拔干部全部实行任职试用期,对 21 名调整的正职干部全部进行了离任审计,杜绝了干部选拔任用"带病提拔"、"问题干部"的发生。通过调整和充实,选优配强了班子、激发了全区广大干部干事创业的激情,为困难之年圆满完成各项任务提供了坚强组织保证。

三是不断强化基层组织建设。根据政府机构改革和企业生产经营实际,对 7 个基层党组织隶属进行了调整,新成立 13 个基层党组织,撤销基层党组织 14 个,变更基层党组织名称 8 个,基层党组织设置更加合理。投资 405 万元新建和改建了 56 个村级组织活动场所,村级活动场所基本实现全覆盖。加强村干部考核管理,建立了离任村干部生活补贴制度、农村干部档案管理制度,村干部"一定三有"实现了全覆盖。扎实开展"四议两公开",基层矛盾得到有效化解,党组织的战斗力,凝聚力得到进一步提升。

四是不断加大纪律作风整顿。以优化发展环境、加强效能建设为重点,开展纪律作风整顿,规范干部从政行为,严格执行"五条禁令",狠刹"闲话风、吃喝风、玩乐风"。以学习弘扬"右玉精神"为契机,组织全区党政干部赴右玉、怀仁参观学习,干部思想明显转变,工作效率明显提高,精神状态明显好转,营造了苦干实干、攻坚克难、昂扬向上、积极进取的工作氛围。

(沈文红)

附:一、中共大同市新荣区委书记、副书记、常委名单

书　记:董志刚

副书记:王东升　解先文　刘　俊　滕德刚(挂职)

常　委:王益民　李立平　郝守农　李有清　王建平　田永明

二、乡镇党委书记、副书记名单

新荣镇

书　记:兰　敏

副书记:王志清　徐建国(4月离职)　武　权

郭家窑乡

书 记：田永明

副书记：安 杰 陈贵章(4月离职) 王 东

花园屯乡

书 记：郭钰晶

副书记：王利军 赵越雄 张 军

破鲁乡

书 记：冀 勇

副书记：王晓媛(女) 王永刚

堡子湾乡

书 记：张颖龙

副书记：高 泽 王文辉 张永宏

西村乡

书 记：王永军

副书记：周 品 徐恩军(3月离职) 刘文国

上深涧乡

书 记：张志军

副书记：康春强 秦 勇(4月离职) 王占春

中共大同市开发区区委工作概况

区委书记 李元宏

2010年，在市委的正确领导下，区党工委、管委会坚持以党的十七大精神为指导，深入开展学习实践科学发展观活动，围绕全区中心，团结一致、扎实工作，使全区经济建设、党的建设、及其他各项社会事业都有了新进展。

全年地区生产总值完成26.07亿元，同比下降7.23%；规模以上工业增加值完成11.09亿元，同比下降14.9%；社会消费品零售总额实现9.01亿元，同比增长24.62%；财政总收入完成6.19亿元，同比增长50.8%；一般预算收入完成2.24亿元，同比增长67.61%；全社会固定资产投资完成10.44亿元，同比增长97.24%；省重点工程完成投资0.11亿元，占年度投资计划的163.4%；招商引资完成25亿元；城镇居民人均可支配收入5000元；农民人均纯收入5650元，同比增长10%。

一、全面提升党组织建设水平

扎实开展创先争优活动。7月，全区全面开展创先争优活动，并紧密结合开发区实际，确立了“奋力创先争优，打造一流园区”的活动主题，确立了“为科学发展创先进、为扩区升位争先锋”的活动载体，以“统一思想抓、围绕发展抓、结合实际抓、党群互动抓、落实责任抓”为着力点，扎实开展创先争优活动。全区参加创先争优活动的基层党组织共有55个，党员1075名。活动中，重点抓好组织实施、分类指导、督促检查、活动特色和成效等重点环节。全区先后征集党员群众对经济社会发展的意见建议460多条，解决问题230多个，办实事办好事200余件

干部队伍建设不断增强。一是认真推进学习型机关和学习型党组织建设。在全区推行学习型党组织建设活动，出台建设方案，研究制定学习制度、检查制度，出台考评标准，专门成立学习检查组，每月进行交叉检查，排名公示，列入考核范围，收到了较好的学习效果。各基层党组织坚持每周二、五集中学习和自学相结合，坚持做好学习笔记。全年区委中心组围绕转变经济发展方式、节约集约用地破解资源难题、十七届五中全会等方面内容进行了12次集中学习。组织开展了转变经济发展方式、学习型党组织、文化建设等专题宣讲报告会近10场次，领导干部讲党课、专家学者讲理论、先进人物讲事迹、党员干部讲体会等活动10余场次。二是抓好集中培训工作。邀请市委讲师团的教授为全区科级以上干部和机关党员举办了学习贯彻十七届五中全会精神专题培训班。根据《2010年大同开发区干部培训计划》，各单位计划培训落实情况良好，全年全区各单位共组织各类专题培训班89期，培训达3006人次。三是完善考核评价机制。四是加强干部监督工作。逐步健全干部工作信息公开制度，主要公开了政策法规、干部考察工作信息、提名、推荐、考察情况及投票表决结果情况、拟任人选基本情况、领导干部年度考核结果等，基本满足了群众对干部工作信息的期待和关注。

党风廉政建设扎实推进。一是全面落实党风廉政建设责任制。二是着力解决人民群众反映强烈的突出问题。认真查办案件，对群众反映强烈的大同矿产品开发公司经理刘建国失职渎职违反廉洁自律规定一案进行了严肃的查办，按照《中国共产党纪律处分条例》规定，对其违纪行为作出了给予党内严重警告的处分。三是深入开展工程建设领域突出问题专项治理工作。重点对2008年以来所有竣工、在建、拟建的政府性投资和使用国有资金以及其他投资项目逐一自查清理，建立规范项目台帐。针对工程建设领域中的招投标、工程质量、安全、建设项目信息公开和诚信体系等方面进行了专项检查，共检查项目26项，为开展好整改规范工作打下基础。还对土地卫士执法情况进行了检查，并按规定在《大同日报》、中国土地市场网上和土地有形市场向社会公布了检查结果。进一步推进了从源头上治理腐败的工作。四是认真开展“小金库”专项治理工作。对区信用企业协会、区环境保护产业协会、湖东经济开发总公司、区财信担保有限公司四家单位进行了检查。

全面加强党组织建设。全年发展党员33名，其中非公企业发展党员23名，壮大了党员队伍。在非公企业开展“党员

责任区”、“党员先锋岗”、“党员学、比、帮”等活动，不断开拓非公企业党组织发挥作用的途径。深化“三级联创”、“四争一树”和“双培双带”活动，夯实农村基层组织建设基础。推行“四议两公开”工作法，全年支部和村委工作计划、大额经费开支、重大事项等，都严格按照“四议两公开”的程序组织实施。

二、推动经济社会各项事业全面发展

以项目建设为依托，招商引资再创佳绩。2010 年，全区共报批、审批、核准和备案项目 12 个，总投资 25 亿元，项目涉及医药、污水处理、基础设施等行业。全部建成投产后，预计年产值可达 92 亿元，年利税可达 22.12 亿元。现有 2 家企业已正式投产，有 3 家已进入试生产，有 5 家仍在建设中，还有 1 家正在办理相关手续。

以做大做强为目标，医药园区启动开发。按照“布局合理、用地集约、产业集聚、功能完善、环境优美”的原则，调整优化了医药园区布局，启动规划并实施了 23 平方公里的第一、第二医药工业园区建设，推动了医药企业的做大做强和长远发展。目前，园区基础设施建设情况，第一医药园区的部分道路、供水、供电、供热工程已完工，可满足入区企业的正常生活生产需要。通往第二医药园区的主干道御河东路南延段已建成通车，园区东西主干道中央大道已经开工。110 千伏党留庄输变电工程可研已经通过评审，环评、规划选址等已经进行委托评估。供水管网已经由大同市御河东路南环桥至园区中央大道铺设进入园区。污水处理项目已经省发改委立项批复，厂区已经选址，征地手续已经上报到省土地厅。

以保障民生为宗旨，农村工作扎实推进。紧扣“转型发展、跨越发展”这一主题，全力加快农业现代化发展步伐，农业增效、农民增收日益显现，广大人民群众充分享受到了改革开放的成果。一是新农村建设成果显著。区辖蔚洲疃新村建设搬迁户达 700 户以上，樊庄村“繁荣社区”入住 330 多户。樊庄村投资 50 万元，蔚洲疃村投资 20 万元继续完善了新村“四化”工程，使两村的村容村貌得到了进一步改善。二是社会保障逐步完善。坚持每月为农村 50 周岁以上的老年人发放养老补助金，从 2007 年 3 月开始，已累计发放 496 万元。将全区农村 230 户中的 632 人纳入低保范围，按时足额发放低保金。建立推广农村合作医疗制度，彻底解决了农民看病难、看病贵的问题。积极落实国家各项惠农补贴政策，全年共为区辖农民发放粮食直补 23 万元。三是农村经济不断发展。重点扶持舍饲圈养大户，养殖业成为农民增收的一个重要途径。大力发展农村二三产业和多种经营，目前两村有 300 多人从事个体餐饮、商贸、运输等行业。

在经济平稳发展的同时，社会各项事业也取得了长足的进步。加大科技投入，2010 年区财政共拨付科技研发资金 174 万元；加强计划生育工作，人口自然增长率为 5.3‰；加强节能减排，万元地区生产总值能耗完成 0.557 吨标煤，同比下降 5.54%，二氧化硫排放量为 2200 吨，化学需氧量排放量为 1797 吨；加强就业和再就业及社会保障工作，城镇新增就业 475 人，城镇登记失业率为 1.66%，城镇职工基本养老保险参保人数净增 40 人；加强安全生产监管，全年亿元地区生产总值生产事故死亡率为 0，杜绝了重特大事故的发生。2010 年，全区保持了稳定、平安、和谐的社会环境。

（李　伟）

附：一、中共大同市开发区区委书记、副书记、常委名单

书　记：李元宏

副书记：张正奎　穆希法　朱广明

常　委：王　汉　陈巨有　李守林

二、街道党工委书记、副书记名单

城南街道

书　记：胡少振

副书记：柴树生　陈治郡　魏建中

中共阳高县委工作概况

县委书记　曹世平

全县有党委 18 个，党总支 24 个，党支部 583 个，党员 12226 名。2010 年，县委认真贯彻落实党的十七大和十七届四、五中全会精神，紧紧围绕县委中心工作和全县发展大局，以加强党的执政能力建设和先进性教育为主线，以深入开展创先争优活动为重点，以增强基层党组织的凝聚力和战斗力为目标，坚持抓基层、打基础，不断引深“三级联创”活动，充分发挥基层党组织的战斗堡垒作用和共产党员先锋模范作用，为推动全县经济社会和各项事业的健康发展提供了强有力的组织保证。全年完成地区生产总值 15.61 亿元，同比增长 32.23%；完成财政总收入 1.38 亿元，同比增长 10.24%；一般预算收入完成 5964 万元，同比增长 17.33%；农民人均纯收入达到 3416 元，同比增长 1.52%；城镇居民人均可支配收入 1.06 万元，同比增长 13.66%。

一、深入开展创先争优活动，不断巩固和拓展学习实践成果

突出实践特色，创先争优活动有序开展。根据中央和省市委的部署，阳高县是中央创先争优活动领导小组办公室确

定的信息采集点。活动从7月份开展以来，全县共有636个基层党组织、1.2万名党员参加活动。活动中，县委把开展创先争优作为巩固和拓展学习实践活动成果，作为抓基层、打基础、强基固本、推动全县经济的发展，促进社会和谐的有力抓手，作为巩固活动成果的延续和深化，从全县发展需要和群众的意愿出发，从解决当前制约经济发展、社会和谐的突出问题入手，把创先争优活动的目标定位在“富民强县、和谐安康”上，确立了“打造新优势、建设新阳高、实现新跨越”和“园区建设、项目推进、设施农业、城乡统筹、安民维稳”的争创主题和活动载体。龙泉镇紧紧围绕全县设施农业发展，明确提出“打造三晋蔬菜名镇，建设京津同菜篮子基地”为目标，精心确立了“设施蔬菜壮产业、优质服务惠民生”的主题和“建设万亩现代农业示范园区、创建便民服务窗口”的活动载体，使活动很好地与发展目标结合起来。

加强领导，强化组织保障。县委成立了由县委书记任组长的活动领导小组及办公室，制定下发了《建立县四套班子党员领导干部联系点的通知》等4个相关文件，全县共建立四套班子党员领导干部联系点26个，活动领导小组成员联系点11个，乡镇党委成员联系点156个。领导小组办公室先后25次组织召开办公室工作会议、汇报会、座谈会，听取基层工作思路和意见建议，全面掌握全县活动进展情况，及时部署工作，提出指导意见。县委组织部成立了6个工作指导组，深入乡镇逐村进行工作指导，推进了活动健康开展。

强化督查，确保扎实履诺。对乡镇、村的党组织和党员，按照“抓好一个督查、开好两个会议、建立四本台帐”的工作方法，确保公开承诺落到实处，取得实效。目前，全县包括2100多名非党机关干部、非党村委会成员、大学生村干部和入党积极分子在内，共有7500多名农村党员干部采取设岗定责、结对帮扶、志愿服务等形式确定了公开承诺事项，共承诺办实事好事1.5万余件，300多名乡镇党员干部驻村开展工作，已有4000多名农村党员分别与贫困户结对帮扶，解决就学、就医、就业等实际问题5800多件次。人力资源和社会保障局开展了送政策进村、送服务到户，先后开设了失业人员职业技能培训班、2010年秋季日光温室种植培训班，培训人数达到1万余人次。水务局集中在13个乡镇投资1416.6万元，完成农村人畜饮水安全工程39处，累计维修机泵及水利设施230台(处)。交通运输局共创建文明客运班线5条、文明客车10部、文明公交车15辆，新开通客运路线1条，更新汽车45辆，使全县通班车的行政村达到245个，解决了农民群众乘车难的问题。

狠抓制度落实，“四议一审两公开”工作法全面推行。按照省、市委有关要求和全省基层组织建设现场会议的精神，2010年以来，县委把推行“四议一审两公开”工作法作为“硬任务、硬要求、硬指标”狠抓落实。目前，全县各村按照工作法具体要求，共决策事项500多项。一是强化领导，狠抓落实。成立了领导组，建立了县委统一领导机构，组织部门牵头，民政、涉农部门共同参与的“四议一审两公开”工作法机构；各乡镇相应制定了实施办法，安排专人全面负责并实施推广；在“四议两公开”六个步骤环节中加了“一审”，即：支部确定的议题必须报乡镇党委审核备案；建立了县、乡领导干部“四议一审两公开”工作法联系点，要求定期深入到联系点调查研究、具体指导和督促检查，努力把联系点办成示范点。各乡镇相应制定了具体实施办法，成立了领导组，安排专人全面负责“四议一审两公开”的推广工作。二是加强宣传，营造氛围。先后组织相关部门业务骨干和乡镇、村“两委”干部进行了专题培训，培训人员达1200多人次，印制各种宣传单3万多份。县委组织部把“四议一审两公开”工作法作为大学生村干部理论宣讲的主要内容，深入各村开展巡回宣讲。充分利用村广播、黑板报、公示栏等，大力宣传“四议一审两公开”工作法的重大意义、工作流程等，营造了浓厚的舆论氛围。三是典型引路，扎实推进。针对村情各异、差别大的实际，在各乡镇分别选定了3—5个支部战斗力强、“两委”班子团结、工作基础好、村情稳定的村，率先推行“四议一审两公开”。在开展中及时发现问题、完善措施、总结方法、提升水平，为全面推进“四议一审两公开”工作法积累经验、奠定基础。

二、经济社会各项事业全面发展

一年来，县委、县政府紧紧围绕“富民强县，和谐安康”这一主题，抢抓机遇、开拓创新、扎实工作，经济社会呈现出又好又快的发展态势。

以项目建设为重点，大力发展园区工业。为了扭转长期以来全县工业被动落后的局面，以龙泉工业园区为平台，倾全县之力，大力推进基础设施建设、项目建设和招商引资，一大批重点工业项目相继开工。总投资16亿元年产3万吨氯丁橡胶项目正式竣工投产；总投资1.2亿元的云华制药项目完成一期工程并正式投产；总投资2300万元的甲苯回收项目建成；总投资3311万元的片碱、编织袋项目当年开工；总投资1000万元的云岗酒业整体搬迁项目基本竣工；总投资3个亿的金光公司整体搬迁项目已经启动；总投资9850万元的驭龙药业新建药用辅料项目、总投资10亿元的华润集团长城风力发电项目相继开工建设，新的经济增长点形成气候。

以农民增收为核心，全力发展设施农业。全年建成日光温室和移动大棚8000栋，铺开了龙泉镇万亩现代农业示范园和千栋设施蔬菜园区、阳光现代农业观光园、古城镇特色现代农业基地等规模片区17个，发展规模相当于过去总量的一倍。设施蔬菜种植总面积达到2.32万亩，其中百亩以上规模片区总量达到23个，总面积占到了全市的一半以上。北京顺鑫公司建设的一期工程鹏程小店种猪繁育项目已经全部完成并投入使用，全年新建养殖小区23个，规模养殖小区累计达到63个，棚圈总面积达到18.24万平方米，发展万头规模养殖企业5家、千头规模以上奶牛养殖小区8个，建设伊利、蒙牛标准化奶站39家，建设神泉生物等饲料加工企业4家。全县生猪、奶牛、羊饲养量分别达到60万头、1.89万头、35万头，同比分别增长10.9%、29.5%、6.1%。

以构建和谐为重点，全力改善民生事业。投资1.5亿元新建阳高一中,新校区已经基本建成;投资2928元开工新建阳高实验中学;投资1.2亿元实施了校舍安全工程。投资8000万元新建县人民医院,对2个乡镇卫生院和14个村卫生室进行了标准化建设,群众就医环境明显改善。投资2.9亿元实施了城市集中供热供气工程;投资1.2亿元开工建设了10万平米的廉租房工程;完成了两条县城道路和12条小街小巷硬化工程;投资994万元实施了新和堡三期移民工程,共搬迁安置7个乡镇24个边山峪口贫困村130户600口人。 (路福忠)

附:一、中共阳高县委书记、副书记、常委名单

书　记:曹世平

副书记:姚振华　李晓红　寇福明(挂职,11月离职)

常　委:张　江　周　灏　袁润德　马　翔　张进才　曹占江(11月任职)　姚崇元(11月离职)

二、乡镇党委书记、副书记名单

龙泉镇

书　记:谢秀成

副书记:吕福军　马　宝

罗文皂镇

书　记:张　匀

副书记:张智文　任　利

古城镇

书　记:白志友

副书记:孙　福　谢　彪

友宰镇

书　记:王　龙

副书记:田占国　盛守军　赵俊根

王官屯镇

书　记:祁金林

副书记:余天东

大白登镇

书　记:高　飞

副书记:孟永泉　郝秉亚　王忠明

东小村镇

书　记:徐碧洋

副书记:王　镇　袁　江

长城乡

书　记:兰学欣

副书记:张　广　何广清　曹　文

鳌石乡

书　记:高　文

副书记:闫进德　睢日明

北徐屯乡

书　记:陈　仲

副书记:李建军　许　林

下深井乡

书　记:孙富纯

副书记:王德军

狮子屯乡

书　记:闫志文

副书记:何昌利　钱存彪　周永珍(女)

马家皂乡

书　记:李　刚

副书记:荆建林　李渤义　王茂忠

中共天镇县委工作概况

县委书记　徐尚红

全县有党委13个,党总支16个,党支部438个,党员8734名。2010年,县委以科学发展观为指导,认真贯彻党的十七大和十七届四中、五中全会精神,紧紧围绕全县"绿色发展、奋力崛起"的战略目标,团结和带领广大干部群众,解放思想、锐意进取,振奋精神、苦干实干,着眼发展绿色型、开放型、低碳型"三型"经济,加快建设京津绿色食品供应区、边塞温泉旅游度假区、边城新型工业开发区"三大强区",大力推进招商引资和项目建设,着力保障和改善民生,加强党的建设,各项工作取得新进展新成效。年内,地区生产总值完成11.5亿元,比上年增长16.75%;固定资产投资总额完成11.8亿元,比上年增长8%;社会消费品零售总额完成4.75亿元,比上年增长16.1%;财政总收入完成8388万元,比上年增长9.42%;一般预算收入完成3678万元,比上年增长7.54%。

一、以发展现代设施农业为重点,农业产业化取得新成效

一是推进设施农业园区建设。紧紧抓住天镇县被确定为山西省现代农业示范县和北部设施蔬菜优势区重点县的机遇,加大设施蔬菜大棚建设力度。以玉泉、井里铺、南河堡、谷前堡四大园区为重点,集中力量推进万栋蔬菜大棚建设。全年共发展各类大棚10861栋,其中,日光温室1517栋,已有2872栋大棚投入使用。

二是培育壮大龙头企业。全县有10个品种获得国家级有机蔬菜认证,有16个蔬菜品种获得无公害认证。规模较大的农业产业化龙头企业发展到26家。全年新建养殖小区28

个,标准化小区17个。累计设施养殖小区达到172个,标准化养殖小区144个。农民专业合作社发展到435家。

三是全面夯实农业基础。实施了中央财政小型农田水利重点县建设、盐碱地改造、玉米丰产方、农业综合开发整理、扶贫连片开发等一批重点项目。

二、以推进项目建设为重点,工业新型化实现新突破

一是加快推进招商引资、项目建设。把招商引资、项目建设作为工作的重中之重,全党动员抓招商,全民动手促招商,合力推进项目建设。全年招商引资项目有70个,招商引资总额42.98亿元,当年完成投资7.02亿元。华能公司4.95万千瓦风力发电项目接近完工,宏兴公司年产万吨精密铸造项目当年投产。

二是加大企业技改工作力度。加强现有企业技术改造,企业生产经营规模和产品市场竞争力进一步提高。晋田电极有限公司完成石墨电极焙烧生产线改造项目,生产能力达到1万吨;县酒厂通过改制提高生产能力,开发9个白酒品种,2010年荣获大同市知名商标;新隆裕金属镁公司实施一期技改,年镁锭生产能力达到1万吨。

三是实行重点项目包联责任制。为加快项目建设进度,县委常委会成员实行包联重点项目责任制,做到一个重点项目、一个责任领导、一个责任部门、一个工作班子。实行项目定期协调会商制度,及时组织召开县四套班子联席会议,听取项目建设进度汇报,推动了全县重大项目的顺利建设。

三、以提升执政能力为重点,党的建设呈现新气象

一是狠抓三项重点工作,基层组织建设全面加强。大力推进村级组织活动场所建设。投资1643.60万元,圆满完成191个村级组织活动场所建设任务,全部建成并投入使用。圆满完成深入学习实践科学发展观活动,深入开展创先争优活动。在全县机关、企事业单位以及农村党员干部中,开展"六争一树"、"五争一树"、"三看三比"、"天镇先锋"、"三联一带"和"典型创优"等系列活动。深入开展"五议一审两公开"工作法。全县各村有效化解各类矛盾72起,解决历史遗留问题23个,为群众办实事300余件,办理群众关心的热点难点问题80个。

二是突出培训和考核工作,干部队伍活力明显增强。加强干部培训工作。坚持"请进来、走出去"的办法,开展大规模、全方位、系统化的干部培训教育。邀请国家部委司局领导和国内知名专家教授,举办了"绩效考核与管理"、"科学发展观理论"、公共危机管理与媒体应对、"科学发展·关注民生"等专题讲座。同时,组织各级干部赴安徽省霍山、金寨以及山西省右玉等县,就职业教育、特种养殖、低碳经济、生态观光、植树造林、项目建设等方面进行考察学习。选派干部参加人力资源和社会保障部在京举办的各类培训班,组织干部赴北京东城区等地进行考察挂职学习锻炼。重视加强人才工作,制定出台了《关于中长期人才发展的实施意见》,开展优秀人才评选工作,营造了优秀人才脱颖而出的良好氛围。加强干部绩效考核。围绕中央出台"一意见""三办法",根据省市委的要求,完善制定了关于县直机关部门、乡镇目标绩效考核工作、招商引资目标考核、争取上级投资目标考核等具体办法和实施意见。采取工作目标绩效考核、社会满意度调查、部门与乡镇互相测评、县领导评价"四位一体"评价办法,制定了一套符合天镇实际、便于操作的考核体系;注重考核结果的运用,县财政拿出300万元,对考核良好以上单位进行办公经费补贴,并在干部调整中,对年度考核等次在良好以上的单位干部予以提拔重用。

三是重视落实党风廉政建设责任制,反腐倡廉建设扎实开展。注重从源头上防腐,严格规范干部从政行为。出台了《天镇县反腐倡廉宣传教育工作实施方案》和《天镇县廉政文化"六进"实施方案》,将宣传教育和廉政文化建设各项任务在相关单位中进行了任务分解。认真开展反腐倡廉教育,邀请中纪委政策研究室马寅民处长、《中国纪检监察报》社社长李本纲,举办了学习《廉政准则》、加强干部作风建设等专题培训;坚持典型教育和警示教育相结合,组织党员干部观看了警示教育片《难逃其咎》和《变质的公安局长》。开展了家庭助廉活动,召开了家庭助廉座谈会,和领导干部家属签订了《家庭助廉承诺书》,为领导干部家属发放了廉政书籍,组织领导干部家属观看了警示教育片《欲之祸》。注重健全惩防体系,加强农村党风廉政建设。深入推进阳光农廉网建设工程,深化农村财务制度改革,全面推行电算化管理,对11个乡镇的会计委托代理中心和"三资"管理中心实行联网管理。推行县四套班子领导、县农廉建设领导组成员以及单位领导包联乡村制度,建立完善了村民代表会议、民主议事、民主理财、民主评议干部、财务审计等制度,全县11个乡镇和221个行政村都建立了公开阵地,全年公开各类事项938项。注重加强机关效能建设,切实改善发展软环境。完善了《天镇县招商引资优惠政策》、《天镇县招商引资奖励办法》和《天镇县招商引资考核办法》等一整套招商引资政策和服务办法,健全了首问负责制、限时办结制、跟踪服务制、项目初审制等一系列服务体系。出台了关于创优环境、服务经济、保障发展18条措施,对首批7家企业单位实行重点挂牌保护。深入推行政务、村务、财务"三务公开",及时公开群众最关心的热点、焦点事项。开通了天镇廉政网站,搭建了全县效能监督服务平台,开展了一系列专项检查工作,严肃查处了一批违法违纪案件,全县经济发展环境有了明显改善。

(李文峰)

附:一、中共天镇县委书记、副书记、常委名单

书　记: 徐尚红(女)

副书记: 赵惠民　马敩民(挂职)　解廷师

常　委: 赵　亮　张　田　曹中林　方　旭
吕广权　王　伟　李春晖(挂职)

二、乡镇党委书记、副书记名单

玉泉镇

书　记：杨　智

副书记：郑佃文　安志宏

谷前堡镇

书　记：郝世国

副书记：宋君太　吴福和

卅里铺乡

书　记：田　炯

副书记：刘振云　孙　亮(5月任职)

南河堡乡

书　记：安和仁

副书记：吴志峰　张　河

米薪关镇

书　记：宋　奕

副书记：郝　平　马国辉

贾家屯乡

书　记：杨景利(女)

副书记：杨　忠　刘瑞林

赵家沟乡

书　记：张　策

副书记：姜　高　范　忠(5月离职)

苗国栋(5月任职)

南高崖乡

书　记：杨宝英

副书记：王　林　韩永泰　赵金柱

张西河乡

书　记：张　杰

副书记：高　顺　曹　权

逯家湾镇

书　记：郝世国

副书记：高平福　郝秀芹(女)　罗光宪(9月离职)

新平镇

书　记：张建明

副书记：原存柱　孙　亮(5月离职)

范　忠(5月任职)

中共大同县委工作概况

县委书记　杨人毅

全县有党委19个，党总支10个，党支部355个，党员7398名。2010年，县委团结带领全县干部群众，坚持以科学发展观为指导，全力推进“产业发展、平安和谐、生态宜居、文化繁荣”四大目标，全县经济社会各项事业呈现出蓬勃发展的良好势头。全县地区生产总值实现148978万元，财政总收入完成28175万元，一般预算收入完成11303万元，农民人均纯收入4361元，城镇居民可支配收入9678元。

一、以科学发展观统领第一要务，全面推进经济社会转型跨越发展

一是项目建设成效显著。2010年，全县共确立重点项目63个，总投资241.61亿元。年内除完成跨年度总投资8亿元的“推进发展、关注民生”十大工程之外，新建成的项目20个，完成投资64764万元;正在建设的项目21个，总投资67亿元，完成投资34.5亿元;前期得到有效推进的项目7个，总投资178.1亿元。在项目建设中，按照园区化承载、集群化推进、板块化发展的思路，全力推进五大产业园区建设。目前，入驻装备制造业园区的企业有6家，总投资18.2亿元，其中投资12亿元的中国重汽集团大齿新厂区已完成投资3.1亿元。投资27.9亿元的第一医药园区有国药集团威奇达药业、普德药业两大企业入驻，已完成投资23亿元;第二医药园区已完成了规划、选址和外围主干公路建设。食品工业园区引进了投资3亿元的华润20万千升啤酒酿造项目，今年开工建设。电力工业园区总投资144亿元的四大电厂项目，已有三个项目报国家发改委审批，一个项目签订了框架协议。生态休闲旅游区投资5000万元实施了“十大工程”，新增绿化面积2.45万亩，全县森林覆盖率、林草覆盖度分别达到23.6%、51.2%。特别是引进了投资30亿元的福建隆德集团中国大同论坛会址项目，为把大同建设成为京津“夏都”增添了一颗重要砝码。

二是农业产业化扎实推进。全力推进设施农业发展，投资1.03亿元，新建日光节能温室1456栋，移动大棚1544栋，全县设施蔬菜总面积达到4524.76亩，露地菜面积达到

4.5万亩。进一步扩大特色种植规模,新栽黄花1.1万亩、干果经济林1万亩,全县总面积分别达到5.5万亩、6万亩;绿豆面积达到8万亩。大力发展规模养殖,培育了金森生态有机猪和椿林养殖、鼎盛肉牛三个科技示范园区。积极探索现代农业发展新途径,投资2.3325亿元,建设生态庄园14个。

三是认真做好"十二五"规划。县委在认真学习、深刻领会中央、省市重要会议精神和重大战略部署的基础上,深入调研、充分讨论、集思广益,提出了工业园区化、农业产业化、城乡一体化、生态园林化"四化"发展思路和"三带四区"发展战略。"三带",即:建设以县城到机场路、同浑路、大张路三条公路为轴线的三条经济带、生态带。"四区",即:以装备制造园区、医药工业园区、食品工业园区、电力工业园区、县城工业园区为支撑的现代工业园区;以产业基地、设施农业、规模养殖、龙头企业、生态庄园为重点的农业科技示范园区;以火山地质公园、土林会展中心、李汪涧温泉渡假村、影视基地等为代表的旅游休闲区;以水上生态城、大同后花园为标志的生态城区。通过强力推进"三带四区"战略,真正把大同县建设成为大同市融入环渤海经济圈的桥头堡、承接产业转移的聚集地、城市"菜篮子"、"果园子"、特色农产品供应地和京津地区"夏都",实现"再造一个大同县"的奋斗目标。

二、以正确的政绩观强化干部队伍建设,不断提高各级班子的执政能力

一是大力优化干部队伍结构。从提高执政能力和优化队伍结构入手,按照"四化"标准和"德才兼备、以德为先"的选人用人原则,2010年分四次调整干部159名。调整后,科级干部平均年龄下降4.5岁,大专以上学历提高了31.3%,充分调动了各级干部干事创业的热情。

二是着力推进干部思想大解放。从增强全县干部谋发展、促发展、干发展的思想意识入手,先后六批次组织县乡村三级干部赴8省(市、区)37个县(市、区)考察学习,分三批组织74名中青年干部到4省6个县(市、区)进行为期40天的挂职锻炼,尤其是两次赴右玉学习考察,邀请右玉精神宣讲团到县作报告,使广大干部思想进一步解放,工作能力和干事激情明显提升。

三是认真开展创先争优活动。县委结合学习弘扬"右玉精神"活动,围绕"四个落实"要求,在农村党组织中广泛开展了"十个一"创建活动,即"选任一批德才兼备的好支书、造就一个团结战斗的好班子、锤炼一支干事创业的好队伍、完善一套公开透明的好制度、创建一个功能齐全的好阵地、培育一个符合本地特色的好产业、寻找一条群众致富的好门路、探索一种繁荣文化的好形式、带出一个文明和谐的好村风、整治一条整洁美观的主街道(主广场)";在机关党组织中开展了"学习型、高效型、节约型、文明型"四型机关创建活动。特别是县委把2010年确定为"转变作风年",选派500名机关干部深入农村、企业开展"双服务"活动,密切了党群干群关系,提升了各级干部服务农村发展、推进项目建设的能力。

四是不断强化党风廉政建设。坚决贯彻执行中央、省市有关规定,采取有效措施,切实加强全县干部队伍的党风廉政建设。一年来,纪检监察部门共受理群众来信来访66件次,立案59件,结案59件,处分党员干部59人。2010年6月,我县被授予"全省农廉工作先进县"的荣誉。

三、以坚定的大局观统揽发展全局,努力提升和谐社会建设水平

一是不断强化民主政治建设,提高了科学决策、民主决策水平。县委进一步健全完善了决策议事机制,对事关全县发展的重大决策、干部任用和大额资金安排使用等事项,坚持集体讨论决定,坚持问政于民、问计于民、问需于民。今年围绕基层党建、重点项目、新农村建设、文化教育、生态旅游等专题,组织大规模专题调研2次,形成高质量调研58篇,征求意见建议3000余条。

二是充分调动各级各部门的工作积极性,形成了共促发展的强大合力。积极支持人大、政府、政协围绕全县大局创新工作,充分发挥职能作用,形成了团结协作、默契配合、同舟共济、共谋发展的生动政治局面。县四大班子领导按照"五包四定"工作目标责任制的要求,深入一线、靠前指挥,现场解决问题。全县上下心往一处想,劲往一处使,积极争取中央、省、市投资2.4亿元,保证了各项重点工程的顺利推进。

三是全面加强和谐社会建设,营造了平安稳定的发展环境。大力实施"预警系统、广播网络、文化阵地、科普惠农、法制教育"五大工程。县城主要单位、重点小区、主要街道全部安装了视频监控系统,农村建起电话报警系统,建成乡镇文化站4个、体育场地18个,完善农村文化室100个,培训农民3万人次,培育农民经纪人1100名,开展法制教育培训班246期。接待群众来信来访149件次,处理142件次,办接率95.6%;全县安全生产形势平稳,没有发生一起重大事故;共立刑事案件236起,破获118起,破案率71%,查处各类治安行政案件324起,处罚违法人员526人,有力地提高了群众的安全感和满意度。

(葛树新)

附:一、中共大同县委书记、副书记、常委名单

书　记:杨人毅

副书记:孙永胜　薛丽娟(女)　任向东(12月离职)

常　委:李　钢　杨近源　刘红斌　冯学中　乔江华　赫　瑞

二、乡镇(街道)党委(党工委)书记、副书记名单

倍加造镇

书　记:闫合山

副书记:刘海平　李　海

党留庄乡

书　记:曹　亮

副书记:朱　华　张君祥

周士庄镇

书　记:谢志海

副书记：张建忠　郭利兵

杜庄乡

书　记：徐　军

副书记：赵建宝　吴　佃

许堡乡：

书　记：孙　政

副书记：门开应　张　毅

西坪镇

书　记：薛彦斌

副书记：郭进忠　陈　涛

瓜园乡

书　记：李一忠

副书记：薛志军　王　华

峰峪乡

书　记：张文娟(女)

副书记：闫　红　张海全(10月离职)
裴海峰(10月任职)

吉家庄乡

书　记：马　斌

副书记：李海江　马　俊　陈志平

巨乐乡

书　记：刘喜斌

副书记：吴志明　胡　存　李天龙

东街

书　记：王　强

副书记：梁振权

西街

书　记：孙　革

副书记：王权山

湖东

书　记：赵　祥

副书记：冯　启

中共浑源县委工作概况

县委书记　李根田

全县有党委23个，党组10个，党总支29个，党支部652个，党员14480名。2010年，县委、县政府团结带领全县人民，坚持以科学发展观统领工作全局，以开展创先争优暨学习型党组织创建活动为重要抓手，以建设"实力浑源、活力浑源、魅力浑源"为发展目标，以"做优一产、做强二产、做大三产"为工作重点，抢抓机遇，创新思路，锐意进取，各项工作都取得了新的成绩，圆满完成了"十一五"规划目标任务。县域经济社会各项事业呈现出赶超跨越、快速发展的良好态势。全年地区生产总值完成24.2亿元，同比增长10%；财政总收入完成4.0576亿元，同比增长30.24%；规模以上工业总产值达到18.5亿元，同比增长6.67%；农业总产值达到12.2亿元，同比增长10.96%；全社会固定资产投资完成9.7384亿元，同比增长35%；社会消费品零售总额完成15.7亿元，同比增长16.88%；城镇居民人均可支配收入达到10518元，同比增长10.04%；农民人均纯收入达到3062元，同比增长21.62%。

一、农业特色化步伐加快

县委、县政府坚持从浑源的优势出发，引导和促进特色农产品向优势区域集中，培育发展特色优势农业产业链。坚持"围绕增收抓产业，突出产业抓龙头，依靠科技增效益"，着力发展一批规模比较大、科技含量高、带动能力强的龙头企业，大力实施了品牌农业发展战略。坚持以发展主导产业、改善村容村貌、加强民主管理等为重点，扎实推进了新农村建设，进一步加快了农业基础设施建设，完善了服务保障体系。重点推进了北坡区十万亩经济林带、朔蔚线"万亩温室、万栋大棚"现代农业带、南部山区十万亩黄芪GAP种植带三条产业带建设，新建成日光温室大棚492栋，建成移动大棚606栋，新建规模健康养殖小区7个。全县已拥有大瑞食品、裕春饲料等五大农产品加工龙头。"向前牌"浑源莲花豆、"恒山牌"黄芪羊肉2个产品通过国家绿色食品认证，"恒王府牌"北芪菇产品获得国家无公害产品认证和地理标识认证，大瑞食品获第八届中国国际农产品交易会金奖。全县投资3.2亿元，新建和整修各类农建工程485处；投资8708万元，实施了林业九大工程，完成造林绿化4.2万亩。

二、工业经济规模化迅速发展

紧紧围绕传统产业改造提升、优势企业做大做强、新兴产业培育壮大,坚持"盘活存量,优化增量,扩张总量,提升质量"的原则,大力实施工业规模扩张发展战略,促进了经济增长方式的转变和产业结构升级,全面提升了工业经济的运行质量和效益。年产600万吨的大型煤炭集团——浑源百川煤业有限公司正式开工建设,煤炭工业正在向安全化、规模化、集约化的方向阔步迈进。同时,认真组织实施了土地复垦、生态绿化、保障性住房建设等重点民生工程,目前,3座露天煤矿领取了开工报告建设审批卡,为开挖区村民发放生活补助370万元,无偿提供冬季用煤6000多吨,投资5000多万元新建了刁窝移民新村。全年共产原煤379万吨,上缴税费3.18亿元。花岗岩产业,瞄准打造华北一流的花岗岩板材加工基地的目标,坚持强化服务管理和人文内涵有机统一,对花岗岩工作园区进行了合理布局和大规模的集中整治,提升了园区服务管理水平。坚持开发与保护并重的原则,严格实行整形料出境限制政策,鼓励企业入园就地加工,扩大企业经营效益,全年开采整形料1.32万立方米,上缴税费3003万元。在培育新兴产业方面,大力实施"以煤为基、多元发展"战略,加快培育煤电、煤化工产业。煤电一体化项目和油页岩提油提气项目全面铺开。黄芪、仁用杏、膨润土、高岭土等加工企业健康成长,水泥效益进一步提高,砖瓦行业进入健康有序发展轨道。

三、项目建设强力推进

坚持把项目建设作为"争先发展、特色崛起"的重要支撑和载体,坚定"抓项目就是抓经济,抓项目就是抓发展,抓项目就是抓财源"的理念,凝心聚力谋项目、突出重点抓项目、全力以赴上项目,全县项目建设保持了强劲发展势头。一年来,共审批建设项目56个,项目总投资5.83亿元,包装上报44个项目,总投资29.5亿元。其中,荣乌高速(浑源段)、同源高速(浑源段)、浑广高速(浑源段)三大项目累计完成投资33.1亿元,荣乌高速浑源——山阴段建成通车;总投资5.5亿元的"年产原煤600万吨矿井项目",完成投资3.2亿元;总投资10亿元的"浑源县100MW风力发电项目",完成投资5亿元;总投资90亿元的"浑源2×600MW煤电一体化项目"、总投资60亿元的"浑源县200MW光伏发电项目"、总投资32.5亿元的"500万吨油页岩提油提气综合开发利用项目"、总投资3000万元的"循环经济园区项目"、总投资5480.91万元的城市供水站项目等5个重大前期项目均取得了实质性进展。

四、党的建设全面加强

一年来,县委坚持以深入开展创先争优和建设学习型党组织活动为主线,大力推进党的思想、组织、作风、制度和反腐倡廉建设,全面提升党的建设科学化水平,基层党组织政治核心作用、战斗堡垒作用和党员的先锋模范作用得到充分发挥,为"争先发展、特色崛起"战略目标的实现提供了坚强的组织保障和智力支持。一是突出主题、创新载体,深入开展了创先争优和建设学习型党组织活动,全面加强了基层组织建设,不断提升了党员干部自身素养和领导科学发展的能力。在创先争优活动中,围绕"争先发展创先进、特色崛起争先锋"活动主题,着力抓好组织动员、公开承诺、全面履诺、领导点评、群众评议等各个环节。全县各基层党组织共创设活动载体200多个,作出公开承诺1200多项,党员作出承诺10254项,已兑现承诺2500余项;投资1718.2万元完成了233个村级组织活动场所建设,实现了村级组织活动场所全覆盖。在建设学习型党组织活动中,围绕增强学习力、创新力、决策力和执行力,组织开展了多渠道、多形式的干部教育培训,开展了学习弘扬右玉精神,转变作风促发展,干部下基层住村办实事活动。二是创新干部选用机制,积极推进干部人事制度改革。深入贯彻落实"四项监督制度",推行"两推荐两票决一考察"干部选任方法,配齐配强领导班子,提升了干部选拔任用的透明度和公信度。制定出台了《浑源县中长期人才发展规划纲要(2010—2020年)》,大力推行党员全程教育制、专人联系制、外出报告制、登记建卡制、定期汇报制、民主评议制、管理工作责任制,党员联管的"七制一联"管理办法加强党员队伍管理。全年共调整干部五次20人,发展党员200名。三是深入贯彻《廉政准则》,持续引深党风廉政建设。坚持以勤政、廉洁、为民为主线,以加强重点权力监督为核心,以制度机制创新为保障,以案件查处为抓手,深入学习贯彻《中国共产党党员领导干部廉洁从政若干准则》,扎实开展农村党风廉政建设、机关效能建设、案件查办、工程建设领域突出问题专项治理、煤焦领域反腐败专项斗争等重点工作,党风廉政和反腐倡廉建设取得明显成效。全年共立查案件61起,61名党员干部受到党纪政纪处分。

(姚振华　刘东升)

附:一、中共浑源县委书记、副书记、常委名单

书　记: 李根田(12月离职)

副书记: 张秉善　康晓剑　贺玉才(挂职)

常　委: 王维平　李凤舟　姚志强　张振虎　姚文章　李国军　郭普跃

二、乡镇党委书记、副书记名单

永安镇

书　记: 张权军

副书记: 雷迎春　左　玉

东坊城乡

书　记: 张丰年

副书记: 顾国峰　王　飞

裴村乡

书　记: 于海滨

副书记: 张　军　李子君

西坊城镇

书　记：李　涛
副书记：陈利军　郝兴东
驼峰乡
书　记：杨　庆
副书记：陈晓琳（女）　顾必武
西留乡
书　记：姜成吉
副书记：郝希涛　范　文
下韩村乡
书　记：屈永亮
副书记：曹启龙　李建圣
蔡村镇
书　记：熊开明
副书记：武建文　郭　松
沙圪坨镇
书　记：李启忠
副书记：段治国
南榆林乡
书　记：裴雁巍
副书记：韩飞鹏　刘　达
吴城乡
书　记：李兴宇
副书记：宋桂珍（女）　张志丹
黄花滩乡
书　记：尚桂明
副书记：杨永安　侯文权
大仁庄乡
书　记：翟宝龙
副书记：郭　华　晋举科
千佛岭乡
书　记：梁　军
副书记：任志强　王　杲
王庄堡镇
书　记：杨振仁
副书记：许建国　李　荣
官儿乡
书　记：左世明
副书记：贺韶东　赵志远
大磁窑镇
书　记：张　斌
副书记：张国华　刘　峥
青磁窑乡
书　记：顾建华
副书记：付元进　李文学

中共灵丘县委工作概况

县委书记　张小立

全县有党委22个，党总支41个，党支部557个，党员13498名。2010年，县委团结和带领全县人民，坚持多元发展、规范发展、加快发展、和谐发展，全面推进项目、基础设施、新农村、社会事业、精神文明和干部队伍等项建设，确保了全县经济社会平稳较快发展，实现了各项经济主要指标的稳步增长：地区生产总值完成26.15亿元，同比增长47.9%；财政总收入完成5.12亿元，同比增长16.07%；一般预算收入完成2.1亿元，同比增长19.22%；工业总产值完成27.7亿元，同比增长67%；规模以上工业增加值预计完成11.5亿元，同比增长80.2%；农村经济总收入完成12.7亿元，同比增长19%；农民人均纯收入达到3505元，同比增长16%。

一、党的建设进一步加强

一是加强思想建设。县委中心组先后邀请北京有关知名院校的专家教授作专题讲座。各基层党组织定期交流学习情况，县委书记张小立多次在干部培训班上亲自授课，并以《用行动担当责任》一书赠阅县四套班子领导、县直机关主要领导及窗口工作人员，为创建学习型党组织活动营造了浓厚的学习氛围。加强领导干部及全体党员教育培训。县处级领导参加省市各类培训39人次，县委党校举办各类培训班培训副科级以上干部713人次，乡镇巡回培训村干部260余人，轮训党员5600余人。

二是加强组织建设。县委深化干部人事制度改革《规划纲要》，出台了《科级干部选拔任用初始提名办法》，并在上半年尝试选任科级干部，常委会无记名投票任免干部，《中国人事报》、《山西日报》等媒体均对此进行了报道。县、乡（镇）以及有关部门投资、党员群众义务投工投劳，建成村级组织活动场所158个，总面积25424平方米，超额完成45.1%，实现了活动场所全覆盖。全县乡镇机构改革的方案已上报，待批复后，乡镇机构改革工作将全面铺开。

三是加强作风建设。扎实开展创先争优活动，县委对深入开展此项活动进行了全面安排，确定了43个示范村和26个重点推进单位。各基层党组织和党员围绕“五个好”、“五带头”，扎实开展创先争优。对此，县委还召开了首场报告会，推动了创先争优活动深入开展。县委组织乡镇、部门和广大党员干部赴右玉实地观摩、考察,深入开展"五看五赛",把"右玉精神"转化为灵丘发展的实际行动。县委集中整肃机关干部纪律作风,对8家单位通报批评,12名工作人员作出深刻书面检查,2名工作人员分别给予党内严重警告和行政记大过处分。

四是加强党风廉政建设。通过《廉政准则》专题教育和书画作品廉政文化教育以及形式多样的监督警示教育,增强了党员领导干部的廉洁自律意识。加大案件查处力度。全县共受理群众来信来访36件(次),初查核实案件49件,立案45件,结案45件,处分45人,其中科级干部6人。大力推行"四议两公开",成立村级农促会,严格农村"三资"监管,不断创新农廉特色项目。深入开展矿山反腐败专项斗争,共清缴税费1103.59万元,查处矿山领域腐败案件21件,处理违纪党员干部21人,其中科级领导5人。

二、全县经济运行良好

一是项目建设顺利推进,工业经济企稳回升。全年共确定了16个新建、续建重点推进项目和4个重点前期项目,年内完成投资11.02亿元,武灵王公园、职业教育中心、县社会福利中心、残疾人综合服务中心圆满完工;唐河水电站、宗银公司银制品深加工、四海物流等12个项目有序推进;国电灵丘黄崖尖风电场、白草湾和南甸子梁两个风电场、县医院住院综合楼4个重点前期项目已完成前期准备。落实以工代赈项目四大类7个项目,总投资1142.88万元,各项目均已开工建设,进展良好,部分项目已进入竣工验收。

二是新农村建设步伐加快,农业农村工作整体推进。全年累计投入新农村建设资金2500万元,完成了12个乡镇20个重点推进村的规划,共硬化街巷45.8公里,安装路灯315盏,植树11万株,新建中心街公园、农民休闲健身场所20处,村级科技文化室20个,便民超市20个。以"干果、蔬菜、畜牧、杂粮"为主的四大农业主导产业稳步发展。完成核桃基地建设0.89万亩,完成仁用杏基地建设1万亩;在抓好5000亩露地蔬菜建设的基础上,积极筹建1000栋日光温室工程,现已完成725栋土建工程;畜牧业积极争取各类建设资金366万元,吸引社会投入资金2000余万元,新建、改建、扩建畜禽标准化养殖小区24处,大牲畜饲养量达到82400头,存栏59020头,杂粮种植面积达到22.4万亩,产量1.34万吨。全县投资1.6亿元铺开各类农建工程146处,新增节水灌溉面积2万亩,改造中低产田0.8万亩,平田整地2万亩,改滩造地0.28万亩,新打护村护地坝56千米。林权制度改革稳步推进,共完成确权面积180万亩。水电工作取得新进展,投资2亿多元的唐河水电站开工建设,大坝主体工程已封顶。上沿河水电站以电代燃项目完成投资1830万元,农村饮水安全工程投资1371.36万元,完成70处,解决了103个自然村2.8731万人,7053头大牲畜的饮水不安全问题。实施了12个乡镇58个项目村的扶贫开发整村推进项目,项目总投资3601.878万元。移民搬迁,已有69户247人购买旧房入住,51户211人完成自建房主体工程,174户542人联系好接收村。

三、各项社会事业健康发展

社会保障体系不断完善。有2.4万名60周岁以上老人从10月份开始月可领取55元基础养老金,19万农村居民实现了"养老不用愁";新型农村合作医疗参合率达到91.49%,城镇职工养老保险参保人数达到9737人,征收基金4035万元,城镇人口医疗保险参保人数达到32370人,征缴基金1222万元;城乡居民最低生活保障为2654户5173名城市低保对象发放低保金1065万元,为11713户14235名农村低保对象发放低保金1251万元,为城乡低保对象发放临时价格补贴和两节补助388.4万元。为1.8万户受灾群众发放救灾款和捐赠款218万元,为404名城乡困难群众发放医疗救助款331万元,为城市低保对象缴纳医疗保险33.6万元,为220名现役军人家属、450名重点优抚对象和76名抗日老战士发放优待金、医疗补助和生活补助金79.8万元。全年劳务输出就业3200人,城镇新增就业1300人,创业带动就业420人,下岗失业人员再就业200人,困难群体就业100人,农村劳动力转移就业4100人。

教育卫生事业稳步发展。全年投入资金9136万元实施了中小学校舍安全工程,投入资金800万元为各中小学校配备了教学实验和后勤设备;高考本科达线470人,比上年增加86人,本科达线率22.12%,达线人数和达线率均取得历史最好成绩,中考优生率37.7%,新闻媒体对我县教育工作分别作了报道。新建了武灵卫生院和20个村级卫生所,人口出生率11.29‰,人口自然增长率5.47‰,均低于市定目标。

(赵洪波)

附:一、中共灵丘县委书记、副书记、常委名单

书　记:张小立

副书记:赵亚雄　冀连成　罗永山　曹　池(挂职)

常　委:李建平　贾成功　索根生　连满仓　宋建明　黄大伟(挂职)

二、乡镇党委书记、副书记名单

武灵镇

书　记:王爱民

副书记:支　玺　马元贵(4月离职)　赵　斌

东河南镇

书　记:孙　团

副书记:燕　飞　郭　雷

上寨镇

书　记:赵栓堂

副书记:王东伟　王志胜(4月离职)　姚建新

落水河乡

书　记:白　洁(女)

副书记:杜金贵　周兴起(4月离职)　李春元

赵北乡

书　记：徐振宇

副书记：王永绘　刘志田

独峪乡

书　记：吕海明

副书记：王　峰　徐华昌(4月离职)　支永新

下关乡

书　记：孟德昌

副书记：张海英　陈良玉(4月离职)　陈文革

白崖台乡

书　记：勾海德

副书记：李灵杰　王　杰(4月离职)

陈良玉(4月任职)

石家田乡

书　记：曹全先

副书记：李　春　王　霞(4月离职)　刘慧聪

柳科乡

书　记：李守明

副书记：刘忠良　马伟山(4月离职)　杜志栋

史庄乡

书　记：李青春

副书记：张进明　李　悦(4月离职)　刘贵君

红石塄乡

书　记：胡桂森

副书记：张秀丽(女)　张胜利(4月离职)　邢喆翀

中共广灵县委工作概况

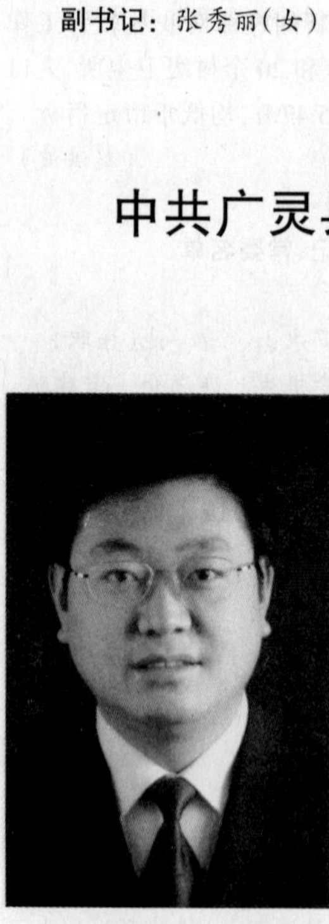

县委书记　刘振国

全县有党(工)委17个，党总支16个，党支部429个，党员9800名。2010年，县委以邓小平理论和“三个代表”重要思想为指导，以学习弘扬右玉精神、开展创先争优活动和建设学习型党组织为契机，深入贯彻落实科学发展观，紧紧围绕建设富裕民主文明和谐新广灵的奋斗目标，突出转型发展、跨越发展，团结带领全县人民攻坚克难，创新进取，全县经济社会发展和党的建设取得新的重大进展。全县完成地区生产总值118888万元，同比增长13.1%；全社会固定资产投资98763万元，同比增长35.7%；社会消费品零售额完成50003万元，同比增长19.8%；财政总收入首次突破亿元大关，达到10465.6万元，同比增长9.61%；一般预算收入完成3856.3万元，同比增长10.84%；城镇居民人均可支配收入10565元，同比增长13.6%；农村人均纯收入3299元，同比增长15.5%。

一、学习右玉精神，全力创先争优，党的建设不断加强

一是大力弘扬右玉精神。以学习弘扬右玉精神为契机，以贯彻落实袁纯清书记“三个讲话”精神为着力点，狠抓干部作风建设，全面加强党的建设。县委相继下发了《关于加强党性修养弘扬良好作风狠抓工作落实的意见》、《关于组织全县副科以上干部进村入户开展长期帮扶活动的意见》、《党政领导干部问责暂行办法》等文件，组织县四套班子领导、乡镇书记和部分部门负责人第三次赴右玉学习取经，深刻领会右玉精神的本质内涵，在全县掀起学习弘扬右玉精神的新高潮。开展“山西大发展，广灵怎么办?全省学右玉，广灵要追赶”解放思想大讨论，进一步理清了发展思路，使右玉精神成为激励和动员全县广大党员干部转变作风、顽强拼搏、创先争优、实现转型跨越发展的强大精神动力。在全县评选出道德模范20名，并组织他们赴各乡镇、各部门进行宣讲，用先进典型事迹教育、引导干部，激发干部干事创业的热情。

二是深入开展创先争优和建设学习型党组织活动。全县重点建设的138个村级组织活动场所现已全部投入使用。为全县党员统一制作创先争优胸徽一万枚，激励大家亮出旗帜，争当先锋。在非公有制企业中新发展党组织7个，进一步扩大了党组织覆盖面。召开了科级干部“好书读讲”演讲学习交流促进会，组织了学习《廉政准则》征文和演讲比赛活动。加大干部培训力度，创新学习方式，分期分批组织党政干部赴国家行政学院和清华大学等机构培训、赴东部发达地区学习锻炼，安排新任副科级干部到信访局挂职锻炼，并邀请中央党校教授来广灵解读五中全会精神，进一步提高了全县党政干部的思想认识。

三是全面加强党性党风党纪教育。组织全县领导干部认真学习《廉政准则》，加强党性党风党纪教育，严格执行“五不准”规定，深入开展“百日纪律作风大整顿活动”；组织制定了《关于清理整顿机关事业单位“吃空饷”人员的工作方案》，对全县各单位“吃空饷”的情况进行检查清理，并对违规单位负责人进行问责。全力推进农村党风廉政建设工作，全面推行“四议两公开”工作法，率先在全市成立了农民权益保障促进会，为促进农村党风廉政建设开辟了“试验田”，确保了党的强农惠农政策贯彻落实。对党风廉政建设责任制落实过程中存在的问题，能够及时研究解决，有力地推动了全县党风廉政建设和反腐败斗争深入开展。

二、立足转型跨越，狠抓结构调整，经济保持平稳健康发展

一是现代农业扎实推进。全面落实各项强农惠农政策，

加快调整种植结构步伐,坚持发展绿色蔬菜、优质小杂粮、食用菌、绿色林畜产品四大主导产业。"东菇西耳"战略深入推进,食用菌产业实现销售收入 8200 万元,有 3 家菌业企业被列入现代农业示范区项目单位,2 家单位列入山西省现代农业综合技术实验站(全省共 5 家)。农民组织化程度进一步提高,全县发展各类农民专业合作社 331 个,注册资金 21250 万元,带动农户 8600 户。

二是招商引资再创佳绩。吸引隶属中建材集团的中国联合水泥股份有限公司与我县水泥企业开展战略合作,联合打造晋北最大的熟料生产基地。促成中国储备粮管理总公司与东方物华公司开展中央直属粮库基地项目合作。引进了中地金华(北京)资源投资有限公司拟投资 80 亿元、规划面积 75 平方公里的"六棱山滑雪度假村项目"和山西立通农业开发有限公司拟投资 5 亿元建设"水神堂·壶流河湿地旅游产业新区"、"白羊峪·圣春峪旅游度假区"项目,两大项目的总体规划编制等前期工作进展顺利。与山西普华燃气有限公司签署了总投资 1.2 亿元的城市天然气建设运营协议,与国电电力山西新能源开发有限公司签署了总投资 10 亿元的南村镇、斗泉乡风电场开发协议。引进的广灵雪玉制衣有限公司投资 1000 万元的"绒毛制衣加工项目"和广灵县秋皓制衣有限公司投资 3000 万元的"服装加工项目",成功投产运营,促进了农村富裕劳动力转移就业。

三是环保工业后劲增强。围绕"绿色环保、节能、可持续"发展目标,加大工业经济调整力度,不断完善环保工业体系。精华集团绿川水泥节能扩产技改、富成水泥窑炉改造等项目都达到了预期效果,万元 GDP 综合能耗下降 7%。华电风电一期、国电风电和华润风电前期进展顺利,富成水泥公司 4000T/D 熟料新型干法水泥生产线项目即将投产;煤炭资源整合成效明显,各项开工前的准备工作基本就绪。电力、建材、以炸药为主的化工、以镁为主的冶金、煤炭业和特色农产品加工业等"六大"支柱产业发展后劲不断增强。全年县城空气质量二级以上天数达到 312 天,超市定任务 12 天;饮用水水源地一二级保护区的水质达标率达到 100%。

四是基础设施明显改善。抓住国家扩大内需的政策机遇,有利于长远,可持续发展的原则,不断加快城乡基础设施建设步伐。完成了农村公路建设 66.3 公里,新农村街道硬化 12 公里,广灵境内全长 24 公里的运煤通道神泉堡—南村公路竣工通车。全长 6.91 公里省道马走线县城东段改线工程全部完成,全长 77.7 公里的广源高速公路建设进展顺利。启动了木槽涧河综合整治及涧东新区建设一期工程,已完成全部浆砌石坝以及两岸人行道基础。全面完成电厂新增热源工程,污水处理厂、垃圾处理厂平稳运行,人居环境不断优化。

五是文化产业蓬勃发展。广灵八大文化品牌剪纸作品荣获第五届中国民间工艺品博览会金奖,并获国家知识产权局专利证书。"中国广灵剪纸出口项目"被国家相关部委确定为全国文化产业出口重点项目。在上海世博会期间,广灵剪纸受到国内外高度赞扬,订单源源不断,大幅提升了广灵剪纸的知名度和收益率。3 家剪纸龙头企业拉动全县 6 个乡镇 1480 户农户 2500 人就业,户均收入 6000 元,走上了产业化道路。与北京银河梦数字影像科技有限公司联合拍摄的故事片《我的少女时代》,于广州亚残运会期间在广州大学演艺中心举行了专场放映,张海迪与 1000 多名曾服务于亚残运会的志愿者一起观看电影,为宣传和推介广灵县知名度、美誉度起到了积极作用。

六是社会事业协调发展。投资 4699 万元,新建和加固校舍 28 所,完成了中小学校舍安全改造全覆盖目标。继续落实县政府资助初中毕业生就读中职学校政策,县职业教育中心挂牌成立,中职教育走上健康发展轨道。医疗卫生水平不断提高,新建县中医院已投入使用,改建和新建规范化村级卫生室 150 个,为 166 个村卫生室配备 90 万元的医疗器械。新型农村合作医疗进展顺利,参合率达到 91.27%。投资 60 万元建成文化信息资源共享工程县级中心,投资 120 万元建成农家书屋工程 60 个,配送图书 9 万多册。稳步推动人口计生工作,省级计划生育优质服务先进县创建活动顺利通过验收。深入实施人才强县战略,为农业和教育系统引进研究生 20 名。认真做好信访维稳工作,全力解决群众关注的热点难点问题,严格落实综治目标责任制,极大地促进了社会和谐。

(韩文泉　田广源)

附:一、中共广灵县委书记、副书记、常委名单

书　记:刘振国

副书记:郭占宝　张宏东　池宏洲(挂职)

常　委:刘宝贵　牛志刚　郭云峰　杜　福　晋子顺

二、乡镇党委书记、副书记名单

壶泉镇

书　记:李贵峰

副书记:张志新　张胜国

南村镇

书　记:刘玉清(女)

副书记:仝志华　班林军

作疃乡

书　记:孟玉香(女)

副书记:阎熙福　梁仁杰

加斗乡

书　记:李尚吉

副书记:仝循清　王晓霞

蕉山乡

书　记:刘鹏飞

副书记:魏一光　刘众一

宜兴乡

书　记:王俊军

副书记:陶　恒　杜　霞

梁庄乡

书　记:符　强

副书记:苑在勇　牛鸿志

望狐乡

书　记：魏向军

副书记：高志华　刘红胜

斗泉乡

书　记：仝在福

副书记：李贯新　李洁实

中共左云县委工作概况

县委书记　王伟国

全县有党委16个，党总支27个，党支部470个，党员7594名。2010年，县委团结带领全县干部群众，认真贯彻落实党的十七大和十七届三中、四中、五中全会精神，坚持以"落实科学发展观、建设和谐新左云"为总目标，以转变经济发展方式为主线，深入实施安全立县、项目强县、环境兴县、依法治县四大战略，全力打好煤炭企业兼并重组、项目建设、新农村建设、基础设施建设、民生工程五大硬仗，奋力推进新型能源基地、生态宜居胜地、民生民祉福地、文明和谐高地"四地"建设，取得了经济平稳发展、民生持续改善、社会和谐稳定、党的建设显著加强的可喜成绩。全县地区生产总值完成25.4亿元，同比增长10.34%；规模以上工业总产值完成11.05亿元，同比增长143.8%；规模以上工业增加值完成4.99亿元，同比增长126.36%；社会消费品零售总额完成11.65亿元，同比增长18.25%；固定资产投资完成28.45亿元，同比增长27.72%；财政总收入完成8亿元，同比增长13.92%；一般预算收入完成2.96亿元，同比增长27.86%；城镇居民人均可支配收入达到13008.54元，同比增长13.71%；农民人均纯收入达到5425.5元，同比增长15.76%。

一、坚持城乡统筹，发展农村经济，"三农"工作取得新成绩

一是现代农业发展步伐加快。全县农作物总播面积达到40.99万亩，其中：粮食作物32.07万亩，总产量达到了3250万公斤，比去年增收62.5%；油料作物6.59万亩，总产量达到了231万公斤，比去年增收5.5%。重点扶持了兴隆沟村、丁村、范家寺村、京奥农业科技有限公司、蓬勃农业科技公司等八个投资主体，投资1亿元，建设设施农业大棚1000栋，打造十里河沿岸现代设施农业示范区。狠抓马铃薯良种繁育基地建设，实施了总面积3111亩的马铃薯高产创建示范项目，平均单产达到1500公斤，最高单产达到3000公斤以上。全年共完成土地流转6272亩，为发展现代农业创造了有利条件。二是畜牧业生产态势良好。全县大牲畜饲养量达到28874头，羊饲养量239502只，猪饲养量65299头，家禽饲养量170983只；肉类产量达到6358吨，禽蛋产量达到2014吨，奶类产量达到5002吨。三是新农村建设稳步推进。在巩固原有的57个试点村和重点推进村的基础上，今年筛选确定了19个新农村建设重点推进村，县、乡、村共投入资金2013.03万元，以整治村容村貌为重点，全面完成"四化四改"和"五个一"工程，实现五个全覆盖，涌现出南家堡村、小破堡村、小京庄村、等一批新农村建设典型。四是林业发展成效明显。今年完成国家京津风沙源治理1.3万亩，县级荒山绿化1.5万亩，营造经济林2000亩，封山育林0.5万亩，补植补栽1.97万亩，完成新农村绿化19个，通道绿化25公里，被省政府评为"全国造林绿化先进单位"。

二、推进兼并重组，狠抓项目建设，经济发展后劲增强

一是新型能源基地建设迈出新步伐。2010年，在原有工作的基础上，进一步创新工作方式，组织兼并主体与乡镇、村、煤矿开展对接、谈判，兼并重组工作稳步推进。四个兼并主体共向67座被兼并煤矿支付补偿资金25.4539亿元，现已拨出20.37亿元；积极推进同煤两个千万吨大矿建设，东周窑千万吨煤矿工程，完成投资7.45亿元；马道头千万吨煤矿项目，完成投资9855万元。全部矿井改造建设完成后，全县煤炭产能可达到4160万吨，煤炭大县的地位得到进一步巩固和加强。二是新能源项目建设实现新突破。总投资300亿元的中海油煤基清洁能源项目、与之配套建设的煤化工园区项目、马道头煤电一体化发电项目、小京庄和水窑风力发电项目，各项前期工作正在积极推进中。山西大唐五路山风力发电项目三期工程完成建设任务，实现并网发电，总装机容量达到12.1万千瓦。一个以煤炭生产、煤转电、煤制气、风力发电等为主的新型能源基地正在形成。三是重点项目建设取得新进展。全年共安排生产性项目20项，总投资114.9亿元，当年完工7项，完成投资24.75亿元。同煤铁丰铁路、铺龙湾煤矿技改项目、李家窑煤矿120万吨矿井改造项目共完成投资16.5亿元；管家堡福龙肠衣二期工程、京奥脱毒马铃薯产业化基地项目共完成投资6100万元，建成原肠衣加工、肝素钠提炼车间160平方米，产出微型薯200万粒、马铃薯200余万斤；绿源蔬菜基地、玉生生态养殖园区等一大批规模化养殖项目稳步推进；事关左云长远发展的引黄入左项目，通过与有关部门沟通协调，供水指标、输水线路和投资规模已确定。

三、围绕创先争优和建设学习型党组织活动,狠抓基层党组织建设和干部队伍建设,党的建设科学化水平不断提高

一是强化理论武装工作。深入开展了第三批学习实践科学发展观活动、学习弘扬右玉精神活动和建设学习型党组织活动,使全县各级党的组织建设进一步加强,干部作风进一步改善,促进了一批涉及群众切身利益的热点难点问题的解决,促进了经济社会健康持续发展。不断强化党员干部理论学习、加强和改进党委(党组)中心组学习,严格督学促学,坚持用马克思主义中国化的最新理论成果武装党员、教育人民。二是狠抓基层党组织建设。2010年,共投资1110.58万元,新建或改扩建村级组织活动场所118个,建筑总面积15561平方米。出台了《关于进一步做好村级组织活动场所建设升级规范工作的实施意见》,将其余109个村级场所列入建设任务进行上档升级、规范提高,全县村级场所建设总数达到227个,实现了全覆盖。制订完善了《左云县农村离任干部生活补贴发放暂行办法》和《全县农村党支部书记、村委会主任管理考核暂行办法》,合理调整工资待遇,妥善解决生活问题,激发了广大基层干部的荣誉感和使命感。全面推行"四议两公开"工作法,基层民主扎实推进。创新基层党员管理机制,制定出台了《关于进一步加强农村发展党员工作的意见》,建立发展农村党员责任制,广泛开展以"五个好、五带头"为主要内容的"创先争优"活动和"双创双争"活动,继续引深农村"双培双带"工程,基层党员干部意识持续转变,党员队伍素质不断提高,党组织活力日益增强。三是狠抓领导班子和干部队伍建设。坚持把加强领导班子建设和干部队伍建设作为推动科学发展、构建和谐左云的根本性措施来抓,严格落实《党政领导干部选拔任用工作条例》,坚持民主、公开、竞争、择优的原则,切实加强领导干部的选拔任用工作,在全市先行实践县委常委会选拔任用干部票决制,推进干部选任工作科学化、民主化、制度化、规范化。四是狠抓党风廉政和反腐倡廉建设。继续坚持标本兼治、综合治理、惩治并举、注重预防的方针,强化监督检查,构建长效机制,全县党风廉政建设和反腐败斗争取得新成效。全年共立案91件,结案91件,给予党纪处分62人,给予政纪处分40人,受党政纪双重处分11人,撤职以上重处分29人,作刑事处理11人,有力地震慑了一批腐败分子。严格落实农村廉政建设,全面推进"三务公开",认真开展"三资"清查,强化对"三个中心"的建设和管理,狠抓农民权益保障促进会工作,加大对涉农案件和信访的查处力度,进一步维护了农村基层的和谐稳定。全面落实党风廉政建设责任制,建立了以责任分解为基础、责任考核为动力、责任追究为重点的责任运行机制,将全县反腐倡廉的44项工作分解到了24个牵头单位、49个配合单位,有效促进了各项制度的贯彻落实。

(赵忠和)

附:一、中共左云县委书记、副书记、常委名单

书　记:王伟国(12月离职)
副书记:王凤瑞　王　璞　李广林
　　　田忠宝(12月离职)
常　委:苏　智　赵建军　赵　宇　马少杰　侯振春
　　　张立波

二、乡镇党委书记、副书记名单

管家堡乡
书　记:张　华
副书记:史长华　贾文斌

鹊儿山镇
书　记:李　林
副书记:苏日海　张兴礼

张家场乡
书　记:宋德君
副书记:张生贵　郭　殿

三屯乡
书　记:李国魁
副书记:崔　发　王生文

云兴镇
书　记:刘　耀
副书记:王　瑾　孔庆禄

马道头乡
书　记:白金义
副书记:冀文富　郭忠森

小京庄乡
书　记:马　杰
副书记:王振业　张宏龙

店湾镇
书　记:宋　海
副书记:马玉泉　韩月儒

水窑乡
书　记:李　宏
副书记:潘志廷　王树俊

中共朔州市委工作概况

市委书记　田喜荣

2010年，在省委、省政府的正确领导下，朔州市委高举中国特色社会主义伟大旗帜，坚持以邓小平理论和"三个代表"重要思想为指导，深入贯彻落实科学发展观，团结带领全市广大干部群众，解放思想、锐意进取，团结拼搏、苦干实干，着力推动转型发展、跨越发展，努力保障和改善民生，切实加强党的建设，各项工作取得了新进展，见到了新成效。

一、集中精力抓大事

扎实推进转型跨越发展，"十一五"圆满收官。地区生产总值完成670亿元，比上年增长13%，是"十五"期末的2.95倍。工业增加值达到355亿元，比上年增长18%，是"十五"期末的3.93倍。全社会固定资产投资完成380亿元，比上年增长26%；"十一五"累计完成1151亿元，是"十五"期间的4.8倍。社会消费品零售总额完成139亿元，比上年增长18%，是"十五"期末的2.6倍。外贸进出口总额完成1.2亿美元，比上年增长6.4%。财政总收入完成132.5亿元，比上年增长20.5%，是"十五"期末的3.78倍。一般预算收入达到55.8亿元，比上年增长20.6%，是"十五"期末的4.9倍。城镇居民人均可支配收入达到17558元，比上年增长13.3%，是"十五"期末的近2倍。农民人均纯收入达到5964元，比上年增长16.4%，继续快于城镇居民收入，是"十五"期末的1.93倍。

认真贯彻落实全省领导干部大会精神，坚定了各级干部转型跨越的信心。组织全市副处以上干部和重点企业负责人进行传达学习；编写了近4万字的解读资料发放到全市副处级和各县区科局级以上干部手中；组织开展了以寻找差距、挖掘潜力、制定目标、推动转型、促进跨越为主题的解放思想大讨论；组织相关县区、部门和企业负责人赴陕西省榆林地区考察工业园区及煤化工产业发展；研究制定了推动转型跨越发展的政策框架。

不断引深学习弘扬右玉精神活动，教育全市广大干部树立正确的政绩观。先后召开了全市进一步兴起学习右玉精神新高潮大会和再掀学习右玉精神新高潮经验交流会，认真回答"全省学右玉、右玉在朔州、朔州怎么办"这个重大命题，为推动我市转型跨越发展提供坚强的政治和作风保障。

利用多种形式大力宣传朔州，扩大我市在省内外的影响力。以刘云山同志视察朔州为契机，在全国掀起了树立正确的政绩观大讨论活动；以落实袁纯清同志对采访我市转型跨越发展的批示精神为契机，对我市经济社会发展进行了多角度报道。与中央党校国际战略中心联合举办了资源型地区科学发展与转变发展方式路径探索暨朔州模式研讨会。举办了首届中国·应县释迦塔国际旅游文化节、首届中国·右玉西口风情生态旅游文化节、首届中国门神文化节等大型节庆活动和首届中国朔州旅游形象大使选拔赛。友城建设工作取得突破性进展。承接了23个国家部委和全省现场会。荣获2010中国经济转型示范城市称号。

积极稳妥推进机构改革，建立符合我市经济社会发展的政府管理体制。严格执行省委、省政府有关规定和要求，圆满完成了政府机构改革及评估。改革后，市政府工作部门精简了11.1%。市县两级同步进行了事业单位清理规范。在右玉县试点完成任务的基础上，批复了其他5个县区59个乡镇的改革方案。

以党的十七届五中全会和省委九届十一次全会精神为指针，精心编制"十二五"规划。专门到先进地区考察学习，聘请了多家省级政策咨询部门的领导和专家参与调研论证，认真制定"十二五"规划。

二、积极推进经济社会各项事业全面发展

加快现代产业体系建设，推动经济又好又快发展。一是坚定不移推进煤炭资源整合和企业兼并重组扫尾攻坚工作。兼并重组后，全市共有煤矿81座。全市原煤生产能力、洗选能力、运输能力均达到2亿吨，实际生产原煤1.6亿吨。平朔煤炭工业公司首次突破1亿吨。二是坚定不移推进电力产业结构调整。大力发展高参数火电、煤矸石发电、垃圾焚烧发电等节能环保项目和风力发电、太阳能发电、秸秆生物质能发电等新能源项目，新上和在建电厂16座，这些电厂投产后，全市总装机容量将达到783.1万千瓦。三是坚定不移推进循环化发展。狠抓了朔州经济开发区建设和循环经济园区发展。全市培育循环经济示范园区10个。推进了12家煤矸石和粉煤灰砖厂建设。加快了5家新型干法水泥厂建设进度。四是坚定不移推进科技创新和金融创新。全市地方财政投入科技研发经费6955万元，组织实施市级以上科技项目119项。全市专利申请量224件，每十万人拥有14.6件。建起小额贷款公司60家，注册资本35亿元，投放贷款22亿元。五是坚定不移推进重点工程建设。全市启动实施重点工程和项目287个，完成投资378.4亿元，建成35个。六是坚定不移推进"三农"工作。认真贯彻落实中央和省委、省政府的各项支农惠农政策。粮食总产达到17.95亿斤。新建百亩以上设施农业园区136处，日光温室和塑料大棚面积累计达到5.3万亩。奶牛存栏16.1万头，羊饲养量228万只，生猪饲养量60万头。肉类总产7.76万吨，蛋类总产2.47万吨，鲜奶总产41.4万吨。扶贫工作取得新进展。农业水利基础设施建设和

机械化水平不断加强。七是坚定不移推进市域城镇化。新增公路通车里程260公里。铺开了城市集中供热、城西地下水源地工程及老旧管网改造、城市道路桥梁、垃圾污水处理等九大类22项工程。继续加大旧城改造的力度,加快创建国家园林城市步伐。八是坚定不移推进生态文明建设。营造林34.66万亩,义务植树200万株,新育苗1.3万亩。集体林权改革稳步推进,完成确权面积131.09万亩。严格实行节能减排目标责任制,全年节约能耗50万吨。继续推进"蓝天碧水工程"。市区空气质量二级以上达到342天。

加强宣传思想文化工作,努力建设文化强市。一是坚持做好理论武装大文章。深入宣传贯彻党的十七届五中全会和省委九届十一次全会精神。市委中心组共进行了7场专题理论学习。大力推进学习型党组织建设。成功举办了第四届西口文化论坛,组织开展了全市第三次社会科学研究优秀成果评奖。二是始终打好舆论宣传主动仗。在《朔州日报》开辟了"转型·跨越·看朔州"大型系列报道专栏。制作了一批反映我市发展的画册、音像和大型展板、展览。健全舆论引导和管理的各项制度,建立了党委新闻发言人制度。三是不断开辟文明创建新路径。实施了"文明交通行动计划"。举办了首届农村文化科技卫生服务大集。开展了"一对一"创建文明和谐村镇活动。四是努力推动文化大繁荣。组建了市文化广电新闻出版局,成立了市文化市场行政执法大队,加快了市县两级文化经营性事业单位转企改制的进度。《西口长歌》、《烽火侨女》、《大学生村官》反响良好。启动了《探朔》、《朔州文化图志》、《典藏朔州》编纂工作。修改完善了《塞外长歌》,完成了《侨女李林》的创作编排。6项非遗文化项目在上海世博园精彩亮相。启动了应县木塔申遗工作。编制了《朔州市旅游发展总体规划(2010—2020)》。

切实加强社会建设,有效改善和保障民生。一是全面完成了农村"五个全覆盖工程"。两年投资20多亿元,为211个村修通2265公里水泥路,为581个偏远村安装了广播电视卫星接收设备,为682个村建起了卫生室,为255个村、12.55万人解决了饮水不安全问题,完成了217所中小学76.22万平方米的校舍改造。二是进一步加强就业和社会保障工作。新增城镇就业人数2.4万余人,安置困难就业人员2562人。城镇职工基本养老保险净增5976人,新型农村养老保险参保人数达到22.3万人。城乡低保对象实现了应保尽保。新建改建7所养老院。保障性住房新开工22489套189.53万平方米。积极推进廉租住房建设、经济适用房建设、棚户区改造和农村困难群众危房改造。三是统筹推进各项社会事业。九年制义务教育全面普及。完善了职业技术学院附属设施建设。新型农村合作医疗实现县域全覆盖。全市60%的政府基层卫生机构实施了国家基本药物制度。人口和计划生育工作获得省政府人口计生工作B类地区综合先进奖。四是坚持不懈狠抓安全生产工作。全年安全生产事故死亡88人,同比减少15人。煤矿安全达到国际先进水平,百万吨死亡率为0.032。消防和环境突发事件应急救援水平不断提高。畜禽疫病防控实现了全市防控全覆盖。食品药品安全监管成效显著。

强化政法综治信访工作,维护社会和谐稳定。一是着力化解社会矛盾。市县两级各类矛盾纠纷化解率达99%。组织开展了社会矛盾百日大排查大调解和清理涉法涉诉信访积案百日攻坚活动。中央和省交办我市的10起涉法涉诉信访案件全部化解。中央维稳办调研组充分肯定我市社会稳定风险评估机制,省委政法委和省维稳办在全省推广我市经验。二是着力创新社会管理。出台了《朔州市户籍管理制度改革实施意见》。实施了特殊人群帮教服务工程和重点地区综合治理工程。加强了道路交通安全管理。深入开展了火灾隐患专项整治和安全大检查。进一步健全规范了社会治安防控体系,建立了覆盖较广的视频监控系统。实施了校园安保工程和网络虚拟社会建设管理工程。实行了数字化动态式全时空社会管理模式。全市社会治安综合治理工作连续六年被评为全省先进集体。三是着力推进公正廉洁执法。市法检公三家单位分别出台了服务全市率先科学发展的实施意见。建立了政法委案件评查室和全市政法干警违法违纪举报中心。深化了执法规范化建设。四是加强和改进信访工作。新建了市信访服务中心。全国"两会"、世博会、亚运会等重点节会和敏感时段,我市进京、赴沪、赴粤非正常上访一直保持"零"纪录。特别是在"平安世博"中,省联席办交办我市的14个重点案件全部办结。五是不断强化对敌斗争。高度警惕和严密防范境内外敌对势力渗透破坏活动,加强反恐怖、反邪教斗争,破获"法轮功"反宣案1起,依法抓获一批邪教组织人员。

加强党的建设,为转型跨越发展提供坚强保证。一是深入开展创先争优活动。确立了党组织公开承诺示范工程2085个、党员公开承诺示范项目6654个。各级党组织制定承诺目标10563件,广大党员制定承诺事项13.7万件,已落实7.65万件,为群众办实事好事15万件。二是切实加强领导班子和干部队伍建设。举办了各类培训班15期,开办了"名人讲堂"8次,培训干部7633人次。认真贯彻落实省委《年度目标责任考核试行办法》。加快推进干部人事制度改革步伐,制定了《朔州市干部选拔任用工作规程》,全面推行了任免干部票决制。切实加大了竞争性选拔领导干部的力度,在右玉县高家堡乡产生了全省第一个公推直选乡镇党委领导班子。认真贯彻落实干部四项监督制度。全年共调整交流干部114人。三是全面加强基层党组织和党员队伍建设。实现了村级组织活动场所建设全覆盖。在全省率先全面推行了"四议两公开"工作法。加强和改进新经济组织和新社会组织党建工作,新建党组织41个,挂靠联建34个。加强大学生村干部管理。加强党员教育管理和服务。加强了派驻农村下乡工作队工作。四是积极推进人才工作创新。召开了全市人才工作会议,制定出台了《朔州市中长期人才发展规划纲要(2010—2020年)》及其他3个配套文件。五是不断加强党风廉政和反腐倡廉建设。严格执行党风廉政建设责任制。积极创新党风廉政责任制考核办法。加强对中央和省、市重大决策部署落实情况的监督检查,开展了重点工程建设项目、节约用地、节能减排、环境保护、安全生产等方面的专项监察。

深入推进煤焦领域反腐败专项斗争，建立了煤焦领域反腐败长效机制。引深工程建设领域突出问题专项治理，累计收缴各类资金税费31.5亿元。加大案件查办力度，各级纪检监察机关立查案件302件，处分党员干部296人。加强作风建设，出台了一系列相关文件，着力整治在职不在岗、在岗不尽责，大操大办婚丧喜庆事宜、借机敛财，工作日酗酒、参与赌博和“吃拿卡要”等突出问题。组织刹风整纪统一行动15次，检查娱乐场所987家，对18名公职人员给予行政记大过、免职等处理；对群众反映的6起机关作风建设问题进行了核实和督办。围绕贯彻执行《廉政准则》认真开展反腐倡廉教育和廉政文化建设。农村党风廉政建设进一步加强。积极推进了国有企业党风廉政建设。（舒晓海）

附：中共朔州市委书记、副书记、常委名单

书　记：田喜荣

副书记：冯改朵（女）　杨伟民

常　委：韩忠荣　陈法印　刘国庆　雷建国

马彦平　赵向东（11月离职）　李　锦

郭　健　张耀生　李根田（11月任职）

中共朔州市朔城区委工作概况

区委书记　郭连厚

全区有党委23个，党总支24个，党支部572个，党员10995名。2010年，区委在省、市委的坚强领导下，以科学发展为主题，以转型跨越为主线，立足经济建设和主城区建设两大任务，围绕争当全市经济社会综合实力领头雁的奋斗目标，努力应对前进道路上的各种困难和挑战，着力从更深层次、更广领域谋划和推动发展，三个衔接有序推进，四个升级顺利实施，转型跨越步伐加快，各项工作都取得较好成绩，走在了全市乃至全省前列。

一是综合实力大幅提升。全年地区生产总值完成200亿元，同比增长20.5%；财政总收入完成15.3亿元，同比增长21.3%；一般预算收入完成7.38亿元，同比增长17.3%；城镇居民人均可支配收入17030元，同比增长11.2%；农民人均纯收入6796元，同比增长14%。

二是“三农”工作成绩喜人。围绕“农业持续增效、农民持续增收、农村持续发展”的目标，认真贯彻落实各级支农惠农政策，大力发展现代农业，农业的基础地位进一步巩固。全区总播种面积97万亩，农业机械化综合作业水平60%以上，粮食总产5.37亿斤，连续7年保持稳定增产。全年新增设施蔬菜面积8000亩，总面积1.66万亩。新建、改造25个标准化人畜分离小区，大畜饲养量11.5万头，规模养殖率60%以上，畜牧业总收入10.7亿元，设施蔬菜和规模养殖成为农民增收的重要渠道。

三是项目建设步伐加快。围绕产业转型升级总体目标，按照以煤为基，多元发展的工作思路，大力招商引资，加快工业新型化进程。全年共续建、新建、筹建工业项目45个。其中总投资29亿元的东坡、杨涧等6座煤矿综采改造、东方长宏1000万吨发运站、浙江金圆水泥等20个项目建成投产。总投资53亿元的中煤平朔粉煤灰提取氧化铝、大唐20MW风力发电、金风风机装备制造等12个项目正在建设，筹建了占地6000亩的粉煤灰工业园区，总投资60亿元的国能神州粉煤灰提取氧化铝、歇马关——神西运煤通道、中煤销售公司洗选发运站、同煤、省煤运合资新建的两个双万吨级快速发运站、中煤杨涧500万吨新洗煤厂、葫芦堂300万吨洗煤厂等8个项目即将开工。逐步形成煤电、冶金、化工、建材多元产业体系，支撑了经济转型，助推了跨越发展。

四是第三产业迅猛发展。充分发挥独特的区位优势，大力发展现代服务业。豪德光彩贸易广场一期工程建成22万平方米1700多个摊位、商铺平稳运营。总投资1亿元，建筑面积8万平方米的二期工程开工建设。引进北京居然之家、香港联丰投资公司，开工建设了总投资6.6亿元，建筑面积16万平方米的居然金地工程。上海红星美凯龙、沃尔玛超市、台湾大润发超市都达成投资意向，准备落户我区。以这几个大的项目为龙头，逐步建设总投资25亿元、占地2000亩、建筑面积120万平方米的晋西北大型物流园区。

五是城市建设力度加大。按照“南移西拓拉框架、完善功能提品位”的发展战略，大刀阔斧推进主城区建设。全年铺开工程110多项，总投资近80亿元。重点实施了老城、南垣街西延线两侧、西关片区、纸板厂周边、贺家河村东等20个地段35个片区的拆迁改造，完成拆迁面积150万平方米，老城、城中村、棚户区改造被确定为全省三个试点县区之一，争取国家资金7100多万元。开工建设了南垣街西延、恰东路、恰西路等9条道路和恰家苑、迎宾苑、家和苑等15个保障性住房小区，总投资近40亿元。完善了城西供热站，新增供热面积80万平方米，城市居民人均居住面积达到38.6平方米，建城区面积扩大到36平方公里，城市面貌明显改善，城市功能日趋完善。

六是生态治理规模空前。继续实施生态优先战略，全力推进绿色发展、低碳发展。全年生态治理总投资达10亿多元，治理面积10多万亩。完成了西山森林公园四期工程、金沙植物园一期工程和恢河公园四期工程主体建设，推开了西山5万亩的五期工程治理和城西2万亩苗木良种繁育基地建设，高标准绿化了20多条城市道路，增加绿地面积20万平方米。全区生态治理总面积达到130万亩,林草覆盖率为46%,城市绿化覆盖率达38%,人均绿地面积10.6平方米,处于全国领先水平。市区空气质量二级以上天数达到280天。

七是民生问题显著改善。投资2.5亿元,启动了一中敬德校区,实施了三中、四中、二小、五小、八中、九小、迎宾路小学等17所城乡中小学校新建、改扩建工程,加大了布局调整,促进了均衡发展。完成了20所乡镇卫生院标准化建设,新建了4.1万平方米的区一、二医院住院大楼,城乡群众上学难、看病难问题得到有效缓解。社会保障日趋完善,全区各类参保人数达到37.7万人,基金滚存结余达2.6亿元,实现了应保尽保。全面完成农村“五个全覆盖工程”,社会和谐程度和群众幸福指数不断增强。

八是综合治理成效突出。完善了区、乡、村治安防控体系建设,先后投资3600万元建起15个乡镇综治中心、9个企业维稳中心和14个高标准社区服务中心,投资2600万元新建了区社会治安监控指挥中心和区交警指挥调度大厅,实行了数字化动态式全时空社会管理。不断探索新形势下加强信访工作的新途径、新措施,在完善矛调超市运作的基础上,创新性地建立了信访服务中心,开展了“区委书记大接访”活动,集中解决了60多起信访疑难案件,有效化解了社会矛盾,确保了全国“两会”、上海世博会、十七届五中全会、广州亚运会等重大活动期间全区的和谐稳定。

九是党的建设进一步加强。一年来,区委按照省、市委部署,认真总结学习实践科学发展观活动成果,深入开展创先争优活动,切实增强了各级党组织的凝聚力、号召力、战斗力。大力学习弘扬右玉精神,强化了机关思想纪作风整顿,加强了机关作风建设,强化了干部监督管理,全区干部职工精神面貌、纪律观念、工作状态有了明显转变,工作效率和服务水平有了明显提升。认真贯彻《干部任用条例》,围绕城市化、工业化、农业产业化,重品行、重民意、重实绩,调整提拔了一批德才兼备、敢抓敢管的优秀干部,进一步匡正了用人风气,提高了选人用人公信度。全面落实《建立健全教育、制度、监督并重的惩治和预防腐败体系实施纲要》和《四项监督制度》,努力从源头上治理腐败。重点开展了煤焦领域反腐败专项斗争和工程领域专项治理,加大了违纪案件查处力度。全年追缴工程建设领域违纪金额6.28亿元、煤矿拖欠资源价款税费2亿多元,立案查处违纪案件46件,处分75人,收缴违纪款480多万元,反腐倡廉工作取得阶段性成果,促进了全区党风、政风、社会风气的进一步好转。

(王治东)

附:一、中共朔州市朔城区委书记、副书记、常委名单

书　记: 郭连厚

副书记: 南志中　郝曙光　宋　军(挂职,11月离职)

常　委: 高富国　于太明　智杰山　李　杰　乔九明　白力军(11月离职)　高　才(11月任职)

二、乡镇(街道)党委(党工委)书记、副书记名单

北旺庄

书　记: 陈　钊

副书记: 杜　超　陈少卿　姜　楠(女,11月离职)

南城街道

书　记: 高　承

副书记: 周庆山　张　斌

北城街道

书　记: 雷在祯

副书记: 王　栋　孟进文

神电街道

书　记: 张　亮

副书记: 常武权　年永登

下团堡乡

书　记: 丁连信

副书记: 高　峰　要恩义

神头镇

书　记: 孙　义

副书记: 刘　峰　周新华

小平易乡

书　记: 王生旺

副书记: 牛　亮　蔚秀娥(女)

贾庄乡

书　记: 唐　明

副书记: 王万宇　宿建军　聂继玲(女)

滋润乡

书　记: 齐宏业

副书记: 谭　雄　梁双存

南榆林乡

书　记: 林　实

副书记: 齐宏亮　陈　先

福善庄乡

书　记: 李　敏

副书记: 霍永生　刘志华

沙塄河乡

书　记: 谭存元

副书记: 尚志新　刘　波

窑子头乡

书　记: 徐生荣

副书记: 刘晓东　李培祎　高建军

张蔡庄乡

书　记: 郭向东

副书记: 梁耀文　宁巨文　蔚　丽(女)

利民镇

书　记: 赵子平

副书记: 李　林　张剑峰

中共朔州市平鲁区委工作概况

区委书记 李 俊

全区有党委20个，党总支21个，党支部530个，党员9054名。2010年，区委紧紧围绕省、市转型跨越发展战略部署，团结带领全区干部群众埋头苦干，奋力争先，全力推动转型发展，着力保障改善民生，切实加强党的建设，各项工作取得了新进展新成效。

一、转型发展步伐加快，事关全局的重点工作取得重大突破

煤炭产业整体素质全面提升。煤矿兼并重组和标准化矿井建设快速推进，规模化、集约化、现代化程度大大提高，煤炭产业的支柱地位进一步夯实。兼并重组后保留的24座矿井，17座办结了生产、建设相关手续，其中13座已经建成安全质量标准化矿井，4座正在建设的矿井2011年上半年即可完成升级改造并同步建成标准化矿井；其余7座将在2012年上半年升级改造全部结束。通过整合重组和升级改造，煤炭产业整体素质和可持续发展能力从根本上得到提升，为转型跨越发展奠定了基础。

新兴产业快速发展。与中煤平朔公司合作建设的循环经济园区全面启动，土地预审、占地补偿等前期工作全部完成，园区“六通一平”工程接近尾声，2011年6月，一期入驻的平安化肥四期、胶带胶管等3个高科技项目开工建设，年内完成联动试产。预计到“十二五”末园区项目总投资将达到百亿元以上，平鲁正在成为全市新型产业的富集区和转型发展的新高地。

重点工程建设项目强势推进。一大批事关民生民计的大项目、好项目陆续开工建设，平朔东露天、准朔铁路、荣乌高速、平朔高速、平朔运煤专线等重点工程顺利推进，四通八达的路网将逐步形成；神电2×60万千瓦一期工程、阻虎败虎、西水界大山台、井坪虎头山等风电项目全部开工建设，电力产业正在成为平鲁继煤炭之后的又一大强势产业；引黄北干大梁水库建设工程快速推进，2011年国庆节即可投入运行，平鲁的缺水问题将会从根本上得到解决。随着这些重点工程建设项目的快速推进，平鲁经济发展的后劲不断增强，为转型跨越发展插上了腾飞的翅膀。

旅游文化产业发展迅猛。中国门神文化之乡和中国门神文化研究基地的成功申报，引领和带动了旅游文化产业的大发展、大繁荣，乌龙洞、北固山、明海湖等一批旅游景区初具规模，城墙景观带、门神文化园陆续开工建设，以“门神文化”为品牌的旅游文化产业正在成为平鲁的新兴强势产业，“门神文化”成为全社会关注的焦点，平鲁的知名度进一步提高，彻底告别了“有煤没文化”的历史，在转型跨越发展的道路上迈出前瞻性、全局性、历史性的一步。

二、“一城十镇百村”城乡一体化建设再创佳绩，城乡统筹发展取得重大突破

城市建设再掀高潮。旧城改造一期工程基本结束，完成投资20个亿，拆迁改造200万平方米，开工建设41项城建工程，涵盖了基础设施、城市景观、公建、安居工程、公益事业、旅游开发、商贸中心等多个方面，高标准实施城区绿化、亮化、美化和街道整治工程。已竣工使用12项，在建24项，即将开工5项。城市建成区面积由10平方公里拓展到18平方公里，城市人口由5万增加到10万，城市的吸纳力和竞争力进一步增强。

十镇百村建设成效显著。十镇建设基本完成。完成投资1亿多元，完善了水、电、路、通信等基础设施，完善了行政办公、教育、卫生、计生、派出所、工商所、土地所、便民服务中心等公共服务功能。百村建设完成六成以上。建成移民搬迁房4000多套，移民搬迁137个村近2万人。建成乡村公路822公里、甲级村级卫生室150个，免费为147个村安装了广播电视卫星接收设备，解决了173个村饮水不安全问题，“五个全覆盖”工程全面完成，农村城镇化水平明显提升。

农业产业化迈出新步伐。2010年，成功引进了润百村林油一体化项目，该项目是利用荒地种植文冠果、蓖麻等，加工高级润滑油等，并进行沼气建设的低碳富民项目。2010年已成功试种蓖麻3500亩。新建日光温室170座。投资9512万元开发整理土地4.8万亩。落实种粮、农资和农机补贴32269户1989万元。新建标准化养殖小区11个，配套新建青贮窖70个。6个股份制牧场投入生产，集动物防疫、检疫、良种繁育等于一体的畜牧业社会化服务体系日益完善。2010年全区粮食总产量1.14亿斤，同比增长53.1%；牛、羊、猪饲养量分别3.3万头、46.2万只、5.98万头，畜牧业收入占农业收入的60%以上，农业结构调整取得积极进展。

三、各项社会事业全面进步，和谐发展水平进一步提升

大力发展教育事业，率先实现了城乡教育均衡优质发展。投资6个亿，一步到位调整优化了城乡学校布局，新建改造了12所高标准农村寄宿制小学、6所城区中小学，启动了12年免费教育。面向社会公开择优招聘教师100多名，优化教师队伍。全区教育教学质量明显提高，李林中学达线人数、达线率连续七年逐年递增，2010年二本以上达线416人，达

线率36%,居全市前列。

大力发展医疗卫生事业,全力打造健康平鲁。投资2个亿,进一步完善了城乡医疗卫生服务体系,实施了城乡基本医疗保障制度和基本药物制度,积极推进城乡基本医疗服务均等化。按照"管办分离"模式,将新建的区综合医院整体托管给省人民医院,实现了县级医院与省级知名医院的资源共享、优势互补,从根本上解决了人民群众看病难、看病贵等问题。2010年,被列为全省医疗卫生改革试点区。

大力发展社会保障、文化、计生等事业,有力支撑和保障了全区经济发展。进一步健全完善社会保障体系,2010年,共征缴社会保险费1.61亿元,发放基金1.23亿元,按时足额发放率和社会化发放率均达100%,基金滚存结余总额达2.46亿元。城镇职工养老、医疗、失业等社会保险综合覆盖率达到94%,新型农村养老保险参保率达到81%,1.4万城乡低保对象和农村五保对象实现了应保尽保,社保工作走在全省前列。全面加强城乡文化基础设施建设,有序推进文化体制改革,出版了《中国门神尉迟恭》等一大批乡土文化作品,成功举办了颇有影响的首届"中国门神文化节"。人口计生工作方面,投资1000多万元,新建改造了区乡计生服务场所,基层基础建设扎实推进,服务体系进一步完善,奖扶政策全面落实,优质服务再创佳绩。2010年,荣获全国计划生育优质服务先进区称号。

四、党的建设全面加强,政治保证更加有力

围绕"建群众放心班子,做百姓称心干部"这一主题,进一步加强学习型党组织建设,扎实开展了学习十七届五中全会、省委袁纯清书记"7·29"重要讲话和"右玉精神"活动,深入开展了创先争优活动。进一步加强干部队伍建设,创新选人用人机制,干部在一线锻炼,能力在一线检验,成绩在一线考察,凭实绩用干部,有作为才有地位的用人导向进一步明确。全年调整干部4次79人,干部信服,群众满意,社会反响良好。基层党组织建设进一步加强。投资806.6万元新建、改扩建村级活动场所172个。"四议两公开"工作法在农村全面推开。扎实推进党风廉政和惩防体系建设,深入开展了煤炭领域反腐败斗争,强力推进工程建设领域专项治理,查办了一批违反党纪政纪案件。共收缴"三违"资金8亿元、资源价款6.9亿元,依法依纪处分干部3名。进一步完善了区委书记和四大班子领导大接访制度,健全和完善了"属地管理、分级负责"的信访工作机制,有效解决了一批群众反映的热点问题和历史遗留问题,信访总量明显下降。充分发挥党委总揽全局、协调各方的核心领导作用,积极支持人大、政协依法履行职能,大力推进依法治区,营造出团结和谐、干事创业的良好氛围。 (杨 斌 石 海)

附:一、中共朔州市平鲁区委书记、副书记、常委名单

书　记:李　俊

副书记:刘　彪　孟　占　呼运平(挂职)

常　委:赵保良　边润文　刘　旺　董晋生　丁　裕　吕慧勤(11月离职)　赵金龙(11月任职)

二、乡镇党委书记、副书记名单

井坪镇

书　记:高　翔

副书记:张万军　刘文斌

白堂乡

书　记:贾丕福

副书记:解志远　贺永兴

陶村乡

书　记:武卫东

副书记:孟　泽　朱步升

下面高乡

书　记:马全永

副书记:落常春　刘卫平　梁志强

向阳堡乡

书　记:李玉兰(女)

副书记:赵占祥　刘贞鑫

凤凰城镇

书　记:雷慧儒

副书记:计瑞芝(女)　赵建新

榆岭乡

书　记:高成富

副书记:孟廷忠　武尚荣

西水界乡

书　记:寇志坚

副书记:王占斌　徐　海

双碾乡

书　记:张秀珍(女)

副书记:石国玮　康巨荣

阻虎乡

书　记:王　军

副书记:张晓青　苏玉芳(女)

下水头乡

书　记:袁　耀

副书记:王　波　王香莲(女)

高石庄乡

书　记:李和有

副书记:李久祺　侯彦春

下木角乡

书　记:杜　耀

副书记:刘志仁　韩　章

中共怀仁县委工作概况

县委书记　牛志忠

全县有党委20个，党总支35个，党支部526个，党员12524名。2010年，县委认真贯彻党的十七大和十七届三中、四中、五中全会精神，全面落实7·29全省领导干部大会精神，根据省委、省政府转型发展、跨越发展的一系列工作要求，以科学发展观为指导，围绕富民强县和再造一个新怀仁总目标，全面推进工业新型化、农业现代化、县域城镇化、城乡生态化，切实加强党的领导，全县经济平稳运行的态势不断巩固，各项工作取得了新进展。全年完成地区生产总值109亿元，比上年增长17.58%；财政总收入16.05亿元，增长23%；城镇居民人均可支配收入17351元，增长10%；农民人均纯收入7276元，增长14%；社会消费品零售总额35.4亿元，增长16.7%；全社会固定资产投资53.5亿元，增长36.28%。县域经济综合实力大幅提升，人民生活明显改善。

一、加快转型跨越发展，现代产业体系逐步形成

一是新型工业化进程加速推进。全县煤矿按要求完成了兼并重组任务。2010年全县原煤产量已达1000万吨以上，发运原煤1400多万吨。非煤产业快速发展。以"一区六园"为载体，大力发展非煤产业，共铺开重点工程43项，累计完成投资56.72亿元。坚持招大商、大招商，积极培育新的增长点。全年共引进项目23项，引资总额141亿元。

二是"三农"工作呈现新面貌。全县粮食总产量2.67亿斤，比上年增长67.9%。农村经济总收入75亿元，增长15.7%。新建日光节能大棚305栋。无公害蔬菜认证认证面积10万亩。全县大棚总数达3358座，设施蔬菜销售量2000万公斤。新建羊舍19.88万平方米，新增养羊20万只，完成标准化人畜分离小区建设24个，全县大型养羊园区60个，羊舍面积50多万平方米，育肥羊大户360户，肉羊存栏量120万只。全县大牲畜饲养量3.65万头。

三是城市品位进一步提升。城建"九大工程"全部完成。投资1亿多元的新建南路、新兴南路、新华路三条城市主干道的改造工程全部完工。投资2.35亿元，铺开了迎宾高架立交桥建设工程。投资6800万元的生活垃圾处理厂工程已具备使用。投资1.6亿元的热源厂二期工程已完成工程量的70%。继续加大了城市绿化美化工作，城市公共绿地面积达到28.7万平方米。

二、加强宣传思想文化建设，扎实推动文化事业大发展大繁荣

一是理论武装工作扎实有效。在全县深入开展建设学习型党组织活动，基层党组织的战斗堡垒作用和广大党员的先锋模范作用得到充分发挥。全年共举办各类培训班76场次，培训党员干部8200人。

二是舆论宣传力度进一步加大。在市级以上报刊、网络媒体共刊登播发各种稿件1600多篇。加强网络监管，全年编发《舆情快报》30多期，为全县经济社会发展提供了良好的舆论环境。

三是文明创建工作稳步推进。开展了省、市、县文明和谐单位和社会主义新农村建设重点推进村结对共建文明和谐村活动，完成了第三届山西道德模范的选拔推荐工作。开展了"送法律进校园，远离黑网吧"、"雏鹰行动"、"纪念抗日战争胜利65周年暨缅怀刘晏庄村遇难同胞"等教育活动。

四是文化事业进一步繁荣。开展了"元旦"、"春节"、"元宵"、"五一"、"七一"、"国庆"期间的文化活动，举办了"唱响怀仁"合唱比赛、仁义经典美文诵读暨专场文艺演出和9场消夏晚会。电影《大学生小村官》正式上映，在省内外产生了良好反响。深入开展科技、文化、卫生"三下乡"活动，县剧团下乡演出30场次，基层放电影1900多场次，配送各类图书1500多册。城乡群众文化生活日益繁荣。

三、着力保障和改善民生，社会各项事业全面发展

一是教育事业稳步发展。全面加强校园安全工作，投资300多万元，为60多所学校增设了视频监控系统。公开招聘100名中小学教师，切实解决教师队伍老化问题。2010年全县高考二本以上达线人数3590人，其中考入清华、北大5人，达线率40.6%，连续19年蝉联全市第一。

二是安全形势平稳向好。全县共投入3亿多元改善安全生产设施，安全生产水平进一步提高，全县未发生一起重特大安全事故。

三是社会保障能力全面提升。五大保险基金收入1.2亿元，累计结余2.1亿元。新型农村合作医疗制度参合农民15.17万人，参合率93.49%。人口自然增长率为3.96‰。

四是农村"五个全覆盖"水平进一步提升。在基本覆盖的基础上，重点建设了19个村的饮水安全工程，完成了3600户农村有线电视入户工程、35个村级卫生室的达标建设和18所中小学校安全改造工程。全县登记注册的农民专业合作社总数达到316个，实现了农民专业合作社全覆盖。

四、加快推进城乡生态化,生态建设取得新突破

一是扎实开展生态林业建设。以西山坡12万亩生态景观型建设区工程为龙头,全面实施大片造林、道路绿化、企业绿化、新农村绿化等重点建设工程。累计完成造林6.35万亩,超出市政府下达任务的56%。

二是大力实施"蓝天碧水"工程。扎实开展节能减排工作。综合治理陶瓷煤气炉污染和生产废水。继续整治扬尘污染,严打土炼焦、小轧钢、小石灰等非法违法企业,削减二氧化硫排放量。2010年全县COD排放量控制在2600吨以内,SO2排放量控制在6014吨以内,提前完成上级考核的减排任务。扎实开展饮用水源地保护工作,集中饮用水水质达标率为100%。推进天然气改造和集中供热工程,天然气年用气量达885.9万立方米,集中供热率达76%。县城大气二级以上天数达到351天,比上年增加13天。

五、全面加强党建新的伟大工程,党组织的创造力、凝聚力和战斗力不断增强

一是圆满完成了深入学习实践科学发展观活动,深入开展创先争优活动。全面总结了学习实践活动,建立健全了长效机制。在全县开展了以"扬怀仁精神,推动科学发展,全面加快富民强县和撤县设市进程"为主题的创先争优活动。

二是加强领导班子和干部队伍建设。在县、乡党校共举办培训主体班次7期,集中培训干部806人(次)。选派59名干部参加了省市调训,组织130多名干部赴外学习考察,有效提高了干部的综合素质。全年共调整干部110人次,其中,新提拔正科级1人、副科级28人,平调交流14人次,机构更名重新任职11人,免职56人。公开招聘了60名事业单位工作人员,进一步优化了干部队伍结构。

三是加强基层组织建设和党员队伍管理。"四议两公开"工作法全面推行,村级通过"四议两公开"工作法议决事项共580余件。为全县689名农村"两委"干部按月足额发放基本报酬,为298名农村离任干部审核发放生活补贴,"一定三有"制度得到有效落实。积极推动大学生村干部有序流动,2010年共14名大学生村干部考取省内外公务员,31名考取事业单位工作人员,解聘了5名考核不合格的大学生村干部。党员教育管理水平明显提升。利用远程教育平台开展培训950多场次,培训党员干部群众4.6万多人次。组织全县92个县直单位党组织与162个农村党组织结对共建,初步形成了城乡统筹的党建工作新格局。

四是加强反腐倡廉建设。深入推进煤焦领域反腐败专项斗争,共清缴各类资金2.46亿元。积极开展工程建设领域突出问题专项治理工作,共排查出问题83项271个,立案查处33件,查处38人。加大查办案件力度,全年初查核实各类违纪案件56件,立案查处46件,现已结案46件,处分违纪人员64人,其中,科级干部10人。 (张旭东)

附:一、中共怀仁县委书记、副书记、常委名单

书　记:牛志忠

副书记:王智杰　郭文新(2月离职)
王彦平(女,2月任职)　李恒仁

常　委:孟新平　司永恒　李启军　曹步清
何勇儒　赵　玺　梁　锋

二、乡镇党委书记、副书记名单

云中镇

书　记:王万波

副书记:张致荣　曹国强

何家堡乡

书　记:王克非

副书记:郭俸铨(4月离职)　刘　鹏(4月任职)
刘保祥

吴家窑镇

书　记:刘宏武

副书记:刘　鹏(4月离职)　潘亚非(8月任职)
王建荣

金沙滩镇

书　记:陈志刚

副书记:刘建文　余治山

新家园镇

书　记:武春兰(女)

副书记:王　福　贯培贵

亲和乡

书　记:聂秉臻

副书记:姜世广　王廷志

海北头乡

书　记:仝晨宇

副书记:王秀东　陈丽芬(女)

河头乡

书　记:宁军霞(女)

副书记:石　晶　魏建营

马辛庄乡

书　记:张启荣

副书记:刘兴中　杨雨锋

毛皂镇

书　记:王　俊

副书记:李剑星　田　龙

中共应县县委工作概况

县委书记　王守林

全县有党委15个，党组6个，党总支33个，党支部561个，党员12395名。2010年，县委团结带领全县广大干部群众，坚持以科学发展观为指导，按照省、市部署，认真落实省委袁书记"7.29"讲话精神，解放思想，振奋精神，锐意创新，各项工作都取得新突破，实现新跨越。

2010年，全县完成地区生产总值34.82亿元，同比增11.8%，为"十五"期末的3.05倍；固定资产投资23.19亿元，同比增21.4%，是"十五"期末的6.3倍；财政总收入22980万元，同比增24.49%，是"十五"期末的2.81倍，限额以上工业总产值208046万元，同比增28.18%，是"十五"期末的4.33倍；工业增加值7.277亿元，同比增22.65%，是"十五"期末的5.27倍；工业企业利税总额14004万元，同比增9.57%，为"十五"期末的3.92倍；社会消费品零售总额17.01亿元，同比增26.06%，是"十五"期末的3.49倍；城镇居民人均可支配收入1.249万元，同比增11.11%，是"十五"期末的2.36倍；农村经济总收入28.85亿元，同比增12.17%，是"十五"期末的1.43倍；农民人均纯收入5017元，同比增22.07%，是"十五"期末的1.67倍。

一、现代农业示范县建设深入推进

一是农业"四项建设"深入推进，设施农业建设进入全省20强。全县完成土地流转6500亩，完善日光温室2686个，新建日光温室3373个、移动大棚535个，新铺开6大"千亩园区"、39个"百亩园区"。规模健康养殖实现新突破，成为全国300个奶牛养殖重点县之一。全县奶牛存栏3.4万头；肉羊存栏19.4万只，出栏20.3万只，畜牧业总产值4.33亿元。全年完成造林绿化4.3万亩。二是规模化、标准化、品牌化、产业化建设取得新突破。粮、糖、菜三大作物进一步形成规模和产业优势。粮食总产225154吨，比上年增长12.2%，获"全国粮食生产先进县"称号。甜菜产量7万多吨，比去年增长1.5倍。蔬菜收入突破12亿元；"应州绿"蔬菜成为世博会特供产品，我县被列为专供基地；"应县紫皮大蒜"注册为"中国地理标志"商标；25家蔬菜加工企业，即将完成食品质量安全认证；蔬菜出口基地认证顺利进行。三是农业基础设施进一步加强。全年累计完成农业基础建设投资1亿多元，完成小流域治理21.6万亩，节水灌溉11万亩，农业综合开发高标准农田建设1万多亩，国土整理5000亩，新增农机具1755台。发展基础进一步夯实，成为全省屈指可数的"省级现代农业示范区"。

二、新型工业基地县建设势头强劲

一年来共引进、签约重大工业项目13个，投资规模130多亿元。其中，生物胶囊、绵羊皮加工、太阳能单晶硅一期、橡塑助剂、草酸五个项目，全部建成试产，完成投资8亿多元，全县工业经济总量翻了一番。仅太阳能单晶硅一个项目，总投资就高达30亿元左右，一期工程完成投资5亿多元，二期工程也已开工建设。建成达产后，年产值上百亿，利税20多亿元，将是我国中部最大的单晶硅制造企业。高效减水剂、生物质能发电、大唐白马石风电、抛光砖四大项目也已开工建设；电梯、太阳能光伏发电、煤矸石热电联供等项目，前期工作都有较大进展。新签订意向的中海油边耀风电项目，开始测风。

三、著名旅游观光县建设开局良好

一是着眼可持续发展，编制完成了7个旅游规划、4个文化产业规划。二是着眼旅游文化产业开发，拍摄了4部宣传木塔的小型影视作品，启动了投资1.5亿元的旅游文化产业园建设工程。三是着眼要素配置和环境改善，实施了木塔基础设施建设工程，塔北万亩生态园建设工程，启动了两个四星级宾馆建设。四是着眼旅游城市建设，顺利完成麻纺厂南北区和清宁小区一期拆迁；新增城市绿地22.7万平米，重点打造了省级园林道路四环路绿化工程。五是着眼文物保护、打造品牌，成功举办了"首届释迦塔国际旅游文化节"，正式启动了木塔申报世界文化遗产工作，木塔的知名度、影响力、吸引力进一步提高。木塔景区游客明显增加。

四、教育振兴进步县建设效果明显

一是实施了民办公助教师分年退出机制，首批撤出45名充实回公办学校。二是筹资1500多万元完成了南校区改造，县一中顺利通过省级示范中学复评。高一招生，招录600分以上优生460名，不仅全县前50名的学生一个没走，而且还吸引来县外120多名600分以上优生。三是实行了中心校长负责制，公开招聘试岗教师200名，并从县城学校选拔25名优秀教师下乡支教，加强了农村师资力量。四是投资1.62亿元，完成了职教中心建设，实施了30所中小学校舍改造，办学条件明显改善。

五、和谐文明开放县建设扎实有效

一是农村公共服务设施建设取得新突破。投资近亿元，完成了"五个全覆盖"工程，得到省委观摩检查组高度评价。投资3000多万元，完成县乡公路建设112公里、路基工程50公里；投资1630万元，完成了121项村级公益事业一事一议财政奖补项目;投资190万元,完成19个新增省级新农村重点村道路硬化工程;完成户用沼气整村推进工程1500个,新建乡镇文化站6个,装备农家书屋160家,新建全民健身广场12个,为山区安装广电卫星设施1160台。二是城市公共服务日臻完善。投资1.1亿元,完成县城集中供热二期工程。投资300多万元,完成千户供气扩网工程。投资3900万元,完成垃圾处理厂主体工程。续建完成了总投资3600万元的廉租房建设工程。完成了迎宾路、通苑路1300米排水改造工程。完成了应山路、新建东路1.5万平米人行道硬化工程。完成新增有线电视2000多户,数字平移1000多户。启动了投资2654万元的县城供水扩建工程;启动了投资9487万元的县医院迁建工程;启动了投资1820万元的敬老院建设工程;启动了投资1070万元的农林服务中心建设工程;启动了投资3000万元的"两馆一中心"(文化馆、图书馆、青少年活动中心)建设工程。积极配合推进了荣乌高速、北同蒲复线过境段建设。三是环保工作再创佳绩。环境空气质量达国家二级标准340天,获得"全国生态文明先进县"殊荣。四是劳动、社保工作进一步加强。养老、失业、医疗、工伤、生育等社会保险参保85696人,农村65岁以上老人生活补贴28225人;城乡低保、五保33085人;新农合参保238283人;城镇低收入家庭住房补贴3000人,职工医疗大病救助6000多人,做到了保基本、广覆盖。五是人口与经济社会协调发展。在全省目标责任状年度考核验收中,综合得分居全市第一,被省委、省政府表彰为"全省人口与计划生育工作先进县",被国家计生委授予"全国计生科技服务先进县"、被省计生委确定为"婚育新风进万家示范县"。

六、党的建设进一步加强

一是加强了领导班子建设,提高了决策水平,确保了重大决策的落实。二是深入推进干部人事制度改革,年内调整干部100人,其中,纠正历史积淀的不规范任职42人。三是建立了科学的干部考评体系。四是大力实施"基层党建创新工程",全县实施党建精品示范项目32项,各乡镇实施党建项目工程71项,"项目化管理"覆盖了34.6%的农村支部,形成党建项目服务转型跨越的格局。五是切实抓好人才队伍建设,为推进"五新应县"建设提供了人才保障。六是深入开展了创先争优活动。在党风廉政建设方面:认真落实党风廉政建设责任制,加大案件查处力度,初核案件40件,立案40件,处分党员干部40人,起到了有力的震慑作用,营造了风清气正的发展环境。

(席 瑛)

附:一、中共应县县委书记、副书记、常委名单

书　记:王守林

副书记:石海碧　李日明　张春生(挂职,12月离职)

常　委:赵　杰　王维国　唐学仕　杜子有　石生华　白玉堂

金城镇

书　记:郭志文

副书记:张宝峰　张巨生

镇子梁乡

书　记:张　美

副书记:寇永芳　赵耀峰　张晓东

义井乡

书　记:李培艮

副书记:杨永忠　唐怀仕

臧寨乡

书　记:刘　竹(1月任职)

副书记:方国一(1月任职)　曹保骥

大黄巍乡

书　记:段廷章

副书记:胡文彬　赵喜全

杏寨乡

书　记:王　禅

副书记:高建广　张　仁　米宗泽

下马峪乡

书　记:段树瑞

副书记:程利民　王生云

南泉乡

书　记:张沛儒

副书记:李尚宝　张　鹏(12月任职)　杨乃文(12月离职)

南河种镇

书　记:王　文

副书记:王振兴　赵　生

下社镇

书　记:窦海章

副书记:李　宁　杨生礼

大临河乡

书　记:王东风(1月任职)

副书记:尹式平(1月任职)　刘佃民(2月离职)

白马石乡

书　记:张子官

副书记:赵利勋　安喜栋

中共右玉县委工作概况

县委书记 陈小洪

全县有党委13个，党总支10个，党支部341个，党员7566名。2010年，县委深入贯彻落实科学发展观，大力传承弘扬右玉精神，团结带领全县广大干部群众，励精图治，努力拼搏，经济社会保持了快速协调发展的良好势头。全年完成地区生产总值27.21亿元，同比增长22.2%；财政总收入完成3.94亿元，同比增长41.2%；固定资产投资完成32.87亿元，同比增长113.4%；城镇居民人均可支配收入达到11795元，同比增长14%，农民人均纯收入达到3223元，同比增长15%，各项主要经济指标超额完成市定目标任务。先后荣获最值得向世界推荐的旅游县、联合国最佳宜居生态县、中国低碳旅游示范县、中国生态文明示范县、山西省模范集体等近20项国家和省级荣誉。

一、以项目建设为抓手，跨越发展迈出新步伐

一是重大项目全面推进。大呼高速公路、京玉2×30万千瓦矸石电厂、海子湾水库、铁丰铁路运煤专线及铁峰集运站四大翻身项目基本建成。

二是支柱产业项目成效显著。煤炭资源整合后保留的7座煤矿标准化改造主体工程基本完工，新建3座洗煤厂正在加速推进。全县煤炭产能和洗选能力均达到1400万吨。风电光电快速推进。5个风电项目基本完工，部分已并网发电，全县风电装机容量达到30多万千瓦，全省第一。小五台1万千瓦光伏发电在全省第一家并网发电。神固75万吨水泥熟料、泉鑫1.5万吨单晶莫来石、朔玉60万吨水泥粉磨站等项目全部完工。建材化工产业实现了扩能升级。农产品加工业壮大规模。臣丰苦荞加工、汇源PET生产线、中大科技亚麻籽深加工等项目主体工程完工，部分已投产。

三是招商引资成果丰硕。全年引进各类项目13个，资金达近40亿元，超一倍多完成全年引资目标任务。引进雨润集团投资3.5亿元的300万只肉羊加工项目和金科海集团投资2.5亿元的沙棘系列深加工项目，将有力带动全县畜牧业和沙棘产业的快速发展。

二、以现代农业为重点，新农村建设取得新进展

一是推进农牧产业体系建设，特色农业发展势头良好。大力实施农业"双新"工程，建设各类特色种植园区42个，日光温室大棚580座，获得无公害农产品产地认定24.06万亩，产品认证4个。大力实施标准化养殖园区建设，累计建成肉羊、奶牛等养殖园区37个，被授予生态养羊国家级农业标准化示范区。全县养羊70万只、大畜4.2万头，畜牧业收入占到农民人均纯收入的60%。"右玉羊肉"成为我省第一个荣获国家地理标志的畜产品。大力发展农民专业合作组织和农产品专业批发市场，注册成立农民专业合作社29个，新建农产品专业批发市场2个。稳步推进林权改革，生态产业发展势头强劲。

二是推进农村基础设施建设，农村生产生活条件明显改善。"五个全覆盖"全面完成，被评为全省"村村通"广播电视建设工程先进县。大力实施农村住房解困和移民扶贫、整村推进项目，新建移民住房260套，集中安置1300多人，完成201个村1792户危房改造，实施园区种养整村推进项目41个，被授予山西省扶贫工作先进县。

三是认真落实惠农政策，切实保障农民收益。全县发放农机补贴、粮食直补等各类惠农补贴资金3284万元，2.28万户农民受益。

三、以生态文化旅游为龙头，现代服务业发展取得新突破

一是生态建设再掀高潮，绿色品牌进一步巩固。按照"生态建设提档升级、生态产业全面增效"的思路，推进生态二次创业。春季重点完成通道补植和绿化407公里，退耕还林补植和大片造林11.5万亩；秋季重点完成大呼高速公路、109国道、通市路以及沿线荒山的造林整地，开挖树坑100多万个。我县被授予山西省首批林业生态县；右玉造林人集体荣获"2010低碳中国领军人物"；十八任县委书记群体荣获"2010中国十大经济新闻人物——营造秀美山河特别奖"。

二是景区建设不断完善，旅游内涵进一步丰富。恢复重修了右卫古城北城门瓮城，抢修了部分墙体。西口古道恢复和古建筑修复工程顺利推进，22座仿古建筑完工16座。完成了杀虎口碑廊建设。实施了苍头河生态景区修复完善工程。结合学习右玉精神活动的开展，新建了右卫镇北城防风治沙教育基地。

三是旅游产业快速发展，带动效应明显增强。成功举办了首届中国右玉西口风情生态旅游文化节、中国右玉剪纸艺术大赛、第四届西口文化论坛等一系列文化活动，杀虎口、苍头河、小南山等景区景点旅游服务体系不断完善，土特产品和民俗文化产品开发逐步形成产业。玉龙四星级商务酒店投入运营，玉林商贸购物中心基本建成。全年接待各地游客65多万人次，旅游业总收入达6亿多元。

四、以基础设施建设为突破，城乡面貌呈现新气象

一是城市建设再上新台阶，大县城框架初步形成。投资近亿元，完成廉租和经济适用住房建设一期工程。投资1000万元，全面改造了县城供暖管网并实施了增容工程。投资1500万元，高标准推进县城新区地下管网建设。投资400万元，实施了县城供水管网改造工程。投资2000多万元，重新铺油硬化了县城主干街巷。投资300万元，基本完成了县城数字电视整体平移。投资近6000万元的县城污水处理厂投入运营，投资近3000万元的垃圾处理场基本建成。

二是道路建设取得新突破，大交通格局正在拉开。大呼高速具备通车条件，连接线完成了工程量的60%。乌威高速公路右玉连接线进入施工设计。准池铁路连接线全力推进。朔右高速公路、虎山线南段改建、109国道县城改线工程进入报批程序。村水泥路完成34个村364公里通，全县所有符合条件的行政村全部实现了村村通水泥路，从根本上解决了群众“出行难”的问题。

三是城乡环境进一步优化，“两宜”建设成效明显。铺开了24个清理整治村，完善提高了40个试点村和重点推进村的建设任务。加大市容环境整治力度，对南出口道路两侧、滨河公园进行了高标准绿化，建成区绿化覆盖率达到42%。对城乡环境进行了集中清理整治，对县城所有燃煤锅炉进行了更换和改造，县城环境空气质量二级以上天数达到330天，同比增加23天，城乡环境面貌和空气质量得到了较大改善。

五、以开展创先争优活动和学习型党组织建设为主线，党的建设实现新提升

一是扎实开展创先争优活动和学习型党组织建设。全县转化后进党组织12个，选树新农村建设党员排头兵135名，各级领导干部主动深入基层，积极为群众办实事办好事，赢得了基层群众好评。把县乡党委中心组作为重点，规范学习制度，提高学习质量，学习型党组织建设取得良好成效。

二是全面加强领导班子和干部队伍建设。规范完善了干部任免票决制，在全省深化干部人事制度改革大会上，右玉县作了典型发言。在全省率先启动完成了公推直选乡镇党委领导班子试点工作。认真落实“四项监督制度”，强化干部工作监督，健全完善了干部管理规章制度。大力推行干部实绩月考核实录制度。进一步加大了干部培训力度。

三是深入推进基层组织建设。建设高标准村级活动场所83处，全市排名第一。构建了以党总支为核心、社区党支部为基础、“一会六组”为依托的基层党建新机制，启动了农村社区党建试点工作。农村党员远程教育实现全覆盖。加强大学生村干部创业技能培训，设立创业基金，新建创业基地5个。在全省大学生村干部工作会议上，右玉县作了典型发言。

四是扎实推进党风廉政建设。进一步落实党风廉政建设责任制，深入开展党风廉政建设示范村创建工作，被授予山西省农村党风廉政建设工作先进集体。

(李振贤　李冬盛)

附：一、中共右玉县委书记、副书记、常委名单

书　记：陈小洪

副书记：苏连根　李月明　解志强
陈　琦(12月离职)

常　委：董建军　张　祥　马占文　董　达
高　才(11月离职)　张义涛(11月任职)

二、乡镇党委书记、副书记名单

新城镇

书　记：魏　斌

副书记：韩志强　张毓新　王玉良

右卫镇

书　记：杨永文

副书记：杨　成　高玉明　韩晓辉(女)

威远镇

书　记：韩日华

副书记：蔚　瀚　程　军　王栓有

元堡子镇

书　记：卢太平

副书记：李永平(1月离职)　李鹏泉(1月任职)
田和平

李达窑乡

书　记：贺　仲

副书记：蔡灵和　王日勋

高家堡乡

书　记：王建忠

副书记：田兴世　刘永旺

牛心乡

书　记：郭书礼(1月离职)　宣　勇(1月任职)

副书记：王志文　傅生瑞

杨千河乡

书　记：王志平

副书记：李鹏泉(1月离职)　郝　义(1月任职)
陈福明　降　君

丁家窑乡

书　记：门进孝

副书记：赵一虎　王志军　王　飞

白头里乡

书　记：李国斌

副书记：武振东　许志刚　韩　强

杀虎口旅游区

书　记：王　宇

副书记：吴红岩

中共山阴县委工作概况

县委书记　侯　元

全县有党委44个，党组8个，党总支29个，党支部565个，党员10330名。2010年，在中央及省、市委的正确领导下，县委坚持以邓小平理论和"三个代表"重要思想为指导，深入学习实践科学发展观，认真贯彻党的十七大和十七届三中、四中、五中全会精神，以转型发展为主线，以跨越发展为目标，团结带领全县干部群众，进一步解放思想、开拓创新、和衷共济、奋力拼搏，各项工作都取得了新突破、新进展、新成效。

一、打造循环经济发展模式，推动经济平稳较快增长

2010年，县委坚持多联产、全循环、抓高端的发展战略，确立了园区化承载、大项目支撑、板块式发展、集群化推进的发展思路，加快建设新型能源和生态畜牧两大基地，初步形成了以"黑色"煤炭、"白色"乳品、"绿色"生态为标志的工农业"黑白两翼"双循环、生态三产"绿色展翅"促转型的"三彩"循环经济山阴发展模式。

2010年，全县综合实力再上新高，主要经济指标全面刷新，经济步入了稳定较快增长区间，形成了率先发展的良好态势。全县地区生产总值完成119亿元，同比增长17.6%，是"十五"期末的4.9倍，超"十一五"规划目标近40个亿；全社会固定资产投资完成47.06亿元，同比增长30.3%，是"十五"期末的3.6倍；财政总收入完成20.13亿元，同比增长10.7%，是"十五"期末的3.9倍，提前三年实现了"十一五"规划目标，连续四年保持全市第一；一般预算收入完成10.05亿元，同比增长27.5%，是"十五"期末的6.1倍，提前两年实现了"十一五"规划目标，连续五年保持全市第一；农民人均纯收入达7609元，同比增长17%，是"十五"期末的2.3倍，位居全省前列，全市第一。城镇居民人均可支配收入达1.73万元，同比增长12%；是"十五"期末的2.5倍；其它指标也都按期完成，实现了"十一五"圆满收官。在全国县域经济竞争力基本评价中，位列中部百强县第49位，比上一年提升了44个名次。同时荣获全国农村社区实验示范县、全省造林绿化先进县、全省新型农村合作医疗先进县、全省人口计生服务工作先进县等多项省级以上荣誉称号，标志着我县在转型跨越发展中，已进入了新的区间。

二、做好新形势下群众工作，维护社会大局和谐稳定

县委坚持以人为本，始终把保障和改善民生作为新形势下做好群众工作的出发点和落脚点，把解决群众关注的热点难点问题作为新形势下做好群众工作的突破口，着力为群众办实事、办好事、解难事，努力让全县人民共享发展成果。在社会建设和社会管理上采取了一系列新的举措。

一是大力实施短板全面突破战略。坚持以人为本，人民至上的执政理念，从老百姓关注的热点问题入手，从全县发展欠账最多的教育和城建两大短板抓起，加大投入，抓紧落实，取得了突破性进展。二是继续完善社会保障体系。加快推进覆盖城乡的社会保障体系建设，加大了社会保险的扩面、征缴和社会化发放工作力度。社会福利事业、残疾人事业、老龄事业和慈善事业快速发展。三是全面落实各项惠民措施。认真实施农村"五个全覆盖"工程。新农村建设取得了显著成效。四是全面提高卫生、计生水平。人口出生率和自然增长率都低于全省平均水平。被评为省级计划生育优质服务先进县，受到省政府表彰。五是努力拓宽创业就业渠道。城镇新增就业2134人；创业带动就业人数552人；农民劳动力转移2830人；1103名下岗职工实现了再就业，全县失业率控制在2.4%以内，低于全省平均水平。六是认真解决困难群众生产生活问题。使困难群众切身感受到了党和政府的关怀和温暖。七是切实加大信访维稳工作力度。在全国"两会"、国庆和其他重大敏感时期，全部实现进京访"零"目标。全县信访秩序明显好转，受到省市领导及有关部门的肯定。八是不断强化安全生产监管工作。全县安全形势进一步好转。九是全力抓好社会治安综合治理，有效维护了社会稳定。综治工作全部达标。全县社会平稳，人心安定，人民群众的安全感进一步提升。

三、坚持党要管党、从严治党，推进党的建设伟大工程

县委始终把党的执政能力建设和党的先进性建设作为党的建设的主线，着力提高科学判断形势的能力、驾驭市场经济的能力、应对复杂局面的能力、依法执政的能力、总揽全局的能力，为实现转型跨越发展提供了坚强的政治保证。

一是深入开展创先争优活动。在全县掀起了学先进、比先进、争当先进的热潮。《山西日报》和省、市简报分别就我县开展创先争优活动的经验作了专题报道。二是加强领导班子和干部队伍建设。首先，从县委班子带头做起，坚持把加强自身建设作为第一任务，内聚人心，外树形象，积极引导各级班子和广大党员领导干部确立正确的世界观、政绩观、事业观，唤醒干事创业的责任、凝聚转型发展的智慧、激发跨越发展

的动力,力求使风清气正成为山阴社会的主旋律,让苦干实干成为山阴干部的真功夫。营造了全县各级班子同心、同声、同向、同步,干部群众思上、思进、思富、思变,上上下下风清气正、和谐稳定的良好氛围。一年内,省委书记袁纯清、省长王君、市委书记田喜荣、市长冯改朵等省市领导多次来我县视察调研,对我县的多项工作给予充分肯定,对我县广大干部的精神状态和工作作风给予高度评价。由中央党校国际战略研究中心、市委、市政府主办的资源型地区科学发展与转变发展方式路径探索暨朔州模式研讨会、全省林权改革现场会等省部级会议相继在我县召开,全国京津风沙源朔州现场会、省、市重点工程观摩等大型会议和活动把我县作为观摩点,形成了全国、省、市新闻媒体多次聚焦山阴,上级领导、专家、学者高度关注山阴的良好氛围。山阴的知名度不断扩大、整体形象明显转变、人气指数明显提升。其次在干部选任工作中,县委坚持把好用人导向关、考察识别关、酝酿决定关和任职试用关。全县一年来共调整交流干部两次,涉及87人,其中平调的10人,提拔重用的5人,免职的72人。在干部考核方面,结合实际制定了《山阴县年度目标责任考核试行办法》,高起点起步、高效率运转、高质量推进了年度目标责任考核工作。三是加强基层党组织和党员队伍建设。确立了"党工共建、带促互动、双赢发展"的党建工作思路,全县企业党工共建创新项目被评为全市统筹城乡基层党建十大创新项目之一,受到市委的表彰。朔州市党工共建现场观摩会在我县召开,企业党工共建工作得到了省、市委领导的好评。四是加强党风廉政建设和反腐倡廉建设。县委领导班子成员带头执行廉洁自律各项规定,带头履行"一岗双责"廉政建设责任制,进一步在全县干部队伍中营造了清廉、爱廉、尚廉的良好氛围。在干部作风建设方面,出台了《关于坚决制止领导干部大办婚丧喜庆事宜和借机敛财行为的实施办法》和贯彻落实省纪委"五个不准"要求的具体意见,着力整肃机关干部在职不在岗、在岗不尽职,党员干部大办婚丧喜庆事宜、借机敛财,机关干部工作日酗酒,领导干部参与赌博和"吃拿卡要"等方面的突出问题,严肃查处,严明纪律,认真整改,收到了明显成效。 (王建永)

附:一、中共山阴县委书记、副书记、常委名单

书　记:侯　元(7月离职)

副书记:赵文君　苑　德　穆晓彤(12月离职)

常　委:苏斌如　刘培平(2月离职)　程育胜　贺志功　钟启宇　毕治中　张凯瑞

二、乡镇党委书记、副书记名单

马营乡

书　记:王嘉平

副书记:王尚龙

玉井镇

书　记:郭志平

副书记:陶占有　李志宏

吴马营乡

书　记:苑　曙

副书记:张凤清　赵学春

下喇叭乡

书　记:王登峰

副书记:薛拉格(女)　肖玉林

北周庄镇

副书记:王碧邦(主持工作)　郑建平

合盛堡乡

书　记:杨晓明

副书记:吴玉梅(女)　兰彩云(女)

岱岳乡

书　记:靖文勇

副书记:何兴斌　邱建忠

安荣乡

书　记:刘世泉

副书记:朱志斌　王志明

薛圐圙乡

书　记:秦汉文

副书记:赵生富　季玉恒

古城镇

书　记:李日宏

副书记:刘德义　薛有华(女)

马营庄乡

书　记:郭兆文

副书记:郭金业　张志斌

后所乡

书　记:张志新

副书记:乔新文　高贵林

张家庄乡

书　记:李建文

副书记:刘文斌　张跃谦

东城管委会

书　记:郭　波

副书记:黄时胜　赵　栋　郝万海

西城管委会

书　记:王守恒

副书记:马怀清

中共忻州市委工作概况

市委书记　董洪运

2010年，全市各级党组织按照市委二届五次全会审议通过《关于加强和改进新形势下党的建设的实施意见》的总体部署，进一步巩固和扩大深入学习实践科学发展观活动成果，以创先争优活动为抓手，以改革创新为动力，坚持多形式、多活动、多举措，从思想上、政治上、能力上、作风上提高。

一是学习弘扬右玉精神，建设奋发有为的干部队伍。在全省召开“兴起学习右玉精神新高潮电视电话会议”之后，立即召开三级干部视频会议，提出了五个方面的具体要求，并于9月初，组织四大班子领导成员和14个县（市、区）委书记、县（市、区）长，市直部门负责同志93人，到右玉县参观学习。全面落实年初组织工作会议和党风廉政建设会议精神，领导干部继续做好“五个表率”，加强“二十字”要求的素能建设，大力弘扬九种新风正气，认真落实袁纯清书记来忻调研时特别强调的“直面艰苦、乐于吃苦、忍耐清苦、带头苦干”的精神。大力实施“干部素能提升工程”，全力推进干部队伍素能转型，先后举办县处级领导干部、乡镇党委书记、副书记、农村党支部书记专题培训班及“千人干部理论大培训”活动，培训干部6600余人。利用中国浦东干部学院学习在线网举办网络培训班2680期，培训各级干部25万余人次。举办“忻州大讲堂”15期，邀请国内知名专家学者和领导干部来忻进行专题讲座，培训干部4600余人次。在清华大学、浙江大学等知名高校培训干部143人，先后选派29名干部分赴北京、浙江、山东、江苏等发达地区挂职锻炼。开展干部队伍作风整顿，查处了一批作风疲沓、渎职误事、违法、违纪的干部，全市干部作风明显好转，机关办事效率和服务水平明显提高，发展环境进一步优化，广大干部干事创业、进取争先的积极性进一步提高。

二是实施人才强市战略，壮大创新苦干的人才队伍。出台了《忻州市委、市政府关于实施人才强市战略的意见》、《忻州市中长期人才发展规划纲要（2010-2020）》和《忻州市人才工作专项资金管理暂行办法》，完善人才政策，加大资金投入，加强宏观指导。重视人才引进，积极参与省委引进海外高层次人才的百人计划，完善市委联系优秀专家制度，组建了“忻州市委联系的优秀专家咨询服务团”，组织109名市委联系的优秀专家，到全市“五个攻坚战”的主战场建功立业。大力培养乡土人才，先后组织270多名农村党员科技致富带头人，到陕西杨凌国家高新科技示范园区实践基地，接受现代农业高科技培训。培养各类科技带头人，充分发挥他们的示范、带动作用，为科技兴市、转型发展全面提供人才支撑。

三是开展创先争优活动，建设坚强有力的基层组织。出台了《关于在全市基层党组织和党员中深入开展创先争优活动的实施意见》，坚持总体要求，瞄准具体目标，开展主题鲜明、形式多样的实践活动。组织动员基层党组织和广大党员，立足岗位，创先争优。及时总结宣传创优活动中涌现出来的繁峙县共产党员李巨恩、五台县东冶北大兴一村党支部书记武建德，以及静乐县双路乡卫生防疫员王元林、繁峙县交警姚军等好典型。特别是王元林的先进事迹被人民日报、人民网列为时代先锋栏目人物，向全国推荐。总结宣传市环保等部门爱党爱岗、执法为民、创新苦干、协作攻坚、唯旗必夺的“创模”精神，总结宣传繁峙县自加压力、勇创一流、上下同心、为民造福的“创卫”精神，在全市进一步营造了创新苦干、奋发争先的社会氛围。总投资近2亿元，新建、扩改建村级活动场所2065个，占全省任务7199个的28.4%,实现了村级组织活动场所全覆盖。全面推行“四议两公开”工作法，总结完善农村“三资”管理办法，进一步健全和完善基层民主管理制度。加强新经济组织、新社会组织党建，提高党的工作覆盖面。改善村级组织结构，充分发挥大学生村干部作用。多管齐下，合力争先，基层组织的凝聚力、创造力和战斗力进一步提高。

四是坚决查办案件，深入推进党风廉政建设和反腐败斗争。切实加强对扩大内需政策等重大决策部署贯彻落实的监督检查，开展了“三跟踪、一服务、一保障”活动，实行了派驻效能监察员制度，首批向九大重点工程和20件民实事派驻效能监察员29名。继续保持惩治腐败的高压态势，截至11月底，共立查案件773件，处分763人，其中，重点查办了市住建局副局长贾杰、市商务局副局长栗玄政、保德县建设局原副局长李志强等典型案件。扎实开展工程建设领域突出问题专项治理，整改纠正问题783个，追缴各类欠缴税费和罚没款4613万元。不断引深煤焦领域反腐败专项斗争，累计清缴各类资金16.7亿元、追缴部分国有企业超能力生产非法所得2.7亿元，对1450处封堵不严的采矿点重新进行了炸毁、封堵，扣押并公开拍卖价值近千万元的大型设备200余台。狠抓农村党风廉政建设，全市投入3000多万元，全力打造一流农廉市。认真开展民生领域突出问题得到有效解决。大力加强反腐倡廉制度建设，党风廉政建设各项工作得到省纪委的充分肯定。全面加强纪检监察机关自身建设，培育了一支政治过硬、作风优良、能征善战的纪检鉴察干部队伍。　（赵　芳）

附：中共忻州市委书记、副书记、常委名单

书　记：董洪运

副书记：李平社　郑连生

常　委：张晓峰　杨绪全　辛旭光

秦新年（4月离职）　王学英（女）　周如璧

高　山（2月离职）　王士桦　郝钧藩

阮全进（2月任职）　梁　洁（4月任职）

中共忻州市忻府区委工作概况

区委书记　王志刚

全区有党委38个，党总支26个，党支部794个，党员18188名。2010年，区委按照中央、省、市要求，结合全区工作实际，认真研究分析新形势下基层党建工作中出现的新情况、新问题，围绕发展抓党建，抓好党建促发展，逐步形成了以抓好“三大工程”为抓手，强化“三支队伍”建设为基础，引深“三级联创”活动为载体、以“五个并抓”为保障的基层党建工作新机制，有效地提高了基层组织建设水平，继续深入学习科学发展观，落实四项监督制度，在学习弘扬“右玉”精神上狠下功夫，有力推动了全区经济社会发展。

一、扎实开展深入学习实践科学发展观活动和创先争优活动

在深入学习实践科学发展观活动中，确立了“三批联动抓深化，解决问题见成效”的指导思想，着力解决经济发展缺乏骨干项目强有力支撑的问题，农民收入缺乏强有力产业支撑的问题、民生事业历史欠账过多的问题，基层组织建设与科学发展要求不相适应的问题，干部服务意识不强的问题。活动中，区委常委带头学习，带头调研，带头分析检查，着力转变不适应、不符合科学发展观的思想观念、体制机制和工作作风，在广泛征求意见的基础上，梳理归纳出制约全区科学发展的五方面突出问题，撰写了全面深刻的分析检查报告，召开了高质量的民主生活会，制定了《常委会整改落实方案》，确定了整改的指导思想和总体思路，明确了五个方面十四条具体整改措施和整改责任主体。区人大、政府、政协也按照活动要求进行学习调研、分析检查，制定了《整改落实方案》。区直部门和各乡村各级牢牢把握“坚持思想解放、突出实践特色、加强基层组织、促进科学发展”的目标，开展了丰富多样的主题实践活动，努力在真学、真懂、真信、真用上下功夫，在解难事、办实事、做好事上下功夫，在建立科学发展的长效机制上下功夫，取得了显著成效。按照中央、省、市要求，在深入学习实践科学发展观活动的基础上，区委精心组织开展了创先争优活动。制定了创先争优活动实施意见、活动流程图，明确了区四大班子领导的创先争优活动联系点，指导乡镇办事处党（工）委，区直各党委、各有关部门紧密结合自身实际分部门和行业特点，明确主题，设计载体，制定了具体可行、各具特色的实施方案。

二、全面落实四项监督制度，提高党政领导干部选拔任用的科学化水平

2010年，区委调整干部三次，共163人，严格按照干部选拔任用政策法规开展干部选任工作，严格执行《干部选拔任用工作条例》，始终做到“四不”：民主推荐和工作实绩考察不突出的不使用；没有空缺职数的不配干部，不存在临时动议和个人决定干部任免的现象；不存在降格以求、超职数配备干部、变相提高职级待遇的现象；不存在突击提拔调整干部、突击进人的现象。干部工作置于广大干部群众的监督之下，形成了“用好的作风选人，选作风好的人”的格局，赢得了广大干部和群众的普遍好评。全区干部队伍的精神面貌发生了明显的变化，领导班子的合力大大加强，干部队伍的素质不断提高，干事创业的热情空前高涨，加速发展的氛围十分浓厚。全区上下，形成了团结务实、和谐稳定的良好局面。

三、全面加强基层组织建设

突出抓了基层组织建设的五个全覆盖。一是村级组织活动场所建设全覆盖。2009年，全区建成配套25个村级活动场所，2010年继续加大村级活动场所建设力度。全区394个行政村基本实现了场所建设全覆盖。二是“四议两公开”工作法推行全覆盖。全区所有行政村均将村级重大事务全部纳入了“四议两公开”议事决策程序，积极创造经验，根据各自实际，本着实用、有效的原则，扎实稳步推行。三是农村党员现代远程教育站点基本全覆盖。全区累计建成投入使用站点268个，有条件的村基本上实现了全覆盖，所有农村党员现代远程教育网络全部上线运营，为进一步提升农村党员干部政策理论水平和科技致富能力发挥了应有的作用。四是农村“两委”主干待遇保险全覆盖。全区以“一定三有”为原则的岗位报酬和养老保险“两项制度”已基本落实。全区现有两委“主干”594人享受到了岗位报酬并参加了养老保险，农村“两委”主干待遇保险实现了全覆盖。五是集中轮训全覆盖。从2008年换届以后，区委坚持对农村主干每年轮训。从2010年5月中旬开始到10月上

旬结束，围绕开展创先争优活动，区委专门拨出专款对全区20个乡镇办394个行政村的629名农村党组织书记和村委会主任分四期进行了中央“一号文件”精神、“四议两公开”工作法及“创先争优”集中轮训，做到了学习培训全覆盖。通过深入开展创先争优活动，积极实施农村基层组织建设的五个全覆盖，一度时期由于班子软弱涣散形成的29个老大难村子，通过积极加强基层组织建设，全部实现了由乱到治，其中新建路办事处匡村、逯家庄、长征街办事处张家庄已经由原来的乱村成为全区基层组织建设的先进典型。同时，还涌现出合索乡北合索村村委主任段丑庭、兰村乡小王村党支部书记兼村委会主任赵心富等一大批献身新农村建设事业，致富不忘家乡，带领村民脱贫致富达小康的先进农村“两委”主干，他们以自己的先进事迹、感人事例和有效做法带动了整个农村党员队伍的创先争优，发挥了较为显著的榜样式骨干带头作用。

四、学习弘扬右玉精神，着力加强作风建设

2010年，根据省委、市委的统一要求，针对在纪律作风方面存在的问题，制定了《忻府区干部作风建设十项规定》，严格实行到岗情况抽查制度，对各乡镇办事处党政一把手和区直党政机关主要负责人实行到岗离岗报告制度。在全区实行了党政机关干部工作日午餐禁酒限酒制度。为保证制度的贯彻落实，由区纪委牵头，吸收区委组织部、区委宣传部、区委秘书处、区政府秘书处和区监察局、公安局等部门，组成八个专项督查组，对机关工作纪律和落实省纪委“五不准”规定情况，采取定期不定期的方式，先后对全区机关及企事业单位进行了六次大的作风检查。其中省纪委统一安排部署的3次，分成四个组，涉及68个娱乐场所，共涉查车辆482辆，处分11人，写出检查39人。

五、坚持党要管党，深入推进党风廉政建设和反腐败斗争

按照党要管党、从严治党的方针，区委始终把加强党风廉政建设、深入开展反腐败斗争作为事关全局的大事来抓，全面落实党风廉政建设责任制。年初研究制定了年度全区党风廉政建设和反腐败工作实施意见，进一步明确了全区反腐倡廉工作的思路、目标、重点及措施，坚持把党风廉政建设与经济建设、党建工作同研究、同部署、同检查、同考核、同奖惩。在区级领导班子成员中全面落实了党风廉政建设“一岗双责”责任制，做到了业务工作与党风廉政建设两手抓、两促进。同时，向各乡镇、办事处和区直部门、单位下达了党风廉政建设年度目标《责任书》，形成了各级各部门各单位齐抓共管党风廉政建设的强大合力。围绕以构建忻府区特色的惩防体系为主线，构建了以宣教、制约、监督、绩效、责任、奖惩为内容的落实一岗双责、勤政廉政六大机制，并具体细化了中央六大机制要求，并创造性地绘制了《忻府区惩防体系2008—2012年六大机制示意图》，把教育、制度、监督、改革、纠风、惩处六项工作，逐项细化为122项工作，分解了责任，确定了牵头单位和协办单位，形成了新的“六大机制”。在具体实施中，针对农村、机关、领导干部、国有企业、重点企业等不同类型，分别组织开展了以农村创星树旗、机关创优塑形、国企创业保和、民企创牌保廉、干部创先争优为内容的“五创”活动。特别在农村基层，针对群众反映强烈的资产处置、财务开支、资源配置等突出问题，全面推行了“三资”委托代理制，全区20个乡镇办全部推行了农村“三资”管理会计委托代理制度，394个行政村已有385个村已进入“三资”委托中心开展业务工作。2010年，全区实现了区级“三资”管理全覆盖、全提升。通过实行“三资”代理制，规范管理行为，扩大民主参与度，也化解了不少农村突出矛盾，使全区原来矛盾突出的重点村得到了有效整治。在建章立制、规范管理的同时，积极保持惩治腐败高压态势，坚决查办大要案件和典型案件。2010年案件任务数90件，完成100件，其中党纪案件71件，政纪案件29件，乡科级以上5件（受处分人数5人），受重处分以上案件22件，涉农案件43件，经济案件17件，万元以上案件9件，其中10万元以上大案2件。2010年突破了年度查处案件数量的历史纪录。被省纪委办公厅、省纪委案件审理室授予“全省纪检监察案件审理工作先进集体”，收到了良好的政治、法纪和社会效果。

（齐雨春）

附：一、中共忻州市忻府区委书记、副书记、常委名单

书　记：王志刚

副书记：张志哲　杨培文　李晋华
　　　　王慧霖（女，挂职）

常　委：白　炜　刘卫东　张亮田　宁云楼　白治平

二、乡镇（街道）党委（党工委）书记、副书记名单

秀容街道

书　记：张俊峰

副书记：王　强　董计田（2月离职）

新建路街道

书　记：赵志浩

副书记：张清亮　石志勇

长征街道

书　记：安亮东

副书记：田卫中　张晋平

董村镇

书　记：高泽坚（8月离职）　郭新和（8月任职）

副书记：于永青　刘顺昌

紫岩乡

书　记：周少勇

副书记：韩瑞强　赵建平

西张乡

书　记：张爱民

副书记：丁国仓　郝宏斌（9月任职）
　　　　宋雪平（9月离职）

播明镇

书　记：张艾文

副书记：王成和　王双良

义井乡

书　记：赵剑勘

副书记：蔚念军　付俊敏（女）

东楼乡

书　记：白　蕾（女）

副书记：白先明　贺云波（9月任职）
　　　　邢志强（2月离职）

曹张乡

书　记：孙晓磊

副书记：范建斌　罗海田

秦城乡

书　记：郭新和（8月任职）　栗晓敏（8月任职）

副书记：刘　岗　卢建荣

高城乡

书　记：史万中

副书记：石培银　刘宏伟（9月任职）
　　　　秦少东（9月离职）

解原乡

书　记：陈彦龙

副书记：李　勇　董海平

奇村镇

书　记：何天宝

副书记：卢红卫　张银顺

合索乡

书　记：栗晓敏（8月离职）　高泽坚（8月任职）

副书记：任明生　武培明

兰村乡

书　记：刘明祥

副书记：戎清元　高贵田（9月任职）
　　　　杨培森（9月离职）

豆罗镇

书　记：连虎林

副书记：王　坤　张会元

庄磨镇

书　记：李秀文

副书记：谢利云　张国清

三交镇

书　记：安全明

副书记：常清华　降秀亭

阳坡乡

书　记：周越宏

副书记：宋　德　常天荣（9月任职）
　　　　王万荣（9月离职）

中共原平市委工作概况

市委书记　梁　洁

2010年，在山西省委、忻州市委的正确领导下，市委以科学发展观为统领，以党的十七届四中、五中全会精神为指导，认真贯彻落实全省干部大会和省委九届十一次全会精神，按照全省“转型发展、跨越发展”的战略部署和忻州市委“三五”工作总要求，立足市情，科学决策，紧紧围绕“万众一心、扎实苦干，扭住跨越发展，推挺进全国百强，建设新型工业基地、商贸物流中心、富饶宜居家园”的发展目标，以打好“四大战役”、实施“四大工程”为工作重点，大力弘扬右玉精神，全面创新发展思路，大力度推进工作落实，全面加速了经济社会转型跨越步伐。2010年全市生产总值预计完成70亿元，同比增长36.2%；财政收入完成11.8亿元，同比增长26.4%；全年完成固定资产投资68.73亿元，同比增长20.2%；社会消费品零售总额达29.8亿元，农民人均纯收入4628元，城镇居民人均可支配收入14918元。经济社会各项事业的协调发展，开创了经济社会各项事业发展新局面。

一、解放思想，创新攻坚，认真贯彻落实中央、省和忻州市委重要决策部署，全面加快跨越发展步伐

市委立足市情，创新思维，在认真贯彻落实党的各项方针政策的基础上，创造性地开展工作，坚持思想抓解放，转型抓项目，落实抓作风，环境抓创建，和谐抓民生，全面加快了跨越发展。

高点定位，发展思路鼓舞人心。按照山西省委转型发展、跨越发展的决策部署和忻州市委“三五”工作总要求，市委坚持在解放思想中审视市情，把原平放在全省、全国的高度去谋划，及时确立了“万众一心，扎实苦干，扭住跨越发展，挺进全国百强，建设新型工业基地、商贸物流中心、富饶宜居家园”的奋斗目标，明确了按照“五四三”工作要求、打好“四大战役”、实施“四大工程”的总体思路。挺进全国百强，就是基于全市的现实条件，采取超常

举措，苦干实干，跨越赶超，用3至5年的时间进入全国百强县行列。建设新型工业基地，就是立足原平传统的工业优势，着力建设园区化、循环化、低碳化、集约化的新型工业基地。建设商贸物流中心，就是基于原平特有的区位优势，发展集散性强、辐射带动力强的现代商贸物流业。建设富饶宜居家园，就是围绕融入太原大都市圈，统筹城乡发展，提高市域城镇化水平，创造良好的生存、生活环境。“五四三”工作要求，就是克服五种习气、确立五种作风，明确“快、实、干、学”四字要求，达到党委政府的威信必须确立、明确的任务必定完成、安排的事项必有回音三个方面的效果。打好“四大战役”，就是思想大解放、作风大转变、项目大会战、教育大整顿。实施“四大工程”，就是创建园区、治理滹沱、振兴范中、搬迁化二。“一个目标”、“四大战役”、“四大工程”进一步明确了全市科学发展的思路，统一了思想，鼓舞了士气，凝聚了合力，形成了人心思上、人心思进、人心思干、人心思创的干事创业局面。目前，“四大战役”、“四大工程”成效显著，思想大解放换来了干部群众思维观念逐步更新，作风大转变带来了清廉务实效能有所提升，项目大会战取得了初步成果得到实践检验，教育大整顿焕发了学校生机教师活力；创建园区已启动并有实质性进展，治理滹沱已专项规划并纳入任期目标，振兴范中已投巨资并高薪招聘名师，搬迁化二已由专人负责并深入推进。

强势突破，项目建设突飞猛进。坚定不移地把项目建设作为经济工作的第一抓手，重点实施总投资500多亿元的“5918”项目攻坚工程。“5”就是抓好山西德金农副产品加工贸易园区、1.2万立方米油库及成品油批发市场、金三角批发市场项目、大营温泉汽车大观景园、班村建材家居装饰市场五大市场项目建设。“9”就是抓好晋北铝基地三期工程、轩岗电厂、风电、热电联产、千万吨洗煤、钢铁公司技改项目、200万吨焦化及煤化工项目、4万吨草酸项目、盛源化工淀粉深加工九大重点工业项目建设。“18”就是抓好范亭广场、体育广场、站前广场二期、汽车客运站和大西线客运站、环城北路、西山循环公、京原南路改造、高速路口整治、小街小巷改造、市委大院改造、第四中学新建、城区10座标准化公厕新建和市医院综合大楼新建、旧政法大楼开发、垃圾处理厂、再生水回用、轩岗污水处理等十八项惠民实事工程。全市项目建设在忻州市现场观摩评比中名列总分第一，并接受了省委书记袁纯清、省长王君带队的全省项目观摩检查，深受好评。

统筹发展，“三农”工作成效显著。坚持以工补农、以城带乡，加快建立现代农业产业体系，靠增产带动增收，扎实推进新农村建设。实施阳光启智工程，举办各类技术培训713批次，带动农户1.3万多户，提高了农民致富能力。全市发展日光温室7400亩；“一村一品”专业村147个；建立农民合作社520个；新增规模养殖场区17个，规模养殖户2879户。全市粮食总产达2.91亿公斤，为历史第二个高产年；农民人均纯收入创历史新高。

科学规划，城市建设日新月异。围绕融入太原大都市圈，聘请一流专家团队进行城郊森林公园、牛卧河公园、滹沱河治理、环城道路、引水入城、沙河景区、体育广场、范亭广场等详细规划，突出了城市发展的前瞻性和科学性。实施了道路改造、市容整治、功能提升以及绿化美化亮化等工程，进一步提高了城市承载能力。协调推进城市发展和管理，开展城乡环境卫生清洁工程，建立了环境卫生长效机制。注重加强生态建设和环境保护，连续三年被评为省级文明卫生城市。

以人为本，改善民生惠泽百姓。从解决群众最直接、最关心、最现实的利益问题着手，加大财政投入，加快发展社会事业，认真落实山西省“10件实事”和忻州市“20件实事”，实施了“五个全覆盖”工程、城乡居民安居工程、农村饮水安全工程、中小学校舍安全工程等一批民生工程，改革发展成果惠及更多人民群众。

维稳尽责，社会和谐安全稳定。坚持事要解决、责任追究、依法处置“三管齐下”抓信访，强化措施，加大力度，信访工作在全省领先，先后接受了中央督查组、全国华北、华中11省区信访联席会议代表的观摩检查。加强社会治安综合治理，加强治安防控体系和应急处置体系建设，开展各类专项整治行动，建立了城区24小时巡逻制度，确保群众安居乐业。不断完善安全生产长效机制，加大对重点行业和领域的整治力度，有效遏制了各类事故发生。始终保持对打击盗采国家资源行为的高压态势，矿业秩序整治取得了显著成果。

二、创新举措，强化监管，全面加强党风廉政建设，为转型跨越提供良好的社会政治保障

一年来，市委始终将党风廉政建设作为基础工程，坚持抓廉政促发展，抓廉政提效能，抓廉政创环境，按照“惩防并举，注重预防”的方针，突出创新，落实责任，全面加强了新时期党风廉政建设工作。一是全面落实党风廉政建设责任制。坚持“党委统一领导，党政齐抓共管，部门各负其责，纪委组织协调，依靠群众支持和参与”的反腐败领导体制和工作机制，按照“围绕中心保发展，促进和谐惠民生，创优环境正作风，开拓创新争一流”的工作思路，层层签订了党风廉政建设责任状，强化组织领导，确保责任落实、突出监管惩处，坚持“一岗双责”、“谁主管、谁负责”的责任体系，形成一级抓一级、层层抓落实的工作格局。二是加强廉政教育。开展“反腐倡廉制度建设年”活动，加强廉政文化建设，加强廉政教育、警示教育，认真抓好领导干部廉洁自律，严格执行《廉政准则》，建立党员领导干部节假日廉政制度、《廉洁自律承诺书》签订制度、重大事项申报和报告制度等，进一步筑牢了防腐拒变的思想防线。三是突出抓好专项治理工作。坚持“抓重点促进廉政，抓热点保持稳定”的思路，深入开展煤焦领域、工程建设领域、保障民生领域等专项治理，进一

步加大纠风和执法监察力度，加大案件查处力度，开展政风行风评议活动。四是进一步加强惩治和预防腐败体系建设。制定出台了《关于建立健全原平市反腐倡廉制度体系的实施意见》，进一步深化了行政审批、财政制度、干部人事制度、投资体制等方面的改革。五是加强农村基层党风廉政建设。建立了“三二一”农廉工作长效机制，筹建了“原平百姓阳光网”，所有涉农部门、全部乡镇和行政村都建立了网上专区，促进了村务、党务、政务公开。忻州市先后在原平市召开了农廉工作现场促进会和农廉网络化建设座谈会。六是扎实开展廉政风险排查防控试点工作。作为忻州市唯一、全省10个试点县（市）之一，创造性地实行“四步查找，三关审核，双百评议，一网公开”工作法，认真抓好各个关键环节，取得了明显成效。

（邢三强）

附：一、中共原平市委书记、副书记、常委名单

书　记：梁　洁（6月离职）　薛根生（7月任职）
副书记：薛根生（7月离职）　杜永进（9月任职）
高　毅（2月离职）　王润才　史国兵
秦书义（5月任职）
常　委：尚茂生　牛凤荣（女）　孔保宝（1月任职）
马根泉　白亚军　陈耳东（5月离职）
高秀亭　周树春　郭殿生

二、乡镇（街道）党委（党工委）书记、副书记名单

南白乡
书　记：张新所
副书记：韩飞龙　邢建勇
东社镇
书　记：赵永进
副书记：郝树平　续艳峰
子干乡
书　记：张青林
副书记：陈振田　冀礼云
中阳乡
书　记：王和平（11月离职）　张建中（12月任职）
副书记：张建中（12月离职）　郭世英（3月离职）
杨明勇（3月任职）
苏龙口镇
书　记：索应应
副书记：申国华　任登科
沿沟乡
书　记：谢所军
副书记：张军胜　卢春明（4月离职）
程海军（4月任职）
崞阳镇
书　记：郭景田
副书记：张海亮　贺利荣
大林乡
书　记：丁佐华
副书记：郝治国　赵世军
西镇乡
书　记：庞晋源
副书记：韩美智　赵水泉
新原乡
书　记：王卫东
副书记：赵一初　张泽峰
王家庄乡
书　记：贺所明
副书记：潘　颖（女）　刘冠星
闫庄镇
书　记：郭志宏
副书记：刘海生　石慧敏（3月离职）
赵申文（3月任职）
楼板寨乡
书　记：闫秀斌
副书记：朱清云　常国华（3月离职）
张在田（3月任职）
解村乡
书　记：党福泉
副书记：刘永顺　邸俊峰
大牛店镇
书　记：蔡　勇
副书记：李永生　岳　畛
长梁沟镇
书　记：李立军（2月离职）　王　彤（2月任职）
副书记：侯培生（2月离职）　康利军（3月离职）
王　晟（2月任职）　刘红羽（3月任职）
轩岗镇
书　记：李志坚
副书记：王　彤（2月离职）　解建斌
贾文柱（2月任职）
段家堡乡
书　记：张国强
副书记：张高中　赵国斌
南城街道
书　记：贺　毅
副书记：王卫东　郝晓华（女）
北城街道
书　记：张三元
副书记：高文平　苏小钧（3月任职）
轩煤矿区街道
书　记：赵明虎
副书记：任艳萍（女）　孙军前

中共五台县委工作概况

县委书记　李永胜

2010年，县委在中央、省市的正确领导下，坚持以科学发展观为统领，深入贯彻十七届五中全会精神，按照省委“转型发展、跨越发展”和市委再造“两个忻州”的安排部署，深入推进“三五”战略，狠抓项目攻坚，创优发展环境，县域经济社会发展取得了显著成效。

一、坚持以项目攻坚为主线，不断壮大支柱产业，县域经济保持平稳较快发展

旅游龙头舞动，产业集群逐步形成。坚持主打世遗品牌，全力扩大申遗效应，加速发展文化旅游产业，凸显县域核心竞争力。今年旅游项目共22个，总投资20.9亿元。东辉集团五星级国际度假酒店成功落地，驼梁、南梁沟、水上漂流等生态旅游项目顺利实施，徐帅纪念馆、晋察冀军区司令部旧址纪念馆等红色旅游项目有力推进，南坪民俗旅游村、曹四姐村农家乐、箭杆沟游客休闲度假中心等民俗旅游项目全面开花，投资2亿元的“祈福宫”文化旅游项目有序推进，金岗库物流中心、休闲养生等新型项目抓紧实施。这些项目涵盖“吃住行游购娱”等各个旅游要素，产业链条多向延伸，逐步形成以五台山为龙头的旅游产业集群。为进一步提升改善旅游环境，全县以卫生环境集中整治为切入点，投资4600多万元，开展立体式、多层面、全方位的综合整治，打响了一场覆盖全县、规模空前的环境整治攻坚战，世界遗产地的形象有力提升，得到上级领导、新闻媒体和广大游客的好评。

工业强势扩张，转型跨越支撑有力。2010年全县考核项目156个，总投资134亿元，其中二产项目30个，总投资91.18亿元，投资额占到项目投资总额的68%，二产骨干项目的实施，构筑起工业强县的坚实基础。一是中央及省市重点项目顺利推进。全县4个批次94个中央投资项目，总投资1.4亿元，目前已完成88个，其余6个接近扫尾。省市重点项目11个，总投资118.65亿元，已完成投资110.43亿元。其中，西龙池抽水蓄能电站已完成投资49.39亿元，累计完成率98.19%；忻阜高速公路五台至忻州段顺利通车；坪上应急引水工程五台境内已全部竣工；五台山旅游后勤服务基地建设项目政府组织投资6.4亿元，累计完成率87%；云海镁业镁合金扩产项目年度投资0.78亿元，按计划全部完成。二是传统产业不断壮大。窑头、天和煤矿露天开采工程，预计总投资18.8亿元，年生产能力90万吨，已正式开工，完成投资6.6亿元，煤炭资源整合走在了全市前列；南沟矿业投资1亿元，建成30万吨精铁粉生产线，鑫大鑫矿业投资8000万元，新上80万吨球团项目，投产后将成为全市最大的铁选加工企业。三是新兴产业强势崛起。峨岭、驼梁等7个风电项目，已与华能、华电集团签订协议，总投资65亿元，其中峨岭项目即将开工；神西、陈家庄、蒋坊新开工矿泉水加工项目，投资分别为1200万元、1600万元、3000万元。

农业蓬勃发展，产业开发强力推进。2010年全县考核项目中，一产项目共80个，总投资9.27亿元，项目数量占到考核项目总数的近二分之一。一是设施农业加快发展。县财政投入农业产业化资金500万元，带动乡村融资3.7亿元，重点实施了以138栋温室、557栋移动大棚为主的设施农业建设。二是经济林基地规模扩展。春季完成核桃林种植1.5万亩，秋后组织栽植3.5万亩，使全县优质林果基地发展到11.3万亩。三是畜牧养殖强势推进。全县畜牧总产值34879万元，养殖小区达到42个，其中标准化肉牛养殖小区24个，大牲畜发展到了12万头。加快建设玉米、薯类、果品等8个县级农产品龙头加工企业，积极筹备1万头肉牛、5万头生猪屠宰肉食品综合加工厂。四是新农村建设有序实施。加快推进“四化四改”和“五个一”工程，顺利实施了61个村、1.85万贫困人口整村推进和166户、500人的移民搬迁。17个乡镇、430个村开展了集体林权制度改革，保质保量按时完成林改工作任务。

城建步伐加快，基础设施亮点纷呈。一是县城建设大步跨越。般若新区一期开发建设项目总投资6亿元，已投资2亿多元，29栋高楼已拔地而起；东西环线已建成通车，县医院急诊综合大楼、般若湖环湖公园、台中路、体育健身广场、文昌山森林公园、县城公墓、集中供热后续扩面工程等城建项目顺利推进，圆满完成预定目标。二是基础设施建设加速推进。清水河流域生态环境综合治理项目，已落实资金5亿元；公路建设落实投资2.2亿元。

二、坚持以科学发展为统领，全面加强党的建设，执政能力和执政水平进一步提高

加强理论学习，推进转型跨越发展。深入学习贯彻袁纯清书记“7·29”重要讲话精神和十七届五中全会精神，在全县广泛开展“山西大发展、五台怎么办”、学习弘扬“右玉精神”思想解放大讨论活动，编辑印发学习资料3000余册，抽调理论骨干深入全县巡回宣讲，并组织进行了全县干部理论学习考试。邀请市委讲师团团长王奋中、著名行政学专家彭向刚，对全县副科以上干部进行专题授课辅导，使全县干部开阔了视野，完善了发展思路。这些举措

有力提升了各级领导干部的理论素养和行政能力，为推进转型跨越发展提供了坚实的理论武装。

加强干部队伍建设，打造坚强战斗堡垒。圆满完成村级组织活动场所建设，235个村级活动场所已全部建成并投入使用；在全县农村全面推行“四议两公开”工作法，促使全县所有村级事务都能按照规范有序运行；在全县各级党组织和广大党员中深入开展了创先争优活动，有力提高了各级党组织的凝聚力、战斗力；不断创新和完善选人用人机制体制，坚持原则，扩大民主，严明程序，强化管理，进一步提高了各级领导班子科学领导发展的能力，干部选拔任用工作取得明显成效，今年共调整干部6次，涉及222人，提拔106人。编印了《干部工作文件选编》，继续提高选人用人科学化规范化水平。进一步加强干部管理工作，对全县机关事业单位677名副科以上干部的基本信息进行了完善，对已到退休年龄的工作人员进行了一次性办理，确保到龄即退。

加强党风廉政建设，营造风清气正氛围。严格落实党风廉政建设目标责任制，健全党内监督和责任追究制度，与全县47个单位第一责任人签订了《2010年党风廉政建设责任状》，实现了工作职责目标化、目标任务责任化、责任落实具体化；认真抓好领导干部廉洁自律，完善领导干部行为规范。深入开展专项治理工作，煤焦领域反腐败专项斗争，以煤矿兼并重组为重点，狠抓各项任务的落实，取得了显著成效。全县涉煤企业清理追缴各类款项1127.87万元，非煤矿山企业共补交313.08万元，共查处党员领导干部和国家工作人员违纪案件19起，处理违纪人员19人；民生领域专项治理工作，经过认真督查，共查处案件14件，处分12人；工程建设领域突出问题专项治理，共纠正各类问题18个，给予党纪政纪处分5人，追缴违规资金99.07万元。在全县开展了干部作风集中整顿，县纪委共立案查处各类违纪案件105件，党纪政纪处分83人，有力增强了领导干部遵守“8个禁止”、“52个不准”的自觉性，在全县营造出风清气正、人心思进的浓厚氛围。

（申建朋）

附：一、中共五台县委书记、副书记、常委名单

书　记：李永胜

副书记：张　春　栗良才　刘炳龙（2月任职）
　　张立新

常　委：白占全（1月离职）　刘炳龙（2月离职）
　　韩计才（1月任职）　刘建坤
　　温建军（1月离职）　孟宏斌（1月任职）
　　张树成　刘　亮（4月离职）
　　刘建全（5月离职）　杜立新（5月任职）
　　李秀云（1月任职）　赵永平（4月任职）

二、乡镇（街道）党委（党工委）书记、副书记名单

东冶镇

书　记：胡建华

副书记：陕爱华（2月任职）　高福康（11月任职）
　　徐大伟（4月离职）

建安乡

书　记：赵耀伟

副书记：白建伟（4月离职）　师泽喜（4月任职）
　　刘俊杰（11月离职）　姚旺盛（11月任职）

阳白乡

书　记：王根伟（4月离职）　张建伟（4月任职）

副书记：张文荣（2月离职）　韩泰山（4月任职）
　　刘俊伟　田炳文（挂职）

神西乡

书　记：张建伟（4月离职）　郅建康（4月任职）

副书记：师泽喜（4月离职）　高建东（4月任职）
　　李夏云（女）

台城镇

书　记：张树荣（2月离职）　孙芝荣（2月任职）

副书记：刘会平（2月离职）　张文荣（2月任职）
　　王建平　杨晋平（挂职）

沟南乡

书　记：孙芝荣（2月离职）　白建康（2月任职）

副书记：陕爱华（2月离职）　韩世愚（4月任职）
　　闫开元（11月任职）

东雷乡

书　记：白海龙

副书记：姚云萍（女）　闫志华

白家庄镇

书　记：戎立春（2月离职）　罗恩波（2月任职）

副书记：闫玉光（4月离职）　金永安（4月任职）
　　郝宪文

茹村乡

书　记：刘新宇（4月离职）　张建荣（4月任职）

副书记：郅建康（4月离职）　白建伟（4月任职）
　　张俊林（11月离职）　段鹏高（11月任职）

陈家乡

书　记：张建荣（4月离职）　沈志宇（4月任职）

副书记：白俊清　赵俊伟

豆村镇

书　记：韩秀峰（4月离职）　刘新宇（4月任职）

副书记：赵补文（2月离职）　左拴生（2月任职）
　　闫俊理（挂职）　丁引根（女）

蒋坊乡

书　记：张林平（女）

副书记：闫海龙　杨维波（11月任职）
　　张　云（6月去世）

灵境乡

书　记：白　冰（4月离职）　闫玉光（4月任职）

副书记：韩世愚（4月离职）　张跃飞（4月任职）

高洪口乡

书　记：罗恩波（2月离职）　刘会平（2月任职）

副书记：毛小平　安荣华

耿镇镇

书　记：沈志宇（4月离职）　白　冰（4月任职）

副书记：姚永杰（4月任职）　王开伟

门限石乡

书　记：刘志勇

副书记：边俊根　潘云康

石咀乡

书　记：白建康（2月离职）　赵补文（2月任职）

副书记：左拴生（2月离职）　卢永昌（4月任职）

白　旭（11月离职）　安志高（11月任职）

台怀镇

书　记：赵全洲

副书记：戎智信　高存旺（11月离职）

苏国华（11月任职）

金岗库乡

书　记：刘文伟

副书记：边利军　白建堂

居民街道

书　记：武降伟

驼梁景区

书　记：郝俊杰（4月离职）　田树康（4月任职）

中共定襄县委工作概况

县委书记　刘婷芳

2010年，县委始终以“围绕发展抓建设，抓好建设促发展”为指导，不断改革创新，努力加强党的自身建设和执政能力建设，有力促进了全县经济社会持续、快速、协调发展。

一、坚持理论武装，着力提升领导班子的思想政治素质

一是坚持县委中心组先学。县委中心组充分发挥示范带动作用。以科学发展观、“三个代表”等党的重要思想理论为主要学习内容，先学一步，带头示范，有力促进了党员干部学习的主动性和积极性。二是坚持请进来讲学。两年来，先后邀请10多名专家、学者、教授为全县干部上大课、做专题报告，介绍国内外经济社会发展的新态势、新知识和沿海发达地区改革发展的好经验、好做法，并充分利用浦东干部学院在线学习网开展在线学习。三是坚持走出去求学。有计划地选派党政干部外出学习周边和发达地区的经验，充电换脑，学先进、找差距、促发展。

二、贯彻民主集中制，着力加强领导班子的科学决策能力

一是坚持党内民主生活会制度。勇于开展批评与自我批评，努力提高领导班子的凝聚力和战斗力。二是完善县委常委班子议事和决策机制。深入贯彻中发[2008]4号《中共中央关于进一步完善地方党委领导班子配备改革后工作机制的意见》精神，增强统揽全局的能力，构建了全县上下同心同德抓发展、集中精力议大事、抓大事，风清气正促和谐的政治局面。三是建立健全了县四大班子工作协调运作机制。既注重抓住抓好牵动全局的主要工作，又注重县委、人大、政府、政协全面工作，统揽协调。同时，充分发挥社会各方面的积极性、创造性引导到推动科学发展、加快兴县、富民、促进社会和谐上来，凝聚合力。实行县四大班子领导“四个联系”制度，即每位领导都联系一个新农村示范村，一个贫困村，一个困难企业，一个城乡困难户，切实帮助联系点解决问题。做到了“一岗双责”，实现了对重点工作的齐抓共管。四是建立了重大决策民意咨询机制。如在县城总体规划修编过程中，县委按照“专家规划、群众参与、人大通过、社会监督”的原则，多次组织有关专家进行论证，并征求县人大代表、政协委员和社会各界群众的意见，保证了城市建设的正确方向。

三、推动科学发展，着力加快领导班子的思想解放和作风建设进程

一是大兴求真务实之风，狠抓落实。依法办事，讲实话、求实效。二是做好“五个表率”，强化效能建设。以开展“五个表率”活动为契机，县委通过“四为”：学习为先，事业为重，创新为要，团结为本锤炼党性；“四比”：乡镇比经济，机关比服务，企业比贡献，全民比创业激发活力；“四好”：创好环境，兴好作风，抓好落实，树好形象创建平台，营造了浓厚的发展氛围，打造了一流的发展环境。出台了《关于领导干部改进工作作风，严肃工作纪律的规定》，进一步规范了上下班制度，请销假制度，建立了首问责任制度、工作落实的回馈备案制度和工作不落实的责任追究制度。三是建全完善了领导班子和领导干部的考核评价体系。对考核结果较差的干部进行诫勉谈话，在考核中被确定为基本称职或不称职的，根据《国家公务员法》等相关政策法规，进行严肃处理。四是适时开展了“大学习，大讨论”活动。2010年6月28日召开了全县副科以上领导干部参加的学习省、市委书记的重要讲话精神的动员大会，出台了《贯彻落实省委袁纯清书记重要讲话精

神，开展“山西大发展，定襄怎么办”思想解放大讨论实施方案》，以学习四个讲话精神为主线，提高认识、认清形势、统一思想、增强了做好工作的紧迫感和责任感，激发了广大干部想干事、干成事的工作热情，从思想上解决了不干不行的问题，从能力上解决了干不了不行的问题，从作风建设上解决了不大干不行的问题，从队伍建设上解决了团结一心干的问题。

四、关注民生根本，着力体现领导班子的执政为民理念

一是问情于民，兴调研之风。认真落实领导干部深入一线、深入基层、深入群众进行调查研究的要求，在矛盾中锻炼党性，在群众中汲取智慧，在推动发展中增长才干，树立起领导干部亲民爱民的新形象。二是问计于民，求发展之策。为更好地落实市委“三五”工作总要求，广听民声，开门纳谏，在充分调研的基础上，准确把握县情、科学判断形势，提出了紧紧围绕推动全县经济加速发展这个总目标，牢牢抓住经济转型、项目引进、财政解困、民生改善、社会稳定五个重点，力争在优势产业提升、现代农业建设、文化旅游开发、重点项目攻坚、宜居城市打造、发展环境优化等六个方面实现新突破的“156”工作总思路。三是问需于民，行解忧之举。2010年，安全饮水工程解决8000人，校安工程完工率达100%，102个村级组织活动场所已全部竣工，同时为提高县城品位、打造宜居环境、争创文明卫生城市，县委、政府开展了以“创建靠民、创建为民、创建惠民”为工作目标的文明卫生城市创建专项工作。2010年，在道路硬化、城市绿化、夜景亮化等方面共投入资金400余万元，城市整体面貌焕然一新，品位进一步提升。

五、把握正确导向，着力完善干部选任机制

一是严格执行《干部选任条例》及相关政策法规。围绕发展选人才，凭实绩用干部，以好的作风选人，选作风好的人，让想干事的人有机会、能干事的人有舞台、干成事的人有待遇，在全社会形成了重公论、重实绩、重德才、重潜力的正确用人导向，极大地激发了广大党员干部干事创业的热情。二是坚持“集体领导、民主集中、个别酝酿、会议决定”的原则选用干部。在选人用人过程中在民主推荐基础上进行充分酝酿，按照党委成员以及人大、政府、政协领导同志的业务分工，分别听取意见，并同单位领导同志进行沟通酝酿，同时与县纪检委、检察院、计生委、综治办联系通报，然后确定初始提名人选。县委按照上级要求，对新选任的干部在酝酿、讨论的基础上全部实行了县委常委会票决制。三是积极探索创新，深化干部人事制度改革。建立了以民主推荐为主，组织推荐、部门推荐、领导干部署名推荐、个人自荐等多种提名方式有机结合、互相补充，以民主推荐为主产生初始提名人选的推荐提名机制。实行了按照民主推荐、年度考核和完成中心工作或重点任务各占三分之一的权重提出考察对象初步人选的“三三制”选任干部工作法。实现了民主推荐与年度考核、中心工作“三位一体”的综合印证分析和重德才、重民意、重实绩的有机结合。

六、强化法纪监督，着力增强领导班子的廉洁从政意识

一是加强学习教育。带头落实党风廉政建设责任制，加强理论学习，增强党性修养和贯彻《廉政准则》的坚定性。2月23日中央贯彻落实《廉政准则》电视电话会议后，县委常委会及时召开了《廉政准则》的学习部署会议。并于3月19日召开了定襄县贯彻《廉政准则》专题民主生活会，会上就全县进一步贯彻落实《廉政准则》提出具体要求。二是完善约束机制。及时制定出台了《关于贯彻落实<廉政准则>意见》，大力提倡艰苦奋斗、勤俭节约的优良作风，继续执行和完善相关规定，严格控制购车、及办公用品经费。三是继续执行党风廉政建设责任制考核制。2010年，全县共立查案件83件，处分83人，其中科级干部案10件，经济类案件45件，涉农案件29件，结案率100%。进一步完善了廉政保障措施，建立教育倡廉、制度保廉、监督维廉、惩处警廉、考核促廉的体制机制，激发了广大领导干部廉洁从政的热情。

（巩向东）

附：一、中共定襄县委书记、副书记、常委名单

书　记：刘婷芳（女）

副书记：贾玉文　李旭清（9月离职）

常　委：周子卿　曹剑文（4月任职）　刘新明
于文兵　董晓林　智志林
游云旺（12月离职）　赵志伟（4月离职）

二、乡镇党委书记、副书记名单

晋昌镇

书　记：曲建成

副书记：崔利伟　王志强

杨芳乡

书　记：刘俊良

副书记：赵泽清（7月离职）　张志杰（7月任职）
郭会军

南王乡

书　记：樊慧全

副书记：安志宏　王文伟

神山乡

书　记：白秀平

副书记：吴建功　徐久伟

蒋村乡

书　记：池计伟（7月离职）　梁建义（7月任职）

副书记：续国强（7月离职）　武　强（7月任职）
张政生

河边镇

书　记：梁建义（7月离职）　殷雪梅（7月任职）

副书记：曾一平　郑晓春

宏道镇

书　记：郅向宁（7月离职）　续国强（7月任职）

副书记：郭小凤　班英龙

季庄乡

书　记：闫志峰

副书记：郭彦平　徐树人

受录乡

书　记：殷雪梅（女，7月离职）　赵泽清（7月任职）

副书记：马国伟　武永星

中共代县县委工作概况

县委书记　霍富荣

2010年，县委深入贯彻落实科学发展观，按照中共代县十二届五次全会工作部署，紧密团结人大、政府、政协各套班子，带领全县干部群众，解放思想、锐意创新，振奋精神、埋头苦干，大力实施项目攻坚，奋力实现"五大突破"，全力保障和改善民生，推动经济转型跨越发展，全面完成了年初确定的各项目标任务，全县经济、政治、文化、社会和党的建设取得了新的成绩。

一、大力实施"五大突破"战略，推动县域经济转型跨越发展

城市建设取得突破性进展。一是新城建设步伐全面加快。先后融资1.8亿元，完成两期征地3400亩，新城建设全面启动。10公里二期路网工程全部竣工，"一轴四路"城市主框架基本形成；国道大街二期改造工程竣工通车，水、电、暖、气和通信管网建设工程快速推进，新城医院主体工程完工；首批六宗418亩土地公开拍卖完毕，住宅小区、商业区开发项目进入实质性阶段。二是旧城建设管理力度进一步加大。实施国道大街西段人行道硬化绿化和围墙隔离工程，建成南门公园一座，改造升级城区集中供热站3座，城区集中供暖总面积达80万平方米。大力开展创建省级卫生县城活动，集中整治县城交通、市场秩序，严厉打击违法建设行为，城市管理实现经常化、制度化、规范化。三是滹沱河治理工程全面铺开。实施滹沱河城区段综合治理工程，铺开滹沱河湿地公园和边塞文化广场建设工程，完成人工湖开挖92亩，植树250亩，修筑防洪堤基础300米，修建主干道路基1200米，完成投资6450万元。

文化旅游产业开发取得突破性进展。一是雁门关大开发成效显著。先后融资2亿元，完成了雁门关古道、天险门、地利门、关城、雁塔、阜家坪民俗村、前后腰铺两个旅游服务区建设及雁门关生态环境综合治理工程等40余个项目，全面恢复了中华第一关的壮丽雄姿。二是推动各大景区联动发展。深挖整合五大景区旅游资源，加快旅游服务体系建设。代州古城景区城角楼复建工程、钟楼落架大修工程有序推进，建成黄河京都大酒店、宏福宾馆、丽花苑大酒店三家星级旅游宾馆，各大景区联动发展的格局初步形成。

农业产业化项目和农产品基地建设取得突破性进展。一是全力扶持发展农业产业化项目。全向实业、四达酒业、丰裕农产品、代王黄酒等七大龙头企业建成投产，农业产业化水平进一步提高。二是加快特色产业基地建设。重点实施了滹沱河沿岸土地整理、峨河骨干渠改造等农业基础建设工程，扶持农民发展现代设施农业，全县温室大棚达900余座、移动大棚达369 座，设施农业面积达到1.5万亩；特色种植业、优质林果业两大基地达24.6万亩；全县各类规模养殖户达到373户，规模健康养殖示范小区发展到62个，特色农业发展成效明显。三是加快农村服务体系建设。全县农产品流通组织发展到500多个，农民专业合作社达348个，农业服务体系更加健全。四是扎实推进新农村建设。完善原有66个试点村、推进村，对新确定的18个重点推进村实施"四改四化"、"五个一工程"，农民生产生活水平进一步改善。

矿冶工业基地化建设取得突破性进展。一是全力组织企业复产运行。积极帮助企业抓紧办理各种证照手续，加强政银企三方协调对接，切实帮助企业解决融资困难，全县证件齐全的企业全部复产运行、达产达效。二是优化升级矿冶工业。完成工业集聚区项目选址工作，已委托清华大华经管学院和北京化工大学经管学院联合进行规划设计。金红石项目从业主手中收购回相关手续，正以5000吨海绵钛项目与太钢等几家大型国企接洽谈判，进展良好。200万吨钢铁项目已完成用地预审、规划选址、环评审批等相关手续，并与上海复星集团达成初步投资意向，矿冶工业结构进一步优化。三是大力发展新型产业。信怡路桥60万吨混凝土项目、180万吨精洗煤项目建成投产；雁门关风电项目一期工程开工建设，150万吨水泥技改项目已完成立项、土地等手续，后续工作正在积极推进，多元化支柱产业体系初步形成。

二、坚持党要管党、从严治党，以改革创新精神全面加强党的建设

深入开展解放思想大讨论活动。县委及时传达贯彻省

委袁书记和市委董书记重要讲话精神，紧紧围绕“山西大发展、忻州大跨越、代县怎么办”主题，开展了“我当领导干部为了什么？我在领导岗位上为代县发展做了什么？我准备给后任者留下什么？”三个专题大讨论，用省委、市委转型跨越精神，进一步统一全县各级领导干部的思想。积极采取“走出去”、“请进来”的方式解放思想，组织各级领导干部到上海、大同、繁峙等地参观学习，举办科学发展大讲坛七期，培训干部2100人次，全县各级干部思想进一步解放，谋划发展、推动发展的本领进一步提高。

深入开展创先争优活动。按照中央和省委、市委的统一安排部署，在全县654个基层党组织、52个工、青、妇和两新组织以及9366名党员中深入开展了创先争优活动。各级党组织公开承诺事项2783件，广大党员公开承诺事项29143件，党组织结队帮扶106对，党员结对帮扶893对，为群众和社会办实事好事4748件，涌现出了一大批创先争优的典型人物和先进事迹。宣传先进典型、学习先进典型、争做先进典型的氛围更加浓厚，大干实干、比学赶超的争创意识显著增强。

加强领导班子和干部队伍建设。认真贯彻执行《四项监督制度》和《干部选拔任用条例》，深入推进干部人事制度改革，按照“统筹考虑、分步实施、适时调整、稳步推进”的工作思路，坚持德才兼备、以德为先的用人标准，牢固树立重视基层、注重实绩的用人导向，全面抓好干部选任工作，全年共调整干部5个批次93人，其中提拔33人，平调56人,免职4人。按照精简统一效能原则，顺利完成政府机构改革任务，政府机构由改革前的24个整合重组为23个，人员编制由368个调整为312个，通过干部离岗、调离等方法消化超编人员56人，实现了无超编目标。在公推直选乡镇党委书记试点工作中，我县在省委、市委组织部的指导下，严格按照规定程序，充分发扬党内民主，公推直选出峪口乡、胡峪乡党委书记，试点工作获得圆满成功。

全面提高基层组织建设科学化水平。扎实开展“两新”组织和社区党建工作，认真实施农村基层党建工作固本强基“五项工程”，全面落实农村“两委”干部待遇，健全离任干部补贴制度，为全县595名农村“两委”主要干部统一发放岗位报酬，为554名办理了养老保险，提高了连续任职15年以上农村主要干部和卸任干部的补贴标准。加强村级组织活动场所建设，新改扩建村级组织活动场所165个，基本实现全覆盖。全面加强大学生村干部管理工作，大力推行“两票制”发展党员新机制，全面实施县乡村三级农村党员干部现代远程教育网络，党员教育管理服务工作扎实推进。

全面加强作风建设。大力学习弘扬右玉精神，组织县四大班子领导和机关乡镇负责人赴右玉学习考察。按照省、市作风建设要求和省纪委“五条禁令”规定，组织开展了作风整顿活动，对全县各级机关单位进行检查20余次，严肃处理了违反规定的领导干部。深入开展“评环境、评机关、评干部、评窗口”活动，组织各阶层近万人对全县34个窗口单位和领导干部进行评议，促进了机关作风转变，创优了发展环境。

深入开展党风廉政建设和反腐败工作。认真贯彻落实中纪委、省市纪委各项要求，严格执行党风廉政建设责任制，完善党政“一把手”负总责、分管领导各负其责的领导机制，构建从县到乡村、到机关的纪检监察网络。加强廉洁自律各项制度建设，认真贯彻落实《廉政准则》，全面实施“四项教育、五廉联动”廉政教育制度。实行领导包案制度，加大重点案件查处力度，全县纪检监察机关共受理群众来信来访130件次，立案71件，查结71件，处理党员干部71人。加强中央和省市重大决策部署落实情况的监督检查，继续开展煤焦领域反腐败专项斗争，共清缴税费4381万元。加强全县农村基层党风廉政建设，全面推行三资委托代理制度，维护了农村社会和谐稳定。

（李润玖）

附：一、中共代县县委书记、副书记、常委名单

书　记：霍富荣

副书记：郝江陵（女）　孙志远　土卫东（挂职）

常　委：赵继先（女）　薛凤林　牛俊和　张　翼
陈月峰　杨开忠　张爱国（5月挂职）

二、乡镇党委书记、副书记名单

上馆镇

书　记：程晓明

副书记：尉利平（12月离职）　张国文

阳明堡镇

书　记：李俊才

副书记：张英瑞　乔玉波

峨口镇

书　记：李敢峰

副书记：陈文秀　尹耀忠

枣林镇

书　记：李印文

副书记：杨建勇（3月离职）　刘国平

聂营镇

书　记：李　蔚（3月离职）
田靖程（3月任职，6月离职）
杨建勇（12月任职）

副书记：王玉海（3月离职）
杨建勇（3月任职，12月离职）　齐俊峰

滩上镇

书　记：郝眉根

副书记：李　诺　牛文华

新高乡

书　记：王继红

副书记：李继东　白耀平

峪口乡

书　记：赵瑞德（11月离职）　蔚利平（12月任职）
副书记：石高岚（女）　王　平
磨坊乡
书　记：张东家
副书记：宋太平　李海东
胡峪乡
书　记：高步峰（12月任职）
副书记：高步峰（12月离职）　韩　权
雁门关乡
书　记：孙振华
副书记：杨建东　孙润民

中共繁峙县委工作概况

县委书记　武宪堂

2010年，在市委的正确领导下，县委坚持把加强党的建设作为实现经济社会转型跨越发展的根本保障，紧紧围绕加强执政能力建设和先进性建设这条主线，积极抓班子、带队伍、夯基础，努力提升各级党组织和广大党员干部驾驭发展的能力和水平，为推动转型跨越发展提供了坚强的政治保障。

一、深入开展创先争优活动

开展创先争优活动以来，县委充分借鉴开展深入学习实践科学发展观活动的成功经验，加强组织领导，成立了创先争优活动领导小组，出台了《关于在全县基层党组织和党员中深入开展创先争优活动的实施意见》，并精心设计载体，丰富活动内容，在全县基层党组织和共产党员中深入开展创先争优活动，为基层党建工作注入了生机和活力。在活动中，既严格按照上级的要求，部署好每一个“规定动作”，又创造性地谋划了一系列“自选动作”，结合实际，把“创卫”作为活动的实践载体，充分发挥各级党组织的战斗堡垒作用和党员干部的先锋模范作用，推动了“创卫”顺利开展。在“创卫”攻坚战役结束后，县委又及时确定了新的载体，在全县开展了为期40天的千名干部下基层“察民情、解民忧、送温暖、保平安、谋发展”大调研活动，广大党员干部深入全县13个乡（镇）、401个行政村，访贫问寒、了解民情、谋划发展，共走访农户2630户，召开党员群众座谈会220多次，发放问卷调查表8000余份，撰写调研报告100多篇，提出合理化建议200多条，为群众办好事实事2600余件，进一步密切了党委、政府同人民群众的关系，促进了创先争优活动的深入开展。注重典型的选树工作，重点选树了“双百典型”，即100个先进基层党组织、100个优秀共产党员，并进行广泛深入的宣传报道，起到了“用身边事教育身边人，用身边事激励身边人”的作用。活动开展以来，全县650个党组织、10568名党员认真参加了创先争优活动，涌现出了先进集体73个、优秀党务工作者326个。

二、认真抓好干部队伍建设

县委高度重视干部队伍建设，不断加强对干部的教育、管理和使用。一是加强对党员干部的教育培训。县委大力实施“干部素能提升工程”，制定了《繁峙县党员教育培训计划》、《关于在全县实施“干部素能提升工程”扎实推进新一轮大规模培训干部工作方案》等一系列文件，采取多形式、多途径，加大对党员干部的教育培训力度。举办了11期农村“两委”干部专题培训班，培训农村干部375名；组织88人次县处级领导干部分期参加了市委组织部举办的县处级领导干部任职培训；组织20人次县处级领导干部参加省、市组织的专题培训班；组织13名优秀农村党员科技致富带头人赴西北农林科技大学进行学习培训和实地参观考察；全县各级干部共参加十七大精神、科学发展观等专题学习培训143期66473人次；通过网络培训干部22000人次。二是端正用人风气。在干部选拔任用中，以提高干部队伍整体素质，优化领导班子结构为重点，严格执行《干部任用条例》、“5+1”文件、省委“四个规定”及中央“四项监督制度”，进一步完善了“三推、四看、五酝酿、一测试、两个公示、一个表决”的选人用人机制。全年共调整干部3次159人，其中提拔124人，平调25人，免职10人，真正选出了一批“有本事、靠得住、作风好”的干部，达到了组织满意、群众满意、干部满意。县委还非常注重后备干部的选拔培养，在民主测评和民主推荐的基础上，通过组织考察和分管县领导同意，从各乡（镇）和机关、事业单位大力选拔后备干部。共有后备干部334人，其中正科级后备干部113人，副科级后备干部221人，全县干部队伍后备力量明显增强。

三、扎实推进基层组织建设

一是深入开展“三级联创”和“三优五化”活动，使基层组织建设常抓不懈的格局进一步形成，对全县10个难点村和6个矛盾突出村进行了整顿。二是以“三地建设”为切入点，不断推动基层党建工作。进一步巩固了农村党员干部远程教育基地和13个“三强”支部书记培训基地。三是高标准完成了省、市下达我县的209个村级组织活动场所的建设任务，并全部通过验收，实现了村级组织活动场所“全覆盖”。四是扎实开展“四议两公开”工作法。在全部乡镇和行政村，351个农村党支部，推开了“四议两公开”工作法，公开决策事项861个，解决了一大批老大难问题，促进了农村和谐稳定。五是进一步加强农村“两委”班子建设。县委坚持配齐配强农村“两委”班子，把一大批党性强、致富能力强、带富能力强的优秀人才充实到“两委”班子中，进一步优化了班子结构。六是认真抓好党员队伍建设。全面推广“群众推荐、党委考察、支部票决、全程公示”的发展党员新机制，共培养入党积极分子776名，发展党员246名，全县党员队伍结构得到了优化。七是加强对大学生村干部的管理。在管理机制上，形成了县、乡、村三级齐抓共管的工作格局。全县312名大学生村干部有27名担任村党支部副书记，有210名担任村委主任助理，有75名大学生村干部考取公务员和事业单位工作人员。

四、坚持抓好党风廉政建设

县委不断加强反腐倡廉建设，认真落实《繁峙县建立健全惩治和预防腐败体系2008—2012年实施意见》，围绕“廉政与文化融合、倡廉与环境和谐、反腐与经济双赢”的总体目标，以“修德养廉、家庭助廉、制度保廉、活动促廉、警示醒廉、机制创廉”为重要举措，大力营造团结和谐、风清气正的政治生态环境，领导干部廉洁自律工作取得了新进展。一是强化党建工作责任。年初，县委对党风廉政建设和反腐败工作进行认真研究和安排部署，将党风廉政建设各项目标任务逐一分解到县委、政府班子成员和县直职能部门。县党风廉政建设责任制领导组与各乡（镇）、各单位签订了党风廉政建设责任书，构筑了横向到边、纵向到底、一级对一级负责的党风廉政建设责任制网络。二是加强反腐倡廉宣传教育。组织全县党员领导干部认真学习了《廉政准则》，观看了《小官大贪》、《溃坝》、《膨胀的代价》等警示教育片，县委召开两次专题民主生活会，副处级以上领导干部和副科级以上领导干部人人都撰写学习心得体会。三是严肃查处腐败案件。全年共立查各类案件109件，结案109件，处分党员干部109人，严肃了党纪，端正了党风。四是扎实推进重点领域专项治理。深入开展了煤焦领域反腐败专项行动，共核查企业149家，收缴各类基金、价款、税费1431.72万元，立案17件，处分党员干部17人；开展了工程建设领域专项治理工作，共排查房地产开发单位139家，发现问题58个，整改49个，整改率达85%；深入开展民生领域专项治理工作，对涉路违规执法行为、医药购销和医疗服务不正之风、教育乱收费等进行了专项督查，共排查出突出问题4个，已整改纠正3个。五是深入推进农村党风廉政建设。进一步规范了“三资”管理，县财政拨款120万元在13个乡（镇）建起了高标准的“三资”监管中心和网络服务中心，进一步完善了“三资”委托代理制度，将401个行政村的资金、资源、资产全部纳入中心管理；大力推进强农惠农政策的落实，粮食直补、农资综合补贴、良种补贴全部实行“一卡通”直接到户；着力纠正损害农民利益的行为，共立查涉农案件83件，结案83件，处理党员干部83人。

（赵秋水）

附：一、中共繁峙县委书记、副书记、常委名单

书　记：武宪堂
副书记：曹爱民　尚建军（挂职，12月离职）
常　委：丁文福　李宝山　王利民　崔永江
姚力山　杨有成　刘燕萍（女）

二、乡镇（街道）党委（党工委）书记、副书记名单

繁城镇
书　记：张龙恩
副书记：王　政（2月离职）赵　斌（2月任职）
马培文　赵振兴

砂河镇
书　记：左百胜
副书记：张爱中　沙保红　侯福国

大营镇
书　记：闫　佩（2月任职）
副书记：何卫锋　刘　海

杏园乡
书　记：刘爱中
副书记：韩　敏　王治国

光裕堡乡
书　记：张世龙
副书记：刘秀德　郝路彦

下茹越乡
书　记：王兆平
副书记：席应平

集义庄乡
书　记：辛　岗
副书记：张利尧　韩　铭

东山乡
书　记：韩宏恩
副书记：乔　哲（8月离职）　段玉成

金山铺乡
书　记：李　勇
副书记：郭俊廷（2月任职）　张利军

横涧乡
书　记：师天阳
副书记：李云山　杨维廷（2月任职）

柏家庄乡
书　记：王　政（2月任职）
副书记：闫永祥

神堂堡乡
书　记：乔　哲（8月任职）
副书记：王志胜　韩海亮

岩头乡

书　记：张占羽

副书记：韩宏英（女）　刘剑跃

居民街道

书　记：白艾林

中共宁武县委工作概况

县委书记　任宁虎

全县有党委17个，党组8个，党总支62个，党支部648个，党员9961名。2010年，县委坚持以科学发展观为统领，以深入开展创先争优活动为重点，全面贯彻落实党的十七大和十七届四中、五中全会精神，紧紧围绕加强党的执政能力建设和先进性建设这条主线，切实加强领导班子、干部队伍、基层党组织和党员队伍建设，全县党建工作取得了新进展，为把宁武县建设成为富裕、平安、开放、和谐的新型煤电基地和特色旅游名县提供了坚强的政治和组织保证。

一、加强干部队伍建设，基层基础进一步夯实

一是以健全完善长效机制为重点，巩固学习实践活动成果。按照“党员干部受教育、科学发展上水平、人民群众得实惠”的总要求，组织开展了重点村、难点村、矛盾突出村的整顿建设工作以及第三批学习实践活动收尾工作和“回头看”工作，进一步深化学习实践科学发展观活动，确保整个学习实践活动成为群众满意工程。把深入贯彻落实科学发展观作为一项长期战略任务抓紧抓实，认真总结学习实践活动的成功经验，积极建立完善有利于贯彻落实科学发展观的长效机制，不断巩固和扩大学习实践活动成果。

二是以提高选人用人公信度为着眼点，不断推进干部人事制度改革。认真贯彻落实干部选拔任用工作“一报告两评议制度”和干部选任四项监督制度，积极探索建立违规用人问题立项督查制度、干部选任工作责任追究制度、整治用人上不正之风工作责任制。在县乡领导干部中广泛学习宣传《条例》等一系列干部政策法规，印发了最新的《干部人事工作文件选编》，并组织全县600余名副科级以上领导干部就学习领会《干部选拔任用工作四项监督制度》情况进行了闭卷考试。同时，深化干部人事制度改革和基层民主政治进程，完善公开选拔和竞争上岗等竞争性选拔方式，加大公开选拔干部工作力度。经市委同意，确定我县石家庄镇为公推直选乡镇党委书记试点镇，为优秀人才的脱颖而出搭建了平台。推行考察预告、任前公示、谈话诫勉、领导干部任期经济责任审计等制度，对拟提拔的78名干部全部进行了考察预告、征求意见、任前公示，对全县3个县直部门主要负责人进行了离任审计，对5个乡（镇）和2个县直部门的7名主要负责人进行了任中审计，进一步加强了对干部从政行为的监督，扩大了干部选拔任用工作的民主，促使干部的选拔、任用和管理工作逐步规范化、制度化、科学化。

三是以提高领导科学发展的素质能力为重点，大力加强领导班子和干部队伍建设。建立完善分管领导“一岗双责”制度，制定和下发了《宁武县2010年度经济社会和党建双千分考核细则》，为干部的选拔任用调整和奖惩提供科学依据，推进干部工作的科学化、民主化和制度化。坚持干部选任标准，严格干部选任程序，认真抓好领导班子调整补充和干部交流工作。全年共研究调整干部5次138人，对4个乡（镇）党政正职人选的任命按规定征求了县委委员的意见，社会反响良好。注重把年度考评和经常性考核工作结合起来，认真贯彻执行领导干部试用期制度，对全县5名试用期满的领导干部进行了考核。按照省委和市委建立健全乡科级后备干部队伍数据库的要求，加大后备干部的宏观管理力度，全面了解和掌握了一批在县直机关股级岗位上的优秀年轻干部，并进行跟踪管理和重点培养，完善了后备干部队伍数据库。

四是以推进基层党组织工作创新为动力，大力加强基层党组织和党员队伍建设。结合县委中心工作，扎实开展以“上党课、强党性”、“亮身份、树形象”、“爱岗位、讲奉献”、“转作风、促服务”、“强党建、建机制”、“提素质、创业绩”、“谋发展、促和谐”七项活动为载体的创先争优活动。累计走访贫困户、普通群众等恳谈对象80人次，收集意见172条，为群众办理实事20余件。全县79个县直机关单位党组织与354个农村党支部开展了结对共建，形成了城乡党的基层组织互帮互助机制，达到了资源共享、优势互补、良性互动、共同提高的目的。在报纸、网站、电视台开设专栏，及时报道活动动态和先进典型，为部分受市委、县委表彰的先进基层党组织和优秀共产党员制作了电视专题片，进行广泛宣传，营造了良好的舆论氛围。已编发简报16期，其中省委采纳1期，市委采纳4期。全面推行“四议两公开”工作法，将推行情况列为县委对乡（镇）党委经济社会和党建双千分考核的重要内容，进行严格考核，进一步规范村“两委”班子的工作机制。认真落实农村两委干部“一定三有”政策，修订完善了《宁武县农村“两委”干部岗位考核制度》，建立健全了基层党建工作责任体系，全面推行基层党建工作“一报告一评议”制度。全县有354个村对371件重要事项按照“四议两公开”工作法开展工作，取得了初步成效。

二、标本兼治，惩防并举，廉政建设和反腐败工作进一步加强

一是完善教育体系，在增强防腐力度上狠下功夫。严格执行党风廉政建设责任制，全面落实《宁武县建立健全惩治和预防腐败体系2008-2012年工作意见》，进一步完善考核评价和责任追究制度。组织学习《中国共产党党员领导干部廉洁从政若干准则》，认真落实《关于领导干部报告个人重大事项的规定》和领导干部述职述廉制度。开展重点岗位廉政风险防范专项活动和对基层党员干部尤其是新任领导干部的廉政教育。实施新任领导干部财产申报制度。继续推进行政审批职能整合和集中改革，健全审批办证全程代理、重大项目并联审批、重点审批“绿色通道”等制度。深化招投标统一平台等载体建设，强化对审批办证和招投标活动的实施监察。进一步规范乡镇机关权力运行和村级集体资产等的管理，深化村级财务一年一审制度，不断夯实基层防腐基础。

二是加强监督检查，在源头防腐上狠下功夫。认真落实《关于实行党政领导干部问责制的暂行规定》和科学民主决策的各项制度，加强对各级各项决策部署落实情况、重点实事项目、政府性投资重大项目执行情况的监督检查。围绕腐败易发多发部位和环节，加大监督检查力度，深入开展工程建设领域专项工作，对37个重点工程项目进行了跟踪督查，排查各类问题19项，收缴款项106.59万元。深入开展土地执法监督检查，清理违规、非法用地4起。继续推进煤焦领域反腐败斗争，对103家企业进行认真清理，清理税费4.913亿元，追缴1.575亿元。

三是继续转变作风，在提高公信力上狠下功夫。严格执行《中共宁武县委关于认真贯彻十七届四中全会精神加强和改进新形势下党的建设的若干意见》，明确提出全县各级党组织要以做好“五个表率”统领党的作风建设，要求全县党员干部特别是领导干部不断加强党性修养，大力弘扬八个方面的良好作风。切实加强机关效能建设，扎实开展“优质服务竞赛”活动，设立了政务公开栏，自觉接受群众监督，有力推进了县、乡领导班子规范化、制度化运作。强化了对乡科级领导班子民主生活会的指导和监督，有效地提高了民主生活会的质量，引导和督促各级领导干部带头讲党性、重品行、作表率。

四是加大案件查处，在解决突出问题上狠下功夫。继续保持对腐败的高压态势，重点查办党员领导干部滥用职权、贪污贿赂、失职渎职、官商勾结、权钱交易和严重侵害群众利益的案件。深入开展专项治理工作，稳步解决工程建设领域突出问题。切实纠正损害群众利益的不正之风。对于作风表现很差、问题突出、群众反映强烈的领导干部，及时予以组织处理和纪律处分。全年各级纪检监察机关共受理群众信访举报案件32件（次），立案查处各类违纪违法案件92件，给予党纪政纪处分92人，其中重处分12人。

（李　栋）

附：一、中共宁武县委书记、副书记、常委名单

书　记：任宁虎
副书记：边东圣　张建平　罗云光（10月任职）
常　委：马在岐　杜莹海　张玉柱　郑建国　薛军良　帅学华　郭文平（挂职，12月离职）

二、乡镇党委书记、副书记名单

薛家洼乡
书　记：张宏皋
副书记：弓春祥　贾小平

阳方口镇
书　记：冀海亮
副书记：胡增海（8月离职）　王继宁（8月任职）　周晓东

凤凰镇
书　记：田贺玉
副书记：武　强　陈志贵

余庄乡
书　记：段秀程
副书记：杨建堂（8月任职）　胡艮生

东寨镇
书　记：张　军
副书记：郑志峰　张成刚

迭台寺乡
书　记：丁新生
副书记：闫凯亮（8月离职）　董树平（8月任职）　吴建国

涔山乡
书　记：吴雁臻
副书记：王继宁（8月离职）　马跃飞（8月任职）　吕满亮

化北屯乡
书　记：郭建毅
副书记：陈玉峰　邓五小

西马坊乡
书　记：郭士忠
副书记：杨永旺（7月撤职）　李树文（8月任职）　任卯星

石家庄镇
书　记：谷茂华（12月离职）　张建平（12月任职）
副书记：张建平（8月任职，12月离职）　周好俊

新堡乡
书　记：宫治平（8月离职）　胡增海（8月任职）
副书记：周晓峰　吴拴龙（5月离职）　张　斌（8月任职）

怀道乡
书　记：王东升

副书记：王　智　王喜柱
圪廖乡
书　记：白云龙
副书记：李志效　闫永铎
东马坊乡
书　记：马国贞
副书记：杨建堂（8月离职）　闫凯亮（8月任职）
韩文梓（女）

中共静乐县委工作概况

县委书记　杨存虎

2010年，在中央、省委、市委的正确领导下，县委始终坚持以科学发展观为指导，团结带领全县人民，攻坚克难，创新奋进，积极探索和实践符合静乐发展实际的具体途径和有效方法。加强领导班子建设，强化组织保障；实施项目攻坚，鼓励全民创业；转变增长方式，打造循环经济产业链；推进农业产业化，建设社会主义新农村；实施大县城战略，建设生态农业特色县。各项主要指标稳步增长，经济运行质量明显提升，全县上下呈现出风清气正、人心思进的良好发展态势。

一、加强项目督查考核，全力推动经济社会发展

认真贯彻执行中央、省委调整经济结构和转变经济发展方式的决策部署，严格落实市委"三五"工作总要求，坚持农业在产业上下功夫，工业在循环上做文章，三产在生态旅游上求突破，深入持久地实施项目带动战略，把项目触角延伸到工业、农业和生态建设等各个领域，重点推进三个"十"项目的落实。

狠抓十大增收富民项目，农业产业化进程加快。围绕小杂粮种植、农产品加工、蔬菜输出和舍饲养殖等四大基地建设，县财政投入800万元，以奖代补支持农业产业化开发，结合"双帮扶双促进"活动的开展，整体推进全县十大增收富民项目。獭兔存栏20万只；蔬菜大棚新建215座，年底已达到575座；种植核桃1万亩、黄花菜6100亩、红芸豆3000亩、玫瑰100亩；发展渔池60亩，养鱼40万尾。这些新兴项目以点带面、迅猛发展，成为了家家能干、户户受益的致富项目。结合小杂粮种植、农产品加工、舍饲养殖等传统产业，发展销售收入100万元以上的加工企业10个，完成对莜面、豆面、胡麻油等产品的QS认证4个。这些农业产业项目已惠及全县25%以上的农户，农业产业结构进一步优化，农民增收的后劲进一步增强。

狠抓十大聚财强县项目，工业转型发展迈出坚实步伐。积极推进煤炭资源整合，全县煤矿由18座整合到9座，产能由357万吨提高到1050万吨，整合工作按四个100%的要求有序推进，2—3年内可全部达产达效。北京天润公司20万千瓦风电项目，前期工作已准备就绪。国电山西洁能有限集团15万千瓦风电项目，正在测风。国电华北公司2×100万千瓦煤电项目完成了预可研，正在积极争取列入省市"十二五"规划。"1830"化工项目，可望实现试生产。2×198万吨新型干法水泥生产线项目，已获得采矿许可证，正在进行环评、可研等前期工作。山西宏达年搅拌50万立方的水泥制品项目建成投产。双路洁净改性型煤项目省计委已立项备案，开始"四通一平"。粉煤灰蒸压砖项目已进入试生产。天然气开发利用项目招标工作已经完成。县电厂生物质能技改项目，有望引资实施。这些工业项目的上马，将极大地提升工业总量，拉动县域经济的快速发展。静乐的工业也由煤炭产业一枝独大，逐步向集群化、多元化、新型化发展。

狠抓十大生态治理项目，生态建设和环境保护取得明显成效。以建设全省生态林业重点县为契机，以打造绿色生态环境、构筑绿色生态产业、建设绿色生态家园为目标，以实施十大生态治理项目为抓手，全力实施"生态兴县"战略。风神山景区完成造林2000亩，岑山景区种植各类风景树1.7万余株，三北防护林工程完成5000亩，天然林保护工程完成9000亩，通道绿化完成22公里；扶头会流域治理项目完成景观道路绿化2300米、通道绿化4公里，种植经济林2000亩，景点预整地1500亩。县城污水处理厂改造提升部分已经完工，新建部分正在加紧推进，汾河断面监测站主体工程已完成，正在进行设备安装。加强节能减排，严格执行国家政策，推进企业节能、建筑节能和照明节能；加强工业污染源深度治理，严厉打击恶意排污，实现污染物达标排放，城乡环境整治收效明显。

二、加强班子自身建设，为经济社会转型跨越发展提供坚强的组织保证

加强领导班子建设。严格按照市委《关于加强领导班子思想政治建设的意见》、《关于改进干部作风、做好"五个表率"的意见》和《关于在全市干部中开展争做"五个表率"活动的决定》精神，结合静乐实际，围绕"五个表率"的具体内容，不断加强领导班子思想政治建设，全面引深学习型党组织建设活动，转变了思想，提升了效率，激发了热情，改善了环境，夯实了各级领导干部苦干实干、攻坚克难、昂扬向上、积极进取的工作作风。把狠抓落实

作为领导班子建设的第一责任，不断增强各级领导干部的党性意识、政治意识、大局意识和责任意识。县委领导班子立足全县经济社会发展大局，坚持民主集中制原则，进一步完善和落实常委会、全委会、常委扩大会、四套班子联席会等工作制度，特别是进一步完善了集体领导和个人分工负责相结合的制度，使省、市的各项决策部署和县委、县政府的重点工作，做到了迅速实施、扎实推进。

加强基层组织建设。在巩固、扩大、转化好第二批、第三批深入学习实践科学发展观活动成果的同时，广泛开展创先争优活动。加强对第二轮村级活动场所建设、农村党员干部现代远程教育网络一体化建设的领导和指导，逐步实现了全覆盖。认真落实"一定三有"政策，进一步加强了农村党支部书记队伍建设。严格按照"三有一化"要求，大力加强街道社区党建工作，确保有人管事、有钱办事、有场所议事，构建了城市区域化党建新格局。按照"五个好"标准，树立了一批农村、街道、社区和两新组织党建工作先进典型。建立健全了大学生村官工作长效机制，积极探索建立鼓励大学生村官创业机制。继续深化"双帮扶、双促进"活动，在质量效益和数量规模上实现了同步提升。大力发展思想觉悟高、文化素质高、工作热情高、致富能力强、带富能力强的"三高两强"青年农民党员，扎实推进了农村党员干部现代远程教育，加强了对流动党员管理教育和服务工作，激发了广大党员干事创业的热情。

加强党员干部作风建设。以解放思想为先导，以提升干部素质，强化党员干部作风建设为重点，通过贯彻落实全省领导干部大会精神，结合静乐发展实际，大力弘扬"三种"精神。

三、加强党风廉政建设，为经济社会转型跨越发展营造良好的政治环境

一是落实党风廉政建设责任制。召开全县党风廉政建设大会，以增强党性党风党纪观念为根本，建立决策权、执行权、监督权相互制约又相互协调的权力结构和运行机制为重点，切实做到关口前移、防范在先，进一步促进党风廉政建设责任制。

二是开展专项治理活动。紧紧围绕征地拆迁、企业改制、教育收费、医疗服务、惠农政策落实、食品药品安全、专项资金监管、工程项目建设等方面的问题，开展有针对性的专项治理活动，解决了一些损害群众切身利益的突出问题。

三是坚决查办案件。年初的全县党风廉政建设干部大会上，明确提出要认真查办严重损害群众切身利益的案件，特别是发生在安全生产、环境保护和社会稳定方面的失职渎职案件。县纪委、监察局共立查各类违纪案件87件87人。其中：受党纪处分70人，受政纪处分16人，免职1人。大要案件查结率和重处分率均有很大突破。

（吕彦生）

附：一、中共静乐县委书记、副书记、常委名单

书　记：杨存虎
副书记：张文斌　陆　坦
　　　　张　波（挂职，12月离职）
常　委：白凤山　刘光宇　王　润
　　　　杜建业（3月离职）　秦文明　赵亚峰
　　　　张培观

二、乡镇党委书记、副书记名单

鹅城镇
书　记：吴星亮
副书记：郝彦峰　王亮满
杜家村镇
书　记：武卫东
副书记：张玉堂　孙继忠
康家会镇
书　记：李炳秀
副书记：李宝炎　吕旭峰（7月离职）　李子清
丰润镇
书　记：任文俊
副书记：郝利军（3月离职）　黄海君　李永栋
堂尔上乡
书　记：张志宇
副书记：吕志强（3月离职）　王　彦　吕金虎
中庄乡
书　记：李俊宏
副书记：王亮中　赵兰俊
双路乡
书　记：杜雪峰（3月任职）
副书记：杜雪峰（3月离职）　徐鹏举　李劲宣
段家寨乡
书　记：刘惠波
副书记：张啸梅（女，3月离职）　曹拴珍　刘怀俊
辛村乡
书　记：段惠卿
副书记：赵彦峰　宋海生
王村乡
书　记：胡海俊
副书记：刘怀祖　李建峰
神峪沟乡
书　记：梁志平
副书记：吕志强　段拴荣
娘子神乡
书　记：边四厚
副书记：李俊青　高变荣
娑婆乡
书　记：张啸梅
副书记：郝利军　李富亮

赤泥洼乡
书　记：吕晓敏
副书记：韩志宏　梁耀武

中共神池县委工作概况

县委书记　范波涛

2010年，在省委和市委的正确领导下，县委认真学习贯彻党的十七大和十七届三中、四中、五中全会精神，以邓小平理论和“三个代表”重要思想为指导，深入贯彻落实科学发展观，全面落实省委九届十次全会、市委二届五次全会和“7·29”全省领导干部大会精神，团结带领全县干部群众，围绕市委“三五”工作总要求，牢牢把握“讲正气、知荣辱、谋发展、促和谐”这一主题，合力主攻“特色农业、新型工业、现代物流业、生态旅游业”四大产业，着力构建“民营经济、引资上项、科技创新、人才机制、创优环境、解困保稳”六大支撑体系，精心培育“风光无限”、“有机绿色”战略性新兴产业，全力打造新型清洁能源示范基地，解放思想，改革创新,全县经济、政治、文化、社会、生态和党的建设都取得了新的进步。

一、加强班子建设，形成坚强的党委领导核心

县委坚持把加强党委班子建设放在突出位置，认真贯彻“集体领导，民主集中，个别酝酿，会议决定”的方针，加强民主集中制建设，不断提高班子的战斗力。一是突出讲正气，提高了党委“一班人”的政治洞察力。党委成员带头抓自身的理论学习，加强政治修养，提高政治敏锐性和分辨力。同时，还紧密联系个人思想和神池建设的实际，认真解决工作指导思想和工作作风、工作方法问题，不断提高政策水平和驾驭全局的能力。二是突出民主集中制建设，健全了党内生活制度。书记、副书记和县委常委自觉接受党组织的教育、管理和监督，用党章和党内政治生活准则严格规范自己的言行，使党委班子真正成为了带领全县干部群众团结战斗的核心。三是突出廉政建设，提高了党委“一班人”的良好形象。县委制订和完善了廉政建设责任制，通过抓经常性的党性、党风、党纪教育，增强了“一班人”的“公仆”意识和党纪法规意识，使党委成员在反腐倡廉上做到了警钟长鸣。四是突出专题教育，着力解决现实问题。按照市委的安排部署，从解决现实问题入手，扎扎实实地开展了学习右玉精神活动，首先是整思想、整作风、整纪律，针对班子成员和机关干部靠字作祟、混字压阵、纪律涣散等不良影响，重点抓思想、作风、纪律整顿。其次是治散、治软、治腐，针对部分班子成员和机关干部作风散慢、法律意识淡化的问题，从点滴抓起，从生活小事抓起。第三是讲学习、讲政治、讲正气，要求班子成员和机关干部要坚持正确的政治方向，树立鲜明的政治观点，严守党的政治纪律，不说有损团结的话，不做有损发展的事，用新姿态、新面貌、新精神开创工作新局面。

农村基层党组织是党在农村工作和战斗力的基础，是建设社会主义新农村的组织者、推动者和实践者。在加强农村基层党组织建设中，县委重点抓了以下几方面工作：一是大力开展创先争优活动。按照省委和市委的总体部署，精心组织，统筹安排，在全县各乡（镇）党委、机关党总支和226个农村党支部、98个县直单位开展了创先争优活动。各基层党组织根据创先争优活动的目标要求，从各自实际出发，围绕本单位的中心任务和发展目标，确定了具体、鲜明、实在的争创主题；按照有利于活动开展、有利于党员参加、有利于取得实效的要求，设计了务实、管用的活动载体。农村党支部以“扶贫攻坚，建设新农村”为目标争创先进；机关、事业、学校党组织以“创优环境，提升效能”为目标争创先进；非公有制经济和新社会组织中的党组织以“强化功能、发挥作用、凝聚人心、创业惠民”为主题争创先进。全体共产党员根据自身不同的岗位特点，抓学习、弘扬正气，创业绩、帮贫济困，为广大群众做出了表率和示范作用。二是切实加强大学生村干部的培养和管理。坚持探索和完善大学生村干部的管理考核办法，对他们压担子、严考核，充分发挥他们思想新、观念新、文化素质高的优势，对连续两年年度考核处于末位者解除其聘用合同，对表现积极、工作成绩突出的进行表彰，激发了大学生村干部的工作热情。三是加大“政治生命”工程建设力度，强化党员队伍建设。各基层党组织严格执行发展党员工作程序，努力提升发展党员质量，着重发展了30岁以下、高中以上学历的年轻党员。特别是女性党员。一年来，培养入党积极分子365人，发展预备党员162人，批准预备党员转正156人。加大“政治生命”工程建设力度，在神池一中、神池职业中学共发展学生党员12人，各乡镇党委和非公企业党组织也认真开展了“一村（企）一名入党积极分子”的跟踪培养工作，加大培训和培养力度，促其早成熟、早成才。四是实现了非公有制企业和新社会组织党建工作的全覆盖。按照市委组织部《关于加大非公有制企业和新社会团体建立党组织工作力度》的要求，在经过大量调查走访的前提下，对在县工商局注册登记的95家非公有制企业和在县民政局注册登记的9家新社会团体区别不同情况强化党建工作。在绿宇肉业有限公司、阳河

公司神池收费站、泰达矿业有限公司、益源供热公司等4家规模以上非公企业和神池县食品行业协会、神池县大学生村干部联谊会2个社团分别单独组建了6个党支部；对于党员数量不足3人且经营地址在农村的39家非公企业按照属地管理的原则，和其所在地的28个村分别组建了28个联合支部；对于生产经营地址在县城、且党员数量不足3人的29家规模以下非公企业和党员人数在3人以下的7个社团组织分别与县工商业联合会、商业服务中心、交通局、住建局、中小企业局、县人大办公室、县科技服务中心、县农机服务中心、县检察院、县工商局组建了10个联合支部；对于23家目前没有党员的食品加工类企业由县食品行业协会党支部派驻党建指导员，指导企业开展工作，培养发展党员，开展党的工作。全县非公企业和新社会组织中实现了党的组织设置和组织活动的全覆盖。

二、坚持标本兼治，扎实开展反腐倡廉工作

一年来，以加强惩防体系建设为重点，以推进体制机制改革创新为动力，全县党风廉政建设和反腐败工作在继承中发展、在实践中创新、在改革中突破，取得了明显成效。一是切实加强对中央扩大内需、县重点工程等重大决策部署贯彻落实的监督检查。全年对13个大项和22个小项开展了四轮次专项检查，提出整改意见和建议21条。二是继续保持惩治腐败的高压态势。全年立案68件，处分68人，其中乡科级干部8人。三是扎实开展工程领域突出问题专项斗争。排查项目99个，排查金额4.9365亿元，查找问题6类46项，已整改问题42项。追缴各类欠缴税费和罚没款892万元。四是不断引深煤焦领域反腐败专项斗争。累计清缴各类资金544.8万元。有力打击了私采滥挖行为，查处4案7人，其中3名科级干部、4名村支部书记受到党纪处分。五是狠抓了农村党风廉政建设。各乡镇“三资”委托代理服务中心软硬件设施均已到位，开始运行。“三资监管中心”已覆盖10个乡镇、110个村，神池农情网也已开始建设，12月底正式运行。六是认真开展民生领域突出问题专项治理。对8 个领域的36类民生问题开展了集中整治。对涉农资金进行了检查，涉及资金12类6500多万元，并查处乡科级干部3 人，村党支部书记22人。对农民的1.5亿元征地补偿款全部进入“三资”委托代理中心，通过“一折通”下发给农民。对火车站口、涧口坡两处加设固定岗，并增加流动岗，拘留涉嫌上路“两抢”人员3人、违法司机14人、上路强行乞讨人员5人，有效缓解了交通堵塞问题。开展了机关作风建设年活动，进行大规模明查暗访5次，发现违反机关效能建设有关规定人员17人，给予诫勉谈话12人，诫勉教育4 人。七是大力加强反腐倡廉制度建设。认真开展反腐倡廉制度建设推进年活动。制定出台了《中共神池县委关于副科职以上后备干部选拔、管理、使用的暂行办法》等三项制度和八项配套措施，形成了科学、系统、规范的干部工作机制。

（张雁冰）

附：一、中共神池县委书记、副书记、常委名单

书　记：范波涛
副书记：李德新　郭新生（1月任职）
　　　　王新淮（挂职）
常　委：薛明智　崔向松　罗文才　马志强
　　　　张明光（4月任职）　陈建忠

二、乡镇党委书记、副书记名单

龙泉镇
书　记：李时亮
副书记：曹建斌　宫建荣
义井镇
书　记：张玉成
副书记：田　旺　侯联斌
八角镇
书　记：詹海洋
副书记：冯建华　张俊林
东湖乡
书　记：乔吉晓
副书记：许福才　张永春
太平庄乡
书　记：王茂录
副书记：肖　云　赵子清
贺职乡
书　记：张永才
副书记：李德强　胡俊才
大严备乡
书　记：王玉珍（女）
副书记：刘　荣　王爱香（女）
虎北乡
书　记：任建国
副书记：崔永成　郭晋磊
长畛乡
书　记：刘志文
副书记：陶　琛　周　强
烈堡乡
书　记：党　勇
副书记：刘福林　郝平小

中共五寨县委工作概况

县委书记　刘祁杰

县委在市委的正确领导下，团结带领全县广大干部群众，以科学发展观为统领，紧紧围绕全国、省市组织工作会议安排部署，深入学习贯彻省委书记袁纯清同志“7·29”讲话精神、市委书记董洪运同志“7·30”讲话精神和学习弘扬右玉精神，以贯彻落实十七届四中、五中全会精神为主线，集中力量抓大事，求真务实抓落实，全县党的建设和基层组织工作取得了新成效，为全县经济社会跨越发展、转型发展提供了组织保证和智力支撑。

一、加强基层党组织建设

一是三级共抓、强化考核，落实了基层党建目标。年初，县委与各乡镇党委签订了《农村基层党建工作目标责任状》和《大学生村干部管理目标责任状》，明确了基层党建工作的目标任务和重点工作。为推动党建目标任务的落实，县委从抓领导入手，建立了县、乡、村干部三个层面的联系基层制度。每名县领导联系1个乡镇、1个村，县直机关每个单位联系1个村，乡镇干部每人包1个村，农村干部每人帮扶1户困难户，结合创先争优活动的开展，发挥各自优势，上下联动，多方进行帮扶，推动了党建工作目标任务的具体落实。“七一”期间，依据《乡镇党委百分考核办法》和《农村党支部考核办法》，通过听、查、看、访、问的办法现场打分，对全县12个乡镇的党建工作进行了考核，对评选出的14个先进农村党支部，6个先进乡镇党委进行了隆重表彰。

二是统一标准、用活资金，完成了村级组织活场所建设任务。投资728.7万元，完成了全县第二轮村级组织活动场所99个建设任务。附属设施和办公家具全部配备到位、各项制度图版安装上墙，多数已投入使用。在统一设计标准上，结合县气候特点，对省委提供的建设方案做了进一步改进，保证了新建的村级组织活动场所造型结构统一、外墙涂料统一、室内布局统一、旗杆大门以及大门挂牌统一；在统筹使用资金上，对每一改建项目进行了评估，对新建项目分4个类别给予了补贴，并与投入新农村建设的各项资金捆绑使用，调动一切社会力量捐资助物，以弥补建设过程中资金不足的问题。在工程质量监管上，通过技术督查和行政检查两个层面六种方式确保了工程质量。

三是试点先行、严格步骤，扎实推行了四议两公开民主决策法。一年来，按照省委、市委的要求，采取“先试点、后推广”的方法步骤在广大农村扎实推行了四议两公开民主决策法。基层农村按照“四议两公开”工作法共决策事项300余项，涉及村级组织活动场所建设、调整种植结构、确立发展项目、兴办公益事业等，取得了很好的效果。在推行过程中，建立了领导组成员联系点制度和乡镇科级干部包村制度，实行了定期汇报制度和大学生村干部帮扶制度；邀请民政、农业等有关方面理论教师，对乡镇领导和工作指导组成员进行了业务培训。统一印制了决策流程图，发放了1万余份宣传资料，在县电视台和政府网站开辟了专栏，营造了浓厚的推广氛围。根据农村经济、人口分布、班子状况等方面，将全县农村划分为四种类型，加强分类指导，确保了四议两公开工作法在农村得到充分应用。

四是选好人才、配强班子，深入推进了机关、社区和非公有制党组织建设。抓住机关党组织换届的有利时机，严格程序，加强督查，完成了全县200余个基层党组织换届工作，选好配强了班子。新一届党组织负责人在年龄结构、文化程度、能力素质等方面都较上一届有很大的改善和提高，先进意识明显增强。通过“内选”、“外聘”等方式选好配强了非公有制企业支部书记，使全县15个规模以上非公有制企业的党组织都做到了有组织、有阵地、有活动，企业党组织的覆盖率达到了100%。按照“三有一化”标准，进一步加强了社区党组织建设，做到了有钱办事，有人管事，有场所议事，社区党组织的凝聚力明显增强。

二、加强党风廉政建设

一是规范运作“三个中心”。全县“三资”委托代理中心共配备工作人员46名；便民服务中心全面实行“一门式”服务，将计生、民政、土地等与群众关系密切的事项集中起来，实行集中办公、预约服务、微笑服务，方便了群众，提高了效率。向群众发放便民服务指南、惠民卡，粮食直补“一卡通”，部分村设立便民服务室等，使便民服务更加人性化，受到群众称赞。信访接待中心实行有访必接、首访回复、就地消化、说服疏导、教育劝阻、难事报告、转办急办等七项制度。对群众反映的重大问题，及时报告乡镇党委、政府解决。对带有苗头性、倾向性的问题，要认真分析，提出具体防范和解决对策。并将来信来访登记、处理结果等实证材料入档保存。实现小问题不出村、大问题不出乡，将矛盾化解在基层、化解在萌芽状态。

二是扎实推进“三务公开”。全县的政务、村务、党务公开工作，在县乡两级的有力推动下，得到扎实推进。在公开内容上，政务公开认真执行省政府政务公开目录、村务公开严格执行县里出台的村务公开目录、党务公开严格按照方案要求内容进行公开，特别是群众最关心的资金、资产、资源“三资”管理情况，重大事项决策情况，强农惠农政策落实情况等列入公开内容，使三务公开内容更加规范，更加明确，更加统一。在公开时间上，村务公开在原来每半年公开一次的基础上，要求每季公开一次，特殊事项要做到随时公开。在公开形式上，充分利用墙报、广播、电话等传媒手段进行公开，实现了政务、村务、党务全方位立体式公开，做到公开形式多样化。

三是严肃查处各类案件。2010年，采取交叉办案、联合办案等形式，突出查处了领导干部滥用职权谋取私利、基层干部损害群众利益、农村党员干部侵占群众利益等案件。共初核案件51件，立案51件，查结51件，涉案51人，均受到相应的党纪政纪处分。有49人受到党纪处分，其中开除党籍1人，留党察看2人，党内严重警告23人，党内警告23 人。上级要结果案件4件，已全部办结上报。破获各类刑事案件113起，受理各类治安案件385起，查处362起。办理毒品行政案件162起，成功捣毁吸贩毒窝点5处，缴获土制海洛因354.9克，冰毒39.9克，铲除罂粟1.5万余株。受理属于检察机关管辖的国家工作人员各类职务犯罪举报18件，立案查处贪污案4件5人。受理刑事案件82件，审结82件。受理民商事案件309件，审结299件。受理行政案件7件，全部审结。执结各类案件20件，执结率72%，执行标的额63万元。　（于文华）

附：一、中共五寨县委书记、副书记、常委名单

书　记：刘祁杰

副书记：郭泽兵　李映明　关　超

常　委：吕志明　刘东云　靳海珍　常志强　杜新荣　付光政

二、乡镇党委书记、副书记名单

砚城镇

书　记：张广建

副书记：徐效国　刘　灏

三岔镇

书　记：宋　杰

副书记：彭原峰　李　斌

小河头镇

书　记：张海峰

副书记：齐天平　胡建斌

前所乡

书　记：牛　瑛

副书记：王　斌　高　峰

李家坪乡

书　记：李永林

副书记：范　波　崔永明

胡会乡

书　记：于文德

副书记：张鹏珍　贯　杰

新寨乡

书　记：贯建国

副书记：张银业　张贵虎

韩家楼乡

书　记：周晋堂

副书记：郝　伟　张占荣

孙家坪乡

书　记：苏国平

副书记：刘　维　苗丽霞（女）

梁家坪乡

书　记：刘舜尧

副书记：邸云竹　管振强

东秀庄乡

书　记：贯贵良

副书记：周德华（女）　秦建新

杏岭子乡

书　记：徐　瑛

副书记：李秀歧　温兰生

中共岢岚县委工作概况

县委书记　陈义青

全县有党委12个，党总支12个，党支部322个，党员5971名。2010年，县委县政府坚持以科学发展观为指导，全面贯彻落实党的十七届四中、五中全会，省委九届十次、十一次全会，市委二届六次全会精神，按照市委“三五”工作总要求，以建设坚强有力、奋发有为的领导班子为目标,以更好地发挥县委的领导作用、统揽作用和核心作用为根本,以推进经济社会转型跨越发展为根本保证，不断强化党的执政能力建设和先进性建设，努力营造凝心聚力促发展的良好局面。

一、以创建学习型党组织为出发点，努力提升干部队伍思想政治素质

致力于创建学习型党组织，县委出台了《关于建设学习型党组织的决定》，制定了《县委中心组学习方案》和《岢岚县干部理论学习方案》，完善了《县委中心组学习制

度》，组织县委中心组集中学习14次，召开学习贯彻《廉政准则》和弘扬右玉精神为主题的民主生活会2次，选派2名乡镇长到山东挂职，派出316人次的科级以上干部参加了忻州大讲堂和省市党校组织的论转型发展、跨越发展培训班，在北京、太原等地组织了"话家乡，谋发展"座谈会。特别是袁纯清书记"7·29"讲话之后，县委于8月1日在四套班子领导中及时进行了传达，8月4日又在全县干部大会上进行了学习贯彻，安排中心组成员深入到乡镇和分管部门调查研究，问计于民，并在全县范围内开展了"山西大发展，忻州大跨越，岢岚怎么办"专题大讨论活动，在县电视台推出了乡镇党委书记、职能局长谈转型发展、跨越发展访谈节目，邀请市委讲师团和理论专家学者为副科以上干部开办了"解放思想，发展岢岚"大讲堂，由组织宣传部门牵头开展了学习贯彻十七届五中全会巡回宣讲活动，并召开先进事迹报告会47场次。通过一系列的学习实践活动，进一步把全县党员干部的思想统一到了省委市委的新要求和新部署上来，统一到了县委解放思想、创先争优、实现转型跨越发展的新思路和新举措上来。

二、以创先争优活动为着力点，扎实推进基层组织建设

结合创先争优活动，县委充分发挥基层党组织和党员的模范带头作用和战斗堡垒作用。在有191个农村党支部，108个机关党支部，5921名党员参与的创先争优活动中，全县广大党员和基层党组织，以"双争一创"活动为载体，广泛深入到群众中征求意见建议，兑现公开承诺事项2100件，为民办实事1800多件。组织部门把沿干线公路的10个乡镇183个行政村纳入"三级联创"创建带，在202个行政村深入推进"四议两公开"，136名致富能手和积极分子加入了党组织，194个村建起了党员活动室，116个村建起了党员科技示范基地，98个村建起了党员联户扶贫基地，创造了良好的舆论环境和浓厚的比、学、赶、超氛围。政法机关以破大案、追逃犯为载体，先后成功告破了"2·23"特大交通肇事案、"9·27"公路抢劫案，抓捕了网上在逃人员17名，协助兴县、五寨警方抓获了"10·1"特大杀人案及"10·8"故意伤害致人死亡案犯罪嫌疑人，受到了省公安厅厅长亲署嘉奖一次。在群众关心的选人用人等敏感问题上，县委严格执行《条例》和"三个规定"，充分发挥考核的导向作用，认真落实"一报告两评议制度"，积极推进四项监督制度，按照"谁提名谁负责"的原则，实行"三个结合"干部"初始提名"办法和选任干部县委常委会票决制度。在全年所提拔和调整的113名干部中，县委严把民主推荐关、组织考核关、讨论决定关、职数审批关和群众监督关，进一步提高了选任干部工作的满意度和公信度。

三、以促进转型跨越发展为落脚点，大力加强党风廉政建设

全面落实党风廉政建设责任制，是促进转型跨越发展的根本保证。全县以全面落实党风廉政建设责任制为重点，以完善惩治和预防腐败体系为主线,以保障经济社会转型跨越发展为目标，扎实推进党风廉政建设工作。

在落实党风廉政建设责任制过程中，县委始终坚持"党委统一领导，党政齐抓共管，纪委组织协调，部门各负其责，依靠群众参与"的领导体制和工作机制，把反腐倡廉工作列入重要议事日程，先后12次召开常委会、常委扩大会和全县干部大会安排部署党风廉政建设工作，按照"谁主管、谁负责"和"一把手"负总责的要求，建立了"一岗双责"工作体系和部门各负其责的工作机制，将反腐倡廉的各项工作逐项分解，认真落实到常委、副县长及牵头部门和47个协办单位，尤其是党政"一把手"身上。构建了横向到边，纵向到底，"人人头上有指标，个个身上有担子"的责任传递体系，切实做到了年初有部署，年中有检查，年底有考核，奖惩有兑现，使党风廉政建设责任制得到了全面落实。

在惩防体系建设过程中，县委高度重视廉政教育，组织中心组成员集中学习了《关于严格禁止利用职务上的便利谋取不正当利益的决定》、《廉政准则》、《领导干部问责实施办法》、中纪委"八条禁令"和省纪委"五个不准"规定等有关重要文件，从而使班子成员警钟长鸣，时刻牢记"两个务必"、严格执行"四大纪律"、"八项要求"。作为县委的一把手，自己带头执行廉政纪律，没有违反廉政准则的行为，也没有发现班子成员的不廉洁行为。在抓好领导班子廉政自律的同时，县委以学习贯彻《廉政准则》为契机，对全县副科以上领导干部，各行政村村支书共计780余人分六期进行了培训，组织全县4000余名公职人员参加了《廉政准则》等法规知识考试。在廉政制度建设方面，认真组织开展"反腐倡廉制度建设年"活动，以"八个一"制度约束领导干部自觉接受廉政教育，以政风行风评议制度和"阳光工程"落实群众的知情权和参与权。以首办负责制、限时办结制、服务承诺制、目标管理责任制、行政过错追究制等制度要求窗口单位端正服务态度，提高服务质量。以职务消费定额限项制度约束县乡村三级干部规范职务消费和从政行为。进一步建立和完善了党风廉政建设领导责任追究、领导干部个人有关事项报告、领导干部离任审计、工程招投标、政府采购、会计委派等制度，认真落实了行政事业单位"收支两条线"的规定，时刻紧绷廉政弦，廉政建设不放松。全年县乡两级纪检监察机关立案调查案件60起，现已查结60起，处分违纪人员60人，其中科级干部9人，在一定程度上打击了腐败现象和违纪行为，增强了教育的说服力、制度的约束力和监督的制衡力。

在重点领域和群众反映的热点问题方面，县委始终关注群众的诉求，狠抓重点领域的反腐败专项治理工作，着力解决人民群众普遍关注的实际问题，以反腐倡廉的实际成效取信于民。积极推进农村基层党风廉政建设，认真落实"五个一工程"，实行村务财务公开"双服务、双监督"和便民服务全员上门制度，加强对支农惠民政策的监督检

查，在4个乡镇建起了高标准的信访接待、便民服务和“三资”代理中心，为202个行政村配备了纪检监督小组和专职纪检委员，较好地维护了群众的合法权益，农村基层党风廉政建设工作受到了省委的表彰。加强对住房公积金的监管，清缴违规资金1.8万余元。严肃处理了县医院违规采购非挂网药品的行为。对民生领域侵害群众利益的突出问题立案调查17起，查结17起，处分违纪人员20人。对工程建设领域的突出问题立案4起，处理6人（次）。对煤焦领域反腐败工作立案3件，查结3件，处分违纪党员干部3人，其中科级领导干部2人。通过一系列的专项治理，保障了国家财产的安全，维护了广大人民群众的利益。

（朱鹏华）

附：一、中共岢岚县委书记、副书记、常委名单

书 记：陈义青（女）

副书记：张钰祥 赵雁宾 郭晋伟

常 委：鲁三成 武砚斌 王建光 赵辰隆 岳海滨 赵 伟

二、乡镇党委书记、副书记名单

岚漪镇

书 记：杨建刚

副书记：刘鹏德（7月任职） 冀湘苹（女） 马如祥

三井镇

书 记：赵 玺

副书记：周在田 李树雄 赵发财 刘继业

神堂坪乡

书 记：贾吉明

副书记：刘 霞（女） 王志国 王福生

高家会乡

书 记：胡少平

副书记：王贵琳

大涧乡

书 记：王建评

副书记：王爱生（7月任职） 马建国 赵举红

宋家沟乡

书 记：岳保和

副书记：张文生 田白白（女）

王家岔乡

书 记：李爱珅

副书记：吕少东

李家沟乡

书 记：窦 琦

副书记：刘玉欢 吴晓东 王海波

阳坪乡

书 记：李智勤

副书记：武砚君 薛利军

温泉乡

书 记：闫利芸（女）

副书记：白茂生 贾培林

水峪贯乡

书 记：高志远

副书记：刘建新（12月任职）

西豹峪乡

书 记：赵兴怀

副书记：程贵平 郭希堂

中共河曲县委工作概况

县委书记 王书东

2010年，县委在市委、市政府的正确领导下，坚持以科学发展观为统领，按照省委转型跨越发展的战略部署，全面落实市委“三五”工作总要求，抢抓机遇，真抓实干，使全县在经济建设、政治建设、文化建设、社会建设、生态建设和党的建设等各方面取得了新的成绩。

一、以提高思想政治素质和执政能力建设为重点，全面推进党的建设

加强思想政治建设，形成转型跨越发展的思想合力。县委把思想政治建设放在班子建设的首位，坚持用科学发展观武装头脑，用党的十七大和十七届四中、五中全会精神指导实践，推动工作。县委出台了《关于推进学习型党组织建设的实施意见》，认真组织开展了学习省委袁纯清书记、市委董洪运书记重要讲话和“山西大发展、忻州大跨越、河曲怎么办”解放思想大讨论活动，努力把各级领导班子和领导干部的思想认识统一到省委、市委的部署和要求上来，形成转型跨越强大的思想合力。

按照省委、市委的统一部署，县委组织全县16个基层党委、21个党总支、550个基层党支部深入开展了创先争优活动。各单位紧紧围绕全县“转型跨越”的宏伟目标，结合自身行业特点，科学地设计了富有特色的活动载体，开展了主题鲜明、形式多样的实践活动，全县上下形成了比学赶超的创先争优活动氛围。在省委召开的创先争优活动座谈会上河曲县作了“三个结合”的典型发言，即创先争优活动与中心工作、基层党组织建设、保民生保稳定工作紧密结合。

全面加强基层党组织阵地和队伍建设，不断巩固党的执政基础。加强农村基层党组织阵地建设，全县164个村新建、改扩建了村级活动场所，县乡两级党委精心组织，按要求保质保量地完成了全部建设任务。与此同时，给各个活动场所统一配备了办公桌椅，建起了农村党员干部现代远程教育站点，全县农村党员干部有了自己的家，村级活动场所实现了全覆盖。组织机关企事业单位党组织进行了规范换届。为部分机关党组织选配了班子成员，使机关党组织得到了健全和充实，全县127个机关党组织、11个社区党组织和19个非公有制企业党组织全部完成了换届。在基层党组织中大胆起用25名大学生村官担任党支部书记，为他们提供了锻炼的舞台，增强了农村干部队伍活力，有力推进了工作。

在全县13个乡镇全面推行了“四议两公开工作法”。专门印制了《党建创新手册》“四议两公开”专刊，为各村制作了宣传图版。用选树典型带动的方法，促进“四议两公开”工作的全面推行。用“四议两公开”工作法，化矛盾、理财务、选班子、定制度、谋发展，突破了一批难点村，培植了一批示范村，村“两委”干部的整体素质和工作能力明显提高。

深入开展党风廉政建设和反腐败斗争，不断推进惩防体系建设。深入贯彻落实中央《建立健全惩治和预防腐败体系2008-2012年工作规划》，坚持教育、制度、监督、惩治并重，扎实抓好党风廉政建设责任制的分解落实，完善了一系列制度，不断推进惩防体系建设。在全县组织开展了《廉政准则》学习、考试、竞赛等活动。落实了“三谈两述”制度，一年来，领导干部任前廉政谈话33人次、诫勉谈话2人次。全县实现了农村“三资”委托代理，创新了“便民服务中心”的工作机制，农廉工作不断得到加强。切实加强对扩大内需政策等重大决策部署贯彻落实的监督检查，对所有项目进行全程跟踪监督，杜绝违法违规等行为的发生。继续保持惩治腐败的高压态势，2010年，共立查案件60件，处分60人。扎实开展工程建设领域突出问题专项治理，对一些领域的热点民生问题开展集中整治，使问题得到有效解决。煤焦领域反腐败斗争不断引深，全县清缴煤炭企业2003—2010年欠交的各类税费、基金、价款41712万元。深化了行政审批、财政体制、政府采购、产权交易等领域的改革。

二、以“十大工程”为抓手，加快转型跨越发展步伐

引黄灌溉工程：这是河典县十大工程的头号工程，全县上下高度重视，全力推进，龙口至县城段全线开工，完成投资8000多万元，实现了年度任务目标。引黄工程福泽全县人民，利在千秋万代，将使全县的农业生产条件和生态环境得到根本改善，并从水资源储备上为我县工业发展和城乡建设提供强大的后续保障能力。交通运输工程：准朔铁路建设如期推进，灵河高速公路2011年3月份正式开工，这将极大地提升河曲的区位优势和战略地位，为该县成为晋陕蒙“金三角”区域的交通枢纽、物流中心、文化中心和宜居城市创造了条件。农业现代化工程：发展节能温室200亩，推广脱毒马铃薯种植6万多亩，建成年产400万粒微型薯的实验室基地1座，实施了500立方米大型沼气池、露地蔬菜水肥一体化建设项目、坡耕地综合治理项目，脱毒种薯、新型节能大棚种植，将成为山区和平川农民稳定脱贫增收的支柱产业。特大型煤电化基地工程：进一步把新型工业化作为县域经济崛起的火车头，积极支持鲁能、晋神、中海油、山煤、山水等十大集团进行煤、电、化、建等系列开发。煤炭方面，煤矿企业整合重组全面完成，煤炭产业的可持续发展能力和安全生产能力显著提高。鲁能电厂二期主体工程完工，设备安装接近尾声；鲁能三期前期工作加快。龙口水电5台机组全部正式发电，神东矸电项目审批进入国家核准流程，2011年可望开工；黄万和中海油风电项目正式签约，中海油风电前期勘察结束。中海油尿素项目进行了场地平整、招标评标、引进技术等前期工作，环评也已批复，2011年将正式开工；同德化工正式在深交所挂牌上市，实现了全省中小板块企业和忻州市企业上市零的突破，本土工业转型跨越率先起步。引进山东山水集团，开工建设120万吨干法水泥项目，建材行业转型发展取得重要突破。中小企业工程：积极支持各类中小企业，包括围绕晋陕蒙煤电化大型基地发展的配套服务工业，以农副产品加工销售和集约化种养为主的农字号产业，推进文化旅游、商业贸易、金融服务为主的第三产业，成立了小额贷款公司3家，支持担保公司发挥作用，加上同德上市，我县在金融改革创新这一核心领域和前沿领域走在了全市前列。文化强县工程：群众性文化活动蓬勃发展，创作活动、展览活动、丛书出版丰富多彩，人才培养和队伍建设得到加强，特别是中国首部原生态民歌电视剧《西口情歌》拍摄完毕，正在精心配乐和后期制作，此举是保护和弘扬河曲优秀文化的战略举措，将举起文化旅游产业的龙头。城乡建设工程：进一步扩大了县城供水、供暖面积，污水处理厂稳定达标运营；垃圾无害化处理项目正在加紧施工。扎实推进59个省级新农村建设试点村和重点推进村建设，涌现出了榆岭洼村、冯家庄村、唐家会村、蛐蜒峁村、赵家沟村等一批新农村建设典型。科教兴县工程：不断提高靠科技促发展的自觉性，参加了国家科技表彰大会，抓住影响教育长远发展的大事，优先投入，倾斜支持，义务教育标准化建设顺利通过省厅初评验收，省级示范高中河曲中学新校区主体工程完工。生态文明工程：集体林权制度改革基本完成，天保工程、退耕还林补植、三北防护林、通道绿化、经济林种植、城郊森林公园建设等均按计划完成任务。全民健康工程：“一颗鸡蛋工程”，让7600多名中小学住校师生从中受益，县城两所高中2000多名住校师生每人每天增加免费供应二两肉。全县三级卫生服务体系全面建立，国家基本药物制度工作全面启动实施。8.2万人参加了新型农村养老保险，成为全国首批试点县。企业

养老保险结余11566万元，成为全市惟一过亿元的县。

（李永智）

附：一、中共河曲县委书记、副书记、常委名单

书　记：王书东

副书记：杜永进（9月离职）　李旭清（10月任职）　程兴利

常　委：侯忻嵘　王志荣　刘耿富　田尚麒　高建文　马文波（5月离职）　宋晓辉（5月任职）

二、乡镇党委书记、副书记名单

文笔镇

书　记：金熙义

副书记：许德君

巡镇镇

书　记：周占荣

副书记：李向忠

楼子营镇

书　记：李步成

副书记：王　军　王伯文

刘家塔镇

书　记：刘淦银

副书记：许美颖（女）　张国珍

鹿固乡

书　记：门永红

副书记：赵国兴　王拥政

单寨乡

书　记：王　印

副书记：管劲春　赵振光

土沟乡

书　记：韩　昌

副书记：李裕民　管向群

前川乡

书　记：阎慧军

副书记：郭永胜　秦志忠

旧县乡

书　记：张建元

副书记：贾怀义　柳军民

沙坪乡

书　记：金瑞明

副书记：王存贵　周永厚

社梁乡

书　记：张宝霖

副书记：贾建忠　常永强

沙泉乡

书　记：李晓峰

副书记：张秀文　柳远文

赵家沟乡

书　记：李志福

副书记：邬志明　赵全占

中共保德县委工作概况

县委书记　王继明

2010年，县委在市委的正确领导下，团结带领全县各级党组织、广大党员和干部群众，解放思想，锐意创新，振奋精神，埋头苦干，全力推动转型发展、跨越发展，着力改善民生，切实加强党的建设，全县各项工作取得了新进展新成效。

一、认真贯彻落实中央、省、市一系列重要会议精神，立足保德实际，明确提出“432”发展战略，进一步统一了思想，凝聚了力量

一年来，县委全面系统地学习了党的十七大、十七届三中、四中、五中全会精神，特别是省委袁纯清书记“6·20”、“7·29”讲话和省委九届十次、十一次全会精神、市委董洪运书记两次贯彻落实讲话和市委二届五次、六次会议精神，及时召开全县领导干部大会、县委中心组会议、县委常委（扩大）会议等一系列会议进行传达学习，并组织县四套班子成员和有关部门及各乡镇主要领导到府谷、晋城、临汾、繁峙等地学习考察。在深入学习领会和调查研究的基础上，把握党的路线方针政策的能力进一步提高，政治敏锐性和政治辨别力进一步增强，用科学发展观谋划思路、制定措施和领导发展的能力得到进一步提高。县委班子坚决维护中央、省委、市委权威，坚定不移地落实上级党委的各项决策部署，在政治、思想、行动上始终与中央和上级党委保持高度一致。坚持把主要精力放在研究和解决影响发展的全局性、战略性和前瞻性的重大问题上，集中精力抓方向、议大事、管全局、用干部，努力寻求上级精神与保德实际相结合的最佳切入点，作出新决策，提出新措施。努力向实践学习、向人民群众学习，集中全县人民的意志，明确提出了“三晋西大门、沿黄风景带、新型工业城、物流集散地”的发展定位、“打造保德新名片，搭建经济大平台，提升发展软实力”的发展战略、“建设

晋西北经济社会一流强县和晋西北最佳宜居城市”的奋斗目标，这些发展定位、发展战略、奋斗目标，通过一年来的实践检验，既体现了转型发展、跨越发展的理念，又符合保德县情和人民群众的愿望，有力地推动了经济社会发展。同时，县委结合上级精神，认真制定“十二五”规划，广泛听取各界意见建议，对“十二五”规划（草案）进行了多次研究，明确了指导思想和主要内容，增强了前瞻性、引领性、科学性和指导性。

二、全力扭住发展第一要务，推动县域经济又好又快发展

县委牢牢抓住发展第一要务，紧紧围绕经济建设中心，以结构调整为主线，以项目推进为抓手，全力推动经济又好又快发展。全年完成地区生产总值44亿元，同比增长14%；财政总收入14.1303亿元，位居全市第一，同比增长1.25%；固定资产投资实现53亿元，占市任务29.62亿元的179%，增幅位居全市第二；规模以上工业增加值27.5亿元，与上年持平；社会消费品零售总额9.004亿元，同比增长21%；城镇居民人均可支配收入14583元，位居全市第四，同比增长10.9%；农民人均纯收入3130元，同比增长11.5%。

一是项目建设取得重大突破。2010年1-11月份，全县纳入统计考核的固定资产投资项目共109个，全部项目计划总投资191.3927亿元，至11月底已开工项目100个。其中，王家岭煤矿项目获得核准。氧化铝生产项目已开始征地。煤层气开发项目完成投资2.41亿元。其他省市重点项目都完成了年初预定计划。“煤电铝化建油气”七大支柱产业初具雏形。重点项目的有序推进，确保了全县工业经济的稳健运行。

二是“三农”基础不断夯实。总投资2.5亿元的农村“五个全覆盖”全部完成；投资1亿元的天桥引黄灌溉工程将于2011年底完工，年可灌溉田地5万亩，并供给氧化铝等企业用水980万吨；全年共硬化农村小街小巷25村51公里，休闲广场建设、道路美化、绿化、亮化任务超额完成，以户用沼气为主的“一池三改”连续第四年高标准完成，走在了全省前列。围绕“猪、牛、羊、棚、特、劳、草、林”八字战略，新建和改造温室大棚645座，每座以奖代补1.2万元，三年来已累计建成大棚1200余座，每座日光温室每年收入在1.5万—2.5万元，走出了全县由黑色产业向绿色产业转型发展的新路子；帮建了1个万头养猪场，筹资800万元栽种核桃树1.6万亩；红枣、海红基地发展到20万亩，年产红枣1.5万吨、海红果0.3万吨；发展加工企业26家；劳务输出1.5万人，增收2亿元以上；扶贫开发和科技兴农都取得了新突破、新进展。

三、提高党的建设科学化水平，为转型跨越发展提供坚强保证

始终高度重视党的思想、组织、作风、制度建设和反腐倡廉建设，进一步加强了党的凝聚力、战斗力和创造力。

一是加强党的思想政治建设。加强理论武装突破口，坚持学习与树立科学的发展观、人才观及正确的政绩观、群众观相结合，与弘扬求真务实的工作作风相结合，与倡导开拓创新的精神相结合，着力提高了领导干部的理论素养和贯彻科学发展观的实践能力。

二是加强党的作风建设。认真对照省委书记袁纯清提出的“直面艰苦、乐于吃苦、忍耐清苦、带头苦干”的作风要求和市委董书记提出的干部思想素能建设“二十字”要求，以右玉精神为榜样，工作上真抓实干、务求实效，干群一心、共促发展的氛围进一步浓厚。

三是加强基层组织建设。积极开展“创先争优”活动，基层党组织和党员公开承诺的9785件事项全部兑现。结合“创先争优”活动，指导258个基层党组织圆满完成了换届工作。新建、改扩建村级组织活动场所135个，实现了200人以上村的党组织活动场所全覆盖。全面推广了“四议两公开”工作法，大力推进了村级组织民主规范化建设。抓好乡镇党委书记、农村“双强”党支部书记、党员、大学生村干部“四支队伍”，不断夯实基层党组织根基。逐步构建了统筹县、乡、村和非公企业、街道社区党建新格局。

四是坚持和完善干部选拔任用制度。严格执行《干部任用条例》，全年共调整干部8批213人次（包括政府机构改革单位名称变更的37人次）。一个以群众公认为基础，以德才表现为尺度，以工作实绩定升迁，以干事创业为导向的干部选任机制已初步形成。围绕“进一步深化干部人事制度改革，提高选人用人公信度”这一主题，加强学习宣传、严格落实规定、加强督促检查，确保了干部选拔任用工作四项监督制度落到实处。

五是加强反腐倡廉建设。深入贯彻中纪委、省、市纪委精神，以求真务实的精神认真落实党风廉政建设责任制和反腐倡廉各项工作任务，引导和教育广大党员干部自觉筑牢思想道德防线和党的纪律防线。带头做到“坚决抵制跑官要官，坚决禁止收受钱物，坚决杜绝以权谋私”，为全县班子和干部群众树立了表率，始终保持着堂堂正正做人、清清白白做官、踏踏实实办事的原则。在班子内部大力弘扬甘于清贫、淡泊名利的精神，追求高尚的道德情操，树立敢抓敢管的正气，使班子形成了廉洁型班子。并能够严格要求家属和身边工作人员，切实做到手不乱伸、嘴不乱吃、违反原则的事不做、违反纪律的口子不开，增强了班子的免疫力。在强化自我约束的同时，加强制度建设，建立健全各项规章制度，逐步形成与新形势新要求相适应的的监督管理制度和防范机制，从源头上最大限度地堵住了产生腐败的漏洞，在全县营造了廉洁自律、务实创新、民主文明的正气环境。

（王英俊）

附：一、中共保德县委书记、副书记、常委名单

书　记：王继明

副书记：王黎明　刘福荣　南春林

常　委：丁开义　侯俊生　周书泉　张宇光　杜乃蝉
　　　　赵林胜

二、乡镇（街道）党委（党工委）书记、副书记名单

东关镇
书　记：李新生（2月离职）
副书记：张文升　霍培荣　陈培光

桥头镇
书　记：马玉泉
副书记：高彦林　张俊星　韩赛昌

义门镇
书　记：李明清
副书记：郭兴田　杨晋清　可英义

杨家湾镇
书　记：康晓钟（5月离职）
副书记：张智才　高际东　冯新波

腰庄乡
书　记：刘竞才
副书记：康智新　姜永清　王三清

窑洼乡
书　记：张　洁（5月离职）
副书记：高彩文　杨旭春　马宏宇

土崖塔乡
书　记：张志峰
副书记：白侯平　张奋宇　王　喆

孙家沟乡
书　记：（空缺）
副书记：李宝权　张　健　王晓东

尧圪台乡
书　记：菅混宽
副书记：张埃平　吴高宇　李建平

冯家川乡
书　记：白计平
副书记：王耀光　白佩玉　徐振清

南河沟乡
书　记：康志忠
副书记：韩爱乐　梁　栋　崔晓伟

林遮峪乡
书　记：赵震宇
副书记：闫　俊　郭海召　张建慧

韩家川乡
书　记：张尉会
副书记：张振清　武荣科　翟小平

街道办
书　记：王福全

中共偏关县委工作概况

县委书记　任建华

2010年，县委以“三个代表”重要思想和科学发展观为指导，以深入开展“创先争优”活动为契机，全面贯彻落实党的十七大及十七届四中、五中全会精神，按照中央、省、市组织工作会议部署，紧紧围绕全县改革发展稳定大局，统筹兼顾，开拓创新，不断提升组织工作整体水平，为全县经济社会又好又快发展提供了坚强的组织保证。

一、扎实开展创先争优活动

县委围绕完成“十一五”规划的各项任务作出了承诺。乡(镇)党委按照“三有一化”和“一定三有”的要求，对村级组织活动场所的“建设、管理、使用、维护”和统筹城乡党建一体化工作进程以及对村干部管理、党员技能培训、村干部量化考评、大学生村官的“管理，培养，使用，流动”进行了承诺，并接受群众监督。村党支部从群众最急、最盼、最需的问题入手，重点围绕创建农村“五好”党小组，推行“四议两公开”进行承诺。全县390个党组织和7325名党员共填写《公开承诺书》7715份，党组织承诺事项件数达1950件，党员承诺事项件数达21975件。

二、加强领导班子和干部队伍建设

一是健全干部教育培训机制。制定了《进一步加强干部党员教育培训意见》，明确了各单位干部党员教育培训职责，完善了分级负责的培训机制。二是创新了教育培训形式。制定了《2010年干部教育培训计划》。一年来，先后选派了16名领导干部参加《忻州大讲堂》报告会3次，选派7名领导干部赴清华大学、北京大学学习锻炼，组织20多名乡镇干部和农村支部书记赴西北农林科技大学进行了参观学习，7名大学生村官到原平农校参加创业培训，进一步开阔了视野，提高了教育培训的实效。组织全县238名农村支部书记参加全县十七届四中、五中全会精神培训班，10名乡镇党委书记参加全市乡镇党委书记培训班，选派1名乡镇长到山东进行挂职学习,进一步增强了基层党员干部领导和服务科学发展的能力。

三、巩固和发展基层组织和党员队伍建设

加强村干部队伍建设。一是抓机制，建立实绩考评机制。按照“以责定酬、以绩论奖、奖罚分明”的原则，进一步规范了村党支部书记“基础+奖励”工资制度。建立政治关爱机制。从“一好双强”型村党支部书记（村委会主任）中考录乡镇公务员，全县238名党支部书记已有4人考录为乡镇公务员或事业编制人员。结合农村工作实际，建立健全了党建工作专题研究、工作汇报会、工作例会、领导干部联系点等制度，形成用机制管人、以制度管事的工作局面，较好地发挥了乡村党组织在农村基层组织建设中的领导核心作用。二是抓培养，采取“送出去学”、“请进来教”、“集中办班”的方式，培养造就了一支政治素质好、带富和协调能力强的“一好双强”型村党组织书记队伍，为加快新农村建设步伐打下了良好的组织基础。三是抓管理，在“管”字上做文章，进一步加强了村党组织书记队伍作风建设，建立健全村党组织书记监督管理制度。按照“一定三有”的要求，规范村干部管理考核工作，全面推行“四议两公开”工作法，有力地加强了村级民主政治建设，促进了农村科学发展，和谐发展。

加大村级活动场所建、管、用力度。一是建好场所，县委重点抓了104个村新建项目的工程质量监督和督促检查工作，保证了工程建设质量和进度。全县104个新建项目、43个改扩建项目已通过市、县验收，全部投入使用。做好农村党员干部现代远程教站点的建设、管理、使用工作。全年新配套建设101个站点，实现农村党员干部现代远程教育站点全覆盖。明确了站点管理人员职责，健全完善了站点各项制度，确保规范使用，切实强化了远程教育成果的转化运用，进一步扩大了远程教育工作的影响力。二是管好场所，县委坚持“以管促用”的原则，在“强化制度建设、加大基础设施建设、规范档案建设”上做文章，抓好村级组织活动场所标准化建设，确保活动场所正常运转，努力把活动场所建成“党员之家”、“干部之家”和“村民之家”。三是用好场所，引导村级党组织不断拓展村级组织活动场所的综合功能，提高服务水平，努力发挥办公议事中心、党员活动中心、教育培训中心、便民服务中心、文化娱乐中心等“五个中心”作用，做到“周周有活动、月月有培训”，努力实现便民、利民、为民目标。

加强和改进党员教育管理工作。一是做好了党内信息库建库工作。已建成党内信息库，并建立了“流动党员信息库”和“老党员信息库”，实现了党员管理信息化。二是加强党员教育培训管理。坚持党委和领导班子成员上党课制度、“三位一体”教育培训制度，充分利用党校、科技示范基地及农村远程教育网等载体举办各类培训班。做好《活动证》发放工作，为16名外出流动党员发放《流动党员活动证》。做好“12371”党员咨询服务电话的受理工作，确保党员能及时反映情况和表达诉求。三是切实做好发展党员工作。加大入党积极分子培养力度，把农村乡土人才和致富带头人作为重点培养对象，把非公党组织技术骨干、生产一线职工和管理人员中优秀分子作为发展党员工作重点，各基层党委建立了入党积极分子信息库。健全发展党员工作制度，制定了发展党员“两票制”实施办法，进一步规范发展党员工作，全年已发展新党员165名。

四、加强党风廉政建设

一是严格实行党风廉政建设责任制。按照“一岗双责”的要求，县落实党风廉政建设责任制领导组将全县的重点工作任务分解细化到每位县委常委、县政府班子成员，并将一些专项治理任务分解落实到有关牵头部门和配合单位。县直各部门和各单位、各乡（镇）都相应成立了落实党风廉政建设责任制领导组。“一把手”亲自抓、负总责，结合本单位的实际把一些工作任务分解到班子成员及各职能科室，形成横向到边、纵向到底的责任网络。二是加强对领导干部的监督。为全县10个乡镇、76个行政机关和执法单位及其500多名副科以上领导干部建立了效能监察档案，实行动态管理。三是扎实推进农村党风廉政建设。县纪委内部增设了农廉室，所有乡镇都配备了一名纪委副书记，所有村级党组织中都设立了纪检委员或建立纪检监察小组。将民政、计生、林业、水利、土地、司法等部门及派驻站所纳入便民服务中心集中办公，进一步提升便民服务中心服务“三农”的能力，切实为农民群众排忧解难。

五、加大惩治腐败力度

全县各级纪检监察机关一直坚持把查处违法违纪案件作为反腐倡廉建设的重要手段，做到有案必查。狠抓乡镇基层办案，及时认真查处发生在老百姓身边的损害群众利益的案件。畅通信访渠道，建立健全信访件排查制度，多渠道排查摸清案件线索。有机整合办案力量，形成合力，充分发挥反腐败协调领导小组成员单位的职能作用，加强与公、检、法、审计等部门的沟通、配合，互通信息，整体推进，形成全县查办违纪违法案件的合力。2010年，全县各级纪检监察机关共立案查处各类违纪案件61起，结案61起，处分违纪人员63人，其中科级干部8人。

六、加强作风建设和治乱工作

一是加强政风行风建设。制定下发了《关于深入开展民主评议政风行风工作的实施意见》和《偏关县民主评议基层站所实施办法》，在全县36个部门和行业及366个基层单位的股室站所中开展了民主评议政风行风工作。二是进一步加强治理公路“三乱”工作。与涉路部门签订了治理公路“三乱”目标责任书，认真开展了“运煤通道保畅通专项治理”工作，对县境内主要干线公路的执法人员进行了10余次明察暗访。三是继续抓住教育收费这个热点，对全县29所学校开展了教育收费专项检查活动，下大力气规范教育收费行为。（沈俊杰　李　敏）

附：一、中共偏关县委书记、副书记、常委名单

书　记：任建华
副书记：王　源　郝和平　何永户（挂职）
常　委：崔峥岭　孔保宝（1月离职）
　　　　姚　朴（1月任职）　王映中（4月任职）
　　　　左　峰　谢元喜　乔建华

二、乡镇党委书记、副书记名单

新关镇
书　记：陈安乐
副书记：郭秀鸿　贺宪文

陈家营乡
书　记：薛平智（6月离职）　胡高峰（6月任职）
副书记：张翠莲（女）　王为民

万家寨镇
书　记：董二万
副书记：郭建忠　王　华

天峰坪镇
书　记：贯贵如
副书记：武秀贵　杨晋华

楼沟乡
书　记：刘文斐（6月离职）　秦庆元（6月任职）
副书记：王在英（6月任职）　范彩琴（女）　王卫兵

老营镇
书　记：赵雨田
副书记：李　瑞（6月任职）　马　富（6月任职）
　　　　高吉生

水泉乡
书　记：胡高峰（6月离职）　李　毅（6月任职）
副书记：马　富（6月离职）　张俊峰（6月任职）
　　　　王安荣

尚峪乡
书　记：梁晓光
副书记：闫志忠　李志强

南堡子乡
书　记：杨占录
副书记：王在英（6月离职）　戴永胜（6月任职）
　　　　卢　鑫

窑头乡
书　记：任清泉（6月离职）　刘文斐（6月任职）
副书记：李　瑞　王吉荣

街道办
书　记：李虎容

中共吕梁市委工作概况

市委书记　聂春玉

2010年，市委认真贯彻落实中央、国务院决策部署，紧紧围绕省委、省政府转型跨越发展总体要求，经济社会发展成功摆脱国际金融的影响，呈现出稳步回升、持续向好、快速发展的良好势头。全市地区生产总值完成845.5亿元，财政总收入完成196.2亿元，一般预算收入完成72.9亿元，全社会固定资产投资完成435.8亿元，社会消费品零售总额完成222.5亿元，城镇居民人均可支配收入可达15278元，农民人均纯收入达到3890元。

一、大力实施项目牵动战略，不断夯实转型跨越发展的基础

一是全力推动项目建设。全面启动“343”项目建设，全年开工建设484个，完工151个，累计完成投资753亿元。编制了“十二五”项目建设总盘子，集中5年时间，重点实施1000 个总投资1万亿元的大项目、好项目，力争全社会固定资产投资完成5000亿元以上。二是不断加大重点工程建设力度。坚持把省、市两级重点工程作为扩大投资的主要载体，出台并落实了加快推进项目建设的若干政策意见和项目管理考核制度，重点项目建设进展顺利。全市56项省、市重点工程，总投资1093.2亿元，完成投资314.7亿元，开工率达到89.3 %。三是以项目为载体全面提升对外开放水平。按照“以煤为媒、招商引资、多元发展”思路，坚持多层次合作、宽领域招商、全方位对接、高起点运作，努力在大开放、大引进中实现大发展。全年共签订招商引资项目107个，总投资728亿人民币，拟引资323亿人民币，实际到位180亿元，中国华能、中国铝业、华润集团等一批知名大企业、大集团先后进驻吕梁。

二、切实加强“三农”工作，不断拓展农民增收、农业增效、农村繁荣的渠道

一是各项强农惠农政策落实到位。认真落实中央各项强农惠农政策，兑现到户粮食直补、农资综合补贴、玉米差价补贴、良种补贴等资金1.93亿元。不断加大财政支农力度，全市“三农”投入6.65亿元，同比增长20.23%，其

中市本级财政安排1.38亿元，同比增长29%。二是农业生产条件明显改善。横泉水库供水工程全部竣工，柏叶口水库大坝成功封顶，千年水库大坝主体完工。完成淤地坝建设90座，完成水保初治面积40万亩，生态修复面积80万亩，新增基本农田2.7万亩，新增灌溉面积4万亩，新开工提黄灌溉工程5处。三是农业现代化步伐明显加快。按照“一县一业、一村一品”模式，大力推进小杂粮、畜牧、林果、蔬菜、劳务等特色产业规模化发展。全市粮食总产量达到10.4亿公斤，增长15.9%，连续六年实现了丰产增收。“三大经济林覆盖”工程深入实施，全市新栽植干果经济林38万亩，总产量达到14.3亿公斤，林果收入近8亿元。全市49户农业产业化龙头企业列入省、市、县三级梯次企业。新发展农民专业合作社400个，累计达到2530个。四是扶贫攻坚成效明显。继续实施整村推进、移民扶贫、转移培训、产业扶贫、教育扶贫五大扶贫工程，深入开展机关帮建、企业帮扶、整合资金、捆绑项目工作，全年整合支农资金12.8亿元、整村推进资金1.3亿元，完成引导性培训13.5万人，新转移农村劳动力5.1万人，农民人均工资性收入达到3770元，同比增加296元。进一步加大扶贫开发力度，完成了整村推进村505个，解决了11.6万贫困人口的温饱问题。

三、深入实施产业调整振兴规划，加快转变经济发展方式

一是产业结构调整稳步推进。坚持领导干部包联帮扶企业制度，大力实施八大产业发展规划，做精煤系列产业，做强焦化、电力、冶金产业，培育壮大煤化工、装备制造、新型建材、现代服务业、特色农产品加工、新能源六大替代产业，积极谋划沿黄四县新型煤化工基地建设，全力推进从传统工业化向新型工业化路径转型。山西金地“煤焦电化建运”循环经济产业链项目、联盛煤焦电化产循环经济项目有序推进，科天罡超高分子量聚乙烯制品、华星超高分子聚乙烯管材等项目建成投产，乐百利特200万套LED照明灯具项目开工建设，一批大项目、好项目成为引领吕梁转型发展的旗舰。二是煤矿企业兼并重组取得重大阶段性成果。巩固扩大煤炭资源整合和煤矿兼并重组成果，重点推进兼并主体到位、企业手续完善、矿井改造提升和复工复产等工作。全市整合重组方案已全部批复，正式协议签订率达到100%，主体企业接管到位率达到99%，补偿资金到位率达到99%，采矿许可证换发达到98%以上。三是民营经济继续保持快速增长。重点鼓励、支持和引导民间资本以独资、参股等多种形式参与煤炭资源整合和大项目建设，大力支持民营企业投资发展高新技术产业、服务业等新兴产业。全年民营经济增加值完成542.3亿元，同比增长35.8%；上交税金完成118.4亿元，同比增长21.9%。民营经济对地区生产总值和财政收入的贡献率分别达到64.1%和60.3%。四是服务业发展势头良好。坚持把发展现代服务业作为经济转型的重要动力，从项目奖补、税收减免、土地优惠、金融扶持等方面加大扶持力度，18个投资上亿元的现代服务业重点发展项目全部开工，并部分建成投产。

四、大力推进节能减排，不断优化生态环境

一是深入开展环境质量提升年、环境污染巡查整治活动，全市减排二氧化硫1.25万吨、COD 1600吨。吕梁市区二级以上天数达到258天，综合污染指数下降到1.46，同比下降21.5%；全市13个县市区城区二级以上天数达到4441天，同比增加182天，综合污染指数1.94，同比下降12%。二是大力淘汰落后产能，重点行业、重点工程节能降耗措施不断落实。对年入洗90万吨以下洗煤厂、年产60万吨以下焦化厂以及高耗能低效益的小企业全部实施了关闭、停产、限产措施，规模以下能耗超标企业停产349户，全年淘汰落后焦化产能36万吨、水泥产能134万吨、钢铁产能357万吨、电力机组装机容量12兆瓦、造纸3万吨。三是持续实施六大造林绿化工程，全年完成造林49.7万亩，完成义务植树504万株，完成育苗4.3 万亩。全市13县市区集体林权制度改革全面展开，5个县市改革任务基本完成，其余县市完成任务的50%。碳汇林石楼试点项目顺利推进，共栽植侧柏、刺槐7.7万株。四是加快推进生态环境治理修复工程，大力实施草地治理、河道整治、沿岸绿化、水利水保等项目，完成水保初治面积35万亩、生态修复面积70万亩、淤地坝新建60座,以汾河、三川河为重点的流域生态环境不断得到修复，生态建设取得了新进展。

五、着力提高建管水平，不断加快城乡统筹发展

积极推进市域城镇规划和建设。全面开展城乡规划体系编制工作，完成县域城镇体系规划9个，建制镇总体规划10个，乡总体规划6个，新农村建设规划198个，历史文化名镇名村保护规划1个。吕梁市区按照“北拓、东延、南进”的思路，以火车站站前广场、文化广场、集中供热系统完善等重点市政工程为代表的一批重点市政基础设施项目加快建设，城市辐射带动能力不断增强。其他县市以城市和县城建设为龙头，以重点建制镇提升为支撑，科学规划，完善设施，改善面貌，市域城镇化进程不断加快。深入开展城市管理和城乡环境综合整治。吕梁市区连续四年荣获“省级卫生城市”。全年共创建省级卫生村镇10个，省级卫生单位20个，市级卫生村1063个。全市城市环境基础设施建设取得了历史性突破，实现了县县有污水处理厂的建设目标。市民素质普遍提升，呈现出清洁文明、共建共享、和谐宜居的良好氛围。全面启动新农村“百村行动计划”。通过规划编制、产业培育、“四化四改”、“五个一工程”等举措，新启动了228个新农村重点推进村建设，培育和树立了一批有特色、有影响力和带动力的品牌示范村。新农村形成“一村一品”率达到90%以上，改水完成率达100%，“四化”完成率达到90%以上，“五个一工程”同步推进，农村面貌有了根本改观。

六、积极推动社会事业发展，不断增强公共服务均等化水平

认真落实中等职业学校学生资助政策、清查整顿中等职业学校等措施，大力发展职业教育、成人教育，促进了教育事业协调发展。加快发展农村教育，全面推进义务教育标准化建设，新建改造935所学校，面积达187.2万平米，全市义务教育逐步实现均衡发展。建立科技基金平台，引导社会资本进入科技创新领域，支持企业开发和应用高新技术，有12项科技成果通过省级鉴定并全部进行了登记，其中4项国际领先，8项达到国内先进水平，汾阳市、文水县被列入全国科技富民强县计划。8个县市区实施了国家基本药物制度，汾阳、孝义和柳林3县市启动了公立医院改革试点工作。稳步推进新型农村合作医疗制度，全市参合农民总数达到266.9万人，参合率93.3%。深入开展以食品安全为重点的卫生监督工作，应对突发公共卫生事件的能力进一步提高。全面推进公共文化服务体系建设工程、艺术精品创作生产工程、广播电视村村通工程建设，以市电影公司、市歌舞剧院为试点的文化体制改革继续深化。全面启动了《吕梁市旅游发展总体规划》和《关帝山生态旅游专项规划》的编制工作，文水县苍儿会生态旅游经济区等一批重点旅游项目取得新进展，全年旅游收入完成52亿元。

七、更加注重保障和改善民生，不断改善人民群众生产生活条件

全省确定的“五个全覆盖”全部完工，“十件实事”全部兑现。市委自定的城乡困难群众最低生活保障全覆盖、城乡困难群众大病医疗救助全覆盖、中小学家庭经济困难学生资助政策全覆盖、农民和缺乏基本医疗保障的城镇居民合作医疗全覆盖等“四个全覆盖”有序推进。认真落实“五缓四降三补贴”等就业政策，城镇新增就业3.96万人，城镇登记失业率控制为1.96%。加快医疗、工伤、失业等社会保险以及新型农村养老保险扩面步伐，参保人数不断增加，保险体系不断完善，城镇基本社会保障覆盖率达到86%。认真贯彻国务院、省政府关于安全生产的一系列部署，扎实推进“安全生产年”活动，全年安全事故死亡人数298 人，同比减少54人，亿元GDP死亡率由2009年的0.5下降至0.397，安全生产形势持续好转。建立完善各种预警机制，积极引导群众以理性合法的形式表达利益诉求，全市信访工作取得了“三下降、两提高、一好转”的效果。建立健全了应急管理和救援体系，进一步增强了处置突发事件的能力。进一步加强社会治安综合治理，健全治安防控体系，防范和依法打击了各类违法犯罪活动，为全市人民打造了一个安全和谐的幸福家园。

八、巩固扩大学习实践活动成果，不断开创党的建设新局面

深入推进科学发展观学习实践活动，具有吕梁特色的12 个方面长效机制得到中央巡回检查组高度评价，18家中央级媒体进行了集中报道。以实施“素质工程、先锋工程、堡垒工程、示范工程、强基工程”为总抓手，创先争优活动扎实推进，基层党组织的战斗堡垒作用和党员的先锋模范作用进一步发挥。干部教育培训力度不断加大，一批国内知名专家学者应邀授讲《吕梁大讲坛》，提高干部队伍整体素质。出台了《深化干部人事制度改革的意见》，市、县两级党委实行了常委会任免干部票决制，进一步规范干部选拔工作程序。加快实施人才强市战略，注重培养和发掘本地人才，积极开展招才引智活动。第二轮村级组织活动场所建设任务圆满完成，“四议两公开”工作法全面推行。深入开展学习型党组织建设活动，各级干部转变作风、尽职履责、开拓进取的责任感和紧迫感明显增强。加快推进惩治和预防腐败体系建设，严格落实党风廉政建设责任制，深入开展煤焦领域反腐败专项斗争和机关作风整治专项活动，严肃查处了一批党员干部违法违纪案件。

（薛　斌）

附：中共吕梁市委书记、副书记、常委名单

书　记：聂春玉

副书记：张九萍（女）　丁雪峰

常　委：吴志国　牛社威　张中生　刘保明　吕政莲（女）　张效彪　李良森　刘云晨　常泽春

中共交城县委工作概况

县委书记　李志安

2010年，在省委、市委的正确领导下，县委坚持以科学发展观为指导，深入贯彻十七届五中全会、省委九届十一次全会、市委二届六次全会以及县委工作会议精神，团结带领全县人民攻坚克难，真抓实干，全县经济社会各项事业呈现出蓬勃发展的良好态势。

一、大力加强和改进党的建设，为各项工作扎实推进提供坚强组织保证

大力加强各级领导班子思想政治建设。通过开展“创三

型”读书活动、开设“转型跨越、创先争优——理论实践面对面金钥匙”大讲坛、组织县四大班子领导以及相关乡镇、部门及企业负责人外出考察等多种形式的活动，各级干部思想得到进一步解放。

切实加强基层组织建设。进一步完善了县乡领导包点联系制度，共建立基层包联单位172个。加大考核督查力度，全年共组织基层党建督查5次，整改40余项，确保了基层党建目标任务的落实,基层组织党建工作水平进一步提高。

大力加强干部队伍的选拔、管理和使用。牢固确立“三重三论”用人导向，坚持一线锻炼干部、选拔干部，全年共考察推荐后备干部178名。以“省委党校交城农村干部大专班”为平台，进一步提高农村干部的工作水平和工作能力。完善了实绩考核办法，采用平时考核加年终考核双百分考核制，将考核评价和跟踪管理结果作为干部使用、评价的重要决策依据。

进一步加强反腐倡廉建设。一年来，县委认真落实党风廉政建设责任制，不断加大对煤焦、工程建设等领域的反腐力度，共清缴各类费用6.7亿多元，对13名党员干部给予了党政纪处分。同时，狠抓纠风治乱和案件查办工作，全年共立查各类违纪案件60件，结案60件，给予党纪处分60人。

二、以转型跨越发展为主线，着力推进新型工业化进程

狠抓项目建设，打造经济引擎。以“343”项目建设和“5115”项目建设为契机，上马了一批科技含量高、发展前景好的优势项目，增强了发展后劲。全年共实施重点项目59个，总投资121.57亿元。在项目推进过程中，不断强化和创新领导包项目机制，实行既包联重点企业，同时包联成长型企业的“1+2”包联机制，有力推动了项目建设。

发展新兴产业，加快转型步伐。积极推动企业与大专院校、科研院所开展产学研合作，千方百计引进循环经济、煤化工、新材料、医药化工等领域的高端人才共20余人，并上马或筹划运作了一批科技含量高、处于国际国内技术前沿的新兴产业项目，助推我县产业转型发展。

拓宽服务途径，畅通“绿色通道”。一是创新金融服务。积极开展了集合票据试点工作，首期已成功融资5.25亿元。二是创优社会环境。加大对不作为、乱作为行为的监督查处力度，严肃处分了一批吃拿卡要的单位和个人。严厉打击敲诈、强揽工程等破坏企业正常生产的违法行为，确保项目建设“零干扰”。

三、扎实推进新农村建设，农业农村工作取得新进展

大力发展农村特色产业。按照省委提出的推进农业现代化的基本要求，立足我县实际，大力发展特色农业产业，形成了以红枣、核桃为主的特色经济林，以无公害蔬菜和食用菌栽培为主的特色种植业，以肉牛育肥和生猪养殖为主的特色养殖业三大产业。全县共有红枣种植面积3万亩、核桃种植面积2.5万亩、蔬菜种植面积2.7万亩、食用菌大棚380个、肉牛存栏1.8万头、猪存栏3.6万头。

巩固拓展“四化四改”和“五个一工程”建设成果。“四化四改”方面。在12个重点推进村完成道路硬化41公里，栽植各类绿化树种18余万株，安装路灯956盏。全县73个试点村、重点推进村基本实现了“四化”目标。

“五个一工程”方面。全年共计改造、新建科技文化活动室73个、农民休闲健身广场71个、便民连锁店75个、改扩建学校12所、修建村级卫生所73个，农村公益服务设施进一步完善。

进一步健全投入长效机制。继续加大财政支持新农村建设力度，累计筹集500万元，整合各类涉农资金1800万元。不断加大农村劳动力转移培训力度，共进行各类培训218期次，培训农民1.1万人次，农民就业技能有了新提高。

四、大打基础设施翻身仗，为加快发展提供硬支撑

2010年，全县共铺开基础设施重点工程17项，总投资达到18亿元，其中县级投资15亿元。道路交通方面，随着国道307线交城县城段、玄中大道、工业园区路网改造、南环路东延等一大批工程的竣工通车，县城路网框架得到进一步完善；电力建设方面，开发区220KV变电站新建工程、柏叶口水库二电源建设工程、瓦窑110千伏输变电工程相继正式投用，城乡输变电质量大幅提高；水利方面，总投资3.6亿元、年引水1800万方的龙门渠引水工程即将奠基开工；总投资7.97亿元的柏叶口水库工程完成大坝封顶，2012年底全部完工；总投资1.2亿元的华鑫生态湖湿地公园已完成一期工程，休闲游乐设施正在规划中；投资911万元完成了58处1.95万人的安全饮水任务。

五、以建设宜居城市为目标，加大城市建设力度

2010年，县委、县政府按照“建设山水园林宜居城市”的目标和“东进西突、扮靓北部”的总体思路，全面加大了城市化建设力度。

开展各项城市建设规划编制工作。先后完成了迎宾路、新开路、龙山大街、城东移民区修建性详细规划，完成了县城水系、文物保护规划等专业性规划，初步形成了总体规划、专项规划、详细规划相结合的多层次规划体系。

大力度实施城建重点工程。先后铺开了供热、供气、污水处理、旧城改造等城建项目6个，其中，迎宾路建设工程、新开路中段拓宽改造工程已实现主车道通车；卦山生态园一期工程已全部竣工，二期工程正在编制相关规划；新建污水处理厂已正式投用；全面铺开城区集中供热、供气工程，年内新增供热面积200万平方米，总供气量达到480万立方米。

大力开展县城卫生清洁工程。重点实施了县城大街小巷、城乡结合部的垃圾死角清除工作，共清理垃圾20.4万余方，拆除违章建筑7000多平方米，城乡环境面貌得到了明显改善。

（中共交城县委办公室）

附：一、中共交城县委书记、副书记、常委名单

书　记：李志安

副书记：孙善文　刘文海　桑小平

常　委：武兴华　吕文平　康彩霞（女）　郭　强　王红叶（12月离职）郑仰强

二、乡镇党委书记、副书记名单

天宁镇

书　记：权和维

副书记：赵恩光

夏家营镇

书　记：权　斌

副书记：魏明生

西营镇

书　记：杨　辉

副书记：司记才

洪相乡

书　记：程通彦

副书记：游　芳（女）

岭底乡

书　记：韩　谠

副书记：张一民

西社镇

书　记：双然兴

副书记：张宝山

水峪贯镇

书　记：张五宁

副书记：郭志强

会立乡

书　记：薛耀刚

副书记：庞利虎

东坡底乡

书　记：刘建军

副书记：张　伟

庞泉沟镇

书　记：李华斌

副书记：阎林忠

中共文水县委工作概况

县委书记　郭　宝

2010年，在省委转型发展、跨越发展战略的指引下，在市委的正确领导下，县委团结带领全县广大干部群众，大力弘扬新时期胡兰精神，攻坚克难、奋发有为，县域经济社会保持持续较快发展，重点项目和基础设施建设取得重大进展，民生状况和社会事业得到继续改善，安全生产形势和社会稳定局面更加巩固，对外形象得到根本性转变，“三新”文水建设开创崭新局面。全年全县GDP实现38亿元，同比增加16.4%；财政总收入完成55072万元，圆满完成市委市政府下达的任务；固定资产投资完成22亿元，同比增长6.8%；粮食总产量达到2.33亿公斤；城镇居民可支配收入达到1.12万元，同比增长10%；农民人均纯收入达到4500元，同比增长12.6%。

一、以“413”工程为支撑，县域经济发展注入新动力

文水经济开发园区，以煤电、化工、机械三大产业集群项目建设为重点，金地公司“煤焦电化建运”循环经济产业链项目中，450万吨洗煤项目投产达效，300万吨煤矿项目、110万吨焦化项目、12万吨合成氨项目正在加紧建设，2×30MW煤矸石发电项目、400万吨水泥项目和铁路专运线项目，即将开工建设。安泰矿用机械公司年产150台矿用带式输送机项目、兴宇机械设备公司年产600台（套）压力容器项目加紧建设。紧紧抓住承接产业转移的难得机遇，依托区位交通优势、水资源优势、土地优势、化工产业优势，正举全县之力积极争取太原化工集团搬迁项目落户文水，力争为县域经济发展增添强劲活力和强大后劲。海威循环经济园区，以钢铁、煤焦、建材三大产业集群项目建设为重点，“海钢集团新区”建设全面启动，年产300万吨钢铁项目一期工程奠基动工；光华铸管公司冷模法球墨铸管二期项目正加紧建设；益林能源公司引入山西金桃园集团投资3亿元重组扩建，70万吨焦化项目建成投产；陈胜焦化公司120万吨洗煤和70万吨焦炭项目开工建设；吉港水泥公司二期日产2500吨熟料生产线建成投产，马西100多户石料生产企业顺利整合。胡兰农业科技园区，以畜禽养殖、

白酒酿造、农副产品加工和特色种植四大产业集群为重点，完成《文水县胡兰农业科技园区总体规划》；大象禽业日屠宰5万只肉鸡的第二条生产线建成投产；汇丰源食品公司与西川棒棒娃集团合作建设肉牛屠宰生产线建成投产；马西乡、孝义镇的部分区域被市政府和省发改委列入杏花村酒业集中发展区，白酒业整合迈出实质性步伐，海威集团海华生物酿造有限公司一期年产1万吨生物保健酒系列及保健饮料项目开工建设；大象村大棚蔬菜种植基地建成面积500亩的拱棚480个、面积200亩的日光温室32个，大棚蔬菜种植初具规模；武良村种植基地生产的有机蔬菜已销往太原等市场。苍儿会则天故里旅游园区，推进自然生态、历史文化、民俗风情三大旅游资源的发掘和整合，世泰湖观光旅游、苍儿会农家乐旅游成功起步，雪恩高尔夫球场步入正常运营轨道。随着四大园区建设全面推进，我县产业结构逐趋向合理，县域经济逐步迈进转型发展新时期。

二、以试点县申报为依托，“三农”工作开创新局面

经过全县上下的共同努力和积极争取，我县先后被国家发改委确定为全国（特色农业）服务业综合改革试点县，被省政府确定为全省现代农业示范县和小型农田水利建设重点县，全县农业现代化发展迎来新机遇，“三农”工作继续保持强劲的发展态势。2010年新申报的26个新农村建设重点推进村规划文本全部编制完成，即将组织评审。“四化四改”任务全部完成，“五个一工程”取得明显突破。全县108个新农村建设试点村、推进村全部建立卫生清洁制度，配备专门卫生保洁队，新建垃圾池58个。全年投资2457万元，完成饮水工程19处，解决了26个村49113人、4441头大畜的饮水安全问题。全年新发展农业合作组织90个，培训农民1.6万人次，转移农村富余劳动力3000余人。71个村级组织活动场所建设圆满完成，农村财务委托代理和会计电算化全面实施，“四议两公开”工作法得到普遍推广和运用。着力推进生态文水建设，完成文峪河城区段整治二期工程、夏汾高速文水出口南侧300亩绿化工程、3.55万亩人工林、西山1200亩环境绿化、凤城边山4000亩干果经济林项目和新品种试验示范基地建设，文水被太原康庄生态园确定为特色苗木种植基地。

三、以“三整顿两促进”活动为契机，干部队伍呈现新风貌

县委始终把干部队伍建设作为头等大事来抓，针对全县干部队伍中存在的观念落后、作风不实、纪律性差的问题，积极探索干部队伍建设的新思路、新方法，自觉主动、积极果断地开展了以“建设新文水、做新文水人”为主题的“三整顿两促进”集中学习教育活动。各乡镇、各单位按照县委要求，加强组织领导，精心设计程序，坚持开门搞整顿，广泛征集意见，积极对照检查，抓住单位和干部思想纪律作风方面存在的突出问题和群众反映强烈的重点问题，从按规矩办事做起，整章建制、立说立行；从群众不满意的地方改起，征求意见、边学改改；从解难事办实事做起，深入基层、扶贫帮困；从干工作抓落实做起，理清思路、落实责任，取得了明显的成效。严格落实省纪委“五个不准”规定，并结合文水实际，制定出台《文水县机关领导干部“十二不准”规定》，严肃整治干部中存在的“闲话风”、“吃喝风”、“赌博风”和经商办企业、婚丧喜事大操大办、挑拨离间破坏团结等不正当风气。通过为期两个月的“三整顿两促进”集中学习教育活动，各乡镇、各单位认真查找自身存在的个性问题，并采取相应的整改落实措施，基本达到了“解放思想、转变作风、严明纪律、促进发展”的目标。通过办事流程的简化、公开、便捷，通过服务态度的周到、热情、细心，通过切实整改干部思想、作风、纪律方面存在的问题，树立了机关干部的新形象、新面貌，让广大群众看到了干部队伍的新作风、新作为，感受到了集中整顿活动带来的新变化、新成效。

四、以廉政风险排查防控为着力点，党风廉政建设取得新成效

一是坚持关口前移，扎实开展廉政风险排查防控试点工作。着重从领导、岗位、程序、收费四个方面排查风险点，进一步优化职能、细化事项、量化目标，通过全面清权、依法减权、科学分权、规范限权、公开“晒”权和民主评权等防控措施，各单位进一步简化行政审批、减少办事环节、压缩权力空间、提高办事效率，确保干部权利在阳光下、制度下、监督下运行，创造了广大干部依法办事、高效做事、廉洁干事的良好环境。坚持严格约束，切实加强制度监督。围绕贯彻落实党内监督条例，严格执行省纪委“五个不准”和县纪委“十二不准”规定，制定和实施重要情况通报和报告、述职述廉、民主生活会等制度。二是坚持标本兼治、综合治理、惩防并举、注重预防的方针，进一步加强反腐倡廉建设，深入进行理想信念、党风党纪、廉洁从政、艰苦奋斗教育，确保广大党员干部在名与利、得与失面前经得起考验，守得住道德底线、纪律底线和法规底线。三是着力推进重大决策评议制、审批办理事项公示制和经济责任审计等规章制度，切实做到了用制度管权，用制度管事，用制度管人，确保各项工作规范有序健康运行。全年纪检工作共立案72件，查结71件，其中大要案件14件，处理党政干部76人。　　（中共文水县委办公室）

附：一、中共文水县委书记、副书记、常委名单

书　记：郭　宝

副书记：李晓娥（女）

常　委：胡学英（女）　朱德明　王海蓉　刘晓勤
阎启明　范发宾（3月离职）　薛广楼

二、乡镇(街道)党委(党工委)书记、副书记名单

凤城镇

书　记：贺荣杰
副书记：李志英　张凤亮　韩双根
开栅镇
书　记：孟颖杰
副书记：赵振军　韩　鹏
胡兰镇
书　记：（缺）
副书记：郗晓娟（女）
南安镇
书　记：周小云（女）
副书记：赵宪彬　韩全生　张志峰
下曲镇
书　记：李晓峰
副书记：田怀利　张志刚
孝义镇
书　记：苏德环
副书记：陈松杰　马永川　武建国
南庄镇
书　记：张玉和
副书记：张云峰　梁玉维
西城乡
书　记：段拉银
副书记：王志刚　张喜财
南武乡
书　记：张志军
副书记：武云强　贾瑞芝
北张乡
书　记：曹会成
副书记：张国强　郭宏斌
西槽头乡
书　记：徐建岗
副书记：刘逸清　李建环
马西乡
书　记：郭志刚
副书记：文栋梁　武国权
苍儿会办
书　记：马德高
副书记：高建岗

中共汾阳市委工作概况

市委书记　王志强

2010年，市委、市政府坚持以科学发展观为统领，以创建省级卫生、园林、文明“三城同创”及建设酒都汾阳、绿色汾阳、文化汾阳、卫生汾阳、平安汾阳“五个汾阳”为奋斗目标，团结带领广大干部群众，解放思想求发展，务实创新促发展，埋头苦干抓发展，有力地推动了经济社会平稳较快的发展，圆满完成了各项经济建设和社会发展目标任务。全市地区生产总值完成84.5亿元，同比增长13.6%；财政总收入实现18.55亿元，同比增长9.8%；固定资产投资达到24.9亿元，同比增长25.1%；农民人均纯收入达到6271元，同比增长14%；城镇居民人均可支配收入达到1.26万元，同比增长11.9%。

一年来，汾阳市工作受到了国家有关部门和省、吕梁市的高度重视，有13名省部级领导亲临我市检查指导工作，有9次省、吕梁市现场会、观摩会在我市召开，给予了我市工作大力支持和充分肯定。全年有8项工作受到了省以上表彰，被授予山西省卫生城市、农建红旗县等6份荣誉称号。

一、经济社会平稳较快发展

在农业产业化方面，市委、市政府抓了6件事：一是汾州核桃等特色品牌基地建设取得了新成效。全年栽植“汾州核桃”林5万亩，5月份受到出席世界干果大会32个国家和地区的代表高度评价，6月份受到省委袁纯清书记充分肯定，并在全省“7·29”干部大会上给予表扬。二是“绿色汾阳”建设取得了新成绩。全省碳汇林启动仪式在汾阳举办后，市委召开了“绿色汾阳”建设动员大会，组织了机关干部、市民义务植树，全市新增绿化面积6.3万亩，植树110万株，征地7000亩。三是农业基础设施建设力度加大。全年投入资金4200万元，完成2条河道8公里的治理工程和1处水库除险加固工程，实施2项小型农田水利建设项目，铺开1.1万亩基本农田整理项目。四是农业产业化龙头企业不断壮大。省级龙头企业达到3户，吕梁市级龙头企业达到8户，有7户企业列入全省农产品加工“513”工程，有4户企业产品通过了绿色食品、有机食品认证，有9个品牌被评为“山西省名牌产品”、“山西省著名商标”。五是农村改革取得了新突破。孝臣村土地流转受到了省内外专家学者关注，省委政研室、农业厅、组织部、山西日报社在我市联合召开了孝臣“农地入股”模式研讨会。六是农机等工作走在了前列，动植物疫病防控体系、农产品质量安全体系和农机服务体系进一步健全，同时农经、气象、畜牧等工作也都取得了新成绩。全市粮食总产量达到3.65亿斤，创造了历史新高。

在工业新型化方面，批了两个园区，开始了两个转变。两个园区：在国家严格控制园区建设的大背景下，先后批了山西省杏花村酒业集中发展区和汾阳市废旧轮胎综合加工利用产业园区。其中杏花村酒业集中发展区建设得到国内外媒体高度关注和上级高度重视，被省委、省政府列入全省重点工程、转型发展示范工程，被吕梁市委、市政府列为全市转型发展一号工程。发展区建设项目启动以来，省委袁纯清书记两次亲临现场检查指导工作，给予充分肯定和大力支持。发展区依托汾酒和中华名酒第一村——杏花村品牌，以汾酒集团为龙头，以品牌建设为核心，推进白酒产业整合和产业升级，全面提升杏花村酿酒产业核心竞争力和市场占有率，打造杏花村酒业集中发展区，把汾阳建设成为全国驰名的酒文化旅游胜地、全国最大的清香型白酒产销研发基地。近期达到“35511”目标，即用3年时间完成投资50亿元，建成5平方公里的产业集聚区，新增白酒产量10万吨，增加销售收入100亿元以上，使汾阳的白酒产量能够占到全国的2%以上。目前首批200公倾土地征用手续已经上报批复，已有我市5户企业，中阳、孝义、离石7户企业入驻，落实建设资金30亿元，9月28日开工以来已完成投资6亿多元。两个转变：一是项目推进由过去主要是基础设施转变为生产性领域的项目。在“5115”大会战中，上马项目81个，其中工业、农业等生产性领域、即可增加财政和就业的项目49个。二是产业转型发展，三泉焦化工业园区实现了由焦到化、电、建材循环产业链的转变，先后上马了五麟20万吨甲醇、锦岩3万吨碳砖等6个项目。

在市域城镇化方面，铺开了10个项目。①动工建设了汾阳广场、西河广场及南关村广场等8个广场，其中英雄广场、南关广场已经投入使用；②新建了小南关、西门等6个农贸市场，规范了随地设摊、沿街叫卖等行为；③完成了旧城改造的8处工程，动工铺开了鼓楼东街、荣盛路、英雄南路涉及拆迁600多户的三条街改造工程。其中鼓楼东街拆迁近420户，已全部签订合同；④投资6000多万元，新建了公厕，安装了路灯，绿化了街道，硬化了大街小巷，并加大了城区的供水管道、供气管道、供热管道的建设力度，并对全市的大小街道公开征求意见，进行了命名和挂牌；⑤动工建设了汾阳城中110kw变电站，缓解市区供电紧张局面；⑥开工汾阳王府纪念馆，彰显汾阳王郭子仪文化；⑦动工第四、第五高级中学，总投资3亿多元，已经完成投资1.5亿元；⑧动工汾阳地下人防工程，总投资1亿多元；⑨完成了党校、武装部等工程，动工了汾阳第一家五星级开元国际大酒店，规划建设的农贸市场、汽配城等10个商贸物流项目正在完成前期工作；⑩“三城同创”活动取得显著成效。成立了城市管理行政综合执法大队、园林绿化管理中心和环卫管理中心，并且公选了几名负责人，新增了130余名交警协管员、120余名城市协管员、160余名清扫保洁员、24名公厕管理员、20多名自行车摩托车管理员，实施了净化、美化、亮化的工程和除“四害”工程，通过各种形式广泛宣传发动，使城乡人居环境、生态环境明显改善，通过了省爱卫会验收，成为“省级卫生城市”。

二、加强党的建设

以开展创先争优活动为契机，全面加强党的建设。相继组织开展了学习贾家庄村活动、“唱好歌、读好书、做好事”活动、“一企一事一业”活动、创建国家级卫生、园林、文明城市“三城同创”活动和百名机关干部大下访、百名农技人员大培训、百名医务人员大义诊的“三百”活动。加强了各级领导班子和干部队伍建设。以开展“读好书”活动为载体加强思想建设，共组织市委中心组集中学习11次，开展了各类专题培训班20期，组织四大班子、乡镇书记、有关部门的科级干部赴右玉、重庆等地考察学习6次，对千名农村干部进行集中培训2次，并全面铺开农村党员干部轮训工作；在组织建设上，改设街道党工委2个，市直系统党委改设、增设至13个，新设市直科级事业单位7个，重新划分城市社区31个，召开了社区工作会议，完成36个村级组织活动场所建设工程，命名表彰50个四星级农村党支部；在作风建设上，提出了“四不四要”（不麻木、不动摇、不懈怠、不折腾，要做实事、要敢做事、要会做事、要做成事）评价干部的标准，组织了“万人评议机关”活动，并在年度目标责任考核中，开展了乡镇书记、街道党工委书记和16个市直部门“一把手”电视述职，而且有市委、市政府主要领导带队考察。特别是干部调整上，按照中央《干部任用条例》和民主集中制原则，通过常委会票决，先后8次调整了253名科级干部，其中新提拔了115名。对40名任乡镇、街道党政正职和党委、政府工作部门正职的科级干部，全部进行了全委会表决，干部调整风清气正。引深党风廉政建设和反腐败工作。在煤焦领域反腐斗争上，查处案件5件，缴回各种欠缴税费资金价款17530.96万元;在落实省纪委“五不准”要求上，开展明察暗访44次，检查单位417个，对存在问题的32人给予电视通报或书面通报批评，对4个单位主要领导给予通报批评；在整顿土地秩序上，排查出未报即用违法用地17起，面积17.8亩，拆除建筑物面积3500平米；在行风评议工作上，组织1560名群众参与民主评议政风行风问卷集中测评活动，完成对市直52个参评单位以及基层站所的年终考核；在开展“一企一事一业”活动上，共引导18名企业家投资41个转型发展项目，总投资65.7亿元，已完成投资12.6亿元。9月22日吕梁市委、政府、纪检委在汾阳召开了“一企一事一业”现场推进会，会上我们介绍了经验，受到了肯定。

(中共汾阳市委办公厅)

附：一、中共汾阳市委书记、副书记、常委名录

书　记：徐　德（5月离职）　王志强（5月任职）

副书记：马林巨　赵茂维　方和荣（女，12月离职）

常　委：马新成　李义祥　李立武　靳学强

姚翠萍（女）达月亮

二、乡镇（街道）党委（党工委）书记、副书记名单

贾家庄乡

书　记：韩志刚（8月离职）　宋志江（8月任职）

副书记：郭清河　张国槐

峪道河镇

书　记：杨景保（8月离职）　游陆明（8月任职）

副书记：申东高（8月离职）　任光耀（8月任职）

赵丽燕（女）

杏花村镇

书　记：韩学尧

副书记：游陆明（8月离职）　张兴亮（8月任职）

贾文慧

冀村镇

书　记：王　峰

副书记：何　雄　韩海生

肖家庄镇

书　记：宋志江（8月离职）　申东高（8月任职）

副书记：渠有林（8月离职）　任淑宏（9月任职）

宁　水

演武镇

书　记：王慧其（8月离职）　吕佩锋（8月任职）

副书记：张兴亮（8月离职）　马　文（8月任职）

王秉朝　薛开宇（8月离职）

阳城乡

书　记：韩秀山

副书记：吕佩锋（8月离职）　李建兵（8月任职）

李吉明

三泉镇

书　记：田惠明（8月离职）　郝耀光（8月任职）

副书记：吕宏江（8月离职）　吕晓全（8月任职）

赵双龙　王聪明

石庄镇

书　记：任政平（8月离职）　秦广生（8月任职）

副书记：秦广生（8月离职）　薛开宇（8月任职）

刘　让

杨家庄镇

书　记：侯晋清（8月离职）　文成宝（8月任职）

副书记：刘　勇（8月离职）　赵　强（8月任职）

雷鸣鹤　任光耀（8月离职）

栗家庄乡

书　记：王晓飞（8月离职）　郭清智（8月任职）

副书记：王海彦（8月任职）　郭建雄

西河乡

书　记：董士元

副书记：雷成才（8月离职）　渠有林（8月任职）

马润茂　李晋丽（女）

文峰街道

书　记：郝耀光（8月离职）　雷成才（8月任职）

副书记：张映楠　马万全　郭瑞明

太和桥街道

书　记：高冬生（8月离职）　王晓飞（8月任职）

副书记：郝彩秀（女）　魏正宏　党玉红（女）

中共孝义市委工作概况

市委书记　张旭光

2010年，在省委和吕梁市委的正确领导下，市委团结和带领全市46万干部群众，解放思想，坚定信心，全民总动员，全力促转型，强力推进新型工业化、特色城镇化、农业产业化、市域生态化“四化”进程，着力保障和推动民生事业发展，切实加强党的建设，经济社会发展取得了令人鼓舞的业绩。

一、强力推进新型工业化、特色城镇化、农业产业化、市域生态化，构筑了“十二五”转型跨越发展的坚实基础

一是以亿元转型项目集群推进为标志，转型跨越支撑显著增强。坚持把项目建设作为转型跨越的总抓手，举全市之力掀起了新一轮大上项目、上大项目、上好项目、上亿元项目的新高潮。全市总投资691.5亿元的161个经济转型骨干项目，完成投资149.3亿元，131个项目开工建设，64个项目建成投产或部分投产。特别是袁纯清书记“6·10”视察孝义之后，启动实施了“转型项目大攻坚”，六个月上马了24个总投资205亿元的亿元以上转型项目，其中新型煤化工类6个，新型铝工业类7个，农业产业化类3个，高新技术及新型材料类2个，现代服务业类6个，为“十二五”转型跨越发展奠定了坚实的产业支撑。

二是以发展园区经济为重点，新型工业化产业体系初步形成。市委立足孝义转型发展实际，着力加快四大园区建设。加快建设全国一流的千万吨级新型煤化工业园区，实施煤矿资源大整合，11座煤矿已获得采矿许可证，2座煤矿启动建设。规划实施了5个具有世界一流技术水平的220万吨7.63米的新型焦化项目，两个项目已完成产能置换。总投资14.5亿元的离柳集团30万吨合成氨及52万吨尿素项目开工建设；总投资25亿元的金州20万吨针状焦项目，一期工程已完成投资近1.2亿元，年底可实现试生产。加快建设全省一流的现代制造业园区。规划实施了兴安化工等“一大四小”新型铝工业项目，全市铝工业产能扩大到350万吨。江苏悦达集团汽车零配件加工及特种车辆制造项目、冀中能源集团现代煤机制造项目已达成初步意向。加快建设高新科技产业园区。引进中组部“千人计划”专家伍永安博士，上马了总投资50亿元的200万套LED照明灯具项目，上半年竣工投产。积极扶持天罡超高分子量聚乙烯制品、天基永泰生物质复合保温板等新兴产业项目，以科技推动产业链向高精尖方向延伸。加快建设中心城区现代服务业集中示范区。制定实施了《孝义市2008—2020年服务业发展规划》，完善发展服务业优惠政策体系，市财政安排3000万元用于扶持现代服务业发展。总投资2亿元的东兴国际五星级酒店、总投资17亿元的沃尔玛超市商务区等现代服务业项目正在加紧建设。2010年，全市第三产业增加值占GDP 比重达到36.24%。

三是以借智高端规划为引领，特色城镇化建设高点起步。以全域城镇化为引领，邀请国内一流规划设计单位，打破行政界限和城乡分割，按照中心城市、中心集镇、社区化中心村三个层面梯次推进的原则，对城镇空间布局进行重新规划，形成《孝义市市域城乡一体化总体规划》。全面加快城市基础设施建设，规划实施了孝西火车站南迁、科教文体园区等一批重点工程。城市道路里程由52公里增加到128公里，城市建成区面积由15.1平方公里拓展到27平方公里，规划区面积达到57平方公里，控制区面积达到240平方公里。2个乡镇完成新集镇建设规划并铺开建设，9个社区化农民新区初具规模，全市城镇人口达到27万人，其中城市人口21万人，城镇化率达到57.8%。

四是以“一园三企三大基地”为重点，农业产业化特色优势日益显现。以“一园三企三大基地”为依托，构建具有孝义特色的现代农业体系。一园：即山西省孝义现代农业园区，目前已入驻企业18户，开发各类产品130余种，2010年实现产值4.8亿元，带动农户2万余户。三大企业：山西铭信禽业1000万只肉鸭养殖加工项目年销售收入达到1.8亿元。孝义大象1亿只肉鸡加工及50万吨饲料生产项目已开工建设，将成为全省最大的肉鸡养殖加工基地。总投资5亿元的全省一流核桃深加工项目正在加紧筹备。以三大企业为带动，全市具有一定带动能力的农业龙头企业达到35个。三大基地：市财政投入1亿元专项用于核桃产业发展，全年完成核桃片林建设6.3万亩，核桃种植面积达到36.4万亩，建成了两个万亩核桃产业示范基地，力争用五年左右时间打造全省一流的60万亩汾州核桃基地。发展规模养殖户510户，标准化养殖小区118个，着力打造3亿只肉鸡、肉鸭养殖加工基地。同时，完成东盘粮6000平米和威尔仓储8000平米现代化智能连栋温室建设，建设辐射晋中盆地的蔬菜种植仓储基地，连续4年被评为“全省增加农民收入先进市”。

二、全面加强和改进党的建设，为转型跨越发展提供了坚实的政治和组织保障

一是深入开展创先争优活动。实行全市各级党组织分行业、分领域指导推进创先争优活动，培育创建示范点100个。开展“亮身份、做承诺、树形象”活动，组织志愿服务队218支，解决群众实际困难8100余个，服务群众3万余人次。坚持四级联动，逐级双向承诺，基层党组织共承诺事项3032项，党员承诺30978项，掀起了新一轮学先进、比先进、争当先进的浓厚氛围。

二是加强基层党组织和干部队伍建设。进一步健全和落实党建工作责任制。全面实现村级组织活动场全覆盖。引深“三级联创”活动，对“两委”班子不协调的22个村进行整顿，新成立5个新经济基层党组织。开展“百企联三老感恩活动”，党内激励、关怀、帮扶机制进一步健全。提倡领导干部带头学习弘扬右玉精神，提倡“白加黑”、“五加二”工作作风，在推动工作落实中树立党员干部良好形象。

三是创新干部选任机制和办法。按照“德才兼备、以德为先”的标准，牢固树立“无功就是过，平庸就是错，占位必司职，无为就让座”的选人用人导向，以发展论英雄，靠实绩定岗位。全年先后6次研究调整干部，一批想干事、能干事、能干成事的干部得到提拔重用。特别是不断加大对年轻干部的选拔力度，提拔35岁以下副科级干部达19人，为全市转型跨越发展注入了新鲜活力。

四是大力推进反腐倡廉建设。深入开展煤焦领域和重点工程领域反腐败工作，全年共查处24案50人，清缴各类煤焦基金、税费4.1亿元。积极推行“一企一事一业”活动，全市44个资源型企业投资24.31亿元，实施了98个“一事”项目和20个“一业”项目。继续加大违法违纪案件查处力度，全年共查处各类案件59案72人，其中大要案12案17人，挽回经济损失680余万元，着力营造风清气正的发展环境。

五是学习借鉴先进发达地区经验推进思想转型。先后邀请国内知名专家学者举办大型专题讲座10场，与北京大学、中科院等国内一流高校和科研院所签订战略合作协议，借智高端人才助力孝义转型跨越发展。尤其是组织市四套班子领导、重点部局及乡镇主要负责同志共计120余人，分两批赴中国县域经济最发达、高科技产业最集中、城乡居民收入最高的苏南浙北进行考察学习，助推党员干部特别是领导团队思想转型。 （郭晓江）

附：一、中共孝义市委书记、副书记、常委名单

书　记：张旭光
副书记：郭保平　焦张生　牛　牧（挂职，12月离职）
常　委：薛虎平　解俊英（女）　宗云宇　李殿生
　　　　田永明　徐国平

二、乡镇（街道）党委（党工委）书记、副书记名单

大孝堡乡
书　记：郭贵和（3月离职）　李永平（3月任职）
副书记：马　胄（3月离职）　冀小强（3月任职）
　　　　宋新生（4月离职）　韩培兴（9月任职）

梧桐镇
书　记：薛厚华
副书记：马世要　程晋龙

下栅乡
书　记：武锦平
副书记：梁　洪（3月离职）　史建新（3月任职）
　　　　梁通鹏（4月离职）　赵海兵（9月任职）

驿马乡
书　记：韩光晶（3月离职）　杨　团（3月任职）
副书记：刘书宏（3月离职）　王茂同（3月任职）
　　　　薛志彪　张云龙（9月离职）
　　　　杨晋平（9月任职）

杜濮镇
书　记：庚光祖（3月离职）　赵晓琴（女，3月任职）
副书记：吕治山　褚秋生（9月离职）
　　　　王茂林（9月任职）

西辛庄镇
书　记：王　勇（3月任职）
副书记：杨　团（3月离职）　郭绍辉（3月任职）

阳泉曲镇
书　记：孟武生（3月离职）　何一帆（3月任职）
副书记：何一帆（3月离职）　马　勇（3月任职）
　　　　李生广（4月离职）　侯艳红（女，9月任职）

兑镇镇
书　记：张由泉
副书记：李永平（3月离职）　李旭峰（3月任职）
　　　　张恩辉（9月任职）

高阳镇
书　记：李映滨
副书记：张武红　张英斌（9月离职）
　　　　薛新攀（9月任职）

下堡镇
书　记：冯芝旭（3月离职）　孟兰生（3月任职）
副书记：孟兰生（3月离职）　杜二牛（4月任职）
　　　　赵忠胜

南阳乡
书　记：郭德齐
副书记：苏晓明　宋满志（4月任职）
　　　　刘宝兴（9月任职）

杜村乡
书　记：张承红
副书记：王茂同（3月离职）　马　胄（3月任职）
　　　　郭庆渝

新义街道
书　记：刘孟升
副书记：李旭峰（3月离职）　刘德荣（3月任职）
　　　　韩继武　张昌瑞（9月离职）
　　　　贺英平（9月任职）

中阳楼街道
书　记：王　勇（3月离职）　刘书宏（3月任职）
副书记：马锦忠　靳三东

振兴街道
书　记：赵晓琴（女，3月离职）　梁　洪（3月任职）
副书记：马瑞生（3月离职）　戴凤兆（3月任职）
　　　　马宇峰

崇文街道
书　记：刘　锋（12月离职）　任承起（12月任职）
副书记：郭绍辉（3月离职）　郭　鹏（3月任职）
　　　　张晓东

东许街道
书　记：郭海渊
副书记：张再强（3月离职）　马鹏飞（3月任职）
　　　　侯志刚（4月离职）　杨海生（9月任职）

胜溪湖街道
书　记：张再强（3月任职）
副书记：左燕娜（3月任职）　郝文俊（9月任职）

中共交口县委工作概况

县委书记　郑明珠

交口境内自然资源极为丰富，地上天然植被赋存完好，森林覆盖率达33.8%，林木绿化率56.6%，有139个树种，200种草本植物和200余种中药材，是全国沙棘和汾洲核桃主产区之一；野生中药材分布广、品种多、开发利用价值高；还有木耳、蘑菇、羊肚菌等野生食用菌以及国家一级保护动物褐马鸡和国家二级保护动物金钱豹等野生动物。地下煤、硫、铁、铝、镁等含矿面积占全县总面积的2/3以上，总储量48亿吨，特别是铝钒土矿、高铝粘土、白云岩等分布广、储量大、易开采、品位高，属耐火材料、铝镁有色金属等本世纪最具开发与应用潜力产品的原料基地。

交口县境内文物古迹和革命遗址众多。拥有云梦山、牡丹洞、唐代西明寺、元代千佛寺、金代大铁钟、清代韩极碑坊、晋西民居、红军东征总指挥部旧址、毛主席路居地、幸福泉等众多文物古迹和革命遗迹共计150余处，是全省唯一的"无文物盲点县"，在发展生态休闲游、民俗文化游和红色革命游等方面颇具开发价值。

2010年，县委、县政府坚持以科学发展观为统领，全面贯彻落实党的十七届四中、五中全会和省、市全会精神，把工作的着眼点放在了应对国际金融危机，摆脱经济发展困境上来，把工作的着力点放在"夯基础、促增长、保稳定、惠民生"工作上来，提出并坚持生态立县、产业兴县、项目强县的发展思路，全力以赴推动交口经济社会趋稳向好发展，各项工作均取得了明显成效，为"十二五"期间实现转型跨越发展奠定了坚实的基础。全县地区生产总值完成16亿元，同比增长50%；工业增加值完成10亿元，同比增长66%；社会消费品零售总额完成2.81亿元，同比增长16.6%；全社会固定资产投资完成8.4亿元，同比增长26%；全县财政总收入完成2.85亿元，同比增长43.83%；城镇居民可支配收入达到9810元，同比增长2.3%；农民人均纯收入达到3380元，同比增长20.7%。纳入经济社会考核评价体系的各项指标全部圆满或超额完成。

一、工业新型化取得新突破

积极实施大项目、大招商、大调整战略，大力推进主导产业多元化、传统产业新型化、新型产业规模化，逐步构建符合交口实际的现代工业体系，积累发展资本，积蓄发展力量，增强发展后劲。全县41个"三四三"项目已完成立项审批41个，环评审批33个，土地审批25个，36个项目相继开工建设，其中16个项目建成投运，累计完成投资58.9亿元，占总投资的32.9%。道尔60万吨水泥粉磨站、钢宇100万吨洗煤、旺庄130万吨一期70万吨焦化技改、百富勤200万吨洗煤技改、晶泰4万吨环保餐具铸造、天马5万吨铸造等一批"5115"和县定重点项目相继开工建设并有部分投产运营。山东信发集团整体接收肥矿集团80万吨氧化铝项目，一期240万吨氧化铝改扩建项目已开工建设，锦华能源公司与香港必发集团、晶泰铸造公司与天津麦维厨具有限公司、科丰林牧公司与天津华侨融海投资公司达成合作意向，在太原"能博会"上正式签约。

二、农业产业化取得新进展

全县落实农作物播种面积19.5万亩，全县粮食产量实现2797万公斤。大力实施"核桃富民"战略，争取专项资金2000万元启动"两区"片区扶贫开发项目，新栽1.2万亩，综合管护8000亩。结合退耕还林、亚行贷款等项目新栽植核桃林8000亩。结合全县一、二、三产业发展重点，相继组织农民培训120多期2.5万人次，新转移农村富余劳动力3000人，劳务经济及第三产业在农民收入中的比重占到30—40%。坚持"龙头带基地、基地连农户"的发展思路，引导扶持全县农副产品加工企业新建或扩建项目8个，完成投资额2.9亿元。已形成沙棘、核桃、果蔬、小杂粮等9大类20余个品种，创建了"维仕杰"、"明尔康"、"山野浓情"、"大山"、"黄崖山"等一系列知名品牌，在47个新农村建设试点村、重点推进村初步形成了"一村一品"特色产业格局，有力地推动了农业产业化进程。

三、节能减排和生态建设取得新成效

严格执行区域能耗总量控制和新上项目节能总量前置审批，狠抓"十一五"减排任务的落实，督促7户冶炼企业完成了改造配套烧结机和上马铸造项目，9支300m3以下高炉全部关闭拆除，7户焦化企业全部建成生化水处理、地面除尘和煤气发电系统并向煤化工产品延伸，基本实现达标排放。稳步推进集体林权制度改革，完成林地确权和统计入网21万亩；继续开展"六大造林绿化工程"，高标准实施通道绿化工程105公里，植树15.3万余株，成为今年秋冬农村工作的一大亮点；新增造林绿化面积4.8万亩，治理水土流失面积4.1万亩，实施生态修复工程7.5万亩，新建淤地坝23座，新增基本农田2400亩。深入开展了城乡环境卫生整治和"环境质量提升年"活动，清环污水处理厂建成投运，城区二级以上天数达到331天，环境空气质量达到国家二级标准。

四、全面协调发展取得新业绩

坚定不移地实施"环境立县"战略和文化引领战略，高度重视改善民生，各项社会事业取得长足发展。2010年，实施完成县城东环路、南环路改造和集中供热供气改扩建等市政工程并投入使用，市政功能不断健全和完善。全县47个新农村建设试点村和重点推进村的"四化四改"、"五个一工程"基本完成。扶持华韵公司山核桃工艺文化创意产业发展起步，刺绣、根雕、面塑、八音会、秧歌等独具交口地域特色的民间民俗文化气息更加浓厚。确立了以千佛洞为主的佛教文化，以云梦山为主的道教文化和以大麦郊红军东征总指挥部旧址、毛主席展览厅为主的红色文化以及以神南峪为主的生态文化为精品项目，着力打造佛道教文化，红色文化和生态文化为一体的旅游项目。设立教育、卫生、扶贫、生态"四大基金"，启动"四个全覆盖"，进一步加大城乡家庭贫困学生、大病患者资助力度，扩大城乡居民医疗保险、最低生活保障覆盖面，全县农村4064人、城镇2880人纳入城乡困难群众最低生活保障，基本实现动态管理下的应保尽保、分类施保，新型农村合作医疗覆盖率达到94.1%，各项社会保险的综合覆盖率达到90%以上。

五、和谐交口建设呈现新局面

全面落实安全生产“两个主体责任”，将“国发32条”编印成册，印发到各级干部、所有企业，结合我县安全生产工作的实际制定完善了企业安全生产12项规章制度、12项台账和企业“黑名单”制度。煤矿“六长”和“三委派”人员、五人监管小组和高危行业安全监管责任“三落实”全部落实到位。2010年，全县共排查各类生产经营单位6216户，累计排查各类安全隐患1170余条，整改率达98%。扎实推进社会矛盾大调解、社会治安大防控、治安秩序大整治“三大体系”建设，进一步完善领导接访、五级调处、定期会诊等各项制度，集中力量化解一批涉法、涉诉、涉地、涉矿矛盾和疑难复杂案件。全年共受理各类信访案件223批922人，同比下降30%，结案率为92.8%，积案化解率为100%，进京和赴省非正常上访基本实现了省、市下达的6批次和2批次的目标。在打击私挖滥采问题上，扎实开展了百日专项行动，113名机关工作人员、73名村组干部、1883名私开矿主进行了主动申报，14名科级干部、2名县级干部被查处和追究责任，共计追缴非法所得3124.16万元，制定出台了13项长效机制，打击私挖滥采工作取得了空前成效，矿业秩序整顿工作受到了省、市的充分肯定。

六、党的基层组织建设得到进一步加强

全面加强学习型党组织建设，深入开展了学习实践科学发展观活动、“创先争优”活动、“十星级党员”和“五星级党支部”创建活动，党组织的核心领导地位得到巩固和加强；实现农村基层组织标准化阵地“全覆盖”；认真贯彻落实《干部任用条例》和四项监督制度，公开选拔优秀年轻干部、科级后备干部，调整优化了乡镇和部分县直单位领导班子；认真落实村干部待遇激励保障机制，全县“两委”班子和农村干部干事创业的劲头进一步增强；稳步推进机关、社区和非公企业党建工作，基层党组织的覆盖面进一步扩大，战斗力和凝聚力进一步增强。认真落实党风廉政建设责任制，深入开展煤焦领域、工程建筑领域等重点行业领域突出问题专项治理，狠抓强农惠农政策落实，加大纠风治乱工作力度，严肃查处了一批党员干部参与、保护私挖滥采和失职、渎职的典型案件，党风廉政建设取得了新的成效。

附：一、中共交口县委书记、副书记、常委名单

书　记：郑明珠
副书记：徐宇平　成文威　郭新安（挂职）
常　委：王熙平　赵有军　杜月明　张振明
孔建中　李丰丹（5月离职）
侯新明（5月任职）

二、乡镇党委书记、副书记名单

水头镇
书　记：吴文华
副书记：尹连生
石口乡
书　记：王安前
副书记：韩晓红（女）
康城镇
书　记：郑海生
副书记：武英喆
回龙乡
书　记：朱计喜
副书记：任煜洲（6月离职）　刘兴毅（6月离职）
双池镇
书　记：赵林旺
副书记：李晓钦（女）
桃红坡镇
书　记：刘青平
副书记：张晋平　王小红（女）
温泉乡
书　记：张俊平
副书记：刘永强

中共柳林县委工作概况

县委书记　张亥生

2010年，县委按照省委转型发展、跨越发展的新要求和市委推进“三三战略”的新举措，围绕打造“三晋一流、全国百强”的奋斗目标，着力推进实力柳林、活力柳林、魅力柳林、合力柳林建设进程，全县经济建设、政治建设、文化建设、社会建设、生态文明建设和党的建设取得显著成效，圆满完成了全年各项工作目标任务。

一、坚持转型跨越发展不动摇，县域经济实现又好又快发展

一年来，县委加快转型跨越步伐，县域经济继续保持了强劲的发展势头。全年全县地区生产总值完成185.1亿元，同比增长25.6%，是“十五”末的4.3倍；财政收入51.8亿元，同比增长15.64%，是“十五”末的6.05倍；固定资产投资62.8亿元，同比增长47.1%，是“十五”末的4.3倍；

居民储蓄存款余额42.07亿元，同比增长6.25%，是“十五”末的2.79倍；城镇居民人均可支配收入14992元，同比增长18.4%，是“十五”末的2.2倍；农民人均纯收入4522元，同比增长24.6%，是“十五”末的2.28倍。经济社会发展指数位列中部百强县（市）第34位，继续入选全国最具投资潜力的100个中小城市。

一是项目建设顺利推进。根据市委、市政府实施“343”项目攻坚战的总体部署和“5115”重点工程项目的全面启动，采取大集团引领、大项目带动、大园区承载的模式，把项目建设作为优化产业结构、推进县域经济转型跨越发展的重要抓手。总投资905.43亿元的87个“5115”重点项目中，立项、征地、环评手续全部办结的有38个，完成立项65个，环评54个，土地审批55个；已开工项目65个，其中竣工投运4个，具备试产条件13个，进入设备安装阶段6个，正在加紧建设的有42个。

二是园区建设取得新突破。投资2800万元完善了高红循环经济示范园区道路硬化等基础建设工程，为入园项目顺利推进奠定了坚实基础。按照省委、省政府“以煤为基、以煤兴产、以煤兴业、多元发展”的转型跨越发展的新要求和市委、市政府关于吕梁沿黄四县建设现代煤化工基地的战略部署，立足我县主焦煤资源丰富的优势，按照延伸链条、高端开发、循环利用、低碳发展的原则，完成了高红、留誉、王家沟三个园区和煤—焦—化—油、煤—电—建材、煤矸石—电—氧化铝—白炭黑—精铁粉—电解铝—铝型材、煤—气—油四条产业链的初步规划设计，已经通过省经信委组织的规划评审，为我县“十二五”期间转型跨越发展打下了坚实基础。

三是发展环境进一步优化。建立完善了县级领导包联重点工程项目和重要企业责任制、政银企对接合作机制、企地联席会议制度等推进落实措施，简化行政审批程序，实行“一站式”服务，提高了办事效率。加大对执法执纪部门政风行风评议和明查暗访力度，共处理影响经济发展环境的违纪人员38人，解决群众反映强烈的突出问题52件，形成了良好的发展软环境。。

四是节能减排取得新成效。建立完善了节能考核机制和重点能耗企业跟踪考核制度。全年削减二氧化硫43280吨，化学需氧量1032吨，城区二级以上天数达到356天。继续推行“一矿一企绿化治理一山一沟”的生态建设模式，全面推进退耕还林补植补造、三北防护林、通道绿化、荒山绿化等工程，完成造林绿化9.2万亩，全县森林覆盖率提升到23%，被省政府授予“全省造林绿化先进县”荣誉称号。扎实推进集体林权制度改革，林改确权到户面积57.17万亩，确权率达99%。

二、坚持统筹城乡发展不动摇，城乡面貌明显改观

一是以优化服务功能为重点的城镇化进程进一步加快。按照“东西延伸、南北拓展、扩容提质”的发展思路，完善了县城2010—2030年总体规划修编、主城区控制性详规等11项规划编制工作。毛家庄、薛家湾、杨家港片区建设工程前期规划设计全部完成，薛家湾片区已达成开发意向，建立了领导组，城中村改造扎实起步。锄沟村拆迁改造工程拆迁全部完成，一期工程1#、2#、3#楼主体封顶，其余工程手续全部办结，正在着手招标。

二是以致富农民为目标的农业产业化取得新进展。大兴农田水利基本建设，进一步改善农业生产条件。全年完成农村饮水安全工程115处，实现了全县农村饮水安全工程全覆盖。全年累计完成投资1.08亿元，新栽植核桃林7.2万亩，为打造全省一流特色干果林产业基地奠定了良好基础。鼓励发展农业示范园区和农业龙头企业。总投资100亿元的联盛生态农业文化园区规划建设10大项目、四大产业体系，已经完成和正在建设的工程项目有5个，为全县逐步实现农业产业化、农村现代化探索出了一条新路子。

三是以改善环境为目标的城乡环境卫生清洁工程实现了大突破。年初，县委安排财政预算城乡清洁工程专项资金1500万元，在组织县乡村干部赴长治等地参观学习的基础上，出台了《城乡环境卫生工程管理暂行办法》，在全县范围内组织开展了声势浩大的“五个严禁”、“六个落实”、“七个统一”达标活动，在城区创造性地开展了“精品街”、“精品路”创建活动，在乡镇深入开展“示范村”、“文明院落”、“文明户”争创活动，形成全县动员、全民参与的强大氛围。全县累计清理、清运垃圾26万吨，取缔违法占道经营230户，拆除临时建筑、违章建筑187处2.24万㎡。加大绿化、美化、亮化力度，新增绿化面积383万㎡，安装路灯2689盏，粉刷墙面367万㎡，拆除破旧广告及墙体立面广告427个，城乡环境卫生得到明显改善

三、坚持加强执政能力建设不动摇，党的建设、干部队伍建设成效显著

一是基层组织建设和干部队伍管理力度加大。以广泛开展创先争优活动为抓手，不断提升党的建设科学化水平。狠抓了基层组织建设，全县216个村级组织活动场所新建改扩建工程建成投运，实现了村级组织活动场所全覆盖。对12名连续五年被评为“五星级党支部”的村支书落实了待遇，“三级联创”活动成效显著；“四议两公开”工作法在农村全面推开，进一步规范了村级组织决策程序，推进了基层民主进程，密切了党群干群关系。深入开展学习型党组织创建活动，组织4767名干部和490余名农村党员、村官参加各级党校培训，开办“柳林大讲堂”，设立柳林大讲堂电视专栏，聘请中央、省市知名专家学者来柳授课，深入开展“榆林大发展、柳林怎么办”解放思想大讨论活动，组织全县科级干部和企业家赴浙江、山东、陕西、内蒙、天津、河北、山西右玉等七省十四县进行考察学习，干部队伍贯彻科学发展观的素质能力得到了提高，也更加坚定了转型发展、跨越发展的信心和决心。

二是党风廉政建设和反腐败工作扎实深入。坚持以落

实党风廉政建设责任制为“龙头”，围绕责任分解、责任落实、责任考核和责任追究四个环节，强化考核、严格问责，全年共查处责任追究案42件63人。全力推进农村基层党风廉政建设，制定出台了《柳林县开展“一企一事一业”活动的实施办法》，广泛动员全县企业家积极参与“一企一事一业”活动，全年共落实“一企一事一业”项目34个，总投资111.15亿元，完成投资13.72亿元；认真组织开展财政支农专项资金大检查、民主测评和基层站所评议等活动，全年共查出各项违规违纪资金978.33万元，测评村干部1623人次，评议站所312个；投资78万元的“柳林农廉网”建成开通，成为全市样板。深入开展煤焦领域反腐败专项斗争，启动煤炭经营源头监管，加大采矿权价款清缴力度，全县累计清缴采矿权价款25.93亿元，矿补费0.24亿元，税费基金5.61亿元。扎实推进工程建设领域专项治理工作，全年共检查建设项目189个，挽回经济损失232.55万元，招投标52项，节约资金110.5万元。严查违法违纪案件，严处违纪人员，全年共查处案件103件，处分违纪党员干部118人。（中共柳林县委办公室）

附：一、中共柳林县委书记、副书记、常委名单

书　记：张亥生

副书记：王　宁　薛保平　白小勤

姚鸿波（挂职，12月离职）

常　委：陈繁昌　刘建国　贾殿林

王　琴（女）　王军喜

二、乡镇党委书记、副书记名单

李家湾乡

书　记：王　伟（6月离职）　王兴平（6月任职）

副书记：贾武平　于锦江

柳林镇

书　记：王爱军

副书记：梁志华　李海斌

穆村镇

书　记：张月亮

副书记：白彦萍（女）　白永昌

薛村镇

书　记：贾四勇

副书记：王兴平（6月离职）　刘忠旺（6月任职）

康宝柱

贾家垣乡

书　记：任启斌

副书记：贺兴龙　兰成文

陈家湾乡

书　记：姚俊明

副书记：李守勇、杨媛媛（女）

庄上镇

书　记：郭建文

副书记：贾飞平　康　毅

金家庄乡

书　记：王海虎

副书记：王建荣　王吉林

留誉镇

书　记：张青年

副书记：刘继忠　杨兵兵

三交镇

书　记：成保平

副书记：高治安　党锋忠

高家沟乡

书　记：康小平

副书记：杨湖平　白振忠

石西乡

书　记：刘世明

副书记：李彦平　高永平

成家庄镇

书　记：王　亮

副书记：艾永成　李国兵

王家沟乡

书　记：刘旭平

副书记：刘海洪　张国城

孟门镇

书　记：刘喜生

副书记：王志成

中共中阳县委工作概况

县委书记　刘广龙

2010年，县委认真学习贯彻党的十七大和十七届五中全会精神，认真贯彻落实省、市干部大会精神特别是袁纯清书记重要讲话精神，以年初提出的“一带一区三化”战略为总纲，以正在开展的创先争优和“学榆林、学右玉”等活动为推力，攻坚克难、努力工作，圆满完成了当年乃至“十一五”的各项目标任务。全县地区生产总值完成46.75亿元，同比增长20.1%；财政总收入完成10.45亿元，同比增长31.95%；城镇居民人均可支配收入11672元，同比增长10.2%；农民人均纯收入3159元，同比增长13.92%。

一、项目建设有效推进

围绕构筑金罗—宁乡—枝柯工业经济走廊、城镇带和西山煤炭开发新区产业框架，着重推进了30个工业项目，顺利建成12个，完成投资50.3亿元。其中煤炭项目16个，梗阳120万吨项目已建成；汾西中泰22亿元的吴家峁600万吨矿井落户中阳，一期400万吨奠基开工。非煤项目14个，中钢2×70万吨高线和20万吨活性石灰回转窑项目建成投产；经多方协调，总投资20亿元的原建滔煤化工项目，由联盛集团注资重新启动；组织人员赴全国丝网之乡河北安平县学习考察，促成段家庄宏兴拔丝等3个项目上马。2010年，全县煤炭产量600万吨，钢、铁、材产量各200万吨。

二、三农工作健康发展

核桃业，新栽2万亩，示范园丰产管理3.17万亩，全县达到15万亩，10万农民人均1.5亩。总产200万公斤，销售收入8000万元，人均800元，比2009年翻了两番多。大力发展规模健康养殖，先后建成千万元以上养猪厂2个、专业养殖小区7个，存栏总量超过26万头（只），农民人均畜牧收入250 元。柏籽羊作为中阳的地方特产，与县内几家国有林场达成抚育管理林木获取原料的初步协议，并向农业部专家购买了配方专利，委托森源集团试养，市场价为普通羊的两倍。通过政府投入、向上争取、民营参与，全年累计投资7349万元，完成荒山绿化11万亩、补植补造和针叶林改造10万亩、通道绿化5公里、园林村绿化13个。铺开下枣林乡等3处移民工程，新增基本农田2350亩，新打旱井408眼，完成安全饮水工程29处，安装广播电视卫星接收设备2640 套，圆满实现了农村“五个全覆盖”。

三、基础设施逐步完善

编制了340省道道棠至县城城市建设规划、县城河东新区修建性详规。启动了华润联盛大道和滨河西路建设，一期工程形成路基；廉租房一期1万平米主体工程完工，可解决300 户城镇低收入家庭的住房问题；年度减排任务圆满完成，空气质量二级以上天数达到335天。总投资8亿元的340省道中阳段41公里一级路改造、西山循环公路二期57公里、209 国道万年饱至石宝庄二级路拓宽改造工程国庆竣工通车，中钢出资3200万元完成340省道城区-道棠段20公里亮化。投资4700万元的横泉水库引水工程管网主体基本建成。金罗110KV变电站建成投运，第三批150公里农网改造完工。

四、民生事业持续改善

投资3000万元完成58处校安工程，投资2100万元装备了城域网，投资1000万元为城区两校建成塑胶操场，进一步充实了图书、实验器材，教育装备达到国家Ⅰ类或Ⅱ类标准。按照强校带弱校模式，对城区4所学校进行了整合，引进太原五中与我县二中结成帮扶对子。高考达线307人，创历史新高；中考三项指标（总均分、万人及格率、及格率）排全市第四。乡镇卫生院人员工资由差补转为全额，药品实行零差率销售；新型农村合作医疗参合农民87663人，参合率92%，全年支付补偿金1076万元。中阳剪纸列入了联合国教科文组织非物质文化遗产保护名录，有线电视数字化整体平移1万户。城市低保7987人，占城市人口的16%；农村低保新增1580人达到6500余人，占农村人口的6.7%，基本实现应保尽保；新增城镇就业岗位2300个，下岗失业人员再就业580 人，城镇登记失业率1.95%。

五、全县大局安全稳定

为了消除管理盲区，有效杜绝行政不作为、乱作为，以一号文件下文明确了各部门应承担的职责，明确提出安全稳定实行部门和行业管理责任制，实行一票否决和行政问责制。一批群众反映比较集中和突出的问题得到解决，特别是97年企业改制之后4300多名困难职工交不起养老金，一次性投入4600余万元予以落实；对于个案问题，通过召开听证会、加强督查督办、严格双向责任追究，越级上访同比下降34%。煤炭行业通过实行“五人小组”监管、聘请专家组巡回“会诊”、引进大集团托管，全年实现安全生产零死亡；对新建成的340省道配套了隔离带、减速带、测速车等设施，并加大了交警监管疏导力度，一度事故频发的局面得到扭转。农村“平安互助网”启动建设，城市“天眼工程”提升改造，校园集中配备保安，防控体系初步建立；将防暴、消防、矿山救护等力量整合，成立应急救援中心，投资2000万元落实了人员、物资、场所，应对和处置突发事件的能力进一步提升；深入开展“两抢一盗”、“打黑除恶”专项行动，治安形势整体平稳良好。

六、妥善处理煤炭资源整合后续工作

首先解决煤炭开发区群众搬迁安置问题，要求由主体煤矿出资补偿，补偿内容包括人口安置和建筑物，其中人口安置补偿人均4.5万元。此次移民涵盖了全县所有乡镇，涉及28个行政村75个自然村2.57万人，总补偿20亿元，可腾出12平方公里压覆面积，增加1亿吨可采资源。达成协议安置1129户4106人，兑现补偿款2.12亿元。其次保证群众的原有福利待遇不变，乡村两级共落实委托经营费、福利等共计4300万元，落实群众冬季用煤近万吨。明确要求并督促企业尽可能使用本地劳动力，有效缓解了村矿和干群矛盾，促进了煤炭产业的健康发展。

七、党的建设不断加强

推进学习型党组织建设，组织干部赴右玉、长治、太原等地学习考察。狠抓基层组织建设，深入开展了“创先争优”和“四议两公开”活动，完成了6个村级组织活动场所建设任务，涌现出一批先进党组织和优秀党员干部。引深党风廉政建设，严格落实省纪委“五个不准”规定，出台了《加强干部纪律建设的意见》，开展了集中教育整顿活动，干部纪律观念和作风有了改进；煤焦领域反腐败和工程建设领域专项治理取得进展，追缴欠费和收缴资金8亿余元，查处各类案件47件47人。（中共中阳县委办公室）

附：一、中共中阳县委书记、副书记、常委名单

书　记：刘广龙

副书记：王建国　刘学良　高升平

乔晓峰（挂职，12月离职）　贺兵锁

常　委：阴大瑞　王金明　李文恩（6月离职）

薛东升（6月任职）

二、乡镇党委书记、副书记名单

宁乡镇

书　记：张　帆

副书记：郭全生　曹建平

张子山乡

书　记：武爱国

副书记：郭建新　任四虎

金罗镇

书　记：阴艾生

副书记：张海廷　阴小瑞

枝柯镇

书　记：张喜旺

副书记：郭　安　王志宏

下枣林乡

书　记：王根有

副书记：杨春海　王勤海

武家庄镇

书　记：姚文郁

副书记：郝志军　崔世平

暖泉镇

书　记：高艳星

副书记：张映芝　王子荣

中共吕梁市离石区委工作概况

区委书记　王彤宇

2010年，区委在市委、市政府的正确领导下，紧紧依靠四大班子的密切配合，团结带领广大干部群众，强化工作措施，狠抓任务落实，较好地完成了年度目标任务，区域经济快速发展，各项事业整体进步，政治社会保持稳定，为“十一五”划上一个圆满的句号。

一、纵深推进四项工程，千方百计上项目，区域综合实力跃上新的平台

一年来，区委始终把强区富民作为履职的第一要务，着眼实现四大历史性跨越，致力实施四项战略性工程，大干快上，开拓创新，经过全区上下共同努力，各条战线捷报频传，区域经济快速发展。全区GDP完成63.8亿元，同比增长48.2%，增幅位居全市第二；财政总收入完成19.23亿元，同比增长6.82%，总量位居全市第三；城镇居民人均可支配收入和农民人均纯收入分别达到15278元和2408元。

一是东城新区开发工程全面启动。投入资金12亿元，上马实施12项基础设施工程，“一河两坝”和“六桥”工程主体完工，“三路”工程完成招标，东城新区的总体框架渐显雏形。大力实施“新区引领”战略，文化商务中心、公安局刑侦大楼、法院审判大楼等一批重点项目正在有序推进，为下一年度大规模开发建设准备了条件。

二是产业素质提升工程扎实推进。在服务型城郊农业方面，引进大象禽业公司，开工建设年出栏10万头生猪、存栏20万套肉鸡养殖基地，通过“公司+基地+农户”的产业化发展模式，带动全区规模养殖业快速发展；新建、改造日光节能温室594栋，本地蔬菜的供给率明显提高，农民稳定增收基础进一步夯实。在循环型多元工业方面，14对矿井主体企业全部接管到位，机械化升级改造进展顺利，全区煤炭产量稳步提升。新型煤化工产业基地发展规划、光伏产业发展规划通过省经信委评审，1000万吨“高硫煤”清洁利用多联产、500万吨焦化产能多联产、2×350MW煤层气发电等一批超大型项目正在科学规划；8万吨煤矿成套设备制造、100MW太阳能电池组件、电缆集群等一批新兴高端产业开

工建设，区域经济发展后劲不断增强。在辐射型三产服务业方面，信义、东属巴两个大型铁路集运站的前期工作准备就绪，泰化物资城、聚富汽贸城等一批专业市场陆续投用，长安商贸城、开源市场二期等一批大型商贸设施开工建设，中心城市的集聚、辐射和带动功能不断提升。

三是城区教育振兴工程有声有色。联姻全国教育先进典型江阴市，通过走出去培训、请进来指导，先进的教育理念得到全面推广；投入资金3亿余元，铺开3所幼儿园、3所小学、2所中学新建和改扩建工程，城区学校布局进一步优化；总投资2.5亿、占地258亩的江阴高中建设工程，一期工程建成投运，6个高一班和3个高三班如期开学。面向全市择优选聘了一批校长、校长后备人才，公开招录300余名中小学、幼儿教师，集中开展师德师风整顿，爱岗敬业、比学赶超、争创一流的氛围日趋浓烈，广大群众的满意度明显提升。

四是宜居新村整村推进工程初见成效。坚持政府投入为主、部门项目资金整合为辅、群众投工投劳为补充，遵循“下山、出沟、沿路、进川”的布局原则，本着“缺什么、补什么”，按照“一次规划、一次建设、一次成型”的要求，投入资金6000万元，全面完成10个重点村的综合配套工程，极大地改善了农村的村容村貌和基础设施条件，成为领跑全市新农村建设的排头兵。

二、坚持改革创新精神，全面加强党的建设，为推动全局工作提供了坚强保证

一是切实加强思想政治建设。扎实开展学习型党组织建设，健全完善各级党委中心组学习制度，先后邀请8位专家学者作客“离石大讲坛”，全区广大党员干部运用科学发展观指导和推动发展的能力明显提高。大规模实施“干部素质提升工程”，组织区乡两级领导和重点企业负责人，在上海市委党校和江阴市委党校进行了集中培训，有效提高了培训的权威性、针对性和实效性。组织党政代表团赴内蒙古鄂尔多斯、陕西榆林、江苏江阴、山东聊城等先进地区，以及省内的大同、朔州、长治、晋城和周边的孝义、汾阳、文水、柳林等县市考察学习，推动各级干部思想大解放、观念大转变、素质大提升。先后两批选派15名科级干部到江苏省江阴市挂职锻炼，进一步激发了干事创业的热情和干劲。

二是切实加强领导班子和干部队伍建设。区委坚持总揽全局、协调各方，放手支持政府一班人大胆工作，对人大、政协提出的意见和建议积极采纳，积极为每位班子成员创造宽松条件，营造了“心往一处想、劲往一起使”的良好局面。认真执行《党政领导干部选拔任用工作条例》和“四项监督制度”，坚持“工作为重，以德为先，量才使用，注重公论”的选人用人导向，坚持以实绩论英雄，凭贡献定去留，对乡科级领导班子进行了较大规模的调整，各级领导班子的结构更趋合理。不断深化干部人事制度改革，面向全区公开选拔团委书记，开创了正科级领导干部公开选拔的先河。

三是切实加强基层组织建设。扎实开展创先争优活动，通过科学确定主题载体、选树先进典型、强化督促检查，在全区上下掀起了比、学、赶、超的热潮。不断引深星级支部创建活动，6名连续五年以上保持五星级称号的农村支部书记提拔兼任乡镇、街道副职，充分调动了基层干部的工作积极性。全面推行“四议两公开”工作法，进一步扩大基层民主，有效克服“两委”班子“两张皮”现象。巩固发展农村后备干部培训班成果，学员总数达到291名，发展党员135名，为农村基层组织注入了新鲜血液。圆满完成68个村级组织活动场所建设任务，实现“全覆盖、全达标”的目标。

四是切实加强和改进作风建设。大力学习弘扬“右玉精神”，召开专题民主生活会对照检查，在全区上下营造了聚精会神搞建设、一心一意谋发展的浓烈氛围。扎实开展“树形象、作表率、比贡献”主题活动，不断引深机关作风纪律整顿，着力解决“六种不良风气”，各部门的执行力和公信力有了明显提高。在全市率先开通网络民意直通车，搭建了党委、政府联系群众的桥梁和纽带。大力倡导“立说立行，亲历亲为，尽心尽责”的务实作风，教育和引导各级干部“心清气正，胸怀坦荡，勤政敬业，勇于担责”，带动全区上下专心谋事，勇于任事，踏实干事，赢得广大群众的信任与支持。

三、严格落实党风廉政建设责任制，不断完善惩治和预防腐败体系，反腐倡廉建设取得新进展

坚持“标本兼治、综合治理，惩防并举、注重预防”的方针，把反腐倡廉建设贯穿于经济社会发展的全过程，为经济社会发展提供了坚强的政治保障。

一是改革创新纪检工作体制。学习借鉴外地先进经验，决定撤销区直派驻纪检组，按照“职能相近、业务相关”的原则，以口设立纪工委、监察分局，优化领导体制和运行机制。

二是持续加大廉政宣传教育。以学习贯彻《实施纲要》和《廉政准则》为重点，采取专题培训、示范教育、警示教育、廉政短信等多种形式，着力构建反腐倡廉大宣教工作格局，引导广大党员干部牢固树立廉洁从政的思想观念。

三是不断引深源头治腐工作。全面落实新旧“三项制度”，大力推行工程建设资金“三化”管理，进一步健全用制度办事、靠制度管人的有效机制。

四是扎实开展专项治理活动。深入开展“督学、督勤、督廉”三大督查和“治奢、治散、治懒”三大整治，持续加大对执法车辆管理混乱、教育不正之风、公路“三乱”等热点问题的整治力度，带动行业风气整体好转。

五是狠抓典型案件查处。全年立案查处61件，其中大要案件11件，处理违纪干部73人，进一步严肃了党纪政纪。

（中共离石区委办公室）

附：一、中共离石市离石区委书记、副书记、常委名单

书　记：王彤宇

副书记：薄宇新　李溢涛

常　委：李　真　曹万新　王香莲（女）　雒永霆

刘俊禄　王根田（女）　李全山（6月离职）

陈建华（6月任职）

二、乡镇（街道）党委（党工委）书记、副书记名单

滨河街道

书　记：王建新（5月离职）　李源春（女，5月任职）

副书记：魏玉清　郭志成（5月离职）

刘海军（5月任职）

莲花池街道

书　记：刘瑞平（8月离职）　王凤鸣（8月任职）

副书记：李耀星（5月离职）　高文烨（5月任职）

赵光亮（5月离职）　雒建龙（5月任职）

凤山街道

书　记：张向峰

副书记：任利星　李德峰（5月离职）

范金龙（5月任职）

城北街道

书　记：刘　鹰（8月离职）　吴　卿（8月任职）

副书记：秦　亮（8月离职）　王月亮（8月任职）

雒建勤（5月离职）　任金明（5月任职）

交口街道

书　记：白志荣

副书记：高文烨（5月离职）

王凤鸣（5月任职，8月离职）

李保云（8月任职）　殷再龙（5月离职）

张平生（5月任职）

田家会街道

书　记：王候明

副书记：刘杏平　马小兵（5月离职）

吴永锋（5月任职）

西属巴街道

书　记：韩跃跃（8月离职）　张兴平（8月任职）

副书记：薛凤平　郭勤利（5月离职）

刘建忠（5月任职）

吴城镇

书　记：李源春（女，5月离职）　李耀星（5月任职）

副书记：薛俊生（5月离职）　张致滨（5月任职）

王俊斌（5月离职）　雒保廷（5月任职）

信义镇

书　记：王　宇

副书记：吴　卿（8月离职）　薛晔峰（8月任职）

尚赵龙（5月离职）　宋燕青（5月离职）

张亮斌（5月任职）

坪头乡

书　记：王永福

副书记：李建国　胡晓辉（5月离职）

雷吉平（5月任职）

枣林乡

书　记：李建红（女，5月任职）

副书记：李建红（女，5月离职）　郭光辉（5月任职）

薛殿伟（5月离职）　王迎平（5月任职）

红眼川乡

书　记：张兴平（8月离职）　秦　亮（8月任职）

副书记：王凤鸣（5月离职）　李克勤（5月任职）

甄永强（5月离职）　王建强（5月任职）

中共方山县委工作概况

县委书记　庞鹏峰

方山县位于吕梁山中段西翼，东临娄烦、交城两县，西靠临县，南和离石区相连，北与兴县、岚县接壤。1971年恢复县置，全县现辖5镇2乡，169个行政村，总面积1434.1平方公里，2009年末总人口14.2万，耕地总面积28万亩，林地总面积107万亩，占总面积的49.7%，全县森林覆盖率达41%。方山县人杰地灵，资源丰富，有充足的水资源，北川河纵贯全县，特别是横泉水库库容8000万立方米，可为离石、柳林等地提供充足的水源；有丰富的矿物资源，已探明矿藏的有30种之多；旅游资源尤为丰富，境内可供开发的自然景观、人文景区多达24处，境内的国家级风景名胜区北武当山被誉为“三晋第一名山”、国家级自然保护区庞泉沟为世界珍禽褐马鸡的栖息地。闻名天下的第一廉吏于成龙故居、号称“塞北小西藏”云顶山亚高山草甸和高峡出平湖的南阳天池等景观。太中银铁路途经方山，吕梁机场建在本县大武镇，太佳高速公路入口距县城4公里，方山的区位条件日益凸显。

2010年，县委、县政府审时度势，果断决策，在深入分析县情的基础上，借鉴其他地方经验，形成了“发展慢了就是落后”的理念，创造性地提出了建设“生态方山、人文方山、富裕方山”的发展思路。实践证明，这一科学决策把握住了方山发展的脉搏，抓住了方山崛起的关键，切中了方山跨越的突破口，找准了方山发展的方向，成为推

动方山崛起的强大生产力。2010年，全县地区生产总值完成20亿元，同比增长16%，是“十五”末3.22亿元的6.2倍；财政总收入完成5.0867亿元，同比增长21.7%，是“十五”末6023万元的8.5倍；社会消费品零售总额完成6.8亿元，同比增长20.8%，是“十五”末1.15亿元的5.9倍；城镇居民人均可支配收入达到11144.87元，同比增长11.3%，是“十五”末5379元的2.1倍；农民人均纯收入达到2001元，同比增长17.6%，是“十五”末1001元的2倍。

一、狠抓转型发展，工业经济发展活力明显增强

全县共有28个项目列入全市“三四三”重点工程项目规划，总投资51.23亿元。已完成立项审批27个，完成土地审批18个，完成环评审批23个，开工26个，开工率达92.86%。霍州煤电吕梁山公司、新星冶炼公司等骨干企业全力提升产业档次，发展循环经济、低炭经济，促进产业升级，实现经济转型，初步形成了煤焦电、煤焦铁、建材三条产业链，成为支撑全县经济的主导产业。依托县域优势资源和优势产业，全力创新发展环境，招大商、大招商，经过考察、洽谈，与华润集团、国新能源、山西国际能源集团、河北冀中能源集团等知名企业达成合作关系，经济发展活力明显增强。

二、突出关注民生，农业基础地位得到强化

全县总播种面积达到34万亩，粮食产量达到5590.93万公斤，油料产量达到41.48万公斤。初步建立起绿色无公害基地14.5万亩，发展订单农业2.33万亩，形成了具有一定规模的区域性特色农产品基地。紧紧抓住吕梁市菜篮子工程建设和方山县得天独厚的农业生产条件，大力推进以峪口村为中心的现代农业园区建设，新建移动大棚80亩，温室大棚80亩，全县设施蔬菜达到315亩,核桃经济林达到7.9万亩。扎实推进新农村建设，五个全覆盖顺利完成。启动了“一企一矿绿化一山一沟”工程，完成5082亩，栽植苗木52.7万株。完成劳动力就业转移培训1591人，城镇登记失业率控制在4.2%以内。

三、加快旅游开发，促进第三产业快速发展

2010年接待游客26.34万人次，实现旅游综合收入2.2亿元。积极落实国家支持服务业发展的各项政策，引导外资和社会资金投入服务业，形成多元化的投融资格局，促进服务业快速发展。

四、优化人居环境，基础设施建设极大改善

铺开1万平米200套廉租房建设工程，完成了二轻局住宅楼75套5000平米。投资210.7万元，对县城瓦窑河、糜家塔河进行清淤整治及加固，绿化和美化了周边环境。投资341万元，完成人畜饮水工程24处，解决了24个自然村6873口人1008头大畜安全饮水问题。投资1900万元，完成了开府—南岔四级公路14公里；投资1010万元，完成209线万年饱至石宝庄段路基改建工程3.16公里。

五、切实改善民生，社会各项事业全面协调发展

认真落实义务教育阶段学生“两免一补”、城市低保家庭学生上职业学校享受1500元的助学基金政策。全县城市低保达到6130人，农村低保达到9910人，“五保”对象601名。进一步规范新型农村合作医疗制度管理，参合率达到91.23%。人口出生率控制在7.52‰以下，自然增长率控制在4.65‰以下。

六、着力保稳定，平安方山建设取得新成效

2010年，全县共发生刑事案件159起，侦破103起，破案率65%；查处行政案件144起，行政拘留128人。扎实开展安全生产专项整治行动，确保了全年安全无事故。创新社会矛盾纠纷调处机制，完善信访工作机制，有效遏制越级上访和重信重访，将不和谐因素化解在基层、解决在萌芽状态。切实加强精神文明建设，运用各种宣传载体，营造积极向上的社会氛围，城乡文明程度和群众的文明素质进一步提高。

七、坚持固本强基，党的建设得到全面加强

县委始终把思想政治建设摆在班子建设的首位，坚持用党的十七大、十七届四中、五中全会精神和科学发展观等理论武装头脑、指导实践、推动工作。严格实行县委常委会任用干部票决制，分六批对113名干部实行了票决任免。党风廉政建设和反腐败斗争成效显著，全年共立查各类违纪案件81件，涉及党员干部81人，为国家挽回经济损失530余万元。（中共方山县委办公室）

附：一、中共方山县委书记、副书记、常委名单

书　记：庞鹏峰

副书记：阎孝敏（女）　吴晓东

常　委：任年有　王善厚　孙玉堂　贺新众　王喜祥　王　峰

二、乡镇党委书记、副书记名单

马坊镇

书　记：李文铭

副书记：任海涛　赵玉祥

积翠乡

书　记：刘大鹏

副书记：韩建忠　张辇云

麻地会乡

书　记：雒雪梅（女）

副书记：霍丙良　李玉春

圪洞镇

书　记：高文祥
副书记：田德隆　王满顺
峪口镇
书　记：高云林
副书记：杨少锋　车三奴
北武当镇
书　记：赵林平
副书记：孙燕飞（女）　李　军
大武镇
书　记：刘世庆
副书记：刘云杰　任星星

中共临县县委工作概况

县委书记　刘永平

2010年，在市委、市政府的正确领导下，县委以科学发展观为统领，认真贯彻落实党的十七届四中、五中全会和省市全会精神，团结带领全县干部群众，按照“四大跨越，两个转变”总体要求，全面加强经济、政治、文化、社会建设以及党的建设，全县经济社会发展步入了历史最好时期。

一、重点项目建设步伐加快，县域经济发展活力不断增强

按照市“343”项目总要求，县委提出集中3年时间实施55个总投资564亿元的“355”重点项目，项目总数、投资总额分别居全市第一、第二，累计完成投资176亿元。资源整合矿井改造提升项目顺利实施，以霍州煤电1000万吨、美锦600万吨为代表的一批骨干煤炭项目建设步伐加快，晋太车赶和五麟吕家岭两个600万吨矿井着手建设。全市“343”重点项目观摩评比中，我县取得了综合排名第一的成绩，为提升我县地位、改善形象赢得了主动，树立了顽强拼搏、争创一流的良好形象。在大项目引领带动下主要经济指标快速增长，全年地区生产总值达到29.61亿元，同比增长36.3%；财政收入完成6.56亿元，增长32.5%；固定资产投资完成19.5亿元，增长41%；城镇居民人均可支配收入8650元，增长12.4%；农民人均纯收入2050元，增长17.8%。地区生产总值、财政收入和固定资产投资三项主要经济指标增幅均超过30%，居全市前列，创历史较高水平。

二、扎实推进新农村建设和扶贫开发，农民增收基础不断巩固

2010年县财政共投入资金5000多万元,整合各类资金1.5亿元,着力突出产业发展，农业结构进一步优化，农业产业化发展迈出实质性步伐。完成红枣栽植2万亩、品种改良1万亩，红枣产量达2.5亿斤；新建红枣加工园区3个，年加工转换达到7000多万斤，产值突破6亿元。完成核桃栽植10万亩、品种改良1万亩。新转移农村劳动力7000人,累计输出15万人，劳务收入突破5亿元，仅红枣、劳务两项收入占到全县农民人均纯收入的90%以上。投资1000余万元，高标准建成3个日光温室无公害蔬菜科技示范园区；投资5600余万元，铺开白文千头奶牛标准化养殖园区建设，并对已有的生猪、肉鸡养殖园区进行了标准化改造。扶贫开发扎实推进，投资7019万元完成了320处惠及12.87万人的安全饮水工程；投资1.6亿余元完成了23个乡镇,250村的整村推进任务和3个乡镇4村500人的移民工程，全年减少贫困人口4.8万人。

三、努力扩大投资规模，基础设施条件发生根本性改变

全力服务交通、输气通道等重大项目建设，太佳高速太原——临县段建成通车；西纵高速和太中银吕临支线、晋中南出海通道以及太兴三条铁路临县段开工建设。临保线、榆济线、陕京线等三条输气管道临县段铺开建设。完成了270公里村通水泥（油）路工程，实现了全县631个行政村通油路全覆盖。完成东胜35KV输变电工程、太佳高速公路10KV专线电力建设工程、高家山110KV输变电工程进入项目核准阶段；完成了阳坡水库除险加固工程和大后沟、渡水沟等4座淤地坝除险加固任务，湫川防洪安全进一步加强。

四、县域城镇化建设步伐加快，城乡人居环境不断改善

2010年，投资6.6亿元集中铺开了湫水河城区段综合治理、污水处理厂、集中供热、集中供气、30轨新高级中学等十大市政工程，已完成投资5亿元，部分工程已建成投用，县城功能逐步完善。其中，污水处理厂建成并投入使用；垃圾处理场土建工程完工；湫水河城区段综合治理工程基础工程完工；集中供热工程建成热源厂1个、换热站7个，实现供热面积60余万m²，解决了城区3500余户居民和部分单位的取暖问题；集中供气工程已覆盖城区2万户；河西路延伸改造工程完成大部分拆迁任务和路基工程；县城西山公园开工建设。30轨制高级中学正在加紧建设；南城区楼俊大厦、青少年活动中心、新民供热大楼、文博中心、移动、电力、地税和烟草等生产大楼建设全面启动。进一步明晰县城管理职能定位，推进管理体制创新，加强对城

区各经营场所和街道的规范管理，城区交通秩序混乱的问题有所改变，城市管理水平明显提高。

五、多方改善和保障民生，社会事业协调发展

圆满完成“五个全覆盖”工程，较好地解决了人民群众普遍关心的教育、行路、饮水、医疗等民生问题。总投资1.4亿元、建筑总面积19.4万㎡、涉及114所校舍的新建和加固工程基本完工，全县中小学校教学条件明显改善。新建人民医院医技门诊综合楼、住院楼主体工程全部完工；为全县631个行政村卫生室配备了医疗器械、医用家具，并公开选聘了631名乡村医生，县、乡、村三级卫生服务网络体系得到了进一步加强；继续推行新型农村合作医疗，全县参合农民补偿18.6万人，累计补偿6031万元；全面启动了城镇居民基本医疗保险全覆盖工作，城镇居民参保人数达到2万人。安全生产隐患大排查大整治活动有序开展，安全生产形势持续好转。高度重视信访工作，继续深入开展“大接访”活动，扎实推进“平安临县”创建，全年共接待群众来访498批次3349人，其中县四大班子领导共接访281批次2733人次，解决了一批涉及群众切身利益的突出问题，社会稳定形势明显好转。

六、民主法制和文化建设更加完善，安定和谐局面得到巩固

积极支持人大、政协履行职责，组织人大代表、政协委员、老干部和各界人士，对全县重点工程和新农村建设进行了实地观摩，进一步凝聚了全县干部群众的力量。工会、共青团、妇联等群团组织作用得到有效发挥，完成县乡村三级团委换届工作，逐步落实了老干部政治、生活待遇，老干部活动中心完成维修改造并投入使用。人民武装、“双拥”、统一战线和民族宗教等工作进一步加强。充分运用各种媒体深入宣传我县“355”工程建设、农业产业发展、基础设施建设、和谐社会建设等中心工作的新进展，营造了浓厚的舆论氛围。

七、以创先争优活动为统领，党的建设能力和水平不断提高

深入开展创先争优、学习型党组织创建、“榆林大发展、临县怎么办”大讨论等活动，基层党组织的战斗堡垒作用和党员的先锋模范作用进一步发挥。实行了县委常委会票决制，进一步规范了干部选拔工作程序。大力加强领导班子建设，强化干部队伍管理,全年票决任免县乡干部9批次436名，基本配齐了乡镇和县直单位的领导班子，各级领导班子结构不断优化。着力健全和完善基层党建工作责任制，投资820多万元圆满完成了23个乡镇366个村第二轮村级活动场所建设任务。扎实推行“四议两公开”工作法，严格落实党风廉政建设责任制，强化干部作风建设，对涉及群众切身利益的公益项目、种粮补贴、合作医疗、低保对象的确认等工作，严格进行民主决策，及时公开公布决策内容和实施结果让群众监督，基层基础得到夯实，有效维护了农村的和谐稳定。出台了《关于大力学习弘扬“右玉精神”加强作风建设的决定》和《制止领导干部大操大办婚丧喜庆事宜和借机敛财行为的规定》，狠刹领导干部大操大办婚丧喜庆事宜和借机敛财行为，严肃查处一批违纪违法案件，有力促进了全县党风、政风和干部作风的进一步好转。大力整治在职不在岗、在岗不尽责等突出问题，通过组织纪委、公安局、电视台等单位对部分乡镇及县直单位明查暗访，免职处理科级干部1人，免职处理股级干部4人，诫勉谈话科级干部9人、一般人员23人，清退临时人员1人。在全县范围内通报批评8个单位，在全县范围内产生了较大震动。全力支持纪检部门依法依纪履行职责，基本配齐了县纪委各科室主任和乡镇纪委书记，给县纪委增加编制20个，有力地推动了全县反腐倡廉工作深入开展。立案查处违纪案件152件，其中撤职以上重处分16人，挽回经济损失100余万元。

（王　琪）

附：一、中共临县县委书记、副书记、常委名单

书　记：刘永平

副书记：张建国　李智勇　薛瑞琪

常　委：王成军　薛全清　薛凤奎　樊爱平（女）　李　琦　赵如宁　刘应刚　雍建华

二、乡镇党委书记、副书记名单

白文镇

书　记：赵三宝（1月离职）　李烽峰（1月任职）

副书记：刘新民（1月离职）　高宏亮（1月任职）　刘秀荣（6月任职）

城庄镇

书　记：李烽锋（1月离职）　李正奎（1月任职）

副书记：成小龙　王　勇（6月任职）　李永旺（4月离职）

木瓜坪乡

书　记：曹来旺（1月离职）　郭　原（1月任职）

副书记：陈绍文（1月离职）　张莹源（1月任职）　高泽鹏（6月任职）

临泉镇

书　记：张恩富（8月离职）　王犁青（8月任职）

副书记：薛孝泽（1月离职）　李卫平（1月任职）　刘元日（1月离职）　刘毓剑（6月任职）　高兴祚（6月任职）

安业乡

书　记：郭　原（1月离职）　贺向亮（1月任职）

副书记：刘江海（8月离职）　王炳林（6月离职）　刘振芳（6月任职，12月离职）

玉坪乡

书　记：张文全（1月离职）　任文珍（1月任职）

副书记：高宏亮（1月离职） 秦京亮（1月任职）
郭振飞（6月离职） 张恒宇（6月任职）

大禹乡

书　记：李晓春

副书记：王荣平（1月离职） 李有喜（1月任职）
郝建明（4月离职） 辛喜顺（6月任职）

三交镇

书　记：王犁青（8月离职） 张向阳（8月任职）

副书记：贺向亮（1月离职） 陈　顺（1月任职）
柳凤鸣（6月离职） 刘宏伟（6月任职）

车赶乡

书　记：高　翔（1月离职） 高文平（1月任职）

副书记：李有喜（1月离职） 阎　平（1月任职）
赵生峰（6月离职） 李小明（6月任职）

湍水头镇

书　记：郝振杰（1月离职） 李金峰（1月任职）

副书记：苗焰银（1月离职） 高翠文（1月任职）
刘毓剑（6月离职） 秦国雄（6月任职）

林家坪镇

书　记：张介军（1月离职） 郝振杰（1月任职）

副书记：薛银贵（1月离职） 刘新民（1月任职）
薛全山（12月离职）

招贤镇

书　记：曹明明（1月离职） 郝有旺（1月任职）

副书记：刘建平（1月离职） 刘玉杰（1月任职）
秦继明（4月离职） 陈　照（6月任职）

碛口镇

书　记：高恩奎（1月离职） 张文全（1月任职）

副书记：陈　顺（1月离职） 郝大山（1月任职）
薛文泽（6月任职）
王　敬（挂职，6月任职）

青凉寺乡

书　记：王廷海（1月任职）

副书记：曹　莉（女，1月离职） 贺旭峰（1月任职）
刘秀荣（6月离职） 刘勇聪（6月任职）

石白头乡

书　记：贺建平（1月离职）
曹孝伟（1月任职，8月离职）

副书记：王廷海（1月离职） 薛增平（女，1月任职）
高建荣（6月任职）

雷家碛乡

书　记：张向阳（1月离职） 张晓明（1月任职）

副书记：秦京亮（1月离职） 张翠珍（1月任职）
张玉荣（6月离职） 刘海斌（6月任职）

兔坂镇

书　记：阎福平（1月离职）
张向阳（1月任职，8月离职）
曹孝伟（8月任职）

副书记：李卫平（1月离职） 高文标（1月任职）
贺卫民（6月离职） 刘绳平（6月离职）
郝冬连（6月任职）

八堡乡

书　记：秦小奇（1月离职） 刘建平（1月任职）

副书记：李桃林（1月离职） 高艳飞（1月任职）
张开前（4月离职） 刘旭峰（6月离职）
高永龙（6月任职）

克虎镇

书　记：李金峰（1月离职） 王荣平（1月任职）

副书记：张莹源（1月离职） 李桃林（1月任职）
武志强（6月离职） 李保明（6月任职）

安家庄乡

书　记：任文珍（1月离职） 曹　莉（女，1月任职）

副书记：阎　平（1月离职） 张积贇（1月任职）
高凤喜（6月任职）

刘家会镇

书　记：郝有旺（1月离职） 陈小林（1月任职）

副书记：陈小林（1月离职） 刘侯明（1月任职）
刘继明（6月任职）

丛罗峪镇

书　记：李正奎（1月离职） 陈绍文（1月任职）

副书记：高翠文（1月离职） 赵小峰（1月任职）
柳长春（6月离职） 高　荣（6月任职）

曲峪镇

书　记：高文平（1月离职） 苗焰银（1月任职）

副书记：刘玉杰（1月离职）
刘元日（1月任职，8月离职）
贺生敏（6月离职） 高玉杰（6月任职）

中共石楼县委工作概况

县委书记　李少杰

2010年，县委深入贯彻落实科学发展观，团结带领全县党员干部群众，坚持“四个更加注重”，狠抓“四大重点工作”，解放思想，振奋精神，凝心聚力，苦干实干，“十一五”目标任务圆满完成，县域经济迅猛发展，社会政治和谐稳定，党的建设不断加强，人民群众安居乐业，各项工作取得了新成就、新突破。

一、经济实力显著增强

2010年底，各项经济指标都超额完成“十一五”规划目标任务和市定目标任务。国内生产总值实现5.3亿元，是“十五”末2.1亿元的2.5倍，其中规模以上工业总产值实现1.9亿元，是“十五”末5938万元的3.2倍，规模以上工业增加值实现8598万元，是“十五”末2807万元的3.1倍；全县财政收入完成6030万元，是“十五”末1869万元的3.2倍；农民人均纯收入实现1406元，是“十五”末716元的2倍；城镇居民人均可支配收入实现7596元，“十一五”期间年均增长13.5%；全社会固定资产投资达到4.72亿元，是“十五”末2.39亿元的2倍；社会消费品零售总额达到1.26亿元，是“十五”末5529万元的2.3倍；全县居民储蓄存款总额达到6.8亿元，同比增长54.3%。各项主要经济指标都保持了两位数以上的增长率，增长幅度为石楼历史最高。

二、新型工业取得突破

按照工业新型化的要求，结合石楼实际，高位起步，适度发展，千方百计加大招商引资力度，新兴产业发展取得了突破性进展。中煤集团准备投资50亿对石楼的煤炭资源进行综合开发，并与煜隆煤气化联合注册了股份制公司。华润新能投资公司准备投资25亿在沿黄峡谷带建设25万千瓦的风力发电项目，现在开始建设测风塔。中石油公司投资开发的天然气项目，已初步探明天然气储量为2000—3000亿立方米，预计2011年后半年开工建设，三年可达到16亿立方的产能。120万吨煤层气经甲醇制二甲醚项目由山西黄河神州能源投资开发公司承建，目前正在办理前期手续，开始科研报告编制。

三、项目建设全面推进

煤炭资源整合后保留的华润联盛介板沟、赵家沟两个煤业公司，兼并重组工作全面完成，标准化改造建设接近尾声，2011年上半年投产。“343”项目整体推进。总投资31.2亿元的24个“343”重点项目，完成立项审批23个，开工建设23个，其中16个项目已经建成，累计完成投资17.9亿元。

四、农业产业化进程持续加快

高度重视粮食生产，重点发展小杂粮、油料和蔬菜三大种植基地。粮食播种面积42万亩、总产量达1.1亿斤，种植小杂粮20万亩、产量4200万斤，油料3万亩、产量150万斤，蔬菜1.67万亩、产量4800万斤，传统种植业的特色优势更趋明显。大力实施“111”核桃（红枣）全覆盖发展计划，全县核桃林面积达16.5万亩，红枣林面积达27.2万亩，农业人口人均经济林面积超过4亩，石楼成为全省人均经济林面积最大县。大力发展生猪、家鸡、蜜蜂等规模养殖，全县规模养殖户达到950户，生猪存栏3.05万头，家鸡存栏24.3万只，蜜蜂养殖5000箱。主导产业的规模发展，为农业产业化打下了坚实的基础，石楼“绿色食品”的品牌逐步打响叫亮，特色农产品正走出大山，走向全国。

五、生态人文优势进一步巩固

狠抓六大造林工程，共完成绿化面积5.1万亩，全县林木绿化率达46.5%，森林覆盖率达19.8%，绿色优势进一步扩大。切实加强环保工作，全县空气质量二级以上天数达到306天，空气质量一年比一年好，区域生态环境持续好转。电视剧《红军东征》拍摄完成，《我的青春在延安》正在拍摄，罗村、泗江两处毛泽东路居地修复完善，《〈沁园春·雪〉书法作品集》出版，红色旅游资源的内容进一步丰富。启动了黄河石楼湾旅游开发项目，开发了2户“农家乐”小院，旅游景区建设迈出新步伐。

六、城乡基础设施明显改善

黄河大桥2011年7月份前可以通车，中南铁路正在紧张施工，石楼的区位劣势正在发生改变，交通瓶颈制约即将打破，“对内大循环，对外大开放”的“大交通”格局正在拉开。完成了10个新农村重点推进村建设，新建移民房218套，移民1000人；农村“五个全覆盖”全面完成，农民生活质量稳步提升；启动建设总投资1700万元的黄河提灌工程，建成后可灌溉红枣林1.1万亩。月亮湾广场开工建设，工程设计标准全市一流；晋西影院改造完成，装修标准全市一流；石楼迎宾馆开始运营，对外接待水平上了档次；崇文桥两头安装了石楼第一部红绿灯，县城交通秩序明显规范；政府大院东西窑洞维修改造完成，面貌焕然一新。东进、南扩的“大县城”建设框架基本形成。

七、各项社会事业统筹发展

认真实施科教兴县战略，教育保持良性发展。特别是石楼中学，高考再创佳绩，普通高考达线251人，达线率、增长率连续四年稳居山区九县之首，县职业高中开工建设，职业技术教育将得到全面加强。深化医疗卫生体制改革，县人民医院顺利通过二级乙等医院评审。社会保障体系更加完备。提高了干部职工的津补贴标准，增长额和增长幅度为石楼历史最高；全省一流的社会福利服务中心投入使用；470套廉租房一期工程主体完工，300套二期工程开工建设；扩大医疗保险覆盖面，城镇职工医疗保险覆盖率达95%，新农合参合率达90.3%，4050人参加了城镇居民医疗保险；累计1.16万人享受到了城市、农村低保。平安石楼建设成效显著。严格落实信访工作责任制，坚持实行领导接访制，进一步加大矛盾纠纷排查力度和积案化解力度，全县信访总量同比下降17%。狠抓社会治安综合治理，严厉打击各类刑事犯罪，有力维护了社会稳定。安全生产常抓不懈，全年未发生一起重特大安全生产责任事故，石楼是全市唯一的安全生产“零死亡”县份。

八、党的建设不断加强

深入开展创先争优和学习型党组织建设活动、“榆林大发展、石楼怎么办”解放思想大讨论、“深入基层、转变作风”和学习“右玉精神”五项活动。组织县四大班子领导，各乡镇、各单位负责人赴榆林、鄂尔多斯和右玉等地考察学习，使广大干部开阔了视野，解放了思想，提升了素质。完善实施了“532”包联制度，各级领导班子成员带头深入基层调查研究，掌握真实情况，解决实际问题。开展了“三联系三服务”活动，共结成党群对子2000多对，惠及群众3万余人。切实加强基层组织建设。全县134个行政村实现了村级组织活动场所全覆盖，推行了“四议两公开”工作法。坚持实行“585”星级目标管理体系，基层党员待遇明显提高。切实加强党风廉政建设。严格落实党风廉政建设责任制，深入开展纪律作风大整顿，严肃查处了一批党员干部违纪案件，推动了党风、政风和作风的根本好转。

（中共石楼县委办公室）

附：一、中共石楼县委书记、副书记、常委名单

书　记：李少杰

副书记：武跃飞　李子荣　郝钦新（挂职，12月离职）

常　委：乔　云　田文军　潘晓明　阎玉萍（女）　郑世光　纪根有（3月任职）

二、乡镇党委书记、副书记名单

灵泉镇

书　记：解利新

副书记：宁　煦　高世元　侯建国

小蒜镇

书　记：史建平

副书记：王　鹏　任志中

义牒镇

书　记：郑守祥

副书记：王立国　许彦文

罗村镇

书　记：郭登文

副书记：王小平　刘春平　宁希珍

龙交乡

书　记：王延平

副书记：袁红青　高林海　褚计生

裴沟乡

书　记：马晋军

副书记：解利国　许瑞勇

曹家垣乡

书　记：张元永

副书记：贺雨生　呼玉海

辛关乡

书　记：王福平

副书记：田建军

和合乡

书　记：温建宏

副书记：阎瑞平　曹林平

前山乡

书　记：王福平

副书记：田建军　李春生　陈智海

中共岚县县委工作概况

县委书记　阎刚平

2010年，县委坚持以科学发展观为指导，认真贯彻落实中央和省委、市委一系列重大决策部署，团结带领全县人民，锐意改革进取，奋力赶超跨越，深入实施“五大建设”发展战略，全县地区生产总值完成10.5亿元，同比增长17.9%；财政总收入完成1.7亿元，同比增长16.7%；城镇居民可支配收入达到1.02万元，同比增长10%；农民人均纯收入达到2180元，同比增长25.2%，开创了经济又好又快发展、社会和谐稳定的新局面。

一、“五大建设”奠定了转型跨越发展的坚实基础

县委认真研究县情，科学分析形势，总结历届县委的成功经验，汇聚全县人民的智慧力量,找准经济社会主要矛盾，认真破解发展难题，积极探索转型发展路径，确立了实施大项目、大生态、大教育、大民生、大环境“五大建设”，打造富裕、文明、宜居“三新”岚县的发展战略。立足资源禀赋，着力发挥企业的主体作用，在资源型企业中倡导推行“一矿一企拉长一条产业链、绿化一山一沟、兴办一事一业、帮扶一个新农村、建立一个安全保障网”为主要内容的“五个一”工程，大胆探索资源型欠发达地区科学发展、转型发展、跨越发展的战略选择，为实现公共资源为公众利益服务寻找到了有效途径，为企业全面落实科学发展观、构建和谐社会增添了操作平台和具体抓手，有力地保障了“五大建设”的顺利有效推进。五大建设发展战略符合科学发展的要求，与省委转型跨越的精神一致，得到了市委的充分肯定，是科学发展观在岚县的理论升华和实践转化，已经成为全县人民团结奋斗的共同思想基础和行动纲领。

大项目建设强势推进，重点项目取得突破。总投资215亿元的53个重点项目中，25个市重点项目有14个建成投运或主体完工，28个县重点项目有15个建成投运。全市重点项目考核，我县名列前茅，扭转了多年来的落后局面。太钢岚县项目取得了重大进展，铁矿采选项目土建工程基本完工，完成投资22亿元。大生态建设成绩斐然，造林面积创历史新高。实施了“三北”造林、通道绿化、环城绿化、经济林覆盖等十大造林绿化工程，完成造林7万亩，新增经济林1.5万亩、油松育苗1.67万亩，超过了前四年造林面积的总和。大教育建设开局良好，各项工作初见成效。一年投入6000余万元，完成了全县中小学校舍加固改造。在农村寄宿制学校实施了“一杯牛奶、两颗鸡蛋”营养工程，919名教师、2723名学生第一次感受到了县委政府对他们身心的真切关怀。加大了教育管理改革的力度，公开选聘了38名中小学校长和18名县城缺编教师，收到了良好的社会效果。大民生建设步伐加快，新农保率先实施。村通水泥路、校舍安全改造、农村安全饮水、村通广播电视、农村卫生体系实现了全覆盖。廉租房建设、农村危房改造、移民搬迁工作有序推进，城乡环境卫生整治初见成效。全市唯一的国家新型农村社会养老保险试点工作全面铺开，全县1.8万60岁以上的农民，领取到了每月60元的养老金。大环境建设全面强化，全县面貌焕然一新。太佳高速公路建成通车，岚县融入了太原一小时都市圈；县城岚州大道、专业市场等12项重点市政工程建设完工，大交通、大县城格局初步形成。深入推进“平安岚县”创建活动，严格落实信访工作责任制，努力把矛盾和问题消化在县域范围内，到市、赴省、进京上访总量比上年下降了45%，营造了安定有序的社会环境。

二、切实加强党的建设，不断增强执政能力和组织保障

县委始终把党的建设放在统领全县经济社会全局的重要位置，教育干部知全局、懂本行、干实事，为转型跨越发展提供坚强的组织保障。一是扎实开展创先争优活动。一年来，县委深入贯彻落实省市委“创先争优”工作精神，创造性推进创先争优活动，始终把创先争优活动作为全县各项工作的总抓手，作为学习实践活动的巩固工程、基层党建工作的生命工程、作风建设的提升工程、推动科学发展的保障工程，坚持高起点、高标准、高质量，重抓谋划、抓主题载体、抓舆论氛围、抓学习、抓基础工作、抓主干、抓典型选树、抓督查指导，创新承诺制、公示制、点评制、“1235”包联制、定期观摩考核制，以变作风、树正气、打基础、强素质、抓落实、促发展为抓手，号召广大党员干部要多谋大局、多想百姓、多作表率，在全县范围内比先进，在全市全省范围内赶一流，领导干部带动党员、党员带动群众，以县带乡、乡带村，掀起了县、乡、村联动、干群合力的创先争优活动高潮，创先争优活动的新成果不断转化为推动科学发展的新思路、新措施、新成效，活动受到了省市的充分肯定。二是着力加强思想政治建设。县委把理论武装作为党员干部的第一需要，把学习能力作为干部的第一能力，促进干部“树三观、提五力”，在全县深入开展创建学习型党组织暨学习型社会活动，用中国特色社会主义先进理论武装头脑，推动工作，引领群众。通过一系列述学、赛学、讲学、考学活动，坚持“走出去、请进来”，全县先后组织大型专题培训30余次，分层次、分行业、分阶段派出1000余人外出考察学习。通过看别人、比自己、找差距、变作风、求发展、谋跨越，进一步开阔了眼界，掀起了思想解放、素质提升的新高潮。三是着力加强基层组织建设。圆满完成事业单位和乡镇机构改革，进一步理顺了体制，强化了职能。不断创新、全面深化农村党员十星级管理、农村支部书记视频述职、全县组织工作创新论坛、农村（后备）干部大专函授班培训等模式，全面推行“四议两公开”工作法，基层组织的生机活力不断增强。紧紧抓住第二轮村级组织活动场所建设机遇，新建35所，完善提升11所，实现了村级活动场所全覆盖。四是着力转变干部作风。集中开展了为期一个月的500名机关干部“下基层、大宣讲、抓落实”大行动，广大机关干部深入基层与群众同吃同住同劳动，为167个行政村争取资金210万元，植树200多万株，办实事318件。全面开展了“变作风、结远亲、暖民心”活动，全县所有县直机关包联一个农村，3547名财政供养人员与3547个贫困户结成了“一帮一”真“亲戚”。新华通讯社、人民日报、省电视台等多家媒体对我县进行了深度的采访报道。岚县逐步树立了良好的外部形象，呈现出政通人和、风清气正、心齐气顺、蓬勃发展的良好势头。五是着力加强制度建设。深化“整

章建制、定岗明责”活动，进一步明确了职能、细化了分工、理顺了关系，实现了管理上的不缺位、不越位、不错位。修订出台了《岚县年终责任制考核方案》，创新责任制考核模式，形成常规工作有重点、突破性工作有亮点的考核体制，做到了客观、全面、务实、管用。县委自觉推行党务公开，对全县重大决策、重大事项和群众关注的热点问题，实行全方位、面对面公开，一月一公开，一月一通报，形成了制度。县四大班子有关领导按照工作分工和职责，谁负责、谁公开，谁负责、谁通报，谁负责、谁解答，面对面现场接受群众质询，广纳群众意见。通过党务公开，带动了政务公开、企务公开、村务公开、司法公开和项目公开，有效保障了广大党员和民众的知情权、参与权、表达权和监督权，加快推进民主化进程。六是着力加强反腐倡廉建设。对群众反映强烈的教育、医疗、公路等领域以及婚丧事务上的不正之风进行了专项整治，扎实开展煤焦领域和工程建设领域反腐败专项行动。加大案件查处力度，全年立查各类违法违纪案件101案，处理党员干部114人。建立健全了领导干部廉政档案，将领导干部配备使用小汽车、计划生育、重大事项申报等情况载入廉政档案，进行动态监管，从制度上保证了领导干部的廉洁自律。

（杨拴荣　邸文光）

附：一、中共岚县县委书记、副书记、常委名单

书　记：阎刚平

副书记：郭长风　成志斌

王震南（挂职，11月离职）

常　委：程芝生　牛元生　李宝莲（女）

李丕旺（7月离职）　李清玉

张新春（7月任职）

二、乡镇党委书记、副书记名单

东村镇

书　记：李铁珍（女，11月离职）

刘瑞锋（12月任职）

副书记：牛泉深　李丽琴（女，5月离职）

李永录（12月任职）

普明镇

书　记：王中杰（11月离职）

梁瑞连（女，12月任职）

副书记：王春旺　李晋德（8月离职）

刘和平（12月任职）

岚城镇

书　记：苏永明（11月离职）　陈文礼（12月任职）

副书记：陈文礼（11月离职）　郭建民（12月任职）

邸拴珍（11月离职）　武卫平（12月任职）

王狮乡

书　记：梁瑞莲（女，11月离职）

梁俊山（12月任职）

副书记：杨亮明（11月离职）　刘建军（11月任职）

武卫平（11月离职）　梁贵生（12月任职）

上明乡

书　记：贾春魁（11月离职）　樊朝生（12月任职）

副书记：程秀全（11月离职）　丁永堂（12月任职）

李志臻（11月离职）　兰海龙（12月任职）

河口乡

书　记：樊朝生（11月离职）

程志芳（女，11月任职）

副书记：郭建明（11月离职）　温四生（12月任职）

邸连珍（4月离职）　梁杰珍（12月任职）

界河口镇

书　记：王志平（11月离职）　杨亮明（12月任职）

副书记：刘建军（11月离职）　牛俊生（12月任职）

李兴旺（11月离职）　程富春（12月任职）

大蛇头乡

书　记：刘瑞峰（11月离职）　郭俊生（12月任职）

副书记：陈文礼（11月离职）　梁建光（12月任职）

张国庆

顺会乡

书　记：焦存珍（8月离职）　李中玉（12月任职）

副书记：刘珍和（11月离职）　杨秋旺（12月任职）

袁春林（11月离职）　李志臻（12月任职）

土峪乡

书　记：任海燕（11月离职）　刘珍和（12月任职）

副书记：程志芳（女，11月离职）

阎　冬（12月任职）

程富春（11月离职）　组亮平（12月任职）

社科乡

书　记：程玉堂（11月离职）　王志平（12月任职）

副书记：梁俊山（11月离职）　尹元生（12月任职）

组亮平（11月离职）　李建军（12月任职）

梁家庄乡

书　记：李明生（11月离职）　任海燕（12月任职）

副书记：李中玉（11月离职）　周爱军（12月任职）

程建生（11月离职）　杨会生（12月任职）

中共兴县县委工作概况

县委书记　郭　颖

2010年，在省委、市委的正确领导下，县委团结带领全县广大干部群众，坚持以科学发展观为统领，深入实施“五五兴县”战略，紧紧围绕全县经济社会转型跨越发展大局，全力推进“三四三”重点工程建设和基地建设，全面落实保增长、保民生、保安全、保稳定各项措施，经济社会保持了又好又快的发展势头，圆满完成了“十一五”全部目标任务，为“十二五”跨越崛起奠定了坚实的基础。

一、以转型跨越发展为目标，深入推进省市县重点工程建设，不断壮大县域经济整体实力

县委围绕省委提出的“转型跨越”发展目标，按照市委总体工作部署，继续实施“五五兴县”战略，加快推进“三四三”重点工程和山西兴县资源环保型循环经济综合开发示范基地建设，各项工作进展顺利，收效良好。

主要经济指标完成情况。全年地区生产总值完成33亿元，同比增长50%；固定资产投资完成26亿元，同比增长1.52%；财政总收入达到 6.6亿元，同比增长84%；一般预算收入1.87亿元，同比增长84.28%；城镇居民人均可支配收入11115.17元，同比增长8.01%；农民人均纯收入2050元，同比增长17.82%；规模以上工业总产值完成52.2亿元，同比增长192.7%；社会消费品零售总额完成4.02亿元，同比增长22%。

“三四三”项目总体运行良好。全县列入市“三四三”项目共20个，总投资304.51亿元。其中煤炭提升项目6个，总投资98.08亿元；工业转型项目5个，总投资195.49亿元；农业龙头项目5个，总投资2.21亿元；基础设施惠民项目4个，总投资8.73亿元。全年累计完成投资62.7亿元；立项办结16 个；土地办结8个；环评办结14个；已开工建设18个，开工率90%。具体实施情况为：

煤炭提升项目6个，总投资98亿元。斜沟煤矿1500万吨矿井已经建成；肖家洼煤矿1000万吨矿井已开工建设；资源整合后的4个煤矿正在进行技改。

工业转型项目5个，总投资196亿元。80万吨氧化铝项目厂平工程已基本完成，正在优化设计为100万吨，计划今年上半年全部开工，2012年底建成投产。2×300KW矸石电厂项目，省发改委已报国家发改委，拟将已纳入国家“十一五”电力发展规划尚未核准的中电投永济2×300MW矸石电厂项目调整到兴县，目前，山西国际电力和中电投正在商谈合作事宜，国家能源局电力司明确表态支持，争取今年上半年开工，2012年底基本建成。180万吨甲醇深加工120万吨二甲醚项目，拟改为衍生60万吨烯烃项目，如果环评能够顺利通过，计划今年下半年开工。由山西国兴煤层气输配有限公司实施的山西临保煤层气利用工程项目，今年一季度开工建设兴县至保德段，当年完工。

农业龙头项目5个，总投资2亿元，已全部开工建设。基础设施项目4个，总投资9亿元。兴县基地水资源综合开发利用项目，已完成4孔深井钻探；污水处理厂已建成投运；连城大道已完成路基工程，并开工建设市政设施和地下管网改造工程；友兰中学完成一期工程，2011年秋季开学时可投入使用。

除“343”项目外，县委根据省委袁书记讲话精神，正在筹划两个大的煤化工项目：一个是锦兴公司的煤制烯烃项目，另一个是晋兴公司的540万吨煤制油项目，合计总投资1090 亿元。

“大交通”战略取得重大进展。面对交通大发展的历史机遇，县委充分认识其支撑资源型经济持续快速发展的重要意义，进一步增强意识、加大力度、落实措施，“大交通”战略取得重大进展。除村村通工程外，铺开了八项交通重点工程，分别成立了协调领导机构和筹备工作小组。工程分为三类：第一类是国家和省重点项目，主要包括中南铁路、太兴铁路和西纵高速。县委首先围绕县域经济发展规划，在线型走向上加强协调争取，最大限度地维护和体现地方利益；其次全力配合业主和施工单位做好勘测、征地、拆迁工作，确保重点工程顺利推进。两条铁路均已开工建设，西纵高速建管处也于年底在我县挂牌成立。第二类是骨干项目配套连接或延伸工程，主要包括岢大线魏家滩至蔡家崖段一级公路改造工程、黑峪口至兴县西互通高速公路、中南铁路兴县段专用线和战略装车点项目。经过大力争取，岢大线一级公路改造工程和黑峪口至兴县西互通高速公路这两大项目均已落实，争取2011年上半年与西纵高速同步建设。中南铁路兴县段专用线和战略装车点项目，已委托铁三院做总体规划，2011年开工建设。第三类是企业公路建设项目，主要包括锦兴公司的安康公路、金地公司的华固公路和华润联盛在关家崖、峁底分别建设的华联公路，资金均已落实。

二、以强化农业基础为重点，加大支农惠农力度，切实提高农民收入

农田水利。年内共新修河坝7.4千米，新增坝地0.13万

亩,新垫滩地0.32万亩,修筑防渗渠道6.3千米,改善灌溉条件0.51万亩,完成水保初治面积6.1万亩。农业生产。全年共投入各类农用资金6100多万元,粮食直补、农资综合补贴、玉米差价补贴、良种补贴等资金全部兑现到户,建立10个农业科技示范基地,施用测土配方施肥面积8万亩,粮油总产达1.1亿公斤。林业生产。完成三北防护林工程2万亩;退耕还林工程完成2.1万亩,建设干果经济林6.13万亩,完成公路、村庄绿化面积0.438万亩。扶贫开发。整村推进,投入资金3276万元,涉及 135个自然村;扶贫移民,新建4个扶贫移民新村,惠及4个乡镇、11个村的1200口人。新转移农村劳动力4570人,减少贫困人口0.9万人。

三、以开展创先争优活动为载体,强化党的基层组织建设,增强党的执政能力

县委始终坚持把提高党员素质和提升党的执政能力作为重点,全面推进党的建设新的伟大工程。一是深入开展“创先争优”活动和“榆林大发展、吕梁怎么办”大讨论活动,分批次组织广大党员干部外出考察学习,有力促进了干部思想大解放,作风大转变。二是学习传达省委书记袁纯清在吕梁视察调研时的重要讲话精神和全市干部大会精神,进一步明确了发展思路。三是加强基层组织阵地建设,圆满完成第二轮村级组织活动场所建设任务。四是结合学习“右玉精神”,切实推动广大党员干部在思想作风、学风、工作作风、领导作风及生活作风方面的转变。五是采取开展《廉政准则》知识竞赛、举办“廉政书法”展、编印《惠农法规政策》、编发廉政短信、订阅廉政教育光盘等措施,筑牢思想防线。六是加大党员干部培训力度。先后四次邀请省委、市委党校教授对全县副科级以上干部进行了专题辅导,组织广大党员干部进行了任职资格考试和学业能力测试。七是扎实推进农廉工作。积极推行“四议两公开”村级财务管理模式,加强涉农信访矛盾调处和案件查处工作,组织开展春节“民主活动周”和“一企一事一业”活动,有效化解了村企、村矿矛盾,改善了干群关系,促进了农村社会和谐稳定。八是全面加大案查力度。重点对医疗、教育、公路、煤焦领域、工程建设等领域进行专项治理,全年共立查案96起,处分党员干部95人,其中科级干部7人,撤销党内职务处分4人。九是积极探索基层组织建设的途径和方法,新发展党员229名,其中35岁以下171人,妇女党员28人,大专以上48人,解决三年以上未发展党员村3个;实施村级远程教育站点148个,农村党员致富本领和带动能力得到有效提升。十是实施“人才强县”战略,评选出专业技术人才和农村实用人才30名,每人每月补助100元津贴;出台了《兴县引进优秀人才的暂行办法》,全年共引进15名研究生。

(中共兴县县委办公室)

附:一、中共兴县县委书记、副书记、常委名单

书　记:郭　颖

副书记:梁志锋　郝继平　赵治安(挂职)

常　委:任杰平　李玉林　白鹏昊　成　林　雷跃锋　崔雷廷

二、乡镇党委书记、副书记名单

交楼申乡

书　记:孙小健

副书记:范兴森

恶虎滩乡

书　记:宋兴丽(女)

副书记:刘欣渭

奥家湾乡

书　记:刘四迎

副书记:尹新明

蔚汾镇

书　记:刘保平

副书记:王和平

蔡家崖乡

书　记:张建兵

副书记:梁云云

高家村镇

书　记:王憨迎

副书记:刘东海

瓦塘镇

书　记:白继红(11月离职)　白旭平(11月任职)

副书记:王彬彬

魏家滩镇

书　记:温东迎(3月离职)　白宝明(3月任职)

副书记:白小荣(2月任职)

康宁镇

书　记:王仲昀(3月离职)　苏乃林(3月任职)

副书记:马喜荣

固贤乡

书　记:白书平(3月离职)　李　茂(3月任职)

副书记:贾晋文

东会乡

书　记:张　欣

副书记:李　茂(3月离职)

孟家坪乡

书　记:白卫利

副书记:史怀勇

赵家坪乡

书　记:白宇峰

副书记:乔文华

贺家会乡

书　记:白宝明(3月离职)　李迎斌(3月任职)

副书记:康瑞斌

罗峪口镇

书　记：贺相平
副书记：康建华
蔡家会镇
书　记：苏乃林（3月离职）
副书记：王亚荣
圪达上乡
书　记：刘来迎
副书记：赵旭峰

中共晋中市委工作概况

市委书记　李永宏

2010年，市委在中央和省委、省政府的正确领导下，坚持以科学发展观为指导，深入贯彻落实党的十七届四中、五中全会精神和“7·29”全省领导干部大会精神，大力实施经济转型和赶超发展战略，全力推进基层组织、干部队伍、重大项目、城乡一体化、现代农业、和谐社会六项建设，保持和发展了经济企稳回升、民生持续改善、社会大局稳定的良好势头，圆满完成了“十一五”规划的预期目标。

一、大力招商引资，培优产业促转型

一是全面铺开“大招商、大引资”活动。立足扩张经济总量，为“十二五”腾飞奠定基础，在全市铺开“大招商、大引资”活动，共签约项目186项，总投资1695.1亿元。重大项目引进实现历史性突破，签约百亿元以上项目5个，50—100亿元项目1个，10—50亿元项目27个。

二是加快传统工业改造升级步伐。煤炭产业，积极稳妥推进煤矿企业兼并重组整合，地方原煤产能达到1亿吨以上。电力产业，昔阳安平、国电榆次热电厂竣工投产，山西瑞光、平遥耀光电厂基本建成，左权华能电厂开工建设，全市发电装机总容量达到436万千瓦。煤化工产业，中煤IGCC技术制甲醇、烯烃，汾西矿业集团焦炉煤气制甲醇、烯氢等大型煤化工项目成功签约，介休佳乾30万吨煤焦油、路鑫30万吨粗苯、榆化双40万吨烧碱和聚氯乙烯等项目建成，5户企业百万吨甲醇项目、寿阳90万吨煤层气经甲醇制二甲醚、昔阳煤层气利用示范工程启动，煤化工基地初具规模。

三是快速扩张新兴产业。装备制造业，主抓汽车产业破题，成功引进吉利新能源汽车·发动机制造、上海百成纯电动汽车和中航集团专用车三大项目。液压、煤机、纺机、玻璃器皿等特色产业持续扩张，总投资150亿元的中国液压产业园“退城入园”产业振兴计划即将实施，榆次国家级纺机制造示范基地建设加快。新材料产业，引进了东方希望集团200万吨氢氧化铝、40万吨4A沸石、40吨金属镓项目，安泰特钢项目和80万吨优质线材项目竣工投产，安泰120万吨H型钢、平遥5万吨石墨化阴极碳素生产线、万邦30万吨镍铬合金项目顺利推进。三佳有机硅项目达产达效后，产量将占到全国总产的10%。现代农业，加快推进晋中现代农业示范区建设，69个续建项目和16个设施栽培、规模养殖专业示范园建设完成投资18.9亿元。设施蔬菜基地建设取得历史性突破，当年新发展5.6万亩。农产品加工、流通重点实施“513”工程，扶持46户梯次企业和18家省级重点龙头企业，全市农产品加工、流通龙头企业销售收入达到65亿元，带动农户50万户，为农民增收6.8亿元，转化农产品36亿公斤。晋中德御农贸有限责任公司在美国纳斯达克资本市场成功上市。

四是积极拓展现代服务业发展空间。现代物流业，总投资350亿元的晋中现代综合物流园区建设全面铺开，涉及铁路、商贸、粮食、图书、煤机、钢材六大功能区21个项目正在加紧实施，全省“经贸枢纽”已具雏形。文化旅游业，大力发展广播影视、出版印刷、休闲娱乐等行业，文化企事业单位总数达到2600多家，从业人员逾12万人。榆次乌金山、灵石石膏山、介休绵山、寿阳鹿泉山、榆社云竹湖“四山一湖”景区开发进度加快，峰岩建国、正达海悦等一批星级酒店投入使用。

二、积极应对危机，多措并举保增长

一是创优金融生态环境。加强政银企合作，市县两级财政出资，帮助政策性担保公司提高担保能力，引进3家股份制银行，新发展2家村镇银行，组建小额贷款公司34家，占到全省总数的近三分之一，形成了较为完善的投融资体系，并在中小企业股权融资和集合债券发行上进行了积极探索。2010年全市金融机构贷款余额达到469.6亿元，较2009年底净增107.2亿元，增长29.6%，为中小企业发放贷款200.9亿元。

二是创优行政服务环境。扎实推进行政审批制度改革、政务服务网络建设等工作，完善市县党政领导包重点企业、宁静生产日等制度，为企业解难题、送温暖。开展涉企收费、罚款和各种摊派专项检查行动，有效遏制了涉企“三乱”行为。

三是创优市场发展环境。积极为企业牵线搭桥、提供信息、开拓市场，帮助重点企业解决电力、运力不足难题，引导企业在原材料使用、产品销售等方面广泛合作、抱团发展，降低成本、扩大销售，全市工业产品销售率达到97%以上。通过以上措施，全市经济实现平稳较快发展，全年地区生产总值完成763.8亿元，同比增长14%；规模以上工业增加值369.3亿元,增长23%；固定资产投资495亿元，增长25%；财政总收入147.1亿元，一般预算收入64.8亿元，分别增长17.2%和12.1%;社会消费品零售总额277.6亿元，增长18.5%；外贸进出口总额完成2.3亿美元，增长43.7%；城镇居民人均可支配收入16379元，农民人均纯收入5808.7元，分别增长12%和11.8%。

三、统筹城乡发展，强化基础建新市

一是主动融入太原都市圈。按照全省“一核一圈三群”的城镇空间总体布局，完成了城市总体规划修编，制订了水电路气等对接太原的公共基础设施专项详规。北部新城建设速度加快，道路贯通、电网改造、土地出让、征地拆迁、推介招商等工作全面铺开。重庆金科、深圳万科集团等全国房地产十强企业进驻新城参与开发。规划投资100亿元的山西高校新校区建设项目落户我市，一次性规划控制征地，总体规划正在加紧编制。

二是提升城市承载力。完成了晋中城镇群概念性规划，确立了“一轴两心两区四联”的总体框架。围绕完善城市功能，市县两级铺开各类市政重点工程143项，总投资79亿元。11个县（区、市）全部建成森林公园或湿地公园，全部建成污水处理厂并正常运营，全部达到省级卫生城市标准。

三是加强城乡基础设施建设。铺开重大交通项目6个，总投资112亿元。太中银和大西客专铁路建设进展顺利；108国道介休义棠—穆家堡段全面完工，307国道寿阳段改造项目加快推进，汾邢高速全面启动，全省首家市级自筹资金兴建的双向六车道高速公路——龙城高速开工，完成投资12亿元。铺开输变电工程14项，总投资23亿元，变电容量累计达到8006兆伏安。铺开水利工程6大类，总投资26.8亿元，寿阳松塔、和顺恋思、灵石石膏山、左权西安水电站二期等大型骨干水源工程上马，东山供水工程项目可研通过省发改委审批，水资源匮乏瓶颈得以缓解。

四、大力改善民生，维护稳定保和谐

一是牢固树立“民生为本”理念。农村“五个全覆盖”工程顺利推进，空白村卫生室建设、村村通广播电视、村村通水泥（油）路、饮水安全工程均完成或超额完成省定任务，实现“全覆盖”，校舍危房改造、加固工程全面完工，新建校舍工程加快推进。教育投资规模大幅增加，办学条件显著改善，全面推进教育均衡发展，被列为全国教育体制改革试点。继续推行“九个一批”促进就业政策和“五缓两降一补”稳定就业岗位措施，全市城镇新增就业4.63万人，超额完成省下达任务；城镇登记失业率1.78%，控制在省定目标之内；大力推进扩面征缴，社保待遇实现应发尽发。新农合参合率达到95.94%，位居全省前列；在全省率先推行基本公共卫生服务均等化，六类项目走在全省前列。保障性住房新开工82.7万平方米，超额完成年度目标任务。我市被命名为“全国人口和计划生育工作综合改革示范市”。竞技体育水平不断提高，在十三届省运会上取得优异成绩，创历史最好水平。全力组织晋华、锦纶、轻机三户国有企业破产改制攻坚，三户企业政策性破产如期终结法律程序，困扰多年的国企改制难题实现突破。

二是牢固树立“维护稳定是第一责任”意识。高度重视信访工作，全市信访案件总量呈下降趋势，未发生造成重大社会影响的群体性事件。全面加强社会治安综合治理，组织开展了打黑除恶、打击“两抢一盗”、“晋安利剑”、“春蕾行动”等，社会治安状况进一步好转，群众对社会安全的满意度稳步提升，连续八年荣获“全省社会治安综合治理先进市”。全面加强各级、各部门、各领域安全生产工作，全市未发生死亡10人以上重大事故，事故死亡人数同比下降6.3%。

三是牢固树立“生态立市”思想。把造林绿化作为生态文明建设的突破口，按照“生态建设产业化、产业发展生态化”的新思路，坚持增绿与增收并重、造林与造景并举、绿化与美化同步，全党动员、全民动手，铺开总投资16亿元的173项造林绿化工程，造林39万亩，全年林木绿化率提高两个百分点，成为建市以来投资最多、规模最大、力度最强的一年，赢得了全省造林绿化先进市的殊荣，省委实施“生态兴省”战略以来的首次造林绿化现场会在晋中召开。在加大生态造林工作力度基础上，对重点排污企业和高耗能企业采取挂牌督办、淘汰限制措施，工业增加值能耗、二氧化硫和化学需氧量排放提前完成“十一五”目标。市城区二级以上天数稳定达到国家二级标准。

五、着眼固本强基，改革创新强党建

一是以贯彻十七届五中全会和“7·29”全省领导干部大会精神为核心，全面引深思想解放活动。市委高度重视会议精神的传达贯彻，第一时间学习传达，第一时间动员部署，以组织学习考察，深入调研等形式，深入贯彻落实会议精神。市县两级党委中心组带头学，向全市印发了学习读本，在新闻媒体开辟了学习专栏，聘请了知名专家解读辅导，迅速在全市掀起了学习宣讲大会精神的热潮。市领导围绕新型工业、现代农业、文化旅游、特色城镇、党的建设五个专题展开领题调研，形成一批高质量的调研成果。市县主要领导带队赴陕、蒙、鲁、沪等地，就项目建设、城乡一体化发展、党的建设等进行学习考察，促进了思想解放，提升了发展境界。新的发展理念转化为推动转型跨越发展的工作举措，省考核我市的五大类41项指标，全部完成或超额完成，且有13项进入全省前列；确立了以“实施两大战略、做大经济总量、提高发展质量、做强八大产业、实现六个翻番，再造一个新晋中”为核心的“十二五”规划目标体系，被省委、省政府领导赞誉为全省的“范式”。

二是以深入开展创先争优活动为契机，加强党的基层组织建设。按照中央和省委要求，以“固本强基、创先争优、跨越赶超”为活动主题，在全市8972个基层党组织中开展了创先争优活动。注重发挥党员先锋模范作用，市县两级党员领导干部共建立联系点397个，走访群众10万余人次，为群众办好事、实事4.6万余件。坚持分类指导，在农村引深推广“村代会”、“两保一奖”和“双推优”等模式，在社区继续大力实施“凝聚力工程”，在非公企业和“两新”组织中着力扩大党组织覆盖面，全市439家规模以上非公有制企业全部建立了党组织，组建率达到100%。统筹城乡党建，开展了机关“星级党组织”创建活动，推出了昔阳“两保三带四规范”、和顺“三联五帮”等新机制，形成了一整套具有晋中特色的基层党建创新工作体系。加强阵地建设，在完成550个省定村级组织活动场所建设任务基础上，新增279个建设项目，完成投资1.35亿元，全部完工并投入使用。

三是以优化结构和提升素质为目标，加强领导班子和干部队伍建设。积极稳步推进干部人事制度改革，制定出台我市深化干部人事制度改革的实施办法，探索规范了干部选拔任用初始提名办法，加强年轻干部选拔培养，重点抓了市直机关新任副处级干部到信访部门、优秀年轻干部到乡镇挂职锻炼两项工作。加强目标责任考核，制定出台《年度目标责任考核实施办法》，细化考核指标体系，形成了鼓励干事创业、推动科学发展的工作导向。大力实施人才强市战略，在全省率先出台中长期人才发展《规划纲要》，开通人才信息管理系统，启动了“人才工作创新试验区”建设工作。科学配备干部队伍，圆满完成市人大、市政府、市政协领导班子换届工作，进一步优化了班子结构，换出了生机与活力。及时完成了市人大工委、政协专委主任和政府工作部门主要负责人的调整配备工作。根据工作需要，经省委组织部同意，完成了常规性工作和部分遗留问题的干部任免。全年共调整干部6批147人次。

四是以贯彻落实《廉政准则》为重点，加强党风廉政建设。高度重视《廉政准则》对规范干部从政行为的制度保障作用，采取市委理论学习中心组集体学习、建立警示教育馆、组织廉政警示教育剧目巡演等十种形式进行学习贯彻。以煤焦和工程建设两大领域为重点，集中查办了一批有影响、有震动的案件。全市共立查各类违纪违法案件1050件，处分党员、监察对象1025人，为国家挽回经济损失8881.7万元。将工作作风建设作为加快转型跨越发展的重要保障措施，开展了为期百日的工作作风大整顿，不断加大治庸治懒力度，严惩违纪党员干部。通过持续引深作风建设，广大党员干部的工作状态为之一新，精神面貌大为改观。（李学文　王秀峰）

附：中共晋中市委书记、副书记、常委名单

书　记：李永宏

副书记：张　璞　张春生

常　委：杨随亭（4月离职）　程锡景（4月任职）　郭忠实　宋瑞珍（女）　王　琦　郭光明　李苏平　刘志宏　畅志仁（4月任职）　郭雄飞

中共晋中市榆次区委工作概况

区委书记　孙光堂

全区有党委59个，党工委12个，党总支76个，党支部967个，党员27255名。2010年，区委坚持以科学发展观为指导，深入贯彻落实党的十七届四中、五中全会精神和“7·29”全省领导干部大会精神，紧紧围绕市委、市政府经济转型和赶超发展两大战略，扬区位之长、走招商之路、举项目之旗、尽服务之力，全力推动经济社会又好又快发展，圆满完成了“十一五”及全年各项目标任务，为“十二五”精彩开局奠定了坚实基础。

一、抓全局、理思路，科学发展再掀新高潮

一年来，区委认真贯彻落实党的十七大和十七届四中、五中全会精神，始终坚持谋划全局理思路，牢牢把握正确的发展方向，创新实践科学发展观，圆满完成学习实践活动，扎实开展创先争优活动和学习型党组织建设，不断充实和完善发展思路和目标，始终坚持把解决“三农”问题作为首要任务，把推进新型工业化摆在更加突出位置，把提升现代服务业列入重要日程，把统筹城乡发展、加速太榆同城化、市区经济一体化当作长期的战略任务，把加强党的建设、夯实基层基础作为实现经济社会全面协调可持续发展的治本之策。围绕谋划“十二五”跨越发展，在全区范围内掀起了以“我为‘十二五’提建议”为主题的“大学习、大讨论、大调研”活动高潮，积极组织各级领导干部“走出去、请进来”，在京成功举办首期榆次中青年干部培训班。全区党员干部思想观念进一步解放，赶超发展思路进一步完善，驾驭科学发展的能力明显提高，谋发展、谋跨越的氛围更加浓厚。

二、抓发展、调结构，经济建设实现新跨越

一年来，区委大力发展“绿色农业、园区工业、文化旅游”三大特色经济，现代农业蓬勃兴起，农民收入大幅增长，“三农”工作屡创佳绩，连续三年农业农村工作位

居全市第一，荣获全省“新农村建设先进区”、“增加农民收入先进区”等荣誉称号，被科技部批准为全省唯一的“国家级农业科技园区”。园区工业发展壮大，“一园区三基地”渐成规模，集聚效应日益显现，招商引资成果显著，全年引进各类资金188.9亿元，工业发展后劲大大增强。文化旅游品牌显现，启动了乌金山国家森林公园二期建设，打造了富通山庄、老树红枣等一批乡村旅游典型，被评为“全省休闲农业与旅游示范县（区）”。商贸流通日趋繁荣，充分发挥榆次区位优势，积极推进“万村千乡”市场工程和“新网工程”建设，着力构建城乡流通网络，全区发展农村市场连锁经营店160个。大力发展现代物流产业，积极推动物流园区建设，太铁物流园区、省粮食物流中心等大型物流项目相继落户、开工建设，逐步构建起了我区大物流发展格局。2010年，全区地区生产总值完成146.1亿元，增长16.7%；财政总收入完成17.1亿元，增长6.2%，一般预算收入完成6.3亿元；规模以上工业增加值超额完成“十一五”规划目标，完成46.3亿元，增长44%；全社会固定资产投资连续五年稳居全市第一，完成93.9亿元，增长1.3%，社会消费品零售总额增速加快，完成87.9亿元，增幅达18.6%；城乡居民人均可支配收入分别达17393.7、7657.4元，增长13.1%和13.2%，各项主要经济指标较“十五”末基本实现翻番，经济实力明显增强。

三、抓民生、构和谐，社会事业迈上新台阶

一年来，区委大力实施“五大惠民工程”，认真兑现每年向人民群众承诺的“十件实事”，扎实推进“五个全覆盖”。着力推动城乡教育均衡发展，圆满完成全区中小学校舍安全改造工程。认真落实基本国策，人口计生工作考核实现全市十五连冠，被省政府表彰为全市唯一的“人口计生目标责任制考核先进区”，荣获“全国计划生育优质服务先进区”称号。大力改善区乡村医疗条件，三级医疗卫生机构达标率达到100%。进一步健全城乡保障体系，城镇基本社会保障覆盖率达到98%，“新农合”参合率达到95.8%。积极开展创业就业培训，城镇登记失业率控制在4%以内。大力扶持科学技术创新，新申请专利602项，科技对经济增长的贡献率达到40.5%，被科技部命名为“科技进步先进区”、批准为全省唯一的“国家级农业科技园区”。扎实推进“蓝天碧水”工程，大力开展植树造林建设，生态环境明显改善，荣获“全省造林绿化先进区”等荣誉称号。大力开展“平安榆次”创建活动，不断加强社会治安综合治理，人民群众幸福感显著提升，和谐建设继续走在省、市前列。

四、抓民主、聚合力，对外形象得到新提升

一年来，区委发挥领导核心作用，在把好方向、抓好大事的基础上，协调各方，凝聚力量，为贯彻落实党的路线、方针、政策提供了强有力的政治和纪律保障。切实加强和改进党对人大、政协工作的领导，积极支持人大、政协独立开展工作。高度重视统一战线建设，进一步加强民族、宗教、侨务、对台和新社会阶层人士工作，党外代表人士整体素质不断提高。认真落实行政执法责任制，大力加强政风行风建设，全面推进依法行政，切实提高行政效率，法治政府建设进一步加快。认真落实“五五”普法规划，全民法制意识和法律素质显著提高，民主政治建设不断加强。充分发挥宣传思想战线的重要作用，深入开展学习型党组织建设，理论武装取得明显成效。不断加强新闻宣传工作，继续完善各项宣传机制，着力提升舆论引导能力，营造了良好的舆论氛围。扎实推进公共文化基础设施建设，不断提升基层文化阵地水平，公共文化服务体系达标率达到100%。不断深化精神文明建设和文明和谐创建活动，广泛开展道德模范评选活动，培养树立了一批引领社会风尚的先进人物和典型。不断加强对外宣传工作，先后制作了《魅力榆次》等多部专题宣传片，榆次对外形象得到充分展示和全面提升。

五、抓作风、建机制，反腐倡廉取得新成效

一年来，区委坚持教育为先，认真贯彻落实党风廉政建设责任制和《廉政准则》，深入开展反腐倡廉宣传教育活动，积极推进廉政文化建设，精心打造了具有榆次特色的“五大廉政教育基地”，连续五年党风廉政建设责任制考核位居全市第一。深入开展“优化发展环境、提高行政效能”调研检查活动，制定出台了《关于进一步改进机关作风优化发展环境的实施方案》，有效推进了全区党员干部作风转变，营造了风清气正的浓厚氛围。深入开展煤焦领域反腐败专项斗争和工程建设领域突出问题专项治理，扎实推进行政审批制度、财政管理制度、干部人事制度和投资体制等重点领域和关键环节改革，认真解决教育乱收费、医疗回扣、公路“三乱”以及财政惠民资金使用、食品药品安全等突出问题，积极开展政风行风评议活动，被省政府表彰为“政风行风评议先进县（区）”。加大违法违纪案件查处力度，重点加强了对土地、煤焦、工程建设领域和侵害群众切身利益案件的查处，反腐倡廉建设不断取得阶段性成果。

六、抓队伍、夯基础，党的建设进一步加强

一年来，区委不断加强领导班子和干部队伍建设，突出抓好“一把手”工程，更加注重领导班子的合理配备和干部队伍的结构优化，全年调整干部一次，涉及38人，切实解决了一批长期工作在一线、年龄偏大同志的待遇问题，进一步稳定了基层干部队伍，有效调动了广大干部的工作积极性。有序推进干部人事制度改革，健全完善了干部考评、干部选任和干部监督管理机制，加强了对干部考评结果的运用。进一步规范干部选任程序，坚持“一报告两评议”制度，强化了对干部选任工作的监督。不断加强基层党组织建设，积极推广“四议两公开”等先进经验和典型做法，村级组织活动场所得到明显改善。努力扩大“两新”

组织党建覆盖面，派出党建联络员482名，新建“两新”组织党支部13个。不断引深“凝聚力工程”建设，成功举办了榆次区“凝聚力工程”论坛，“凝聚力工程”建设经验受到全省广泛关注。全省街道社区党建工作座谈会在榆次隆重召开，“凝聚力工程”被省委组织部评为“全省组织工作创新项目”。（田锦斌）

附：一、中共晋中市榆次区委书记、副书记、常委名单

书　记：王建林（7月离职）　孙光堂（7月任职）

副书记：王继堂（7月离职）　王永平　程完忠　刘文慧（女，12月离职）

常　委：张增翔　邢如彪　李国红　王琳玉（女）　穆尚政　辛艾艾（女，9月离职）

二、乡镇（街道）党委（党工委）书记、副书记名单

郭家堡乡

书　记：石　勇

副书记：梁英俊　郑荣辉

乌金山镇

书　记：魏江峰

副书记：张志峰　俞国栋

张庆乡

书　记：刘春发

副书记：籍永利　郑银明

修文镇

书　记：刘国华

副书记：范耀明　郝枫筝

东阳镇

书　记：常崇健

副书记：田晓宇　李　源

北田镇

书　记：马志宏

副书记：许润生　成俊虎

庄子乡

书　记：赵晓波

副书记：马　宏　张秀珍（女）

长凝镇

书　记：康晓渊

副书记：韩文军　王建宏

什贴镇

书　记：刘学汶

副书记：杜吉平　翟秀国

东赵乡

书　记：魏学强

副书记：张赵明　付海挥

北关街道

书　记：常春俊

副书记：武丽芯（女）　李　伟

新华街道

书　记：陈宝贵

副书记：程雪瑾　温久生

锦纶街道

书　记：王建生

副书记：成　红　李双喜

安宁街道

书　记：张喜玲

副书记：陈彩林　王拴成

新建街道

书　记：畅玉光

副书记：张奇志　王国欣

晋华街道

书　记：王建政

副书记：郑拴保　贡爱波

路西街道

书　记：李转萍

副书记：郭金书　张守政

经纬街道

书　记：郭翠枝

副书记：张　峰　范庆文

西南街道

书　记：余民山

副书记：马桂萍　刘文枝

中共太谷县委工作概况

县委书记　王建忠

全县有党委21个，党总支33个，党支部559个，党员15263名。

2010年，县委、县政府认真贯彻党的十七大及十七届三中、四中、五中全会精神，坚持以科学发展观为指导，按照省市的安排部署，紧紧围绕“积极推进三个集中，逐步实现四化目标，努力把太谷建成山西中部最富发展活力、最富文化张力、最富和谐魅力的生态经济县和休闲度假区”的发展思路，全县统筹城乡发展战略不断向纵深推进，经济社会转型跨越发展的步伐明显加快。

一是提升发展理念的力度不断加大。坚持把解放思想、

拓宽思路、保持各级党组织的先进性、提高各级领导干部的执政能力摆放在县委工作的首要位置来抓。在连续举办14期“干部学习大课堂”，选择与我县经济社会发展密切相关的重大课题，聘请国内各领域知名专家学者来县培训讲课，不断用先进理论武装干部头脑的同时，把理论学习不断向工作实践引深。一年来，县委先后组织有关人员赴江苏常熟、北京周边五县市、山东德州等地，分别就乡村旅游、农业现代化、农村城镇化等方面的工作进行了实地考察。在此基础上，积极推进学习考察成果向工作实践转化，正在加紧制定《关于加快推进城镇化的意见》。走出去学习先进经验，坐下来研究实际问题、扑下身推动工作落实，已经成为县委落实科学发展观和推进各项工作的重要方法和宝贵经验。

二是加快转型发展的意识更加强烈。加快推进“新型工贸区、生态农业区、人文居住区”三大功能区建设，是我县破解发展难题、实现转型跨越的重要抓手。在2009年规划工作的基础上，2010年在完善三大功能区产业支撑体系上又向前推进了一大步：新型工贸区将集中发展新型工业和商贸物流产业，加快打造招商引资工作平台，力争在5–10年内形成全省有影响力的新型工业和现代商贸物流产业的聚集区。全年新型工贸区共引进落户企业9个，协议引资24个亿，超额完成市委市政府下达我县的大招商大引资任务；不少企业仍积极与我县联系，计划入驻新型工贸园区谋求发展。生态农业区的东南部山区将大力实施退耕还林和荒山绿化工程，积极发展中草药种植，逐步形成生态涵养带；沿山丘陵区将继续扩大苗木花卉和红枣产业规模，积极发展酿酒葡萄产业，有效整合文化旅游景观，逐步形成休闲产业带；平川地区将集中发展设施蔬菜，逐步形成高效农业带。我县沿山丘陵地区是葡萄酒业界公认的能够生产优质酿酒葡萄的一类地区，历史上有种植葡萄的传统，现在有怡园酒庄的著名品牌，完全具备大规模发展葡萄酒产业的优势条件；已经完成了葡萄种植基地的布局规划，正在制定葡萄酒的产业发展规划，下一步将大力开展招商引资活动，力争在5–10年内形成80–100家葡萄酒庄的产业规模，真正把太谷打造成中国“红酒之都”。人文居住区的南部古城区将大力实施旧城改造和配套功能工程，加快发展现代商务和人居服务产业，抓紧实施历史文化中轴线建设规划，使之更具传统文化灵魂；中部新城区控制性规划已经完成，下一步将积极推进大西高铁车站项目，有序启动新城区建设，使之更具现代城市气息；北部大学城建设今年取得明显进展，山西农大信息学院已经基本建成，省煤干院等学校正在与我县进行洽谈，要力争在5–10年内引进3–5所大学，使大学城基本成形。三大功能区产业支撑体系的日趋明朗，在推进三个集中、实现四个目标上更有选择权和主动权，为加快实现转型发展奠定了坚实基础。

三是促进社会转轨的探索扎实推进。我县制定实施统筹城乡发展战略以来，一直在积极探索加快实现城乡一体化的办法机制。2010年，在继续以“五覆盖”和政府承诺的“十件实事”统领社会事业发展、不断改善人民群众基本生活的同时，通过外出学习考察和联系实际思考，找到了一条从城镇化切入，推动农村居住方式大改革、农民生活方式大变革、农业发展模式太转型的现实途径。县统筹办正在抓紧制定《关于推进城镇化的意见》。县委、县政府将充分运用“政府引导、农户建设、市场运作”三种机制，紧紧抓住“整合村庄、盘活土地、创新机制”三个重点，严格遵循“规划引导、产业支撑、方案设计、制度保障”四个要求，扎扎实实推进城镇化建设。水秀乡作为全县的试点，已经铺开了调查摸底等前期工作，全县面上的工作也将于2011年全面展开。要以积极推进城镇化为载体，加快农村综合改革步伐，全面发展农村社会事业，力求在“提高农民生活质量、转变农业发展方式、改变农村生活方式、拓展工业发展空间、促进城市发展进程、推动城乡均衡发展”六个方面取得突破性进展。

四是提升执政能力的工作深度拓展。把转型跨越的各项工作切实落到实处，把统筹城乡发展的宏伟目标不断推向前进，是全县各级党组织和广大党员干部的历史使命和职责所在。按照中央和省市要求，认真组织全县各级领导干部和广大党员，深入开展了“创先争优”、“创建学习型党组织”、学习贯彻“袁纯清书记重要讲话”及弘扬“右玉精神”主题活动，积极引导全县党员干部紧密结合我县实际，就如何实现科学发展、转型发展、跨越发展进行深刻思考。全县各级各部门对宏观形势的把握，对袁书记重要讲话精神的领会，对太谷统筹城乡发展战略的理解，对转变工作作风抓落实的认识，达到了一个前所未有的境界。积极推行“四议两公开”工作法，全县198个行政村全部推行了民主议事和民主管理机制；扎实推进农村阵地建设，123个行政村全部完成了阵地建设任务；根据市委组织部反馈的2009年度干部选拔任用工作民主评议结果，制定了具体的整改措施并认真进行了落实：制定了《太谷县委常委会干部任免票决试行办法》、《太谷县干部人事制度改革试点工作方案》，不断将干部人事制度改革向纵深推进，2010年县委常委会共研究调整干部5次，涉及40人，其中公安局班子升格和基层派出所调整28人，其他干部调整12人（提拔重用正科干部5人，提拔副科干部1人，平职交流6人）。运用“个人报名、竞职演讲、民主推荐、差额考察、差额票决”的办法，在“创新完善民主推荐制度”和“乡镇党委书记管理”试点工作上进行了积极探索。深入开展创先争优活动，612个党组织作出承诺事项3059件，10564名党员作出公开承诺事项12676件。深入开展学习贯彻《廉政准则》活动，采取多种形式进行宣传教育，将贯彻执行《廉政准则》情况纳入全县《党风廉政建设责任制》范畴，对9个乡镇和20多个县直单位执行落实情况进行了监督检查；认真贯彻省纪委“五不准”要求，出动纪检监察干部38人次，公安干警22人次，摄像记者20人次，检查全县休闲娱乐场所204个（次），给予公职人员处分1人次。严格依法依纪办事，加大案件查处力度，全县共立查案67件，结案66

件；给予52人党纪政纪处分，为国家挽回经济损失73万余元。切实加强县级领导班子建设特别是县委班子执政能力建设，通过经常性地组织中心组学习和民主生活会，不断提升科学执政能力、民主决策水平、依法管理素质和廉洁从政意识，县委常委会的执政能力和执政水平不断得到提升。

（渠建隆）

附：一、中共太谷县委书记、副书记、常委名单

书　记：王建忠

副书记：郝向明　刘　伟

常　委：雷秦国　张国平　李军荣（女）　刘凯宇　李王俊　王　鹏

二、乡镇党委书记、副书记名单

明星镇

书　记：孟玉明

副书记：张玉忠　胡巧生

胡村镇

书　记：赵瑞旭

副书记：庞瑞宾　郭世杰

水秀乡

书　记：张国文

副书记：夏文利　孟宪德

侯城乡

书　记：武晋杰

副书记：刘俊明　吴会迪

北汪乡

书　记：王志强

副书记：池丽萍

阳邑乡

书　记：郭桂生

副书记：郭志强　白建利

小白乡

书　记：党翠花（女）

副书记：郑　炜　韩卫政

任村乡

书　记：武爱忠

副书记：武正梅（女）　贾俊杰

范村镇

书　记：程锡威

副书记：尚建刚

中共祁县县委工作概况

县委书记　段燕翔

全县有党委12个，党总支28个，党支部498个，党员13875名。2010年，在省委、市委的正确领导下，县委始终坚持以科学发展观为指导，深入贯彻落实党的十七届四中、五中全会精神和“7·29”全省领导干部大会精神，大力实施转型跨越发展战略，全力推进基层组织、干部队伍、重大项目、城乡一体化、现代农业、和谐社会建设，全县完成地区生产总值41.3亿元，增长14%；规模以上工业增加值8.2亿元，增长26.2%；固定资产投资21.6亿元，增长23.6%；财政总收入3.6亿元，增长16%；城镇居民人均可支配收入16414.7元，增长11.6%；农民人均现金收入7189.3元，增长14.1%。

一、坚持把发展作为解决祁县问题的关键，努力推动全县经济又好又快发展。

一是强化工业主导地位，工业兴县步伐进一步加快。扎实推进项目建设。全年共确定实施重点项目49项，其中列入市重点项目3项。49个项目全部开工，开工率100%。完工项目22个，完成投资11.5亿元，投资完成率85.2%。加快传统工业改造升级步伐。玻璃器皿产业，玻璃产品质量检测中心项目完成主体框架，大华自动化机制玻璃器皿生产线项目正式建成投产，红海公司新上“无铅晶质水晶玻璃”工艺品生产线，天顺等3户玻璃企业转产“钡晶质水晶玻璃柱和玻璃板”新型装饰材料，全县玻璃出口量回升至全国的四分之一。碳素产业，丹源公司新型阴极、石墨化电极生产线建成投产，丹宏公司新上3万吨预焙阳极生产线。机械制造产业，天波公司新上马大功率矿用泵生产线，有效带动了产业的转型升级。快速扩张新兴产业。食品产业，乔家醋业年产5万吨老陈醋生产线投产，燕京啤酒20万吨生产线一期工程基本竣工，神州啤酒公司5万吨啤酒生产线项目试生产，今麦郎饮品生产线落户经济开发区。材料加工业，明昇无缝钢管项目一期工程结束；聚源电子级硅微粉项目完工；鑫源洗煤厂、振东洗煤厂两条洗煤生产线投产运行；日达昌耐火材料厂莫来石加工生产线投产。加快建设产业集聚区。经济开发区环评规划通过评审，建设规划完成制定，投资3.78亿元的开发区道路系统建设工程得到省交通厅支持，土地部门在二轮规划修编中把工业用地指标向经济开发区、玻璃产业园区和食品工业园区倾斜，用于园区建设的土地占今后十年建设用地的70%，为未来工业发展留足了空间。

二是加快推进农业现代化，“三农”工作实现新突破。特色主导产业进一步发展。小麦、玉米高产创建工程顺利完成，粮食生产喜获丰收，全县粮食收获面积达到43.5万亩，总产22.45万吨，同比增长24.5%，再创历史新高。大力实施以“山西省百万棚工程”、“晋中市百千万工程”为主线的“113”设施蔬菜建设工程，以日光温室、拱棚为主的设施蔬菜发展势头强劲，呈现出示范点多、建造标准高、建设力度大的良好发展态势。2010年，完成投资6300万元，流转土地1.1万亩，新发展设施蔬菜5191亩。大力推进“双万亩”经济林工程，新发展酥梨6000亩，苹果5000亩，核桃干果经济林6000亩。畜牧产业发展平稳，规模养殖化水平不断提高，各类养殖小区达到155个，规模养殖率达到87%。农业产业化级次进一步提高。全年新上农产品加工扩建项目3个，完成投资4200万元。新发展农民专业合作社66个，全县农民专业合作社达到717个，规范化合作社发展到182个，合作社注册资金达到8.5亿元，辐射带动农户1万余户。农业发展基础不断夯实。扎实推进现代农业示范区项目建设，37个现代农业示范区项目全部建成，完成投资2.29亿元。扎实推进“一事一议财政奖补试点工作”，实施一事一议财政奖补项目153个，项目总投资1404.73万元。

三是着力培育服务业发展新优势，第三产业发展迅速。旅游业，全年累计接待游客160万人次，同比增长7%；实现门票收入2600万元，同比增长2%。物流业，大力实施“新网工程”和“万村千乡市场工程”，改造农家店40户、便民店25户，所有行政村实现了全覆盖，基本形成了“以中心店为龙头、乡镇店为骨干、村级店为基础”的农村现代流通网络体系。房地产，新开工建设商品房总建筑面积9.77万平方米，完成投资9271万元，城镇人均住宅面积达到31.5平方米。外贸结构继续向多元化方向转变，农副产品出口实现较大增长。全县具备对外贸易经营资格的企业达到69户，外贸出口总额达到3315.65万美元。物业管理、家政服务、餐饮娱乐等新型服务业发展迅速，成为县域经济新的增长点。

四是加强城乡基础设施建设，城市承载力不断提升。编制完成了《祁县县城总体规划》、《祁县经济开发区总体规划》、《历史文化名城保护规划》、祁县“十二五”住房建设规划及城市基础设施建设规划等一系列建设规划。不断加快城市建设步伐，规划实施重点工程13项，总投资3.9亿元。人民医院新建工程正式投入使用，集中供热工程完成可研、环评、锅炉招标等前期工作，垃圾综合处理项目主体工程基本完工。加快道路建设步伐，完成丰西线二级路改造15.5公里，完成“村村通公路”、“通达通畅”等道路建设工程171.8公里，全县公路通车里程突破1100公里。全力推进通道宽林带、环城绿化、村庄绿化等工程建设，全县森林覆盖率达到22.6%。深入开展城乡环境综合整治，大力实施“蓝天碧水”工程，县城区环境空气质量II级以上天数完成348天（其中I级天为116天），比去年同期增加了31天，环境空气质量稳定达到国家三级标准。

二、坚持加强和改进党的领导，为实现转型跨越发展提供坚强保证

一是不断强化党员干部思想政治建设。县委中心组率先垂范，坚持做到“五个一”。即进行一次调查研究、撰写一篇文章、精读一本书籍、做一次理论报告、参加一次学习培训。注重增强学习型党组织建设工作的实效。在全县党员中开展了以“一名党员一面旗帜”为主题的创建活动。在基层党支部中，开展了“一个支部一个堡垒”的主题创建活动。注重整体推进学习型党组织建设。引导广大党员干部切实把学习成果体现到提高工作能力、推动工作落实上，广大党员干部以中国特色社会主义理论指导和推动工作的能力不断提升。

二是积极推进领导班子和干部队伍建设。在全县部署开展了以深入学习实践科学发展观为主题的创先争优活动，确立了“创先争优当先锋，固本强基促发展”的活动主题。结合省委书记袁纯清在全省领导干部大会上的讲话精神和祁县“大招商、大引资”等中心工作，在全县各级基层党组织和党员中开展了“树新形象、创新业绩、促新发展”主题实践活动，掀起了学先进、比先进、争当先进的热潮。不断完善干部选拔任用制度，认真落实四项监督制度，制定出台了《关于严厉整治干部选拔任用工作中行贿受贿行为的实施方案》，转发了中央纪委、中央组织部《印发〈坚决刹住用人上的不正之风——关于12起违规违纪用人典型案件的通报〉的通知》。设立干部选拔任用工作监督电话，畅通群众监督举报渠道。创新干部考核方式，突出年度目标责任考核，注重考核结果运用，有效发挥考核工作“指挥棒”、“风向标”、“助力器”的作用，为经济社会转型跨越发展配优配强领导班子。

三是全面加强党的基层组织建设。扎实做好村级组织活动场所建设工作。全县64个列入全省第二轮村级组织活动场所建设的行政村全部建成并投入使用。大力推行“四议两公开”工作法。下发了《关于在全县农村推行“四议两公开”工作法的实施意见》，出台了《实施细则》，制作了《工作法流程图》。切实抓好农村基层党建工作。不断深化农村基层党组织建设“三级联创”活动，健全和完善“双定双评”制度，全面实施现代远程教育进机关、进学校、进社区、进企业、进农户“五进”工程。着力加强以农村党支部书记为重点的村级干部队伍建设。认真贯彻落实省委《关于加强村党支部书记队伍建设的意见》，抓好村党支部书记的培养选拔、教育培训、激励保障、管理监督。

四是全面推进党风廉政建设。印发了《关于深入学习

贯彻落实<中国共产党党员领导干部廉洁从政若干准则>的通知》。采取县委中心组集体学习、电视专题访谈、在报纸及网站开辟学习专栏、组织知识竞赛、发送廉政短信、推进廉政文化进机关、发布廉政公益广告、举办廉政文化作品展、组织廉政警示教育剧目巡演、开展专题培训等多种形式进行学习贯彻。严格落实党风廉政建设责任制，在全县形成了党政领导、职能部门和纪检监察机关“三位一体”的责任体系。深入开展政风行风评议活动，现场解答热点焦点问题80余件，受到了群众的一致好评。全县共初查核实各类违纪问题77件，累计立案62件，结案62件，党政纪处分62人。（马　勇）

附：一、中共祁县县委书记、副书记、常委名单

书　记：尚金华（4月离职）　段燕翔（7月任职）

副书记：李丁夫　王志宏　王秀珍

常　委：张曲波　米立志　郝昭仁　赵果仙　卢建华　王兆俊　张宝贵

二、乡镇（街道）党委（党工委）书记、副书记名单

昭馀镇

书　记：杨秀龙

副书记：郝德毅

东观镇

书　记：柳扣免

副书记：李福宁　梁利斌

古县镇

书　记：杨　琦

副书记：赵永刚

城赵镇

书　记：武玉龙

副书记：薛瑞刚　白玉刚

贾令镇

书　记：武俊明

副书记：杨治敏　高鹏飞

西六支乡

书　记：李耀强

副书记：郝　强　董向阳

峪口乡

书　记：杜惠敏

副书记：武宏亮　许威旺

来远镇

书　记：万建安

副书记：师德森　李　刚

昌源城区

书　记：崔　骏

副书记：王雪花（女）

丹枫城区

书　记：贾玉川

副书记：温　豪

麓台城区

书　记：赵映宝

副书记：李增耀

中共平遥县委工作概况

县委书记　李非忠

2010年，县委坚持以邓小平理论和“三个代表”重要思想为指导，深入贯彻科学发展观，科学把握中央和省、市经济工作会议精神，凝集共识，总结经验，谋划长远，营造氛围，组织动员全县上下，励精图治，干事创业，孕育和创造了“不屈不挠拼搏、不甘人后进取、不浮不躁实干”的平遥精神，全县经济、政治、文化、社会、民生和党的建设全面快速协调发展。

一、明确发展思路，突出经济重心，全县经济发展呈现出产业崛起、龙头壮大、整体上档的蓬勃态势

2010年，全部指标完成了“十一五”的目标要求。全年生产总值完成68亿元，固定资产投资36亿元，规模以上工业增加值22.14亿元，增幅达44.71%，社会消费品零售总额29.2亿元，城镇居民人均可支配收入15605元，农民人均纯收入5615元。财政总收入达到9.0537亿元，增幅24.1%，其中一般预算收入3.51亿元，比上年净增6000万元。

以设施蔬菜和规模养殖为新的突破、以粮食和林果为基本支撑、以龙头企业为强力拉动，农业产业化建设形成新格局。一年中设施蔬菜新发展4521亩，其中：温室1962亩、大棚2559亩，建成了29个百亩以上的园区，涌现出洪善镇小沿村千亩园区全县第一个千字号的工程，全县总面积达到了6700多亩，实现了新跨越。新建23个规模养殖小区（场），各类养殖大户达到5000余户，新增畜禽饲养量250万头（只）以上，养殖业为农民提供人均纯收入1710元，贡献份额超过三成；新发展酥梨、苹果1.15万亩，新发展以核桃为主的干果1.43万亩；特别是牛肉、龙海两户国家级龙头企业双双跻身全省“513”工程梯次，分别实施了千头肉牛育肥繁殖基地和3万吨鸡肉熟制品生产线项目，

工业反哺农业有新亮点。峰岩集团在全县流转土地近2万亩，为农民增加收入8000万元，实现了企农双赢。2010年，全县投资近3000万元，完成了造林绿化任务，高标准、高档次地迎接了全省造林绿化现场会的召开，被评为“全省造林绿化先进单位”、“全市绿化先进县”。平稳完成了62万亩林地的林权制度改革任务。

新型工业基本形成了两大循环经济园区的龙头带动、五大工业区的块状集聚、八大传统产业全面改造提升的格局。全县原煤产量达到217万吨，比上年增加了33万吨，煤炭产业贡献税收达3.3亿元；6户铸造企业新上了消失模生产线、冷芯造型工艺技改和成品电机生产线项目，引领了我县铸造行业彻底改变低端、低级、低效生产方式的新实践；减速器厂的“信凯”商标被认定为中国驰名商标，步入国内一流品牌的行列；特别是煤化和峰岩2户旗舰龙头企业共交税5.06亿元，占到全县财政总收入的55.91%，其中煤化集团纳税3.42亿元，纳税总额在晋中位居前三甲，全省第25位，峰岩集团纳税1.64亿元，税费总额比上年增长了11.8%。

国际型旅游业持续保持了高速运行的态势，呈现出从门票经济向产业经济逐步转型的格局。全年共接待游客115万人，增长2.4%；门票收入达到1.0016亿元，增长13.5%；旅游从业人员达到6万人，综合收入11.5亿元，同比增长36.1%。我县积极争取古城门票价格调整，经过省发改委顺利批准，门票增加了25元，每年可增加3000万元的门票收入，有力保障了古城保护。门票与综合收入的比例从2000年的1：8.6、2005年的1：9.2变化为1：11.5，体现出旅游产业正在逐步实现门票经济向产业经济的转型；以旅游业为主的第三产业比重达到45%，高于全市、全省平均水平。平遥古城被美国《纽约时报》评选为2011年全球最值得旅游的41个地方之一。

二、以古城旅游文化国际化贷款项目为重点，抢抓机遇，科学决策，城建旅游基础工程得到有效实施

2010年县委综合考虑遗产保护问题、城市框架问题、民生问题、基础设施问题，经过深思熟虑，反复斟酌，达成共识，抓住中国进出口银行推进旅游文化国际化贷款业务试点的机遇，积极申报和成功争取了贷款项目，共贷款6.6亿元。得益于古城这块金字招牌，国家文化部、财政部主动为项目贷款贴息，连续三年贴息80%。实施了首批11个子项目和4个配套项目，并以此为统领，铺开了古城保护、道路建设、绿化亮化、功能配套等29项城建旅游工程，已有20项完工，完成投资2.3亿元。范家街、吉祥寺、贺兰仙桥、文庙云路等4个历史街区保护与恢复项目全面铺开；旅游服务基地停车场已完成一期拆迁工程，拆迁了5万多平方米，2011年停车场将投入使用，弥补国际型旅游城市没有标准化停车场的缺憾。打通了曙光路、新建了滨河西路和南二环路，延伸了春蕾路、顺城路和永安街，进一步打破了多年来影响城区发展的框架瓶颈，基本形成了“四纵四横三循环”的城区道路网络。高标准硬化、亮化了总长3500米的环古城游览路，有序推进了古陶一中迁建、古城环境卫生整治和古城景区交通设施建设等一系列项目。新增城市供热面积20万平方米、达到235万平方米，普及率达到72%。新增天然气用户6000户，累计达1.8万户，燃气普及率80%。城市生活垃圾处理一期工程竣工并投入试运行；污水处理厂完善了管网铺设，实施了技术改造，污水处理率达到81%。新增城区绿化面积16.84万平方米，城区绿化覆盖率达到44.78%。城市道路亮化率达到97%。全县具备了建设大县城、再造新平遥的基础条件。

三、加强党的执政能力建设和先进性建设，固本强基，坚持创新，进一步提高基层党建工作整体水平

全面推进创先争优活动深入开展。县委出台意见，成立机构，层层动员，制定了详细的活动流程和细则。集中开展了“公开承诺、亮牌示范、主题实践、成果展示、走访慰问”五项活动。县级四套班子22名党员领导干部建立联系点22个。全县创先争优活动顺利完成了第一阶段动员部署、制定方案、组织学习三个环节工作。

村级组织活动场所建设任务圆满完成。全县第二轮场所建设的项目村有40个，其中省定项目村34个，市定项目村6个，总投资是255.7万元，总建筑面积1.17万平方米，平均面积292.5平方米。县委组织部牵头抓村级组织活动场所建设，健全制度，强化措施，列入乡镇党建“一票否决”考核内容，多次组织、计划、国土、城建、规划等部门召开联席会议、现场办公会议。40个项目村全部竣工投入使用。

基层干部队伍建设扎实有效。继续落实了“一定三有”政策。2010年发放岗位报酬的在职村主干共有501人，发放金额318.0385万元，比上年增长6.8%。人均报酬达6348元，比上年增长5.3%。223名在职村主干办理了农村社会养老保险金21.79万元。审核发放了离任村主干生活保障待遇，为1015名离任村主干发放了保障金99.2110万元。连续四年共选聘了288名优秀高校毕业生到农村任职，基本实现了“全覆盖”。建立大学生村干部QQ群，成立大学生村干部联谊会，创办《大学生村干部》专刊。288名大学生村干部中有101名大学生村干部实现了再就业，占选聘总数的35.07%，比全省平均水平高27%。

党员队伍建设持续加强。发展党员工作规范制度达到七项。破产改制企业党员管理进一步理顺，对10个企业、9个党组织及368名党员划归社区管理。县委隆重举办了主题为“七月颂歌”的大型庆祝暨表彰大会，庆祝纪念建党89周年。开辟《先锋颂》电视专题宣传。组织了“庆祝中国共产党成立89周年大型图片展”。县级四套班子领导慰问了54名抗战期、建国前老党员和特困党员，送去了价值1.1余万元的慰问品；县委统战部组织开展了“新晋商万企联万

户感恩行活动”，64位企业家结对帮扶了162名老党员、老八路，每月送去200元帮扶资金。全县累计慰问金16.3万元。（王德锋）

附：一、中共平遥县委书记、副书记、常委名单

书　记：李非忠（4月任职）

副书记：李非忠（4月离职）　张冬明

常　委：郭学礼　曹青平（女）　张秀梅（女）　王润明　王根元　封树春　曹　进（12月离职）　刘国宏

二、乡镇党委书记、副书记名单

古陶镇

书　记：刘利平

副书记：梁绍晋　李志强

岳壁乡

书　记：冀致明

副书记：邓继杰　闫晓明

南政乡

书　记：任志峰

副书记：左晓俊　霍耀俊

中都乡

书　记：张　汲

副书记：郑仰兴　郭永刚

洪善镇

书　记：靳连斌（4月离职）

副书记：孟　刚　梁胜利

襄垣乡

书　记：刘向东

副书记：乔增利　牛登山

朱坑乡

书　记：（空缺）

副书记：王本荣　刘今伟

东泉镇

书　记：郭锦全

副书记：李英伟　张景兆

孟山乡

书　记：许银武

副书记：郝金福　刘德光

卜宜乡

书　记：张锦东

副书记：刘　雄　闫二民

段村镇

书　记：王建仁

副书记：郝笑琼　赵亚柱

宁固镇

书　记：孙有毅

副书记：刘光明　孟广亮

香乐乡

书　记：闫洪泽

副书记：师新坚　冀成柱

杜家庄乡

书　记：李　文

副书记：王忠华　邓学礼

中共介休市委工作概况

市委书记　秦太明

全市有党委34个，党总支71个，党支部764个，党员20668名。

2010年，市委在省委、晋中市委的正确领导下，深入实践科学发展观，团结带领全市干部群众，同心同德、团结奋斗、开拓进取，深入推进新基地、新优势、新形象、新介休建设进程，经济社会保持了良好的发展态势。全市完成生产总值166.5亿元，同比增长7.8%；财政收入26.79亿，同比增长10.43%；规模以上工业增加值122.3亿元，同比增长11.1%；固定资产投资71.3亿元，同比增长20.8%；社会消费品零售额44.5亿元，同比增长18.3%；城镇居民可支配收入17233元，同比增长11.9%；农民人均纯收入6319元，同比增长10.24%。

一、以项目建设为支撑，不断增强赶超跨越的发展潜力

市委始终将项目建设作为增强后劲、优化结构、培植税源、扩大就业的主要抓手。一年来，多方面调动企业上项目的积极性，主动帮助企业寻求项目、寻找伙伴、解决困难。先后带领企业家及相关部门赴邯郸、右玉、鄂尔多斯、榆林等地进行学习考察，寻找差距，学习经验；继续实施党政班子成员包扶重点工程项目责任制，千方百计帮助企业解决土地、水、电、路等实际问题；深入贯彻袁纯清书记“7·29”讲话精神，多层次召开党政企座谈会，深入一线与企业家促膝交谈，激发企业家二次创业激情，全市上下谋项目、找项目、上项目热情空前高涨。在能博会、中博会上有总投资106.7亿元的9个项目签约。投资500万元以上重点工业项目有36项，总投资182.2亿元，开工32项，累计完成投资68亿元，安泰集团80万吨优质高线、三佳公

司6万吨有机硅单体、晋铝兴业2万吨低碳刚玉及1万吨氮化硅、维群生物公司5万吨谷氨酸项目和益达化工30万吨甲醇项目等相继正式投产。煤焦产能整合提升到1500万吨、煤化工加工能力达到70万吨。

二、以转型发展为主线，不断推进产业结构优化升级

市委始终将转型发展作为主攻方向，在大力提升传统产业的基础上，积极发展高效农业，培育壮大现代服务业，鼓励扶持新型产业，着力构建"一产雄厚、二产发达、三产繁荣，一二三产协调发展"的新格局。高效农业成果喜人。按照"一带三区"（108国道3万亩现代高效设施农业绿色经济带和张兰、北贾、义安万和、西南丘陵3个万亩园区）的总体布局，大力推进设施蔬菜产业，总面积已突破1万亩，形成了以维群现代新农业园、铁巩循环农业园、张村蔬菜基地等15个百棚温室精品园区；继续推进畜牧产业发展，规模化、标准化、安全型万头猪厂达到20个，生猪饲养量达到30万头，与江苏雨润集团正式签订的200万头生猪屠宰加工冷鲜肉项目正在进行前期准备；新发展优质核桃干果经济林1.5万亩，总面积达到7万亩，新鲜核桃仁加工能力达到2500吨，年销售产值突破3亿元，带动妇女就业5000余名，成为全国最大的新鲜核桃仁加工基地。三产服务业亮点纷呈。成功举办了第三届中国清明寒食文化节系列活动，《清明节》、《文彦博灌水取球》两套介休题材邮票在全国发行；绵山风景区换乘中心主体及外装工程全部完工，将在全省率先推广环保节能汽车；张壁古堡保护开发总体规划制定完成，规划面积4平方公里；新建成一批家具、建材市场，在全省县级城市中首家引进美特好超市落户经营，新增商业面积20万平米；绵建大厦、金色港湾等一批五星级酒店建设快速推进；嘉和园、绿都名苑等一批精品住宅小区开工建设，引进上海尺度置业公司打造高档社区，新增城市住房面积60万平米。

三、以基础设施为重点，不断提升城市辐射功能

市委始终把提升城市辐射带动能力作为区域性中心城市建设的根本任务。在城市框架拉开的基础上，继续全力推进道路建设改造，南河沿街、朝阳路、体育路改造已全部完成，军民路、史公路等道路正式通车，纬二路、经四路等骨干路网即将开工，基本形成了以主次干路为骨架，支路系统健全，四通八达的道路交通体系；天然气综合利用工程开始向城区送气，新铺设城区至义安循环经济园区管网9公里；城市污水处理厂、垃圾焚烧电厂稳定运行，城市生活污水处理率达80%，城市生活垃圾无害化处理率达到100%；城市集中供热总面积达到450万平米，集中供热普及率达到81%；南河沿35千伏变电站开工建设；文化艺术中心、大企业科研中心等一批标志性建筑，完成前期准备工作；全面铺开了以"三路一园"为主的城市绿化工程，初步形成了西外环"丁香路"、北坛路"樱花路"、三贤大道"碧桃路"三条特色景观大道。特别是汾河湿地森林公园从无到有，在一年内成形成景，完成投资7000余万元，成为人们观光休闲的好去处。

四、以廉政建设为抓手，不断强化党员干部服务意识

市委始终坚持标本兼治、综合治理、惩防并举、注重预防的方针，将廉政建设牢牢抓在手上。继续深化党风廉政建设责任制，充分发挥带动作用，一级抓一级，层层落实；围绕"依法行政"开展执法督查，围绕社会稳定加强督导检查，围绕提高行政效能开展效能督察，为市委、政府决策落实提供纪律保证；扎实开展农村基层党风廉政建设、煤焦领域反腐败专项斗争、工程领域突出问题专项治理，继续引深纠正医药领域不正之风、治理教育乱收费、治理公路"三乱"等工作，损害群众利益不正之风得到有效遏制；大力开展廉政文化建设，打造了全省首部廉政警示教育现代晋剧《母爱无疆》，在晋中市巡演受到广泛好评；加强纪检部门基础设施、干部队伍建设，大力度改善办公条件，公开招聘了一批素质过硬的纪检干部；加大反腐败案件查处力度，共立案查处各类违纪违法案件88件，结案率100%。

五、以创建学习型党组织为引领，不断引深创先争优活动

市委把创建学习型党组织作为提升全市党员干部执政能力、服务能力和创新能力的重大举措。一年来，始终坚持领导带头抓、带头学、带头干，为基层开展活动提供了模式和样板；与省委党校联合，依托北京大学、清华大学等优秀教育资源，在全市开展全面性、系统性、前瞻性的高层讲座11次，听课人数达7000人次；市委组织全市学习大论坛，基层单位举办主题突出的小论坛，构建起具有介休特色的学习交流平台，全市累计举办各类论坛30余场；充分发挥市委党校阵地作用，制定了全市干部大培训方案，主体班次的青年干部培训班已经成功举办；引入案例教育学习形式，在全市基层党组织广泛开展了整顿作风民主生活会；丰富创新农村干部培训模式，用身边事教育身边人、用身边人教育身边人，成功举办村干部千人培训工程。神形兼备的创建学习型党组织活动，与创先争优活动相得益彰，一批先进党组织和优秀共产党员脱颖而出，共评选出63个五星党支部、165名五星党员，完成后进转化支部35个，其中转化为先进支部的3个。干部队伍建设上，市委采取社会公开竞聘的方式选任了煤管局长。同时，成立专门机构，由市委常委带队强化干部考核，并认真听取了考核情况汇报，掌握了干部思想工作动态。（曹维富）

附：一、中共介休市委书记、副书记、常委名单

书　记：秦太明

副书记：王怀民　雷亚伟　卫继周（挂职）

常　委：韩海云　李广文　刘国英（女）　刘士忠

　　　　赵　宇　杜云成　刘　娟（女）　林全胜

二、乡镇党委书记、副书记名单

义安镇

书　记：乔洪治

副书记：李克虎　李　虎（6月挂职）

张兰镇

书　记：王宁照

副书记：董建伟　赵建勇　王丽红（6月挂职）

连福镇

书　记：晋和平

副书记：刘冠英　郭建武

义棠镇

书　记：孟繁海

副书记：马　军　李增寿

绵山镇

书　记：陈志强

副书记：段燕瑞　韩青泉

龙凤镇

书　记：续宏伟

副书记：黄金山　宋建华

洪山镇

书　记：荆玲玲（女）

副书记：侯建文　闫兰云

宋古乡

书　记：任云峰

副书记：董耀宙　郝丕华　乔晋荣（6月挂职）

城关乡

书　记：庞人杰

副书记：杨东辉　赵　辉

三佳乡

书　记：张卫东

副书记：冀晓军　李俊萍（女）

中共灵石县委工作概况

县委书记　郭燕平

全县有党（工）委29个，党总支57个，党支部790个，党员14322名。

2010年，县委全面贯彻党的十七大和十七届四中、五中全会和“7·29”全省领导干部大会精神，切实加强经济、政治、文化、社会和党的建设，努力克服国际金融危机带来的冲击，全力推动转型跨越发展，着力保障改善民生，全县呈现经济平稳发展、民生持续改善、社会大局稳定的良好态势。2010年地区生产总值完成130.1亿元，增长13 %；规模以上工业增加值完成81.6亿元，增长15.5%；固定资产投入完成82.5亿元，增长16.9%；财政总收入完成27.01亿元，增长7.5%，总量位居全市第一、全省第八；一般预算收入完成9.57亿元，位居全市第二、全省第七；社会消费品零售总额完成34.1亿元，增长18.5%；城镇居民人均可支配收入达19675元，农民人均纯收入达7563元，分别增长13.1%、11.6%。

一、立足转型跨越，推动县域经济社会平稳较快发展

一是狠抓两大关键，进一步巩固夯实发展基础。以创建“本质安全型县”为目标，在全市率先开展网格化监管试点工作，对煤矿、打击非法采矿、地质灾害等十个领域实施分层分级、全时段、无缝隙、精细化管理。全年共排查整改各类安全隐患5505条，整改率达97.1%。加大节能减排工作力度，全面淘汰落后产能，18户企业完成搬迁治理，16户完成淘汰，节能15.39万吨标煤。加强生态建设，提高造林绿化的标准档次，高标准推进汾河流域县城—南关段治理工程。

二是立足转型发展方向，统筹推动项目建设。全年铺开总投资112.3亿元的重点工程项目61项，完成投资61.7亿元，竣工35项。38座保留矿井主体全部得以做实，初步形成现代化的科学管理体制。聚源10万吨甲醇项目竣工，聚义五大循环经济项目和中煤化工“1830”项目扎实推进，东方希望铝工业园区项目获批，经济步入了由“焦”转“化”、由“分散”向“集聚”发展的新阶段。统筹推进静升古镇、石膏山、介庙、红崖沟等景区景点的保护开发，

三产服务业迈出新步伐。

三是着力两个环节，不断优化发展环境。实施城市集中供热供气扩面、天石二期步行街延伸等22项市政基础工程，文化艺术中心、汽车站、垃圾焚烧发电厂等12项竣工，“城中村”改造快速推进。扎实推进“四城联创”活动，大力度开展环境综合整治。对39个部门的行政许可事项进行了清理，确认保留232项，纳入政务大厅集中办理的涉及44个单位、213项，全县12个乡镇、3个城区管委会和301个行政村（居委会）全部组建便民服务中心及代理点，县乡村三级政务服务网络逐步完善。

四是坚持“二十字”方针，扎实推进新农村建设。全年县财政用于“三农”的投入达到1.76亿元，同比增长41.6%。发展干果经济林和特色养殖两大产业，加快以蔬菜大棚为主的设施农业建设，核桃林达到20万亩；规模养殖户（小区）达243个，温室大棚达1093亩；成立各种专业合作组织476个。开发整理土地1.9万亩，新增耕地6891亩。对采煤沉陷的8个村实施搬迁，全年实施移民5200人。同时，加强农民技能培训，完成农村劳动力引导性培训3.86万人（次），转移农村富余劳动力4500人。

五是注重民生改善，加快推进和谐社会建设。全年县财政投入民生资金达2.76亿元。城镇新增就业岗位3930个，安置下岗失业人员和困难人员再就业894人；实施43所中小学校舍安全改造、59个村通水泥(油)路和63处饮水安全工程，农村“五个全覆盖”目标圆满完成。在全县12个乡镇卫生院全部实行基本药物“零差价”销售，药品价格平均下降24%左右；完善救助体系，在全省率先启动城镇居民养老保险，参保率达到61.7%；新建县级社会福利中心和改扩建6所农村敬老院，全县953名五保户实现集中供养。

二、坚持总揽全局、协调各方的原则，统筹推动三个文明协调发展

一是坚持不懈地抓好宣传思想工作和精神文明建设。大力推进学习型党组织建设，深入宣传贯彻党的十七届五中全会、全省领导干部大会等精神。健全完善县委中心组理论学习制度，实现了理论学习的经常化和制度化。积极推进文明行业、单位、村镇、窗口、社区等创建活动，9个类别39 个单位和个人被评为市级文明和谐先进典型，顺利通过市级文明和谐县城验收。大力加强公共文化服务体系建设，对文化、广电、新闻出版等行政资源进行有效整合；挖掘自然和历史遗迹以及历史名人的文化内涵，广泛开展文化旅游月系列活动、文化旅游产业论坛、文化品牌建设研讨等活动。

二是坚定不移地发展社会主义民主政治。坚持和完善人民代表大会制度，支持人大及其常委会依法履行职能。强化法律监督和工作监督，加强和改进代表工作，高质量办理代表议案和建议。坚持和完善中国共产党领导的多党合作和政治协商制度，支持和保证人民政协积极履行政治协商、民主监督和参政议政职能。积极扩大基层民主，建立健全基层自治组织和民主管理制度。认真做好群团工作，积极支持工会、共青团、妇联、科协等人民团体依照法律和章程独立开展工作。积极支持国防和驻灵部队建设，大力开展双拥共建工作，扎实推进国防后备力量建设。

三是扎实有效地推进依法治县进程。以创建“法治灵石”为重点，严格落实维护稳定责任制，深入推进社会矛盾化解、社会管理创新、公正廉洁执法三项重点工作。深入开展平安创建，扎实推进社会治安综合治理，深化“法律六进”活动，成立法学“三会”。圆满完成“五五”普法规划目标。县、乡两级高标准建成信访服务中心，强化一岗双责、领导包案等制度，完善排查体系，加大调处力度，各类信访案件得到妥善处理。

四是毫不松懈地加强党内监督和基层民主。认真贯彻落实党内监督条例，严格执行领导干部个人事项报告、述职述廉、民主评议、诫勉谈话和经济责任审计等制度。完善民主监督机制，充分发挥人大、政协、舆论、群众、社会等多种渠道的监督作用。坚持和完善政务公开、厂务公开、村务公开等公开办事制度。农村健全了以“四议两公开”为主要内容的重大决策议事制度。

三、全面加强和改进党的建设，为转型跨越发展提供坚强保证

一是以深入开展创先争优活动为契机，加强党的基层组织建设。在社区大力实施“凝聚力工程”，扩大“两新”组织和非公企业党组织覆盖面。在农村引深推广“两保一奖”和“双推优”等模式，全面推行“四议两公开”工作法。投资371.2万元完成了72个村级活动场所的新改扩建。大力实施“双向培养”和“党员承诺制”先锋工程，建立创业基地45个、培育和表彰先进典型130余名、示范户260个。

二是以优化结构和提升素质为目标，加强领导班子和干部队伍建设。认真贯彻中央和省委、市委深化干部人事制度改革精神，推进干部人事制度改革，实行常委会任用干部票决制，完成政府机构改革和事业单位分类改革。按照“三推两考两票决”办法选配乡镇长。抓好县直机关新任副科级干部到信访部门、优秀年轻干部到乡镇挂职锻炼等工作。加强人才队伍建设，完善了政绩考核机制。

三是以惩防体系建设为主线，加强党风廉政建设。高度重视《廉政准则》对规范干部从政行为的制度保障作用，采取多种形式学习贯彻。全面加强制度建设，健全党员领导干部报告住房、投资、配偶、子女从业等个人有关事项制度，对婚丧喜庆事宜严格实行事前申报和事后报告的“双报告”制度，坚决制止领导干部借婚丧喜庆事宜大操大办收敛钱财的行为。引深煤焦领域反腐败斗争，共清缴“三违”资金3.6亿元。全年共立查各类违纪违法案件61件，处分党员、监察对象57人，挽回经济损失1500多万元。

（吴存永）

附：一、中共灵石县委书记、副书记、常委名单

书　记：郭燕平（12月离职）

副书记：杨　洪　骞锋兵

刘志国（挂职，12月离职）

常　委：何发荣　岳　泰　张玉立　王世强

牛宝英　郝世宏　曹治胜

二、乡镇党委书记、副书记名单

翠峰镇

书　记：杨晓隆（4月离职）　靳亚龙（8月任职）

副书记：靳亚龙（8月离职）　温德伟

静升镇

书　记：李文亮（8月任职）

副书记：李文亮（8月离职）　温向阳（4月离职）

郝　燕（4月任职）

南关镇

书　记：武文杰（3月离职）　赵贞平（8月任职）

副书记：张宝忠（8月离职）　王海忠

两渡镇

书　记：南　宏

副书记：弓建勇　王晋萍（女，4月离职）

杨　成（12月任职）

段纯镇

书　记：宋春旺

副书记：李宏星（4月离职）　王耀峰（4月离职）

夏门镇

书　记：赵润来

副书记：温耀勤　侯文斌

马和乡

书　记：杨根俊（9月任职）

副书记：梁　诚　降永前

英武乡

书　记：成建英（女）

副书记：张金亮　钮　明

坛镇乡

书　记：李亚文

副书记：陶长义　兰再昌

交口乡

书　记：苏晋华

副书记：杨根俊（9月离职）　尹彦强

梁家焉乡

书　记：赵贞平（8月离职）　张宝忠（8月任职）

副书记：赵林旺　燕晓军

王禹乡

书　记：温志英

副书记：赵　裕（女）　古建明

中共榆社县委工作概况

县委书记　曹　煜

全县有党委18个，党总支12个，党支部462个，党员10340名。

2010年，县委坚持以科学发展观为指导，认真贯彻市委、市政府的各项决策部署，紧紧抓住实现经济加速回升发展的工作主线，始终突出“促增长、优结构、蓄后劲、保民生、求和谐、强党建”的六项工作重点，全县经济社会总体保持平稳健康发展的良好态势。各级党组织凝聚力、战斗力得到进一步加强。全县地区生产总值完成19.7亿元，同比增长7.7%；规模以上工业增加值完成10亿元，增长8.9%；财政总收入在极端困难下完成2.51亿元，同比下降11.9%，降幅回落7个百分点，其中一般预算收入完成1.08亿元，下降11.7%；社会固定资产投资完成6.17亿元，增长7.8%。社会消费品零售总额完成5.98亿元，增长18.6‰，城镇居民人均可支配收入11745元，增长11.5%；农民人均纯收入2527元，增长10%。

工业经济企稳向好。规模工业企业总产值、主营业务收入均实现两位数增长，广生公司实现利税同比增长35.4%，华能电厂、榆化公司等骨干企业抗风险能力不断增强。节能降耗成效明显，万元GDP能耗降幅10.39%。

农村经济平稳发展，大力发展都实行现代农业，积极培育壮大“畜牧、林果、蔬菜、小杂粮”四大主导产业，发放粮食直补和综合补贴资金1192.9万元，农民种粮积极性不断提高，全县粮食总产量达5.13万吨。新发展设施蔬菜1215亩，完成市下达任务的121.5%。笨鸡养殖特色产业健康发展，笨鸡饲养量达到138万只。

全面铺开总投资3.25亿元医院的住房保障、商业开发、城市景观、城市基础设施四大类12项市政工程。投资新建起2.2万平方米廉租房，城市无房户住房条件得到基本保障。县城生活垃圾处理场一期工程、华榆路改造、烈士陵园、榆洪路改造、榆社中学学生公寓楼等重点工程如期完工，城市功能日臻配套完善，城乡居民生产生活环境进一步改善。

扎实推进学习型党组织建设。全县认真组织各级党员领导干部学习袁纯清书记各地调研和“7·29”讲话精神，

组织四大班子领导、各乡镇和相关部门负责人专门赴右玉参观学习“右玉精神”，保证了省委工作意图在榆社的传达贯彻。以学习贯彻党的十七届五中全会精神为重点，县委、政府主要领导带头登台授课，邀请省、市专家专题讲座，组织理论骨干深入基层宣讲，全县上下把学习作为一种追求与习惯的氛围日渐形成。

全县创先争优活动成绩显著。按照中央、省委、市委的统一安排，县委印发了《中共榆社县委深入开展创先争优活动实施方案》，确立了“创先争优认真贯彻落实科学发展观、务实赶超加快建设富民强县新榆社”的活动主题，动员全县19个基层党委、12个党总支、449个党支部、10340名党员积极投身到创先争优的活动中来。推行了“任职有承诺，履职有报酬，离职有保障，尽职有前途，实行党建奖励奖制”为主要内容的“四有一奖”农村干部管理机制，有效调动了农村干部工作的积极性、主动性和创造性，该做法得到了中央、省、市领导的充分肯定和新闻媒体的高度关注。新华社记者刘翔霄撰写了《山西省榆社县“四有一奖”激发农村党组织创先争优积极性》的长篇报道，在《新华内参》、人民网、中国共产党新闻网，创先争优网上相继发表，介绍了我县的先进做法和经验。打造了一批像城关村党支部书记周选如等10名“工作实绩突出、示范效应明显”的好典型。全县有4243名党员参与带头致富活动，共为群众送农资、建温室蔬菜大棚捐资21万余元，送科技致富信息215挑，办好事实事10778件，落实困难党员和群众慰问金103万元，慰问群众1800余人，联系贫困户176户，资助困难学生876名。向群众传递致富信息100条，帮助发展特色产业26项，带动群众500玉户实现增收。

“四有一奖”农村干部管理新机制顺利推行。在全县干部中推行了以“任职有承诺、履职有报酬、离职有保障、尽职有前途、实行党建奖励制”为主要内容的“四有一奖”新机制，一是建立任职承诺制，构建农村干部民主监督管理机制，二是建立履职有报酬制，构建了农村干部业绩评价考核机制，三是建立离职保障制，构建农村老干部关心关怀机制，四是建立干好晋升制，构成农村干部激励创业机制。一奖是，实行党建奖励制，构建农村基层党组织建设良性运行机制。“四有一奖”的新机制推行全县275个村，通过村代会决策事项超过5600多（件），为群众办实事2206件。

大学生村干部创业工作迈出新步伐。全方位多层次出台优惠政策，鼓励大学生村官创业。一是提供创业政策扶持，出台了《关于促进大学生村干部创业的意见》等各项政策，召开劳动、农业、林业、畜牧、工商、税务等部门组成的大学生村干部创业协调会，积极扶持大学生干部创业；二是建立领导帮扶制度，建立了县级领导干部和县直部门挂钩联系大学生村干部“双联双带”制度，组织大学生村干部与科技干部结对联姻，帮助大学生村干部规避创业风险，提升创业技能；三是开展创业技能培训、技术指导，邀请创业成功人士、专家教授等举办专题培训班，从科技、农业、水利等农业部门筛选出20名业务能力强、经验丰富的“土专家”担任大学生村干辅导员，定期手把手地向大学生干部传授技术,提升大学生村干部创业和带领群众脱贫致富的能力。通过努力，全县已有68名优秀大学生村官创办了蔬菜大棚、苗木花卉、特色养殖等村官创业项目60多个，建立村官创业基地10个，直接经济效益达160余万元。

全面加强党风廉政建设。一年来，依托反腐倡廉“大宣教”格局，坚持贴近生活，突出重点，拓宽教育视野，创新教育方式，深入开展了一系列全方位，立体式党风廉政宣传教育活动，筑牢拒腐防变思想道德防线，促进了各级领导干部廉洁自律。

一是加强《廉政准则》学习宣传：通过举办讲座、开办宣传专栏、发放学习资料、举办知识竞赛、设置廉政广告等形式使广大党员干部深刻领会政策法律精神、达到了知廉、养廉、守廉的效果。二是通过观看《母爱无疆》等警示教育现代晋剧、电影、发送廉政警示短信等形式对广大党员干部进行警示教育，起到了及时提醒，防微杜渐的作用。三是严惩了一批典型案件：县纪检委监察局严肃查处各项违规案件，全年共立查案件118件、118人，其中万元以上经济案件20件，科级要案9件，挽回经济损失300余万元。“清廉榆社”建设取得务实成效。充分体现出党纪国法的威严，充分凸显出县委严惩腐败的决心和信心。

县纪检委出台《关于推行农村惩治和预防腐败体系建设试点工作的实施方案》，确定了2个乡镇，4个村，5个基层站所，5个县直涉农部门作为试点单位率先展开，在全县255个农村党支部全部建立纪检小组和纪检监督小组，配备农村纪检委员255名，成员749名，使村级纪检组织实现“全覆盖”。并且在农村推行“月清、季议、年评”制度、“四议两公开”制度和“三资委托服务代理制，有效地保障了村民的知情权、参与权、决策权和监督权，促进了农村民主管理的内容具体化、程序规范化、决策科学化。

县纪委纠风办与电视台联合举办了每月一期政风、行风电话热线直播专场，职能部门与群众面对面。关注民生、体恤民情，促进民和，针对群众反映的行路难、上学难、看病难、负担重等突出问题，持续加大纠纷治理和执法检察力度，集中解决了一批侵害群众利益的突出问题，各级党组织凝聚力、战斗力明显增强，形成了机关干部干事创业、风清气正的良好氛围。扎实推进了反腐倡廉建设。为全县经济发展和社会企稳向好发展提供了坚强的政治保证。

（田永进）

附：一、中共榆社县委书记、副书记、常委名单

书　记：曹　煜（12月离职）

副书记：卫明喜　连艾青　韩丽珍

常　委：任五刚　宁建明　王双寿　张晋平　王宏昌　廖　勇

二、乡镇党委书记、副书记名单

箕城镇

书　记：王宏斌

副书记：马建飞　田新瑞（2月离职）

杨晓东（2月任职）

云竹镇

书　记：冯新民

副书记：张建军　白云仙（女，2月离职）

贾旭军（2月任职）

郝北镇

书　记：裴俊山

副书记：徐奋江　陈艳花（女）

社城镇

书　记：张耀元

副书记：张　梅（女）　张　童

河峪乡

书　记：郭跃清

副书记：贾旭峰　张永明（2月离职）

赵俊平（2月任职）

西马乡

书　记：贾建生

副书记：闫跃文　王　芳（女）

北寨乡

书　记：岳献斌

副书记：白建勋　王俊飞

兰峪乡

书　记：田志银

副书记：刘晓青（女）　贾旭军（2月离职）

李俊峰（2月任职）

讲堂乡

书　记：王晓峰（女）

副书记：马　俊　赵俊平（2月离职）

刑建林（2月任职）

中共左权县委工作概况

县委书记　王　兵

全县有党委20个，党总支41个，党支部510个，党员12432名。一年来，县委按照中央和省、市委的部署和要求，始终坚持以科学发展观为指导，坚持谋全局、抓大事、强基础、管长远，团结带领广大党员干部群众，紧紧围绕年初既定目标，求真务实，开拓创新，全县经济保持平稳较快发展，各项社会事业取得显著成绩，党的建设更加扎实有效。

一、经济社会各项事业全面发展

主要指标完成良好。2010年，全县地区生产总值完成25.1亿元，增长10.1%；规模以上工业企业增加值完成8.4亿元，增长5.5%；财政收入完成7.8亿元，增长30.3%；一般预算收入完成3.2亿元，增长34.4%；固定资产投资完成36.5亿元，增长56.4%；社会消费品零售总额完成7亿元，增长18.4%；城镇居民人均可支配收入完成12930元，增长12.1%；农民人均纯收入完成2368元，增长1.8%。

项目投资强势增长。坚持实施项目战略，以大项目促进大发展，2010年全县确定21项重点工程，开工率达到100%，累计完成投资33.9亿元，完成年度目标110%。华能左权电厂、泽城西安水电站等大项目进展顺利，带动效应明显。扎实开展大招商大引资活动，全年共签约招商引资项目19项，引资65.5亿元，完成任务的110.6%，为“十二五”良好开局打下了坚实基础。

工业经济持续好转。着力保企业抓生产，加强服务，鼓足企业生产劲头。工业企业结束了连续15个月的亏损状况，4月份开始净赢利。23户规模以上工业企业完成现价工业总产值22.2亿元，比上年同期增加绝对额2.3亿元，同比增长17.8%。

农业生产态势喜人。大力发展以杂粮、核桃为重点的特色农业，农业产业化水平不断提高。克服了低温干旱等不利因素影响，实现粮食总产4.3万吨；设施蔬菜累计开工建设面积1513亩，完工1255亩，占市计划1000亩的125.5%；建设杂粮试验田130亩、新品种试验示范基地600亩、新技术与新模式试验示范1500亩；新发展生态庄园41处，总数达到203处，累计投资达1.6亿元；新栽植核桃树1.02万亩，核桃总产量达到600万公斤，农民人均核桃收入880元；农业龙头企业达到38户，固定资产总额2.8亿元，完成销售收入1.68亿元，占市计划1.5亿元的112%。

第三产业快速发展。加快发展以旅游为龙头的第三产业，经济结构持续优化。投资2000万元，扶持旅游业开发，龙泉国家森林公园旅游专线拓宽改造、麻田八路军总部纪念馆新馆建设、晋冀鲁豫临时参议会旧址开发等重点工程全部完工。全年旅游接待20.7万人次，旅游综合收入1.03亿元，同比增长52.2%。全县建设“万村千乡”市场工程农家店188个、“新网工程”便民店93个。销售家电下乡产品1.2万台（件），销售额2725.7万元。

社会事业全面推进。以改善民生为根本，全力抓好“五个全覆盖”和“十件实事”，人民群众生活水平和幸福指数不断提升。全力实施校舍安全工程，完成投资7779万元，被省政府授予“山西省县级职教中心建设达标县”和“实施中小学校舍安全工程先进单位”称号。加强农村卫生所标准化建设，规划建设农村卫生所65个，新型农村合作医疗和城镇居民医疗保险参保率分别达到97%和97.6%。左权民歌小花戏走进世博举行专场演出；《做军鞋》文艺节目在第十五届全国群星奖决赛中荣获群星奖作品奖；新建3个乡镇文化站，完成160个中心村村级文化活动室和40个农家书屋建设；新建村级组织体育活动场地28个，全县人均体育公共厂馆面积达到1.39平方米。多渠道拓展就业岗位，新增就业岗位近2000个；五项社会保险创历史最好水平，参保人数和基金征缴分别完成目标任务的103%和123%；城乡低保人口得到应保尽保，社会困难群众得到广泛救助。畅通群众利益诉求渠道，及时化解、妥善处置影响社会稳定的矛盾纠纷，全县共排查各类矛盾纠纷483起，调处461起,调处率达95%；信访工作全市考核名列前茅；加强社会治安综合治理，建立健全社会治安防控体系，命案破案率连续四年达到100%；加大安全生产监管，实现了全年安全生产无事故。

二、加强党风廉政建设

明确责任抓落实。全县党风廉政建设和反腐败工作，县委书记任班长，四套班子成员任组员，实行领导班子亲自过问、亲自部署、亲自督查，与经济工作紧密结合，通盘考虑，做到一起部署，一起落实，一起检查，一起考核。制定了《2010年全县党风廉政建设和反腐败工作任务分解意见》，将全县党风廉政建设和反腐败工作的54项工作任务分解落实到11名县级领导和牵头责任单位。按照党政主要领导负总责、班子成员人人头上有责任、各部门家家身上有任务的要求，建立健全了“纵向到底、横向到边、一级抓一级、层层抓落实”的责任机制。狠抓农村党风廉政建设，继续大力推行农村管理信息化。坚持标本兼治，注重建章立制，扎实开展煤焦领域反腐败专项斗争，取得了显著成效。

严格追究强效能。坚持出实招、动真格、下功夫，全面实施效能监察，严格实施责任追究。全年对12名违反党风廉政建设责任制的领导干部进行了责任追究；对上年度考核排名靠后的重点工作进行了专项整治；组织开展工作纪律执行情况明察暗访7次，对7名机关工作人员进行了责任追究。全县干部精神面貌更加昂扬向上，行政效能进一步提高，县域发展环境进一步优化。

加大力度查案件。2010年，全县纪检监察机关共立查各类案件97件，通过办案为国家和集体挽回经济损失270多万元。尤其是五月份，先后查处了一起贪污受贿案和一起受贿渎职案，两起案件涉案12人，其中副科以上党员领导干部6人，有力维护了全县经济社会平稳健康发展。

三、加强干部队伍建设

抓学习，增强了开拓创新的能力素质。结合创建学习型党组织活动，深入学习了中央、省市各类政策制度及会议精神，进一步强化了理论修养和党性锤炼；围绕“十二五”规划的大调研，组织干部分赴内蒙、山东、河南、江苏、四川等地考察学习；围绕弘扬“右玉精神”，县四大班子领导、县直综合部门负责人、10个乡镇负责人等30余人赴右玉学习取经；抽调50名中青年后备干部赴北京培训基地进行了为期一个月的高规格“充电”；利用网络平台选派45名中青年干部参加了第五期清华扶贫教育“县域经济与机遇研修班”学习等。

强作风，树立了务实高效的良好形象。全县领导干部严格按照《廉政准则》、省“五个不准”、市“四个严禁”以及反腐倡廉各项规定的要求，紧密结合全市百日作风大整顿活动的开展，深入查摆了在作风建设方面存在的突出问题，实事求是地分析了存在问题的主客观原因，开展了严肃认真的批评与自我批评，并针对性地提出了具体的整改措施。通过一段时间作风整顿，全县班子队伍的纪律观念得到大增强，责任意识得到大提高，服务能力得到大提升，真正把心思凝聚到了推动左权转型跨越发展上来。

重团结，凝聚了干事创业的强大合力。县四大班子注重团结，并以此带动全县班子队伍和衷共济，推动了老区左权的发展。坚持民主集中制原则，在议大事时按照少数服从多数的原则作出决定，既防止了议而不决，又克服了个人专断或少数人说了算。坚持实行分工负责制，建立了县四套班子定期汇报、通报和沟通制度，充分调动四套班子力量，相互支持，相互“补台”，真正做到有困难一同克服，有责任共同承担，团结协作，拧成一股绳。

（韩文跃　王炯锐）

附：一、中共左权县委书记、副书记、常委名单

书　记：孙光堂（4月离职）　王　兵（7月任职）

副书记：王　兵（7月离职）　贾慧生（1月离职）

郝鹏飞（6月离职）

常　委：吴文胜　郑春华　郭午生　韩　军
　　　　梁生仁　李左红

二、乡镇（街道）党委（党工委）书记、副书记名单

寒王乡

书　记：王向东

副书记：常成海（4月离职）　张彦红（4月任职）
　　　　焦耀英　段　崴（挂职，5月任职）

石匣乡

书　记：程爱江（11月离职）　陈建国（11月任职）

副书记：侯秀英（女）　张柱文

辽阳镇

书　记：赵宏伟

副书记：王东光　张润民

龙泉乡

书　记：甄贵清（6月离职）　赵军峰（11月任职）

副书记：陈建国（11月离职）张雪东（11月任职）
　　　　朱万文

桐峪镇

书　记：吕爱鸿

副书记：裴丽华　雷建红

麻田镇

书　记：李雪峰

副书记：范建明（4月离职）　巨晓华（11月任职）
　　　　赵淑萍（女）

粟城乡

书　记：韩叶青（女）

副书记：张彦红（4月离职）　申继红（11月任职）
　　　　常晋军

芹泉镇

书　记：赵军峰（11月离职）　张生桥（11月任职）

副书记：张生桥（11月离职）　张　勇（11月任职）
　　　　刘庆林　孟庆礼（挂职，6月任职）

羊角乡

书　记：张文伟

副书记：何剑虹（4月离职）　刘德荣（11月任职）
　　　　刘瑞琴(女)

拐儿镇

书　记：高耀华（4月离职）　张雪平（11月任职）

副书记：张旭东（1月离职）
　　　　秦国英（女，11月任职）　王海波

县城社区

书　记：赵宏伟

副书记：侯新华　侯军华　安维荣

中共和顺县委工作概况

县委书记　侯文禄

2010年，县委下辖10个乡镇党委，3个系统党委，2个派出工委，21个党总支，206个机关、企事业单位党支部，312个农村党支部。共有党员10069名。

一、以科学发展观统揽全局，立足县情，推动经济社会和谐发展

2010年，全县上下紧紧围绕“三县"建设战略目标，突出结构调整优化、突出大项目建设、突出基础设施建设、突出民生环境改善，较好地完成了各项工作任务。全县地区生产总值完成25亿元，城镇居民人均可支配收入12003元，农民人均纯收入2862.3元。地区生产总值、工业增加值、财政总收入、一般预算收入、城镇居民可支配收入五项主要经济指标增幅均居全市第一。

一是调整农业结构，成效显著。农业结构调整以产业化、规模化、标准化为目标，在农业投入、龙头企业建设、特色产业发展、农民组织化程度上取得明显成效。一年来，县委认真兑现各项支农惠农政策，财政投入"三农”资金2.17亿元。“三联五帮”投入农村发展资金3716万元。德牧、龙旺、新马杂粮、阳光酒业、吉运、一缘禽业等一批农业产业化龙头企业迅速壮大，完成项目建设投资2.6亿元。实施蔬菜面积达到3296亩，粮食总产6252.9万公斤。发展订单种植7.6万亩，带动1.8万农户进行标准化生产，年增收800多万元，基本形成了“公司+基地+农户”的产业化生产格局。新建改建千头育肥牛场6个、标准化养殖小区24个，“五头母牛”繁育户达1326户，供港澳肉牛1500头，人均养牛收入1085元。成功举办了“中国优质肉牛产业可持续发展战略峰会”，“和顺牛”品牌叫响全国。新建标准化、现代化农民磨坊32个，年加工转化各类粮油产品2000多万公斤，带动1万多个农户增收3000余万元，吸纳农村富余劳动力1750人。新增农民专业合作社193个。坚持“新能源引领新农村”，建设沼气540户，节能吊炕354铺。

二是调整工业结构，全县经济平稳运行。工业结构调整以优化行业集中度和打破一煤独大桎梏为目标，抓住煤炭企业兼并重组整合契机，10个基建矿井完成机械化升级改造，投资9.2亿元。矿井规模扩大、产能提升、质量标准

提高，全年生产原煤675万吨，保障了全县经济平稳运行。全力推进“地下带动地上、煤炭支持非煤”战略实施，非煤产业发展提速。硅钢镁项目两条生产线建成投产。总投资13亿元的阳煤集团百万吨尿素项目一期工程完成投资5.1亿元。打造文化旅游品牌、培育市场主体，牛郎织女文化、合山圣母、阳曲山、太行龙口、云龙山“五朵金花”景区建设完成投资8500万元，农家乐经营户增至100户，接待游客12万人次，实现旅游综合收入3800万元。民营企业个数达到395个，其中生产型企业159个，商贸流通服务企业236个。同时节能减排工作成效明显，二氧化硫排放控制在2024吨以内，化学需氧量排放控制在864吨以内，万元GDP综合能耗控制在2.43吨标煤以下，县城空气质量二级以上天数达到354天。

二、力抓项目建设，不断增强发展后劲

总投资84亿元的86个重点项目，开工71个，开工率88.75%，在全市排第三名；完成投资26.5亿元，占当年计划投资的100.2%，竣工41个，竣工率57.7%。成功举办了首届招商引资洽谈会，包装了40个招商项目，总投资约105.1亿元。先后与山西华能集团、中国大唐集团等10余个大企业大集团达成投资意向13个，签约资金32.97亿元，已有3个项目开工建设，7个项目进入前期准备阶段。城建上，投资1.17亿元，垃圾处理厂竣工试运行，新增集中供热面积40万平方米，供水管网改造、污水管网建设工程竣工投用。集中供气完成投资1500万元。交通上，阳左高速、汾邢高速本县境内路段施工作业单位已全部进入工地，将全面开工建设；董榆线一级路改造初步设计通过评审；和（顺）邢（台）铁路路线定测工作已经完成；圪范线铺油配套工程全面完成，界麻公路境内路段全部贯通。水利上，投资1.7亿元的恋思水库开工建设；新建松烟镇节水灌溉工程，受益人口1100余人；治理水土流失面积24平方公里；实施河滩地灌溉面积1900亩。电力上，对9个村实施了路灯亮化工程，建成2个电气化村。完成了刘家窑35千伏开闭站工程，保障了煤炭企业正常用电。生态建设上，围绕“建设林业生态大县”目标和“美化一座生态城、绿化两大生态滩、优化三级生态线、建设四类生态园”的总体布局，总投资6152万元，植树造林折合株数700万株以上，造林绿化投资、规模、效果均创历史最高。

三、实施“五大工程”，组织工作取得了丰硕成果

一是实施“堡垒先锋”工程，创先争优活动实现新突破。县委把创先争优活动作为加快转型跨越发展的重大契机，以“三定三考三评”制度为抓手，以“五个一”和“五比五创”活动为载体，层层抓组织，层层抓落实，坚持标准，严格程序，分类指导，整体推进，不断深化了创先争优活动内涵，在全县形成了“创科学发展之先，争和谐社会之优”的强大合力。

二是实施“执政力工程”，干部工作取得新进展。在干部选任上，实施了常委会票决制，并配套制度了《实施细则》；在干部管理监督上，以贯彻落实中央新出台四项监督制度为基础，制定了干部管理十项制度，强化了对干部的日常管理，并开展了严厉整治干部选拔任用工作中行贿受贿行为活动；在干部培训上，在机关干部进行了干部教育培训个性化需求调查，先后组织开展了“正科级以上干部赴上海复旦大学集中培训”、“科级干部邓小平理论学院网络集中培训”、培养了干部良好的学习习惯，提升了党政人才的综合素质。

三是实施“强基固本”工程，基层党建工作提到新水平。深化了创先争优活动，健全制度，注重考核，“三联五帮”为农村投入发展资金2300多万元，新办富民产业30多项，解决群众困难300多件，有力地推进了城乡协调发展，经济效益、民生效应、社会效应不断扩展；创新在农村推开了“三定双评四议三公开”制度，加强了农村基层民主政治建设；创优了“两保一奖三考核”机制，提高标准，扩面增幅，增强了“实绩补贴”的激励功能，使全县农村主干年平均补贴达到4800元，首次为农村“两委”成员发放年平均补贴每人1000元；高标准、高质量完成了第二轮村级组织活动场所建设；同步做好了班子建设、非公经济党组织组建、发展党员、党员远程教育网络等基础工作，提升了党建工作水平。

四是实施“创业标兵”工程，大学生村官工作迈上新台阶。在强化考核管理的基础上，先后成功举办了以“创业、励志、拼搏”为主题的大学生村干部论坛、大学生村干部创业专题培训和SYIB创业技能培训。特别是在大学生村官创业上，全力实施了“三扶双带”助推工程，使全县大学生村官兴办、领办、合办、参与创业项目37个，项目总投资770万元，其中，县大学生村官创业资金扶持98万元，大学生村官投资132万元，带动社会资金540余万元，2000余名农民群众直接从中受益，助推了农村发展。

五是实施“人才强县”工程，人才工作步入新阶段。县委、县政府落实了1000万元的人才发展专项资金，用于人才开发、培养、激励的经费保障。采取“三推三评”的办法，首次在全县选拔出58名拔尖和优秀人才，召开了建县以来的首次大型人才工作会议，并按照人才工作政策落实了人才待遇。特别是在人才促进县域经济社会发展上，大力实施了“双百双千”工程，撬动起一大批项目、科研课题的开发与实施，由优秀人才组织实施的项目和课题已经达到了50多个，有力地支持了全县经济社会各项事业的科学发展。

（马志清）

附：一、中共和顺县委书记、副书记、常委名单

书　记： 侯文禄（12月离职）

副书记： 杨建平　宋有林　任晓华（挂职，12月离职）

常　委： 杨治国　冀建军　李保安　刘晶朋　韩　亮　崔　勇（挂职，12月离职）

任晓华（挂职，12月离职） 陈建平

高中华（挂职，12月任职）

二、乡镇党委书记、副书记名单

义兴镇

书　记：李敬忠（3月任职）

副书记：王向东　李英忠　冯建萍（女）

李阳镇

书　记：李敬忠（3月离职）　翟树森（3月任职）

副书记：袁瑞军

松烟镇

书　记：王雪琴（女，3月任职）

副书记：王雪琴（女，3月离职）

郝瑞斌（3月任职）　徐晓林（3月离职）

青城镇

书　记：翟树森（3月离职）　柳建斌（3月任职）

副书记：刘玉堂　唐志斌

横岭镇

书　记：付艳红

副书记：李中瑞　王　勇

平松乡

书　记：张晋平

副书记：冯乐天

喂马乡

书　记：路建斌

副书记：崔怀军（3月离职）　李　明（3月任职）

王爱斌

牛川乡

书　记：王占维（3月离职）　路富庆（3月任职）

副书记：孔祥慧（3月离职）　薛卯卿

马坊乡

书　记：路富庆（3月离职）　刘彦云（3月任职）

副书记：韩永军　张玉明

阳光占乡

书　记：宋瑞斌

副书记：郝瑞斌（3月离职）　徐晓林（3月任职）

曹志荣

中共昔阳县委工作概况

县委书记　孟希雄

全县有党委22个，党总支27个，党支部605个，党员19176名。

一年来，县委在市委、市政府的正确领导下，坚持以科学发展观为指导，深入贯彻落实十七届四中、五中全会精神和“7·29”全省领导干部大会精神，狠抓“思想大解放、作风大转变、环境大优化”三件大事，圆满完成了“十一五”规划预期目标。全县地区生产总值31.76亿元，同比增长16.6%；规模以上工业增加值12.2亿元，同比增长43.7%；固定资产投资完成33.03亿元，同比增长22.1%；财政收入8.0554亿元，同比增长25.9%；一般预算收入2.8392亿元，同比增长6.5%；城镇居民人均可支配收入12627元，同比增长11.6%；农民人均现金收入4052元，同比增长10.1%。

一、以结构调整为主线，转型发展取得新突破

一是全力调整优化经济结构，转型跨越发展迈出大步伐。加快提升煤炭产业，进一步巩固煤炭资源整合的成果，重点培育了阳煤集团、国投公司、蓝焰集团、昔阳煤运公司、大寨经济开发公司、阳涉铁路公司、安顺煤业、丰汇煤业八大集团，入库税金达到了6.9亿元，成为县域经济发展的重要支撑力量；加大寺家庄、坪上、运裕、白羊岭、黄岩汇、三都、北坪、丰汇、安顺九大矿井建设投产力度。2010年，九大矿井生产原煤达到718.9万吨，销售收入达到了38.5亿元，上缴税金6.4亿元，占到财政收入的80%，煤炭资源整合效益初步显现。加快壮大煤电化产业。加强煤炭、煤层气、石灰石综合利用，在国投2×30万千瓦煤矸石电厂并网发电的基础上，加快丰汇、黄岩汇、白羊岭三座瓦斯发电厂建设，共安装20台发电机组，总装机容量达到3.2万千瓦；投资9.8亿元的阳煤100万吨（一期40万吨）电石项目，顺利拿到了各项审批手续，正加紧建设，2010年底正式投产运营；投资28亿的蓝焰煤层气开发，已完成投资10亿元，打井378口，煤层气抽采能力达到6万立方米，初步形成了“探采—压缩—液化—运输”产业链，煤层气的迅速崛起，成为昔阳转型发展的又一支柱产业。加快培

育旅游产业。投资2000万元修复完善了大寨梯田、狼窝掌、植物园、展览馆等标志性景点，投资1500万元，整修了反映学大寨时期风貌的“红旗一条街”，进一步丰富了大寨红色旅游内涵。逐步开发石马寺、瓮山为代表的文化宗教游，深度开发黄庵垴、龙岩大峡谷、水磨头自然风光游，不断完善吃、住、行、游、购、娱等基础设施，“名山古寺险垴奇峡秀水”的旅游格局初步形成。

二是扎实推进农业现代化，农民收入显著提高。积极实施“优质玉米、蔬菜干果、规模养殖”战略，一年来，全县共开发优质玉米丰产田4万亩；新增核桃经济林1.2万亩，全县干果经济林达到了14.2万亩，蔬菜大棚等设施农业面积新增1035亩，累计达到了1335亩；建设千头以上规模猪场35个，全县猪饲养量达到了44.2万头。大力扶持农副产品加工业。用大寨品牌包装昔阳经济，推进现代农业产业化发展。全县以“大寨”冠名的企业有20多家，以大寨品牌冠名的农副产品有10大类50多个品种。大寨农牧、大寨酒业、大寨绿草湾为龙头的一批农副产品加工企业不断壮大，与此同时，在龙头企业的带动下，形成了“公司+农户”的新型产业化模式，依托农副产品加工企业的各类农业合作组织发展订单农业，目前全县共发展各类农业合作组织320个，有效带动了农民的增产增收。大力推进农民转移就业。依托职介中心、职业中学、农广校、天钢技校等培训基地，大力培训有专业技术的农民工，重点培植保姆、技工、建筑和服务业等专业的输出品牌，累计培训农民5万人，实现了“企业有定单、基地列菜单、农民没负担”的农村富裕劳动力培育目标。在大力实施“劳务输出”战略的同时，县委鼓励和引导大企业、大集团和民营企业就地吸纳剩余劳动力，全县各类企业吸纳就业达1.2万人，平均月工资达到了1000元，成为农民增收的又一重要渠道。

三是狠抓招商引资，项目建设迈出了新步伐。县委始终把项目建设作为增加投资、强化基础、加快转型的重要载体，全力以赴上项目，千方百计争资金，项目建设取得明显成效。全县重点工程项目其中的23项全部竣工，11项超额完成了年度计划任务，总投资达113.7亿元。向国家和省市上报重点骨干项目29个，总投资达到了229.1亿元，这些项目为今后和“十二五”招商引资确立了方向和目标，成为昔阳转型跨越发展的重要支撑。依托大寨品牌招商，以第三届上山下乡知识青年“回望大寨·情系农村”大寨主题活动为契机，举办了招商项目推介会；依托昔阳人脉招商，举办昔阳招商引资武汉推介会，积极参加农博会，中博会等各类招商引资活动。一年来，利用各类招商活动，共签约各类项目21个，资金达到88.7亿，正式签约并落地建设的项目11个

二、以开拓创新为引领，党的建设全面推进

一是以“三级联创”为抓手，基层党组织的凝聚力和战斗力进一步提高。县委把后进支部整顿作为“三级联创”的重中之重，结合争先创优和学习型党组织建设活动的开展，对25个重点村组织专门队伍，进村开展整顿，25个村全部得以转化。县委注重从体制机制创新上解决基层党组织活力不足的问题，全面推行“两保三带四规范”农村党建新机制，有效解决了农村无人管事、无能人干事、无章理事的问题；农村干部岗位报酬由2008年的3143元，提高到现在的5135元，98名企业家、产业能人回村任职村干部，152个单位深入农村帮扶，20个强村、先进村和先富村的村干部跨村兼职，93名机关干部到村挂职党支部副书记、59名机关党员挂职村党支部委员，为农村发展注入了强大的动力。县委还不断加强社区、企业、机关和新经济组织的党建工作，进一步完善党员服务网络和信息库建设，有效地拓展了基层党建的新领域，丰富了基层党建的新内涵。

二是全面加强惩防体系建设，党风廉政建设和反腐败斗争进一步引向深入。坚持标本兼治，综合治理，惩防并举，注重预防的方针，实行领导干部“一岗双责”，全面落实党风廉政建设责任制。充分发挥纪检监察机关在服务经济建设中的推动作用，对重要工作和重点工程及时跟进，开展专项督查，强化问责问效。严格用纪律管住作风，下发了《关于进一步整肃工作纪律、狠刹不良风气的通知》，通过对机关干部执行工作纪律等情况进行明察暗访，通过设立举报箱、开通举报电话、启动“1+1”效能监督哨等各种形式，确保了全县各级干部工作作风的根本转变。一年来，县纪委开展明察暗访20多次，受理群众举报30多件，处分党员、监察对象89人，挽回经济损失657.68万元。深入推进煤焦领域反腐败专项斗争，扎实开展教育、医疗、公路等方面的纠风治乱工作，政风行风明显好转。进一步拓展农村基层党风廉政建设的领域和范围，在农村全面推行党风廉政建设“双十”标准和“五步五签”制度，不断提升农村党风廉政建设工作水平。全县上下风清气正、争先创优、团结协作的工作局面进一步形成。

三是不断提高执政能力和转变工作作风，县级领导自身建设进一步加强。坚持把加强学习作为自身建设的首要任务，就贯彻中央重大决策部署开展重要决策进行了十多次专题学习。坚持把制度建设作为自身建设的重要保证，将制度落实到党内生活和工作运行的各个环节，确保常委会工作的制度化、规范化。坚持领导干部联系基层工作制度，修订完善了《县级领导联系乡镇、企业和重点工程项目责任制》、《县委常委会议事规则》，定期听取县政府及有关部门关于经济工作的汇报，强化县委常委会对经济工作的领导。坚持把转变作风作为自身建设的重中之重，县委常委带头抓项目、包工程、保稳定，以身作则，靠前指挥，深入一线，解决问题，充分发挥了模范带头作用，影响和带动了全县广大干部群众。坚持把廉洁从政作为自身建设的基本要求，带头遵守《廉政准则》的各项规定，主动接受广大党员干部和群众的监督，努力把县委常委班子建成勤政廉洁、奋发有为的集体。

（赵珍珠　李　斌）

附：一、中共昔阳县委书记、副书记、常委名单

书　记：孟希雄（12月离职）

副书记：丁雪钦　杜建刚　徐利民（挂职，6月离职）

常　委：孔爱科　李鹏飞　陈　锋　冯耀黎　张　驰
高文奇（12月离职）　刘玉红（12月任职）

二、乡镇党委书记、副书记名单

乐平镇

书　记：程　云

副书记：赵继胜　王怀庆

大寨镇

书　记：王建林

副书记：张胜利　耿清泉

李家庄乡

书　记：王志勇

副书记：程海华　张海明

三都乡

书　记：邓庆善

副书记：赵　鹏　胡永福

赵壁乡

书　记：赵海斌

副书记：丁海斌　王志军

闫庄乡

书　记：郭利平

副书记：裴素青　王胜杰

皋落镇

书　记：刘仲武

副书记：贾怀斌　巩爱伟

界都乡

书　记：刘焕成

副书记：张月清　杨维东

东冶头镇

书　记：李显鸣

副书记：翟世青　杨素平

孔氏乡

书　记：梁宝棠

副书记：张　军　耿怀德

沾尚镇

书　记：王永胜

副书记：陈立军　郭恩录

西寨乡

书　记：王志刚

副书记：张东峰　庞锁怀

中共寿阳县委工作概况

县委书记　王继堂

全县有党委21个，党组9个，党总支39个，党支部678个，党员16363名。2010年，县委团结和带领全县干部群众，围绕转型跨越发展目标，努力克服各种困难和不利因素的影响，采取积极而有效的措施抢抓机遇，深化改革，加快发展，实现了经济持续较快增长、人民生活不断改善、各项事业全面进步、社会大局保持稳定、党的建设进一步加强的预期目标。2010年，全县地区生产总值完成64.6亿元，同比增长25%；固定资产投资完成40.5亿元，同比增长26%；规模以上工业增加值完成36.6亿元,同比增长45%；财政总收入完成20 亿元，同比增长32.8%；社会消费品零售总额完成12.9亿元，同比增长18%；城镇居民可支配收入完成16850元，同比增长13%；农民人均纯收入完成5850元，同比增长13.8%。

一、以产业优化升级为重点推动转型跨越发展

坚持用工业化理念谋划现代农业，大力实施“四个二”工程，以“全县人均2亩粮、2亩菜、2亩经济林和200公斤畜产品”为目标，健全土地流转机制，促使土地向种养大户、龙头企业、农民专业合作社集中，把土地优势发挥到最大程度。2010年全县粮食产量突破6亿斤，新发展规模养殖小区20个，新增干果经济林1.5万亩,农业综合开发项目和南燕竹玉米丰产方建设成效显著，省级10万亩粮食示范项目正在加紧建设。2010年全县粮食加工和豆制品加工都突破了9000吨。大力发展设施蔬菜生产，促进蔬菜产业内涵发展。重点建设了四个现代农业示范园，蔬菜生产标准化程度不断提高，“寿绿”蔬菜成功打入了世博会。蔬菜种植面积突破40万亩，产量达到90万吨，农民人均蔬菜收入达到2004.57元,占到农民人均纯收入的34%。

围绕工业经济由粗放能耗型向集约节能型转变、由单一结构向多元发展转变的目标，提升传统产业，扶持优势企业，培育潜力产品，扩大招商引资，不断加速工业新型化进程，增强工业经济综合实力。坚持以煤为基，加快推进煤矿技改和矿井关闭工作，继续做大做优煤炭产业。新

元公司、平舒煤业温家庄矿、段王大型矿井改扩建工程顺利推进，煤炭产业规模化、集团化、现代化水平明显提升，全年煤炭产量达到1760万吨。大力开展项目建设和招商引资，延伸煤炭产业链条，全面推进产业结构和经济结构的循环化、多元化协调发展。全县年初确定的43个重点项目全部开工建设，雨润集团、强伟纸业、恒特煤机、松塔水电站等8个省市重点项目全部按序时进度推进。以开展大招商大引资活动为契机，展开全方位招商，共引进项目13个，总投资380亿元，已签约12个，开工6个，完成投资4亿元。奥泰煤机、鑫世泰秸秆发电、煤矸石砖厂、风光互补发电等项目成为新亮点，国新能源煤层气工业园区、中煤集团300亿元“煤—气—电—化”能源化工循环经济绿色园区已正式签约，中电投2×600MW电厂、阳煤集团煤电化多联产业园区正在积极争取中。加大城南工业园区水电气路等基础设施建设力度，已有13家企业入驻，平头和温家庄工业园区也渐具雏形，集聚效应开始显现。

把三产服务业发展作为建设现代产业体系的重中之重，作为推进转型发展的主攻任务，借助地理区位、历史文化、生态环境等发展服务业得天独厚的有利条件和雄厚基础，着力培育文化旅游、商贸物流和房地产三大优势。2010年7月《天地民心》在央视八套隆重热播，显著提升了寿阳的知名度影响力；9月成功举办了“第二届福寿文化旅游节”；山西世纪东方文化传播公司投资40亿元建设的寿文化影视城项目已完成可研和立项等前期工作；鹿泉山、祁氏故居二期等旅游景区建设主体工程即将完成。新发展万村千乡市场工程，农村物流配送体系逐步完善。2010年,全县服务业增加值突破17 亿元，年均递增11.6%，从业人员超过3万人。

二、加强组织建设，努力为县域经济快速发展提供坚强的组织保证

一是提升执政能力为目标，不断加强班子自身建设。先后右玉、大同、内蒙、江苏、上海等等十个地区学习了先进经验。严格执行民主集中制，认真落实民主生活会制度，完善县委领导班子工作机制，形成了团结一致、和衷共济的良好局面。

二是以干部培训为抓手，不断提高干部队伍的整体素质。以县委党校为主阵地，先后请中央、省级高端人士对全县科级干部进行了七次高层次的专题培训，真正提升了我县党员干部的政治素养，真正把全县干部的精力都凝聚到了推动寿阳转型跨越发展上。

三是以公推直选为重点，全面深化干部人事制度改革。在新成立的奥泰实业有限责任公司成功进行了党支部领导班子“公推直选”，为今后推进我县乡镇党委班子成员公推直选工作积累了经验。县委还出台了《县委常委会任免干部票决制实施办法》，制定了《关于对乡镇、县直科级单位领导班子和领导干部实行“双评双考”的实施意见》，建立了组织部门新闻发言人制度。

四是以大部制机构改革为契机，优化干部选人工作。在严格执行机构改革设置的基础上，坚持“六注重”标准，推行“五人小组”议干部制度，进一步提高干部选拔任用的质量。一年来共调整干部127名，其中平调交流66名，提拔56 名，免职5名。

五是以作风整顿为重点，加大对领导干部监督考核力度。以深入开展全县干部工作作风整顿活动为契机，分别在10 月份和12月份组织召开了科级领导干部民主生活会，选派专人对各单位民主生活会进行指导和监督，根据整改措施分别对各单位进行了检查验收。进一步完善了考评机制，明确了奖惩尺度，对领导干部的任职过程、决策过程、行政过程实现了全程有效监督。

六是以创先争优活动为载体，进一步巩固和加强党的基层组织。紧紧围绕“加快转型、科学发展、创先争优、跨越腾飞”的活动主题，扎实开展创先争优活动，有效实现“三结合”，即创先争优与大项目建设相结合、创先争优与基层组织建设相结合、创先争优与社会和谐建设相结合。制定出台了《寿阳县推行“四议两公开”工作法实施意见》和《实施细则》，建立县级领导包乡镇责任制。大学生村干部和流动党员管理工作扎实有效，非公有制经济组织和社区党建工作统筹推进。2010年全县共发展党员375名，425个届满的党支部全部进行了换届选举，投资3630多万元的126个村级组织活动场所建设工程全部完工。

三、加强党风廉政建设，树立起党员干部在人民群众中的良好形象

一年来，县委按照中央和省市委安排部署，把党风廉政建设和反腐败斗争作为从严治党、取信于民的大事来抓，取得了明显成效。核查各类违纪违法案件90件，共有90人受到党纪、政纪处分，共挽回经济损失315.93万元。扎实开展煤焦领域反腐败和工程建设领域突出问题专项治理。全县煤矿企业兼并重组整合全部达到市里要求的100%。对近三年以来的215个工程建设项目进行了重点排查，对手续不完善、程序不规范等320个问题进行了积极整改，整改率达96.8%，罚没、补交违法占地等款1044.93万元。

（王云虎）

附：一、 中共寿阳县委书记、副书记、常委名单

书　记：黄耀春（女，4月离职）
　　　　王继堂（7月任职）

副书记：郝鹏鸿　马海军

常　委：张祖祁　冯耀洲　成建文　张俊文　潘晓林
　　　　刘军池　卫虎周

二、乡镇党委书记、副书记名单

朝阳镇

书　记：马建军

副书记：李志义　杨春盛（挂职）

丹凤管委会

书　记：付建民

副书记：王利民

南燕竹镇

书　记：王全保

副书记：潘慧琴（女）　张庆国　薛星梅（女，挂职）

马首乡

书　记：吴志明

副书记：宋润平

宗艾镇

书　记：和东升

副书记：李莉峰（女）　王永忠

平舒乡

书　记：张建平

副书记：岳俊文　赵剑洪

解愁乡

书　记：赵　弘

副书记：冀俊武

温家庄乡

书　记：常拴林

副书记：王杰英　姜联俊

平头镇

书　记：石　晶

副书记：刘维斌　付学宏　王亚男（女，挂职）

松塔镇

书　记：李　雪（女）

副书记：李有明　曹长青

景尚乡

书　记：武明生

副书记：史敬海　王瑞琴

上湖乡

书　记：张江涛

副书记：张小平　张俊峰

羊头崖乡

书　记：杨海军

副书记：荣爱民　赵亚明

西洛镇

书　记：姜明亮

副书记：郭丽君　任利生

尹灵芝镇

书　记：孙金钟

副书记：赵东青　张勇禄

中共晋中经济开发区工委工作概况

工委书记　申立康

2010年，开发区党工委以科学发展观为指导，切实加强党的建设，进一步改进思想作风，积极推进转型跨越发展，各项工作都取得了新的成效。

一、深入贯彻落实科学发展观，进一步提升攻坚克难的自觉性和主动性，努力推动开发区又好又快发展

一是坚持深入实践科学发展观，着力促进思想解放，积极推进跨越发展。努力用宽阔的眼光衡量自身，用更高的标杆激励自身，引导各级干部打开思想闸门，提升发展境界，认真查找和解决与时代发展，与科学发展不相适应的问题，使全区的工作思路更加符合科学发展、跨越发展的要求，突出了“三个不动摇”、“四个不减弱”、“五个下功夫”。“三个不动摇”就是，坚持加快发展、力保增长的信心不动摇，坚持工业立区、项目强区的决心不动摇，坚持协调发展、可持续发展的思想不动摇。“四个不减弱”就是，争资争项的力度不减弱，扶优扶强的力度不减弱，打基础、增后劲的力度不减弱，改善民生的力度不减弱。“五个下功夫”就是，把申报国家级开发区作为品牌来争取，形成自我加压之势；把现代物流建设作为特色来打造，推进产业集聚发展；把城乡统筹发展作为战略来实施，促进社会协调和谐；把创新经济环境作为优势来培育，努力营造新的形象；把维护社会稳定作为责任来履行，为发展奠定基础保证。以此统一全区上下的思想，凝聚干部群众的力量。

二是坚持扩大招商引资，积极破解发展难题，努力增强发展后劲。认真组织实施“大招商、大引资”活动，重点引进资源节约型、科技创新型、生态环保型和规模带动型的项目，促进产业集群的形成、产业链的延伸和配套能力的提高。2010年引进项目17项，项目总投资63.29亿元，其中，亿元以上项目9项。17个项目中，盘活存量资产项目3项；工业项目14项，全部为采用新材料或新技术的项目，圆满完成了晋中市政府下达的招商引资60亿元的目标。

三是坚持培育特色产业，不断放大比较优势，加快推进转型升级。重点项目建设稳步推进，2010年列入全市考核的5大类27个重点项目，全部开工建设，开工率、投资完成率位居全市前列。主导产业运行良好，新型产业发展加快，高新技术企业数占到全市的40%，科技型企业完成产值占到全区工业总产值的53.6%，现代物流产业进入快速建设期，基本形成了以三晋国际商贸城、山西能源工业国际分销物流港、山西新华图书物流为主体的现代物流业发展框架，产业结构和级次不断优化。

四是坚持真抓实干，全力推进重点工作，按时完成任务。在时间紧、任务重、难度大、人员少的情况下，主要领导亲自挂帅、亲自上手，分管领导全力以赴、组织推进，相关部门蹲在一线、现场办公，造林绿化、环境整治以及太中银铁路、大西客运专线、铁路枢纽三项建设和龙湖立交桥等多项国家和省市重点工程的征地拆迁工作按时序要求完成了任务，得到省市的肯定。

五是坚持关注民生，认真解决群众困难，不断促进社会和谐。注意把开发区建设的成果与群众生活水平的提高结合起来，着力改善农村生产生活设施，不断加强农村技术培训、劳动力的转移培训和就业安置，稳步推进新型农村合作医疗、失地农民养老保险和新型农村养老保险制度，进一步加大对教育、文化、卫生、科技的投入。积极推进信访工作制度化、规范化，进一步畅通群众利益表达渠道，努力化解各种社会矛盾。“五个全覆盖”和开发区惠民工程推进顺利，平安建设、综合治理、社会保障、应急管理等工作进一步加强，为经济发展创造了较为和谐稳定的社会环境。

2010年，地区生产总值完成16.4亿元，比上年增长18.6%；规模以上工业增加值7.55亿元，同比增长36.6%；工业总产值27.7亿元，同比增长34.5%；科工贸总收入110.4亿，同比增长31.9%；财政总收入5.01亿元，同比增长31.4%；固定资产投资24亿元，同比增长25.8%；经济社会呈现出增长加快、效益提高、活力增强、民生改善的良好态势。

二、切实加强党的自身建设，进一步增强党员干部队伍的责任感和紧迫感，努力提高驾驭全局的工作能力

一是切实加强领导班子建设。坚持加强理论学习，增强综合素质，提高领导水平。凡是中央、省、市召开重大会议，凡是上级重要政策措施出台，都及时制定学习计划，组织专题学习，深入讨论研究,较好地促进党工委对开发区主要矛盾和发展趋势的把握，对推动开发区经济社会发展产生了积极效果。加强集体领导，实施民主集中，推进科学决策。认真贯彻民主集中制原则，严格执行党工委议事规则，强化了制度规范和约束，坚持对重大问题集体研究和民主决策，规范了决策程序，提高了工作效率，促进了科学发展。加强作风改进，完善责任机制，推动工作落实。健全和完善从党工委委员到各级各部门工作责任制，对重点项目开工、重点工程建设、重要工作推进，全程跟踪服务，及时协调解决有关问题。在班子成员的带动下，全区工作作风有了新的变化，工作成效有了新的起色。

二是全面推进基层党组织建设。根据经济发展和党建工作实际，调整了党委机构设置，撤销原直属党委。增设了开发区机关和企业两个党委，使党委管理工作重心更加突出。针对农村返乡党员的实际情况，指导社管处党委成立了6个非农返乡党总支，理顺了农村党员、非农党员、流动党员管理体制。进一步完善了“中国共产党党员数据库”，全区党员重新编制信息入库，全部实行微机化管理。认真执行干部选拔任用条例，完成了科级干部的调整配备工作，新推荐使用科级干部87人。加强人才工作，我区被列为山西省海外高层次人才创新创业基地。制定出台了“四议两公开”《实施方案》和《考核办法》，建立了党员联系群众、村民代表联系户制度，实行了定期交流汇报制度，“四议两公开”工作法扎实起步。围绕“固本强基、创先争优、构建和谐、加快发展”的活动主题，深入开展了创先争优活动和学习型党组织建设，各级党组织贯彻落实一把手总负责制，成立机构，配强人员，开展活动，全区组织创先进、党员争优秀的氛围逐步形成，较好地发挥了基层党组织推动发展、服务群众、凝聚人心、促进和谐的作用。认真开展学习型党组织建设，以提高广大党员干部思想政治水平为目标。营造重视学习、崇尚学习、坚持学习的浓厚氛围，不断增强各级党组织的创造力、凝聚力、战斗力，为开发区转型跨越发展提供强有力的政治保证、智力支持和创新动力。

三是严格落实党风廉政建设责任制。深入贯彻落实中央和省、市纪委全会精神，采取集体学习、开辟专栏、知识测试、观看影片以及参观晋中市预防职务犯罪警示教育馆等形式，深入学习贯彻《廉政准则》，进一步强化党员干部的廉洁自律意识；组织开发区新任职干部进行了集体廉政谈话，就贯彻落实《廉政准则》和市委“四个严禁”提出明确要求；对煤焦领域、工程建设领域进行了专项治理，农村基层党风廉政建设得到深化；对机关作风进行了6次明查暗访等方式，有力地促进干部作风的改进；制定了《开发区2010年党风廉政建设和反腐败工作任务分解意见》，形成了一把手负总责、分管领导重点抓、职能部门具体抓的责任体系。全年立查案件14件，查结14件，给予党纪处分14人，其中党内警告处分2人，党内严重警告处分9人，开除党籍3人，挽回经济损失32.4万元，为开发区又好又快发展提供了良好的政治和纪律保证。

(田锦斌)

附：一、中共晋中经济开发区工委书记、副书记、委员名单

书　记：申立康

副书记：刘贵海　石润生　贾慧生

委　员：张林涛　袁树祥　张仲生　张润成

王志勇　任　钦

中共阳泉市委工作概况

市委书记　白　云

2010年，在省委的正确领导下，市委坚持以邓小平理论和"三个代表"重要思想为指导，全面落实科学发展观，深入学习贯彻党的十七大和十七届三中、四中、五中全会及"7·29"全省领导干部大会精神，团结带领全体党员和广大干部群众，围绕"统筹城乡、率先转型、全面崛起、富民强市"战略目标，突出转型发展、跨越发展主题，进一步解放思想，提升发展境界，创新发展理念，完善发展思路，抬高工作标杆，强化推进举措，全面加强经济、政治、文化、社会、生态文明建设和党的建设，各项事业取得新进展、新成效。

一、坚定不移促转型、谋跨越，促进经济平稳较快发展

坚持以转型跨越为主题，以转变发展方式为主线，扎实推进经济结构调整，积极深化改革扩大开放，不断加大科技进步和技术创新力度，全面强化节能减排，着力加快发展速度，提升发展质量和效益，增强发展的稳定性、协调性和可持续性。全市生产总值完成429.4亿元，比上年增长14.2%。财政总收入突破百亿元大关，增长28.3%；一般预算收入完成37.6亿元，增长26.3%。规模以上工业增加值完成220亿元，增长23%。社会固定资产投资完成298.4亿元，增长23.1%。社会消费品零售总额完成160.5亿元，增长18.3%。海关进出口总额完成2.9亿美元，增长211.5%。城镇居民人均可支配收入达到17080元，增长19%。农民人均纯收入达到6560元，增长13.1%。万元生产总值能耗下降5%。各项指标均圆满或超额完成"十一五"目标任务。与"十五"末相比，地区生产总值、规模以上工业增加值、社会消费品零售总额等主要经济指标翻了一番多，财政总收入增长了近两倍。特别是社会固定资产投资年均增幅达到35.7%，总量是"十五"时期的4.72倍，成为阳泉历史上投资规模最大、成效最显著的时期；城镇居民人均可支配收入、农民人均纯收入分别比"十五"末净增8091元、2812元，成为人民群众得到实惠最多的时期。

实施项目带动战略，"三大基地"建设迈出新步伐。围绕调整经济结构，建设"三大基地"，深入实施项目带动战略，继续狠抓"百项工程"建设。共实施重点项目199个，计划总投资1100.8亿元，完成投资278亿元，41个项目建成竣工，一批带动力强、影响深远的重大项目开工建设，在拉动经济增长、促进结构调整等方面发挥了极其重要作用。一是传统能源产业新型工业化步伐加快。煤炭产业整合重组"五个100%"的任务基本完成，矿井机械化水平、资源回收率、煤炭产业素质和安全水平得到全面提升。低浓度煤层气发电、发电机组节能技术改造等一批项目加紧建设，电力产业综合利用和新型化水平不断提高。二是新型材料产业链条延伸，装备制造业发展势头强劲。大力推进阳煤煤化工、鑫磊煤电化、100万吨氧化铝二期、30万吨铝型材深加工、冀东400万吨水泥、煤运20万吨水雾化粉末压件、恒大4A沸石等项目建设，积极构建煤—电—氧化铝—电解铝—铝型材、煤—肥—醇—烯、煤—气—耐火—陶瓷—建材等新型材料产业链。阳煤华鑫、华越等企业快速发展，形成了中小型采煤机、刮板机、电器设备等成龙配套的煤矿机电设备生产能力，发展前景广阔。三是以文化旅游为重点的现代服务业加快发展。娘子关、藏山、大阳泉古村等一批重点文化旅游开发项目顺利实施，大阳泉古村入选全国历史文化名村，百团大战遗址公园扩建一期工程完工，历史文化电影《赵氏孤儿》成功拍摄上映，进一步提升了阳泉的知名度。同步推动信息技术、商贸物流业快速发展。第三产业完成增加值174亿元，同比增长14.5%，总量比"十五"末增长1.17倍，成为支撑经济平稳较快发展的重要力量。

统筹城乡融合发展，加快率先全面城镇化进程。认真贯彻落实省委、省政府关于建设"千亿阳泉"，打造"百万新城"，建设华北地区区域大城市和山西向东开放第一阶梯等一系列重要指示精神，紧紧围绕全省"一核一圈三群"城镇化战略，全面加快生态新城建设和"四区"融合发展步伐。逐步启动了规划面积57平方公里的生态新城建设，加紧编制新城建设总体规划及控制性详细规划，基础设施建设逐步铺开。启动了"四区"融合发展规划编制工作，实施了"四区"融合的城市干道、供水互通等工程，新城大道建成通车，漾泉大道、广阳路、保晋路等道路正在加紧建设。积极探索推动行政区划调整，着力打破"四区"融合的体制制约。盂县"辅城"建设和张庄、河底、苌池等中心集镇建设取得阶段性成果。

强化节能减排和科技创新，转变发展方式取得新进展。坚持把科技创新和节能减排作为转变发展方式的切入点和攻坚点，落实节能减排目标责任，加强节能基础管理，加大节能技术改造力度，强力推进节能减排工作，单位GDP能耗圆满实现了比"十五"末下降25%的目标任务。深入实施科技强市战略，不断深化晋京合作建设阳泉科技示范区工作，与中国科学院北京分院建立了全面科技合作关系。加强知识产权保护、开发、转化和应用工作，被国家列为

科技知识产权试点市。加快科技创新平台建设，在全省首家建立了高新技术创业园区研发中心，集聚专利企业23家，促进了科技创新成果向现实生产力的转化。大力发展新型环保产业，吉天利循环经济园、昌鑫生物有机复合肥等项目加紧建设；蓝天环保、优利泰、建工暖通等一批环保企业加快发展，资源型产业循环化发展的路子越走越宽。以国家园林城市创建达标为重点，同步推进园林、卫生、环保、智能城市创建工作，建成区绿化覆盖率达到了38.64%，人均公共绿地面积8.83平方米，各项指标基本达到国家园林城市创建标准。

深化改革扩大开放，为经济社会又好又快发展注入新活力。突出重点领域和关键环节，加大改革力度，围绕培育发展大企业，积极支持推动阳煤集团、煤运公司等兼并重组市、县属国有集体企业；深入推进中小企业制度创新，完善法人治理结构，健全现代企业制度，增强企业活力。继续深化行政体制改革，减少和规范行政审批。深化事业单位人事制度改革，岗位管理和公开招聘工作稳步实施。

继续实施“借力发展”战略，紧盯环渤海、长三角、珠三角地区产业转移新动向，进一步加大招商引资力度。从打破制约招商引资和项目落地建设的瓶颈入手，启动建设了规划面积为35平方公里的产业集中发展区。各农业县区按照统筹规划、整合资源的思路，进一步加大了产业集中发展区建设力度。主动与日本华联（SAHREN）、中石化、中建总公司、中电投、厦工集团等大企业大集团对接，达成了一批新的合作意向，落实了一批新的合作项目；积极组织各类企业参与中国（山西）装备制造业博览会、第三届能源产业博览会以及渝洽会等，共签定各类经济技术合作项目36项，总投资484.5亿元,合同协议利用外来投资483.4亿元。全市招商引资到位资金达92亿元，同比增长10.2%。

二、坚定不移惠民生、促民和，推进社会各项事业协调发展

全面完成“八个全覆盖”任务。省委、省政府部署的“五个全覆盖”提前完成,根据阳泉实际提出的农村新型养老保险、乡镇综合文化站、万村千乡市场工程三个全覆盖全面完成,市委、市政府承诺为群众办的十件实事全部兑现。

持续加强就业和社会保障工作。积极推进国家级创业型城市创建工作，制定实施了《鼓励创业的实施办法》，坚持以创业带动就业，全年实现城镇新增就业2.15万人，创业就业6120人，下岗失业人员再就业1.25万人，转移农村劳动力1万人，城镇登记失业率3.81%，低于省定4.2%的控制目标。全市企业职工养老参保15.09万人、医疗保险参保54.8万人、失业保险参保19.8万人，工伤保险参保13.51万人，生育保险参保6.6万人，“五险”参保率全部完成了年度目标；提高城乡低保标准，实现应保尽保，全社会保障覆盖面进一步扩大，保障水平不断提高。社会福利、残疾人、老龄和慈善等各项事业健康发展。继续实施廉租房、经济适用房、棚户区改造、沉陷区治理等民生工程，开工建设保障性住房93.37万平方米，完成投资7.63亿元，超额完成年度目标任务。

统筹推进各项社会事业。推进城乡教育事业均衡发展，完善农村义务教育经费保障机制，坚持城镇支援农村学校工作制度，促进优质教育资源城乡共享。阳泉示范高中建设工程加紧建设，阳泉师范高等专科学校正式成立，全市职业技术教育、高等教育、成人教育同步推进。医药卫生体制改革全面启动，农村三级医疗机构总体达标率和社区卫生机构规范化建设达标率进一步提高；新招考录用100名大学生村医和社区医生，建立完善各项突发公共安全处理机制。人口和计划生育工作扎实有效，进入全国人口和计划生育优质服务先进行列。群众性体育活动蓬勃开展，竞技体育取得优异成绩。

全面加强社会稳定和安全生产工作。认真落实社会治安综合治理责任制，深入推进社会矛盾化解、社会管理创新、公正廉洁执法三项重点工作，积极开展“平安阳泉”创建活动，全面加强基层基础工作。切实加强校园安保工作，对各类违法犯罪和邪教组织活动始终保持高压态势，人民群众安全感进一步增强。高度重视信访工作，进一步完善机制，健全制度，强化接访工作，深入开展涉法涉诉信访积案攻坚大会战，全市信访形势继续好转。坚持安全生产警钟长鸣，常抓不懈，着力扭转安全生产被动局面。

三、坚定不移抓党建、强基础，全面提升领导科学发展的能力水平

深入开展创先争优活动，切实加强思想建设和基层党组织建设。圆满完成了第三批深入学习实践科学发展观活动，开展了以“转型跨越争先锋、富民强市作保证”为主题的全市创先争优活动，做到了经常有行动、阶段有中心、节点有高潮，并召开了全市机关创先争优经验交流会。把思想建设放在首位，不断坚持和完善中心组学习制度。扎实开展“争创学习型党组织、争做学习型好干部”活动，在全市各级党组织和广大党员中营造了勤于学习、善于学习、争先学习的浓厚氛围。统筹推进基层党组织建设，大力构建村党支部领导下的村级民主自治机制，在全市农村全面推开了“四议两公开”工作法。村级组织活动场所和农村（社区）现代远程教育网络建设一体化推进，提前实现了全覆盖。大力推动社区党建“三有五化”建设，初步建立完善了社区干部选任机制、社区服务群众机制、社区经费保障等机制，社区党建工作被列为全省组织工作“十大创新项目”。认真组织了市、县（区）所属的机关、国有企业和学校等党组织换届选举，“公推直选”向社区、企业、机关和学校等领域拓展延伸，基层党组织换届任务基本完成。

着力加强领导班子和干部队伍建设。坚持德才兼备、以德为先的用人标准，科学选配领导班子和领导干部。制

定了《阳泉市深化干部人事制度改革推进办法》，全面推行干部选拔“一报告两评议”制度、县（区）常委会任免干部票决制，探索建立干部综合考核评价管理工作机制。结合政府机构改革，稳妥推进领导班子调整配备和干部交流。加大培养选拔优秀年轻干部力度，从优秀村干部中招录了部分乡镇公务员和县乡事业单位工作人员。贯彻全国、全省人才工作会议精神，编制了中长期人才发展规划纲要，着力造就党政人才、企业经营管理人才、专业技术人才、高技能人才、农村实用人才和社会工作人才六支队伍，健全了市县乡党委直接联系专家和优秀人才制度。

扎实推进作风建设和反腐倡廉建设。继续坚持和完善领导干部“八个一”联系、下基层调研、重点项目重要工作领办等一系列制度。全面推进机关和干部作风转变，特别是全省“8·28”电视电话会议以后，研究制定了《学习弘扬右玉精神，进一步改进作风的意见》，组织市级四套班子全体成员和市直各部门、各县区领导干部分批到右玉进行实地学习考察，逐级召开专题民主生活会，查找差距不足，明确努力方向。认真落实省委“五不准”要求，在全市继续开展狠刹机关干部工作日中午饮酒、党员干部参与赌博、领导干部利用婚丧嫁娶借机敛财等“三股歪风”专项活动，严明纪律，共处分党员领导干部和国家公职人员25人。不断引深行风政风评议活动。扎实开展“反腐倡廉制度建设年”活动，加强反腐倡廉教育和制度建设。深入推进工程建设领域专项治理，强化对重点项目的监督检查、深化煤焦领域反腐败专项斗争，加大案件查办力度，立查案件98件，处分违纪党员干部118人，挽回经济损失2868.75万元。（高世亮）

附：中共阳泉市委书记、副书记、常委名单

书　记：白　云（女）

副书记：李栋梁　郃爱国

常　委：王舰民　樊盛武　陈继光　高全怀　王旭明　宋师璇　王　民　杨永生　方庆灵

中共阳泉市城区区委工作概况

区委书记　李春泽

2010年在省委、省政府，市委、市政府的坚强领导下，区委团结带领全区人民，按照区第八次党代会确定的“三城十区”发展方略，一手抓经济转型促发展，一手抓民生改善促和谐，开创了城区经济快速发展、社会稳定和谐、人民安居乐业的良好局面。

一、加强制度建设，强化领导核心，党的建设实现新突破

区委以执政能力和先进性建设为重点，大力加强党的思想、组织、作风、制度和反腐倡廉建设，努力打造建设“三城十区”、推动科学发展的坚强领导核心。通过建立健全科级领导班子和领导干部考核办法，出台《关于规范选拔任用科级干部工作程序实施意见（试行）》、《阳泉市城区选拔任用科级领导干部初始提名办法(试行)》、《科级干部选拔任用工作全程记实办法（试行）》，试行常委会票决制，推行干部竞职演讲等制度和办法，使干部的考核、管理、选任工作进一步规范化和科学化。全年调整干部114人，其中妇女干部41人，非党干部11人，全区干部工作呈现风清气正的良好态势。通过开展星级社区党组织创建和“五型”机关创建活动，成立了全市首家街道区域性个体私营经济党组织，全区基层党建工作科学化水平有了新提升。在全区42个社区党组织、39个机关党组织和17个学校、幼儿园党组织，按照“三公开”、“四推荐”、“两满意”、“一票制”、“五及时”的方法，实行了公推直选，激发了群众参与党内事务的积极性，增强了党组织的凝聚力和战斗力。通过学习贯彻《廉政准则》，狠抓教育警示、文化渲染、制度奠基、监督跟进、办案震慑五项工作，不断引深了惩防体系建设。尤其是作为全省10个试点县区，组织实施了廉政风险排查防控工作，从源头上夯实了反腐倡廉的基础，促进了领导干部廉洁自律。

二、做强主导产业，培育商贸集群，第三产业实现新突破

按照市委提出的“统筹城乡、率先转型、全面崛起、富民强市”的要求，结合区域经济运行的特点，在经济结

构调整方面，区委深入推进“经济文化区”、“文化经济区”、“税收诚信区”建设，全面落实业已出台的《加快服务业发展的实施意见》，紧紧围绕“九转九统一”的服务业转型发展思路，着力发展、壮大、提升第三产业。2010年，全区生产总值完成90.3亿元，增长16.0%；全社会固定资产投资完成60亿元，增长22.5%；社会消费品零售总额实现87.3亿元，增长18.1%；规模以上工业增加值完成14.8亿元，增长16.4%；财政总收入完成42025万元，增长11.29%；城镇居民人均可支配收入实现17401元，增长16.4%。一是着力构建结构合理、功能齐全的城区三产园区。天融中兴商业广场建设进度加快，下站桃南路商贸园区内涵进一步丰富；阳泉北国商城项目进驻滨河商贸园区，北大街桃北路商业中心品牌效应显现；上站金街购物中心竞争优势逐步突出，上站商贸园区的集聚、辐射、服务功能和地位得到完善。全年全区商业面积达到120多万平方米，比“十五”末增加了70万平方米。全区三产服务业增加值实现69.6亿元，增长17.8%，占GDP的比重达到77%；纳税额实现31495万元，占区财政总收入的74.95%。非公经济增加值完成43.3亿元，同比增长17.7%，占GDP的比重达到48%；纳税额实现34147万元，占区财政总收入的81.25%。二是大力推进重点项目建设。区委把项目建设作为区域经济持续发展的有效载体，积极对接产业政策，在项目包装、申报和建设上实现了新突破。全年确定的46个区域内固定资产投资项目完成投资19.18亿元，其中列入市“百项工程”的10个项目完成投资9.52亿元，完成计划的130.32%，项目对经济的拉动作用进一步显现。三是充分发挥招商引资的成效。区委坚持大开放促大招商、大招商促大发展的思路，实行领导带头抓招商，突出重点抓招商和优化环境抓招商等举措，全年签订外来投资合同16项，总投资24.90亿元，合同协议利用外来投资额24.90亿元，完成年计划的131.05%，同比增长25.88%，实际到位9.68亿元，完成年计划的107.56%，招商引资的共识在全区进一步统一，招商引资在经济结构调整、转型跨越发展中的地位明显增强。

三、完善创建机制，打造生态宜居城市，推进“三城同创”实现新突破

区委紧紧围绕市委、市政府在城市转型方面提出的以“生态立市、彰显特色”为理念的“三城同创”战略目标，结合城区的自身优势，在完善创建机制上做文章，在狠抓落实上下功夫，“管理规范区”建设取得新成效。通过成立街道城管执法中队和环境卫生作业队伍，进一步强化了街道办事处城市管理职能；通过制定严格的考评奖惩办法，进一步完善了监督落实的机制，保证了工作的有序有效开展；通过开展一系列的整治行动，空气质量、环境卫生明显好转，市容市貌得到明显改观。一是围绕国家园林城市创建，深入开展园林小区、园林单位创建活动，完成256个居民小区“五化”改造任务，建成便民小市场32个，开展了主要大街整治整饰工作，下站片区风貌整治规划通过审核论证。启动了创建国家森林城市工作。全区绿化覆盖率、绿地率分别达到36.13%和32.7%，人均公共绿地面积达到16.27平方米。二是围绕国家卫生城市创建，城管、工商、环保、环卫等部门之间协调配合，对垃圾乱扔、广告乱贴、摊位乱摆、车辆乱停等进行专项整治，并开展环境卫生清洁工程，着力改善人居环境。三是围绕国家环保模范城市创建，大力实施区域大气污染防治、环境噪声污染控制、城市扬尘污染整治、工业企业达标、绿色系列创建等工程，全年市区二级以上天数达到348天，环境空气质量稳定达到国家二级标准。

四、优先保障民生，切实维护稳定，和谐社会建设实现新突破

区委始终坚持以人为本的执政理念，始终把民生工程放在突出位置，稳步推进“平安和谐区”创建工作，着力为群众办实事、解难事。围绕学有所教，大力推进教育“353”工程，全区小学适龄儿童入学率、初中阶段入学率、在校生巩固率、小学毕业率、初中毕业率等指标全部实现100%，不断加大中小学校舍危房改造力度，消除危房面积6.2万平方米，建成省级“义务教育标准化建设达标县区”，巩固了“教育先导区”建设成果。围绕劳有所得，大力推进创业就业再就业工程，新增就业岗位5083个，城镇登记失业率稳定在3.5%以内。围绕病有所医，大力推进社区医疗健康工程，建成6个社区卫生服务中心和16个社区卫生服务站，有效解决了居民“看病难”、“看病贵”的问题。围绕老有所养，大力推进社会保障工程，城镇职工基本医疗保险上调5.66个百分点，与市级医疗保险水平持平；养老保险金、失业保险金、医疗救助金、最低生活保障标准均按照政策进行了调整，全区社会保障、养老保险、医疗保险、失业保险覆盖率分别达到95.33%、96%、97%、93%。围绕住有所居，大力推进住房安居工程，全区享受廉租住房保障家庭1473户3958人,发放补贴资金420万元。围绕夯实基层，大力推进社区建设工程，提高了离职和在职社区干部的人员报酬，夯实了社区发展的基础。围绕全面发展，大力推进社会事业发展。进一步加强残疾人保障体系和服务体系建设，获得了中残联“全国白内障无障碍区”荣誉。计划生育优质服务水平进一步提高，夺得了“全省人口计生工作目标责任制考核先进区”称号。围绕民有所安，大力推进平安建设工程，坚持领导接访制度，成立信访服务中心，进一步畅通了群众表达利益诉求的渠道；认真落实安全生产责任，深入开展安全生产专项整治行动，着力构建安全生产长效监管机制；严厉打击各种违法犯罪活动，深入开展严打整治专项行动，人民群众安全感和对社会治安的满意度进一步提高。

(邵瑞鹏)

附：一、中共阳泉市城区区委书记、副书记、常委名单

书　记：李春泽

副书记：曹凯民　任晓华　马　俊（12月离职）

常　委： 高锦孝　弓林柱　史喜平　范秀林（女）
王明厚　苏友常　李忠义

二、街道党工委书记、副书记名单

上站街道

书　记： 冯正杰

副书记： 高　鹏　赵利荣

下站街道

书　记： 胡春平

副书记： 温敏芬（女）　李春元　王爱利（女）

北大街街道

书　记： 宋燕明

副书记： 苏红霞（女）　高银花（女，8月离职）
胡天飞

南山路街道

书　记： 赵志勇

副书记： 刘广顺　蔡华明　徐　芳（女，8月离职）

义井街道

书　记： 李荣贵

副书记： 李丽萍（女）　郝丽花（女）

坡底街道

书　记： 路永清

中共阳泉市矿区区委工作概况

区委书记　董仙桃

2010年，区委坚持以邓小平理论和“三个代表”重要思想为指导，深入贯彻落实科学发展观，紧紧围绕“三区”（经济发展首富之区、社会和谐首善之区、资源转型首创之区）建设目标，总揽全局，协调各方，求真务实，开拓创新，切实加强“五个矿区”（富裕、宜居、和谐、平安、文明）建设，全区经济、政治、文化、社会和党的建设迈出了坚实步伐。

一、坚持科学发展，谋求跨越转型，经济社会各项事业取得进步

转变发展方式，优化经济结构，打造富裕矿区。一年来，区委认真贯彻落实“7.29”全省领导干部大会精神，多次组织召开经济运行分析、银企座谈、经济观摩、项目推介等系列会议，研究发展方向、谋划发展思路。全区财政总收入完成4.2亿元，同比增长25.05%；一般预算收入完成2.1亿元，同比增长22.95%；第三产业实现产值11亿元，同比增长10%;机械行业累计完成总产值21.3亿元，同比增长33.5%；全年包装项目35个，平台签约及自行签约协议利用外资46.39亿元，到位资金9.45亿元。

立足“三城同创”，提升城市品位，构筑宜居矿区。全区绿化覆盖率、建成区绿地率和人均公共绿地面积分别达到41.1%、32.9%和8.01平米/人，基本达到国家级园林城市创建标准。大力开展环境综合治理,全年二级以上天数348天。

坚持以人为本，着力改善民生，构建和谐矿区。开展各类就业培训737人次，完成年计划的104%。实现新增就业5160 人，完成年计划的103%。18户零就业家庭全部安置就业。城镇登记失业率控制在3.8%以内。15个社区卫生服务站达到规范化运作要求。计生工作年度考核获全省综合排名第一，被授予“全国计生协会工作先进集体”殊荣。

强化安全稳定，立足综合整治，创建平安矿区。法治矿区建设荣获全国首批法治县（市、区）创建活动先进单位。武装工作获得省军区授予的“先进人武部”、“军事训练先进单位”等荣誉称号。

引深创建内涵，激发内在活力，推进文明矿区。矿区选送参赛的快板《相女婿》和独幕剧《矿山汉子》分获全国第十五届群星奖和全国首届戏剧文化小型剧目一等奖。矿区荣获全国“阳光体育”先进县区称号。公民道德实践活动成绩显著。赵泉祥当选山西省第三届道德模范，张明当选2010感动山西十大人物。

二、坚持创先争优，强化组织保障，党的建设进一步加强

深入开展创先争优活动。一是在全市城市区率先推行了“四议两公开”工作法。40个社区全部参与，共决议议题208 个，否决议题34个，参与人数达到4300人次。二是开展党员承诺活动。全区累计有136个区属党支部、3个驻地企业党委，20余个驻地单位党支部，共4800名党员参加了活动。共帮扶困难群众8400人次，为群众办实事9420件。帮扶物品和现金合计金额200余万元。活动开展情况在人民网专题报道，并荣获全国首届基层党建创新优秀案例，全省获此奖项的县区仅此一家。三是加强组织工作宣传活动。区委在人民网、三晋红e网、山西信息、山西日报、阳泉日报等新闻媒体发表信息80余篇。2010年6月，区委获得了“人民网基层党建宣传示范单位”，区委组织部获得人民网“基层党建优秀供稿单位”。

不断深化干部人事制度改革。始终坚持德才兼备、以德为先的用人标准和严格的组织程序，大力倡导注重品行、科学发展、崇尚实干、重视基层、鼓励创新、群众公认的用人导向，注重选拔学历层次高、实践经验丰富、发展潜

力大、德才兼备的年轻干部，合理使用其他年龄段的优秀干部。先后分四批调整配备干部39人，其中交流调整13人，提拔26人。经过对干部的选配和调整，使领导班子既有年富力强、经验丰富的中年干部，又有朝气蓬勃、敢闯敢干的年轻干部，进一步优化了领导班子的年龄结构、素质结构、性别结构、知识结构。积极探索面试+考核方式，公推公选出3名街道办事处主任，切实加强了广大党员干部对于干部推荐、提名、酝酿、决定、管理、考核的监督。结合新一轮社区党支部和第四届社区居委会换届工作，全区有24个社区党支部通过“公推直选”的方式产生。

努力构建区域党建格局。在社区建起了以居民楼、居民院为单位的党小组，将共产党员义务劳动、党员参与社区两委会议、党员义诊服务和党员文化宣传列为楼院党小组的常态化运作模式。全区已在32个社区建立了楼院党小组。各街道党工委进一步密切与驻地单位党组织的联系，努力构建区域性大党建的格局。蔡洼街道党工委与阳煤二矿扩大共驻共建平台，与华越机械、房产七公司、二矿医院、辰光热电等多家驻地企业签订了共驻共建意向书。沙坪街道与阳煤一矿工会联合举办了党员承诺兑现周活动，开展了党员挂牌一条街活动，收到很好效果。其他街道也积极与驻地单位党组织联系协调，推进共驻共建。驻地单位党组织和党员参与、支持社区建设的意识进一步增强，区域化党建格局逐步形成。

三、坚持惩防并举，健全机制制度，党风廉政建设和反腐败工作不断引向深入

严格落实党风廉政建设责任制。区委始终高度重视党风廉政建设责任制的落实，建起了“横向到边、纵向到底、一级抓一级、层层抓落实”的责任制网络，将任务分解到各级领导干部和责任单位，并延伸到街道社区。严格落实“一岗双责”，把党风廉政建设责任制的考核与区委、区政府的主要工作同部署，同落实，同检查，同考核；与党员干部考核、民主测评、民主评议相结合；与平时督查、年中、年度考核相结合，充分发挥廉政建设在领导干部评价机制中的作用。深入开展“党风廉政建设在基层”实践活动，建立15个基层廉政示范基地，发放宣传资料3000余份。

不断加强政风行风工作。区委把解决制约和影响科学发展以及损害群众利益的突出问题作为重点，不断深化政风行风民主评议工作。全年共组织召开听证对话会31场，组织了教育、卫生、人社、住建、民政、执法六大部门140余人参加的大型民生对话会，6个参评部门负责人面对面与群众进行对话，现场听取答复群众提出的问题，解决实际问题196个。

不断强化党务政务公开。区委实行了任用科级干部公开选拔制度，常委会票决制，任前公示制度，基层党建和干部任用工作向全委会报告制度，重大事项常委会集体决策。政府大力推行政务公开，政府集中采购197次，涉及金额1927.8万元，节约资金268.9万元，节约率12.2%；建立了行政审批服务中心，面向社会统一办理行政事务，效率明显提高；建立了区国库支付中心，对全区各单位的财务核算进行集中、统一管理，所有工程项目全部按规定进行了公开招投标。

始终狠抓干部作风建设。深入开展明察暗访活动，狠刹“三股歪风”，重点严查违反工作纪律和工作日中午饮酒、赌博等行为，共进行12次明查暗访，责令40个部门拿出整改意见、40余人作出书面检查，在全区营造了风清气正的干事创业氛围。

不断加大反腐败斗争力度。开展煤焦领域反腐败专项斗争，建立完善8项煤焦领域管理制度和专项工作台账，累计收缴各种税费1144.8万元。开展“小金库”专项治理，对全区12个社会团体、国有企业进行重点检查，并提出整改意见。开展工程建设领域专项治理，共检查各类工程项目148个，发现问题112个，整改99个，整改率为88%，收缴罚款21.9万元，收缴各类税费895.7万元。共受理信访举报20件，初核违纪线索10件，了结9件，立案1件，对8名党员干部和2个单位作出了组织处理，对1名科级干部给予党纪处分，挽回经济损失14.57万元。（乔　勇）

附：一、中共阳泉市矿区区委书记、副书记、常委名单

书　记：董仙桃（女）

副书记：张清河　黄俊德（6月离职）

常　委：姚　丽（女）　王　刚　邢强敏　郭爱聪　吴亚非　高海明　王晓丽（女）　张小武

二、街道党工委书记、副书记名单

沙坪街道

书　记：李俊萍（女）

副书记：彭　平　邓晓琴（女）　王宝银　刘　健

蔡洼街道

书　记：张海斌

副书记：刘　恒　李志清　韩晋明

赛鱼街道

书　记：李新宇

副书记：郑满柱　韩瑞辉　弓存义　李素青（女，7月离职）

桥头街道

书　记：刘世平

副书记：雷永平（3月离职）　杨海林（7月任职）　王计平　李非柱　张少华

平潭街道

书　记：周拉弟（女，2月任职）

副书记：周拉弟（女，2月离职）　张志明（7月任职）　杨宝生　刘喜平　张贵军

贵石沟街道

书　记：何　勇（2月任职）

副书记：何　勇（2月离职）
　　　　王德珍（女，7月任职）　刘喜亭
　　　　韩石润　刘新桥

中共阳泉市郊区区委工作概况

区委书记　赵　峰

2010年，区委全面贯彻落实科学发展观，深入学习党的十七大和十七届三中、四中、五中全会及“7.29”省干部大会精神，团结带领全区广大干部群众，围绕转型跨越主题，坚定不移地走好五条路子，实现五个突破，全区各项工作取得了新进展、新成效。全区生产总值完成53.6亿元，增长26.8%；财政总收入完成8.02亿元，增长20.4%，其中一般预算收入完成3.23亿元，增长22.1%；固定资产投资完成33.3亿元，增长24.9%；农民人均纯收入达到6837亿元，增长13.5%。

一、求真务实，创新实践，扎实开展创先争优活动

建立“三个体系”，确保活动稳步推进。一是建立严密的组织体系。成立了区委书记任组长、区委常委任副组长的活动领导组，形成了上下贯通、左右联动的组织网络。二是建立灵活的工作体系。三是建立严格的制度体系。制定了区四套班子领导干部联系点制度、领导小组办公室工作规则、信息报送制度、情况周报日报制度等，保证了活动有序推进。

发挥“三个作用”，确保活动扎实开展。一是发挥领导干部的指导作用。区、乡两级领导干部坚持定期到联系点督促检查创先争优活动开展情况，帮助解决各类问题，提出整改意见。二是发挥典型示范的带动作用。各级党组织把活动中涌现出的先进单位和优秀个人作为“示范点”和“旗帜”，先后组织观摩、学习交流58场次。三是发挥新闻媒体的宣传作用。通过开设新闻专栏、编发专题简报等形式，大力宣传典型事迹，教育广大党员和群众。一年来共编发简报100期，通过新闻媒体宣传报道先进典型106次，动态报道了92个单位、23名党员的先进事迹。

做好“四字文章”，确保活动富有特色。一是开展活动求“新”。围绕“五个好”和“五带头”，积极开展了创建团结有力星、模范带动星、管理规范星、科学发展星、凝聚民心星“五星级”党组织和争当学习星、技能星、服务星、和谐星、文明星“五星级”党员活动。二是组织承诺求“实”。按照“科学定诺、公开示诺、扎实践诺、民主评诺”程序，公开承诺具体为群众办什么事情，解决什么问题。三是开展点评求“真”。四是群众参与求“广”。坚持把群众意愿作为活动方向，把群众所需作为承诺内容，真正让群众担当起创先争优活动的“裁判员”、“监督员”和“受益人”。

搞好“三个结合”，确保活动取得实效。一是注重素质提升，坚持与建设学习型党组织相结合。基层党组织的整体素质决定着转型跨越发展的成败。区委将建设学习型党组织作为开展创先争优活动的前提和基础，做到统筹安排，齐头并进，促进学习与争创的统一。二是注重强基固本，坚持与加强基层组织建设相结合。以推行“四议两公开”工作法为切入点，全面推进农村村务、财务、企务规范化管理，切实解决资源、资产、资本、资金等方面存在的突出问题。按照“村级组织场所全覆盖”的总体要求不断加大村级组织活动场所建设力度，切实把村级组织场所建设成为教育培训、服务管理、党员活动的主阵地。积极开展基层党组织换届选举工作，进一步强化班子，优化队伍，巩固基础。全区120个基层党组织已有112个完成换届，占应换届总数的93.3%，其中90个基层党组织采取“公推直选”方式，占已换届党组织数的80.4%。三是注重作风转变，坚持与加强机关作风建设相结合。按照“作风建设年”活动要求，重点解决党员干部作风漂浮、工作不实的问题。组织了50余名科级以上干部赴右玉学习考察，切实从灵魂深处感悟“右玉精神”，转变工作作风，为加快全区转型跨越发展注入了强劲动力。

二、转型跨越，开放创新，努力实现“十二五”经济社会良好开局

传统产业改造深入推进。一是深入推进煤炭企业兼并重组，切实加快8个整合矿井的产能提升和技术改造。已有6个整合矿井开始技术改造，各项手续正在积极办理当中。二是着力规范5家耐火企业联合体的科学运行，成功举办了第二届中国荫营耐火城创新发展论坛，在全区基本建成了国家硅铝质耐火质检中心。全力推进天然气烧成工艺革新，全区80%以上耐火制品企业基本实现了清洁生产。三是积极实施了林里粉末煤气技改、晋阳碳素环保改造等一批技改项目，老产业重新焕发新活力。

新兴产业培育步伐加快。一是服务业发展继续加快，煤焦德运昌物流园开工建设，庞大汽车城项目成功入驻，南昌装饰市场、天利和钢材市场等大型三产项目开张营业。二是旅游业发展总体规划制定出台，翠枫山自然风景区、桃林沟观光生态园等景点的知名度不断扩大，大阳泉村入选“中国历史文化名村”行列。三是通过招商引资全年新引进百万元以上经济合作项目42项，实际到位资金33.2亿

元。

高效农业规模继续扩大。2010年，全区高效农业投资1.2亿元，新增日光温室和大棚蔬菜1007亩，新增果品3240亩，新增核桃2300亩。建成高标准规模养殖小区16个，其中生猪小区8个，蛋鸡小区1个，肉羊小区1个。尤其是河底核心农业示范区积极启动，整体规划基本完成，现已打造平台630亩。

重点项目工程有序推进。全区确定的64个投资项目开工55项，完成投资47.13亿元；列入市"百项工程"的27个项目有26个开工，完成投资25.6亿元；作为全区项目建设重中之重的10大项目开工8个，完成投资18.87亿元。

城乡一体化步伐全面加快。一是新城大道建成通车，李家庄互通完成路基，漾泉大道开工建设，龙江源城乡一体化示范项目开始规划，"阳泉新城"的建设序幕在我区全面拉开。二是生产要素配置更趋合理，以"一园三区"为基础，对产业集聚区进行科学谋划和定位，积极启动了杨家庄新兴产业区、桃林沟绿色食品区与河底工矿物流区的规划建设工作。三是继续加快中心集镇培育和新农村建设，以桃林沟为代表的一批新农村典型更加绚丽多姿。

"三城同创"工作扎实开展。一是开展了以整治马路市场、路边广告牌匾、规范交通秩序为主要内容的环境集中整治，全区城乡环境明显改善。二是以"三道"、"四环"绿化为重点，完善通道绿化30公里，完成荒山绿化3.3万亩，新增绿化面积50万平方米。建成各类景点6个，积极启动了白泉万亩森林公园和桃林沟园林生态景区两大绿化工程，生态郊区建设步伐全面加快。三是大力开展打击非法排污专项行动，巩固企业污染源排放达标成果，坚决杜绝新污染源和二次污染的发生。2010年，荫营城区二级以上天气达到353天，同比增长3天。污染综合指数为1.72，同比下降0.31。

三、着力改善民生，维护社会稳定，确保全区平安和谐

区委把切实改善民生、着力维护社会稳定摆在各项工作的首要位置。一是着力解决关系民生的重大问题。教育工作成绩斐然，"四免一补"政策全面落实，45处中小学校舍安全改造工程全部按期交付使用。科技工作继续加强，全年共争取上级扶持资金80万元，涉及项目63项，申报专利112件，并有2项专利获"2010年中国国际专利技术与产品交易会"金奖。卫生工作扎实有效，药品价格集中询购制度全面推进，三级卫生网络不断健全，8个乡镇卫生院的改扩建工程全部完工，并完成了37个村级卫生所的改造，对181家卫生所的配套设施进行了完善。新型农村合作医疗保险、新型农村养老保险实现全覆盖，国家基本药物制度顺利实施，促进基本公共卫生服务逐步均等化项目正式启动。计生工作成绩突出，联合国人口基金第六周期项目圆满完成，生殖保健服务中心按期投入使用。社会保障体系不断完善，城镇职工养老、医疗、失业保险覆盖率分别达到93%，92%和90%；积极培育创业就业市场，新增就业岗位2544个，转移农村富余劳力2010人；8个乡镇的文化站和70个村的文化活动室改造全部完成；7村7处的饮水安全工程按时完工。二是安积极化解基层矛盾，安全维稳工作常抓不懈，应急管理体系不断完善，"平安郊区"创建深入人心，社会治安综合管理不断强化，社会安全满意度不断提高。

（王　敦）

附：一、中共阳泉市郊区区委书记、副书记、常委名单

书　记：赵　峰

副书记：杨　勇　刘红霞（女）　王丽梅（女，挂职）

常　委：谭伟中　王如生　郭少敏　王振杰　李昱平　王建华　冯学勤

二、乡镇党委书记、副书记名单

荫营镇

书　记：刘瑞生

副书记：张斌武　朱建芳（女，12月任职）　胡俊青

河底镇

书　记：张富英

副书记：杨兆明　任晋忠

平坦镇

书　记：李胜英

副书记：段永军　史慧清

义井镇

书　记：刘金文

副书记：韩晓东　靳丽芳（女）

李家庄乡

书　记：郭志强

副书记：郭智英　王常青

西南舁乡

书　记：郭满仓

副书记：王红卫　张建存

杨家庄乡

书　记：马大刚

副书记：史丽娟（女）　程慧文

旧街乡

书　记：李仁照

副书记：武永庆　张晓东

中共平定县委工作概况

县委书记　马　骥

2010年，县委在市委的正确领导下，坚持以科学发展观为指导，认真贯彻落实中央、省、市一系列重大决策部署，团结和带领全县广大干部群众，抓项目、创特色、强基础、重民生、促改革、保稳定，全面实施“五大”战略，强力推进“四县”建设，全县经济较快增长。全年生产总值完成51.34亿元，财政总收入完成7.54亿元，规模工业增加值完成18.07亿元，农民人均纯收入达到6137元，社会固定资产总投资完成51.90亿元，同比分别增长15.83%、21.28%、26.70%、13.50%、27.50%。

一、以党的建设为第一保障，切实加强干部队伍建设

巩固提高学习实践活动成果。圆满完成全县第二批、第三批学习实践科学发展观活动，扎实开展查漏补缺和“回头看”活动，完成整改问题122个，建立健全了学习实践活动的长效机制。深入开展创先争优活动，坚持“三个硬手”，把四套班子党员领导干部沉下去、摸实情、真点评作为硬任务，把乡镇党委、系统党委班子成员抓具体、抓协调、抓推进作为硬措施，把各级基层支部抓覆盖、抓落实、抓成效作为硬考核，涌现出了一批先进基层党组织和优秀共产党员。

全面提高基层组织建设水平。出台了《加强和改进新形势下党的建设的实施意见》，认真落实全县《基层党建三年规划》，扎实推进“三级联创”、“双百结对共建”等活动，对99个村级组织活动场所进行新建改扩建，基层党建水平稳步提高。在农村大力推广“四议两公开”工作法，完善了议前注重“三联系”、议中严格“六不准”、议后强化“三落实”的工作机制。

加强学习型党组织和干部队伍建设。认真学习贯彻《廉政准则》、袁纯清书记全省干部大会讲话精神，集中轮训了各级领导干部。大力开展学习弘扬“右玉精神”活动，切实加强干部作风建设。进一步健全干部考评机制，实行任免干部票决制，根据全县机构改革和工作实际需要，严格按照规定程序调整了部分领导干部，各级领导班子结构和功能得到进一步提升。

大力推进党风廉政和惩防体系建设。坚持“一岗双责”，全面落实党风廉政建设责任制，扎实开展了“反腐倡廉制度建设年”活动，共清理各项制度843项，完善134项，废止78项。完善“三三”农廉工作机制，在农村全面推行了会计委托代理制度。深入开展作风整顿，加大明察暗访、专项督查力度，对违反“五个不准”等纪律行为的相关当事人进行了严肃处理。加大案件查办惩处，全年共立案34件，给予50人党政纪处分，其中大要案件7件，为国家和集体挽回经济损失150余万元。在全县进一步营造了风清气正的发展环境。

二、以项目建设为第一抓手，凝心聚力谋发展

围绕“新型工业强县”建设，工业新型化迈出新步伐。坚持以项目建设为抓手，以招商引资为重点，以产业延伸为方向，加快改造提升传统产业步伐，加大新型产业培育开发力度，益鑫盛200万吨洗煤、天虹6万吨陶粒砂、荣威商贸6万吨陶粒砂、永安化工2万吨钛铁粉等项目先后建成投产，汇能煤业180万吨改造提升、兆丰铝业20万吨高精铝板、中源耐火24万吨高铝均质耐火材料等项目进展顺利，昌鑫40万吨生物有机复合肥、美资优利泰环保科技、山西中航仪器120万台仪表生产、华丰陶瓷1亿件陶瓷园区等一批循环、绿色项目扎实推进，全年确定的30个重点工程项目完成投资16.16亿元，为年度投资计划的103.2%。进一步加大招商引资力度，完善招商引资优惠政策，积极组织企业参加中博会、能博会、渝治会等活动，全年引进市外投资项目36个，合同协议利用外资101亿元。狠抓规模企业达产达效，加大协调服务力度，规模工业经济运行快速回升，全年完成工业总产值51.78亿元，实现销售收入48.94亿元，同比分别增长了34%和29.2%。全县工业经济加速由以煤为主向多元化发展的转变。

围绕“特色农业大县”建设，农业现代化取得新进展。加快特色农业产业化进程，继续推进“3＋2”农业产业化工程。全县蔬菜生产基地总面积达到1.9万亩，核桃生产基地达到7万余亩，优质小杂粮达到8万亩，生态林达到10.68万株，建成千头以上猪场26个、万只以上鸡场6个。着力培育特色农业龙头企业，雨润集团3000万只肉鸡加工项目开工建设，与之相配套的10万套雏鸡孵化场、十个10万只肉鸡养殖场以及10万吨饲料加工生产等项目也正在积极筹备之中；各项强农支农政策全面落实，农机具购机补贴资金532.5万元、各类支农惠农资金1618.86万元。农业产业逐步由传统粗放式经营向现代规模化发展转变。

围绕“文化旅游名县”、“商贸物流重县”建设，第三产业发展取得新突破。旅游开发加快推进，初步完成娘子关景区建设详细规划，景区综合开发全面铺开，水源地保护、绵河河道治理、垃圾填埋场、停车场以及部分景点建

设进展顺利。冠山文化园建设有序推进，景区各规划项目正在紧张建设；文化产业稳步发展，集研究、设计、生产、旅游、餐饮、休闲于一体的刻花瓷文化园部分项目竣工投产，刻花瓷被评为全省“十大文化品牌”，《祥和世博》刻花瓷作为赠送世界各国嘉宾的专属礼品亮相上海世博会；商贸物流业健康发展，晋东商贸物流园区、东升商贸物流园区等一批商贸物流综合市场建设得到有力推进，锦程花园商业步行街、华通蔬菜批发市场、东风汽车4S店等一批商贸市场健康运营，第三产业正在由零散型开发向市场化推进转变。

三、以改善民生为第一要务，以人为本建和谐

劳动就业、社会保障惠及群众。年内出台了一系列就业政策，加大培训力度，努力拓宽就业渠道。全年城镇新增就业2730人，转移农村剩余劳动力3310人。全县城乡从业人员稳定在13万人，城镇登记失业率保持在3.94%以下，低于全省平均水平。强化社会保障，不断巩固完善城镇职工基本养老、工伤以及农村特困人口低保、“五保户”集中供养和农村养老保险等制度，养老、医疗、失业社会保险综合覆盖率接近90%，城乡低保标准不断提高，发放城乡低保金2976万元，惠及13203户27867人，基本上实现了应保尽保。

社会各项事业统筹推进。对全县62所中小学校实施校舍安全改造，总投入达到2亿元，改造面积20万平方米。阳泉高等师范专科学校挂牌成立，填补了我县高等院校空白。教育教学质量稳步提高，高考首批达线人数再次突破千人大关。全年申报国家专利26项，先后实施省、市、县三级科技项目56项。县乡村三级医疗卫生体系基础设施建设达标率达到了96%，全县行政村医疗卫生服务实现了全覆盖。全县实际参合农民达到93%，受益面不断扩大，被确定为“全国新农保试点县”。认真贯彻落实人口和计划生育基本国策，“全国人口计划生育优质服务县”成果得到进一步巩固。广泛开展各类文明单位创建活动，创建覆盖率不断提高。加强文体活动阵地建设，7个乡镇综合文化站主体完工，176个农村文化室在建，“群星风采”广场文化活动成为夏日群众文化活动的场地”。

着力办好群众关心关注的惠民实事。年内成立了出租汽车公司和县城公交公司，基本形成了以县城为中心，辐射城乡的客运体系。农村60周岁以上老人养老金发放标准进一步提高。城乡保障性住房工程顺利推进，发放住房租赁补贴158.9万元，完成农村特困居民危房改造59户。医疗卫生健康工程稳步实施，县医院综合大楼正在进行室内装饰，即将投入使用。 （王红文）

附：一、中共平定县委书记、副书记、常委名单

书　记：马　骥

副书记：王银旺　申志纯　赵金玺

常　委：杨艳红（女）　赵珍珠　张映涛　李维程　杜平华　李宏革　孙　毅　赵建军

二、乡镇党委书记、副书记名单

冠山镇

书　记：郝建国

副书记：梁海昌　潘爱斌（8月离职）

冶西镇

书　记：苏秀莲（女）

副书记：侯成军　苏建广

石门口乡

书　记：梁宝元

副书记：张丽荣　王海平

锁簧镇

书　记：郝新华

副书记：张石明　李非科

张庄镇

书　记：白振才（5月任职）

副书记：田怀所　石成柱

柏井镇

书　记：刘顺彬（6月离职）

副书记：路海平　邵永贵

东回镇

书　记：李鸿斌（6月任职）

副书记：李鸿斌（6月离职）　王植彬（8月任职）　余香兰（女）

娘子关镇

书　记：李有义

副书记：潘爱斌（8月任职）　张　锋

巨城镇

书　记：刘顺彬（6月任职）

副书记：赵贵恩　岳　晖

岔口乡

书　记：阎立彪

副书记：侯永庆　赵　帅

中共盂县县委工作概况

县委书记　吕昌政

2010年，在省、市委的正确领导下，县委围绕率先全市发展、争创全省强县“两大目标”，实施开放、转型、突破、跨越“四大战略”，致力结构转型、方式转变，致力创新驱动、绿色增长，致力统筹城乡、全面崛起，致力科学发展、富民强县，全县经济建设、政治建设、文化建设、社会建设、精神文明建设和党的建设协调推进，保持了经济平稳较快发展、政治安定团结、社会和谐稳定的良好局面。全县生产总值完成96.4亿元，同比增长16.2%;财政总收入17.1亿元，同比增长13.3%，其中，一般预算收入完成6.4亿元，同比增长11.9%；规模以上企业工业增加值完成55.2亿元，同比增长27%；固定资产投资可完成53亿元，同比增长28.3%；农民人均纯收入可达到6723元，同比增长12.1%；城镇居民人均可支配收入可达到16054元，同比增长11.1%。

一、立足转型跨越，加快新型工业化建设

抓项目调整结构。加快推进阳煤集团煤化工、吉天利和鑫磊等大型循环经济产业园项目；狠抓格盟国际2×100万KW电厂、扬德能源瓦斯发电、中广核风电、国电龙源风电和西烟1000KV特高压站等项目落户工作；推动4A沸石、色素加工、饲料加工等新兴项目投产，延伸了产业链条。

抓支柱提升产业。深入推进煤炭资源整合，加快实施“8+6”工业提升工程，进一步改造升级耐火、焦化、冶金铸造、电力、建材等主导产业，确定煤电化工、煤机装备制造、节能环保、新能源新材料、冶金铸造、现代物流、文化旅游、农副产品加工等八个产业链条为今后发展的主方向，着力开发煤—电力、煤—化工、煤—制造、煤—建材等产业，实现煤、电、化多层次循环发展。

抓园区积聚动力。按照板块化发展、园区化承载、集约化推进的思路，规划建设牛村煤电化工、苌池循环经济、南娄煤焦化建材、西小坪新型耐火材料、西烟煤电化建材循环等五大产业集聚区和中岚现代物流园，总面积达85平方公里。园区内在建和预留3个投资百亿元以上项目、3个投资50亿元以上项目，13个投资10亿元以上项目。

二、加强统筹协调，加快城乡一体化步伐

抓三农工作推进新农村建设。完成县域新农村整体规划，推进路家村、南娄、苌池、西烟、仙人等小城镇建设。推进农业产业化，加快发展核桃、蔬菜、花卉、特色养殖等特色农业和高效农业，扶持大寨饮品、佳佳美、亿龙色素、卓屹饲料加工等农产品加工龙头企业做大做强。发展各类农村合作经济组织410个和“万村千乡”工程“农家店”323个，健全农机、农技、农村金融、农产品交易流通市场等农业产业化服务体系，基本形成“以工促农、以城带乡”的长效机制。

抓基础设施推进城镇化建设。按照“拉大框架、优化功能、绿化提升、文化融入”的建设思路，编制完善了县城发展总体规划和控制性详规，县城规划区面积由原来的4.9平方公里扩展到60平方公里，规划控制区面积由原来的50平方公里扩展到290平方公里。顺利推进年初确定的11项重点工程，大县城建设取得新进展。

抓“三城同创”推进城乡生态建设。累计投入资金1亿元进行园林城市创建，全县森林覆盖率达到28%，在全县捐资2亿元启动了2万亩环城绿化大会战。创建卫生城市和环保模范城市，实施区域环境综合整治、水环境保护、矿山生态恢复治理、工业企业达标提高、废物综合利用等环境整治工程；投资6600万元建设县城污水处理厂、中水回用工程、垃圾处理厂等项目；推行城镇集中供热、供气；开展县城主要街道及城乡环境集中整治专项行动。

三、致力改善民生，加快和谐盂县建设

全面完成“八个全覆盖”。投入资金10亿元，硬化村通公路1260公里，新建村级卫生室123所，新建“农家店”、“便民店”29个，改造中小学校舍70所，新建农村安全饮水工程209处，村通广播电视用户8080户，建设乡镇文化站14个，农村60岁以上居民31964人全部纳入新型养老保险范畴。

扎实推进和谐盂县建设。以创业带就业，控制城镇登记失业率在4%以内,全县养老、医疗、失业保险覆盖率分别达到98%、95%、95%；教育优先，继续对高中阶段困难学生实施生活补贴，开工新建秀水中学、盂县第三实验小学；全面改造乡镇卫生院，启动中医院、卫生监督所、疾控中心、妇幼站新建改建；加快实施保障性住房建设，继续对城镇最低收入家庭廉租房给予补贴；规划了“一带五区”旅游文化发展格局，推动《赵氏孤儿》传说列入国家级非物质文化遗产名录，成功举办电影《赵氏孤儿》启程大典，出版发行了《高长虹全集》、《三晋石刻（盂县卷）》等。

大力加强安全生产工作。高度重视安全生产，多次召开专题会议进行安排部署，并深入开展隐患排查和整改专项行动，严格实行“五人包矿”制度，全面加强行业监管，

认真落实安全生产责任制，始终做到警钟长鸣、防患未然，全县安全形势明显好转，保证各项安全指标控制在省市目标之内。

四、坚持改革创新，提升党建科学化水平

开展创先争优活动。立足实际，以县乡党委中心组和各级党支部为重点，把创优争先作为推进转型跨越发展的动力，在党员干部中深化“五创五争五竞赛”、“五比五查五看”、“五增五树五表率”活动和“一面旗、一团火、一盘棋”系列主题实践活动。

切实加强领导班子和干部队伍建设。认真贯彻《党政领导干部选拔任用工作条例》和“四项监督制度”，认真贯彻执行常委票决制，加大对优秀干部的培养选拔力度，深化干部人事制度改革，积极推行干部任免票决制，提高选人用人的公信度。

切实加强基层组织建设。认真落实基层党建工作责任制，大力实施“强基固本，提升素质”工程，全面加强了农村、企业、机关、社区以及“两新”组织党建工作。加快村级组织活动阵地建设，第二轮352个村级活动场所建成并投入使用；继续完善激励、关怀、帮扶机制，全县774名农村两委主干岗位报酬和614名两委主干农村养老专项补贴全部落实到位，346名农村老干部按规定享受到生活补贴待遇，106名农村老党员得到结对帮扶，农村党员干部的后顾之忧得以解决。

切实加强作风建设。组织县处级、乡科级领导干部赴右玉进行了实地参观学习，制定出台了《关于切实加强和改进机关作风的意见》和《关于在全县迅速兴起学习“右玉精神”改进作风推进转型跨越发展的决定》等文件，掀起学习右玉精神的新热潮。按照省委“五个不准”、市委“五个严禁”的要求，严肃整治“闲话风、吃喝风、玩乐风”，进一步规范干部行为。继续引深民主评议政风行风活动，坚决纠正行业上的不正之风。

切实加强党风廉政建设。召开以贯彻实施《廉政准则》为主题的民主生活会，强化主体责任，自觉把党风廉政建设贯彻于经济建设和其他各项工作始终。以强化农村“四资”管理为重点，完善制度机制，构建县、乡、村三级责任落实体系，促进了农村党风廉政建设的责任落实。不断引深煤焦领域、工程建设领域等反腐败专项治理，严肃查处各类违法违纪行为，取得了阶段性成效。

（闫建国）

附：一、中共盂县县委书记、副书记、常委名单

书　记：吕昌政

副书记：刘德跃　荆存柱　王谦柱（7月离职）
　　　　闫文斌（挂职，12月离职）

常　委：段宏华　马　俊　武润珍　武　雪（女）
　　　　高永红　王海珠

二、乡镇党委书记、副书记名单

秀水镇

书　记：王晓晨

副书记：韩德健　杨志强　崔贵文

孙家庄镇

书　记：张文星（7月离职）　郭爱东（7月任职）

副书记：王俊德　刘保才

路家村镇

书　记：王建华

副书记：郭方恺（7月离职）　李瑞峰（7月任职）
　　　　赵来俊　孙雷英（挂职）

南娄镇

书　记：张忠亮（7月任职）

副书记：侯海军　张润芝　冯贵生

牛村镇

书　记：高建琴（7月离职）　刘家才（7月任职）

副书记：高尚明（7月离职）　郭　华（7月任职）
　　　　张进军

仙人乡

书　记：郭爱东（7月离职）　王建明（7月任职）

副书记：闫东红　王　正　武香萍（女，挂职）

北下庄乡

书　记：聂玉明

副书记：杨晓卫　张海峰　荣毅志

苌池镇

书　记：张五太

副书记：赵红卫　梁凤彦　胡慧军

上社镇

书　记：张丙福

副书记：赵保红　刘继红（挂职）　田晋中

下社乡

书　记：韩志勇

副书记：侯秀英（女）　王军海

梁家寨乡

书　记：王建明（7月离职）　郭方恺（7月任职）

副书记：李瑞峰（7月离职）　张利兵（7月任职）
　　　　李贵和　韩俊宏

西潘乡

书　记：高彦青（7月离职）　高尚明（7月任职）

副书记：赵剑涛　张利峰

西烟镇

书　记：刘家财（7月离职）　高彦青（7月任职）

副书记：郝志强　张彦平

东梁乡

书　记：刘淑英（女）

副书记：刘智华　张建强

中共长治市委工作概况

市委书记　杜善学

2010年，在省委的坚强领导下，市委坚持以邓小平理论和“三个代表”重要思想为指导，深入贯彻落实科学发展观，全面贯彻党的十七大及十七届三中、四中、五中全会和省委九届十一次全会、全省经济工作会议精神，按照全省推动转型跨越发展、再造一个新山西的总体部署，大力实施“四位一体”发展战略，扎实推进工业新型化、农业现代化、市域城镇化、城乡生态化，全力保发展、促转型、惠民生，协调推进经济建设、政治建设、文化建设、社会建设、生态建设和党的建设，全市呈现出经济平稳较快发展、社会事业全面进步、改善民生成效显著、社会保持和谐稳定的良好局面。

2010年，省委、省政府下达长治市41项考核指标全面或超额完成。其中，全市地区生产总值完成920亿元，同比增长13.7%；财政总收入完成198亿元，增长11.3%，一般预算收入完成77.9亿元，增长11.9%；全社会固定资产投资完成561亿元,增长26.5%；社会消费品零售总额272.6亿元，增长18%；城镇居民人均可支配收入17123元,增长10.5%；农民人均纯收入5960元,增长11.7%。

在全面完成各项考核指标的同时,全市各项工作争先创优，多项工作步入全国、全省先进行列。

文明创建工作，在全国117个城市公共文明指数测评中，名列地级城市第7名，比2009年前移15位；未成年人思想道德建设专项测评名列地级市第6名；12月，中宣部、中央文明办把长治市作为创建全国文明城市四个重大典型之一，组织《人民日报》、中央电视台等15家中央新闻媒体进行了集中宣传。

生态建设工作，长治湿地被国家住建部正式授牌为全省唯一的“国家城市湿地公园”；节能减排工作连续3年在全省综合考评中名列第一；在2009年环保目标责任制、蓝天碧水工程、城市环境综合整治三项工作考核中，蝉联全省第一；长治市空气质量继续保持较好水平，通过努力，力争连续7年成为全省空气质量最好的城市，争取连续3年在华北地区名列第一。

城市品牌创建工作，长治市荣获全国绿化模范城市、全国优秀旅游城市称号。截至2010年底，长治市已获得中国十大魅力城市、国家园林城市、国家卫生城市、全国双拥模范城、全国科技进步先进市等国家级城市荣誉称号12个。

城镇化建设工作，新增潞城、武乡2个国家园林县城，新增长治县、屯留、长子、襄垣4个国家卫生县城。截至2010年底，全市11个县城中获得国家卫生县城或国家园林县城称号的已达到9个。

人口计生工作，推进“好娃娃”人口文化工程建设，长治市作为全省唯一的“全国婚育新风进万家第三阶段示范市”，受到中宣部、中央文明办和国家人口计生委的表彰。

安全稳定工作，全市地方煤矿连续8年没有发生六人以上安全事故，安全生产形势在全省率先进入稳定好转阶段；中央综治委、中组部再次授予长治市“全国社会治安综合治理优秀地市”，省委、省政府表彰长治市为“和谐社会建设先进市”。

基层党建工作，长治市万名干部下乡住村“六个一”活动得到省委充分肯定，袁纯清书记作出重要批示，省委组织部在平顺县西沟村召开了全省开展干部下乡住村“六个一”活动推进会；在“第一届全国基层党建创新论坛”上，市委“党建网联工程”被评为全国基层党建创新“优秀案例”。

2010年10月，全省重点工作和项目建设观摩检查时，省观摩检查组对全市工作给予了“发展形势好、生态环境优、转型推进快、民生工作实、安全基础牢、干部重实干”的评价。省委袁纯清书记对全市工作也给予了“工作全面、发展领先”的好评。

一、深入学习贯彻“7·29”全省领导干部大会精神，不断深化对“转型跨越是科学发展观在山西的具体体现”的认识

市委把学习贯彻“7·29”全省领导干部大会精神作为首要政治任务，结合长治实际，在全市掀起了“解放思想、转变作风、提升素质”和“扶企攻坚、招商引资”两个热潮。

市委中心组就转变经济发展方式、建设上党城镇群、做好人才工作等内容，开展专题学习11次。同时，在全市组织举办了5期“弘扬太行精神、实现跨越发展”主题论坛、19个专题学习研讨班、9次干部教育暨理论学习专题讲座，培训干部7万多人次，深化了各级干部对“转型跨越是科学发展观在山西的具体体现”的认识，使转型跨越的发展思路成为全市党员干部的自觉行动。

大力实施项目带动战略，组织领导干部外出招商引资，召开了双百户重点企业转型跨越发展动员大会，成立了“项目推进办公室”，完善了重大项目建设现场的“一线工作室”，建立了项目办理“绿色通道”，实行了项目审批事

项双层服务督办，开展了全市“四化”项目观摩检查活动，在全市掀起了策划、引进、建设项目的高潮。

围绕推动转型跨越发展，确定了长治“十二五”发展的目标任务。市委召开九届十二次全会，审议通过了《中共长治市委关于制定国民经济和社会发展第十二个五年规划的建议》，确立了实现“四个率先发展”（率先建成全省转型发展先行区、全省高效生态农业生产基地、全省一流的上党城镇群和全国园林生态城）、“五个指标翻番”（全市GDP总量、财政总收入、固定资产投资和城乡居民收入）、再造一个新长治的奋斗目标。

二、大力实施项目带动战略，扎实推进工业新型化

市委把项目建设作为转型跨越发展的首要任务，牢牢抓在手上。确定以“双十工程”为龙头的重点工程项目670个，全年新开工项目409项，竣工项目225项，完成投资533亿元，增长20%。

围绕传统产业全循环、新兴产业抓高端，制定出台了全市产业振兴《实施意见》；确定了100户重点企业、50项重大关键技术联合攻关项目、30项推广和引进的先进生产技术、20类战略性扩能提产和新开发产品；加快推进“国家可持续发展实验区”建设，不断提高区域科技创新能力。全市投资的160个千万元以上工业项目中，新兴产业占到76%，新兴产业增加值增长21%，比传统产业增幅高5个百分点。建设了一批煤化工、太阳能光伏、LED光电、装备制造、食品医药产业重点项目；引进了一批HF燃油乳化、纳米碳增效肥、数码电子雷管等高新技术产品项目和传统产业技术改造项目；推进了一批市物流中心、太行山农产品物流园区、红星杨物流园区、武乡八路军文化园等现代物流和文化旅游项目。振东药业成功上市。

认真落实袁书记对长治提出的“全力打造全省乃至全国新兴能源产业基地”的要求，成立了市委主要领导牵头的领导小组，委托国家发改委能源研究所编制了《长治市新兴能源产业基地建设“十二五”发展规划》，围绕新能源材料、新能源制品、新能源制造、新能源研发四个重点，支持发展了煤化工、硅工业、LED光电、镁工业、乙炔化工、玉米深加工六条产业链，全市新兴能源产业基地建设全面启动。

按照省委、省政府的安排部署，扎实推进煤炭资源整合和企业兼并重组，主体接管、资金补偿、关闭矿井、建设改造等各项工作均走在全省前列。整合重组后，全市共有22个煤炭企业主体、110座煤矿，煤炭产业整体素质和资源利用水平明显提升，整合重组工作名列全省第一。同时，按照“以煤为基、多元发展”的要求，制定出台了《长治市利用煤炭资源支持招商引资暂行办法》，要求整合重组后的煤矿企业，在延伸做大做强煤炭产业链、实现循环化生产的同时，都要新建一个社会公益性项目，新上一个规模相当的高新技术产业项目，推动煤炭企业实现转型发展。

三、大力发展设施农业，扎实推进农业现代化

围绕加大“三农”工作力度，把公共财政资源向农村倾斜，市财政全年共安排“三农”资金8.65亿元，增长32%。实施现代农业玉米丰产方项目和农田水利建设工程，重点建设了20个标准化设施农业示范园。新发展设施蔬菜3万亩，全省“国家级蔬菜标准园创建活动”在长治启动。实施了“一村一品、一县一业”推进工程，大力发展特色规模种植，培育了一批农业龙头企业和农民专业合作社，农产品加工转化率达到45%，名列全省第一。新农村建设完成239个重点推进村的建设任务，新解决了3.6万贫困人口的脱贫问题。

四、加快建设上党城镇群，扎实推进市域城镇化

认真落实省委“把上党城镇群建成全省一流城镇群”的要求，提出了构筑以上党城镇群为核心、大县城为节点、中心镇为支撑的城镇化发展框架。

按照“三规引领”和“六位一体”开发的推进策略，加快了《长治市总体规划》、《上党城镇群发展规划》和相关专项规划的编制和评估工作，制定了《长治市关于做好农民工进城工作、加快推进城镇化建设的决定》，着力解决农民工进城的就业问题和农民市民化的社会保障问题。截至2010年底，上党城镇群聚集了全市三分之二的人口和经济总量，已成为全市转型跨越发展的主要空间依托和重要的增长极。上党城镇群以外的5个县积极实施大县城战略，带动中心镇和中心村加快发展，城乡一体化步伐明显加快。建成了全省最长（116公里）的环城高速公路。

五、坚持不懈造林绿化，扎实推进城乡生态化

坚持把造林绿化作为生态兴市的战略举措，积极倡导“人要文化、山要绿化”的理念，实施了造林绿化十大工程，完成造林44万亩，超额完成了全年任务。推进“两地”保护工程，实施蓝天碧水工程，打好节能减排攻坚战，城市集中饮用水源地辛安泉水质达标率100%，城乡生态环境得到了持续改善。全国造林绿化现场会在长治召开。

严格实行节能减排目标责任制，推进十大节能工程和能源合同管理工作，淘汰落后产能363万吨。去年全市万元GDP综合能耗下降4.6%，二氧化硫、化学需氧量排放持续下降，“十一五”节能减排目标任务如期完成。

六、深入开展文明城市创建，提升发展软实力

坚持以人为本、创建为民的理念，扎实推进文明城市创建工作，全力打造“天蓝地绿人和气”新长治形象。坚持把培育“长治好人”群体、打造“好人城市”品牌，作

为创建全国文明城市的基础工程，先后评选、表彰、宣传“长治好人”1万多人次，成为全省道德楷模最多的城市。继续实施“文化低保”工程，加快构建覆盖城乡的公共文化服务体系，新建了一批乡镇文化站、村级文化室和“农家书屋”，切实保障了群众的基本文化权益。

扎实推进全市学习型党组织建设，成立了领导组，制定出台《关于推进学习型党组织建设的实施意见》，完善了学习内容、组织管理和制度建设，在全市普遍开展了学习型机关、学习型支部、学习型企业、学习型社区等创建活动。深入宣传贯彻党的十七届三中、四中、五中全会精神，坚持用党的理论创新成果武装广大干部群众，增强社会主义意识形态的吸引力和凝聚力。推进党委（党组）中心组理论学习经常化、制度化，市委中心组围绕转变经济发展方式、建设上党城镇群、做好人才工作等内容，开展专题学习11次。以学习贯彻“7·29”全省领导干部大会精神为契机和动力，举办了一系列“弘扬太行精神、实现跨越发展”主题论坛、专题讲座和专题研讨班，进一步在全市掀起了解放思想的热潮，增强了各级干部尽职履责、事不避难、勇于担当的责任感和紧迫感。

七、着力保障和改善民生，维护社会和谐稳定

始终把改善民生作为促进社会和谐的根本问题，在全面完成省委、省政府提出的农村“五个全覆盖”基础上，又扩大实施了农村卫生绿化全覆盖、农村文化低保全覆盖、五保户集中供养全覆盖、农村销售服务网络全覆盖、村级组织活动场所全覆盖新的“五个全覆盖”，让广大农村群众共享发展成果。

加强就业和社会保障工作，扩大社会保障覆盖范围，17.4万城乡低保对象实现了应保尽保。保障性住房建设超额完成省定目标任务。推进各类教育均衡发展，启动建设了职业教育园区，全市公办职业高中实行免学费入学。

围绕创建全国唯一的本质安全型城市，坚持推进和落实“两改三监督”安全生产管理措施，确保全市安全生产形势持续稳定好转。全年全市地方煤矿百万吨死亡率为0.026，同比下降93%。

扎实做好维护稳定工作。以“创建全国最平安城市、赢得全国社会治安综合治理‘长安杯’”为目标，营造平安和谐的社会环境，影响群众安全感的八类案件发案率下降7.8%。以群众工作统揽信访工作，倡导树立“群众信访就是对我们信任”的理念，进一步拓宽民意诉求表达渠道，新组建了长治市社会工作联络中心，通过市委书记、市长公开电话，对群众反映事项进行协调办理，群众满意率达到81.2%。

八、开展创先争优活动，加强基层党组织建设

结合长治实际，以“弘扬太行精神，争当时代先锋”为主题，开展了全市万名干部转变作风下乡住村“六个一”活动，全市下乡住村干部结对帮扶农户3万余户，为群众办好事实事1.6万余件。全面实施以“网格化管理、联动式共建”为主要内容的“党建网联工程”，实现了党组织和党的工作全覆盖。加强农村党支部和村委后备干部队伍建设，在全市农村选拔确定了一批后备干部人选，增强了农村班子建设的活力。以学习右玉精神、弘扬太行精神，倡导树立认真务实、立说立行、团结奋斗的工作作风为重点，全面加强了干部队伍作风建设。（宋河星）

附：中共长治市委书记、副书记、常委名单

书　记：杜善学

副书记：张　保　席小军

常　委：李年善（3月任职）　董　岩　薛永辉

王维卿　李东峰　高建国

王玉圣（4月任职）　李志平（11月任职）

马和平（3月离职）　乔解民（11月离职）

中共长治市城区区委工作概况

区委书记　王进军

2010年，全区上下以科学发展观为统领，按照省市关于转型跨越发展的战略部署,积极应对各种困难和挑战，全力以赴促发展、保稳定、惠民生，圆满完成了全年的各项目标任务，成功摘取了“中国十佳和谐可持续发展城市”、“中国十佳投资创业城市”、“全国首批法治县（市、区）创建活动先进单位”等14项国家级桂冠，荣获“山西省民族团结进步模范集体”等17项省部级荣誉称号，实现了“十一五”的精彩收官。

2010年，全区地区生产总值完成121亿元，同比增长12.2%；财政总收入完成15亿元，同比增长1.2%，一般预算收入完成2.75亿元，同比增长1.78%；全社会固定资产投资完成70.7亿元，同比增长36.6%；社会消费品零售额完成157亿元，同比增长17.1%；城镇居民人均可支配收入达到17123元，同比增长10.5%；农民人均纯收入达到6814元，同比增长10.3%。

一、全力推进产业结构优化升级，经济发展迈上新台阶

一是项目建设拉动作用明显增强。坚持一切工作具体

化，建立重点项目“一线工作室”，全力破解资金、土地、水电等要素制约，保证了项目建设顺利实施。全区共有44个项目列入市委、市政府目标考核，年内计划完成投资30.5亿元，实际完成投资34.1亿元。二是对外合作交流进一步扩大。加大“走出去、请进来”力度，创新招商思路和引资方式，精选项目参加了渝洽会、能博会、中博会等大型展会，引进千万元以上项目11个，签约总金额达60.1亿元，引资额达12.1亿元。三是节能降耗深入推进。全区规模以上工业能源消费总量完成11.6万吨标煤，万元工业增加值能耗完成0.71吨标煤；同比下降17.5%，均超额完成年度任务。

二、着力提升城市文明水平，文化建设呈现新繁荣

创新文化事业发展思路，健全完善公共文化服务体系，倾力打造特色文化品牌，区域文化软实力进一步增强。一是精神文明建设实现新突破。深入实施社会主义核心价值体系建设工程，组织开展了“我推荐、我评议身边好人”活动和多种形式的志愿者服务活动，在50个社区建立了志愿者服务工作站；深化文明和谐创建工程和市民素质提升工程，开展了创建学习型党组织、“一对一”和“五送五帮”等一系列活动，形成了以城带乡、城乡联动、共同发展的文明和谐创建格局，弘扬了中华民族优秀传统文化，提升了市民整体素质。二是社区文化彰显品牌特色。开展了第二届“大家走到一起来”社区（农村）文化艺术节和文化低保、文化进社区、电影进农村社区等活动600余场，进一步丰富了群众的业余文化生活。三是文化旅游业发展步伐加快。成功举办了第二届塔岭山桃花节、金秋民族文化艺术节和九九重阳旅游文化节等大型活动，投资650万元实施了旅游公路文化墙浮雕工程建设，完成了碧霞宫民俗文化建设一期工程，南石槽“山西五专署”旧址被命名为“山西省爱国主义教育示范基地”，区域旅游品牌得到明显提升。

三、着力提升城市品味，生态建设彰显新魅力

一是城乡生态环境持续改善。认真落实精细化、人性化、机械化、无害化、标准化、数字化城管标准，紧紧抓住机制、投入、监管三大关键环节，大力实施城市管理提升工程，圆满完成了国家卫生城市复审迎检任务，市容市貌得到较大改观。二是造林绿化工作成绩显著。坚持高标准规划，精细化实施，规范化管理，充分挖掘绿化潜力，大力拓展绿化空间，大力实施村庄绿化、通道绿化、学校绿化、环村林带等大规模造林绿化攻坚工程，造林绿化成果持续巩固，绿化总量显著提升。完成义务植树46.7万株，在全区形成了植绿、护绿的浓厚氛围。高标准规划设计东山造林600亩，恢复治理东山采石边坡植被49亩，绿化荒山60亩。高质量完成13.7公里环城通道增色提档种植任务，绿化6条通山道路12公里,实现了景观效果、生态效果和经济收益的和谐统一。三是治污减排工作实现突破。严把项目环境准入关，共受理建设项目180个，审批125个，从源头上控制了新污染源的产生。积极实施蓝天碧水、静音、绿色宣传与创建、综合整治等四大工程，有力推动了辖区环境持续好转。全区二级以上空气质量天数达到356天，同比增加2天，综合污染指数为1.55，在国家113个重点城市考核中，名列华北地区第一。

四、着力维护社会团结和谐，政治建设创出新局面

一是民主政治建设步伐扎实推进。区委坚持总揽全局，协调各方，充分发挥领导核心作用，积极支持人大履行监督职能、支持政府依法行政、支持政协履行参政议政职能。全力做好民族宗教工作，依法加强宗教事务管理，被省政府表彰为“山西省民族团结进步模范集体”。二是社会治安综合治理全面加强。全力做好上海世博会、广州亚运会等重大政治、经济、文化活动的安保工作，加强预警和排查，确保了重大活动期间无非正常上访事件发生。三是安全生产形势总体平稳。全面推行安全生产责任制和标准化管理，继续保持了区域的安全稳定。年内，全区未发生一起重特大安全生产事故，事故死亡人数为零，安全综合考核和创建本质安全工作均排列全市第一名。

五、着力发展民生事业，社会建设迈出新步伐

围绕“学有所教、劳有所得、病有所医、老有所养、住有所居、难有所帮”的“六有”目标，认真办好12件惠民实事，促进了民生事业发展和和谐社会建设。一是教育事业蓬勃发展。继续加强教育基础设施建设，投资9949万元完成29所中小学校校舍安全改造工程建设，投资500万元增添学校教育教学设施设备，全区学校标准化、科学化和现代化迈出新步伐。二是医疗卫生体制改革扎实推进。加快推进基本医疗保障制度建设，新型农村合作医疗参合率达99.6%，筹资标准、报销比例和范围逐步提高，报销封顶线提高至4万元。认真落实国家基本药物制度，全区10个试点单位全面启动307种基本药物零差率销售工作，有效缓解了群众医药负担。不断健全重大疾病防控和突发公共卫生事件应急处置体系，组建区级卫生应急队伍，成立街道疾控站，辖区内手足口病、结核病等传染病得到有效控制和治疗。三是劳动和社会保障工作卓有成效。认真落实创业带动就业方针，依托基层劳动保障平台，大力开发公益性岗位，建立健全就业援助长效机制，全力构筑横向到边纵向到底的就业创业服务网络。全年城镇新增就业人数4500人，超额完成年内目标任务。四是城中村改造稳步推进。出台了《关于投资企业参与城中村改造开发建设相关程序》，制定了城中村改造流程、关于规划小产权房开发建设相关规定等一系列指导性文件，有效杜绝了开发商借改造

之名违法开发，对全面推进、持续推进、和谐推进各村改造起到积极的促进作用。

六、着力加强党的建设，党建水平得到新提升

一是队伍整体素质进一步提升。坚持正确的用人导向，加大干部人事制度改革力度，公开招聘和录用了100余名社区干部、研究生学历以上的专业技术人才，优化了干部队伍的年龄和知识结构，历练了一支能吃苦、讲奉献、想干事、干实事的干部队伍，营造了风清气正的干事创业氛围。二是基层组织基础进一步夯实。着力整合党建资源，狠抓基层党组织建设，大力实施"党员先锋工程"、"双亮双争"党建工程，扎实开展"服务质量提升年"活动、创建"学习型、服务型、创新型、务实型、廉洁型""五型"党组织活动，充分发挥了基层党组织的战斗堡垒和党员的先锋模范作用，党建网联工程、"两新"党建工作和社区党建经验受到了省委、市委的肯定和推广。三是反腐倡廉建设进一步推进。认真落实党风廉政建设目标责任制，开展了以"十个一"为主要内容的廉政教育活动，加大违法违纪案件查处力度，全年共立查案件22件次，处理违纪人员33人，推进了反腐倡廉各项工作的深入开展，营造了风清气正的干事创业环境。（闫俊辉）

附：一、中共长治市城区区委书记、副书记、常委名单

书　记：王进军（12月离职）

副书记：唐立浩　张　波（挂职）　张爱玲（女）

常　委：杨长义　张国斌　赵联芳　文善全　牛晨霞（女）　牛文庭

二、街道党工委书记、副书记名单

常青街道

书　记：张　琼

副书记：牛庆红

五马街道

书　记：吴志刚

副书记：栗　玮

东街街道

书　记：牛晨霞（女）

副书记：王路敏

西街街道

书　记：新　钟（3月离职）　李　飞（3月任职）

副书记：郜治平

英雄中路街道

书　记：王一军

副书记：李　诚

英雄南路街道

书　记：秦航宇

太行东街街道

书　记：王宇红

太行西街街道

书　记：郭卫华（女）

副书记：樊义忠

紫金街道

书　记：李建国

延安南路街道

书　记：李红兵

中共长治市郊区区委工作概况

区委书记　孙宏波

长治市郊区区委下辖5镇、1乡、2个办事处，1个旅游开发区，20个居民委员会，122个行政村，总人口30万，国土面积285平方公里，耕地面积16万亩。东山西水的自然景观，三面环城的特定位置，星罗棋布的工矿企业，四通八达的交通网络，形成了郊区得天独厚的区位优势。中共长治市郊区委员会下辖15个基层党（工）委、26个党组、32个党总支、360个党支部，党员9076人。

2010年，在市委、市政府的正确领导下，区委团结带领全区人民，坚持以科学发展观为指导，认真贯彻落实省委转型跨越发展部署和市委"四位一体"发展战略，以转型跨越发展为目标，以项目建设为载体，以园区建设为支撑，以全民创业为动力，创新思路，务实进取，奋力实现传统产业的精彩转身和新兴产业的快速集聚，全区呈现经济平稳发展、社会和谐稳定、人民安居乐业的良好局面。

一、牢牢把握转型跨越发展这一主线，全力推动经济平稳较快发展

面对国际金融危机的影响和自身发展的多重困难，区委围绕转型跨越发展，采取有力措施，积极应对挑战，全区经济继续保持了平稳较快发展的良好势头。2010年，全区生产总值全年完成116亿元，同比增长18%;工业增加值完成80.56亿元，同比增长20%;财政总收入完成21.4亿元，同比增长11.1%;一般预算收入完成3.24亿元,同比增长14.6%;社会消费品零售总额完成22.96亿元,同比增长16.1%;固定资产投资完成64.5亿元，同比增长20.15%;农民人均纯收入达

到7820元，同比增长12.9%；城镇居民可支配收入达到19531元，同比增长12.01%，为“十一五”发展划上了圆满句号。一是狠抓项目建设。2010年，郊区完成投资、新上项目力度继续保持在全市前列，共引进落地各类项目103项，总投资500多亿元。其中：工业新型化项目38个、农业现代化项目15个、市域城镇化项目40个、城乡生态化项目10个。尤其是首钢长钢1000万吨钢改扩建、潞安太阳能光伏产业垂直一体化、海森生物制药、澳瑞特健身产业、新丰源煤矸石综合利用等一批中愉领先行业入住辖区，为全区转型跨越发展奠定了坚实的基础。二是大力发展循环经济。根据郊区是工业重镇又是污染重灾区的特点，审时度势，超前谋划，主动与国内重点院校和科研机构联合，在煤矸石、粉煤灰、矿渣等工业废弃物的循环利用上实现重大突破。与北京大学签订了建设粉煤灰循环利用的生态工业园区合作协议，由北京大学课题研究专家编制的《规划》及可行性报告已进入中审阶段。与北京路桥建材集团签订了煤矸石综合利用协议，新丰源煤矸石综合利用项目已建成投产，成为全省首家煤矸石综合利用项目。新能源、新材料、生物制药、机械制造等新兴产业发展迅速，促进了传统产业的精彩转身和新兴产业的快速集聚。三是做大做强民营经济品牌。进一步用好十七大提出的鼓励、支持、引导民营经济发展的各项优惠政策，积极推进民营经济管理创新、机制创新、科技创新、促进民营企业向大集团、大规模化方向发展。完善信用担保、人才培训、创业辅导等服务体系，切实解决民营企业融资难、市场开拓难、人才缺乏等问题，推动民营企业上档升级，形成新的竞争优势。四是大力发展城郊特色现代农业。围绕服务城市，大力发展现代农业，新上了亨日新食品、泽头万头猪场、黄碾种植棚（二期）等15个农业现代化项目，培育发展农业龙头企业36个，农民专业化经济合作组织164家，农产品专业市场4个，“一村一品”专业村20个，形成了以雄丰养殖屠宰、百泉种猪、富民饲料等龙头企业为带动，以富民、中科南华、关村苗木花卉生态园区为纽带，以蔬菜种植、畜牧养殖和老顶山生态经济产业条带为补充的农业产业化新格局。五是创新联合发展形式。积极引导大型国企三元煤业与民营企业海森制药进行联合重组，引导瑞奇高速线材等民营企业参与国有企业的发展，引导个体经济、民间资本投向转型发展项目，促进了区内各种生产要素的大联合，为全区转型跨越发展注入了新的活力。六是加大招商引资力度。全区积极扩大招商引资，坚持走出去与请进来相结合、开放与放开相结合的方式，组织参加了一系列招商引资活动，进一步拓展了发展空间。在国际能源博览会上成功签约3个项目，签约资金142.9亿元，引进资金129.2亿元；在全省民营经济招商引资活动中，“秀水山庄”项目成功签约，签约资金9500万元；在全市招商引资项目对接洽谈会上，来自北京20余家国内知名投融资机构成功签约5个项目，签约资金3.2亿元。2010年，全区共引进资金58.4亿元，被省投资促进会授予“全省招商引资‘先进单位’”，连续8年被市委、市政府评为先进单位。

二、坚持关注和改善民生，让人民群众共享改革发展成果

区委始终坚持把关注民生，让广大群众共享改革成果作为践行科学发展观的出发点和落脚点，切实发展和维护人民群众的根本利益。一是最大限度地提高农民收入。响亮提出“全民创业”的口号，汇聚民力，激发民智，实行“能人”带动战略，鼓励“能人”走向市场领办企业、创办企业，使民营经济和全民创业空前活跃，吸纳了全区近80%的农村劳动力，农民收入70%来自民营企业，为农民就业增收开辟了新的渠道。坚持政府推动，创造条件增加群众财产性收入，吸引农民发挥聪明才智，上三产、办农家乐，参与市场竞争，老顶山周边农家乐发展到200多家。近年来连续荣获“全省增加农民收入先进县（区）”荣誉称号。二是加快城乡一体化建设步伐。以市域城镇化为目标，积极引导农民转型，推进了环山农民业主化、环路农民商业化、环企农民工人化、环城农民产业化、环湖农民市民化。坚持“以企带村”思路，以西白兔乡为试点，利用南耀、霍家两个企业集团，整合全乡7个村8000多人建立经济循环区和农民集中居驻点，促进企业向园区集聚，农民向社区集中。积极引导下秦村与三元煤业，按照“政府引导、市场运作、企业出资、资源互换、搬村兴业、村企双赢”的原则共建新农村，成为以煤补农建设新农村的典范。三是狠抓生态文明建设。紧紧围绕荒山复绿、通道提档、林网扩绿、村庄添景、生态增效“五项”重点，大力实施了“十大”林业生态建设工程，共投入资金8900余万元，绿化总面积17636亩，栽植各类树木66.9万株，完成园林村庄绿化49个，发展经济林3800亩。积极推进节能减排，深入开展煤炭、焦化、冶金、电力、化工、建材等六大行业的节能改造，继续加大环保攻坚、治污减排工作力度，有力地促进了全区经济社会与资源环境的协调发展。立足改善全区人民的生产生活环境，新上了沿山干果经济林建设、长北污水处理及回用、农村改厕试点等10个城乡生态化项目，全区的生态环境得到了明显改观。四是扎实推进文化事业和文化产业发展。大力推进文化工程建设，建立了“全国文化信息资源共享工程”郊区网络，覆盖全区9个镇（乡、办、区）和50个村。积极实施乡镇综合文化站等七大工程建设，全区各乡镇办区全部建立了文体辅导站，122个行政村全部建立了农民书屋和农民科技书屋，形成了区乡村三级文化网络。全市“农民书屋”建设现场会在本区召开，推广了全区“农民书屋”建设经验。扎实开展文化活动，成功举办了全区基层文艺调演和马厂村农民运动会，农民群众精神文化生活更加丰富多彩。五是社会事业全面进步。紧紧围绕省市“五个全覆盖”工程目标，着力解决群众最关心、最直接、最现实的利益问题。总投资100余万元，对21个无卫生室的空白村实施了村级卫生室建设工程，区乡村三级卫生服务体系和村级卫生室实现全覆盖。率先在全

市实行高中阶段全免费，将义务教育从九年扩大到十二年。潞安学校建成剪彩投入使用，中小学校舍安全改造工程全面完成。投资2000余万元，积极构建农村广播电视公共服务体系，村村通广播电视实现全覆盖。大力实施村村通水泥（油）路工程，基本形成了遍及全区乡村的农村公路网络。农村安全饮水全覆盖工程全面完成。高标准建设了故南、富村、下秦、关村四所敬老院，全区155名五保对象实行了集中供养。新建农村超市122个，增加营业面积4000余平方米，极大地满足了全区人民群众的消费需求。扎实推进计划生育工作，全区人口自然增长率为4.69‰，荣获全国计生工作优质服务区。全面加强科技工作，加大科技投入，加强科技示范园区建设，实施科技信息村村通、科技特派员制度，提高科技服务水平，荣获全国科技进步先进县区。加强农村基层组织阵地建设，新（改）建了35个村级组织活动场所，真正让全区人民共享了改革与发展的成果。

三、高度重视安全稳定工作，全面推进和谐郊区建设

区委以高度的政治责任感和大局意识，全力以赴抓好安全生产和社会稳定工作。一是高度重视安全生产工作。坚持党委领导安全工作，以开展“安全生产专项整治”和创建“本质安全型郊区”为突破口，扎实推进安全生产大检查、企业职工全员素质教育、安全生产监管队伍建设，不断创新安全管理体制，强化安全工作措施，落实安全生产责任，着力构建完善的安全生产防范监管体系，深入推动安全生产各项工作有序开展，全区安全生产形势持续稳定好转，连续五年实现安全生产“零”死亡。二是高度重视社会稳定工作。创新信访工作“三三”机制，建立完善了以区委书记挂帅的四套班子领导专题研究信访工作制度、重大疑难案件领导包案制度、信访案件跟踪督查制度为重点的三种制度，以区乡村三级干部为重要力量的三支信访队伍，以畅通渠道、政策攻心、释疑解惑为内容的三种服务。投资100多万元新建了近500平方米的信访接待大厅，不断深化“书记大接访”制度，全区信访形势明显好转。三是高度重视社会治安综合治理工作。以创建“平安郊区”为目标，严格落实领导责任，先后成立了区委书记区长公开电话办理中心，社会工作协调中心、矛盾纠纷排查调处中心，着力排查调处矛盾纠纷。面向社会公开招聘了200多名治安巡逻员，优先选聘了20多名社区矫正工作人员，完善了社会治安防控体系。严厉打击各种违法犯罪活动，有力地维护了全区社会稳定。

四、加强宣传思想文化工作，提升郊区发展软实力

一是扎实开展创建学习型党组织活动。以提高全区党员干部思想理论素质为目标，在全区扎实开展了创建学习型党组织活动。把加强学习、增强党性、激发活力、提高素质作为创建学习型党组织活动的主要目标，通过行之有效的“六学”机制，即领导带学、宣讲促学、调研兴学、制度保学、典型引学、考评验学，进一步引导全区各级党组织和广大党员确立全员学习，终身学习的理念，在全区上下形成了浓厚的比学争学氛围，为全区转型跨越发展提供了有力思想保证。二是加强新闻宣传和舆论引导工作。深入宣传党的十七届五中全会精神，集中报道转型跨越发展、生态绿化建设、创先争优、学习型党组织建设等活动，围绕中心工作造势、凝心、聚力，形成了良好的舆论导向。加强对外宣传力度，积极展示郊区形象，宣传特色亮点和先进典型，扩大了郊区的知名度和美誉度。三是引深文明和谐创建活动。加强未成年人思想道德建设，在全区中小学中扎实开展“做一个有道德的人”为主题的实践活动，通过校园文化建设，有力地净化未成年人的成长环境。在全区各行各业广泛开展了“创文明城做文明人”和“长治好人”评选活动，大力倡导良好的社会公德，职业道德和家庭美德。深入开展科技、文化、卫生、法律、计生“五下乡”活动和文明乡镇创建活动，文明创建蔚然成风。全区涌现出先进典型119个，其中国家级2个，省级19个，市级39 个，区级59个。积极配合全市文明城市考评工作，加大城乡环境面貌整治力度，为全市创建文明城市做出了积极贡献。四是扎实推进法治郊区建设进程。支持政府依法决策、依法管理、依法办事，加快法治政府建设。规范司法行为，强化执法监督，促进司法机关公正执法、文明执法。深入开展“五五”普法，大力推进“法律六进”活动，在全社会形成自觉学法、守法、用法的浓厚氛围。不断完善“双议双考”制度，健全党组织领导下的村民自治机制，加强企事业单位民主管理，健全职工代表大会制度，推进政务公开、村务公开、厂务公开和公共企事业单位办事公开等。支持工会、共青团、妇联等人民团体依照法律和章程独立开展工作，在联系群众、服务群众、教育群众、维护群众合法权益方面发挥积极的作用。

五、加强基层组织建设，为转型跨越发展提供坚强组织保证

区委认真贯彻党要管党、从严治党方针，以改革创新的精神，全面加强党的基层组织建设，为推动郊区各项事业发展提供了坚强的组织保证。一是创新基层党组织设置模式。以党组织联合为纽带，打破行政村界限，创新农村“富村带穷村，共建新农村”党组织设置模式，引导地域相邻的村联合组建党总支，统一领导和推动当地的经济发展和新农村建设。在加强非公企业党建方面，实施“四建一提升”组建模式，非公企业党组织应建尽建率达到100%，2010年1月在全国非公企业党建研讨会上作了经验介绍。在社区党建方面，创新“二五二”工作法，在全市进行了推广。二是创新党员活动管理模式。在农村大力开展“三培养、三带动”活动，坚持把农村党员培养成致富能人，把致富能人培养成党员，把党员中的优秀分子培养成为村干部，着力提高农村党员带头致富、带领群众共同致富、带

动农村各项事业共同进步的能力。在企业，大力开展“三培养、三带动”活动，坚持把非公有制企业党员培养成生产骨干，把生产骨干培养成党员，把党员生产骨干培养成车间班组负责人，并推荐进入企业决策层；充分发挥企业党组织的政治核心作用，保证企业依法有序经营，保证企业安全生产，保证企业效益和员工利益最大化。充分发挥了全区党员的先锋模范作用。三是建立健全党员干部激励保障机制。建立健全农村干部激励保障机制，实现农村主干岗位报酬集中统一发放、支部书记养老保险离任生活补贴、现任“两委”干部职务补贴制度，调动了农村干部积极性。加强大学生村干部队伍建设，抓培训、重帮扶、树典型、多激励，为大学生村官干事创业营造了浓厚氛围。10月区委组织部在大辛庄镇召开了全区大学生村干部管理暨创业工作会。四是扎实开展创先争优活动。在开展创先争优活动中，创造性地提出了“五抓五比五在前”活动载体，即：抓结合点，比学习，在加强党员教育、提高干部素质上走在前；抓切入点，比创新，在激发基层活力、统筹城乡党建上走在前；抓着力点，比发展，在狠抓项目建设、推进转型跨越上走在前；抓落脚点，比奉献，在多办好事实事、服务人民群众上走在前；抓兴奋点，比作风，在提振发展信心、激发创业激情上走在前，激发了全区党员干部推动转型跨越发展的积极性和主动性。五是切实加强作风建设。以纪律作风大整顿为契机，着力解决部分干部队伍中存在的不思进取、不理民事、不负责任、不讲团结、不办实事的问题，大力加强干部作风建设，出台公务接待新办法，杜绝“五个不准”，狠刹“三股歪风”，干部作风明显好转。大力倡导“5+2”、“白加黑”和“一线工作法”，激发广大干部创新进取、敢为人先的工作热情，努力在全区形成你追我赶、争先发展的工作态势，以良好的作风保证各项工作任务落实。六是狠抓党风廉政建设。认真贯彻落实党风廉政建设责任制，突出贯彻实施《廉政准则》、干部作风整顿、廉政风险防控三项重点，狠抓各项工作落实，形成了齐抓共管良好格局。坚决纠正危害群众利益的各种行为，加大对惠农政策、药品监管、企业负担、公路“三乱”、医药购销等突出领域的监督检查，切实维护了群众利益。深入开展专项治理，煤焦领域和工程建设领域清理整顿不断深入。认真落实办案目标责任制、领导包案制、督办责任制、责任追究制、考核奖惩制，全方位加大案件查办力度，全年共审结案件48件，受党政纪处分53人。其中党纪处分46人，政纪处分8人。为全区经济社会发展提供了坚强政治保证。

六、认真做好干部选用工作，树立正确的用人导向

2010年全区共调整干部30人，其中，提拔正科职务2人，副科职务3人，提拔非领导职务16人，平职调整9人。在干部选拔任用工作中，始终坚持以《党政领导干部选拔任用工作条例》为准绳，认真学习宣传《条例》和省委出台的“四个规定”，认真贯彻“四项监督制度”，以及省委《关于严厉整治干部选拔任用工作中行贿受贿行为的实施意见》，在深入学习的基础上，进一步完善了各项规章制度，建立了“靠制度管人、按制度办事”的长效机制，做到了坚持原则不动摇，执行标准不走样，履行程序不变通，遵守纪律不放松。一是坚持德才兼备、以德为先，树立正确用人导向。在干部选任中，始终坚持“三个注重”：注重品德，选拔靠得住的人；注重公认，选拔群众基础好的人；注重潜质，选拔综合素质高的人，树立了良好的干部任用导向。二是进一步完善实绩档案制度，建立健全干部管理机制。始终把完善科级干部实绩档案制度作为干部管理工作的突破口和立足点，重品行、重实绩、重公论，突出“三个强化”，加强了对各级领导班子和干部队伍的管理。强化考核，不断增强选任干部的公信度。按照中央和省、市委加强领导班子和领导干部考核的有关八个文件精神，结合实际，进一步完善了科级领导班子和成员实绩档案制度，制定出台了《关于完善干部实绩档案制度，加强科级领导班子和领导干部考核评价的实施办法》，从德、能、勤、绩、廉等方面对全区副科以上领导干部进行了全方位多层次的考核，并把考核结果记入实绩档案，作为任用、奖惩干部的重要依据。强化监督，进一步加强了干部监督工作。认真执行区委出台的《长治市郊区关于对科级党员领导干部进行诫勉谈话和函询的实施办法》，坚持以正面教育为主，预防为主，事前监督为主，把干部监督贯穿于干部培养教育、考察考核、选拔任用、日常管理的各个环节。强化培养，不断提高干部应对突发事件和处理复杂问题的能力。科级干部轮流接访和干部到农村挂职已形成制度，并取得明显成效。2010年共选调25名新提拔的副科干部到区信访局任信访督查员，进行挂职锻炼，既充实了信访干部队伍，又进一步增强了干部应对突发事件和处理复杂问题的能力，收到了明显的效果。同时，区委出台了《关于在全区开展“两包两创”活动的实施意见》，选派区直单位副科干部或后备干部到所包村挂职担任支部副书记，增强基层工作经验，提高工作能力。三是认真贯彻“四项监督制度”，规范干部选拔任用工作。结合中央出台的“四项监督制度”，区委常委会、区纪委、组织部组织学习了“四项监督制度”。成立了区委“整治干部选拔任用工作中行贿受贿行为”工作协调小组，出台了《关于严厉整治干部任用工作中行贿受贿行为的实施意见》，区纪委和区委组织部设置了举报电话，并在郊区报上进行了公告，开展了自查自纠活动。干部选拔任用与防止用人不正之风工作满意度连续三年排名全市第一。四是坚持原则不动摇，严格程序选拔任用干部。在干部选任工作中严格按照《党政领导干部选拔任用工作条例》，坚持“十个不”，严把“四个关口”，有力地推进了干部选任工作的科学化、民主化、制度化。“十不”，即：民主推荐票不达1/3的不上会；民主推荐不在前5名的不确定为考察对象；在推荐过程中有打招呼、拉选票现象的不上会；群众有反映未核实清楚的不上会；综

合治理、计划生育一票否决的不上会；临时动议的干部不通过；常委会议讨论干部到会人数不达2/3的不开会；常委会议研究干部意见分歧较大的不通过；职数未审批的不宣布；职数已满的不配备。“四个关口”，即：严把民主推荐关、干部考察关、讨论决定关、职数审批关四个关口。一年来，区委认真落实干部选拔任用责任制，坚持用制度管人，规范了选拔任用工作，防止了用人上的不正之风。

七、切实加强区委自身建设，努力提高工作水平

区委高度重视自身建设，自觉同中央和省委保持高度一致，努力在为民、务实、清廉上为全区党员干部作出表率。一是加强理论学习，增强工作本领。带头深入学习实践科学发展观活动，用科学发展观武装头脑、指导实践、推动工作。坚持中心组集体学习制度，增强学习的计划性、针对性和实效性。围绕重大理论问题和重要决策部署开展专题学习，创新发展理念、培养战略思维，着力把理论学习的成果转化为促进郊区科学发展的工作思路和实际能力。二是把握发展规律，提高决策水平。深入分析全区改革发展中存在的问题和差距，研究解决改革发展稳定中的重大问题、党的建设面临的突出问题和涉及群众切身利益的实际问题，对关系全区科学发展的重点问题，区委常委分工负责、领题调研，广泛征求意见，决策的科学性和政策的协调性进一步增强。三是执行党的制度，增强工作合力。充分发挥区委的领导核心作用，全力支持区人大、区政府、区政协的工作。认真执行民主集中制，充分发挥各位常委的作用和积极性，班子成员分工负责，通力合作，形成了团结、融洽、干事的良好氛围。四是致力求真务实，保持良好风气。大力弘扬求真务实精神，大兴求真务实之风，带头深入基层、深入群众、深入联系点调查研究，重实际、说实话、出实招、求实效，自觉保持良好风气。五是落实反腐倡廉责任，坚持干净干事。认真贯彻落实中央和省委、市委关于党风廉政建设责任制的规定，扎实推进惩治和预防腐败体系建设，抓班子，带队伍，树形象，做表率，推动了反腐倡廉工作的深入开展。（王争艳）

附：一、中共长治市郊区区委书记、副书记、常委名单

书　记：孙宏波

副书记：张治云　李　锋　姜腾达

常　委：桂元平　冯国文　冯　辉　卢展中　段尧刚　沈瑞庭（7月离职）　崔正堂（8月任职）

二、乡镇（街道、管理局）党委（党工委）办事处书记、副书记名单

西白兔乡

书　记：刘旗文

副书记：王贺生

黄碾镇

书　记：郜建中

副书记：曹高峰

马厂镇

书　记：王勇斌

副书记：原　勇

大辛庄镇

书　记：曹何理

副书记：王　峰

堠北庄镇

书　记：龙玉民

副书记：李国平

老顶山镇

书　记：常峰旭

副书记：李国亮

故县街道

书　记：原培标

副书记：李彩虹

长北街道

书　记：王红霞（女）

副书记：史彩凤（女）

老顶山旅游　开发区管理局

书　记：崔士钧

副书记：王跃进　郭旭红

中共长治县委工作概况

县委书记　裴少飞

长治县设6镇、5乡，1个工业园区，1个振兴新区，254个行政村，总人口33万，国土面积483平方公里。全县共有26个基层党（工）委、33个党总支、650个党支部，党员18165人，其中女党员2663人，农村党员11413人。

2010年，长治县委在省委、市委的正确领导下，全面贯彻落实科学发展观，以省委“四化”目标为指引，按照市委、市政府实现“四个率先”发展目标，团结带领全县各级各部门广大党员干部群众围绕“四个发展”总体思路，抢抓机遇，迎难而上，大打产业转型、同城发展、民生保障、生态治理、社会建设、安全稳定攻坚战，大力加强党的建设，各项工作取得了新的成绩，全县经济社会

继续保持了良好发展势头。

一、以确保增长为目标，全县综合实力跨上新台阶

年初，县委提出用两年时间，力夺全市第一，挺进全省五强的目标。一年来，经过全县广大干部群众的共同努力，这一目标已提前实现。2010年，全县地方生产总值累计完成96.4亿元，同比增长14.2%；固定资产投资总额完成43.8亿元，增长31.5%；财政总收入完成30.3亿元，增长25.6%；工业生产总值累计完成126.54亿元，同比增长41.03%；城镇居民可支配收入16177元，增幅达到11.4%；农民人均纯收入达到7693元，增幅达到14.01%。主要经济指标达到或超过“十一五”规划确定的目标，跃居全市第一，进入全省五强，全县综合实力跨上了一个新台阶。

二、以项目建设为载体，经济转型有了实质性突破

县委坚持“以煤为基、多元发展”，坚持新型化标准、高端化引领、园区化承载、集群化推进，引资和“引智”并重，调结构和创环境并举，根据长治县实际，以年初制定的30项（类）大项目为基础，抓住重点，举县动员，掀起项目建设高潮。一是四个百亿元项目和其它重点项目。成功集团30万辆汽车生产线建设项目大力推进，完成投资9.5亿元，进入设备调试阶段；易通集团6000吨钕铁硼永磁材料项目，总投资3.6亿元，完成投资1亿多元；振东集团100亿片和5000万去小容量针剂等技改扩建项目，总投资4亿元，逐步开工。振东制药在深交所创业板成功上市，成为山西省唯一一家申请创业板上市成功的企业；日盛达500兆瓦太阳能电池组件生产项目，总投资10亿元，一期工程破土动工；华鹏型材、惠丰特种车辆等30个重点项目按计划实施。二是煤炭及产业链延伸项目。全县确立了六大煤炭兼并重组企业、五个单独保留企业、30个保留矿井，资源整合和煤企兼并重组基本完成，全县产能由1835万吨/年增加到2655万吨/年。三是园区产业承载项目。按照省委袁纯清书记提出的“板块化发展、园区化承载、集群化推进”的思路，积极开拓思维，成立全省首家以四个百亿元企业为龙头，以科工贸工业园区为基础，范围包括整个郝家庄乡的长治县科工贸产业聚集区，规划面积46平方公里。同时，县委、县政府投资建设了农产品物流园区，并规划建设民营企业创业园区、煤化工产业园区等。四是文化旅游项目。县委把发展旅游业作为全县由资源大县向文化大县转型、提升长治县知名度和美誉度的重点工程来抓，成功举办了千秋和谐天下都城隍祈福节暨长治县首届文化旅游节，正式开通了长治县“一日游”旅游专线，拍摄制作了反映长治县荫城古镇铁器文化、潞商文化的电影故事片《大铁商》；同时，拟定了14项重点文化产业投融资项目，于11月26日参加了在杭州举办的全国第二届中国文化投融资项目洽谈会。

三、以惠及民生为根本，全县人民的幸福感进一步增强

县委紧紧围绕“五有”目标，全面实施了五大民生工程。同时，努力在保证民生建设的基础性、实现民生建设的广泛性和注重民生建设的实效性上求突破。一是教育均衡工程。继续加大教育投入，为高中阶段学生免除学费、信息费、书费1216万元，为义务教育阶段学生全部免除学杂费，为寄宿贫困生免除住宿费并提供生活补助，为职业高中学生提供了助学金153万元；贯彻教育发展“三个集中”规划，撤并了9所中小学，新建和改扩建了9所标准化中心小学和寄宿制学校，优化了教育布局。全县小学“四率”连续九年保持100%，高中阶段毛入学率基本达到80%，中考成绩和高考成绩继续名列全市各县区第一。二是医疗健康工程。积极开展村级卫生室全覆盖，县医院积极争创“二乙”医院建设；新型农村合作医疗制度进展顺利，全县新农合参合率达到97%，基金共补偿支出2859万元。三是社会保障工程。全县社会保险基金征缴16533万元，支付12367万元，为城镇企业离退休职工、机关事业单位退休人员发放养老金6650万元，为新型农村养老保险参保人员发放基础养老金2339万元，新农村参保率达到96%，发放失业保险金、工伤保险、医疗保险共3378万元，城市低保标准每人每月提高了15元，1.4万城乡低保对象实现应保尽保，城乡居民收入普遍较快增长，初步实现了让困难群众过得去，普通群众过得好。四是创业就业工程。努力增加就业岗位，千方百计促进就业，积极开展就业再就业培训，培训2796人次，全县城镇新增就业岗位2915个，失业人员再就业420人，就业困难人员再就业112人。五是住房保障工程。为切实解决城镇低收入家庭的住房困难问题，不断加大住房保障工程的力度。全年共确立符合经济适用住房申购条件的392个，先行解决了138个；确定的1.5万平米的经济适用住房和廉租房，工程主体已完工。

四、以同城发展为契机，田园城市带规划正式启动实施

县委紧紧围绕以大长治“1+6”上党城市战略布局和长治县同城发展规划，不断加快县城建设、小城镇开发和中心村整合。一是开工建设了县城黎都街东延伸线项目和西火至荫城至南宋旅游环路建设工程，并规划了县城至长治市南广场“五分钟”快速通道建设工程、东外环一级路建设工程、荫城至县城10分钟快速通道、八义至县城快速通道、长治南环路至长子一级路贯通工程、师庄煤炭专用线等路网建设项目。二是启动了韩店、经坊、黎岭三大城中村改造项目和苏店、郝家庄、荫城等乡镇旧村拆迁改造工程，以步行街标准改造了县城古韩路。三是在免费公交的基础上，完善了公交站点的配置和装修，成为县城一道风景线。四是继续完善了集中供热、供气、供排水系统、文体场馆等公共设施配套功能。五是实施煤炭开采区生态恢

复治理工程，南宋、荫城等乡镇和北岭头、长掌等村庄以及经坊煤业等企业已开始实施生态建设工程，司马煤业塌陷区生态修复工程基本完成。六是实施陶清河生态综合治理工程。2010年，长治县荣获“国家卫生县城”、“全国生态文明先进县”并列入全国首批低碳国土实验区。

五、以安全稳定为保障，和谐社会建设取得新成效

县委以安全生产专项整治为主线，通过加强企业安全事故隐患整改、各部门联合执法、积极推进本质安全县创建力度，全县安全生产形势进一步巩固向好。一是各类事故和伤亡人数均控制在市政府下达的指标以内，没有发生重特大事故，安全生产和创建本质安全县工作受到省、市表彰。二是全县社会治安防控体系进一步健全，公共突发事件应急处置能力不断提升，确保了上海世博会、广州亚运会等大型节会和重大节日平安度过。三是进一步引深严打斗争。年内，全县共立各类刑事案件344起，下降1.2%，破现行案件267起，破案率77.6%，抓获网上逃犯118人，逮捕105 人，起诉229人。侦破了“2009.12.4”荫城村砸车玻璃盗窃100万现金案等一批重特大刑事案件，始终保持了对刑事犯罪以及各种黑恶势力的高压势态，刑事案件、治安案件发案率大幅下降，专项打击行动效果明显，人民群众的安全感进一步增强。四是开展校园及周边环境安全整治。为县直中小学配备专职保安40名，其他学校、幼儿园全部落实了责任民警。积极完善应急预案并开展应急演练，维护了学校、幼儿园及周边环境安全稳定。五是不断拓宽民意诉求表达渠道。组建社会工作部，通过县委书记、县长公开电话，对群众反映事项进行协调办理，切实化解信访积案，信访稳定工作跨入全市先进行列。

六、以创先争优为重点，全面加强党的建设

县委以加强党的执政能力建设和先进性建设为主线，以深入开展“创先争优”为重点，全面加强党的思想、组织、作风、制度和反腐倡廉建设，不断提高各级党组织的凝聚力、战斗力和创造力，努力营造风清气正、团结和谐的良好氛围，为全县经济社会平稳较快发展提供了坚强组织保证。一是积极开展创先争优活动。6月，县委召开了创先争优活动动员大会，成立了以县委书记为组长的创先争优活动领导小组，组建了以县委组织部、宣传部牵头的创先争优活动领导小组办公室。围绕“弘扬太行精神，争当黎都先锋”活动主题，通过领导带头、开辟专题论坛、选树典型、举办报告会等形式，扎实开展了六类十二项载体活动。积极开展“六个一”活动，以长期帮扶、行业对口的原则，建立联系点254个，其中市级单位驻村联系点10个，县处级党员领导干部住村联系点22个，县直单位驻村联系点85个；共涉及干部1060名，其中处级领导干部22名；共结成帮扶对子5230余对。全县254个行政村全部制定了鲜明的创先争优活动主题和有特色的载体。通过扎实开展“六个一”活动，促进了全县农村经济快速发展，推动了机关干部工作作风的转变。二是大力加强领导班子和干部队伍建设。在全县开展年度目标责任考核，将各项考核指标分解到有关职能单位；深化干部人事制度改革，改进民主推荐、考察工作，着力提高选人用人公信度；继续推进干部交流制度，选拔两名乡镇党委副书记到县直单位担任领导职务，选拔一名县直单位人员到乡镇担任党委副书记；实行干部任免票决制，7月，根据省、市“票决制”的有关精神，对原先制定的办法进行进一步的完善和规范；拓宽培训渠道，利用到高等院校、先进省市学习、考察等，培训科级干部、农村支部书记430余人次，提升了干部教育培训质量；同时，不断强化对大学生村干部的日常管理，鼓励大学生村干部施展才干。三是全面提升基层党组织建设水平。全面实施“党建网联工程”，将涉及到的369个党组织、13532 名党员、1973个“两新”组织，划分为987个单元网格，制作了电子地图，彻底消除了党建空白点，改造和建设了28个村级组织活动场所，实现了村级活动场所全覆盖，促进了城乡统筹党建新格局的形成。基层党组织换届选举积极推行公推直选，扩大了基层民主，党员的知情权、参与权、选举权和监督权得到了全面落实和保障，全县换届率达100%。作为全省党代表常任制试点县，召开了十届二次党代会，稳步推开了试点。组织县四套班子和部分科级领导干部赴右玉、大同、鄂尔多斯、榆林等地进行考察学习，成功举办10场转型跨越发展主题论坛，进一步提高了广大党员干部的执政能力。四是深入开展党风廉政建设和反腐败工作。认真落实党风廉政建设责任制，不断健全防治腐败工作机制。积极开展廉政风险防控工作，确定了“13355”廉政防控工作思路，着力打造“事前有预防、事中有监控、事后有处置”三道防线；通过清查权利风险点、推进岗位廉政承诺、公开权力流程、引深民主评议、强化考核问责等五个环节，逐步建立了“权力阳光运行、监督全程跟踪、风险动态防控、腐败有效预防”的防控机制；全市廉政风险防控现场会和全省廉政风险排查试点单位现场学习会分别在长治县召开，与会领导给予高度评价。深入推进民主评议党风活动，强化党务、政务公开和农村党务、村务、财务公开，规范了“三个中心”，进一步提高了群众参与度。针对煤炭领域反腐败、工程建设领域突出问题、党政领导干部公款出国出境旅游、“小金库”专项治理、机关厉行节约等，开展了专项治理，取得了良好效果。加大违法违纪案件查处力度，共立案75起，查处党员干部95人，挽回经济损失700多万元。

（靳永和）

附：一、中共长治县委书记、副书记、常委名单

书　记： 裴少飞

副书记： 崔惠斌　李世钟　刘瑾伟（挂职）

常　委： 张向东　魏俊英（女）　郑成钢　樊红伟　王振乾

二、乡镇(工业园区、振兴新区) 党委书记、副书记名单

韩店镇
书　记：秦国锁
副书记：史移荣（女，挂职）
荫城镇
书　记：李文斌
副书记：陈旭兵
苏店镇
书　记：王旭琴（女）
副书记：侯立峰
西火镇
书　记：李旭铭
副书记：原泽英（女）
八义镇
书　记：原素兰（女）
副书记：李宏亮（4月离职）
贾掌镇
书　记：宋文斌
副书记：和　伟
郝家庄乡
书　记：秦岩伟
副书记：郭建勇
北呈乡
书　记：宋立刚
副书记：张五清
东和乡
书　记：王志刚
副书记：王凯琪
西池乡
书　记：牛志川
副书记：郭满平（4月离职）　张慧军（4月任职）
南宋乡
书　记：崔云峰
副书记：杨　斌
工业园区
书　记：李志文
副书记：李向生
振兴新区
书　记：牛扎根
副书记：张会军

中共潞城市委工作概况

市委书记　桂正平

2010年，潞城市委深入落实科学发展观，按照省委、长治市委转型跨越发展战略部署，加快实施工业新型化、农业现代化、市域城镇化、城乡生态化，在转型跨越发展中迈出坚实步伐。全市地区生产总值完成72亿元，同比增长14%；财政总收入11.088亿元，同比增长10%；固定资产投资总额45.6亿元，同比增长18%；城镇居民人均可支配收入14277元，同比增长10%；农民人均纯收入6141元，同比增长11.2%。

一、认真贯彻落实全省领导干部大会精神，进一步完善科学发展思路

认真落实“7·29”全省领导干部大会精神，结合潞城实际，进一步完善了“以项目建设为抓手，推进工业新型化；以‘一村一品、一县一业’为方向，推进农业现代化；以‘六村联创’为平台，推进城乡一体化；以‘四城同创’为载体，推进市域城镇化；以绿色低碳为目标，推进城乡生态化；以惠民工程为主体，推进社会和谐化；以创先争优为动力，推进党建科学化”的总体思路。

二、以大项目建设为重点，引领工业新型化

按照“以煤为基、多元发展”的思路，大力推进十大重点项目建设，工业新型化迈出实质性步伐。

（一）做大做强传统产业。潞宝6.3米捣固焦炉项目开工，20万吨甲醇二期加紧建设，焦化产业向大机焦循环化发展。卓越日产4000吨水泥熟料生产线基本完工；华润日产4500吨水泥熟料生产线完成立项和环评；晋水日产4500吨水泥熟料生产线项目进入立项审批程序；三元煤业3座矿井60万吨技改顺利推进；兴宝2×550立方米高炉配套1万立方制氧及煤气柜项目投产，钢铁产量由5万吨增至34万吨。传统产业实现从小规模高耗能向循环化规模化转型。

（二）积极培育新兴产业。天脊25万吨硝酸铵钙、13万吨苯胺项目开工建设，20万吨复混肥、27万吨硝酸、20万吨合成氨、7万吨己二酸4个项目进入筹备，首钢长钢锻

压重型机械装备制造项目落户潞城，金达500万吨自动装车线和500万吨洗煤项目进展顺利，现代物流业形成年发运1500万吨货物能力，三元煤业高山流水生态旅游景区建设全面启动，转型发展成效初步显现。

（三）策划引进高新技术产业。华农万吨纳米碳增效肥项目一期，三仁科技万吨絮凝剂项目，完成开工建设前的各项工作。潞宝10亿安时锂离子动力电池生产线项目，华能风能发电项目，筹划引进工作取得重大突破。高新技术产业建设与引进，将为全市抢占新一轮发展的制高点，闯出一条非资源型发展新路子。

三、以“六村联创”为抓手，推动农业现代化

以“六村联创”为抓手，市乡村三级联动整体推进农村工作，走出了一条潞城特色的城乡一体化发展新路子。

特色农业发展形势喜人。“一村一品”带动“一乡一业”，集中连片扶持优势产业，初步形成东部5万亩核桃干果经济林，中部千架蔬菜大棚高效设施农业，西部50万头（只）猪羊养殖生态农业等三大特色农业新优势。蔬菜大棚由900架增至1100架，核桃干果经济林由1万亩增至3万余亩，规模健康养殖场由30个增至50个，产业发展先进村达到102个，全市50%的村有了主导产业。

村容村面貌发生巨大变化。城乡同步实施户户通、园林绿化和环境整治，全年完成户通水泥路132公里,户户通水泥路先进村由148个增至168个，占总村数的83%，户通率达到92.5%；新栽各种树木136万株，园林绿化先进村由52个增至93个，占总村数的49%。长治市农村植树造林现场推进会在潞城市召开。

和谐稳定局面更加巩固。坚持市领导包矛盾突出村、包信访案制度，村村安装“居家卫士”，村村成立红白理事会，村村评选道德模范，村村推行“四议两公开”，平安创建先进村由64%提升到86%，文明和谐先进村由45%提升到55%，村级管理先进村由44%提升到56%。在全省农廉工作现场会上交流了潞城的工作经验。

农村公共服务实现新提升。提前实现“五个全覆盖”，并拓展实施了新农合、新农保、农民健康体检、困难群众低保、五保户集中供养、农村卫生绿化、农村文化低保、农村便民店、村级活动场所、农村公交“十个全覆盖”。

“六村联创”经过四次验收，全市202个建制村，总创星785颗，村均3.88颗。省市领导给予充分肯定，《内参》、《半月谈》等新闻媒体报道了潞城经验，中国亚非发展交流协会2010年年会、省政协常委会邀请潞城做了经验介绍。

四、以“四城同创”为载体，加快市域城镇化

以建设北方精品生态文化名城为目标，强力推进“四城同创”，大打五大攻坚战，城乡面貌发生较大变化。

大打园林绿化攻坚战，成功创建国家园林城。完成三大公园续建，绿化提档11条主街道，新增绿化面积17万平方米，人均公共绿地达9.7平方米。完成75公里通道绿化、2万亩通道荒山绿化、4千亩农田林网等十大造林绿化工程，森林覆盖率达到21.6%，同比提升2个百分点。国家住建部授予潞城市“国家园林城市”称号；全省林业种苗工作现场会上，荣获长治市唯一的“全省林木种苗先进市”称号。

大打环境整治攻坚战，顺利通过国家卫生城市验收。实施健康、畅通、绿化、亮化、美化、塑魂、环境整治、节能减排、本质安全“九大工程”，把“健康理念”转变为市民科学合理的生活方式。拆除违章建筑1500余平方米，清洗乱贴乱画8千余处，规划机动车位9百余个，新建改建4个农贸市场，乱搭乱建、乱贴乱画、乱停乱放现象得到彻底整治。综合整治中华大街，铺设便道9000平方米，更新门店牌匾1000余个，新建高标准公厕25座，添设景观灯1481盏，出租车全部提档升级，城镇化率达42.5%。荣获环境卫生整治全省县级市第一，创卫工作一次性通过国家爱卫会技术评估组验收。

大打节能减排攻坚战，顺利通过省环保模范城市验收。淘汰落后产能163万吨，全市万元工业增加值能耗下降8%，二氧化硫和化学需氧量排放量分别削减2%和3%。新增城市供热面积15万平方米，新增煤气管网24公里，气化率达85%。中水回用工作全省领先，年处理中水278万方。市区空气质量二级以上天数达到336天，同比增加14天。公众对城市环境保护满意率全省第一，顺利通过省级环保模范城市验收。

大打文明创建攻坚战，精神文明建设成效斐然。群众性精神文明创建活动持续推进，涌现出5个省级文明单位、17个长治市文明单位，2人评为长治道德模范，2人荣获长治道德模范提名奖，44人评为长治好人，10人荣登长治百名孝星榜。

大打平安建设攻坚战，本质安全创建长治领先。大力推进社会矛盾化解、社会管理创新、公正廉洁执法“三项重点工作”，严厉打击邪教活动和各类犯罪行为，全市治安案件同比下降17%，实现敏感时段赴省进京“零上访”，工矿商贸企业安全生产“零事故”。

五、以民生工程为平台，促进社会和谐化

大力加强公共服务体系建设，“五大惠民工程”扎实推进，群众幸福指数节节攀升。

教育事业均衡发展。大胆改革教育人事制度，校长队伍建设得到加强，教师交流机制初步形成。新建2个寄宿制小学，一中教学楼等6大教育工程顺利推进，教育资源进一步优化。高考一本达线人数127人，比2009年增加2倍；职高对口升学率达85%、就业率达95%，同比提高13%、10%，教育教学成绩稳步提升。

卫生事业扎实推进。率先在长治启动基本公共卫生服务均等化动态化管理，15万城乡居民享受9项基本公共卫生服务。市医院医技楼开工建设，中医院医技楼完成立项，

70个卫生所提档升级，三级卫生服务体系实现全覆盖。

社会保障日趋完善。创业就业扎实推进，新增就业岗位2940个，安置下岗失业人员再就业460人。社会保险范围逐步扩大，参加企业养老保险达1.8万人，机关事业养老达5964人，医疗保险达4.2万人，工伤保险达2.8万人，失业保险达16300人，生育保险达1.1万人。新型农村养老保险平稳运行，1.8万名60周岁以上农民每月按时领到55元基础养老金。580名五保对象、1万余名城乡低保对象应保尽保。416套4.2万平方米经济适用房、64套4300平方米廉租房主体完工，城市人均住房面积达32.5平方米，高出长治市平均水平1平方米。

六、以创先争优为动力，全面提升党建工作科学化水平

深入开展学习实践活动，扎实开展创先争优活动，各级各部门争先进位、干事创业热情进一步高涨。先后荣获国家园林城市、妇联基层组织建设示范市等国家级荣誉，省环保模范城市、农田水利建设红旗市、治超工作先进市、优抚工作先进市等10余项省级荣誉。文明城市创建、环境卫生整治、城市环境满意度测评、集体林权制度改革、政风行风评议等项工作名列全省第一，社保工作、机构编制、护林防火、安全生产、本质安全型城市创建等项工作名列长治市第一。

（马林举　郑旭斌）

附：一、中共潞城市委书记、副书记、常委名单

书　记：桂正平

副书记：孙刘琳（女）　陈轶群

常　委：栗贺龙　王新政　李　媛（女）　王现敏　牛玉书　于保同　杨　峰　元文波

二、乡镇（街道）党委（党工委）书记、副书记名单

店上镇

书　记：王全乐

副书记：李　明

微子镇

书　记：苗耀刚

副书记：申永刚

翟店镇

书　记：刘林松

副书记：靳林琦

辛安泉镇

书　记：桑爱斌

副书记：李健业

合室乡

书　记：靳忠玲

副书记：米一波

史回乡

书　记：王　斌

副书记：尤永刚

黄牛蹄乡

书　记：刘军龙（3月离职）　曹　枫（女，6月任职）

副书记：曹　枫（女，6月离职）　李　敏（6月任职）

潞华街道

书　记：王秋良（3月离职）　杨忠民（3月任职）

副书记：韩旭军

成家川街道

书　记：杨忠民（3月离职）　刘军龙（3月任职）

副书记：王路斌

中共屯留县委工作概况

县委书记　王辅刚

2010年，按照省委“再造一个新山西”的战略部署和市委的总体要求，屯留26万干群攻坚百个项目，推进绿色发展，解放思想，锐意进取，奋力拼搏，攻坚克难，全县经济建设、政治建设、文化建设、社会建设以及生态文明建设和党的建设都取得了新的进展和大的突破，呈现出经济较快增长、事业全面进步、民生持续改善、社会和谐稳定的良好局面。

一、致力于转型跨越，着力加快经济发展方式转变

屯留县牢牢把握发展这个第一要务，及时调整和完善发展思路、攻坚重点和工作措施，确立了攻坚百个项目，推进绿色发展的新目标、新任务，全县上下团结拼搏、奋力争先，全面夺取了经济社会发展的新胜利。2010年全县地区生产总值完成64.8亿元，同比增长15.1%，是“十五”末的3.4倍；财政总收入完成12.3亿元，同比增长14.2%，是“十五”末的4.5倍；一般预算收入完成4.1亿元，同比增长11.3%，是“十五”末的4.1倍;规模以上工业总产值完成118.1亿元，同比增长30.1%，是“十五”末的5.7倍；规模以上工业增加值完成49.5亿元，同比增长18.1%，是“十五”末的5.4倍；全社会固定资产投资完成48.4亿元，同比增长2.1%，是“十五”末的8.3倍；社会消费品零售总额完成7.5亿元，同比增长19.5%，是“十五”末的2.2倍；城镇居民人均可支配收入达到1.4万元，同比增长11%;农民人均

现金收入达到6948元，同比增长14%，是“十五”末的1.8倍。“十一五”经济社会发展的目标任务全部超额完成。

项目建设实现新突破。2010年全县共确定经济社会重点项目101个，总投资716.7亿元。在这些项目的强力带动下，全县初步形成了绿色工业项目群、高新技术项目群、现代农业项目群、绿色服务业项目群、基础设施项目群、生态环境项目群、社会事业项目群七大项目集群，为推动经济社会转型跨越发展奠定了坚实基础。

工业新型化增添新动力。总投资690亿元的34个工业新型化项目中，5个项目基本建成或投入使用；潞安1万吨高纯硅、40万吨聚氯乙烯、上泓30万吨HF乳化油、尔安80万吨焦化、羿神能源150万吨焦化、金泽20万吨葡萄糖、兴旺10万吨精苯、小南村煤矿90万吨技改、安泰矿工防护装备生产线等项目加快建设。540万吨煤基油产业化项目、3000万方屯谷水库完成立项。全县经济多元化、产业高端化、技术科技化、项目低碳化的新型工业化趋向更加明显，走上了以煤为基、多元发展的新路子。

农业现代化迈出新步伐。全县共实施农业产业化项目5个，总投资9.6亿元。在东部乡镇重点抓好现代农业示范基地建设，加快推进农业产业化进程；在西部乡镇重点抓好生态农业基地建设，推进农业内部战略性结构调整。形成了以优质粮食、畜牧养殖、绿色蔬菜、干鲜水果、苗木花卉五大主导产业为支撑，王公庄、屯玉、老爷山、上村、姬村五大农业科技生态园为纽带，35个龙头企业为带动的农业产业化发展新格局。

市域城镇化水平得到新提升。着力打造三晋一流绿色生态宜居品牌城市，城镇特色化重点工程项目建设开工21个，总投资达11.2亿元。大力度推进县城绿化、亮化、美化、净化和硬化，县城新增绿化面积1.5万平方米，绿化覆盖率达到42.6%、绿地率达到37.7%、人均公共绿地面积达到9.5平方米，三项指标均达到国家级园林县城标准，成功通过国家卫生城验收，和谐、靓丽、秀美、宜居的魅力屯留展现在上党大地。

城乡生态化彰显新魅力。按照建设绿化山西、气化山西、净化山西、健康山西的要求，屯留县始终把生态建设作为转型发展的重要内容和有力保障，全面实施绿地、蓝天、碧水、宁静、清洁、健康“六大工程”，在推进城乡生态化上实现了新的更大突破。绿地工程：全县造林绿化总投资达到7500余万元，森林覆盖率达到29.5%。基本建成了以“城镇绿化为中心、通道绿化为骨架、荒山绿化为屏障、农田林网为羽翼、村企绿化为亮点”的城乡一体绿化生态格局。蓝天工程：进一步加大环保设施投入，削减大气污染物排放，坚决淘汰落后产能，推进节能减排，全面完成了“十一五”治污减排任务。全县环境空气质量二级以上天数达到358天，空气质量三项指标稳定达到国家二级标准。碧水工程：污水处理率达到80%以上，饮用水质达标率100%，地表水质达到功能区标准。总投资1.5亿元的绛河县城段河道治理一、二期工程全部投入使用，为全县人民营造了一个安全的水系环境。宁静工程：全面推进声环境综合整治工程，噪声控制覆盖率达到95%以上。清洁工程：全面开展城乡环境卫生整治活动，建立健全卫生管理长效机制，实施县城垃圾不落地工程，村村设立保洁员，全县卫生环境得到了根本改变。健康工程：广泛宣传健康生活理念，普及医疗健康知识，发展健身健康产业，全县广大群众生活质量和健康水平显著提高。

第三产业发展取得新成效。坚持把第三产业发展作为转变发展方式、优化经济结构的重要途径，重点在文化旅游、商贸流通、房地产开发领域下上功夫，着力加快现代服务业发展。老爷山旅游景区“一日游”格局基本形成，银湖生态园、绛河湿地公园和巍山森林公园、上村宏图农业观光园等一批文化旅游项目加快建设。巍山高尔夫公园部分投入使用，融入全省、全市大旅游圈步伐加快。世纪大厦、时代名居、西街客都生活超市投入运营。康庄园区物流集散中心、余吾物流配送中心等一批物流项目正在加快建设。滨河小区、阳光小区、城南小区、馨苑小区等住宅小区正在快速推进，绛河两岸开发、东脑房地产、巍山国际新城开发正在做前期工作。全县第三产业增加值达到5.5亿元，同比增长15.9%。

二、致力于改革创新，着力健全推动发展的体制机制

按照发展社会主义民主政治的要求，坚持党的领导、人民当家作主和依法治国的有机统一，进一步改革和完善党的领导体制和工作机制，加快健全推动发展的体制机制建设。着力从环境、理念、体制、机制等方面加快改革步伐，全力推进对外开放，在激发发展活力和招商引资上实现了新突破。进一步加快了粮食、二轻、商业企业改革，继续深化推进农村各项综合改革，积极稳妥推进以政府机构和事业单位分类改革为重点的行政体制改革，全县政府机构和事业单位分类改革有序进行，为全面创优发展环境，激发发展活力创造了条件。先后组团参加了“中博会”、能博会、珠洽会等招商会，成功引进项目4个，引进资金5.9亿元。

三、致力于文化建设，着力推进文化大发展大繁荣

2010年以来，屯留县以“提高县域文化软实力”为目标，大力实施“文化强县”战略，积极构建“大宣传、大文化、大文明”工作格局，稳步推进理论武装、舆论引导、文明创建、形象提升、文化繁荣“五大工程”。共建成农民文化广场150个、群众舞台80多个、乡镇文化站3个、农家书屋50个、农民体育健身场所200多个。积极开展各类群体性文化活动和“文化低保“活动，组织开展了文艺晚会、书画摄影展、红歌会和送文艺、送电影、送图书、送科技“四送”活动；成功举办和承办了央视星光大道屯留专场、2010年中国羽毛球俱乐部超级联赛、山西省第十三届运动

会武术散打比赛、长治市第八届老年体育观摩现场会、山西省“羿神能源杯”自行车环城赛等有影响的文艺活动和体育赛事。

四、致力于民生工程，着力加快和谐屯留建设

屯留县围绕中央提出的“五有”目标，继续把“五大惠民工程”和“十件实事”作为重点，扩大公共服务，完善社会管理，着力解决人民群众最关心、最直接、最现实的利益问题，共享改革发展成果，提高人民群众的幸福指数。教育均衡工程：全面完成11.65万平方米校舍安全工程任务；高考中考均居全市各县区前列，初中学生保留率达99%以上，小学阶段普及率达到100%。新职业中学一期工程全部竣工，二期工程加快建设。成人教育、学前教育、民办教育、特殊教育都取得了同步发展。医疗健康工程：巩固完善新型农村合作医疗制度，新农合保持了全覆盖；县医院门诊楼投入使用；11所乡镇卫生院建设全部达标，村级卫生所“双千工程”进展顺利；健全了县乡村三级卫生监督网络，疾病防控能力不断增强。“好娃娃”工程扎实有效，人口与计生工作迈上新台阶。社会保障工程：全面完成了县乡6所敬老院建设，集中供养人数达到390人。全县城市低保和农村低保对象实现应保尽保。创业就业工程：新开发就业岗位2546个，新增就业1736人，转移农村劳动力1371人，城镇登记失业率控制在2.1%。住房安居工程：建成2.2万平方米的6栋廉租房和经济适用房，解决了385户低收入家庭住房困难，完成了100户农村危房改造任务。

五、致力于标本兼治，着力加强安全稳定工作

屯留县始终把保持全县社会的持续稳定作为衡量和检验领导班子和领导干部工作成效、执政能力的重要标准。坚持开展县、乡、村三级书记大接访活动，扎实开展大下访“双排查”工作；进一步规范书记、县长公开电话办理工作程序，有效化解了各类矛盾，使大量不稳定因素化解在基层，为推动转型跨越发展创造了良好的社会环境。进一步强化社会治安综合治理工作，以开展省级“平安先进县”创建活动为重点，全面组织开展了严打整治专项活动，完善社会治安防控体系，全力构筑四大治安防控网络，依法打击各类违法犯罪活动；高度重视安全生产工作，时刻绷紧安全生产这根弦，以率先创建全市本质安全型县为目标，以32个创建试点单位为重点，深入开展打击非法生产专项行动，对重点行业和重点领域进行了大排查、大整治。同时认真做好煤矿企业的整合关闭兼并重组工作，全县煤矿百万吨死亡率为零，全县未发生一起重大安全生产责任事故。

六、致力于党的建设，着力打造转型跨越发展的坚强核心

屯留县以改革创新的精神，全面加强党的思想、组织、作风、制度和反腐倡廉建设，不断提高党的执政能力和执政水平，切实把党的政治优势和组织优势转化为推动屯留发展的强大力量。扎实开展了创先争优活动，创造性地实施了“五分工作法”、“一诺六步法”和党员亮牌工程，开展了“万名党员公开承诺”和党员志愿者服务活动。特别是探索形成的“五分工作法”，得到了中组部、中央创先争优活动领导小组办公室和省委、市委的高度评价和充分肯定。全县108个村级组织活动场所全部建成；扎实抓好大学生村官自主创业工作，形成了以“大学生村干部+农民专业合作社”的“屯留模式”，大学生村干部创业的经验在全省进行了交流。认真学习贯彻落实中央《廉政准则》和省委“五个不准”要求，大力弘扬“太行精神”和“右玉精神”，继续引深“学、干、带、快、敢”五字作风建设，开展了作风整肃月活动和万名干部转变作风下乡住村“六个一”活动，实行“四个四分之一”工作法，推动了作风的大转变，工作的大落实。严格落实党风廉政建设目标责任制，集中开展了煤焦领域和重点工程领域清理整治、纠正不正之风和行风评议等各项活动，进一步加大了案件查办力度，查办案件工作排名全市第一。

一年来，屯留县先后被国家、省、市表彰和命名为“中国绿色名县”、“全国生态文明先进县”、“全国基层党建宣传示范单位”、“山西省环保模范县”、“山西省创建文明和谐县城工作先进县城”、“山西省义务教育标准化建设达标县”和“山西省文化强县”。 （刘 操）

附：一、中共屯留县委书记、副书记、常委名单

书　记：王辅刚

副书记：黄福喜　李伟民

常　委：杜天才　秦世芳　全所军　韩秀英（女）

二、乡镇（工业园区、开发区）党委书记、副书记名单

麟绛镇

书　记：高中玉

副书记：李书红（9月离职）　刘艳丽（9月任职）

河神庙乡

书　记：马珂炜

副书记：郭银萍

张店镇

书　记：马东斌

副书记：倪　敏

西贾乡

书　记：冯　华

副书记：郭　炜

丰宜镇

书　记：邢志刚

副书记：刘文茂

李高乡

书　记：李俊青

副书记：郭应红

上村镇

书　记：李培元（9月离职）　李书红（9月任职）

副书记：西立功（9月离职）　申云鹏（9月任职）

渔泽镇

书　记：郗淑芳

副书记：高晋山

路村乡

书　记：牛浩刚

副书记：高志刚

余吾镇

书　记：刘志敏

副书记：张庭则

吾元镇

书　记：张宏斌

副书记：宋　军

康庄工业园区

书　记：高锦香

副书记：秦曙斌

上莲开发区

书　记：连晓燕

副书记：杨　青

西流寨开发区

书　记：王　军

副书记：杨　斌

中共长子县委工作概况

县委书记　张　圣

2010年，长子县委与全县人民一道，把项目建设作为经济增长的第一抓手和载体，全年铺开总投资420亿元的项目102个，其中上亿元的项目48个，举全县之力予以推进。在项目建设的有力拉动下，全年财政收入达到10.1亿元，同比增长26.25%。全年地区生产总值达到50亿元，同比增长16%；固定资产投资完成45.1亿元，同比增长25.63%；一般预算收入完成3.45亿元，同比增长27.63%；规模以上工业增加值完成32.33亿元，同比增长35.3%；社会消费品零售总额完成8.68亿元，同比增长20.6%；城镇居民人均可支配收入达到14133元，同比增长9%；农民人均纯收入达到6250元，同比增长10.04%；粮食总产量达到2.12亿公斤，比上年增长6%，各项主要经济指标均实现平稳较快增长，为转型跨越奠定了坚实的物质基础。

一、工业工作

围绕“以煤为基、多元发展”和“一批投产项目早达效、一批在建项目早投产、一批新上项目早开工、一批储备项目早落地”的“四个一批”项目要求，梯次推进总投资322.2亿元的工业项目32个。一是传统项目全循环。按照依托煤、发展煤、延伸煤、超越煤的思路，重点推进了投产项目早达效、在建项目早投产和煤炭企业发展非煤产业。结合资源型企业发展实际，县委出台《煤炭企业发展非煤产业办法》，明确规定每个煤炭企业必须至少上马一个亿元以上的高新项目，在全县转型发展中树标杆、做表率。一年来，长子县委坚持在新型项目中实施一个企业、一套人马、一本台帐、一抓到底“四个一”机制，全力支持高、精、尖项目落户长子。康宝500吨血液制品已投入生产，禾能2×1.5万千瓦秸秆电厂项目基本竣工，6万吨玻璃纤维、康宝二期、特高压二期、LED延伸等项目抓紧推进。二是招商引资增活力。年产800万吨的岳山煤矿、汽车部件制造、华电风力项目、重机装备制造等一批项目达成落户意向，极大地增强了全县工业经济发展的后劲。

二、农业工作

蔬菜种植上，200亩以上规模园区达到42个，设施蔬菜千亩村达到4个，全县蔬菜种植面积突破18万亩，设施蔬菜面积超过8万亩。同时，大力扶持和发展食用菌生产。畜禽养殖上，坚持“村内禁止养、村外标准养”，全县畜禽饲养量达到800万只（头）。其中，10万只以上标准化养殖小区12个。烤烟生产上，推广漂浮式育苗5000亩，智能化烘烤5000亩，机械化耕作6000亩，种植面积稳定在8900亩。重点扶持方兴、双龙、生贵、恒绿、瑞强、惠民、昌利等一批农业龙头企业，示范带动作用明显增强。方兴万亩高效农业生态示范园，成型600亩核心区，被国家农业部列为“全国蔬菜生产标准园”，成为县域内现代农业发展的一大亮点。截至年底，全县农业龙头企业达到12家，辐射带动农户4.8万户，促进农民增收超过5.5亿元。总投资近2亿元建成的龙城农产品物流园区、馥宏脱水蔬菜、大地蔬菜加工、绿森番茄酱加工、昌利鸡蛋加工5大农产品深加工企业和农民专业合作社建设，使农产品加工转化率达到26%以上。全县农民专业合作社总数达到540多家，在全省第一家实现村村“全覆盖”。

三、基础设施建设

围绕发挥集聚功能、提升城市品位、打造最佳宜居县城目标，全力加快市域城镇化步伐。投资23亿元，重点打造5大城建精品工程。总投资17亿元占地1300亩总建筑面积120万平方米的城东新区，世纪城小区、慈林小区、华安小区等15个项目全面完工；投资2.2亿元的五星级大酒店，完成主体工程；投资1.2亿元的长子会堂，基本完成主体工程；投资4000万元的城东文化广场，完成秋冬季绿化和园内主要道路硬化；投资2亿元的长子东湖项目积极推进。同时，高水平完善城市功能，投资2200万元建成日处理垃圾90吨的垃圾处理中心；投资2450万元建成3个县城集贸市场；投资8000万元硬化县城主巷235条、支巷600多条，县城街巷硬化率达到95%以上；投资2300万元实施了县城供水管网改造，城市功能进一步完善。

四、民生保障工作

惠民工程方面，投资2.2亿元的20轨制实验中学，即将投入使用；投资1.08亿元的中小学校舍改造工程，52所学校的除险加固和29所学校的新建工程全部完成；投资3500万元的中医院8层门诊综合大楼投入使用，成为全市乃至全省设施一流的县级中医院；投资2714万元的农村5万人饮水解困工程，全面完工；投资2000多万元，新建、改建组织活动场所173个，实现了全县399个行政村组织活动场所全覆盖。政策保障方面，继续落实农村建国前入党老党员、卸任老支书、受过市级以上表彰的老模范、60岁以上从艺30年的老艺人、70岁以上的老年人“五老”1.5万人生活补贴、现任农村主干补贴、蔬菜大棚补贴、畜禽养殖补贴、新农村建设补贴、秸秆还田补贴等一系列补贴政策；在全市率先启动新型农村社会养老保险，直接受益人数达到4万多人；全面免除义务教育阶段作业本费，实现义务教育阶段就学全免费；深入推进教育质量提升工程，普通高考二本以上达线人数连续三年翻番，2010年达到734人，位居全市各县区第一。文化事业方面，深入推进文化惠民工程，先后开展了元宵节文艺展演、广场消夏晚会等丰富多彩、形式多样的文体活动，极大地丰富了群众文化生活；县老年秧歌队作为唯一一支县级业余参赛队，在第十三届省运会老年组健身秧歌比赛中夺得金奖；文化精品创作方面，“三剧一影”脱颖而出，其中《尧王长子》、《鲍宣》两部历史大戏搬上舞台，《西燕长歌》即将上演；全面反映第八届村委换届选举的本土电影《丹朱岭的选举》在长子县顺利拍摄完成，引入央视电影频道播出内容；响铜乐器制作技术、八音会演奏艺术、长子鼓书说唱艺术被列入国家非物质文化遗产；精卫填海神话传说被列入省级非物质文化遗产。城乡生态方面，2010年再次投入1.1亿元，全面铺开农村绿化、通道绿化、县城绿化等八大造林绿化工程，新栽各类苗木467万株，新增绿化面积3.5万亩；投资4亿多元，全面铺开“全国绿化模范单位、国家卫生县城、国家园林县城”三大创建活动。经过艰苦努力，长子县被国家爱卫会授予“国家卫生县城”殊荣。全面推进节能减排工作，2010 年,全县空气质量二级以上天数达到365天，其中一级天数207天，继续领跑全市全省。

五、安全稳定工作

（一）安全工作。围绕强化政府监管、企业主体、职工本质安全三个环节，狠抓安全管理，连续两年保持了煤矿安全生产“零事故”的良好态势。煤矿及危化企业，严格落实谁分管、谁负责和安全生产一票否决制、重大隐患挂牌督办制，特别是在煤炭企业全面推行“先探后采、探掘分离、瓦斯监控”工作法，实现了防水、防瓦斯工作的常态化，确保了安全生产的万无一失。学校及周边环境，通过强化教育主管部门职能、为各级各类学校配备安保人员、严格出入校（园）登记、加强交巡警值勤等措施，确保了在校师生人身安全。重大危险源整治，组织林业、电力、工商、消防、畜牧、卫生、交警等部门，对护林防火、交通安全、消防安全、食品安全、畜禽防疫、建筑领域施工安全等进行全方位排查，严防了森林火灾、重大交通事故的发生。成功承办全省重大动物疫病防控应急演练现场会，受到国家和省市相关部门领导的高度赞誉。

（二）信访工作。投资465万元新建信访接待大厅，进一步强化社情民意渠道。2010年共化解各类信访突出问题267起，确保了世博会、亚运会和国庆期间全县社会大局稳定。

（三）综合治理工作。围绕社会矛盾化解、社会管理创新、公正廉洁执法，充分发挥法、检、公、司及综治队伍职能作用，大力开展清理排查、打黑除恶等专项行动，加强对重点场所、重点人群、重点案件的查处力度，黑恶势力、两抢一盗、黄赌毒等问题得到有效遏制，治安、刑事案件明显下降，平安长子建设取得明显成效。

六、党的建设工作

（一）基层党组织建设工作。创造性推出“五赛五评”，创建学习型党组织经验在全市推广。创新载体，不断深化创先争优活动，组织开展政策进村、科技进村、补贴进村、组织活动场所进村、法制进村、信息进村、项目进村、健康进村、文化进村、人才进村“十进村”活动，共结对帮扶群众3050户，为农村引资上项5000余万元，帮助群众办好事实事2450件。

（二）干部人事制度建设。坚持正确的用人导向，尊重民意，倾向基层，注重从工作前沿和承担急难险重任务中发现和培养干部、选拔和使用干部、甄别和淘汰干部，在全县营造了以实绩论英雄、凭德才选干部的用人环境。积极尝试“两推三考一票决、三个环节都差额”干部选任程序，增强了选任工作的科学性，激发了各级领导班子和干部队伍奋发向上的活力。按照民主集中制要求，注重发挥班子的集体力量，进一步提升了各级班子的凝聚力和向心力。积极开展县委联系专家和优秀人才试点县工作，制定出台《长子县中长期人才发展规划（2010—2020年）》、《县委联系专家和优秀人才制度的意见》，使人才工作成为各级党委中心工作之一，有效促进了人才队伍建设。

（三）作风建设。一年来，共立查案件61件，处分党员干部90人，其中乡科级干部13人，挽回经济损失105万元。

（四）民主法治建设。按照发展社会主义民主政治要求，重点从“四个支持”、“一个实施”入手，努力加快法治长子建设进程。支持县人大及其常委会依法履行职能，做到了党的领导、人民当家作主和依法治县的有机统一；支持县政协充分发挥政治协商、民主监督、参政议政三大职能；支持政府落实行政执法责任制，依法行政、依法决策、依法管理；支持和接受媒体、社会公众的舆论监督和监察、审计部门的职责监督，不断把民主法治建设推向前进。深入实施党务公开、政务公开、财务公开等阳光工程，进一步扩大了基层民主。圆满完成“五五”普法任务，在全社会形成了自觉学法、守法、用法的浓厚氛围。坚持党管武装原则，大力支持国防和驻县部队建设，深入推进“全省双拥模范县”创建工作，促进了军民融合发展。

（王俊平）

附：一、中共长子县委书记、副书记、常委名单

书　记：张　圣

副书记：卢展明

常　委：王国英　武振卫（挂职，11月离职）

王沁平　崔万英　张耀华　翟卫华　贾软贤

秦建宇　胡晓光（5月离职）

杨国华（5月任职）

二、乡镇党委书记、副书记名单

丹朱镇

书　记：王书文

副书记：王慧刚（6月任职）

石哲镇

书　记：吴　斌

副书记：师向东（6月任职）

碾展乡

书　记：赵海斌

副书记：和　军（6月任职）

南陈乡

书　记：王文德（3月离职）　王鹏飞（6月任职）

副书记：李亚军（6月任职）

色头镇

书　记：王华庆

副书记：徐宏伟（6月任职）

常张乡

书　记：申宛成

副书记：张连枝（3月离职）　王曙军（6月任职）

慈林镇

书　记：吴晋杰

副书记：张建刚（6月任职）

大堡头镇

书　记：韩红星（3月离职）　杨卫星（6月任职）

副书记：李红旗（3月离职）　张树军（6月任职）

南漳镇

书　记：杨卫星（3月离职）　王志宏（6月任职）

副书记：师　宏（3月离职）　常绍伟（6月任职）

宋村乡

书　记：郭世杰（3月离职）　王文德（6月任职）

副书记：高振文（6月任职）

鲍店镇

书　记：薛宏刚

副书记：李建新（6月任职）

岚水乡

书　记：秦红霞

副书记：王慧刚（3月离职）　陈志宏（6月任职）

中共壶关县委工作概况

县委书记　李全心

2010年壶关县共有12个乡镇，1个经济开发区，390个行政村，总人口30万，其中农业人口26万。全县共有基层党委22个，其中乡镇（区）党委13个，机关党委7个，企业党委1个，村级党委1个。有党总支19个，其中农村党总支3个；基层党支部655个，党员15313名。在17个符合条件的“两新”组织中建立了党支部，实现了“党建工作”全覆盖。

在长治市委、市政府的坚强领导下，壶关县委深入贯彻落实科学发展观，和衷共济，顽强拼搏，攻坚克难，奋力突破，顺利实现了项目大引进、农业大丰收、经济大增长、民生大改善、城乡大变化、社会大和谐，为“十二五”开局奠定了良好基础。

一、奋力突破，主要指标稳定增长

2010年，全县生产总值达到26.6亿元，同比增长7.9%，比2005年增加9.19亿元，年均增长8.8%；社会固定资产投资完成17.2亿元，同比增长67.9%；财政收入完成2.88亿元，同比增长10.5%；城镇居民人均可支配收入达到11287元，同比增长7.5%；农民人均收入达到2598元，同比增长11.6%；粮食总产量达到1.08亿公斤，增长6.6%；社会消费品零售总额达到8.9亿元，同比增长21%；空气质量二级以上天数达到341天；人口自然增长率控制在4.45‰以内。

二、群策群力，项目推进成效明显

以5+1经济格局为载体，总投资32.5亿元，上马重点项目68项。到年底，45项竣工投产或基本完工，23项正在积极推进之中。其中，五个煤矿的资源整合基本完成，转型发展迈开了新的步伐；壶化集团数码电子雷管生产线建成投产；常平100万吨高速线材二期工程推进顺利；环鑫源不锈钢产能扩大配套项目如期完工；旅游循环路工程进展顺利；红豆峡书画院工程、青龙峡漂流河道延伸工程、黑龙潭高空索桥建设工程全面完成；八泉峡供水大坝基础浇注工程基本完成；郭氏羊汤5000吨系列肉制品生产线达产达效；紫团公司万吨食用菌生产线项目建成投产；旱地西红柿总产量达到15万吨，8000多农户从中受益。2010年后半年，在省委转型跨越发展战略的推动下，壶关县出台了招商引资10条优惠政策，县四套班子带头走出壶关考察、洽谈项目，全县共洽谈合作项目15个，总额300多亿元，其中，240亿元的煤制气项目、60亿元的风力发电项目、3亿元的中药特效烧伤药“克烧净”项目、1亿元的燃气项目，成功签约，县域经济发展后劲将进一步增强。

三、分类实施，城乡面貌持续改观

遵循省、市建设上党城镇群和大县城带动战略，聘请省规划设计院对《壶关县城总体规划》进行了重新编修。投资近10亿元，实施了十大城建重点项目。其中，西城路抬高北延工程，成为县城第一条标志性路段，为外地人进入壶关增添了新的美感，昭示着壶关的开放与魅力；神山公园的改造建设，拓展了居民休闲娱乐的内涵和空间；龙丽河水库除险加固工程，为水上公园的进一步配套和下游居民的安全，奠定了基础性保障；集中供暖工程经过产权置换、管理创新，建成了放心工程、安民工程；经济适用房建设、粮食中心和轧板厂拆迁改造、小街小巷硬化等，为旧城改造展示了新的前景。在城乡统筹发展方面，重点抓了长平线、荫林线、四赵线、李东线等主干公路沿线的新农村建设，打造了壶关大地亮丽风景线。实施了48个村的整村推进和800人的移民搬迁任务，圆满完成了园林化村庄建设任务，新修改造村通水泥路57公里，完成饮水工程88处，建成大型沼气工程1处、户用沼气池6000余个。长安高速公路过境工程基本竣工，山西中南部铁路壶关客货两用车站开工建设，带来了壶关发展的历史性机遇，创造了打造物流集散基地的先决条件。

四、民生为本，社会事业顺利推进

投资1.3亿元的校安工程主体建筑基本完成；投资1800万元，解决了4.1万人口的安全饮水问题；县乡村三级医疗卫生机构达标率达到87%；城镇社会保障覆盖率达到86.5%；新农合参合率达到94.5%；城镇登记失业率控制在2.8%以内；有线电视用户达到4.1万户，通村率达到94%；先后投资1.23亿元和2.3亿元，实施了40项惠民举措和六大惠民工程，农村“五老”、村级干部、弱势群体、计划生育奖扶对象等普得实惠，其中，农村支部书记和村委主任工资达到当地农民人均收入的2倍以上，财政供养人员含增资、补助、烤火费增加等，年增4220元；积极开展老年和老干部工作，扩大了文体活动、资料订阅、刊物出版、外出考察、免费体检等福利性事项；大力推进干部培训、职业教育、社会办学、科技普及工程、“好娃娃”人口文化工程、群众文化活动、三晋文化研究、全民健身等社会事业，人民群众的幸福指数进一步提高。

五、多措并举，和谐稳定态势良好

党建工程的推进，切实发挥了基层党组织和全体党员在改革、发展、稳定中的积极作用；认真抓好组织建设，彰显了部分中层干部调整后的积极效应，风清气正、干事创业的势头不断高涨；持续引深党风廉政建设，加大违纪案件查处力度，强化纠风治乱，优化了全县发展环境；充分发挥宣传、教育、武装、新闻媒体及工青妇组织的作用，推进了公民道德建设纲要的落实和精神文明建设，社会和谐之风日趋浓厚；积极有序推进了政府系列机构改革、集体林权改革、医疗卫生体制改革、文化体制改革，进一步增强了发展的生机和活力；认真推行“四议两公开”，农村“三务”透明度增强，干群关系进一步改善；持续推行“三三六”工作法，森林火情火灾大大减少；强化安全生产监管，扎实抓好重点行业的安全管理，全年没有发生大的安全事故；认真落实“六三”信访工作长效机制，加大信访案件化解力度，集中解决了13起陈年疑难案件，信访流量同比下降3.6%，实现了全国“两会”、上海世博会、广州亚运会期间赴省、进京零上访；加强普法教育和社会治安综合治理，严厉打击各类严重违法犯罪活动，社会治安明显好转，和谐稳定的政治局面进一步巩固和发展。

六、创先争优，各业亮点竞相彰显

以党内创先争优带动社会创先争优，全省老龄工作示范县创建现场会、长治军分区学习贯彻新条令暨正规化建设现场会、全市劳动力转移就业暨阳光工程管理培训现场会、全市民政系统廉政风险防范管理现场会在壶关县召开。全县近百项工作走在省、市前列，相继获得中国绿色名县、全国低碳旅游实验区、全国老龄工作先进集体、全省老龄工作示范县、省级文明和谐县城、全省林业生态县、山西省县级职教中心达标先进县、全省义务教育达标初验合格县、山西省民族团结进步县等荣誉称号。其中，县检察院不断发扬一把笤帚扫环境灰尘、一把笤帚扫思想灰尘的“两把笤帚”精神，被中央文明委表彰为全国文明单位，市委学习型党组织建设领导组办公室专门下发了《关于向壶关县人民检察院学习的决定》；县人民法院被最高人民法院表彰为全国优秀法院；壶化集团确立的“131”活动载体，南洋育栋学校开展的“办好五件小事、擦亮胸前党徽”创建活动，得到了省委充分肯定；机关干部下乡住村“421”

工作法，在全市创先争优座谈会上进行了经验交流；常平开发区郭志敏创作的《常平之歌》，获得全国第二届村歌大赛“十大金曲”奖；县邮政局职工赵月芳荣获全省道德模范；体育幼儿园园长秦秀丽获得全市十佳女性提名奖。全县各行各业、各条战线敢于争先、勇创一流，大大提升了壶关的知名度和影响力。 （王林茂）

附：一、中共壶关县委书记、副书记、常委名单

书　记：李全心

副书记：段树新　王淑彦（女）　李强安

常　委：赵旭光　马先明　卫　明　牛安林　常　庆　崔海书　张　剑

二、乡镇（开发区）党委书记、副书记名单

龙泉镇

书　记：李富增（2月离职）　秦志云（2月任职）

副书记：王世英（2月离职）　张　文（5月任职）

百尺镇

书　记：徐玉明（2月离职）　贾风鸣（2月任职）

副书记：张红卫（2月离职）　秦志岩（5月任职）

店上镇

书　记：连树斌

副书记：李立堂（2月离职）　雷学波（5月任职）

树掌镇

书　记：崔秀清（2月离职）　张红卫（2月任职）

副书记：秦志岩（5月离职）　冯小红（5月任职）

晋庄镇

书　记：仇建斌（2月离职）　张志平（2月任职）

副书记：贾风鸣（2月离职）　赵申岗（5月任职）

常平开发区

书　记：陈忠孝

副书记：郭志敏　陈　阳　陈胖东　弓书霞

集店乡

书　记：王国林（2月离职）　李立堂（2月任职）

副书记：雷学波（5月离职）　牛加强（5月任职）

五龙山乡

书　记：张月飞（2月离职）　徐云开（2月任职）

副书记：李伟红（5月离职）　张斌君（5月任职）

黄山乡

书　记：秦元忠（2月离职）　王世英（2月任职）

副书记：宋　波（2月离职）　张　昱（5月任职）

东井岭乡

书　记：闫文斌（2月离职）　李爱民（2月任职）

副书记：张志平（2月离职）　张海江（5月任职）

石坡乡

书　记：秦志云（2月离职）　宋忠孝（2月任职）

副书记：张　文（5月离职）　李志强（5月任职）

鹅屋乡

书　记：李爱民（2月离职）　高福生（2月任职）

副书记：赵申岗（5月离职）　吴凤林（5月任职）

桥上乡

书　记：栗建平（2月离职）　闫志斌（2月任职）

副书记：闫志斌（2月离职）　王红伟（5月任职）

中共平顺县委工作概况

县委书记　陈鹏飞

平顺县现辖5镇7乡，262个行政村，总人口16.7万，国土面积1550平方公里。全县共有13个基层党委，1个党工委，29个党组，493个党支部，10543名党员。

2010年，是平顺县实施“双五”战略、主攻“五大”目标的全面提升年，也是“十一五”的收官之年。一年来，在省委、市委的坚强领导下，中共平顺县委认真贯彻党的十七大和十七届三中、四中、五中全会精神，深入贯彻落实科学发展观，根据省委转型发展、跨越发展的要求，团结带领全县人民，高扬旅游龙头、主攻绿色生态，建设“一地两区”、致力“一提两升”，全县经济、政治、文化、社会、生态和党的建设全面提升，实现了“十一五”各项目标任务的完美收官。年初筛选确定的198个项目，完工171个，68个重点工程项目开工63个，完工37个。全县生产总值达到14.8亿元，同比增长13%;固定资产投资完成13.0651亿元，同比增长41.16%;规模以上工业增加值达到6.0234亿元，同比增长22.03%;城镇居民人均可支配收入达到11496元，同比增长7.4%;农民人均纯收入达到2807元，同比增长3.2%；财政收入完成1.389亿元，同比增长24%。固定资产投资在上年较高基数的基础上，保持了高速增长，省市重点项目投资完成率全市领先，多数经济指标达到或超过危机前水平，增幅在全市名列前茅，为“十二五”良好开局打下了坚实基础。一年来，先后获得“中国最具投资潜力特色示范县”、“中国低碳旅游示范区”、“全国绿化模范县”、“全国生态文明先进县”、“中国绿色名县”、“国家级园林城”、“省级环保模范城市”等荣誉称号。

一、高起点谋划，不断完善科学发展思路

按照省委转型发展、跨越发展和市委实现“四个率先、

五个翻番”的要求，县委广开言路听民意，深入基层大调研，对全县现有资源禀赋和阶段性发展特征进行再认识、再思考，顺应转型发展的时代潮流，登高望远谋划未来发展，鲜明提出以建设“一地两区”（中国低碳旅游最佳目的地、全国新能源建设综合示范区、国家生态建设示范区）为主要载体，以实现“一提两升”（提高人民群众幸福指数，提升经济硬实力、提升文化软实力）为追求目标，以打好“五场硬仗”（解放思想的硬仗、提升素质的硬仗、转变作风的硬仗、优化环境的硬仗、招商引资和招才引智的硬仗）为主要推进手段，深入实施“双五”战略、主攻“五大”目标，高扬旅游龙头、主攻绿色生态开辟了更为广阔的空间，主攻方向更加明确，路径载体更加突出，目标定位更加清晰，进一步激发了全县人民的创业热情，在全县掀起了解放思想、招商引资、竞相赶超、干事创业的新高潮。

二、深入开展下乡住村活动，干部作风建设领跑全市全省

县委始终把坚持群众路线、树立群众观点，站稳群众立场、凝聚群众力量作为推动一切工作的根本保证，致力推动干部思想转型、工作重心转型、主要工作精力转型，通过目标责任推动、一线教育促动、领导示范带动、导向激励调动、精设载体驱动，引导激励全县党员干部自觉深入基层、下乡住村、了解民情、服务群众。下乡住村、解决问题成为广大干部的自觉行动和工作常态，全县上下呈现出“干部群众心连心，社会和谐事业兴”的生动局面。《经济日报》、《山西日报》、《中国青年报》、山西电视台、《长治日报》等多家主流媒体对干部下乡住村活动进行了专题报道；省委书记袁纯清亲自作出批示，省委办公厅《工作研究与交流》刊发了平顺县的具体做法，并在全省进行了经验交流和学习推广；省委组织部“六个一”活动推进会在平顺召开，平顺再次为全市和全省党员干部作出了表率，受到与会同志的一致好评。

三、大打招商引资攻坚战，为转型跨越发展积聚新力量

县委县政府先后出台了一系列招商引资优惠政策和奖惩激励办法，全县上下兴起全员招商新热潮。一年来，县委、县政府主要领导多次带队组团外出考察招商，先后赴北京、山东、吉林、四川、福建等地推介项目、招商洽谈，邀请平顺籍在外成功人士回乡考察，邀请长治河南商会、珠海商会的企业家先后走进平顺进行项目对接。全年共争取中央、省、市投资项目124个，累计争取资金近10亿元，绝对额比2009年增加近3亿元；全年共引进亿元以上项目10余个，签约和意向投资累计达80多亿元。2010年成为“十一五”期间全县招商引资成果最为丰硕的一年。

四、加快产业结构转型，旅游和新能源产业快速成长

围绕清洁发展、绿色发展，引导外来资本向新型产业投放，着力改造提升传统产业，继续优化产业布局。旅游产业龙头地位进一步巩固。旅游招商和重点项目建设实现重大突破，新引进塔山集团、三元煤业等企业，投资20多亿元对虹霓峡、太行水乡、神龙湾等景区进行集中开发，各景区建设按既定规划顺利推进。通天峡星级酒店、长治麦田度假酒店、长治丰源生态庄园、欧亚产权酒店等旅游酒店项目，积极完善规划设计；长治纪兰潞秀发展有限公司旅游纪念品开发项目，已生产10余种产品，市场前景看好；争取国家投资2.97亿元的西沟红色旅游项目，被中宣部、发改委、财政部和国家旅游局列入《全国红色旅游经典景区二期名录》，基础设施建设抓紧实施。继2009年获得多项荣誉后，2010年再获“中国低碳旅游示范区”称号，西沟展览馆被评为全国廉政教育基地。全年接待游客125万人次，旅游综合收入达到3.7811亿元，各项业绩再创新高。新型能源产业扎实起步。大唐电力40亿元的风电项目，32亿元的太阳能发电项目，测风、测光效果良好，为全面开工建设奠定了坚实基础；长治宇飞秸杆发电项目在省市发改委正式立项；元通新上精密铸件、瑞烽化工环保密闭型电石炉项目进展顺利；与长治高新区合作，建设平顺高新技术开发区事宜取得实质性进展。全县以旅游和新能源产业为主导的现代产业体系初具雏形。

五、坚持不懈造林播绿，生态文明建设再创佳绩

全年共完成造林面积5.55万亩，通道提档270公里，通村道路绿化617公里，完成乡村绿化180个，新建省级园林村16个，开发林下经济2000亩，建成青苗线2个万亩荒山绿化精品工程、李东线通道绿化精品工程，林业建设综合效益凸显；集体林权制度改革有序推进，调查摸底工作全面完成，林地确权完成总任务的88.1%；大力实施“蓝天、碧水、静音”工程，各项环境指标完成良好，环境质量持续改善。生态文明建设给力全县转型跨越发展，绿色平顺、生态平顺名片叫响全国。

六、夯实农业基础地位，“三农”工作扎实推进

县委始终把推进农业稳步发展、农民持续增收作为保持经济平稳较快发展的一项基础性工作来抓，全面落实国家惠农政策，不折不扣完成粮食直补工作，全县13.5万人直接受益；着力提升农民素质，全年累计培训农民10万人次，建立科技示范户1000户，辐射带动2万户；大力推进农业产业化，振东集团中小药材基地建设全面铺开，太行紫团等多家县外企业与本土企业联袂发展；扶贫开发成效显著，全年共移民搬迁330户1250人，新转移农村劳动力1.2

万余人；狠抓新农村建设，19个省级重点推进村和25个市级整治村全部完成规划编制，基础设施建设和社会事业全面跟进，新农村建设成效显著。

七、加快推进城镇化建设步伐，城镇化水平全面提升

抓住新一轮城市总体规划修编契机，编制了“一城两翼三中心”的大县城发展规划，进一步明确了全县城镇化建设的发展方向和战略布局。按照“突出山城特色，彰显人本理念，完善城市功能，提升城市品位”的指导思想，全年共铺开城建工程项目28个，总投资2.3亿元。迎宾大道两侧检察院“两房”建设、信合营业办公楼、移动大楼、滨河路、滨河游园工程、地灾治理二期工程等一批重点城建项目相继完工，一个集居住生活、休闲娱乐、文化教育、交通通信于一体，功能完善、布局合理的县城新区靓丽呈现；县城集中供热工程完成厂区主体工程，主管网铺装覆盖1/2 城区，集中供气完成2/3的主管网铺设；城市绿化、亮化、美化工程不断提档升级，山城品位提升、美感增强、特色魅力进一步彰显。

八、高度重视民生事业，社会建设亮点纷呈

坚持以人为本、均衡发展的原则，努力在发展经济的同时，着力解决涉及群众切身利益的各类问题，不断改善民生、促进社会和谐。“五个全覆盖”成效显著。新完成村通水泥（油）路120公里，全县通车里程达到1240公里，行政村通客车率达到98%；完成农村饮水安全工程64处，解决了1.3万人、8000余头大牲畜的安全饮水问题；继续抓好四级医疗卫生体系建设，新改建35个农村新型卫生所，开工建设县医院综合医技楼；校舍安全工程顺利推进，20个校舍加固维修项目全部完工投入使用，20个新建项目主体完工；提前完成753套20户以下自然村“村村通广播电视”安装任务。就业和社会保障工作得到加强。新增就业岗位1510个，开发公益性岗位400个，城镇登记失业率控制在了2.7%以内；各类保险政策有效落实，参保人数不断增加，社会保障覆盖面进一步扩大；农村敬老院和保障性住房建设完成年度目标任务，城乡社会救助、救灾、优抚等工作有效开展。统筹推进社会事业。进一步创优教育办学条件，继2009年“三校”工程竣工投入使用后，2010年又开工建设职教中心、山南底小学、王庄小学、特教小学“四校”工程，县城教育资源布局更加合理；教学质量不断攀升，2010年中考600分以上达线92人，高考二本以上达线164人，均创历史新高。启动实施居民健康档案制度，建档11.5万人；新农合参合率达到93.18%；人口和计划生育工作有力推进，群众性体育活动广泛开展。扎实推进安全稳定工作。严格落实企业安全生产和政府安全监管主体责任，深入开展本质安全型县创建工作，安全生产继续保持平稳良好态势。以平安创建为抓手，总结推广车当化解基层纠纷经验，创新社会管理模式；以专项整治为载体，创优重点项目施工环境，全面落实校园安保工作，实现了五个“零”（赴省进京非正常越级“零”上访，重大治安刑事案件、群体性治安案件、影响政治稳定的政治事件、涉法涉诉案件“零”发生）目标，社会治安秩序保持了和谐稳定的良好局面。

九、加强宣传思想文化工作，县域发展软实力显著增强

坚持以理论武装为先导，以服务大局为中心，以改革创新为动力，以文化繁荣为目标，努力为全县经济社会又好又快发展提供强大舆论支持和精神动力。注重理论武装。大力推进学习型党组织建设，全年各级中心组集体学习485次，邀请理论权威和知名专家举办高层讲座6次，组织理论宣讲56次。强化舆论引导。落实对网络等新兴媒体的监管，加大重大主题和重大活动的宣传力度，为加快推动全县转型跨越发展营造出良好舆论氛围。加强精神文明建设。广泛开展各类文明创建，西沟、留村被命名为“全国文明村”，西沟乡被命名为“全国文明创建工作先进乡镇”，16家单位被命名为省级文明和谐单位。着力做好外宣工作。把节会赛事与低碳旅游文化结合起来，把经济交往与文化交往结合起来，成功举办第四届平顺太行水乡全国新闻记者漂流邀请赛暨首届平顺低碳旅游文化节等重大旅游文化推介活动，主动邀请中央和省市新闻媒体来平顺县采风，平顺对外知名度和美誉度进一步提升。大力发展文化事业和文化产业。加强公共文化服务设施、基层文化阵地和队伍建设，建成平顺民俗文化馆并对外开放。成功举办第四届群众文化展示周、校园文化展示周等活动，深入实施农村“文化低保”工程，北社“四景车”成功申报第三批国家级非物质文化遗产，电视剧《乡村大爷》开机拍摄，新编现代戏《山村支书》搬上舞台，群众文化生活更加繁荣，精神面貌焕然一新。

十、全面加强党的建设，党的执政地位不断巩固

以深化干部作风建设为抓手，不断推进党的思想、组织、作风、制度和反腐倡廉建设。认真开展主题实践活动。学习实践科学发展观活动圆满完成，初步形成一批推进科学发展的制度机制。按照中央和省市委统一部署，继续深入开展了以“六争六创”为主题的创先争优活动。夯实党建工作基础。大力实施“党建网联”工程，深入开展了以“五创一建”为主要内容的“旗帜工程”，基层党组织的战斗力、凝聚力明显增强；顺利完成基层党组织换届选举工作，第二批村级党组织活动场所全部竣工投入使用。强化干部队伍建设。出台《年度目标责任考核试行办法》，进一步明确了科学发展的导向，完善了干部政绩考核的体制机制。加大竞争性选拔力度，面向全县公开招考了13名副科级干部。出台优惠政策，主动搭建平台，为大学生村干部自主创业进一步创优了环境。注重干部教育培训，邀请国

内知名专家学者作专题讲座，选送32名青年干部到长春欧亚集团进行了为期一个月的挂职锻炼。加快实施人才强县战略，在全市率先出台《平顺县中长期人才发展规划纲要》，积极开展了招才引智活动。狠抓党风廉政建设。全面推进党员领导干部教育、制度、监督并重的惩治预防腐败体系建设，严格落实党风廉政建设责任制，加强对干部"廉政准则"、"四项监督制度"的宣传教育，认真贯彻落实"四个严禁、五个不准"，创新出台了《禁酒令》、《"十二条禁令"和"二十五个不准"》等制度，集中开展了整肃党政机关纪律活动。扎实开展非煤矿山领域反腐败斗争，建立完善非煤矿山领域在安全、生产、销售、税费、监督五个环节的25项制度。对腐败行为和不正之风始终保持了高压态势，营造出风清气正干事业的良好氛围。

（付玉珍　申丽枋）

附：一、中共平顺县委书记、副书记、常委名单

书　记：陈鹏飞

副书记：吴小华　崔江华　杨一平（挂职）

常　委：杜玉岗　杨立宏　赵小平　李晓峰　贺思宇　樊俊生（7月任职）

二、乡镇党委书记、副书记名单

青羊镇

书　记：路晓波

副书记：张　清

西沟乡

书　记：王建中

副书记：李建青

龙溪镇

书　记：张秀斌

副书记：张云红（女）

杏城镇

书　记：王　林

副书记：王立中

东寺头乡

书　记：吴月红

副书记：王建慧（女）

虹梯关乡

书　记：黄世贤

副书记：吕秋林（2月任职）

石城镇

书　记：刘沁梅（女）

副书记：关苏平

阳高乡

书　记：申涌泉

副书记：段开松

北耽车乡

书　记：原保根

副书记：杨伟红

中五井乡

书　记：赵彦伟

副书记：杨建松

北社乡

书　记：何　军

副书记：许淑芳（女）

苗庄镇

书　记：刘忠虎

副书记：程丽荣（女）

中共黎城县委工作概况

县委书记　崔建泰

2010年，在市委、市政府的正确领导下，黎城县委坚持以科学发展观为指导，紧紧围绕省委、市委的战略部署，发挥矿山、奇山、生态、区位、人文五大优势，坚持不懈实施了"项目带县、工业强县、能人活县、环境立县、和谐兴县"战略和"一手狠抓项目建设，一手争取政策支持"的工作思路，不事张扬、埋头苦干、迎难而上、负重前进，先后获得了中国绿色名县、中国低碳国土实验区、全省经济林建设十强县等荣誉称号，顺利通过了省级园林县城检查验收。黎侯虎被确定为上海世博会指定赠送贵宾礼品，并荣获中国首届非物质文化遗产博览会制作技艺银奖。2010年，全县地区生产总值完成21亿元，较上年增长13%；规模以上工业增加值完成9.3亿元，较上年增长19.9%；财政总收入完成3.29亿元，较上年增长8.3%；固定资产投资完成16.4亿元，较上年增长41.7%；社会消费品零售总额完成6.6亿元，较上年增长19%；城镇居民人均可支配收入9600元，较上年增长8.1%；农民人均纯收入4263元，较上年增长3.3%。多项主要经济指标在全市的排名有所前移，综合实力和社会和谐水平明显提升，呈现出经济蒸蒸日上、事业全面发展、民生持续改善、社会和谐稳定的良好局面。

一、坚持项目带动战略，全力推进经济发展

2010年，黎城县委在全县实行了全员招商、资源招商、以商招商等制度，规定每个副科以上干部都担负一定的引

资金、上项目任务，以项目建设比贡献、论英雄，推动了经济和社会各项事业蓬勃发展。

工业上，以建设全市乃至全省新材料工业基地为目标，一手抓传统产业的升级改造，一手抓新材料项目的引进。全县共铺开重点工业项目18个。其中，投资2.4亿元的利虎集团浮法玻璃项目二期工程8月份竣工投产，产能达到700万重量箱，填补了长治工业发展的一项空白；总投资8.2亿元的潞安工业硅一期工程建成投产，形成2.6万吨工业硅和2.5万吨工业硅粉能力；投资1.2亿元的国磁公司3万吨橡塑磁粉项目完成两条生产线建设，形成年产1万吨同性粉和1万吨异性粉能力；总投资7.2亿、首期投资1.4亿元的3万吨煤高效洁净转化项目建成投产；总投资10亿元的100万吨精密铸件项目，首期10万吨工程开工建设；总投资6000万元的180万吨洗煤项目完成设备安装；投资1.2亿元的晋道酒业5000吨清香型白酒项目正式开工；总投资3.45亿元的华驰物流项目被列为北京铁路局战略装车点；与澳大利亚籍客商签订了总投资10亿元的10万吨粉末冶金压件项目；经多方努力，引进了规划投资40亿元的万吨高纯多晶硅项目，一期3500吨工程已正式奠基开工。

农业上，依托黎城丰富的水利资源和独特的气候环境，大力发展特色农业、高效农业，不断提高农业的综合效益，促进农业发展、农村繁荣、农民增收。县财政拿出100万元用于扶持核桃产业，2010年新发展1万亩优质核桃，核桃树总量达到了10万亩、300万株；发展壮大了飞鹤公司、三泰科技、奥利种业等一批农业龙头企业，飞鹤公司生产的核桃油、核桃酥、核桃元等产品进入全国大中城市超市；建成了8万亩优质小麦、万亩制种玉米、3万亩无公害瓜果、5万亩尖椒等8个农业标准化示范基地，“昌晋”牌面粉和“奥利”牌玉米种子被评为山西省著名商标；引进市煤运公司投资3亿元的路堡滩高效农业示范园区项目，启动了投资6200万元的河川流域综合开发项目。

城建上，以全市“151”战略实施为契机，以县城建设为龙头，不断加快城乡一体化进程。聘请深圳设计院对24平方公里县城建设进行了整体规划，确定了“东居西贸南园北政”的城建格局。投资1亿多元，启动了广盛苑住宅小区、棚户区改造和廉租房建设工程、古城商业中心建设工程；投资1.5亿元完成了东河游园改造工程，开启了黎城环城水系的新起点；投资7000万元开工建设了广通南路、北路工程，搭建了县城西部框架，县城面积由原来的3.5平方公里扩展到5平方公里。投资3.3亿元，完成了城市生活垃圾处理工程、县城污水处理及中水回用工程、交通客运中心工程、县城集中供气工程和县城综合活动中心工程，县城功能不断完善，影响力和辐射带动能力进一步增强。

文化旅游上，深入挖掘黎城独特的自然资源和优秀的古黎文化，把品牌意识渗透到旅游产业发展的全过程，形成了品牌带动转型的发展格局。依托全国罕有的红石地貌，规划了面积500平方公里等级为5A级的太行红石公园。总投资5.6亿元，列入了全省重点景区开发项目，山顶、山腰两条风景道150公里路基全面贯通，正在规划实施停车场、进出口牌楼、接待服务等基础设施建设。按照大思路、大手笔、大投入的原则，对黄崖洞景区进行了规划开发。总投资10亿元，规划标准为5A级景区，2010年完成投资2亿元，建成了红色家园、瓮圪廊水景、牌楼、黎侯古国文化园等七大工程。依托黎侯虎1998年入选生肖邮票和列入国家非物质文化遗产优势，大力发展以黎侯虎为龙头的旅游文化产品，组建专业公司，推进规模化、系列化开发，开发黎侯虎6大系列30多个品种，从业人员达到5000多人。

二、倾情解决民生问题，切实保障群众利益

倾情关注、全力保障民生事业。教育方面，投资1亿元，启动了一中宿舍楼、办公楼、实验楼、三中教学楼、职中餐厅等项目建设，对27所项目校进行校舍安全改造，改造面积7.4万平方米，从根本上解决了校舍安全隐患。狠抓教育教学质量，中考、高考成绩名列全市各县区前茅。卫生方面，投资1400万元，启动了县医院外科楼和西井、上遥卫生院门诊综合楼建设项目。社保方面。完成上遥镇中心敬老院等9个敬老院建设，发放五保救养金11.5万元，五保户集中供养率达到37%。不断建立健全社会救助制度，完善了流浪乞讨人员救助管理站各项办公设备，共救助流浪乞讨人员70余人，发放救助资金5000元。城乡困难群众基本实现了应保尽保。就业方面，积极落实就业再就业各项政策，新增就业岗位1900个，有效缓解了就业压力。住房保障方面，完成了首期3000平米廉租房主体工程；启动了总投资3500多万元的火车站棚户区改造工程，改造面积1.04万平米，建筑面积2.03万平米。生态环境方面，狠抓节能减排工作，对电石、铁合金行业实行关停，对钢铁行业实行限电，各类企业均完善了环保设施，垃圾处理厂、污水处理厂投入运行。深入开展生态黎城建设，投资1亿多元推进造林绿化，全县森林覆盖率达到46%，县城绿化率37.8%。截至10月底，全县大气质量二级以上天数达到287天，生态环境明显改善。实施了“十个全覆盖”工程，250个建制村基本实现了村村通水泥路、村村有卫生室、村村饮安全水、村村成立保洁队、村村建起党组织活动场所，广大群众充分享受到了科学发展带来的实惠。

三、突出抓好安全稳定，努力促进社会和谐

坚持将安全稳定作为发展的基础，结合黎城实际，在抓好方方面面安全工作的基础上，集中力量抓好安全生产、信访稳定、护林防火和社会治安综合治理工作，努力为转型跨越发展创造和谐稳定的环境。安全生产方面，以创建本质安全型县为目标，不断加大安全知识的普及力度，推动安全文化进企业、进学校、进社区、进机关、进家庭，增强全民安全观念。深入开展非煤矿山、尾矿库、危险化学品、食品药品、道路交通、学校、公共场所等重点行业、重点领域的安全生产专项整治工作，排查事故隐患，落实整改责任，明确整改措施，限期完成整改。完善安全监管

机制，严格事故追究和行政问责，促进全县安全生产形势的持续好转。信访工作方面，按照“属地管理、分级负责”的原则，进一步加强和完善了领导机构和运行机制，出台了《领导阅批群众来信制度》、《定期研究信访工作制度》等九项制度。坚持实行了四套班子领导周一至周五轮流接访制度，信访工作逐步走上规范化轨道。护林防火方面，实施了公安、林业、乡镇、包村干部和村巡逻员“五位一体”的责任体制，全民参与，全年坚持，做到了护林防火常态化、制度化，确保了森林资源安全和人民群众生命财产安全。社会治安综合治理方面。积极探索社会治安综合治理新途径，努力建设“打、防、控”一体化长效机制。强化治安防范措施，加大宣传力度，加强治安巡逻，突出做好重点地区、部位的安全防范和整治工作。继续开展严打整治斗争，严厉打击各类违法犯罪行为，创造了平安祥和的社会环境。

四、加强作风和本领建设，全面提高党建工作水平

黎城县委认真贯彻落实党的十七届四中、五中全会和省、市委九届十次全会精神，不断提高党的建设科学化水平，为改革发展稳定大局提供了强有力的思想、组织和政治保障。

一是强班子、建队伍。坚持各级理论中心组学习制度，及时学习上级的重大决策、重要会议、重要讲话精神和工作部署，及时指导本地本部门的实践。坚持民主集中制，凡属重大决策、重大项目建设、大额度资金使用和干部任免工作，均由县委常委会、党政联席会或全委会讨论决定，充分发挥集体的智慧和力量，确保决策的科学性。坚持德才兼备、以德为先的选人用人标准，进一步完善干部选拔任用中提名、考察、决定各个环节的工作机制，严格按程序、按规定职数，公开、公平、公正选任干部。加强对干部的管理，出台了《黎城县公务员考核办法》、《黎城县事业单位工作人员考核办法》等制度，干部考核工作更加规范。采取专家讲座、领导授课、挂职培训等方式，开展丰富多样的教育培训活动，共举办各类干部培训班21期，培训干部1620人次。

二是夯基层、打基础。深入开展创先争优活动，以支部创“五旗”、党员争“五星”为内容，制定了农村党组织和党员个人双百分制量化考核标准，广大基层党组织和党员创有目标、争有方向、评有标准，提高了创先争优活动的实效性。县四套班子领导带头深入基层同吃、同住、同劳动，听民情、察民意，帮助基层理清发展思路，解决生产生活中的实际困难。广泛开展了“百姓身边好党员、好标杆”选树活动，对各行各业中的典型人物和先进经验及时进行了总结推广，推动了活动的深入开展。狠抓组织活动场所建设，全县第二轮33个村级组织活动场所建设村全部完工，村级组织活动场所实现了全覆盖。

三是正党风、促廉政。严格执行党风廉政建设责任制，深入学习贯彻《廉政准则》，标本兼治、综合治理，不断拓展从源头上防治腐败的工作领域，形成了一整套规范权力运行的防治腐败工作机制。制定下发了《全县2010年度党风廉政建设和反腐败工作任务分解意见》，对全县党政领导班子成员反腐倡廉工作进行了明确分工，确定了责任制落实的牵头单位和协办单位，建立起“一把手”抓班子成员，班子成员抓分管部门，一级抓一级，一级对一级负责的责任体系。围绕重点工程项目建设和重点领域，开展了监督检查，保障了重点工程项目顺利实施和低保、救灾、救助、社保等资金的落实到位。扎实推进公路治超、农民减负、煤焦领域等的专项斗争，切实纠正行业不正之风，维护群众的切身利益。

（申黎晓）

附：一、中共黎城县委书记、副书记、常委名单

书　记：崔建泰

副书记：郜双庆　孙希谋　董培德

常　委：孙彩虹　杨和贵　张维斌　程　琦　刘永清　姬　文

二、乡镇党委书记、副书记名单

黎侯镇

书　记：王林莉（女，9月撤职）

副书记：王国斌

西井镇

书　记：谢永强

副书记：王永刚

黄崖洞镇

书　记：张晓明

副书记：郭联豪

上遥镇

书　记：江永兴

副书记：郭少军

东阳关镇

书　记：韩志斌

副书记：魏晓伟

西仵乡

书　记：岳红宜

副书记：王勇波

停河铺乡

书　记：郭力毅

副书记：王瑞刚

程家山乡

书　记：李志刚

副书记：康海江

洪井乡

书　记：任文忠

副书记：张永刚

中共襄垣县委工作概况

县委书记　张红星

2010年，在市委、市政府的坚强正确领导下，襄垣坚持以“三个代表”重要思想和科学发展观为指导，全面贯彻党的十七大和十七届四中、五中全会精神，按照省委、省政府“转型发展、跨越发展”工作思路和市委、市政府“四位一体”发展战略的要求，团结带领全县各级各部门和广大党员干部群众，砥砺奋进，求真务实，以开展创先争优活动为动力，坚定不移推进“强工富县、惠农稳县、城建靓县、开放活县、生态绿县、和谐兴县”六大战略，科学谋划并组织建设了第三个强襄垣实力、富襄垣人民、增襄垣魅力、提襄垣活力的100项重点工程和项目，深入扎实开展“化解各类矛盾、解决重点民生问题”攻坚年活动，进一步开创了全县经济平稳较快发展、社会各业整体跟进、多项工作亮点闪现、社会和谐稳定、人民群众安居乐业的良好局面。全县100项重点工程和项目完成投资26.2亿元，63项工程项目顺利竣工或基本完工，其它工程项目达到计划建设进度。全县主要经济指标继续在全省、全市处于领先位置，其中财政收入首次突破30亿元大关，先后获得“中国中小城市科学发展百强县”、“中国最具区域带动力中小城市百强县”、“全国卫生县城”、“全国生态建设先进县”、“山西省环保模范县城”等一系列荣誉称号。

一、坚持以培育市场竞争力为重点，积极建设强工富县项目，发展实力大幅提升

努力转变发展方式，积极建设优质项目，工业经济实力实现新提高。积极推进煤炭企业兼并重组整合，全县煤矿由原来的42座减少为28座，成功组建襄矿、七一、三元古韩3大煤炭企业集团，总产能达1700万吨左右。组织16个煤焦企业建设了一批煤化工、煤电化、煤建材综合利用项目。襄矿集团在发展形成“采煤、选煤、冶炼、化工、建材、发电、污水处理”循环产业链条的基础上，投资13亿元，新建了60万吨聚氯乙烯一期20万吨项目。七一集团60万吨煤制甲醇一期30万吨项目，总投资23亿元，完成投资6.3亿元，完成“三通一平”和排洪系统建设。积极发展非煤科技型产品，仁达机电公司研发的小型自走式玉米收获机，通过省级科技成果鉴定，形成300台生产能力。纵横汽车制造公司100万只轮毂生产项目，总投资1.1亿元，完成投资5000万元。

二、坚持以增加农民收入为重点，积极建设惠农稳县项目，“三农”工作稳步推进

坚持用新的视野认识农业，用新的理念发展农业，用新的办法推动农民增收、农业增效、农村发展。按照集中连片、群众自愿的原则，在全县11个乡镇建设了30个设施蔬菜和食用菌示范园区，总面积达到3000亩，亩均收入达9000多元。围绕设施农业建设和特色优势农产品开发，培育发展了东宝薯业、阎老醋业、2个7000平方米的智能化育苗工厂、1个5000立方蔬菜冷库等一批规模较大、带动力强、辐射面广的龙头企业。坚持典型带动、分类指导、循序渐进，积极推进新农村建设规划、环境卫生整治、基础设施建设、农民科技培训，大力实施“四化四改”、“六个一”工程，培育和发展了米坪村、东山底村、西垴头村等一批各具特色的新农村。结合煤矿采空塌陷地质灾害治理，组织部分煤炭企业以整体搬迁的形式，新建了崔村、霍村、侯村、桑家河村等10余个新农村。

三、坚持以增强辐射和带动功能为重点，积极建设城建靓县工程，县城品位大幅提升

紧紧围绕创建国家文明、卫生、环保、园林县城和撤县设市目标，不断加大财力投入、基础设施配套、造林绿化、创建管理“四个力度”，努力改变县城建设和管理相对滞后的局面，推动了县城面貌大改善、功能品位大提升。新建了古韩大道、3座立交桥、迎宾东西街、环湖路、滨河路、学府路、长兴路、花园路等一批路街工程，同步拆迁56个单位、3168户、47万平方米，建设回迁楼122栋、95万平方米，县城面积由12平方公里扩大到15平方公里；建设了东湖公园、东关河道治理、人民会堂改造、五星级大酒店、体育馆、客运中心、华宝大厦、布鑫广场等一批标志性建筑；完成了集中供热三期工程，新建和改造污水处理厂、垃圾填埋场、供水和供气管网，集中供热率、污水处理率、垃圾处理率、供水率、供气率分别达到85%、85%、90%、100%、85%；狠抓了华襄绿苑、植物园、文峰公园、华宝绿苑等10处花园、15处小片林以及万棵大树进城工程，新增绿地360多万平方米，绿地率由18.9%提高到45.6%。

四、坚持以优化发展环境为重点，积极建设开放活县项目，发展活力不断增强

仙堂山景区开发权整体移交给金鑫集团，实现了由政府投资向社会投资的根本转变，投资1.7亿元，完成了景区规划、旅游道路拓宽改造。新建西关农副产品批发、北关建材等10余个专业市场和鸿源、客都、金威3大超市，建设县级配送中心5个、乡级超市10个、农村连锁超市和便民店195个，形成了覆盖全县城乡的商贸流通网络。完成了五阳

至黎城、西营至武乡出境路改造。成功承办全省“魅力襄垣”摄影大赛、“画韵襄垣”书画大赛活动，提高了襄垣知名度、美誉度。

五、坚持以造林绿化为重点，积极建设生态绿县项目，人居环境显著优化

坚持一手抓造林绿化不动摇，一手抓环保治理不松手，人居、生态、生活环境发生了明显变化。紧紧抓住通道绿化、城镇绿化、村企绿化三个重点，累计投入资金6亿多元，新增绿化面积7万多亩，森林覆盖率新增2.28个百分点，达到12.88%。积极开展创建省级环保模范县城活动，大力实施“蓝天碧水”工程，对浊漳河沿岸企业进行严格监管，关闭小石灰窑和小石子厂70座、煤焦企业52户，指导147户企业新上和完善了环保设施，拆除县城大小锅炉300多座。全年二级以上天气数由114天提高到346天。县、乡、村三级累计投入农村环卫保洁经费6000多万元,新增各类卫生器具1200多台（件），新建乡村垃圾填埋场、垃圾池1300余个，清理公路通道500多公里，清运陈年垃圾4万多方，城乡环境卫生面貌发生较大改观。

六、坚持以改善发展条件为重点，积极建设和谐兴县工程，社会事业全面进步

坚持以人为本，从解决人民群众最关心、最直接的问题入手，大力发展社会各项事业，努力促进社会和谐进步。五个“全覆盖”进展顺利，新建23个村、43.7公里水泥(油)路，实现了村村通全覆盖；新建小型提引水工程77处，全县农村所有居民都吃上了安全放心自来水；新建、改扩建和维修加固中小学校80所，全县所有中小学校舍都达到国家规定的防震抗灾标准；新建和改造20所乡镇卫生院及分院、75个村卫生室，全县达标村卫生室达到399个（其中71个村实现“一村多室”，甲级卫生室达220个）；新发展农村有线广播电视行政村272个、用户2.3万户，分别占行政村总数的84%、农村居民总户数的56%。启动城镇居民基本医疗保险和新型农村养老保险制度，为全县农村和城镇无业人员中的70岁以上老人发放长寿保健金，农村“五保户”集中供养率达到36%。按照“谁致害、谁治理”的原则，督促致害企业或主体煤矿，通过避让搬迁、土地复垦、基础设施重建、生态恢复等措施，不断加大治理力度。6个村、1700亩耕地塌陷治理和2个村440亩旧村复垦完成可研立项。狠抓矿山企业、森林防火、交通运输、食品卫生、治安消防等各方面的安全，大力引深“平安襄垣”创建活动，积极开展严打整治专项斗争，坚持“逢五”接访、预约接访、定点下访、带案下访、包案接访，妥善处理群众反映的各类问题，促进了社会稳定和谐。

七、坚持以抓基层夯基础为重点，全面加强党的建设，执政能力和水平明显提高

以科学发展观为指导，坚持党要管党、从严治党，不断加强和改进党的建设，为实施六大战略、建设工程项目、发展社会事业、促进社会和谐、推进襄垣转型跨越发展，提供了坚强的组织保证和政治保障。一是深入开展创先争优活动和学习型党组织建设。大力加强农村党员干部现代远程教育网络建设，全面推进县、乡、村、组四级“党建网联”工程，高标准、高质量完成71个村级党组织活动场所建设，在全市率先圆满完成县、乡机关事业单位基层党组织换届，全县各级党组织和广大党员干部的凝聚力、创造力、战斗力、号召力不断增强。全县大学生村干部创办各类创业示范基地23个。二是全面落实党风廉政建设责任制。认真制定下发了《关于2010年全县党风廉政建设和反腐败工作任务分解意见》，对全县各级领导班子和领导干部的责任范围和责任内容作了明确规定，将全县党风廉政建设和反腐败工作任务量化并逐项落实到了县委各常委、政府各副县长和人大、政协党组各位负责人及纪检监察、政法、审计、“两办”、组织、宣传等各个涉及部门和单位，做到了目标任务、责任主体、工作措施“三到位”。三是大力加强党性党风廉政教育。充分利用广播、电视、报刊、网络等媒体开辟专栏、制作专题，通过悬挂横幅、张贴标语、制作展板以及召开专题民主生活会、演讲赛、专题晚会等形式，广泛深入地宣传贯彻《廉政准则》，不断增强广大党员干部廉洁从政、拒腐防变的能力；大力弘扬“右玉精神”、“太行精神”、“纪兰精神”，建立健全机关作风“十不准”、“背靠背”测评制度、奖勤罚懒机制、规范党员干部廉洁从政53项规定，加大党员干部问责力度，狠刹“闲话风、吃喝风、玩乐风”三股歪风邪气。对47名科级干部进行廉政谈话，对35名干部进行廉政回访。四是积极开展工程建设领域专项治理。通过自查自纠、“拉网式”排查、跟踪督查，共查出规划管理、工程质量管理、土地资源开发审批等方面的问题433个，督促整改问题153个，补办相关手续75项，经济处罚461万元，党政纪处分6人，其中科级干部4人，党纪处分2人，政纪处分4人。五是深入开展煤焦领域反腐败斗争。对全县的煤焦企业进行了集中整治，共清缴企业税费3.3亿多元，查处煤焦领域案件5起，党政纪处分5人，其中科级干部2人。六是继续加强农村党风廉政建设。全面推行“四议两公开”工作法，制定出台“四包三制”（县级党政班子成员、县农廉联席会议成员单位一把手、乡镇党政班子成员、县纪委常委包村解决农村突出问题，实行包村“倒排制”、问题解决进度“报告制”、包村“责任制”）工作机制，深入开展“勤政为民、百村示范”活动，严格规范会计服务中心、矛调中心、便民服务中心、“四资”中心的建设，建立运行“阳光农廉网”，促进了全县农村社会稳定。七是严肃查办违法违纪案件。在继续完善办案机制的同时，根据不同区域和不同案件性质，组织政法、检察、法院、审计、财政、农经、信访等单位组成联合调查组，查处了一批复杂疑难案件。全县纪检监察机关共立案查处75起案件,75人受到党政纪处分，其中，66人受到党纪处分(开除党籍5人，留党察看4人，严重警告

10人，党内警告47人),10人受到政纪处分(开除2人，行政撤职1人，行政记大过3人，行政警告4人)。民主法制、统一战线、人民武装、群团等工作迈出新步伐、取得新成绩。

（王旭毅　王志虎）

附：一、中共襄垣县委书记、副书记、常委名单

书　记：张红星

副书记：冯俊义　琚海鹏　徐建军　李亮军（挂职）

常　委：王守国　秦启明　黄建斌　桑爱平（女）　孙泽强

二、乡镇党委书记、副书记名单

古韩镇

书　记：张红彬

副书记：史宏斌

王桥镇

书　记：王勇伟

副书记：孙明利

夏店镇

书　记：侯慧平（女）

副书记：史志刚

侯堡镇

书　记：张茂中

副书记：张素珍（女）

虒亭镇

书　记：牛志强

副书记：刘海斌

西营镇

书　记：杨丽霞（女）

副书记：宋喜宏

下良镇

书　记：常慧斌

副书记：赵艳斌

王村镇

书　记：王保力

副书记：付　健

善福乡

书　记：李晓飞

副书记：刘立斌

北底乡

书　记：王德宏

副书记：赵　勇

上马乡

书　记：陈晋峰

副书记：李卫伟

中共武乡县委工作概况

县委书记　周　涛

2010年，在省委、市委的正确领导下，武乡县委团结带领全县干部群众，按照县委十三届四次全会确立的“抓转型、促发展、惠民生、强党建”工作思路，抢抓机遇，开放创新，真抓实干，顽强拼搏，“十一五”确定的各项目标任务圆满完成，全县经济社会各项事业持续平稳较快发展。全县地区生产总值完成39.9亿元，全县财政收入突破10亿元大关，固定资产投资完成25.1亿元，城镇居民可支配收入实现11698元，农民人均纯收入实现2995元。

一、认真贯彻落实“7·29”全省领导干部大会精神，科学完善发展思路

2010年以来，县委十三届四次全会确定了“文化带动、旅游拉动、项目支撑、作风保证”的总体要求，提出了“抓转型、促发展、惠民生、强党建”的工作思路。特别是“7·29”全省领导干部大会之后，围绕袁纯清书记提出的“三大问题”、“七条路径”，展开了思想解放大讨论，全县上下迅速掀起了学习省委袁书记重要讲话和在武乡调研、长治观摩重要指示精神的热潮。紧紧围绕转型跨越发展的总要求，确立了“抢抓新机遇、扎实干项目、推动大转型、实现新跨越”的发展目标和“以产业为龙头、以项目为抓手、以实干为基础、以创新为路径”的发展思路。通过不断调整战略重点，始终将省委、市委的决策部署与县情实际相结合，牢牢把握了工作主动权，走出一条符合武乡实际的科学发展之路。

二、以转变经济发展方式为主线，狠抓三次产业结构优化升级

农业方面，坚持抓特色、创品牌，以“一乡一业、一村一品”为路径，全面推进“三个十”工程，培育形成了小米、梅杏、核桃、牧养鸡、旱地西红柿、小杂粮等特色优势农产品，涌现出了大山禽业、老家小米、汇丰农产品等农业龙头企业。工业方面，坚持以煤为基、多元发展，以循环发展为主线，以园区为承载，重点培育了“白云岩-

金属镁-镁合金-压铸件-型材、板材(IP产品部件、航空航天、高速列车材料)”循环经济产业链。煤炭资源整合与企业兼并重组顺利推进，工业企业技改扩建力度加大，煤、焦、镁、电四大支柱产业主导地位进一步显现。三产方面，坚持文化、旅游、物流“三轮驱动”，以打造全国最大的八路军文化主题公园为目标，投资5亿多元实施了八路军文化园、游击战体验园、《太行山》大型实景剧等八路军文化产业重点项目，成功举办全国首届八路军文化研讨会。投资5200万元新建了红星杨物流中心，引进山东临沂商会进行战略合作。随着人流、物流、资金流、信息流的不断聚集，文化搭台、经济唱戏的雏形已经形成。

三、大力实施开放引进和项目带动战略，着力构建现代产业发展体系

牢固树立“发现即发展、开放即发展、招商即发展”和“以资源换资本、换技术、换市场、换项目”的理念，在全县掀起新一轮招商引资、项目建设新热潮。先后引进了山东六和集团、山西鑫四海集团、山西国际能源集团等在武乡建设3000万只/年肉鸡屠宰及饲料加工项目、百万头生猪生态养殖加工基地项目、五大板块项目等。与山东临沂商会、中国“两弹一星”国际基金会、珠海查理科技节能环保有限公司、深圳东江环保垃圾发电有限公司就“武乡?临沂商城”、“两弹一星”国防教育园项目、秸杆植物综合利用项目、纯低温余热发电项目进行了对接洽谈，达成了合作意向，构建起了文化旅游、新型材料、物流、装备制造等战略性新兴产业体系。紧紧扭住项目建设龙头，建立了县领导联系重点建设项目，人大代表、政协委员和决咨委巡查重点工程等制度，采取“一线工作法”、倒排工期制、督查通报等措施，有力地推动了各项重点工程项目的强力实施。中国五矿10万吨镁合金500万件压铸件、山西汇功昌靖公司日产3000吨水泥熟料及6MW纯低温余热发电、7座煤矿120万吨技改等一批重点产业项目强力实施，二十轨制高中、游泳馆、涅河大桥等一批基础性民生工程顺利竣工投用，为转型跨越发展提供了有力的支撑。

四、致力于改善民生，社会各项事业取得长足发展

坚持把保障和改善民生作为一切工作的出发点和落脚点，扎实推进“五大惠民工程”和“五个全覆盖”，促进发展成果普惠全县人民。教育方面，投资8881万元对全县125所中小学校进行加固，投资1.5亿元的二十轨制高中正式投用；投资2000多万元新建职中学生宿舍楼两幢，投资680万元完成职中实训楼工程。医疗卫生方面，投资8000万元启动了县医院门诊大楼项目，完成中医院和妇幼保健院门诊楼改造工程，377个行政村卫生所实现全覆盖，新型农村合作医疗覆盖率达100%，参合率达95%，累计报销23024人次810.8万元。就业和社会保障方面，全县城镇新增就业人数1120人，新建、改（扩）建敬老院9所，为80岁以上高龄老人发放长寿保健金360多万元。保障性住房方面，先后建成了和平、金地、阳光小区东延伸等保障性住房小区，启动了太行西街A区、B区、东沟小区等工程，全县城镇住房面积达140万平方米，人均住房建筑面积30.4平方米。“五个全覆盖”方面，完成了省、市下达的目标任务，城乡群众的上学、就医、住房、出行、吃水、取暖、社会保障等困难得到进一步缓解。

五、深入开展创建活动，加快和谐武乡建设进程

以创建省级平安县为目标，运用“海恩法则”推进社会治安综合治理，强化对“事故征兆”和“事故苗头”的排查处理；以解决信访突出问题为重点，继续推进领导干部接访、下访等制度，公开电话，办理中心保持高效运转，解决了一批信访突出问题，连续五年被表彰为“全省社会治安综合治理先进县”。以创建本质安全型县为抓手，继续深入开展“安全生产年”活动，全县安全生产工作保持良好态势，煤炭企业连续8年未发生6人以上安全事故。先后获得国家园林县城、国家生态文明先进县、国家国防教育示范基地、国家党风廉政教育基地、省级文明和谐县城创建先进县、山西省党员教育培训示范基地、山西省首批环保模范县、首批依法行政示范县等荣誉称号。

六、扎实推进扶贫开发工作，加快老区脱贫致富步伐

武乡是国家级贫困县，县委结合全国革命老区建设示范试点县的实际，坚持以片区开发为重点深入推进扶贫开发工作。近年来，投资3354万元完成155个村的整村推进任务；结合“两区”开发重点扶持大山禽业、太行康宝等农业产业龙头项目，投入扶贫资金1500多万元；革命老区建设示范试点项目成效显著，共发展核桃经济林2万亩，惠及3个乡镇、76个行政村、2万余农户。中央、省、市各级扶贫工作队在结对帮扶工作中，有力地加快了武乡扶贫开发进程。

七、全面加强党的建设，不断提升党建工作科学化水平

以深入开展学习实践科学发展观和创先争优活动为契机，县委不断加强和改进新形势下党的建设，党建工作科学化水平全面提升，为转型跨越发展提供坚强保障。一是强化理论武装，全面提升政治素养。以解放思想为先导，以建设学习型党组织为途径，狠抓各级党委理论中心组学习，共邀请20多位专家学者作专题报告讲座，先后组织县、乡、村三级干部到上海浦东、山东临沂、深圳华侨城、右玉县等实地考察学习，广大党员干部的综合素养不断增强。二是圆满完成学习实践活动，扎实开展创先争优活动。在扎实开展学习实践活动和创先争优活动的同时，创造性地开展了“六个一”、“六联六抓”特色主题实践活动，特别

是选树了洪水镇新寨村党支部书记张书堂同志先进典型，得到了省委、市委和上级有关部门的充分肯定。市委下发了向张书堂同志学习的决定，并追授张书堂同志为全市“优秀农村党支部书记”，同时组建了张书堂先进事迹报告团，报告团在省委组织部和全市各县区进行巡回报告，引起了强烈反响。三是加强干部队伍建设。深化干部人事制度改革，出台了《县委常委会任免干部票决制试行办法》，对22个县直副科级职位进行了公开选拔；加强干部精细化管理，创造性地推行科级干部工作日记卡制度、一周工作日记公示和“晒工作日记”制度、公开办事流程工作制度，其中干部工作日记卡制度和公开选拔干部方案被列为全市组织工作十大创新项目。四是狠抓作风整肃。以弘扬太行精神、学习右玉精神为主线，大力开展纪律作风整肃活动，狠刹“三股歪风”、落实“五个不准”，采取明查暗访、突击检查等形式，查处了一批顶风违纪的干部和工作人员，有效解决了一些干部“不勤政、不作为、慢作为”的问题。在省纪委学习右玉精神座谈会和全省兴起学习右玉精神新高潮大会上，省、市委对武乡的特色做法和创新举措给予了充分肯定。五是扎实推进党风廉政建设。全面落实党风廉政建设责任制，层层分解任务，全面落实责任；开展了“书记局长学准则电视访谈”等六项贯彻实施《廉政准则》的活动，煤焦领域和工程建设领域专项治理深入扎实，创新建立健全便民服务中心、信访接待中心、村级财务委托代理服务中心“三个中心”，得到了省委、市委有关领导的充分肯定，并分别在全省农廉工作交流会和农廉工作信息化建设观摩研讨会上作了经验交流。（李　亮）

附：一、中共武乡县委书记、副书记、常委名单

书　记：周　涛

副书记：阎新平　姚中华　张敬平（女，挂职）

常　委：薛安庆　魏晋民　张秀敏　张志刚　张立涛

王　霖（女）　曲晋山（2月任职，挂职）

二、乡镇（开发区）党委书记、副书记名单

墨镫乡

书　记：张国宏

副书记：冯　晋

洪水镇

书　记：魏振东

副书记：张　瑞

蟠龙镇

书　记：李俊田

副书记：张鸿儒

韩北乡

书　记：申建斌

副书记：李朝霞

监漳镇

书　记：李军印

副书记：王跃忠

大有乡

书　记：李晓东

副书记：崔宏伟

贾豁乡

书　记：王五堂

副书记：贾弘伟

故县乡

书　记：郝建灵

副书记：张彦罡

上司乡

书　记：魏宝鸿

副书记：解建军

丰州镇

书　记：王振力

副书记：韩海威

石北乡

书　记：杜会平

副书记：温志刚

涌泉乡

书　记：郝忠平

副书记：李宏伟

故城镇

书　记：刘钢平

分水岭乡

书　记：阎佳珅

副书记：乔建平

石盘开发区

书　记：郝高宏

副书记：郝树福

中共沁县县委工作概况

县委书记 田志明

2010年，在省、市委的正确领导下，沁县县委坚持以科学发展观为指导，全面贯彻落实党的十七届三中、四中、五中全会精神和省委九届十一次全会精神，团结带领全县广大干部群众，因地制宜，大力发展特色农业、食品加工业和以水城品牌创建为抓手的现代服务业，全力打造有机食品生产加工供应基地和全省全国休闲度假旅游胜地、生态功能区，各项工作取得新进展。全县地区生产总值完成10.63亿元，同比增长14%；规模以上工业增加值完成3011万元，同比增长36.6%；社会消费品零售总额完成4.86亿元，同比增长20.7%；全社会固定资产投资总额完成15.4亿元，同比增长34.5%；财政收入累计完成1.1171亿元，同比增长9.95%；城镇居民人均可支配收入达到9460.1元，同比增长7.88%；农民人均纯收入达到2746元，同比增长3.6%。多项主要经济指标增幅位居全市前列。先后荣获“中国绿色名县”、“中国最具特色魅力县”、“中国小米之乡”、“全国生态文明先进县”、“全国粮食生产先进县”和“全国平安畅通县区”等国家级荣誉称号。

一、以项目建设为重点，工业新型化建设实现新跨越

2010年是沁县“大项目建设效益年”。年内，特别是“7·29”全省领导干部大会后，县委团结带领全县干部群众，大力实施项目带动战略，着力培植新的经济增长点和支撑点。全年全县新建、续建千万元以上项目47个，开工建设42个，完成投资10.4435亿元。华安焦化一期工程、松村特色食品加工高科技园区建设、沁州黄小米营养粉深加工等一批增强县域经济实力、扮靓北方水城的项目竣工建成。大力开展招商引资活动，先后引进晋煤集团、省煤运集团、三元煤业、潞宝集团、中国化工等多家大企业、大财团，成功签约莱茵河畔综合旅游开发、北海生态旅游度假区开发、5亿方煤气焦炉制天然气、生物质能源循环经济产业等10多个大项目，总投资100多亿元。

二、以发展设施农业、特色农业为抓手，农业现代化建设开创新格局

制定出台扶持奖励政策，引导农户大规模发展设施农业，重点发展沁州黄、核桃经济林、设施蔬菜三大主导产业。设施蔬菜方面，组建了专门的组织机构，制定出台了《关于扶持发展规模设施蔬菜产业的意见》，对连片发展50亩以上规模的日光温室大棚每亩以奖代补1.2万元、春秋棚每亩以奖代补3000元，对日光温室大棚给予3万元一年的贴息贷款；核桃产业方面，出台《核桃产业发展以奖代补办法》，在苗木供应、栽植上给予补助奖励；沁州黄产业方面，实行了“统一规划地块、统一品种、统一供肥、统一技术规程、统一收购价格”的“五统一”标准化生产模式。三大特色优势产业快速推进、规模发展，全县沁州黄种植面积达到10万亩，新增设施蔬菜面积1万亩，核桃经济林种植面积达到7万亩，肉牛饲养量达到4.2万头，肉兔年出栏量达到100多万只。

三、以建设花园式休闲旅游度假型次中心城市为战略定位，县域城镇化建设取得新进展

深入挖掘“北方水城”城市发展内涵，围绕打造全国休闲度假旅游胜地的城市发展定位，全面推进城乡基础设施一体化建设。全县新建、改建公路120多公里，城乡公路全部实现等级化。规划新建西湖、北海2个码头和迎春河、漳河、圪芦湖、北海4条环湖旅游道路。完成樊村千亩鱼塘、南湖排洪管道、南湖二期等7项工程，对全县9个中小型灌区进行了配套改造，建成一座中型淤地坝。水城规划“九湖围城、八河环绕”水系工程提前一年启动，北方水城特色水系格局初具雏形。城市建设共实施22个重点工程，新建湖滨花园广场，新开发湖滨花苑、西湖苑、华安苑等住宅小区，半岛酒店、漳河桥廉公桥维修改造等工程抓紧实施，南环路建设、西湖大桥、南湖北路建设等项目完成开工建设前的各项准备工作，县城总体规划修编工作获市政府批准，并完成评估报告。“151”城乡一体化发展规划加快实施，农村“五个全覆盖工程”全面完成。

四、以打造最佳投资和宜居环境为目标，城乡生态化建设取得新成效

全面实施“灭荒”工程，绿化荒山、荒坡、荒沟、荒滩7万亩；完成县城周边八大公园高标准提档升级、通道绿化和5条水系8大湖泊沿河围湖植绿造景工程；新发展核桃经济林3万亩，建设文冠果产业基地800多亩，建设册村镇后沟村良种苗木繁育基地1000亩；高标准配套完善玉华山、二郎山、水城湿地三个省级森林公园，完成村庄绿化226个，通村道路绿化500多公里。县城集中供暖、供气、污水和天然气管网、垃圾无害化处理建设等市政工程加快实施，焦炉气制天然气、生物质能源开发新型项目落地沁

县。县城居民人均公园绿地面积达到8.8平方米，全县全年空气质量保持在2级以上，1级以上天数达到181天，城乡环境质量得到大幅度提升。

全面推进全县医疗卫生、文化和健康健身事业，组织开展了老年体育健身千人展示、龙舟赛、群众文艺展演等文化活动。深入实施文化低保工程，免费送戏下乡演出88场、图书12936册、公映数字电影3672场，全县人民群众生活质量有了明显改善。

五、以保障和改善民生为出发点，人民群众生活再上新水平

坚持教育事业优先发展。全县校舍安全工程规划新建、改造中小学校舍50所，开工率达到100%。教育经费全面落实到位，面向社会公开招聘中小学教师32名、特岗教师42名，特别是在全市率先招聘硕士研究生以上学历教师、卫技人员28名，“两免一补”全部落实到位，惠及全县2万余名学生。

稳步推进医疗卫生体制改革。县乡村三级医疗卫生机构达标率达到86%。县医技楼、妇幼保健院医用楼等一批医疗机构基础建设工程全面竣工，启动了中医院住院楼和门诊楼建设工程，对20个村卫生室进行了标准化建设。新型农村合作医疗制度参合人数达到11.4万人，参合率达到88.2%。

社会保障体系日趋完善。积极推行农村低保规范化管理机制，城乡低保、农村低保实现应保尽保。累计高标准改扩建农村敬老院11所，“五保”集中供养达到465人，供养率达到33.7%。

社会形势安全稳定。深入开展县四套班子主要领导“大接访”活动，共接待来访群众220多批300多人次，调处198起，调处率达90%，群众满意率达到85%以上。特别是对大华焦化公司进行了依法关停，基本解决困难职工养老保险等问题，解除劳动合同708人，确保了企业安全稳定破产。

成功举办第二届端午民俗文化节。推出大型文艺表演、旅游小姐大赛、龙舟邀请赛、传统戏曲名家展演、民俗展演、名优特产展销等系列文化旅游活动，受到了省市各级领导、文化界专家和广大游客的一致好评，吸引了中央电视台、人民日报、山西卫视等多家国家与省内外主流媒体、300多家旅行社聚焦沁县，北方水城的美誉度、知名度和人气指数进一步提升。

大力发展文化事业和文化产业。加快构建覆盖城乡的公共文化服务体系，全年新建乡镇文化站8个、村级文化室150个，新申报村级“农家书屋”90个。稳步推进文化体制改革，鼓励并繁荣文艺创作，电影《百姓法官》全省首映，戏曲电视剧《一门忠烈》在省市电视台播出。

六、以加强党的领导为重点，推动党建工作上水平

全县共有18个基层党委（乡镇党委13个，直属机关工委1个，系统党委4个），19个党总支（企业单位党总支3个，事业单位党总支7个，机关单位党总支9个），524个党支部（行政村党支部306个，社区党支部6个，县乡机关企事业单位党支部204个，两新组织党支部8个），10845名党员。共有科级单位99个，其中党群部门25个，政府部门61个，乡镇13 个。共有科级领导干部职数429个，其中行政单位147个，事业单位165个，乡镇117个。创先争优活动开展以来，加强党的建设，积极开展创先争优主题实践活动，组织千名干部下乡住村开展“六个一”活动，建立驻村联系点306个，为群众办实事好事1876件（次）。深入开展创建学习型组织活动，组织各乡镇和部分职能部门主要负责人分批次赴广东、江苏、浙江、上海等沿海发达地区进行了学习考察，在浙江义乌市委党校举办了“沁县转型跨越发展，提升党员领导干部执政能力研修班”。坚持创新干部人事制度改革机制、选人用人工作机制、年度目标责任考核机制，面向全市公开选拔24名乡镇副科级干部。大力实施人才兴县战略，累计引进教育、卫生等各类优秀人才200多名。全面推进村级组织活动场所建设，新、改建226个，实现全县306个行政村村级组织活动场所“全覆盖”。

（王保成）

附：一、中共沁县县委书记、副书记、常委名单

书　记：田志明

副书记：张　斌　宋坤政

常　委：李国强　裴润山　郝献民　秦苏良　张立强　宋玉清

二、乡镇党委书记、副书记名单

定昌镇

书　记：郭建宇

副书记：吴国强

郭村镇

书　记：武虹波

副书记：张俊峰

新店镇

书　记：武一华

副书记：梁世宝

故县镇

书　记：董旻晟（女）

副书记：王东宏

册村镇

书　记：王向明

副书记：张格平

漳源镇

书　记：曹二伟

副书记：马国峰

南里乡

书　记：刘晓强

副书记：牛宇峰

南泉乡

书 记：崔艳红(女)

副书记：李建豹

次村乡

书 记：张宇宏

副书记：温俊杰

段柳乡

书 记：魏 瑛

副书记：郭玉龙

杨安乡

书 记：陈少波

副书记：李宏伟

松村乡

书 记：李佩璋

副书记：张宏伟

牛寺乡

书 记：杨宏斌

副书记：温建功

中共沁源县委工作概况

县委书记 王玉圣

2010年，在省委、市委的坚强领导下，沁源县委坚持以科学发展观统领全局，认真贯彻落实省委、市委转型跨越战略部署，解放思想，攻坚克难，大力实施“五高五增”发展举措，全县各项工作扎实推进、成效显著。

一、致力科学发展，主要指标平稳增长

以转变经济发展方式为主线，不断加大经济结构调整力度，进一步巩固和发展了县域经济回升向好的势头。全年全县地区生产总值完成72.42亿元，同比增长22%；财政收入累计完成17.67亿元，同比增长10.08；一般预算收入完成6.73亿元，同比增长-6.12%；规模以上工业企业增加值完成52.34亿元，同比增长30.06%；固定资产投资总额达到35.56亿元，同比增长45.9%；城镇居民人均可支配收入完成16869元，同比增长11.2%；农村居民人均纯收入6250元，同比增长15.3%；社会消费品零售总额达11.23亿元，同比增长27.9%。

二、狠抓项目建设，产业转型加快步伐

始终把项目建设作为转型跨越的重要抓手和载体，坚持以煤为媒，以煤兴产，以煤兴业，多元发展，积极创优环境，加快项目进度。铺开各级各类项目166项。其中千万元以上重点续建、新建和前期项目54个，总投资179亿元。筹备上马了投资30亿元的沁新集团50万吨精密铸造及机加工、投资50亿元的国电集团风力发电等一批转型项目。加强银企对接，金融部门发放贷款20.6亿元，助推工业转型和农业产业发展。先后组织相关职能部门和乡镇到内蒙、北京、天津、太原等地参观考察。全县民营企业累计参加招商引资洽谈会5次，签订合作项目7个，签约资金35.8亿元，是2009年的8倍。在第三届能博会上，农业龙头企业灵空山绿色食品有限公司与天津（香港)圣达机械有限公司签订6000 吨大豆蛋白开发项目，引进资金2985万元（450万美元）；沁源县房地产开发公司与河南盛达建筑有限公司签约浜河源小区“A区”建设项目，引进资金5305万元（800万美元）；引进中国500强民营企业杭州锦江集团全资子公司浙江康瑞投资有限公司，投资20亿元新上老凹沟40万铝镁阻燃剂和40万吨莫来石项目。

三、加快城乡统筹，宜居家园新添魅力

高起点、大气魄加快城乡一体化建设，高品位、大境界打造生态良好、山川秀美、功能完善、舒适宜居的美好家园。一是提升县城品位。沁源三中、县职业中学、信用联社办公大楼、公安大楼投入使用；法院审判厅主体完工，太岳大酒店、体育馆进入室内装修阶段，县实验小学正式开工；县城集中供热三期工程新增供热面积50万平方米，供热总面积累计达130万平方米；县城集中供气工程完成主管网铺设、供气站及配套设施建设；垃圾处理场开工建设。二是完善基础设施。完成了南石至石板庙、王凤至小箭杆等6 个共31.1公里村通水泥（油）路项目；投资757万元实施农村饮水安全工程43处，解决了62个自然村15218口人569余头大畜的饮水安全问题，全县村通水泥（油）路、村村通广播电视、农村饮水安全实现全覆盖；投资1000余万元，完成韩洪、柏子2个变电站部分设备更新，投资2.11亿元的沁源县220千伏变电站进入施工阶段；网络建设3G信号覆盖全县所有乡镇，新增宽带端口2128个，新增宽带能力240 线，通信能力极大改善；新农村建设完成1308户“美好家园”改造任务。三是打造绿色家园。造林绿化4.086万亩，超额完成省市下达的生态建设任务；实施了南沁线、汾屯线、花坡旅游线共48.7公里通道绿化，以及700亩经济林、600亩通道育苗、3000亩通道荒山低效林改造，圆满完成县级造林绿化“十大工程”；推进“蓝天碧水”工程，全县所有焦化、电力、污水厂全部实施污染物在线监控，企业焦炉煤气全部脱硫和综合利用、废水全部处理达标不外排。环境空气质量全部为二级以上天气，万元地区

生产总值能耗降幅5.6%，超过年度目标0.8%；加强环境综合整治，顺利通过省级卫生县城验收。

四、繁荣社会事业，民生福祉不断增进

坚持把民生、民愿、民盼作为工作的出发点和着力点，财力更多地向民生领域倾斜，不断提升人民群众的幸福指数。教育方面：投资1.13亿元实施了79所学校的“校安”工程；投资1.5亿元的三中正式投入使用；一中教学楼动工新建；投资22.66万元为2.83万名中小学生购买了平安保险；全县中小学生全部实现免费教育；筹资56.76万元资助贫困大学生306人；中考成绩优生率排名全市前列，高考文化课二本以上达线突破百人大关，达到112人。医疗卫生方面：县人民医院“二甲”达标；对115所卫生所进行了标准化建设，新建改建卫生室57个，村卫生所实现全覆盖；全县实行基本药物“零差率”销售；成立了沁河、郭道、灵空山、王陶4个中心卫生监督站，强化了医疗卫生监督管理。养老方面：积极健全社会保障体系，养老保险参保人数达到8050人，城镇居民、职工医疗保险参保率分别达到70%、98%，失业、工伤、生育等保险参保率均达到90%以上；建成15所农村敬老院，全县五保对象集中供养达到50%；全县2.1万余名70岁以上老人、重点优抚对象、农村低保户、五保户，全部由政府代交新型农村合作医疗参合费；对所有患大病、重病的对象，实行二次救助；为70岁以上老人提供每人每年180元生活补贴，为80岁以上老人提供每人每年360元保健金，农村卸职主干、建国前老党员连续多年享受生活补贴；对所有中小学校、敬老院及8000余户困难群众发放燃煤补助资金226万元。住房保障方面：投资600余万元，改造农村困难居民住房500户；廉租房建设一期工程6250平方米125套主体完工，二期工程2335平方米46套主体完成过半。文化服务方面：投资100余万元，新建乡镇文化中心2个，改造乡村文化大院104个，文化低保下乡送戏79场次。县图书馆被评为国家二级图书馆，在山西省第十五届群星奖比赛中，选送的文艺节目《串门门》荣获一等奖。商贸流通方面：推进“新网工程”，建成农资、日消费用品两大流通网络，经营服务范围覆盖全县90%以上的行政村；加快放心便民粮店建设，创建省级骨干示范店10个、市级骨干示范店8个、“放心粮油”经销网点54个。

五、强化党建引领，发展氛围更加浓厚

扎实加强村级组织活动场所建设，在去年实现全覆盖的基础上，投资350万元，提标上档新建29个活动场所，省、市村级组织活动场所建设现场会相继在沁源召开，沁源县被省委表彰为“村级组织活动场所建设工作先进县”；深入开展创先争优活动，全县163个党支部被评为五好支部，选树了516名党员先锋，建立了87个党建示范基地，基层党组织成为带领群众干事创业的坚强核心和堡垒；全力推进“六个一”下乡住村活动，为群众解决各类问题、办实事2200余件，提供致富信息1万余条，引进转型项目50个，引进资金2000余万元，制定发展规划15项；大力加强学习型党组织建设，搭建了太岳大讲堂、基层党校(分校)、基层宣讲、网络交流四个讲学平台，全县党员干部进一步解放了思想、开阔了视野、提升了境界；持续开展纪律作风整顿，掀起弘扬右玉精神、太行精神新高潮，全县上下团结和谐、安全稳定，无重特大安全生产事故发生，连续8年实现无老户上访、无异常上访、无赴市到省进京越级上访现象。沁源县被评为全国生态文明先进县，被省委、省政府授予增加农民收入先进县，统计工作受到国务院经济普查小组表彰，妇女、工会和环境卫生等多项工作受到省级表彰。

（史晓亮）

附：一、中共沁源县委书记、副书记、常委名单

书　记：王玉圣

副书记：杨红旗　段怀亮　高正堂
史录刚（挂职，9月离职）

常　委：杨旭涛　汤秀萍（女）　马国勤　赵永进
樊广平

二、乡镇党委书记、副书记名单

沁河镇

书　记：马建峰

副书记：刘金虎　董红星（10月任职）

李元镇

书　记：李共和

副书记：李建功

灵空山镇

书　记：孙建政

副书记：翟长宝

王和镇

书　记：胡亚明

副书记：马国威

郭道镇

书　记：刘建斌

副书记：王东刚　董红星（挂职）

王陶乡

书　记：胡亚明（12月离职）

副书记：王银刚（主持工作）

韩洪乡

书　记：李书祥

副书记：刘保林

中峪乡

书　记：李建萍

副书记：（空缺）

法中乡

书　记：刘世德

副书记：张迎峰

交口乡

书　记：李士功

副书记：宋劲松

赤石桥乡

书　记：韩　智

副书记：张永东

官滩乡

书　记：韩文宏

副书记：李　飞

景凤乡

书　记：史跃红

副书记：何相虎

聪子峪乡

书　记：任　璟

副书记：阴永明

中共长治市高新区工委工作概况

工委书记　李安清

2010年，在市委、市政府的正确领导下，高新区工委、管委会紧持以党的十七大，十七届四中、五中全会精神为指导，深入贯彻科学发展观，按照省委转型跨越发展的具体要求，结合全区建设实际，锐意进取，全区建设与发展取得了新的进步。

全区科工贸总收入完成195亿元，占年计划102.63%，同比增长13%；工业总产值完成150亿元，占年计划104%，同比增长15%；工业增加值完成95亿元，占年计划104%，同比增长15%；财政总收入完成24.7亿元，占预算的100.46%，同比下降0.68%(高新技术企业按国家政策税收减免15%，总计少收2亿元)，其中一般预算收入1.35亿元，占预算的110.05%，同比增长9.43%；全年固定资产投资完成8亿元，与2009年基本持平。

一、完善园区基础设施，夯实产业发展平台

为了进一步改善园区基础设施，重点推进了三项工程：一是35KV变电站备用变压器工程，可在保障达利公司用电的同时，进一步缓解园区其他企业用电紧张的状况。二是打通太行北路北口工程，使园区主干道实现了南北贯通，为园区企业物流畅通创造了条件。三是完成了工业园区主干道绿化亮化工程，园区总体形象明显改观。

二、实施项目带动战略，加快项目推进步伐

深入实施了项目包点责任制，强化服务理念，提高服务水平，项目推进步伐进一步加快。一是坚持“抓重点、重点抓”的原则，加快了项目推进速度。建成投产的工业项目有山西达利食品有限公司、山西世龙食品有限公司阿胶饮品项目，建成并投入运营三产服务项目有金威大酒店项目。二是采取有效手段，加大了对低效用地企业的清理整顿。福万达公司在重新选择项目后，开工建设具有环保节能意义的负离子节能灯项目。此外，还重新盘活100余亩闲置土地，解决了东莞泉声电子有限公司的用地问题。三是继续加大对创新性项目和企业的扶持。对康宝等10家企业申报的自主创新项目进行了扶持，共拨付扶持资金500万元，企业自主创新能力进一步提高。

三、统筹城乡协调发展，群众生活更加安康

继续加大对民生事业的倾斜，优先安排了教育、农村养老保险、新农合、职工社会保险及住房公积金、社区及农村卫生服务和低保救济等经费的区级配套资金。重点推进了三项民生工程：一是启动了社区医疗卫生改革。纳入财政体制的社区医疗卫生在高新区尚处于起步阶段，为顺利推开这项改革，与长钢集团进行了多次协商，初步完成了对锻压医院的接收工作。二是实施了中小学校舍加固工程。根据市政府统一安排，投入490万元（开行贷款356万元、区级财政配套134万元），对辖区学校进行了加固改造，得到了省市政府的肯定。三是夯实了社区工作基础。为新成立的六个社区配备了办公场所及设备，理顺了社区工作人员社会保险发放办法，社区工作逐步迈上正轨。为加快城中村改造步伐，组织城中村改造领导组成员单位及所辖四村，赴外参观学习，各村结合实际研究制定了本村的拆迁改造方案。

四、深入推进双创工作，市容环境更加优良

重点围绕创建全国文明城市和全国卫生城市复审验收，加强了对城乡环境卫生、市容环境卫生的整治，全区市容环境面貌得到进一步改善。一是高标准推进了园区绿化工程。主要抓了街道绿化、农村绿化、单位绿化、庭院绿化和园区绿化等五大重点，全力推进北外环路提档增色工程、史家庄6000平米绿化建景工程、化家庄1000平米绿化建景工程、太行北路西侧绿化样板工程、10个单位庭院绿化工程、城市乡村植树工程等六大工程，园区绿化覆盖率进一步提升。二是深入推进市容环境整治。继续对主干道门店牌匾进行了集中整治。对照国家卫生城市和国家文明城市的相关标准，组织职能部门进行了专项整治和集中整治，组织机关事业单位深入街道进行专项督查，经过全区干部群众共同努力，双创工作顺利通过了上级验收。

五、高度重视安全稳定，园区环境更加和谐

围绕创建本质安全型园区，按照市政府要求进行了安全生产隐患大排查，顺利通过了市政府的验收。建立了企业安全生产管理体系，编制了企业安全生产管理体系建设工作指导原则。在辖区学校组织了突发公共事件紧急疏散演练，消防大队组织辖区内公众聚集场所开展了消防演练，工商质监卫生等部门协调配合，进一步加强了食品安全监管工作。针对校园安全问题，召开专题会议进行了研究，教育及公安等部门就加强校园安全强化了责任、落实了措施。在两会期间尤其是上海世博会期间，加强对重点信访人员教育和监控，没有发生越级上访事件和群体性上访事件。

六、坚持改革创新精神，党建工作扎实推进

认真贯彻党要管党、从严治党的方针，以改革创新精神全面推进党的建设伟大工程。基层党的建设方面。深入开展了第三批学习实践科学发展观活动，农村、学校、企业及机关基层党组织结合单位实际、干部思想实际和党员实际，狠抓理论学习，深入开展实践，全面推进工作，使第三批学习实践活动取得较为扎实的成果。按照市委统一安排开展了创先争优活动，基层各级党组织按照建设“五好党支部”的要求加强党的建设，以创先争优的实际成果推动高新区转型跨越发展。在农村基层两委深入推行“四议两公开”工作法，进一步完善农村议事决策程序。加大“两新”组织中党员及党组织的覆盖工作，指导益东国际大酒店和中池联华两家民营企业组建了党组织。进一步加强机关党建，机关党支部在原有5个的基础上增加为10个，吸收26名同志为预备党员，为党组织注入了新鲜血液。加强作风建设方面。按照省、市加强作风建设有关要求，大力弘扬太行精神、右玉精神和纪兰精神，加强干部作风建设。坚持狠刹“三股歪风”，严格落实“五个不准”，深入开展作风纪律大检查，组织干部下乡驻村帮助解决实际困难。通过加强作风建设，党员干部认真谋事、务实办事、团结干事，推动了工作大落实，促进了经济大发展，形成了个个争当真抓实干的表率、清正廉洁的表率、顾全大局的表率的良好氛围。宣传思想工作方面。立足于提高党员干部素质，继续加大思想政治教育工作。组织中心组学习10次，党员干部政治思想素质进一步提高。内部交流刊物《长治高新区》组稿水准和编印质量进一步提高。创办了《长治日报·高新区版》，开辟了新的宣传阵地。全年在省市各类报纸发表稿件、报道84篇，在长治电视台宣传报道20次，向“中国长治”政务网站发布信息270条，向“山西商务站”发布信息207条，高新区的知名度进一步提高。精神文明建设方面。全区有3个单位被表彰为“市级文明单位”，11名同志被表彰为“长治好人”，2名同志被市文明委表彰为“精神文明建设先进工作者”，4个家庭被市文明委表彰为“市级文明家庭”。组织四个村开展“十星级文明家庭”评选，全区村民家庭参评率达到95.5%。金威超市和晋峰生态园两家企业参与了“长治市诚信经营示范店”评比活动。为庆祝建国61周年，精心组织了“唱红歌·颂祖国”合唱音乐会，活跃了干部群众的文化生活。党风廉政建设方面。进一步落实了党风廉政建设责任制，深入推行依法行政和政务公开，在关键环节、关键领域加强了监督。组织开展了贯彻落实廉政准则加强作风转变民主生活会，各位班子成员结合一年来工作实际和作风建设实际，深入进行了批评与自我批评。纪工委会同工会工委在全区组织开展了廉政书画比赛，受到上级部门的肯定和好评。群团组织建设方面。工会工委、团工委和妇工委等群团组织按照上级部署并结合本区实际，发挥桥梁纽带作用，积极组织活动，发展基层组织，群团工作迈上新台阶。 （李立平）

附：中共长治市高新区工委书记、副书记、委员名单

书　记：李安清

副书记：李富明　傅彩萍

委　员：陈　平　谢　琪　魏庆武　姚俊芳

中共晋城市委工作概况

市委书记　张茂才

2010年，市委坚持以科学发展观为指导，团结带领广大干部群众，解放思想、抢抓机遇，振奋精神、埋头苦干，推动全市经济社会发展迈出新步伐、取得新成效。

一、以产业升级和项目建设为重点，推动经济平稳较快发展

一是结构调整扎实推进，以煤为基、多元发展势头良好。按照建设“以煤为基、多元发展的先行区和示范区”的总体要求，以现代煤化工、新能源新材料、装备制造、高新技术四大产业为主攻方向，全力打造“四梁八柱”现代产业新体系，加快“地下转地上、黑色变绿色、资源变资本”步伐。以兰花中石化180万吨甲醇60万吨烯烃等3个百万吨煤化工项目签约为标志，现代煤化工产业步入规模发展阶段；以年抽采能力突破30亿立方米为标志，煤层气

新兴产业不断发展壮大，初步形成了抽采、液化、管输、商用等综合开发利用产业链条；以金鼎煤机拥有自主知识产权的成套矿机装备规模化生产为标志，装备制造业不断上档升级，形成100万吨中高档铸件、36万吨汽车零部件、15万吨工程机械机床配件的生产能力；以投资38亿元的富士康A区开工建设为标志，高新技术产业实现超常规发展，涌现出兰花汉斯、鸿诺光电、乐百利特等高新技术企业15家，产值近40亿元。

二是重点工程和重大项目建设进展顺利，经济发展的活力和后劲进一步增强。2010年共启动实施重点工程和重大项目153项，完成投资313.7亿元，占年度目标的164%。通过实施20项重点工业项目和100项工业转型项目，进一步拉长了工业产业链，提高了产业集聚度；全年100项工业转型项目有60项建成投产、33项开工建设；20项重点工业项目有12项建成投产、6项开工建设。通过实施21个基础设施项目，拉大了城市框架，扩大了城市规模，加快了城乡一体化进程；阳翼高速、环城高速、丹河人工湿地一期、市污水深度处理及再生水配套利用管网工程全面竣工，晋城大学一期、市委党校主体工程已经完工。通过实施135个旅游、商贸、物流等现代服务业项目，搭建了新的物流平台，带动了第三产业优化升级；豪德贸易广场、兰花国际物流园区加快推进，阳城蟒河、陵川上云台、长平古战场大粮山景区全面对外开放。通过实施10个重点农副产品加工转化项目，产业链条拉长，龙头作用显现，品牌效应和规模效益得到提升；与中国民营企业500强雨润集团联合建设的新胜肉类加工项目，一期投资2.4亿元，形成了屠宰200万头生猪及15万吨冷鲜肉加工的生产能力，年可实现销售收入20亿元，实现利税8000万元。通过实施14个民生及社会事业项目，生产生活条件有了改善，城乡居民收入稳步提高。按照“产业集结、工业集聚、企业集群”的发展路径，规划了高新技术开发区、泽州巴公装备制造工业园、北留城乡一体化工业园等“一区六园”建设，制定出台了《关于加快推进工业园区建设的实施意见》；按照“以产强县、以业兴县、以园活县、以城带县”的发展思路，扎实推进强县战略，形成了主业突出、特色鲜明的县域经济竞相发展新格局。

三是“双轮驱动”战略持续推进，城乡一体化发展迈出重要步伐。通过持续推进扶贫攻坚战略，全市累计扶持360个贫困村新发展蔬菜大棚3000多栋，连翘种植基地10万亩、生态养殖项目210个。初步统计，这些村农民人均纯收入由扶贫攻坚前的2453元增长到3300元，增长25.4%。按照新修编的“六区联动、组团发展”城市总体规划，以“三市联创”为抓手，加强城市基础设施建设，进一步提升了城市功能和综合竞争能力。60公里的环城高速公路竣工通车，60平方公里的白马寺山森林公园城市“绿心”建设初具规模，总投资80亿元建市以来规模最大的北石店片区城市化改造工程以及18个城中村改造项目加紧推进。设立了3000万元的特色城镇化扶持资金，狠抓了润城--郑庄沁河流域、北留--周村、环城高速环内等7个城乡一体化示范区建设，形成了一批经济强镇、商贸重镇、旅游要镇、历史名镇和园林新镇。特别是阳城润城镇从当地实际出发，连续四年投资2.1亿元，解决了煤矿采空区以及偏远山区7个村的整体移民搬迁问题。全市城镇化率达到48.4%，高于全省平均水平。

四是高度重视“三农”工作，农业和农村发展成效明显。财政安排“三农”资金增长2408万元，增幅达到18%。粮食直补、农资综合直补、良种补贴等各项补贴水平继续提高，向种粮农民兑现粮食补贴资金1.4亿元，良种补贴资金2269 万元。农业生产全面增长，粮食总产首次突破9亿公斤大关，达到9.13亿公斤，创历史新高。畜牧业生产稳定增长，肉类总产量达到9.5万吨，增长12.0%，猪羊禽出栏分别增长9.9%、44.2%和5.5%。大力发展农村专业合作组织，农民专业合作社达到1650个，带动农户20万户。按照“一村一品、一乡一业、一县一特”农业产业化发展思路，大力推进农产品加工“513”工程，实施10个重点农副产品加工转化项目，新胜肉类、金田农业、古陵山淀粉等农产品加工龙头企业的品牌效应和规模效益得到提升。农田水利基本建设和农业技术推广力度加大，旱作农业和节水农业有了新发展。新型农民科技培训10.5万人，农村劳动力转移技能培训8400人。

五是煤炭资源整合进展顺利，企业兼并重组取得有效突破。按照“一要回头看，二要往前推”的精神要求，市委、市政府主要领导亲自安排、亲自过问、亲自协调，市委常委、副市长、人大政协主要领导包县市区、包整合矿井，推动企业主体到位后的复工复产、改造建设、矿井关闭等工作有序开展。全市129座整合保留矿井中，协议签订率完成100%，换证率99.2%，接管到位率100%，资金补偿到位率83%，基本完成了煤炭资源整合重组任务。

六是生态文明建设取得重要成果，城市形象不断提升。精心实施白马寺山沉陷区生态综合整治、环城高速沿线通道绿化和碳汇造林工程，完成造林面积15万亩。围绕“三市联创”工作，城乡一体、连片推进，铺天盖地绿化，漫山遍野造林，新建城区落花寺、泽州龙王山、阳城骏马岭等六个城郊森林公园。强力推进节能减排，加快淘汰落后产能，加强重点耗能企业监控，“十一五”约束性指标全面完成。继续推进“蓝天碧水工程”，主城区和4个县城空气质量均达到国家二级标准，实现了历史性的跨越；市区空气质量二级以上天数达到354天，其中一级天数达到104天。

二、着力保障和改善民生，安定和谐局面进一步巩固

一是农村“五个全覆盖”超额完成。村级卫生室、村通广播电视工程去年提前完成，村通水泥（油）路工程通车里程191.4公里，中小学校舍安全改造工程开工118.38万平方米，农村安全饮水工程建成456处，解决了796个自然

村22.32万人的饮水安全问题，“五个全覆盖”工程圆满完成。高平、泽州等地还启动了户通水泥路、户通自来水等新的全覆盖提升工程，全市农村面貌和农民生活质量得到有效改观。

二是就业和社会保障工作得到加强。全面开展国家级创业城市创建活动，完善五级公共就业服务平台建设，加强职业技能培训，开发公益性岗位，完成城镇新增就业4.25万人，帮助城镇就业困难群体实现就业1677人。城镇登记失业率为2.4%，低于4.2%的年度控制目标。沁水、阳城、高平三县市首批纳入全国全省新型农村养老保险试点，参保率达到78%，覆盖面占全市农业人口的59%，居全省领先水平。全市农村低保水平提高到1145元，居全省第一；城市低保水平提高到2940元，达到全国中上游水平。社会福利事业、残疾人事业、老龄事业和慈善事业加快发展。年度为民办的十六件实事基本完成，市区新建经济适用住房2712套，90.6%符合条件家庭的住房困难户得到解决。主城区范围内煤层气居民用户新增1万户，达到7.2万户，在全省率先实现了市区居民用户管道燃气全覆盖。13.8万农户用上了沼气和秸秆气可再生能源，13个乡镇、78个村用上了煤层气。

三是各项社会事业扎实推进。推动各级各类学校均衡发展，推进基础教育改革，加快职业教育发展，认真落实中等职业学校国家助学金资助工作。全面加强教师队伍建设，积极落实义务教育学校绩效工资政策。公共卫生和疾病防控体系进一步健全，县、乡、村三级医疗卫生机构达标率为97.1%，超出省定92.53%的目标。农村合作医疗和城镇居民医疗覆盖率保持全省领先水平。人口和计生工作扎实推进。财政对民生的保障作用进一步加强，2010年，市财政用于教育、卫生、文体、社保等方面的支出分别增长17%、15.5%、15%、16%。

四是坚持不懈狠抓安全生产。市委始终把安全生产放在与经济发展同等重要的地位，严格落实企业安全生产和政府安全监管主体责任，出台了加强安全生产一系列政策措施，深入开展安全生产专项整治，抓好重点行业和领域的安全生产，有效防范和坚决遏制重特大事故，安全生产形势持续好转。全市煤矿百万吨死亡率0.13，比省控指标低55%，为历史最好水平；全市各类安全生产事故同比减少44起，下降5%；死亡人数同比减少42人，下降16.2%，安全生产形势保持了总体平稳态势。

五是全面加强社会管理和维稳工作。深入推进“平安晋城”建设，严格落实维稳责任制，深入推进社会矛盾化解、社会管理创新、公正廉洁执法三项重点工作。加强政法队伍建设，努力提升执法的规范化、科学化水平。加强社会治安综合治理，积极构建“大调解”工作体系，全面落实校园安全保卫工作。严厉打击各种违法犯罪活动和黑恶势力，刑事案件呈明显下降趋势，群众安全感进一步增强。加强基层基础工作，健全完善了社情民意调查机制和应急工作机制。加强信访工作，大力开展信访积案攻坚大会战，信访秩序持续好转，呈现出“四个明显下降，一个根本好转”局面。特别是全国、全省两会和世博会期间，实现了零登记、零通报、零交办，受到省里表彰。社会治安综合治理工作连续13年被评为全省先进市，铁路护路工作连续12年无重大涉路案件发生，受到了中央综治委考核组和国家护路办督导检查组的肯定。

三、全面加强党的建设，为转型跨越发展提供坚强保证

一是深入开展创先争优活动和学习型党组织建设。创先争优活动坚持分类指导、突出特色、创新机制、典型引路，激发了广大基层党组织和党员干事创业的热情，形成了比学习、比工作、比奉献和学先进、赶先进、当先进的浓厚氛围。学习型党组织建设不断拓展学习内容、创新方法载体、完善体制机制、培树“百佳”典型，推动了党员干部观念大转变、视野大拓展、本领大增强、素质大提升。建立和拓展了干部教育“每月一讲”、自主选学“每月一班”、在线学习“每人一卡”和境外培训“每年一批”的“四位一体”干部教育培训平台；围绕经济转型的“七条路径”，由国内知名专家学者分别就新型煤化工、装备制造、特色城镇化多个课题进行深入解读，分期分批组织干部到沿海城市脱产学习和挂职锻炼。

二是切实加强领导班子和干部队伍建设。出台《年度目标责任考核试行办法》，明确了科学发展的导向，完善了干部政绩考核的体制机制。扎实推进干部提名制度改革，加大竞争性选拔力度，健全党政领导干部选拔任用工作责任追究制度，深入整治选人用人上的不正之风。2010年，市委共研究干部4批次93名。其中，提拔处级干部4人，非领导职务1人；平调处级干部78人。全市组织干部工作总满意度、干部选拔任用评价、防止和纠正用人不正之风评价等五项满意度调查均高于全省平均水平。

三是切实加强基层党组织建设。进一步完善工作机制，全面提升社区党建工作水平。完善“两推一选”等党建工作新机制，大力推行“四议两公开”工作法。创新党员教育管理服务，建立了阳城县皇城村等5家首批党员教育培训示范基地。积极实施“三联两派一激励”机制，城乡党建有了新活力。积极推进村级组织活动场所建设，除完成省定182个建设项目外，又自加压力完成剩余175个场所建设，在全省率先实现了全覆盖。

四是切实加强反腐倡廉建设。加强中央和省市重大决策部署落实情况的监督检查，对重点工程建设管理情况进行了专项督查。认真落实对煤炭资源整合责任主体加强监督的“十严禁十严格”，深入推进煤焦领域反腐败专项斗争、工程建设领域突出问题专项治理等专项整治工作，重点部门和关键环节反腐败斗争取得新突破。持续狠抓农村基层党风廉政建设，不断创新农村组织监督机制，84个乡镇（街道）全部设立了行政监察室，赢得了全省农廉工作经验交流会在晋城召开。深入贯彻落实《廉政准则》，注重

加强对干部的廉政教育、警示教育和党性法规教育，注重党风廉政责任制的落实。加大查办案件力度，全市纪检监察机关初核违纪违法线索161条，立查案件169件，处分违纪违法人员194人。其中县处级干部16人、乡科级干部55人。12月9日召开专题大会，对四类17起违纪违规违法案件进行了公开通报。深入开展“惩防体系制度建设推进年”活动，惩防体系建设取得新成效。积极配合中央和省委巡视组开展工作，针对巡视组反馈的意见及时制定整改措施，抓好整改落实。（高俊霞　李俊峰）

附：中共晋城市委书记、副书记、常委名单

书　记：张茂才

副书记：王茂设　冯建平

常　委：郭长青　原国政　赵学梅（女，3月离职）
师建平（4月离职）　于若洁
贾联亭（3月任职）　李治国
王云国（3月离职）　康吉仁　范丽霞（女）
朱晓东（2月任职）　刘爱军（3月任职）

中共晋城市城区区委工作概况

区委书记　张玉宏

2010年，区委坚持以科学发展观为指导，深入贯彻落实党的十七大精神，学习贯彻省委袁书记7·29重要讲话精神，在市委、市政府的正确领导下，团结带领全区广大党员干部群众，解放思想，振奋精神，苦干实干，奋勇争先，实现了经济发展大提速，跨入了全省市辖区经济社会发展五强区行列，名列第三。

一、抢抓机遇，迎难而上，经济发展大提速

2010年,区委以加快转变经济发展方式为主线，深入实施“321”统筹发展战略，围绕打造四个中心，强力推进六项举措，重点实施“222”工程，全面提升转型发展，全区经济社会保持了健康、平稳、快速增长。全区国民生产总值完成39.36亿元，同比增长14%；财政总收入完成6.43亿元，同比增长13%；社会固定资产投资完成28.6亿元，同比增长23.2%；社会消费品零售总额完成57.7亿元，同比增长18.04%；城镇居民人均可支配收入完成16980元，同比增长12%；农民人均纯收入完成6655元，同比增长11.5%。

一是产业结构优化升级。建设了司徒现代都市农业园、东武匠佳和大成生态旅游休闲山庄和仕底农业生态观光园等，开辟了一条围绕城市、服务城市的城市型生态旅游的新路子。投资2.66亿元对9个重点项目进行技术改造，推进节能技术进步，工业经济持续好转，形成了一批技术创新基地和AAA级质量等级企业。投资30.51亿元建设了20个商贸中心，提升了城市服务的品质和内涵，增强了城市的集聚、带动和辐射功能。

二是招商引资再创佳绩。以引进三产服务业和新型工业项目为重点，积极参加能博会、中博会等，引进重大项目10个，投资总额46.53亿元，吸引外来直接投资8.96亿元，进出口总额达2880万美元，神州通、深商投、香港名店街、庞大汽贸、天博科技、华润万家、喜来登等知名品牌纷纷落户，招商履约率不断提高。更加注重区域交流与合作，继我区与福建厦门思明区、福建福州台州区、山东淄博周村区、江苏镇江润州区、天津南开区缔结为友好区之后，又与毗邻的河南焦作的解放区缔结为友好区，使我区融入中原经济圈的步伐进一步加速，发展活力进一步增强。

二、以人为本，关注民生，社会事业大繁荣

一是扎实推进劳动就业和社会保障工作。积极开展创业型城区创建工作，完善促进就业的各项政策措施，下拨1000余万元就业专项扶持资金，2840人次参加了各类专业技能培训。成功举办了“就业援助月”、“春风行动”、“民营企业周”等活动，实现新增就业岗位9800个。帮助310名就业困难人员实现就业。全年城镇登记失业率控制在2.0%以内。全区社会保障综合覆盖率持续扩大，城镇居民医保参保7.25万人，农村社会养老保险累计参保人数4.16万人，均超额完成了全年的目标任务。

二是加快发展各项社会事业。教育事业均衡发展。想方设法筹集资金5000多万元，新建城区职业中学，积极支持华洋职业中学的上马，使职业教育、成人教育、幼儿教育、民办教育实现全面、健康、规范发展，教育资源布局更加均衡。卫生事业稳步提升。积极推进医疗卫生体制改革，新农合保障水平不断提高，人均筹资标准增至150元，住院补偿封顶线提高到4万元。加强基层医疗卫生体系建设，改善基层卫生条件，实现了村卫生所全覆盖；在全区农村社区全面开展了基本公共卫生服务项目。文化旅游蓬勃发展。大力实施文化强区战略，出台了《关于建设文化强区的实施意见》。加强文化基础设施建设，“两馆”改造初见成效，农家书屋率先在全省实现了全覆盖。精心打造“北上白马寺山平安祈福、南下洞头村访古探幽”的旅游品牌。投资近700万元，对西街玉皇庙和怀覃会馆进行了抢救性修缮，首开我区文物保护的先河。

三是安全稳定常抓不懈。安全生产加强监管。对全区

五大领域十六个重点行业深入开展了20余次安全生产大检查和隐患排查治理专项行动，制定出台了《晋城市城区十项安全监管制度》，进一步健全安全监管长效机制，构建了时时处处想安全、抓安全、保安全的严密体系。社会综治源头治理。紧紧抓住影响社会和谐稳定的源头性、根本性和基础性问题，深入推进社会矛盾化解，成功调处较大矛盾纠纷468起，成功率达96%。严厉打击刑事犯罪，积极整合防控资源，可防性、多发性案件得到有效遏制，以学校安全管理和城乡结合部为重点，着力排查整治治安重点地区和突出治安问题，公众安全感明显增强。信访稳定攻坚克难。采取全方位细化、人性化感化、教育式转化、不间断强化的办法，推动抓信访稳定由重管理向重服务转变，由被动应付向主动调解转变，由消极围堵向积极疏导转变，由就事论事向综合整治转变，有效遏制了信访的高发态势，信访稳定工作的长效机制更加健全完善。集中开展了全区信访大会战，圆满完成省、市下达我区积案化解的工作任务。

三、加强领导，创先争优，党的建设大发展

一是深入开展创先争优活动和学习型党组织建设。以推进城区转型跨越发展为目标，在全区各基层党组织和广大共产党员中深入推行“一诺两报三评四保”制度，向群众承诺的1786件事项得到圆满兑现，一批事关群众切身利益的焦点难点问题得到有效解决。学习型党组织建设以“建设先锋堡垒”为主题，不断拓展学习内容，创新方法载体，完善体制机制。全年副处以上领导干部参加中央、省、市教育培训达45人次，并多次走出去参观学习，举办科级干部、党员干部、公务员培训7期，培训1346人次。

二是切实加强领导班子和干部队伍建设。坚持德才兼备、以德为先的用人标准，根据工作情况和班子建设需要，加大对重要部门、关键岗位干部的交流力度，实现了班子结构和干部队伍整体结构的科学化和合理化。全区科级领导干部共482人，平均年龄为43.38岁，中青年干部占到56.84%。加强后备干部队伍建设，继续规范“上挂跟班学习、下挂基层实践、外挂开阔视野、横挂取长补短”的年轻干部挂职锻炼工作模式。特别是以干部人事制度改革为契机，将“严而有度、宽严并济”的原则有效运用于干部管理工作中，把对工作和干部的考核与对干部的人性化关怀有机结合。

三是切实加强基层党组织建设。农村党建工作：大力推行“四议两公开”工作法，着重强化了基层民主政治建设和村级组织规范化建设，完成了村级组织活动场所建设。社区党建工作：进一步完善工作机制，统筹社区资源，引深共驻共建，积极探索建立街道“大党工委”体制。机关党建工作：大力实施“3+1”破零攻坚行动”、“科级以上干部结对帮扶特困家庭”等活动，推进了党员联系和服务群众工作，提高了党员干部做好群众工作的能力。

四是切实加强反腐倡廉建设。坚持“标本兼治、综合治理、惩防并举、注重预防”的方针，全面推进党风廉政建设和反腐败斗争，强化党风廉政建设责任制，坚决纠正损害群众利益的不正之风，严肃查处了一批违法违纪案件。把学习弘扬右玉精神作为转变干部作风，创优发展环境的重要举措，重点开展了为期一个月的全区干部纪律作风大整顿活动。全年共立案18件，结案18件，处分25人，挽回经济损失100余万元。

（贾苗丽　刘红霞）

附：一、中共晋城市城区区委书记、副书记、常委名单

书　记： 焦光善（3月离职）　张玉宏（7月任职）

副书记： 张玉宏（7月离职）　牛纯忠　宋春生　李山岗（挂职）

常　委： 李绪龙　刘秋海　闫跃进　原太平　杨晓波　李子荣

二、乡镇（街道）党委（党工委）书记、副书记名单

北石店镇

书　记： 王秀峰

副书记： 尚东方　李　斌　崔晋军

西上庄

书　记： 王沁元

副书记： 逯生云　巩　俊　李　晋

钟家庄

书　记： 董培庆

副书记： 连陆军　赵瑞和　黄广晋

东　街

书　记： 李清太

副书记： 卢坤拽　孟　晨

南　街

书　记： 原末生

副书记： 车文莲（女）　师红兵

西　街

书　记： 陈黎原

副书记： 冯志慧　常韶华　高建军

北　街

书　记： 胡凤平

副书记： 张　宏　张爱林　李运马　王爱萍（女）

矿　区

书　记： 陕建峰

副书记： 郭瑞林　李慧斌

中共泽州县委工作概况

县委书记　崔守安

全县有党委22个，党总支59个,党支部1114个，党员23429名。2010年，面对省、市转型发展、跨越发展的新思路、新要求和新举措，县委、县政府团结带领全县53万人民，高举中国特色社会主义伟大旗帜，坚持以科学发展观为指导，主攻“1553”年度工作重点，在解放思想中统一思想，在迎接挑战中抢抓机遇，在争先转型中攻坚克难，在开拓创新中奋力冲刺，圆满完成了全年各项目标任务。

全县生产总值完成156.11亿元，同比增长13%，是“十五”期末的2.19倍；财政总收入完成29.66亿元，同比增长13.92%，是“十五”期末的4.4倍；一般预算收入完成9.34亿元，同比增长15.1%，是“十五”期末的4.4倍；规模以上企业增加值完成55.4亿元，同比增长19.7%，是“十五”期末的4倍；社会固定资产投资完成81.67亿元，同比增长22.97%，是“十五”期末的8.5倍；农民人均纯收入完成6646元，同比增长11.4%，是“十五”期末的1.58倍；粮食总产量完成2.47亿公斤，被农业部评为“全国粮食生产先进县”；经济转型发展、城乡一体化建设、农村党风廉政建设等多项工作在省市领先；县域经济基本竞争力再次跻身中部地区50强，名列第45位，比2005年前移了14位，位居全省十强。

一、谋划未来，开放引进

认真学习贯彻党的十七届五中全会以及7.29全省领导干部大会等一系列重要讲话精神，用理论武装促思想转型、促素质提升、促举措创新。着眼于科学谋划“十二五”发展，深入开展解放思想跨越发展“大调研”活动，提出了“十二五”时期全县发展的新目标和总思路，吹响了泽州争先转型跨越发展的集结号。坚持大招商、招大商、大引资、引大资，千方百计引导各类资本投资泽州、建设泽州，先后组团参加了中博会、港洽会、能博会等大型招商展会，全年共引进项目7个，总投资达19.72亿元，引资13.18亿元。按照先行先试的要求，组织赴河南、山东、天津等地就城乡一体化建设进行了学习考察，在全省率先编制了《泽州县城乡一体化发展规划》，县行政文化中心建设正式启动，金村大道奠基开工，城镇化建设和新农村建设同步推进，城乡一体化建设取得良好开端。

二、调整结构，经济转型

积极稳妥推进煤炭资源整合，全县30座整合保留矿井中，协议签订率、主体到位率、证照办理率、资金补偿率在全市领先，整合的优势和成效已经初步显现。大力实施项目带动战略，年初确定的“三大方阵”项目捷报频传，清慧二期、天巨重工等十大新建项目累计完成投资2.13亿元，兴达铸件、艾司木复合板等十大续建项目累计完成投资30.7亿元，鸿诺光电、康盛达水泥等十大达产达效项目实现销售收入18亿元，利税1.01亿元。工业园区建设步伐加快，巴公装备制造工业园区入驻企业达17家，全年实现税收3.8亿元。切实加快农业产业化进程，全县农业龙头企业发展到23家，农民专业合作社达到447个，彤康食品、泽地萃食用菌等农业品牌效应不断增强，荣获“全国无公害农产品标志推广与监管示范县”称号。积极引导全民创业，全年新创办企业118家，总投资25亿元，新增就业岗位1万个。全县民营企业增加值完成113.6亿元，产值50亿元以上民营企业1家，亿元以上15家，5000万元企业达到30家，继续名列全省民营经济十强县。进一步加大节能减排力度，圆满完成了“十一五”期间万元GDP能耗下降目标。大力加强生态建设，全县森林覆盖率达到32.88%，城镇绿化率达到45.25%。坚持向深化改革要转型动力，县级政府机构改革全面完成，乡镇机构改革全面启动，集体林权制度主体改革任务基本完成。到去年底，全县非煤产业提供税收比重达到35%，比“十五”期末提高13个百分点。省、市观摩检查组对我县转型发展和项目建设分别给予了充分肯定和高度评价。

三、改善民生，共享和谐

坚持以民生工程促和谐。村通水泥(油)路、村通广播电视等“五个全覆盖”实现了上档升级，乡镇环卫站、粮油连锁店建设等十件惠民实事全部完成。校安工程完成投资3.8亿元，取得阶段性成果。大周公路下村段奠基开工，巴马公路巴公段、晋张公路柳口段等道路完成改造修建。全县85%的行政村开通互联网，38.2%的农户用上了煤层气、沼气和秸秆气等新能源，部分新型居民小区实现了集中供热。坚持以社会保障促和谐。全县新农合参合率达到97%，新农保覆盖率达到92%，乡镇卫生院职工养老保险工作全面完成，城乡低保、五保户实现了应保尽保。坚持以文明创建促和谐。高度重视历史文化名镇（村）申报工作，全县1镇1村入选国家级，2镇6村入选省级。培育了一批市级和谐标兵。坚持以繁荣文化促和谐。乡镇文化站、农村书屋等基础设施不断强化，文化队伍得到壮大。文化产业进一步发展，与央视动画公司签署了投资1500万元、开发48集大型天文神话动画片《二十八宿传奇》的项目合作协议。

坚持以安全稳定促和谐。突出抓好煤矿安全监管，统筹抓好非煤矿山、森林防火等各行各业的隐患排查，进一步健全了安全生产制度，顺利实现了第九个安全生产平稳年。扎实推进社会矛盾大调解、社会治安大防控、社会秩序大整治“三大体系”建设，切实加强上海世博会和广州亚运会期间的安保工作，基本完成了县乡两级信访服务中心建设，一批积案难案得到有效化解，“平安泽州”创建成效显著。坚持以团结共事促和谐。始终支持人大和政协认真履职，民主政治建设进一步加强。充分发挥爱国统一战线作用，赢得了全省侨联为经济建设服务现场会在我县召开。县总工会荣获“山西省十佳县工会”，计生工作跨入省级优质服务先进县行列，团、妇、爱国卫生等各项工作扎实推进。县武装部被省政府、省军区表彰为全市唯一的“先进人武部标兵”。

四、加强党的建设

按照“分类指导、突出特色、典型引路、整体推进”的思路，创先争优和学习型党组织建设活动扎实有序推进。组织指导全县机关企事业党组织进行了换届，认真推行了“4+2”工作法，圆满完成了71个村级组织活动场所建设。大学生村干部教育管理工作走上了规范化轨道。制定出台了《泽州县年度目标责任考核实施办法（试行）》、《泽州县股级干部备案管理办法》等制度，选拔任用了一批优秀年轻领导干部。深入贯彻落实《廉政准则》，大力开展煤焦领域反腐败专项斗争，继续狠抓农村基层党风廉政建设，不断强化“三资”管理，被省委、省政府授予“全省农村党风廉政建设工作先进县”。全面兴起学习弘扬右玉精神新高潮，深入开展“五治五督”和“六倡六戒”作风整顿活动，继续开展干部大培训、争先发展泽州人大展示等活动，全县广大党员干部在思想观念、服务水平、工作方法上更加适应了争先转型跨越发展的要求。

（连海峰　王晓峰）

附：一、中共泽州县委书记、副书记、常委名单

书　记：刘予强（5月离职）　崔守安（7月任职）

副书记：崔守安（7月离职）　茹栋梅（女，7月任职）　陈晋勇

常　委：牛全明　史小军　贯长生　王宏徽　酒国平　李　健　王　丽（女）　韩敦锋

二、乡镇党委书记、副书记名单

下村镇

书　记：郭云龙

副书记：刘廷兵

大东沟镇

书　记：车保林

副书记：郎军芳　邢剑虹

川底乡

书　记：申连太

副书记：郎云峰　刘晋宇

周村镇

书　记：张良善

副书记：王江元　段立祥

李寨乡

书　记：杨鸿飞

副书记：李云波

南岭乡

书　记：丁勇军

副书记：董建军

犁川镇

书　记：李池堆

副书记：车树文　原林林

山河镇

书　记：李雪山

副书记：焦平旺　肖德利

晋庙铺镇

书　记：樊海放

副书记：许云发

大箕镇

书　记：宋乐明

副书记：岳建军　董光喜

南村镇

书　记：毋胜利

副书记：原吉雷　樊曙钰

金村镇

书　记：闫晋中

副书记：牛天明　张建军

柳树口镇

书　记：刘建云（女）

副书记：樊武斌　李富春

高都镇

书　记：王新彤

副书记：史坤国

北义城镇

书　记：秦会林

副书记：闫晓阳

巴公镇

书　记：郎诗华

副书记：李俊文

大阳镇

书　记：陈仲会

副书记：赵亮福

中共高平市委工作概况

市委书记　谢克敏

2010年，市委在省委、晋城市委的正确领导下，坚持以邓小平理论和“三个代表”重要思想为指导，深入贯彻落实科学发展观，按照市四次党代会提出的“13458”科学发展战略，团结带领全市人民，全面推进经济建设、政治建设、文化建设、生态建设、社会建设和党的建设，各项工作都取得了新的重大进展。

一、综合经济实力大幅提升

全市地区生产总值完成163.1亿元，比上年增长15.8%；财政总收入32.6亿元，增长13%；一般预算收入8.6亿元，增长15%；城镇居民可支配收入15853元，增长12.5%；农民人均纯收入6340元，增长12.6%。全市综合经济实力进一步增强，县域经济综合竞争力位居中部百强31位；在中国全面小康成长型百佳县市评比中位居中西部50强第8位。先后荣获“全国中小城市科学发展百强”、“全国最具投资潜力中小城市百强”、“全国最具区域带动力中小城市百强”和“全国科普示范县”、“全国农业执法先进单位”、“省级文明和谐城市”、“全省文化强县”、“全省文化建设示范县”、“全省造林绿化先进单位”、“全省民族团结进步模范市”等光荣称号，创建省级生态园林城市和省级平安和谐城市工作通过省政府验收。

二、产业结构调整深入推进

按照省委转型跨越发展的要求，大力实施了“资源转资本、地下转地上”的“两个转移”战略，规划建设了七大经济区块和六大企业集团。煤炭资源整合和企业兼并重组工作稳步推进，煤炭产业集中度和技术水平大幅度提升。项目建设成效显著，全年共铺开重点工业技改项目22个，维高水泥、福鑫铸管、天坤特材、山西采源等十大产业转型项目顺利竣工，唐一新能源、福川制铁等重大项目稳步实施，全市产业结构进一步优化，发展后劲明显增强。

三、新农村建设成绩斐然

认真落实各项支农惠农政策，继续强势推进新农村建设“八大工程”，广大农民群众越来越多地享受到改革发展成果。粮食生产喜获丰收，全年总产达2.23亿公斤，创历史新高。大力发展现代农业，全年出栏生猪130万头，新建大棚2000栋，发展桑园1200亩，被省政府列为现代农业示范区。新胜肉类、厦普赛尔、宇脯钙尔等技改项目建成投产，吉利尔服饰、上海杰隆等项目进展顺利，农产品加工企业带动能力进一步增强。全面提升“五个全覆盖”工程，完成375个村的户通水泥路，通沼气达4万户，消除校舍危房29 万平方米，建成甲级卫生所365个，解决了4.9万人的饮水安全问题，率先在全省、晋城市高标准实现了“五个全覆盖”。投资3000余万元，对石河线、礼夺线进行了全面改造，顺利完成张峰水库引水和米山、章庄水库除险加固工程，农村生产生活条件明显改善。

四、特色城镇化建设进一步加快

大力推进以“一城五镇双百村”为重点的特色城镇化战略，铺开城建重点工程34项。城市集中供暖供气一期工程顺利完工，实现供暖100万平方米、供气6000户的目标。火车站改造、职工文体活动中心、环境监测中心、迎宾路延伸、世纪大道南延等城乡建设十二大工程竣工剪彩，市民文化活动中心、坪曲线桥北段拓宽改造等工程顺利推进。城市绿化取得突破性进展，开工建设了南湖公园、长平苑、神农园三个公园，新增城市绿地50万平方米。稳步推进以马村、三甲、米山、河西、寺庄为重点的中心城镇建设，小城镇集聚效应开始显现，带动能力进一步增强。

五、改革开放成效显著

制定出台了国有和城镇集体企业改制的配套文件，对84户企业进行了改制。积极推进政府机构改革和事业单位分类改革，顺利启动乡镇机构改革，行政效能和服务水平进一步提高。深化“乡财市管乡用”财政体制改革，调动了乡镇上项目、办企业的积极性。全省医药卫生体制改革试点工作进展顺利，长治医学院附属和平医院对口支援市人民医院取得明显成效，基本医疗保障和公立医疗机构基本药物零差率销售实现全覆盖。完成集体林权制度改革各项任务，受到了省、晋城市的充分肯定。积极开展招商引资，组团参加了“能博会”、“中博会”、“农博会”等大型招商活动，共签约8个项目，拟引资22亿元，进一步增强了经济发展活力。

六、生态绿化和节能降耗迈出新步伐

围绕创建省级生态园林城市目标，累计投资1.2亿元，大力实施了以“荒山造林、通道河道绿化、生态园林村建设”为重点的生态绿化工程，新增绿地面积2万亩。扎实推进节能降耗工作，完成天脊中化电机系统、泫氏铸业高炉尾气等节能改造项目；新上了一批新型墙体材料企业，完成建筑节能改造3.1万平方米。进一步加强环境保护工作，持续实施“蓝天碧水”工程，市区空气质量二级以上天数达到354天，比上年增加4天。

七、社会事业全面快速发展

大力实施“科技兴市”战略，获得省级以上科技计划项目5项，申请专利42件，培训农民2万余人次。教育事业蓬勃发展，实验高中、河西二职、王报三职、高平六中等建设稳步推进。高考成绩再攀新高，本科达线人数达1113人。就业和社会保障工作扎实推进，城镇新增就业5900人。启动实施了国家级新型农村社会养老保险试点工作，累计参保人数达14.6万人。卫生事业进一步加强，人民医院综合住院楼和南城、北城社区卫生服务中心主体工程完工。人口与计生工作扎实推进，人口出生率控制在8.12‰。深入开展以“爱高平、谋发展、讲卫生、促和谐，争做文明高平人”为主题的精神文明创建活动，组织举办了中国“中部崛起杯”六省象棋精英赛、市直机关职工运动会等文体活动，山西日报、山西电视台等八家省级媒体对我市创建文明和谐城市的做法和经验进行了集中宣传报道。大力实施公民道德建设工程，开展了“百名孝子”、“十大孝星”评选活动，在全市上下营造了尊老爱老的浓厚氛围。文化旅游产业不断壮大，组建了市文物旅游局，完成了非物质文化遗产生产展示园规划，全省文化体制改革及文化产业发展现场会在我市召开。坚持党管武装原则，军民融合式发展成效显著，市人武部被北京军区授予“先进旅团单位”荣誉称号。深入开展安全生产专项整治活动，安全生产形势持续平稳。大力推进“平安高平”建设，严格落实信访和维稳责任制，全国、全省“两会”和世博会期间，实现了信访案件零登记、零通报、零交办，受到省、晋城市表彰。统计、档案、市志、民政、残疾人保护等各项社会事业均得到新发展。

八、党的建设得到加强

深入开展创先争优活动，积极开展了“四比四争”、“进百村、入千户、帮万人”结对帮扶等活动，极大地提高了基层党组织的凝聚力、创造力、战斗力和服务力。干部教育培训工作卓有成效，共举办各类培训50余期，培训党员干部2万余人次。大力推行“三考两推”干部选拔任用机制，形成了“有作为者有位、不作为者让位”的良好局面。不断加强基层组织建设，在晋城市率先实现了较高层次的村级活动场所全覆盖。积极推行“四议两公开”工作法，村级民主自治水平明显提升。认真落实农村离任主干发放生活补贴政策，健全完善了农村在职主干岗位报酬集中统一发放和参加社会养老保险工作制度。积极创新街道社区领导体制，圆满完成了3个街道党委改设党工委和273个基层党组织的换届工作。大力开展学习弘扬右玉精神、“五治五督”作风大整顿和“政府转职能、干部转作风”活动，广大干部工作作风明显好转。认真落实党风廉政建设责任制，狠抓农村党风廉政建设，扎实开展煤炭领域反腐败专项斗争，集中查处了一批违纪违法案件，风清气正的政治环境逐步形成。（李晓峰）

附：一、中共高平市委书记、副书记、常委名单

书　记：谢克敏
副书记：秦建孝　王晋峰
常　委：闫通宇　张志刚　李天胜　李刘苏　常书铭
梁云辉　刘海靖　靳水生

二、乡镇（街道）党委（党工委）书记、副书记名单

东城街道
书　记：许振金
副书记：郭勇虎　韦魁龙

南城街道
书　记：李俊强
副书记：冯　硕　赵静谱

北城街道
书　记：毕建明
副书记：徐育玲　魏志宏

米山镇
书　记：张强胜
副书记：史晓波　成立忠

三甲镇
书　记：张晋文
副书记：张旭强　吴绪鹏

神农镇
书　记：郝卫东
副书记：段晓军　李　皓

陈区镇
书　记：申青山
副书记：许宏建　毕小平

建宁乡
书　记：侯志刚
副书记：申中锋　杨振洲

北诗镇
书　记：郜书宁
副书记：赵栋庭　袁　萍

石末乡
书　记：靳建军
副书记：申中群　贺俊峰

河西镇
书　记：孟向东
副书记：赵海青　肖永义

马村镇
书　记：王广平
副书记：范永星　张小军

原村乡
书　记：姬国强
副书记：王　京　李锦霞

野川镇

书　记：牛惠军

副书记：吴华芳　李树中

寺庄镇

书　记：司海彬

副书记：王国文　张群玲

永录乡

书　记：杨电新

副书记：郑威剑　陈　丽

中共阳城县委工作概况

县委书记　冯志亮

2010年，在省委、市委的正确领导下，县委坚持以科学发展观为指导，认真贯彻党的十七届四中、五中全会精神，团结带领广大干部群众，解放思想，开拓进取，推动全县经济、政治、文化、社会和党的建设取得了新的成绩，完成了“十一五”的奋斗目标。全县地区生产总值达到138.6亿元，农民人均纯收入达到5920元，财政总收入完成25.1亿元，均比上年有两位数增长。先后被评为“全国平安畅通县”、“全国科技进步县”、“全国粮食生产先进县”、“全省林业生态县”、“全省治超先进县”、“全省中小学校舍安全工程建设先进县”。

一、加快转型，县域经济实现新发展

牢牢把握又好又快发展的总要求，紧紧扭住转型发展的主线条，坚持“做强工业、做优农业、做大服务业”的大思路，在结构调整、项目建设、环境创优、增绿去污等方面狠下功夫，县域经济呈现突破性发展态势。

一是狠抓结构调整，发展支撑力明显增强。煤炭产业继续在“搞整合、建大矿”上求突破，积极稳妥推进煤炭资源整合和企业兼并重组，加快龙湾、武甲等规模矿井建设，产业发展的基础进一步夯实。煤炭延伸继续在“煤转电、煤化工”上求突破，2×13.5万千瓦煤矸石热电联产项目开工兴建，阳城北500千伏输变电工程加快建设，金象“1830”项目完成主体。非煤产业继续在“地下转地上、黑色转绿色”上求突破。建瓷产业健康发展，累计达到21条生产线，生产能力突破8000万平方米。旅游产业茁壮成长，皇城景区晋级5A，4A级蟒河景区正式对外开放，析城山开发加紧筹备，以三大景区为支撑的大旅游格局逐步形成，全年接待游客近200万人次，综合收入达到14.4亿元。农业产业不断壮大，粮食总产和单产均创历史新高，蚕桑、食用菌、干果经济林等特色基地稳步扩张，新发展农民专业合作社60个，华燕、源源等“农”字号龙头企业持续做强，产业化经营进一步发展，组织化程度进一步提高。二是狠抓项目建设，发展牵引力明显增强。全年达成合作意向资金160亿元，实际引进利用县外资金26.1亿元。全年新上经济类项目49个，征弘食品、泰溢杏鲍菇等一批项目建成投产，汇源纯净水、神光太阳能取暖等一批项目加快实施。三是狠抓环境创优，发展承载力明显增强。着眼于建设“大园区”，加速北留工业园区基础设施建设，完成安阳工业集中发展区前期规划，通过芹池煤化工园区总规评审。着眼于完善“硬基础”，新建、改造8座标准化变电站，完成西冶水库和南部集中联片供水工程主体，改造了壁索线、阳杨线。着眼于提升“软环境”，集中开展以“五治五督”为主题的纪律作风整顿，持续开展“双述双评机关行”活动，大力加强效能建设，行政效率明显提高。四是狠抓增绿去污，发展持续力明显增强。以“一带、六园、三路”为重点，全方位推进六大造林绿化工程，森林覆盖率提高1.2个百分点、达到51%。以沁河、获泽河、芦苇河、西小河为重点，继续加强河流生态建设和水保治理，改善了水体环境，提高了水质标准。以电力、化工、铸造为重点，大力推广节能新工艺、新技术，万元GDP能耗下降5.7%。以集中治理污染源为重点，大力实施“蓝天工程”，SO2、COD排放量持续下降，反映生态建设综合成效的空气质量二级以上天数达到354天。

二、三级联动，城乡面貌发生新变化

坚持把提高城镇化水平作为统筹城乡发展的战略举措，坚持大县城、小城镇、新农村三级联动，加快推进县域城镇化。一是高品位建设大县城。把“大县城”建设作为城镇化的龙头来抓，围绕“山水园林城市”定位，按照“向外扩张为主、旧城改造为辅”的思路，坚持“政府主导、市场运作、社会参与”的原则，精心实施了一系列市政工程。立足于筑就山水园林构架，继续推进六大森林公园的绿化补植、功能完善和环境整治，完成骏马岭森林公园主入口广场建设，开通夜间免费游园公交车，固化了城市发展规划，拓展了市民生活空间。立足于扩充县城东部骨架，铺开滨河西路上游延长线建设，完成获泽河秀泽桥至坡底村段的河道治理，实施“一河四桥”亮化工程，城东新区更加靓丽、更具魅力。立足于搭建城西开发框架，完成迎宾大道建设及周边山体公园式绿化，铺开美韵花园高档住宅区建设，为“十二五”期间大规模开发创造了条件。立足于完善城市功能支架，新建经济适用房和廉租房360套，开发商住房15.6万平方米，建成二水厂、游泳馆等公共服务设施，加快建设集中供气、供热、垃圾处理、污水处理等基础设施，县城功能更加完善，县城品位明显提升。二是高标准建设小城镇。抓住全市建设“沁河流域特色城镇带”的机遇，加快北留、润城等特色城镇建设，引导有条件的乡镇向城镇化方向发展，涌现出固隆、演礼、町店、驾岭等一批特色鲜明的示范乡镇，中心城镇的综合承载能力和辐射带动能力明显提升。三是高水平建设新农村。坚持规划先行，完成49个行政村的建设规划。持续推进以“四化、四改、两建”为重点的村庄环境综合整治，村容村貌明显改观。按照新农村建设“二十字”方针，因村制宜，分类推进，村村庄庄都实现新发展。

三、改革创新，党的建设得到新加强

一年来，县委始终把党的执政能力建设和先进性建设作为主线，以改革创新精神全面加强党的建设，不断增强了各级党组织的创造力、凝聚力和战斗力。一深入开展学习型党组织创建活动。利用县委党校阵地，对新任科级干部和农村两委主干进行集中培训；利用“阳城大讲堂”平台，邀请全国10多名专家学者为科级以上干部授课；利用“每月一书”、“干部学习网”等多种形式，促进各级干部自主学习；以拓展学习内容、创新学习方法、完善体制机制为重点，推动学习型党组织创建向纵深推进，促进了党员干部观念更新、素质提升。二是切实加强基层组织建设。坚持分类指导、突出特色、创新机制、典型引路，围绕“彰显堡垒先锋作用，推进转型跨越发展”的主题和载体，在各级党组织和广大党员中深入开展创先争优活动，形成了比学赶超、争做贡献的浓厚氛围。坚持一类抓特色、二类抓提高、三类抓达标，对108个村级活动场所进行改、扩、建，实现全覆盖。坚持因村施策、对症下药，对64个重点村、难点村进行集中整顿，一批后进村得到转化。全面推行“四议两公开”工作法，促进了农村的稳定和发展。加强“两新”组织党建工作，新成立12个非公企业党支部。全面推行“群众推荐、党委考察、支部票决、全程公示”的发展党员新机制，新发展党员522名。三是大力加强领导班子和干部队伍建设。完成政府机构改革，推进事业单位改革，启动乡镇机构改革，权责一致、分工合理、运行顺畅、监督有力的行政管理体制逐步完善。坚持干部任前公示、选任“一报告两评议”等制度，促进了选人用人的规范化。严格执行《条例》规定，将172名品行好、能力强、实绩明显、公信度高的干部选拔、调整到科级岗位，优化了班子结构、增强了班子活力。四是扎实推进党风廉政建设。在全市率先完成派驻纪检监察机构管理改革、乡镇监察室设置和村级纪检小组组建，夯实了反腐倡廉的组织基础。深入实施农村惩防体系“五大工程”，加快推进国有和集体企业惩防体系建设“159”工程，全面加强机关惩防体系建设，拓宽了从源头上防治腐败的领域。认真贯彻执行《廉政准则》，规范了领导干部的从政行为。加大腐败案件查处力度，全年立查案件45起，49人受到党纪政纪处分。全面落实党风廉政建设责任制，深入开展煤炭领域反腐败专项斗争，大力纠正部门和行业不正之风，党风政风明显好转，党群干群关系更加密切。

（刘书远　宋跃军）

附：一、中共阳城县委书记、副书记、常委名单

书　记：刘爱军（3月离职）　冯志亮（7月任职）
副书记：冯志亮（7月离职）　贾二庆
王一鸣(12月离职)
常　委：申永山　卢祥东(4月离职)　许卫星　范兆森
李国平　王学忠　霍丽丽（女）　郭德灿

二、乡镇党委书记、副书记名单

凤城镇
书　记：张茂才
副书记：郭景文　张斌兵　邢学军

白桑镇
书　记：李　龙
副书记：吉志良

北留镇
书　记：白继军
副书记：贾敦命　潘新强

润城镇
书　记：马阳光
副书记：常轩胜　范旭东(2月离职)　杨学良

东城办
书　记：李龙社
副书记：张国瑞（2月任职）　杨勇军

町店镇
书　记：邢海斌
副书记：赵永军

寺头乡
书　记：原家喜
副书记：延岳鹏（2月任职）　王向军　郑泽锋

芹池镇
书　记：范学斌
副书记：赵中怀　李军社　李和平

西河乡
书　记：王东胜
副书记：原前卫（2月任职）

演礼乡
书　记：原天信
副书记：程苍库（2月任职）　延国强

固隆乡
书　记：陕雄亮
副书记：李瑞良　乔光孝

次营镇
书　记：白若磐
副书记：刘国荣

董封乡

书　记：贾晓林

副书记：延岳鹏(2月离职)

横河镇

书　记：李　君（女）

副书记：陈永军

驾岭乡

书　记：王建平

副书记：卫文善（2月离职）

河北镇

书　记：范常胜

副书记：柴应龙

蟒河镇

书　记：张万良

副书记：梁飞昊（2月任职）

东冶镇

书　记：姬敦虎

副书记：原前卫（2月离职）　　王永堂

中共陵川县委工作概况

县委书记　马四清

2010年，县委坚持以邓小平理论和“三个代表”重要思想为指导，坚持以科学发展观为统领，以袁纯清书记在晋城调研时的重要讲话和省、市领导干部大会精神为动力，团结带领全县干部群众，深入实施“生态立县、工业强县、开放活县”战略，紧紧围绕“强基础、调结构、惠民生”的工作主线，积极破解发展难题，扎实推进转型跨越，切实加强党的建设，各项工作取得了新进展新成效。

一、坚持调结构、促转型，突出项目建设，着力加快经济发展方式转变

主要经济指标较快增长，经济回升向好势头进一步巩固。全年地区生产总值完成23.4亿元，同比增长14%；规模以上工业增加值完成4.66亿元，同比增长28.44%；财政总收入完成2.77亿元，同比增长9.34%；一般预算收入完成10339万元，同比增长14.08%；全社会固定资产投资完成13.8亿元，同比增长24.9%；社会消费品零售总额完成9亿元，同比增长17%；粮食总产量达到1.17亿公斤；城镇居民人均可支配收入达到10317元，同比增长11%；农民人均纯收入达到4016元，同比增长11%。

重点工程项目进展顺利，产业结构调整步伐不断加快。2010年，全县共实施各类重点工程项目57件，总投资64亿元，年内计划完成18.34亿元，实际完成19.82亿元，占年度计划的108.1%。7座煤炭资源整合矿井中，关岭山煤业作为过渡期生产矿井，基本保持了正常生产，苏村煤业9月份进入试生产，附城煤业、新沙河煤业10月份开工建设，其余正在完善环评手续。年内在建的霖春镁业（一期）、骏通铸管、金烽工贸、五色土杂粮开发等7个项目先后投入试运行，盛邦铸造、双河钙业等4个项目已经具备试生产条件。

特色农业产业快速发展，扶贫攻坚工作取得明显成效。继续组织全县涉农部门开展“部门推介、农民创业、金融扶持、跟踪服务”活动，引导农民发展健康规模养殖业、特色种植业、特色中药材开发、特色林产品开发和特色乡村旅游开发等五大特色产业。全县重点推进的20万亩连翘基地和2万亩核桃经济林建设成效显著，共完成连翘种植面积15 万亩，栽植优质核桃苗木65万株，成活率达到95%以上；全县新上各类农业调产农民增收项目1000余个，有效促进了全县农业产业化水平的提高和农民增收。

生态环境持续改善，旅游产业开发步入良性发展轨道。以集体林权制度改革为重点，大力推进六大林业工程和特色林产品开发。全县新增造林面积4.16万亩，20个省级新农村村庄绿化任务顺利完成，347个行政村122.1万亩林地确权到户，被表彰为全国100个集体林权制度改革先进典型。始终把旅游产业作为县域经济的一项朝阳产业，制定出台了《2010–2012年旅游产业发展行动纲要》，加快了景区景点配套设施建设，拉长了旅游产业发展链条，全年各景区累计完成投资1.5亿元，累计接待游客55万人次，实现门票收入1500万元，旅游直接收入3500万元，被确定为全省休闲农业与乡村旅游示范县。

二、坚持办实事、求实效，突出民生改善，着力推进和谐陵川建设

“五个全覆盖”任务全面完成。2010年，全县铺开的106个村4.24万人的饮水安全工程、87个项目点9.8万平米的中小学校舍安全改造工程、61个村的村级卫生室建设工程、16个村78.7公里的村村通水泥路工程、30个村640户的有线电视入户安装工程全部完成，顺利通过了省委、省政府组织的验收，达到了“五个全覆盖”的要求。投资近3亿元，完成了古陵南路延伸、康复路拆迁改造、黄围西街建设、怡枫苑小区建设、县城污水处理厂建设、县城集中供热供气扩面等八项城市建设重点工程，农村市场网络建设继续延伸拓展，新型农民培训工程持续推进，全县城乡面貌和居民生活质量有了明显改观。

就业和社会保障工作取得新进步。全年新增城镇就业

岗位2350个，帮助下岗失业人员再就业700人，安置零就业家庭成员和困难就业对象175人，完成农村劳动力就业技能培训和农民创业知识培训3.63万人次，输出和转移农村富余劳动力11500人。全县社会保险参保人数累计达到107132人，城乡低保覆盖人数达到20593人，全年共发放各类社会保险费9135万元，城乡低保和医疗救助资金1964万元，完成廉租住房建设84套4854.32平方米，社会福利事业、残疾人事业、老龄事业和慈善事业加快发展。

教育、卫生、文体等社会事业统筹推进。围绕教育均衡发展目标，狠抓教育资源整合和教育教学设施改善，大力推进素质教育；以推进医疗卫生制度改革为重点，进一步巩固了新型农村合作医疗制度，稳步推进了城镇居民医保制度，继续实施了县、乡、村三级医疗卫生机构达标改造，大力开展了医疗卫生执法监督专项整治；积极推进文化体育基础设施建设，完成了村级文化活动室和农民健身场地建设，全县人均公共体育活动面积达到1.25平方米；进一步加强人口和计划生育工作，人口自然增长率为2.52‰。

社会管理和维稳工作不断加强。深入推进社会矛盾化解、社会管理创新和公正廉洁执法三项重点工作，进一步完善社会治安防控体系和公共安全保障体系，继续保持对各种刑事犯罪的严打态势；扎实推进矛盾纠纷排查化解，一批重信重访案件、复杂疑难案件和涉法涉诉案件得到有效解决，确保了全县社会和谐稳定。抓好重点行业和领域的安全生产工作，持续深入开展安全隐患排查和专项治理工作，严厉打击私挖滥采行为，全县没有发生一起重大生产安全事故。

三、坚持抓基层、打基础，突出组织保证，着力提高党建工作的科学化水平

大力加强领导班子和干部队伍建设。积极创新培训形式，增强培训实效，全面提升干部队伍的整体素质，全年共举办各类主题培训班36期，培训党员干部5500人次；进一步完善了干部考核评价体系，采取分级分类滚动考核、上下联动立体评价的办法；认真贯彻落实《党政领导干部选拔任用工作条例》和选任监督“四项制度”，在干部选拔任用中全部实行了常委会票决制，增强了选人用人的公正性和公信度，年内先后调整干部4次124人，其中提拔65人，交流34人，免职25人。

大力加强基层党组织建设和党员队伍建设。积极探索完善基层党组织设置的形式和运行机制，推动村企联建、村村联建、村社联建、城乡联建，基本形成了城乡统筹的基层党建新格局;创新推进“四议两公开”工作法，全县农村全部实现了“四议两公开”工作法常态化、制度化；统筹实施村级组织活动场所建设，119个项目村按期完成建设任务并全部投入使用。

大力加强党风廉政建设和反腐倡廉建设。切实加强中央和省、市、县委重大决策部署落实情况的监督检查，对重点工程建设管理情况进行了专项检查，对工程招投标、土地招拍挂、人事招聘等关键领域实施了跟踪监察，确保了各项工作的规范有序，公开公正；从资产评估、资金补偿、主体进驻、纪律执行、安全生产和群众利益等六个环节入手，深入开展煤炭领域反腐败专项整治，有力地促进了煤炭资源整合工作顺利推进；持续深入开展治理教育乱收费、治理公路“三乱”、纠正医药购销中的不正之风等纠风专项治理和行风评议工作，群众关心的热点难点问题得到有效治理；围绕解决群众反映强烈的突出问题、督促强农惠农政策落实、培树农廉典型村三个重点，扎实推进农村党风廉政建设，为新农村建设保驾护航；严肃查处严重违法违纪案件，全年共查处各类案件35件，其中大要案件17件，39人受到党政纪处分，为国家和集体挽回经济损失300余万元。

（赵天和　杨长力）

附：一、中共陵川县委书记、副书记、常委名单

书　记：马四清

副书记：李凤远

常　委：侯保成　王文全　陈家富　原光辉　张国文　王加林　靳海峰

二、乡镇党委书记、副书记名单

崇文镇

书　记：任素亮

副书记：张文翠（女）　赵永利

礼义镇

书　记：刘保全

副书记：赵永胜　张学恭

附城镇

书　记：赵志义

副书记：牛中文　路文兴

平城镇

书　记：李志国

副书记：张勇力　郝秀莲（女）

西河底镇

书　记：都文芳（女）

副书记：宋志刚　侯东升

杨村镇

书　记：马晋平

副书记：李田富　王苏文

秦家庄乡

书　记：杨志强

副书记：谢　彬　靳赵平

潞城镇

书　记：王三虎

副书记：马喜平

夺火乡

书　记：刘书香（女）

副书记：赵 勇 李俊峰

马坨当乡

书 记：毕增林

副书记：张陵芳

古郊乡

书 记：牛树新

副书记：魏明明 翟文洪

六泉乡

书 记：宋红光

副书记：郝晋锋 苏红岗

中共沁水县委工作概况

县委书记 常国荣

2010年，在省、市委的坚强领导下，县委以科学发展观为指导，全面贯彻落实党的十七大和十七届四中、五中全会以及省、市领导干部大会精神，按照“三转三化三提高”的总体要求，团结带领全县人民，全力推进转型发展、跨越发展，圆满完成了全年和“十一五”目标任务，各项工作均取得了新进展、新成效。

一、全面加强和改进党的建设，为转型跨越发展提供坚强保证

一是深入开展创先争优活动和积极推进学习型党组织建设，各级党组织的生机与活力持续增强。在开展创先争优活动中，组织全县628个基层党组织和1.2万余名党员开展了“凝心聚力促发展，真抓实干当先锋”主题实践活动，有效推动了创先争优活动的深入扎实开展。在推进学习型党组织建设方面，紧紧抓住各级党委中心组这个龙头，明确了“八个一活动”、“九个有标准”和“十佳典型培塑”的具体要求，促进了学习型党组织建设工作的规范化、制度化、标准化。

二是切实加强领导班子和干部队伍建设。认真落实《党政领导干部选拔任用工作条例》，在全市率先实行常委会任免干部票决制，不断优化选人用人机制，完善干部推荐、初始提名、干部考察、任免谈话等多项制度。构建了“三位一体”考评体系，实现了考事、评人和用人相结合。

三是全面加强基层党组织建设。全县新、改建村级组织活动场所102个，实现了村级组织活动场所全覆盖。全面推行“四议两公开”工作法，有效改善了农村基层民主政治建设。切实加强支部书记队伍建设，完成了基层党组织换届选举工作。认真做好大学生村干部工作，改善了农村两委班子队伍结构。

四是不断加强反腐倡廉建设。严格执行党风廉政建设责任制，认真贯彻《廉政准则》，从严落实领导干部任前廉政谈话、个人重大事项报告、述职述廉等制度。扎实开展煤炭领域反腐败专项斗争和工程建设领域突出问题专项治理，深入推进农村党风廉政建设，坚决查处违纪违法案件，对部分党员干部进行了责任追究。进一步引深学习“右玉精神”，深入开展“五治五督”作风大整治活动，机关作风和干部作风有了明显改进。

二、按照省、市委的总体部署，重点抓了几件事关全局的大事

一是深入贯彻落实省、市领导干部大会精神，在全县上下迅速掀起了推进转型跨越发展的热潮。相继召开县委常委会议、常委（扩大）会议、县委中心组会议、全县领导干部大会，进行了认真学习、传达、贯彻，并对贯彻落实省、市领导干部大会精神，提出了明确的要求和具体的措施。汇编了省、市领导干部大会精神《学习读本》1000余册印发全县，采取召开座谈会、开展讨论、进行宣讲等措施，迅速在全县掀起了“学讲话、促转型、谋跨越”的热潮。

二是大力实施重点工程和重大项目带动战略，经济发展保持了强劲势头。全年共安排实施省、市重点工程34项、县级重点工程和项目50项，共完成投资57亿元。特别是教育园区、县城限价房等25项基础设施项目建设，以及易高煤层气液化二期、中电明秀120兆瓦瓦斯发电等25项生产性项目建设，有力地拉动了全县经济和各项社会事业发展。全县生产总值完成100.1亿元，增长14.2%；财政总收入完成22.2亿元，增长14%；城镇居民人均可支配收入达到13365元，增长12.8%；农民人均纯收入达到5059元，增长15.7%。

三是坚持工业化、城镇化、生态化一同推进，进一步加快了全县城乡一体化发展步伐。建成了县城规划和端氏嘉峰特色城镇规划两个展馆。组织相关人员先后赴天津、大同、长治等地参观学习了城镇建设和管理经验。启动实施了梅杏大道续建工程、碧峰公园、滨河南路、阳翼高速两条连接线、县城南街通道等城镇重点工程建设。大力开展城乡环境综合治理，积极进行县城街景改造。

三、积极转变经济发展方式，不断推动经济平稳较快发展

一是大力推进新型工业化，产业结构调整步伐加快。着力改造提升传统产业，大力发展新兴产业，全年完成工业总产值32.7亿元，同比增长36.4%。加快推进煤炭资源整

合和企业兼并重组，积极支持大中型矿井建设，全县矿井建设进展顺利。理顺了煤层气行业监管体系，煤层气的抽采、压缩、液化、输送、发电以及综合利用等全面发展。积极发展旅游产业，成功举办了柳氏民居文化旅游节。张峰水库卧龙湾景区、湾则水库秀水湾公园控制性详规基本完成，历山“二次开发”和三都古城等景区、景点建设稳步开展。

二是加快推进农业现代化，新农村建设成效明显。认真落实各项强农惠农政策，全年粮食产量在遭受春季冻害、干旱、洪涝灾害的情况下，仍创历史新高。畜牧、蚕桑、蔬菜、林果四大农业特色产业稳步发展，畜牧业重点完善了100个养羊园区的设施配套建设；蚕桑业以新技术、新品种推广为重点，建设温控大棚120栋；一批“农”字号龙头企业和农业合作社不断壮大，带动作用明显加强。深入开展了农村基础设施建设和环境综合整治工作，广大农村发生了新变化、焕发了新面貌。

三是积极推进改革开放，招商引资成绩喜人。先后召开了煤炭行业、煤层气行业、电力行业项目对接座谈会，组团参加中博会、港洽会、福州推介会等各类招商洽谈活动，全年共签约项目11个，项目投资额50.11亿元，引资额48.79亿元。注重规划发展工业园区，积极发挥工业园区的集聚和带动作用。建立了工业技术进步和转型发展基金，以奖代补发放民营企业发展基金320万元。

四是加强环境保护和节能减排，城乡生态环境持续改善。大力实施“六大造林绿化”工程，全年造林面积达到2.38万亩，全县森林覆盖率达到了48.4%。对全县11家重点耗能工业企业加强了节能监测和目标考核，四项约束性指标实现了逐年下降，圆满完成“十一五”节能降耗目标任务。持续实施“蓝天碧水”工程，县城空气质量明显改善。

四、着力保障和改善民生，扎实推进“和谐沁水”建设

一是农村“五个全覆盖”超额完成。村级卫生室建设、村通广播电视工程已于2009年提前完成。村通水泥（油）路实现了全覆盖，通车里程达1226公里；中小学校舍建设，新建学校7所，改扩建学校21所，建设总面积达11.4万平方米；农村饮水安全工程去年建成164处，解决了2.58万人的饮水安全问题。

二是不断健全就业和社会保障体系。全年新增城镇就业人数4024人，转移输出农村剩余劳动力9100余人，城镇登记失业率控制在1.9%以内。解决了1291名国有、集体困难企业职工的保险长期拖欠问题。争取到国家、省级农保资金1372.7万元，实现了城乡养老保险、医疗保险全覆盖。积极推进经济适用房、廉租房、限价房等保障性住房建设，有效缓解了城镇低收入家庭的住房困难。

三是统筹推进各项社会事业。校舍安全改造工程进展顺利，义务教育阶段公用经费“城乡同标准”全面实现。顺利通过了国家三类城市语言文字工作评估验收。乡镇卫生院和村级卫生室实现了全覆盖。人口目标责任制得到全面落实。科技信息网络建设步伐不断加快。

四是持续强化安全稳定工作。坚持严格落实安全生产责任制，在重点行业、重点领域大力开展安全生产隐患排查治理专项行动，全县无重大生产安全事故发生。全面落实校园安全保卫工作，坚持不懈地开展严打整治斗争，群众安全感进一步增强。高度重视信访工作，组织开展矛盾纠纷排查调处专项行动，信访总量同比大幅度下降。

（霍高刚）

附：一、中共沁水县委书记、副书记、常委名单

书　记：常国荣

副书记：常广智　邹树琦

常　委：柴守瑛　张俊明　郭沁林　张桂春　史小林　李喜红（女）　郭家胜　张　号

二、乡镇党委书记、副书记名单

龙港镇

书　记：史秀忠

副书记：焦广瑞　丁坚强

樊村河乡

书　记：程家富

副书记：原国胜　王　锋

中村镇

书　记：张广建

副书记：苗路平　崔　勇

土沃乡

书　记：郝天亮（2月任职）

副书记：李书华　李向东

张村乡

书　记：崔书林

副书记：张旭明（2月离职）　赵建文　田忠胜

郑庄镇

书　记：都林旭

副书记：韩海亮　潘小育

苏庄乡

书　记：张永忠

副书记：刘永会　杨国良

端氏镇

书　记：刘建庭

副书记：张伟虎　杨春田　郭富太

嘉峰镇

书　记：张瑞忠

副书记：牛沁斌　白利平（女）

郑村镇

书　记：张海芳

副书记：王海军　魏淑芳（女）

胡底乡

书　记：吉张奎

副书记：李振强　张汉庭　陈跃武

固县乡

书　记：武书林

副书记：原沁霞（女）　赵国强

柿庄镇

书　记：于建斌

副书记：常志峰　翟志慧

十里乡

书　记：栗军利

副书记：樊宽社　李沁龙　刘　海

中共临汾市委工作概况

市委书记　谢　海

2010年，在省委的正确领导下，市委坚持以邓小平理论和“三个代表”重要思想为指导，深入贯彻落实科学发展观，团结带领全市干部群众，顶住各种压力，克服重重困难，着力化解风险，负重爬坡前行，积极应对后国际金融危机和安全生产事故的叠加影响，全力推进转型跨越、先行发展，全市经济建设、政治建设、文化建设、社会建设和党的建设都取得了新的进展。

一、紧紧围绕转型跨越，努力推动经济平稳较快发展

市委认真贯彻落实省委、省政府的工作部署，以产业升级和项目带动为重点，采取一系列有效措施，加快推进工业新型化、农业现代化、市域城镇化、城乡生态化，全市经济保持了平稳较快发展的良好态势，各项主要经济指标完成情况位居全省前列，增速高于全省平均水平。2010年，全市地区生产总值完成892.1亿元，同比增长16.9%；财政总收入完成160.3亿元，同比增长16.44%点；一般预算收入完成75.44亿元，同比增长19.9%，；固定资产投资完成545.58亿元，同比增长30.2%；规模以上工业企业增加值完成456.15亿元，同比增长30.1%；海关进出口总额完成6.51亿元，同比增长83.3%；市区城镇居民人均可支配收入达到16145元，同比增长14.3%点；农民人均纯收入达到5287元，同比增长11.3%。

一是进一步完善科学发展思路。年初，在市委二届七次全会上，审议通过了《临汾科学发展规划纲要》，对未来10年临汾科学发展的指导思想、目标任务、原则步骤、战略重点、主要路径、支撑体系进行了全面部署。全省领导干部大会之后，按照省委提出的“加快转型跨越发展、再造一个新山西”的总体部署和袁纯清书记在临汾调研时的重要指示精神，市委明确提出“十二五”时期总的发展思路，即：以转变经济发展方式为主线，以转型跨越发展为目标，以改革开放为动力，以改善民生为根本，以安全稳定为基础，以党的建设为保障，着力打造新型工业大市、区域中心城市、中西部经济强市，确保“十二五”期间经济总量翻一番，努力建设经济繁荣、社会和谐、民生殷实、环境优美的新临汾，在全省实现先行发展。按照这一总体思路，制定了“十二五”规划《建议》，并在市委二届八次全会上审议通过，成为指导全市未来五年转型跨越、先行发展的纲领性文件，有力地统一了思想，凝聚了共识，鼓舞了斗志，激发了干劲，全市上下形成了谋发展、干发展、快发展的浓厚氛围。

二是着力推动产业转型。围绕建设新型工业大市，加快发展煤焦、钢铁、电力、煤化工、装备制造、新型材料、现代服务业、特色农业等八大产业，大力推进传统产业新型化、新兴产业规模化、产业发展循环化、经济发展低碳化。共铺开产业转型项目106项，总投资达676.9亿元，当年计划投资217.8亿元，产业转型升级取得了明显成绩。坚持以煤为基、多元发展，发展壮大煤炭母体产业，建成了安全高效矿井4座和安全质量标准化矿井19座，加快推进焦化产业产能整合，襄汾、洪洞两个焦化基地和尧都、古县、安泽、乡宁四个焦化集中区建设取得了新的进展。推动钢铁企业联合重组，支持太钢集团、酒钢集团实施扩张战略，加快打造千万吨级钢铁基地的步伐。实施变输煤为输电战略，推进煤电一体化发展，临汾热电项目、大唐国际河西项目已竣工投入运营，国电霍州发电厂项目、中电投侯马项目正在加快建设。推动煤化工产业做大做强，洪洞赵城、同世达和襄汾三个煤化工工业园区已初具规模，浮山中强煤化工工业园区正在加快建设，特别是与中煤、保利集团签订了战略合作框架协议，两家分别计划在我市投资1010亿元和670亿元。推动制造业大发展，平阳重工液压支架生产线、汤荣石油转杆项目已建成投产，华翔美的35万吨精密铸件、恒泰50万吨制动器、洪洞LED芯片项目等一批重点项目正在加快推进。发展新型材料产业，襄汾恒源5万吨高岭土、天极磁材、浮山微晶玻璃板材等项目已建成投产。加快发展以旅游和物流为主的现代服务业，启动建设了广胜寺旅游景区、云邱山景区、丁村农业文化产业园等工程，全市旅游总收入达到97亿元；宝特物流、北方轻工城已初具规模，方略物流保税中心今年贸易额可达70亿元以上，达到一线口岸的功能标准。

三是切实加强“三农”工作。实施以“发展新农业、建设新农村、培育新农民”为主要内容的“新三农工程”，

不断加大对“三农”的财政扶持力度，进一步扩大农业补贴规模，全年粮食总产达到20.74亿公斤，创历史新高。加快推进“393”龙头企业培育工程，前三季度全市龙头企业销售收入达到25亿元。扎实推进以水果、蔬菜、干果、中药材“四个百万亩”为重点的特色农业基地建设，启动建设尧王台现代农业示范园区，农业产业化取得新成效。加强社会化服务体系建设，新增农民专业合作社617个。大力推进新农村集中连片建设，认真做好236个重点推进村的规划编制工作，完成了“四化四改”和“五个一”工程的年度任务。加大农村劳动力培训转移力度，完成农民职业技能培训2.2万人，引导性培训11.5万人。

四是加快推进城镇化进程。认真修改完善《城市总体规划》和《市域城镇体系规划》，以尧都为核心区，以洪洞、襄汾为支撑区，推动“一城三区、组团发展”，同时加快霍州、侯马两个市域次中心建设，抓好12个县城和60个重点镇建设，着力构建“一带两圈多点”的城镇体系框架。按照“打造汾河两岸核心区，建设河西新城、东部新区，逐步疏散老城区，实现新老融合”的战略构想，扎实推进“一河两翼”核心区建设，启动了市政建设项目147项，总投资34.8亿元，目前滨河西路北延、古城公园一期、4条旧城道路改造等103项工程已竣工，完成投资24亿元。特别是西南环道路工程的竣工标志着我市环城一级公路全线贯通。临汾民航机场复航改造工程开工建设，明年将试航起飞。组建了城市建设投资公司，城市建设市场化运作的步伐加快。研究制定了加快城中村、城郊村改造办法，旧城改造力度进一步加大。加快园林城市创建步伐，市区新增各类绿地409万平方米，绿化覆盖率增加11个百分点，达到42%。加快完善城市基础设施，市区集中供热覆盖率达到85%以上，供气覆盖率达到90%以上。17个县市区污水处理厂全部建成并投入运行。

五是全力抓好项目建设。大力实施项目建设“双百”工程，今年全市铺开重点建设项目216项，总投资1004.2亿元，当年计划完成投资387.1亿元，截止目前，已有210项开工建设，开工率为97%，完成投资331亿元，投资完成率为85.5%。7月份，组织开展了全市重点项目大观摩大检查活动，对全市57项重点工程进行了实地观摩检查。10月份，成功迎接了全省重点工作观摩检查活动，我市项目建设得到了省领导的一致好评。加快引进大项目、好项目，深入开展招商引资活动，共签订招商项目68个，总投资2222.7亿元。成功举办了中国（黄河）壶口文化旅游节、侯马晋国古都文化节、中国（山西·安泽）荀子文化节等活动，促进了对外交流合作。

六是不断加强节能减排和生态建设。落实节能减排目标责任制，严格执行建设项目“三同时”制度，坚决防止高耗能、高污染产业盲目投资和低水平重复建设，共否决高耗能项目120多个，关停落后企业64家。积极推广高效节能技术，实施工业废弃物综合利用、再生利用，加快建筑节能改造。全市化学需氧量减排2429吨，二氧化硫减排3275吨，完成了全年及“十一五”减排任务；全市万元GDP综合能耗下降9.15%，完成了“十一五”下降25%的目标。继续狠抓结构性污染治理，大力推行清洁生产，对煤炭、电力、焦化等行业进行强制性清洁生产审核。加强城市环境综合整治，加大对环境违法行为的查处力度。加大造林绿化力度，积极发展碳汇林业，全年完成营造林面积63.14万亩。加快推进汾河城区段生态修复治理工程，一期工程已基本完成，市区人居环境进一步改善，全年市区二级以上天数达到338天，同比增加4天，其中一级以上天数达到99天，同比增加31天，综合污染指数为1.618，同比下降4.9%。

二、切实加强党的建设，不断提高党建工作科学化水平

坚持把加强和改进党的建设作为维护改革发展稳定大局、推动临汾科学发展的坚强保障，全面推进党的思想、组织、作风、制度建设和反腐倡廉建设。

一是加强思想政治建设。圆满完成了深入学习实践科学发展观活动，建立健全了长效机制。切实强化理论武装，不断加强学习型党组织和学习型领导班子建设。深入开展“百日思想大解放”活动，增强了各级干部推动转型跨越发展的责任感和紧迫感。加大干部教育培训力度，举办了15个专题共16期重点培训班，全市共培训各级各类干部66766人（次），完成了今年的培训目标。

二是加强领导班子和干部队伍建设。建立健全了市级党政班子成员管工作、管队伍、管安全、管廉政、管信访的“五位一体”工作机制。不断提高干部选任工作科学化、民主化水平，对县市区党政班子和部分市直单位班子进行了调整配备，共调整县处级干部263名，干部选任工作满意度明显提升。特别是坚持从基层一线选配干部的导向，新提拔县市区党政副职33名，其中县市区基层干部27名，占新提拔人数的82%，乡镇党委书记17名，占新提拔人数的50%，取得了良好的社会反响。坚持从严管理干部，加强干部身份管理，健全了干部选任工作监督机制。实施“人才兴市”战略，深入开展了“双服务两争先”活动。

三是加强基层组织建设。认真落实中央、省委关于开展创先争优活动的部署，深入开展了“争两先创五好当先锋”活动。坚持和完善基层党建第一责任人制度、“两定一查三评”制度和党员承诺评议制，基层党组织工作水平明显增强。在农村推行“四议两公开”工作法，进一步规范了农村党支部议事程序。加快推进村级组织活动场所建设，643个村的建设工程全部完成。认真实行“一定三有”政策，全市农村“两委”主干岗位报酬平均达到7000元，全部办理养老保险。加强大学生村干部的管理和服务，制定优惠政策，为大学生村干部干事创业创造了良好条件。进一步加强机关和企事业单位党组织建设，全市4510个党组织按期完成了换届。

四是加强作风建设。学习弘扬“右玉精神”，组织各级

干部赴右玉县进行实地学习考察，大力倡导民事为大、民生为重、民安为乐、民心为上的理念。严格落实工作责任，扎实开展年度目标责任制考核，实行责任倒逼机制，推动了各项工作任务的落实。进一步严明工作纪律，实行严格的问责制，市县两级以诫免谈话为主共问责干部805人。认真落实省委提出的“四条禁令”，开展了以“治懒、治软、治散、治贪”为主要内容的作风集中整治，对91名违纪人员进行了处理。严格落实党员干部借婚丧嫁娶大操大办借机敛财的有关规定，立案查处43起，给予62人党政纪处分，社会风气进一步好转。

五是加强反腐倡廉建设。严格执行党风廉政建设责任制，进一步完善了责任制考核办法和细则，促进了反腐倡廉工作的落实。认真贯彻《廉政准则》，加强警示教育，党员干部拒腐防变的思想防线进一步增强。健全完善惩防体系，推进反腐倡廉制度建设，共清查制度2118项，废止308项，修改125项，保留798项。加强监督检查，对全市投入资金大、社会影响大的重点项目进行了全程跟踪检查。扎实推进煤焦领域反腐败专项斗争，清缴各类资金12.9亿元，认真贯彻落实“十严禁”、“十严格”纪律规定，保证了煤矿兼并重组整合顺利推进。不断引深农村党风廉政建设，健全农村组织监督机制，矛盾突出村明显减少。继续整治公路“三乱”问题，狠刹教育、卫生行业不正之风，解决了一批群众反映强烈的突出问题。加大查办案件工作力度，不断提高依纪依法办案水平，全市纪检监察机关共立、结案985件，处分994人。

六是加强市委班子自身建设。一年来，市委班子始终坚持同党中央保持高度一致，坚决贯彻落实省委的决策部署，认真执行民主集中制，凡是事关全市经济社会发展的重大决策，都坚持在充分调查研究的基础上，集体讨论、集体决定，力求做到科学决策、民主决策、依法决策。在工作中，班子成员互相配合，互相支持，相互补台，特别是在一些涉及改革发展稳定大局的重大事项和重要人事任免问题上，经常通气，经常商量，集思广益，形成了齐心协力干事创业的良好氛围。全年市委中心组组织集体学习11次，召开常委会27次、常委工作情况通报会12次，始终以良好的精神状态扎实推进各项工作，努力为全市党员干部作出表率。

（陈波轶）

附：中共临汾市委书记、副书记、常委名单

书　记： 谢　海

副书记： 罗清宇　郭新民

常　委： 沈庆华　徐树荣　乔成家　王文英　黄翠莲（女）　赵建民　张明星　葛中兴　丁文禄

中共临汾市尧都区委工作概况

区委书记　薛恩兵

2010年，是“十一五”的收官之年，也是科学谋划“十二五”发展的重要一年。一年来，在市委的正确领导下，区委深入贯彻落实党的十七届四中、五中全会精神，客观分析形势，正确把握区情，团结带领全区广大干部群众，解放思想、开拓创新，克难攻坚、扎实工作，积极应对金融危机带来的巨大冲击，全力推进转型跨越、先行发展，全区经济社会发展呈现出增速平稳回升、活力不断增强、结构趋于优化、民生继续改善、社会和谐稳定的良好局面。

一、基层党建工作稳步提升

尧都区辖16个乡镇，9个（街道）办事处。全区共有1270个基层党组织，其中：党（工）委60个，党总支59个，党支部1151个。全区共有党员27877名，其中妇女党员5490名。

一年来，区委认真落实中央、省、市关于开展“创先争优”工作的部署，创新“五比五争当”活动载体，掀起了学先进、比先进、争当先进的热潮。中组部副部长王秦丰同志深入屯里镇韩村检查指导活动，对我区“创先争优”工作给予了充分肯定。圆满完成深入学习实践科学发展观活动，建立和完善了学习型党组织建设、改进干部作风、基层民主建设、基层党组织建设等科学发展的长效机制。加快实施第二轮村级组织活动场所建设，67个场所主体工程全部完工并投入使用。认真落实基层党建第一责任人制度、两定一查三评制度和党员承诺评议制度，基层党组织和党员干部的责任意识、奉献精神和工作水平明显增强。认真落实“一定三有”政策，确定第四批享受财政补助待遇农村卸任干部77名。加强大学生村干部管理服务，全面开展“2+1”帮扶活动，大学生村干部干事创业热情不断提升。进一步加强机关和企事业单位党组织建设，全区127个机关企事业单位党组织圆满完成换届。

二、经济保持持续平稳发展

2010年，尧都区紧紧扭住发展第一要务，始终以保持经济持续平稳发展为目标，以转变经济发展方式为主线，以调整经济结构为抓手，采取了一系列积极有效的措施，全区经济保持了持续平稳发展的良好态势。全区地区生产总值完成200亿元；财政总收入完成24.24亿元；全社会固定资产投资完成113亿元；城镇居民人均可支配收入16140元；农民人均纯收入6686元。各项主要经济指标继续位居全市第一、全省前列。

结构调整成效显著。狠抓工业项目建设，大唐热电、临汾热电全面竣工，临汾热电2×300兆瓦1号机组整套启动；同世达20万吨甲醇、10万吨二甲醚、临汾电力电缆、和诚建材、汇丰石料、绿环木业、新源华康等8项重点工业项目陆续投产运营，新增产值15亿元。同世达300万吨捣固焦炉技改项目、光宇电源LED续建项目按计划如期推进。多渠道帮助企业解决资金困难，协调工行、联社累计为企业融资16.5亿元，为大唐热电、临汾热电引进资金11.2亿元。积极帮助企业加大产品推介，组团参加能博会、中博会和青岛招商引资推介会，共推介项目11个，对接项目24个，新时代广场、中厚板加工、节能照明灯具3个项目达成合作协议，签约资金达2.5亿元。

三农工作亮点纷呈。全力实施新农村建设“158”帮扶工程，17个工作团、158个工作队发挥各自优势，精心组织，总投入资金1.6亿元，其中直接投资8600万元，投物折价7500万元，帮扶158个村办实事、解难事、成好事，取得显著成效。总投资9.3亿元的尧王台现代农业示范区建设取得突破性进展，目前正在加紧施工。10月23日在全省重点工程观摩检查活动中，尧王台现代农业示范区建设受到了省、市领导的充分肯定。以“四化四改、六通、六个一”和五个全覆盖工程建设为重点，全区培育形成了上阳、贾村等20个新农村建设精品示范村。

社会各业协调发展。投资1.2亿元完成农村公路改造二期工程160公里；投资3.9亿元新建改建“村村通”道路1000公里。投资3.5亿元，完成二中新校区建设并投入使用，成为全省今年教育单体投资最大的建设项目。投资8122万元，实施了涉及47所学校，54个单体工程，6万余平方米的校舍安全工程。投资9000万元启动了东城学校工程；投资1.3亿元启动了区二院新医院项目建设，投资1139万元完成15个乡镇卫生院门诊、住院楼建设，南街办事处以及车站街办事处社区卫生服务中心项目主体完工。大力开展环境整治，2010年市区空气质量达到国家二级天数338天，其中一级天数99天，比上年增加了31天，市区综合污染指数为1.618，同比下降4.9%。

安全稳定形势向好。以煤炭资源整合为契机，强化煤矿企业的安全监管；开展打击非法违法生产经营“春雷”行动，整治隐患1.3万余处；严厉打击非法违法采矿行为，构筑了“区级主导、乡镇主体、村级联防”三级监管网络；继续保持高压态势，严厉打击私采滥挖，炸毁私开坑口296个、封堵404个；加大涉爆清缴力度，共收缴雷管1.9万余枚、炸药9200余公斤；积极开展安全生产专项整治，对不同行业和不同领域进行了安全隐患排查整治。全年未发生一起死亡3人以上重大安全事故。

三、干部队伍建设进一步加强

县委着力加强领导班子思想政治建设，把学习贯彻党十七届四中、五中全会精神以及7.29全省领导干部大会精神作为重点，组织各级党委进行专题学习。实施领导干部培训，组织一批优秀党务工作者赴上海、江苏等发达地区进行了考察学习；不断强化基层干部培训，共集中培训农村“两委”主干670名。严格落实民主集中制，定期召开民主生活会，以发扬民主促团结、以开展批评求团结，提高各级领导班子的凝聚力和战斗力。坚持正确的用人导向，严格按照《党政领导干部选拔任用工作条例》规定的程序和条件选用干部。

县委始终把廉政建设摆在重要位置，带头落实党风廉政建设责任制，党风廉政建设和反腐败工作进一步加强。认真落实党风廉政建设责任制，扎实推进惩治和预防腐败体系建设，重点抓了六项工作：一是认真贯彻《中国共产党员领导干部廉洁从政若干准则》，以民主生活会和干部培训为主要形式，大力加强警示教育，持之以恒地推行党政领导班子“六个一实践活动”，领导干部廉洁从政、廉洁自律的意识进一步得到了加强。二是对扩大内需的20个项目和全区152个工程领域项目开展了专项治理，查处工程建设领域案件3起。三是扎实推进煤焦领域反腐败斗争，清缴各类资金1.5亿元。四是不断引深农村基层党风廉政建设，健全了17个乡镇372个行政村的农村组织监督机制，查处涉农案件13起，阳光农廉网三级网络中心试点工作已初步推开。五是继续整治“三乱”问题，狠刹教育卫生行业不正之风，认真开展行风评议，解决了一批群众反映强烈的问题。六是加大查办案件力度，不断提高依纪依法办案水平，全区纪检监察机关共立、结案105件，处分106人。通过严肃查办案件，查处违纪者，充分发挥查办案件的治本功能，为尧都的和谐发展创造了一个风清气正的政治环境。

（闫正平　王志宇）

附：一、中共临汾市尧都区委书记、副书记、常委名单

书　记：薛愿兵（12月离职）

副书记：陈怀生（10月离职）　许百龙　丁楷荣

李　强（挂职，6月任职）

常　委：张宝玉　杨福元　李小平　崔山原　邓力儒

杨午生　赵文军（挂职）

二、乡镇（街道）党委（党工委）书记、副书记名单

辛寺街

书　记：张文宁（8月离职）　张世杰（8月任职）

副书记：张世杰（8月离职）　田向宇（8月任职）

李玉良（8月离职）　张新建　孙卫东

解放路

书　记：柴玉星（8月离职）　殷双峰（8月任职）
副书记：郃国强　徐和平　郭继跃　朱建民

南　街

书　记：殷双峰（8月离职）　王洪锁（8月任职）
副书记：田向宇（8月离职）　于　波（8月任职）
席玉玲（女）

西　街

书　记：杨红胜（8月离职）　刘　云（8月任职）
副书记：潘齐彪　张金明　郭梅英（女）

水塔街

书　记：董海波（8月离职）　王千里（8月任职）
副书记：李艳芳（8月离职）　李峥嵘（8月任职）
黄精宁（8月离职）　郭临生　贾国印

车站街

书　记：高向阳（女）
副书记：王千里（8月离职）　鲁建辉（8月任职）
李川杰　杜耀荣（8月离职）

铁路东

书　记：张福民
副书记：席春记　梁正岗　田姣娥（女）　孙杰英

乡贤街

书　记：赵　炜
副书记：鲁建辉（8月离职）　李艳芳（8月任职）
吉学文（8月离职）　刘青林（8月离职）
刘生瑞

汾河街道

书　记：陈忠民（8月离职）　秦奇杰（8月任职）
副书记：乔宏基（8月离职）　杨　炜（8月任职）
赵希敏（4月离职）　李卫国（4月离职）
郭云岗　靳宝忠　杨林华

尧庙镇

书　记：乔飞鸿
副书记：张朝晖（8月离职）　席新红（8月任职）
韩同军　马小星（8月离职）　张晓龙
王煜国（挂职）

贾得乡

书　记：裴海峰
副书记：郭文生　郭安顺　尉龙金　赵满荣

段店乡

书　记：曹林峰（8月离职）　孔令泽（8月任职）
副书记：刘万里　景午生　王　勇

屯里镇

书　记：吉世平
副书记：徐　玉　田德欣　董　晖　左永杰

乔李镇

书　记：薛向阳
副书记：任伟民（8月离职）　李　俊（8月任职）
李宝庆

大阳镇

书　记：孙杨毅
副书记：孙学平　袁国杰

县底镇

书　记：畅　勇（8月离职）　张卫峰（8月任职）
副书记：张卫峰（8月离职）　刘　峰（8月任职）
苏步青　胡晓莹（女）

贺家庄乡

书　记：郭婷慧（女）
副书记：李峥嵘（8月离职）　贾志琦（8月任职）
刘忠平

金殿镇

书　记：解武强（8月离职）　王　勇（8月任职）
副书记：王　勇（8月离职）　汤国庆（8月任职）
李春艳　柴明江

刘村镇

书　记：段　彩
副书记：孔令泽（8月离职）　洪文斌（8月任职）
郑章河　郑德柱　温马强

吴村镇

书　记：尉建民（8月离职）　汤晓燕（女，8月任职）
副书记：汤晓燕（女，8月离职）　张贵荣（8月任职）
乔国栋

土门镇

书　记：师天增（8月离职）　任伟民（8月任职）
副书记：苏志刚　温文彬　韩　鹏

魏村镇

书　记：郭云平（女，8月离职）
史大胜（8月任职）
副书记：史大胜（8月离职）　武建斌（8月任职）
杨永胜

一平垣乡

书　记：牛少白
副书记：贺万春（8月离职）　苏兰记（8月任职）
杨　炜（4月离职）

枕头乡

书　记：陈建峰
副书记：王一民（8月离职）　赵怀忠（8月任职）
丁春贵

河底乡

书　记：张朝阳（8月离职）　张朝晖（8月任职）
副书记：张　峰　杨文生

中共侯马市委工作概况

市委书记　马　彪

全市有党（工）委30个，党总支51个，党支部524个，党员12309名。2010年，市委在省委、省政府和临汾市委、市政府的领导下，在党的十七届五中全会精神鼓舞下，全市上下坚持以科学发展观为统领，按照临汾市委、市政府年度目标责任制任务要求，解放思想，迎难而上，负重奋进，开拓进取，全力保障经济运行，致力推进项目建设，着力强化安全生产，尽力促进民生改善，努力实现社会和谐稳定，全市经济建设，政治建设，党的建设和社会各项事业取得了一定成绩，为“十一五‘规划目标完成画上了圆满句号。先后荣获“全国双拥模范城”、“国家园林城市”、“山西省卫生城市”、“山西省政风、行风评议先进市”、“临汾市信访工作先进集体”等荣誉称号，连续四年在全省“蓝天碧水”工程和城市环境综合整治考核中名列第一。

一、加强党的建设

深入开展“争两先创五好当先锋”活动，党的建设全面加强。2010年，根据中央关于在党的基层组织和党员中深入开展创先争优活动的精神，结合实际深入开展了“争两先创五好当先锋”活动，即市委争创基层党建先进市，党（工）委争创基层党建先进单位，基层党支部争创领导班子好、党员队伍好、工作机制好、工作业绩好、群众反映好的“五好”党支部；共产党员努力争当带头学习提高、带头争创佳绩、带头服务群众、带头遵纪守法、带头弘扬正气的先锋。活动中，坚持以健全工作机制为保障，以“爱我侯马、树我形象、建我家乡”活动为主题，开展“百日思想大解放”。通过活动，提升了基层党组织建设整体水平，增强了党员的政治意识、政权意识、大局意识和责任意识，推动了全市经济社会科学发展。2010年6月，市委书记马彪作为全省唯一县级代表参加了中央创先争优活动座谈会，并做了书面发言。

作风建设扎实推进。通过开展“爱、树、建”活动，引深以“抓作风建设，促工作落实，抓队伍建设，保素质提高，抓廉政建设，促风清气正”为主题的机关作风整顿，促进了干部作风的转变，纠正了有令不行、有禁不止、上有政策、下有对策的行为，确保了政令畅通。通过对基层站所和窗口科室为主要对象的政风、行风评议活动，有效地促进了机关作风的转变，促进了各项工作的落实，提高了工作效率。

领导班子和干部队伍进一步加强。2010年，把基层领导班子和干部队伍建设作为全市党建工作的重点，按照“三注重、三坚持、三加强”，采取“一推、一考、一票决”和“两推、一考、一票决”的办法，加大了对领导班子和干部队伍的调整配备力度。先后对纪检、公、检、法、市直单位，乡（办）和职中等领导班子进行了调整，调整配备科级干部289名，特别是配齐、配强了纪检监察系统领导干部。通过干部调配，健全了领导班子，改善了干部队伍结构，激发了干部工作积极性，为促进转型跨越发展提供了坚强的组织保证和人才支撑。

党风廉政建设成效明显。一年来，按照上级部署要求，学习贯彻《党员干部廉洁从政若干准则》和《廉政准则》，严格落实党风廉政建设责任制，把党风廉政建设和反腐工作纳入目标管理及年终考核，促进了党风廉政建设各项工作的落实。建立了“三位一体”的反腐举报网络，形成了全方位、多渠道反腐监督体系。在廉政公园塑立了彭真同志全身铜像，以伟人的风范勉励广大党员干部，自强、自省、自警、自立。加大“小金库”专项治理，严格财务核算，强化党风廉政监督，廉政、警示、职务消费公示、述职述廉、责任追究等制度，领导干部廉政意识不断增强，全市党风、政风进一步好转。

强化学习，领导班子政治理论水平进一步提高。一年来始终把加强学习型党组织建设作为增长才干、提高素质的主要抓手，不断强化领导班子和党员干部的理论学习：一是强化中心组学习，制定出台了市委中心组和二级中心组学习规范，对学习的总体目标、主要内容、方式方法、成果转化等进行了细化，对调查研究、心得交流、读书笔记等提出了明确要求，完善了督促检查约束机制，使中心组学习步人了科学化、制度化、程序化、规范化轨道，起到了示范带头作用。二是创新制度，强化党员干部理论学习和培训，保证学习效果。制定出台了《关于推进学习型党组织建设的实施意见》、《侯马市2010年党员教育培训工作计划》、《2010年全市干部理论学习安排》等文件，充分发挥党（工）委的组织协调作用和党校的阵地作用。组织宣讲团深入机关、厂矿、乡（办）、社区，对全市党员干部进行培训，组织了20余批次干部赴外地学习考察，举办农村、社区党支部书记培训等。三是强化调查研究，充分发扬理论联系实际的优良作风。班子成员全年深入基层调查研究120天，在班子成员的带动下，全市上下形成了重视学习、积极调研、勇于实践的浓厚氛围，为完成各项任务奠定了坚实的基础。

二、重大决策与主要工作

2010年，侯马市委出台了《侯马市科学发展纲要》，明确了“科学发展，率先崛起，统筹城乡，生态宜居”的发展思路，和“区域经济核心区、社会和谐示范区、城乡统筹样板区”的建设目标，全市人民按照“转型发展、跨越发展、先行发展”的总体要求，迎难而上、负重奋进，一心一意谋发展，全力以赴促跨越，全力推进区域性中心城市建设，推动了经济和社会平稳较快发展，实现了各项任务顺利完成。

主要经济指标基本完成。2010年全市生产总值完成67亿元，同比增长8%，全市规模以上工业增加值完成20.5亿元，固定资产投资28亿元，财政总收入6.06亿元，城镇居民人均可支配收入14786元，农民人均纯收入7250元，实现了全市经济社会平稳健康发展。

新农村建设进一步推进。2010年，筹资1.38亿元，支持“三农”建设，农业基础设施进一步完善，各项惠农政策全面落实，农村“五个全覆盖”顺利完成，新实施的“农业经济合作组织、农村中小学校舍安全工程、农家书屋、文体广场”4个村村通已全面展开进展顺利。

商贸物流发展势头强劲。利用本市被确定为全国物流重镇和全省六大现代物流园区的契机，重点发展现代物流业。在加快发展方略、宝特物流、北方轻工、通盛医药配送的同时，大力推动新港、新田、亚欧桥等市场的升级，推进了大商贸、大吞吐、大物流格局的日渐形成，促进了工业新型化格局发展，第三产业比重更加凸显。

宜居城市特色日益显现。编制了新一轮城市总体规划，扩展了区域性中心城市核心区，扩大了经济适用房、廉租房建设，新增绿地面积22万平方米，城市基础设施建设日趋完善，城市环境更加宜居、宜业、宜人。

各项社会事业全面进步。2010年教育事业成绩突出，本市中、高考达线率居临汾市前列，校舍安全工程建设顺利推进；医疗卫生条件不断改善，新农合覆盖率、城镇居民医保率达90%以上；就业、再就业、低保、养老保险等全面落实；安全生产持续好转稳定，大信访工作格局进一步完善。

社会大局和谐稳定。2010年，按照“五五”普法规划，不断加大法制宣传，执政为民，依法行政，公正司法，强力推进“法治侯马”建设，依法治市，综合治理取得长足发展，社会治安进一步好转。社会和谐稳定，人民安居乐业。（郭瑞章）

附：一、中共侯马市委书记、副书记、常委名单

书　记：马　彪

副书记：郭　宏　包　江　郭惠勇

常　委：尉合怀　崔凯毅　邱建屏

周文伟（6月离职）　郑育敏　王　震

马兴民　刘国平　李云涛

高剑云（女，6月任职）

二、乡镇（街道）党委（党工委）书记、副书记名单

新田乡

书　记：郭旭东

副书记：白爱华（女）　石　磊

高村乡

书　记：张　凯

副书记：马　光（7月离职）　朱冬梅（女）

王　浒

风城乡

书　记：白岗峰（7月离职）　于　乐（7月任职）

副书记：姚玉泰（7月离职）　张爱军

上马乡

书　记：李居海

副书记：费清海　马俊萍（女）

张村街道

书　记：李安善

副书记：于　乐（7月离职）　李　震

路东街道

书　记：郭建伟

副书记：卢正中（7月离职）　董新胜（7月任职）

路西街道

书　记：林　龙

副书记：王志成　董新胜（7月离职）

袁随义（7月任职）

浍滨街道

书　记：马进民

副书记：张红玉（女）

中共霍州市委工作概况

市委书记　陈　纲

全市有党委11个，党组65个，党总支43个，党支部564个，党员13323名。

一、加强党的建设

2010年，市委以党的执政能力建设和先进性建设为重点，全面加强党的思想建设、组织建设、作风建设、廉政建设，为全市经济社会发展提供了强有力的政治保证。

坚持用科学发展观武装头脑，加强党的思想建设。全市上下认真学习了党的十七届五中全会精神、省、临汾市相关会议精神，学习了新农村建设、《党章》等重要内容，开设了“领导干部大讲坛”，积极开展对领导干部政治理论、适应性知识以及各类新知识的教育培训，培训党员干部8000余人次，极大地促进了全市广大党员干部队伍的思想解放和观念更新。

以提高党的执政能力为重点，加强党的组织建设。扎实推行党建第一责任人、“两定一查三评”、党员承诺评议、“四议两公开”等制度。全市各基层党组织共完成“两定”任务1271项，其中，为群众办实事588件，解决热点难点问题478件，其它205件；制定了《党员承诺评议制手册》和《关于推行“四议两公开”工作法实施方案》。认真贯彻落实《干部任用条例》、《公务员法》、省委出台的“三个规定”、“5+1”文件等文件精神，制定了《干部选拔任用制度》、《机关事业单位进人制度》，加快推进干部人事制度改革，不断加强人才的培养教育、政策、市场及公共服务体系建设，坚持公开、公平、公正选任干部，一批素质较高、业绩突出、年轻有为的优秀干部脱颖而出，为霍州的发展积蓄了强大后劲。以“三争三比三促进、科学发展当先锋”主题活动为载体，深入开展“创先争优”活动，完成了51个村级组织活动场所建设，提前实现全覆盖；新建新经济党组织14个，新社会党组织5个，基层组织凝聚力、战斗力进一步增强，为全市经济社会发展提供了强有力的组织保证。

着眼密切党群干群关系，深入推进干部队伍作风建设。按照省委的统一部署和“六个一”要求，扎实开展下乡驻村联户活动，深入农村、企业与群众同吃同住同劳动，了解群众疾苦，倾听群众呼声，解决群众难题。以效能建设为抓手，深入开展“全市机关纪律作风整顿”、“行政机关效能建设专项整治”“政法队伍纪律作风整顿”等一系列活动，不断提高办事效率，切实为各类发展主体提供全方位、零距离、保姆式服务，坚决查处“不作为”、“慢作为”和“乱作为”现象，切实治理整顿干部队伍思想、学风、作风等方面存在的问题，掀起了一轮“效能革命”和“问责风暴”，全市干部队伍作风发生了明显改变。

增强拒腐防变能力，进一步加强党风廉政建设。组织全市党员干部学习了《党的纪律处分条例》、《党内监督条例》、《建立健全教育、制度、监督并重的惩治和预防腐败体系实施纲要》等方面的内容。深入开展了警示教育活动，并将教育活动延伸到乡、村两级，形成了“以廉为荣、以贪为耻”的社会氛围。坚持制度建设和专项治理相结合，进一步完善落实了“三项谈话”、重大事项报告、廉政档案等各项制度，突出治理了领导干部利用婚丧喜庆事宜敛财的现象，重点加强了对换届选举工作的监督检查。进一步加大对大案要案的查处力度，严肃查处各种商业贿赂案件，共结案65件，重处分30人，为全市率先发展营造了风清气正的社会环境。

二、经济社会各项事业全面发展

2010年,市委团结带领全市人民，以科学发展观为指导，紧紧围绕“建设三晋经济强市、实现整体率先发展”的奋斗目标，引进大企业、建设大项目、开发大旅游、扩展大城市，环境大优化、民生大改善、社会大和谐、实力大提升，全市经济、政治、文化、社会以及生态文明和党的建设都取得了重大历史性突破，呈现出速度加快、结构改善、活力增强的良好局面。

强力推进重点工程，综合实力大幅跃升。市委强力实施了总投资超百亿元，涉及工业转型、农业增效、城市提质、旅游升级、民生改善等方面的52项重点工程，推动经济平稳较快增长。各项经济指标全部超额完成任务，增速超过临汾市平均水平，完成情况位居临汾市前列。特别是财政总收入达到16.56亿元，增长26.78%，绝对额净增3.5亿，排名上升到临汾市第四位。

转变经济发展方式，结构调整大见成效。市委着力推动产业优化升级，兆光发电二期投产运营，国电“上大压小”进展顺利，电力总装机容量超过300万千瓦，勇立全省电力大市潮头，煤炭资源整合加快推进，产能提升至390万吨，传统产业进一步做大做强。大力推进“特色经济林、无公害蔬菜、规模养殖”三大基地建设，支柱产业初具规模，为农民持续增收提供了有力支撑。市委携手霍煤、临钢两大企业共同开发七里峪、霍州署等景区，扶持壮大一批专业市场，旅游商贸全面破题、蓄势待发。还成功引进香港华润集团、中石油昆仑能源两大世界500强企业和全国500强企业江苏雨润集团，为“十二五”发展积蓄了强大力量。

大刀阔斧建设城市，对外形象整体提升。高标准建成了中镇文化广场、永和生态公园，结束了霍州没有综合文化广场和生态休闲公园的历史；完成了霍东大道、108国道改线等重点工程，城市骨架骤然拉大，面积增加6.3平方公里，相当于新建了一个霍州城。加强基础设施建设，建成了垃圾处理场、污水处理厂，实施了热电联产、集中供热、天然气煤气扩户等工程，城市功能更加完善。以“四城联创”为抓手，大力度整治城乡环境，实施了霍煤集团8座矸石山治理和汾河流域生态治理修复工程，全面加大了国省道、县乡道及广大农村和城乡结合部的卫生清扫力度，强力实施绿化生态建设，市区二级以上天数达到335天，连续两年成功创建省级卫生城市，营造了文明和谐有序的城市环境。

千方百计改善民生，群众得到更多实惠。市委把保障和改善民生放在工作首位，全市用于民生方面的支出连年占到财政总支出的65%以上。大力发展科教文卫事业，完成了市一中配套、中小学校舍安全、人民医院医技门诊楼、乡镇卫生院、广电播控中心、乡镇文化站、农村健身广场和农民书屋建设等工程，市人民医院成功创建二甲医院，科教文卫事业快速健康发展。全面提高社会保障水平，成功争取到新型农村社会养老保险全国试点县，农村60周岁以上老人将享受固定生活保障；出台了“四类”困难家庭学生和农村80岁以上老人固定救助办法，由对弱势群体的被动关怀规范为对全市所有困难人员的主动救助；新建了社会福利中心和6所乡镇敬老院，集中供养能力达到70%，提前5年完成省定任务，普通百姓尤其是困难群众基本生活有了多重保障，实现了鳏寡孤独残等弱势群体“有饭吃、有医看、有学上、有事干、有人管”的“五有”目标。

不断强化安全稳定，发展基础更加夯实。不断强化安全监管，坚决打击私采滥挖，全面加强对非煤矿山、学校商场、食品卫生、公共消防等各行业、各领域的安全整治，确保了经济社会安全发展。着力构建大信访格局，在临汾市首家建立了市、乡、村三级信访网络，市级领导每周固定接访，一大批信访难题得到有效化解，全市信访总量大幅下降。持续引深“平安创建”，大力开展以打击“两抢一盗”和整治民爆物品、交通秩序、消防隐患等为重点的专项行动，全市和谐稳定的基础更加牢固。

（薛忠华）

附：一、中共霍州市委书记、副书记、常委名单

书　记：陈　纲

副书记：孙京民　张　剑（1月离职）

王　山（6月离职）　樊洪平（6月任职）

常　委：周文伟（6月任职）　薛生平　陈占平

杨保旭（6月离职）　张晓东（12月离职）

郑效锋（6月任职）　王长征

王国平（6月任职）　黄晓君（女,6月任职）

高雅铭（7月任职）

二、乡镇（街道）党委（党工委）书记、副书记名单

辛置镇

书　记：王林锁（4月离职）　刘国平（8月任职）

副书记：赵　波（11月离职）　段小刚（12月任职）

张天龙

白龙镇

书　记：孙杏锁（4月离职）　张伟兴（8月任职）

副书记：房文斌（11月离职）　杨海林（12月任职）

马建华

李曹镇

书　记：杨永才

副书记：董　娟（女，12月离职）

闫会波（12月任职）　乔宝山

大张镇

书　记：郭宏生（7月离职）　张云峰（8月任职）

副书记：门保生（8月离职）　张　斌（12月任职）

董斌斌

陶唐峪乡

书　记：张云峰（8月离职）　门保生（8月任职）

副书记：荀彦龙（8月离职）　张　浩（12月任职）

乔珍珍（女）

三教乡

书　记：张建民（11月离职）　郭惠民（11月任职）

副书记：张　斌（12月离职）　李小涛（12月任职）

孙　华

师庄乡

书　记：晋学斌（8月离职）　荀彦龙（8月任职）

副书记：段小刚（12月离职）　张文轩（12月任职）

段志华

退沙街道

书　记：张伟兴（8月离职）

晋学斌（8月任职，11月离职）

副书记：杜继保（11月离职）　房文斌（11月任职）

樊记虎（12月任职）　王　龙　荀三林

高晓华

南环路街道

书　记：侯晋川

副书记：郭惠民（11月离职）　马魁东（12月任职）

张　铭　路　林

北环路街道

书　记：贾亚龙

副书记：李晓斌（8月离职）　郭丽华（12月任职）

杜银全　秦仰军　李海龙

鼓楼街道

书　记：刘国平（8月离职）　李晓斌（8月任职）

副书记：张建军（11月离职）　王建华（12月任职）

曹继芳（女）　张良有　韩黎平

张秀梅（女）

开元街道

书　记：刘怀忠

副书记：郭建国（8月离职）　房　鹏（12月任职）

朱江鹏　陈华斌　闫学文

中共曲沃县委工作概况

县委书记　杨治平

2010年，县委坚持以科学发展观为指导，认真贯彻党的十七届五中全会、全省领导干部大会、省委九届十一次全会和市委二届八次全会精神，紧紧围绕转型发展、跨越发展、先行发展，团结带领全县干部群众，努力克服复杂多变经济形势带来的不利影响和种种压力，迎难而上，负重奋进，全县经济建设、政治建设、文化建设、社会建设和党的建设都取得了新的进展。

全县共有基层党委14个，党组8个，党总支28个，党支部490个。全县共有党员11407名，其中正式党员11135名，预备党员272名，妇女党员1689名。

一年来，县委按照中央、省委和市委的部署要求，精心组织开展了“创先争优”、“建设学习型党组织”等党建主题活动，基层党组织的凝聚力、创造力、战斗力明显增强，广大党员干部比学赶超、干事创业的积极性、主动性明显提高。思想政治建设上，深入开展“建设学习型党组织”活动，聘请省市专家举办专题讲座7期，培训全县副科级以上干部2000余人次；开展了“理论下基层”和“五个一读书”活动，集中宣讲14场，受教育干部群众近万人；组织部分科级以上干部，赴右玉、内蒙古、陕西等地和周边县市，进行学习考察和项目观摩，广大干部进一步解放了思想、开阔了视野，增强了推动曲沃转型跨越发展的紧迫感和责任感。基层组织建设上，扎实开展“千优百先一争创”活动，通过启用活动手册、加强分类指导、实施典型带动等方式，组织引导广大党员干部在推进项目建设、完成重点工作中创先争优；全面落实农村“两委”主干待遇，充分调动了基层干部的工作积极性，农村党组织和党员向群众承诺的835件实事，已完成826件；投资230万元，高标准完成了31个村级组织阵地建设任务。领导班子和干部队伍建设上，坚持德才兼备、以德为先的用人标准，对全县乡镇和县直部分科级领导班子进行了调整配备，共调整配备科级干部239人。特别是在选拔部分乡镇长和县直单位正职工作中，积极探索创新，采取“两推两考两票决”的办法，选出了组织满意、群众信服的优秀干部。高度重视人才工作，在全县大中专毕业生中，公开选聘了49名中小学教师和20名医护人员，充实到了教育、医疗工作一线。民主政治建设上，进一步完善了议事规则和决策程序，科学、民主、依法决策水平明显提高。加强对人大、政协、一府两院和工会、共青团、妇联等群团组织的领导，充分发挥统战工作的积极作用，推动了全县的转型跨越发展。党管武装工作进一步加强。党风廉政建设上，认真落实党风廉政建设责任制，严肃纪律、强化监督，有效保障了全县各项重点工作的开展；加强廉政教育，组织全县科级干部到曲沃监狱参加了警示教育活动；深入推进农村党风廉政建设，基层党员干部廉洁从政意识明显提高；落实省、市“五不准”、“四严禁”要求，整肃机关作风，严明工作纪律，行政行为更加规范；大力开展纠风治乱工作，群众反映强烈的突出问题得到有效治理；案件查办力度不断加大，共查处违纪违法案件31起，给予党政纪处分45人，党风廉政建设取得新成效。

2010年，县委主要突出抓了以下工作：在项目建设上，全年共确定重点工程项目82个，总投资42.56亿元，其中，当年计划开工62个，已全部开工，累计完成投资21亿元，项目建设继续保持了大规模、高投入、强拉动的良好态势。全县地区生产总值完成65亿元，同比增长20%；规模以上工业增加值完成38亿元，同比增长30 %；财政总收入完成5.26亿元，同比增长10.3%；农民人均纯收入达到6484元，同比增长13%；城镇居民人均可支配收入达到14980元，同比增长13%。全县主要经济指标同比均实现了两位数增长，县域经济保持了平稳较快发展的良好势头。在农业发展上，协调各类资金1.3亿元，加大蔬菜大棚建设力度，全县蔬菜大棚总体规模达到了2.5万亩，市里在我县召开了设施农业推进会，省、市奖励300万元。苹果、葡萄、大蒜、莲菜面积稳中有升，效益十分可观。新发展大樱桃2000亩、优质核桃5000亩，成为农业调产新亮点。国家级标准化养殖示范活动项目和山西省现代农业示范园区建设重点区域项目落户我县，畜牧养殖业发展后劲进一步增强。浍河北岸开发完成了7公里主干道路基础和设施配套工程，开发框架基本形成。农村“五个全覆盖”全部完成。在工业经济发展上，全年新上重点项目15个，总投资16.95亿元，年新增销售收入22亿元。太钢—中宇重组工作稳步推进；园区基础设施进一步完善，完成了变电站项目的选址规划和省级区域环评，贯通了中宇大道，协调增加了供水量；钢材、焦炭、水泥等主要工业产品产量创历史新高。城市建设上，以城东新区开发为重点，完成了土地收储任务和贡院街东扩道路基础工程，对吉祥路、如意路、康宁街及整个新区排水系统进行了规划设计。加大投资力度，先后完成了县人民医院住院楼、县中医院综合楼、青少年活动中心、污水处理厂、天然气入城、乡镇卫生院基础设施建设等工程。新乐昌中学主体工程已完工，正在进行配套建设；职教中心教学楼主体已完工；安康居住工程，258套廉租房、60套经济适用房主体已完工。在社会事业发展上，教育、文化工作取得新成效，全县普通高考二本以上达线686人，特教中心3名运动员在全国第五届特奥会上，取得2金6银的优异成绩，校安工程全部完工；小戏《人约黄昏后》荣获国家社会群众文化艺术最高奖——“群星奖”，郑月巴葫芦艺术代表我省参加了上海世博会和全国首届农民艺术节展演活动。“爱树建”活动丰富多彩，举办了“道德模范”、“公益人物”、“诚信示范店”等一系列评选活动，开展了文明和谐单位创建活动。晋国博物馆完成了嘉禾台、文物展厅；举办了“景明文化旅游节”和“磨盘岭生态农业观光旅游文化节”。科技、卫生、计生工作得到加强，农科110惠农服务成为全市、全省亮点；新型农村合作医疗农民参合率达到93.56%，人口自然增长率控制在3.8‰。劳动和社会保障工作有序推进，城市低保、农村五保供养标准进一步提高，新增城镇就业人口3795人，转移农村劳动力3950人，安置下岗失业人员再就业1091人，城镇登记失业率为2.8%。全年实现二级以上天数354天，大气质量明显改善。在安全稳定上，严格落实安全生产目标责任制，全年开展了多次安全隐患排查整治活动，消除各类安全隐患526处，安全生产形势总体平稳。继续坚持领导接待日制度，深入开展矛盾纠纷排查化解，妥善解决了一批陈案、积案；成立了信访服务中心，实行集中接访、现场办公、化解矛盾，有效遏制了到市、赴省、进京上访事件的发生。深入开展“平安创建”活动，严厉打击各类刑事犯罪活动，全年共破获各类刑事案件232起，社会治安状况持续好转。县看守所被国家公安部、省公安厅列为首批对社会开放试点单位。高显镇常家村被国家司法部命名为“全国民主法治示范村”。

（祁　磊）

附：一、中共曲沃县委书记、副书记、常委名单

书　记：杨治平

副书记：张三森（6月离职）

王晓斌（挂职，12月离职）

王文洲（6月离职）　崔绍民（6月任职）

常　委：刘　伟　段天鸿　程世杰

高　涨（6月离职）　贾二元（1月离职）

成　功（6月任职）　张建山（6月任职）

武兰萍（女，6月任职）　费向前（7月任职）

二、乡镇党委书记、副书记名单

乐昌镇

书　记：崔权利（8月离职）　崔永慧（女，8月任职）

副书记：秦康杰

北董乡

书　记：李继宏（8月离职）　张永刚（8月任职）

副书记：张永刚（8月离职）　于彩霞（女，8月任职）

史村镇

书　记：石前进（8月离职）　柴志坚（8月任职）

副书记：魏　波

曲村镇

书　记：崔永慧（女，8月离职）　孟海河（8月任职）

副书记：李建晋（8月离职）　聂　磊（8月任职）

杨谈乡

书　记：柴志坚（8月离职）　杜　斌（8月任职）

副书记：于彩霞（女，8月离职）　李俊杰（8月任职）

里村镇

书　记：葛鸿胜（8月离职）　李建晋（8月任职）

副书记：杜　斌（8月离职）　武勇刚（8月任职）

高显镇

书　记：王克勤（8月离职）　李继宏（8月任职）

副书记：孟海河（8月离职）　杨文有（8月任职）

中共翼城县委工作概况

县委书记　李朝旗

全县有党（工）委15个，党组6个，党总支35个，党支部547，党员14267名。2010年，县委始终把加强党的建设作为经济发展和社会进步的重要保障，以提高各级干部领导发展能力为重点，以改革创新为动力，强队伍、抓思想、变作风，充分发挥了党建的龙头带动作用，有力地促进了全县经济社会又好又快发展。

一是组织建设全面加强。在干部队伍建设上，按照干部选拔任用工作条例和编制、职数的要求，坚持制度选人、实绩选人、民意选人，调整了10个乡镇党政正职和部分县直单位一把手，一批德才兼备、年富力强的年轻干部走上了领导岗位，不仅优化了班子结构，而且进一步端正了用人导向，匡正了用人风气，调动了广大干部的积极性，激活了工作的创造力和创新力。认真组织开展“争两先创五好当先锋”活动，建立了县四套班子领导干部每人包一个乡镇、一个企业、一个学校、一个农村、一户困难党员的“五个一”帮扶制度，组织全县85个机关单位与85个新农村建设重点推进村结成了帮扶对子，共为包联村办实事180件，帮扶资金1000余万元。按照“定岗位目标、工作有合理待遇、干好有发展前途、退岗有一定保障”的总要求，通过实绩考核，调整了7名农村党支部书记，为352名在职农村“两委”主干发放了岗位报酬，为496名农村卸任正职干部发放了生活补助。严把质量关、资金保障关、设施配备关、附属工程关和督查指导关，圆满完成了85个新建和改扩建村级组织活动场所建设任务；深入开展“两定一查三评”活动，乡村两级确定的907件实事和328个热点难点问题已全部完成；全面推行“四议两公开”工作法，制定了工作制度，规范了工作流程，在农村“两定”目标制定、低保户申报、集体资产处置等涉及群众利益的重大事件决策中发挥了重要作用。针对社区党员来源渠道多、成份复杂、主体作用难发挥等问题，将无职党员设岗定责活动扩大到社区，实现了城乡全覆盖。

二是思想建设水平不断提升。认真开展学习型党组织创建活动，以县委中心组为龙头，以完善学习制度为突破，对各级组织和党员，特别是领导干部理论学习制度进行了修订和完善，使学习的“软指标”变为“硬约束”。全年县委中心组学习12次，编印学习资料1000余册，组织理论骨干深入基层辅导授课50余次。从推进学用结合入手，始终把加快科学发展进程作为学习型党组织建设的出发点和落脚点，努力把学习成果转化为领导发展的实际能力、谋划发展的具体思路和推动发展的实际举措，全县各级干部共撰写论文和调研报告100余篇。以深入开展“爱、树、建”活动为依托，先后组织开展了“服务标兵”争创活动、“先进人物”评选活动和“强素质、做表率、谋发展”活动等10余项主题活动，掀起了活动的新高潮。大力推进文明和谐创建工作，在34个村实施了城乡共建工程，加快了文明村镇建设进程；开展了“文明和谐行业”竞赛活动和“明星企业、诚信单位、金牌商铺”评选活动，树立了窗口单位新形象；认真组织第三届道德模范评选活动，受市级表彰“十佳文明形象大使”1人、“十佳道德模范”1人、“十佳公益人物”2人。

三是党风廉政建设稳步推进。把学习贯彻右玉精神作为一项重要工作来抓，召开了各级领导班子民主生活会，找到了思想作风上存在的突出问题，进一步增强了责任意识、服务意识和大局意识。开展机关纪律作风检查17次，给予15人行政处分，辞退2人，诫勉谈话2人，14人作出书面检查，干部作风有了明显好转。确定了“12331”工作框架，农廉工作体制机制进一步健全完善；开展了农村党员干部廉政专题培训，增强了基层干部廉政意识；建立完善了农村干部重大事项报告、经济责任审计、村干部述廉等50项制度，健全完善了农村廉政建设体制机制；对中央、省、市强农惠农政策落实情况进行了专项检查，在10个乡镇设立了调处中心，实行了纪委班子成员信访包联乡镇责任制，最大限度地保障了农民群众权益。进一步健全了案件查办工作机制，对腐败行为保持高压态势，共立案87件，结案87件，有87人受到党政纪处分，收缴违规资金90余万元。在煤焦领域反腐败斗争上，建立完善了《涉煤涉焦及非煤矿山中介机构市场准入及违规惩戒管理办法》、《涉煤涉焦违纪违规举报保密、奖励制度》和《非煤矿山安全生产指标考核制度》等12项15种制度，对2003年以来涉煤焦、非煤矿山企业及煤焦运销票据、站点、涉煤焦中介机构展开了集中清查，清缴违法违规违纪资金1294.12万元。在治理工程建设领域问题上，对2008年以来政府投资或使用国有资金的170个项目和投资总额500万元以上非政府投资的27个项目进行了专项检查，收缴违规资金13.81万元。

2010年，县委紧紧围绕“强力壮大钢铁、煤电、制造、林果四大主导产业，奋力建设富裕、繁荣、美丽、和谐新翼城”的发展思路，认真抓好“三件大事”，大力推进“五项工作”，全县经济社会保持了平稳较快发展的良好态势。

一是主要经济指标持续增长。2010年，全县生产总值完成56亿元，同比增长25.1%；财政总收入完成8.8亿元，同比增长10.1%；规模以上工业增加值完成29.9亿元，同比增长49.4%；社会消费品零售总额完成20.5亿元，同比增长17.8%；固定资产投资完成24亿元，同比增长34.5%；城镇居民人均可支配收入完成14932元，同比增长13.2%；农民人均纯收入完成5265元，同比增长14.5%。

二是农村经济发展势头良好。粮食生产取得较好收成。经济林建设势头强劲，新发展优质苹果2.14万亩，优质核桃2.25万亩。设施蔬菜快速发展，建成了10个精品蔬菜种植园区，发展棚菜3100亩。畜牧养殖蓬勃发展，规模养殖场户达到3200个，2家公司成为国家级“畜禽标准化养殖示范场”。农业产业化水平进一步提升，5家公司被列为省政府“513”重点扶持企业，4家公司被列为“市级龙头企业”。农村合作经济组织不断发展，各类专业合作社达到310家，全县三分之一的农户成为入社农户。新农村建设稳步推进，26个村的“四化、四改、六通、五个一”工程基本完成。农村“五个全覆盖工程”全面实现。

三是工业转型步伐不断加快。翼钢公司全年铁、钢、材总产量首次突破500万吨，被列入“山西省工业转型发展百强潜力企业培育工程”，成为全省钢铁行业重组整合六大主体之一。煤炭资源整合基本结束，热电联产、高硫煤清洁高效利用等项目进展顺利。5家冶炼企业延伸链条，新上铸造项目。扎实启动了锻造工业园区、翼钢工业园区和城北轻纺工业园区三大园区建设，积极为传统产业转型跨越发展搭建平台。

四是城市建设扎实推进。按照“打通断头路、建起主框架、突出主街道、实现大循环”的总体思路，首次对县城进行了全面规划，为加快城市化进程奠定了坚实基础。廉租房建设、污水处理厂、城市集中供气等工程顺利完工，汇丰路一期工程全线贯通，汇丰立交桥和生活垃圾处理厂顺利开工，在这些重点工程项目的带动下，城市功能进一步完善，发展空间进一步拓展，可持续发展能力进一步增强。

五是各项社会事业蓬勃发展。高考成绩连续四年名列全市同类学校前列、“翼城花鼓”亮相世博，“翼城浑身板”再捧群星最高奖，“翼城琴书”成功申报全国非物质文化遗产。国家基本药物制度全面实施，城镇居民医疗保险基本实现全覆盖，农村合作医疗补偿比例不断提高。就业、再就业工作进一步加强，社会保障体系不断完善。绿化造林、节能减排、环境治理成效明显。

(张永峰 高 伟 尉海虹)

附：一、中共翼城县委书记、副书记、常委名单

书 记：李朝旗

副书记：赵雁峰 张志宏 郭 鹏(6月离职)
温国政(挂职)

常 委：张瑜庆(6月离职) 卫志敏(6月离职)
孙延震(1月离职) 李 伦(6月离职)
秦海玉(6月任职) 卫 勇(6月任职)
李殿梁(6月任职) 杨建军(6月任职)
董跃明(6月任职) 黄海华(6月任职)
张晋翼

二、乡镇党委书记、副书记名单

唐兴镇

书 记：马俊峰(9月离职) 师香丽(女，9月任职)

副书记：单建民(9月离职) 李学东(10月任职)
郭小丽(女) 王春明

南唐乡

书 记：张国华(9月离职) 胡国华(女，9月任职)

副书记：张天柱(10月任职) 张红卫 孟兆虎
马志伟 杜 斌(女)

里砦镇

书 记：宋保国(9月离职) 史 鹏(9月任职)

副书记：翟铭娟(女，9月离职)
贯永伟(10月任职) 王宏山 王 斌

王庄乡

书 记：管俊军(9月离职) 翟铭娟(9月任职)

副书记：李维跃(9月离职) 杨晓清(10月任职)
王建强 薛 勇

隆化镇

书 记：薛雅强(9月离职) 单建民(9月任职)

副书记：翟力龙 郑水亮 杨晓清(10月离职)

浇底乡

书 记：李文科(9月离职) 杨世英(9月任职)

副书记：徐延平 王新明(10月离职) 党希虎

桥上镇

书 记：杨文明(9月离职) 任延青(9月任职)

副书记：胡国华(女，9月离职) 王新明(10月任职)
王长青 张海华(女)

西闫镇

书 记：史 鹏(9月离职) 李维跃(9月任职)

副书记：牛德文 苏怀军 王 海

中卫乡

书 记：师香丽(女，9月离职) 张国华(9月任职)

副书记：张新民(9月离职) 曹俊义(10月任职)
张延生(12月离职) 李成建 高淑泰

南梁镇

书 记：张 钦(9月离职) 张新民(9月任职)

副书记：杨世英(9月离职) 石广武(10月任职)
李传红 李海民(12月离职) 杨天顺

中共浮山县委工作概况

县委书记 毛克明

2010年，在省市委的正确领导下，县委坚持以邓小平理论和“三个代表”重要思想为指导，深入贯彻落实科学发展观，团结带领全县干部群众,全力推进“五化”战略，认真实施“三五”工程，在建设“魅力、宜居、和谐、富裕”新浮山的进程中取得了新成绩。全县生产总值完成19.2亿元，同比增长17.1%；财政收入完成2.68亿元，同比增长27.2%；城镇居民人均可支配收入14814元，同比增长12.5%；农民人均纯收入4345元，同比增长5.9%。

一、围绕转型跨越，经济社会平稳较快发展

紧紧抓住发展这个第一要务，不断解放思想，开拓创新，经济平稳较快发展，基础设施得到加强，民生事业持续改善。

一是加强对经济工作的领导，引领科学发展的能力不断提升。在以打造五大产业集群、加强五大基础建设、实施五大惠民工程为主要内容的“三五”工程取得扎实成效的基础上，科学制定了未来五年加快推进转型跨越，实现经济总量翻番，再造一个新浮山的发展思路和奋斗目标，增强了“十二五”规划的前瞻性、引领性、指导性。深入开展“项目建设年”活动，实施各类重点工程项目60余项，完成投资7亿余元。制订出台了《关于进一步加大招商引资和争取上级投资工作力度的暂行办法》，提升了服务水平、服务能力。

二是五大产业集群竞相发展，经济转型稳步推进。全县铁矿整合保留33座，单独保留的25座中有19家完成复工整治；整合保留的8座已完成产权明晰工作。东诚380立方锰铁合金高炉项目已完成建设任务；兴鹏450立方锰铁合金高炉正在加紧建设：东诚公司正积极争取被中国铸造协会列为优质铸造生铁基地试点企业。煤炭资源整合和煤矿兼

并重组全面完成。春山120万吨煤矿等项目正在加紧完善前期手续；300万吨洗煤项目已经开工建设；福山煤业90万吨改造升级项目已进入复工整治阶段；中强公司已与中国国电集团山西分公司就能源开发进行战略合作，联合打造浮山煤电联营、煤电一体化基地。晋盛20万平米微晶玻璃等新型材料项目已竣工投产，满兴85万张硅酸钙板项目正在加紧建设。徐民牧业等农业龙头企业不断发展壮大；油脂生产等企业已具备生产条件；张庄现代农业示范园区设施蔬菜一期工程全部竣工，大棚蔬菜已经上市。尧文化、唐文化挖掘整理工作加快推进;凤凰山庄景区开发建设步伐不断加快;剪纸等民间文化艺术在全国、全省又获新殊荣，餐饮协会成立并积极开展工作。

三是五大基础建设全面推进，城乡面貌明显改观。实施了29个基础建设工程项目，累计投资3.5亿元。污水处理厂建设工程已竣工投入使用;中南铁路浮山客运站、生活垃圾集中处理等已开工建设。编制完成了《浮山县社会主义新农村建设（2010—2020年）总体规划》，完成了中村、院头等6个新农村建设推进村年度建设任务和2个新农村样板村建设任务；农业综合开发、整村推进等项目顺利实施；支农力度不断加大，全年共支出各类涉农资金1.2亿元。建设农村饮水安全工程130处，解决了136个自然村，22764口人、3196头大牲畜的饮水问题；有线电视“户户通”工程，新增用户3500余户；完成了2个客运站建设工程，新增通客车村2个，全县通客车率达97.2%；改造通村（水泥）油路48公里。供销新网、万佳福超市浮山店已投入运营；瑞丰大厦、强民农副产品交易市场、鸿德购物中心正在加紧建设；放心粮油工程已建成1个粮油配送中心、4个示范点、45个经销门店。实施了二峰山生态治理工程和圪塔岭地质灾害治理工程；加大造林绿化力度，全县完成造林面积4.5万亩，栽植各类苗木865万株，全县核桃林面积达到8.5万亩，森林覆盖率达到26.8%；林权制度改革已流转到户面积44.2万亩；全年二级以上天数达到356天。

四是五大惠民工程顺利实施，民生事业持续改善。农村五个全覆盖工程全部完成，十件惠民实事全面落实。惠馨廉租住房小区已竣工投入使用，怡馨花园住宅小区正在加紧建设；完成移民搬迁96户400口人；残疾人危房改造救助40户。全县城镇新增就业1112人，创业就业320人，下岗失业人员再就业170人，困难对象再就业72人；公开招录一批高校毕业生充实到公益性岗位；城镇登记失业率控制在3%以下；完成在岗职工法律法规培训1333人，科技培训26批次1798人；实施农村青年创业小额贷款项目，扶持175人创业，带动512人就业。各项社会保险累计参保42832人，新农合参保98489人，参合率达90.4%；10232人享受城乡低保，累计发放低保资金1142万元；改扩建了2个敬老院，五保户实现了全部供养。医疗救助645人次，救助金额240万元。浮山中学教学楼等一批校舍安全加固工程全部峻工；新职业中学已经开工建设；去年高考达线人数83人，创历史新高；帮扶救助活动资助贫困学生179人。改扩建了2所中心卫生院，加紧建设县计生站和响水河镇中心计生所，新建村级计生服务室36个，人口自然增长率控制在2‰。

二、党的建设切实加强，转型跨越保障有力

一是思想政治建设加强。努力推进党委中心组学习的经常化、制度化、规范化，开展好“百日思想大解放”活动，先后组织606人赴省内外党校、高校、教育培训基地学习，全年共培训各级各类干部2400人次。

二是领导班子和干部队伍建设加强。顺利完成了县级政府机构改革、乡镇机构改革。先后调整了271名科级干部，对32名离任的党政“一把手”进行了任期内经济责任审计，与50多名干部进行了思想、工作等方面的约谈，对1名机关工作人员进行了诫勉谈话。全力实施人才强县战略，深入开展“双服务两争先”活动和“人才工作宣传月”活动。

三是基层党组织建设加强。在全县各级党组织和党员队伍中深入开展了“争两先创五好当先锋”活动；在全县农村推行了“四议两公开”工作法；坚持和完善了基层党建第一责任人制度、“两定一查三评”制度和党员承诺评议制。村级组织活动场所建设73个村的建设工程全部完成。大学生村官管理工作中，建立了大学生村干部创业实践基地，启动了大学生村干部创业小额贷款计划。机关和企事业单位党组织建设进一步加强，125个县直单位和36个乡（镇）直党组织如期完成了换届。

四是干部作风建设大力推进。组织党员干部赴右玉县实地学习、弘扬右玉精神；扎实开展年度目标责任制考核，出台并实施了《浮山县年度目标责任考核评价试行办法》；认真落实省委提出的“四条禁令”和市委提出的“五个不准”纪律要求，对9人进行了党纪政纪处分；建立了领导干部操办婚丧事宜事前事后“双报告”制度和跟踪检查制度，制止和查处了大操大办行为5起。

五是反腐倡廉建设切实加强。集中开展了“廉政党课”活动；深入开展工程建设领域和煤铁领域专项整治；查处各类违纪案件15案，挽回经济损失80376元，处分党员干部19人。农村党风廉政建设、源头治理工作进一步引深。

（周　鑫）

附：一、中共浮山县委书记、副书记、常委名单

书　记： 毛克明

副书记： 张宏志　王煦杰（6月任职）

廉　鹏（6月离职）

常　委： 李青彦　史全喜（6月任职）

尚　彬（6月任职）　李　凡（6月任职）

段玉明（6月任职）　郭瑞强（7月任职）

王福海（6月离职）　丁向阳（1月离职）

秦海玉（6月离职）　黄晓林（7月离职）

二、乡镇党委书记、副书记名单

天坛镇

书　记：高洪波（7月离职）　盖　勇（7月任职）
副书记：杨　哲（7月离职）　康忠强（7月任职）
吉广宇（9月任职）

张庄乡

书　记：高学忠（7月离职）　丰志华（7月任职）
副书记：张克彪（7月离职）　赵玉虎（7月任职）

响水河镇

书　记：王前进（3月离职）　王建斌（7月任职）
副书记：杨　波（7月离职）　张克彪（7月任职）

东张乡

书　记：许拥军（7月离职）　陈波轩（7月任职）
副书记：盖　勇（7月离职）　崔　毅（7月任职）
郭立恒（9月任职）

槐埝乡

书　记：梁生强（7月离职）　吉秀红（女，7月任职）
副书记：崔　毅（7月离职）　王　强（7月任职）

北王乡

书　记：吴晓芳（女，7月离职）　邢　磊（7月任职）
副书记：丰志华（7月离职）　刘建忠（7月任职）

北韩乡

书　记：陈波轩（7月离职）　杨　哲（7月任职）
副书记：李　晶（女，7月任职）
张　真（7月离职）　巢风电（9月任职）

米家垣乡

书　记：王建斌（7月离职）　张　真（7月任职）
副书记：吉秀红（女，7月离职）
王二明（7月任职）　陈辽亮（9月任职）

寨圪塔乡

书　记：李江龙（3月离职）　杨　波（7月任职）
副书记：邢　磊（7月离职）　张　虎（7月任职）

中共襄汾县委工作概况

县委书记　张成梁

2010年，在市委、市政府的坚强领导下，县委深入贯彻落实市委二届七次、八次全会精神，按照“经济发展、安全稳定、提振士气、转变作风”的工作要求，团结带领全县广大干部群众，振奋精神，励精图治，推动全县经济社会实现了平稳较快发展。

一、坚持以科学发展为主题，紧扣转型跨越不动摇，县域经济实现平稳较快发展

一是“三农”工作实现了新突破。建成了一个万亩小麦高产示范园区和四个万亩玉米高产示范园区，全县优质高效农业的规模进一步扩大，灾年粮食取得好收成，总产达到3.79亿公斤，比上年增长31.14%；通过对种植户贷款贴息、基础设施建设资金补助等办法，全县发展设施蔬菜8230亩，其中发展设施莲菜2650亩，新建莲池4600亩，为建成万亩设施莲菜基地奠定了坚实基础；帮助丰谷农业、田园蔬菜等六家省市县重点龙头企业争取贴息贷款500多万元，有力地促进了农业产业化的快速发展。完成了16个村的通村道路硬化、60个文体休闲广场的建设和34个省级重点推进村的“四化四改”、“六个一”工程建设任务，提前一个月完成了“五个全覆盖”工程的全部任务。积极化解金融危机造成的农民收入减少、社会不稳定因素增多的不利影响，充分发挥农广校、农技中心、职教中心等职能部门作用，与用人单位合作，开展了多项技能培训，全年培训农民1.5万余人次，创历史新高，有效地拓宽了农民的增收渠道，维护了农村的和谐稳定。

二是工业发展实现了新突破。对焦化、钢铁两大主导产业进行了全方位、大力度的整合重组，巨龙与成功、宏源与腾达等焦化企业均已成功整合，并分别向省、市申报了100 万吨和120万吨捣固焦项目；星原、中升、新金山等钢铁企业正在抓紧组建襄汾县钢铁集团公司，以期最终形成600 万吨铁、600万吨钢、600万吨材的生产规模。新上

了11个科技含量高、市场前景好、经济效益可观的大项目、新项目，完成了星原二号550立方锰铁高炉续建和光大15万吨甲醇续建工程等5个项目，其余6个项目正在加紧施工。与中煤集团、新兴重工、一汽丰田等大型企业成功签订了526亿元的合作项目，为我县“十二五”期间快速发展奠定了坚实基础。大力整顿非煤矿山经济秩序，在资源整合的基础上，为具备生产条件的企业办理了相关手续，帮助其早日复工复产。

三是旅游产业发展取得了新突破。通过制定优惠政策、加大资金投入、强化推进措施，以丁村为龙头、陶寺和汾城为两翼、双龙湖为腹地的旅游开发战略全面启动，并快速向纵深推进，取得了明显成效。丁村主要抓了旅游区开发策划、重点区域设计、土地流转、旅游公路绿化等工作；双龙湖开发主要抓了规划修订、水电路等基础设施建设和百花园、度假村等项目建设；陶寺遗址、汾城古建主要抓了保护性设施建设和文物的整修、维护。

二、加快以改善民生为重点的社会事业建设，为转型跨越发展奠定坚实的群众基础

一是积极推进四大工程，人民群众的生产生活条件不断改善。在财力十分紧张、征地十分艰难、拆迁十分困难、任务十分繁重的情况下，采取超常规措施，强力推进群众反映十分强烈的四大民生工程。教育方面，加大投入，加大力度，进一步加快实验高中教学楼、二中综合楼、县第三小学等项目建设步伐；公开招聘了113名教师，进一步加强了师资力量；高考一本达线726人，超过清华大学录取分数线2人，创造了恢复高考以来全县最好水平。医疗卫生方面，全面实施了国家基本药物制度，公开招聘了103名医务人员，新建了郭店等6个高标准卫生室，完成了河西新院医技楼和河东县医院后勤办公楼的主体工程。城建方面，河西集中供热工程已投入使用，垃圾处理厂正在完成扫尾工程，滨河公园建设的箱涵和橡胶坝工程已完工，河底清淤防渗、人行景观桥等均已完成总工程量的80%以上，预计五月底该工程可全部竣工。农贸市场拆迁和建设工程，旧市场拆迁有序进行，新市场主体工程全部完成。交通方面，硬化了临时客运站的场地，整修了临襄线、襄侯线，配合上级完成了临吉高速、张台铁路、大西高铁襄汾段等重点工程的拆迁和征地任务。

二是十件实事全面落实，人民群众的幸福指数不断攀升。一年来，千方百计筹措资金2.6亿元，狠抓十件实事的落实。大打城乡环境卫生整治攻坚战，落实了1680名保洁员的待遇和工作经费，建立了1400多个垃圾场点，制订了卫生长效机制，城乡面貌大为改观。认真落实城乡低保、农村五保等政策，对困难群众实行了应保尽保。建成了1个县级放心粮油配送中心和14处连锁中心店，实现了放心粮油店全覆盖。新建85处安全饮水工程，解决了10.5万口人、6300头大牲畜的饮水安全问题。为22.8万农民建立了健康档案，建档率达45.5%，超额完成年初确定的10万人的建档任务。全年新增有线电视用户15000户，入户数累计达到13.05万户，占全县人口总户数的90%。52所项目学校的改扩建工程扎实推进，已完成总工程量的85%。改扩建高标准幼儿园一座，可新容纳幼儿720人，缓解了县城适龄儿童入园难的问题。完成了县城6条街巷的改造任务，进一步改善了广大居民的人居环境。廉租房建设一期工程270套已全部完工，二期240套主体已完工。

三、加强党的建设，为转型跨越发展提供坚强的组织和政治保障

一是思想建设取得了新成效。主要开展了“五个”活动，即“创先争优”活动、“爱我襄汾、树我形象、建我家乡”活动、建设学习型党组织活动、“百日思想大解放”活动和学习弘扬“右玉精神”活动。通过开展这些活动，全县广大党员、干部对中国特色社会主义理论体系的理解和把握得到深化，用党的创新理论指导实践、推动工作的能力明显提高。

二是组织建设取得了新成效。认真落实上级竞争性选拔干部工作要求，实行“双推双考”、“双考一推”选拔任用办法和县委常委会议任免干部票决办法，公开选拔、交流了287名科级领导干部和144名公检法中层干部；严格按照组织程序，完成了132个农村基层党组织和县、乡、村三级团组织的换届选举。

三是作风建设取得了新成效。狠抓制度落实，在下乡调研、守岗尽责、为民办事等方面，对全县党员、干部提出了刚性要求；在职能部门实行了首问负责制、服务承诺制、限时办结制和失职追究制，大力倡导求真务实、真抓实干的工作作风。整肃工作纪律，坚决落实省市“五不准”、“四严禁”规定要求，组织公安、监察等部门对全县的酒店、休闲娱乐场所进行经常性检查；组织纪检、组织、新闻等部门对全县各单位进行查岗，强化监督管理，从而使全县广大党员、干部和公职人员遵章守纪的自觉性有了很大提高，机关作风明显好转。

四是反腐倡廉建设取得了新成效。县委坚持把反腐倡廉建设纳入全县工作的总体部署，自觉站在全局的高度来谋划、思考和开展反腐倡廉工作。立足于从思想上筑牢反腐防线，立足于从机制上筑牢反腐防线，立足于从源头上筑牢反腐防线。加大案件查办力度，开展监督检查，加强案件查办，全年共受理来信来访122件次，查处案件89起，党政纪处分91人。

（宋　静）

附：一、中共襄汾县委书记、副书记、常委名单

书　记：张成梁

副书记：王国平　王建中（6月离职）
廉　鹏（6月任职）　张建国
廉振东（6月任职）

常　委：狄学飞（6月离职）　张瑜庆（6月任职）
苏嘉邦　段长喜　宓和平（6月任职）

董凤妮（6月离职） 曹　佩（6月离职）
王志宏（6月任职） 杨建廷（7月任职）
杜许堂（7月任职） 霍林雨（7月离职）
徐红平（7月任职）

二、乡镇党委书记、副书记名单

新城镇
书　记：范志军（4月离职） 杨江滨（4月任职）
副书记：王世红（4月离职） 杜振锁（5月任职）

赵康镇
书　记：杨建廷（4月离职） 王世红（4月任职）
副书记：杨江滨（4月离职） 梁高跃（5月任职）

永固乡
书　记：孟晋汾（4月离职） 聂增勇（4月任职）
副书记：张国强（4月离职） 里培杰（5月任职）

南贾镇
书　记：张　翔（4月离职） 梁彦明（4月任职）
副书记：梁彦明（4月离职） 刘　荣（5月任职）

汾城镇
书　记：张学民（4月离职） 张国强（4月任职）
副书记：聂增勇（4月离职） 马瑞刚（5月任职）

景毛乡
书　记：王彦珍
副书记：臧俊民（5月离职） 康大栋（5月任职）

南辛店乡
书　记：文慧敏（4月离职） 曹丽娟（4月任职）
副书记：曹丽娟（4月离职） 李晓枫（5月任职）

邓庄镇
书　记：杜许堂（4月离职） 任治中（4月任职）
副书记：李　刚（4月离职） 臧俊民（5月任职）

大邓乡
书　记：赵锁明（4月离职） 张　峰（4月任职）
副书记：张　峰（4月离职） 吕　军（5月任职）

陶寺乡
书　记：李　刚（4月任职）
副书记：韩文跃（5月任职）

古城镇
书　记：李文耀（4月离职） 王宝贝（4月任职）
副书记：王宝贝（4月离职） 马　健（5月任职）

襄陵镇
书　记：张英杰
副书记：梁培奇（5月离职） 史耀刚（5月任职）

西贾乡
书　记：任治中（4月离职） 刘学武（4月任职）
副书记：刘学武（4月离职） 苏毅忠（5月任职）

中共洪洞县委工作概况

县委书记　陈玉士

一、加强执政能力建设，树立良好自身形象，党的科学化工作水平进一步提高

加强思想政治建设。圆满完成了深入学习实践科学发展观活动，继续抓好整改落实，建立健全了长效机制。不断强化理论武装，加强学习型党组织和学习型领导班子建设，坚持中心组学习制度，每月周一常委例会制度，开展了“百日思想大解放”活动，增强了各级干部推动转型、跨越发展的责任感和紧迫感。加大干部教育培训力度，建立了组织培训与自主选学相结合的培训机制，举办了专题重点培训班，全县共培训各级各类干部12146人次，其中党政干部1428人次，完成了全年培训目标。

加强领导班子和干部队伍建设。稳妥推进人事制度改革和干部调整工作，对乡镇及县直党政工作部门、事业单位的领导班子和干部队伍进行了补充调整，2010年，共调整配备科级领导干部393名。其中，新提拔301名，乡镇112名，县直单位189名，正科级干部81名，副科级干部220名，各级领导班子的年龄、文化和知识结构明显改善，凝聚力和战斗力进一步增强。严格落实省纪委“五禁止”和市纪委《关于开展机关作风建设专项督查的实施方案》要求，进一步规范了干部行为。着力提升干部队伍素质，积极开展党员干部培训，有效提升了干部队伍的整体素质和履职能力。

加强基层组织建设。一是健全完善各项工作制度。全面落实基层党建第一责任人制度、“两定一查三评”制度和党员承诺评议制度，在全县农村推行了“四议两公开”工作法，进一步规范了农村基层组织工作程序。二是深入开展创先争优活动。认真贯彻落实省、市委关于开展创先争优活动的安排部署，积极创新活动载体，在全县各级党组织和党员队伍中深入开展了“争两先创五好当先锋”活动，掀起了学先进、比先进、当先进热潮。三是着力推进村级组织活动场所建设。按照工作程序，明确分工，落实责任，加大推进力度，为党员干部引领创业、服务发展搭建了良好平台。

加强干部作风建设。一是大力弘扬“右玉精神”，积极营造改进作风、真抓实干的工作氛围，对重点工作、重点项目实行定目标、定人员、定时间、定责任，有力推动了各项工作的落实。二是进一步严格工作纪律，认真落实问责制和省委提出的“四条禁令”，加强机关效能和纪律作风整顿，规范干部从政行为。三是狠刹大操大办借机敛财歪风，全面落实党员领导干部重大事项申报制度，有效制止了不良行为，促进社会风气进一步好转。

加强反腐倡廉建设。大力加强以廉洁勤政为核心的思想道德教育，进一步增强党员干部廉洁自律意识和政策法律观念。认真贯彻《中国共产党党员领导干部廉洁从政若干准则》，严格执行领导干部个人重大事项报告、述职述廉、民主评议、民主生活会、经济责任审计等党内监督制度，把监控、监督覆盖到权力运行的全过程。扎实推进煤焦领域反腐败专项斗争，积极开展整治公路“三乱”、教育乱收费等专项活动，全年查处各类案件103件，给予107人党纪政纪处分。

二、围绕转型跨越目标，协调推进城乡建设，经济社会实现平稳较快发展

以节水工程建设为重点的农业基础设施不断改善。投资2.58亿元，实施完成涉及全县12个乡镇、226个行政村、43万亩水地的田、林、路、渠、村五配套工程建设，渠道防渗850公里，建筑物2.3万件，农用桥1.2万座，使全县43万亩水地全部实现节水灌溉，亩次用水量下降30%以上，农业基础设施得到极大改善。

以园区建设为重点的工业经济活力持续增强。赵城精细煤化工业园建设迈上新台阶，已被批准为国家级焦化深加工示范基地；甘亭机械制造工业园建设初具雏形，山西省产业转移示范区、临汾经济开发区（洪洞·甘亭）工业园、宇腾开发建设有限公司正式揭牌；辛村新型建材工业园建设步伐明显加快，投资15亿元的恒美陶瓷城项目顺利实施，投资30亿元的京能2×300兆瓦热电联产项目，正在积极开展前期工作，金星啤酒、正和铸造、睿博制衣等原有企业的质量和效益稳步增长；秦壁工业园建设进展顺利，双银200万平方米电热膜、鑫华金属焊接网项目投入运营，投资5100万元的新材料发泡铝项目进展顺利。

以促进农民增收为重点的“三农”工作扎实开展。粮食生产稳定增长，总产达32.43万吨。特色化农业整体推进，巩固发展了10个高效农业示范园区；发展林下经济1.8万亩，新建蔬菜大棚280座，实施池栽莲藕500亩。农副产品加工龙头企业不断壮大，新博特饮料、维民生添加剂、五谷香小杂粮、鑫基商贸果蔬加工等项目投产达效。新农村建设扎实推进，农村基本实现“五个全覆盖”。农民组织化程度和机械化水平不断提高，新发展农业专业合作社19个，农机户达到5万户。大力实施科技富民工程，完成农民技术技能培训12.3万人，转移农村劳动力8.1万人，有效拓宽了农民增收渠道。

以提高城市品位为重点的城乡建设成效明显。积极创建“省级园林城市”。完成了涧河生态园、飞虹中街、虹通北路、涧河南路及小街小巷硬化等基础设施配套工程；全县有9个单位达到了省级园林标准，9个单位达到了市级园林标准，6个小区达到了省级园林标准，6个社区达到了市级园林标准，3条城市主干道路达到了省级园林标准。大力实施“生态绿化工程”，全县共完成植树526万株，造林3.68万亩，森林覆盖率达到31.5%，城区绿化面积达到561.16万平方米，公共绿地面积达到132.46万平方米，人均公共绿地面积达到10.19平方米。

以节能减排为重点的环境治理力度加大。积极创建“省级环保模范城市”。完成了污水处理厂、城市集中供热、天然气入户等环保基础工程，城市集中供热率、气化率和生活污水处理率分别达到82%、60%和70%。强力实施“碧水工程”，启动了7家涉水企业的废水深度处理工程，汾河流域（洪洞段）出境水质优于入境水质，城区和8个乡镇集中饮用水源地水质达标率保持100%，全县水污染状况进一步改观。城市空气质量二级以上天数达342天，比去年同期增加20天，城乡群众的人居环境进一步改善。

以壮大旅游产业为重点的第三产业快速发展。围绕创建“全国优秀旅游城市”，成功举办了第二十届大槐树寻根祭祖节；投资2.68亿元的广胜寺旅游公路竣工通车；投资48亿元的广胜寺旅游景区拓展改造工程，一期拆迁工程进展顺利；投资1800万元的大槐树寻根祭祖园二期工程、民俗饭店主体框架已基本完工。以新丽都装饰城、莲花市场、天域锦城、银河超市、京星超市等为代表的建材、农产品、服装、日用百货等专业市场相继建成。中心集镇商贸市场进一步完善，以县城为中心、乡镇为依托、农村为补充的城乡商贸体系不断健全和完善。（洛宇峰）

附：一、中共洪洞县委书记、副书记、常委名单

书　记：陈玉士

副书记：段　新　李世杰　冯亚平（6月离职）
王　山（6月任职）

常　委：晋廷瑞　赵双宝　宋保平　魏金顺　张玉龙
鲁立波（6月任职）　翟建科（7月任职）

二、乡镇党委书记、副书记名单

大槐树镇

书　记：魏金顺

副书记：刘亚俊（7月离职）　崔宝喜（7月任职）
董其贤　李　白　张炜华
许　红（7月离职）

甘亭镇

书　记：黄小平

副书记：席青松（7月离职）　乔建红（7月任职）
景志盛（8月离职）　陈建文（8月离职）
马龙娃

曲亭镇

书　记：李元忠（7月离职）　刘舒华（7月任职）

副书记：邱　波（7月离职）　乔　强（7月离职）

张文俊（7月任职）　黄随军（月8任职）

苏堡镇

书　记：范春雷（12月离职）

副书记：柳　勇（7月离职）　杨瑞平（7月任职）

何林渊（8月任职）　乔文平（女，8月离职）

马继文（8月离职）　黄随军（8月离职）

广胜寺镇

书　记：张峰山（7月离职）　刘亚俊（7月任职）

副书记：石心强　李金龙（7月离职）

武　进（7月离职）　张忠记　陈云川

明姜镇

书　记：程红俊（7月离职）　纪小明（7月任职）

副书记：李金龙（7月任职）　杨瑞平（7月离职）

刘俊刚（8月任职）　段红拽（8月离职）

张汝平（8月离职）

赵城镇

书　记：张元龙（7月离职）　程洪俊（7月任职）

副书记：纪小明（7月离职）　马宏方（8月离职）

高洪安（7月离职）　黄果林

史剑锋（8月任职）　席苏顺

刘保兵（8月离职）　郝洪春（8月离职）

张素进（8月离职）

万安镇

书　记：敬三平（7月任职）

副书记：郅陆平（7月离职）　高红安（7月任职）

石云峰　陈林顺（8月离职）

常宝元（8月离职）　车志雄（8月离职）

刘家垣镇

书　记：郭建军（7月离职）　席青松（7月任职）

副书记：郭双平（7月离职）　贾宏海（7月任职）

冯卫卫　李长吾（8月离职）

刘俊刚（8月离职）

淹底乡

书　记：郭双平（7月任职）

副书记：刘舒华（女，7月离职）

朱江平（7月任职）　刑宝记

郭永民（8月离职）　林北红（7月离职）

兴唐寺乡

书　记：郑国龙（7月离职）　徐泽文（7月任职）

副书记：王　欣　李书才（8月离职）

贾宏海（7月离职）　刘三龙（8月离职）

堤村乡

书　记：史学著（7月离职）　张洪宝（7月任职）

副书记：倪宁慧（7月离职）　乔　强（7月任职）

刘新平（8月离职）　郭成玉（8月离职）

李东旗（8月离职）　史剑峰（8月离职）

张旭东（8月任职）

辛村乡

书　记：刘希宏（7月离职）　郭芳芳（女，7月任职）

副书记：郭芳芳（女，7月离职）　林北红（7月任职）

乔新明　郭洪喜（8月离职）

巩天会（8月离职）　段红红（8月离职）

龙马乡

书　记：敬三平（7月离职）　倪宁慧（7月任职）

副书记：乔建红（7月离职）　周颖峰（7月任职）

张勤喜（8月离职）　李繁茂（8月离职）

王洪刚（8月任职）

山头乡

书　记：田晋川（7月离职）　郑国龙（7月任职）

副书记：刘向明（7月任职）　朱虎平（8月离职）

柳肖鹏（8月离职）　李洪峰（8月任职）

左木乡

书　记：温　泉（7月离职）　邱　波（7月任职）

副书记：徐泽文（7月离职）　张春芳（7月任职）

王湖锁　杜延海　韩永刚（8月离职）

张文俊（7月离职）

中共安泽县委工作概况

县委书记　梁若皓

全县共有基层党组织288个，其中：党委18个（乡镇党委7个、县直党委10个、企业党委1个），党总支11个（县直10个、农村1个），党支部259个（行政64个、事业53个、企业39个、农村103个）。

全县共有党员6158名，其中：机关党员582名，占10%；企事业单位党员1103名，占18%；非公党员76名，占1.2%；农村党员2994名，占49%。妇女党员1305名，占21%；35岁以下党员1489名，占24%；60岁以上党员1095名，占18%；离退休党员964名，占16%；建国前老党员30名，占0.5%。研究生学历7人，占0.1%；本科学历662人，占10.8%；大专学历1257人，占20.4%；高中及中专学历1729人，占28.1%；初中及以下学历2503人，占40.6%。

全县共有大学生村干部65人，其中担任村党支部副书记11人，村委会主任助理54人，女42人，党员55人。

2010年，县委紧紧围绕“一个中心、两个重点”的发展思路，奋力实施“435”发展战略，狠抓“资源开发、结构调整、城乡统筹、和谐建设”四件大事，为实现安泽转型跨越发展奠定了坚实基础。

全县地区生产总值完成40亿元，同比增长32.71%；财政收入完成8.27亿元，同比增长45.06%；规模以上工业增加值达到31.43亿元，同比增长20.21%；固定资产投资总额达到19.74亿元，同比增长29.95%；社会消费品零售总额完成4.43亿元，同比增长19.76%；城镇居民可支配收入达到13500元，同比增长12.47%；农民人均纯收入达到4508元，同比增长12.2%；粮食总产量达到1.06亿公斤。财政收入，提前115天完成县定计划任务，提前28天完成市年度目标考核任务，一举突破人均财政收入1万元大关，跻身全市人均财政收入“四大梯队”的第一梯队，成为全市经济发展的“排头兵”。

总投资21.1亿元，涵盖全县经济社会发展各领域的55项重点工程建设项目。全年累计完成投资9.6亿元，55项工程项目中，40项已完工，12项跨年度项目完成了年度建设任务。全县煤矿通过整合、改造，原煤产量达到277万吨，焦炭产量129万吨，发电1.61万千瓦时，回收焦油3.71万吨，合成甲醇6.67万吨。

积极创新惠农举措，不断完善支农机制，高调唱响了发展新产业、建设新农村的主旋律。投资1550万元，完成了31个村“四化四改”、“六通”、“六个一”建设任务，全县所有行政村实现了首轮新农村建设的全覆盖。全县种植优质玉米32.18万亩、蔬菜1.22万亩，新发展优质核桃1.8万亩、核桃育苗275亩、优质桑园1700亩、小杂粮1.09万亩，荣获了“全国绿色食品玉米标准化生产基地县”称号。投资6700万元的沁河沿岸万亩自流灌溉工程，已正式通水试运行；对两乡四村5300亩的中低产田进行了集中改造；与山东寿光蔬菜产业集团签订了总投资10亿元的协议，启动建设山西安泽生态农业示范项目。全县共发展各类农民专业合作社196个，有效解决了农民的融资难题。

大力推动城乡统筹发展，不断加强基础设施建设，着力夯实安泽转型跨越的发展根基。完成了沁河县城段综合治理一期工程、污水处理厂等一大批重点工程，有效改善了沁河县城段的生态环境。投资1737万元，建设和改造公路66公里，新增公路里程16公里，共安装候车亭27个、站牌107个，实现了所有乡镇和建制村通客车。解决了60个自然村10014口人和四所农村小学1000名师生的饮水安全问题；完成水土流失治理面积1.3万亩，生态修复面积4.3万亩。马壁移民搬迁已基本完成，启动了张峰水库库区及移民安置区坡改梯试点工程。

按照发展大旅游、开拓大市场的要求，着力培育文化旅游业这一朝阳产业。启动太岳革命烈士陵园（西山人民公园）建设工程，新建黄花岭、红叶岭景区配套设施，完成了荀子文化园引水工程。成功举办了第五届中国（山西·安泽）荀子文化节，并邀请到20国驻华大使前来参加。完成国家太行山绿化工程0.7万亩，退耕还林配套荒山造林0.9万亩，巩固退耕还林成果造林0.2万亩，县级干石山绿化工程3090亩。同时，在全省率先成立了由173名队员组成的县级森林防护大队。全年二级以上天数达到365天，一级天数达181天，连续四年位居全省首位，先后荣膺“全国绿化模范单位”、“全国生态文明先进县”等称号。

从群众最关心、最直接、最现实的问题入手，全力加快各项社会事业发展，努力构建民生殷实、和谐共享的新安泽。投资2.3亿元，完成了5所学校续建工程和15所中小学校舍安全加固项目。大力开展“名师、名校、名校长”创建活动，全县教学质量大幅提升，高考二本以上达线85人，再创历史新高。投资2000万元，完成中医院新建工程主体建设。马壁卫生院完成异地搬迁并投入使用。唐城、冀氏卫生院改造工程已全面启动。新型农村合作医疗参合率达到91.7%；全面落实计生家庭奖励政策，发放奖励资金28.2万元，人口自然增长率控制在5.39‰。实施积极的就业政策，新增就业岗位1015个，转移农村劳动力2850人，城镇登记失业率控制在3.1%；进一步完善城乡低保、贫困家庭子女就学等社会救助制度，全年共发放救助资金1322万元；进一步提高工资待遇，2010年成为全县干部职工增加工资最多的一年。投资358万元，在全市山区县首家启动了数字电视工程，使县城群众收看到102套画面清晰的电视节目；大力实施文化资源共享工程，为14个村配备图书，32个村开展了农村书屋工程建设。特别是随着“职工之家”、县图书馆的建成使用，全县人民群众的文化生活得到进一步丰富。全年没有发生安全生产事故，连续三年被省委、省政府评为“全省信访工作先进县”，连续五年荣获全市信访工作第一名；被省委依法治省领导组授予法治县创建先进单位。

新建、改扩建了33个村级组织活动场所，全县170名农村“两委”主干全部按时领到了岗位报酬和政府养老保险专项缴费补助；广泛开展了“一包一联”、“双带一帮”、“六个一”主题实践活动，全县各级干部累计办实事200余件，解决热点、难点问题326件，结对帮扶贫困户2000余户；起草编制了全县中长期人才发展规划，公开招录3名研究生和100名本科生；全年培训干部2800余人次，选派35名领导干部参加省、市组织的培训14期；提拔、调整、交流干部108人；查实处理机关工作人员4人，先后对8名失职责任人进行了问责，全年共处分违纪党员干部34人。

（王　军　范　帅）

附：一、中共安泽县委书记、副书记、常委名单

书　记： 梁若皓

副书记： 郑步电　乔悟生（1月离职）　刘晓东　刘　浩（6月任职）

常　委： 陈鹏飞（6月任职）　刘　浩（6月离职）　韩建辉（6月任职）　鲁立波（6月离职）

牛庆国（6月任职） 高成镇 王海江

马学平（6月离职） 韩 睿（6月任职）

二、乡镇党委书记、副书记名单

府城镇

书 记：马新梅(女，9月离职) 连忠武（9月任职）

副书记：赵春亮（9月离职） 牛福生（9月任职）

郭有锁

唐城镇

书 记：李峻石（7月离职） 李世明（9月任职）

副书记：王朝峰 王志刚

和川镇

书 记：李 晓

副书记：王新文 范成仁

冀氏镇

书 记：李世明（9月离职） 张俊生（9月任职）

副书记：雷改萍（女）

杜村乡

书 记：魏金平

副书记：冯清华（女,9月离职） 付 强（9月任职）

李林峰

良马乡

书 记：连忠武（9月离职） 赵春亮（9月任职）

副书记：张福增 李拴香（女）

马壁乡

书 记：刘合生

副书记：刘建军 张里锁

中共古县县委工作概况

县委书记 李 菲

全县有党委7个，党总支5个，党支部268个，党员6190名。2010年,全县生产总值完成48.93亿元，同比增长21%；限额以上工业增加值完成39.63亿元，同比增长23.45%；财政总收入完成10.57亿元，同比增长5.14%；城镇居民人均可支配收入完成15737元，同比增长14%；农民人均纯收入完成4962元，同比增长13.29%，经济社会指标完成良好。

一、强化队伍，转变作风，党的建设全面加强

基层党建水平逐步提升。深入开展“创先争优”活动，结合古县实际开展“两创三争”活动，积极创建基层党建工作先进县；建立了“县乡村三级书记约谈”制度，对工作不力、贡献不大、群众反映较差的党组织书记，由上级党组织书记及时进行约谈，督促整改。扎实抓好“建设学习型党组织”、“学习右玉精神”、“思想大解放”、“爱树建”等主题活动，进一步提高了各级党员干部的学习意识、忧患意识、宗旨意识和实干意识。邀请省内外知名专家举办10余次高水平讲座，选送60余名科级干部到清华大学培训，派出6名旅游系统干部到北京旅游名县挂职锻炼，进一步拓宽了基层干部视野，提升了他们促进科学发展、维护和谐稳定的能力。新建村级组织活动场所33个，进一步加强了基层党组织阵地建设。深入开展“新晋商万企联万户感恩活动”，组织23家民营企业对口帮扶31位“老红军、老八路、老党员”，发放帮扶资金18.6万元。

干部队伍建设不断加强。经市委批准，分7批调整了225名干部，其中提拔121名，转任重要职务20名，平职交流84名。在干部调整过程中，严格按照《干部任用条例》和“四项监督制度”的相关规定，严格审核干部的“三龄一历”，严格执行推荐、考察、公示程序，严格落实干部考察责任制和常委会票决制，确保了干部选任的风清气正。注重对优秀年轻干部、党外干部和妇女干部的培养、选拔。全县共选拔配备35岁以下年轻干部72名，党外干部26名，妇女干部87名，进一步优化了班子结构。

党风廉政建设扎实开展。全面落实党风廉政建设责任制，引深“353”源头治理和三项治理工作，深入开展纠正行业不正之风和政务、村务、企务公开工作。贯彻落实中纪委十七届五次全会和省、市党风廉政建设工作会议精神，在全县深入开展“作风转变年”活动，认真解决干部作风与转变发展方式不适应、不协调的问题。坚持不懈抓好煤焦领域反腐败工作，共清缴欠缴资金1199万元。深入开展工程领域反腐败工作，对全县2007年以政府投资和使用国有资金投资的78项工程进行了审查，涉及金额4亿多元。全面抓好农村党风廉政建设，全县所有乡镇和90个村实行了会计委托代理制。狠抓违纪案件查处工作，共立查违纪案件29件，结案29案，给予29人党政纪处分。

二、科学决策，统筹兼顾，经济社会事业快速发展

以促进农民增收为目标，不断加大扶持力度，着力推动特色农业产业化发展。千方百计抓好粮食生产，重点建设了南垣和岳阳万亩小麦示范田、旧县和永乐万亩金米基地、旧县和北平万亩玉米丰产田，粮食总产量达到0.53亿公斤，增产29.8%。继续壮大核桃产业，新栽核桃90万株。大力发展设施农业，白素村绿生源大棚蔬菜基地规模扩大

到70余棚，新建了石壁村现代农业观光示范园区和旧县华海天宇农副产品加工厂。县财政出资300万元以贷款贴息形式扶持农业产业化发展，带动支农信贷1580余万元。全县农民专业合作社达到276个。扎实推进新农村建设，县财政补助800万元用于新农村基础设施建设，省定“五个全覆盖”任务圆满完成，39个重点推进村“四化四改”、“六通”、“六个一”成效显著。集体林权制度改革按照规定进度顺利开展。实施了永乐乡曲庄村土地开发整理工程，新增土地350亩。

以转型发展、多元支撑为目标，积极推动煤焦支柱产业转型升级，着力开发新项目、培育新的增长点。煤矿兼并重组整合顺利推进，煤矿正式协议签订率达到100%，采矿许可证换证率100%，接管到位率100%，资金到位补偿率100%，移交接管确认书签订率100%。全县煤矿共投入6.03亿元进行了改扩建，全部实现了机械化开采。截止2010年底，有复产煤矿1座，复工整顿2座，专项整顿5座，全年原煤产量为353万吨，同比增长76.5%。鼓励引导焦化企业强强联合，启动了500万吨焦化园区发展规划，全县6家焦化企业整合为4家，全年焦炭产量为269万吨。大力实施项目建设，利达20万吨甲醇项目顺利开工，鑫秀煤矸石发电项目扩大为2×35万千瓦规模。严格落实节能减排工作，二氧化硫排放量削减121吨，化学需氧量削减197吨，二级以上天数达到362天。

以做强旅游品牌、带动三产发展为目标，着力在完善旅游发展规划和提升牡丹景区建设品位上下功夫。聘请北京达沃斯巅峰旅游规划设计院制订了《古县旅游发展总体规划》和《牡丹园二期修建性详细规划》。7月16日，在国家旅游局召开了高规格的旅游规划评审会，两个规划顺利通过评审。进一步加大牡丹景区建设力度，建成了景区循环公路，实施了张家大院二期修复工程，启动了创建AAAA级旅游景区工作。成功举办了第三届牡丹文化旅游节，接待各地游客23万余人次，带动相关收入1350余万元。霍山老爷顶景区开发顺利启动，已建成了霍泉牌矿泉水加工基地和霍山避暑山庄。

以营造宜居宜业发展环境为目标，致力于完善基础设施，疏通经济发展的瓶颈。县城岳秀街拓改工程全面完工；新增集中供热面积12万平方米；新增煤气用户1500余户。3G网络建设全面完成。北平镇成功创建了国家卫生乡镇，首开山西省创建国家卫生乡镇的先河。完成天然林保护、荒山绿化、核桃经济林建设共计56000亩植树造林工程。积极争取长临高速引线、黎霍高速互通、省道323线拓改、铁路专用线、天然气管道接入等重大基础设施建设项目，均已获得批复，各项前期工作均已启动，天然气管道接入项目已经正式签约。6月3日，全省第二届城镇化论坛在我县召开，充分肯定了我县在城镇化建设方面所取得的成效。

以不断提高全县人民幸福指数为目标，切实把“以人为本”的理念落实在加大民生投入的行动中。实施了古县一中和职教中心扩建工程，以及7所学校的校舍安全工程；启动了新建古县三中工程，为进一步优化教育布局奠定了基础；在全面落实“两免一补”政策的基础上，对职中学生的学费、住宿费等5项费用给予减免；公开招聘教师66名；高考达本科线120人，再创历史最好成绩。新建县医院工程顺利开工；全县7个乡镇卫生院和111个村卫生室全部建成；公立医院试点和国家基本药物制度改革试点工作全面启动；新型农村合作医疗参合率达到95.18%；新招聘大学生村医20人。人口自增率保持在4.81‰，被评为国家计划生育优质服务先进县。新建了县图书馆和6个乡镇文化站；举办了全国著名作家赏牡丹笔会、全国著名画家牡丹园写生、CBA四省市篮球精英邀请赛、临汾市“古县杯”篮球赛等高品位活动；实施了数字电视整体平移工程，县城数字电视已完成了整体平移。新型农村社会养老保险参保人数达到3.2万人，城镇居民医疗保险参保人数达到7112人；完成50户残疾人危房改造项目和白内障手术18例；发放低保金、“五保”供养金、困难群众医疗救助金、农村70岁以上高龄老人健康补贴共计980余万元，受益群众达1.2万余人次。启动了涉及334户居民的煤矿采空区居民安置工程。新建了1万余平米的经济适用房。启动了140套7000余平米的廉租房建设工程。严格落实安全责任，狠抓社会治安综合治理，深入排查化解社会矛盾纠纷，全县没有发生重大事故。（赵安平）

附：一、中共古县县委书记、副书记、常委名单

书　记：李　菲（女）

副书记：加天山　程世俊

常　委：赵海山　张亚斌（6月任职）
张金虎（6月任职）　姜红光
石焕勤　牛宇岚（12月离职）

二、乡镇党委书记、副书记名单

北平镇

书　记：张俊林

副书记：史　澎（7月任职）　张银贵

古阳镇

书　记：元福明（7月任职）

副书记：苏红光（7月任职）　杨青保

岳阳镇

书　记：柴保林

副书记：刘国强　王雪平（8月任职）

石壁乡

书　记：杨晋栋（7月任职）

副书记：张秋香（女）　牛玉强

旧县镇

书　记：李秋生

副书记：苏红光（7月离职）　武　旭（7月任职）
韩碧文

永乐乡

书 记：赵贤慧（7月任职）
副书记：崔 艳（女） 贾 辉（8月任职）
南垣乡
书 记：韩红霞（女）
副书记：孔凡军（7月任职） 鲁永记（8月任职）

中共汾西县委工作概况

全县有党（工）委10个，党支部300个，党员7388名。

县委书记 邓彩彪

一、坚持围绕中心、服务大局，全面提高党的建设科学化水平

一是着力加强领导班子和干部队伍建设。认真开展转变作风年活动。探索建立县乡村三级干部工作联系制度，加强沟通联系，协调解决问题，各级领导班子的凝聚力和战斗力明显增强，堡垒作用得到充分发挥；学习弘扬右玉精神，以“深入学习右玉精神，切实加强领导干部作风建设”为主题，召开专题民主生活会，深刻对照检查，推动作风转变。积极推进乡镇机构改革，严格执行《干部任用条例》和省委“四个规定”，注重从基层一线选拔干部，不断优化班子结构，增强班子整体功能，乡镇区党委书记平职交流5名、选拔配备3名，配备检察院副检察长3名、团委书记和副书记各1名，平职调整县委办主任1名；重视选好配强各级党组织书记，对8个软弱涣散村的党组织书记进行了调整，向非公企业下派党建工作指导员7名。规范了领导班子议事规则，落实了《关于建立和完善领导班子民主决策机制的指导意见》，严格执行常委会任免干部票决制，全面推行党政班子议事规则、乡镇党委民主决策制度，广泛推广“四议两公开”工作法，推动民主集中制建设。出台了《2010年单位工作综合考评方案》，进一步细化了对全县各级领导班子、领导干部责任落实的考核办法；加强对领导干部的日常监督和管理，认真坚持领导干部诫免谈话、执纪执法部门联合审查、领导干部离任审计等制度，做到关口前移，防微杜渐。

二是切实加强党的基层组织建设。深入开展争两先创五好当先锋活动，坚持把开展活动和全县工作紧密结合，以“五比五争五创”为载体，建立了创先争优档案，落实了县直机关与农村党组织结对共建“十个一”目标要求，组织开展了“万企联万户”感恩行动，形成了党建带团建、机关联农村、企业联群众的创先争优局面。认真落实党建工作“第一责任人”责任，三级党组织书记层层签订党建工作责任书，形成三级书记抓总、党务干部牵头、班子成员齐抓共管的基层党建工作格局。全面落实“一定三有”、“两定一查三评”制度，为全县548名农村离任两委主干发放了生活补贴，确定“两定”项目521项，有力推进了基层民主和政治建设。认真抓好基层党组织换届选举，圆满完成对应换届而未换届及任期届满的直属机关、企事业单位共计111个基层支部的换届工作。重视抓好阵地建设，45个村级组织活动场所建设任务全部完成，远程教育实现全覆盖。

三是深入推进党风廉政建设。认真落实党风廉政建设责任制，出台了《2010年全县党风廉政建设和反腐败工作任务的分解意见》，把全年党风廉政和反腐败任务具体细化为80项，分解落实到班子成员和县直各部门单位，班子成员坚持重要工作亲自部署、重大问题亲自过问、重点环节亲自协调、重要案件亲自督办，根据分工认真抓好职责范围内工作，推进惩防体系建设牵头单位和协办单位积极发挥作用，推动党风廉政建设工作朝着制度化、规范化方向迈进。积极开展专项整治和案件查办，贯彻全省交口会议、全市打击非法采矿严惩背后腐败问题工作会议精神，引深开展煤焦领域反腐败专项斗争，深挖非法采矿背后的保护伞和黑后台；深入开展工程建设领域突出问题专项治理，对2008 年以来投资50万元以上的124个工程项目进行了全面摸底排查，挽回经济损失50余万元，追缴税款179万元，收缴处罚违规违纪资金99万元；加大对损害群众利益不正之风的治理力度，突出治理公路三乱、政风行风评议、纠正医疗购销和医疗不正之风三大重点，组织开展了对建设工程招投标、安全生产、土地市场、环境保护等重点工作的执法监察；把关注民生、解决群众反映强烈的突出问题作为农廉工作的重点，开展强农惠农资金专项检查，落实各项惠农政策。全年查结违纪违法案件31案31人，其中，乡科级以上干部13案13人。

二、坚持突出重点、狠抓落实，努力推动经济社会又好又快发展

一是产业结构调整稳步推进。农业上，继续实施三大特色农产品基地建设，种植苦荞2.1万亩，带动农户3120户；完成核桃经济林栽植1.2万亩；新建8个畜牧养殖专业村、36 个规模肉鸡养殖场、3个规模养牛场、10个规模养猪场、10个规模养羊场，发展规模养殖318户；扶持组建了养殖加工企业—洪昌养殖公司，发展120万只肉鸡养殖、20万吨精细饲料加工、1500万只肉鸡屠宰项目，争取列入省级重点农产品加工龙头企业。工业上，隆盛水泥厂日产5000吨熟料新型干法水泥生产线一期工程续建项目建设有序推进，玉匣铸业有限公司消失模铸造炉前连铸项目建成投产；与此同时，积极培育新的产业支撑，总投资12亿元

的高端耐火材料项目进入资源勘测、选址筹建阶段，总投资100亿元的高硫煤清洁高效综合利用（IGCC）项目上报国家发改委审批，总投资26亿元的朝阳煤化公司硝基煤化工项目正在积极洽谈中，标志着我县经济结构调整迈出新的步伐，产业结构向着多元化方向发展。

二是项目建设进展顺利。紧紧抓住国家扩大内需、加强基础设施建设的机遇，千方百计争取项目资金，争取中央、省、市资金达12000余万元。全力抓好重点工程建设，年初确定实施32项重点工程，其中，市重点考核项目8项，项目总投资11.88亿元，年内计划完成投资9.97亿元，开工建设29项，完工24项，未完工5项，因土地、环评等行政审批或其它原因未开工项目3项，累计完成投资8.87亿元。一批重点项目的全面实施、建成投产，必将产生更大的生态效益、经济效益和社会效益。

三是煤炭资源整合任务圆满完成。根据省、市关于煤炭资源整合的精神，按照“整体打包、统一整合、科学规划、分步实施”的工作思路，确定省煤销集团公司为我县煤矿资源整合兼并重组主体企业，将原有21座煤矿整合为5座骨干煤矿。主体企业对3座过渡性生产矿井进行了实质性接管，领取了5座新规划矿井的采矿许可证，主体企业已与被整合企业全部签订交易协议，积极落实补偿，并对应关闭煤矿实施关闭。

四是社会事业全面进步。文教卫生方面，33所项目校校舍安全工程全部开工建设，竣工30所；投资580万元的凤祥小学教学楼、投资1100余万元的汾西二中多功能餐厅和学生公寓楼全部竣工投入使用；投资1500万元的县人民医院改扩建项目开工建设，村级门诊统筹全面启动，教育卫生条件持续改善。基础设施建设方面，对竹—白家河、涧底—连村（道美）公路续建工程路基全部完工；独堆小流域综合治理、河川流域综合开发、以工代赈建设项目、翟家原土地开发整理四项坝系生态建设工程顺利推进；电力工程、数字电视平移工程全面完成；生活垃圾卫生填埋场、农村危房改造、廉租房经济适用房建设、县城供水工程进展顺利，城乡基础设施条件进一步夯实。社会保障方面，积极做好返乡农民工、下岗失业人员和零就业家庭的就业再就业工作，加快解决国有企业、集体企业及部分事业单位人员养老保险问题；把城乡低保对象、优抚对象和五保户等弱势群体纳入城乡合作医疗范围，为困难群众排忧解难。

五是安全稳定工作扎实开展。坚持不懈打击非法采矿，先后开展了打击非法采矿“春雷”行动、“雷霆”行动、百日千人集中整治大行动，行政拘留非法务工人员34人，刑事拘留4人，逮捕非法矿主7人，对27名党员干部进行了责任追究。全面开展安全生产专项整治工作，重点加强道路交通、危化品安全、冬季防火专项整治，加大学校及幼儿园安全管理力度，为全县经济社会事业发展营造了安全稳定的社会环境。认真落实维护稳定的各项措施，推动“平安创建”工作深入开展。进一步健全和完善信访接待日制度，深入开展了矛盾纠纷大调研、大排查、大化解活动，全年接待群众来信来访762起1727人次。

（陈华伟）

附：一、中共汾西县委书记、副书记、常委名单

书　记：邓彩彪

副书记：毛跟云　王晓民（1月离职）　冯海涛　张全管（6月任职）

常　委：郭向东　牛春平（女）　尚　彬（6月离职）　张全管（6月离职）　李春雷　高　涨（6月任职）　任吉龙（6月任职）　栗俊昌（6月任职）

二、乡镇党委书记、副书记名单

永安镇

书　记：要赴朝

副书记：王　成　侯俊杰　王大勇

勍香镇

书　记：任贵平（12月离职）　师学斌（12月任职）

副书记：郭良敏　郭庆文

对竹镇

书　记：薛荣华（12月离职）　乔旭兵（12月任职）

副书记：曹兴林　任玉记

僧念镇

书　记：乔旭兵（12月离职）　任贵平（12月任职）

副书记：王红林（12月离职）　张锁虎　杨虎龙

和平镇

书　记：王建国（12月离职）　侯明生（12月任职）

副书记：庞良平　赵彦有

佃坪乡

书　记：侯明生（12月离职）　王建国（12月任职）

副书记：李胜利（12月离职）　杨志华　王红记

团柏乡

书　记：辛五青（12月离职）　王红林（12月任职）

副书记：张俊林

邢家要乡

书　记：师学斌（12月离职）　李胜利（12月任职）

副书记：刘元建（女，12月离职）　金兰旺

社区委员会

书　记：刘元建（女，12月任职）

副书记：苏　涛　王学义

中共蒲县县委工作概况

县委书记 乔建军

一年来，在市委、市政府的正确领导下，县委团结带领全县广大干部群众，深入贯彻落实科学发展观，全面贯彻党的十七届四中、五中全会以及全省领导干部大会精神，认真贯彻市委各项决策部署，顶住各种压力，克服重重困难，着力化解风险，负重赶超前行，千方百计谋转型，齐心协力求跨越，全县经济建设、政治建设、文化建设、社会建设和党的建设都取得了新的长足发展。

一、各项指标全面完成

2010年，全年地区生产总值预计完成26.5亿元，同比增长68.7%；财政总收入完成11.5亿元，同比增长18.54%；一般预算收入完成5.3亿元，同比增长15.7%；固定资产投资完成12.05亿元，同比增长32.9%；城镇居民人均可支配收入13788元，同比增长12%；农民人均现金收入4228元，同比增长13%。各项主要经济指标均创历史新高，圆满完成了“十一五”各项任务。

二、产业升级取得实效

煤炭支柱产业提档升级。煤炭资源整合全面完成，总投资百亿元的25座大型标准化矿井建设全面推开，煤炭产业正在走上规模化、机械化、新型化、现代化的轨道，为跨越发展奠定了坚实的基础。转型发展迈出坚实步伐。按照“板块化发展、园区化承载、集群化推进”发展思路，规划布局了循环工业、煤电化、加工制造、新型建材、物流五个现代工业园区。总投资10亿多元的冠鑫铸造、赢晟园铸造、龙祥建材、易恒天酿酒等重点调产项目相继投产见效，30万吨铸造基地正在加紧建设，投资2.5亿元的宏源500万吨煤炭深加工项目主体已完工，投资6亿元的兴旺焦化项目正在推进。特色产业蓬勃发展。加快建设全省优质核桃大县，全县核桃面积累计达到8.4万亩，启动实施古县乡3万亩优质苹果基地建设项目，土豆、烟叶、糯玉米、小杂粮等特色种植发展到8.6万亩，梅花鹿、獭兔、野猪等特色养殖蓬勃发展，前景看好。薛关现代农业综合示范园已完成投资675万元，设施农业初见成效。正茂核桃、昌源粉丝、昕源薯业、龙泉养殖、香紫苏加工等十大“农”字号龙头企业辐射带动作用进一步增强。

三、城乡建设日新月异

城市面貌焕然一新。聘请同济大学对县城总体规划进行修编，县城中心城市规划面积扩大到10平方公里，项目投资上亿元的蒲子文化中心、县医院、锦绣大道，以及污水处理厂等已竣工投用。县宾馆、保障性住房、信合大厦、农资大厦、县城二期供水等工程也即将竣工。同时，总投资近10亿元启动蒲县一中、全民健康服务中心、奥林匹克体育中心、蒲伊南街贯通、城区河道治理、翠屏山森林公园等20项重点工程，城市面貌有了一个质的飞跃和大的变化。基础设施突飞猛进。广大群众多年期盼的临大线一级路全线贯通，临吉高速连接线路基已经形成，霍永高速连接线即将开工建设。累计投资3.6亿元，全长413.6公里的村村通油路工程实现了全覆盖。中南铁路蒲县段全线开工建设，蒲县将告别没有火车的历史。农村面貌深刻变化。“四化、四改、六通、六个一”工程扎实推进，总投资5.2亿元的“五个全覆盖”圆满完成，连续两年被省委、省政府评为“新农村建设先进县”，再夺临汾西山地区流动红旗。集体林权制度改革进展顺利，全县共勘界林地面积127.6万亩，确权到户113.3万亩，完成率达88.8%，综合排名全省第一。

四、教育振兴初见成效

实施教育振兴十大工程，投资8000余万元，加固改造23所学校，荣获“全市校舍安全工程先进县”；新招聘149名大学生充实到教师队伍；中考达全市示范高中最低统招分数线人数、高考达线率均有大幅提高，教育战线呈现出新的变化和进步。

五、民生改善扎实推进

积极落实调资政策，对全县所有在职人员的工资进行了普调。县城集中供热面积达到了80万平方米，供热质量有了明显提高。天然气集中供气全面启动，今年将覆盖县城大部分住户，在“气化山西”中位居前列。为农村群众每人免费发放200公斤取暖用煤，向城市低保对象发放取暖补助，全县城镇居民在春节前也将领取到200元的价格补贴。全国新型农村养老保险试点惠及8万农民，全年支付农村养老金490万元。城市医疗保险支付900万元，农村合作医疗1100万元。发放城乡低保1430万元，全县80岁以上老人全部领到了救助金。投资1.2亿元的县医院、妇幼保健站综合服务大楼落成投用，县、乡、村三级医疗卫生服务网络升级上档，全县所有村级卫生室全部配备了乡村医生。县城空气质量二级以上天数达到358天，人居环境大为改善。严厉打击各种违法犯罪活动，保障公民合法权益，维护了社会和谐稳定。深入开展打击非法违法采矿“双严”

专项行动，实现了全年煤炭安全生产无事故。高度重视信访工作，一大批群众关注的信访难题得到有效解决。

六、党的建设全面加强

思想建设不断深化。在“百日思想大解放”活动中，先后三次组织相关四套班子领导、乡镇部局负责同志赴朔州、晋中、吕梁、长治等市部分县区，以及新疆、陕西等地学习考察，看别人，比自己，找差距，开展“促转型、谋跨越，我们怎么办”思想解放大讨论活动，进一步增强了率先发展的紧迫感和责任感。结合全县“十二五”规划的制定，定期举办“转型跨越新蒲县”干部教育大讲坛，邀请国务院发展研究中心、北京大学等全国知名专家学者，到蒲县举办专题讲座，开阔了眼界，提升了素质。着力引深“爱、树、建”主题活动，进一步激发了干部群众立足岗位、埋头苦干、赤诚奉献的热情与活力。深入开展“创先争优”活动，以亮一次公开承诺，做一次调查研究，抓一个工作亮点，创一套工作机制，搞一次学习考察“五个一”活动为载体，创新工作实践，推进转型跨越，取得了切实成效。宣传工作取得优异成绩。人民日报、新华社、中央电视台、山西日报等媒体，对我县重点工程、生态建设、民生改善进行了宣传报道，进一步展示了形象，扩大了影响，凝聚了发展合力。消夏文化月、金秋文化周等活动，使群众文化活动蓬勃开展。干部队伍建设成效明显。按照条例，加大竞争性选拔干部力度，配齐配强了煤炭、卫生、审计、广电、公检法等领导班子，一批优秀年轻干部调整充实到乡镇和县直单位领导班子，极大地调动了各级干部的积极性和创造性。229个基层党组织的换届选举工作圆满完成，“四议两公开”工作法全面推开，村级组织的创造力、凝聚力、战斗力进一步增强。大力实施“百名人才战略工程”，公开考试录用的80名研究生、本科生已充实到各机关单位，为蒲县的长远和未来发展注入了新鲜血液。作风建设继续强化。坚持县级干部“三联四定”和推动工作落实“六大机制”，年内组织了四次全县大范围、大规模观摩检查活动，先后对农村“五个全覆盖”、林权制度改革、30项重点工程建设、25个新矿井建设、乡镇重点工作和工程进行了现场观摩，测评排队，彰先策后，最大限度调动广大干部的工作热情和创业激情。党风廉政建设深入推进。认真落实党风廉政建设责任制，扎实开展廉政风险排查防控工作，研究制定了“三重一大”议事规则和加强教育、监督、预防、惩处等一系列规章制度，初步形成了惩治和预防腐败制度体系，进一步营造了依法办事、高效做事、廉洁干事的环境。深入开展煤焦领域反腐败斗争、农廉建设、工程建设领域突出问题专项治理，配合省市依法查处了典型的“小官大腐”郝鹏俊案件，整肃了法纪，弘扬了正气，维护了党的形象！

（王宝铭　刘俊明）

附：一、中共蒲县县委书记、副书记、常委名单

书　记：乔建军

副书记：闫建国　樊奋强（1月离职）
郭迎明（6月任职）

常　委：马爱萍　史虎喜　郭迎明（6月离职）
陈金庄（6月任职）　高永贤（6月任职）
余作明　张天龙

二、乡镇党委书记、副书记名单

蒲城镇

书　记：席江红

副书记：王晓晖　曹彦红

黑龙关镇

书　记：宋蒲刚

副书记：谭　源

薛关镇

书　记：卢志俊

副书记：冯宥铨

克城镇

书　记：辛耀庭

副书记：李永剑　庞志刚

山中乡

书　记：张彦龙

副书记：康向红　崔海斌

古县乡

书　记：任建平

副书记：李俊虎　任建龙

红道乡

书　记：刘俊绒（女）

副书记：亢鹏飞　王丽霞（女）

乔家湾乡

书　记：张保平

副书记：张晋峰　宫智勇

太林乡

书　记：马华剑

副书记：乔福顺

中共乡宁县委工作概况

县委书记 杨安虎

2010年，县委在省、市委的坚强领导下，坚持以邓小平理论和“三个代表”重要思想为指导，深入贯彻落实科学发展观，紧紧围绕争创全市一流的目标定位，总揽全局，协调各方，团结带领全县干部群众，积极应对复杂局面，着力破解发展难题，切实加强党的建设，各项工作呈现出强劲的发展态势。全县生产总值完成47.63亿元，同比增长15.9%；财政总收入完成21.4亿元，同比增长19.2%；城镇居民人均可支配收入完成14469.5元，同比增长13.03%；农民人均纯收入完成4645元，同比增长12.61%。

一、深入开展创先争优活动，全面加强基层组织和党风廉政建设

一是立足于“实”，把创先争优的目标定位为争创全市一流的工作业绩。在年初召开的全委扩大会议上，确立了活动的目标定位就是整体工作争创全市一流。提出了“少说空话，多办实事，高调做事，低调宣传”的基本准则，明确了“横看名次，纵看突破，内看和谐，外看民意”的评判标准。为了既实现这一目标定位，又让活动“守本色”、“有特色”、“很出色”，县委坚持分类指导，分层推进，各行业、部门及乡镇都制定了争创一流的具体任务和硬性要求。实践中，坚持“抓两头，带中间，整体推进”的原则，在鄂邑大地掀起了干事创业、转型跨越的热潮。

二是立足于“带”，把创先争优的重点锁定为领导机关和领导干部。县委响亮地提出四大班子带头“创”，县级领导和乡镇、部门的“一把手”带头“争”，充分发挥带头、带领和带动作用。一是包联。县委建立了包联制度，县级领导包乡镇、包企业、包项目、包工程、包实事、包稳定，真包真联，解决问题。二是挂帅。对中心工作，主要领导亲自挂帅，一线指挥。全县开展的“五城联创”工作，县委成立了六个领导组，书记、县长各担任三个组长，四大班子成员按照分工分别担任副组长。三是出征。拆迁工作是我县城市建设的“牛鼻子”工程，包联工程的领导和有关乡镇部局“一把手”吃在现场，蹲在现场，不达目的绝不收兵。四是担责。领导干部既亲自干、带头干，又敢闯敢冒，勇于担当，有了失误和责任，领导担当，有了成绩和荣誉，大家共享。

三是立足于“干”，把创先争优的主战场定格在工程项目和惠民实事上。县委把“创”和“争”的主战场定格在最能反映加快转型跨越发展的工程项目和惠民实事上。全县各级党组织确定实施了2000多个项目、工程和实事。其中县上20项重点工程和10件惠民实事、10个乡镇189件项目实事、182个村党支部1819件项目实事，各级党员干部还承诺兴办了3万余件实事，让广大群众感受、享受到了争创的实际成果。

四是立足于“廉”，把创先争优的生机活力彰显在风清气正的发展环境中。坚持把落实党风廉政建设责任制和各项重点工作同部署、同推进、同落实，教育、制度、监督并重，纠风、治乱、惩处并举，力求为民、务实、清廉。建立制度，落实制度，完善制度。用制度管人、做事、保廉，常念“紧箍咒”，牢筑“安全网”，教育广大党员干部严格执行“廉政准则”、“党风廉政建设责任制”等规定和要求。抓住重点，管住领导，管住小事。对农村、工程、煤焦等重点领域以及关键岗位、重点部门经常过问、从严管理，对群众反映强烈的热难点问题重点督办。明辨诱惑、抵制诱惑、战胜诱惑。引导党员干部以工作为要、以学习为乐、以廉洁为荣、以平淡为好，让干部始终保持清醒头脑，既干事，又干净。

二、加快转型跨越发展，统筹推进整体工作争创全市一流

2010年，省委提出要转型发展、跨越发展，市委按照省委部署要求，提出要转型跨越、先行发展。县委认为，转型是方向，跨越是速度，先行是起步，方向对，速度快，起步早，就能又好又快，就是科学发展，符合临汾实际，更符合乡宁实际。县委遵循“不提新口号，要有新突破；不摆花架子，要见新实效”的原则，紧紧围绕整体工作争创全市一流的目标定位，确定了“加快‘三化’强三农，‘内留外引’促转型，五城联创靓鄂城，堵疏结合保稳定，工程实事惠民生”的工作思路，抓重点，攻难点，以点带面，全面提升，各项重点工作扎实推进。

一是加快“三化”强三农。坚持把加快农业产业化、农村城镇化、农民技能化，作为破解“三农”问题的主抓手，全年县财政支农资金投入达1.2亿多元。在充分调查研究、广泛征求意见的基础上，确立了“一个产业主导、若干特色并进”的新思路，出台了“大力发展核桃产业的决定”，全年新发展核桃3.68万亩，超年度计划1.68万亩，花椒、苹果、葡萄等特色产业也提质上档，农业产业化迈开了新步伐。坚持规划先行、突出功能、连片建设的原则，有序推进新农村建设，农村城镇化取得新进展，并培训转移农民近万人次。

二是“内留外引”促转型。根据乡宁煤炭资源整合后

有巨额民间资金需寻找投资，而我县又缺人才、项目、技术的现状，研究出台了“内留外引”的二十条意见，“内留”就是鼓励我县退出原煤生产领域的企业家把资金留在乡宁二次创业；“外引”就是积极吸引县域外的人才、资金、技术和项目到乡宁干事兴业。戎子葡萄酒、通洋陶瓷、云丘山旅游开发等一批由我县煤矿企业家兴建的新项目，已经成为引领乡宁转型跨越发展的新引擎。

三是五城联创靓鄂城。县委决定从2010年起用三至五年的时间创建省级卫生城、园林城、文明和谐城、环保模范城和双拥模范城，全力打造宜居宜业新乡宁。全年重点启动实施了营里组团开发建设。明珠广场、戎子广场、营里大桥、体育馆、热源厂、垃圾处理场、滨河路东延等市政重点工程也全面开工、加紧建设，污水处理厂已投入运营。组织开展了以违章建筑、交通秩序、市容市貌、广告牌匾等为重点的六大专项整治行动，城市管理全面加强，市容市貌大为改观。

四是堵疏结合保稳定。严格按照“牢牢抓住煤矿安全这个重点、坚决攻克私挖滥采这个难点、绝不放松大安全”的工作思路，深入开展了“春雷”、“净土”、“风暴”等专项行动，把煤矿企业兼并重组作为抓好煤矿安全生产的治本之策，强势推进，全县安全生产形势持续稳定。事关社会和谐的信访稳定工作，做到了事情解决到位、教育稳控到位、依法打击到位，困难帮扶到位，全面实现“三降一好转”。综合治理全面加强，矛盾化解深入开展，社会管理不断创新。全县暂住人口“三化一卡”工作法收到了明显的社会效果，并在全市推广，“平安乡宁”、“法治乡宁”取得新进展。

五是工程实事惠民生。县委提出要把工程实事写在乡宁的大地上，让全县人民看得见、摸得着、享受得到，全县上下掀起了工程实事惠民生的热潮。全县各级各部门共确定项目、工程和实事2000多个，各级党员干部共承诺实施3万余件事项，县委县政府确定的20项重点工程全面开工，10件惠民实事全部兑现，教育、卫生、交通、就业、社保等社会事业长足进步，全县财政收入首次突破20亿元大关，稳居全市第二，高考达二本线以上269人。“爱、树、建”主题活动、文明和谐创建、民兵预备役、双拥等工作全面加强，工、青、妇等群团组织的作用有效发挥，检察院、粮食、残联等部门荣获全国先进，农廉、治超、水利、公安、农机等15项工作受到省级表彰，全县上下干群和谐，人心思进，加快转型跨越、争创全市一流的势头强劲。

（史怀荣）

附：一、中共乡宁县委书记、副书记、常委名单

书　记：杨安虎

副书记：郝忠祥　范洋平（6月任职）

常　委：范洋平（6月离职）　张小红（6月任职）
解高民（6月任职）　王玉萍（女，6月任职）
樊　宇　陈海平（6月离职）
张春龙（6月离职）　钱文亮
王　蓬（7月离职）　刘建平（7月任职）
李睿煜（7月任职）　郭　举（7月任职）

二、乡镇党委书记、副书记名单

枣岭乡

书　记：郭玉龙

副书记：武卫堂（2月离职）　高建新（2月任职）
杨万荣（4月离职）　崔　鹏（4月任职）

昌宁镇

书　记：李　星（2月离职）　刘建平（2月任职）

副书记：李宝堂　丁保富（4月离职）
张世科（4月任职）

管头镇

书　记：杜吕科

副书记：闫贵平（2月离职）　贺伟科（2月任职）
冯建平（4月离职）　杨宏伟（4月任职）

台头镇

书　记：闫　鹏

副书记：王永生（2月离职）
卢　冬（女，2月任职）　赵连明

光华镇

书　记：刘建平（2月离职）　任进科（2月任职）

副书记：高建新（2月离职）　李金学（2月任职）
董锄云（4月离职）　王　力（4月任职）

双鹤乡

书　记：王建明（2月离职）　郑安民（2月任职）

副书记：任进科（2月离职）　师军堂（2月任职）
白云山（4月离职）　粟晓鹏（4月任职）

关王庙乡

书　记：杨国效（2月离职）　王海鸣（2月任职）

副书记：王海鸣（2月离职）　宋达颖（2月任职）
屈卫东（4月离职）　亢新民（4月任职）

尉庄乡

书　记：郑安民（2月离职）　刘玉杰（2月任职）

副书记：贺伟科（2月离职）　于彦雪（2月任职）
冯卫平（4月离职）　杨晋荣（4月任职）

西交口乡

书　记：赵继宁（2月离职）　王永生（2月任职）

副书记：卢　冬（女，2月离职）周彦喜（2月任职）
张文红（4月离职）　师泽熙（4月任职）

西坡镇

书　记：卫建平（2月离职）　赵继宁（2月任职）

副书记：刘玉杰（2月离职）　陈孟发（2月任职）
高江荣（4月离职）　曹战敏（4月任职）

中共吉县县委工作概况

县委书记　毛益民

全县有乡镇党委8个，县直党委（总支）22个，党支部236个，党员5924名。2010年，县委坚持以邓小平理论和“三个代表”重要思想为指导，深入贯彻落实科学发展观，全面贯彻党的十七大和十七届四中、五中全会精神，按照坚定不移推进转型发展、安全发展、和谐发展、快速发展，全力以赴做好苹果转型、旅游开发、工业崛起、城市建设、民生改善“五篇文章”的发展思路，团结和带领广大干部群众，解放思想、锐意进取，攻坚克难、扎实苦干，各项工作都取得了新进展、新突破、新成效。

一、切实加强党的建设，不断提高党建工作科学化水平

一是加强理论武装。深入开展“学习型党组织”创建活动，举办了十七届五中全会、袁书记全省干部大会讲话、省委九届十一次全会以及右玉精神培训、讲座百余场次，全县党员干部得到普遍轮训。二是加强领导班子和干部队伍建设。完善干部选拔任用机制，积极推进干部人事制度改革，采取两推一考、两考两测评三差额两票决、多元提名等办法，对科级领导班子进行了调整配备，调整配备工作推进有序、程序严密，做到了任人唯贤、人岗相宜，匡正了风气，调旺了人气，鼓舞了士气；着眼优化干部队伍结构，启动了百名人才招聘工作，干部队伍活力进一步增强。三是加强基层组织建设。扎实开展创先争优活动，基层党组织和广大党员干事创业的激情进一步迸发；认真落实“两定”和党员承诺制度，基层党组织完成“两定”实事813 件、解决热点难点问题220件，党员承诺践诺事项4110件；实施了7个活动场所建设，全县农村组织活动场所实现了全覆盖。四是加强反腐倡廉建设。落实党风廉政建设责任制，通过分解责任目标，狠抓责任落实，严格责任考核，突出责任追究，形成了县委统一领导、党政齐抓共管、纪委组织协调、部门各负其责、依靠群众参与支持的领导合力。大力开展廉政教育，深入推进纠风治乱，不断引深效能建设，严肃查处违法违纪案件21起，给予党纪政纪处分21人，始终保持惩治腐败的高压态势，营造了风清气正的良好环境。

二、全力以赴做好“五篇文章”，推动经济平稳较快发展

坚持把“五篇文章”作为推动经济社会发展的重要抓手，全力以赴，狠抓落实，全县经济保持了强劲增长势头。全县地区生产总值完成11.9亿元，同比增17.2%；固定资产投资完成10.35亿元，同比增31.8%；社会消费品零售总额完成3.32亿元，同比增17.1%；财政总收入完成1.0176亿元，同比增62.1%；城镇居民人均可支配收入达到10078元，同比增12%；农村居民人均纯收入达到2106元，同比增10%。苹果转型上，新栽补栽相结合，规模进一步扩大；实施“八改十配套”工程，管理水平、苹果品质进一步提升；苹果贮藏物流工程大力兴建，贮藏能力进一步增强；延伸产业链条，两个果品深加工企业正在筹建；先后参加第八届全国农博会、黄河金三角农展会、山西优势农产品北京展销周，举办了吉县苹果推介会，进一步打响了品牌。全县苹果总面积突破27万亩，总产量15万吨，产值达3.5亿元。旅游开发上，编制全县旅游发展总体规划，已通过专家评审；启动实施壶口景区游客中心、停车场、污水处理厂建设工程，完成屯里旅游服务区建设，旅游基础设施进一步完善；克难坡黄河风情民俗旅游名城正在建设；人祖山、柿子滩、管头山开发已初步达成意向；编纂出版了《人祖渊源》、《壶口之旅》等书籍，景点内涵进一步丰富；成功举办了黄河壶口文化旅游节，知名度和影响力进一步提升。工业崛起上，桑峨、白额煤田精查基本完成；华晋明珠煤矿正进行90万吨改造；盛平煤业正进行扩界扩能，建设接替井；桑峨、明珠两个500万吨煤电、化工工业园区正规划筹建；风力和太阳能发电正进行前期测试。城市建设上，实施“东扩西改”战略，高起点、大手笔启动了城市规划编制工作；县城垃圾处理场全面竣工，即将投入使用；新城开发一期工程启动实施，县城污水处理厂、城市集中供气供热、高速公路引线扩建、清水河治理、锦屏山公园建设等工程有序推进，城市功能将进一步完善；扎实开展环境卫生秩序整治活动，城市面貌大为改观。民生改善上，教育方面，吉州职业技术学院一期工程基本完工，9所中小学校舍安全改造全面完成，创建省级科普示范县通过考核验收；卫生方面，新县医院建设工程即将完工，7个乡镇卫生院基础设施、设备配置达标，村卫生室实现了全覆盖，新型农村合作医疗为参合农民报销费用682万元。社会保障方面，启动了“新农保”试点工作，社会保障体系进一步完善；就业方面，与富士康达成劳动力转移协议，筹建劳动用工基地；住房保障方面，100套、1万平米棚户区改造全面完工，800户农村危房改造任务落实到户；文化事业方面，文化事业单位转企改制全面完成，开通农村电视用户2600户，乡镇全部建起了文化站，“壶口唢呐”走出了吉县，参加了世博会、农博会，群众性文体活动日益繁荣，

获得了全市唯一的“山西省文化建设示范县”称号。安全饮水方面，新建农村安全饮水工程59处。

三、实施对外开放战略，大力引进和实施项目建设

牢固树立抓项目就是抓发展的理念，以扩大开放为突破口，大力度开展招商引资，加强对外交流合作，以项目的大引进、大实施促进经济社会大发展。一是展会式引进。成功举办了黄河壶口文化旅游节，组织举办了精彩纷呈的系列活动，70余家海内外知名媒体进行了全方位、多角度的报道，把壶口、吉县推向全国、推向了世界。特别是交流合作取得丰硕成果，与北京林业大学、山西大学、山西中医学院等五所高校签定了“校县共建”协议；与晋陕两省沿黄9个市县建立了友好关系，与霍州煤电、华晋焦煤等16家大型企业，签订了10多个领域167亿元的项目合作协议。开展了“好运吉县、走进北京”系列活动，与北京山西企业商会280余名山西籍企业家进行了新年联谊；在前门天街设置展示橱窗13块、在王府井大街7个LED上滚动播放宣传片，在前门天街年市上开展了吉县农产品展示活动；发行量24万份的读者报免费刊登吉县苹果、壶口宣传专版。系列活动的开展，结交了朋友、引进了项目、扩大了影响、提升了形象。二是联动式争取。动员各级各部门认真研究国家的投资方向和产业政策，加强与上级部门的联系与沟通，千方百计捕捉信息，积极争取古贤大坝、提黄灌溉、旅游开发、畜沼果生态经济模式、煤层气开发、集中供热供气、河道治理等重点项目，赢得了上级有关部门的大力支持。三是定点式跟进。对每一项签订的项目协议，组织专门班子实施定点跟踪，全面负责项目的立项审批、规划实施，协调解决项目实施中遇到的困难和问题，确保项目落地、开工建设。四是包联式落实。对每一项实施的重点项目工程，确定一名四大班子成员包联，统筹安排人力、物力、财力。同时实行倒排工期制、部门联动协调服务制，有效推动了项目的落实和实施，形成了项目建设的浓厚氛围和强大合力。一年来，引进并实施了涉及全县经济社会发展的重点项目工程66项，总投资14.2亿元，是吉县项目建设力度最大、投资数额最多的一年。

（强晓辉　王国军）

附：一、中共吉县县委书记、副书记、常委名单

书　记：毛益民

副书记：刘奎生　姚焕章　李灵芝（女，6月任职）

常　委：董跃明（6月离职）　薛鹏寿（1月离职）
牛庆国（6月离职）　高文胜　李建设
李建国（6月任职）
张瑞萍（女，6月任职）　吴吉红（6月任职）

二、乡镇党委书记、副书记名单

吉昌镇

书　记：秦志富（2月离职）　吴吉民（2月任职）

副书记：郭东舟（6月离职）　王文龙（11月离职）
葛耿恕（11月任职）

中垛乡

书　记：王吉生（2月离职）　肖　峰（2月任职）

副书记：王留虎（2月离职）　刘春旺（11月离职）
王吉荣（4月任职）

柏山寺乡

书　记：韩克顺

副书记：李俊忠（2月离职）　党建明（4月任职）
洛较民（11月离职）

屯里镇

书　记：刘创珍（2月离职）　李永芳（2月任职）

副书记：肖　峰（2月离职）　杨宗儒（4月任职）
赵晓红（女，11月离职）

壶口镇

书　记：张晓平（2月离职）　李俊忠（2月任职）

副书记：杨宗儒（4月离职）　张宇宏（4月任职）
张军森（11月离职）

车城乡

书　记：冯淑琴（女，6月离职）
郭东舟（11月任职）

副书记：陈志荣（6月离职）　郭东舟（6月任职）
陈文革（11月离职）　张永拴（11月任职）

东城乡

书　记：吴吉民（2月离职）　李永升（2月任职）

副书记：李永升（2月离职）　段晓娜（女，4月任职）
白晓虎（11月离职）

文城乡

书　记：谭立忠（2月离职）　景洪才（2月任职）

副书记：景洪才（2月离职）　李敖升（4月任职）

中共大宁县委工作概况

县委书记　张越轶

全县有党委8个，党总支21个，党支部212个，党员4292名。2010年，县委在省、市委的正确领导下，坚持高举邓小平理论和“三个代表”重要思想伟大旗帜，以科学发展观统领全局，全面贯彻落实党的十七大和十七届四中、五中全会精神，以建设绿色大宁为方向，认真实施三大战略、发展四大产业，按照转型发展、跨越发展的总体要求，开拓进取，奋力拼搏，全县经济建设、政治建设、文化建设、社会建设和党的建设都取得了新的明显进展。

一、全力推进党的建设

加强思想建设。坚持把解放思想作为加快发展的重要措施，强化学习提高，促进思维创新，努力使县委、县政府的思路转化为全县人民的自觉行动。认真落实中心组学习制度，组织县级、科级干部25人次到中央、省、市党校培训，组织广大干部学习党的十七届四中、五中全会精神和省、市领导的重要讲话以及县域经济知识，邀请省、市学者举办讲座4次，建设学习型机关、学习型党组。组织副县级以上干部到江苏省姜堰市考察工业经济、200多名机关干部到上海观摩世博会、上万群众到吉县、隰县、永和学习农业调产经验，用先进的理论影响广大干部群众的思维；扎实推进“爱树创”、“解放思想大讨论”工作，举办了首届桃花节、赛羊大会和山西印象石业开业，通过这些大型活动的举行，统一了思想认识，振奋了工作干劲，提升了大宁在外影响，为全年各项目标任务的完成营造出了良好的氛围。

强化组织保障。以创先争优活动开展为契机，大力加强干部队伍和基层党组织建设。健全干部综合考核评价体系，把年度目标责任细化量化，使考核结果更科学、更准确。结合县直单位机构改革，对12个部门的负责人进行了调整；采取“三推两票诀”、“两推一票决”、“三考两推一票决”的选人用人办法，选拔了3名正科级、11名事业单位副科级领导干部和1名女乡长人选、15名正科级干部人选。加强人才工作，编制了《大宁县2009—2020年人才发展规划》，采取公开招聘的办法，从村官中招聘公务员、事业单位人员6名。健全干部综合考核评价体系，把年度目标责任细化量化；继续深化“两定一查三评”制度，乡村两级党组织“两定”完成率达到98.6%。进一步完善县直党组织设置，完成了132个党总支、党支部的换届任务，建成了13个村级组织活动场所，全县84个行政村实现了活动场所全覆盖。

狠抓作风建设。以严肃整治大操大办借机敛财不正之风、狠刹机关干部玩乐享受之风、加强机关纪律作风为重点，不断加强对干部作风的整顿。采取了聘请监督员、举报奖励等措施，制止了6起违规宴请宾客行为；对国家公职人员上班时间在茶社、歌厅、洗浴中心、足疗室、美容院等休闲娱乐场所玩乐享受进行了明查暗访，共检查娱乐场所100多次，处分机关工作人员7人；下发了《关于进一步加强机关效能建设改进机关作风的通知》，推行了考勤、登记、问责等制度，共查处违纪干部11名。不断引深学习“右玉精神”活动，动员广大干部为群众办实事办好事，向群众献爱心、送温暖，各单位一年来累计向群众捐助资金达100多万元。

加强党风廉政建设。切实加强对党风廉政建设工作的领导，年初就把廉政目标责任分解落实到每位党政班子成员，具体到各个职能部门，做到了有部署、有安排、有检查。开通了领导干部廉政教育短信平台，举办了2次副科级以上领导干部警示教育。加大专项治理工作力度，对煤焦领域、重点工程建设实施了检查监督，查处违纪案件4起。狠抓了治理公路“三乱”、教育乱收费和减轻农民负担工作，不断引深农村党风廉政建设，群众利益得到有效维护。

二、全力推进经济社会发展

经济实力持续增强。2010年，全县生产总值完成4.47亿元，同比增长15.5%；规模以上工业增加值完成1.785亿元，同比增长19%；财政总收入完成3323万元，同比增长9.7%；一般预算收入达到2033万元，同比增长13%;城镇居民人均可支配收入达到9987元，同比增长12%；农民现金收入达到1368元，同比增长14.9%；社会消费品零售总额完成1.684亿元，同比增长16%；固定资产投资完成3.354亿元，同比增长30%。全县粮食总产量达到2600万公斤，同比增长42.9%。

工业经济平稳运行。山西印象石业公司年产180万平方米岗石、石英石项目一期工程已完成投资5500万元，建成了北方第一条岗石、石英石生产线。辰康生物科技公司年产100吨麦绿素项目完成投资5500万元，基建工程基本结束。佳源煤业有限责任公司和乡宁焦煤集团的兼并重组整合工作扎实推进，黄河化工有限责任公司和山西同德化工股份有限公司的重组整合工作有序进行，煤层气勘探工作全面展开。

“三农”工作稳步发展。2010年确定的6个新农村建设重点推进村全部完成了村庄绿化、街巷硬化、环境净化、路灯亮化，建起了文化科技服务中心、卫生所、便民店和休闲广场。全县新增经济林1.8万亩，人工种草2.58万亩，新增羊2.9万只，发展瓜菜大棚500栋。成功举办了首届桃花节和山西大宁首届赛羊大会，进一步对外宣传推介了我县经济林、种草养羊两大农业主导产业的优势和潜力。实施了坝系建设、沿黄提灌和农业综合开发项目工程，新建淤地坝12座，机修梯田800亩，土地平整1000余亩，水源井10眼，完成支渠1000米、斗渠3000米、防渗渠1.25万米。实施荒山造林3.1万亩，封山育林2.4万亩，义务植树18万株，绿化公路348公里，育苗3000亩。建设户用沼气池600个、村级沼气服务网点12个。引导性培训农民2100人，转移农村劳动力428人。

城建工程有序推进。完成了南山公园三期工程，在县城。修建了5个智能公厕，解决了群众上厕难的问题。建成了县医院门诊大楼和60套廉租住房。城关小学教学大楼、检察院综合办公大楼、宣传文化活动中心相继投入使用。垃圾处理场和污水处理厂按期完工，新增城市集中供热面积4 万平方米，城市功能逐步完善。东关通道续建工程已完成绿化、护坡石坝、人行道彩砖铺设和路灯安装；滨河路建设工程完成了地下管道和路面铺设。昕水河城区段河道治理工程全面启动，疾控中心综合办公大楼、大宁宾馆主体工程全部结束。县城控制性详细规划编制基本完成，城市建设将有规可依、有章可循。

民生得到有效改善。为225个自然村安装了4344套广播电视接收设备；新建村通水泥(油)路90.6公里；完成饮水安全工程66处，解决了10028口人、1901头大牲畜的饮水安全问题；完成了84个村级卫生室的建设任务；完成中小学校舍安全改造3.62万平方米，实现了“五个全覆盖”目标。全县中小学由60所撤并为36所，公开招聘特岗教师90名，全县有25名学生达到国家二本以上录取分数线。建成了13个村级组织活动场所，为基层开展党建工作提供了保障。新建了一个县级放心粮油配送中心、两个示范店和25个经销点。开发购买公益性岗位80个，新增城镇就业人员825人、城镇职工基本养老保险人员204人、农村养老保险2554人。新农合参合率达到90.39%，为农民报销医药费344.3万元。人口自然增长率控制在3.58‰。兑现粮食综合直补、退耕还林、农机具及家电下乡补贴资金1635万元。发放补助资金662万元。新建了徐家垛乡敬老院。发放城乡低保、城乡医疗救助、五保供养对象和贫困学生补助资金1126.58万元，实现了应保尽保。

社会安定局面良好。全面落实安全生产责任制，强化对重点行业的监管，确保了安全生产无事故。认真落实社会治安综合治理责任制，组织开展了社会治理整治行动，社会安全感满意度达到90%以上；严格执行县级领导定期接待制度，积极办理群众提出的意见和建议，把各种矛盾和纠纷化解到基层，消除在萌芽状态，全面实现了“三降一好转”目标。科技、文化、体育、旅游、环保、气象、档案等社会事业较快发展，公共安全保障和突发事件处置能力有所增强，精神文明和民主法制建设取得新的成绩。

（单红波　杨东明）

附：一、中共大宁县委书记、副书记、常委名单

书　记：张越轶

副书记：程明温　柳红兵（1月离职）　刘　奎

常　委：房蒲建　郑效锋（6月离职）
何卫青（12月离职）　焦宏文（6月任职）
解高民（6月离职）　李晓民（6月任职）
王好收　郝爱民（6月任职）

二、乡镇党委书记、副书记名单

昕水镇

书　记：白会宁

副书记：许华伟

曲峨镇

书　记：雷建鹏

副书记：张鹏华　房小平

太德乡

书　记：高宏旭

副书记：李　玮　刘原平

三多乡

书　记：冯小宁

副书记：景生平（4月离职）　李志刚

徐家垛乡

书　记：张新平

副书记：高广旭　李瑜平

太古乡

书　记：陈旭平（4月离职）

副书记：王建平　王对林

中共隰县县委工作概况

县委书记 王天郎

全县有党(工)委20个，党总支12个，党支部257个，党员5953名。2010年，县委坚持以邓小平理论和“三个代表”重要思想为指导，深入贯彻落实科学发展观和党的十七届四中、五中全会、省委九届十一次全会和市委二届八次全会精神，团结带领全县广大干部群众，解放思想，放胆前行，攻坚克难，苦干实干，强势推进“366”，加快建设新隰州，全县经济社会发展取得了丰硕成果，探索出一条贫困山区脱贫致富的新路子，开创了隰县转型跨越发展的新局面。

一、以项目建设和产业结构调整为重点，推动经济平稳较快发展

一是强势推进重点项目建设。坚持把项目建设作为加快发展的总抓手，连续两年开展“项目年”活动，每年实施60个重点项目，总投资近20个亿，是多年来实施项目最多、投资规模最大、发展变化最快的时期。投资2个亿、全长10公里的滨河路，两年工期8个月竣工，创造了临汾公路建设史上的“隰县速度”。滨河西路北段路基成形。滨河小区、鸿安世纪花园、堆金山森林公园、西街公园、水上乐园、隰州大桥、天天桥等一批市政建设工程竣工。北城新区规划的18个项目中，隰县一中、社会福利中心投入使用，法院审判大楼、护林防火中心主体竣工，文化馆、图书馆、龙泉广场、中医院、北城中学开工建设。重点项目年度目标完成率达到95%。

二是切实加强“三农”工作。按照“一县一业”、“一村一品”的调产思路，实施梨果富民工程，扩规模、搞示范、抓配套、重培训、育龙头。县四大班子领导、各乡镇书记、乡镇长带头建立高标准梨果示范园，全县梨果总面积增加到27.5万亩，总产量达到2亿斤，产值2亿元，仅此一项，农民人均收入2000元。新农村建设亮点纷呈，42个行政村基本实现了“四化四改”和“六个一”配套建设。全年完成各类农民技术培训5.35万人次。

三是积极培植新兴工业。加大招商引资力度，一批实力强、后劲大的工业项目落地生根。原梁家河煤矿由山西焦煤汾西矿业集团兼并重组，生产能力达90万吨，投产后每年可为县财政贡献1个亿；年产120万吨干法水泥项目一期工程建成并投入试生产；午城酒厂改制成功，新产品已批量上市；与中国企业500强之一的雨润集团签订了年屠宰加工200万头生猪产业化项目投资协议，一期投资3亿元，建设工期一年半，可安排农村劳动力2000多人，年产值15亿元，利税5000万；与中国企业500强之一的浙江盾安集团镁合金循环经济工业园项目正在积极洽谈之中。

四是加快发展商贸旅游等第三产业。编制完成了《隰县旅游发展总体规划》。晋西革命纪念馆落成开馆成为我省继太行山八路军纪念馆之后又一处大型红色旅游景点。小西天景区改扩建项目一期工程竣工，古典式石牌坊落成。毛主席东征路居纪念馆启动建设。以紫荆山景区、休闲农家乐为重点的绿色生态游开始规划实施。西山果品交易市场及万吨果品储藏库投入使用。金利华商务酒店投入运营。位于北城新区的弘圣凯四星级酒店、地下超市动工兴建。

五是大力改善城乡基础设施条件。坚持旧城改造与新城开发并举，城区面积由6.75平方公里扩大到12平方公里。连接滨河路和隰州大街的天天街、接官街、古城街全面贯通，“三纵五横”框架初步形成。完成了县城四条大街改造，硬化、绿化、亮化、净化、美化一步到位，连续两年荣获山西省十佳卫生县城。污水处理厂如期运行，垃圾填埋场、汽修美容城加紧建设。坚持城市建设与农村建设并举，全力实施农村“五个全覆盖”工程。“十一五”累计建成5440座沼气池和9000座农村卫生厕所，荣获全省农村改厕先进县。新建安全饮水工程44处，解决了5420口人、1070头大牲畜的饮水安全问题。实现村通广播电视全覆盖。新建和改扩建中小学校4万余平方米。乡镇卫生院改造全面完成，97个行政村都建起了卫生室。坚持生态建设与交通建设并举，完成了10.53万亩荒山造林、2000亩环城绿化和150公里通道绿化。对滨河路、堆金山森林公园、小西天、晋西革命纪念馆和隰州南大街等进行了高标准绿化。实施了农业综合开发、小流域治理、淤地坝建设等一批生态综合治理项目，全县森林覆盖率由“十五”期末的27.8%提高到32.8%。中南铁路、霍永高速在我县启动建设。午城一苗圃“三改二”、车家坡一永和界等公路竣工通车。全县乡村公路总里程达到650公里，比“十五”末增加近一倍。

二、切实加强党的建设，为转型跨越发展提供坚强保证

一是加强思想政治建设。以建设学习型机关为载体，加大干部的教育培训力度，不断推动干部思想转型。县委中心组每月组织一次集中学习，确定专人、专题辅导，系统学习了科学发展观理论、党的十七届五中全会、全省领导干部大会、省委九届十一次全会和市委二届八次全会精神，用科学理论武装头脑、指导实践、推进工作，全年集中学习12次。在“百日思想大解放”活动中，多次邀请国

家、省、市理论工作者来我县授课辅导。四大班子围绕经济社会发展的18个课题开展调研。组建了县委理论学习宣讲组，全年累计宣讲140余场次，听课人数达到1.7万人次。

二是加强领导班子和干部队伍建设。公开选拔了一批35岁以下的年轻干部到乡镇任职锻炼，平职交流117名，选拔科级干部115名，干部结构进一步优化，一大批思想解放、作风过硬、德才兼备、年富力强、敢于负责、勇于担当的干部走上了各级领导岗位，成为建设新隰县的主力军。县委制定出台了《进一步加强干部作风建设的意见》、《关于在全县实施干部工作讲评制度的通知》、《干部四项监督制度》，干部管理工作走上了制度化、规范化的轨道。

三是加强干部作风建设。严格实行四大班子领导包乡镇、包重点项目、包街道、包安全生产、包信访稳定、包廉政建设的"六包"责任制，实行年初建账、年中查账、年底交账的"三账"监督机制，确保了各项工作任务的落实。在重点项目实施过程中，四大班子领导坚持与包联项目"一月三约会"、"十天一碰头"，深入工程现场，督促指导、协调解决项目建设中的难题，有力地推动了重点项目建设。各级领导干部认真学习和大力弘扬右玉精神，以"五加二"、"白加黑"的工作热情，克难攻坚、苦干实干，为各项工作实现"满堂红"奠定了强有力的作风保障。

四是加强基层组织建设。坚持和完善基层党建第一责任人制度、"两定一查三评"制度和党员承诺评议制度，在全县推行了干部工作讲评、乡村干部记录民情日记和"四议两公开"工作法。投资190多万元，基本实现了村级组织活动场所和农村远程教育站点全覆盖。实行"一定三有"政策，为农村181名"两委"主干发放报酬并办理了养老保险。加强大学生村干部的管理和服务，为大学生村干部干事创业、带领群众致富创造良好条件。进一步加强机关和企事业单位党组织建设，全县289个党组织按期完成换届。全年新发展党员196人。在全国组织系统对组织工作的满意度大调查中，我县组织工作满意度在全市排名第一、全省排名第二。

五是加强党风廉政建设。坚持从学习教育入手，深入开展警示教育活动，组织全体党员干部认真学习《廉政准则》，收看警示教育片，进行廉政知识考试。健全完善落实责任制报告、述职述廉、民主生活会、廉政档案等各项廉洁从政制度，严格实行责任制考核。以在岗履职、执行制度、安全生产、作风纪律等为重点，集中开展了机关纪律作风检查和省委"五不准"、市委"四条禁令"专项检查，进一步提高了各级领导干部的自律意识和组织纪律观念。

（高　伟）

附：一、中共隰县县委书记、副书记、常委名单

书　记：王天郎

副书记：任天顺　赵志慧（6月任职）

常　委：亢大勇（6月任职）　贺崇伟　薛小平

任全祥　杨玉果（女，6月任职）

李　竞　卫再学

二、乡镇党委书记、副书记名单

龙泉镇

书　记：刘兰福（3月离职）　刘俊平（4月任职）

副书记：宋元元（4月离职）　王　辉（4月任职）

曹慧民（4月离职）　康印江（4月任职）

城南乡

书　记：吴红洲

副书记：任志明（4月离职）　卫建军（4月任职）

关新东（4月离职）　韩清萍（女，4月任职）

午城镇

书　记：韩贵生（3月离职）　任志明（4月任职）

副书记：贺宏鑫（4月离职）　刘利明（4月任职）

崔俊明（4月离职）　李力明（4月任职）

黄土镇

书　记：刘俊平（4月离职）　段兰虎（4月任职）

副书记：段兰虎（4月离职）　史勇辉（4月任职）

员海龙（4月离职）　郭全喜（4月任职）

下李乡

书　记：秦慧民（3月离职）　宋元元（4月任职）

副书记：翟红星（4月离职）　高永平（4月任职）

王　军（4月离职）　苏文龙（4月任职）

寨子乡

书　记：曹根元（4月离职）　任新生（4月任职）

副书记：任新生（4月离职）　王建勤（4月任职）

王文东（4月离职）　王　勇（4月任职）

阳头升乡

书　记：马建民（7月离职）　冯晶萍（女，7月任职）

副书记：卫建军（4月离职）　曹虎虎（4月任职）

贾跃明（4月离职）　王　东（4月任职）

陡坡乡

书　记：王志华（3月离职）　贺宏鑫（4月任职）

副书记：冯晶萍（女，7月离职）　苏大立（4月任职）

贾小龙（4月离职）　薛艳龙（4月任职）

中共永和县委工作概况

县委书记　郭行杰

全县有党（工）委8个，党组10个，党总支9个，党支部206个，党员4098名。2010年，县委坚持以科学发展观为指导，团结带领广大干部群众，坚定不移谋发展，奋力拼搏，经济社会各项事业实现了大改善、大发展、大跨越。

一是综合经济实力快速增长。2010年，地区生产总值完成4.6亿元，同比增长15.9%；全社会固定资产投资完成3.1亿元，同比增长69.8%；社会消费品零售总额完成2.4亿元，同比增长16.5%；财政收入完成2313万元，同比增长44.3%；城镇居民人均可支配收入达到10899元，同比增长14.7%；农民人均纯收入达到1690元，同比增长16.2%。主要经济指标均以两位数速度增长，超过全市目标任务，全社会固定资产投资增幅位居全市第一，财政收入增幅位居全市第三，全县经济社会步入跨越发展新阶段。

二是产业结构调整扎实推进。在主导产业发展上，按照“红枣抓管护提升品质、核桃抓栽植扩张规模”的思路，编制完成了《永和县经济林三年发展规划》，制定出台了《永和县经济林发展实施方案》，成立了经济林管理中心，健全了县、乡、村、户四级联动管护体系，完成红枣经济林科学管护200余万株，发展核桃经济林2.5万亩50余万株，荣获“全省经济林发展十强县”。特别是通过捆绑整合资金进入芝河源头生态精品农业园区，完成了一期工程——白家崖小流域综合治理精品工程，召开了全省水土保持精品工程建设现场会，荣获“全省水保工作红旗县”。在工业经济培育上，加强与北京中海沃邦能源投资有限公司合作，加大天然气资源勘探开发力度，完成了二维地震勘探和四口井钻探任务。积极引进风电项目，与国电洁能有限公司等3家企业签订了项目协议，目前正在进行风力测试。在旅游产业开发上，围绕“打造一馆一湾，建设一关一山”的旅游发展思路，编制完成了《永和县旅游发展三年执行计划》，启动了黄河蛇曲地质公园起步区建设工程，完成了望海寺文物旅游景点保护性修复。特别是红军东征永和纪念馆被列入全国红色旅游经典景区名录，以及反映永和关古渡口文化的长篇小说《大晋商》一书的编纂出版，进一步提升了我县旅游文化的知名度和影响力。

三是是重点工程项目成效显著。牢固树立“抓项目就是抓发展”的理念，深入开展争跑项目竞赛活动，健全完善项目推进机制，认真落实四大班子包联项目责任制，严格工程招投标和相关建设程序、制度，实行项目全程跟踪监管，确保了项目的健康顺利实施。全年安排100万元以上的重点工程项目30个，除药家湾中学建设工程为跨年度项目外，其余全部按期完工，完成投资3亿元。项目的数量、投资、规模、开工率、推进速度、质量效益，均创历史最好水平。在项目投资的带动下，全社会固定资产投资再创历史新高，增幅位居全市第一。

四是城乡基础设施明显改善。在县城建设上，围绕“生态县城、人文县城、宜居县城”的城市定位，投资7000余万元，重点实施了八大城建工程和五项整治行动。城南路的改造，实现了环城油路大循环；污水处理厂的投入运行，为恢复县城水体功能打下了良好基础。县城功能设施更加完善，面貌焕然一新。在新农村建设上，高标准完成了五个重点推进村的“绿化、硬化”工程，在全市检查评比中夺得流动红旗。在生态建设上，投资2000余万元，开展了以经济林建设、通道绿化、荒山绿化、城区绿化、新农村绿化为重点的“绿色行动”，完成绿化面积7.4万亩，栽植各类苗木200余万株，通道荒山绿化荣获国家三北局“优质工程”奖。在公路建设上，积极支持配合霍永高速公路建设。投资2370万元，完成了94.8公里村村通油路建设任务，79个行政村均实现了全覆盖。

五是社会和谐程度大幅提升。教育提质方面，认真落实《关于进一步加强教育工作的决定》，制定了《永和县教育三年发展目标》，实施完成了校安工程和药家湾中学主体工程，校安工程在全市考核中名列第一。全县中考达重高线27人，高考达线36人，创历史最好成绩，在全市“党政一把手教育工程”年终考核中获综合奖。医疗健康方面，进一步完善了县、乡、村三级卫生服务网络，启动并实施了基本公共卫生服务均等化项目，推进了县医院标准化建设，县中医院门诊住院楼建成并投入使用，新农合参合率达到95.8%。社会保障方面，认真落实创业就业各项优惠政策，开发公益性岗位92个，“4050”人员和“零就业家庭”就业问题得到了缓解；进一步扩大城乡低保覆盖面，加大社会救助力度，发放城乡低保金772万元、自然灾害救济金165万元、城乡医疗救助金190万元；续建完成3000平方米60套廉租住房。安全稳定方面，全面开展了安全生产专项整治，投资300余万元对112处安全隐患进行了整改；深入开展矛盾纠纷大调研、大排查、大化解活动，办理群众来信来访70件441人次，息诉罢访率达到95%；引深“平安永和”、“法治永和”创建活动，投资200余万元实施了城乡平安工程，社会治安综合治理水平进一步提高，人民群众安全感和满意度明显提升。

2010年，党建工作坚持以科学发展观为指导，抓培训、配班子、强基础、净风气，党建工作科学化水平不断提高。

一是进一步培训各级干部。县委将2010年确定为“干部教育提升年”，全方位、多层次、多渠道，大规模培训各级各类干部。在集中培训上，邀请了全国乡镇企业家培训中心顾品教授，省市知名专家教授授课8场次；在巡回培训上，组建宣讲团，深入全县7个乡镇、县直9个总支对十七届四中、五中全会以及农村“四议两公开”进行了巡回培训；在外出培训上，组织96名科级“一把手”和16名组工干部到清华大学、西安大学、江苏干部培训基地、上海世博会进行外出考察培训。在自主选学上，组织部门和教育系统试行了“网络在线学习”，配合市委组织部选调15名县级领导干部和10名科级干部参加了第14期县级领导干部和中青年干部培训班、自主选学、新任职县级干部培训班。一年来，县、乡、村三级共举办不同类型的培训班96场次，培训2.3万余人次。

二是进一步加强领导班子和干部队伍建设。在探索干部人事制度改革上，起草了《落实2010--2020年深化干部人事制度改革规划纲要的实施办法》，出台了《县委常委会任免干部票决办法》、全面实行县委常委会任免干部票决制度，对23名干部的任免进行了常委会票决。积极探索差额选拔干部方法，全程差额选拔了6名县乡团干。在加强干部作风上，采取传统三评和千分制考核办法，对全县领导班子、干部、党员进行了全面考核。采取听汇报、查资料、实地察看等办法，对全县7个乡镇、80个科级单位09年的目标责任落实情况进行了全面考核，营造了干部干事创业的浓厚氛围。在加强干部队伍的日常管理上，坚持把干部监督工作贯穿于培养教育、考核考察、选拔任用的各个环节，启动了《永和县中长期人才发展规划纲要》编撰工作，着力加强人才队伍建设。

三是进一步加强基层党组织建设。在基层党组织换届工作上，严把调查摸底、组织指导、组织推荐、选举程序、监督这“五关”，确保了97个基层党组织顺利完成换届选举任务。在深化“三项制度”建设上，把“双联”工资责任制作为统领“三项制度”的重要抓手。一年来，各级党组织为群众办实事好事3256件，受益群众29853人。健全完善了教育培训、激励保障和党内关爱三项机制，加大了农村活动场所建、管、用力度，推行“四议两公开”工作法。在加强大学生村干部管理上，坚持严格管理和关心爱护并重，对全县75名大学生村干部进行了督查，重点对18名聘期已满的大学生村干部进行了聘期考核鉴定。

四是进一步加强党风廉政建设。认真落实党风廉政建设责任制，深入推进以惩防体系为重点的制度建设。切实加大了对重点工程、项目的监督检查力度，确保了重大决策部署的贯彻落实。严格执行《廉政准则》，加强廉政教育，狠抓领导干部廉洁自律，深入开展纠风治乱、专项治理，扎实推进农村基层党风廉政建设。（田进全）

附：一、中共永和县委书记、副书记、常委名单

书　记：郭行杰

副书记：梁秀娟（女）　刘迎虎（6月任职）
　　　　陈征华（挂职）

常　委：马连青　刘迎虎（6月离职）
　　　　郭　波（6月任职）　张亚斌（4月离职）
　　　　任俊杰（6月任职）　苏文龙
　　　　任吉龙（4月离职）　白建成（7月任职）
　　　　李　刚（4月离职）　付景军（7月任职）

二、乡镇党委书记、副书记名单

芝河镇

书　记：贺福平

副书记：冯润元　段慧斌

桑壁镇

书　记：郭记平

副书记：段永林　段冬红

坡头乡

书　记：白永明

副书记：薛丽红（女）　李　勇

交口乡

书　记：韩永祥

副书记：王连锁　张海红

阁底乡

书　记：宋新亮

副书记：冯贵生　田永峰

打石腰乡

书　记：段奇文

副书记：李　雄　李彩宏

南庄乡

书　记：刘永胜

副书记：王　涛

中共运城市委工作概况

市委书记 高卫东

截至2010年12月31日，全市党的基层组织总数9619个，其中，党委393个，总支部443个，支部8783个，全市党员总数217232名，约占全市总人口的4.2%。其中当年发展6891名新党员。

2010年，在中共山西省委的坚强领导下，我市坚持以邓小平理论和“三个代表”重要思想为指导，以科学发展为主题，以转变经济发展方式为主线，认真贯彻党的十七大和十七届四中、五中全会精神，按照建设山西向东向西开放的大通道和桥头堡的新的战略定位，以推进干部人事制度改革、加强领导班子能力建设、夯实党的基层组织基础为重点；坚持标本兼治、综合治理、惩防并举、注重预防的方针，着力提高反腐倡廉建设科学化水平；着力推动理论武装、舆论引导、文明创建、文化强市，扎实推进创先争优活动；加强和创新社会管理，全力维护社会和谐稳定；统一战线多党合作和民族宗教工作卓有成效。各项事业都取得了优异的成绩，为省委提出的再造一个新山西的宏伟目标作出了运城的贡献。

一、进一步夯实党的组织基础，党组织的战斗堡垒作用和党员的先锋模范作用充分发挥

基层党组织建设进一步加强，在全省率先实现了村级组织活动场所和农村党员干部现代远程教育网络一体化建设全覆盖。全面落实“一定三有”制度。出台《建立健全农村党支部书记队伍建设五项工作机制》，年初组织农村党支部书记进行承诺，年底进行考核。大力加强非公经济组织、新社会组织建党工作。目前，全市非公有制经济组织和新社会组织中已建立党组织405个，选派党建指导员2251人，基本实现党的组织和党的工作全社会覆盖。加大社区党组织建设力度。初步建立了全市街道社区党建工作基础台账，城市基层区域化党建格局初步形成。全面推进基层党组织换届选举工作。全市任届期满的3737个基层党组织已全部换届。认真抓好住村帮扶工作。组织153个市直单位和1162个县直单位12842名干部深入农村，帮助农村制定规划1412个，提供帮扶资金462万元，结对帮扶2万余户，为群众办好事实事13665件。

党员管理教育工作不断加强，党员队伍进一步优化。2010年新发展的党员中，生产一线6835名，占99.2%；高中以上文化程度5755名，占83.5%；35岁以下5020名，占72.8%；妇女党员2049名，占29.7%；农村党员4515名，占65.5%。流动党员管理工作不断推进。全年通过流动党员引进项目59个，资金985.1万元，创办生产服务项目53个，创业带动就业人数3568人。扎实开展党员教育培训。制定《运城市2010—2013年党员教育培训工作实施办法》，在市委党校举办了两期示范培训班，培训农村党组织书记343名，先后两次组织全市39名农村党组织书记代表外出学习。

党员发展工作有序推进。今年以来，我们严格标准，突出农村党员发展这个重点，有序推进党员发展工作，取得了一定成效。继续强化会审制。通过实行会审制度，进一步优化了党员队伍结构，确保了新发展党员的质量。继续推广发展党员公示制，突出公示年度计划、党员标准、发展程序、发展对象的基本情况和群众反映问题的调查核实情况等五项重点内容，进一步扩大了党员、群众对发展党员工作的知情权、参与权和监督权。健全和落实发展党员工作责任追究制。各级党组织分层次建立发展党员工作责任制，明确目标，强化措施，责任到人，形成了市、县、乡、村四级联动，一级抓一级，一级带一级，一级向一级负责的工作格局。进一步加强农村发展党员工作。制定出台了《关于实施农村发展党员“382”工程的意见》，通过实施“382”工程，使全市农村党员队伍数量上进一步壮大，结构上进一步改善，质量上进一步提高，作用上进一步增强。

二、学习实践活动成果进一步巩固，创先争优活动不断深入

按照中央、省委的统一部署，我们在认真组织开展第二批学习实践活动整改落实和第三批学习实践活动的基础上，采取得力措施，深入开展了创先争优活动，推动全市党的建设工作不断迈上新台阶。

扎实开展第三批学习实践科学发展观活动。坚持以“热爱运城，共谋发展”为主题，更加注重分类指导、更加注重强化基层、更加注重统筹协调、更加注重取得实效，精心组织开展了第三批学习实践活动。一是抓好整改，教育引导全市党员干部牢固树立“四宽”意识，并通过建立解决突出问题和为群众办实事好事汇报、公告、通报三项制度，解决了一大批影响群众生产生活的突出问题。二是举办活动，通过开展“热爱运城，共谋发展”党员群众大签名及送春联到基层活动，进一步在全市巩固形成“热爱运城，共谋发展”的共识。三是整顿提高，对第三批活动中省委确定的3个难点村和市委确定的482个重点村，认真进行整顿，省、市确定的重点、难点村的面貌都有了明显变化。四是形成机制，对第二、三批科学发展观活动开展情况进行系统总结，形成了理论成果、制度成果，实现了

党员干部受教育、科学发展上水平、人民群众得实惠的目标。

创先争优活动成效显著。巩固、拓展和承接学习实践活动成果，市委明确提出以“放胆争先、奋勇跨越”为主题，在全市范围广泛深入地开展了创先争优活动。围绕全市转型跨越发展的中心任务，以全员承诺为抓手，创新实施了以“三种承诺主体、三类承诺内容、三个承诺步骤、三项督促措施、三种检验办法、三种结果运用”为主要内容的“六三”承诺工作机制，实行全员承诺，不断把活动引向深入。通过加强领导，上下齐抓共管；选树先进典型，发挥示范效应；立足岗位争创，实行分类指导，形成了紧扣跨越发展、立足本职争创、党内带动社会、典型引领示范的生动局面。中组部副部长、中央创先争优活动领导小组成员兼办公室主任王秦丰，省委常委、组织部长汤涛等领导来运调研时，对我市的创先争优活动给予了充分肯定。

三、深入推进干部人事制度改革，选人用人公信度和群众满意度不断攀升

深入贯彻中央《2010—2020年深化干部人事制度改革规划纲要》及省委《实施意见》，积极稳妥推进改革，不断提高选人用人公信度和群众满意度，使全市业已形成的公平公正、风清气正用人局面得到进一步巩固。

干部选拔任用提名工作取得成功经验。作为全省“规范干部选拔任用提名制度”试点市，在认真总结经验的基础上，出台了《运城市市管党政领导干部选拔任用提名办法（试行）》，形成了明确提名主体，区分三类情形，进行全程纪实，严格责任追究，加强信息公开的干部选拔任用提名工作办法，走出了一条主体清晰、程序科学、责任明确的干部选任提名新路子。中组部《组工信息》、《党建研究》，新华社《内参选编》，《人民日报》和《中国人事报》先后登载了我们的做法、经验和理论成果，多家主流门户网站予以转载。省外已有多家市级组织部门通过来人、来函等形式，具体了解我们的做法。在省委组织部2010年创新项目评审中，我市干部选拔任用提名制度被作为第一个推介项目在全省交流推广。同时，竞争性选拔干部力度不断增强，县一级常委会任免干部票决制全面推开，干部交流力度进一步加大，从基层一线选拔干部制度进一步完善，干部工作信息公开力度进一步加大。

促进科学发展的领导班子和领导干部考核评价体系基本建立。制定了《运城市2010年目标责任考核指标及任务分解》，将年度目标责任的考核、党风廉政建设考核、领导班子和领导干部考核及其它各种考核项目有机结合，形成了“导向明确、结构合理、重点突出、监督严格、结果公正、奖惩有力”的科学考核机制。强化考核结果的运用，为考察评价干部和调整领导班子提供了重要依据，有效发挥了考核工作“指挥棒”、“风向标”、“助力器”的作用。

事业单位分类改革工作扎实开展。根据《深化干部人事制度改革规划纲要》的要求，按照政事分开、事企分开和管办分离的原则，积极稳妥对不同类别事业单位进行改革，并及时研究解决改革中的突出矛盾，确保了改革工作的平稳有序。

四、积极探索干部教育培训新途径，各级领导班子和领导干部推进转型跨越发展的能力不断提升，廉洁自律意识不断增强

按照中央关于“继续大规模培训干部、大幅度提高干部素质”的要求，结合实际，进一步解放思想，全面筹划，积极探索教育培训的新途径，有力提高了各级领导班子和领导干部领导推动科学发展的能力。

健全完善考核评估机制，出台《运城市市管干部考察对象理论素养和学习能力考核暂行办法》，把学习纳入干部考核内容体系，采取百分制量化考核方式，进一步加大对领导干部的考学力度。加大主体班次培训力度。依托市委党校，全年共举办县处级领导干部轮训班2期，培训县处级干部136名，使全市任前未达到“五年三个月”培训要求的县处级干部，全部在提任后一年内完成了补训任务；举办中青年干部培训班4期，培训副处级后备干部302名，实现了全市484名副县处级后备干部培训全覆盖。创办“河东大讲堂”，邀请国内外知名专家学者，举办了8场讲座，累计培训干部9600余人次。大力推进自主选学。在充分发挥党校（行政学院）主渠道、主阵地作用的同时，加强与西安交通大学、北京师范大学等重点高校培训基地的联系，并与延安干部学院、清华大学、苏州市委党校达成了建设我市省外干部教育培训基地的初步意向。同时，在全市建立了12个干部教育实践基地，加强实践教育。共组织党员干部赴教育实践基地进行直观、生动的教育培训和参观学习1200余人次。整合教学资源，统筹精品课程，初步建立了以培训需求为导向的培训内容更新体系。

继续全力打造廉政警示教育基地这一“品牌工程”，不断对其内容、形式、机制等予以丰富和完善，促使其效果更直接、更生动、更震撼、更深刻。从机关干部到“六个延伸”，教育的范围更“广”。我们将教育面从机关干部，逐步延伸到全市所有共产党员和公职人员、农村主干、党校学员、民主人士以及受处分人员等6个方面，实现了廉政教育的全覆盖。从有形阵地到虚拟网络，教育的载体更“新”。积极开辟网上警示教育新阵地，组建起了百人反腐倡廉网络评论员队伍，针对网上热点话题，参与讨论，发表网评，使互联网成为我们开展教育、端正导向、营造氛围的又一重要平台。从生硬灌输到互动启发，教育的方式更“活”。不断完善“看图、观影、咏歌、宣誓、读书、省身、谈心、写悟、答题、践行”的十部曲互动流程，促使警示教育入脑入心。坚持每半年对教育内容全面更新一次，先后更换版面380个，拍摄电教片8部，组织撰写心得体会25.6万篇；专门设立了“廉政基金”，募集捐款221万元，用以奖励和资助那些安贫乐道、坚守清廉的党员干部，推动形成“崇廉耻贪”的社会导向。从纪律约束到责任考核，

教育的机制更“严”。在严格落实“不准请假、不准代替”等纪律要求的基础上，将警示教育情况纳入党风廉政建设责任制的考核范畴，作为全市精神文明先进评选的一项重要指标，从而使警示教育由“软任务”变成“硬指标”。

五、加速实施人才强市战略，多党合作和统一战线工作实现新的发展

围绕服务运城转型跨越发展，继续加大人才引进力度，营造关心支持人才发展的浓厚氛围，吸引凝聚了更多人才关心支持运城经济发展。

开展“热爱家乡，共谋发展”运城籍在外杰出人才评选活动，在全社会营造了热爱家乡、服务家乡的浓厚氛围。加大人才引进力度，畅通“绿色通道”，全年共引进90名高学历及紧缺人才。加大柔性引才引智力度，在运城市第十届产学研合作与交流洽谈会期间，邀请中科院北京分院副院长欧龙新带队的中科院专家团一行6人，实地考察了闻喜银光镁业集团，并就企业可持续发展提出了科学化、合理化的建议。

有序推进党委联系专家工作。颁布实施《运城市中长期人才发展规划纲要》。评选表彰了第三批河东科教英才、第六批市级拔尖人才、第三批农村实用拔尖人才，进一步调动和激发了各类人才服务运城发展的热情，在全市营造了更为浓厚的“尊重劳动、尊重知识、尊重人才、尊重创造”社会氛围。

以“热爱运城、共谋发展，我为运城添光彩”系列活动为载体，进一步推动了多党合作和政治协商制度化、规范化、程序化建设，充分发挥了民主党派参政议政、民主监督、社会服务的作用。一是组织了政府工作报告征求意见座谈会、全市干部人事调整工作通报会等，为民主党派参政议政和知情出力提供条件。二是对十三个县（市、区）的党外干部安排使用情况进行了专项督察，经过督查，各县（市、区）普遍加大了党外干部的安排使用力度，在2010年干部调整中，市县两级先后调整安排了13 名党外处级干部和60 名党外科级干部。三是组织50余名民主党派成员和其他统一战线成员对全市重点建设工程进行视察。四是协调市检察院、市教育局、市监察局、市审计局、市国土资源局、市国税局、市地税局等8部门，联合完善了特约人员考核办法。五是协调市政府办公厅共同确定了6个市政府关注的课题，由5个民主党派市委认领课题，开展深度调研，积极为全市科学发展献计出力，同时协助民建省委在运城开展了山西装备制造业课题的调研。六是协助5个民主党派市委确定长期的社会服务基地。民进市委会率先把运城中农乐果业合作社确定为科技支农基地，深入临猗、万荣、新绛、绛县、稷山、平陆、芮城等果业集中县，举办2000余场次技术科技服务，预计给果农增收2亿元，受益群众达10余万人。

六、以维护群众利益为根本，进一步解决人民群众反映强烈的突出问题，民族宗教等对社会和谐稳定的积极作用不断提升

坚持下大力气解决损害群众利益的突出问题，努力化解社会矛盾、维护群众权益、保障和谐秩序。

深化农廉工作，着力保障基层稳定。突出网络公开内容的全面性，将县、乡、村三级以及16个重点涉农部门确定为信息公开主体，统一确定了强农惠农政策落实情况、农村财务收支及债权债务等6方面71项13万条公开内容，形成了一个涉农信息的“集散地”和“大超市”。突出网络公开程序的真实性，坚持对公开内容分级审核、层层把关，对于村务公开内容，经各村委主任审核签字后上报乡（镇、办），经土地、财政、计生等站所进行对口审查、核对无误并签字盖章后，由乡（镇、办）统一报县（市、区）再审后予以网络公开；对于县级涉农单位公开内容，也必须经备案审检后方可上网。突出网络公开监管的严肃性，在阳光农廉网上开设投诉栏，共受理网上投诉举报828个，督办解决771个；组织农民群众与涉农单位、乡镇主要领导进行网络视频通话达4300余人次，有效解决了百姓“见官难”的问题。突出网络公开保障的实效性，出台了《关于进一步加强“阳光农廉网”建设的实施意见》，成立市、县、乡三级阳光农廉网监管（服务）中心，按3—6人核定编制，主任由同级农经管理中心主任担任，其中乡级农经管理中心主任担任同级纪委副书记；办公经费和人员工资按市县两级每年不少于10万元、乡级每年3—5万元标准，全额纳入财政预算；建立信息报送审核、群众咨询反馈等9项制度，确保阳光农廉网规范有序运行。全市关于农村党员干部的信访量同比下降了39.05%。

深化纠风治乱，着力维护群众利益。严格治理公路“三乱”，查处典型案例13起62人；认真开展强农惠农资金专项清理和检查，涉及金额43.5亿元，占全市涉农资金总量的58%，从中发现截留挪用、虚报冒领1.4亿元，并对这些问题进行了严肃整改和责任追究；进一步规范网上药品集中采购工作，全市33家公立医疗机构共采购挂网药品1.6亿元，药价降幅达32%；加强政风行风建设，将评议范围延伸到52个部门和41个重点基层站所，创新采取机读卡形式，增强了行评结果的科学性和准确性，充分发挥《监督热线》节目的特殊作用，督办解决群众反映问题526个。

民族宗教是当前影响社会和谐稳定工作的一大重要因素，我们从两方面着手，切实加强了民族宗教工作。一是着眼于引导帮扶。在民族工作上，积极支持民族企业发展，争取少数民族特需用品定点企业国家资助资金，使全市9家少数民族定点企业享受国家贴息资金1000余万元,有力支持了民族企业的发展。同时，积极向上级有关部门为6个少数民族聚居村争取到打井、修路、建校等专项发展资金100余万元，改善了少数民族人民群众的生产生活条件，促进了少数民族聚居村新农村建设。在宗教工作方面，重点加强

了伊斯兰教、基督教和天主教的工作，妥善应对了“7·5”事件和临汾“9·13”事件，保持了伊斯兰教和基督教的和谐稳定。圆满完成了天主教主教“祝圣”工作。同时，对农村宗教状况进行了一次专题调研，形成了专题报告。对329个农村宗教工作重点村的党支部书记进行了培训，解决了农村基层干部和党组织对宗教工作“不想管、不会管、不敢管”的状况，进一步提升了基层党组织管理宗教的能力。二是着眼于培养教育。积极协助市民族宗教局组成专家教授巡回辅导团，对各宗教团体负责人、教职人员、信教群众代表进行大范围培训，重点培养中青年代表人士。以宗教“双五好”评选活动和“和谐寺观教堂”创建活动为抓手，发挥典型示范带动作用，着力在宗教界树立一批“五好场所”和“五好个人”。目前，已在全市评选出各类“五好场所”65处，“五好个人”130名。

七、切实加强作风建设，在政法部门开展“两整”活动，进一步密切党同人民群众的血肉联系

大力弘扬党的优良作风，下大力气整顿党政机关和领导干部作风方面的突出问题，努力以优良党风促政风带民风，形成凝聚党心民心的强大力量。加大治懒治庸力度，弘扬干事创业之风。针对全市解放思想大讨论活动中揭摆出的部分干部作风漂浮、不思进取以及“干和不干一个样、干多干少一个样”等突出问题，积极创建年度重要工作目标任务考核机制。加大治虚治散力度，弘扬勤政务实之风。全面引深学习弘扬“右玉精神”和学习贯彻《廉政准则》活动，切实将学习效果体现在干部作风的大转变、大提升上。充分利用河东文化资源优势，举办“弘扬右玉精神、转变工作作风、推动跨越发展”主题演讲赛，在市主要新闻媒体开办了“右玉精神为标尺、争先创优谋发展”专栏。以右玉精神为鉴，重新挖掘运城关公文化“忠、仁、义、勇”的时代内涵，号召广大党员干部重铸忠仁义勇之魂，塑造鲜明运城精神，夯实促进全市经济社会发展的重要精神根基。加大治奢治乱力度，弘扬崇廉尚俭之风。大力整治虚干懒惰、玩乐享受、乱讲闲话和不作为、慢作为、乱作为等不正之风。狠刹玩乐享受歪风，使机关干部玩乐享受之风得到明显遏制。在全市各级中小学校开展了“小手拉大手、制止奢侈风”活动，让文明节俭过生日成为学生和家长的自觉行动；严肃查处大操大办典型案件30件；狠刹公款消费歪风，严格控制领导干部出国（境）程序、人数和规模；查处违规使用公车21辆，取消所属单位年度文明和谐和政风行风等评先资格；督促各单位严格执行公务接待标准，全市公务接待费用同比减少425.1万元；狠刹违规履职歪风，针对“在职不在岗、在岗不履职”问题，开展明察暗访79次，处理456人，全市关于行政不作为、慢作为、乱作为的举报投诉同比减少了19.1%。

以查处干警违法违纪案件为重点，深入开展政法队伍大整顿。广开案源渠道，动真碰硬查案，开展警示教育，认真建章立制。全市共查处干警违纪违法案件242案325人，给予党纪处分96人，其中党内警告40人、严重警告46人、撤销党内职务2人、留党查看6人；给予政纪处分117人，其中行政警告49人、记过25人、记大过15人、降级9人、撤职15；辞退协警、临时人员54人；移送司法机关处理47人；给予免职、调离等处分的7人。查处干警违法违纪案件不论是数量还是质量都是多年来所没有的，不仅在政法系统产生了震动，而且在社会各界和人民群众中产生了强烈反响。

以“打黑除恶”为重点，深入开展社会治安大整治。宣传发动，排查摸底；分类实施，打击整治；明确重点村，重点整治。全市共抽调6500余名干警，包村入户，排查矛盾纠纷。市、县政法部门还设置了举报箱，公布了举报电话和电子邮箱。全市悬挂宣传横幅8000多条，张贴通告7万多份，同时还通过电视、电台、报纸、农村广播、围拢、黑板报等形式，广泛发动群众，在全市营造了浓厚的整治氛围。同时还组织暗访组，深入全市146个乡（镇）、730个农村、社区进行了暗访。全年共接受群众举报和反映问题1458件，已办结1359件，办结率达96.6%，全市社会治安大整治工作取得了阶段性成效，全市社会矛盾初步清仓见底。

八、典型示范，扎实开展公民道德教育实践活动

开展了建市10周年“十大功臣、功勋企业”评选活动和全市首届道德模范评选活动。在基层，组织开展了“讲道德、做好人”、“我推荐、我评议身边好人”、“国学经典诵读”、“讲文明、树新风、争做文明运城人”等道德实践活动。临猗县“苹果大王”王万保、万荣县孝敬公婆扶养3个孩子的好媳妇范连芳荣获山西省道德模范荣誉称号，闻喜县义务照料残疾人老党员赵兰英、夏县冰湖救人好青年石俊平荣获山西省道德模范提名奖。公民道德教育实践活动的开展，提高了市民文明素质，倡导了文明风尚。

继续加强农村精神文明建设，突出“文明”和“生态”两个重点，开展“四改”、“四化”工程，涌现出盐湖、永济、垣曲、稷山等新农村建设先进典型。创建省级文明和谐乡镇7个，省级文明和谐村22个，市级文明和谐乡镇29个，市级文明和谐村88个。确定和实施了25个省级文明和谐单位和新农村结对帮扶。有4个省级“结对帮扶”先进单位获省文明办表彰。继续引深创建文明和谐行业、单位工作，在党政机关开展“做人民满意公务员”活动，在窗口行业开展优质服务竞赛，电力、移动、气象、工商、公路、消防、地税等7个系统被评为市级文明和谐行业；创建省级文明和谐单位及标兵76个，市级文明和谐单位及标兵181个。实施了文明交通行动计划，为经济社会发展和人民群众工作生活创造了安全畅通、文明和谐的交通环境。

广泛开展了“我们的节日”主题活动，挖掘文化内涵，创新了形式载体。广泛开展了“爱国歌曲大家唱”等活动，社区、厂矿、院校、村镇组织的各种歌咏比赛、演唱会，唱响了共产党好、社会主义好、改革开放好的时代主旋律。

"四下乡"、"四进社区"做到了常下乡、常进社区，群众性文化活动日益丰富，活动质量不断提高。

九、加大投入，进一步完善公共文化服务体系建设

争取黄河文化博物馆项目资金950万元，项目主体工程已经封顶。争取国家、省公共文化设施建设资金3030万元，完成了盐湖、万荣两个县级图书馆的建设和配套，40个乡镇综合文化站、348个农家书屋的建设项目。为1400个村级文化活动室配备了卡拉OK点歌系统，为8个社区文化活动中心和11个社区文化活动室配备了活动器材和图书。增加了3 辆流动图书车。投资2500余万元，实现了1255个自然村广播电视盲村的"村村通"任务。在此基础上，利用公共文化服务设施举办了书画、棋牌、鼓乐、秧歌、读书等形式多样的基层文化活动，提高了文化设施的利用率。同时，积极推进送戏下乡等文化惠民工程，推进了基层公共文化服务的均等化、常态化。我市新绛县荣获山西省文化建设先进县称号。

创作生产了一大批具有时代感、高格调、高品位的文艺佳作。绛州鼓乐舞台剧《杨门女将》在人民大会堂首演成功引起轰动，稷山高台花鼓在第二届中国秧歌节展演中荣获"最佳风采奖"，绛州鼓乐《牛斗虎》、"关公文化节"分别获得第十五届"群星奖"。文学作品《中国基层选举报告》、《108道弯》、《汉阳选》等获赵树理文学奖。万荣笑话剧《闷娃村长》荣获"中华颂"全国小戏小品曲艺大赛剧本二等奖。蒲剧《山村母亲》应中国戏曲现代戏研究所特邀在长安大剧院和北大演出，撂红北京。市文化艺术学校在全国戏剧"小梅花"大赛中再摘三朵"小梅花"。拍摄了全国首部打击传销的电影《黑梦》和反映农村基层教育、农民自导自演的电影《河东师情》。电影《李家大院》的摄制工作已经完成，即将发行放映。电视剧《荣河镇的男人们》顺利开拍，并被省确定为重点剧目和建党90周年献礼剧目。戏剧《生命》、广播剧《黄显贵与唱不来》、歌曲《这里最早叫中国》、《迎春的锣鼓敲起来》等四件作品获全省第九届精神文明"五个一工程"优秀作品奖。全市精神文明"五个一工程"评出五类42件优秀作品，充分显示了我市文化工作者紧跟时代、关注社会、心系民生的情怀。

组织了中国运城第21届国际关公文化旅游节暨建市十周年、中国芮城永乐宫第三届国际书画艺术节、舜帝文化节、后土文化节、五老峰登山节等重大文化活动。关公文化旅游节由省委宣传部与运城市委市政府共同主办，规格高、规模大，亮点多、影响远。关公文化旅游节暨建市十周年开幕式文艺晚会、关帝"金秋大祭"、非物质文化遗产展示、历代关帝圣像国宝文物展、纪念关公诞辰1850周年全球华人征联大赛、招商引资文化旅游推介暨项目洽谈会、关帝圣像落成揭彩等系列活动内容丰富，异彩纷呈。中国芮城永乐宫第三届国际书画艺术节作品多、规模大，展出作品6480幅，芮城成为山西首家"中国书法之乡"。世界情侣月"情定西厢"活动，来自全国各地和国外的99对新人牵手西厢，领略河东秀美山水，尽享温馨浪漫爱情。同时，狠抓"楹联普及年"活动，楹联文化教育已走进200所学校，永济三中、芮城南街小学被确定为中国楹联文化教育基地，盐湖区被授予"中国楹联文化区"。

正式启动"关公信俗"申报世界级非物质文化遗产工作，中央电视台摄制了关公信俗申报专题片，关公信俗作为我省唯一申报世界级非物质文化遗产的项目，标志着我市非遗保护工作跃上了一个新台阶。永济背冰、绛州剔犀技艺、万荣花鼓、稷山高台花鼓、稷山传统面点制作技艺入选"第三批国家级非物质文化遗产名录"。稷山螺钿、绛州澄泥砚、关公信俗、绛州鼓乐、闻喜花馍"五大非遗"项目参加世博会山西文化活动周受到广泛赞誉。芮城线腔、万荣锣鼓杂戏参加山西省珍稀剧调演分获"演出奖"。万荣笑话博览园被命名为山西省非物质文化遗产专题博物馆。完成郭村泰山庙、古垛后土庙、景云宫玉皇殿、龙香关帝庙、司马光墓五处项目维修。申报"十二五"文物保护项目284 个，其中国保项目80项、博物馆项目48项、省保项目77 项，展示了运城独具特色的文化品位和精神高度。

十、文化体制改革不断深化，文化产业取得长足进展

调整加强了市文化体制改革和文化产业发展领导组机构，先后组织领导组成员单位分赴文化体制改革先行市晋城、太原、合肥、芜湖等地考察，学习当地好的做法和经验，查找自身的问题和不足，使大家破解了难题，增强了信心。市里先后召开了电影公司改革和文艺院团改革座谈会，并对各县（市、区）改革进展情况进行了认真的督导检查。截至12月底，全市电影公司、文艺院团改革任务已基本完成。14个电影公司建立现代企业制度，优化资产和职工队伍，积极推选企业化经营，倡导实施全员聘用制和绩效工资制，利用电影公司的基础设施和优势位置，开展丰富多彩的文化演出、商业展销、房产出租等多种经营活动，不断扩大改革成效，14个电影公司已全部转制为国有独资的文化企业，登记注册和人员身份置换正在办理中。市级3个文艺院团和13个县级文艺院团精心谋划，积极运作，稳步推进，对院团实行企业化管理和法人治理。县级院团分别改为戏剧研究中心、戏剧培训中心和戏剧艺术研究所，并另行注册登记新的公司化院团，实行企业化管理，现已基本完成转企改制。

全市抓重点，搭平台，建园区，有力地推动了文化产业的发展。抓重点，实施文化产业发展"五个一工程"。制定出台了《关于组织实施文化产业发展"五个一工程"的意见》，把"一策一业一品一节一剧""五个一工程"的实施列入年终工作考评，推进综合评比奖励。市、县两级制定出台了"十二五"时期文化产业发展规划纲要，确立了15个重点文化产业发展项目、16个重点文化产品、14个文化节庆活动和17个影视文艺精品剧目。市级研究制定了

《运城市“十二五”时期文化产业发展规划纲要》，确定了重点实施运城关公文化产业园项目，精心培育宇达青铜工艺和本命年文化创意产品，着力提升关公文化节庆品牌，培育打造电影《李家大院》、蒲剧《山村母亲》、鼓乐剧《杨门女将》等一批演艺剧目。搭平台，组织文化产业系列展示活动。在深圳文博会上，我市组织了7家文化企业近20名企业精英参会，9大知名文化品牌上百种产品参展，签订合作意向协议6项，计4.13亿元。在文博会组织的中国工艺美术精品奖评选活动中，绛州澄泥砚和宇达青铜艺术品，荣获一金三铜的好成绩。在杭州工艺美术国际艺术精品博览会上，关圣绒绣研究中心的《关公作战前夕》获唯一金奖，宇达《家有良猴》获银奖。建园区，提升文化产业发展实力。重点规划、建设以武圣“三祖”为主的关公文化产业园区；以面粉厂旧房改造为主的文化创意产业孵化园；以青铜雕塑创意、设计、展示、交易和配套生产为主的青铜文化产业园区；以凯达、英发、华鹏、鸿运等彩印包装企业为主的盐湖彩印基地；以笑话演艺、展示、产品开发为主的万荣笑话博览园；以生态观光、水上游乐、度假健身等为一体的芮城圣天湖景区；以文化博览、绛砚绛贴、工艺美术等为一体的绛州文化产业园。构建具有根祖文化特色的文化名城和“一山（中条山）一水（黄河）”两条文化产业带，实现经济快速转型，促进经济平稳持续较快发展。据统计，2010年全市文化产业增加值占GDP的比重有望突破3.5%。

社会文化环境进一步净化，积极组织开展扫黄打非斗争。组织出动执法人员750余人次，开展了“两会”和重大节日期间全市出版物市场集中整顿、校园周边出版物市场整顿、“反盗版百日行动”和“打游商、查大案、破网络”等专项治理，共查缴各类非法出版物2万余册（盘），其中书刊1.5万册，盗版软件2000余盘，政治性非法出版物800余册，确保了文化市场健康繁荣。

十一、加强和创新社会管理，切实维护良好社会秩序

深入推进社会矛盾化解工作，努力消除社会不稳定因素。狠抓矛盾纠纷排查调处。一是重点预防工程建设领域在征地拆迁、土地补偿以及农民工工资等方面存在的问题。二是积极预防化解校园及周边存在的安全隐患。三是认真开展重要时期和敏感节点矛盾纠纷排查专项行动。全年共排查种类较大矛盾纠纷1261起，调处1196起，调处率为95%，全市司法调解组织共调解民间纠纷22194起，防止民间纠纷转化为刑事案件57起。着力化解涉法涉诉信访案件。由政法委牵头开展了信访积案大会战和“百万案件评查”活动，一是化解老矛盾，二是努力减少新矛盾，三是依法终结缠访案件，截止12月末，全市共受理1235起涉法涉诉信访案件，办结1057起，办结率为85.6%。

深入推进社会管理创新，维护良好社会秩序。一是加强流动人口服务管理，积极探索“以证管人、以房管人、以业管人”的暂住房人口服务管理新模式。二是强化特殊人群管理，进一步强化社区服刑人员管理，实行社区矫正“四必访、五清楚”和“定专人”制度，四必访即：新接受的矫正对象要走访、遇有特殊情况要走访、家庭出现变故生活困难要走访、重大节假日要走访；五清楚即：矫正对象前科、家庭状况、婚姻状况、收入情况和社会关系要清楚；定专人即：公安、法院、检察院、司法局确定专人负责协调、联络，做到有人管、不脱节。全市全年共接受社区服刑人员2410人，经过教育、感化、改造共有1187名服刑期满解除矫正，重新犯罪率不到千分之一。进一步加强刑满释放人员管理，认真落实安置帮教责任制，深入实施“面对面”衔接管理机制和“三定四包五必访”制度，积极探索建立监狱、劳教、司法所和家庭、单位、社区的衔接机制，全面启动安置帮教工作管理软件，进一步提高了安置帮教工作水平。全年面对面衔接128人，接受刑满解教人员762人，帮教率100%，安置率90%。三是强化虚拟社会管控，加强网上巡查力度和对互联网的管理。四是加强治安重点地区整治工作，建立了三个重点、三个结合、三个依托工作体系，形成联勤联动、联调联治工作机制。三个重点即围绕重点地区、重点人群、重点治安问题开展排查；三个结合即日常排查与集中排查相结合、全面排查与部分排查相结合、公开排查与暗访相结合。三个依托即：依托市、县、乡、村五级综治网络、依托综治成员单位、依托人民群众。共排查出治安重点地区131个，通过整治验收87个。五是加强民爆物品安全管理。六是加强校园及周边安全管理。七是加强交通安全管理和消防安全管理。

深入推进公正廉洁执法，努力维护社会公平正义。市县两级政法部门针对群众反映问题较多的取保候审、缓刑、假释、判刑案件的办理、经济诈骗案件的办理等，制定出台相关规定，确保监督到位，防止和减少问题的发生。各级法院大力推行阳光司法；检察机关执行严持办案程序、严格证据审查、严格办案责任、严格责任追究的“四个严格”规定；各级公安机关广泛开展执法巡查、创建执法示范单位、网上案例点评等活动，大力推行执法“三回告、三告知、三公开”制度；司法系统进一步健全完善法律服务“一案一卡”动态监管机制。

（刘辽垣）

附：中共运城市委书记、副书记、常委名单

书　记：高卫东

副书记：王安庞　董鹏翔

常　委：王殿民　张建喜　赵建平　董一兵　陈振亮　王蕾（女）　刘哲凝　崔克信　于波

中共运城市盐湖区委工作概况

区委书记　李润山

2010年，在市委、市政府的正确领导下，区委团结带领全区65万人民，以科学发展观为指导，全面贯彻落实党的十七大和十七届四中、五中全会精神，认真落实党风廉政建设责任制，按照袁纯清书记的“把运城建成山西向东向西开放的桥头堡和大通道”的科学定位，紧紧围绕市委、市政府提出的“建设盐湖区经济发展较快集中区域”的战略要求，全面审视区情，大胆创新思路，转变发展方式，创新激励机制，全区经济社会发展取得了显著成效。

一、审视区情，科学定位，全力促进区域经济实现又好又快发展

2010年，区委紧紧围绕市委、市政府建设盐湖区经济发展较快集中区域的战略要求，研究确定今后一个时期全区发展的总体思路，即围绕建设经济发展较快集中区域这一中心，确立大开放、大盐湖的理念。瞄准财政增收目标和农民人均纯收入增收“两大目标”，实施高扬发展工业旗帜，增强中心城市的经济实力，提升盐湖区经济社会的发展水平，高唱农业产业化调子，让特色农业成为盐湖区广大农民致富奔小康、建设新农村的经济支柱“两高战略”，突出发展工程和民生工程，抓好工业园区、现代农业示范园区和文化旅游产业园区建设“三园建设”，全区经济保持了平稳较快增长的势头，全区生产总值完成117.8亿元，增长11.3%；区属规模以上工业增加值完成10.7亿元，增长12.1%；全社会固定资产投资完成143.1亿元，增长13.9%；财政总收入完成16.57亿元，增长34.87%，其中一般预算收入完成5.3亿元，增长55.6%；城镇居民人均可支配收入达到14952元，增长11.4%；农民人均收入达到5626元，增长10%。

以创优服务环境为载体，大力招商引资上项，工业经济实现了快速发展。以项目为抓手，对工业园进行五大专业园区科学布局；实施大企业、大集团发展战略，打造一批旗舰企业；优化发展环境，大力实施招商引资。全年共确定重点建设项目33项，其中，省重点项目1项，市重点项目4项，区重点项目28项；全年共引进外来投资项目8个，总投资27.8亿元，到位资金17.6亿元；共争取项目43个，总投资13亿元；新开工重点项目17个，总投资75.33亿元，开工率达96.43%。预计区属规模工业企业完成工业总产值60亿元，占年度目标36亿元的166%，同比增长87%；工业增加值完成9.5亿元，同比增长65%；产品销售收入完成57亿元，同比增长72%。以农业产业化为核心，大力发展设施农业，现代农业发展初显成效。大力发展现代设施农业，全区流转土地面积超过2万亩，发展设施蔬菜大棚5600多座，仅此一项将增加农民收入两个亿，农民人均增收500元。因地制宜发展沟域经济、滩域经济、坡域经济、山域经济、河域经济等城郊观光农业走廊。以培育新的增长极为重点，充分发挥区位优势，商贸业在活区上实现了新突破。全力打造布局合理、功能齐全、特色明显、资源聚集的城市中心商圈；实现了全区商贸业由零售到批发、由传统到现代的商贸业的转变，并积极推进现代物流业发展；构建以文化教育产业为核心，集文化教育、创意文化、休闲旅游、商贸物流、金融商务于一体的复合产业体系。

二、以人为本，关注民生，和谐盐湖建设取得了新成效

围绕中心，加强宣传，富有成效地开展了一系列精神文明创建活动。在全区上下强化政策理论学习，用科学发展观武装头脑、指导实践。充分发挥《盐湖新闻》宣传主阵地和通讯组的通讯报道作用，宣传报道全区各项工作新举措、新经验和新成就。举办了多项群众娱乐文化节目，丰富全区人民的文化生活。高效执法，综合治理，深入推进“平安盐湖”建设。深挖了一批黑恶势力和犯罪团伙，侦破了一批大案、要案和命案，抓捕了一批违法犯罪分子。搜集到大量的情报信息，抓获散发传单的“法轮功”人员1名。破获、起诉、审判了一批在社会上影响较大的恶性案件，有效震慑了犯罪分子。全年共破获种类刑事案件1326起，打掉各类犯罪团伙26个，抓获团伙成员109人，破获“两抢一盗”案件887起，抓获各类逃犯285人。关注民生，倾情服务，社会保障体系进一步完善。全年完成新增城镇就业人员4070人，下岗失业再就业1033人，就业困难群体就业264人，城镇失业率控制在2.27%以内。认真实施新农保工作，对全区60岁以上的5050人发放了养老金。对全区农村集中供养的56名五保对象，年发放供养金104.2万元。全年共为919名重点优抚对象发放定恤定补款970余万元，向全区622名义务兵家属发放优待金76万元，为1562名农村优抚对象缴纳参合保费补助46860元，为56名六级以上残疾军人实施医疗补助20余万元，为70名其它优抚对象实施医疗补助17余万元。全年为乡镇发放救灾资金191.5万元，帮受灾群众渡过难关。提升水平，协调推进，社会各项事业得到蓬勃发展。中小学校舍安全工程、村级组织活动场所建设工程、区青少年活动中心和舜帝复旦小学住宿楼工程、农村全民健身工程、农村净化改厕工程、区人民医院门诊综合大楼工程、农村安全饮水工程、城镇居民基本医疗保险

工作、劳动就业和劳动力转移工作、高标准生态绿化工程“十项民生”工程稳步推进。健全区、乡、村三级医疗卫生服务网络，学前教育、基础教育和职业教育快速发展，开展了丰富多彩的竞技体育、体育健身和群众体育竞赛活动。

三、强化组织，惩防并举，为经济社会发展提供强有力的思想组织保障和纪律保障

加强分类指导，强化工作措施，推进创先争优活动扎实有效开展。紧紧围绕经济发展较快集中区域建设、“创优争先进、跨越大发展”主题活动，充分发挥各级党组织和党员的先锋模范作用，全年为群众办实事好事7600多件。坚持用人导向，提高执政能力，全面加强基层组织建设。制定了《盐湖区委常委会首次任免干部票决实施办法》，积极推行常委会任免干部票决制；坚持正确的用人导向，广辟多种途径和渠道，完成全区科级干部调整充实工作；大力推进领导班子和干部队伍建设。年初在全区全面推行区管科级领导班子和领导干部年度工作公开承诺立状目标管理责任制，年终奖惩兑现；实行村级班子和主干年度工作公开承诺立状目标管理责任制，激发了广大村级干部工作的积极性和创造性，取得了明显成效。全区314个行政村共向群众承诺的2500余件实事95%得到了兑现，共硬化巷道300余公里，铺设供水管网2000余公里，新建设施农业大棚3000余个，招商引资30多亿元；严格把关，确保质量，经过区乡村三级的共同努力，全区61个省定新建项目村，40个省定改建项目村，32个区定改建项目村和44个自建项目村全部建成并投入使用，全区314个村级组织活动场所实现了多功能、全覆盖；按照市委发展农村党员“382”工程要求，在发展农村党员工作中，拓宽培养发展渠道，改善党员队伍结构，全年共发展新党员508名，村委主任25名，优秀大学生村干部21名，“两新组织”50名，消灭了15个多年来不发展党员的空白村；严格程序、发扬民主，对全区任届期满的183个基层党组织，圆满完成了换届选举工作。

学习《廉政准则》，整肃工作纪律，进一步引深党员干部廉政警示教育。对全区700多名副科级以上干部进行了《廉政准则》知识培训和考试。严格按照省纪委提出的“五个不准”要求，加大对干部作风建设的明察暗访力度，查处案件25起，处理党员干部21人，辞退4人，促进了全区行政机关和干部作风的转变。把警示教育情况纳入党风廉政建设责任制严格考核，并在行风评议和各类文明单位评选中实行“一票否决”。整治发展环境，强化科技支撑，全面创新农廉工作。召开了全区集中整治经济发展环境干部大会，通报了15起16人典型违纪案件和26起扰乱建筑工地的刑事案件和治安案件，集中整治经济发展环境。以科技为支撑，健全三级阳光农廉网络公开监管平台；开展农村低保、种粮直补、农机具购置补贴等三个专项检查，健全四级信访网络，突出查办了一批伤农害农案件，重点解决一批群众反映强烈的突出问题。

（张世伟）

附：一、中共运城市盐湖区委书记、副书记、常委名单

书　记：李润山

副书记：王志峰（2月任职）　张建元
周茂玉（挂职）

常　委：靳虎刚（9月离职）　严惠琴（女）　张天才
赵山理　贺建功　郭一民　王建军　靳学武

二、乡镇（街道）党委（党工委）书记、副书记名单

席张乡

书　记：马福森

副书记：李俊龙　闫景民

金井乡

书　记：解晋元（8月离职）　杨保国（8月任职）

副书记：仝粉娥（女）　李良超　霍国荣

上郭乡

书　记：霍夏立（11月离职）

副书记：杨连智　王海科

上王乡

书　记：靳志球

副书记：吴建华　王迎霞（女）

王范乡

书　记：陈拥军

副书记：邓永红　王东海

冯村乡

书　记：李晓辉

副书记：李　宣　邵运红　李路明

龙居镇

书　记：李致峰

副书记：苏引萍（女）　李根田
李永莉（女，9月任职）

北相镇

书　记：何　伟

副书记：雷　刚　赵跃辉　樊春云（女）

泓芝驿镇

书　记：杨保国（8月离职）　武为民（8月任职）

副书记：何文龙　杨建勋

三路里镇

书　记：卫新红（10月开除党籍）

副书记：吴肖江　何明智　陈晓娟（女）

陶村镇

书　记：孟满堂

副书记：牛　睿　李存喜　张保国

东郭镇

书　记：叶建军（3月离职）

副书记：张　彤　相秋喜　李永莉（女，9月离职）

解州镇

书　记：葛　凯（3月任职）

副书记：许俊霞(8月任职)　赵洪波

车盘街道

书　记：武卫民（8月离职）

副书记：杨世进　陈虎存

姚孟街道

书　记：邢学渊

副书记：徐志勇　石白勇　王红宝

大渠街道

书　记：卫晓军

副书记：郑　魁　赵登新

安邑街道

书　记：肖　鹏

副书记：张海滨　何光华

东城街道

书　记：王学峰

副书记：李朝霞（女）　岳国林

西城街道

书　记：张大虎

副书记：赵　屹　黄红雁（8月离职）

闫青云(8月任职)

南城街道

书　记：裴颖萍（女）

副书记：邵红福　周　荣　王晓平（女）

北城街道

书　记：谢忠义

副书记：淮占胜　王　光

中城街道

书　记：李雪峰

副书记：赵志云　刘建章

中共永济市委工作概况

市委书记　冯方汇

全市有党（工）委20个，党总支37个，党支部635个，党员16227名。

2010年，在省委、运城市委的正确领导下，市委、市政府团结带领全市广大干部群众，奋力拼搏，扎实工作，全市经济建设和党的建设取得了显著成效。

一、经济建设成效显著

县域经济实力明显增强。全年生产总值完成79.86亿元，同比增长15.7%；规模以上工业增加值35.54亿元，同比增长23.9%；财政总收入6.0318亿元，同比增长20.6%；固定资产投资完成33.2亿元，同比增长56.2%；社会消费品零售总额27.7亿元，同比增长19%；粮食总产量40.44万吨，同比增长33.2%；城镇居民人均可支配收入14411元，同比增长15.1%；农民人均现金收入5884元，同比增长15.6%。主要经济指标均取得两位数增长速度，圆满完成了年初运城市下达的指标任务和“十一五”规划目标。特别是财政总支出首次突破10亿元，达到11.48亿元；市本级财力达到5.88亿元，同比增长42%；上级转移支付2.09亿元，比上年增加5079万元。

重点项目建设稳步推进。全年共组织实施重点项目103个，总投资近80亿元。其中重点工业项目15个，总投资达到22.05亿元。纳入运城市重点工程考核的海丰铝业“1511”工程、新时速电机电器公司兆瓦级风力发电两个标志性项目进展迅速，其余13项重点工业项目都圆满完成了目标进度。

产业结构调整步伐加快。农业上，以设施农业发展为重点，主抓了城西现代农业设施蔬菜示范园项目，当年新建日光温室405个。十个镇街在产业结构调整上都有新举措、新亮点，全市“一村一品”特色村达到55个。工业上，以五大优势产业为重点，抓技改、上项目，规模以上工业企业完成总产值167.8亿元，同比增长35.3%，全市纯增规模以上企业12家。旅游上，以促销和招商为重点，拓市场、扩景点，雪花山景区正式对外开放，水峪口景区初具雏形。先后在北京和西安成功举办了旅游暨招商引资项目推介会，开通了运城至永济旅游专线，开辟了三条永济一日游线路，成功举办了第十届五老峰登山节、第十三届普救寺情侣月等大型活动。全年接待游客105万人次，实现旅游基本收入1750万元。

基础设施建设成效显著。城市建设上，全面推进了中山街非机动车道改造、涑水河滨河公园、中心汽车站、鑫大国际广场等城市基础设施建设工程。特别是重点实施的舜帝山森林公园一期工程、蒲园和电机大道西延三大工程，按进度完成了工程任务。交通建设上，投资5000余万元，完成了卿头、开张、城东、栲栳、虞乡等5个镇办150余公里农村道路翻新改造。农田水利建设上，先后启动实施了城西高标准农田建设示范工程，卿头、开张两镇十村基本农田整理项目，董村农场土地开发整理项目；建设完成了开张镇万亩中低产田改造项目、虞乡镇风柏峪等村土地开发整理项目、栲栳农田灌溉末级渠系配套工程等。生态林业建设上，完成封山育林1万亩，平原林网1万亩，荒山造林1.6万亩，经济林2.3万亩，通道绿化100余公里，新建园林村40个，高标准实施了舜帝山山体绿化、蒲州旅游区绿化提升工程，全市林木覆盖率增加了1.6个百分点，达到31.3%。

二、党的建设全面加强

思想政治建设。2010年，市委坚持以科学发展观为核心强化思想政治理论培训，着眼于加强思想政治建设，重点加深各级党员干部对“一面旗帜、一条道路、一个理论体系”的深刻理解和对科学发展观内涵的认识，市委中心组重点学习了习近平、李源潮等领导同志在中央党校县委书记培训班上的讲话精神，结合永济实际，通过多种形式对全市干部进行了思想政治理论系统培训，提高党员干部的思想政治素质和理论水平，使各级干部成为勤于学习、善于思考、勇于实践、锐意进取的模范。

基层党组织建设。一是切实加强基层民主政治建设。由市委组织部牵头，市直相关单位参与，对我市2004年开始实施的“两委”规范化管理工作进行调研、摸底、完善，在此基础上，制定下发了《全市农村推行“四议两公开”工作法的实施方案》，实行包联责任制，全市共建立联系点169个。二是高质量完成村级组织活动场所建设任务。根据运城市委统一安排，实行了“1234”工作法，对全市村级组织活动场所验收工作进行了详细安排及逐项检查验收，并提出整改意见。三是全面引深创先争优活动。确定了“热爱永济，共谋发展”的主题，成立市委创先争优领导小组，市28名副县级领导每人联系一个村，包镇联村，指导工作60余次，全面推动创先争优工作深入开展。四是全面加强农村党员干部教育管理。全年共发展党员468名；采取集中辅导、座谈研讨等多种形式，培训入党积极分子和预备党员1040人次，培训大学生村干部党员122人次；广泛开展送温暖活动，慰问特困党员36人，建国前老党员99人，发放慰问金1.77万元和春联等慰问品价值26412余元。五是认真抓好农村干部管理工作。建立了以报酬保发、养老保障、医疗保障、监管保廉为主要内容的农村主干“四保”机制；创建了以“双创”、“双述”、“双代”为主要内容的农村基层党风廉政建设“四三”工作机制；对服务期满的2007年选聘的大学生进行了全面考核，共续聘大学生村干部68人，聘期为1年。

干部队伍建设。2010年，市委重点推进了干部人事制度改革，坚持“公开、公平、竞争、择优”的方针，进一步端正用人导向，匡正用人风气。在干部调整过程中，做到了坚持“三不唯”（即“不唯票、不唯考、不唯龄”）、“五不用”（即对跑官、要官、买官、闹官的坚决不用，有才无德的坚决不用，群众口碑不好的坚决不用，工作平庸、实绩不突出的坚决不用，群众有举报并立案调查的坚决不用）、“十做到”（即“一规范、两公开、三转变、四推荐、五标准、六原则、七导向、八严格、九优先、十不准）。同时，严格实行了“一讲、四推、两公开、两差额、两票决、两报告”的选任干部办法，使干部选任机制得到了进一步规范。2010年先后六次补充调整干部，没有出现一起跑官、要官、买官、闹官的现象，没有发生一例违规违纪和违法行为，有效激发了干部干事创业的热情。

作风建设。2010年，市委始终把转变干部作风、狠抓工作落实作为全市工作重中之重，将工作重心向作风建设转移,面对不断变化的新情况和新形势，团结带领全市人民，不断开创新形势下永济转型跨越发展的新局面。在全市进一步营造讲实话、办实事、鼓实劲、出实招、不松懈、不折腾、不观望的良好氛围，注重转变干部作风，在每一名干部心中牢固树立“要实干不虚干、要真干不假干、要大干不小干”的理念。同时，狠刹“闲话风、谣言风、吃喝风、挑事风”，随着干部作风建设的不断深入，全市广大干部积极转变作风，深入一线、深入项目工地，靠前指挥、埋头苦干，切实把良好的工作作风体现在了解难题、促发展上,体现在自己的岗位职责上，体现在自己的实际行动上。

反腐倡廉建设。为进一步健全权力运行制约和监察机制，2010年，市委大胆探索基层监督体系的有效形式，在运城市的统一部署下，创造出了分口设置纪检监察派出机构的新模式，一举改变了同级监督偏软、上级监督偏远、协调困难、监督乏力的被动局面，形成了“远距离、中距离、近距离”三点相结合的监督新机制。同时，坚持对全市各级干部进行一年两次的廉政警示教育，筑牢全市干部反腐倡廉的思想防线。在农廉“四三”工作机制运行的基础上，2010年，市委又确立了“围绕一个目标，强化四项重点，破解三大难题，构建一个体系”的农廉工作总体思路，进一步推动了全市农廉工作向纵深发展，并被确定为全省唯一一个中央纪委农村党风廉政建设联系点，先后两次受到中纪委的表彰。（黄瑾丽）

附：一、中共永济市委书记、副书记、常委名单

书　记：冯方汇

副书记：陈　杰（2月任职）　袁宏轩　孙志信　张玉景（10月离职）

常　委：牛英杰　仇红学　麻选民　叶彩凤（女）　刘　明　杜中伟（2月离职）　李全章

二、乡镇（街道）党委（党工委）书记、副书记名单

城东街道

书　记：吕安斌

副书记：韩　波　王兴革

城西街道

书　记：孟建欢

副书记：李晓军　聂学政

城北街道

书　记：孙红茂

副书记：张转运　廉广收

虞乡镇

书　记：张文军

副书记：柴卫国　王大凤

卿头镇

书　记：张千里

副书记：张泽峰　尚卉泽（女）

开张镇

书　记：席永勤

副书记：王永明　刘晓鹏

栲栳镇

书　记：王德谋

副书记：孙文伟　李兴园

张营镇

书　记：念以成

副书记：史云峰　吕晓斌

蒲州镇

书　记：曹国伟

副书记：麻亚龙　宁　昕

韩阳镇

书　记：牛慧玲（女）

副书记：苏宏伟　燕建刚

中共河津市委工作概况

市委书记　杨勤荣

全市有党委16个，党总支39个，党支部505个，党员12713名。2010年，市委团结带领全市人民，深入开展以“全党动员谋发展，二次创业铸辉煌”为主题的创先争优活动，全面贯彻落实科学发展观，强力推进项目建设，不断夯实发展基础，进一步加强党的建设和党风廉政建设，增强党的执政能力，各项工作都取得了较好成绩。

一、抓党建，树正气，努力建设高素质的干部队伍

加强思想政治建设。年初，市委围绕“二次创业”，加大宣传力度，创新宣传方式，开展了“二次创业群英谱”、“二次创业大家谈”、“创先争优促发展，二次创业当先锋”等一系列活动，让二次创业深入人心，家喻户晓。党的十七届五中全会、省委九届十一次全会和7·29干部大会召开后，精心组织安排，迅速传达贯彻，利用电视、报纸等新闻媒体，开辟专题专栏，进行宣传报道，努力使广大党员干部紧跟时代节拍，领会精神实质，尽快把会议精神转化成促进工作的强大动力。大力实施素质提升工程，先后组织100余名领导干部参加中央、省和运城市的调训、轮训，组织全市副科级以上干部、经济管理单位的股级干部、农村党支部书记、企业高管等进行二次创业专题培训，有效提高了广大党员干部的政治素质和执政能力。

加强干部队伍建设。坚持把领导班子和干部队伍建设放在突出位置，公平选人，严格管理，按照省、市“围绕转型跨越，立足本职争创，党内带动社会，典型示范引领”的要求，在全市基层党组织和广大党员中，全面铺开创先争优活动。教育、财政等22个部门和9个乡镇统一实行了“一站办结”，为群众办实事好事1300余件，受到中组部王秦丰副部长、省委组织部汤涛部长的充分肯定。严格干部选拔任用标准，改进选任方式，全面推行常委会任免干部票决制，全年分三次对28名拟任免干部进行了票决，取得了良好效果；加强任前审查，广泛征求各方面意见，审查拟提任股级以上干部98名，任免科级干部95名，社会反响良好；加强干部监督，继续加强机关职责化建设，不断完善群众评价投诉机制，进一步密切了党群干群关系。

加强反腐倡廉建设。坚持“两手抓、两手都要硬”的方针，把反腐败工作贯穿至各项工作始终，认真落实“一岗双责”，扎实推进反腐倡廉建设。一是狠抓源头治腐，认真开展警示教育，全市1000余名科级以上干部、320余名关键岗位人员、170多名受到党政纪处理人员接受了警示教育；建设科技阻腐监控中心，科学排查腐败风险，建立科级干部诚信档案，努力从源头上预防腐败。二是严查违法违纪案件，全年共受理群众信访举报83件，立查案件64件，处分违纪人员67人。工程建设领域方面，查处腐败案件7件，清缴各类税费4000余万元。煤焦矿产领域方面，加大税费清缴力度，清缴税款3.7亿元。三是重视农廉工作，建立市乡阳光农廉网络监督服务中心大厅，开展包村工作组关注民生、化解矛盾、访贫问寒、促进民主管理四项活动，继续发挥“一窗四民”作用，农廉工作取得新成效。四是深入开展专项治理，围绕群众反响强烈的问题，对强农惠农资金、医药经营、教育收费、公路“三乱”、大操大办等进行检查，坚决纠正和查处不正之风。五是加大监督力度，在全市24家政府组成局设立派驻纪检组、监察室，30家涉农单位设立农廉办，9个乡镇成立纪委班子，148个行政村设立纪检监督小组，形成了横向到边、纵向到底的监督管理体系，有力地促进了党风廉政建设责任制的落实。六是深入整顿作风，针对干部队伍存在的作风涣散等实际问题，在全市开展纪律作风大整顿，学习弘扬右玉精神，坚决反对吃喝风、玩乐风、闲话风和推诿扯皮之风，严格落实“五不准”要求，严查不作为、乱作为、胡作为等影响项目建设和重点工作行为，全市干部作风明显好转。

二、抓基层，打基础，基层组织工作进展有序

在基层组织方面。一是搞好换届选举。在市乡直属机

关，推行党组织与行政班子“双向进入，交叉任职”，便于工作开展。在企业，注重把负责人、高层管理人员选到党组织领导岗位上，提高党组织威信。在社区，从退休的科级干部中公开选聘居委会党组织书记，配齐配强班子。2010年全市288个应换届党组织全部换完，换届率100%。二是村级组织活动场所建设全面完成。全市第二轮村级组织活动场所建设项目村共14个，其中新建12个，改扩建2个。2010年，河津市出台了村级组织活动场所管理使用办法，由财政出资为148个村级活动室统一配备了价值5000元的空调，统一配备了专门管理人员，每人每月市财政补助200元。148个村全部建立了高标准活动场所，实现了全覆盖。三是四议两公开法全面推行。以推行“四议两公开”工作法为重点，努力探索建立“一四三”农村科学管理机制。2010年，全市运用“一四三”工作机制决策了160余件关系群众切身利益的事项。

在党员队伍建设方面。一是优化队伍结构。在农村，结合“两委”换届，公开推荐年青非党优秀村民，作为入党积极分子进行重点培养；突出三年未发展党员的“空白”党组织和生产经营、教学一线党组织两个重点，向高中以上学历、妇女、35岁以下优秀青年倾斜。全年共发展党员351人，结构比例符合要求，全市党员队伍结构进一步优化。二是建立关怀激励帮扶机制。建立谈心、走访、帮扶制度，做到党员“平时有人问、难时有人帮、惑时有人解、病时有人探、贫时有人扶、困时有人济、创业有人助、意见有人听”，使组织更关心党员，党员更热爱组织。2010年，全市党员干部与困难群众结成帮扶对子2457个，帮助解决突出问题720余件。

三、抓统筹，攻难点，全力建设新农村

坚持以工补农，以工促农，以增加农民收入为核心，创新思路，加大投入，扎实推进新农村建设。认真落实各项强农惠农政策，发放各种惠农资金2875万元。全面推进“四化四改”、“五个一”工程，省级重点推进村和10个省级试点村建设任务提前完成。加快农业产业化进程，目前全市投资千万元以上的农产品龙头企业10家，创造就业机会9000余个，带动农户3万余户。加快农业基础设施建设，铺开了西梁、湖潮、南原水土流失治理等项目，整理土地3300亩。大力发展设施农业，新建日光温室161个，发展经济作物4000余亩。实施退耕还林科技技能培训和阳光工程培训，加快转移农村剩余劳动力，有效增加了农民收入。全力推进新农村建设，申报增加新农村建设推进村16个，实现六个全覆盖，新农村建设和增加农民收入跨入全省先进行列，农村面貌不断改善，人民群众生活质量不断提高。

四、抓稳定，重管理，促进社会安定和谐

经济要发展，社会要进步，安全稳定是前提。河津市委紧紧围绕稳定发展这个大局，以“化解社会矛盾、维护社会稳定、促进社会和谐”为主线，加强信访工作，加大综治力度，着力解决各类矛盾，严厉打击违法犯罪，为经济社会快速发展创造和谐稳定的政治环境。信访工作按照“属地管理、分级负责”和“谁主管、谁负责”的原则，狠抓矛盾排查、纠纷调处、案件处理、积案终结、打击追究五个环节，严格实行领导包案，及时处理信访案件，全年共化解矛盾纠纷842件，化解率达97.5%，办结信访事项179件，办结率达90%以上。加大问责力度，按规定对稳控措施不得力造成非正常上访的4名干部给予党内警告处分。严厉打击违法上访，对无理缠访的闹访户采取强制措施，努力树立依法上访、有序上访的良好导向。不断强化社会治安综合治理，深入开展“两抢一盗”、打击“黑彩”等专项行动，破获刑事案件43起，查处治安案件258起，打掉黑恶势力团伙4个，社会治安进一步好转。充分发挥“天眼”工程和治安岗亭作用，加大巡逻力度，组建民警联勤队伍，实行24小时巡逻，侵财案件明显下降。深入推行“阳光审判”，增强办案透明度，接受群众监督，有效维护了司法公正。同时，落实节能减排目标任务，全市二级以上天数超过330天。深入开展安全生产专项整治，加大安全隐患排查治理，全市没有发生重大安全生产事故。通过努力，全市呈现出安全、稳定、和谐的良好局面。

（黄常科）

附：一、中共河津市委书记、副书记、常委名单

书　记：杨勤荣

副书记：李亚丽（女，2月离职）　杜中伟（2月任职）

常　委：闫新民　赵玉明　杨敬福　张有荣　邓文义
胡凯旋　侯鹏程　张作伟（挂职）　赵红权

二、乡镇（街道）党委（党工委）书记、副书记名单

城区街道

书　记：李满刚

副书记：卫俊青　赵红刚

清涧街道

书　记：姚文生

副书记：齐彦青（1月离职）　闫新善（5月任职）
赵伟民

樊村镇

书　记：贺红林

副书记：李鹏奇　史效刚

僧楼镇

书　记：薛新民

副书记：刘　平（1月离职）　王高红（5月任职）
任鹏云

赵家庄乡

书　记：李　明

副书记：蔡　斌　董卫红

小梁乡

书　记：李朝霞（1月离职）　李赛梅（女，5月任职）

副书记：李赛梅（女，5月离职） 杨敬军（5月任职）
薛将军

柴家乡

书 记：张 军

副书记：柴虎杰 杜克真

下化乡

书 记：武安军

副书记：吕 平 李凯斌

阳村乡

书 记：吕武荣

副书记：贺正平 王高红（5月离职）

中共闻喜县委工作概况

县委书记 裴良杰

全县有党委27个，党总支39个，党支部680个，党员15989名。2010年，县委、县政府团结带领全县干部群众，坚持推进“工业强县”战略，加快建设“新型工业基地”，以项目建设和投资拉动为抓手，千方百计保增长、保民生、保稳定，全县经济呈现出良好的发展态势。

一、经济建设成效显著

综合经济。2010年全县地区生产总值完成81.6亿元，比上年增长19.6%；规模以上工业增加值完成41亿元，增长23%；全社会固定资产投资总额完成51亿元，增长25.5%；社会消费品零售总额完成20亿元，增长18.8%；城镇居民人均可支配收入完成13564元，增长14.7%；农民人均纯收入完成4346元，增长14.5%；财政总收入达到7.54亿元，增长51.8%，增幅位居全市第一。

项目建设。全年共确定重点建设项目55个，总投资29.6亿元，其中年度项目31个。年底，际华制衣中高档服装生产线、冀东水泥年产60万吨矿渣细粉生产线等29个年度项目已经完工；银光集团年产200万支汽车轮毂、金泰航空公司年产5000吨海绵钛技改等24个跨年度项目正在加紧实施。在抓好在建项目的同时，全年又确定招商引资项目28个，总投资54亿元，引资15.6亿元。2010年12月29日，海鑫集团与太原煤气化公司合作总投资500亿元的“华鑫”循环经济园区项目签订了合作协议，这一项目对闻喜县加快新型工业化进程和未来经济发展具有十分重要的意义。

产业升级。一是实施改造提升，金属镁行业投入3.4亿元完成技术改造项目17个，深加工能力达到30%以上；玻璃行业新上3条机制生产线，产品由工艺器皿扩展到酒店用品、高档玻璃，技术含量明显提高。二是发展循环经济，海鑫集团废渣、粉煤灰、炉渣全部实现了回收利用，全县镁渣利用率达到50%以上。三是加快科技创新，鼓励本地企业与外地优势企业、大专院校和科研机构建立广泛联系，在重型机械、煤机、玛钢、LED智能电子芯片等新型产品的研发与合作上取得了初步成效。

“三农”工作。进一步加强粮食生产，实施完成了“1226”粮食增产、2万亩“双创”增粮等重点项目，粮食总产达到2.1亿公斤，比上年增长10%。依托优势壮大农产品特色品牌，无公害农产品认证达到36.8万亩，“汤山”牌蔬菜、峪口大蒜等地理特产知名度明显提升。多种形式引导和促进农村土地流转，激活土地资源，新增土地流转面积2.1万亩。积极推动规模经营，农副产品加工企业发展到134家，农民专业合作社发展到280家，规模经营初现雏型。扎实推进“新网工程”建设，建成日用品便民店40个、农资放心店13个，网络覆盖13个乡镇、210个行政村。在全市组织的农业和农村工作观摩评比活动中闻喜县排名第一。

二、党的建设全面加强

学习型党组织建设扎实推进。以“1264”读书和“书香闻喜”全民读书活动为总抓手，建立完善了“64347”学习模式（依托六大载体建平台，开展四类活动增效果，建立三大机制强保障，选树四类典型引深入，建好七大阵地创条件），有效提升了党员干部的自身素质和履职能力。

创先争优活动取得明显成效。在认真总结学习实践科学发展观活动的基础上，在全县党员队伍中开展了以“争当桐乡先锋”活动为主要内容的创先争优活动（在农村和社区开展了“三学三比三争”活动，在机关、学校和医院开展了“四比四争”活动，在非公有制企业和新社会组织中开展了“增活力、促和谐、推发展”先锋行动），完善了“321”帮扶、党员公开承诺、目标责任考核等机制，有效发挥了党组织和党员的先锋模范作用。

领导班子和干部队伍建设迈出新步伐。积极稳妥推进干部选任工作，认真贯彻落实《四项监督制度》，并结合实际制定出台了《县委常委会讨论干部任免事项投票表决办法（试行）》，对票决对象、方式和程序做出了明确规定。严格实行考察对象资格审查办法，重点对考察对象“三龄两历两身份”进行审查，防止用人失察，推进了干部选任工作的制度化、规范化运行。高度重视干部培养教育，开展八项主题实践活动，为青年干部健康、快速成长打下了良好基础。

农村基层党组织建设不断推进。在全市率先实现了村级组织活动场所和远程教育一体化建设全覆盖。在“四议两公开”的基础上，增加了“两报告”（村党支部提议和实施结果公开后都要向乡镇党委报告）、“一监督”（乡镇党委的全程监督），规范了村级重大事项决策程序，促进了农村和谐稳定。积极实施“三建一联”工程（建班子、建队伍、建机制，联动帮扶），增强了党在非公有制企业中的活力，推动了非公党建工作的开展。

扎实开展反腐倡廉建设。一是严格落实党风廉政设责任制。坚持把党风廉政建设责任制落实情况纳入年终考核，将考核结果作为选拔任用干部的重要依据。同时，严格责任追究，对落实责任制不力、案件频发、群众上访不断、影响恶劣的单位和责任人，坚决予以追究。一年来，全县共立案查处党员干部违纪案件58件，处理科局级干部12人。二是充分发挥反腐倡廉教育治本作用。深入开展学习贯彻《廉政准则》活动，组织全县副科级以上干部进行专题培训、集中测试。依托廉政教育基地，大力开展警示教育，举办培训班92期，参训人数4500人。采取“廉洁伴我行”、“共读一本书”等形式推进廉政文化“六进”活动，在全县营造了尊廉崇廉的浓厚氛围。三是切实加大治理腐败工作力度。实行“一站式”网上办理，全年网上办结事项9141项，办结率达100%。深入开展工程建设领域突出问题专项治理和煤焦及矿产领域反腐败专项斗争，追缴各种税费1629万元、违法资金300.8万元。四是深入开展农村基层党风廉政建设。深化农村“三务”公开，县乡服务大厅、16个县直单位和343个行政村的“阳光农廉网”实现联网，网上公开信息9000余条，扩大了群众的知情权、参与权。切实加强制度建设，制止大操大办规定、分级申报制度、农村红白理事会机构和章程等一批规章制度得到健全完善。加大涉农案件的查处力度，共查处农村基层干部案件12件，挽回经济损失10余万元，维护了群众利益，确保了农村稳定。

全面加强干部作风建设。一是深入开展纪律作风整顿活动。在全县深入开展了为期3个月的纪律作风整顿活动，集中整治解决了党员干部工作日午间饮酒、参与赌博、大操大办等各类问题221个，促进了全县党员干部纪律观念、工作作风和精神面貌的明显改观，社会各界普遍给予充分肯定和积极评价。二是全面掀起学习弘扬“右玉精神”新高潮。在全县干部中大力推行“一线工作法”，实行了领导干部工作日志制度，要求副科级以上领导干部对每天的重要工作、重要活动等情况进行详细记录；在省委提出的“四个不准”和市委提出的“刹五风”的基础上，要求全县党员干部做到“十个严禁”，并先后开展了10次明察暗访和集中检查，查处了20名违纪违规人员，起到了很好的震慑作用。三是扎实推进经济发展环境集中整治工作。对照市委指出的18种违纪违法行为，逐项开展自查自纠，共查摆出接受被检查对象吃请、擅自设立收费项目、不认真接待处理群众上访等13个方面185个突出问题。针对查摆出的问题，各单位都制定了整改方案，提出了解决问题的具体措施，并取得了阶段性成效。四是切实加强目标责任考核工作。每月，召开县四套班子会议，由分管领导对上月工作完成情况进行汇报交账；每季度，都要求各乡镇、各单位对招商引资和项目建设工作完成情况进行集中交账，并组织四套班子领导、人大代表、政协委员对各乡镇、各单位的重点工作、重点工程进行观摩评议；年底，根据年初制定的重点工作责任分解以及观摩、评议等情况对各乡镇、各单位进行百分制考核。通过严格考核、细化考评，进一步激发了全县上下加快发展的紧迫感和积极性，为推动转型跨越发展提供了强劲动力。（闫佰青）

附：一、中共闻喜县委书记、副书记、常委名单

书　记：裴良杰
副书记：李尧林　闫　宏　赵州平（10月离职）
曹　林（12月离职）
常　委：谭淑珍（女）　任红可　高克敏　逯光耀
许中义（6月离职）　李红民
奥卯辰（6月任职）

二、乡镇党委书记、副书记名单

桐城镇
书　记：杨　平（5月离职）　樊辉生（8月任职）
副书记：张安红
东　镇
书　记：张水忠
副书记：李明虎　郭　梁（挂职，8月离职）　李全平
河底镇
书　记：李　强
副书记：史学敏（2月离职）　何吉虎
郭家庄镇
书　记：吉俊伟
副书记：张英奇　支红梅（女）
凹底镇
书　记：高俊红（女）
副书记：刘红吉　薛天坤
礼元镇
书　记：樊辉生（8月离职）
副书记：徐剑昆　江红宝　任东坡（8月任职）
侯村乡
书　记：张俊庆
副书记：郭亚斌　焦耀奎　马天辉（挂职）
裴社乡
书　记：翟东旭
副书记：薛耀东　王吉胜　张中宝（挂职）
后宫乡
书　记：冯峥嵘
副书记：蔺效普　马保才　史巍鹏（挂职）
薛店镇
书　记：梁松斌

副书记：付晓霞（女） 樊家宏 柴晓明（挂职）

阳隅乡

书　记：张万奎

副书记：王海峰 薛赵庆 杨 朝（挂职）

神柏乡

书　记：钮杏芬（女）

副书记：张阿俭 张刘彬 杨海军（挂职）

石门乡

书　记：任东波（2月离职） 史学敏（8月任职）

副书记：高秀海（2月离职）
史学敏（2月任职，8月离职） 王英华
王武华（挂职）

中共临猗县委工作概况

县委书记　胡　宝

2010年，县委领导带领全县广大干部群众，全面贯彻落实党的十七大和十七届三中、四中、五中全会精神，以科学发展观统揽工作全局，奋发进取，求实创新，扎实工作，进一步加快了临猗经济社会的转型跨越发展，圆满完成了年初确定的各项目标任务。

一、以转型跨越为主线，推动经济社会又好又快发展

县委始终坚持“围绕发展抓党建，抓好党建促发展”的思路，提出了“农业争先、工业保质提速、抓项目促发展”的思路，积极发展特色农业、高效农业，狠抓项目建设，大举招商引资，推动了全县经济社会转型跨越发展。

一是农业生产减产不减收。2010年，面对干旱、低温等多重自然灾害，县委、县政府采取措施，科学施救，使灾害损失降到最低限度，农业生产实现了灾年减产不减收。全县粮食总产量2.92亿公斤，增长14.9%；棉花总产量2100万公斤，减产12.5%，效益增加2000多万元；苹果总产量达15.73亿公斤，减产15%，效益增加5亿元；枣总产量达2.2亿公斤，减产10%，效益增加1400万元。农村经济总收入达到69亿元，增长13%。是历年来农民收入最高的一年。

二是工业经济稳步增长。县委多次组织银政企座谈会，为企业发展注入了活力。全年规模以上企业销售收入完成56亿元，增长47.8%，工业增加值完成10.48亿元，增长46%，上缴税金1.2亿元，增长11.1%。规模以上企业达到49个，比2009年新增6个，亿元以上企业达到18个，比2009年新增3个，全县有18家企业与40多家科研院所，进行了产学研合作，有8家企业制定或参与制定了国家行业标准，有4家企业被确定为山西省转型发展百强潜力企业，全县省级技术中心达到3家，市级技术中心达到12家，全国驰名商标达到4个，山西省著名商标达到11个。全县限制高耗能企业用电负荷200万千瓦时，节能降耗提前达标，受到市委、市政府的表彰。

三是民生民计不断改善。县委始终坚持“以人为本、民生为重”的执政理念，改善民生民计，让人民群众共享改革发展的成果。在教育医疗卫生上，投资2.2亿元，实施了中小学校舍安全改造工程，改造和新建面积30万平方米。投资2300万元，启动建设了县医院综合楼工程。全县375个村，村村建成了高标准的卫生室，全县农村全部实现了医疗机构全覆盖。新农合参合农民达到47.6万，参合率达96.2%。在社会保障上，全县共新增城镇就业人数3771人，下岗失业人员再就业901人，就业困难群体294人，组织农村劳动力输出9358人。加大医疗、工伤、生育、失业等保险的征缴力度。全年共发放低保2686万元。2010年，被省政府评为“优抚工作先进县”，被民政部授予“全国规范化养老示范单位”。

二、以提高执政能力为目标，不断加强干部队伍建设

一年来，县委不断加强班子建设、阵地建设、作风建设和廉政建设，充分发挥党组织的领导核心作用，为全县经济社会发展提供了坚强有力的组织保障。

一是加强班子建设。在干部的选拔任用上，我县是省、市组织部门干部选拔任用初始提名试点县，一年来，县委始终坚持“以端正的风气选拔人、以务实的作风选用人、以实干的业绩塑造人”的原则，从工作出发，采取党管干部、通盘调配，分类分批，注重实绩、尊重民意、严格程序的办法，成熟一批，调整一批，基本配齐了县直部分单位长期缺额的人选，调整充实了部分乡镇主干，使一大批综合素质强、文化水平高、年龄结构轻、社会反响好、群众拥护的年轻干部走上领导岗位。新提拔的干部平均年龄37岁，30周岁以下占到13%，大学本科以上学历占到54%。干部的年轻化，增强了干部队伍的活力。调整后的班子，活力显现，劲头十足，将成为临猗各项事业发展的中坚力量，也将为临猗经济社会转型跨越发展提供坚强的组织保障和人才支撑。

二是加强阵地建设。按照全市“六覆盖”的要求，县委把2010年确定为全县村级组织活动场所建设年，坚持“统筹兼顾、量力而行”的原则，共投资130余万元，新建

了61个村级组织活动场所。同时，因地制宜、灵活变通，把撤并后的学校闲置校舍，经过整修粉刷，改建为村级活动场所，将便民服务点、村级卫生室、老年活动中心、休闲广场纳入村级活动场所，既避免了重复建设，又充分发挥了闲置校舍的作用，成为集党员活动、村民议事、便民服务、教育培训、文化娱乐等多功能于一体的综合阵地。全县共新建村级组织活动场所120个，提前完成了全覆盖建设任务，受到了省、市组织部门的高度赞扬。

三是加强作风建设。一年来，针对少数干部中存在的“庸俗化思想严重、学习风气不浓、纪律观念淡薄、规则意识不强、廉政要求不严”的倾向，县委结合省委袁纯清书记关于加强作风建设、本领建设的要求，对全县副科级以上干部分两期，进行了为期十天的综合素质培训。通过培训，广大干部讲学习、讲文明、讲纪律的自觉性和主动性得到了提高，部门形象和工作质量得到进一步提升。本着治庸治懒的目的，责成纪检部门先后12次对16个乡镇和县直部门的干部作风进行了明查暗访，对违反纪律和规定的41名工作人员进行了效能告诫，对存在问题的17家单位下发监察建议书。按照省纪委“五个不准”要求，6次对全县宾馆饭店、洗浴中心等休闲娱乐场所进行了突击检查，对发现的1起顶风违纪案件，进行了严肃查处，教育了全县干部，促进了干部作风的转变。

四是加强廉政建设。按照上级党委关于落实党风廉政建设责任制的要求，县委从三个方面狠抓廉政建设：①强化责任分解。年初，县委专门下发了《临猗县党风廉政建设和反腐败工作任务分解意见》，将工作任务明确分解到县委、县政府领导班子成员和27个职能部门。在全县党风廉政建设会议上，县委与各乡镇区党委书记和县直各党委书记签订《党风廉政建设目标责任书》，同时，要求各乡镇区和县直各单位根据县委部署，把党风廉政建设和反腐败工作任务进行再分解，确保责任明确，任务到人。②强化制度建设。县委结合《廉政准则》学习，对过去有关制度进行了梳理、修订和完善，制定出台了《临猗县制止党员干部借婚丧喜庆等事宜大操大办借机敛财的意见》、《临猗县党政机关公务接待费用管理办法》、《临猗县公务购车及申报审批程序规范管理的通知》、《临猗县党政干部公款出国（境）旅游的规定》、《临猗县党政干部任前廉政谈话的规定》、《临猗县四大班子公务活动、党政部门及规模企业主要负责人外出等有关事项规定的通知》等一系列制度，在全县形成了“靠制度办事，按制度管人”的工作机制。③强化责任追究。每半年，县委责成县党风廉政建设领导组，对各单位党风廉政建设责任制落实情况进行严格考核，对好的单位通报表扬，差的单位通报批评，对考核中群众满意度低的领导干部进行诫勉谈话，对党风廉政建设责任制落实不力、在职责范围内发生严重问题和失职行为的干部，进行责任追究，从严处理。先后对4起违规大操大办案件进行了查处，6名党员干部受到了处理。

（杨会贤　刘秀丽）

附：一、中共临猗县委书记、副书记、常委名单

书　记：胡　宝
副书记：史　凯　金永德　周邦稳
常　委：谢万程（10月离职）　张富有　王周义　王玉民　杨连中　石铁吨　张建莉（女）　李志远（挂职，12月离职）

二、乡镇党委书记、副书记名单

猗氏镇
书　记：李为民
副书记：王　军（7月离职）　王周平　王长生

牛杜镇
书　记：唐晓琳
副书记：王鹏君　荆　晖

楚侯乡
书　记：张勤学
副书记：管振波　王　磊　张定泽

嵋阳镇
书　记：耿红创（12月离职）　陆迎国（12月任职）
副书记：岳匡印（12月离职）　郭民稳

庙上乡
书　记：李晓波
副书记：钱　波　侯　宝　吴纽兰

临晋镇
书　记：李栓稳
副书记：郝晓峰　姚　煊

七级镇
书　记：陆迎国（12月离职）　赵仲波（12月任职）
副书记：范海英　宋学儒

东张镇
书　记：景世军
副书记：陈晓龙　魏旭锁　杨建刚

角杯乡
书　记：廉　辉
副书记：卫　军　尹　飞

孙吉镇
书　记：耿红创（12月任职）
副书记：滑卫宏　侯　勇

耽子镇
书　记：刘双胜
副书记：闫潘敏（女，6月离职）　范建平

北辛乡
书　记：史飞跃
副书记：王世宏　程立功

卓里区
书　记：杨雅女（女）
副书记：张守刚　樊　豫　秦伟泽（挂职）

闫家庄区

书　记：赵仲波（12月离职）　岳匡印（12月任职）

副书记：王晋峰　赵越发

北景乡

书　记：冯淑芳（女）

副书记：李红阳　张新杰

三管镇

书　记：胡银霞（女）

副书记：董学峰　王民管

中共稷山县委工作概况

县委书记　乔登州

2010年，县委坚持以邓小平理论和“三个代表”重要思想为指导，深入贯彻落实科学发展观，团结带领全县干部群众，解放思想、埋头苦干，努力克服金融危机带来的冲击，全力推动经济转型，着力保障改善民生，切实加强党的建设，各项工作取得新进展新成效。

一、以产业升级和项目带动为重点，推动经济平稳较快发展

围绕项目建设，全力推进工业转型。项目储备不足是稷山面临的一个突出问题，必须在项目建设上打一场硬仗和翻身仗，此举关乎转型跨越发展大局。一是实施了一批大项目。新上500万元以上的工业项目10个，总投资9.89亿元。市上下达给我县的新增6个规模以上企业的任务全部完成。二是引进了一批新项目。引进了丰海纳米3万吨纳米氧化锌项目、精细环保工业用布项目、贵妇人红枣加工项目等一批具有导向性、带动性的新项目，为“十二五”转型跨越发展积蓄了后劲。全年共完成招商引资任务10.3亿元，超额完成了市上下达9亿元的任务。三是实施了一次焦化大整合。将全县9家焦化企业整合为4家60万吨以上焦化企业，焦化产能达370万吨，为稷山工业“十二五”转型升级奠定了基础。四是规划了三个新园区（功能区）。围绕循环转型，启动实施了西社煤焦化循环功能区、翟店纸包装文化功能区和高新技术工业园区建设，先后铺开了总投资在9.5亿元的23个技改扩建基础设施建设项目。五是确立了一批产业新标杆。焦化产业以永祥、希尧为龙头，纸箱产业以晋徽、昕光、森淼为龙头，金属镁产业以东方为龙头，化工产业以永东为龙头，蜜枣产业以味全果脯为龙头，蛋鸡养殖产业以晋龙为龙头，稷山板枣深加工以贵妇人为龙头。

围绕农民增收，着力发展特色农业。一是粮食生产上，打稳产增产牌。克服千年一遇的冻灾影响，采取积极的补救措施，全力实施“双创增粮”工程，使大灾之年粮食生产再获丰收。粮食总产突破2亿公斤，增长18.8%。二是板枣种植上，打生态旅游观光牌。在年初的经济工作会上就提出了枣化稷峰、化峪的目标，全年新栽板枣2.5万亩，板枣产量达到了3500万公斤。同时，在陶梁、姚村等5个村新建了万亩板枣观光、生态、农家乐一体化示范园区。三是蛋鸡养殖上，打标准化养殖牌。以晋龙为示范，重点引导加工户按照标准化进行饲养，全县蛋鸡养殖达到630万只，晋龙公司新上了1家规模50万只的现代化养鸡场。四是蜜枣加工上，打食品安全牌。按照省质监局出台的新标准，规范全县蜜枣加工户进行标准化生产。全县蜜枣企业达到国家QS食品安全认证的企业达到92家。五是经济林木种植上，打规模化发展牌。按照10万亩优质水果和药材生产基地建设的规划要求，新栽苹果、桃等水果1.1万亩，建设标准化蔬菜0.2万亩，新发展核桃1.2万亩。

围绕以人为本，大力建设“双宜”县城。坚持把“宜居、宜业”作为提升城市品位、推进城镇化进程的核心理念，突出“双宜”功能区的完善打造，不断增强城乡居民和外来人员的归属感和幸福指数。一是重点实施了八大城市建设工程。启动实施了人民路、稷王文化广场、垃圾处理场、县城供水改造、环城路、民乐园提升、县城防洪和“四馆一中心”建设工程，使城市功能更加完备。二是重点实施了三大功能区基础设施建设。编制了西社循环经济、翟店纸包装文化、“双宜”县城等三大功能区建设规划。启动实施了水、电、路等基础设施建设。三是重点实施了一批生态建设工程。生态绿化建设上，完成了国家重点绿化工程和汾河流域植被建设工程，启动实施了天然林保护工程、通道绿化、断档补栽等绿化工程。森林县城建设上，完成了北垣和汾河南岸沿线造林1000亩，启动北垣、稷王文化广场、育英东街、一级路过城段北端、铁路沿线林带等绿化工程。生态绿化3万余亩，全县林木覆盖率达23.5%。节能减排上，新上了一批节能技改项目。新增天然气用户1900余家，实现县城集中供热率76.6%。同时，落实引领消费扩大内需的方针，加快商贸流通体系建设，新增各类商业网点20余家，涌现出客都购物广场、众鑫汽贸、海尔专卖等一批优势企业，县城商贸往来日趋繁荣。

二、加强党的建设，为转型跨越发展提供坚强保证

县委坚决贯彻执行中央和省、市委关于基层党组织和反腐倡廉工作的一系列指示精神，紧紧围绕党建工作“四

个一”（即一个主题：抓好党建、引领发展；一个活动：强化责任抓落实活动；一个工程：一把素质提升工程；一个重点：作风转变），全面加强基层组织建设和反腐倡廉建设。

一是深入开展创先争优活动。按照中央和省、市委要求，在全县部署开展了以深入学习实践科学发展观为主题的创先争优活动。县委常委会和各级党组织加强组织领导，分行业分领域实施指导，在农村党组织中开展了“三定一树”活动，在社区党组织中开展了创建“五个好”社区党组织，在机关党组织中开展了“千名党员下基层”活动，在非公企业和新社会组织中开展了以创建“活力和谐企业”为主题的实践活动，选树了一批先进典型，在“七一”进行了隆重表彰，全县掀起了学先进、比先进、争当先进的热潮。

二是加强领导班子和干部队伍建设。把提高本领、转变作风、坚强有力、奋发有为作为领导班子和干部队伍建设的重点，积极推行常委会任免干部票决制，探索差额选拔干部方式。全年选拔任用干部26名，其中，平职调整22名，非领导转任领导职务1名，副科提拔正科3人，政府机构改革中翻牌任职71名，从公务员队伍中为纪检委选调干部4 名。按照严格执行干部政策法规，注重实绩，向基层一线倾斜的原则，调整过程平稳有序，得到社会各界广泛认可。通过调整，干部干事创业、共谋跨越发展的积极性进一步激发，全县上下政通人和、心齐气顺的良好局面进一步巩固，选人用人公信度不断提升。2010年度全省组织工作满意度民意调查结果表明，我县干部选拔任用工作评价分值均高于全省、全市平均水平，名列全市第二；防止和纠正用人不正之风工作的评价分值也高于全省、全市平均水平，名列全市第三。同时，着力开展了四项监督制度等干部政策法规的学习宣传活动，严格执行领导干部任前审查、任前公示和“一把手”离任审计，有效匡正了选人用人风气。加强基层党组织和党员队伍建设，全面推行“四议两公开”工作法，严格落实“382”发展党员工程，创新党员教育管理服务，村级组织活动场所实现全覆盖。在村官中强化“三比双争”活动，组织演讲比赛，进一步激发了村官干事创业的热情。制定出台了《稷山县人才发展中长期规划实施意见》，建立了人才信息数据库，为更好地发挥人才作用奠定了坚实基础。

三是加强反腐倡廉建设。创新构建“4351”四级信访联动机制（即构筑四个平台、严格三道程序、健全五项制度、实现一大目标），使干部作风明显转变，工作效率明显提高；操作程序更加规范，诉求渠道更加畅通；越级上访明显减少，发展环境更加宽松。四级信访联动机制的建立，得到了省、市纪检部门的充分肯定。认真落实廉政准则，深入开展了治理教育乱收费、纠正医药购销和医疗服务方面的不正之风。同时，加强中央和省委、省政府重大决策部署落实情况的监督检查，深入推进煤焦领域反腐败专项斗争。加强领导干部廉洁自律，健全主要领导干部监督等制度。

（侯俊峰）

附：一、中共稷山县委书记、副书记、常委名单

书　记：乔登州

副书记：李亚丽　王勇强（挂职，6月离职）

常　委：高根立　禹桂香（女）　姚广林　赵永刚　尚国桦　张建军　李宝珠

二、乡镇（街道）党委（党工委）书记、副书记名单

稷峰镇

书　记：赵高云

副书记：樊双全　董武云

太阳乡

书　记：朱建虎（5月离职）
黄亚平（女，11月任职）

副书记：黄亚平（女，11月离职）　冯智军

化峪镇

书　记：付红安

副书记：梁永明　孙　鹏

翟店镇

书　记：王　尧（5月离职）　郝　冰（女，11月任职）

副书记：郝　冰（女，11月离职）　宁昌狮

清河镇

书　记：兰金锁

副书记：赵　鹏　史永安

蔡村乡

书　记：薛建东

副书记：张国兴　张文元

西社镇

书　记：任喜龙

副书记：杨丙坤　韩张斌

社区办

书　记：薛钢善

副书记：薛利鹏

中共芮城县委工作概况

县委书记 王正风

2010年，县委团结带领全县广大干部群众，坚持以科学发展观为统领，以“转型发展、跨越发展”为战略目标,奋发进取,求实创新，扎实工作，全县经济社会各项事业和党的建设取得新成效。

一、加强经济社会各项事业建设

县域经济长足发展。2010年，社会经济实现了平稳较快增长，主要经济指标均保持了两位数的增长。全县生产总值完成50.4亿元,同比增长13.5%；财政总收入完成3.9286亿元,同比增长17.55%；一般预算收入1.2744亿元，同比增长30.98%,财政收入增幅连续三年位居全市前列（2007年第三名，2008年第一名，2009年第二名）；社会消费品零售总额完成14.66亿元,同比增长27.3%；全社会固定资产投资完成21.32 亿元,同比增长23.17%；城镇居民人均收入完成13743 元,同比增长15%；农村居民人均纯收入5090元，同比增长13.0%。

工业发展势头强劲。2010年，新建县城工业园，一期总规划面积4429.68亩，初步形成医药产业区、中小企业孵化区、新材料产业区、食品加工产业区、电子信息产业区五个产业区。以县城高科技工业产业聚集区为载体，开工建设、储备了一批项目。总投资14亿元的亚宝工业园、兆信生物工业园、金丰瑞电子工业园、君雅墙纸相继开工建设，在第三届书画艺术节上还成功签约项目5个总计76亿元。全年新增规模以上企业7家，规模以上工业企业增加值年底预计完成13.2亿元，同比增长16.63%。

“三农”工作稳步推进。2010年，全县粮食播种面积85万亩,总产2.9亿公斤，同比增长24.5%；完成中低产田改造3.1万亩，农业产业基地不断壮大。苹果改型提质增效工程发展迅猛，全年共完成果树改型7497.3亩，亩效益增加2400 元；新农村建设力度不断加大，全年完成新农村重点推进村21个，80%的新农村完成了“四化四改”和“五个一工程”，农村面貌得到进一步改观。

旅游开发成效明显。围绕做大文化旅游产业，重点对圣天湖、大禹渡、九峰山、永乐宫、百梯山、凤凰咀六大景区进行招商引资和改造提升。对城隍庙、广仁王庙、清凉寺主体着手进行全面修缮。成功举办了中国（芮城）永乐宫第三届国际书画艺术节，共收到书画作品6480幅，来稿范围涉及全国32个省（市）、自治区和港澳台地区及澳大利亚、日本、新加坡、加拿大、印度尼西亚等国家，吸引周边10万余名观众参观展览，并被中国书协授予“中国书法之乡”。景区基础设施和服务设施不断完善，大禹渡景区通过3A级景区验收，成为我县继永乐宫之后的又一个星级景区。

交通建设突飞猛进。运宝双洞高速公路建设工程和黄河公路大桥立项进展顺利,隧道南口芮城段左洞掘进916米，右洞掘进828米，运宝黄河公路大桥可行性报告已通过评审。东沿山公路、沿黄扶贫旅游路、大王至风陵渡二级路、沿黄干线县城至永乐段（20.14公里）改造相继建成通车，通往圣天湖、大禹渡、九峰山、百梯山景区的旅游公路全部建成通车。总投资700万元，建成21个自然村35公里村通油路；总投资580万元，完成乡道改造13公里。全县“四横二十纵”交通网络已经形成。

县城面貌日新月异。县城核心区（永乐广场）建设工程作为2010年全县十大重点工程之一，会展中心已部分建成投入使用；污水处理厂已建成运行；集中供热供气一期工程建设完工，供热用户300余户，供热面积达4.5万平方米；垃圾处理项目已完成可研、环评和立项等前期准备工作。同时，先后完成了工业街排水、学府街、舍利街、永乐南路、大禹东街等的绿化和亮化，城市功能进一步完善，品位进一步提升。

生态环境持续改善。全年共完成通道绿化90公里，核桃干果经济林6000亩，完成退耕还林补植补栽任务8000亩，23个园林村绿化已全部绿化到位，完成天然林资源保护工程1 万亩，先后被评为“全省造林绿化先进县”和“全省经济林建设十强县”，林木覆盖率由2006年的27.05%提高到38.79%。节能减排任务提前完成，空气质量二级以上天数达到337天，生态创建成效显著。

民生事业成绩喜人。义务教育阶段“普九”债务化解工作顺利完成，中小学实现多媒体班班通。新农保试点工作进展顺利，城镇居民医疗保险参保率达97%，县人民医院与各乡镇卫生院实现了远程专家会诊，有效解决了群众看病难问题。农村低保覆盖面不断扩大，实现了应保尽保。县财政对年龄60—89岁的农村贫困老人生活补贴、提高公职人员津贴补贴以及住房公积金等全部发放。积极实施“六个全覆盖”：村通水泥（油）路、村通广播电视、村级卫生室和村级组织活动场所实现全覆盖；中小学校校舍安全改造全部完成，实现中小学校舍安全全覆盖；总投入3300万元，共建14处集中供水工程和33个单村工程，解决6.3万人的吃水问题，实现安全饮水全覆盖。

二、加强党的建设

一是加强领导班子和干部队伍建设。一年来，县委把提高本领、转变作风作为领导班子和干部队伍建设的工作重点。在干部教育上，大力实施分类教育，切实抓好党员干部、农村干部、大学生村官的培训，建立了古魏镇太安村和亚宝集团两个市级党员干部教育培训示范基地。在干部管理上，出台了《关于进一步从严管理干部的实施意见》，从干部选任、教育、考核、监督、问责等五个方面提出了19条明确规定，切实解决了干部管理失之于宽、失之于软的问题。在干部的选拔任用上，认真落实干部选拔任用“四项监督制度”，严格常委会任免干部票决制，把好用人导向、民主推荐、组织考察、讨论决定、举报核查等主要关口，不断提高干部选拔任用工作水平，全年县委先后调整干部106人，基本上达到了“三满意”。在干部作风建设上，在全县开展了学习弘扬右玉精神、推动经济跨越发展大学习大讨论大宣传活动，开展了环境集中大整治活动，号召全县干部把贯彻落实右玉精神与争做“五个表率”结合起来，狠刹“四种不良风气”，严肃处理违反“五不准”的行为，严厉整治“部门利益”和吃、拿、卡、要现象。继续实行县级干部包乡镇、包新农村、包重点企业、包重点工程、包信访案件的“五包”责任制，对乡局级领导班子和领导干部，结合实际进一步完善考核评价机制，建立了符合科学发展观要求的《经济社会发展考核评价工作方案》，细化量化考核目标，按照分层次和背靠背的考评机制，一季一督查、半年一小结、年终总评比，干部队伍的执行力明显提高。

二是加强基层组织和党员队伍建设。深入推进“创先争优”活动，在全县创造性地开展了“先锋允诺”活动，承诺事项8450件，为群众办实事4783件，帮扶困难群众1767户。全面推行“四议两公开”工作法。村级组织活动场所实现了全覆盖，并发挥了积极的作用。农村党支部书记队伍管理进一步完善，继续执行“两定三有一调整”工作机制，严格执行《芮城县农村党支部书记、村委会主任及“两委”班子成员岗位目标责任制》、《芮城县农村“两委”干部岗位报酬集中发放工作的实施意见》，新出台了《关于对全县农村两委班子和成员进行百分制考核的实施意见》，加大了对农村两委班子成员的绩效工资考核奖惩力度，大大提高了村干部干事创业的积极性和创造性。全面实施农村发展党员“352”工程，发展党员337名，使全县农村党员队伍进一步壮大，党在农村执政的基础得到进一步巩固。（李荣波）

附：一、中共芮城县委书记、副书记、常委名单

书　记：王正风

副书记：董旭光（2月任职）　李泽亮（10月离职）　胡金虎　杨国义

常　委：姚新亭　余妙珍（女）　王吉敏　贾国平　王志迎　孟　力（2月任职）

二、乡镇党委书记、副书记名单

风陵渡镇

书　记：张应征

副书记：张振江　杨云平

阳城镇

书　记：焦龙生

副书记：王江荣　刘建民　王春龙

永乐镇

书　记：张　波

副书记：薛红阳（女）　张振东

大王镇

书　记：翟纪亭

副书记：赵创国　闫　飞

学张乡

书　记：杨小召

副书记：张云鹏　蔡林权

古魏镇

书　记：谭平川

副书记：王旭鹏　任占盈

南卫乡

书　记：王红梅（女）

副书记：林　波　范世平　张晓丽（女）

东垆乡

书　记：郝永峰

副书记：李　轩　杨安平

西陌镇

书　记：蔡军龙

副书记：姚建鹏　董军越

陌南镇

书　记：张建丰

副书记：杜步奇

中共绛县县委工作概况

县委书记　张　冠

全县有党委11个，党总支20个，党支部429个，党员11201名。2010年，在省委、市委的正确领导下，县委深入贯彻党的十七届四中、五中全会精神，以加强党的执政能力为重点，以科学发展为主题，以转型跨越发展为目标，以党的建设为保障，扎实有效地开展各项工作，使全县各级党组织的创造力、凝聚力、战斗力不断增强，党员干部队伍作风不断提升，为经济社会发展提供了坚强的政治保证。

一、以创先争优活动为切入点，抓学习，强素质

绛县县委坚持用中国特色社会主义理论体系武装头脑，统一思想，指导实践，推动工作。县委班子成员坚持带头学习，不断发挥组织指导和示范带动作用，把广大干部群众的思想不断统一到中央和省委、市委的决策部署上来，统一到推动绛县转型跨越发展的崭新实践中来。2010年6月份以来，我们按照中央和省委、市委的统一部署，深入开展创先争优活动，加强领导，精心组织，健全机制。结合绛县实际，以“激发干事创业热情，推动绛县科学发展”为主题，丰富内容，紧紧抓住“公开承诺”这一环节，建立健全了以“三种承诺主体、三类承诺内容、三个承诺步骤、三项督促措施、三种检验办法、三种结果运用”为主要内容的“六三”工作机制，开展了形式多样、生动活泼的教育引导、岗位竞赛等争创活动，有力地增强了各级党员干部的工作能力，为绛县经济社会的转型跨越发展提供了政治保障。

二、以完善机制为支撑点，抓干部，固根本

县委出台了《关于进一步严格管理干部的实施意见》，实施了学历达标、干部轮训、在职自学、实践锻炼、干部教育培训保障“五大工程”，建立了全县干部教育培训档案，对全县574名科级领导干部进行了十七届五中全会精神专题培训，对59名新提拔干部全部进行了任前理论测试。健全了干部监督联席会议制度，严格执行谈心谈话、述职述廉、诫勉谈话和组织函询等制度规定，坚持实行重大事项报告制度、领导干部有关事项报告制度，先后组织3名县级领导申报了有关事项，对59名新提拔副科级领导干部全部进行了任前谈话，对5名领导干部进行了经济责任审计，分批组织10名新提拔干部到信访部门进行挂职锻炼。完善并严格执行有关程序，积极探索实行了干部考察工作责任制、公开选拔机制、聘任制、公示制等一系列政策措施，严格按照核定的机构和干部职数任用干部。2010年，共调整干部120人，其中，免职12人，平调48人，提拔59人，享受副县待遇1人。初步建立起了体现科学发展观要求的干部考核评价机制，严格实施年度目标任务考核，制定了科学具体可操作的考核方案，一项项考评，一条条落实，通过考核进一步密切了干群关系，明确了努力方向，树立了正确导向，有力地推动了各项事业发展。

三、以基层党建为侧重点，夯基础，显活力

继续深入开展农村基层党组织“帮建升级”活动，全面落实“三级联创”、“一定三有”、“四议两公开”、村级主干教育培训等制度，完成了62个村的村级组织活动场所建设，实现了全县村级组织活动场所全覆盖，初步构建了城乡统筹、整体推进的基层党建新格局。进一步加强了非公经济组织和新社会组织党建工作，对未建立党组织的非公企业，选派了党建工作政治指导员，建立完善了党员登记、党员目标管理、流动党员联系等制度。在新社会组织中，新成立了绛县创业者协会和绛县中达会计事务所两个党支部。不断加大对城市社区党组织干部配备、经费保障、工作用房的支持力度，全面完成了基层党组织换届工作。扎实开展农村党员“382”工程，全年共发展党员394人，其中农村党员291名。不断完善基层远程站点建设，积极运用现代信息技术和网络技术对党员进行教育。加大对老党员、老干部、老模范以及生活困难党员的慰问帮扶力度，强化流动党员队伍管理，党员队伍焕发出新的生机和活力。

四、以作风建设为着力点，树形象，优环境

有效落实党风廉政建设责任制，把反腐败工作与经济、业务工作一起部署、一起落实、一起检查、一起考核，形成了“党委统一领导、党政齐抓共管、纪委组织协调、部门各负其责、依靠群众支持和参与”的工作机制。不断深化廉政教育活动，投资10万元建立了廉政文化大院，形成了一个基地、一个大院、五个教育示范点，具有绛县特色的“115”廉政警示教育网络。并将警示教育的范围由最初的机关干部延伸到社会各个方面，136批次4000余人接受了教育，实现了廉政教育全覆盖，进一步筑牢了广大党员干部拒腐防变的思想道德防线。坚持不懈地推进反腐倡廉科学化、信息化建设，以互联网为载体，建立了覆盖全县的涉农信息公开平台，将8万余条农村政务事务和强农惠农政策落实情况予以网上公开，确保基层公共权力在阳光下规范运行，全年累计接待农民群众咨询665次，受理群众投诉219次，为农民群众解决了217件问题，办实事94件。深入学习弘扬“右玉精神”，多形式开展实地参观、演讲比赛、知识测试等主题活动，严肃整治虚于懒惰、玩乐享受、乱讲闲话、推诿扯皮等不正之风，大力弘扬负重赶超、只争朝夕，奋发有为、争创一流的优良作风。全面铺开了集中整治影响和损害经济发展环境突出问题专项整治，开展了公开承诺、机关效能和作风暗访，组织了专题民主生活会。严肃查处了一批损害经济发展环境的案件，处分了包括3名副科级领导干部在内的12名上班时间上网、炒股、玩游戏、赌博的机关干部，全县经济发展环境得到进一步优化。

五、以推动发展为落脚点，谋转型，促跨越

县委坚持以抓党建之举，聚民心之力，促发展之实。围绕袁纯清书记在运城市调研时提出的“把运城建成山西向东向西开放的桥头堡和大通道”和实现经济社会转型跨越发展这一要求，科学审视绛县发展特点，准确把握面临的机遇挑战，全面了解广大干部群众的期盼与想法，广泛

听取社会各界的意见和建议，提出继续以“新型工业立县，特色农业富民，科技教育兴绛，优化环境促发展”的发展战略为统领，提振信心，大上项目，拉动增长。一年来，先后完成了闻垣高速绛县段、紫金山南路、文公北路、广场西路、中条山路、天然气管道建设、卫庄镇6700亩中低产田改造工程、联通11套3G网基站建设和G网改造工程、移动生产营业楼建设、绛县220KV变电站增容改造和三涧35KV变电站增容改造等一系列重点工程，开工实施了县医院改造、维之王新厂建设、古绛镇下高片1万亩土地整理、垃圾处理场等一大批重点项目，有力地推动了县域经济的转型跨越发展。全县生产总值完成39 .81亿元，同比增长17.2%；规模以上工业增加值完成15.9亿元，同比增长26.9%；全社会固定资产投资完成35.84亿元，同比增长26%；财政总收入完成2.2366亿元，同比增长31.3%；一般预算收入完成6916万元，同比增长29.7%;社会消费品零售总额完成11.6亿元，同比增长23%；城镇居民人均可支配收入达到12270元，同比增长17.1%；农民人均纯收入达到4581元，同比增长16.1%。县委强力推进以保障和改善民生为主的社会事业，全面完成了村通水泥（油）路建设、村级卫生室改造、村通广播电视、中小学校舍安全改造、饮水安全工程和村级组织活动场所等农村“六个全覆盖”，进一步扩大了社会保险覆盖面，城乡低保做到了应保尽保，医疗保险实现全民覆盖，新建了1万平方米的经济适用房和2万平方米廉租住房，让全县广大人民群众得到了看得见、摸得着的实惠。（郅海军）

附：一、中共绛县县委书记、副书记、常委名单

书　记：张　冠

副书记：梁潞阳　李百选　李国平

常　委：张新进　李　旸　李清水　高　力
张永霞（女）　崔全彦

二、乡镇党委书记、副书记名单

古绛镇

书　记：王辩明

副书记：徐凌杰　邓　琦

陈村镇

书　记：马春海

副书记：李玉林　赵军强

大交镇

书　记：赵仙萍（女）

副书记：都俊杰　亓向东（8月离职）
谭会龙　（11月任职）

南樊镇

书　记：李彩霞（女）

副书记：黄新苏　王李军

安峪镇

书　记：王世伟

副书记：樊军民　郝养锦

横水镇

书　记：孙　晓

副书记：荆晨波　王　泰

郝庄乡

书　记：卫文静

副书记：盖忠良　谢　强（8月离职）
解　辉（11月任职）

冷口乡

书　记：张文成

副书记：王海忠　张牡丹（女，8月离职）
张永健（11月任职）　白箐杰

磨里镇

书　记：马　辉（女）

副书记：赵周伟　王军红

卫庄镇

书　记：李彩兰（女）

副书记：刘新俊　苗晓忠（8月离职）
彭　振（11月任职）

中共万荣县委工作概况

县委书记　卫瑞牛

全县有党委16个，党总支23个，党支部457个，党员14376名。2010年，县委全面贯彻落实党的十七大和十七届四中、五中全会精神，坚持以科学发展观为统领，以加快转变经济发展方式为主线，以工程项目为载体，全力实施“果业富民、工业强县、文化旅游立县”战略，积极推进县域经济社会转型跨越发展。

一、坚持以党建为龙头，党的基层组织建设不断创新

注重教育培训，着力推进学习型党组织建设。推进县委中心组理论学习经常化、制度化，先后围绕十七届五中全会和全省干部大会精神等进行了专题学习。继续引深“一月一本书、一月一讲坛”活动，先后聘请专家教授举办了“中央一号文件”精神、《廉政准则》和“右玉精神”

等专题讲座；举办了新任科级干部轮训、农村两委主干冬训及大学生村干部集中培训。全年共举办培训班20余期，受训人数2200余人次，领导干部的执政水平不断提升。

紧密联系实际，有效开展创先争优活动。结合万荣农村党员多的实际，县委将中央在创先争优活动中提出的先进基层党组织“五个好”和优秀共产党员“五带头”的基本要求细化为“十星农村党支部”和“十星农村党员”，并在全县干部中开展“三问三帮三走进”民心恳谈活动，在乡村级组织中开展“七村五有”、“五型五争”和“村级班子干好十件事、争创十好班子”活动，在机关党组织中开展“五比五创”活动，在学校党组织中开展“三树三争”活动，在企业党组织中开展“三为三争”活动。广大党员干部作风不断优化，理念不断提升，在全县掀起了学先进、争先进、赶先进、谋跨越的热潮。

狠抓管理创新，党员队伍和人才队伍建设实现新提高。进一步完善发展党员的“三五”运行机制，推行以群众推荐、团组织推荐、妇联推荐和党员评定为主要内容的“三推一评”工作办法，将致富能手、小康带头人、村组干部和大学生村干部吸收到党组织中，提高了基层党组织的先进性和战斗力。积极构建流动党员管理新机制，完善流动党员管理申请登记、行前教育谈话、思想情况动态联系三项制度，全面加强对流动党员的规范管理；大力实施“双千双百”工程，即建立千名优秀人才信息库，培养千名新农村实用人才，开展百名技术人才对口服务，组织百名工艺人才研发创业，进一步加强和扩充了人才队伍，为县域经济社会又好又快发展提供了坚强的人才保障和广泛的智力支持。

二、坚持惩防并举，着力塑造廉洁勤政的党员干部形象

加强反腐倡廉教育，营造“崇廉耻贪”社会氛围。在《万荣人》报开辟“《廉政准则》大家谈”专栏，在政府网站设立“廉政警示教育论坛”，广大党员干部廉洁自律意识明显提高。充分发挥廉政教育基地作用，突出抓好警示教育。坚持“每月办三期，半年轮一遍”教育活动，全年共有90余家单位6000余人接受了廉政教育。不断拓展廉政教育载体，在财政、工商、供电支公司等10多家单位建立了廉政文化墙或廉政文化走廊，在全县中小学开展了“萌芽廉政”、“花蕾行动”系列活动，在70余个行政村建立了廉政文化广场，反腐倡廉教育深入人心。

完善阳光农廉监督网络，推进农村党风廉政建设。投资215万元，建立了县、乡服务大厅和村级服务室，配备了电脑、电视等硬件设施。依托信息技术建设“阳光农廉网”，将党和政府的“三农”政策、农村财务收支、涉农补贴等信息在网上公开，搭建了一条自上而下的涉农信息“直通车”，成为群众了解村情、反映诉求、实施监督的新渠道。

加大监督和查处力度，不断优化经济发展环境。结合集中整治影响和损害经济发展环境突出问题专项活动，严格落实省委关于整肃工作纪律、狠刹不良风气的“五个不准”，查处上班时间到娱乐休闲场所活动的公职人员5人；强化效能监察，开辟了直接面诉、投诉信箱、电子邮箱、电话和媒体监督等5大投诉平台，共受理处置群众投诉20件，给予党纪处分3人、政纪处分6人；深化公路“三乱”治理，受理举报14起，立查案件5案5人；规范教育收费行为，整顿取缔各类违规培训机构26家；纠正医药购销和医疗服务不正之风，纠正问题8个，取缔无证经营1家。全年共核实各类案件72件，处理违纪人员76人，有效惩治了腐败，教育了党员干部，为科学发展营造了良好环境。

三、坚持三产协调并进，县域经济平稳较快发展

“三农”工作整体推进，农民收入稳中有升。一是粮食生产取得丰收。全年粮食总产量达到1.45亿公斤，比上年增加1860万公斤，增幅11.6%。其中，小麦总产量达到6360万公斤，增幅12.1%。二是苹果减产增收。苹果总产量达到5.4亿公斤，比去年减产10%，总产值达13.5亿元，比去年增长26%，果业人均纯收入2487元，同比增长21.7%。三是新农村建设有序推进。总投资3299万元，对29个重点推进村全面实施了“四改四化”和“五个一”工程，村容村貌焕然一新。

工业经济持续向好，重点企业强劲发展。一年来，县委在引进大型工业项目上实现了历史性突破。全年招商引资到位资金16.24亿元。投资5亿元的北京汇源饮料食品集团万荣有限公司PET灌装生产线和注塑生产项目，投资4.9亿元的山西联合镁业与TCL集团合作项目等相继建设。重点企业发展平稳。恒磁公司产销两旺，工业总产值和销售收入同比增长46.7%和62%；汇源、中鲁两家果汁企业累计加工各类水果15万吨，为果农增收近1.8亿元；黄腾、凯迪等化工产品在国家重点铁路工程建设上广泛应用；华康药业“大山楂丸”等拳头产品热销市场，三九药业小容量注射剂生产线技术改造全面完成；恒磁、黄腾开始运作股票上市，谋求更大发展。全县工业销售收入累计完成19.75亿元，同比增长44.7%；企业上缴税金12103万元，同比增长4.1%。

第三产业快速发展，文化旅游效益明显。笑话博览园被授予“笑话博物馆”称号、李家大院创建4A级景区、西滩景区三星级宾馆通过验收、飞云楼景区实施改造，六大景区内涵不断丰富，“欢乐万荣二日游”循环线路更加成熟，全县全年接待游客75万人次，旅游直接收入800万元，带动餐饮、住宿、交通等实现综合收入8000余万元。电视连续剧《荣河镇的男人们》顺利拍摄，笑话剧《闷娃村长》在“中华颂”全国小戏小品曲艺活动中荣获二等奖，八龙文化传媒、银河文化传媒、亲蛋蛋、云仙面塑等一批文化企业发展壮大，研发了“中华笑城倒走手表”、“笑话王子”、太阳能钥匙扣等文化产品200余种，年产值近2000万元。

一年来，在广大干部群众的共同努力下，全县地区生产总值完成33.3亿元，同比增长12%；规模以上工业增加值完成6.32亿元，同比增长31%；财政总收入完成24559万元，同比增长13%；全社会固定资产投资完成29.29亿元，同比增长65.8%；社会消费品零售总额达到14.7亿元，同比增长18.8%；城镇居民人均可支配收入12018元，同比增长16.4%；农民人均纯收入4087元，同比增长15.2%，经济社会发展迈上了新的平台，为“十二五”转型跨越发展奠定了良好基础。 （李鹏凯 王梦江）

附：一、中共万荣县委书记、副书记、常委名单

书　记：卫孺牛

副书记：张汪尤　吕景方　裴　峰（12月离职）

常　委：孙典孝　董焕朝　裴良豪　权志学　刘政光　黄梅芳（女）　卫增辉

二、乡镇党委书记、副书记名单

解店镇

书　记：张宗泽

副书记：李东波　丁世奇

西村乡

书　记：李印成（6月离职）　薛　峰（6月任职）

副书记：史旭强（6月离职）　张创功（6月任职）　赵卫国

里望乡

书　记：张　炜

副书记：丁文玲（女）　王春雷（6月离职）　谢　东（6月任职）

通化镇

书　记：王伯龙（6月离职）　李忠泽（6月任职）

副书记：李忠泽（6月离职）　胡慎英（6月任职）　王世红

南张乡

书　记：姚东杰

副书记：张华峰　黄　峰（6月离职）　王国强（10月任职）

裴庄乡

书　记：薛　峰（6月离职）　丁文斌（6月任职）

副书记：丁文斌（6月离职）　黄　峰（6月任职，11月离职）　徐晓凯（11月任职）　寻　耿

光华乡

书　记：杨　强

副书记：杨晓凯　李湘军（6月离职）　张　革（6月任职）

荣河镇

书　记：廉振虎

副书记：裴玉斌　吴　雷（6月任职）

万泉乡

书　记：王　权

副书记：薛　峰（6月离职）　解胜刚（6月任职）　郝文栋

高村乡

书　记：闫世杰

副书记：范炎森　李永强

贾村乡

书　记：吴中庆（6月离职）　史旭强（6月任职）

副书记：胡慎英（6月离职）　杨永忠（6月任职，11月离职）　黄　峰（11月任职）　尹艳霞（女）

王显乡

书　记：李泽民（6月离职）　闫志宏（6月任职）

副书记：闫志宏（6月离职）　王肖龙（6月任职）　李晓江

汉薛镇

书　记：董志刚

副书记：李明凯　卫国威

皇甫乡

书　记：尉艳梅（女）

副书记：孙红伟　董官喜　张创功（6月离职）　潘海英（6月任职）

中共垣曲县委工作概况

县委书记　侯伟建

2010年，县委团结带领全县干部群众，坚持以科学发展观为指导，认真贯彻落实党的十七届四中、五中全会精神和全省领导干部大会精神，紧紧围绕省委、省政府转型跨越发展的战略部署和市委、市政府建设桥头堡和大通道的总体要求，以建设生态垣曲为目标，以项目建设为龙头，以转变干部作风为抓手，以保障和改善民生为根本，全力推进经济社会又好又快发展。

一、促转型、谋跨越，加快发展县域经济

抓住全省大转型、大跨越、大发展的历史机遇，千方

百计争项目、引项目、上项目，以项目战略的实施推动县域经济持续快速发展。全县地区生产总值完成23.29亿元，同比增长23.1%；财政总收入完成2.54亿元，同比增长25.4%；城镇居民人均可支配收入12528元，同比增长16.3%；农民人均纯收入3144元，同比增长13.8%。

一是农业和农村经济稳步发展。全年粮食总产量达6596万公斤，同比增长85.76%。加快农业调产步伐,在巩固发展桑、烟、菜、畜、蜂等传统产业的同时，因地制宜发展干果经济林、大棚蔬菜和规模养殖三个产业。全县蚕桑面积发展到2.1万亩，年产鲜茧33.49万公斤，蚕农收入1000余万元；烟叶7950亩，烟农年收入2000余万元；蔬菜1.6万亩，年收入近5000万元；牛、羊、猪、鸡、兔存栏分别达到1.3、9、7.5、63、2.3万头（只），畜牧业总产值1.3亿元，农民人均牧业收入480元；养蜂7358箱，年纯收入220万元。干果经济林通过免费提供苗木和技术服务，引导农民发展了4.1万亩。扶持发展农副产品加工龙头企业，新发展了沐风农林香菇酱、润茂科牧蛋鸡等项目。多形式引导和促进农村土地流转，激活土地资源。继续加大农业基础设施建设力度，实施了土地整理、中低产田改造、农发水保等多项工程。扎实推进新农村建设，“四化四改”、“五个一”工程建设取得新进展，农村生产生活条件进一步改善。

二是工业经济呈现生机。招商引资工作，2010年共引进资金10.45亿元，超额完成市政府下达5亿元的任务。大力推进传统产业改造升级，新上重点项目进展顺利。运城市标志性项目，投资12.8亿元的五龙集团年产110万吨焦化和4万吨镁合金综合利用项目顺利开工；总投资21.5亿元，年可产金锭3吨、银锭150吨、粗硫酸镍633吨、粗硒26吨、阴极铜10.3万吨、硫酸42.1万吨的北方铜业垣曲冶炼厂50万吨多金属矿综合捕集回收技改项目，已完成科研和征地工作；天玉建材公司年产630万平方米陶瓷项目一、二期工程全部竣工并投入试生产；陶粒砂产业进一步发展壮大，总产能由原来5万吨发展到15万吨，全年出口陶粒砂3.7万吨，创汇1700万美元；中德机电、昌隆机电、力诺饲料等企业相继投产达效。“标志性产业项目规划”和“中小企业发展规划”加速推进，全县规模以上企业总数达20家。中小企业创业基地建设，已基本具备招商条件。

三是基础设施进一步完善。城市建设上，投资近1亿元，实施了12项市政重点工程。其中，舜乡城郊森林公园完成一期工程1154亩；县城污水处理厂投入试运行；县城供水工程引水隧道全线贯通；城市供气工程完成800米管道铺设；城市公交车开通运营。城市面积发展到13.8平方公里，七纵九横的城市框架初步形成，城市承载能力明显提升。道路建设上，闻垣高速公路全线通车，结束了垣曲没有高速路的历史，实施了8处道路修建工程，全县公路通车总里程达到953.7公里，“三纵三横”的公路交通网络初步形成，通达能力和区位优势进一步显现。

四是生态旅游开发力度加大。推进景区景点基础设施及旅游服务设施建设，整合旅游资源，积极宣传推广，生态旅游品牌知名度进一步扩大。2010年接待游客7.3万人次，实现旅游收入550万元，带动相关产业综合收入3000余万元。加快推进生态建设，创建省级环境优美乡镇1个、省级生态文明村2个、市级生态村3个，启动了重点生态功能保护区建设。全年完成各级造林任务6.65万亩，森林覆盖率比上年增长1个百分点。依法淘汰落后产能，对不符合国家环保政策的23家企业实施了关停取缔。5条主要河流断面水质均达到农林灌溉标准，二氧化硫排放量、化学需氧量分别减少348吨、588吨，均超额完成削减任务，全县二级以上达标天数350天。继续强化安全生产管理。认真开展“安全生产年”活动，全县没有发生一起重特大安全事故。

二、强基础、固根本，全面加强党的建设

一是深入开展创先争优活动。积极创新活动方式，结合垣曲实际，把创先争优活动与巩固扩大学习实践活动成果、推行“四议两公开”、促进机关作风转变、建设学习型党组织、推动经济社会发展相结合，创新活动载体，丰富活动内涵，推动活动向纵深发展。注重加强分类指导，按照有利于开展活动，有利于党员参加，有利于取得实效的原则，在机关、社区、企业、学校、农村党组织和党员中开展了各具特色的创先争优主题实践活动。严格落实“六三”工作机制要求，全县各级领导班子和基层党组织、广大党员都结合年度目标任务，通过电视、公告等方式，向社会做出了书面公开承诺。全县树立先进基层党组织3个、优秀农村党支部书记5人、优秀党员8人。在他们的示范带动下，全县各级党组织和广大党员干部结合各自实际，积极为群众办实事、解难事、做好事。共制定承诺事项23685件，县直单位和企业为农村提供扶持资金216万元，技术服务650人次，帮助输出劳力2000余人，技能培训2600人次，和群众结成帮扶对子2000余个，为群众提供致富路子380余条，创先争优活动取得了阶段性成果。

二是大力加强干部队伍和基层组织建设。全面规范干部选拔任用工作，认真学习贯彻《条例》和四项监督制度，重点抓住民主推荐、组织考察、会议研究、任前公示关键环节，严格审查资格条件，创新初始提名制度，实行县委常委会任免干部票决制，有效遏制选人用人上的不正之风。尤其是打破常规，深化改革，对全县10名乡镇长进行了公开选拔。调整后，全县局级领导班子特别是乡镇领导班子结构进一步优化，乡镇领导班子平均年龄比调整前下降3.8岁，本科学历提高41.7%，女干部增加14名，党外干部增加1倍，班子的凝聚力、战斗力进一步增强。进一步转变干部作风，按照省委要求，结合垣曲实际，掀起了学习弘扬右玉精神新高潮，使广大党员干部的责任意识、苦干意识、奉献意识和服务意识明显增强。加大工作考核力度，出台了《年度重要工作目标任务考核办法》，对全县2010年工作中表现突出的先进单位进行了表彰奖励，进一步激发了广大党员干部干事创业、争先发展的积极性。加强基层党组织和党员队伍建设，继续深入开展农村基层党组织“帮建

升级”活动，全面落实“三级联创”、“一定三有”、“四议两公开”、村级主干教育培训等制度。在246个规模以下非公有制企业和26个新社会组织中建立了党组织。2010年共发展党员360人，其中农村党员280人，占77.8%。

三是加强党风廉政建设和反腐败斗争。认真学习贯彻《廉政准则》，建立了一个廉政文化主题广场和一条廉政文化街，成功举办廉政文化周活动，共培训教育党员干部62期6896人次，查处违反《廉政准则》案件19起。扎实开展纠风治乱，重点治理公路三乱、教育乱收费和医疗购销中的不正之风，解决损害群众利益和企业利益的突出问题。集中开展工程建设领域和煤焦及矿产领域专项治理，共追缴工程建设领域欠缴税费基金1242万元，清缴煤焦及矿产领域各种税费1270万元，对相关责任人进行了严肃处理。坚决查处党员干部违纪违法案件，共受理信访举报96件，立查案件143件，受理审结104案，给予党政纪处分142人，其中撤职以上重处分28人，移送司法机关10人，有力地维护了党纪政纪的严肃性。（侯锐波　毕大明）

附：一、中共垣曲县委书记、副书记、常委名单

书　记：侯伟建

副书记：杨彦康　张春吉　刘景锋　王志超

常　委：陈立社　荀明林　张登庆　高倩倩（女）
裴斌虎　刘瑞林（5月任职）
郭　勤（5月离职）

二、乡镇党委书记、副书记名单

毛家湾镇

书　记：王　坚

副书记：李海勇（1月任职）　姬云鹏（5月离职）
张联民（5月离职）　张慧龙（6月任职）

新城镇

书　记：庞卫民

副书记：赵　磊（6月任职）　贯龙龙
王心洋（6月任职）

皋落乡

书　记：王国平

副书记：郭亚明（1月任职）　席为民（6月离职）
黄建光（6月离职）　王双红（6月任职）

长直乡

书　记：樊赵伟

副书记：杨春霞（女，1月任职）　龚　峰（5月离职）
张晋鹏（6月离职）　王朝阳（6月任职）

王茅镇

书　记：赵建喜

副书记：王爱东（1月任职）　张红军（5月离职）
王亮民

解峪乡

书　记：焦立豹

副书记：郭言民（6月任职）　王　杰（5月离职）
温高伟（6月离职）　张建玲（女，6月任职）

古城镇

书　记：文立选

副书记：狄雷霆（1月任职）　赵　磊（1月离职）
吉金良（1月离职）　尚　斌（6月任职）

英言乡

书　记：毕丽红

副书记：张艾红（女，1月任职）　尚　斌（6月离职）
王金星（5月离职）　赵小进（6月任职）

蒲掌乡

书　记：赵王平

副书记：张海刚（1月任职）　张艾红（女，1月离职）
张平川（5月离职）　王亚军（6月任职）

历山镇

书　记：方伟俊

副书记：郭红云（1月任职）　张海潮（5月离职）
郭亚明（1月离职）　李　明（6月任职）

华峰乡

书　记：靳　荣

副书记：韩俊辉（1月任职）　张海刚（1月离职）
郭言民（6月离职）　赵建刚（6月任职）

中共夏县县委工作概况

县委书记　苏安乐

全县有党委18个，党总支23个，党支部549个，党员13566名。2010年，县委在市委的正确领导下，认真贯彻落实党的十七届五中全会精神和省、市委的决策部署，坚持以科学发展为主题，以转型发展为主线，以跨越发展为目标，团结带领全县人民，解放思想、开拓进取，抢抓机遇、奋力拼搏，圆满完成了年初确定的各项目标任务，全县经济、政治、文化、党建和反腐倡廉工作都取得了新成效。

一、全面加强和改进新形势下党的建设，不断提升全县各级党组织的凝聚力、创造力和战斗力

一是深入开展创先争优活动。在完成第三批学习实践

活动的基础上，2010年县委按照中央和省、市的要求，及时在全县各级党组织和党员中深入开展了以“五好五带头”为目标的“创先争优”活动。坚持把创先争优与推进转型跨越发展结合起来，与服务企业、服务群众、优化整治发展环境结合起来，与弘扬右玉精神、转变干部作风结合起来，与加强基层组织建设、巩固党的执政基础结合起来，引导党员干部立足本职岗位创先进、争优秀，并通过举办“公开承诺”、“四争四比”、“专题讨论”和开展干部下乡、创建党员先锋岗等活动，确保创先争优活动取得明显实效。2010年，全县各级党组织和广大党员共向社会公开承诺事项2.5万条，为群众解决实际困难和问题2400余件，受益群众达12.5万人。

二是着力抓好干部队伍建设。全面贯彻执行党的干部路线和干部政策，始终坚持德才兼备、以德为先的用人标准，不断加强干部教育培训，全年全县共举办各类培训80余场次，培训干部4500余人次，为推动转型跨越发展培育了一大批政治坚定、勇于创新、勤政清廉、求真务实、奋发有为的高素质干部队伍。

三是坚持党要管党、从严治党，深入推进反腐倡廉建设。县委高度重视反腐倡廉工作，按照中央和省、市委的一系列部署要求，坚持一岗双责，认真落实党风廉政建设责任制，坚持抓好责任分解、责任考核、责任包容，并把廉政教育、健全制度和强化监督贯穿反腐倡廉的全过程，充分发挥惩防体系的整体效应。全年全县共累计公开涉农事项5.1万条，解决群众投诉的粮食直补、行路、吃水、教育、医疗、低保、宅基等问题250余件。狠抓了纠风专项治理，严厉查处公路三乱、部门乱收费乱罚款、大操大办以及教育、医药等行业不正之风。全年全县共查处纠风案件10起，处理责任人20人；查处违反“五不准”案件6起，分别给予行政记大过和党内严重警告处分。加大违法违纪案件查处力度，重点查处了涉及经济发展和民生领域、建设工程招投标以及粮食直补、惠民政策等方面的典型案件。去年共立查案件88起，给予党纪政纪处分96人，其中涉及科级干部20人，给予留党察看以上重处分12人，给予行政撤职处分5人，起到很好的警示教育作用。

二、按照科学发展观的要求，全力推进县域经济转型跨越发展

一是抓龙头，重招商，新型工业化发展实现大提升。按照扩规模、建精品、打品牌的要求，切实抓好格瑞特葡萄酒业、木业加工、果汁加工、泰顺食品等农产品加工龙头企业的发展。特别是格瑞特酒业已被列入市上重点扶持项目和我县“十二五”规划一号工程，3000亩的基地建设和酒庄、生产线扩建项目正在规划实施。通过持续不断地创优环境，进一步加强招商引资工作，建机构、定任务、拨经费、严考核，引进了一批有潜力的新型产业和项目。全年全县共引进各类项目24个，到位资金8.4亿元，其中规模较大的有投资15亿元的风力发电项目和市政府引进并规划在我县建设的投资53亿元名嘉广场项目。通过优化重组和改造升级，全县的骨干企业也有了较大的发展，翔天钢铁、元泰煤化、金星镁业、安瑞风机、博润机械等企业也通过延伸产业链条，新上了一批有潜力的新产品、新项目，企业的竞争力和抵御风险能力有了很大提升。

二是大力调整产业结构，加快推进农业产业化。在稳定粮食的基础上，始终把调整农业产业结构作为提高农业综合生产能力、发展农业经济的突破口，按照“规模化调产、产业化经营、标准化生产”的原则，大力实施“白色覆盖”（日光温室蔬菜）和“绿色覆盖”（生态经济林）的“双覆盖”战略，重点发展设施农业，初步形成了农业产业化新格局。全年全县蔬菜总播种面积20.76万亩，其中设施蔬菜面积12.8万亩，新发展8700亩，总产量85万吨，总产值9亿多元，每年为农民增加6个亿的收入，收入比重占到55%以上。

三是加快发展以文化旅游为重点的第三产业，着力培育新的经济增长点。坚持一手抓开发、一手抓促销发展旅游业，重点启动了祁家河漂流工程建设，并对司马温公祠堂、碑楼进行了修缮，对泗交的生态旅游景区进行了重新规划。通过完善景区设施和持续宣传推介，着力打造以人文景观游、生态观光游和红色革命传统游为重点的三条精品旅游线。全年共接待各地游客71万人次。旅游业的迅速发展，有力地促进和带动了全县的交通、餐饮、物流、文化等第三产业的发展。

四是坚持生态立县、绿色富民不动摇。在全县持续实施了荒山绿化、园林村镇建设、通道绿化、瑶台山森林公园建设以及城市莲湖公园、禹王大道等绿化提升工程，进一步提高了全县的造林规模和绿化品位。继2006年以来，夏县先后被评为全国绿化模范县、全省造林绿化县、中国绿色名县，2010年又被省政府评为“全省林业生态县”。所有这些，都使全县经济社会发展呈现出了“速度加快、效益提升、结构转优、质量向好、后劲增强、生态改善”的良好局面。

三、坚持以人为本、民生优先，切实抓好以改善民生为重点的和谐社会建设

一是实施了一批带着群众切身利益的惠民工程。农村的“七个全覆盖”，到2010年底，除中小学校舍安全改造工程主体已建成外，其余六项工程已如期完成。同时，还基本完成了廉租、经济适用房建设以及农村500户困难群众住房解困工程，完成了县城近万米排水管道建设和投资3000万元的白沙河县段综合治理一期工程和县城生活垃圾处理场建设工程，完成了投资2100万元的夏南公路至圪马沟段、西下冯至师冯段两条县级公路改造工程，城乡的基础设施建设有了很大的改变。

二是把困难群众、弱势群众作为民生服务的重中之重。切实加大对低收入群体的解困力度，进一步提高了城乡低保、五保供养和社会救助水平，下拨救灾资金155万元，用

于解决受灾群众的生产生活生活困难。

三是统筹推进教育、文化、卫生、体育等社会事业发展。重点实施了涉及59所学校、148个建设项目、投资1.06亿元的中小学校舍安全改造和投资2000万元的中小学标准化建设，完成了县图书管、文化馆设备配套和4个乡镇文化站、257个行政村的农村图书室建设，率先在全市实现了乡镇文化站全覆盖。启动实施了中医院综合办公大楼和泗交镇卫生院住院楼建设，并不断扩大新型农村合作医疗覆盖面，全县的参合人数已达31.9万人，占全县农业人口的99.46%。高度负责地抓好安全生产和以打黑除恶为主要内容的社会治安专项行动，在全县营造了安定祥和的社会环境；认真履行维护社会稳定的重要职责，更加扎实地抓好信访工作，通过完善机制、加强领导包案接访、加大依法处置和开展“矛盾纠纷大排查、大调处”专项活动，使全县的信访总量、涉法涉诉案件、集体访和越级访以及赴京上访、非正常上访都有了明显下降，全县信访秩序明显好转，由过去全市的信访重点县变为现在的信访工作先进县。

（王文斌）

附：一、中共夏县县委书记、副书记、常委名单

书　记：苏安乐

副书记：李晋学　薛玉马

常　委：姚仁义　张　宏　翟龙飞　李　鹏　王　钊　王更合　郭刘龙　苏丽红（女）

二、乡镇党委书记、副书记名单

瑶峰镇

书　记：李永林

副书记：杨　军　张首华

庙前镇

书　记：武曙光

副书记：张建波　张志久

裴介镇

书　记：杨可隆

副书记：刘宏庆　裴卫平

禹王乡

书　记：吴朝晖

副书记：张瑞芳　李向东

水头镇

书　记：张贵林

副书记：王青会　臧孟义

胡张乡

书　记：黄运生

副书记：高天赐　解利军

尉郭乡

书　记：裴文荣

副书记：张更群　翟红灯

南大里乡

书　记：王继瑞

副书记：樊艺兵　李怀波

埝掌镇

书　记：温建新

副书记：秦晓军　马　峰

泗交镇

书　记：刘　军

副书记：崔晓国　郭伟栋

祁家河乡

书　记：杨海娟

副书记：宁国荣　韩俊峰

中共平陆县委工作概况

县委书记　姚十保

2010年，在市委的正确领导下，县委高举中国特色社会主义伟大旗帜，坚持以邓小平理论和“三个代表”重要思想为指导，全面落实科学发展观要求，深入贯彻党的十七届四中、五中全会以及全省领导干部大会和省委九届十一次全会精神，团结带领全县人民，紧扣转型跨越发展主题，积极应对金融危机带来的不利影响，聚精会神搞建设，一心一意谋发展，全力推动全县的经济、政治、文化、社会、生态和党的建设。

一、坚持发展为第一要务，全力推动转型跨越发展

发展是解决平陆一切问题的根本和关键。县委始终把推动平陆转型跨越发展作为头等大事和首要任务来抓，创新发展思路，破解发展难题，加大发展力度，倾尽全力推动平陆转型、跨越发展。全县经济发展企稳回升，逐步向好，主要指标保持或超过金融危机前的水平。全县GDP完成20.2亿元，同比增长12%；规模以上工业增加值完成3.98亿元，同比增长15.2%；财政收入完成1.69亿元，同比增长22%；城镇居民人均可支配收入1.1万元，同比增长14.9%；农民人均纯收入3249元，同比增长12.2%；社会消费品零售总额完成11.7亿元，同比增长18.7%；全社会固定资产投资完成22.8亿元，同比增长21.3%。

项目建设成效明显。一是大批工业项目投产达效。年

产1.5万吨的丰喜乌洛托品、年产1.5万吨的石油压裂支撑剂、2万吨的铁铝尖晶石、两条年产4万吨的刚玉生产线均已完工投产；昌盛20万吨镍铁和不锈钢生产线一期工程开工建设；山西普大煤业完成了煤矿企业兼并重组整合，大金禾煤业有限公司已开工建设；康乐公司年产1万吨高品质再生胶生产线已投产达效。二是新能源项目建设取得重大突破。凯迪风电一期5万千瓦工程已并网发电，凯迪二期、金凤科技风电一期、中广核风电一期已经开工建设。2010年10月28日，我县顺利通过国家能源局评审，成为全省3个绿色能源示范县之一，将连续三年每年享受1000万元的农村能源开发资金。三是储备了一批项目。2×600MW低热值燃料发电项目正在进行前期筹备；常乐水泥厂130万吨粉末站、昌盛余热发电等项目前期已经就绪，将相继动工建设。

农业产业化稳步推进。实施科技增产计划，建成了张店、晴岚优质小麦产业带，南村、张村绿色有机苹果基地和部官、张店、圣人涧时令鲜果基地；着力发展烤烟产业，建成了全省唯一的现代化烤烟基地；大力推行无公害标准化生产，建成了沿河优质西瓜、张店露地西红柿、老城沙滩红薯、常乐食用菌等果蔬基地；积极推行生态养殖，建成了以张店野猪驯养、老城奶牛繁育、杜马生猪饲养、开发区规模养鸡、晴岚獭兔养殖为代表的生态畜牧养殖基地。随着农业产业基地的壮大，田园蜂业等龙头企业已具雏形，起到了辐射、带动、示范效应，促进了农业产业化发展。

城镇建设统筹发展。以“一城三镇”建设为重点的城镇化进程进一步加快，县城总体规划由原来的17平方公里扩大到36.5平方公里，城镇化率达到33%；运三高速路改线和运三铁路货运站已做好开工准备；投资10.4亿元，实施3条城市街道改扩建、砥柱广场、图书馆、春元街蔬菜专业市场、天然气管网、保障性住房等项目建设；天然气主管网铺设及分输站主体建设基本完成；总投资18.3亿元的运三高速至运三铁路引线和沿黄旅游路平陆至曹川公路升级改造项目已批复立项。

二、加强党的建设，努力提高党建工作科学化水平

县委始终把加强和改进党的建设作为推动各项事业发展的根本保证，着眼新形势新任务，以创新举措推进党建工作科学化。

在创先争优方面。扎实开展以“建设古虞我争先，推动发展我奉献”为主题的“四看四比争先锋”活动，掀起创先争优热潮；狠抓“六三”工作机制落实，努力实现承诺全员全覆盖，11960名党员落实承诺事项42920件；选树典型，强力推出优秀共产党员、国营林场护林员荆保山同志的先进事迹，在省市产生强烈反响，全县上下“现场感受识保山，对照差距学保山，讲诺结合赶保山，岗位贡献做保山”，形成了“学习荆保山，工作我争先”的争创局面。

在基层党建方面。全县有514个基层党组织、13个党委、24个党总支、12268名共产党员；新建村级组织活动场所34个，改扩建41个，全县村级组织活动场所全覆盖，率先通过了市委组织部的检查验收；完成了机关党组织的换届工作；加大“四议两公开”工作法推行力度，强化了农村党支部的核心地位；通过“三建一派”的方式，加大非公有制经济组织和新社会组织党建工作力度；实行大学生村干部“3+1”管理模式，有32名大学生村干部考录为公务员和事业单位人员，有26名大学生村干部自主创业和带领群众创办、领办合作社34个；落实“一二二”党员发展机制，全年共发展党员446名，进一步扩大了党组织覆盖面。

在干部队伍建设方面。深化干部人事制度改革，加大竞争性选拔干部力度，先后对政法系统干部、政府机构改革部门、乡镇空缺主干和部分政府工作部门正职、乡镇副职、县直党群系统339名干部进行了任免调配；坚持从严管理干部，注重和加强了党员干部的日常管理与监督。一是切实加强干部选任全过程监督，积极推行公开选拔领导干部和领导干部任前公示制度；二是全面实行考察责任制、考察预告制，不断增强干部考察工作的公正性和透明度；三是严格审核考察对象的资格和条件，切实强化组织部门在选拔任用各环节上的监督；四是建立了组织部门与执纪执法部门联席通报会议制度。五是认真落实从严管理干部的各项规定，积极整肃干部风气，充分调动广大干部干事创业的热情和激情。

三、坚持从严治党，切实加强党风廉政建设

一年来，我们按照省、市党风廉政建设有关精神要求，不断摸索党风廉政建设和反腐败斗争的科学机制，强化措施，狠抓落实，使全县的党风廉政建设和反腐败工作取得了明显成效。一是深入开展廉政警示教育活动。共开展廉政警示教育活动70余场（次）。二是严格落实党风廉政建设责任制。根据党风廉政建设责任目标，层层分解目标任务，层层签订目标责任书，形成了“纵向到底，横向到边”、内容具体、责权统一、环环相扣的责任体系。三是不断强化责任追究。先后对信访、安全等3名责任人给予了党政纪处分。四是突出专项治理和检查。针对领导干部在思想工作生活作风方面的突出问题，县委专门出台文件，明确规定“五不准”。“小金库”清理先后查出违规违纪资金407.3万元，立案4起，取消帐户3个。煤焦及矿产领域反腐败专项斗争，共清缴各类资金683万元。五是着力抓好农廉工作。全面推行了“双述”、“双代”制度，扎实有效地推进了农村“三资”管理和“三务”公开。以互联网络为支撑，率先在全市建立了“村村通”阳光农廉网络，将3个方面、72项、1.6万条涉信息和强农惠农政策实行网上公开，实现了农民群众与涉农干部的网络视频通话，方便了群众监督，化解了农村矛盾，促进了农村稳定。《人民日报》、《中国社会报》等各大报刊媒体予以报道，省委、市委分别在我

县召开了农廉网络建设推进会，推广我县的经验和做法。六是不断强化常委会自身建设。认真贯彻民主集中制，完善常委会议事规则等各项制度，对重大事项决策，事前都能认真听取人大、政府、政协等班子成员意见，集中集体智慧和力量，科学决策、民主决策的水平有了新的提高；班子成员带头深入基层，围绕保增长破解难题、围绕保民生办好实事、围绕保稳定真抓实干；对涉及全县发展的重点工作，能够扭住不放，亲历亲为，抓好落实；相互之间都能够做到胸怀坦荡，以诚待人，大事讲原则，小事讲风格，带头讲团结，相互讲谅解；认真落实党风廉政建设责任制，严格遵守廉洁自律各项规定，主动接受党内外各方面的监督，自觉树立良好形象。

（王　伟）

附：一、中共平陆县委书记、副书记、常委名单

书　记：姚十保

副书记：任秀红（女）　廉广锋

常　委：赵建新　石杜杰　范有生
李建刚（2月任职）　罗宏伟
王晓峰(5月离职)　庞建军(5月任职)

二、乡镇党委书记、副书记名单

曹川镇

书　记：吕新安

副书记：李　波（3月任职）　范效朴（7月离职）
臧正午（7月任职）

坡底乡

书　记：宋克宽（3月任职）

副书记：宋克宽（3月离职）　苗顺国（3月任职）
李跟照（7月离职）　陈卫忠（7月任职）

三门镇

书　记：曹福定（3月离职）　周春安（3月任职）

副书记：张俊涛（3月离职）　王丽萍（女，3月任职）
王　强（7月离职）　吉永杰（7月任职）

圣人涧镇

书　记：李文杰（3月离职）　毛兴辉（3月任职）

副书记：梁永杰（3月离职）　张俊涛（3月任职）
范效朴（7月任职）

张店镇

书　记：潘占奎（3月离职）　梁永杰（3月任职）

副书记：周春安（3月离职）　何拥军（3月任职）
尚保国（7月任职）

部官乡

书　记：吴　彬（3月任职）

副书记：吴　彬（3月离职）　王田野（3月任职）
张晋伟（7月任职）

杜马乡

书　记：吕俊刚

副书记：毛锐龙（3月离职）　赵拥军（7月任职）
马苏义（7月离职）　赵选停（7月任职）

张村镇

书　记：毛兴辉（3月离职）　郑文红（3月任职）

副书记：郑文红（3月离职）　贾全辉（3月任职）
柴红新（7月任职）

常乐镇

书　记：张福臻（3月任职）

副书记：张福臻（3月离职）　毛锐龙（3月任职）
仝华斌（3月离职）　马庆国（7月任职）

洪池乡

书　记：成胜生

副书记：何拥军（3月离职）　仝华斌（3月任职）
贺建杰（7月离职）　王新刚（7月任职）

茅津区

书　记：郭淑文

副书记：员晋杰　王田野（3月离职）
王玉丰（挂职，7月任职）

中共新绛县委工作概况

县委书记　郑雁平

2010年，县委坚持以科学发展观为统领，以“转型发展、跨越发展”为战略目标，以“毫不动摇地坚持经济建设为中心、毫不动摇地坚持解放思想、毫不动摇地坚持以人为本、毫不动摇地坚持改进作风”为总体要求，牢牢抓住“千方百计提高城乡居民收入、千方百计改善城乡人居环境、千方百计维护社会和谐稳定”工作主线，强力推进22项富民强县工程，放胆争先，奋力赶超，全县经济社会实现了又好又快发展。2010年全县生产总值完成48.2亿元，同比增长18.2%；财政总收入完成3.52亿元，同比增长26.2%；城镇居民人均可支配收入达到13320元，同比增长16.5%；农民人均纯收入达到5085元，同比增长10.8%。

一、以发展设施农业为重点，新农村建设迈出新步伐

一是突出提质升级，大力发展蔬菜产业。在巩固现有

规模、品质、销售的同时，2010年进一步扩大设施蔬菜种植规模，每个乡镇发展了1个300—500亩精品农业示范基地，在东木赞、北古交、孝陵、狄庄建成了1万亩精品蔬菜基地，完成设施蔬菜建设11600亩，引进推广优质蔬菜种苗1000万株以上。着力做好蔬菜产品的精细包装，把蔬菜做成礼品菜、精品菜，走进了更多的超市，组建了专门队伍，加快良种法推广力度，先后引进了瑞克斯旺、海泽拉、德澳特公司等先进技术，进而提升了蔬菜品质。二是突出龙头带动，全力发展健康规模养殖业。抓住雨润集团年屠宰200万头生猪生产线项目竣工这一机遇，科学示范和引导鼓励农民发展生猪养业。全县生猪存栏已达到12.3万头，已出栏生猪22.3万头。全县年出栏5000头的养殖场达到4个，年出栏1000头的养殖场达到10个。三是突出规模发展，加快土地合理流转。在进一步完善横桥乡土地流转先进做法的基础上，引导全县推广学习，逐步建立健全各镇、村改进土地流转的长效机制。全县已累计合理流转土地11.2万亩，占耕地面积的21.5%。四是突出改善人居环境，大搞环境卫生整治和植树造林。县委、县政府把改善城乡人居环境作为工作的重中之重来抓，县上专门下发了每人每年5元的卫生经费，逐步建立环境卫生整治长效机制，彻底解决了“脏、乱、差”的问题。在植树造林上，见缝插针，每个乡镇确定了2个以上高标准的园林村，完成省级园林村13个，力争5年内全县农村实现“村中有园、街道有绿、路旁有树、村外有带”。五是突出一村一品，扩大产业品牌。在全县220个村大力倡导和鼓励发展一村一品，依托各自资源优势，着力在创品牌、精包装、扩销路下功夫，以此不断增加农民收入。

二、以工业项目建设为重点，打造经济增长新亮点

一是依托煤化园，大力发展循环经济。发展上下游产业，延长产业链条，提高煤化工业附加值，着力发展循环经济，促进传统煤化工业园向现代煤化工业园转变。对一些高耗能、高污染的行为，加大技术改造和污染治理，促使传统工业的增加值能耗和污染排放量持续降低。二是依托轻纺园，提升改造传统产业。积极引导大新基础件、排线器材加工等科技含量高的中小企业进行科技创新、科技成果转化，着力发展低碳经济，不断提升机械制造、轻纺工业的实力。三是依托项目建设，壮大县城经济实力。狠抓重点项目建设，重点完成了投资8亿元的高义冶炼2×120吨转炉及轧材一期项目，投资9亿元的中信焦化114吨干法熄生产线项目，投资2.5亿元的威顿水泥三期项目。在招商引资上下功夫，2010年全县引资额达12.67亿元。四是依托区域特色，大搞全民创业。各乡镇依据区域特色、产业特色，出台优惠政策，积极鼓励、引导、扶持农民创业，增加了农民收入，统筹了城乡发展。万安钻石园、三泉水西家具园、北张石雕园都已开工建设，其余各乡镇都完成了拆迁、征地等前期工作。

三、以挖掘开发文化资源为重点，提升名城新形象

一是坚持古城保护和新城开发并举。新城建设上，加快已入驻单位和开发项目建设，投资2300余万元完成了峨嵋路、梁公路建设工程，新城核心“三纵四横”道路框架基本形成；投资700余万元完成了绛州大道、市府大道、梁公路3座桥涵建设。在古城保护上，投资600余万元完成了桥南广场、北环路东段广场建设，新增绿化面积18万平方米，城市建设区绿化覆盖率达到31%。二是坚持文化内涵提升和开发文化产业并举。挖掘历史内涵，提升古城形象。投资2000万元，精心打造的绛州鼓乐剧《杨门女将》9月18日在北京人民大会堂首演成功。绛州澄泥砚荣获中国文房四宝行业最高奖励“国之宝”称号，新绛被评为“中国澄泥砚之都”。在开发文化产业上，整合文化资源，逐年分步实施，打造“绛州文化产业园，传统教育文化园，绛帖园，演艺园、新绛博物馆”等板块，为历史文化名城提供新的支撑。三是坚持发展服务业和旅游业并举。打造精品旅游线路，力求精细、秀气。加强绛州大堂、隋代花园、天主教堂、龙兴寺等景点连接线规划建设工程。依托交通便利优势，打造集宾馆、饭店、茶馆、咖啡厅等设施为一体的步行一条街，建成新绛“不夜城”。

四、以改善民生为重点，社会管理取得新进展

教育上，累计投资5000万元，新建农村寄宿制学校30所，促进了全县教育均衡发展，解决了农民群众子女“上学难”的问题。医疗卫生上，县乡村三级服务机构达标率达100%，新型农村合作医疗覆盖率达99%，解决了群众“看病难”的问题。社会保障上，实现了城乡居民基本医疗保险、新型农村社会养老保险、城乡最低生活保障全覆盖；累计投资7154万元，解决了农村16.7万人的饮水安全问题。全县农村道路建设实现了了100%村村通油路（水泥路），80%以上的村主巷道实现了硬化。村级组织活动场所建设上，全县220个个村实现了全覆盖。维护稳定上，着力解决影响社会和谐稳定的源头性、根本性问题，扎实开展社会治安大整治活动，召开全县公处大会，进一步维护了社会和谐稳定。建起了全县信访服务中心，实行“一站式受理、一条龙服务、一揽子解决”的信访接访机制，全年先后共调处化解336起信访案件，办结率达96.5%。

五、以改进干部作风为重点，党的建设得到新加强

一是树立正确用人导向，激励全县干部队伍。选人用人导向是衡量一个地方风气的突出标志。县委通过公开选拔了2名团委副书记人选，采取无记名投票推荐和个别谈话的方式，推荐了1名乡镇党委书记人选，经过组织考察，首次在常委会上采用无记名投票方式进行了票决，确定了人

选。经过民主推荐，提出初步人选，确定考察对象，常委会票决，配齐配强了政法口的领导班子，取得了组织满意、干部服气、群众认可的效果。二是改进干部作风，扎实开展了“百局包百村、万名干部进农户“活动和“两代表、一委员联系群众”活动。为了进一步密切了党群干群关系，开展了“百局包百村、万名干部进农户“活动和“党代表、人大代表、政协委员联系群众”活动，有力地促进了干部作风的明显好转。在“百局包百村、万名干部进农户”中，全县各帮扶工作队共帮扶资金112万元，协调资金806万元，协调贷款456万元。三是激发组织新活力，全面开展创先争优活动。在全县各级党组织和广大党员队伍中，紧紧围绕“争当绛州先锋”这一主题，立足“三创两争一树”这一载体，深入开展了创先争优活动，为全县转型跨越发展提供了强有力地组织保障。活动开展以来全县各级党组织和广大党员共为群众办实事、好事7014件。四是全面落实“两课四会八规范”长效机制。县委把警示教育的重点放在抓巩固、抓提升、抓规范上，不断拓宽和完善教育基地功能，实现了警示教育面向全党全社会。五是切实加强农村基层党风廉政建设。县委不断探索完善阳光农廉网络监管体系，设立了阳光农廉网络运行监管中心，负责对县直涉农部门和乡、村、组四级涉农事项网络公开事宜进行督促检查，在乡镇设立阳光农廉网、服务中心，在全县220个村设立了农廉服务平台。阳光农廉网运行以来，点击率已达到7万多人次，印发宣传单65000份。人民网、《山西日报》、山西电视台等媒体给予了肯定报道。

（文大军）

附：一、中共新绛县委书记、副书记、常委名单

书　记：邓雁平

副书记：田艺彬（女，2月任职）　卢天狮　范宽衍

常　委：赵顺太　李铁路　王功成　杨云英（女）　薛学农　王荣光　陈接运（12月离职）

二、乡镇党委书记、副书记名单

龙兴镇

书　记：王军胜

副书记：孙贵明　王晓明

三泉镇

书　记：杨瑞林（12月离职）

副书记：席建功　赵　珉

泽掌镇

书　记：郝红霞（女）

副书记：王红森　段俊杰

北张镇

书　记：董国华

副书记：王　玉　李文山

泉掌镇

书　记：许宏立

副书记：王晓民　程玉龙

古交镇

书　记：赵秋顺

副书记：唐　勇　李　乾

万安镇

书　记：李　雯（女）

副书记：王高林　李小旗

阳王镇

书　记：董亚强

副书记：史敏胜　文彩平（女）

横桥乡

书　记：黄山石（4月任职）

副书记：王会民　成　俊

开发区

书　记：杨轶群

副书记：李虎杰　南天明

转型跨越发展

以转型发展为主线　再造一个新山西

袁纯清

党中央明确提出加快经济发展方式转变的战略任务。山西作为欠发达的中部资源型省份，深入贯彻落实中央决策部署，加快经济发展方式转变的关键是以转型发展为主线，推动经济社会跨越发展。

一、顺应时代潮流，坚定转型发展的方向

从世情看，人类社会的每一次跨越进步，都伴随着经济社会的大转型。谁能及时转型、成功转型，谁就能掌握发展的主动权。目前，世界经济出现企稳回升迹象，但引发国际金融危机的深层次矛盾还没有得到彻底化解，复苏基础尚不稳固，发展速度明显放缓。世界主要国家纷纷把新能源、新材料、生物医药、节能环保、低碳技术、绿色经济等作为新一轮产业发展的重点，全力抢占世界经济发展新的制高点。总体看，世界经济增长格局孕育重大变革，发展模式面临重大转型。

从国情看，我国人均GDP已超过3000美元，加快转型，避免落入"拉美陷阱"成为经济社会发展面临的紧迫课题。当前，我国经济结构不合理、自主创新能力不强、城乡区域发展不平衡、资源环境约束强化、社会建设滞后等问题日益突出。我国经济总量占世界的7%左右，但每年煤炭消耗量接近世界的四成，石油对外依存度超过50%。发达国家着力推动形成碳交易、碳关税等国际规则，对我国形成巨大挑战和压力。国际金融危机的影响，表面上是对我国经济增长速度的冲击，实质上是对经济发展方式的冲击。正如胡锦涛同志明确指出的，综合判断国际国内经济形势，转变经济发展方式已刻不容缓。如果我们不能加快经济发展方式转变，我国今后发展代价会越来越大、空间会越来越小、道路会越走越艰难。转型发展已成为我国经济社会发展的基本特征，必将在"十二五"规划中成为制定政策和布局项目的战略重点。

从省情看，新中国成立以来，山西累计产煤110亿吨，净调出80亿吨，在享受煤炭红利的同时，也付出了沉重代价。"因煤而兴、因煤而困"的格局不能不引起我们的深思。山西经济增长过度依赖煤炭产能扩张，资源转化主要停留在煤电等初级过程，产业结构明显不合理。1998年化学工业占全省GDP的比重仅为9.78%，2009年更下降到5.8%；装备制造业发展滞后，2009年产值仅占工业增加值的5.1%；服务业占三次产业比重为39.2%，低于全国平均水平3.4个百分点。煤炭产能不可能无限扩张，价格不可能一直上涨，随着国家加大对新能源产业的支持力度，对高耗能行业严格控制，能源需求增长将逐步进入相对平稳期，传统能源份额降低是必然趋势，盈利空间必将逐步减少。同时，在现有增长模式下，经济增速越高，结构重型化、不协调、不安全的问题越突出，发展的成本、代价和难度也越大。2009年山西GDP占全国的2.2%，能源消耗却占4.3%，万元GDP二氧化硫、COD、烟尘、粉尘排放分别是全国平均值的2.61倍、1.23倍、3.47倍和3.72倍。总体看，山西现有发展模式难以持续，转型发展亟待全面推进。

山西的转型发展，就是要推动发展由主要依靠资源开采、初步加工向资源深度开发、深度加工转变，由外延扩张向内涵提升转变，由传统产业独大向多元发展转变，由粗放、高耗、低效、单一线性发展向集约、低碳、高效、多元循环发展转变。要以建设国家新型能源和工业基地为基础，努力建设全国重要的现代制造业基地、中西部现代

物流中心和生产性服务业大省，早日建成中部地区经济强省和文化强省，在中部崛起和全国竞相发展格局中再造一个新山西。

二、全面协调推进，加快转型发展的步伐

工业新型化、农业现代化、市域城镇化、城乡生态化，是转型发展的根本举措。

——关于工业新型化。工业新型化是信息化与工业化融合、从粗放能耗型增长到集约节能型发展的工业化，是清洁发展、绿色发展、安全发展的工业化。山西的优势在煤，潜力和希望也在煤，山西的工业新型化仍然要围绕煤来展开和推进，做到以煤为基、以煤兴产、以煤兴业、多元发展。首先要提升煤炭产业的整体水平，推动煤炭安全生产状况根本好转，实现煤炭本身的高效绿色安全发展。在此基础上，加快提升焦炭、冶金、电力等传统产业，加快壮大现代煤化工、装备制造、文化旅游、物流会展、特色食品等优势产业，加快发展节能环保、生物医药、信息网络、新能源等新兴产业，实现由煤炭大省向以煤为基的现代产业大省的跨越。为此，要重点抓好七条路径：一是推进传统产业循环化，实现高碳产业低碳发展；二是加快煤炭装备制造业高端化，推动采掘文明向制造文明转变；三是结合煤炭运销发展现代物流业，大幅提升经济运行效率；四是围绕煤焦冶电等高耗能产业的清洁生产发展节能环保产业，将环境压力转化为发展动力；五是利用能源资源优势做大新能源新材料产业，把一个优势变成两个乃至多个优势；六是立足煤炭及关联产业发展高新技术产业，力争在高科技领域占有一席之地；七是加快文化旅游产业发展步伐，培育新的经济支撑点。

要做好以上工作，必须创新思想观念、思维方式和工作手段。要打好“资源为王、成本优势”这张牌，充分利用资源的稀缺性，更多掌握市场交换的话语权、竞争的主动权、开发的优先权；要坚持资源跟着高端产业走，让资源在与高端产业的融合中实现最大值；要从“材料加工”转向“加工材料”，从开采冶炼及初加工向集研发、生产、加工成套、服务于一体转变；要突出创新引领、标准为上，实现资源驱动向创新驱动提升；要坚持板块化发展、园区化承载、集群化推进，形成上下游紧密衔接的产业链和集群发展的突破态势；要树立“资源有限、创造无限”理念，既要“有中生无”，用资源换资本、换技术、换市场、换项目，又能“无中生有”，靠胆气、才智开创新的产业天地。

——关于农业现代化。对山西而言，农业现代化就是利用特有的农产品资源优势，切实加快农业产业化，着力推进县域工业化，做大做强县域经济，扎实推进新农村建设，走出具有山西特点的现代农业发展之路。

坚持农业产业化这个主题。全力推进运城、晋中、大同三大现代农业示范区建设，提高特色优势农产品聚集度，扶优扶强重点农业产业化龙头企业，使农业产业化走上规模、质量、品牌、效益的良性循环。

突出县域工业化这个核心。根据不同县情，因地制宜形成主导产业。有煤炭资源的县，以煤炭资源整合为契机，发展煤炭配套工业和服务业；有旅游资源的县，大力发展休闲农业、乡村旅游、森林旅游和农村服务业；农业基础好的县，努力发展特色高效农业；工业基础好的县，注重以县级工业集聚区为承载，实现产业集聚发展。

夯实农业社会化服务体系这个基础。在提高质量、拓宽领域、完善机制上下功夫，大力发展农村专业合作社。引导和鼓励条件适宜的专业合作社，在产权清晰、自愿互利的基础上进行跨区域协作与重组，提升应对市场能力。允许农民以转包、出租等形式流转承包经营权，发展多种形式的适度规模经营。

抓住农民增收这个关键。加强农民技能培训，提高创业就业能力，扩大用工用人岗位，增加农民劳务性收入。落实各项惠农政策，促进土地收益更多用于新农村建设。按照“以片规划、集中投入、分步实施、整体推进”的思路，推动扶贫开发由整村推进向片区开发转变。

——关于市域城镇化。山西已进入城镇化发展的加快期、关键期。“十二五”时期力争有300万农村人口进入城镇，城镇化率达到55%左右。要准确把握城镇化演进规律，以发展规划、土地利用规划、产业布局规划“三规合一”引领城镇化建设，以工业园区、高新技术园区、科技创新园区支撑城镇化建设，以城中村改造、棚户区改造、旧城改造推动城镇化建设，走出具有山西特点的城镇化发展路子。

形成以“一核一圈三群”为主体的城镇空间布局。考虑自然环境、资源优势、产业基础、人文历史等条件，按照一个规划统筹、一个标准建设的要求，以太原都市圈为核心、以区域性中心城市为节点、以大县城为重点构建城镇群。

强化规划的引领力和建设的创新性。按照城镇群发展、大中城市提质、历史文化名城保护开发、矿城转型、小城镇建设等不同层面的情况，科学制定城镇规划，做到对内有宜居性，对外有吸引力。

加强基础设施建设。保持基础设施建设的投资强度，加快建设以高速公路、高铁、空港为主的立体交通网络，加快重点水利工程建设，增强城镇的通达性、功能性、安全性。

创新加快城镇化进程的体制机制。加速推进户籍制度改革，以多种途径放宽中小城市和城镇户籍限制。完善城乡就业和社会保障制度，实现城乡劳动力市场一体化、农民工与城镇产业工人劳动待遇平等化和社会保障全覆盖，农民工子女城市就学与城镇居民子女同等待遇，让更多的人进得来、住得下、发展好。

加快发展以改善民生为重点的社会事业。不断增加公共财政投入，健全教育投入保障机制，促进教育公平，深化医药卫生体制改革，完善城镇居民基本医疗保险和新型农村合作医疗制度，加强保障性住房建设，推进基本公共

服务均等化，加大对低收入群众的帮扶救助力度，让人民群众生活得更有质量、更有保障、更有尊严。

——关于城乡生态化。工业化、城镇化的加速推进，对生态化提出了新的要求，加上山西资源型产业结构和脆弱的生态环境，生态建设更为重要和紧迫。必须处理好经济发展和生态建设的关系，努力建设绿化山西、气化山西、净化山西、健康山西。

建设绿化山西。牢固树立栽树就是栽历史、栽人文、栽政绩的理念，进一步加快植树造林的步伐；坚持“生态建设产业化、产业发展生态化”，把生态兴省和富民强省结合起来，让产业发展过程成为生态文明建设过程；稳步推进集体林权制度改革，充分调动农民群众植树造林的积极性。

建设气化山西。充分利用山西丰富的煤层气、焦炉煤气、煤制天然气和过境天然气等清洁能源，满足人民群众生产生活，大幅降低温室气体排放。

建设净化山西。强化节能工作，加强节水、节地、节材，特别是提高水资源利用率；做好减排工作，抓好火电脱硫工程，大力削减大气污染物排放量；严格治理工作，持之以恒抓好京津风沙源治理工程，继续推进“蓝天碧水”工程和汾河流域等重点地区环境综合整治；加强创建工作，深入推进环境保护模范城市、环境优美乡镇、生态文明村创建活动。

建设健康山西。广泛宣传健康生活理念，大力发展医药卫生事业，推进基层文化事业和健身健康产业，帮助群众提高生活质量和健康水平。

三、坚持解放思想，为转型发展提供坚强保证

解放思想具有先导性，思想的大门打不开，发展的大门也打不开。在山西转型发展的关键时期，必须再次吹响解放思想的冲锋号，冲破一切影响和制约发展的思想心结和体制障碍，在转型跨越的大道上快步前进。

从煤炭依赖中解放出来。煤是大自然给予山西人民最大的恩惠，但是由于长期挖煤、烧煤、卖煤、炼焦，不知不觉中形成了“推动经济增长依赖煤、提升区域地位依赖煤、干什么都不如挖煤”的思维定势。这种依赖的直接后果就是所谓“资源诅咒”：资源开发对其他产业产生挤出效应、可持续发展能力衰退、社会问题突出、观念封闭保守，最后资源富集地区反倒成为经济滞后地区。在煤上解放思想是山西最大的解放思想。要从新技术的视角看煤炭，既要认识到煤是燃料，更要认识到煤是原料和资本，重新认识煤、科学定位煤、深度利用煤。要从多元优势的视角看煤炭，山西煤炭不仅具有成本优势、品种优势、运距优势，更有转化优势、延伸优势，学会一生二、二生三，真正实现以煤为基、多元发展。要从立体的视角看煤炭，推进煤炭采掘、煤炭转化、煤炭装备制造、煤转化技术和安全生产设备研发、煤炭相关产品交易、煤炭资本运作和金融服务等产业相互融合、一体化多元发展。

从政府依赖中解放出来。各级政府作为施政主体，要摒弃对上级政府的等靠要思想，充分发挥主动性、创造性，谋发展、做决策、成大事。要进一步强化企业主体地位，按照产业政策、投融资政策、土地政策指示的方向，在市场中寻找发展机遇，在开拓中创造良好业绩。

从内陆经济思维定势中解放出来。内陆经济思维定势就是出于对改革开放“梯度推进理论”的片面理解，自觉不自觉地跟在沿海发达地区后面亦步亦趋。事实上，随着交通网络和信息化的发展，世界变平、变小了，所有地区发展新兴产业几乎都站在同一起跑线上，内陆地区同样可以弯道超车，三晋大地完全可以走到全国前列。

从计划经济模式中解放出来。山西国有企业一股独大、市场运作能力弱的问题还比较严重，要加快健全现代企业制度，完善法人治理结构，丰富市场运作方式，增强闯市场的本领。

从守成求稳心态中解放出来。必须时刻保持逆水行舟、不进则退的忧患意识，强化直接入轨、后来居上、三步并作两步走的紧迫感，以“人一之我十之、人十之我百之”的精神，敢于背水一战、跨越发展。

山西转型发展正当其时，山西跨越发展前景灿烂。3400万三晋儿女将更加紧密地团结在以胡锦涛同志为总书记的党中央周围，坚持以邓小平理论和“三个代表”重要思想为指导，深入贯彻落实科学发展观，抢抓机遇促转型，上下同心谋跨越，在全面建设小康社会征程上创造无愧于时代的新业绩。

（作者系中共山西省委书记）

充分发挥纪检监察机关职能作用
积极为转型发展跨越发展提供良好服务

金道铭

深入推进反腐倡廉建设，为经济社会又好又快发展提供坚强有力的政治和纪律保证，是纪检监察机关的职责所在。省委书记袁纯清同志代表省委在全省领导干部大会上提出，必须扭住发展这个第一要务，以转型发展为主线，以赶超发展为战略，以跨越发展为目标，推动经济社会又好又快发展。明确提出山西转型发展跨越发展的基本定位及“十二五”期间主要经济指标实现翻番的宏伟目标。全省纪检监察机关应当切实把思想和行动统一到省委的最新决策部署上来，认真履行工作职责，充分发挥职能作用，自觉把纪检监察工作融入到全省改革发展的大局中，以严明的纪律为转型发展、跨越发展提供坚强的政治保证。

一、深刻理解“为什么要转型发展、跨越发展”，牢固树立“以经济建设为中心”和“发展是第一要务”的理念

全省领导干部大会深刻阐明了山西发展的机遇和挑战、山西发展的优势和不足，作出了加快转型发展、实现跨越发展的战略部署，指明了山西当前和今后一个时期科学发展的奋斗目标、主要任务和实现路径，具有很强的思想性、战略性和现实针对性。近年来，尽管我省的经济社会发展取得了新的成就，但面临的最大问题仍然是发展不足，与全国竞相发展的格局和全省人民的期盼都有不小差距。山西要想尽快缩小与先进地区、与周边邻近省区的差距，加快跨越发展时不我待。面对跨越发展的紧迫要求，只有转型发展，才能实现发展的跨越。全省各级纪检监察机关和广大纪检监察干部必须把加快发展，特别是加快经济发展、加快转型发展跨越发展对于山西发展的重要性、必要性和紧迫性的认识，提升到一个前所未有的高度，牢固树立“发展是第一要务”、“以经济建设为中心”的理念，坚持一切工作部署都要围绕这个主题，而绝不偏离这个主题；坚持把服务、保障和促进转型跨越发展，作为纪检监察工作当前的首要任务，深入思考、积极探索在转型跨越发展中充分发挥纪检监察机关职能作用的有效途径，主动破解制约和阻碍山西转型跨越发展的深层次矛盾和问题，在全省纪检监察机关形成上下一心、步调一致促转型谋跨越的强大合力。

二、深刻理解“什么是转型发展、跨越发展”，牢固树立转型发展是时代潮流，是山西发展必由之路的理念

转型发展是世界潮流，是实现可持续发展的战略之举，是山西的根本出路。转型发展不是推倒重来，是对原有发展的扬弃，是一个整合、提升、深化、创新的过程，是发展的发展。顺应时代潮流，走出山西转型发展、跨越发展之路，是历史赋予我们的重大责任。各级各部门、各行各业的工作都要围绕转型、服务转型、促进转型。转型发展内涵丰富、要求具体、任务繁重、切入点很多，纪检监察机关和广大纪检监察干部必须开阔视野、融入其中、选题破题，贴近一个个具体问题对服务转型跨越发展进行思考和安排，决不能游离于转型跨越发展的要求之外，决不能脱离实践中的具体问题。要从思想方法、工作思路和工作布局上，紧紧围绕转型发展、跨越发展的新要求，积极适应、调整提升。全省各级纪检监察机关要把工作的着力点放在提供纪律保证、营造良好环境、探索有效方法和途径上，积极主动地发挥应有的作用。特别是要始终坚持把维护党的团结统一、维护中央权威、确保政令畅通作为首要政治任务，以严明的纪律保证科学发展观的贯彻落实，保证山西转型发展、跨越发展战略决策的贯彻落实。要认真查找、深入分析当前影响转型发展、跨越发展的突出问题，通过严明纪律不断优化有利于转型发展、跨越发展的良好环境。

三、深刻理解“怎样推进转型发展、跨越发展”，牢固树立服务发展、服务“四化”、服务企业的理念

加快推进转型发展和跨越发展要以工业新型化、农业现代化、市域城镇化、城乡生态化为重点。要围绕煤、延伸煤、跳出煤，以煤为基、以煤兴产、以煤兴业、多元发展，实现由煤炭大省向以煤为基的现代产业大省的跨越，

在中部崛起和全国竞相发展格局中再造一个新山西。“四个化”的推进路径，涵盖了经济社会发展的主要领域，是当前和今后一个时期山西发展的主攻方向，也是纪检监察工作保障和服务的重点。要着眼于发展煤炭优势、以煤为基的现代产业实现工业新型化，积极推进煤炭资源整合和煤矿兼并重组，坚定不移地深入推进煤焦领域反腐败专项斗争，加强对淘汰落后生产力、发展先进生产力政策措施的监督检查。要强化为企业服务的意识，对转型发展的重大项目开辟审核绿色通道，对重点企业给予适当倾斜，对民营企业放宽准入条件，主动为基层和企业搞好服务，坚决打击设置障碍、阻碍企业发展的行为。要着眼于农业现代化和新农村建设，继续深化农村党风廉政建设，落实中央和省委各项强农惠农政策。要把服务保障农业现代化和新农村建设作为农廉工作的重点，注重解决农民群众反映强烈的突出问题。要着眼于推进市域城镇化，按照“一核一圈三群”的布局要求，以太原都市圈为重点，在产业规划、项目布局、土地利用、基础设施、公共服务体系建设等方面加大保障和服务的工作力度。各级各部门和纪检监察机关要从战略和全局的高度来思考和服务，加快全省市域城镇化的步伐。省直机关要以新的面貌、新的作风，为太原发展提供优质服务、创造良好环境。要着眼于城乡生态化，加强对政府专项资金使用、节能减排、生态环境保护的监督检查，确保各项战略部署能够顺利推进、全面落实。

四、深刻理解“如何保证转型发展、跨越发展”，牢固树立实现发展转型关键是干部转型的理念

实现发展转型，关键是干部转型。要下大力气加强作风建设和本领建设，做到坚强有力、奋发有为，不松懈、不折腾、不观望，勤思勤为不懈怠、脚踏实地不飘浮、立说立行争朝夕。纪检监察机关作为维护党的纪律和行政纪律的专门机关，必须在改进作风上领先一步，既要做到令行禁止，又要做到雷厉风行，把转型跨越发展的思想，变成具体的思路、措施和办法，变成踏实认真的实际行动，以求真务实的过硬作风、改革创新的精神状态，投身到转型跨越发展的伟大实践中。要进一步解放思想，敢于在一些敏感问题上突破，勇于为一些敢闯敢试的干部撑腰，善于在复杂环境中破解难题。要切实承担起协助党委抓党风的重要职责，把加强党的作风建设摆在重要位置，加大对党政机关和领导干部作风方面突出问题的整顿力度，在全省形成干事创业光荣、碌碌无为可耻的良好风气。要认真贯彻落实全省兴起学习“右玉精神”新高潮大会精神，按照省委的统一部署，继续深入推进学习弘扬“右玉精神”活动，全省各级领导干部要带头学习、做出表率。要针对当前已经暴露出来的领导干部作风方面存在的突出问题，一手抓以“右玉精神”为代表的正面典型引导，一手抓反面典型查处和作风纪律整顿，积极探索促使领导干部勤政廉政的长效机制。

五、深刻理解“反腐败斗争的严峻性”，牢固树立突出关键领域、狠抓关键环节，把煤焦领域反腐败专项斗争进行到底的理念

在当前历史条件下，山西的腐败案件仍处于爆发期、多发期。腐败多发的主要原因是：市场经济不发达，国有资本比重太大，市场化程度太低，政府审批的项目太多，必然造成诸多的寻租空间。因此，要充分认识反腐败斗争的严峻性，对当前反腐败斗争形势要有清醒认识和准确判断。反腐败斗争既要全面推进，又要打攻坚战、歼灭战，对一些关键问题、关键领域抓住不放，一定要明确主攻方向，解决主要矛盾，实现全面推进。各级纪检监察机关一定要深刻理解袁纯清同志的重要讲话精神，在准确认识和把握形势的基础上，进一步坚定信心，在推进转型跨越发展中深入推进反腐倡廉建设。实践证明，越是经济社会大发展、快发展，纪检监察机关越要履行好应尽职责，越要加强监督，越要发挥好纪律保证作用。要清醒地认识到，在转型跨越发展进程中，纪检监察机关大有可为，反腐倡廉建设任务更加繁重。当前和今后一个时期，要把遏制腐败现象高发、多发势头，集中查处暴露出来的突出问题作为紧迫任务，着力解决领导干部以权谋私、吃拿卡要等问题，着力在源头治理上取得新的突破。既要着眼治标、又要着眼治本，自觉适应客观需要，以大视野、大胸怀、大气魄，积极推进深化改革和制度创新，努力为转型跨越发展创造良好外部环境。

山西是煤炭大省，山西的发展因煤而兴，问题也因煤而生。要坚定不移地把煤焦领域反腐败专项斗争进行到底，确保煤炭资源整合、煤矿企业兼并重组以及以煤为基的现代产业发展健康有序推进。要把专项斗争与推进煤及其相关产业发展结合起来，围绕工业新型化路径，加强对淘汰落后生产能力、发展新兴产业、推动循环经济政策措施以及相关资金使用的监督检查，加大重点工程建设项目的推进力度，为实现传统产业循环化、煤炭装备制造业高端化等工业新型化目标，创造良好的环境。把专项斗争与煤炭资源整合、煤矿兼并重组结合起来，加大对煤炭资源整合主体及其他各方面的廉政监督力度，切实保障煤炭资源整合和煤矿兼并重组工作健康有序推进。把解决突出问题与深挖背后的腐败问题结合起来，着力抓好违规资金清理以及资金拨付使用、中介机构、票据管理等专项治理工作，努力创造良好的市场秩序。

（作者系中共山西省委常委、纪委书记）

把右玉精神转化为推进山西转型跨越发展的强大力量

胡苏平

右玉，这个名不见经传的塞外小县，如今在中华大地广为传颂。这个历史上一穷二白的不毛之地，如今已成为满目葱茏的“塞上绿洲”。凡是到过右玉的人，都深深地被右玉人战天斗地的英雄事迹和辉煌业绩所惊叹、震撼、折服。右玉为什么会有如此神奇的变化和强大的魅力？根本在于蕴含于各种事迹和现象背后的巨大精神力量。60年的奋斗、60年的探索、60年的聚集，所铸就的右玉精神博大精深、内涵丰富。省委书记袁纯清在全省兴起学习弘扬右玉精神新高潮大会上的重要讲话，深刻阐述了右玉精神的科学内涵，明确提出了弘扬右玉精神的根本要求。

加快山西科学发展，实现再造一个新山西的宏伟目标不能没有强大的精神力量。当前，全省上下要认真贯彻落实袁纯清同志在全省领导干部大会和弘扬右玉精神大会上的重要讲话精神，紧紧围绕省委的新决策新部署，学习右玉精神，弘扬右玉精神，践行右玉精神，让右玉精神在三晋大地开花结果，放射出新的耀眼光辉，成为推进山西转型跨越发展的强大力量。

一、大力弘扬以人为本、心系民生的公仆精神，用真挚的为民情怀推进山西转型跨越发展

以人为本、心系民生的公仆精神是右玉精神的重要支撑。60年来，右玉各级领导班子始终坚持全心全意为人民服务的宗旨，始终把解决民生问题作为发展的核心，先是解决群众的生存问题、温饱问题，再是解决群众的富裕问题、幸福问题，自始至终把人民群众的根本利益作为谋划发展的出发点和落脚点，热爱人民、忠于人民、尊重人民、依靠人民、为了人民，充分彰显了党员干部的大仁大爱和高尚的为民情怀，带领人民挑战自然、攻坚克难，在艰辛的探索中走出了一条切合自身实际的科学发展道路。从首任县委书记提出把植树造林作为右玉人民生存、发展、致富的主线和战略思路，到后来的17任县委书记都根据情况的变化、时代的要求和实践的经验，以科学的理念、务实的态度不断完善植树造林的具体途径、方法和措施，不断把植树造林的各项工作落到实处。右玉的18任县委书记用自己的实际行动，诠释了以人为本这个科学发展观的核心，用右玉绿化的奇迹书写了人间的大爱和正确的政绩观。

在加快山西转型跨越发展的新征程中，大力弘扬以人为本、心系民生的公仆精神意义十分重大，它关系着各级领导干部理念是否先进、立场是否正确，关系着科学发展观在山西的深入落实，关系着能否走出一条山西转型跨越发展的正确道路。因此，我们必须把以人为本、心系民生的公仆精神贯穿在加快山西发展的所有工作之中，在贯彻落实省委确定的山西发展战略思路、战略目标、战略重点和战略举措中，绝不搞劳民伤财的政绩工程和形象工程，不做糊弄领导和群众的表面文章，切实防止和避免漠视群众权益、忽视群众需求、影响群众情绪、损害群众利益的思想和行为。惟有如此，才能把山西转型跨越发展、再造一个新山西的任务落到实处。

二、大力弘扬百折不挠、坚持不懈的执着精神，用顽强的毅力推进山西转型跨越发展

百折不挠、坚持不懈的执着精神是右玉精神的鲜明特征。面对寸草不长、树木难活的极端恶劣的自然环境，右玉人没有选择逃避和退缩，而是知难而进、迎难而上，用坚忍不拔的意志、顽强不屈的毅力植树造林、防风固沙、改善生态。18任县委书记和17任县长目标不改、痴心不变，一任接着一任干，在长达半个多世纪的艰苦创业历程中，带领干部群众披荆斩棘、历尽磨难，经受了无数次无情的打击和严重的挫折。比如，在大战黄沙洼的绿化战役中，上千人整整种了两年的树，最后居然只活了几棵。严峻的考验并没有让坚强不屈的右玉人动摇和退缩，凭着坚持不懈的韧劲和顽强执着的精神，经过数年与天斗、与地斗的艰苦鏖战，终于征服了肆虐的流沙，创造了举世瞩目的人类改造生态环境的奇迹。黄沙洼逐渐变成绿山冈，横行的黄风变成了缕缕清风。

推进山西转型跨越发展是一项规模浩大、艰巨复杂的系统工程，如果没有明知山有虎偏向虎山行的非凡勇气，没有百折不挠、愈挫愈勇的顽强斗志，没有持之以恒、坚

持不懈的执着追求，就不可能取得实效。因此，在推进转型跨越发展的实践进程中，一定要有右玉人的韧劲、犟劲、执着劲，无论遇到多大的困难和阻力，无论遭到多重的失败和挫折，都要牢牢扭住转型发展跨越发展的主线不放松，紧紧盯住再造一个新山西的目标不动摇、不懈怠，千方百计、矢志不渝、顽强不屈地把山西科学发展的大业推向前进。

三、大力弘扬与时俱进、开拓创新的时代精神，用崭新的理念推进山西转型跨越发展

与时俱进、开拓创新的时代精神是右玉精神的源头活水。右玉人种了60年的树。这60年有变也有不变。不变的是通过植树造林改变生存环境的痴心与追求，变的是右玉人的思想观念、发展思路以及各个阶段植树造林的具体措施和目标。从上世纪50年代到70年代的为生存而种树，到80年代和90年代的为发展而种树，再到进入新世纪以来的为建设生态文明而种树，根据科学技术的进步、造林进程的发展、自然环境的变化、实践经验的积累、时代要求的转换，右玉人种树的理念、思路、方法和措施也与时俱进、不断创新，使植树造林紧跟时代步伐、反映时代要求、体现时代特征，进一步走向科学化、合理化。

加快山西转型跨越发展，是时代的潮流、人民的意愿、历史的必然，是继往开来的崭新事业，必须要有与时俱进的精神状态，必须要有开拓创新的豪迈气概，必须要有善于学习的开放思维。思想僵化、观念陈腐，固步自封、因循守旧，小富即安、小进即止的现象必须坚决克服。大力弘扬右玉精神所蕴含的与时俱进、开拓创新的时代精神，对山西转型跨越发展至关重要。应当看到，山西的转型跨越发展是一个动态的过程，过去的思路、办法和成效，不可能一劳永逸，我们要以开放的视野，在新的实践中不断学习借鉴国外创造的一切先进经验，不断学习借鉴兄弟省市创造的一切先进经验，不断总结人民群众创造的新鲜经验，认清发展形势、创新发展理念、完善发展思路、强化发展措施，努力开拓山西转型跨越发展的新境界。

四、大力弘扬艰苦奋斗、公而忘私的奉献精神，用崇高的追求推进山西转型跨越发展

艰苦奋斗、公而忘私的奉献精神是右玉精神的珍贵品格。60年来，右玉人民面对恶劣的自然环境，不怕吃苦，不怕牺牲，舍小家、为大家，战天斗地、攻坚克难，每一棵树都浸透着他们的汗水，每一片林都熔铸着他们的心血，不知有多少人把青春和生命都奉献给了这片土地。历任县委、县政府领导班子都把带领人民群众植树造林作为自己的责任和使命，胸怀长远、干在脚下，不图显赫的政绩，不谋当下的形象，愿作人梯，甘当铺路石，表现出了共产党干部无私奉献的高尚追求和崇高品格。正是右玉干部群众这种艰苦奋斗、公而忘私的伟大奉献精神，征服了疯狂肆虐的风沙，迎来了绿色盛装的家园。

右玉人无私奉献的精神告诉我们，任何时候，艰苦奋斗的优良传统都不能丢，公而忘私的高尚价值都不能丢。特别是在思想多样化、价值多元化的今天，更要大力倡导艰苦奋斗、公而忘私的奉献精神。推进山西转型跨越发展、再造一个新山西，是前无古人的开创性伟业，没有吃苦耐劳的精神，没有艰苦创业的勇气，没有无私奉献的情怀，就不可能取得成功。为此，全省干部群众一定要像右玉人那样，不怕出大力、流大汗，不怕吃大苦、受大累，立足当前、着眼长远、脚踏实地、拼搏奉献，以良好的精神状态，以崇高的价值追求，献身于山西科学发展的宏伟大业。

五、大力弘扬同心同德、万众一心的团结精神，用强大的合力推进山西转型跨越发展

同心同德、万众一心的团结精神是右玉精神的根本保证。60年来，右玉的党员干部与群众同呼吸、共命运、心连心，身先士卒、率先垂范，充分发挥了模范带头作用，成为右玉人民改天换地的主心骨。右玉的党员干部群众心往一处想、劲往一处使，筑成了改造自然、战胜自然的钢铁长城，形成了一往无前、无坚不摧的强大力量。右玉奇迹的创造，充分说明团结就是力量，团结就是胜利，团结就是生产力。

山西转型跨越发展是全体人民共同的事业，只有把全省3400万人民团结和凝聚起来，才能形成推动转型跨越发展的浩荡大军。学习右玉精神，党员干部是重点，领导干部是关键。全体党员干部特别是各级领导干部，一定要大力发扬密切联系群众的优良传统，保持同人民群众的血肉联系，实现好、发展好、维护好人民群众的根本利益，想群众之所想，急群众之所急，办群众之所需。要以身作则、率先垂范，用自己的模范行为引导群众、感召群众、激励群众。要尊重群众、依靠群众，充分调动人民群众的积极性、主动性和创造性，发挥人民群众作为历史创造者的主体作用。只有这样，才能赢得群众的信任，得到群众的支持，才能把干部群众团结起来、凝聚起来，形成同心同德、万众一心推进山西转型跨越发展的生动局面。

（作者系中共山西省委常委、宣传部部长）

在转型跨越发展中展现工会组织新作为

郭海亮

在全省领导干部大会上，省委书记袁纯清指出，山西正处于改革发展的关键时期，必须扭住发展这个第一要务，以转型发展为主线，以赶超发展为战略，以跨越发展为目标，推动又好又快发展。讲话要求，要充分发挥各民主党派、工商联、无党派人士以及工会、共青团、妇联等人民团体的积极性，形成转型发展的强大合力。

面对“山西大发展”这一重大命题，工会组织必须主动融入、准确切入，在转型跨越发展中展现新作为作出新贡献。

一、围绕中心、服务大局是工会工作的基本原则，在转型跨越发展中，工会组织的首要任务，就是要把广大职工的思想和行动、智慧和力量凝聚到省委提出的目标任务上来，即“在凝聚发展合力上展现作为”

一是统一思想。组织动员广大职工认真学习贯彻全省领导干部大会精神，引导广大职工正确认识转型跨越发展的重大意义，正确认识当前发展中存在的困难和问题，正确认识工人阶级在这一实践进程中所肩负的责任，把广大职工的思想和行动、智慧和力量凝聚到转型跨越发展的目标任务上来。

二是做好表率。组织动员广大职工大力弘扬右玉精神、太行精神、纪兰精神、双良精神，充分发挥工人阶级的表率作用，率先解放思想、锐意改革创新，在转型跨越发展的大道上领跑。要坚持以工人阶级的伟大品格凝聚全社会共谋转型跨越的信心和力量，把劳模精神转化为转型跨越的强大动力，激励全社会为转型跨越拼搏进取、建功立业。

三是组织竞赛。组织动员广大职工广泛开展“建功立业谋跨越促转型”劳动竞赛活动、创建“工人先锋号”活动、“同舟共济谋跨越、建功立业促转型”活动，最大限度地激发职工的创造活力和劳动热情。要围绕一个“重”字，在重点领域、重大项目、重点产业、重点工程，大力开展各种形式的劳动竞赛活动，做到哪里是转型跨越的主战场，哪里就是广大职工的用武之地，哪里就有“工人先锋号”旗帜的高高飘扬。要坚持一个“新”字，创新劳动竞赛形式，创新经济技术活动，在新领域、新项目、新产品、新技术上做文章，激励广大职工争做“创新能手”“创新示范岗”和“创新型岗位”。要着重一个“小”字，围绕降低产品成本，挖潜革新，大力开展小革新、小发明、小设计、小改造、小窍门活动，汇流成河、聚沙成塔，在全省形成“百万职工提建议、百万建议促转型”的高潮。

二、维护职工合法权益是工会的基本职责，职工群众的权益实现程度，关系着他们投身转型跨越发展的积极性、主动性和创造性。因此，在转型跨越发展中，工会组织的一个重要切入点，就是“在维护职工权益上展现作为”

要紧紧抓住“工资”这一职工最关心、最直接、最现实的利益问题。当前，要大力开展“工资集体协商百日攻坚行动”。全省都要形成“党委重视、政府主抓、三方联动、工会力推、各方配合”的工作格局，全省各类企业工会、乡镇（街道）工会、基层工会联合会、联合基层工会、区域性行业性工会联合会，都要参加此次行动。要加大推动有关保障和改善民生政策落实的力度，大力推动积极就业政策的落实，推动提高劳动报酬在初次分配中的比重，加强对社会保障法律法规政策落实情况、社会保险基金使用情况的监督。

要紧紧抓住“职工代表大会制度”这一关键环节。职工代表大会制度是工会维护职工民主政治权益的基本机制，是企业凝聚民心、理顺民意、汇聚民智、聚集民力的最佳载体。在企业改制中，要坚持国有企业改制方案和国有控股企业改制为非国有企业的方案，必须提交企业职工代表大会审议，充分听取职工意见，其中职工安置方案需经企业职工代表大会或职工大会审议通过后方可实施。要大力推进非公企业民主管理工作，坚持把职代会作为非公有制企业实行民主管理的基本形式，不断扩大工作覆盖面。

要紧紧抓住“为职工群众尤其是困难职工办实事、解难事、做好事”这一基础工作。当前，要把帮扶中心建设摆在更加突出的位置，举全会之力予以推进，努力实现对困难职工全覆盖、不遗漏的目标，让每一个困难职工都能感受到党和政府的温暖、工会组织的关怀。要坚持搞好送温暖、金秋助学、职工大病医疗互助活动，加大资金筹措力度，扩充帮困资金，进一步发挥工会帮扶品牌作用。

三、为转型跨越发展打造一支高素质的职工队伍，是工会工作题中应有之义，因此，工会推动转型跨越发展的一个着力点，就是“在提高职工素质上展现作为”

要加强思想道德素质建设。坚持用马克思主义中国化的最新理论成果教育职工，用中国特色社会主义共同理想凝聚力量，用以爱国主义为核心的民族精神和以改革创新为核心的时代精神鼓舞斗志，用社会主义荣辱观引领风尚，实现对职工的科学理论体系教育、形势政策教育、爱国主义教育、中国工人伟大品格教育、劳模精神教育、职业道德教育等全覆盖。

要加强科学文化素质建设。全面推动职工科学文化素质建设，大力开展技能培训、转岗培训、创业能力培训；大力加强“职工书屋”建设，按照管用有效、惠及职工的要求，让“职工书屋”真正成为职工学习、进步、成才的阵地；针对转型发展的要求，组织职工认真学习与企业产品有关的知识，与转型发展有关的知识，使学习真正成为推动转型的实际力量。

要加强健康安全素质建设。倡导健康安全理念，普及健康安全知识，引导职工提高安全生产与身心健康意识，自觉遵守安全生产与劳动保护条例，增强职业病防治与安全生产能力，努力提高各类群众性安全健康卫生教育和“安康杯”竞赛活动覆盖率。

四、转型跨越发展需要一个和谐稳定的环境，工人阶级是维护社会政治稳定的中流砥柱，因而，工会组织的一个重要政治责任，就是“在稳定职工队伍上展现作为”

以组织来促进稳定。要紧紧扭住工会组建和会员发展工作不放松，按照“哪里有企业、哪里有职工，哪里就必须建立工会组织”的总体要求，进一步深化“双措并举、二次覆盖”经验，进一步加大基层工会联合会、联合基层工会的组建力度，不断创新工会组建方式、组织形式，最大限度地把广大职工组织到党领导的工会中来。

以发挥作用促进稳定。进一步加强工会组织规范化建设，开展“一条例五规范”竞赛活动，形成“比、学、赶、超”的良好氛围。要不断完善维权机制建设，大力推进以职代会为主要形式的民主管理厂务公开制度、平等协商集体合同制度、工资集体谈判制度，大力推进工会劳动争议调解组织建设。

以信息的畅通促进稳定。要以高度的政治责任心和敏感性，密切关注劳动关系动态，切实履行好第一知情人、第一报告人职责，对有关职工思想动态和职工队伍的倾向性、苗头性问题，做到及早发现、及早介入、及早报告。协助党委、政府妥善处理劳动纠纷和群体性事件，努力把矛盾化解在萌芽状态、解决在基层。

（作者系山西省人大常委会副主任、省总工会主席）

围绕转型跨越发展　全力推进能动司法

左世忠

省委提出以转型发展为主线，再造一个新山西，这是站在国内外新形势和山西发展全局作出的新的战略性目标和规划。作为司法机关的人民法院，要以高度的责任感、使命感自觉投身转型跨越发展的实践中，充分发挥审判职能，全力推进能动司法，积极主动地为转型发展、跨越发展提供坚强有力的司法保障和优质高效的法律服务。

一、围绕“六个重点”，进一步优化司法服务

要认真关注、稳妥审理经济结构和产业结构调整中发生的各类纠纷案件。积极审理好企业改组、兼并、分立、破产等各类纠纷案件；妥善处理资源整合过程中发生的产权转让纠纷案件；妥善处理公司股权纠纷案件，强化对中小投资者特别是民间投资者权益的保护；妥善执行投资企业申请执行案件，依法保障其合法权益得到尽快实现；对申请执行投资企业的案件，慎用强制措施，保证企业重组和发展的必要条件，多做执行和解工作，力求法律效果与社会效果相统一。

要认真关注、稳妥审理涉及新兴产业的各类纠纷案件。妥善审理涉及资源能耗低、带动系数大、就业机会多、综合效益好的新能源、节能环保、电动汽车、新医药、新材料、生物育种和信息产业等新型产业案件，为我省新型产业的发展清障除碍、保驾护航。

要认真关注、稳妥审理文化产业发展中发生的各类纠

纷和重点领域知识产权纠纷案件。对著作权纠纷、委托出版合同纠纷、影视制作和播放合同纠纷、演出合同纠纷、网络传播合同纠纷等案件给予高度关注，积极妥善审理，促进文化市场的繁荣发展；加强对重点领域知识产权保护，对新能源、新医药、新材料、电子信息、生物技术、环保等领域所涉案件做到及时立案、高效审理、快捷执行，促进高技术产业与新兴产业的发展；规范技术交易市场秩序，妥善审理技术改造、技术开发、技术转让、技术服务等纠纷案件，引导和促进科技成果向生产力的转化。

要认真关注、稳妥审理农业产业化发展中发生的各类纠纷案件。妥善审理涉农纠纷案件，促进农业发展方式转变；妥善审理农业承包、转包、租赁等合同纠纷案件，依法保护土地承包经营权的自愿、合法流转。

要认真关注、稳妥审理涉及劳动者权益的各类纠纷案件。完善对劳动者权利的司法保护机制，优化民事诉讼与劳动仲裁纠纷化解机制的衔接，提高劳动争议案件审理效率。对案件事实清楚、法律关系明确的拖欠农民工工资或劳动报酬纠纷等案件，做到快立、快审、快结，充分保护农民工合法权益。

要认真关注、稳妥审理涉及环保生态的各类纠纷案件。加大对涉及资源、环境方面的探矿、采矿权纠纷和大气、水、噪声等环境污染侵权纠纷案件的审理力度。依法运用侵权证据规则，加大侵权人的举证义务，全面赔偿受害人因侵权造成的损失，全力维护人民群众生命健康和公共安全。

二、坚持“六个严惩”，进一步净化发展环境

要严惩涉企犯罪，保障工业新型化发展。依法严厉打击干扰破坏招商引资、企业生产经营秩序、侵犯外来企业合法权益和侵害外来投资人员人身、财产安全的各种刑事犯罪，为招商引资创造良好的治安环境；依法打击各种以合法形式掩盖的非法集资等违法犯罪活动，维护金融安全和社会稳定。

要严惩经济领域内职务犯罪，保证市域城镇化和农业现代化建设的顺利进行。依法严厉打击侵吞、挪用土地补偿资金和房屋拆迁补偿金等违法犯罪行为，规范和维护土地征收和房屋拆迁秩序；依法严厉打击侵占、挪用、贪污农业投资、种粮补贴等专项资金的违法犯罪行为，确保国家对农业支持保护政策的有效落实。

要严惩破坏矿产资源和安全生产犯罪，依法保障能源产业健康发展。坚决制裁越界、越层、无证开采的非法采矿行为；坚决制裁在煤炭资源整合中出现的欺诈、侵吞、行贿、受贿的犯罪行为；坚决制裁在矿山安全生产中存在的重大劳动安全事故犯罪，不报、谎报安全事故的犯罪和各种涉及爆炸物的犯罪，保障人民生命安全，保障国家资源和财产安全。

要严惩破坏环境资源犯罪，依法保障和促进城乡生态化建设。坚决制裁污染环境、破坏林业资源、草原资源、生物资源等违法犯罪行为，促进社会经济可持续发展。

要严惩影响创新发展的各类犯罪，依法保护知识产权。加强对新闻出版、广播影视、文学艺术、文化娱乐、广告设计、工艺美术、计算机软件、信息网络等领域的著作权保护，依法惩处假冒商标、专利和侵犯著作权等侵犯知识产权的犯罪行为，促进文化创新，繁荣文化市场。

要严惩群体性事件引发的犯罪，依法维护社会安全稳定。着眼于预防犯罪，减少社会对抗、促进社会和谐，积极参与社会治安综合治理，为转型跨越发展营造良好的社会治安环境。

三、完善“五个机制”，进一步强化司法保障

要完善便捷服务机制。加强立案信访窗口规范化建设，进一步拓宽社情民意表达渠道，充分利用信访接待、巡回审理、送法下乡等方式收集和倾听人民群众对法院工作的意见，及时对人民群众的司法需求作出回应，合理调配司法资源，不断改进便民服务措施，完善诉调对接机制，方便人民群众行使诉讼权利。对涉及经济结构调整、产业结构调整和新型产业发展过程中发生的各类纠纷建立诉讼服务快速通道，优先立案，快审、快结、快执。

要完善联系企业机制。结合本地党委、政府经济工作部署和当地经济特色，以转变经济发展方式所涉领域和企业为联系重点，通过行业主管部门、行业协会、商会等组织推荐联系对象，到相关企业走访调研。根据企业需求，积极开展法律培训、讲座、咨询服务。通过对案件的数量、类型的动态变化，及时发现经济发展的苗头性、普遍性问题，及时进行风险提示，向有关单位提出司法建议，并形成调研报告和情况报告，为党委、政府决策提供信息和参考。

要完善报告联络机制。建立完善向当地党委、人大汇报工作，与当地政府、公安、检察机关的沟通、协调机制，确保各项司法保障和服务措施有效落实。通过联席会议、日常汇报、司法建议等方式，有效落实各项应对措施，及时协商解决本地经济发展方式转变过程中遇到的矛盾和问题，努力将因经济发展方式转变而产生的纠纷化解在诉前、解决在基层，避免引起大的社会影响和动荡。

要完善联系协调机制。对转型跨越发展中出现的共性的法律问题，要及时制定指导性意见，强化工作指导。对众多债权人向同一债务企业，或同一债权人向不同债务企业发动的系列诉讼案件，受理案件的不同地区、不同审级的法院之间和同一法院的不同审判部门之间要加强信息沟通，在上级法院的统一指导下集中协调、统一标准、依法平等保护债权人的合法利益，防止适用法律中的明显差别。

要完善审判管理机制。坚持全面、全程管理，以管理促公正，向管理要效率，保证为转型跨越发展提供优质的司法服务。加强对审判执行工作的动态分析，完善绩效考核机制，把社会评价与具体工作指标结合起来，形成司法

政务管理为审判工作提供服务，审判管理为转型跨越发展服务的司法保障机制。

（作者系山西省高级人民法院院长）

山西转型发展　跨越发展的纲领性文献

——学习袁纯清同志在全省领导干部大会上的讲话的体会

李旺明

在7月29日召开的全省领导干部大会上，省委书记袁纯清同志作了《以转型发展为主线，为实现山西经济社会跨越发展努力奋斗》的重要讲话(以下简称《讲话》)。《讲话》高屋建瓴、立意深远，内容丰富、重点突出，目标明确、措施得力，体现了科学发展观与山西实际的紧密结合，具有很强的针对性、指导性和可操作性，是指导当前和今后一个时期全省经济社会发展的纲领性文献。《讲话》开宗明义，立足当前我省所处的发展阶段，提出“必须扭住发展这个第一要务，以转型发展为主线，以赶超发展为战略，以跨越发展为目标，推动又好又快发展”。这也正是贯穿《讲话》始终的一条红线，是通篇《讲话》的灵魂，充分体现了省委“咬住青山不放松”的坚定信念和“不达目的不罢休”的决心。通过反复学习《讲话》精神，我们有如下体会和思考。

一、跨越发展是山西的必然选择

（一）山西跨越发展的基本内涵

所谓跨越发展，是指在一定历史条件下后进者对先行者走过的某个发展阶段的超常规的赶超行为。跨越发展与传统工业发展过程中任何一个时期的“赶超”发展不同，它要求突破传统工业化道路中单纯追求速度增长和“单项突进”的发展模式，而追求一种速度与效率并重，当前发展与长远发展兼顾，经济和社会、生态环境协调发展的模式。

《讲话》单刀直入，直接破题，响亮提出山西“十二五”要实现“跨越发展”，从目标层面锁定今后五年的努力方向。学习《讲话》精神，必须深刻领会和把握跨越发展的四个内涵。第一，跨越发展是一种快速度的发展，要在遵循发展规律的前提下，充分发挥资源优势和后发优势，通过“蛙跳式”发展，“在中部崛起和全国竞相发展格局中再造一个山西”；第二，跨越发展是一种高水平的发展，要在科技进步的推动下，“以煤为基，多元发展”，实现“由煤炭大省向以煤为基的现代产业大省的跨越，实现由单一煤电基地向立体能源中心的转变”；第三，跨越发展是一种赶超先进的发展，要在提高综合竞争力的前提下，“以建设国家新型能源和工业基地为基础，努力建设全国重要的现代制造业基地、中西部现代物流中心和生产性服务业大省，早日建成中部地区经济强省和文化强省”；第四，跨越发展是一种可持续发展，要在经济社会发展和人口、资源、环境相协调的情况下，提高可持续发展能力，实现工业新型化、农业现代化、市域城镇化、城乡生态化。

（二）山西当务之急在跨越

“加快跨越是山西的必然选择”，“转型迫在今天，跨越时不我待，必须抓住今天，把握明天，否则我们就会犯历史性错误”。《讲话》把跨越发展的重要性、必要性和迫切性提到了一个前所未有的高度。我们理解，省委提出跨越发展，主要基于三点考虑：

激烈的竞争迫使我们跨越发展。近年来，山西经济社会发展取得了显著成就，但在“东部地区率先发展、中部地区迅速崛起、西部省区你追我赶”的大背景下，我们不得不承认我们的发展落后了，我们在全国的位次后移了，我们与兄弟省区的差距拉大了。不管是从目前的经济总量来看，还是从“十一五”期间的增速来看，山西在中部六省和周边省份均排末位。在“十五”末的2005年，山西GDP在全国排第16位，人均GDP相当于全国的89%，排全国第15位。到了2009年，山西GDP排全国第21位，4年不进反退了5个位次。国家权威研究报告显示，2008年全国GDP过千亿元的城市有88个，山西只有太原入列，且排在59位，而我们周边省份河南有7个，内蒙古也有3个。这些数据表明，山西面临的最大问题是发展不足，山西欠发达地区的省情并没有改变。要想在激烈的竞争中立住脚，要想尽快缩小与先进地区的差距，要想在经济总量的排序中“收复失地”，必须以“人一之我十之、人十之我百之”的精神，“三步并作两步跑”，奋起直追。在这个问题上，我们没有更多的选择余地。

宝贵的机遇激励我们跨越发展。当前我国全面进入工业化跃升期、城镇化加速期、节能环保攻坚期、新技术革命成长期、基础设施建设加大期，这一鲜明的时代特征，给各地经济社会的高速发展提供了强劲动力和广阔空间。可以说，能不能在新一轮竞争中脱颖而出，赶超兄弟省份，对于山西来说，直接决定着将来在全国经济版图上的地位和话语权。

同时，山西还有许多宝贵的政策机遇。全省有50个边远山区县享受西部大开发政策，4个老工业城市享受“振兴东北老工业基地”的政策；按照国家煤炭工业可持续发展规划，山西的煤炭产能还有空间，1500万吨化工产品容量现在仅仅用了1／10；中央批准山西循环经济发展规划，很多涉及到煤电铝。此外，山西作为一个大板块，国家资源型经济转型综合配套改革试验区方案正在审批。这些都为我们加快发展提供了难得的机遇，山西加快跨越正当其时。如果错失了有利机遇，再想后来居上难上加难。机遇面前，四平八稳没有出路，按部就班步履维艰，因循守旧死路一条，我们必须有釜底抽薪的勇气，有不甘落后的豪气，更要有背水一战的“傻气”，时不我待、只争朝夕，大步赶超、奋力跨越。

已有的基础支撑我们跨越发展。山西有丰富的自然资源，有厚重的历史文化底蕴，有光荣的革命传统，有“敢为天下先”的晋商文化，有伟大的“太行精神”，有坚韧不拔的“右玉精神”，尤其是有共和国重要能源基地的承载和3400万三晋儿女热望发展的激情，这些都为我们跨越发展提供了基础条件和精神支撑。同时，通过坚持不懈推进产业结构调整，特别是2009年制定实施了十大产业调整振兴规划，山西的产业结构初步得到优化升级，尤其是煤炭资源整合、企业兼并重组取得重大成果，基础设施建设的瓶颈制约得到缓解，这些为山西实现更高层次的跨越发展提供了基本保障和实践经验。山西跨越发展是大势所趋，山西跨越发展如拔弩之弓、离弦之箭，只要我们善于利用有利条件，跨越发展定能实现。

（三）山西跨越发展应重视的几个因素

跨越发展必须建立在技术进步和体制创新的基础上。西方经济学“蛙跳模式”认为，先进国家的技术水平可能会因为技术惯性而被锁定在某一范围内小幅度的变化，在这种情况下，后进国家通过技术创新和突破，在未来取得技术优势，从而超过先进国家。我们要实现跨越发展，必须在技术创新上找突破，在我省资源型经济进入“边际效应递减期”的背景下，通过科技创新支撑起经济高速发展。目前主要是要围绕煤炭安全生产、循环经济、新型煤化工、新型能源材料、高端制造、电子信息、生物医药、物流、生态保护和环境治理、高效生态农业、农产品加工等开展科技攻关，提升高新技术产业在经济总量中的比重；围绕我省主导产业，统筹抓好各类人才队伍建设，加速引进和培养人才，特别是引进和培养各领域的领军人才。

跨越发展要着眼于后发优势的爆发。关联经济原理提醒我们，经济的滞后是相对而非绝对的，通过弱势要素向优势要素的成功转换，可以带来优势经济或经济竞争力的迅速形成。山西要实现跨越发展，就必须着眼于后发优势的发挥。这就要求我们既要把不利因素转化成有利因素，又要把一个优势转变为多个优势，更要“无中生有”，发现或培育新的优势。要把高耗能高污染等劣势转变成发展环保产业的优势，把煤炭一个优势转变为发展煤化工、装备制造业、物流业等多个优势，把资源型经济综合配套改革试验区一个机遇转变为招商引资、深化区域合作等多个机遇。同时，要在千变万化的市场中重新去发现优势、创造机遇，抢占产业发展的制高点，决不能囿于传统比较优势，画地为牢，自限发展空间。

跨越发展需要充分发挥积极的主观能动性。人是生产力中最积极最活跃的因素，人的积极性和创造力是最大的生产力。实现跨越发展，不是坐而论道、纸上谈兵，需要充分发挥人的主观能动性，在激烈的竞争中寻找机遇，在开拓进取中创造业绩，始终把握发展的主动权。要树立“资源有限、创造无限”的理念，既要“有中生有”，用资源换资本、换技术、换市场、换项目，又能“无中生有”，用胆气和才智把握大势，用发散思维激活要素，在创意中开创新的产业大天地。要树立“发现就是发展”的新理念，认真研究市场经济条件下项目与人才、技术、资金的相互关系，积极发现和设计策划重大项目，包装和推介重大项目，推进和服务重大项目，重点“发现”煤化工、装备制造业、新材料等我省转型发展重点领域的项目，积极谋划、布局、建设和储备一批重大项目，以高质量的项目和高强度的投入为跨越发展提供动力和保证。

二、转型发展是山西的根本出路

（一）山西转型发展的内涵

所谓转型发展，是指一个国家或地区的经济结构和经济制度在一定时期内发生的根本变化。具体讲，就是经济体制的更新，是经济增长方式的转变，是经济结构的提升，是支柱产业的替换，是国民经济体制和结构发生的一个由量变到质变的过程。

袁纯清同志在《讲话》中深刻指出：“转型发展不是推倒重来，是对原有发展的扬弃，是一个整合、提升、深化、创新的过程，是发展的发展。”同时提出我省转型发展的关键节点——“四个转变”：就是要推动发展由主要依靠资源开采、初步加工向资源深度开发、深度加工转变，由外延扩张向内涵提升转变，由传统产业一枝独大向多元发展转变，由粗放、高耗、低效、单一线性发展向集约、低碳、高效、多元循环发展转变，最终实现绿色发展、清洁发展、安全发展。可以说，这“四个转变”是从山西省情出发，对胡锦涛总书记在今年2月3日召开的省部级主要领导干部加快经济发展方式转变专题研讨班上提出的“八个加快”的具体落实，是山西加快转变经济发展方式的题中要义。

（二）山西的根本出路在转型

人类社会的每一次跨越进步，都伴随着经济社会的大转型，山西也不例外。转型发展是人类进步的常态和规律。没有转型，就没有人类进步和人类文明。二战以后，特别是20世纪七八十年代以来，人类转型发展的步伐大大加快，发达国家和地区纷纷抓住新技术革命的有利时机，出台了一系列转型发展的新战略，在推动新技术和新材料应用、提高环保标准、淘汰落后产能等方面做了大量工作，逐步实现了产业升级和技术进步。目前，世界经济增长格局孕育重大变革，发展模式面临重大转型，新一轮产业调整、升级和转型势不可挡，以新型能源革命和低碳经济为主题的绿色浪潮席卷全球，世界主要国家都在谋划新的转型突破口。我国也把转型发展作为可持续发展的战略之举，各省区市间一场新的发展赛跑也正在围绕转型发展全面展开。在此背景下，谁能及时转型、成功转型，谁就能掌握发展的主动权。山西只有抓住这次世界转型的历史机遇，抢占新兴产业制高点，才可能在新一轮“赛跑”中成为一匹“黑马”。

山西要加快跨越发展，必须首先实现转型。跨越发展必须建立在转型发展的基础上，正如袁纯清同志所说：“能不能实现跨越发展，关键是能不能实现转型发展。跨越发展不是建立在现有模式的产能上，而是建立在转型发展的程度、广度和深度上。转型文章做好了，跨越发展也就实现了。”因此，全面转型是山西实现跨越发展的必由之路，跨越发展是转型发展的目标与结果。从哲学的角度分析，转型发展是量变积累的过程，跨越发展则是质变飞跃的过程。从山西的实际来看，不管是畸重的产业结构也好，还是落后粗放的增长方式也罢；不管是现实的资源浪费也好，还是严重的环境污染也罢，都迫切要求加快转型，不转型不行，转慢了也不行。必须把转型发展作为全省工作的主题和主线，在发展中促转型，在转型中谋跨越。只有通过转型，才能把资源依赖型产业向新型、多元、现代产业体系转变，把投资拉动型经济向创新驱动型经济转变，把粗放型经济向清洁、绿色、安全、节约型经济转变，从而提高山西区域发展的核心竞争力和可持续能力，最终实现跨越发展。

山西不转型就没有出路。国家“十二五”规划将开启中国经济与社会双重转型的新阶段，以转变发展方式和调整经济结构为主线，部署经济社会从外需向内需、从高碳向低碳、从强国向富民的三大转变，我们已经走到“不转不通、不转不稳、不转不活”的十字路口，不转型就是死路一条。首先，不转型就无法解决畸重的产业结构问题。山西目前的产业结构表现为“四重四轻”：能源重、化工轻，采冶重、制造轻，生产重、服务轻，材料重、加工轻。全省煤炭年产量6亿多吨，煤炭、焦化、冶金、电力四大传统产业占到工业增加值的90%，而煤炭又占到其中的60%，也就是说仅煤炭就占了全省工业增加值的54%。这种“一煤独大”、“四柱擎天”的超重型结构，必须通过转型来改变。其次，不转型投资增长独木难支。2000年至2006年，全省投资率(包括固定资本形成和库存)由46．9%上升到54．2%，消费率由51.8%降至47.1%，呈现投资率快速上升、消费率持续下降的趋势，且由消费率高于投资率变为投资率高于消费率。2000年以来山西省投资率一直在全国第10位上下移动，消费率在23位上下移动。2006年全省进出口总额62.28亿美元，虽然比2000年增长了3.76倍，但由于基数较小，仍然表现为总量偏低，进出口总额仅占到全国的0.35%，对经济增长的拉动作用较小。从“三驾马车”的总体运行情况看，近年来山西主要依靠投资增长拉动经济发展，这种不合理的投资、消费、出口结构必须通过转型来改善。其三，不转型单靠要素投入的发展模式难以为继。长期以来，山西因特殊的能源结构、产业结构，决定了以要素投入为重点、以物质消耗为特征的发展路子，经济发展方式落后，粗放型特征十分突出，生态恶化的趋向尚未得到有效扭转。2009年我省GDP总量占全国经济总量的2.2%，而能耗总量却达到4.3%以上；在本世纪高速发展的10年里，我省每年由于生态环境破坏和恶化造成的经济损失估计占到GDP总量的20%左右。因此，必须下定决心加快转型，只有这样，我们才可能步入一个新的发展时代，进入一个新的发展境界。

（三）山西转型发展应重视的几个因素

山西的优势在煤，山西的潜力也在煤，这是我们转型发展的切入点，一定要抓住不放。与过去不同的是，我们必须充分认识煤炭不仅是能源资源，也是碳材料资源，更是发展新兴产业的重要资本；不仅要挖好煤，更要用好煤；不仅要做好煤炭本身的文章，更要做好煤炭延伸发展的文章；不仅要开发好地下资源，更要开发好地上资源。基于这样的认识，在转型发展中应重视以下三方面的因素。

要打好“资源为王、成本优势”这张牌。山西是典型的资源型地区，有着独特的发展优势。由于资源本身就是经济要素，资源开发自然会带来经济增长，而且区域内投资领域相对集中，较易选择和确定特色优势产业，较易培育和形成辐射带动力强的区域性支柱产业；由于资源型地区特别的产地优势，可以少承担运输、交易成本，相关后续产业有着相对较低的成本优势；由于山西资源型产业有着长期的生产传统，相关的熟练技术工人比较稳定，掌握新技术有一定的基础，较易在短期内培养造就转型发展中需要的技术人才；特别是由于资源的稀缺性，一定时期还可以影响到下游地区的发展，保持暂时的领先地位。我省在转型发展过程中，必须充分利用这些有利因素，打好“资源为王、成本优势”这张牌，在竞争中更多地掌握市场交换的话语权、市场竞争的主动权、市场开发的优先权，真正把资源优势转变为产业优势、经济优势、发展优势。要高起点谋划、高标准推动、高目标实现转型。高起点谋划，就是要立足于“十二五”期间赶超发展、跨越发展，充分发挥矿产资源和文化旅游资源两大优势，协调推动地上地下两大资源的整合与开发，实现资源型地区向国家新型能源和工业基地、自然人文大省向经济强省和文化强省的战略转变。高标准推动，就是要牢牢扭住科技这个第一生产力，不断加大创新投入，全面提升区域自主创新能力，充分发挥转型发展中科学技术的支撑作用、人力资本的推动作用、先进文化和优秀文化产品的引领作用，为转型发展提供新的战略预测和技术创新高地，实现由资源驱动型向创新驱动型转变。同时要坚持资源跟着高端产业走，对资源高位谋划、高端开发、高效配置，让资源在与高端产业的融合中实现最大值。高目标实现，就是要通过全面、系统转型，让山西的经济结构合理起来，竞争能力强大起来，发展环境宽松起来，对外形象树立起来，使山西走出一条科学发展、循环发展的新路子，步入良性发展的快车道，实现发展水平和发展品位的全面提升。

要板块化发展、园区化承载、集群化推进。板块化发展，即以产业布局为基础，推进传统高耗能产业循环化、煤化工产业规模化、装备制造等产业大型化和会展、物流、旅游一体化，形成支撑山西转型发展的四大板块。园区化承载，即以政策支持和体制机制创新为手段，进一步扩大省级以上开发区数量，增加一批国家级开发区，加快新建一批循环经济区，积极发展县域工业园区，把各类生产要素聚集到各种层次、各种规模、具有各种功能的园区中来，真正使开发区成为山西转型发展的排头兵。集群化推进，即以龙头企业为核心，结合园区建设和项目布局，建立具有创新力的产业分工协作体系和围绕龙头企业的中小企业配套协作体系，形成上下游紧密衔接的产业链，实现企业之间、产业之间协作共生，使产业集群化成为山西转型发展的一种主导模式。

三、“四化”是山西转型发展、跨越发展的战略重点

《讲话》对我省转型发展、跨越发展的战略定位是，以建设国家新型能源和工业基地为基础，努力建设全国重要的现代制造业基地、中西部现代物流中心和生产性服务业大省，早日建成中部地区经济强省和文化强省。这个战略定位，是省委登高望远谋划未来发展，在“新型能源和工业基地”定位基础上的进一步提升，是山西转型发展、跨越发展的一个宏伟目标。在此基础上，提出了“十二五”全省主要经济社会发展的具体目标：GDP年均增长13%，GDP总量力争达到1.7万亿元，努力实现翻番；财政收入年均增长15%，财政总收入达到3400亿元，一般预算收入达到1800亿元，实现翻番；全社会固定资产投资年均增长20%，投资总额力争超过5万亿元，年均投资达到1万亿元；工业增长年均超过15%；城乡居民收入实现翻番，城镇居民收入“十二五”末超过3万元，农民收入超过9000元。GDP总量、财政总收入、城乡居民收入“三个翻番”和固定资产投资、工业增加值“两个高速增长”的目标鼓舞人心、催人奋进。这些目标，既宏伟，又现实，看起来比较高，但都是经过认真测算并与周边省份近年来发展速度进行比较后提出的，只要我们“跳起来摘桃子”，经过努力是完全可以实现的。

山西如何实现转型发展、跨越发展的宏伟目标?转型发展、跨越发展的出路何在?突破口在哪里?《讲话》作出了明确回答：“工业新型化、农业现代化、市域城镇化、城乡生态化，是转型发展的根本举措，是跨越发展的主要依托，是统筹兼顾、互相促动、有机统一的发展战略。”《讲话》提出的“四化”战略，是省委对当前国内外形势清醒认识和准确把握的基础上，结合我省实际提出的，是山西发展战略的又一次完善和提升。这一战略，既有经济发展方面的目标，又有社会建设方面的目标，也有生态建设方面的目标，三者之间相互依存、相互促进、协调发展，统一于转型发展、跨越发展的具体实践中。

（一）工业新型化——转型跨越发展的主攻方向

“以煤为基、多元发展”的新思路谋划工业新型化。《讲话》指出，山西的工业新型化一定程度上讲要围绕煤来展开和推进，即“以煤为基、以煤兴产、以煤兴业、多元发展”。要在提升煤炭产业整体水平，实现煤炭高效绿色安全发展的基础上，加快提升焦炭、冶金、电力、建材等传统产业，加快壮大现代煤化工、装备制造、新型材料、文化旅游、物流会展、特色农业等优势产业，加快发展节能环保、生物医药、信息网络、研发设计、新能源等新兴产业，实现产业结构多元化、合理化、高级化，实现由煤炭大省向以煤为基的现代产业大省的跨越，实现由单一煤电基地向立体能源中心的转变。

“全循环、抓高端”的新理念推动工业新型化。《讲话》指出，传统产业的潜力在循环、希望在循环、发展在循环。并针对山西的产业特点，提出要强化两个理念。一是抓循环。在政策上，把循环经济作为基本的市场准入标准、技术原则和生产方案，一方面严把新上项目的循环经济门槛，一方面对传统产业进行循环改造；在内涵上，既包括物态上的循环，也包括生产要素的循环；在外延上，不仅产业内部要循环，关联产业之间也要循环；在全局上，要从企业小循环入手，向行业中循环拓展，最终形成区域大循环。二是抓高端。围绕重点发展的产业抓技术链条的高端，利用信息化、自动化和高科技抓产业链条的高端，通过转化加工在传统产业上抓利润链条的高端。

“七条路径”实现工业新型化。《讲话》提出工业新型化的七条路径：建立在煤炭资源基础之上，提出围绕传统产业的循环化发展煤化工，实现高碳产业低碳发展；建立在煤机大市场基础之上，提出围绕煤炭装备制造业高端化建设以太原为中心的世界煤机产业基地，实现由采掘文明向制造文明转变；建立在煤炭运销基础之上，提出围绕建设环渤海、黄河中游地区现代物流中心的目标发展现代物流业，实现经济运行效率大幅提升；建立在低碳绿色发展的基础之上，提出围绕煤焦冶电等高耗能产业的清洁生产发展节能环保产业，实现环境压力向发展动力转变；建立在新能源材料发展潜力的基础之上，提出围绕能源资源优势做大新能源新材料产业，在产业组合中把一个优势变成两个乃至多个优势；建立在科技创新基础之上，提出围绕煤炭及关联产业发展高新技术产业，力争在高科技领域占有一席之地；建立在特有的资本优势之上，提出围绕发挥传统产业优势加快文化旅游产业转型发展步伐，培育新的经济支撑点。这“七条路径”都与煤有关，相互之间都有一定关联，体现了“以煤为基、以煤兴产、以煤兴业、多元发展”的思路。

（二）农业现代化——特型跨越发展的重要基础

"特"字当头引领农业现代化。"山西不是粮食大省，农业之长在特色。"农业现代化必须突出一个"特"字，这是山西推进农业现代化的主导方向。一方面，山西土地条件差，山区面积占全省国土面积的80%以上，而且自然灾害频发，很难成为大宗农产品的生产地。近年来，山西农业增加值仅占全省GDP的5%左右，粮食产量、农林牧渔总产值等主要农业指标徘徊 于全国20位以后。另一方面，山西又是当之无愧的"小杂粮王国"，众多的特色农产品在全国名列前茅、驰名海内外，受到市场热捧。据统计，全省农民人均纯收入近一半来自特色农业。农业现代化对山西来说，必须走具有特色的现代农业发展之路。

"四个重点"推动农业现代化。《讲话》提出山西农业现代化的四个重点：坚持农业产业化这个主题，实现区域化布局、专业化生产、产业化经营，提高规模化、商品化、市场化程度和加工转化率，使农业产业化走上规模、质量、品牌、效益的良性循环；突出县域工业化这个核心，用工业化的思路和办法，加快传统农业向现代农业的转变，传统中小企业向现代企业的转变，传统农民向新型农民的转变，传统农村向新农村的转变；夯实农业社会化服务体系这个基础，大力发展农民专业合作组织，因地制宜组建农科公司，加强农产品质量安全体系建设，允许以县为单位整合各类支农资金，开发适合农村需求的金融产品；抓住农民增收这个关键，通过促进农民就业、落实各项惠农政策、推动扶贫开发由整村推进向片区开发转移、加大企业扶持贫困村的力度等多项措施，增加农民收入。

（三）市域城镇化——特型跨越发展的主要支撑

工业化需要城镇化来承载，现代化需要城镇化来表现。由于城镇化不仅可以产生巨大的投资和消费需求，而且可以促进经济结构优化升级，因此，城镇化对于推动经济发展具有不可估量的作用。不管是一直领先发展的"长三角"、"珠三角"、"环渤海"三大经济圈，还是近年来崛起的"金三角"地区，他们的快速发展都得益于城镇化的有力推进。市域城镇化正是适应未来城镇化发展大趋势，针对我省城镇化滞后于工业化的状况而提出的。《讲话》提出，"十二五"时期，我省城镇化率每年要提高1.8左右，五年力争有300万农村人口进入城镇，形成3000亿元投资需求，全省城镇化率由现在的46%提高到55%左右，相当于我们当前的工业化水平。同时提出，要以发展规划、土地利用规划、产业布局规划"三规合一"引领城镇化建设，以工业园区、高新技术园区、科技创新园区支撑城镇化建设，以城中村改造、棚户区改造、旧城改造推动城镇化建设，走出具有山西特色的城镇化发展路子。

大步前进的"人"是山西城镇化发展的空间布局。袁纯清同志在《讲话》中把山西城镇化发展的空间布局形象地比作一个"人"字。这个"人"字型的空间布局是以"一核一圈三群"为主体的城镇群格局。"一核"指由太原市区、晋中市区、清徐县城、阳曲县城构成的太原都市区；"一圈"指太原大都市圈，是以太原都市区为核心，太原盆地城镇密集区为主体，辐射阳泉、忻定原、离柳中城镇组群的大都市圈；"三群"指以大同、朔州为核心的晋北中部城镇群，以长治、晋城为核心的晋东南中部城镇群，以临汾、运城为核心的晋南城镇群。其中，太原都市圈是"人"的胸部，大同、朔州城镇群是"人"的头部；吕梁、阳泉是"人"的两臂，临汾、运城城镇群和长治、晋城城镇群是"人"的双脚。太原都市圈是全省城镇化战略的重中之重，要确保"十二五"期间城镇化率、经济增长速度明显高于全省和其他城镇群，经济总量占全省的比重明显提高，以此带动中心城市、城镇群、经济圈的互促互动。

经营城市是城镇化的核心问题。相对于城市布局而言，城市经营更具有现实意义。怎样在投资、规划、建设理念上更好地经营城市，提升城市的功能、品位和承载力，是一个亟待破解的重大问题。《讲话》有针对性地提出了破解之策。要强化规划的引领力和建设的创新性，按照城镇群发展、大中城市提质、历史文化名城保护开发、矿城转型、小城镇建设等不同层面，科学制定城镇规划。城镇建设要充分体现城镇的历史感、生态性、文化味，做到环境艺术与特色建设兼收并蓄、历史传统与现代风貌相得益彰、自然风光与人工塑造珠联璧合，体现独特的灵魂灵气和人文情怀。要加快建设以高速公路、高铁、空港为主的立体交通网络，加快重点水利工程建设，提高交通、水网、管理等方面的智能化水平，增强城市的通达性、功能性、安全性。

民生为本是城镇化的根本目标。加快城镇化进程的目的，是要让更多的人进得来、住得下、发展好，让人民群众生活得更有质量、更有保障、更有尊严。《讲话》充分体现了这一民本思想，强调要创新加快城镇化进程的体制机制，努力消除户籍、住房、社保等方面的"玻璃门"，让符合条件的农业人口有序变为市民、融入城镇。加速推进户籍制度改革，以多种途径放宽中小城市和城镇户籍限制；完善城乡就业和社会保障制度，实现城乡劳动力市场一体化、农民工与城镇产业工人劳动待遇平等化和社会保障全覆盖，农民工子女城市就学与城镇居民子女同等待遇。不断增加公共财政用于改善民生和社会事业的投入，充分体现其"普善效应"。健全教育投入保障机制，落实家庭经济困难学生资助政策，促进教育公平；完善城镇居民基本医疗保险和农村合作医疗制度，加强廉租住房和经济适用房建设，推进基本公共服务均等化；重视解决困难群众的生产生活问题，加大对低收入群众的帮扶救助力度。

（四）城乡生态化——转型跨越发展的目标愿景

关于城乡生态化，《讲话》提出要努力建设绿化山西、气化山西、净化山西、健康山西。这"四个山西"建设，既是实现转型跨越发展的基本途径，也是转型跨越发展的长远目标愿景。

城乡生态化关乎子孙后代的福祉。山西作为能源资源大省，环境和生态压力是必须解决的重大问题。城乡生态化建设，正是优化生态环境、实现资源能源大省转型发展最现实、最有效的途径之一，既关系到当前的发展，又关乎子孙后代的福祉。通过改善生态环境，不断帮助群众提高生活质量和健康水平，使人民群众在“绿色、低碳、洁净、健康”的环境中工作和生活，从而不断提升全省人民的幸福指数。因此，无论是就发展而言，还是就改善民生、提高人民群众的生活质量而言，都要始终把环境保护和生态建设作为长期坚持的方针。这也正是《讲话》提出城乡生态化的意义所在。

城乡生态化的核心是建设“四个山西”。城乡生态化除了城乡物质环境的生态建设、生态恢复和生态重构，还涉及到发展观、价值观、生活方式、政策法规等方面的根本性转变，是一场深刻的社会变革，也是一项长期而艰巨的历史任务。《讲话》提出城乡生态化的核心是建设“四个山西”：建设绿化山西，就是要牢固树立栽树就是栽历史、栽文化、栽政绩的理念，坚持“生态建设产业化、产业发展生态化”的有效做法，充分发挥农民群众植树造林的积极性，实现大地增绿、林业增效、环境增色、农民增收；建设气化山西，就是要以政府为主导，把各类资源和企业连接起来，合资合作，共赢发展，在推进城镇人口使用清洁能源的同时，加大农村沼气建设力度，提高沼气综合利用水平；建设净化山西，就是要在“节、减、治、创”上下功夫，防止“两高一资”企业盲目扩张，推进重点行业和重点领域节能工作，继续关闭淘汰落后产能和环境综合整治，为城乡群众创造一个清洁环境；建设健康山西，就是要在城市管理、生态环境、水源地保护、卫生服务、医疗保健、社会保障等方面以人的健康为中心，保证人民群众健康地生活和工作，帮助群众提高生活质量和健康水平。

四、实现转型发展跨越发展的根本保证

资源型地区转型发展是一个世界性的难题，尤其是对山西而言，转型发展更是一场前所未有的革命。这场革命要想取得胜利，根本在解放思想、更新观念，关键在提高干部素质、转变干部作风，重点在优化发展环境、扩大对外开放。

（一）解放思想是前提

“解放思想具有先导性，思想的大门打不开，发展的大门也打不开。思想有多远，发展就有多远。”《讲话》对解放思想的重要性可以说强调到了极点。解放思想，可以为转型跨越发展提供坚强的思想保证、坚定的认知基础、强大的精神动力和强劲的智力支撑，这是推动和实现转型跨越发展的根本所在。

当前发展的竞争越来越表现为解放思想的竞争。在一定条件下，只有思想上摆脱束缚，才能改变现状；只有先解放思想，才能解放生产力。广东每次大发展都是以解放思想为先导，每次解放思想都先人一步，每次解放思想后都能在发展中抢占先机。这“三先”是广东发展的重要经验。可以说，当前各省发展的竞争，越来越表现为解放思想的竞争，越来越表现为改革开放的竞争；越是发展快的地方，越在解放思想，越解放思想，发展越快。山西要想在新一轮竞争中抢占先机、实现跨越，必须首先解放思想。

“五个解放出来”对山西具有振聋发聩的作用。山西长期发展不足，一个重要原因是解放思想不够，在瞻前顾后中坐失了许多良机。《讲话》提出的“五个解放出来”，抓住了症结之所在，切准了问题的要害，具有很强的针对性，为山西新一轮思想大解放指明了方向和出路。“在煤上解放思想是山西最大的解放思想。”这一论述，铿锵有力，振聋发聩，破解了长期以来干部思想上不会解开又不愿解开的一个“死结”。“从煤炭依赖中解放出来”，就是要摆脱长期以来在挖煤、烧煤、卖煤、炼焦中形成的“推动经济增长依赖煤、提升区域地位依赖煤、干什么都不如挖煤”的思维定势，尽快走出“资源诅咒”的窗圄。要从技术视觉看煤炭，既要认识到煤是燃料，更要认识到煤是原料和资本，重新认识煤、科学定位煤、深度利用煤；从多元优势的视觉看煤炭，山西煤炭不仅具有成本优势、品种优势、运距优势，更有转化优势、延伸优势，学会一生二、二生三，真正实现以煤为基、多元发展；从立体的视觉看煤炭，推进煤炭采掘、煤炭转化、煤炭装备制造、煤转化技术和安全生产设备研发、煤炭相关产品交易、煤炭资本运作和金融服务等多种产业相互融合、一体多元发展。此外，《讲话》要求“从政府依赖中解放出来”，强化企业的主体地位，以产业政策、土地政策、投融资政策引导企业在市场中寻找发展机遇；各级政府应主动给企业松绑，为企业闯占市场搞好服务。要“从内陆经济思维定势中解放出来”，不甘跟在沿海发达地区后面亦步亦趋；特别是要强化“内陆不是封闭落后的代名词”和“先进不永远是先进、落后不永远是落后”的认识，树立不甘落后、敢于挑战、勇于争先的理念，敢于在新兴产业上跟发达地区“赛跑”，以“跳起来摘桃子”的精神，在转型发展中创造奇迹，实现弯道超车；要破除小富即安、不富亦安的小农意识和肥水不流外人田的狭隘观念，不能满足于资源优势下的小日子；特别是要从近年来山西在全国排位连续下滑的阴影中走出来，克服“赶超没有希望”的畏难情绪，树立大发展的胆气、魄力和信心，迎难而上、知难而进，在逆势中实现新的跨越。要“从计划经济模式中解放出来”，加快建立现代企业制度，灵活运用市场运作方式，特别是运用现代金融手段抢占市场经济的制高点，提高企业闯市场、谋发展的能力。要“从守成求稳的心态中解放出来”，不能习惯于按部就班，在得过且过中打发时光；特别是要强化“不进则退、慢进亦退”和“无功就是过、发展慢也是过”的理念，在发展理念、发展速度、发展模式上不停歇地解放思想，时刻保持逆水行舟、不进则退的忧患意识，以敢闯敢冒的勇气背水一战、跨越发展。

《解放》是山西解放思想的生动教材。大型说唱剧《解放》深刻启示我们，解放思想具有先导性，思想上的裹脚布解不开，现实中的裹脚布更解不开。对旧时代的女性而言，解开裹脚布只是举手之劳，本身并不难，难的是心里

想开、见识到位。这是一个典型的知先行后、知难行易的例子。只有思想解放了，才能实现脚的解放。同样，只有思想解放了，才能实现生产力的解放。《解放》对我们还有两点启示：一是放开眼量、横向比较，才能真正解放思想。一个村落完全与世隔绝，如果听不到新中国解放的锣鼓声，仅靠自身来破除裹脚陋习，恐怕需要更长的时间。山西推进新一轮思想解放，也必须走出去与周边比、与先进省份比，甚至与国外比，只有这样，才能在比较中找到差距、发现不足，才能进一步开阔视野、增长见识，才能发现“外面的世界很精彩”，才能真正“打开思想的大门”。同时，对于我们自身的工作，应该多找不足、少说成绩，时刻保持清醒头脑，只有多一点危机意识，少一点沾沾自喜，才能在发展中想办法、找出路，才能在发展的路上越走越远。二是解放思想很难但永远不晚。女性裹脚是南唐以来的一大陋习，这个陋习异常顽固，以至于“皇家下令、官府严查、百姓口诛、文人笔伐，竟然都没能改了这个气候”。我们要充分认识解放思想的艰巨性和长期性，在解放思想上拿出比其他省份更大的胆魄和勇气。与先进省份相比，山西解放思想有点晚，有补课的性质，但相对于山西赶超发展、跨越发展，解放思想永远都不晚。

（二）干部保证是关键

发展的转型关键是干部的转型。《讲话》在分析我省面临的问题时指出了“三个不足”，其中“最紧要问题是干部队伍对大发展思想准备不足”，不去想大发展，不敢干大发展，不善谋大发展。根据当前我省干部的整体状况，提出干部转型的总体要求：素质提升、作风转变、能力加强、管理从严。同时，对领导干部提出了六个方面的特殊要求，即要有世界的眼光、战略的思维、“结合”的本领；敢闯的勇气、学习的自觉和高尚的操守。

干部转型，首先是素质提升。“素质提升”，就是“树立正确的政绩观、名利观、权力观，做学习型、知识型、实干型的领导干部”。领导干部的核心素质是有世界眼光和战略思维，就是在想问题、做决策、出思路时，既要在空间上向外看，立足山西，关注全国，放眼世界；又要在时间上向前看，走一步，看两步，想三步。既要有观其大略的气度，又要有决胜千里的把握。既要横向比较出思路，又要纵向比较找出路。既要立足山西看世界，也要放眼世界看山西。提升素质有赖于加强学习。学习者智、学习者强、学习者胜。现在我们的干部知识不够、本领不够，不如说是我们的学习不够。我们与发达省份的差距，表象上似乎是经济总量、人民生活水平和社会发展程度的差距，但实质上却是思想观念、思维能力、知识素养、科技水平、发展眼光上的差距，归根结底就是学习上的差距。在推进山西转型跨越发展的过程中，我们一定要高度重视和解决“知识不足”、“本领恐慌”的问题。要把热不热爱学习、善不善于学习作为衡量干部的重要尺度，促使干部形成学习工作化、工作学习化的新的工作业态，实现全省干部队伍素质提升上的新跨越。

干部转型，核心是能力加强。“能力加强”，就是“谋发展、干发展、能发展，在困难和挑战面前有办法、有主意、有对策，说话有人听、有人跟、有人干”。领导干部既要有谋划大发展的气魄和胆略，又要有敢为天下先的勇气和魄力；既要有科学决策的意识，又要有依法执政的水平；既要有统揽全局、驾驭市场经济的能力，又要有破解难题、解决复杂问题的本领；既要有统筹兼顾、协调各方、凝聚人心的才能，又要有释疑解惑、疏导情绪、化解矛盾的艺术。加强能力要在“结合”的本领上下功夫。袁纯清同志指出，领导工作难在“结合”，高在“结合”。领导干部必须要有“结合”的本领：要在用好政策与破解难题的结合上长本领，用心学习政策、研究政策、用好政策，用政策破解难题、推动工作。要在项目策划、布局与项目推进的结合上长本领，学会“罗文精神”，把项目策划、布局的“想象力和决策力”变成项目推进的“执行力”。要在改革发展与安全稳定的结合上长本领，始终绷紧安全生产这根弦，始终信守所有发展中安全发展是最硬的发展，始终秉承所有指标中安全指标是最硬的指标，把安全生产作为发展工程、生命工程、民生工程抓紧抓好，推动全省安全生产形势持续好转、稳定好转。

干部转型，关键是作风转变。“作风转变”，就是“坚强有力、奋发有为，不松懈、不折腾、不观望，勤思勤为不懈怠、脚踏实地不漂浮、立说立行争朝夕”。具体讲，就是要真干不要假干、要大干不要小干、要实干不要虚干。要把心思集中在发展上，把精力倾注在发展上，把时间花费在发展上，不能只把发展挂在嘴上、写在墙上，不能以文件贯彻文件，以会议落实会议。要说实话、干实事、求实效，工作目标要切实、措施要扎实、作风要务实、效果要真实。对认准了的事情，要加快节奏，雷厉风行，狠抓落实；对部署了的工作，要督促检查、一抓到底，不达目的不罢休。转变作风就得从严管理。对干部要以实绩和成效论英雄，严格要求、严格教育，严格管理、严格监督。重点是深化干部人事制度改革，在提高选人用人公信力、端正干部队伍风气、健全考核评价机制三方面下大力气。要不断完善公开选拔、竞争上岗和差额选拔的程序和办法，做到群众欢迎、干部服气；要加大整治急功近利、跑官要官等不良行为的力度，坚决改变选人用人方面的不良风气；要把经济社会发展和党建的指标纳入领导干部年度目标责任制考核，做到能者用、好者上、庸者下，形成良好的用人导向和风气。

（三）改革开放是突破口

《讲话》从六个方面对改革开放进行了部署，既有战略层面的，又有政策层面的，还有体制机制和制度层面的；既有管理服务层面的，又有经营主体层面的。这六项措施都具有很强的针对性，是激发“十二五”山西创造活力的重要举措。比如，针对“从内陆经济思维定势中解放出来”和“从守成求稳的心态中解放出来”，提出要“实施开放引进战略”；针对“从政府依赖中解放出来”，提出要“加快政府职能转变”；针对“从计划经济模式中解放出来”，提出要“激发民营经济的活力”；针对国家在我省建立“资源型经济转型综合配套改革试验区”，提出要“深入推进综合配套改革”；针对“干部队伍对大发展的思想准备不足”，提出要“深化干部人事制度改革”。这部分内容目标明确、措施具体，一目了然，这里仅对“大力实施开放引进战略”的理解说明三个观点。

转型跨越出题目，改革开放做文章。转型是一场深刻变革，必须义无反顾地推进体制机制创新，全方位地实施开放引进战略。改革开放以来，山西经历了一个不断自我解剖、不断扫清障碍、不断取得成就的曲折而艰难的开放过程。但是，在各省区市千帆竞发、百舸争流的大格局中，山西对外开放的步子还是明显小、明显慢。2009年，山西实际利用外资13.5亿美元，在中部省份排末位。要回答好转型跨越这个“题目”，就必须在改革开放上大做“文章”，以改革促动转型，以开放引导转型，以大开放带动大发展、大转型，通过外引内联，招商引资，招才引智，集聚一切可为我所用的资本、人才、技术等资源，全方位促进转型发展。

要树立“发现即发展，开放即发展，招商即发展”的观念。俗话说：“不怕做不到，就怕想不到。”虽然带有一些主观色彩，但不可否认其蕴含着一定的哲学思想和因果逻辑，尤其是放在我们今天的开放引进战略中来审视，可以对“发现即发展”作出很好的诠释。袁纯清同志强调：“山西发展得好不好、快不快，关键在于我们走出去的频率、走出去的远近、走出去的力度、走出去的效果。”走出去干什么?走出去不仅能够开阔视野、转变观念，而且能够发现商机、发现项目、发现人才、发现技术，解决我们做什么、怎么做的困惑，也就解决了我们“想不到”的问题。同样的道理，“想到”了做什么、怎么做，朝着“发现”的这个方向去努力，就能“做得到”，也就“发展”了。在当前激烈的市场竞争中，面对产业的梯度转移和层出不穷的新技术新项目，谁先“发现”谁就有可能先“发展”；谁“发现”得早、发现得多，谁就会发展得快、发展得好。这就是“发现即发展”。

关于“开放即发展”、“招商即发展”的道理浅显易懂，无需多说，关键是要有实质性的举措。袁纯清同志要求“变昔日无奈‘走西口’为今天积极‘走东口’”，以开放的胸怀、主动的姿态，积极走出去，引进项目、引进资金、引进技术、引进人才，以开放谋发展，以招商促发展。同时，要以宽广的视野延长发展半径，融入区域发展的大格局中。一方面要加强与中部省份、黄河经济圈的经济合作交流，另一方面要加快推进融入环渤海、携手长三角、联动珠三角的区域发展战略，积极承接产业转移，推动山西与各经济增长极间的经济、文化等诸领域的合作交流，促进山西经济的区域联动与融合发展。

改革开放要提倡大胆尝试、崇尚“拿来主义”。改革没有现成的东西，需要“敢为天下先”的勇气，要鼓励干部在实践中大胆闯、大胆试、大胆冒，只要有利于赶超和跨越、有利于提高城乡居民收入水平，都要大胆尝试，在先行先试中允许有失误，允许走弯路，允许出错误，绝不枪打出头鸟。对尝试中创造的好经验好做法，要大张旗鼓地宣传表扬，并在更大范围推广。开放引进就是把别人的资金和技术、人才和观念、体制和机制、办法和措施引进来，利用别人长期积累起来的优势发展自己，实质是借助外力谋求更快发展、实现更大跨越，也就是“踩着肩膀上墙”、“借着梯子爬楼”，犹如运动场上“弹履助跑”、“撑杆跳高”，可以借助外力使运动员跑得更快、跳得更高。我省作为欠发达省份，开放引进更为重要。要大胆实行“拿来主义”，既要“借鸡生蛋”，更要“借卵孵雏”，甚至要“借雏育鸟”，对外省运用比较好的、现成的办法、体制机制等要大胆拿来、为我所用。我们强调“拿来主义”，绝不仅仅是简单“借用”和“套用”，更重要的是在“拿来”后进行“加工”、“提升”，使其“增值”、“增效”。只有这样，才不枉“拿来”，“拿来”得才更有价值，“拿来”得才算成功。

袁纯清同志在全省领导干部大会上的讲话，在三晋大地引起强烈反响，转型发展、跨越发展正在成为全省干部群众的生动实践。只要我们认真贯彻落实《讲话》精神，解放思想、放胆争先，立说立行、真抓实干，奋发努力、勇往直前，再造一个新山西的宏伟目标就一定能实现。

（作者系中共山西省委副秘书长、省委政研室主任）

开发离退休干部人才资源　促进山西转型跨越发展

李仁和

人才是经济社会发展的决定性因素，人才资源是第一资源，未来的五至十年，是山西转型发展、跨越发展的关键时期，特别需要各类优秀人才引领支撑和奋斗。胡锦涛总书记在党的十七大报告中指出“全面做好离退休干部工作。”同时强调：“和谐社会要靠全社会共同建设。”精心组织、注重引导，充分发挥离退休干部在促进社会和谐中的重要作用，这既是和谐社会建设的一个有机组成部分，又是在新形势下做好老干部工作的一个重要课题。

一、发挥好离退休干部作用对促进我省转型跨越发展具有深远的意义

“十二五”时期是全面建设小康社会的关键时期，是深化改革开放、加快转变经济发展方式的攻坚时期。发挥人才资源优势，加快转变经济发展方式、为实现全面建设小康社会奋斗目标奠定坚实的人力资源基础，这是“十二五”之中的要义。

（一）离退休干部在促进我省转型跨越发展中具有支持作用。伴随着改革开放的不断深入、综合国力的不断加强，我国已进入了老龄化社会。一方面随着社会的文明进步与发展，老寿星越来越多。截止2009年底，我省共有离退休干部437764人，其中，基层离退休干部378742人，中直单位离退休干部59022人。全省共有退休干部341226人，且退休干部每年以8%的速度增长；另一方面，省委、省政府提出以转型跨越发展为主线，实现强省富民新的宏伟目标，袁纯清书记号召要举全省之力加快推进转型跨越发展新的伟大工程。我省有40多万离退休干部，他们不仅具有发挥作用的强烈愿望和突出优势，而且这些年的工作实践，已充分证明有许许多多离退休干部在我省的不同领域发挥着积极作用。党的“十二五”强调，推动我国经济发展更多依靠科技创新驱动，必须全面落实国家中长期科技、教育、人才规划纲要，大力提高科技创新能力，加快教育改革发展，发挥人才资源优势，为加快转变经济发展方式、实现全面建设小康社会奋斗目标奠定坚实科技和人力资源基础。离退休干部是党的宝贵财富，是我们党的一大政治优势。在革命战争年代，他们为民族的独立和人民的解放，立下了不朽功勋；在和平建设时期，他们为了建设祖国，作出了卓越的贡献。在当前我省转型跨越的关键时期，更离不开离退休干部的关心支持和鼎力帮助，我省经济社会发展的各个历史阶段，都凝聚着广大离退休干部的智慧和心血，离退休干部丰富的人才资源，是构建社会主义和谐社会的一支不可或缺的辅助力量。认真探讨离退休干部在改革、发展、稳定等方面的独特优势，充分发挥他们的作用，具有十分重要的意义。

（二）离退休干部在落实科学发展观中具有推动作用。以人为本、全面协调可持续发展的科学发展观，凝结着我们几代中国共产党人带领人民群众探索社会主义建设道路的心血，也反映了我国和世界各国在发展问题上的经验和教训。广大老干部对树立和落实科学发展观是衷心拥护、全力支持的。“十二五”时期是改革发展的关键时期，也是全面贯彻落实科学发展观的关键时期。要充分认识离退休干部在落实科学发展、促进经济社会又好又快发展中的推动作用。对曾经长期担任党政领导工作特别是主要领导工作的离退休干部，各级党委和政府在研究决定改革发展重大问题，包括在研究调整经济结构、转变经济增长方式等问题时，应当注意听取他们的意见，还可以根据工作需要，委托他们作些专题调查研究；对原来从事科技、文教、卫生等专业技术工作的老干部，可以支持他们通过开展科学研究、技术开发、技术咨询、讲学授业、人才培训等活动，为建设创新型国家贡献智慧和才干；对于安置在农村的老干部，则可以组织他们以各种方式帮助群众脱贫致富，为建设生产发展、生活宽裕、乡风文明、村容整洁、管理民主的社会主义新农村出主意、想办法等。

（三）离退休干部在构建社会主义和谐社会中具有参谋作用。构建社会主义和谐社会，是全党全社会的共同愿望和共同任务。要坚持在党的领导下全社会共同建设，调动一切积极因素，形成促进社会和谐的强大合力。广大离退休干部政治立场坚定。工作经验丰富。群众基础深厚、社会影响广泛。他们退下来以后，同社会各界接触的机会更多，了解社会的真实情况更直接，因此，更应该充分发挥他们在社会主义和谐社会建设中的重要作用。可以组织和引导他们协助做好和谐社会建设的基层基础工作。可通过他们的言传身教和咨询点拨，帮助基层干部增强管理社会事务、开展群众工作、激发社会活力、处理各种矛盾、维护社会稳定的本领，推动和谐社区、和谐村镇建设，更好地发挥基层党组织和基层政权组织凝聚人心、推动发展、促进和谐的作用。也可以组织和引导他们协助党委和政府进一步做好群众的思想政治工作，帮助群众特别是生活困难的群众排忧解难，促进形成团结互助、扶贫济困的良好风尚和平等友爱、融洽和谐的人际环境。

（四）离退休干部在社会主义精神文明建设中具有教育示范作用。精神文明是人们在改造客观世界的过程中，在主观世界方面所取得的进步，主要表现在教育、科学、文化知识的发达和人们思想、政治水平的提高。邓小平同志明确指出：“我们要在建设高度物质文明的同时，提高全民族的科学文化水平，发展高尚的丰富多彩的文化生活，建设高度的社会主义精神文明。”江泽民同志强调：“必须坚持物质文明与精神文明的共同进步。这些论述为加强精神文明建设指明了方向。广大老干部在宣传和弘扬党的优良传统、关心和教育下一代方面，具有不可替代的政治优势、经验优势和技术优势。广大离退休干部在长期的革命生涯中铸就了坚定的理想信念，形成了优良的传统作风，让这样一批具有光荣革命传统的人讲传统、具有奉献精神的人讲奉献，是最有说服力、感召力和向心力的。组织离退休干部深入企业、乡镇、部队、机关、学校、社区，结合自己的亲身经历，利用各类宣传教育阵地，向广大干部群众特别是青少年讲光荣历史、讲革命传统，通过持之以恒的教育，把党的优良传统和作风长期传承下去，不断发扬起来。组织广大离退休干部积极参与在全社会特别是在青少年中广泛开展参与创建文明城市、文明社区、文明村镇、文明家庭等活动，进一步当好党的优良传统和社会主义思想道德教育的辅导员、良好社会风气建设的监督员，继续为加强社会主义精神文明建设贡献智慧和力量。

（五）离退休干部在加强党的建设中具有促进作用。老干部理想信念坚定、党性观念强，在党内经常性学习教育活动中，发挥着重要优势。通过组织他们现身说法和督导巡视等方式，教育广大党员干部特别是新上任的各级领导干部牢记历史使命，增强宗旨意识，自觉保持党的先进性，努力做到为民、务实、清廉。在干部选拔中，离退休干部政治经验丰富，识人选人的能力比较强，要注意多听取离退休干部的意见，真正把那些想干事，会干事，能干成事的干部选拔到各级领导岗位上来。离退休干部大都经历过长期党内政治生活的锻炼和艰苦斗争的磨练，对自己要求比较严格，要在教育他们保持革命晚节、保持自身廉洁的同时，积极参加党风廉政建设和反腐败斗争，认真行使党内监督和民主监督的权利，促进广大党员干部坚持廉洁自律，自觉反腐倡廉，推进廉政文化建设，筑牢拒腐防变的思想道德防线，从而以优良的党风促政风、带民风，为构建社会主义和谐社会创造良好环境和社会氛围。

二、如何发挥离退休干部在转型跨越发展中的作用

（一）发挥作用应遵循的基本原则

一是以离退休干部基本意愿为前提。坚持以人为本、自愿量力的原则，根据实际需要和离退休干部的兴趣爱好及专业特长，结合他们的身体、思想实际和居住区域，采取灵活多样的形式，发挥离退休干部的作用。山西作为革命老区，广大离退休干部思想政治觉悟高，党性强，他们在各个不同历史时期，都为我省各项事业做出了重大贡献。由于年龄关系，离开了工作岗位，但是，广大老同志对待我省深化改革的强烈事业心和崇高的使命感不会因为离休、退休而变化，他们时时关注着我省改革开放各项事业，更关注着山西的明天和未来，这种赤子之心是任何人无可比拟的。广大离退休干部希望继续为党、为国家、为人民做贡献，为小康建设添砖加瓦；希望通过力所能及的社会工作，共享改革发展成果；希望通过走出家门，融入社会，促进身心健康。积极参与社会发展是广大离退休干部的真诚愿望，保护和最大限度地满足老同志的这一需求，是全社会的共同责任。

二是要正确处理离退休干部发挥作用与安度晚年的辨证关系。我党历来重视离退休干部发挥作用工作，但前提是让老同志在安度晚年、颐养天年的同时，力所能及地做贡献。1982年《中共中央关于建立老干部退休制度的决定》规定：老干部离退休以后，党交给他们的主要任务，是健康长寿，继续写完他们的光荣历史，希望他们继续关心党的事业，关心国家和人民的命运，并在力所能及的范围内，为党为人民作出新的贡献。党的十六大报告指出，老干部有着深厚的群众基础，丰富的工作经验，是维护改革发展稳定大局的重要力量。通过我们卓有成效的工作，使他们在社会主义物质文明、政治文明和精神文明建设中继续发挥作用，必将有力推动建设中国特色社会主义伟大事业的进程。坚定不移地贯彻党和国家的老干部方针政策，正确处理好离退休干部安度晚年与发挥作用两者之间的辩证关系，要让老同志在老有所养、老有所医，老有所乐的前提下，因人而宜、因地制宜地老有所为，充分发挥老同志的独特优势。

（二）发挥作用的保障措施

充分发挥离退休干部作用，是新时期赋予老干部工作部门的重要职责。近年来，省委老干部局在组织引导离退休干部发挥作用中，出思路、谋实招，求推进，不断进行探索研究，广泛交流和推广经验，促进了离退休干部发挥作用工作的深入开展。省委、省政府作出的转型跨越发展的重大决策，抓住了我省科学发展的关键，符合全省人民的愿望和要求，这不仅赋予了全省人民新使命、新机遇，同时也对我们组织引导离退休干部发挥作用工作提出了新要求。必须紧紧围绕转型跨越发展这个中心，来谋划和部署离退休干部发挥作用工作。

1、以围绕中心、服务大局为重，组织引导离退休干部在全省转型跨越发展中发挥积极作用。一是围绕主题，精心组织。各级老干部部门和离退休干部党组织要结合本地本部门工作实际，以服务转型跨越发展为主题，制定具体方案或计划，认真组织落实。省委老干部局要加强督促检查，并把工作列入年度重要工作考核范围，进行考核。同时，各级各单位要通过请专家辅导、座谈讨论、组织参观等多种途径，切实帮助老同志准确把握转型跨越发展的主题、主线和目标等精神实质，使老同志们深刻理解全面转型是山西的必由之路，加快跨越是山西的必然选择，服务转型跨越是每一位山西人的职责和义务。使他们自觉参与到再造一个新山西的宏伟事业中来。二是以建立老干部人才库为基础，积极搭建老干部发挥作用的平台。各级老干部工作部门要深入基层，积极开展走访活动，建立完善的老干部人才资源库。要保护老干部发挥作用的热情，坚持自觉自愿和量力而行的原则，就近就地组织老干部充分发挥作用。要从实施人才强省战略的高度，把离退休干部人才资源的开发利用纳入人才队伍建设整体规划，加强引深开发工作。省委老干部局将和省直有关厅局加强沟通协调，建立和规范全省离退休干部人才资源库并做好开发利用工作。要根据离退休干部的经历、专长、志趣、发挥作用意向等情况进行分类归档。在此基础上，按照整体规划、分步推进的原则，有步骤地在社区、教育、司法、民政、劳动、卫生、妇联、人才市场等部门设立服务机构，采取有偿使用和义务服务相结合的办法，多渠道、多形式引导离退休干部参与到社会工作中来，建立起离退休干部人才资源合理流动和优化配置机制。各部门要特别注重组织引导近年来退离工作岗位的高层次、高学历、高技能的老同志，在打造新型产业、调整产业结构、人才培养、技术扶持、科技攻关、招商引资、城市建设等方面的优势，更好地为服务转型跨越发展做出力所能及的贡献。在有些工作方面，我省一些市已率先垂范，积累了丰富的经验，作出了可喜

的成绩。以长治市在离退休干部中组织开展的争创引资功臣、监督功臣、信息功臣、宣传功臣、创新功臣的“五个功臣”活动为例，参与的老同志占到全市离退休干部总数的70%以上，已引进到位资金2.1亿元，达成意向资金4.6亿元，得到社会各界的广泛好评。“五个功臣”活动的提出，充分体现了老干部发挥作用的优势。用“功臣”这样的称号来表彰激励老干部，既符合老同志在革命战争年代立功受奖的传统习惯，又赋予了新的时代意义，得到广大老干部的支持和拥护。

2、以社会资源为载体，不断拓展离退休干部发挥作用空间。一是要加大力度推进老年社会组织建设工作。多年的实践证明，随着人口老龄化进程的加快和老年社会组织的发展，以离退休干部为主体的各类老年社会组织已逐步成为离退休干部发挥作用的重要载体，越来越得到社会的认可。各级老干部部门要把加强老年社会组织工作纳入离退休干部工作全局来谋划，进一步加大对老年社会组织的协调沟通、培育发展、督促指导力度。要进一步理顺与老年社会组织的关系，老干部部门的主要领导要在这些组织中兼任领导职务，参与领导工作。要完善已有的联席会制度，建立健全开展活动、提供信息制度，通过制定相关文件，明确老干部部门对老年社会组织的宏观管理和协调指导职能，积极探索老年社会组织在发挥离退休干部作用方面的新途径、新经验，为离退休干部发挥作用搭建更广阔的平台。二是要充分利用社区资源做好离退休干部发挥作用工作。利用社区资源做好离退休干部服务工作，是做好新形势下离退休干部发挥作用工作的重要途径。继中组发[2008]10号文件之后，今年，中组部等九部委又联合下发了《关于利用社区资源做好离退休干部服务工作的意见》，对进一步利用社区资源就近组织引导离退休干部发挥作用工作提出新要求。这几年，由于我省社区建设工作相对滞后，在这方面工作进展速度较缓慢，但是随着全省市域城镇化步伐的加快，社区工作会逐步完善和加快发展步伐。我省各级老干部部门要以贯彻组通字[2010]24号文件为抓手，认真履行具体指导和督促检查的职责，着力在为离退休干部就近发挥作用搭建平台上寻求突破。要利用社区离退休干部党组织，适时、适度地组织离退休干部开展志愿服务和承诺服务等活动；要利用社区现有的教育教学资源，成立社区老干部学习小组、社区关心下一代委员会等组织，发挥离退休干部在社区建设中服务群众、凝聚人心、促进和谐的作用。

3、以加强老干部思想政治工作为根本，调动老干部发挥作用的积极性。一要不断深化老干部政治理论学习。要积极按照党中央、国务院的有关政策，坚持高标准落实老干部的政治生活待遇，切实解决老干部的后顾之忧，使老干部保持轻松愉快的精神状态。要加强老干部的政治理论学习，经常组织他们学习马克思主义中国化的最新成果，向他们通报形势和社会发展情况，让他们及时了解国内外大事，了解我省各项事业的进程，始终保持政治坚定、思想常新、理想永存，保持旺盛的政治热情和崇高的革命情怀。二要加强离退休干部党组织建设。离退休干部党支部是党和国家联系老干部的桥梁纽带。要按照新时期党建工作的要求，把离退休干部党支部建设与其他基层党组织工作有机结合起来，要针对老干部高龄、多病、行动不便等情况，采取符合实际的组织设置和活动方式，保证老干部与党组织保持密切联系，充分发挥老干部党支部自我教育、自我管理、自我服务的重要作用。只有离退休干部党支部的作用得到充分发挥，老干部党员的先锋模范作用才能最大限度的发挥，进而带动更多的老干部发挥其自身的优势作用。三要以评选先进树立典型为手段，营造老干部发挥作用的浓厚氛围。要精心组织评选老干部老有所为的先进集体和先进个人，深入挖掘老干部的典型事迹和丰功佳绩，激发广大老干部发挥作用的积极性。离退休干部在本地本部门普遍具有较高的威望和广泛的社会影响力，他们中的先进典型在推动转型跨越发展中更具有示范性和说服力。我们要注重发现离退休干部中服务转型跨越发展的新典型，不断总结新经验，通过表彰奖励、组织宣讲、图片展览、媒体和网络等多种形式，进行广泛宣传推广，以激励和影响更多的老年人为加快我省转型跨越发展作贡献。

4、以丰富老干部的精神文化生活为契机，寓发挥作用于各类活动中。老干部离开工作岗位以后，闲暇时间较多，他们多数愿意参加一些文体活动。我们要充分抓住老干部的这一特点，以活动中心、老年大学为主阵地，以老干部文体组织为骨干，以陶冶情操、提高生活质量为根本，积极开展健康有益的各类比赛、展览和文艺联欢活动。要利用“七一”、“十一”等重大节庆日，组织老干部开展庆祝活动，通过歌颂党、歌颂祖国的表达形式，团结凝聚各方力量，坚定改革开放和现代化建设的决心，营造喜庆的节庆气氛。结合时势，组织老干部开展送戏下乡，广场文艺活动等，深入宣传党的路线方针政策，反映改革开放累累硕果的喜人画卷，弘扬社会新风尚，在注重活动娱乐的同时科学讲究社会效益，使丰富老干部的精神文化生活和发挥老干部作用两者有机结合起来，为促进山西转型跨越发展营造良好的和谐文化氛围。

（作者系中共山西省委老干部局局长）

以运行机制改革为动力　推动公安工作跨越发展

苏　浩

省委书记袁纯清在全省领导干部大会上强调指出："转型是一场深刻变革，必须义无反顾地推进体制机制创新。"作为省会城市的公安机关，太原市公安局以运行机制改革为动力，凝聚警心，激发活力，全力推动公安工作和公安队伍建设实现跨越发展，取得了阶段性明显成效。

以维护和谐稳定为动力

一、改革公安运行机制是服务全省工作大局，推进经济社会转型跨越发展的迫切需要。长期以来，诸如机关机构臃肿、人浮于事，基层警力短缺、疲于应付；部门之间职责不清、推诿扯皮、效率低下；考评制度不健全，用人制度不合理，干部能上不能下、民警能进不能出等一些体制机制性问题，已成为影响和制约公安工作和公安队伍建设的瓶颈。作为省会城市的公安机关，应紧紧围绕全省工作大局，自觉服从服务于"太原都市圈"建设，努力把太原打造成为山西的"首善之区"。面对新形势、新任务、新要求，只有对公安运行机制进行改革，主动革除积弊，才能全面提升公安工作服务经济社会发展的能力和水平。

二、改革公安运行机制是适应新形势、迎接新挑战，维护社会和谐稳定的客观要求。随着工业化、城镇化、信息化、市场化、国际化的深入发展，社会稳定形势呈现出境内因素与境外因素相互交织、传统安全因素与非传统安全因素相互交织、虚拟社会与现实社会相互交织、敌我矛盾与人民内部矛盾相互交织的新特点，影响社会和谐稳定的矛盾和问题大量存在，维稳形势错综复杂。传统警务工作无论是工作理念、工作机制，还是管理手段、管理方法，都无法满足新形势、新任务的需要。要彻底摆脱"打不胜打、防不胜防"的被动局面，牢牢掌握工作主动权，就必须以信息化为导向，改革警务运行机制，创新社会管理手段，提升管理服务水平。

三、改革公安运行机制是树立亲民公安形象，提升人民群众满意度的有效途径。太原公安队伍是一支近万人的庞大队伍，占全省民警队伍的五分之一，占太原公务员队伍近二分之一。尽管这支队伍的主流是好的，大多数民警是爱岗敬业的，但由于管理制度不健全，管理手段单一，考核评议流于形式，队伍管理始终无法摆脱"整顿、反复、再整顿、再反复"的怪圈。要提升人民群众满意度，建立新时期和谐警民关系，就必须改革公安管理机制，从组织结构、制度建设、民警行为、内务管理、考核评议、用人制度等方面入手，建立健全公安队伍管理的长效机制。

以"三大机制"建设为抓手

公安信息化是一场深刻的警务革命，对公安工作的影响是全方位的，既带来思想理念的变革、警务模式的变革，同时又倒逼组织结构、内部管理的变革。我们要以公安管理机制改革和警务运行机制改革为重点，突出"信息化条件下的机构全新设置、等级化管理下的人员全面考核、风险机制下的民警全员竞聘、公开透明下的网上全程监督"四大特点，通过"三大机制"建设，整合警务资源，规范警务流程，创新警务模式，提升警务效能。

一、建立规范工作机制，实现"标准化"目标管理。确立"基层化"用人导向，按照信息化要求，坚持"能合的不分、能撤的不设"的原则，精简市、县两级机关，推动警力下沉。在经费保障、民警待遇等方面，向基层倾斜，增强基层吸引力。建立"扁平化"指挥模式，在警官职务设置上，上一级机构副职全部兼任下一级机构正职，减少了中间环节，缩短了指挥链条。建立"明了化"目标体系，进一步规范每个岗位的职责任务、岗位目标，各项业务工作流程，以及民警行为、内务管理，使每一个民警行有目标、做有标准。

二、建立完善评价机制，实现"精细化"过程控制。以公安信息平台为支撑，通过与各业务系统自动关联对接的网上绩效考核系统，对所有单位、部门及民警全部实行网上考核、网上评议。对可以量化的工作，全部实行量化考核；对难以量化的工作，根据民警工作日志，辅以网上评议加以调节。最终，由系统按照考核占75%、评议占25%的比例，自动生成考评数据。与此同时，系统实现了对每项工作流程重要节点的实时监测，及时掌握整体工作进度和出现的偏差，及时纠偏校准。

三、建立科学用人机制，实现"动态化"结果应用。考评结果分为优等、合格、基本合格、不合格四个等级，实行"以实绩定等级、以等级定职级"的等级化管理模式。在年度考评中连续评定为"优等"的，才有提拔选聘资格；连续达到"合格"以上的，才可以在次年续聘；"基本合格”的，予以解聘，参加后进民警待岗培训，培训期满经考试考核合格后，警官可竞聘下一级警官或同级警员职位，警员可竞聘其他空缺岗位；“不合格”的，解聘降职降级、待岗培训，培训期满经考试考核合格后，警官可竞聘下一级警官职位，直至履行警员落聘手续，警员可以竞聘其他空缺岗位；连续两年“不合格”的，予以辞退。主要目的就是通过严格的考评，引导民警自我约束、自我管理、自我加压、自我驱动。

以破解体制机制难题为目的

一是破解了“大机关、小基层”的难题。通过改革，太原市公安局机关原有的41个内设一级机构整合为21个，精简了49%；原有的338个二级机构精简到125个，精简了63%。仅市局机关就精减出1269名民警充实到派出所等一线实战单位。

二是破解了“少数人用人、用少数人”的难题。所有警官警员全部按照“双向选择、下聘一级”的原则竞争上岗。规定对单位的考评结果，既是各级“一把手”的考评成绩，捆绑考核，风险共担，促使各级领导干部必须选聘能干事、会干事、干成事的人。

三是破解了“干多干少一个样”的难题。实行全员聘任制，以一年为聘任期，聘任期满后，严格按照考评等级决定聘任、转任或升降，以业绩定等级、以等级定职级，真正实现了“让吃苦的人吃香，让实干的人实惠，让有为的人有位”。

四是破解了“干部年龄一刀切”的难题。过去，由于考核评价机制不健全，往往只能采取按年龄“一刀切”的办法，实现干部队伍年轻化。现在，只有连续被评定为“优等”等级，才可以在警官岗位上一直干到法定退休年龄。

五是破解了千军万马过“独木桥”的难题。以贯彻落实《国务院办公厅关于规范公安机关人民警察职务序列的意见》为契机，实行职务职级双轨制。警官职务按照《公务员法》晋升，警员职务变传统的“职数准入”为考评基础上的“条件准入”。只有年度考评结果为“合格”以上等级，达到规定年限，方可晋升上一级警员职务。

（作者系山西省公安厅副厅长、太原市公安局局长）

为转型跨越发展提供切实的安全保障

张根虎

省委作出“实现山西转型发展、跨越发展”的重大部署，并明确了“必须树立强烈的安全危机意识，始终绷紧安全生产这根弦，始终信守所有发展中安全发展是最硬的发展，始终秉持所有指标中安全指标是最硬的指标，始终以如履薄冰、如临深渊的心态把安全生产作为发展工程、生命工程、民生工程抓紧抓好，推动全省安全生产形势持续好转、稳定好转”的目标，对进一步加强和改进我省安全生产工作，提出了新的更高的要求。

近年来，我省上下“安全发展”的理念不断强化，安全生产工作不断加强，事故总量和死亡人数逐年下降，全省安全生产形势明显好转。与此同时，我们还必须清醒地看到，我省正处在工业化、城镇化加速推进的关键时期，安全生产现状与安全发展、科学发展的要求之间仍存在很大差距，安全生产基础薄弱，重特大事故尚未得到根本遏制，安全生产形势依然十分严峻。实践证明，安全发展既是科学发展的重要内容，又是科学发展的重要保证。没有安全发展，就无从谈起科学发展，更不可能实现转型发展、跨越发展。因此，只有始终不渝地抓好安全生产工作，不断促进安全生产形势由持续稳定好转向根本性好转转变，实现安全发展，才能为转型跨越发展提供切实有力的保障。

当前和今后一个时期，全省安全生产工作必须做到超前防范、综合治理，努力在“六个坚持”上狠下功夫。

一、坚持在提升产业的本质安全度上狠下功夫，不断夯实安全生产基础

提高产业的集中度和本质安全度，是夯实安全基础、加强安全生产工作的治本之策。为此，近年来，我省针对畸重的产业形态和多、小、散、乱的产业格局，将加快推进煤炭、非煤矿山资源整合和企业兼并重组,作为实现全省安全发展的根本之举来抓，促进了产业集中度和安全度的不断提高，有效防范了重特大事故的发生。下一步，要紧紧围绕省委、省政府提出的“绿色发展、清洁发展、安全发展”的要求，坚持在提升产业的本质安全度上下功夫。一是要继续整顿、关闭不具备安全生产条件和不符合产业政策的小矿小厂；结合矿产资源开发秩序整顿和矿产资源整合，再关闭一批安全隐患严重的小型金属与非金属矿山；结合制定和实施化工行业安全发展规划，继续整顿化工园区和小化工企业，推动我省化工经营企业“进园入区”。二是要把符合我省产业政策和安全生产标准作为高危行业企业准入的前置条件，实行严格的安全标准核准制度，从源

头上防止不具备安全生产条件的企业（单位）进入高危行业领域。三是要紧紧围绕促进传统产业技术改造，强制淘汰不符合有关安全标准、安全性能低下、职业危害严重、危及安全生产的落后技术、工艺和装备。在非煤矿山、危险化学品等高危企业，全面推广人员定位、远程实时监控、尾矿库在线监测、HAN阻隔防爆等先进技术，把安全生产真正建立在依靠科技进步的可靠基础上。

二、坚持在健全完善并严格落实法规制度上狠下功夫，加快构建安全生产长效机制

健全完善并狠抓法规制度的贯彻落实，是构建安全生产长效机制，实现依法治安的根本途径。近年来，我省以构建安全生产长效机制为切入点，先后出台了《关于进一步加强安全生产工作推进安全发展的意见》《安全生产工作考核评价体系》等一系列政策措施和安全生产委员会会议、厅（局）级联席会议、联合执法、隐患排查治理、事故约谈等“十项制度”。特别是前不久针对煤矿等重点行业领域发生重特大事故所暴露出来的部分企业管理滑坡、违规违章严重等突出问题，及时制定出台了易懂、易记、管用的关于加强煤矿、非煤矿山和尾矿库等12个行业（领域）安全生产工作的《若干规定》。全省安监系统按照分级属地监管原则，制订了覆盖全省各行业领域的安全生产执法计划。与此同时，始终注重抓好法规制度的贯彻落实。随着法规制度的不断健全完善和深入贯彻落实，为标本兼治、做好防范事故工作发挥了重要的保障作用。今后，要继续深入扎实抓好法规制度的贯彻落实。尤其要把贯彻落实《通知》和《若干规定》，作为当前和今后一个时期全省安全生产工作的中心任务。一是充分利用新闻媒体广泛宣传《通知》和《若干规定》精神，特别要使企业的各级各类人员做到人人皆知、熟练掌握、自觉落实。同时，要采取对各市政府和省有关部门领导班子成员进行专题考试等形式，推动各级各部门对《通知》和《若干规定》的贯彻落实，强化依法监管能力。二是督促各级、各部门和各企业要结合实际，制定贯彻落实《通知》和《若干规定》的具体措施和办法，进一步增强贯彻落实《通知》和《若干规定》的针对性、可操作性和实效性。三是通过开展专项督察和加强日常监管执法，确保把《通知》和《若干规定》逐条落实到位。

三、坚持在夯实责任上狠下功夫，打造无缝隙责任链条

政府是安全生产监管主体，企业是安全生产责任主体。抓好安全生产工作必须在“两个主体责任”方面形成纵向到底、横向到边、严密有效的责任体系。近年来，我们坚持在不断强化企业主体责任上下功夫，在督促企业建立健全岗位目标责任制，着力推动企业构建严密的安全生产责任体系基础上，进一步强化企业法定代表人安全生产责任落实，在煤矿、非煤矿山和道路交通等重点行业（领域）全面推行了企业法定代表人安全生产承诺制。同时积极督促企业依法设立安全生产管理机构，配备安全生产管理人员。随着企业法定代表人安全生产责任意识的增强，企业岗位目标责任制的不断完善，企业安全生产责任链条逐步形成，加强了企业的安全生产工作。为了不断推动政府监管主体责任落实，我们以继续强化领导干部“一岗双责”为主要手段，与各级、各部门主要负责人层层签订和落实年度安全生产目标责任书，并且强力推动各级、各部门严格执行“三落实”制度，把企业安全监管责任落实到监管部门、分管负责人和具体监管人员。目前较好地形成了监管部门、分管负责人、具体监管人员和专业监管小组的监管责任链接，有力强化了政府监管主体责任的落实。但从现实情况看，两个主体责任落实不到位的问题依然存在，特别是企业安全生产主体责任不到位的问题更为突出。为此，首先要以全面贯彻落实国务院《关于进一步加强企业安全生产工作的通知》精神为主线，强力推动企业主体责任落实。一是要进一步督促企业健全完善覆盖各个层次、各个岗位、各级各类人员、各个生产和管理环节的安全生产责任制。二是要强化企业生产过程管理的领导责任，结合行业特点建立完善企业领导干部轮流现场带班制度，在煤矿和金属非金属地下矿山实行矿领导带班并与工人同时下井、同时升井制度，使企业切实形成全员、全过程、全方位的责任链条。三是要通过加大对事故企业负责人的责任追究力度和事故企业的处罚力度，促进企业主体责任的有效落实。与此同时，要大力加强政府监管主体责任，坚持以健全职责清晰、有效衔接的安全生产综合监管与行业监管指导相结合的工作机制为核心，以深入推进监管责任“三落实”和煤矿“五人小组”包保责任制为手段，切实形成监管责任的无缝隙对接。并且要通过进一步健全完善安全生产工作目标责任制，加强对各地区、各有关部门完成年度安全生产事故控制指标、工作目标情况进行考核奖惩，加大重特大事故的考核权重和事前责任追究力度，有效促进监管主体责任的落实。

四、坚持在“打非治违”上狠下功夫，不断规范安全生产秩序

去年以来，我省以非常力度、超常举措，大力开展了以煤矿、非煤矿山和尾矿库等17个行业领域为重点，涵盖全省各行业领域、各级各类生产经营单位的安全生产专项整治，深入排查治理隐患，严厉打击非法违法生产经营行为，取得了明显成效。但从实际情况看，非法违法生产经营行为仍然十分严重；非法违法、违规违章严重，仍是当前安全生产领域的突出矛盾和主要问题，也是导致安全生产事故的主要原因。因此，要按照国务院和省政府安委会关于印发《山西省集中开展严厉打击非法违法生产经营建设行为专项行动实施方案的通知》要求，深入扎实地开展“打非治违”专项行动，切实做到三个突出：一是要突出打击重点。要紧紧盯住事故频发、隐患突出、非法违法行为

严重的地区和行业，抓住关键环节，实施精确打击、重点打击、有效打击，该停产整顿的要坚决停产整顿，该关闭的要坚决关闭，该取缔的要坚决取缔，真正打在痛处、治住要害。二是要突出落实责任。要实行“打非治违”包保责任制，把责任落实到地方政府、监管部门、分管负责人、具体责任人。同时要对打击非法生产不力的地方实行严格的责任追究，据情追究当地政府主要领导以及相关责任人的责任。三是要突出打击实效。要把严厉打击非法违法生产经营行为与构建安全生产防控体系结合起来，打击一处、整治一处、巩固一处，进一步规范安全生产秩序，坚决遏制因非法违法生产经营导致的事故发生。

五、坚持在加强基层基础工作上狠下功夫，不断提高安全生产保障能力

安全生产工作的重心在基层，基层安全生产工作的关键在基础。“双基”工作是安全生产工作的基石，也是长期以来制约安全监管工作的难点所在。近年来，我省不断加强基础工作，在省委、省政府的大力支持下，全省安监机构建设有了明显突破，省安监局实现了机构独立、分设运行，市县安监机构实现了全覆盖，安监队伍不断充实，监管装备逐步得到改善。但是，基层工作仍然十分薄弱，特别是乡镇安监机构不健全，监管队伍和装备严重缺乏，极大地影响了监管职能作用的发挥，制约了安全生产工作的深入推进。为了进一步加强基层建设，我们在充分调研、反复论证的基础上，制定了《山西省安全乡村创建活动实施方案》，明确了安全乡村创建活动的目标要求和步骤措施。全省各级、各部门和各企业要进一步形成共识，全力推进安全乡村创建活动。一是全省各乡（镇）村要紧紧围绕“六落实”标准（落实安全监管机构、监管人员、监管责任、监管工作经费、监管工作条件、监管工作制度）和“六消灭”“一完成”的工作要求（辖区内消灭非法建设、非法生产、非法经营、重大隐患、未培上岗、无证驾驶，完成上级下达的安全生产控制指标），高标准、严要求地扎实开展创建活动。二是各级政府和有关部门要按照“谁主管、谁负责”的原则，进一步明确职责，落实责任，细化保障措施，强化督察考评，确保创建活动稳步深入推进。三是各类生产经营单位要积极投身到创建活动中，进一步规范生产经营行为，提升安全生产水平。通过安全乡村创建活动，使全省真正形成完善高效的基层安全监管体系，全面提高基层的安全监管水平。

六、坚持在推进安全文化建设上狠下功夫，不断提高全民的安全素质

安全文化建设是抓好安全生产、实现安全发展的重要前提，是一项打基础、管长远的强基固本工程。近年来，我们坚持以先进的安全文化和理念为主导，以组织开展“安全生产月”“三晋安全行”等活动为主要形式，集中、深入宣传安全生产方针政策和法律法规，大力营造有利于安全生产工作的社会氛围，安全发展的理念不断深入人心。与此同时，不断加强安全培训工作，对上万名高危行业企业主要负责人、安全管理人员和从业人员进行严格培训的同时，大规模培训安监干部，有效提高了各级各类人员的安全素质，促进了安全生产工作的深入开展。下一步，要深入持久地抓好安全文化建设，通过广泛宣传普及安全常识、安全法律和开展事故警示教育，不断提高全体社会成员的安全意识和安全法制观念，使全社会更加支持安全生产工作。要坚持对企业主要负责人、管理人员和从业人员依法进行安全培训，尤其要在非煤矿山和危险化学品等高危行业努力推行变招工为招生制度，大力提升从业人员的安全素质。安全教育要坚持从青少年抓起，大力实施安全素质教育，从根本上提高全民的安全素质。继续把安监队伍培训纳入全省干部培训范围，实施大规模、高层次的培训，并拓宽培养安监干部渠道，通过有组织、分期分批上挂下派，提高安监队伍的履职能力。要充分发挥媒体作用，大力宣传安全生产先进典型、经验，及时揭露安全生产领域各种非法违法行为，营造良好的安全生产舆论氛围。

总之，要通过立足超前防范，实施综合治理，加快推进我省安全生产形势由持续稳定好转向根本性好转转变，为实现山西转型跨越发展提供切实有力的安全保障。

（作者系山西省安全生产监督管理局党组书记、局长）

活跃市场经济　推进转型跨越

王虎胜

活跃市场经济，需要活跃市场主体，活跃市场要素，活跃市场竞争，活跃市场机制，以及与之相应的政府职能转变和发展环境创造。工商行政管理机关伴随着市场经济体制的建立而恢复、发展而加强、完善而强化。活跃市场经济，更是职责所在、使命所系，应有大作为，要有新建树。

活跃市场经济，根本是活跃市场主体，要让市场主体中最活跃的成分得到快发展、大发展

市场主体的活跃程度，反映一个地方的投资环境和发展活力。只有让各类市场主体活跃起来，大发展才有希望，转型发展才有动力，跨越发展才有冲劲。活跃市场主体，关键是创造公平竞争的发展环境。毋庸讳言，影响各类市场主体公平竞争的体制和政策障碍依然存在。民营经济最有发展活力、最具发展潜力，这已形成共识。但是，民间资本在市场准入领域、生产要素获取、法律制度保障等方面，姑且不论与国有资本相比，就是与外来资本相比，也没有享受真正的国民待遇，没有给予均等的竞争机会。从这个意义上讲，推动公平竞争就是解放生产力，让市场主体最活跃的成分得到大发展就是发展生产力。可以说，民营经济活则山西活、民营经济转则山西转、民营经济兴则山西兴!

适应转型跨越大发展的形势要求，实现“十二五”期间经济总量、财政收入、城乡居民收入都要翻一番的奋斗目标，市场主体的总量也必须有一个大发展，企业总量也应来个翻一番。只有这样，跨越发展目标的实现才有坚实基础。为此，全省各级工商机关，要结合贯彻落实国务院《关于鼓励和引导民间投资健康发展的若干意见》新36条，进一步制订完善政策，推进公平竞争，放宽民间资本准入的条件，提高民间资本准入的效率，激发民间资本的投资活力、创业活力和发展活力，使非公有制经济组织总量继续保持快速增长，增速保持在全国前列，力争私营企业在“十二五”期间年均发展3万户，总量翻一番，达到30万户。要落实优惠政策，积极支持高校毕业生、复转军人、农民工等群体以创业带动就业。要积极支持民间资本投资转型发展项目，指导帮助民营企业建立现代企业制度、完善法人治理结构，提高闯市场的能力和本领。要发挥工商机关联系企业紧密的职能优势、基层机构健全的组织优势、条块管理结合的体制优势，以改革创新的精神、求真务实的作风，高起点、高标准地推进非公经济组织的党建工作，推动全省非公经济快发展、大发展、健康发展。

活跃市场经济，核心是活跃金融市场，要让要素市场中对大发展推动力最强的成分首先活跃起来

金融是现代经济的核心，在市场经济中处于战略性、全局性、枢纽性、调节性的制高点地位。对于区域经济发展，金融业发挥着无可比拟的中枢作用、导向作用、动力作用。对我省大发展的制约因素固然很多，但主要的因素是金融支撑不足的制约。这集中反映在“五多五少”现象上：一是存款余额多、贷款余额少；二是间接融资多，直接投资少；三是信贷资金上垒大户多，支持中小企业少；四是金融业务上传统工具应用多，新型产品创新少；五是民间资本储蓄保值多，直接投资增值少。存在这些问题的原因：首先是金融发展不足，特别是地方金融机构发展落后，与晋商故里的称谓极不相称；其次是金融创新不够；再就是抓金融机构支持地方发展的措施不力、办法不多、力度不大。我们常讲扩大开放招商引资的重要性，这对大发展无疑是必要的和重要的，但是活跃金融市场，激发国内资本，尤其是民间资本的巨大投资潜力，发挥其对大发展的推动作用，比利用外来资本成本更低、作用更快、效果更好，意义更为重大而深远。

活跃金融市场，核心是推动金融创新，内因要起作用；但外因条件不可少，就是发挥政府的协调作用，有效地构建政府、银行、企业之间的沟通机制和互动平台，为转型跨越提供高层次、全方位的金融支撑和金融服务。在破解中小企业和个体工商户贷款难、融资难的问题上，去年以来，我省工商部门主动沟通银行部门，搭建五大融资平台，即股权出质融资平台、商标出质融资平台、动产抵押融资平台、信用贷款融资平台以及支持组建小额贷款公司的民间资本投资平台，共帮助中小企业和个体工商户融资580亿元。尤其是在与邮政储蓄银行山西省分行联合开展“创建信用市场、评定信用商户”活动中，依托工商部门信用体系建设成果，无抵押、无担保、凭信用，为中小企业发放信用贷款7亿多，得到中央电视台新闻频道等媒体的深度报道，业内人士给予高度关注。因此，我们要充分发挥工商职能作用，加大与金融机构的协调沟通力度，加大对企业的政策宣传力度，努力使更多的商业银行都能依托信用体系建设成果，开展信用贷款业务，为中小企业、个体工商户的创业发展提供有力的资金支持。

活跃市场经济，要害是提高竞争实力，要让市场竞争中具有综合竞争实力的强势品牌引领转型跨越发展

竞争是市场经济的本质，也是市场经济的活力所在。活跃市场经济，需要打破垄断，充分竞争。品牌是市场竞争的利器。适应充分竞争的形势要求，需要全方位推进“品牌兴企”、“品牌兴农”、“品牌兴省”战略。事实上一个强势品牌的形成，对企业而言，既凝结着企业的技术、标准和质量等硬实力，更凝结着企业的管理、信用和文化等软实力，是企业自主创新能力和综合竞争实力的集中体现，也是企业科学发展和转型发展的重要标志。比如像海尔、海信、澳柯玛等品牌撑起了青岛的城市形象，而微软、波音、可口可乐等品牌则彰显了美国的经济实力。因此，打造强势品牌就是推进转型跨越发展。

近年来，省委、省政府高度重视品牌建设，把实施商标战略的部门行为提升为推进“品牌兴省”的政府行为，第一次把商标战略纳入全省五年发展规划，全国第一家把每年的6月6日确定为“山西品牌节”，还出台了对获得中国驰名商标的企业给予100万元奖励等政策措施。我们每年围绕一个主题，精心组织，成功举办了四届规格高、规模大、

效果好的"山西品牌节"，有力营造了"品牌兴省"、"品牌兴企"、"品牌兴农"的浓厚氛围。目前，我省中国驰名商标由2002年的4件跃升到45件，增长10倍，(其中，国家工商总局认定35件，赶超了内蒙古10件、陕西15件)；山西省著名商标由194件增长到1143件，增长了5倍，初步形成了具有我省产业特色的品牌群体。如煤炭行业的"蓝焰"、冶金行业的"太钢"、装备制造行业的"太重"、文化产业的"语文报"、食品行业的"杏花村"等驰名商标在省内外同行业中都具有代表性和成长性，是带动和促进我省产业振兴、企业重组、结构调整、转型发展的主力军和排头兵。

实施品牌战略，政府引导是前提，企业自觉行动是根本。我省近20万户企业、近80万户个体工商户，拥有注册商标还不到3万件，平均33户市场主体才拥有一件注册商标。有产品无商标的企业还为数不少。为此，全省各级工商机关，要紧紧围绕我省建设全国重要的现代制造业基地、中西部现代物流中心和生产性服务业大省、中部地区经济强省和文化强省的新形势、新目标、新要求，推进企业商标注册，广泛开展"一企一商标"、"一村一品一商标"活动；指导企业中国驰名商标和山西著名商标争创，以此促进企业自主创新力、市场竞争力的有效提高。要在"十二五"期间力争使我省注册商标、中国驰名商标总量再有一个突破性、跨越式增长。注册商标翻一番，达到6万件；中国驰名商标在国家工商总局认定35件的基础上翻一番，达到70件。

活跃市场经济，基石是打造"信用山西"，要让市场关系中起基础作用的信用准则成为社会自觉

现代市场经济就是信用经济。活跃市场经济，需要创造信用环境，构建信用秩序，提升信用形象。因此，要加强市场监管的治本之策，必需要加快建立与信用经济要求相适应的社会信用体系，并通过法治与德治的力量、他律与自律的作用，形成以道德为支撑、产权为基础、法律为保障的社会信用制度，形成弘扬守信、惩戒失信的信用约束机制，使信用体系的保障作用成为推动现代市场经济发展的强大力量，成为市场主体、社会团体、公民个人信用约束的行为自觉。

当前，我省的信用体系建设，还是要紧紧围绕社会信用制度建设、信用惩戒机制构建、扩大信用信息征集、开发信用服务产品、开展社会信用活动等深入推进。一是力争出台《山西省社会信用体系建设条例》，对市场主体、社会团体、公民个人的信用信息的征集、发布、管理，失信行为惩戒以及社会信用主体的权利与义务等作出法律规定；二是继续完善信用信息体系，在政府部门间实现信用信息归集的基础上，建立企业申报机制，并实施对中介机构、社会团体的信用信息归集，形成完善的企业、中介、团体的身份信息、业绩信息、提示信息和警示信息；三是推进成果应用，实现信用信息平台向政府部门监管市场、决策咨询的综合信息平台转型，并为社会提供信用信息的查询服务和信用评价服务。对工商系统而言，要实现"网上登记、网上年检、网上办案、网上办公"，并引深信用分类监管，加大对严重失信行为的惩戒力度；四是广泛开展信用活动，引深"山西市场信用共建联盟"活动，继续开展"守合同重信用企业"、"山西省百家信用示范企业"争创活动，弘扬诚实守信，营造信用环境，并引导企业增强信用自律意识，建立和完善信用风险防范机制。

活跃市场经济，关键是转变政府职能，要让"服务市场主体和创造发展环境"成为工商部门的主导行为

社会发展经济，市场配置资源，政府创造环境，已成为社会共识。近年来，政府职能在服务市场主体和创造发展环境方面发生了根本性的转变，但这一转变还不够。特别是行政审批过多，事实上形成"审批经济"状态。相应带来种种问题，助长了衙门作风，降低了行政效能，恶化了发展环境。改变这种状况，除了加快市场化改革进程、加大政治体制改革力度外，确实需要转变工作作风，优化发展环境。一是降低市场准入门槛，减少行政审批事项，改变重审批、轻监管的状况，甚至变事前审批为事后监管，把工作重点放在良好市场秩序的创建上，而不是放在项目的前置审批上；二是提高市场准入效率，除了严格依法行政、实施阳光作业、落实首办责任、加强行政监察这些行之有效的措施外，根本的一项举措，就是推行市场准入的行政审批和注册登记从"串联审批"向"并联审批"的转变。

活跃市场经济，转变政府职能要求全省各级工商机关要进一步牢固树立服务意识，坚持把服务市场主体、创造发展环境作为市场监管的根本目的和首要任务，大力创造公开高效的办事环境和公正廉洁的执法环境。尤其要继续扎实推进行政审批服务大厅规范化建设，进一步简化审批程序，减少审批环节，规范审批行为，提高审批效率，切实做到"凡是审批进大厅，大厅之外不审批"，切实做到"凡是材料齐备、符合法律规定，当即予以办理"。要认真落实政务公开制、首办责任制、限期办结制、过错追究制等制度，全面推行预约服务、延时服务、上门服务等措施，对重点工程、国企改革、招商引资、创业就业等开辟绿色通道，提高准入效率。特别要积极推进工商机关与市、县级政府部门的网络互联、信息互通，为实施"并联审批"搭建网络平台，创造技术条件。

（作者系山西省工商局党组书记、局长）

努力构建协调推动转型跨越发展的新格局

王淑珍

党的十七届五中全会审议通过的《中共中央关于制定国民经济和社会发展第十二个五年规划的建议》提出，加快形成消费、投资、出口协调拉动经济增长的新局面。省委科学把握国内外发展大局，从山西省情出发，提出了以转型发展为主线，实现山西经济社会跨越发展的奋斗目标。如何构建协调推动转型跨越发展的新动力，是摆在我们面前重大而现实的课题。

一、坚持扩大内需的战略方针，切实增强消费对转型跨越发展的拉动作用

扩大内需特别是消费需求，是充分利用国内外有利条件促进我省转型跨越发展的必然选择。国内需求一直是拉动我国经济增长的主要动力。改革开放以来，我国内需占总需求的比重始终保持在90%以上。上世纪80年代，在应对亚洲金融危机的过程中，中央明确提出扩大国内需求的方针，并逐步成为我国经济发展的基本立足点。这次国际金融危机中，我国经济能够成功应对，主要是得益于扩大内需的战略方针。10多年的实践证明，扩大内需的战略是完全正确的。从我省情况来看，“十一五”期间，社会消费品零售总额保持快速增长，预计2010年比2005年增长1.4倍，批零业和餐饮业增加值占GDP的比重保持在8.5%以上，从业人员占全社会从业人员的比重由2005年的10.3%提高到2009年的12%，对经济发展的拉动作用不断增强。今后五年，是我省转型跨越发展的关键期，仍然需要主要依靠国需拉动经济发展。我省消费水平比较低，城镇化进程相对慢，城乡发展不平衡，这就决定了扩大内需还具有广阔的市场空间和巨大的潜力。努力实现消费需求与投资需求相互促进，良性互动，使内需潜力源源不断地释放出来，是我们必须破解的一个难题。

积极稳妥地推进市域城镇化，着力拓宽内需增长的新空间。目前，我省工业化水平在55%左右，而城镇化率2009年为46%。“十二五”时期，我省城镇化率每年要提高1.8%左右，五年力争有300多万农村人口进入城镇，全省城镇化率达到55%左右，形成3000多亿元投资需求。这样，一方面可以带动城镇固定资产投资，另一方面可以带动消费需求，为内需增长提供新的空间，提高消费对经济增长的拉动力。一要加快推进形成以“一核一圈三群”为主体的城镇空间布局，实现中心城市、城镇群、经济圈的互促互动。二要消除农村人口向城镇转移的制度障碍，重点解决户籍及其相关的权益问题，创新加快城镇化进程的体制机制，让更多的人进得来、住得下、发展好。三要以培育和壮大县域经济为重点，推进城乡经济一体化。要以市场为导向，“一村一品”、“一县一业”，提高特色优势产业聚集度。四要加强消费基础设施建设，为扩大消费创造条件。

以扩大消费为重点，在构建长效机制上下功夫。国内外经济发展的经验表明，消费需求对经济的稳定增长和良性循环具有决定作用。我省要实现转型跨越发展，巩固扩大应对国际金融危机冲击成果，保持经济平稳较快发展，必须牢固坚持把扩大消费需求作为扩大内需的战略重点，在构建长效机制上下功夫，确保消费需求保持较快增长。这些年来，我省认真贯彻落实国家搞活流通扩大消费的政策措施，组织实施了“双三十”农产品市场工程、“万村千乡”市场工程、“家电下乡”活动、“以旧换新”活动、“早餐工程”、标准化菜市场改造、家政服务体系建设等，对扩大消费和应对国际金融危机起到了积极的作用。一要进一步改善消费环境，扩宽消费空间。调整投资结构，加大消费基础设施建设的投资，努力改善消费的硬环境和软环境，扩大消费信贷，解决公共产品供给不足的问题，为餐饮、汽车、房地产、会展、文化、休闲、旅游及其相关服务业的消费增长创造条件。二要积极培育和发展新的消费热点，倡导健康文明的消费方式。顺应时代要求和消费结构升级需要，采取更加全面、更加广泛的刺激消费政策，引导个性化、差异化、时尚化、品牌化消费。进一步拓宽电子信息、通信产品、教育培训、家政服务、体育健身等服务性消费。合理引导消费行为，大力倡导与省情相适应的文明、节约、绿色、低碳消费模式。三要努力开拓农村市场，提高农民消费能力。扩大国内需求，最大潜力在农村。一方面要大力开拓农民增收渠道，不断挖掘农业内部增收潜力，拓展农业外部增收空间，进一步形成促进农民持续增收的合力。另一方面，要着力加强农村流通体系建设。农村流通在农村经济发展中具有“先导”作用，连接着生产与消费，在实现农民增收，改善农村消费环境，扩大农村消费中的作用越来越凸显。要大力发展现代流通方式和新型流通业态，培育多元化、多层次的市场流通主体，

构建开放统一、竞争有序的市场流通体系。

二、大力实施开放引进战略，切实增强利用外资、招商引资对转型跨越发展的拉动作用

提高开放型经济水平。我省作为内陆欠发达省份，进一步扩大开放，参与更大范围、更广领域和更高层次上的国内外分工与合作，是实现转型跨越发展的根本性、全局性和战略性举措。“十一五”期间我省预计实际使用外资90亿美元，外资投向一二三产业的比例为5.6：61.8：32.5，对全省经济社会发展起到了积极的作用。“十二五”期间，我省要保持每年投资一万亿元的规模，必须大力实施开放引进战略，在优化结构、丰富方式、拓宽渠道、提高质量上下功夫。鼓励外资投向工业新型化、农业现代化、市域城镇化、城乡生态化过程中的重大项目和重点工程。积极推进企业参与跨国公司购并投资，扩大基础设施项目在省属权限内以BOT方式引进外资，通过发行B股、H股募集外资。鼓励境外企业带资承包工程以及利用现有营运项目和项目收益权等方式利用外资。同时，把招商引资作为转型跨越的重大举措长期坚持，主动融入环渤海，加强与长三角、珠三角和沿黄省区的互动，积极联手中部各省，进一步拓展发展半径。加强专题招商，以专业性对口招商、定向招商为主，采用专题招商、跟踪招商、委托招商、配套招商等多种方法，对某些关键技术项目、试行项目带政策进行招商。建立面向全球的省级专业性招商信息网络，大力发展各种职业性招商中介组织。

充分发挥开发区在转型跨越发展中的示范带动作用。开发区在扩大对内对外开放、提高自主创新能力、加速产业聚集与升级、构筑现代产业体系、推动转型跨越发展中的具有引领示范作用。“十二五”期间，各级开发区要根据当地的资源优势和产业基础，明确主导产业发展方向，积极引进科技含量高、投资强度大、规模效益好的项目。要注重产业链招商，提高产业配套能力，下功夫吸引具有龙头带动作用的大型企业入区，带动配套企业跟进。国家级开发区和产业基地要率先由“引资”向“选资”转变，省级开发区要逐步形成特色鲜明且较为完整的产业集群，实现开发区间的错位发展。即将出台的《关于促进山西省开发区跨越式发展的意见》，对我省开发区发展提出了六个坚持：一是坚持利用外资发展高新技术产业不动摇。始终把发展高新技术产业作为立区之本，大力引进“高技术、高层次、高附加值”项目，使开发区成为全省高新技术产业最密集区域。二是坚持利用外资推动科技创新与科技成果产业化互动发展。始终把科技创新作为高新技术产业发展的关键环节，努力完善科技创新环境，培育科技创新主体，推动科技成果产业化。三是坚持利用外资促进功能开发，带动产业结构优化发展。始终把功能开发作为集聚高新技术产业突破口，重点引进一大批投资规模大、辐射能力强、产业能级高的功能性项目，不断提高产业知识密集度、人才密集度和技术密集度。四是坚持营造国际化的投资环境，聚集全省优势要素，真正形成人无我有、人有我优的一流投资环境。五是坚持利用外资与多种所有制企业和各类资本共同发展。在大力集聚外商投资企业及其研发、服务机构的同时，要始终发挥大型国有企业和科研院所的集聚效应，让开发区呈现出国有、集体、民营、中外合资、外商独资以及混合所有制等各种企业“多元”并存、相互融合、互动发展的生动格局。六是坚持利用外资推动转型发展。始终向内涵发展要效益，实现速度与质量、规模与效益、经济与环境有机统一，把开发区建成拉动力最强、示范效应最明显的转型发展试验区。

坚持“引进来”与“走出去”相结合。在“引进来”的同时，积极稳妥地鼓励我省有实力的企业“走出去”，利用“两个市场、两种资源”、优化对外贸易结构、提高利用外资质量。“十一五”期间，我省批准对外投资的企业96家，协议投资额16.3亿美元。我省企业在毛里求斯建立了晋非经贸合作区。仅今年前9个月，全省对外承包工程带动设备原材料出口4564万美元。“十二五”期间，要鼓励我省有实力的企业到省外和国外投资设厂，开展能源矿产、农业开发、技术培训等互利合作。鼓励发展海外工程承包，积极拓宽合作领域，承揽附加值高、有一定影响力的交通、水利、电力、通信等基础设施项目。同时，要加强宏观指导和服务，逐步健全对外投资合作的管理和促进体系。

三、不断优化对外贸易结构，切实增强出口对转型跨越发展的拉动作用

贸易结构是由产业结构决定，但也会反作用于产业结构，从而直接对经济的转型升级产生影响。优化进出口商品结构，提高技术含量和高附加值工业制成品在出口中的比重，扩大机电产品和高新技术产品的出口，不仅可以带动经济的发展，而且还能推动产业结构的升级。2007、2008年，我省出口高速增长，达到了46.3%和41.5%。2009年，受国际金融危机影响，我们的出口下降了69.3%，焦炭、不锈钢、金属镁等传统和大宗产品出口几乎处于停滞的状态，但是，机电科技产品出口只下降了18.6%。这说明国际金融危机对我省对外贸易的冲击，表面上看是对增长速度的冲击，实质上是对发展方式的冲击。“十二五”期间，必须重点做好以下几方面的工作：

一是优化结构，继续稳定和拓展外需。一方面，优化主体结构，做强太钢、富士康、太重、大运等大企业，扶持中小企业发展；另一方面优化商品结构，稳定不锈钢等传统优势产品出口，扩大机电科技等高附加值产品出口。同时，要提升出口产品质量，培育一批具有自主知识产权、自主品牌、自主营销渠道和高技术含量、高附加值、高效益的出口产品，提升传统优势产品出口附加值。今年前三季度，机电产品出口9.1亿美元，占全省出口总额的26.7%，比2008 年提高了近12个百分点；高新技术产品出口3.54亿美元，占出口总额的10.4%，比2008年提高了3.6个百分点。

二是积极扩大进口，为我省转型发展提供支撑。长期以来，我省进口以铁矿砂、镍矿砂等资源性产品为主，主要用于太钢等企业生产。今年，我省进口出现了新的特点，首先，进口超过出口，并且已经超过了危机前的水平，前三季度进口56.8亿美元，超过出口22.7亿美元，比2008年同期增长36.6%。其次，机电、高新技术产品进口成倍增长。1—9月全省机电产品进口13.7亿美元，增长133.4%，占进口总值的24.1%。高新技术产品进口4.3亿美元，增长192.7%。这主要得益于我们扩内需的政策，得益于全省转型发展和重点工程建设带来的需求。在全省实现转型跨越发展的过程中，进口将扮演越来越重要的角色。要积极落实进口促进政策，完善进口促进体系，增加重要资源和关键技术设备及零部件进口，推动全省产业结构升级。

三是加强推进转型跨越发展的出口基地建设。根据我省提升传统产业、培育壮大新兴产业的规划，我们积极打造不锈钢深加工、稀土永磁材料、冶金矿山机械、机械（汽车）零部件、铁路运输机械、纺织机械、富士康加工制造、铝镁合金、化工产品（含生物制药）、玻璃器皿、法兰盘、农产品及农产品加工品等出口基地，拟定了《出口商品基地建设中长期发展规划》，对30多个技术含量高的出口基地企业项目，进行了正式评审。并且积极争取国家支持批准我省太原市和侯马开发区为加工贸易重点承接地，批准太原高新技术开发区为全国科技兴贸出口创新基地。我们将依托开发区、保税区和海关特殊监管区等，加强对出口基地的建设，形成新的出口增长点，为全省转型跨越服务。

（作者系山西省商务厅党组书记、厅长）

实施“晋药战略”是加快山西医药产业转型跨越发展的重要途径

赵光国

医药产业是直接关系人类健康和生命质量的产业，是国民经济中发展最快的产业之一，也是今后一个时期在我国具有广阔前景的高成长产业。当前，宏观政策和新医改政策对医药产业市场结构、产业结构、产品结构的影响已开始显现，行业兼并整合加速成为发展主题，如何在新一轮“洗牌”中抢得先机，实现我省医药产业转型跨越发展，是摆在我们面前的一个重大课题。

省委、省政府对发展医药产业高度重视，寄予很大的期望。山西省第九次党代会工作报告、十一届人大三次会议政府工作报告都把医药产业列为我省产业结构调整的重点产业和潜力产业。2010年11月9日，山西省食品药品监督管理局举办了“加快实施‘晋药战略’，促进山西医药产业转型跨越发展”高峰论坛，邀请全国知名专家学者、全省医药产业界精英齐聚一堂，共商振兴山西医药产业发展大计，出发点就是要认真落实省委、省政府转型跨越发展的战略部署，分析我省医药产业面临的机遇与挑战，研讨加快实施“晋药战略”，实现我省医药产业转型跨越发展的目标定位、发展方向、战略重点和实现途径，进一步解放和统一思想，充分沟通交流，形成共识共鸣，凝聚发展合力，在“十二五”规划期间，实现我省医药产业由潜力产业向支柱产业的跨越。

一、当前医药产业发展的趋势和特征

医药产业被称为永不衰落的朝阳产业，具有高科技、高投入、高回报、高风险、相对垄断、刚性需求明显的特征。过去五年来，我国医药工业总产值保持快速增长，年均增长率达23%。2008年、2009年，虽然受国际金融危机影响，但医药工业总产值仍然保持了25.7%和15.9%的增长速度。2010年1-8月份，医药工业总产值同比增长了25.23%。这不仅在于人们对于药品的刚性需求，也由于我国正处于医疗保障体系加速完善的时期，国家财政给医药市场扩容提供了强有力的支撑。随着新一轮医药卫生体制改革的实施，医药消费市场潜力逐渐显现，消费市场将进一步扩大，医药产业进入快速发展期。权威机构预测，未来五年，医药产业的年增长率不会低于20%。这是医药产业转型发展、跨越发展的历史机遇。

从整体上看，目前医药产业正进入规模化、产业化的发展时期。其主要特征是:

第一，市场规模迅速扩张，由最具发展潜力的高技术产业向高技术支柱产业发展。

第二，医药产品日趋集中，单品种销售的市场占有率不断增高，优势企业在医药市场中的地位日益攀升，所占比重逐步扩大。

第三，产品研发创新、企业升级、品牌战略将成为企业核心竞争力的关键因素，优胜劣汰的速度明显加快。

第四，产业集聚，企业集群，集群化发展成为主要模式。科研单位、制药企业及相关机构在特定区域内集中分布，相互作用，互相联系，结成战略性合作同盟，形成研发、生产、物流等为核心的全产业链。

第五，资源整合、行业并购重组加速成为产业发展主题，市场集中度、企业集中度将越来越高。一批具有战略眼光的企业已经掀起了新一轮兼备重组的高潮，中国医药集团先后并购了全国六大生物所以及全国最大的药品研发机构——上海医药工业研究院；华润集团并购了北京医药集团；上海市对原上海医药、上实医药、中西药业进行重组，致力于成为中国A股市场市值最大、核心竞争力最强的综合性医药产业集团；重庆30多家药品零售企业组建重庆恩康医药有限公司，拥有4600多家连锁药房；我省的亚宝药业继兼并四川光泰药业、大同石佛制药后，今年又兼并了中国中医药大学实验药厂，已经发展为集科研、生产、销售为一体的大型上市公司；振东集团先后兼并了大同泰盛制药、长治开元药业、太原晨东药业，年销售额超过10亿元。

二、我省医药产业优势与存在问题

当前，医药产业发展的新趋势，既给我们提供了机遇，又给我们以挑战和压力。从我省医药产业来看，近几年有了长足的发展，“十一五”期间保持了年均18.8%的增速，已经具备了一定的产业基础和比较优势。

一是产业发展初具规模。已形成化学原料药及制剂、生物制药、中成药、中药材种植及饮片加工、医疗器械、药包材等门类比较齐全的医药生产基础和物流配送体系，涌现出了亚宝、威奇达、振东、康宝、普德、太原药业、仟源、石药银湖、同星、安特、太行、博康、华元等20多户制药优势企业和山西双鹤、国药控股山西公司、康美徕、新龙、万民、长城、荣华、同仁堂等一批流通优势企业。

二是集群发展初步显现。形成了大同、太原、晋中、运城、长治、侯马等六大产业集群，以医药工业园为载体，企业相对集中，辐射带动作用日益明显。

三是品牌及产品优势相对明显。我省拥有1837个药品品种，7375个药品批准文号，龟龄集、定坤丹、安宫牛黄丸、小儿七珍丹、梅花点舌丹等传统品牌享誉海内外；克拉维酸钾全国产量第一，土霉素全国产量第二，6APA（青霉素医药中间体）、7ACA（头孢菌素中间体）等化学原料药全国产量第三，在国内外市场占主导地位；复方苦参注射液、丁桂儿脐贴、红花注射液、银杏达莫注射液、注射用美洛西林钠舒巴坦钠、注射用阿莫西林钠舒巴坦钠、舒血宁注射液在全国占有较大市场份额。

四是地缘优势突出，天然资源丰富。晋北气候凉爽干燥，是我国原料药特别是生物产品发酵的最佳地域。我省也是天然药物大省，有1116种中药材，种类占全国的1/4，蕴藏量高达1.88亿公斤，有黄芪、黄芩、党参、生地、柴胡、连翘、远志等30余种道地药材，决定着全国的供求市场和价格走势。

我省医药产业的发展，纵向比较取得了一定成绩，也积累了一定经验，但和全国的发展比，仍处于落后地位：

一是产业总量小，具有带动作用的龙头企业少。全省生产企业销售总额不足百亿，所占份额不足全国的1%，在全国排名从改革开放初期的第3位降为现在的20多位，销售收入超10亿元的企业不足10家，进入全国制药企业百强的仅有亚宝、威奇达2家。

二是产品结构同质化严重，优势品种少。普药多，低端品种多，多数企业生产的产品类同，生物制品少，特色产品少，具有自主知识产权的品种少，在全国具有影响力的品种少。

三是创新能力差，研发投入少。我省医药科研力量薄弱，专业人才短缺，研发经费投入严重不足，企业创新能力不强。我省医药生产企业研发投入不足销售收入的2%，与全国5%–8%的研发投入有较大差距，远低于全世界15%–20%的研发投入水平。

四是流通企业数量多，规模小，集中度低。全省430家批发企业中，销售收入超亿元的不足50家。零售连锁企业门店数占零售企业总量的25%，比全国平均水平低10个百分点。

五是开放意识差，产业资源整合步子慢。一些企业受小农思想的束缚，小富即安不求大发展，小打小闹不敢大跨越，保守封闭，注重眼前利益，缺乏战略眼光，不愿走联合兼并重组的路子，满足于靠自身的力量发展，渐进式发展，有的企业甚至在困境中挣扎，苦苦支撑，也不能走出自我封闭的小圈子，跨出合作共赢的新路子。全省医药产业资源整合进展缓慢，在127家生产企业中，只有亚宝、振东、威奇达、银湖等15家迈出了兼并重组的步伐，没有跟上全国新一轮医药产业大调整潮流。

综观全国医药产业发展形势，审视我省医药产业现状，我们既要看到发展的历史机遇，更要清醒地认识到面临的严峻挑战，如果我们的企业不能居危思变，实现跨越，不仅将再次错失良机，还必将在新一轮产业结构调整中被淘汰出局。

省委、省政府提出，今后五年我省要以转型发展为主线，实现山西经济社会的跨越发展。这五年，也正是医药产业转型跨越发展的关键时期。如何实现我省医药产业转型跨越发展，需要全省上下统一思想、达成共识、形成合力。企业是市场的主体，企业家是主力军，首先必须有危机感和紧迫感。各级食品药品监管部门作为药品市场的监管主体，也必须有强烈的责任感和使命感，主动当好转型跨越发展的推动者。

三、实施“晋药战略”是完成转型跨越的必然选择

省食品药品监管系统为了谋划山西医药产业的快速发展，经过广泛调研，提出了实施“晋药战略”的框架。“十二五”期间，我们的任务就是要在这个基础上，按照省委、省政府转型跨越发展的要求统一思想，把握医药产业发展规律和趋势，借鉴先进经验，结合我省实际，理清思

路，完善措施，整体推进，加快“晋药战略”的全面实施。

实施“晋药战略”的总体思路是：准确把握医药产业发展的趋势、规律和机遇，充分发挥我省资源、区位和产业比较优势，突出特色，抓住重点，塑造品牌，全面提高晋药的影响力、竞争力。扩大规模，做大做强化学原料药；提升水平，延伸中药产业链；瞄准前沿，着力扶持生物制药；内引外联，推动行业联合、兼并重组，优胜劣汰，全面提高药品企业集中度；实现我省医药产业由潜力产业向支柱产业的跨越。

发展的重点方向是：发挥我省资源优势和比较优势，发展以土霉素、青霉素类、头孢菌素类、酚肽、磷霉素为主要方向的原料药；发展以血液制品、生物活性制剂、基因工程产品为主的生物制品；发展以仿制高效、速效、长效、靶向给药的新型药物制剂，缓释、控释、透皮吸收制剂为主的非专利性制剂产品；在进一步重点扶持龟龄集、定坤丹等传统中成药的基础上，运用现代科学技术方法和制药手段，开发现代中药新药及天然药物，重点发展抗肿瘤类、抗感染类、心血管类等具有自主知识产权的现代中药。

全省产业布局是:形成以大同为龙头，太原、晋中、临汾、运城为中轴，以长治、晋城和忻州、吕梁为两翼的“一体两翼”医药产业带，形成大同、太原、晋中、长治、晋城、临汾、运城六大产业集群，重点建设太原、大同、临汾、长治四大物流中心，晋东南党参、晋北黄芪、安泽连翘、万荣柴胡、新绛远志、临汾地黄等六个道地药材种植区，形成以园区产业集群为载体、现代物流体系为依托、道地药材种植为特色、产学研一体化为支撑的产业体系。

总的发展目标是：到“十二五”末，全省医药经济总量翻两番，医药工业总产值达350亿元，医药商业销售收入达300亿元，达到全国中等水平，成为我省新贡献的支柱产业。

实现上述战略目标，需要各级党委、政府高度重视，加强领导，需要有关部门和社会各界的大力支持，更需要各位企业家的发奋努力。企业家作为药界精英，不仅为山西医药产业发展奠定了基础，也是山西医药产业转型跨越发展的中坚力量，要不辱使命，勇于担当，敢为人先，做山西医药产业转型跨越发展的领军人物。

全省食品药品监管系统将一如既往地把保障安全、促进发展作为监管工作的出发点和落脚点，以推动山西医药产业转型跨越发展为己任，为振兴晋药做出更大贡献：

一要自觉践行科学监管理念，创造跨越发展的环境。2006年，我局党组提出了“以科学发展观为指导，以保障公众用药安全、满足公众用药安全需求为目标，依法监管保安全，科学监管促发展，实现药品安全与医药经济健康发展的和谐统一”的科学监管理念，这一理念在全系统形成了共识，赢得了各界的广泛赞誉。我们要始终坚持自觉践行科学监管理念，统筹把握好监督管理和促进发展的关系，正确处理监管与发展、商业利益与公众利益的辩证关系，充分认识转型跨越发展是监管工作的基础、监管是转型跨越发展的保证，始终把食品药品监管置于经济社会发展大局，发挥优势，挖掘潜力，创新思路，优化环境，以监管促规范，以规范促发展。

二要鼓励研发创新，提高医药产业核心竞争力。大力度提高我省新产品研发能力，主动提前介入，加快自主知识产权新药的开发进程；对已上市的药品，要主动帮助企业提高质量标准，突出特色，打造品牌，提高市场竞争力；鼓励企业运用先进的提取纯化、集成控制技术和制剂技术，提高中药技术含量，积极促进中药生产规范化、规模化。

三要运用职能手段，扶持企业做强做大。鼓励小企业向大企业靠拢，引导一批有实力的企业实行战略重组，构建大企业、大集团，促进资源快速集聚，争取在“十二五”末，培育3家销售收入超50亿元的医药集团，15家销售收入超10亿元的医药企业。鼓励连锁企业向纵深发展，加快网络建设，力争在“十二五”末，连锁门店集中度由25%提高到50%。欢迎和支持国内外大型企业集团来我省投资，特别是对具有影响力、带动力的项目，要提前介入，跟踪服务，现场办公，积极帮助企业做好登记变更、许可核查、快速审批等工作。

四要构建企业信用体系,树立晋药良好形象。引导和督促企业牢固树立“企业是产品质量安全第一责任人”意识，大力加强药品研究、生产、经营企业信用体系建设，并纳入日常动态管理。采取多种措施，促进政府监管、企业自律和社会监督有机结合，进一步提高企业的守法意识、自律意识、质量意识、信用意识。搭建信息平台，加强相互交流，扩大对外宣传，塑造晋药品牌良好形象，提升晋药竞争力。

（作者系山西省食品药品监督管理局党组书记、局长）

引领广大妇女投身转型跨越发展

李悦娥

十七届五中全会提出，以科学发展为主题，以加快转变经济发展方式为主线。省委九届十一次全会强调，大力实施“四化”重点战略，加快转型跨越发展、再造一个新山西。在学习十七届五中全会和省委九届十一次全会精神中我们认识到，全面转型是山西的必由之路，加快跨越是山西的必然选择。全面转型、加快跨越，是山西科学发展的内涵、“十二五”发展的主题。妇联组织作为党和政府联系广大妇女群众的桥梁与纽带，要坚持党政所急、妇女所需、妇联所能，组织、引领广大妇女在全面转型中发挥“半边天”作用，在加快跨越中奋发有为、尽展风采。

引领全省妇女投身转型跨越发展

（一）围绕推进工业新型化，引导妇女在工业新型化进程中奋发有为。继续推进“巾帼建功”活动，以岗位建功为导向，通过举办行业知识技能竞赛、“巾帼建功”标兵评选，以及科技创新、技术革新、岗位练兵、劳动竞赛等各种形式的岗位创新活动，激发妇女的自主创新精神，在产业转型升级中献智献策。依托山西女企业家协会，妇联主导，采取“妇联+协会+企业”的模式，不断创新工作，搭建产业发展的新平台，引导和帮助协会、公司制定中长期发展规划。加强女企业家队伍建设，充分发挥女企业家在经济社会建设中的智力优势，通过广泛开展银企对接、成果推广、项目洽谈、高端培训等活动，引导女企业家强化创新意识、改革意识、发展意识，带领企业在发展中加快转变、在转变中调整升级，争当转型发展的排头兵；通过举办企业转型发展创新论坛，提高女企业家科技意识，进一步提升女企业家自主创新、塑造品牌、资本运作、做强做大的能力；开展政策法规咨询交流活动，筹建政策法规顾问团，为女企业家发展提供法律援助。

（二）围绕推进农业现代化，动员妇女在农业现代化进程中贡献力量。继续深化“双学双比”“巾帼示范村”创建等工作，加强对女能人等骨干的培养，开展适合妇女特点的区域性、专业性劳动竞赛；面向市场，为农村妇女解决实际困难，提供社会化服务，送技术、送资金、送信息、送项目。引导农村妇女经营特色农业，打造一批“妇字号”农产品基地和优质品牌，因地制宜开发以女性为主体的“山里人家游”“农家乐”等，带动休闲观光农业发展。深化“巾帼示范村”创建工作，引导农村妇女发展特色农业，壮大庭院经济。与农业科技部门加强联系，积极面向农村妇女开展科技培训，推进农业科技新成果的转化、推广和应用，辐射本地及周边地区产业化发展，带动农村妇女应用农业新科技。建立完善妇联、组织、教育、劳动等部门横向联合，成立县、镇、村纵向到底的立体培训网络。

（三）围绕推进市域城镇化，让妇女在城镇化建设中创业、就业。城镇化作为实现城乡一体化的基础，是解决我国城乡共同发展中面临的诸多问题的关键因素，也是全面建设小康社会的要求所在。城镇化的发展使大批农村妇女获得了从事非农产业的机会，加入到农村工业化的大潮中。这就需要突出抓好妇女创业、就业工作，搭建小额信贷服务平台，通过项目资金扶持，增强妇女创业、就业的实力。要搭建就业服务平台，继续组织实施“女大学生创业导师行动”“春风送岗位行动”，创建女大学生创业指导和实践基地。要搭建信息服务平台，拓宽妇女创业就业渠道。要积极争取政策、加大宣传，优化妇女创业、就业环境。要搭建教育培训平台，针对返乡创业妇女、转移就业妇女、女大学毕业生、零就业家庭以及下岗失业妇女的不同需求，开展培训、推介项目、开发岗位，为妇女创业提供切实的帮助，促进提高妇女的就业上岗率和创业成功率。

（四）围绕推进城乡生态化，带领妇女在生态文明建设中建功立业。十七届五中全会指出，要把建设资源节约型、环境友好型社会作为加快转变经济发展方式的重要着力点。各级妇联要把提高节能环保水平作为转方式、调结构的重要手段，组织广大妇女和家庭成员植绿护绿、营造绿色低碳生活，深入开展“低碳家庭·时尚生活”主题活动。广泛宣传绿色低碳生活的重要意义，引导妇女和家庭自觉学习、了解低碳生活知识、绿化科普知识，牢固树立绿色消费理念，养成绿色低碳生活习惯，自觉选择节约环保、低碳排放的消费模式。倡导低碳、绿色、环保家庭小创造、小发明，宣传推广家庭节能减排“金点子”，引导家庭成员为发展绿色经济、低碳经济、循环经济贡献力量。组织广大家庭积极投身节能减排全民行动，落实“家庭节能六件事”的号召，倡导文明健康、节约环保的生活方式，弘扬节约光荣、浪费可耻的社会风尚，充分发挥妇女在践行节能环保消费行为中的重要作用。

用务实的工作为全省妇女提供保障

（一）转变妇联干部思想观念，引导妇女深刻认识、把握山西新的发展思路。转变思想观念，就是要着力转变不适应、不符合转型跨越发展要求的观念，切实增强贯彻落实科学发展观的自觉性坚定性，这是推进组织创新、机制创新和实践创新的思想基础。因此，必须加强学习，提升妇女干部的理论水平、政策水平和实践能力。坚持党建带妇建、妇建服务党建的原则，用真理引导妇女思想、用真情解决妇女困难、用真心维护妇女利益，使广大妇女从思想上高度认同我省转型跨越发展的思路，积极投身转型跨越发展实践。

（二）推进妇联基层组织建设，努力为妇女参与转型跨越发展创造更好的环境和条件。要加大宣传马克思主义妇女观和男女平等基本国策的力度，进一步争取各级党委支持，推动政府加快解决妇女儿童发展纲要实施中的难点重点问题，为妇联履行职能、开展工作提供更加有利的条件。要进一步创新组织设置方式、拓展组织设置领域、延伸工作"手臂"，扩大联系妇女的渠道，使妇联工作覆盖面和影响力随着实践的深化不断扩大。

（三）创新妇女工作机制，推动解决妇女最关心最直接最现实的利益问题。各级妇联绝不能忽视妇女群体的主体性，要最大限度地满足妇女群体的利益需求。维护好妇女的权益，关心妇女的疾苦。要切实把妇女工作做深、做细、做实，让妇女群众得实惠、普受惠、长受惠。因此，就要促进妇女工作机制的创新，建设创新型妇联组织，进一步创新妇联工作机制，重点健全和完善统筹妇女发展的工作机制、妇女利益协调、诉求表达、矛盾调处、权益保障机制，进一步创新和完善妇联工作的社会化运作机制、资源整合机制、规范化管理机制，不断提高妇联工作的科学化和专业化水平。

（四）坚决维护妇女合法权益，使法律赋予妇女的平等权利真正得到落实。山西作为经济欠发达地区，妇女工作还存在不少问题，如侵害妇女劳动权益现象还不同程度地存在，农村妇女土地承包权益受侵害问题还没有得到根本解决，妇女参政比例总体明显偏低等。因此，我们要抓住转型跨越发展的契机，进一步加强男女平等国策教育；健全维护妇女合法权益的各项机制；切实解决妇女权益保障中的突出问题；采取有效措施提高妇女参政比例；有计划、有目标地加强对女干部的培养任用；引导农村妇女积极参加村民自治；进一步加强对女职工劳动权益的保护，规范执行女职工生育保险制度，规范女性高级知识分子和处级以上女干部的退休政策；抓紧研究、解决农村妇女土地承包权益保障问题。

（作者系山西省妇联主席）

资源整合是山西转型发展的必由之路

李中元

山西作为典型的资源型地区，如何推动发展方式转变，实现煤炭大省向煤炭强省的跨越，是山西贯彻落实科学发展观，实现"绿色发展、清洁发展、安全发展"必须解决好的重大战略问题。国内外资源型经济转型和山西煤炭资源整合的实践表明，资源整合是走出资源优势陷阱、转变经济发展方式、实现转型发展的必由之路。树立科学的资源观，按市场经济规律和产业发展规律整合资源，优化资源配置，把资源优势转化为产业优势，从而获得经济社会发展的整体最优，这将是我们转型发展的必然选择。

资源型地区的转型是一个世界性的难题。沿袭资源开发的传统道路不可行，完全摒弃资源优势、重起炉灶另开张的做法也不符合山西的现实。撇开地下丰富的煤炭资源不论，山西以煤炭开采为基础的资源型产业结构、大大小小的十几个矿业城市、财政收入的半壁江山乃至数以十万计的矿业大军岂是一朝一夕能够改变的!对山西而言，煤炭不仅是一种资源、一种产品、一种产业，更是山西经济社会发展的强大支柱。在这种情况下，我们决不能离开煤炭谈转型，山西资源型经济的转型首先是煤炭产业自身的转型，这种转型不仅是产业组织结构的改变，更是产业集约程度的提高。

纵观国内外能源产业发展的实践，煤炭企业向大型化、集团化发展和实现产业集中高效生产是世界煤炭工业发展的趋势。发达国家的煤炭企业已经形成了开采的规模经济和强大的企业竞争力。美国经济学家迈克尔·波特经过大量实证调查后得出结论：在一个相对统一的市场中，如果生产相同产品的前4位企业的市场占有率(集中度)总和达到40%以上，该行业的竞争秩序才可能趋于正常；如果市场集中度低于40%，则该行业内一定会出现无序竞争现象。世界几个主要产煤国家市场集中度都比较高，例如，澳大利亚前5位煤炭公司的煤炭产量占总产量的71%，南非前4位煤炭企业的市场集中度为62%，美国产量10亿多吨，前4个公司占70%左右。我国的煤炭产业政策也明确提出，大型煤炭基地要求一个矿区一个主体开发，一个主体可以开发多个矿区。长期以来，山西煤炭产业形态离国家的要求和世界煤炭工业发展的趋势相去甚远。

进入21世纪以来，国家高度关注山西能源尤其是煤炭工业的发展，山西也针对煤炭行业存在的深层次问题，先后开展了“关井压产、淘汰落后、资源整合、兼并重组”等工作，减少了7000多家小煤矿。但是，到2008年全省矿井数仍有2600多家，小煤矿仍占到70%以上。为了进一步提高山西煤炭产业的集中度，提升产业素质，提高安全生产水平，促进转型发展，2008年后半年以来，山西省委；省政府以壮士断腕的勇气和决心，抓住全球性金融危机带来能源需求趋缓的有利时机，大力推进煤炭资源整合和企业兼并重组工作。经过一年多卓有成效的工作，到2009年末，山西全省矿井个数减少到1053处，削减了近60%；办矿主体减少到约130个，只占整合前的6%左右，不仅一举解决了长期以来山西煤矿存在的“小、散、乱、差”以及安全生产隐患多的问题，而且产业的集中度空前提高，大基地、大集团战略构架初具雏形。

山西煤炭行业这种大力度的组织结构调整，正是国家倡导的做大、做强煤炭行业大公司、大集团的具体体现。这种打破地域界限、所有制界限的大规模资源整合，不仅历史性地破解了煤炭工业发展难题，在中国煤炭工业发展史上具有里程碑意义，而且对山西这样一个以能源原材料产业为主导的资源型经济省份，对以传统产业为支柱的粗放式经济发展模式的省份实现经济发展方式的转变、实现经济社会又好又快发展具有重大的战略意义。我们认为，煤炭资源整合趟出了资源型地区转型发展的新路子，是山西贯彻落实中央精神、调整优化产业结构、加快转变经济发展方式的重大战略举措。我们应以此为突破口，继续坚定不移地推进煤炭资源整合和兼并重组，推进相关资源型产业的整合和兼并重组，以此加快山西转型发展的步伐。

转型发展，必须正确看待资源问题。山西是资源大省，不仅煤炭资源得天独厚，文化资源、旅游资源也有突出优势。然而，长期以来，人们对资源概念的理解存在偏差，将其简单地等同于自然资源甚至是矿产资源，经济发展过分依赖于对自然资源的无限攫取。就山西而言，这种观念上的误区一方面直接导致了煤炭产业“一支独大”，煤炭、焦炭、冶金、电力等高污染、高消耗、低效益的传统资源型产业发展较快，产业结构单一化、低级化和重型化；另一方面，文化、旅游、高新技术等新兴产业与服务业发展缓慢，自主创新能力差、产品技术含量与附加值低。在国内外区域分工格局中，山西一方面成为附加值含量低的资源输出地区，另一方面又不得不输入附加值含量高的其他产品，造成了价值的双向流失，成为山西经济整体发展水平较低，可持续发展能力匮乏的主因。

事实上，资源是一切可被人类开发和利用的客观存在。不仅包括土地、矿产、生物等自然资源，也包括信息、知识、人力、技术、文化等人文资源，不仅有有形资源，也有无形资源。在知识经济时代，自然资源的开发固然重要，技术资源、人力资源和文化资源的积累开发更显主要。80年代中叶，日本出口的一种电子计算机，其原材料相当于一般家庭炒菜用的铁锅那么一点，但售价却相当于同体积的黄金。这就是说由于技术的介入，日本用铁换来了黄金，而发展中国家却用黄金的价格来买日本的铁。在知识经济时代，中国一亿件衬衫才换回一架欧洲的空中客车，外国几张技术软盘，能换走我们山西多少吨煤炭?长期以来，山西把开发煤炭资源作为获取财富的主要方式，只注重抓煤炭、焦炭、钢铁这些实实在在的物质财富，结果适得其反，造成巨额附加值的流失和长期的机会损失。

应该看到，在经济全球化浪潮中，谁占领全球分工价值链的高端，谁就能赢得更好的发展效益和更强的竞争力。如果我们还以传统的财富观看待新事物，只重视有形资产，忽视无形财富；重资源开发，轻技术开发；重生产，轻品牌；重硬实力，轻软实力，山西就很难走出资源型地区发展的泥沼，在发展中获得主动权。因此，资源型地区的转型发展需要转变传统的思维定势，不仅要树立正确的资源观，更要有效整合自然资源、文化资源、技术资源等不同类型的资源。

当前，资源整合对于山西这种资源型地区突破资源依赖惯性，实现创新驱动发展模式转变，从而实现可持续发展具有十分重大的战略意义。在全球化的今天，资源型地区能否在激烈的市场竞争中抢占先机、赢得主动，不仅取决于所拥有资源的数量与质量，更取决于对资源的利用效率。前者是区域经济社会发展的必要条件，后者是维持区域持久竞争优势的关键所在。因此，各种资源的有效配置和动态整合在资源型地区的转型发展中十分重要。山西的转型在很大程度上是资源整合与区域综合竞争力培育的过程，必须充分开发其拥有的各种资源，以资源型产业的转型和发展为基础，以资源型产业的升级和替代为路径，依赖资源更要超越资源，逐步形成区域核心竞争力。因此，山西在这个转型的过程中，既要节约利用和综合开发包括煤炭在内的各种宝贵的自然资源，更要有效整合、大力引进域外的资金、技术、人才、管理、文化等社会资源，促成两类资源的有机结合和系统集成，推进资源型地区资源配置的帕累托改进，实现从资源型地区到新型能源和工业基地、自然人文资源大省向经济、文化强省的战略转变。

煤炭资源整合开启了山西转型发展的帷幕，以此为契机，资源优势与产业优势紧密结合、互动发展，将成为新时期山西经济社会发展的必然趋势。下一步，我们需要深入贯彻落实科学发展观，克服前进中面临的种种困难和问题，以资源整合为抓手，打造能源资源大省核心竞争力，推动山西的全面转型。

首先，针对煤炭资源整合后暴露出的新情况和新问题，要尽快出台配套政策，解决整合后续问题，特别要从完善补偿、职工再就业、安全监管、环境恢复、资源节约、劳动用工等方面制定完善的配套政策体系，大力推进煤炭产业的现代化、新型化、集约化建设。当前，一是要制定全面系统的补偿办法。制定出台统一、公允、规范的补偿办法，明确对补偿范围、原则、标准以及补偿资金的来源和支付程序等等，处理好各方面的利益关系和善后事宜，引导各地建立起规范、和谐的村矿、政矿关系。二是要重视煤矿职工安置再就业。规范煤矿职工的安置行为，加大对劳动密集型中小企业的财税扶持力度，加强对失业矿工技术、技能培训力度，妥善解决矿工再就业问题，从根本上维护社会稳定，构建和谐社会。三是要加强被兼并矿井的安全监管。采取巡检、抽检、互检等方式，深入煤矿生产一线加强对被兼并煤矿的监管，有针对性地加大安全投入、弥补安全漏洞和排除安全隐患，制定煤矿安全生产工作方案以保证矿井安全。四是要明确生态环境保护责任。进一步明确兼并主体要承担被兼并关闭煤矿所造成的生态破坏、环境污染、地质灾害责任，特别是潜在的生态环境问题和地质灾害政策，将被兼并煤矿提取的生态环境恢复治理保证金转入兼并主体的专户，用于生态修复、环境治理和地质灾害防治。

其次，在煤炭资源整合的基础上，推进包括焦化、冶金、电力等资源型产业的全面整合，形成完善的资源型产业链和具有竞争优势的产业集群。当前，资源型产业的整合应以产业链延伸和产业升级为基础，推进产业的横向整合和纵向整合。第一，在纵向上，要以发展循环经济为突破口，以煤炭、电力、焦化、水泥、建材等产业为重点，在原有产业链的基础上进行延伸，增加产品的加工深度，提高资源的附加价值，有效整合现有原材料开发、加工等资源，引进国外先进勘探、开发、加工技术，提高资源利用率和深加工率，打造一批附加价值高的深加工产品，从而摆脱现有以原材料初级加工为主的产业局面，建设资源型产业基地。第二，在横向上，可以深化企业产权制度和管理体制改革为主线，通过产权重置、产业融合、部门整合、技术整合、管理机构重组等途径优化产业结构，发展各类资本，引进国内外战略投资者，充分发挥优势企业的人才、管理和融资优势，兼并改造中小型企业，促进信息服务、研发中心、中介组织、营销机构、咨询机构等其他产业的发展，逐步融入国际高端产业价值链，增强山西资源型产业集群的活力，加快资源优势向经济优势、发展优势的转化。

第三，文化资源、旅游资源的整合也是山西转型发展的重要内容。山西是华夏文明的主要发祥地之一，历史悠久，人文荟萃，文化遗存十分丰富，文化、旅游产业的发展，对于改善我省经济结构，形成新的支柱产业和增长点，改变我省以能源为主的产业形态意义重大。在新的机遇下，如何有效整合文化资源和旅游资源，使之转化为产品优势和产业优势，进而转化为发展优势，是我们面临的重大课题。一方面，文化资源、旅游资源的整合，需要对现有资源的“库存”进行科学的、价值性的、系统性的优化组合与系统配置，以优化、分享、合作、共赢为宗旨，从地域、主题、价值等方面进行体系性组合和配置，以提供一个多价值角度利用的资源体系，实现文化、旅游资源的互补和利益共享；另一方面，这种整合需要运用系统论思维方式，在战略思维层面上，通过组织或机构的协调，把一定范围内处于离散和相对独立状态的文化、旅游资源，在多价值平台上进行统一，形成为文化、旅游市场服务的资源系统，增强特定区域的文化、旅游产业发展的竞争优势。在资源整合的过程中，并不是所有的文化、旅游资源都被兼容并包，实际上只有具备独特性、特定价值性，以及能满足文化市场需求的资源才成为被整合的对象，而那些不具有价值潜力、不具备文化发展积极推动力的资源则应被淘汰。对文化、旅游资源进行深度整合，树立山西文化、旅游品牌，通过市场运作，提高品牌的市场认知度，才会为文化繁荣和文化产业兴盛注入活力，从根本上推动山西的转型发展。

（作者系山西省社会科学院党组书记、院长）

太原：以创新型城市建设为主战略
不断提升科学发展水平

申维辰

太原是全国省会城市中少数几个建于春秋时期的文化古城，同时又是全国重要的能源重化工基地，历史底蕴深厚和发展方式粗放同时并存。“十一五”以来，在党的十六大、十七大精神指引下，市委第九次党代会提出，以科学发展观为指导，以建设创新型城市为主战略，努力把太原建设成新型工业基地、特色文化名城和现代宜居城市的宏伟目标。几年来，全市上下大张旗鼓地落实这一决策，积极制订绿色标准，以“壮士断腕”的决心和“宁可慢一点，必须要好一点”的施政方针，加快推进经济结构调整和发展方式根本转变。

一、坚持以企业转型为基础，不断提高科学发展的微观活力

在推动太原经济发展方式转变中，我们十分注重发挥企业的基础性作用，大力推进科技、管理、制度等方面的全方位创新，不断增强企业发展的活力和动力。市委连续3年发出1号文件，着眼于增强企业自主创新能力，不断深化科技体制改革，加强科技创新平台和公共服务体系建设，推动企业与高校、科研院所建立多种形式的产学研战略联盟，共同开展行业共性关键技术研发、科技成果转化和创新人才培养，不断提高科学技术对经济发展的贡献率。从2006年到2009年，全市科技发明专利由526件增加到1748件，增长率达到232%；研发费用占GDP比例由1.8%提高到2.15%，增长率达到19.4%。我们特别支持民营企业大力发展节能环保、动漫产业、软件业、新能源等高新技术产业，鼓励他们用高新技术改造提升传统产业。

同时，市委书记、市长亲自担任国企改革的组长，全力推动国企改革。近两年引进中国兵装集团、英国达比郡第一投资公司、上海雅世置业等一大批国内外知名企业，对国有企业进行战略重组，提高了全市国有资产质量和企业效益。同时狠抓企业的绿色转型，大力实施节能减排，对不符合环保要求的高污染、高耗能企业坚决予以取缔和淘汰。2006年以来，全市共取缔和否决不符合产业政策的企业及项目1000多个，2009年，全市万元GDP能耗降至2.08吨标准煤，比2005年下降了22.1%。特别是下决心启动西山地区综合整治，狠抓污染企业和小煤矿的关停整治，稳妥推进煤矿企业兼并重组整合，两年内将全市矿井由368座减少到53座，城区政府全部退出煤炭产业，郊县煤矿单井生产能力由7.8万吨提高到82万吨。

二、坚持以产业转型为突破，不断提高科学发展的竞争实力

在推动太原经济发展方式转变中，我们始终注意把产业的转型放在突出位置，千方百计加快推进传统产业改造升级和新兴产业培育壮大，大力发展循环经济和低碳经济。一方面，以建设不锈钢制造、铝镁合金制造、现代装备制造“三大基地”为太原新型工业化基本框架，推进重点行业和重点产业的科技进步和转型发展。太钢300万吨(绿色)不锈钢生产能力和不锈钢生态园区20万吨深加工能力已经基本达产，成为国内大钢铁转型发展的示范项目。山西金属镁产量约占世界三分之一，我们依托富士康等龙头企业，加快铝镁合金领域技术创新，初步建成了全球最大的“3C”铝镁合金加工生产基地，下一步在节能减排潮流的推动下，我们要努力把太原打造成“世界镁都”。同时，煤炭及矿山成套设备、重型汽车、高速铁路装备、风力发电装备等新型装备制造业产业集群初露端倪。另一方面，为了尽快形成以现代服务业为主的中心城市经济格局，我们提出建设现代商务、物流、旅游、金融“四大中心”的要求。在现代服务业发展中，特别注意发挥政府主导作用。为了加快发展会展经济，市贸促会创立了新晋商文化传播集团，努力培育以“晋商大会”和“晋商文化艺术周”为特色的会展品牌。为了发挥创意产业对经济社会发展的带动和引领作用，高新区组建了有130多家企业加盟的太原创意产业集团，并且已经推出一批好的动漫产品。市委、市政府坚决落实中央关于文化体制改革的要求，在明确政策、做好思想工作的基础上，全部实施转企改制，成立了文广、报业、电影三大国有文化产业集团，在全省率先完成了深化文化体制改革各项任务，从而形成了国有、民营并驾齐驱的文化产业新格局，为全市文化事业和文化产业大发展大繁荣奠定了良好基础。2009年全市一、二、三产的比例达到2：43：55，第三产业占GDP比重首次超过了第二产业，成为我们应对世界金融危机、拉动全市经济健康发展的主要动力。

三、坚持以城市转型为依托，不断提高科学发展的承载能力

在推动太原经济发展方式转变中，城市基础设施和各类公共服务平台的建设十分紧迫。围绕建设现代宜居城市，我们提出“改造老城、建设新城、开发古城”的“三城联动”战略，不断加大城市基础设施建设力度，努力提高城市综合承载力。着眼于国际化视野和本土文化特色相结合，进一步突出规划的科学性、前瞻性和指导性，编制完成了《太原市城市总体规划(2008—2020)纲要》以及上百个重要片区规划。连续三年实施大规模城市建设改造，总投资581.21亿元，完成各类项目305个，城市面貌大为改观，服务功能显著增强，整体形象和品位明显提升。在城市管理上，克服困难，推进城市的信息化建设，实施了覆盖六城区201平方公里的数字化城市管理新模式，走在了全国省会城市的前列，受到建设部专家的高度评价。为了推进创新型城市主战略的不断深化，市委要求全市各行各业都要在推动思想观念、科学技术、体制机制、发展环境、文化氛围等五个方面的创新上下功夫。要求党员领导干部要以身作则，带头引导全体市民提高创新意识，积极投身创新实践，努力增强城市转型发展的内在动力和活力。

四、坚持以社会转型为落脚点，不断提高科学发展的社会支撑力

在推动太原经济发展方式转变中，我们特别注重发挥社会转型对经济转型的支撑作用。特别是在受金融危机影响、财政收入下降的情况下，我们按照中央保增长、保民生、保稳定的要求，举全市之力推动和谐社会建设不放松，市县两级财政首先保证了民生领域的投入持续增长。我们着眼于统筹城乡发展，站在更高层次谋划和推进城乡一体化，突破现有行政区划局限，根据全市产业结构潜力和区位优势，确定了八个功能区，布局了一批技术先进、带动

作用强的优势项目，首批实施项目148个，已完成投资140亿元，有力促进了区域的转型和协调发展。社会转型，教育是重中之重。我们从促进教育均衡发展入手，实施“百校兴学”工程，连续3年每年新建和改扩建100所左右的学校，共投入65.2亿元，有效提升了全市基础教育均衡和公平的状况。我们坚持不断完善城乡社会保障体系，在全国率先实现了农村五保老人集中供养。今年将在全国率先实行农村养老保险全覆盖。社会转型，人才是关键。我们积极创新干部选拔任用机制，通过与国内知名高校合作、面向全国招聘等多种形式，引进了一批高层次人才。前不久，市委、市政府通过了6名来自北京等地博士后的任职，为全市经济发展方式转变提供了新的人才支撑。为了构建有利于科学发展的长效机制，2009年，在学习实践科学发展观活动中，市委、市政府制定了加快创新型城市建设等10个制度性文件，为全市的科学发展提供了更为具体的机制保证。（作者系中共山西省委常委、太原市委书记）

大同：加快推进资源型城市转型跨越

丰立祥

大同市是全国著名的历史文化名城，同时也是全国重要的老工业基地,是一个典型的以煤炭能源经济为主的资源型城市。多年来在为国家做出巨大贡献的同时，也付出了资源、环境、社会等方面的沉重代价。一直以来，产业结构单一、经济结构不合理，生态环境脆弱、水资源的严重短缺，以及全市贫困面大、贫困程度深，社会保障和就业再就业压力大等问题，成为全市经济全面协调可持续发展的最大制约和障碍，因此，全力推动资源型城市转型已成为大同市最为迫切和重要的任务。面对如此的困难和严重的形势，我们认真分析和正确把握市情，提出了“转型发展、绿色崛起”的发展战略。转型发展，实质是从资源型城市的传统发展轨道转向可持续发展轨道，主要是推进观念转型、产业转型、体制机制转型和城市建设管理转型。绿色崛起，实质是符合科学发展要求的新型生产方式、生活方式的转变和形成，是注重循环经济发展、追求人与自然和谐和具有可持续发展力、综合竞争力的跨越式提升。具体来讲，就是要由传统的煤炭能源基地向新型能源基地转变、由传统的文化资源大市向真正的历史文化名城转变、由传统的老工业城市向生态工业强市转变、由传统的商贸集散地向现代物流中心城市转变，努力形成以文化为灵魂、生态为保障、新兴产业为支撑、宜居休闲为特色的资源型城市可持续发展新格局发展思路。具体工作中，我们主要实施六大发展战略，着力在六个方面取得突破：

一是实施园区化的经济发展战略，在项目建设和产业转型上取得新的突破。一方面，巩固和提升煤炭传统支柱产业，全市煤矿经过兼并重组资源整合和改造建设，已由原有的270座矿井整合为64座，全市总产能可达1.2亿吨以上，煤炭企业由“多、小、散、乱”向规模化、集约化、机械化、信息化的目标迈进，煤炭支柱地位进一步巩固。另一方面，带动产业转型的重大项目建设取得突破性进展，规划建设的装备制造、医药、新材料、煤化工、循环经济、冶金管材六大工业园区基础设施建设基本完成，目前，中国医药、中海油、中建材、中化工、华润、华泰汽车、中国重汽、华能等大型央企落户大同，使大同成为承接京津产业转移的重要基地。全市正在逐步形成装备制造、清洁能源、新能源、新型化工、医药建材冶金、现代物流、煤炭7个千亿元产业板块。

二是实施现代化的农业发展战略，在传统农业正在向现代特色农业转变上取得新的突破。围绕打造京津地区农产品供给基地，大力推进农业产业化、高效化、集约化发展，设施农业实现了跨越发展，全市建设温室大棚面积累计达到8.29万亩，规模以上龙头企业已达135户，2010年实现销售收入23.1亿元；总投资2.3亿元的17个山西大同现代农业示范区项目重点项目已全面开工建设，投资1256万元的三个优势农产品基地县建设全部完成，完成耕地综合生产能力建设38.5万亩，传统农业正加速向现代农业转变。

三是实施特色化的城市发展战略，在重点工程建设和城市基础设施建设上取得新的突破。总投资约202.6亿元的荣乌、大呼、大浑、大天、浑广5条高速公路正建设中，2011年我们将实现高速公路县县通及全市高速公路一小时经济圈的历史性跨越。大同到西安铁路客运专线以及大同机场扩建工程加紧建设，大张高速铁路正在积极推进。投资3.3亿元的大同机场改扩建工程正加紧建设。引黄工程北干线建设全面提速，确定了“2011年国庆通水到大同”的工期目标。按照“一轴双城”的城市发展思路，不断加大城市建设和管理力度，三年来城市道路建设里程达到380公里，旧城道路改造基本完成、新区形成83公里道路新框架，博物馆、图书馆、大剧院、体育中心等标志性建筑奠基开工，一个古老而年轻的城市正逐步呈现在世人眼前。

四是实施品牌化的文化发展战略，在推进古城保护和名城复兴上取得新的突破。围绕打造世界文化旅游大古都、国际旅游终极目的地，大力推进历史文化名城保护与修复工程，投资17亿元的云冈大景区建设全面竣工，投资10亿元的恒山风景名胜大景区综合开发项目全面推进，华严寺、善化寺、东城墙等“十大”修复工程全部完工，南城墙、代王府、北魏明堂等新的“十大”修复工程全面启动。大同被确认为中国大古都，被命名为中国雕塑之都，城市文化内涵得到进一步挖掘和提升。

五是实施生态化的环境发展战略，在生态建设和环境保护上取得新的突破。围绕打造京津地区的避暑胜地，全力实施雁门关生态畜牧区、首都水资源保护、京津风沙源治理、“蓝天碧水”、生态修复等工程，全市的生态环境和空气质量得到了明显改观，全市建成区绿化覆盖面积已达3411万平方米，绿化覆盖率、绿地率、人均公共绿地面积分别达37.46%、32.64%和7.72平方米。全市基本实现了天然气全置换、城市集中供热全覆盖、污水、垃圾全处理目标。2010年，全市二级以上良好天数达到346天，其中一级天数97天，大同市彻底摘掉了污染黑帽。

六是实施人本化的社会发展战略，在解决群众切身利益的民生问题上取得新的突破。围绕打造文明和谐的大同社会，在全力抓好各项惠民利民政策和落实好各种社会保障的同时，集中财力物力大力推进城市居民棚户区和国有工矿棚户区、廉租住房建设和经济适用住房四项建设。几年来，用于各类安居工程的投资达120亿元，建设面积达800万平米。2009年12月29日，全国城市和工矿棚户区改造工作会议在大同召开，李克强副总理在会上充分肯定了我市在城市和国有工矿棚户区改造工作中的经验和作法，认为我市在棚户区改造工作上力度大、工作快，有亮点、有突破，成效明显、贡献突出，为全国提供了新鲜经验。

“十二五”时期是大同能否实现转型发展的关键时期，也是大同能否实现跨越发展的重要时期。我们按照省委省政府提出的“转型跨越发展”总要求和“再造一个新山西”的奋斗目标，结合我市具体情况和实际工作，确定了“十二五”期间乃至今后一个时期的发展思路，即：围绕“转型发展，绿色崛起”发展战略，以科学发展为主题、以加快转变经济发展方式为主线、以推进国家资源型经济转型综合配套改革试验区建设为统揽，以大项目引领、园区化推动，进一步推进经济结构战略调整，进一步推进发展方式战略性转变，进一步推进经济社会战略性跨越，着力推进工业新型化、农业现代化、市域城镇化、城乡生态化，全力打造国家重要的绿色低碳新能源基地、现代制造业基地和国际旅游终极目的地，努力把大同建设成为山川秀美、生态宜居、富裕文明的经济强市、文化强市、生态强市，成为山西向京津地区开放的桥头堡，成为京津冀蒙区域性现代化大城市。

（作者系中共大同市委书记）

朔州：走出资源型地区转变经济发展方式新路

冯改朵

朔州是一座新兴能源工业城市，始建于1989年1月。“十一五”时期，朔州市委、市政府全面落实科学发展观，坚持在转型中谋跨越，在跨越中促转型，走出了一条资源型地区转变经济发展方式的新路，经济社会发展突飞猛进，在国际金融危机深度影响下逆势上扬，实现了平衡、协调、快速、全面发展。今年前三季度，地区生产总值完成492亿元，同比增长15.2%。财政总收入完成105亿元，同比增长22.2%。一般预算收入完成44.43亿元，同比增长21.51%。全社会固定资产投资完成286亿元，同比增长25%。城乡居民人均收入分别达到12723元和4072元，同比增长11.4%和14.7%。

朔州转型发展、跨越发展的基本路径，可归纳为以下八个方面。

一是做足煤炭资源整合重组大文章，全力推动传统产业浴火重生。朔州经济发展的优势是煤炭、电力，不足是结构畸重单一。我们认为，转型发展不是推倒重来，不能削足适履，抛弃煤电，另起炉灶发展其他产业；而是要紧紧抓住煤电这一得天独厚的优势，立足煤、发展煤、延伸煤、超越煤，不断提升传统产业水平，努力实现黑色产业绿色转型。近年来，我们主动出击，把实现这一目标的主攻方向放到了抓好煤炭资源整合和企业兼并重组工作上，2006年以来，我们分两步，将全市205座地方煤矿整合缩减为67座，产能由3312万吨提高到8780万吨，加上中煤、同煤在朔煤矿，全市煤炭生产能力、洗选能力、发运能力均达到2亿吨以上，居全省第一。2007年，对保留煤矿，提出了“四个70%”目标：70%以上的煤矿与大企业大集团特别是和用煤大企业大集团合作，保证稳定销售；70%以上的煤矿机械化开采，实现根本安全；煤炭回采率达到70%

以上，提高集约水平；煤炭洗选率达到70%以上，确保原煤增值。在煤炭资源整合和企业兼并重组工作中，坚持把安全发展放到第一位，逢会必讲，每季排查，并建立健全了强化责任的机制和体制。几年来，先后投资1亿多元，建起了煤矿瓦斯监测监控、产量监控、井下人员考勤定位系统。建成了全省一流的多功能煤矿安全综合监控中心，改善了监管手段、提高了监管能力和安全水平，安全工作连续四年被省政府评为先进集体。去年，全市生产原煤1．3亿吨，产量居全省第一，百万吨死亡率0.03，达到国际先进水平。今年1—9月，生产原煤1.16亿吨，仅死亡1人。

二是做足清洁能源和新能源发展大文章，全力推动电力产业脱胎换骨。一方面，着力建设节能环保型燃煤电厂，大力发展新型清洁煤发电项目。另一方面，积极发展风电、太阳能等清洁可再生能源发电项目。2006年以来，全市淘汰高耗能燃煤机组近60万千瓦，每年节约标准煤120万吨。建成4座循环流化床空冷煤矸石发电机组，装机容量107万千瓦；在全省率先建成2座风力发电厂，装机容量7.5万千瓦。2009年底，全市电力总装机容量455.1万千瓦，比2005年增长29.4%。今年新上和在建电厂有17座，装机容量388万千瓦。全部建成后，全市总装机容量将达到843.1万千瓦。其中，煤矸石电厂267万千瓦，占31.7%；新能源电厂55.5万千瓦，占6.6%。

三是做足推进重点工业项目大文章，全力推动新兴产业加快发育。每年坚持推进100个重点工业项目开工建设、100个重点工业项目建成投产、100个重点工业项目进行前期准备。2009年以来，先后出台了九大产业振兴规划，积极推进重点项目建设，带动新兴产业发育和成长。五年新上各类工业项目近600个，其中非煤、非电项目占70%左右。基本形成以煤电产业为主导，冶金、化工、装备制造、新型材料、日用陶瓷、生物制药、农副产品加工等新兴产业共同发展的良好格局。

四是做足全循环、抓高端大文章，全力推动循环经济发展。抓住我省列入全国循环经济试点省的机遇，早动手，早规划，早实施，推动了一批重点能耗企业循环发展。建成产业相互依存、循环发展、关联耦合的循环经济示范园区10个。其中，金海洋工业园区成为全省首批十个循环经济试点园区之一。全市初步形成煤炭生产——洗选——燃煤和矸石发电——废弃物生产水泥和新型材料循环链条，成为支撑全市经济发展的主动脉。新上煤矸石砖厂、粉煤灰砖厂12家，形成年产10.8亿块砖和90万立方米砌块的生产能力。每年可消化煤矸石15.3万吨、粉煤灰125.7万吨。新上新型干法水泥厂5家，年可生产水泥熟料1060万吨；新上粉磨站1个，年可生产水泥60万吨。全部建成后，全市水泥总产能在继续淘汰落后产能后可达1300万吨。新材料工业正在成为朔州转型发展中最具潜力的产业之一。突出抓好以高新技术推动循环发展。2006年，市政府和平朔工业公司联合投资成立了朔州市高新技术研发中心，开展粉煤灰提取非晶体二氧化硅(白炭黑)和氧化铝项目研发，获得6项国内专利和3项国际专利，技术达到国际领先水平，产品完成中试，已经具备了工业化推广的条件。计划新上2家生产企业，前期工作基本完成。农业上，走出一条盐碱地上建设园区发展奶牛养殖——鲜奶生产——乳品加工——牛粪发酵沼气——沼渣改良盐碱地的循环发展道路。

五是做足围绕主导产业加快发展第三产业大文章，全力推动市域城镇化建设。成立了由市长亲自挂帅的发展服务业领导组，出台了三年发展规划和实施意见，每年拿出1亿元设立服务业发展基金、拿出2000万元作为引导资金，支持带动力强的服务业发展项目。2009年，第三产业完成增加值238亿元，在2005年56.98亿元的基础上翻了两番，在地区生产总值中的比重上升到了42.4%，四年提高了13.4个百分点。今年前三季度完成198.3亿元，在地区生产总值中所占的比重达到40.3%。

六是做足雁门关生态畜牧经济区建设大文章，全力推动现代农业发展。新建了雅士利集团应县公司、中粮集团应县糖厂、六味斋右玉公司、中大科技等10多家较大型农产品加工龙头企业。全市较大规模的农业产业化组织发展到249个，年销售收入可达60多亿元，可惠及农户16万户，占农户总数的近60%。发展各类农民专业合作社1214个，直接惠及农户近7万户。农业产业化的发展，带动种植业形成了玉米、马铃薯、胡麻、小杂粮、蔬菜、甜菜六大优质产品生产基地。六大作物播种面积每年占农作物总播面积的95%以上。从去年冬天开始，我们狠抓了设施农业建设，提升种植业发展水平。新建百亩以上设施农业园区120多处，日光温室和塑料大棚面积累计达到4万多亩，产量达到40多万吨，亩均纯收入2万多元。抓住良种繁育、防疫检疫、饲草饲料、园区建设四大关键环节，实施规模健康养殖，进一步夯实了畜牧业发展的基础。从2007年开始，市县两级财政每年投资1.5亿元左右，开展人畜分离小区、青贮窖、奶牛配种点和机械化奶站建设，今年9月底，全市奶牛存栏15．8万头，同比增长4.3%；羊饲养量200万只，同比增长2%，其中出栏66万只，同比增长18%。建成145个高标准奶牛养殖小区，40%以上的奶牛可入园集中饲养。建成6000多个青贮窖，能解决8万多头奶牛的粗饲料供应。

七是做足生态文明建设大文章，全力推动植树造林工作。在挖煤的同时，我们没有忘记生态。市委提出把风沙挡在朔州，把清风送到北京，让绿色成为朔州发展的主色调的战略目标。从2008年开始，每年筹资10亿元，植树33万亩，增加林木绿化率2个百分点。市区和每个县区都有万亩以上成片造林绿化工程，而且规模逐年扩大，初步形成10个万亩以上生态示范公园。目前，林木绿化面积累计达到427万亩，林木绿化率26.6%，林草面积占国土面积的近50%。在资金筹措上，力争“三个三分之一”;争取上级投资和市财政投资达到三分之一；县区自筹三分之一；厂矿企业和社会投入三分之一。市政府每年安排造林绿化补助1.65亿元，平均每亩补助500元。在推进措施上，按照谁破坏谁修复的原则，严格实行以煤补林，要求所有煤矿必须做到挖1吨煤种1棵树。同时，实行规模造林、大苗栽植、连片治理。造林工程面积原则上必须达到3000亩以上，而且尽量选用大规格苗木，做到一次栽植、一次成活、一次成林、一次成景。在营林机制上，实行专业队造林。全市目前共有造林专业队近100个，专业造林人员近600人，变过去的季节植树为常年植树。在资金支付上，实行了“四四二”制度，工程启动时，垫付40%的工程款；当年秋天验收，成活率达到要求时再付40%的工程款；其余20%的工程款，第二年秋天验收达到要求后付清，从而保证了植树成活率。我市的做法，受到省委、省政府和国家林业局的高度评价。2008年，全省六大造林绿化工作会在右玉召开。今年8月份。京津风沙源治理工程第十一次省部联席会暨现场会和全省集体林权制度改革推进会先后在我市召开。9月28日，全国矿山生态环境保护现场会来我市观摩。值得一提的是，建国以来右玉县坚持不懈植树造林，把一个不毛之地建成塞外绿洲，森林覆盖率达到52%以上。在长期生态建设中，铸就了弥足珍贵的右玉精神，被山西省委、省政府肯定为体现科学发展的时代精神，号召全省学习并得到中央政治局常委、中纪委书记贺国强同志的批示，受到中央政治局委员、中宣部部长刘云山同志的高度评价。

八是做足以人为本大文章，全力推动塞外最宜居最宜发展城市建设。首先，着力建设资源节约型和环境友好型城市。对国家明令淘汰和禁止发展的高耗能、高污染、不符合产业政策和市场准入条件的建设项目一律不予受理和审批。在建项目达不到节能减排要求的，一律不准投产。累计投资52亿元，新上节能项目210个，单位地区生产总值能耗逐年下降，2008年被评为全省节能先进市。关闭装机容量小、耗能高的燃煤电力机组近60万千瓦，淘汰落后水泥产能50多万吨、电石产能35万吨。积极建设大型煤炭洗选设施，所产原煤按要求能够做到应洗尽洗。所有电厂全部完成脱硫除尘改造。陶瓷企业全部完成了节能改造，每年节省燃煤15万吨，减少二氧化硫排放3000多吨。到2009年底，二氧化硫、化学需氧量减排全面完成“十一五”减排任务。出台了推进墙体材料革新和推广节能建筑的意见，要求逐步限制粘土砖，推广使用粉煤灰制砖和矸石制砖，政府投资项目必须使用环保新材料。农村推广应用沼气，建成大型气化站50个，3万多农户使用上沼气。不断强化污染防治。提前一年完成“十一五”二氧化硫和化学需氧量减排任务，2008年，组建起全国第一家突发环境污染事件应急救援中心，国家环保部、公安部消防局充分肯定了我市的做法，并在全国推广。2009年，市区空气质量二级以上天数340天，比上年增加22天。市区空气质量达到国家二级标准。今年到9月底，市区空气质量二级以上天气达到259天，同比增长2天。其次，着力推进民生改善。教育上，严格实行九年制义务教育制度，确立了市区发展高等教育、县城抓好高中教育和初中教育、乡镇和中心村办好寄宿制小学教育的思路，2006年，建成和开工建设了职业技术学院、朔州高等师范专科学校和山西能源学院，高等教育实现了零突破。在乡镇和中心村建成一所高标准、保姆式寄宿制小学，全面实行了校车接送学生制度和早餐营养餐制度。卫生上，医疗卫生、公共卫生服务体系建设取得成效，医疗卫生体制改革有序推进，启动了全省医疗卫生信息化试点市工作。就业和社会保障上，下岗失业人员、“4050”就业困难人员、零就业家庭和退役士兵等困难群体再就业问题得到有效解决。5大险种8项社会保险制度走上规范运行轨道，覆盖城乡的社会保障体系基本形成。在全市实行了65 岁以上农村居民每人每月30元最低生活补贴制度，开全国同级城市先河。2008年，全市实现了城镇居民基本医疗保险和新型农村合作医疗制度全覆盖。2010年，新建改建敬老院7所，每个县城至少有一所高标准敬老院。住房上，全面推行了城市保障性住房建设，农村95%以上的危房得到改造。市县两级财政连续五年拿出资金，保证城镇供热和农民烧煤价格稳定，不受市场波动影响。再次，切实加强平安朔州建设。以让广大群众白天上街放心、晚上睡觉安心为目标，不断加大社会治安综合治理力度，连续六年被评为全省先进市。

在推进转型发展、跨越发展进程中，我们重点抓了几项工作。

一是在领导干部的观念上先转型。我们认为，转型发展、跨越发展的核心是发展，速度永远是经济发展的一个重要标志。转型发展，不是不要发展速度，而是为了实现可持续的发展。跨越发展，不是不要发展质量，而是在坚持发展质量和发展效益的前提下，长期保持较快的发展速度，能发展多快就发展多快。一句话，资源型地区的发展，不能吃祖宗饭，打子孙碗。我们追求的是既见“物”又见“人”的快速发展。

二是在招商引资和对外开放上求突破。转型发展、跨越发展，必须建立在项目、资金、技术投入上，解决这些问题的有效办法是扩大开放，大力开展招商引资。为此，我们出台了一系列扩大开放、招商引资和促进民营经济发展的优惠政策。筹建了公用保税仓库，成立了全省同级城市规模最大的中小企业信用担保中心，积极争取海关在我市建立了办事处，与北京房山区缔结了友好城市，在江苏昆山设立了承接东部产业梯度转移窗口，与国内多家大型企业和开发投资公司签署了战略合作框架协议等等。国内历次大型投资合作洽谈会，我市都组团参加；海内外重要客商，市委书记和市长都亲自接待；重大项目签约和开工竣工仪式，主要领导都亲自到场。所有这些，有力地推动了我市招商引资和民营经济的发展。五年多来，在港洽会、珠洽会、一至五届中博会和第一、二届煤博会、第三届能博会十次大型招商会上，我市签约项目数量、拟引资额和1000万美元以上项目数三个指标都在全省排名第一。全市共签约项目399个，履约283个，有72个项目建成投产。加上在建引资项目，到位资金331.2亿元，名列全省第一。同时，民营经济也得到长足的发展，企业总数达到4.08万家，安排社会就业31.4万人，分别比2005年增长29.6%和

58.7%，为今后的发展积蓄了能量。

三是在创优发展环境上见实效。狠抓了五大机制建设：建立了领导带头帮扶项目机制、建立了领导挂牌督办项目制度、建立了会议协调推进项目机制、建立了相关部门联动审批项目机制、建立了舆论媒体支持项目机制，让投资者赚大钱、让老百姓得实惠、让朔州市快发展。

加快转型发展、跨越发展步伐，是资源型地区科学发展的必由之路。朔州作为我国新兴的能源工业基地，作为一个资源型地区，深入贯彻落实科学发展观，加快推进经济发展方式转变，具有比其他任何地区都更为紧迫、更加重要的意义。只有在资源大规模开发的初期阶段、在能源产业方兴未艾之际，及早谋划转型发展，才能够避免重蹈不少资源型城市"矿竭城衰"的覆辙，才能够为科学发展、跨越发展、可持续发展奠定坚实的基础，才能够抢占未来发展的制高点。

当前，我市正在加紧制定"十二五"规划，描绘未来五年转型跨越发展的新蓝图。初步确定的基本思路是，认真贯彻落实十七届五中全会和全省7·29干部大会及袁纯清书记两次视察朔州的重要讲话精神，以科学发展为主题，以加快转变经济发展方式为主线，以工业新型化、农业现代化、市域城镇化、城乡生态化为主攻方向，解放思想，开放创新，奋力进取，拼搏争先，努力实现经济总量和收入水平等各项主要经济指标全面翻番，把朔州建设成为全省转型发展的示范区、跨越发展的领先区、循环经济的先行区、现代化工业新城和塞外最宜居最宜发展城市。

（作者系中共朔州市委副书记、市长）

吕梁：大项目建设是实现转型跨越的抓手

张九萍

转型跨越、竞相赶超、干事创业是全省的大势所在；发展不足、产业畸重、基础薄弱是吕梁的基本市情。以一批大项目、好项目作为转型跨越的抓手，作为招商引资的载体，作为促进增收的渠道，作为改善民生的平台，作为凝心聚力的关键，深入实施重大项目攻坚，推动吕梁尽快跨入全省经济社会发展强市行列，是我们的必然选择。

一、抢抓机遇，增强信心，坚定不移推进大项目建设

大项目建设是改变发展不足状况、实现经济总量迅速扩张的根本依托。"十一五"以来，吕梁总体呈现出工业生产高位运行、固定资产投资稳定增长、消费品市场持续旺盛、财政收入大幅增长的良好态势，主要经济指标已经实现翻番。但发展不足仍是吕梁最大的问题，全国集中连片贫困地区之一仍是吕梁最典型的特征，民生事业欠账多、百姓收入不殷实仍是吕梁最严峻的现实。从自身看，现有的经济成就与得天独厚的资源优势不相匹配，与人民群众的要求期待差距尚远。从外部看，一些与我们起点相同、条件相近的地区远远走在了前面。因此，加速发展必然是我们长期而艰巨的任务。我们必须毫不动摇地以大项目为载体，迅速扩张规模，增加总量，增强实力，推动吕梁经济实现大的跨越。

大项目建设是推动转型升级、实现可持续发展的重要载体。客观而言，近年来我市经济的高增长背后，隐藏着深层次的痼疾。在政策约束和市场竞争的双重压力下，吕梁长期形成的粗放增长模式已经难以为继。实现产业结构调整和发展方式转变，必须以新项目、大项目、好项目作支撑，带动传统产业改造升级，新兴产业发展壮大，高科技产业落地生根，使吕梁经济真正走上绿色、低碳、循环的科学发展轨道。

大项目建设是增强发展后劲、切实改善民生的基础平台。随着经济社会的发展，吕梁基础设施支撑能力不足、社会事业发展相对滞后、人民生活水平提升较慢的问题越来越突出，教育科技、医疗卫生、文化体育以及市政设施等各个方面整体处于较低发展水平，成为经济进一步发展和人民生活水平进一步提高的根本制约因素。改变这种状况，小打小闹不行，小修小补不行，非大动作不足以弥补差距，非大项目不足以打破"瓶颈"。

大项目建设是形成发展合力、高效推进工作的科学方法。抓大项目，体现的是集中力量办大事、千头万绪抓关键的科学原则。抓住、抓好大项目，从过程看，有利于集中人力、财力、物力包括各级领导干部的精力，专攻一点，实现突破。从效果看，有利于在某一方面、某一区域彻底改变面貌，打开局面。在今后的发展中，必须继续坚持集中力量抓大项目的基本方法，并进一步健全保障推进体系，持之以恒，确保实效。

二、抓住关键，破解难题，确保大项目建设顺利推进

选好项目是基础。要按照国家产业政策、环保政策、土

地政策策划项目，决不能把项目盘子搞成只可看不可行的空架子。要坚持全面、协调、可持续的基本原则确定项目，努力做到推动传统产业提升和新兴产业发展相结合，多元产业培育和支柱产业壮大相结合，实现梯次发展、良性循环。要围绕省委、省政府对吕梁的战略定位扶持项目，重点扶持建设煤炭加工、转化、延伸项目，实现煤基化工向多元化高端化拓展。要从不同地域的自然条件、资源禀赋、产业基础等实际出发布局项目，形成科学合理的区域产业结构。

明确主体是前提。主体悬空等于项目落空。生产经营性项目要由有实力的企业来承担，鼓励其与大型企业集团和科研院所联合，增强项目建设的力量，加快项目推进的速度。要坚决制止只占资源不建设、只要资金不投入、只办手续不开工、只报数据不行动的现象，把那些以圈占资源、套取优惠政策为目的，既无生产愿望、又无建设实力的企业挡在大项目建设的门槛之外，已经进入的要坚决剔除。政府承办的基础设施和社会事业项目，也要明确项目法人，赋予全权，委以全责，避免责职不清、推诿扯皮造成资源浪费和进度延误。

落实用地是关键。建大项目，用地是最刚性的资源瓶颈。要切实加快全国土地综合整治规划编制市级试点工作，在落实政策的同时创新思路，统筹解决好项目建设用地问题。要积极推行用地单位面积投资强度和产出密度标准，提高土地集约利用水平；要大力开发荒地资源，按照“先造后占、占补平衡”的要求，增加项目建设用地；要鼓励用地企业与农村直接对接，企业出资、土地入股，走出一条工业化与城镇化相结合、企业增效与农民致富相同步、土地集约利用和合理开发相衔接的新路子。

筹措资金是核心。要按照政策要求规划设计项目，搞好项目与政策的对接，最大限度争取上级资金支持。要提高对外开放水平，以企业招商、以项目招商，提高招商引资效率。要建立政、企、银合作平台，完善风险分担机制，解决好项目融资难的问题。要积极支持民间金融机构创建和壮大，放宽政策限制，支持其进入基础设施、第三产业和公共服务领域。要鼓励项目主体通过股份转让、产权抵押、预期收益转让等手段，自主筹措项目建设资金，同时支持优势企业直接上市融资。要建立政府大项目建设扶持基金，扶持农业、三产和高新技术项目的贷款贴息和项目启动。

引进才智是保障。要牢固树立科技是第一生产力、人才是最宝贵资源的理念，对大项目建设特别是新兴产业和高技术产业急需的人才，要敢于打破常规、给予优厚待遇，使其为我所用。要努力营造尊重知识、尊重人才的社会氛围，精心打造优秀人才在我市干事兴业的平台，努力做到“引进一个人才，建设一个项目，成就一项产业”。

三、加强领导，创新机制，为大项目建设提供坚强保障

思想要解放。要朝着不甘人后、勇创一流解放思想。要有弯道超车、奋勇争先的坚定信心。我们要打造现代化的煤化工基地，在全省、全国占居重要位置，我们要培育一批新兴产业和高科技产业，一些领域要力争达到全国乃至世界领先水平。没有足够的胆识和气魄，就不会干成这样的业绩。要朝着开拓创新、敢为人先解放思想。推进大项目建设，需要冲破体制机制的束缚，更需要打开思想的樊篱和观念的桎梏。要善于学习，吸收借鉴最先进的理念、思维和方法，更要大胆突破，想人所未想，干人所未干。要朝着时不我待、只争朝夕解放思想。不能小富即安、求稳守成，先干快干比什么都重要，更不能不思进取、无所作为，不干不为比什么都可怕。要以坐不住的责任感、等不得的紧迫感全力推进大项目建设。

干部要作为。首先是精力到位。各级领导干部要切实强化责任意识和使命意识，把工作重心和主要精力放在抓大项目建设上，聚精会神，心无旁骛，围绕项目建设出实招、解难题、比贡献。其次是眼界到位。领导干部要有战略思维、世界眼光，站在更高的层次和更广的视野上，把握战略定位，谋划产业格局，确立工作标准，使吕梁大项目建设在起点上高人一筹，推进上快人一步。第三是素质到位。要做学习型干部，不断增强驾驭市场经济的能力，掌握现代科技知识，了解产业发展方向，从而引领吕梁项目建设和经济发展在高端布局、前沿推进。第四是作风到位。要戒绝空谈，崇尚实干，直面困难，坚韧不拔，用各级干部的辛勤汗水换取大项目建设的实效。

环境要优化。软环境是大项目建设的硬条件。要创优政务环境，加快政府职能转变，按照“服务零等待、合作零距离、环境零投诉”的要求，简化程序，提高效率。要创优社会环境，树立“人人都是发展环境”的理念，着力构造宽松优惠、诚实守信、优质高效、安全和谐的社会氛围。要创优舆论环境，形成“大项目优先”“支持大项目建设光荣”的浓厚氛围。

责任要落实。要把大项目建设纳入各级党委、政府目标责任考核范畴，实行领导包联责任制，一个项目确定一位联系领导，依托一个工作部门，组建一个项目团队，从项目审批、融资、建设等各个环节全程跟踪服务。要健全项目管理制度，严格奖惩兑现，激发各级干部在大项目建设上施展才华、成就事业。

（作者系中共吕梁市委副书记、市长）

临汾：以产业转型为重点推动转型发展

谢　海

转型发展、安全发展、和谐发展，是省委、省政府贯彻落实科学发展观的重大决策部署，是山西走科学发展之路的具体途径和战略重点，具有极强的现实针对性和长远指导性。这“三个发展”相互影响、相互促进，安全发展是前提，和谐发展是目的，转型发展是支撑。转型最关键的是产业转型，产业是一个地方经济发展的基础，是一个城市综合竞争实力的本源。不管是走出目前金融危机的泥淖，还是赢得长远发展的优势，我们都要按照科学发展观的要求，紧紧扭住产业转型这个龙头，加快转型发展步伐，促进经济又好又快发展。

一、产业转型的必要性和紧迫性

产业转型，是推进经济社会全面转型的重要基础，是提升区域综合竞争力的重要途径。无论从哪个方面看，加快产业转型，都十分必要、十分紧迫。

第一，从面临现状看，产业转型是内在要求。近年来，临汾把产业优化升级作为经济工作的主线，不断加大产业结构调整力度，取得了一定成效，经济总量迅速提升，但产业的结构性、素质性矛盾依然比较突出。尤其是面对当前国际金融危机和国内宏观环境的深刻变化，经济发展过程中长期积累的问题表现得更加突出。主要表现为“四个过大”，即：三次产业中二产比重过大，其中支柱产业中煤、焦、铁比重过大，传统产业中粗放型工艺的产能比重过大，经济运行中资源能源消耗过大。2008年，煤、焦、铁这三块占到了全市工业增加值的86.7%，占到了全市GDP的51.4%，占到了全市增值税收的77.7%。从三次产业比例来看，2000年为11.9:50:38.1，到2008年变成了4.5:65.8:29.7，二产比重越来越大，三产比重不升反降，三产占GDP的比重比全省平均水平低4.5个百分点，比全国平均水平低10.4个百分点。特别是现代服务业发展不够快、规模不够大，多元、新型、稳固的现代产业体系远未建立起来。这种畸重单一的产业结构处于价值链的低端，如果不尽早转型，生存空间就会被挤压得越来越小。

第二，从面临挑战看，产业转型是必由之路。2008年9月份以来，我市经济运行受到了国际金融危机带来的深度冲击，导致全市工业和整体经济增速下滑。2009年上半年，全市生产总值、财政收入、工业增加值等主要经济指标均为负增长。造成这种情况的原因固然是多方面的，但根子还是经济发展方式和产业结构的问题。正是由于我市的产业结构不合理，经济发展主要依靠下游产业的拉动，经济增长的内生力、自主性和后劲不强，抵御市场风险的回旋余地较小。严峻的现实再次警醒我们，不转型，就走不出价格暴涨暴跌、工业大起大落、经济忽冷忽热的怪圈。在国际金融危机的大环境下，保增长是我们的首要任务。保增长，要靠增加投资，要靠扩大内需，更要靠产业转型。只有在产业转型上迈出更大步伐，才能有效应对金融危机带来的冲击和挑战，才能确保经济增长有质量、有效益、可持续。

第三，从面临机遇看，产业转型是正当其时。这场国际金融危机固然是一件坏事，但坏事可以变成好事，所谓“危中有机”，这里蕴藏的最大机遇就是产业的转型升级。同时，国家当前实施的宏观经济政策，对推动产业转型非常有利。我们必须以积极的态度在危机中寻求机遇、把握机遇。谁把握了这个机遇，就能急流勇进，领先一步；谁失去了这个机遇，就会步步落后，被淘汰出局。现在经济发展遇到了前所未有的困难和挑战，粗放型的产业道路已经越走越窄，只有独辟蹊径，实现转型升级，才能保持继续发展的势头。经济转型、方式转变、结构调整、产业升级，这些事情本来就应该做，在金融危机的冲击和压力下，我们应该做得更加果断、更加有力、更加有效。

二、产业转型的思路和目标

思路决定出路，目标指引方向。推动产业转型，没有固定的模式可以沿用，更没有标准的套路可以照搬，必须根据当地的资源禀赋、产业特点和发展基础，科学谋划，积极探索，明确思路，确立目标，走出一条符合科学发展观、符合实际、符合产业发展一般规律的产业转型路子。从临汾来讲，就是要大力实施一产稳市、二产强市、三产活市战略，积极发展现代农业、现代工业、现代服务业，着力推进传统产业新型化、新兴产业规模化、支柱产业多元化，努力构建以高附加值为主导的新型、稳固、多元的现代化产业体系，为建设更加富有特色、更加欣欣向荣、更加富裕和谐的新临汾奠定扎实的产业基础。

第一，实施一产稳市战略，大力发展现代农业。农业自古以来就是安民心、稳天下的战略性产业，必须予以足够的重视。要根据时代变化和市场需求，着力转变农业发展方式，积极培育有特色、有规模、有效益、有竞争优势和发展前景的现代农业。要走特色化路子，加快发展高效农业，培育特色主导产业；要走产业化路子，扶持龙头企业、专业合作组织、行业协会和专业大户；进一步增强农产品加工能力和市场竞争能力；要走标准化路子，加强农业科技创新体系、农产品质量标准体系和检测检验体系建设，提高农产品的科技含量和安全水平；要走品牌化路子，下功夫进行品牌培育，积极打造农业品牌。我市曲沃磨盘岭农业综合开发模式，就是调整农业结构、发展现代农业的一个范例。

第二，实施二产强市战略，大力发展现代工业。工业是一个地方经济实力的重要支撑。推动产业转型，工业首当其冲。从临汾来讲，煤炭是我市的基础产业、母体产业、支柱产业，工业体系是以煤炭为依托建立起来的。煤炭在临汾经济社会中的重要地位，决定了没有煤炭的转型，就谈不上工业的转型，就谈不上产业的转型，可以说煤炭转型是临汾产业转型的"重头戏"。

一是要坚决打好煤矿企业兼并重组整合攻坚战。这是实现煤炭产业可持续发展的必由之路，是实现煤矿安全生产的治本之策，是实现"三保"目标、促进"三个发展"的根本举措，是一件关系全局、关系长远的大事。对这项工作，必须切实加大力度，克服一切困难，强力加以推进，推动煤炭产业规模化、集约化、多元化、现代化发展，使临汾由煤炭大市变为煤炭强市。通过这次整合，我市煤矿数量将由392座减少到127座，减少67.6%，办矿主体将由350家减少到17家，减少95%，产能由8976万吨提高到10091万吨，增长12.4%，单井平均产能由22万吨/年提高到80万吨/年，是原来的近四倍，煤炭产能布局中国有大矿将占到75%左右，地方骨干企业占到25%左右。这些，对临汾当前和长远的发展具有极其重要的意义。

二是要加快煤炭相关产业发展。要大力发展煤电一体化、煤化一体化、煤材一体化产业，努力把我市建成全省重要的坑口电站基地、煤化工基地、材料工业基地、煤矿装备制造业基地。从煤电一体化来看，我们大力实施"煤从空中走"战略，加快电源点建设，目前已有5座电厂在建，另有5座电厂正在作前期准备。这些电厂总投资达到510亿元，全部竣工后，我市发电装机容量可由目前的150万千瓦提高到800万千瓦，每年将消化原煤和煤矸石2400万吨，发电量880亿千瓦时，年产值230亿元以上，实现利税60亿元以上，综合效益为输煤的5倍。

三是要抓紧发展非煤产业。对临汾来讲，产业转型的核心就是在用现代科技武装煤炭产业、延伸煤炭产业链条的同时，精心培育和抓紧发展煤炭之外的新兴产业，逐步改变支柱产业单一化的格局，使新兴产业逐渐地能与煤炭产业平分秋色、担当主角。近年来，我们在发展装备制造、新型材料、农副产品加工、食品医药、服装纺织等新兴产业上下了不少功夫，也取得了一些成效。特别是鼓励支持在煤炭行业中赚得"第一桶金"的煤矿主实施产业转型，比如蒲县官庄煤矿主张记虎转产白酒行业，生产的"华尧"酒销售很好，成为煤矿主转产的先行者和成功者，也为民营企业二产创业树立了样板。在这次煤矿企业兼并重组整合中，我们要求参与整合的大集团，要加快非煤产业发展，非煤产业销售收入要逐步达到其整个销售收入的30%以上。同时，我们还加快了高新技术产业的发展。三维集团的可再分散性乳胶粉填补了国内空白，EVA乳液达到国际先进水平。染化集团的还原桃红R、医药中间体苯海因、硫化黑系列产品三个品种的生产规模、产品质量、技术水平均为世界第一。光宇公司的LED半导体照明产品，技术达国际先进水平。汤荣公司自主研发的新型制动毂，解决了普通制动毂出现白斑热裂的世界性难题。平阳重工机械有限公司生产的煤机装备液压支架，具有国际领先水平，年产能力达到6000架，是国内最大的液压支架生产基地。我们的目标是，通过5年时间的努力，使非煤产业比重达到整个工业的50%左右，彻底扭转"一煤独大"的格局，使工业经济步入良性发展轨道。

第三，实施三产活市战略，积极发展现代服务业。现代服务业是衡量一个地区现代化水平和竞争力的重要标志之一。发展现代服务业，第一是能耗较低，污染排放较少；第二是税收高，地方留成比例比第二产业多三成；第三是提供的就业岗位较多。所以，必须把发展现代服务业作为产业转型的重要抓手和内容，采取有力措施，加快发展步伐。临汾是帝尧之都，文化积淀深厚。地处晋、陕、豫三省之"金三角"，交通十分发达，并且很快还要建设机场，发展现代服务业的条件得天独厚。我们立足临汾实际，重点扶持了现代物流业和文化旅游业的发展。在现代物流业上，以打造侯马现代物流园区为契机，带动全市煤炭、焦炭、钢材、化工、农副产品等专业物流发展。作为全国17家之一的侯马方略保税物流中心和周边几省不多的保税物流中心，已经封关运营，为我们在更高层次、更广范围、更大程度加快对外经济交流搭建了良好平台，对我市发展现代服务业、承接国家产业梯度转移、带动区域产业升级、促进经济转型将产生巨大的促进作用。在文化旅游业上，加大对文化旅游资源的产业化开发力度，切实加强与周边旅游市场的互融互动，着力打造文化旅游品牌，大力发展集观光、休闲、度假、文化、娱乐、体验为一体的复合型旅游，努力形成以观光旅游为基础、休闲度假为主导、文化旅游为亮点、专项旅游为补充的文化旅游产业体系。现在，闻名海内外的大槐树明代迁民遗址，帝尧儿女瞻仰祭祀的尧陵、尧庙，丁村遗址、曲沃车马坑等史学价值极高的历史文化遗产，壶口瀑布、舜王坪、千年牡丹等独具魅力的自然风光，已经成为全省乃至全国重要的文化旅游目的地，文化旅游产业也成为临汾经济发展的新的增长点。同时，我们还统筹发展其他各类服务业。下一步，我们要进一步加大力度，使服务业在今后一个时期每年保持一个百分点以上的增长幅度，力争到2020年，服务业比重占到整个经济总量的50%以上。

三、产业转型的启迪和思考

在具体实践中，我们深切感受到，推动产业转型要切实把握好以下几点：

第一，必须用好“两种资源”。我们临汾和全省一样，矿产资源优势十分明显。长期以来，人们资源观念比较狭隘，对矿产资源比较重视，使各种生产要素过多地向资源型产业集中，相反对丰富的历史文化资源重视不够、开发不力。要推动产业转型，首先要在思想上转型，正确对待矿产资源和历史文化资源这“两种资源”。一方面，我们要依托矿产资源，做好煤炭这篇大文章，促进传统产业内涵式发展，但不能仅仅依赖矿产资源。另一方面，要把更多的力量放在对历史文化资源的深度挖掘和永续利用上，在更大范围内占有、配置和运用信息、知识、智力资源发展新兴产业，特别是加快发展文化旅游业这一投入低、回报高、潜力大、市场广的朝阳产业。

第二，必须做好“两道算式”。既要算好加法，切实抓好项目建设；又要算好减法，推进节能减排，坚决淘汰落后产能。推动产业转型，最终要靠项目来落实，靠项目来体现。所以，必须把项目建设作为产业转型的重要抓手，加大项目筹划、争取和建设力度，抓好项目，抓大项目，抓新项目，要依托大企业建设大项目，通过大项目培植大企业。要加大节能减排力度，对落后产能要坚决予以淘汰，绝不能单纯为了保增长而采取“救急”措施，做出“短视”举动，防止高耗能高污染项目回潮，防止落后产能死灰复燃。在保增长的压力下，推进节能减排、淘汰落后产能，态度必须坚决，措施必须有力。同时，还要大力发展循环经济，建设高水平的工业园区，不断提高产业集中度，提高集约生产水平。

第三，必须激活“两大动力”。一方面，要进一步加强自主创新，激活内动力。要加快建设以企业为主体、市场为导向、产学研结合的技术创新体系，培育一大批掌握核心技术、站在产业前沿的创新型企业。在加强自主创新的过程中，要特别注重各类创新人才的培养和引进，重点培养引进创新领军人才、学术带头人、研究开发骨干、创新型企业家和生产一线的高技能人才。要通过品牌创新、科技创新、管理创新，提升产业核心竞争力，在创新中求效益，在创新中找市场。另一方面，要进一步深化改革开放，激活外动力。要深入研究谋划新一轮深化改革开放、再创体制机制新优势的思路、重点和举措，敢于打破“坛坛罐罐”，敢于破除那些制约产业转型的条条框框，创造良好的发展环境，激发广大干部群众推动产业转型的积极性和主动性，让经济发展的活力竞相迸发。

第四，必须发挥“两个作用”。推动产业转型，离不开政府的主导作用，更离不开企业的主体作用。要把政府职能转变到提供服务上来，转变到营造良好的投资环境上来，转变到通过市场机制影响企业决策上来。要进一步强化企业的市场主体地位，引导民营企业二次创业，引导民间资本与发展新兴产业、潜力产业、接续替代产业对接。同时，要引导民营企业自身的转型，在生产方式上实现从单纯加工生产向研发、生产、销售一体化的转变，在管理方式上实现家族式管理向建立现代企业制度转变，在市场导向上实现从盯住单个市场到统筹国际国内市场转变。特别是要把推动具备条件的企业上市作为增强企业实力的重要突破口，进一步强化对企业上市的协调、指导和服务，力争有一批企业成功上市，从而不断发展壮大，真正承担起产业转型重任。

总之，产业转型势在必行、迫在眉睫，不转没出路，早转早主动。必须进一步增强推动产业转型的责任感和紧迫感，坚定信心、迎难而上，振奋精神、扎实工作，在产业转型上不断取得新进展、新成效，为经济社会又好又快发展注入强大的动力。

（作者系中共临汾市委书记）

运城：发挥优势　突出特色　推动经济转型发展

高卫东

充分发挥比较优势，推进经济转型发展，是一项重要而紧迫的战略任务，也是我们在学习实践科学发展观活动中需要破解的重大课题。近年来，运城市以科学发展观为指导，立足产业发展现状，坚持不懈地推进产业结构战略性调整，取得了明显成效。1999年，全省在运城召开了结构调整现场会，总结推广运城经验；2003年、2006年运城市两次被评为全省“经济结构调整突出贡献市”。正是由于持续的结构调整，努力探索转型发展的新路子，运城经济步入了持续快速发展的轨道。这些年来，运城经济增长速度较快，但总体经济实力还不强，与发达地区甚至省内先进市相比仍较落后，还属于欠发达地区，发展面临很多问题，特别是支柱产业单一、发展方式粗放、产业结构不合理的问题还比较突出，主要表现在：一是粮、棉、果、菜、畜产业发展还不稳固，农产品科技含量和附加值仍不高；双孢菇、中药材、红枣、水产养殖等特色农产品的规模体、区域化发展不够；农业产业化发展刚起步，农副产品加工企业数量少，农产品初级化问题严重，效益仍然不高；畜牧业仍是农业发展的“短板”。二是工业企业规模小、实力弱，整体竞争力不强。虽然近几年在转型发展的探索中，发展了一批大企业、大集团，但为了保财政、保吃饭，同时也形成了一批能耗大、污染重的企业。煤、焦、铝、铁、镁等资源消耗型、高能耗型产业比重过大。同时，新兴产业发展严重不足，多元化、新型支柱产业尚未建立。三是第三产业发展缓慢，规模不大，特色不明显。丰富的旅游文化资源没有充分发挥，城市人流、物流、资源流不旺，没有形成一、二、三产业协同互动的格局。经济结构不合理，发展方式粗放，不仅影响了经济总量的做大、经济整体素质和效益的提高，还加大了资源环境的压力，影响了发展的后劲，并且难以经受市场经济的波动和冲击。严酷的现实告诉我们，要解决发展中的难题，实现新发展、新跨越，最关键的就是要紧紧抓住转变经济发展方式、促进产业结构优化升级这个着力点，进一步解放思想、创新思路，发挥优势、突出特色，促进经济转型发展。

一、大力发展现代农业，推进传统粮棉产区向现代高效生态农业基地转变

运城农业生产条件得天独厚，年平均降雨量525毫米，日照2350小时，无霜期212天，全市耕地面积850万亩，其中水地面积480万亩，占56%。经过20世纪90年代以来持续不断调整产业结构，粮经比例由8:2调整为5:5。目前，已形成了粮、棉、果、菜、畜五大主导产业；小麦、棉花产量分别占全省的50%和90%；蔬菜产量占全省的46%；水果产量占全省的73%。运城作为传统农业地区，历史上为保障全省粮棉供给做出了突出贡献。但是，自于农产品品种单一、农业科技推广应用缓慢、传统耕作方法的沿袭以及农业产业化程度不高等原因，造成我市农业生产单位面积产出低、农产品市场占有率低、比较效益低、农民增收缓慢“三低一慢”的状况。解决这些问题，必须着力推动农业产业结构转型。

首先，要激活800多万亩土地资源。坚持自愿有偿的原则，积极引导农民采取转包、出租、互换、转让、股份合作制等形式流转土地承包经营权，促进土地规模经营，提升农业生产效益。2009年以来，我们积极推进流转土地面积40余万亩，并建立县、乡镇土地交易大厅，为土地流转提供全方位服务。在此基础上，加强土地综合生产能力建设，提高单位面积产出率。重点抓好“双创”增粮工程建设，力争到2012年全市有100万亩土地实现亩产1吨、亩收入2000元的“双创”目标。

其次，在农业现代化上求突破。突出科技兴农，引进和推广良种良法，加快建设现代农业示范区，推动农产品标准化生产；大力发展设施农业、品牌农业、生态农业。重点加快三个建设：一是绿色农产品生产基地建设：即以区域种植规模化为重点，大力发展无公害生产示范基地，力争到2012年，全市无公害基地认证面积730万亩，无公害、绿色有机认证食品达到300个，每个县(市、区)最少达到20个；二是设施农业建设：我市设施农业已有73万亩，占到全省的50%左右，在此基础上，每年要新增3—5万亩，亩均收入1万元；三是农业基础设施建设，进一步加大夹马口北扩、北赵引黄等农田水利工程建设，增强农业抵御自然风险能力，提高农业综合效益。

第三，大力提升农业产业化水平。以强龙头、优基地、重特色、创品牌为目标，实现农产品加工水平大提高、品牌建设大突破、产业集群带动能力大提升和农村经济大发展。市财政每年拿出2000万元扶持产业化项目，突出抓好粮油加工、果品加工、蔬菜加工、畜产品加工、纺织服装和特色农产品加工建设，发展壮大粟海、忠民、维之王、汇源果汁等龙头企业，大幅度提高农产品的加工转化率。加快农民专业合作社建设，3年内建立2000个专业合作社，带动40%的农产从事产业化经营，力争50%的农产品通过产业化实现增值和增收。

第四，尽快拉长畜牧养殖业这一“短板”。按照“资源节约、环境友好、质量安全、生态文明、持续高效”的原则，以建设现代畜牧业为目标，突出抓好标准化养殖小区建设，加快规模健康养殖；要以提高畜产品质量为重点，推进畜牧产业化经营，确保畜牧业稳定发展。力争到2010年，畜牧业产值占农业总产值的比重达到18%以上；畜产品加工转化率达到40%以上；农民人均畜牧业收入达到500元以上。

二、坚持走新型工业化道路，推进原材料工业向新型加工制造业转变

20世纪90年代中期以来，运城大力实施“工业强市”战略，培育了一批支柱产业和企业集团，对拉动全市经济增长发挥了重要作用。但其中大多数工业企业主要是能源消耗型和资源消耗型企业，用科学发展观的标准来审视和反思，以这些企业为主体的工业经济依然面临着很多深层次的矛盾：一是结构偏重。运城经济增长主要依赖二产带动，二产占生产总值的55%左右。二产中，重工业比重偏大，冶金、焦炭、化工、电力等传统产业占到80%。其中有色冶金占22%，黑色冶金占19%，焦炭占18%。二是产品初级。运城工业产品基本属于原材料型，且在全国市场上有一定的份量。如氧化铝占全国11%，电解铝占全国6.4%，金属镁占全国1／3，元明粉占全国60%。这些产品大都处于产业链的低端，科技含量不高，附加值低。三是经营粗放。资源消耗型、高耗能型企业较多，工业生产能耗高、污染重。目前，全市单位GDP综合能耗是全国平均

水平的2.9倍，是全省平均水平的1.3倍；规模以上工业增加值能耗分别是全国、全省平均水平的2.6倍和1.26倍。四是体系不健全。产业集中度低、关联配套能力弱、资源共享能力差、协调互动能力缺乏，工业企业生产发展所需的配件、原料、模具等配套体系不完善，难以形成有效的集群和共生效应。

偏重的结构、初级的产品、粗放的经营、不健全的体系，再加上煤电等资源要素和下游产品市场两头在外的制约，致使运城的工业经济对外依赖性强，产业风险大，难以经受市场冲击。2008年年初的雨雪冰冻灾害造成工业增速直降10.2个百分点，加上国际金融危机，又使得2009年上半年规模以上工业增加值下降15.9个百分点，用“上下游市场一咳嗽，运城工业就感冒”来形容运城工业经济结构的畸形一点也不为过。严峻的现实逼迫我们必须在推动工业转型上迈出实质性步伐，坚定不移推进原材料工业向新型加工制造业转变。

一要促进结构由重变轻。紧紧抓住“国家十大产业振兴规划”和“省八大产业振兴规划”的机遇，把争取国家和省里项目与内引外联相结合，把淘汰落后产能与主动承接东部沿海先进产业转移相结合，大力发展一批科技含量高、经济效益好、资源消耗低、环境污染少、人力资源优势得到充分发挥的新型产业。要以重卡、商用挂车、中高档汽车铸件为重点，大力发展汽车、运输设备、化工机械等装备制造业；以煤化工、精细化工、日用化工为重点，大力发展新型化工产业；以磁材、纳米材料为重点，大力发展新型材料产业；以果品、食品、纺织服装为重点，大力发展农副产品加工业；以药材种植、药品制造为重点，大力发展医药产业，改变工业过度依赖冶金、焦炭的畸形格局。

二要促进产品科技含量由低变高。采用先进适用技术改造传统生产工艺和技术，坚决淘汰一批落后产能，关停一批高污染企业，大力度节能降耗，强化污染治理。要以我市列入省工业转型发展重点技术改造扶持计划的123个重大项目为重点，对煤焦、冶金等传统产业进行技术升级改造，培育一批名优产品，提高产品市场竞争力。

三要促进产业链条由短变长。进一步延伸产业链，增加附加值。加快发展上下游产品，突出抓好六大产业和产品链的延伸；即延伸汽车及零部件、电解铝及深加工、金属镁及深加工、煤焦化、盐化工、农副产品加工，大力发展“煤——电——铝——深加工”、“铝、镁——铝镁合金——深加工”、“煤——焦炭——煤焦油——炭黑——深加工”等循环经济产业链条。

四要促进产业由小、散、弱向集群发展转变。要立足运城资源和产业现状，按照产业集聚、关联配套、资源共享等原则，积极推进盐湖工业科技园、新绛煤化工业园、解州、永济、河津三个铝加工工业园区、闻喜金属镁工业园区、河津铸造工业园区等工业园区的建设，大力发展汽车和运输设备、铝和镁深加工、化工等产业集群。要在工业经济集群发展过程中，实现大、中、小企业的协作配套，实现产业链条的链接与拓展。同时，最有效地把淘汰落后产能与技术改造升级、加强节能减排与发展循环经济、做大优势产业与开发名优产品有机地结合起来，提升新型工业化水平。

三、彰显区位和历史文化优势，推进服务业向以特色文化旅游和现代物流为主转变

运城地处晋陕豫黄河金三角地区，区位优势明显；运城是中华民族最早的发祥地之一，文化遗存较多、文化资源丰富，文物旅游景点达1600余处，其中国家级文物保护单位44处，省级112处，国家级非物质文化遗产14项。运城撤地设市以来，旅游业快速发展，文化产业走在了全省前列，现代物流业正迅速崛起。但从全国、全省来看，运城的区位优势、文化旅游资源禀赋发挥得仍不充分，文化旅游产业发展规模不够大、竞争力不够强、对经济发展的贡献还不大。随着运城飞机场开通全国11条航线，高速公路在全省领先发展，运城通西北、联西南、达中原的区位、交通优势更加凸显，可以说特色文化旅游、现代物流是运城最具发展潜力的产业。

促进运城传统服务业向现代特色服务业转变，就是要做好三篇文章。

一要在“游”字上做文章。切实把旅游业作为促进就业、带动三产的龙头来抓。要叫响关公品牌，充分挖掘运城厚重的历史文化资源，突出“根祖文化”特色，培育一批4A级景点，打造精品线路。要扩大景区容量，创新体制，多元化投入，积极有序地推进景点的开发建设，通过不断地挖掘景区内涵，打造新的亮点，进一步扩大景区规模。要强化景区服务能力，加强吃、住、行、游、购、娱各个环节的配套设施建设，提高景区综合效益。要加大宣传促销力度，积极构建与西安、洛阳、郑州、太原的大旅游圈，不断扩大运城旅游的影响力和辐射带动力。

二要在“文”字上做文章。围绕“五千年文明”的文化底蕴，下大力气把我市的文化产业做大做强。要抓龙头，培育和扶持山西宇达集团等十六家文化龙头企业；上项目，像抓工业项目那样抓好一批市场前景好的文化项目；建园区，实现文化产业的规模经营，集群发展；创品牌，通过编写文艺作品、拍摄文化影视剧、发行关公邮票等形式，打造一批文化产业精品，使其成为城市的名片；抓人才，培养一支会经营、懂管理的文化产业人才队伍，力争5—10年使文化产值占到GDP的10%左右。

三要在“运”字上做文章。充分发挥运城地处黄河金三角区位和公路、铁路、机场立体化交通网络优势，突出发展现代物流业，使我市成为辐射中西部的重要物流集散中心，带动形成“一核一带四片”的服务业发展格局。“一核”即推进中心城市核心区服务业的规模化和现代化，在物流业与金融、科技、信息咨询、会展等现代和新兴服务业发展上要有大的突破；“一带”即依托大运和运风高速公路经济带，建设服务业发展密集带；“四片”即加快

建设河津、永济、平陆、风陵渡四个特色鲜明、优势明显、潜力较大的服务业发展区域，不断提高第三产业在国民经济中的比重。

（作者系中共运城市委书记）

晋城：积极探索富有特色的转型发展之路

张茂才

省委提出“转型发展、安全发展、和谐发展”的总体思路，是山西走科学发展之路的具体途径和战略重点，符合省情，切中要害，顺应民心。其中转型发展在“三个发展”中具有决定性、基础性、根本性的作用。晋城是一个典型的资源型城市，产业结构与全省基本趋同，能否实现转型发展，事关安全发展、和谐发展的顺利推进，事关晋城未来发展的目标走向。近年来，我们着力在解决资源型产业的加工、转化、升级、多元上狠下功夫，在提升新兴产业的科技含量、自主创新能力、市场竞争优势上大做文章，在转变发展方式、壮大企业规模、培育知名品牌上寻找突破，全面加快了转型发展步伐，促进了全市经济社会的又好又快发展。

一、既注重理念创新，又注重政策引导，科学确立转型发展新思路

在大力推进传统产业新型化、新兴产业规模化、支柱产业多元化的过程中，晋城初步构建了“四梁八柱”的产业构架，煤炭等传统产业做大做强，旅游文化、精密铸造、商贸物流、现代服务业等新兴产业开始崛起。以兰花、晋煤为代表的大企业大集团向新型煤化工产业延伸，以富士康、坤达磁材、乐百利特为代表的高新技术产业快速发展，以皇城相府、王莽岭为代表的文化旅游产业形成品牌优势，以煤层气开发等为代表的新能源产业蓬勃兴起，以煤转肥、煤转电、煤转化、煤制油为代表的工业园区初具规模。但我们仍未摆脱资源依赖型的发展模式，产业结构单一、产品规模偏小、市场竞争力不强，以煤为主、一股独大的产业格局，难以应对市场大起大落带来的风险；传统产业比重过大，新兴产业品种不多，难以形成多业支撑、效益平稳增长的格局；大企业不强、小企业不精，支撑经济发展的转型大项目、好项目还不多，难以走出小打小闹的怪圈。

实践表明，推进转型发展已成为实现晋城经济社会全面、协调、可持续发展的一项重大而紧迫的战略任务。在现有条件的基础上，既要强化理念的创新，也要加大政策的引导，推动经济转型步入快车道，努力实现更长时间、更高水平、更好质量的可持续发展。

在创新发展理念上，要坚决破除“唯煤是图、以煤为重”的黑色思维，依靠煤但不依赖煤，逐步摆脱资源对经济的束缚，逐步降低区域经济对煤炭等资源的依赖，逐步实现资源型城市的可持续发展。要增强加快转型发展的危机感和紧迫感，引导转型主体走出“市场好时转型没动力、市场不好时转型没能力”的怪圈，强化转型发展的自觉意识和自觉行动。

在转变发展方式上，要大胆创新产业形态，推动产业升级、产业延伸、产业替代和产业拓展，指导各类产业按照建设两型社会的要求，大力发展循环经济。要从依托资源到依靠科技进步，实现由黑变绿、由重变轻、由粗变精、由大变强的根本性转变，努力走出一条科技含量高、经济效益好、资源消耗低、环境污染少的发展新路；要坚持把产业转型放在经济社会发展的大格局中谋划，协调推动增长方式、发展动力、经济环境、体制机制和社会建设全面转型。

在政策引导上，政府充分发挥“指挥棒”和“助推器”作用，加大了规划引导、政策扶持、资金配套、优化环境等各种举措，建立了3亿多元的扶持资金，从科技自主创新、现代服务业发展、推进民营经济等多个方面，引导各类生产要素向转型的重点领域和主要方向集聚。特别是从产业和项目两个要素着手，抓紧落实国家和我省出台的产业调整振兴规划，研究制定重点领域和重点行业的各项转型振兴规划：按照“建设一批、核准一批、激活一批、支持一批、引进一批”的思路，全力谋划和落实转型重点项目。2009年以来，研究确定了100个成长性较好、发展潜力较大、市场前景看好的转型项目，总投资达321.6亿元，着力加速推进。

二、既注重传统产业新型化，又注重新型产业规模化，加快建立现代产业新体系

在晋城，以煤炭、电力、冶铸、化肥为主的传统产业，占到全市工业经济的80%以上，这是优势所在，不能丢了优势找优势，必须把传统优势发扬光大。同时在应对危机的实践中，我们也体会到，经济危机是传统落后产业之危，新型产业发展壮大之机；是抱残守缺之危，创新创造之机。在保持传统产业优势的基础上，必须大力发展非煤产业。

要从创新传统产业优势和提高新型产业比重两条路径着手，提升产业的科技素质，加快形成新型、多元、稳固的现代产业新体系。联系晋城实际，要集中力量打好五大产业转型发展攻坚战。

一是打好煤炭产业整合延伸攻坚战。按照“立足煤、延伸煤、超越煤”的理念，促进煤炭产业转型发展，加快煤转肥、煤转电、煤制油、煤建材、煤气化等产业延伸步伐；鼓励煤炭企业新上一批附加值高、市场前景好的转型项目，如泽州岳南煤矿转产新上的路宝100万件汽车铝轮毂项目，王坡煤矿上马的彤康农副产品加工项目，三八煤矿新上的珏山旅游景区开发项目等，涉及一、二、三产，走出了转型发展的新路。同时加快推进煤炭资源整合，注重科学规划、协调推进，如期完成保留129座矿井的任务。未来两年，晋城煤炭产业将形成以晋煤、兰花等几大煤炭集团为主体，产量规模超亿吨，全国最大的优质无烟煤生产基地。

二是打好煤化工规模发展攻坚战。按照建设山西乃至全国重要煤化工基地的规划，晋城已有较好的煤化工产业基础，尿素生产能力达到358万吨，甲醇达81万吨，二甲醚达10万吨，形成了规模竞争优势。产业龙头晋煤集团煤化工资产总额已达303亿元，合成氨、尿素、甲醇等产品产量均占到全国的10%以上，有举足轻重的地位。要稳定现有高浓度化肥项目，重点发展以醇醚燃料为主的碳一化工，加快推进天泽、金象、丹峰、兰花煤化工二期等项目，走出一条“基础化工、精细化工、煤制油品”并举的煤化工产业发展之路。

三是打好煤层气开发壮大攻坚战。晋城煤层气储量占全国的近四分之一，建成了世界最大的寺河煤层气电厂和全国最大的港华煤层气液化项目，实施了管道输送、居民用气、汽车改气等一系列综合利用工程，已形成年抽采能力22亿立方米，日液化能力95万立方米，在促进安全生产、改善生态环境、转变发展方式等方面取得了明显的成效。面对当前存在的体制不顺、开采无序、利益冲突较多等问题，要充分掌握煤层气发展的“话语权”，协调煤层气开发主体、煤炭行业、地方政府和群众各方面的利益关系，尽快走上有序、规范、快速、健康的发展轨道，使晋城在全国竞相发展新能源的大潮中占有一席之地。

四是打好高新技术产业超常规发展攻坚战。抓住当前富士康调整全球产业布局、加快沿海产业向内地转移的机遇，积极创造条件，实现科技工业园三年翻两番、产值过百亿的目标。对乐百利特节能灯、坤达磁材、鸿诺光电等有特色、有前景、有潜力的项目，也要大力扶持，尽快使其做大做强。

五是打好文化旅游产业创新提升攻坚战。近几年来，全市煤炭企业进入旅游开发的资金达到17.9亿元，兰花集团投资4.6亿元开发王莽岭景区，皇城村投资3.3亿元开发皇城相府景区，竹林山煤矿投资1.2亿元开发国家自然保护区蟒河景区等，实现了地下转地上、黑色变绿色。要继续鼓励不同投资主体开发旅游景区，整合文化旅游资源，形成规模竞争优势。办好“神奇太行、经典晋城”旅游文化月、棋子山国际文化节等活动，打响“太行山水、美在晋城”品牌，不断提高晋城在国内外的影响力和知名度。

三、既实施大企业大集团带动战略，又促进民营经济大发展、快发展，着力培养集团和品牌拉动转型发展的新引擎

大企业大集团是产业布局的中心环节，能够带动产业链条和产业集群的培育，是应对经济大起大落的“中流砥柱”。2009 年上半年，晋煤和兰花两大集团逆势实现快速发展，拉动规模工业增长10个百分点，为全市经济保持总体平稳的发展态势做出了贡献。晋城五小工业相对发达，民营经济起步较好，一批企业家完成了资本的原始积累，2008年以来又加大了扶持的力度，涌现出福盛钢铁、兴高焦化、九州玻璃等一批知名企业，在全市经济中占据了“半壁江山”。但与浙江的绍兴、温州及我省的临汾、运城等地相比，发展还远远不够。因此，要把企业的培育作为推动转型的中心环节，激发动力，释放活力，打造创造力，提升竞争力。

一是要把培育顶天立地大项目与发展铺天盖地小项目结合起来，实现大小企业协同发展。积极引进战略投资者，尽快使中海油、中石化、国投、鲁能等知名企业能够引进来、定住根，大投资、大发展；最大限度地启动民资，用活民力，激活民智，引导民营企业家投资旅游、物流、信息、科技、金融、商务等现代服务业，参与交通运输、宾馆餐饮、文化娱乐等传统服务业的改造升级，进入以农副产品加工为重点的生态农业、精品农业、绿色农业领域。

二是要把强筋壮骨与脱胎换骨结合起来，激活体制机制。脱传统发展之胎，强自主创新之骨；脱家族管理之胎，强现代管理之骨；脱陈旧经营理念之胎，强资本灵活运作之骨，走出集约发展、创新发展、可持续发展的新路子。

三是要把创单打冠军与拿全能冠军结合起来，切实打响品牌、做大规模。要敢闯敢试、敢争一流，瞄准新型煤化工、装备制造、现代服务、农副产品加工等行业，迅速发展起几个顶天立地的大项目，成长起几个叫响市场的大品牌，做到市场竞争力强、利税贡献大、吸纳就业多，真正在经济转型中发挥主体作用。

四、既加快工业园区的发展，又强化生态文明建设，积极探索循环经济发展新模式

工业园区是推进新型工业化的重要载体，生态文明建设是提高产业竞争力的重要保障。工业向园区集中、要素向园区集聚，是一个越来越重要的趋势。从晋城的实际出发，我们瞄准建设“循环经济模范城市”目标，把工业园区作为发展循环经济的重要载体，加大六大循环经济链条延伸力度，加快巴公工业园、北留周村工业园，以及煤转

肥、煤化工、煤制油等七个工业园区建设步伐。下一步，工业园区要从硬件和软件两方面优化升级，在硬件上，加快规划和项目的协调，完善水、电、路、通讯等基础设施建设，引导企业向园区集中在软件上，不断优化园区服务，营造高效率办事环境、低成本投资环境和无干扰生产环境，真正使园区成为新型工业化的窗口、节能减排的典范、科技创新的样板、转型发展的榜样。同时，持之以恒地推进生态文明建设，大力实施蓝天碧水、造林绿化、兴水治污、节能减排等项工程，努力实现绿色发展方式与优美生态环境的和谐统一。

五、既推进新型工业化，又加快农业现代化，尽快形成三次产业协调发展新格局

晋城的产业结构还不尽合理，存在着一产基础偏弱、二产结构偏重、三产比重偏低的问题。在推进新型工业化、特色城镇化的同时，把实现农业现代化放在重要位置，是统筹城乡发展、增加农民收入的战略举措，也是经济转型的必由之路。河南的漯河是首家中国食品名城，培育出双汇肉类、南街村方便面、澳的利饮料等一大批知名品牌，是50多个系列、上千个品种的农副产品加工基地。与之相比，晋城也有畜牧、蚕桑、丝麻、小杂粮、中药材等各种特色产业，近几年也涌现出厦普赛尔、吉利尔、红萍服饰、白马王啤酒、绿洲大麻等有特色、有潜力的好项目、好产品，但大多“养在闺中人不识”，是展品和纪念品，不能成为名牌产品，形不成竞争优势。要实现“天下谁人不识君”，就要壮大企业规模，提升产业层次，打响叫亮品牌，在市场的竞争中敢立潮头。

一要围绕优势产业做大。坚持一县一特、一乡一业、一村一品，形成龙头企业、产业基地、合作组织、专业大户相结合的多层次产业链条和经营体系，从畜牧、蚕桑、丝麻、林果、小杂粮、中药材等方面创新优势。如在畜牧业上，要重点建设雨润15万吨冷鲜肉项目和高平百万头优质生猪基地，形成产业基地和龙头企业的良性循环；在丝麻业上，与解放军总后勤部汉麻材料研究中心加强协调合作，推进绿洲大麻、吉利尔、红萍服饰等企业大麻系列产品的自主研发。

二要围绕创造品牌做优。据资料显示，近年来以王老吉为代表的广东凉茶饮料，2009年销量可达1200万吨，占全国市场的1/5。与之相比，晋城的厦普赛尔黄梨汁年产量10万吨，仅占全国市场的0.17%，白马王啤酒、彤康山楂等占有市场份额也很小，但这些产品质量好、有特色、有潜力，一定要加大品牌营销，勇于开拓市场，走出太行，走向全国。

三要围绕特色基地做强。用足用活强农惠农政策，出台了畜牧、林果、汉麻、蚕桑等产业发展的扶持办法，加大扶持力度，完善服务体系，努力建成华北最大的优质生猪基地、优质蚕茧基地和道地中药材生产基地。总之，要把推进农业产业化经营，作为提高农业比较效益、增加农民收入的重要手段，加快农业现代化、实现转型发展的有效途径，一以贯之、坚定不移地抓下去，切实抓出成效。

六、既抓自主创新，又抓全民创业，不断开创县域经济竞相发展新局面

加快县域经济发展，是经济转型的重要支撑。把自主创新作为调整产业结构、转变发展方式的中心环节，把全民创业作为推动县域经济发展原动力，努力营造在创新中创业、在创业中创新的氛围。晋城多数县(市、区)，经济结构以煤为主，转型任务繁重而艰巨，有着做大做强支柱产业、培育发展特色产业的双重任务。各县市区大力彰显地域特色，努力培育一至两个主业突出、市场竞争力强的特色产业，推动县域经济迈上新台阶。

一是推动支柱产业由粗放型、低层次向高端化、规模化转变。泽州的铸造业已形成规模优势，正在实现由“铸造”向“制造”转变，成为重要的钢铁、精密铸造、汽车配件基地。

二是推动特色产业由数量规模扩张向质量、效益并重转变。阳城正在推动建瓷业园区化发展、推进由蚕桑生产大县向蚕桑加工转化强县转变；陵川文化旅游资源得天独厚，呈现出了好的势头，正在努力建成太行风光、棋源文化和古建特色交相辉映的精品旅游目的地。

三是推动产业结构由资源主导向多元支撑转变。城区区位优势独特，以商贸物流业为主的现代服务业蓬勃发展；沁水山大坡广，在抓好支柱产业的同时，要狠抓畜牧、蚕桑、蔬菜、林果等特色农业的发展。

四是推动产业布局由城乡“二元”向城乡一体、协调发展转变。高平的农业产业化有很好的基础，要加大龙头企业品牌化、市场化经营，加快产业基地规模化、商品化发展，实现农民增收、农业增效、农村繁荣，实现县域经济全面、协调、可持续发展。

（作者系中共晋城市委书记）

侯马：解放思想谋跨越　放胆争先促发展

马　彪

在全省领导干部大会的鼓舞下，全省上下掀起了新一轮赶超发展的热潮。面对转型跨越发展的总动员，侯马市该怎么办？近年来，侯马市快速发展，积累了一定的成功经验和发展基础；但另一方面，又存在地域面积小、地下缺资源、经济总量偏小的局限。要在新一轮的发展中抢占先机、率先跨越，结合侯马市的实际，我们要在以下几个方面实现新突破。

一、开放建市，在解放思想上实现新突破

解放思想是一个常说常新的话题。如果说转型发展是主线、是载体，跨越发展是实质、是目标，那么解放思想就是前提、是推手。面对一些干部四平八稳慢步子、瞻前顾后干工作的状态，再次吹响解放思想的冲锋号，冲破一切影响和制约发展的思想心结，是非常及时必要的。没有思想的真正解放，就不能实现劲跑；只有甩掉思想包袱，冲破一切障碍，才能抓住机遇，实现新的跨越。解放思想，要坚持在发展理念、发展速度、发展模式上大胆创新、与时俱进。要善于用别人的思想丰富自己。要勇于创新、弯道超车，敢为天下先。要勤于钻研，把政策的原则性与实际工作的现实性结合起来。要发挥主动性、创造性，敢于负责、敢于决策。要克服"小富即安、小进则满"和"年年有进步、年年留余地"的保守思想，扫除发展道路上的绊脚石。

二、环境立市，在干部队伍建设上实现新突破

袁纯清书记在分析山西经济社会存在的三大问题时指出："我省面临的最紧要问题，是干部队伍对大发展思想准备不足。"这是我省干部队伍现状的真实写照。改革开放已30多年，还要准备多久？实现转型发展，关键是干部要转型，只有建设一支高素质的干部队伍，才能为转型跨越发展提供保证。加强干部队伍建设，首先要在干部作风建设上下功夫。侯马市虽然具有区位交通诸多优势，但随着时代的发展，一些比较优势越来越弱化。我们必须在软环境提升上做文章。每位领导干部都要把自己作为一个小的软环境，做到勤思勤为、廉洁务实，树立"人人都是环境，个个都是形象"的理念。要在提升干部素质上下功夫。努力形成党员干部人人学习、发奋学习、持续学习的良好氛围，使每一位领导干部成为学习型、知识型、实干型的干部，促进干部队伍综合素质的提高。要在干部队伍从严管理上下功夫。对领导干部要严格要求、严格教育、严格管理、严格监督，做到能者上、平者让、庸者下。要加大执行力建设，认真落实末位淘汰制。鼓励干部敢闯敢冒，大胆试、大胆闯，允许在闯的过程中有失误，但绝不允许墨守成规，不去闯、不去试。

三、优势扩市，在城乡一体化上实现新突破

侯马市2009年被省政府批准设立为全省首家城乡一体化综合改革配套试验区。我们在财政体制、经济管理体制、土地创新体制、行政管理体制改革等重点领域开展了一系列调研和论证工作。已实施了城市路网、供水管网、天然气管网改造和垃圾处理、污水处理等工程，城市控制区面积扩大近一倍，城市社会功能进一步提升，为市域城镇化打下了坚实的基础。城乡一体化重点在乡，目的是城。侯马市将紧紧抓住全省新一轮城镇化建设的发展机遇，加快推进区域性中心城市和城乡一体化综合改革配套试验区取得实质性进展。要按照"1+4"城镇化发展思路，打造以建成区、规划区为基本框架的区域性中心城市核心区；围绕东、南、西、北四个乡镇的城镇化建设，形成卫星城镇。通过城镇化过程，引导农民向市民转化，到2015年，实现城镇化率65%的目标；到2020年，实现城镇化率70%的目标。要充分利用先试先行的优惠政策，使之转化为跨越发展的内生动力，在资金流、人才流、信息流、商贸流等方面，再造聚集洼地，加快推进侯马市形成区域经济核心区、城乡统筹示范区和社会和谐样板区的建设。

四、工业兴市，在跨越发展上实现新突破

侯马市工业基础较优、城市化水平较高。要率先崛起、领先起跑，就必须推进工业新型化，强化"大企业、大产业、大项目、大民营、大招商"五大支撑，在"十二五"末，全市工业增加值力争突破100亿元，形成两个以上的百亿元企业、三个百亿元园区和三个50亿元以上的企业。为此，要打造大企业，实施大企业、大集团带动战略。确保平阳重工、北方铜业达到100亿元，汤荣汽配、建邦集团、侯马电厂达到50亿元以上，扶持国新能源、风雷机械等企业，至少有10户达到10亿元以上规模，使侯马市的新型工业体系初具规模。要发展大产业，重点培育装备制造、有

色冶金、钢铁铸造、轻工制造等八大产业。加快冶金、焦化工业园区的规划建设，促进新利焦化与国新能源的合作，在“十二五”形成百亿元园区；依托平阳重工，引导配套协作企业落户浍南工业园区，形成第二个百亿元园区；以宝特、方略两个现代物流企业为龙头，积极打造口岸保税经济园区，形成第三个百亿元园区。要建设大项目。坚持大上项目、上大项目，在抓好现有项目的同时，做好项目的筛选、对接、储备等一系列工作，结合我省的发展重点和产业政策，扬长避短，寻找发展商机，力争使更多的项目列入国家和省重点工程的大盘子中去。要扶持大民营。牢固树立“内资、外资都是资本”的理念，制定优惠政策，让本地民营企业与外资、外商享受同等待遇。积极有效地解决民营企业融资、土地、环保立项等瓶颈问题，扶持民营企业做大做强。要实行大招商。着力优化发展环境，全力打造投资洼地，大招商，招大商，引进大企业，建设大项目。引进科技含量高、效益好、规模大、污染小的煤化工项目，不断提升侯马市工业的核心竞争力。

五、商贸繁市，在市场升级上实现新突破

改革开放以来，侯马市依托区位交通优势，商贸市场发展迅速，目前已建有各类专业市场26个，年成交额70多亿元。但这些市场目前均为二级市场，要使地区优势保持长久，市场保持繁荣，必须推动二级市场向一级市场的升级转换。要通过大力扶持轻工制造业项目，围绕食品、鞋帽、针纺、五金等一系列轻工产品，鼓励现有市场兴办企业，鼓励民间资本兴办企业。要与“长三角”“珠三角”“环渤海”地区的行业商会接洽、对接，引进轻工制造产业项目落地侯马市，实现由市场向园区的转型升级，最终实现由家庭化向市场化，艺术化向商品化，单一化向产业化“质”的飞跃。

六、物流活市，在现代服务业上实现新突破

袁纯清书记在侯马市调研时着重提到：“要抓住侯马市这个交通枢纽，不仅要做保税物流，也要加大普通物流；不仅是物流，还有商贸、会展。要把交通枢纽作为一个平台，以保税物流为核心，将物流、商贸、会展和旅游相连接，形成服务业的完整循环链。”之后，我们研究确定了以宝特、方略两个现代物流企业为龙头，打造口岸保税经济园区的目标。目前已初步完成宝特周边近3000亩的口岸经济园区项目书的编制工作，与中石油的石油液化项目、侯北废钢加工、配送项目签订了战略性协议，与陆航基地的合作正在积极洽谈中。在现代服务业和信息产业上，我们要用信息技术改造和提升传统产业，提升企业的技术创新能力、装备制造能力和企业管理水平，实现产业结构、产品结构的升级换代和转型发展。同时，大力发展物联网、电子商务业，营造有利于物联网、电子商务推广应用的社会环境。

七、园林靓市，在城乡生态化上实现新突破

侯马作为全国园林城市、全国生态示范市，注重巩固综合整治成果，推进“五化一透”工程，坚持增绿量、创精品、上品位、塑特色，不断提升生态环境水平；突出城市特色、生活质量和可持续发展，在绿、静、安、美整体提高上下功夫，构建“人在林中，城在绿中，三季有花，四季常绿”的生态园林城市特色。同时，加快汾河生态公园建设，加大污水处理和垃圾处理力度，推广清洁技术、节能技术、环保装备，开展节能环保服务，开发环保产品，提高市民生活幸福指数。“十二五”期间，我们将按照“绿化山西、气化山西、净化山西、健康山西”的要求，围绕建设绿色侯马、人文侯马、富裕侯马、和谐侯马、宜居侯马城市特色，处理好经济和生态的关系，让产业发展过程成为建设生态文明的过程，为转型跨越发展提供良好的生态环境，为广大群众幸福生活提供健康保证。

八、产业富市，在转型发展上实现新突破

近年来，侯马市在全方位、大跨度推进区域性中心城市建设的总目标下，在城市建设、新农村建设上都取得了显著成效。为推动今后产业转型发展、跨越发展，我们将紧紧依托侯马装备制造、商贸物流、科教文卫等方面的优势，准确把握发展脉搏，分析发展需求，在煤化工产业上、下游产业链条各个环节上寻求商机；充分发挥侯马市在海关、商检、口岸、交通、物流、市场、保税等方面的优势，提供全方位、多层次、便捷的商贸物流和进出口服务；围绕煤化工产业需求，有针对性地开展职业教育、职业培训、技术研发等服务；紧扣农业现代化、市域城镇化目标，深入推进种植、养殖业结构调整，使精品农业真正“精”起来，促进农业发展和农民增收。使农业成为整个产业链条中的有机组成部分，与工业、商贸、物流协调发展，互动双赢，壮大市域经济实力，实现转型发展到跨越发展的历史性嬗变。

（作者系中共侯马市委书记）

阳高：大力推进传统农业转型发展

曹世平

阳高县地处我省东北部、晋冀内蒙古交界处，是一个以农业为主的国家扶贫开发工作重点县。近年来，县委、县政府把发展设施蔬菜作为推进农业转型发展和农民脱贫致富的突破口，作为全县“三农”工作的首要任务，咬定目标，强力推进，取得了历史性突破。三年累计新建大棚10357个，是前20年总和的26倍，其中日光温室3736个；蔬菜总面积达到1.31万亩，占到大同市大棚蔬菜总面积的54%。设施蔬菜收入占到全县农民人均纯收入的19.4%。

一、拓展思路，靠强力推动和循序引导凝聚发展共识

20世纪70年代初期，阳高就是个出了名的蔬菜县，与山东寿光同时被国家命名为“全国蔬菜生产基地县”。时至今日，寿光已成为“买全国、卖全国”的“菜”都，而阳高的蔬菜还在原地打转转。到2006年，全县日光温室仅有391个，包括小弓棚、大弓棚设施蔬菜在内，面积也只占到全县蔬菜面积的1%。这种巨大的反差，引起了县委、县政府的高度重视和认真反思。重新审视县情，查找症结：表面看是个思想观念问题，没有跳出传统农业发展的旧思维，但归根结底还是个领导问题。特别是在群众没有充分认识之前，领导尤为重要。建棚初期，在群众不认识、干部不接受的情况下，我们借鉴山东寿光的经验，把行政推动作为第一推动力，在推动中提高认识，在观念转变中加速推进。要求各乡镇把设施农业作为第一要务，作为党政领导干部的首要职责，分指标、下任务，层层施压、强力推进，年底从严考核。超额的重奖，完不成任务的，一票否决。2007年，全县建成大棚1080个，其中日光温室400个；2008年建成大棚3178个，其中日光温室903个。自己与自己比不算慢，但与山东寿光比、与群众需求比还是比较慢。针对这种态势，2009年，县委、县政府主要领导带领乡镇书记、涉农部门，以及专业合作社、农民经纪人代表，先后到自然条件比自己好的寿光和条件不如自己的榆次考察学习。鲜明的对比、巨大的反差，强烈震撼着参观的每一个人。大家深深感到，阳高主要是差在决心、差在力度上，关键是缺乏一种“咬定青山、坚持不懈、心无旁骛、雷打不动，一任接着一任干”的精神和气魄。回来后，县委、县政府自我加压，把全年建设大棚的目标任务由2566个调到5000个。特别是日光温室由原定的486个，追加到1645个。当年实际完成大棚5349个，其中日光温室1829个；2010年，我们建设大棚的任务是8000个，其中日光温室3000个，目前已全面铺开。经过这几年的强力推动，群众认识了，干部有干劲了，全县已形成了你追我赶的发展氛围。

二、突出重点，靠制度创新和上级支持破解发展难题

发展设施农业，前提是有充裕的资金和土地。阳高作为贫困县，财政穷、老百姓贫，尤其是在目前农村一家一户的分散经营土地的情况下，这是起步面临的两个最大的难题。为此，我们动足脑筋、想尽办法，着力破解。

一是破解建设资金难的问题。首先是整合项目、统筹资金，解决一家一户办不了的公共基础设施建设问题。按照“渠道不乱、用途不变、整合使用”的原则，三年来全县先后整合涉农项目18个，统筹安排资金1.65亿元，优先设施蔬菜区的基础设施建设。其次是政府贴息、信贷支持，解决农民建设资金短缺的问题。主要是利用农村信用社面向“三农”、自主放贷能力强这一优势，大力帮扶农民。一个日光温室贷款3万元到5万元，一个移动大棚贷款5000元。对于这些贷款，政府每年从上级奖励资金、扶贫资金和财政资金中拿出一块，给农民贴息一年。三年来，全县设施农业建设累计投入资金2.9亿元，其中信用社发放贷款高达2.3亿元，为发展现代设施蔬菜业立下了汗马功劳。再次是部门筹资、统筹使用，解决特困群众建不起大棚的问题。全县给30个党政部门下达了扶贫任务，筹资560万元，帮助200户特贫农民、特困下岗职工建起200个日光温室，从根本上解决了他们脱贫的问题。

二是破解土地连片难的问题。一家一户建大棚形不成规模，没有规模就谈不上效益，要有规模就得有大片土地。我们解决的办法：一是加大土地开发和从盐碱地改造中拿一块。阳高地多、土壤类型多、贫瘠的土地也多，特别是盐碱地高达22.6万亩，占全县耕地面积的1/4，是制约设施蔬菜发展的最大障碍。为推进盐碱地改造，我们按照“因地制宜与持续发展相结合，工程、农艺、化学、生物等措施相结合，统一规划与分片治理相结合”的原则，集中进行盐碱地改良。2006年以来，全县实施各类项目27个，累

计投入5000万元，治理土地面积9.4万亩，其中改造低产田、盐碱地8万多亩。特别是今年以来，我们按照省政府改造10万亩盐碱地的目标，率先对北徐屯乡重度盐碱区进行改造，并将改造后的土地按一定比例纳入集体统筹，为全县连片发展设施蔬菜提供了重要保证。二是从加快土地流转中拿一块。这几年，我们坚持依法依规、农民自愿的原则，因地制宜，一家一策，规范操作，在推进土地有序流转集中上进行了一些积极探索。概括起来：一置换、二互换、三转包、四租赁、五买断。三年来，通过县、乡、村三级土地流转服务中心流转土地1.16万亩，为全县设施蔬菜集中连片、规模发展腾出了土地、创造了条件。目前，全县重点建设的千亩园区有：龙泉镇万亩现代农业示范园区、千个日光温室区、千亩移动大棚区，大白登镇千亩日光温室园区，北徐屯乡千亩日光温室园区，罗文皂镇农业观光园，鳌石乡千亩日光温室园区等7个；百亩以上的片区有：王官屯、下深井、古城等12个。

三、创优服务，靠满腔热情和严谨工作提升发展水平

一是搞好产前基础服务。一抓规划。我们瞄准全国一流的水平，按照现代农业发展趋势，高起点、高标准地对全县设施蔬菜发展进行总体规划。重点布局南北两大盆地，再用三年到五年时间，设施蔬菜面积力争达到7万亩。其中北部盆地包括龙泉、罗文皂、北徐屯、大白登、狮子屯五个乡镇，设施蔬菜面积达到6万亩，南部盆地包括鳌石、东小村两个乡镇，辐射带动友宰、古城、马家皂，设施蔬菜面积突破1万亩。二抓建设。在总体把握上坚持“集中连片、方便群众，以土取胜、效益至上”的方针，在单体设计上充分考虑了抗冻、抗风、抗雪、出水等因素，制定出符合当地实际的建棚标准，避免了在建设中的盲目性和随意性。

二是搞好产中技术服务。建好棚还得种好菜。特别是多数农民没有种过大棚菜，产中服务尤为重要。为此，我们专门成立了产业发展中心，负责全县设施蔬菜技术服务；各乡镇专门从山东寿光高薪聘请技术人员分片入户，进行指导；县电视台专门开办了《农业科技跟我学》专栏，聘请寿光和省市专家、县内“土专家”“田秀才”，讲授设施蔬菜种植技术。同时整合农委、科协、科技、扶贫等培训资源，全方位、多层次对种植户进行技术培训，实现了技术服务全覆盖。通过“传、帮、带”，现在大部分菜农基本上掌握了种植技术。三年来，全县累计引进蔬菜新品种136个，推广了碳气入棚、配方施肥等实用技术128项，科普率达到27%，科技对农业的贡献率达到30%以上。

标准生产和品牌创建，是确保设施蔬菜健康、高效发展的重要一环。我们紧紧抓住进入全国无公害蔬菜基地县和全省优势农产品基地县的机遇，制定和完善了各个蔬菜品种的无公害标准化生产技术规程，按照规程积极推进标准化建设。大力鼓励各乡镇、专业合作社创建品牌。对于获得国家级品牌的奖3万元、省级品牌的奖1万元、市级品牌的奖5000元。目前，全县“绿丰”牌青椒获得国家绿色食品认证，黄瓜、西红柿等8个品种获得国家无公害农产品认证。今年，我们将启动运行蔬菜质量检疫检验中心，对上市的每一种蔬菜都要贴上“身份证”、配上合格证，确保“绿色蔬菜”名副其实地走向市场，让人们买得放心、吃得健康。

三是搞好产后销售服务。产出了菜，还得卖出去；要卖出菜，长远在市场，刚起步还得靠政府。为此，县委、县政府主要领导带领乡镇领导干部、涉农部门主要领导和部分农民经纪人，专程到大同宾馆、昊煤集团、大同大学、大同二中和批发市场等地进行走访对接，签订供菜协议，实行定点配送，提高了阳高蔬菜的知名度和影响力。我们要从长计议，全力推进专业市场建设。目前，投资3164万元的绿色蔬菜储运集散中心，已经投入试运营。全县蔬菜生产集中的龙泉镇、北徐屯、罗文皂、狮子屯、大白登、王官屯六个乡镇，都建立了蔬菜批发市场和配送中心，中心由一名乡镇副职专门管理，全面负责销售工作。与此同时，大力发展专业合作组织。现在从事蔬菜生产、销售、技术、农资等各类专业合作社达到68个。

（作者系中共阳高县委书记）

平顺：绿色转型是科学发展的必由之路

陈鹏飞

平顺县是我省为数不多的无煤县之一，矿产资源匮乏，经济社会欠发达。在平顺，转型发展的任务和重点与全省大多数地方不一样，平顺不存在煤炭企业、重工业基地、高耗能产业的转型问题，但平顺有“三农”问题突出、社会事业短板等突出矛盾，如何扬长避短、发挥优势，实现经济发展与改善民生相互协调、相互促进，是平顺实现科

学发展需要解决的核心问题。近年来，平顺县深入贯彻落实科学发展观，按照省委"三个发展"的要求和市委"四位一体"发展战略部署，立足平顺实际，大力转变发展方式，在推进绿色转型方面做了一些积极的探索，取得了一定的成效。

一、推动转型发展的认识与思考

平顺是一个典型的干石山区，境内山多地少，沟壑迂回、峰峦迭嶂，自然生产条件较差，长期以来，受基础设施、科技水平和资金投入等因素制约，经济总量偏小，发展基础薄弱。省委提出"转型发展"，这是科学发展观活动在山西的具体化和本地化，为平顺的科学发展进一步指明了方向，如何走出一条平顺特色的转型发展之路，成为摆在平顺干部群众面前的一项重大课题。

客观分析传统产业格局：平顺典型的山区地形地貌决定了平顺是一个农业小县、工业弱县。农业方面，由于水、土、热分布不均和组合较差，以及自然灾害的影响，农业抗风险能力弱，效益不太明显，仅可解决温饱。工业方面，由于传统工业没有形成体系和产业链条，原始的矿藏采掘、冶炼结构单一，素质低下，抗风险能力较低，受市场价格波动影响较大，前景暗淡，加之本地铁矿资源接近枯竭，接续替代产业匮乏，转型发展势在必行。发展现代工业，又受资本、技术、人才、信息等因素制约，通过发展现代工业实现转型发展不切合平顺当前的客观实际，不具有可行性和比较优势。

辩证审视县情县貌：通过深入开展"广开言路听民意"和"深入基层大调研"活动，重新辩证地审视平顺：从立县条件看，虽然平顺山大沟深，石厚土薄，交通不便，但山清水秀、景色优美，自然景观、人文景观星罗棋布、交相辉映，空气好、污染少，是天然的"氧吧"。从经济基础看，虽然平顺目前还比较穷，但山上的生态特别好，山中的矿产资源很丰富，山下的农副土特产品品种多、品质优。从发展现状看，虽然平顺发展的步子还不大、面临的困难还很多，但在长期与贫困决战的进程中，也铸就了自力更生、艰苦奋斗、自强不息、与时俱进的纪兰精神。所以平顺有着永不枯竭、永续利用的生态富矿、文化富矿和精神富矿，这些绿色环保可持续的资源将是平顺推进转型发展的重要支撑。

依托得天独厚的生态、人文资源优势，延伸发展旅游业和特色农业等绿色产业，大力改善路、水、电等基础设施条件，发挥紧靠长治市区、邻近中原经济圈的区位优势，主动融入长治"1+X"城市群，就能充分利用中心城市及重要经济带的辐射带动和经济传导效应，把自身的资源优势变成经济优势，进而转化为平顺转型发展的后发优势。2007年，在准确把握县情的基础上，平顺确立了"弘扬纪兰精神，走特色路，打绿色牌，实施'双五'战略，主攻'五大'目标，推进平顺经济社会又好又快发展"的治县方略(主攻全国旅游大县、全国生态强县、上党地区绿色农产品名县、欠发达地区新型工业特色县、太行山区最具魅力和发展潜力县"五大"目标)，并将"高扬旅游龙头、主攻绿色生态"作为这一治县方略的两大战略重点，为全县人民描绘出一幅绿色生态、富裕文明、和谐宜居的美好蓝图。平顺发展三产特别是旅游业具有得天独厚的优势：一是秀美的山水风光。平顺境内有四条常年奔流不息的河流，有胜似江南的百里太行水乡，有落差达348米的"天泉瀑布"，有天人合一的人间仙境——神龙湾天瀑峡，还有三千亩天然的白皮松，不但山水兼备，而且山雄奇，水灵动，最能体现太行山水的特色。二是众多的文物古迹。平顺1550平方公里的土地上，有地表文物1556处。经有关专家考证认定的国保文物有10处，省保文物有5处，占全市33处国保的三分之一。三是独特的人文环境。一代又一代平顺人民创造并留下了宝贵的物质和精神财富。在悬崖峭壁上凿通了一条又一条挂壁公路，在石板上栽活了一棵又一棵花椒树，在干石山上绿化了一座又一座荒山。艰苦奋斗、自力更生、自强不息、与时俱进的纪兰精神，不仅是平顺摆脱贫困、走向富裕最可贵的精神财富，更是平顺发展红色旅游的"金字招牌"。经过两年多的开发，平顺已成功拥有了十个"国"字号品牌，4A级景区长治三分天下有其二。不仅如此，良好的生态环境也是平顺开发旅游的一个显著优势。平顺人均超过12亩荒山荒坡，森林覆盖率已经达到41.6%，拥有完好的生态环境、秀美的山水风光和丰富的自然、人文资源。可以说，绿色生态就是平顺今后发展中最具竞争力的比较优势和后发优势。如果依托生态资源优势，延伸发展绿色农业和旅游业等生态产业，追求生态GDP、绿色GDP和环保GDP，那将是实现平顺又好又快发展的最优途径。所以说，扬长避短，兴利除弊，高扬旅游龙头，主攻绿色生态，把平顺的生态优势巩固好、延续好、发展好，将会为发展绿色经济，转变经济发展方式，实现平顺转型发展和可持续发展奠定坚实的基础，更是平顺科学发展、加快发展的根本出路。

二、推动转型发展的实践与探索

1、观念转型，开拓经济发展的崭新视野。近年来，平顺县委、县政府站在新的历史起点，通过广开言路听民意和深入基层大调研，走出去取经问路，请进来把脉会诊，从加快平顺科学发展、转型发展入手，不断地重新解读平顺、重新定位平顺，在各种场合通过各种形式向广大干部群众反复讲：平顺山雄奇、水灵动、人智慧；平顺不是穷山恶水，而是青山绿水、金山银水；平顺不是没有优势，而是特色鲜明；平顺不是不可为，而是大有可为；平顺人有着可贵的"四特七不"优秀品质，特别能吃苦、特别能战斗、特别能奉献、特别重情义，从不叫苦、从不喊累、从不畏难、从不言败，能把不可能变为可能、能把不现实变为现实、能把办不到变成办得好。通过各种文化载体，持续激发全县干部群众热爱家乡、建设家乡的豪情壮志，使加快发展方式转变，推进科学发展成为广大干部群众的共识，为全县经济转型发展注入了不竭的动力。观念的转变，认识的统一，使我们确立并完善的“高扬旅游龙头、主攻绿色生态”，实施‘双五’战略，主攻‘五大’目标的治县方略，更加深入人心，更具实践可能。

2、产业转型，优化经济发展的内在结构。转型发展就是要改变原来落后的传统的不适应科学发展观要求的发展模式，走生态化、绿色化的发展道路，以实现人、社会和自然的和谐发展，实现全面协调可持续发展。而要真正实现经济社会转型发展，不仅要改变原来人们普遍认为旧的发展观念，打破传统的发展模式，而且必须要通过实实在在的行动、实实在在的业绩展示通过转型发展带来的变化和实惠，只有人民群众得到了看得见、摸得着、用得上、享受得到的利益才是真正实现了转型发展，才有继续推进科学发展的动力和空间，因此，我们从发展绿色产业入手，下大力气在调整产业结构、推进生态建设、加大旅游开发等方面不断开拓，走出了一条适合平顺实际的绿色转型之路。一是围绕创建“全国旅游大县”目标，找准转型发展的突破口，充分利用得天独厚的旅游资源优势，发挥旅游业的龙头带动效应，积极申报国家主体功能区，围绕旅游建生态、抓调产、搞城建、办工业、活三产，振兴教育、做强文化、改善民生，在提高全县旅游业的市场吸引力、核心竞争力和开放兼容力上下功夫。二是围绕创建“全国生态强县”的目标，用现代林业的理念最大限度地拓展林业功能，按照“三圈、四园、五条线”的总体规划和高标准、大规模、无空档的总体要求，在扩张绿量、提升品位、凸显效益上下功夫，推进生态建设从“绿化”向“美化”、“艺术化”提升，着力打造红色人文、奇特地貌、山水风光与生态植被互为一体的生态旅游产业带、生态景观、生态家园，使生态效益、经济效益、景观效益和社会效益同时凸显，构建完善的林业生态体系、发达的林业产业、繁荣的生态文化。三是围绕创建“上党地区绿色农产品名县”目标，大力发展现代农业、生态农业、观光农业，农业产业化有机融入旅游产业开发，拓展农业发展新领域，丰富旅游内涵。大红袍、蜀中制药、纪兰饮料、鑫源绿色、双喜绿色、振中绿色六大农业产业化龙头企业逐步壮大，花椒芽菜辣酱、鲜椒芽等十个绿色产品取得认证，大红袍花椒、优质马铃薯、以潞党参为主的中药材、以西红柿为主的旱地蔬菜四大绿色基地初具雏形。四是围绕创建“欠发达地区新型工业特色县”目标，坚持工业的发展始终与旅游开发、生态环境的改善同向，把工业发展作为对旅游开发、生态建设的一种有效补充，在全县范围内对四大产业园区进行科学划分，合理布局，在发展生态工业，创办绿色工厂上做文章，全面优化产业结构，为绿色转型发展创造空间。五是围绕创建“太行山区最具魅力和发展潜力县”目标，把转型发展的理念体现在经济、政治、科教、文化、生态等各个领域，渗透进社会生活的方方面面，把城乡建设与发展旅游充分融合，体现城乡的特色和观光功能，使之成为汇聚要素、加快发展和展示魅力的重要载体。

3、社会转型，激发经济发展的潜在力量。推进转型发展必须通过完善机制把人的因素充分发挥好。平顺大力实施“五创一建”(创红旗党支部、创青羊先锋、创践诺型党员、创服务型干部、创最佳发展环境，建和谐平顺)为主要内容的“旗帜工程”。特别是针对广大农村基层干部过去在“政治上没有奔头、经济上没有甜头、工作中吃尽苦头、离任后没有靠头，导致关键时候不愿出头”的问题，建立健全了农村基层干部包括大学生村官在内的关爱激励机制：政治上给待遇，经济上给实惠，社会上给地位。通过一整套强有力的激励机制，最大限度地调动广大农村干部推动转型发展的积极性和主动性。同时，平顺县在实践中狠抓作风建设，创优推动转型发展的环境和举措，明确要求各级党组织必须做到“四个旗帜鲜明”(旗帜鲜明地支持保护为民造福、干事创业的人，旗帜鲜明地严肃查处腐化堕落、违法乱纪的人，旗帜鲜明地严肃追究作风飘浮、只说不干的人，旗帜鲜明地从严整治无事生非、损害和谐的人)；明确要求广大党员干部坚持用“三到”、“三问”、“三敢”、“五百”、“三个一流”工作法开展工作(“三到”就是各级党员领导干部带头到基层、到一线、到人民群众中去；“三问”就是问政于民、问计于民、问需于民；“三敢”就是敢于吃苦、敢于承担责任、敢于触及矛盾；“五百”就是进百家门、知百家情、解百家忧、集百家智、帮百家富；“三个一流”就是建一流班子、创一流业绩、树一流形象)；激励广大党员干部特别是领导干部咬定目标不放松、千难万难不动摇、不达目的不罢休，做到说一句，算一句，句句算数；干一件，成一件，件件落实。通过强硬的作风保障，各条战线纷纷加大落实力度，加快推进绿色转型。

三、推动转型发展的成效与启示

三年来，平顺县转型发展步伐加快，捷报频传，绿色转型成效凸显。一是绿色主导产业健康成长。成功举办了名人名家进平顺、全国新闻记者漂流邀请赛和龙门文化艺术节等活动，旅游对外影响力越来越大。成功引进山东塔山等8家企业投资20亿元对虹霓大峡谷以及旅游相关产业进行集中开发，旅游招商工作取得重大突破。天脊山和太行水乡同时被评为国家4A级风景区，平顺荣膺“中国最具影响力旅游名县”、“中国最具特色旅游胜地”、“中国优秀生态旅游县”等荣誉称号。2009年，全县各景区共接待游客55.05万人次，旅游综合收入达到5589万元。二是生态建设快速推进。全县高标准完成荒山造林18.5万亩，通道绿化补植补种315公里，建成园林村81个，大树进城9000株，完成干果经济林1万亩，全县有林地面积达到了106.75万亩，森林覆盖率提升了两个百分点，达到41.6%。先后成功迎接了全省、全国两个造林绿化现场会人员到我县的参观考察，并被评为“全省造林绿化先进县”，被省直相关单位推荐为“全国生态建设模范县”，全国各地的兄弟县市纷纷慕名前来，走进平顺，学习取经。三是基础设施建设取得重大进展。共修通水泥(油)路681公里，打通隧道7座4016

米，其中500米以上的隧道4座，修筑桥梁6座180米，在全市率先完成村村通全覆盖工程，路网密度跃居全市第一。特别是事关平顺长远发展的长青二级公路郭和——苗庄段全线贯通，实现沙砾路通车；长平高速公路、潞林线改造工程全线开工；中南铁路项目正在进行前期征地拆迁工作。共完成各类提水工程276处，解决了343个自然村5.34万口人、8000余头大牲畜的饮水难和饮水不安全问题。投资2.4亿元的阳高22万伏变电站建成投入使用。2009年8月，省政府在阳泉召开全省公路建设推进会，平顺作为全省公路建设的先进典型在会上做了经验交流，得到了全体与会人员的一致好评。四是城市建设亮点纷呈。近年来，平顺把山搬进城中，把城建在山上，重点实施了“两园(彩凤、祥龙城郊公园)、两路、两河”、“三校(一中、二中、机关幼儿园)、三场(垃圾填埋场、污水处理厂、热源厂)、三个中心(老年活动中心、体育中心、文化中心)”等40余项城建工程，县城绿化面积由8.2万平方米增加到36万平方米，增长了4倍多，县城人均公用绿地达到16平方米，生态宜居指数显著提升；县城亮化达到全覆盖，城市文化品位得到显著提升。先后获得“国家卫生城”、“省级园林城”、“全省城乡环境卫生清洁工程先进县”等多项殊荣。如今，山在城中座，园在林中建，水在身边流，人如画中游。五是教育事业优先发展。三年来，共新建15所学校，改造30多所学校，筹资近3亿元，新建了一中、二中教学楼及机关幼儿园。成功推行教育人事制度改革，面向全省公开高薪招聘了一中、二中、实验小学校长，从省内外各大师范院校招录了390多名优秀毕业生充实教师队伍。出台了一系列真诚关爱人民教师的激励机制和办法，在全市率先启动了中小学教师岗位津贴制度。中考成绩连年攀升，2009年高考成绩实现本科达线人数、重点大学达线人数和考取清华北大三大历史性突破，人民群众对教育事业的满意度有了较大提高。六是群众文化日益繁荣。连续举办了三届群众文化、校园文化展示活动和200余场消夏晚会，创作了《平顺县歌》和《青羊先锋之歌》等一批文艺精品，创办了《今日平顺》和《青羊山》等刊物，在全县12个乡镇高标准建设了3个文化广场、7个文化站、5个文化中心、14个文化大院、92个农民书屋、138个农村文化室、500块农村宣传阅报栏，极大丰富了群众的精神文化生活，营造出了团结和谐、积极向上的良好氛围。七是城乡医疗环境有效改善。新建县医院住院楼和103个村级卫生室，圆满完成卫生系统人事制度改革，医务人才结构更趋合理，新型农村合作医疗参合率达到91．59%，各类补偿金及时足额发放。社会保障体系进一步完善，就业援助措施全面落实，发展成果惠及千家万户，人民群众幸福指数有了较大提高。在科学发展观和“转型发展”的指引下，平顺的经济社会各项事业发展迅速。按照省政府公布的数据，平顺经济社会发展水平从2006年的全省93位前移到了2008年的61位，发展指数从2006年的103位大大地向前推进到了2008年的32位，两项增幅在长治乃至山西都是名列前茅。相继有12个市级以上现场会在平顺召开，有24项工作受到中央或省市表彰，十项工作在全省进行了经验交流和学习推广，先后有习近平、周铁农、罗富和等党和国家领导人及一大批省部级领导走进平顺，考察指导工作，并对平顺坚持科学发展取得的成绩给予高度评价。最让人感到欣慰的是平顺人的内在气质和精神面貌发生了质的变化，开始变得越来越自信，越来越自豪。这种自信和自豪的背后，迸发出来的是平顺人热爱家乡、建设家乡的冲天干劲，使全县人民对平顺的未来充满了信心和希望!

在工作实践中，我们感受到了转型发展是推动平顺经济社会又好又快发展的强大思想武器，“高扬旅游龙头，主攻绿色生态”是平顺实现全面振兴的必由之路。

第一，坚持科学发展是平顺转型发展的出发点。党的十七大报告提出“创新发展理念、转变发展方式、提高发展质量和效益，实现又好又快发展”的要求，并指出：加快转变经济发展方式，推动产业结构优化升级，是关系国民经济全局紧迫而重大的战略任务。近些年，平顺按照科学发展观的要求，把解除思想禁锢，转变思想观念作为实施经济转型战略的首要任务，使全县上下形成了“早转则柳暗花明、迟转则坐失良机、不转则矿竭城衰”的共识，并积极探索县域经济转型发展的模式和途径，促进产业结构由铁矿依赖型转向旅游主导型，增长方式由粗放型转向环保生态型，经济环境由低水平开放转向全方位开放，推进了经济社会的全面、协调、可持续发展。

第二，建设生态文明是平顺转型发展的立足点。我们切实把生态文明建设摆到了更加突出的位置，以创建“全国绿化模范县”为抓手，按照“扩量增绿是方向，创造特色是灵魂，提升品位是关键”要求，从生态设计和景观设计角度探讨城市绿化规划设计的新思路，遵循城市绿化规划原则，运用生态园林建设方法，对城市绿化建设进行合理布局，将人与山、水、城、林的有机结合，城市建设充分体现生态文明的建设理念。从保护好生态资源环境的高度出发，积极支持企业节能改造和加快淘汰落后产能，加大推行清洁生产的力度，坚决不引进污染环境难以治理的项目和破坏生态环境的项目。积极推进生态产业建设，大力调整农业农村经济结构，大力发展绿色经济、生态农业、现代农业和无公害产品等生态经济。同时，我们坚持党政主导的原则，把生态建设和保护成效纳入干部考核评价体系之中，进一步完善决策机制、考核机制、监督机制、投入机制和协调机制，切实把环境保护的各项任务落在实处。

第三，高扬旅游龙头是平顺转型发展的着力点。我们将旅游开发作为平顺实现转型发展的着力点，坚持“规划为纲、市场为先、线路为形、文化为魂”的原则，通过整合旅游资源、扩大择商选资，以天脊山、太行水乡两个4A级景区为核心，逐步形成了旅游产业的规模化、集约化、集团化旅游产业发展模式；与此同时，坚持“规模合理、效益突出、环境优化”的原则，围绕旅游开发高起点推进生态文明建设，围绕旅游加快特色农业产业化开发，围绕旅游开发加快特色新型工业化建设，围绕旅游开发加快特色城镇化建设，加快培育优势特色产业，以增量带存量，积极促进产业多元、产业延伸、产业升级。

第四，不断改善民生是平顺转型发展的落脚点。我们通过深入实施"六大惠民工程"、"十件实事"，统筹解决就业、农民增收、教育、医疗、住房、社会保障等群众最关心、最直接、最现实的利益问题，不断改善群众的生产生活条件，推动平顺在加快发展中改善民生，在共建和谐中凝聚力量。

（作者系中共平顺县委书记）

曲沃：内陆平川县转型发展的实践与思考

杨治平

曲沃县位于临汾盆地南端，交通区位优势相对不明显，资金、技术、人才比较缺乏，属于典型的内陆平川县份。近年来，曲沃县始终坚持解放思想、更新观念，抢抓机遇、加快发展，全县经济社会呈现出良好的发展态势。如何保持近年来强劲的发展势头，进一步做大县域经济规模，提升经济社会整体竞争力，实现转型发展、安全发展、和谐发展，是我们当前必须认真面对、着力解决的重大课题。

一、近年来曲沃经济社会发展现状

近年来，曲沃县坚持以科学发展观为统领，大力推进工业项目建设、农业产业结构调整，全面统筹社会各项事业发展，县域经济综合实力得到进一步提升。截至2008年底，全县地区生产总值完成46.7亿元，是2000年的4.5倍；规模以上工业增加值完成28.7亿元，是2000年的15.9倍；全县财政收入完成5.3亿元，是2000年的7.4倍；农民人均纯收入达到5290元，是2000年的2倍多；城镇居民可支配收入达到12089 元，是2000年的3.2倍。

具体在工业上，坚持"抓经济就要抓工业，抓工业就要上项目"的工作思路，先后出台了《关于招商引资的优惠办法》和《关于对重点企业实行封闭式管理的实施办法》，制定了一系列招商引资优惠政策，树立起了"三优八商"的对外开放品牌。短短几年时间，相继有中宇钢铁、闽光焦化、通才工贸、立恒钢铁、中条山水泥等十多个投资上亿元的企业落户曲沃，全县工业经济形成了以冶炼业为主导，焦化、铸造、建材、机电、轻工、农副产品加工齐头并进的发展格局。在农业上，坚持统筹城乡发展，积极推进农业产业调整，大力发展现代农业，培育形成了星海千栋日光大棚蔬菜园区、里村万亩红提园区、文敬万头猪养殖园区、周庄百万只蛋鸡养殖园区等十多个各具特色的农业精品园区。先后注册了"太子滩"绿色蔬菜、"乡巴佬"鸡蛋、"龙泉山庄"果蔬饮品等农副产品品牌，进行了磨盘岭现代农业综合开发的探索。在城乡建设上，先后投资1.5亿元，对县城主要街道进行拓宽改造，完成了县城街道的硬化、亮化、美化，形成了"三纵三横"的城市格局，大力实施县城重心东移战略，完成了城东新区开发的设计规划；逐步对全县五镇两乡的政府办公楼、集贸市场、乡镇街道实施改造。全县所有农村基本完成了主街道的硬化、绿化，城乡面貌得到极大改善。在社会各项事业上，从人民群众最关心、最直接、最现实的问题出发，全力推动社会各项事业发展。文化教育事业喜结硕果，中高考连续多年在全市名列前茅，危房改造、远程教育、特殊教育、成人教育得到进一步加强和提高；卫生事业蓬勃发展，新型农村合作医疗农民参合率达到92.5%，县乡村三级卫生医疗事业发展水平不断提升；社会保障体系日臻完善，城市低保、农村低保健康运行，范围不断扩大；"平安曲沃"创建活动深入推进，被评为全国社会治安综合治理模范县。信访稳定工作保持了持续稳定的态势，信访案件呈逐年下降的趋势。认真贯彻落实民族宗教政策，鼓励支持党外人土建言献策、民主监督，进一步巩固了爱国统一战线。充分发挥工、青、妇等群团组织作用，全县上下呈现出一派人心思上、人心思进、和谐发展的良好态势。

二、经济社会发展面临的困境和存在的难题

从曲沃县经济社会发展的情况来看，虽然取得了一定成绩，但用科学发展观的标准来衡量，仍有许多不足。要实现转型发展，走全面协调可持续发展之路，我们还面临诸多难题。作为内陆县份的曲沃，当前的发展仍然处于低水平、低层次，主要表现在：一是农业优势没有得到充分发挥。全县总体讲仍以传统种植业为主导，特色园区规模偏小，农产品品牌和农副产品加工企业市场竞争力不强，对农业的带动作用不明显。转移农村劳动力规模、速度不够，农民增收渠道不宽。二是工业经济支柱作用不够突出。工业主要集中在冶金、焦化、建材等行业，产品种类单一，科技和管理水平不高，产业规模普遍偏小，没有形成大的集群，抵御市场风险能力差。三是第三产业缺乏鲜明特色

和吸引力。服务业水平不高，仅限于满足本地消费需求，没有形成一个大的服务行业综合体系，缺乏独具特色的响亮品牌，对县域经济带动作用不明显。四是城市功能不够完善。东城新区规划刚刚完成，县城整体规模仍然较小。群众关注度较高的文化、体育、教育、卫生等方面的基础设施欠账较多。城市管理水平较低，城市品位有待进一步提升。小城镇建设普遍存在规划设计不到位、环境不够整洁、管理比较混乱的问题，仍未从根本上摆脱农村集镇的印迹。这些矛盾和问题的存在，都需要通过转型发展、科学发展来实现。

三、实现转型发展需要处理的基本关系

转型发展是一项庞大的系统工程，经济转型是根本，社会、生态、文化转型是保证。只有在加快经济转型、建立起强有力经济支撑的基础上，才能带动社会、生态、文化转型；而社会、生态、文化转型的同步进行，又可以对经济转型起到积极推动作用。要实现转型发展，必须处理好四方面的关系：

（一）正确处理政府主导与企业主体的关系。政府和企业是转型的两个重要方面。政府是转型的主导，承担着领导转型工作和为企业服务、为经济社会发展服务的职能；企业是转型的主体，承担着调整产品结构、建立产业支撑、实现自身发展壮大的责任。没有政府强有力的领导，转型就会失去发展方向；没有企业的主动参与，转型就会失去意义。加快转型，政府和企业要各尽其职、各负其责，积极做好各自工作，避免出现一头热、一头冷现象。

（二）正确处理传统产业与接续产业的关系。现代经济是产业经济。传统产业是接续产业培育的基础，接续产业是传统产业发展的方向。我们既不能离开传统产业去培育接续产业，更不能因为重视接续产业而忽视传统产业。只有把传统产业与接续产业有机地统一于转型之中，才能建立起强有力的转型支撑。要重视发展第三产业，改造提升传统服务业，积极发展现代服务业，大力培育信息、金融、物流、娱乐等现代服务体系。

（三）正确处理项目支撑与产业规划的关系。项目和产业是转型的两个核心要素。项目是培育产业的载体，产业是项目建设的结果。每个产业的发展都需要制定规划，在规划中要明确提出带动该产业发展的主要项目和重大项目。既不能离开项目谈产业发展，也不能离开产业谈项目建设，更不能离开项目和产业谈转型。只有通过项目的有力带动，才能促进产业结构调整和优化升级，形成多元产业体系，建立产业集群，实现转型目标。

（四）正确处理立足现实与着眼长远的关系。处理好现实问题能够为长远发展打好基础；只有着眼于长远发展，才能更好地处理现实问题。转型发展是一个较长的过程，必须有近期目标、中期目标和长远目标，既着眼长远，又要从当前力所能及的事情做起，切不可脱离实际。只有这样，转型工作才能扎实、稳步、有序推进。

四、转型发展的主要对策

县域经济的转型，核心就是优化经济结构、转变发展方式，最根本的是培育支柱产业、形成新的产业支撑，最终目标是实现经济社会的可持续发展。要转型发展，必须做好四方面工作：

（一）坚持发展第一要务，确立科学发展思路。实现转型发展，必须立足县情，确立科学的发展思路。对我们曲沃这样一个内陆的平川县份，要实现又好又快发展，就必须充分利用和挖掘区位、交通、水电、文化等资源优势和潜力，确立一个科学的发展思路。要坚决杜绝只图高速度、快增长、以牺牲环境与资源过度消耗为代价来换取一时经济增长的错误发展观，以科学发展观为指导，努力实现县域内经济、社会与自然环境协调发展。要落实科学发展观要求，思想上要由片面经济增长向经济社会协调可持续发展转变，部署上要把GDP、财政收入、工业增加值等硬性指标同节能减排、环境治理、社会各项事业全面发展统筹考虑，全面规划，落实上要走经济建设与生态文明建设同步推进，经济效益与环境效益一起考核，物质文明与生态文明一起发展的道路。通过综合分析我县的优势、劣势和现有基础，我们提出今后一个时期的发展思路是，全力实施“产业强县、城建亮县、文化立县”战略，努力实现“全市争一流，全省创特色，建设富裕文明和谐稳定新曲沃”的宏伟目标。这一发展思路，充分体现了科学发展观在县域经济发展上的本质要求，同时也符合我县经济社会发展的实际。

（二）转变发展方式，调整产业结构。转型发展的关键就是改变生产要素的利用方式。作为内陆县份，如果高投入、高消耗、高排放、低效益为特征的粗放型增长方式占据主导地位，不仅使生产要素成本加大，企业效益降低，而且直接带来严重的环境问题。要实现转型发展就必须转变经济发展方式，深化产业结构调整，增强经济发展的后劲。要以实现传统产业新型化和新兴产业规模化为方向，巩固加强第一产业，改造提升第二产业，加快发展第三产业，提升新兴产业的比重，着力培育优势产业，持续推动产业结构优化升级，逐步实现三次产业协调发展、多元产业齐头并进的良好格局。特别是要把发展新兴科技产业和壮大服务业作为推动产业结构优化升级的突破口，依托区位优势和地域特色，全面科学地安排部署。就曲沃而言，在一产发展上，农业整体优势明显，粮食产量连续五年突破两亿斤，培育了一大批农业、种植、养殖园区。在引导农业调产、促进农民增收方面取得了一定成效。下一步将着重抓好园区管理，扩大农副产品加工企业规模，突出园区品牌优势，不断提升新兴农业产业的科技含量，探索发展农户+公司+市场+保险经营模式，进一步提高农业产出水平。在二产发展上，继续坚持“抓经济就要抓工业，抓工业就要上项目”的工作思路，强力招商引资，积极引进一些大项目和企业落户曲沃，不断引导县域内冶金、焦化、

建材等行业进行技术创新，升级换代，加快从生产加工环节向自主研发，品牌营销等服务行业延伸，降低资源消耗，提高产品附加值。在三产发展上，主要抓好为第一二产业的配套服务，如交通、通讯、金融、教育、商品流通等，进一步加快集晋国历史文化展示、大遗址保护、考古科研等多功能于一体的晋国博物馆建设，为县域经济发展提供新的动力之源。

（三）创优发展环境，强力招商引资。对于经济欠发达地区尤其是内陆县份而言，资金和技术是制约其发展的关键因素。我们必须认真研究国际国内经济社会发展趋势，研究区域经济发展的差异性、互补性，研究市场经济的发展规律，加快对外开放步伐，加大招商引资和项目建设力度。要进一步完善招商引资优惠办法，借鉴和学习先进地区招商引资的经验和成功做法，组织专门力量到发达地区进行招商引资，力争吸引一批科技含量高、带动作用明显、符合国家产业政策的新项目、大项目落户，为实现县域经济的跨越式发展注入新活力；要大力抓好中宇钢铁、闽光焦化、通才工贸等规模以上工业企业的发展，扩大企业产能，加快企业技改，提高企业效益；要创新观念，放活政策，抓好国有企业改制，着力发展民营经济，积极鼓励和支持非公有经济组织通过收购、兼并等方式参与国有企业和集体经济企业改制，不断壮大数量和规模。

（四）坚持统筹兼顾，实现和谐发展。要把落实科学发展观的内在要求落到实处，就必须全面统筹城乡、区域、经济社会、人与自然的和谐发展，统筹县区与乡村、整体利益与局部利益、当前利益与长远利益的关系，统筹政治、经济、文化、社会建设全面协调发展。要以建设科技先导型、资源节约型、生态保护型县城为发展方向，不断加大节能减排降耗力度，加快改善生态资源环境，努力提高公共服务水平，切实加大对社会事业的投入力度，着力解决教育、卫生、医疗、住房、就业和社会保障等事关人民群众切身利益的突出问题，进而把工作重点、资金投入向农村倾斜，使产业链条延伸到村、市场网络覆盖到村、先进文化传播到村、城镇功能辐射到村、民主法制渗透到村，进一步缩小城乡差别，最大限度地让人民群众享受到改革发展的成果，只有这样，社会才能和谐与稳定，发展才能协调可持续。

（作者系中共曲沃县委书记）

石楼：廓清思路 绿色转型
加快贫困县科学发展的步伐

李少杰

石楼是山区农业县、国定贫困县，转型发展的重点与全省其他县份有所不同，资源依赖型、高耗能产业的转型问题不多。石楼面临经济总量小、发展速度慢、赶超任务重的现实压力，如何在转型发展中利用比较优势和后发优势，抢占发展先机，实现更好更快发展，是摆在县委、县政府和各级干部、群众面前的一个重大课题。近年来，石楼县深入贯彻落实科学发展观，按照省委转型跨越发展的要求和市委“三三战略”部署，立足石楼实际，转变发展方式，在山区贫困小县转型发展方面做了一些认真的思考和积极的实践，取得了一定的成效。

一、重新定位发展目标，绿色转型路径明晰

石楼县位于黄河东岸的吕梁山脉南麓，地理位置偏僻，属典型的黄土高原沟壑纵横区，是传统的农业县份。全县国土面积1808平方公里，人口11万，其中农业人口9.8万。石楼是一块历史悠久、神奇厚重，既富有革命传统、又充满绿色希望的土地，殷商时曾立国，春秋时甲天下，是姜太公故里，黄河文明摇篮，有过红军东征的英雄壮举，全县林草覆盖率达46%，是全省退耕还林面积最大县，有“黄河石楼湾”奇特景观，生态人文资源丰富，旅游开发潜力巨大。近年来，县委、县政府认真贯彻落实科学发展观，围绕基础设施和生态环境明显改善、财政基本脱困、农民基本脱贫三大目标，全力推进新农村建设、骨干项目建设、基础设施建设、软环境建设、教育卫生法制建设、党的建设等“六大建设”，不断增强县域综合实力和核心竞争力，全县经济社会发展实现了新跨越。

但横向与全市其他县市比较，石楼受长期以来区位劣势、基础设施、资金投入等因素制约，经济总量依然很小，发展速度依然太慢，发展质量依然不高，发展差距仍在加大。2009年，全县地区生产总值仅实现3.7亿元，财政总收入仅完成3672万元，农民人均纯收入实现1168元。传统产业格局仍存在一产偏重、二产太弱、三产滞后的问题。农

业方面，特色优势产业规模小，布局散，抵御市场风险能力弱；农业龙头企业数量少，实力差，辐射带动能力弱；特色产品宣传不广，品牌不响，市场竞争力弱；地方财力有限，融资渠道不畅，对产业扶持能力弱。工业经济刚刚起步，仅有的几户工业企业结构单一，素质低下，形不成链条；煤炭资源储量大，但埋藏深，地质结构复杂，开采难度大，难以吸引大集团落户，发展工业在石楼不具有比较优势。三产发展明显滞后于国民经济发展，而且比重偏低，结构不优，新兴产业发展不足。

与很多山区贫困县一样，虽然受历史、区位、观念等因素影响，石楼目前发展步伐相对缓慢，但生态环境没有遭到破坏，农业特色依然十分明显，地下资源尚未大面积开采，在全省新一轮的经济增长中，石楼具有很大的潜在优势，存在巨大的加速发展空间。一是生态人文的潜在优势。石楼空气质量好，山清水秀，景色壮美，自然景观和人文景观交相辉映，是令人向往的“氧吧”和旅游开发的“宝地”。二是传统农业的特色优势。石楼是传统农业县，林果业、种植业、养殖业三大农业特色产业优势明显，各种农副产品品种多、品质优、无污染，是天然的绿色食品。三是工业经济的后发优势。石楼工业刚刚起步，一张白纸好作画，有条件直接引用发达地区成功的发展工业经济的经验和最新的科学技术，享有更广阔的招商引资空间，可以高位起步，少走弯路，快速实现工业新型化目标。四是干部群众的保障优势。石楼干部群众勤劳朴实，团结肯干，在长期与贫困决战的过程中，铸就了“不怕艰苦、不甘落后、不屈不挠、不断进取”的石楼精神。这四方面的优势都是绿色环保可持续的资源，是推进转型跨越发展的最重要支撑。

在对县情和优势客观分析的同时，我们也清醒地认识到，石楼后发优势虽然明显，但如何使这些优势转化为发展动力，是一个全新的课题。我们不能盲目地学，学其他县市过度依赖于资源开发的高耗能工业发展；不能简单地挖，挖存量不大，埋藏较深，目前难以规模开发的煤炭资源；更不能消极地等，等国家的政策倾斜，等各种扶贫资金的巨额投入，等基础设施条件的充分改善。必须充分利用自身优势，重新定位发展目标，着力转变发展方式，廓清转型发展思路，明确转型发展路径，走出一条符合县情实际的科学发展之路。一是要做大做强生态人文。生态人文是石楼发展中最具竞争力的比较优势，我们必须由传统农业一支独大的发展模式向以生态人文产业为主的多元绿色发展模式转变，靠大项目支撑，把生态人文产业化，追求生态GDP、绿色GDP和环保GDP，把石楼建设成为吕梁山上的“天然氧吧”和黄河文化旅游圈的一颗明珠。二是要做特做优传统农业。石楼农业之长在绿色，绿色就是特色，纯天然、无污染就是品牌。我们必须充分利用好特有的农产品资源禀赋，切实加快农业产业化进程，力争把石楼建设成为吕梁山上的绿色食品生产基地。三是要做高做精新型工业。结合工业刚刚起步的实际，坚持“高位起步，适度发展”的原则。所谓高位起步，就是直接让资源跟着高端产业走，高位谋划，高端开发，高效配置，让有限的资源在与高端新兴产业的融合中实现利润最大化；所谓适度发展，不是限制发展，而是有节制的发展；不是追求大的发展，而是追求精的发展；不是盲目建设规模化的工业，而是要建设与生态发展相协调的工业。石楼有资源，但储量有限，埋藏深，开采难度大；石楼县穷财力弱，原始积累小，短期内要实现规模化的工业发展很不现实；石楼生态环境好，靠大规模开采地下资源发展工业经济，必然会对脆弱的生态造成破坏。所以我们必须高位起步，适度发展工业经济，直接走集约、低碳、高效、多元、循环发展的路子，实现绿色、清洁、安全发展目标，努力把石楼建设成为贫困山区工业与生态协调发展的先行县。四是要切实加快城乡一体化进程，在“大县城、大集镇、中心村”战略指导下，进一步加大县城、集镇建设和城乡基础设施建设力度，全面推动扶贫开发和新农村建设，统筹发展各项社会事业，着力改善民生，力争在“十二五”期间，使石楼县域综合实力和人民生活水平与吕梁山区九县其他县的差距明显缩小，努力把石楼建设成为贫困地区赶超发展、统筹发展的实验基地。

二、着力转变发展方式，绿色转型全面推进

为真正实现经济社会的绿色转型，我们进一步加大了经济结构调整和工作落实的力度，全面创优环境，推进科学发展。具体工作中，重点进行了以下四方面的转型实践。

1、观念转型，经济发展的视野得到拓展。在不断总结经验、调查研究的基础上，根据科学发展观要求，结合中央、省、市的工作部署和石楼实际，思想观念首先转型，提出了“四个更加注重”的工作理念，即：在着力推进工业经济启动的同时，更加注重提升经济增长的质量和效益；在全面推进一、二、三产业发展的同时，更加注重把握好产业结构的调整和产业布局的定位；在统筹抓好各项社会事业发展的同时，更加注重改善民生；在全力解决好各种社会矛盾问题的同时，更加注重保持社会的和谐稳定。“四个更加注重”的实质内涵是强调四个方面的统一，即：速度和效益的统一，局部和整体的统一，当前和长远的统一，动机与效果的统一。目前这个理念在全县上下已经深入人心，形成共识，为实现转型跨越发展注入了不竭的动力。

2、产业转型，经济发展的内在结构得到优化。我们坚持生态立县、农业稳县、项目强县的思路，在“东部工业区，西部生态区”的大布局原则下，进一步加大工作力度，推进一、二、三产统筹协调发展。在一产上，定位以建设吕梁的绿色食品生产基地为目标，把品牌培育作为提升竞争力的有效手段，不断推进特色农业产业化进程；二产上，定位以建设贫困山区工业与生态协调发展的先行县这样一个目标，坚持“高位起步，适度发展；以煤为基，多元发展”的原则，注重质量效益，狠抓项目建设，延伸产业链

条，发展循环经济；三产上，把生态人文资源作为可持续发展的潜在优势，走生态产业化发展道路，不断加大生态人文建设力度，大力实施绿化造林、旅游开发、文化精品创建三大工程，着力打造生态、绿色、人文石楼，努力把石楼建设成为“天然氧吧”和黄河文化旅游圈的一颗明珠。

3、干部转型，经济发展的潜在力量得到激发。结合解放思想大讨论活动，针对石楼县部分干部中存在的不愿吃苦、求稳怕乱、封闭自守、小富即安的问题，提出必须切实增强四种意识，即要增强直面艰苦、忍耐清苦、乐于吃苦的意识，要增强敢闯敢干的意识，要增强开放合作的意识，要增强居安思危的意识。同时，大力实施基层组织585星级目标管理，建立健全农村基层干部关爱激励机制，政治上给待遇，经济上给实惠，社会上给地位，最大限度调动广大农村干部推动转型发展的积极性和主动性。明确提出“五倡导、五反对”，即倡导求真务实的实干精神，反对坐而论道的空谈主义；倡导讲求效率的工作方法，反对忙忙碌碌的事务主义；倡导无私无畏的奉献精神，反对唯利是图的利己主义；倡导艰苦朴素的优良传统，反对贪图安逸的享乐主义；倡导为民服务的公仆意识，反对高高在上的官僚主义。同时，狠抓纪律作风整顿，通过强硬的作风保障，使各条战线纷纷加大落实力度，加快推进转型发展。

4、政府转型，服务经济发展的水平得到提升。坚持以优化政务环境为重点，紧紧围绕“五型”政府建设，为推进转型发展创造良好环境。建设“五型政府”即：建设学习型政府。各级领导带头学习，在学习中科学定位工作思路，在学习中准确把握工作重点，在学习中抓住关键环节、狠抓工作落实。建设诚信型政府。各级各部门言行一致，办不到的事不决策，兑现不了的事不承诺，决定了的事立说立行，狠抓落实；不无端变换，朝令夕改，暗箱操作，做到了前后一致，内外一致，公开透明。建设法治型政府。政府要真正做到有权必有责，用权受监督，违法必追究，各项工作主动接受人大、政协、群众、服务对象的监督，坚持严格执法、公正执法、规范执法、文明执法。建设责任型政府。把责任目标细化量化到每个部门的每个人身上，确保了工作项项有人抓、干部人人有事干，在全县上下形成了乐于尽责、敢于履责，只为发展想办法、不为困难找理由的干事创业氛围。建设有为型政府。牢固确立“不比权力比努力、不比实力比能力、不比地位比作为”的工作理念，以团结促有为，以实干促有为，以落实促有为，最终在落实中出成效，在成效中显有为。

三、奋力加快发展步伐，绿色转型成效凸显

近年来，以绿色转型为总抓手，全面推进各项工作，发展步伐明显加快，经济社会呈现出向好发展势头。

1、走工业新型化道路，项目建设稳步推进。按照发展资源消耗低、环境污染少的新型化工业思路，顶着财政收入同比负增长的压力，将全县原有的四座煤矿兼并重组，整合成华润联盛介板沟煤业有限公司和赵家沟煤业有限公司两个煤业公司，使全县原煤产能提高到120万吨。在挖好煤的同时，更加重视用好煤；在做好煤炭本身的文章的同时，更加重视做好煤炭延伸发展的文章。全县唯一的煤气化项目煜隆煤气化公司正在积极运作与山东新汶煤业集团的合作，争取引进大集团雄厚的资金、先进的技术和管理，在更高的层面、更广的领域实现产业链条的延伸和产业结构向多元化、高级化的拓展。积极筹备高标准建设西卫煤化工循环经济园区，打造煤—焦—煤化工深加工产业链，大力发展醇醚燃料、烯烃、苯胺等下游深煤加工产业。在重点突破“两煤一焦”的同时，一手抓监管，一手抓服务，叫响叫亮“一切为了项目，一切服务项目，一切保证项目”的“三个一切”口号，整体推进我县5大类24个，总投资达30.5亿元的所有“343”重点项目，不到一年时间，就完成立项审批21个，用地批复14个，办理环评手续15个，立项核准率、用地批复率和环评审批率分别达到87.5%、58.3%和62.5%。已开工项目18个，开工率达75%。累计完成投资8.7亿元。

2、走农业现代化道路，农民收入持续增加。坚持把提升农业产业化水平作为增加农民收入的突破口，以建设吕梁山上的绿色食品基地为目标定位，着力培育林果业、种植业、养殖业三大主导产业，认真实施农村一户一年新增一亩核桃(红枣)林的“111核桃(红枣)发展计划”，积极构建小杂粮、油料、蔬菜三大种植基地和家鸡、猪、蜜蜂三大养殖基地，扶持引导各基地和龙头企业对其产品进行“无公害、绿色、有机”三品认证，初步形成了“现代园区示范、技术服务支撑、龙头企业带动、市场体系保障”的现代农业产业化体系。目前已发展红枣林27.1万亩，核桃林15万亩，全县农业人口人均红枣（核桃）超过了3亩，曹家垣、辛关两个乡已基本实现红枣全覆盖。发展小杂粮17万亩，蔬菜1.67万亩、油料3万亩、沙滩红薯2万亩；家鸡存栏21.5万只，猪存栏2.1万头，蜜蜂养殖量超过5000箱。和盛源、昌盈、佳誉、树德、农夫山庄、东瑞等6个农业龙头企业得到发展壮大，辐射、带动能力逐步增强。

3、走城乡生态化道路，生态人文建设成效明显。根据石楼的潜在优势，牢固确立“生态人文”也是生产力的理念，定位以把石楼打造成吕梁山上的“天然氧吧”和黄河文化旅游圈的一颗明珠为目标，全力实施造林绿化、旅游开发和文化精品创建三大工程，林草覆盖率连年增加，旅游开发取得明显成效，人文资源得到进一步挖掘开发，石楼的知名度逐年加大。完成通道绿化60公里，高标准造林10余万亩，完成退耕还林66.2万亩，为全省退耕还林面积最大县，石楼被评为全市林业工作先进县，被确定成为全市唯一的碳汇林试点县。我们修复开放了5处毛泽东路居点，在省城召开了“天下黄河第一湾”新闻发布会和“姜太公祖籍在石楼”专家论证会，出版了《风景这边独好》等系列宣传图书，使封闭落后的石楼受到了外界的格外关注。今年，我们还围绕“黄河石楼湾”景区建设，积极运作招商引资，开工建设“黄河石楼湾”摄影基地和影视基

地，开发沿线“农家乐”小院，通过硬件配套和文化包装，力争把“黄河石楼湾”建成全国闻名的旅游景点。筹备建设姜太公生态文化园，进一步充实发展旅游业的载体和内涵。认真打造“211”文化精品工程，积极运作出版两书：《黄河石楼湾摄影作品集》和《<沁园春·雪>书法作品集》，拍摄一剧：《红军东征》，传唱一歌：《石楼之歌》，以“两书、一剧、一歌”为窗口，让石楼走向世界，让世界了解石楼。

4、走市域城镇化道路，城乡基础设施建设亮点纷呈。坚持以城带乡、以乡促城的思路，按照“一城八镇(乡)”的城镇化建设总体框架，全面实施“大县城”、“大集镇”和新农村建设“五新”战略，扎实推进城乡一体化进程。一是建管并重推进县城建设。科学编制县城建设控制性详细规划，强化规划的引领作用，体现出了石楼特有的“历史感、生态性和文化味”。重点抓好城区“东进”、“南扩”和旧街改造，逐年扩大县城规模。“十一五”期间，共完成投资9400万元，新建了“沁园春”大街和东征桥、崇文桥、岭西桥“一街三桥”工程，使县城面积扩大了两倍，彻底改变了县城“千年一条街”的历史，县城综合服务和吸纳辐射功能得到明显强化。启动建设荣林生态园工程，完成了1200亩绿化任务，城区新增绿化面积3.5万平方米，绿化覆盖率提高了0.9个百分点。城区环境卫生整治工作常抓不懈，交通秩序、市场秩序得到有效规范，人居环境日益改善，石楼县城正逐步变成为吕梁山上的一个精巧别致、景色宜人的特色园林小城。二是点面互动推进乡村建设。根据历史沿革、区域位置和产业特点，确定了8个集镇重点建设，目前都已初具规模，吸纳、辐射和带动功能明显增强。在新农村建设上，坚持实施“五新战略”(以扶贫移民为龙头，建设新村镇；以农民增收为目标，发展新产业；以农业产业化为动力，组建新经济组织；以提高农民素质为根本，培训新农民；以创建文明村镇为先导，塑造新风貌)，有效整合扶贫、水利、林业、农业、交通、教育、以工代赈、电力、卫生、广电、国土、退耕还林及希望工程等各类资金3.16亿元，集中对45个新农村的房、山、水、田、林、路、电、讯、校、医、产综合配套，全县农村的面貌发生了巨大的变化，农民收入得到持续增加，石楼整合三农资金“各炒一盘菜，共做一桌席”的做法在全国范围内引起极大关注，温家宝总理给予亲笔批示。在城乡基础设施建设上，坚持交通先行，中南部铁路出海通道石楼段全面开工；黄河大桥今年底竣工通车；新建了石楼至陕西清涧二级公路，改造了石楼至永和、交口、柳林的等级公路，打通了石楼至隰县、柳林三交镇的县乡公路，完成了520公里的村村通水泥(油)路，使石楼由全省版图上的交通“末梢”变得四通八达，实现了“对内大循环，对外大开放”的交通新格局。电力建设方面，110千伏变电站正式投入运营，圆满实现全县双电源供电目标。农村“五个全覆盖”任务今年底也将全面完成。三是统筹兼顾推进社会事业发展。教育优先发展，出台了《促进教育工作再上新台阶的实施意见》，决定连续三年每年招考教师100名，增加教育投资1000万元。石楼中学顺利通过省级示范学校验收，高考成绩连年走红，今年再创新高，普通高考达线251人，达线率、增长率连续四年稳居山区九县之首。贫困县也能办好教育，教育已经成为了石楼又一个叫得响的品牌。社会保障体系进一步完善，全县7.5万人享受到了新型农村合作医疗，5300人享受到了城镇职工医保，38个企业的2000余人享受到了企业养老保险，4300人享受到了城市低保，5979人享受到了农村低保，启动了住房公积金和城镇居民医保，完成了老年福利中心和470套廉租房建设任务。城乡医疗环境有效改善，平安石楼建设深入开展，社会整体秩序良好，人民群众学有所教、病有所医、住有所居、老有所养，生活得更有质量、更有保障、更有尊严。

总之，绿色转型是一项长期而艰巨的任务，是一项庞大的系统工程。今后，我们要继续坚持走好绿色、低碳、循环的可持续发展道路，高点定位启动工业经济，产业拉动扎实做好三农工作，积蓄后发优势主攻生态人文建设，以城带乡抓好城乡一体化建设，统筹兼顾发展各项社会事业，以奋发有为的工作态度、前所未有的工作力度、超越常规的工作方式，全面推进经济社会早日迈入跨越式发展轨道。

（作者系中共石楼县委书记）

昔阳：在加快转型中构筑赶超跨越新优势

孟希雄

近年来，昔阳县紧紧扭住新昔阳建设目标，全力推进转型发展，县域综合实力快速提升，城乡各项事业突飞猛进，人民生活水平明显提高，进入了昔阳历史上发展最好、变化最大、人民群众得到实惠最多的黄金时期。实践告诉我们，加快转型发展，既是像昔阳这样的欠发达资源县份转变发展方式、加快科学发展的紧迫任务，也是再创新的优势、实现后来居上的重大历史机遇。为此，我们要努力抓好以下几点：

一、坚持“新”字为魂，加快构筑转型发展的思想体系

思想是行动的先导，思想转变是转型发展的首要前提。当前，我们要占领思想转变的制高点，就是要使广大干部群众切实把思想统一到科学发展上来，统一到转型发展上来。一是在发展上要有新理念。从昔阳实际出发，我们要努力做到“三个转变”：从以工业化为目标“增长第一”的发展导向转变到提倡经济、社会的全面协调发展上来，从以物为中心的发展转变到以人为本的发展上来，从以不惜破坏资源、环境、生态为代价追求经济的一时繁荣转变到可持续发展上来，从而在全社会形成转型发展的共识和浓厚氛围。二是在工作上要有新理念。近年来，我们认真学习实践科学发展观，全面贯彻落实省、市部署，结合实际确立并实施了“抓大事、打硬仗、建设新昔阳”的总体工作思路，坚持以抓好“思想大解放、作风大转变、环境大优化”三件大事为动力，以建设实力、生态、文化、和谐新昔阳为目标，并根据形势变化和实际需要，及时调整“打硬仗”的内容。2009年我们突出了“五个发展”，2010年则要突出结构转型、城乡发展、生态环境、和谐社会四大跨越，从而将全县经济社会始终纳入协调推进的轨道，确保科学发展、转型发展不偏离。三是在落实上要有新理念。这些年我们致力于抢抓机遇，抓住了国家历次重大政策性机遇和稍纵即逝的宝贵市场机遇，引进了大量资金和大批合作伙伴；致力于用足用活中央政策，出台了一系列突破发展瓶颈制约的新办法和鼓励广大干部引资上项、争先创优的激励措施，保证了全县经济社会发展的顺利推进；致力于以点带面、推动全局，坚持实施项目带动战略和集中财力办大事，完成了一大批工农业重点工程和城乡社会事业工程，极大地提高了广大群众的生活水平；致力于推进新农村建设，推行“企官带村官、机关带农村、富村带穷村”三带模式和以年终奖励为核心的农村“两保三带四规范制度”，极大地调动了广大农村干部的积极性。一系列的工作套路，集中体现了县委、县政府面对新形势、研究新情况、解决新问题的新型发展理念。

二、坚持“好”字为先，加快构筑转型发展的产业体系

产业转型是转型发展的关键。我们要通过优化传统产业、引进优势产业、打造新兴产业，推动支柱产业由单一化、初级化向多元化、高级化转变。一是在工业上继续全力打造煤炭、电力、化工三大产业支柱，加快新型能源化工基地建设。依托资源优势，做大煤炭产业。在煤炭资源整合重组的基础上，积极以新技术改造提升煤炭产业，不断提高科技含量、技术装备、生产集中度和安全系数。重点抓好寺家庄600万吨矿井和黄岩汇、坪上、运裕三个百万吨矿井，三都、北坪两个露天矿的达产达效，以及丰汇、安顺两大煤炭企业集团的建设和白羊岭百万吨矿井的早日投产，进一步凸显和放大煤炭资源整合优势。借助集团强势，做强电力产业。在国投2×30万千瓦煤矸石电厂建成投产的基础上，积极争取电厂二期的立项，并加快丰汇、黄岩汇、白羊岭瓦斯发电厂建设，积极促进煤转电和电力产品的就地转化。发挥技术优势，做精化工产业。重点抓好蓝焰集团和阳煤集团联合投资28亿的煤层气开发项目和投资9.8亿元的阳煤100万吨（一期40万吨）电石项目。积极争取集中输气工程上马，新上二甲醚、聚氯乙烯化工项目，拉长产业链条，把全县产业级次提升上来。力争经过几年的努力，使全县形成年产1500万吨煤、150万千瓦电、100万吨电石和5亿立方气的能力。二是在农业上继续全力实施“三个再造”工程，加快农副产品加工基地建设。全力实施以核桃、红枣、仁用杏等为主的干果经济林建设，努力在山上再造一个昔阳；着力打造全省第一个养猪大县，积极扶持大寨农牧、大寨绿草湾、晋阳乳业等龙头企业，在场院再造一个昔阳；逐步完善县、乡、村三级劳务输出服务网络，加大劳务技能培训，加快农村富裕劳动力转移，在劳务输出上再造一个昔阳。力争通过2年至3年的努力，实现新发展干果经济林20万亩、养猪突破100万头、劳务输出5万人的目标。三是在新兴产业上继续全力推进以大寨为龙头的旅游等产业发展，加快特色旅游基地建设。要大力发展旅游业，加大景点开发力度，提升文化影响力，重点打造虎头山、石马寺、黄庵垴、龙岩大峡谷和水磨头渔乡五大景点，形成“名山、秀水、古刹、险垴、幽谷”的旅游新格局。与此相配套，要大力培育新型服务业，引导民间资本、企业家向商贸流通、文化娱乐、现代物流、房地产等产业转移。特别要统筹城乡发展，努力加快生态、园林、卫生、文明“四城联创”步伐，倾力打造一流的山水园林生态城市。同时，坚持以“四化四改、十个一、五个全覆盖”为重点，加快农村基础设施建设，为产业转型发展创造条件。

三、坚持“绿”字为要，加快构筑转型发展的生态环境体系

建设山川秀美新昔阳，是全县人民的夙愿。从学大寨时期的山水田林路综合治理，到上世纪末的大规模退耕还林，全县人民长期以来为改善生态环境进行了不懈地努力。但是，从科学发展和人民现实生活的要求出发，我县无论在造林理念还是在具体实施上，都已远远不适应新形势的需要。2008年，我们出台了《关于建设生态昔阳加快林业发展的实施意见》，对全县生态建设做了全面的安排部署。今年，我们要抢抓省、市大规模造林绿化的机遇，重点抓好以下工作。一要在造林绿化上求精求高。以“山上治本”与“身边增绿”为载体，统筹部署全县的造林工程，切实提高综合效益，彰显生态效应。要突出重点，实施好“一城、两川、三路、四景、五库、百村”高标准绿化工程。

要健全多元化的投入机制，积极争取各级项目扶持，用活用好煤炭企业生态恢复治理基金，引导民营资本投资造林绿化，鼓励企业和企业家发展生态庄园经济，形成政府、企业、农民和社会广泛参与的多渠道、多层次的投资体系，确保造林绿化的资金投入。要推行造林绿化项目责任制、工程招投标制及工程专业施工制和工程监理制，为造林绿化的开展提供制度保障。要创新林业发展机制，全面铺开集体林权制度改革，调动千家万户发展林业、建设生态文明的积极性。二要强力推进节能减排。继续实施“蓝天碧水”工程，认真执行“三同时”制度，提高环保准入门槛，从源头控制和治理污染。加大节能减排力度，大力发展循环经济，全县空气质量二级以上天数要保持在350天以上。三要大力整治城乡环境。重点推进新农村建设重点村的绿化、美化、净化工作，拆除207国道、317省道的乱搭乱建和非法建筑，增加公共绿地面积。提高县城集中供热率和气化率。积极开展农村“创三优”工作，切实改变农村脏乱差面貌，改善农民生产生活条件。

四、坚持“民”字为本，加快构筑转型发展的和谐建设体系

发展的最终目的，是让人民群众生活得更加幸福、更有尊严。我们一定要在加快发展的同时着力解决好民生问题，全力推动社会转型。一要改善民生促和谐。自觉坚持把民生建设摆在优先位置，坚持公共财政向民生倾斜、向农村倾斜、向困难群体倾斜的“三倾斜”政策，全面完成省、市确定的“五大惠民工程”和“五个全覆盖”任务，着力办好向全县人民承诺的惠民实事。进一步扩大社会保障的覆盖面，不断提高新型农村合作医疗和城镇居民医疗保险参合率，完善社会救助体系，加快廉租房和经济适用房建设力度，让公共财政的阳光普照城乡所有居民。把扩大就业作为和谐社会建设的“一号工程”来实施，建立健全创业扶持政策，推进创业带动就业步伐，加强就业技能培训，提升全民创业就业能力。尤其要发挥阳煤、国投等驻昔阳大企业、大集团的带动作用，努力拓宽就业渠道，增加城乡居民收入。二要维护稳定促和谐。引深“党政干部大接访”活动，认真落实信访工作领导责任制，按照“四个到位”的要求，解决好关系群众利益的突出问题。高度关注舆情，畅通群众诉求渠道，把握社情民意，消除不稳定因素。加强社会治安综合治理，深入推进“平安昔阳”创建活动，大力强化公安及乡镇综治队伍建设和技防建设，保持对各类犯罪活动的高压态势，全力维护社会和谐稳定。三要强化安全促和谐。全面做好道路交通、非煤矿山、危险化学品、建筑施工、公共聚集场所等安全工作。特别是要高度重视煤矿安全生产，认真落实政府和企业两个主体责任，做实煤矿兼并重组后的监管主体，进一步强化煤矿安全监管，下大力气排查整治各类安全隐患，采取更加有力的措施，坚决遏制重特大安全事故的发生，努力打造平安和谐新昔阳。

（作者系中共昔阳县委书记）

交城：以六大举措推动产业转型升级

李志安

新一届交城县委、县政府班子组建以来，积极致力于更新发展理念、推进产业创新、提升产业质量，推动交城又好又快发展。省委书记袁纯清同志在吕梁特别是在我县宏特煤化工公司调研，并对宏特公司依靠科技创新做大做强的经验给予充分肯定之后，我们备受鼓舞，结合交城实际深入学习贯彻袁书记重要讲话精神，并组织党政考察团积极走出去，赴陕西省榆林和内蒙古鄂尔多斯、包头等地进行了学习考察。跳出交城看交城，对交城发展有了更加深入的认识，从而进一步明确了推进产业转型发展的思路。

一、立足交城产业实际，深刻分析自身优势与不足

就交城而言，我们有优势，但也存在明显不足，可概括为“四大优势”“五大矛盾”。“四大优势”：一是区位优势。交城处于太原市50公里辐射区，具有承接省城大企业产业辐射、人才辐射的非常便利的条件，并由此形成了承接省城大型企业辐射的产业集群。二是结构优势。交城作为一个煤炭资源型县份，产业主要以煤焦为依托，以煤兴产、以煤兴业，但又不完全依赖煤焦，走出了一条多元发展的路子。经过多年的发展，基本形成了煤焦、冶炼、铸造、煤化工、医药化工、玻璃、建材等为主的多元化循环经济产业格局，多元产业结构增强了抵御市场风险的能力。三是科技优势。交城有相当一部分企业自主创新意识较强、成果显著，形成了拥有自主知识产权的优势企业集群。四是规模优势。部分龙头企业的产业规模，在同行业中具有一定的比较优势；在全县产业发展中具有较强的带动、拉动、辐射功能。“五大矛盾”：一是思想观念与产业发展的矛盾。交城涌现出了一批思想解放、眼界开阔的

企业家，但大多数企业家思想还相对封闭保守，视野狭窄，自身力量薄弱，又不愿合作，排斥联合，在机遇面前患得患失，不敢想大的做大的，宁愿放弃机遇，也不敢大胆合作，放手一搏。二是产业发展与产业政策的矛盾。从全国、全省宏观经济发展态势看，许多产业都处于产能过剩阶段，下一步淘汰、整合、重组的力度必将进一步加大。从国家产业政策来讲，交城的主导产业焦化、水泥、铁合金、平板玻璃都属于限制发展的产业，面临生存发展的危机。三是产业布局与生态建设的矛盾。我县工业园区建立已近十年，至今仍没有形成科学合理的产业布局规划，一些企业占地存在随意性，特别是一些污染企业在园区以外落户，影响生态效益。四是自主发展与资源制约的矛盾。交城县境内有煤、铁、石英砂、青石等32种矿产资源，资源种类多但数量少，难以支撑全县产业发展；在资源占有量、自主发展的动力上也有很大差距。五是产业质量与发展动力的矛盾。面对日益激烈的市场竞争和门槛越来越高的宏观产业政策，我县产业规模小、集中度低、产业链条短、产业层次低等问题也更加明显地暴露出来，发展后劲乏力。

二、扬长避短，乘势而上，以六大举措推进产业转型升级

我们经过充分调研和论证，提出了实施“1359振兴工程”，强势推进“二次创业”总体发展思路。在产业转型升级上，要以工业园区为平台，以项目建设为抓手，按照“扩规模、延链条、上档次、建集团”的原则，积极探索“以特色产业园区建设带动企业集中，以项目建设促进产业链延伸，以产业链延伸推动企业重组、推动集团化建设”的新路子，实现经济发展的新跨越。

1.科学规划产业布局。立足我县不同区域的资源、土地、人口、产业基础、生态环境等综合条件，科学规划产业布局，合理划分区域功能，逐步形成“1122”产业及社会发展布局。第一个“1”是指以县城建设为中心，加快移民步伐，引导人口逐步向县城集中，扩大县城人口规模，强化县城核心带动功能，提升城镇化水平，拉动第三产业发展，拉动经济增长。第二个“1”是指平川区域，将工业园区范围以外的平川区域规划为农业及农副产品、轻工业产品加工区，严禁建设新的重工业项目，逐步搬迁旧的重工业项目。第一个“2”是指两个工业区，即夏家营生态工业园区和水峪贯、西社工业区，这是全县重工业项目发展的主要承载区。第二个“2”是指两个旅游区，即卦山、玄中寺旅游区和庞泉沟自然保护区，这是全县生态建设的重点区域，要建成全县人民的“天然氧吧”。

2.大力强化园区建设。一是理顺体制。按照“统一协调、分工负责、高效运转”的原则，着力解决园区与经济部门、所处乡镇等关系不顺、职责不明的问题，逐步走向园区、经济局、乡镇一体化。二是完善园区职能。使园区积极承担起“产业发展、基础设施建设的规划和实施、招商引资及项目落地、创优环境及服务和管理企业”的职能。三是完成园区建设规划。明确产业定位，完善产业发展规划、土地利用规划、环境评价等。按照我县主导产业的发展，做好特色产业园区的规划，以产业园区引进新项目，以产业园区吸引、促进现有企业搬迁、集中，逐步形成特色产业园区。四是按照“统筹兼顾、突出重点、政企联合、量力而行”的原则，加快园区的基础设施建设。

3.强势推进项目建设。结合制订“十二五”规划，我们制订了全县产业振兴规划，按规划分行业、分企业筛选一批大项目、好项目，集中人力、物力、财力予以扶持。重点抓好总投资达97亿元的29个项目。

4.全方位实施外引内联。“外引”，就是狠抓招商引资。积极帮助企业家解放思想，走出去发现新的产业，发现新的合作伙伴，组织企业走出去参加各种招商会、洽谈会，以资源、产业优势吸引上下游关联产业。以企业招商为主要模式，以资源、资产引技术、引人才、引资金，强化战略合作，实现借力发展，力争引进几家大企业大集团。同时，我们开通政府招商引资网站，通过网络发布县情、企业名录、招商引资项目、优惠政策等相关信息，为招商引资搭建信息平台。“内联”，就是引导、支持我县企业之间横向联合，上下游衔接，业务上协作，延伸产业链，促进资源能源综合利用，提升发展的集约化水平。鼓励支持我县焦化企业同中兴等煤炭企业相互参股联合。积极扶持建立企业担保公司、小额贷款公司、村镇银行，积极引进民营银行。县委、县政府每年对各种金融机构进行专门考核，依据对交城经济的贡献予以重奖，缓解企业融资难的问题。

5.鼓励企业技术创新。在提升企业现有科技创新能力的基础上，通过多种方式强化企业与科研院所的合作，加快技术创新步伐，运用新工艺、新技术改造传统产业，实现节能降耗、产品上档次。政府鼓励企业建立自主研发机构，开发新型产品。

6.延伸产业链条，培育大企业大集团。立足我县产业结构，积极形成和完善几条循环发展的生态产业链：①采矿——冶炼（铁、镁、铁合金）——铸造件——机械加工——定型产品；②原煤——焦——甲醇——二甲醚；③焦——焦油——精细化工——针状焦——碳纤维；④煤——焦——发电——冶炼——钢——钢材——废渣制品；⑤石英砂——玻璃——特种玻璃——制成品；⑥化工——医药；⑦废渣——水泥——建材；⑧红枣（核桃）苗木——规模种植——技术服务——农产品深加工；⑨养殖——深加工——产成品；⑩名人资源——自然生态——历史文化——交城山水产业链，提高资源利用率，降低产品成本，增强企业竞争力。同时，把企业集团化建设作为产业转型升级、增强县域经济核心竞争力的重要途径，实现规模发展、集约发展、循环发展。

（作者系中共交城县委书记）

同煤集团：踏上循环经济发展之路

吴永平

大同煤矿集团近年来大胆探索与实践循环经济发展之路，建成了全国煤炭行业中第一个规划最完整、效果最明显的循环经济园区，为煤炭企业的可持续发展提供了有益借鉴。

所谓循环经济，就是运用生态学规律，将人类经济活动组织成为“资源—生产—消费—再生资源”的反馈式流程，对能源及其废弃物实行综合利用，实现“低开采、高利用、低排放”，最大限度地利用进入生产和消费系统的物质和能量，提高经济运行质量和效益，从而使经济发展与资源、环境保护相协调，最终达到可持续发展。

煤炭企业发展循环经济不仅是战略选择，更是现实需要。首先，这是提高煤炭企业资源综合利用率的有效途径。作为一次性能源主体的煤炭，如何被科学利用、合理利用、高效利用，这是必须解决的难题。发展煤炭循环经济，就是以煤炭资源开发为起点，以煤矸石、矿井水及煤炭伴生资源等各类资源综合利用为核心，不断培育煤炭产业的多元化和新的经济增长点，实现煤炭企业健康可持续发展。其次，是保护生态环境的根本要求。大力发展循环经济，通过发挥煤炭企业的“废物资源”优势，可将煤炭开采活动对生态环境的影响降到最小，可以有效解决经济发展与生态环境保护之间的矛盾，实现煤炭企业和生态环境的和谐发展。再次，是提高煤炭企业经济效益的重要举措。发展循环经济，有利于煤炭企业延伸产业链条，实现资源利用的最大化和废弃物的最少化，把过去需要花钱处理和破坏生态环境的废弃物转化为可以创造效益的资源，形成新的经济增长空间，提高企业经济实力和市场竞争力。

在实践中，我们总结了煤炭企业发展循环经济必须紧紧抓住的“三个要”。一是要用科学的理论来引领。煤炭企业发展循环经济要结合实际，着眼长远，用科学的理论定位发展思路，同时必须遵循循环经济的基本原则、选择合适的经济发展模式并达到相应的规模。大同煤矿集团根据实际，采用循环经济园区发展方式，实现技术和管理创一流，资源节约和综合利用创一流，环境保护创一流，开创了大同煤矿塔山循环经济模式，并根据国家的循环经济指标体系，制订出了30项园区指标，为煤炭工业发展循环经济积累了宝贵的经验。我们依据循环经济理论和产业生态学原理设计了“二矿十厂一条路”，建成了世界上设计能力最大的单井口井工矿井，煤炭企业控股建设的最大电厂和国内生产能力最大的高岭土加工厂等13个项目，形成了一个相对独立完整的产业群，实现了项目、资金、人才、技术的聚焦效应。构建了“煤—电”、“煤—化工”、“煤—建材”完整的产业链，做到了对地质环境的扰动最少，对矿产资源的开发最优，对资源的综合利用效果最好，走出了一条具有鲜明同煤特色的循环经济道路。

二是要建立科学高效的发展模式。多年来，煤炭企业给人们的印象一直是开采粗放、污染严重，现在发展循环经济必须努力锁定黑色煤炭、绿色开采的方向，对矿区范围内的煤炭、伴生矿产、地下水、瓦斯等进行综合开发，尽可能减少开采对环境的不良影响。同煤集团塔山循环经济园区以设计年产1500万吨的塔山矿井为龙头，配套建设洗煤厂，实现动力煤洁净生产；洗煤厂生产的精煤通过铁路专用线装车外运；洗中煤、末煤供煤化工项目生产甲醇；洗煤厂分选出来的煤矸石输送到煤矸石砖厂，分选出来的低热值煤输送到资源综合利用电厂发电，电厂产生的余热用于居民区冬季取暖；坑口电厂排出的粉煤灰，作为水泥厂的原料，水泥厂产生的废渣进入砌体材料厂制成新型建材；采煤过程中采出的伴生物高岭岩作为高岭土加工厂的原料。综合利用使产业链条实现完整闭合，把资源“吃干榨净”。在塔山循环经济园区实践中，安全、高效、绿色开采的塔山矿，在工艺技术上，瞄准先进，自主创新，资源回收率一直保持在85%以上；2×60万千瓦坑口电厂发电原煤通过1.5公里输煤栈桥从矿井直接送达电厂，减少了中间运输环节，避免了煤炭运输过程中粉尘对环境的污染。塔山井田煤系及煤层底板中高岭岩资源储量达2.59亿吨，在煤炭开采过程中，对高岭岩资源同时开采，进行综合利用，避免了资源的浪费；规划建设了年产120万吨甲醇项目和煤气联产5万吨/年甲醇项目，对于充分发挥煤炭资源优势，提高企业竞争力发挥了重要作用。

三是要以良好的经济效益和社会效益作支撑。煤炭企业发展循环经济的一个重要途径是建设循环经济工业园区，一个企业的工业废物，就近成为另一个企业的原料，通过各企业之间工业废物交换和资源化利用，实现整个园区自然资源低投入和“三废”低排放甚至于零排放，这不仅有效消除了长期以来环境与经济发展之间的激烈冲突，而且为煤炭企业带来了良好的经济效益与社会效益。大同煤矿集团塔山循环经济园区通过提高资源利用率，放大了资源价值，使上游产业的废料变成下游产业的生产要素，建成了4×5万KW资源综合利用电厂，不仅可以做到节能、节地、环保，而且每年消耗塔山矿低热值劣质中煤120万吨，每年可节约标煤70万吨，日节约水1.2万吨，二氧化硫和烟尘排放量分别减少4000吨和6940吨。电厂产生的粉煤灰及炉渣进入园区配套建设的日产4500吨水泥熟料生产线，每年可消化粉煤灰、炉渣、脱硫石膏等工业废渣53万吨，实现了固体废弃物的资源化再利用。园区内的生活污水和工业废水全部排放至日处理能力4000立方米的塔山污水处理厂，经过处理后，复用于灰场和煤场防尘喷淋及绿化用水，实现了水资源的闭路循环，废水重复利用率达到100%，园区废水基本做到"零排放"。

随着园区的建成与运营，园区的经济效益、环境效益大幅提高。2009年园区产值达87亿元，园区内所有项目投产后，产值将达到150亿元以上，预计实现利税50亿元以上，特别是拉动了当地的就业。节能减排成效显著，原煤生产能耗为0.002吨标煤/吨，属于国际领先水平。同煤集团要继续坚持"黑色煤炭、绿色开采；循环经济、吃干榨净；高碳产业、低碳技术"的发展理念，以塔山循环经济园区为示范，在"十二五"期间，再建设朔南、东周窑—马道头、白家沟、轩岗4个新园区，走出一条具有同煤特色的"循环、绿色、低碳"发展之路，实现经济效益、社会效益、生态效益的共赢。

（作者系大同煤矿集团有限公司党委书记）

太重集团：转型升级　勇当跨越发展领跑者

太重始建于1950年，是新中国自行设计、建造的第一座重型机器厂，属于国家特大型骨干企业。60年来，累计为国家重点建设项目提供了1000余种、两万多台(套)装备，创造了360多个国内外第一，被誉为"国民经济的开路先锋"。

近几年，太重集团在科学发展观的指导下走上了良性循环的快速发展轨道，销售收入从2003年的15亿元增加到2009年的108.5亿元，年均增长30%以上；职工收入从1.3万元增加到5.6万元，年均增长20%以上，保持了效益增加、民生改善、企业和谐的良好态势。

2010年是太重建厂60周年，也是"十一五"规划的最后一年。2010年上半年，经过广大干部职工的辛勤工作和超常努力，在金融危机滞后影响的严峻形势下，完成工业总产值65.3亿元，为年计划的47%，同比增长19%；完成主营业务收入66.4亿元，为年计划的48%，同比增长27%；完成利润4.19亿元，为年计划的60%。同比增长47%。

2010年6月5日和8月12日，省委书记袁纯清两赴太重集团进行调研。调研中，他充分肯定了太重集团对振兴国家装备制造业和山西经济社会发展作出的重要贡献。他说，太重作为装备制造企业，规模迈上百亿元台阶，表明拥有了一个新的发展起点，已进入加快发展区间。企业确定在"十二五"销售达到500亿目标，思路清晰，设想宏伟，很好地体现了省委、省政府的部署要求，要进一步科学规划，细化措施，确保早日建成国内一流、国际知名的国际性大型重型机械企业。他殷切希望太重人：要以大型化、重型化为特色，以高端化为目标、以成套化为基干、以多元化为路径、以国际化为追求，加快把太重建设成国内一流、国际知名的大型重型机械集团。

自主创新　锻造强劲的市场竞争力

早在"十五"期间，太重就先后研制了举世瞩目的三峡工程1200吨桥式起重机、托起"神舟"号载人飞船的航天发射塔架、深圳世界之窗旋转舞台等一大批具有当代世界先进水平的标志性产品；开发出φ340毫米无缝管轧机、螺旋焊管机组、7500吨铝挤压机、20立方米大型矿用挖掘机等具有自主知识产权的新产品，极大地提高了太重的知名度和竞争力。2001年太重技术中心成为国家级技术中心。

"十一五"期间，太重继续坚持科学发展，创新体系建设进一步加强。太重集团进入了全国首批91家创新型企业名单；荣获"国家认定企业技术中心成就奖"；太重技术中心在575家国家认定企业技术中心中脱颖而出，排名2009年提升为第13位。先后开发研制了具有过隧道功能的900t架桥机，核电站用环形起重机，20—100吨中小起重机系列；27立方米、35立方米、直至世界最大的55立方米矿用挖掘机；荣获"国家重点新产品"荣誉的φ108mm三辊轧管机，五机架二辊连轧管机组，φ325mm阿塞尔无缝轧管机组成套设备；8000吨快速锻造液压机及操作机，1万吨双动短行程铝挤压机，1.1万吨卧式双动正向铝挤压机；中厚板全液压矫正机，5000mm冷态宽厚板矫正机；1.5兆瓦风电增速器，立磨减速机；太重煤机·太矿研制了国内首台1605kw的大采高电牵引采煤机，智能型采煤机、油页岩电牵引采煤机、薄煤层采煤机、EBZ135千瓦掘进机、SGZ1000/3×700千瓦刮板输送机等；2008年北京奥运会和残奥会上，太重生产制造的舞台升降机械和"白玉盘"产生了举世瞩目的轰动效应。这一切，都是太重坚持科学发展、自主创新的印证。

装备制造业作为国民经济的战略性产业，是山西省重点培育的四大新型支柱产业之一。2009年5月，《山西省重型机械行业调整振兴实施方案》出台，提出我省要以太重为核心，持续提高重装产品科技含量和制造能力，整合产业链上下游生产与服务资源，辐射带动周边协作配套企业，建设重型装备制造国家示范基地。

转型升级　勇当跨越发展领跑者

2009年，太重在金融危机艰难形势下积极应对市场变化，保持了平稳较快增长，主要经济指标均超额完成，全年工业总产值114.2亿元，同比增长14.72%；利税10.9亿元，为年计划的121%，同比增长24%。2010年上半年工业总产值累计完成65.3亿元，同比增长19%；主营业务收入累计完成66.4亿元，同比增长27%。同时，通过精心组织，太重产出规模再创新高，创新能力进一步提升，产品开发获新突破，发展步伐更稳，后劲更强。

2009年，太重自主研发设计的1.5MW风电整机实现了当年开发、当年出产，比原计划提前一个月并网发电，为我们新产品开发又树立了成功的典型。具有自主知识产权的首套千万吨级矿井综采成套设备成功下线，标志着我国煤机制造进入了一个新阶段，其中，太重煤机制造了我国装机功率最大、结构设计先进、智能化程度较高的2500KW电牵引采煤机和国内井下内槽最宽的刮板运输机。1.5MW风电增速齿轮箱获得了中国船级社颁发的“设计评估”和“型式试验”认证证书，突破了批量生产瓶颈，并顺利出产。掌握了二代加、欧洲三代核环吊技术，取得订货10台套。WK-55挖掘机经过完善改进，全面达产达效，受到市场的肯定，又签订了神华集团两台WK-55挖掘机制造合同。太重煤机·太矿试制成功了动筛排矸机、直线香蕉筛、E-BZ200掘进机、侧卸装岩机、凿岩台车等新产品。

太重必须有大发展，这是形势逼出来的。科学发展，锐意创新；加快调整，转型升级，创新和速度成为了太重新一轮大发展的关键词。随之，一个抢占战略性新兴产业发展制高点的潮流在太重激流涌动，主要体现在以下三个方面——

一是在全面巩固提升传统产业的同时，做大做强“五大新领域”，其中包括清洁能源、洁净煤技术设备、轨道交通、港口机械、工程机械。

二是优化市场布局，全力开拓新产品市场，大力开发国际市场。

新产品市场是企业可持续发展的基石，太重从战略的高度，十分珍惜历史给予的机会，把新产品市场当成今后的主攻方向，实现由国内市场向国际市场的战略转变。

三是采取具有典型意义的举措：

——确定了在“十二五”期间出口产品超过总产值30%以上目标。

——由以往生产单一产品向成套化、工程总承包化发展，实现“一揽子工程”和“交钥匙”工程。

——按照国家的调整、振兴方案，太重榆液实现退城入园，将装备制造业基础件做大做强。

——抓好节能减排，不断实施节能技术改造，实现产值逐年上升，总能耗不断下降。

——在公司内部实施关停并转，将污染大、能耗高的企业全部关停，全面实现绿色生产，保持“绿色企业”的荣誉。

——加快太重煤机信息化建设，通过内涵式发展(企业引进技术、更新改造促产品扩能升级)和外延式发展(联合、重组、专业化协作、产业集群发展)相结合，将企业建成具有工程总承包、系统集成、设备成套设计与制造能力集科、工、贸为一体的大型煤机企业集团。

四个转变　实现转型跨越大发展

“不论你是狮子还是羚羊，当太阳升起，你最好快跑。”这是世界商业和全球化领域最有洞察力、最具有创新精神的观察家托马斯·弗里德曼发现的新世界。今天在太重，人们对岳普煜董事长的“快鱼理论”也同样耳熟能详：“企业间的竞争绝不仅仅是‘大鱼吃小鱼’，更是‘快鱼吃慢鱼’！企业的成功之道在于‘速度取胜’！”他认为，随着世界经济进入后金融危机时代，中国经济的回升即将到来，产业调整、速度之争的大幕即将拉开，未来的企业格局决定于发展的速度：谁更快，谁就更强!

思路决定出路，解放思想的深度和广度，决定了企业发展的质量和速度。正是基于对国际金融危机所带来的大变革、大调整、大发展的深刻认识，太重提出从企业结构调整、提高经济运行质量上下足功夫，必须“提高四种能力、实现四个转变”，这“四种能力”是指“自主创新能力、精细化管理能力、风险控制能力、和谐建设能力”；“四个转变”是指“实现以传统领域为主向传统领域与新领域并重转变；实现国内市场为主向国际、国内市场并重转变；实现由传统的生产型制造商向新型服务型制造商转变；实现由规模拉动型向创新驱动型增长转变。”

可以说，四个转变构成了一个有机的整体，兼顾了做大与做强的关系，统筹了量的扩张与质的提高，有助于企业均衡可持续的发展。

2009年的骄人成就并没有止住太重探寻的脚步，除了前面提到的清洁能源方面的风电、核电、高速铁路的行业以及煤化工产业以外，天津滨海制造基地和万吨压机项目建成后，产品线还将向大型化、超大型化，包括向海洋工程装备的延伸。

下一步，太重将进一步增强国际国内两个市场的拓展能力，以巴西、印度、秘鲁等新兴市场为主要目标，推广冶金起重机、大型矿用挖掘机、锻压设备、管轧设备等具有较强比较优势的拳头产品。同时，加快临港基地建设来促进和国际接轨，以市场的国际化带动研发、人力资源、采购、管理的全面国际化。

太重集团董事长岳普煜表示，在提前两年实现“百亿太重”目标后，太重“十二五”确立的目标是销售收入要达到500亿元。自主创新、自主研发将提供最重要的支撑。

在太重的创新战略中，人才强企战略是不可忽视的一项。太重高度重视对职工素质的培养，将其作为常抓不懈的工作之一，不断创新人才引进和选拔机制，着力营造出有利于优秀人才脱颖而出、人尽其才的良好环境，培养出一批批优秀管理者、科技拔尖人才、高技能人才。

针对管理人员，太重着重培养其超前的思想理念将专业对口的高学历人才源源不断地输送到设计、工艺、生产等管理岗位；针对科技人员，除了抓好自有人才的培养，还注意加强产学研结合，从外界引脑借智，聘请资深外籍专家驻厂工作。还特别注重完善创新人才考核评价和奖励制度，培养科技带头人；针对蓝领工人，每年举办工艺、技术、设计等各个方面的培训学习，并通过提高关键岗位人员的工资待遇、开展名师带高徒、技术比武和各种竞赛活动，不断激发职工学习技术的积极性和自学成才、技术创新的动力，打造出一支爱岗敬业、技术精湛、作风过硬的职工队伍。

潞安集团：争做转型跨越发展的排头兵

潞安集团是山西省五大煤炭企业集团之一，自2000年8月8日改制以来，认真贯彻落实科学发展观，做好资源型企业转型发展这篇大文章，立足煤，延伸煤，超越煤，全面打造绿色新型能化企业集团，走在了全省煤炭企业转型发展、跨越发展的前列。

主要经济指标大幅攀升，企业不断做强做大，保持了又好又快发展的势头

潞安集团改制十年来，突出战略管理，依靠战略致胜，制定实施了“中国潞安”“三步走”战略，企业实现了大跨越、大发展。

“十五”期间，提前一年高标准、大面积实现“再造一个潞安”战略目标；“十一五”“建设能化大集团”又好又快推进，创造了多项全国、全省第一，一些指标达到国际领先或先进水平。2009年，潞安集团实现煤炭产量5509万吨，销售收入498.6亿元，利润总额38亿元，员工工资66049元，分别是2000年的4.8倍、34倍、120倍和4.5倍，位居全国企业500强第127位；比2000年前移了363位，位居全省工业企业30强第3位。

2010年将完成煤炭产量7000万吨、销售收入700亿元、实现利润40亿元，全面完成“十一五”战略目标，为“十二五”赢得一个精彩开局。

巩固提升集约高效优势，打造具有世界领先水平的现代化煤炭产业发展的新高地

进入新世纪以来，潞安集团围绕建设亿吨级煤炭集团的目标，全力推动煤炭产业做大做强，实现了安全、集约、高效、绿色发展。

集团公司成立10年来，杜绝了重特大事故，百万吨死亡率0.033，达到国际先进水平，其中五个年度实现事故为零，而且没有新增一例矽肺病，成为全煤系统唯一荣获全国“安康杯”竞赛十一连冠企业，全省唯一的“全国安康杯竞赛示范企业”，被特颁了“全国五一劳动奖状”。

相继建成了全国第一座数字化矿井、第一个大采高自动化综放工作面、第一个数字化掘进工作面、第一个280米超长工作面。采煤、掘进、供电、运输等主要环节推进计算机程序化控制，部分岗位实现无人值守；老矿井全面推进数字化矿井改造和建设，新矿井按照“煤不见天，煤不落地”的理念，全部建成“装备最好，用人最少，效率最高”的绿色新型现代化矿井，实现了“老矿井减人提效，新矿井集约高效”，集团全员效率、回采工效、掘进工效、采区回收率分别达到15.023吨/工、115.29吨/工、0.36米/工、83.2%；继续保持全国领先水平。

立足山西，着眼全国，“百年潞安”基业更加稳固

潞安集团坚持“资源型企业必须占有资源”的理念，在全省率先实施“走出去”战略。2002年授权经营了慈林山煤业公司，2003年收购宁武县陈家半沟煤矿，组建了潞宁公司，2006年控股了屯留郭庄煤矿，2007年与新疆哈密煤业强强联合，组建了潞安新疆煤化工集团，带来240亿吨资源。

2009年以来，按照山西省委、省政府的决策部署，潞安集团在临汾、晋中、忻州、吕梁、长治等地整合矿井101座，整合产能3120万吨/年，整合资源30亿吨，集中力量、集中投资，采用融资租赁等方式对整合矿井进行现代化改造。计划用今明两年时间，将整合矿井一次性建成产能90万吨/年以上的规模化、集约化、数字化、信息化的新型矿井。潞安集团的“集约化整合”、“以主力矿带整合矿”、“以煤补农”等做法，都得到省委、省政府的充分肯定，形成“潞安经验”在全省推广。

目前，潞安集团已形成潞安本部、武夏、忻州、临汾、晋中、潞安新疆六大矿区，全面构建起本部核心区、省内扩张区、省外战略区的三区发展布局，拥有煤炭储量435.6亿吨，按亿吨规模可稳定开采200年以上，为建设亿吨级煤

炭集团和“百年潞安”奠定了坚实基础。

以循环经济为主导，开启转型发展、跨越发展的新篇章

潞安集团始终把循环经济作为资源型企业可持续发展的最佳途径，“做好煤文章，发展碳经济”，围绕煤炭产业实行循环化，延伸了煤电化、煤焦化、煤油化三条主产业链；坚持全循环、抓高端，建设了煤电、煤油、焦化、电化四大循环经济园区。发展了煤、电、油、化、硅五大产业，实现了高碳产业低碳发展，占领了能源产业发展新高地，开辟出立体发展新天地。目前，集团非煤产业销售收入占总销售收入将近一半，潞安集团已被确定为全国循环经济试点企业。

按照“化产是主产品，焦炭是副产品”的理念，形成了300万吨／年焦炭、60万吨/年甲醇、40万吨／年二甲醚规模。建成2座27万KW／年的煤矸石综合利用电厂，1座4500KW／年的瓦斯发电厂，正加快构建煤电一体化格局。

发挥周边石英砂资源丰富及潞安富余电量优势，初步构建了煤矸石综合利用电厂——工业硅——聚氯乙烯——高纯度多晶硅——太阳能电池垂直一体化的硅产业链条，1GW／年的光伏太阳能项目一期工程9月20日产品下线，同时开工建设二期工程，硅产业链其他项目将于年内或明年上半年投产。

特别是在以煤基合成油多联产为核心的新兴产业上潞安集团占领了发展高地。

潞安煤基合成油项目是国家“863”、“973”高新技术项目，是中科院知识创新工程重大项目，是潞安集团于2005年5月在中海油、神华集团等大集团参与下中标的国家级招标项目。2006年2月开工建设。2008年12月，生产出国内第一桶钴基合成油。2009年7月铁基浆态床一次投料试车成功，产出合格油品，并连续稳定运行。潞安成为世界上唯一一个掌握钴基、铁基两种催化剂进行煤制油的企业。

目前，21万吨／年潞安煤基合成油示范厂运行稳定，吨油耗煤、耗电、耗水等多项指标均低于国内外同类企业。潞安煤基合成油被用作上海世博会部分油轮和公交车辆的环保调剂油。

潞安集团发展煤基合成油产业，不单单追求油品，而是充分体现低碳发展理念，以煤油循环经济园区为载体、以潞安矿区沁水煤田下组高硫煤为主要原料、以周边焦化厂剩余焦炉煤气和煤矿预抽瓦斯气为补充原料，利用合成油过程中富余的氢气、高纯氮气和排放的二氧化碳废气联产18万吨合成氨和30万吨尿素，利用尾气进行IGCC发电，大规模利用目前因环保要求而弃采的高硫高灰劣质下组煤资源，为延长矿井服务年限探索了一条新路，实现了减量化工资源化和再利用；园区内30万吨／年尿素装置，可每年减少27万吨二氧化碳排放，焦炉煤气和预抽瓦斯气与二氧化碳重整，每年可减少14万吨二氧化碳排放，二氧化碳气体驱替瓦斯气正在进行，走出了一条煤化工多联产低碳排放的路子。

当前，潞安集团在抓好示范工程运行的同时，正在进行年产540万吨煤基合成油多联产产业化项目的前期准备工作。

由资源驱动型向创新驱动型转型，实现了企业产业链与技术链、资金链、人才链的有效对接

潞安集团持续推进科技创新、金融创新、人才创新、体制机制创新，实现了产业链与技术链、资金链和人才链的有效对接，为转型发展提供了强有力支撑。

潞安集团建成了国家级技术中心，创建了全省首家企业研究院，被确定为全国创新型试点企业，同中科院上海高研院联合组建了“潞安上海低碳能源转化技术中心”。近年来，有4项科研成果获国家级科技进步奖，获得国家专利70多项。自主创新“潞安贫煤、贫瘦煤高炉喷吹技术与应用”，打破了国际上“烟煤不能高炉喷吹”的禁区，潞安喷吹煤销量占全国市场份额的1／3，潞安被授予“中国喷吹煤基地”称号，荣获“联合国清洁煤技术示范和推广企业”，潞安环能股份公司成为全煤系统唯一的国家级高新技术企业。

潞安集团形成了“六渠道一公司”融资格局。潞安环能2006年9月上市以来，在煤炭板块中一直表现良好，被誉为“煤炭第一股”，2007年组建了全省首家企业财务公司，秉承“与能人携手，和巨人同行”的理念，开放办企，与人合作，积极推进资本运作，所有新上项目实现股权多元化；先后与中石油、美国亚美大陆公司、泰国班普公司、加拿大西鹰公司、美国博地公司等国际知名企业进行了广泛合作。

潞安集团把人才战略作为建设既强又大国际化新潞安重中之重，“不求所有，但求所用”，聘请100多名国内外知名专家、院士加盟潞安研究院，构建了潞安专家决策有序引进煤炭、煤化工、多晶硅、金融、贸易等专业短缺人才及高学历人才3000多名。目前，潞安集团本科以上学历员工占到员工总数1／10以上，非煤产业技术人才占到人才总量的41.2%，高级技能人才占到生产技能岗位人员的50%。潞安集团荣获国家技能人才培育突出贡献奖。

7月29日全省领导干部大会之后，潞安集团进一步解放思想，放胆争先，对潞安“十二五”规划作了进一步的调适和完善。“十二五”时期，潞安集团的总体目标概括为“亿吨煤炭，立体能源，总量翻番，国际潞安”。即：投资2000亿元，资产总额达到3000亿元，销售收入2000亿元，实现利润200亿元，跨入中国企业100强，跻身世界500强。届时，一个更加开放、更加多元、更具创新、更有活力的新潞安必将为全省的转型发展、跨越发展作出新的更大的贡献。

汾西矿业集团：站在新的起点上转型跨越更具活力

山西焦煤汾西矿业集团公司通过转变发展方式，由扭亏脱困到加盟山西焦煤，再到跨入国家千万吨企业行列，以骄人的业绩创建出煤企发展史上的奇迹，探索出跨越发展的改革新路子，实现了安全管理大提升、整合重组大突破、转型跨越大推进。如今，汾西矿业围绕省委书记袁纯清提出“安全、重组、转型”的指示精神，各项工作正朝着既定目标扎实稳步向前推进，处处呈现出一派产能扩张、产量增长、质量提升、企业增效、职工增收的大好局面。

发展方式大转变

汾西矿业的前身是汾西矿务局，2000年8月进行公司制改造，2001年10月，加盟山西焦煤集团公司。经过几年的快速扩张，发展成为以煤炭开采及加工为主的综合发展的多元化大型企业集团。跨越式发展使汾西矿业的生产方式由计划经济转变为市场经济；管理方式由粗放型转变为精细化运作；经营方式由销售原煤为主转变为销售精煤为主；产品结构调整由量的扩张转变为质的提高；煤炭产品种类由高硫煤转变为低硫煤；发展方向也由原来的经济效益型转向质量效益型，经济运行步入良性循环的轨道。

1956年元月，起步之初的企业，步子缓慢，矿井分散，资源占有量较少。1998年、1999年又遭遇全国煤企行业前所未有的困难，对于当时的汾西来说，简直就是雪上加霜。面对困境，汾西矿业战略转移“向西挺进”。分别用1年零5个月和1年零9个月的时间，建成了贺西、双柳两个年产150万吨的矿井，创造了全国同类矿井建设史上的奇迹。“西进战略”使汾西矿业新增低硫煤产量300万吨，走出了国有重点煤矿与地方煤矿优势互补联合发展的新路。2001年，扭亏脱困的汾西矿业一举摘掉了连续3年亏损的帽子，并建成年产60万吨的中兴煤矿。2003年通过兼并技改建成了曙光、紫金、宜兴等一批新矿井。煤炭产量每年以150万吨速度递增，相当于用3年时间再造了一个新汾西。2006年，汾西矿业建企整整50年，在人员未增的前提下，矿井产量由2004年的1000万吨增加到了2000万吨。2009年，从容应对全球性金融危机的汾西矿业原煤产量完成2269万吨，占山西焦煤集团28%；精煤产量完成1360万吨，达到历史最好水平。特别是资源整合后，汾西的煤矿数量达到40对左右，汾西矿业从1956年成立时年产原煤117万吨，到今年“双三千万吨”目标的实现，汾西矿业依托“晋柳王”的品牌优势，煤炭产品畅销全国各地外，还远销韩国、日本、印度等国际市场，综合经济实力位居中国煤炭100强第22位。

安全管理大提升

“只有全安才能安全”是汾西矿业董事长、党委书记翟红奉行的安全理念。汾西矿业扩大产能，提高市场核心竞争力的前提是一切工作为安全让道。为了实现企业的“大安全”，今年以来，他们把“军事化管人，精细化管事”的工作理念贯彻到实现“十一五”奋斗目标的全过程。“军事化管理”体现在“严”字上，“精细化管理”体现在“细”字上。通过军事化和精细化的“两化”管理，达到“三不伤害”(即不伤害自己，不伤害别人，不被别人伤害)的效果，从而实现个人保队组、班组保全队、全队保矿井的目的，真正做到自保、互保和联保。

“瓦斯和水”是威胁煤矿安全的两大隐患。汾西矿业抓住瓦斯治理和防治水的“牛鼻子”，在高突矿井中开展专家技术“会诊”，对查出的隐患进行“手术”。他们突出“一通三防”瓦斯治理，按照吨煤15元提取安全费用，全年资金量达1.6亿元。截至目前，百万吨死亡率为0.3，达到了0.5以下的控制目标。汾西矿业已完成所有矿井瓦斯监测监控系统的升级改造，使瓦斯监测监控系统成为防治瓦斯的“眼睛”，实现矿井断电可靠、处置迅速、监控有效的目的。汾西矿业在瓦斯抽放的二次利用上做有益尝试。在建设规模300万吨/年的双柳矿建立了马家塔瓦斯抽放站和郭家山瓦斯抽采泵站2座瓦斯抽放站，利用郭家山瓦斯抽放站抽采的低浓度(7%—30%)瓦斯进行发电，以电机组排出的余热为附近工业场地进行冬季采暖以及风井冬季防冻；贺西矿推行抽采钻具升级和钻孔施工工艺改造，实现了高瓦斯矿井在低瓦斯环境下作业，瓦斯发电规模6×800KW，利用瓦斯800万立方米，实现了优质清洁低碳能源自给。

汾西矿业广泛引进采煤新技术、新设备、新工艺，采掘机械化程度分别达到100%和86%，仅今年上半年安全投入费用就达134,405万元，优化采区和掘进设计，节约资金共计3000万元。洗煤生产快速提升已成为汾西节能降耗、提高经济效益新的亮点，其中介休中央洗煤厂引进先进洗煤技术工艺，精煤产出率达61%以上，每年可多出精煤30多万吨。在打造“管理无漏洞、设备无故障、系统无缺陷、人员无失误”的本质安全型企业上，他们加快采掘接替，为生产赢得时间；装备现代化，全部实现综采、综掘机械化作业；增加一线职工工作津贴，改善职工工作环境。近几年来，汾西矿业消灭了3人以上重大安全事故，基本实现了稳步推进，这些得益于他们本质安全型矿井、安全示范矿井、安全专项整治、百日安全会战等工作的有力开展。

汾西矿业“大安全”安全管理的重点放在领导干部的作风改变上。他们把安全管理纳入责任法人考核制度，对全公司每个单位、部门、科室、个人进行安全绩效考核排名。从2009年开始，他们分批组织处级以上干部进行“军事化”封闭式培训学习，目的是让领导干部当先锋，做表率。在领导干部中大力倡导“既是指挥员，又是战斗员”的优良作风，星期六一定不休息，星期天不一定休息。所有的矿级领导每月有一天24小时跟班上岗，带上干粮，深入井下，向回采工学习、向掘进工学习、向维护工学习，使领导干部作风从根本上转变，切实把安全管理落实到基层、班组、队组。

整合重组大突破

“西进战略”使汾西人认识到，占有优胜资源就能使企业在市场竞争中占有优势，同时，也就掌握了快速发展的主动权。作为山西焦煤资源整合主体，汾西矿业先后成功在吕梁、忻州、晋中、长治、临汾等5个地区的12个县(市)保留煤矿24座，整合地方煤矿54座，井田面积132平方公里，储量9.82亿吨，总产能1067万吨／年，整合后通过扩界，井田面积达266．5平方公里，资源储量24.95亿吨，总产能3090万吨／年，在山西省资源整合重组中书写了浓墨重彩的一笔。

汾西矿业围绕做强做大煤炭主业目标，依靠科技进步和管理创新，利用现有工程技术人员及在岗人员的人力资源优势，以老矿接新矿、一矿帮一矿、老矿帮新矿的形式接管整合矿井。目前，汾西矿业整合煤矿的名称预核准全部完成，设立了13个控股子公司。制定出台了“资源整合管理60条”。他们首先排查各矿井的安全，对原有员工进行安全培训和准军事化训练。此外，他们聘请专业人员对安全仪器仪表全面体检”。他们注重用文化管理矿井，瑞泰公司提出了“安全、和谐、高效、精益、规范、卓越”的管理理念，已按安全生产、经营管理、思想政治三大系列，分11个板块，制订了覆盖公司各个环节所有工作的108项管理和监督制度，培育出“合、和、融、容”文化，开辟了一条国企和民营企业合作共赢的新途径，为其他资源整合矿井作出了表率。截至目前，汾西资源整合和兼并重组协议签订率达到100%，主体接管到位率也达到100%，已经恢复生产的煤矿有16座，在全省煤炭资源整合和煤矿企业兼并重组中走在前列。

转型跨越大推进

对于老矿的转型是煤矿一条可持续发展之路，也是一条前景广阔的非煤产业之路。汾西矿业把目光聚焦到“煤、电、焦、贸”四大主导产业上，以“绿色、环保、节能、减排”为核心的低碳经济运行模式，走出了一条节能与减排同步、开发与利用并举的新路，取得了经济发展与资源环境保护双赢的可喜成绩，荣获“中华环境友好企业”称号。

汾西矿业对自备发电厂的4台燃煤机组进行改造。紧接着，又投资近6亿元上马2×50MW综合利用电厂，利用煤矸石和中煤进行发电，年发电量可达到6亿度，供电量可达到5.37亿度。他们利用炉渣建起了年产50万块的彩色地砖厂、空心砌砖厂，年综合利用固体废弃物4万吨，利用率达到85%；利用循环水余热建起了年产3万公斤的罗非鱼养殖场，这些项目不仅使过去的“废弃物”变为可利用的“新能源”，而且也给企业带来了可观的经济效益，企业效益逐年增长。

节能不忘减排，汾西矿业仅2009年投资1.2亿元，用于节能技术改造和研发。曙光矿回风热源工程投资1550万元，供热10万平方米，采用热泵技术供热，把矿井回风低位废热转变为高位热能，仅供热就可节能30%—50%，在全国煤炭行业属最新利用井下废气的技术。新峪公司关停了两座年产30万吨的矿办小井，在保留和继续发展小型洗煤厂的同时，先是开发经营高档餐饮的大酒店，接着在太原成立了金库餐饮公司，形成餐厅、酒店、上岛咖啡等多元发展格局，在山东乳山建起山西饭店，并以此为中心建立了企业干部职工考察学习基地。山西煤矿管理干部、劳模、工程技术人员通过基地的组织，到山东知名企业考察学习先进的管理文化和工艺技术，引进技术装备和生产工艺，使基地成为沟通内陆煤矿与沿海企业交流的重要渠道，基地自身的收益也以每年10%的速度递增。

和谐发展大融合

汾西矿业党委把党建工作与经济建设融为一体，实现了党建工作从形式到内容、从体制到机制的巨大转变，走出了一条党建与经济发展相融合、相协调、相促进的发展新路子。在扭亏脱困的困难时期，在关井破产的矛盾凸显时期，在“向西挺进”的艰苦创业时期，在资源整合的关键阶段，汾西矿业各级党组织创造性地开展工作，不仅创造了新业绩，而且锤炼出一批吃苦耐劳、能征善战的党员干部队伍。“一方有难、八方支援”的社会主义道德风尚在汾西大地传承发扬。在南方遭受冰雪灾害期间，全力以赴保电煤、保发运支援灾区；在汶川抢险救灾中，交纳特殊党费155万元，在省内第一时间派出抢险救援队和医疗救护队，由于表现突出，汾西的抢险救援队、医疗救护队分别被团中央授予“青年志愿者抗震救灾医疗服务队”。在今年3·28王家岭抢险救援中，他们科学施救，排水效果最好，第一时间成功营救出27名被困人员，得到了国家安全生产总局和省委、省政府领导的高度评价，矿山救护大队被国家安全生产总局领导誉为“老虎队”。

汾西矿业把人才队伍建设摆在实施科技兴企、人才强企战略的首位，从“矿井发展、人才先行”的角度出发，先后建立了职工集中培训(轮训)阵地、全员业余培训阵地、职业技能鉴定阵地、职工技术比武阵地“四大教育阵地”，实现了员工与员工、岗位与岗位、班组与班组、区队与区队之间的联动。

2010年，已有1552名管理人员、专业技术人员、班组长、农民工接受了各种形式的培训，全员业务能力和劳动生产率得到了显著提高。

汾西矿业把企业发展成果与职工群众共享，充分利用“两区改造”政策；改造建筑住宅总面积169.8万平方米，规划总投资22.8亿元；累计建成住宅楼347栋；建筑面积146.6万平方米，安置17743户，基本实现“居者有其屋”目标，走在了全省国有煤炭企业前列，被山西省人民政府授予集体一等功。在基层单位，他们完善了生活困难职工档案，建立了“扶贫帮困基金”和“助学基金”，出台了企业内部职工子女大专以上毕业生在本企业就业的政策。近3年来，他们通过“基金救助”方式对困难家庭进行了11,127户次救助，帮助764名考上大中专院校的困难职工子女圆了上学梦；对212名患有大病的职工及家属进行救助，党员干部与困难职工结成帮扶对子1490个，筑起了职工生活保障的又一道新防线。

汾酒集团：在转型跨越中再铸辉煌

李秋喜　王敬民

7月29日召开的全省领导干部大会，是在山西经济转型跨越、社会全面进步的关键时刻召开的一次非常重要的会议。省委书记袁纯清在大会上的讲话对省属大企业寄予厚望，提出“省属大企业要做转型发展的先锋队、跨越发展的排头兵”。

山西杏花村汾酒集团有限责任公司是国家520户重点企业之一，是省政府12户授权经营企业之一，是山西为数不多的传统知名品牌企业之一。6月9日，省委书记袁纯清在听取杏花村酒业集中发展区建设的有关汇报后指出：汾酒是山西的一个产业品牌和文化品牌，从某种意义上说关系到山西的信誉。

那么，怎样把汾酒这张山西的名片擦得更亮，怎样把汾酒这个山西的品牌叫得更响，这是我们汾酒集团新一届领导班子在全省领导干部大会之后一直思考的问题。

一、转型跨越发展必须以解放思想为先导

历史证明，没有思想的解放，就没有人类的发展和时代的进步。山西当前正处于改革发展的关键时期，能否和如何从整体上进行实质性提升，抢占未来发展制高点，关键在于解放思想。袁纯清书记在讲话中提出解放思想的三个着力点，是基于对省情的充分认识和科学把握。从汾酒集团的实际情况看，这也正是当前发展面临的最突出、最紧要的问题。

先看“发展不足”。曾几何时，作为巴拿马万国博览会中国白酒品牌唯一甲等大奖的获得者，汾酒独领白酒风骚。可目前的情形是，尽管汾酒集团每年均创佳绩，但纵向比成绩明显，横向比差距不断拉大。近年来，汾酒下滑至全国白酒的第六名，销售收入仅相当于五粮液的十分之一。去年，汾酒、竹叶青的省外销售仅占三成。

再看“新产业发展和新项目储备不足”。汾酒集团曾是全国最大的名优白酒生产基地，但如今这顶桂冠已拱手让与他人。五粮液集团建成了10平方公里的厂区，占四川宜宾市城区面积的四分之一，“十里酒城”一跃成为全球最大的白酒生产基地，出口量占到中国白酒出口总量的95%。茅台酒所在地贵州仁怀市投入20亿元，倾力打造10万吨酒业及旅游一体化名酒园区。泸州老窖所在地四川泸州市从2007年开始建设5平方公里的酒业集中发展区，到2013年将形成100家企业、300亿元收入的规模。回头看汾酒集团，这几年产能没有明显扩张，远未形成集群发展，缺乏新的经济亮点，发展缺少项目支撑。

最后看“干部队伍对大发展思想准备不足”。剖析汾酒集团落下步子的原因，固然有机制体制上的问题、管理上的问题、发展思路上的问题、环境上的问题等等，但最根本的原因还是思想观念落后、思想认识落伍，一些干部不去想大发展、不敢干大发展、不善谋大发展。如果这样继续下去，因循守旧，抱残守缺，没有追赶、超越、领先的认识和做法，汾酒重振雄风、转型跨越就是纸上谈兵。

汾酒集团转型迫在眉睫，跨越时不我待。而要想将汾酒做大、做精、做优、做强，首当其冲的就是要在发展理念、发展速度、发展模式上解放思想。思想的大门打不开，发展的大门也打不开。

要解放思想、转变观念，就要真正认识“慢进则亡”的道理，强化直接入轨、后来居上的紧迫感，摒弃四平八稳、守成求稳的思维方式，敢于谋划大思路、出手大举措。要牢固确立这样的理念：过去由于慢，汾酒落后了；如果现在还不发力，那就不是落后的问题，而是存亡的问题了。在新一轮竞争中，汾酒要想在国内白酒业实现“弯道超车”、王者归来的宏大目标，就必须“三步并作两步跑”。

汾酒集团要解放思想、转变观念，就既要看到挑战，

也要看到机遇，鼓起把握机遇、迎接挑战、再铸辉煌的信心。汾酒正面临三大难得的发展机遇：首先是广大干部职工对汾酒怀有深厚感情，有着重铸汾酒辉煌的强烈愿望和坚定信心；其次是千年品牌的汾酒在国人心目中拥有很高的认知度，有着悠久历史和深厚底蕴的文化优势，有着社会公众和酒界专家认同的质量优势，有着两个全国驰名商标的品牌优势，有着新中国开国用酒的地位优势；再次是省委、省政府在《食品产业调整和振兴规划》中把振兴汾酒列为山西转型发展的一项主要内容，将汾酒集团评定为“513”省级重点农产品加工龙头企业，为汾酒加速发展提供了有利的外部环境。

汾酒集团要解放思想、转变观念，就要冲破长期以来形成的旧思想、旧观念的束缚，克服固步自封、不思进取的懒汉懦夫思想，清除一切不合时宜、甚至影响和阻碍汾酒发展的条条框框，真正把推动汾酒发展作为考虑问题的出发点和落脚点，真正把是否有利于汾酒发展作为检验我们各项工作的根本标准。

二、转型跨越发展必须以科学思路为引领

高度决定视野，思路决定出路。站在机遇与挑战并存的历史新起点，汾酒集团确立什么样的发展目标、坚持什么样的发展道路，关系着汾酒发展战略的成败。

2009年10月，汾酒集团新一届领导班子组建后，首先是摸清家底、理清现状，并在深入调研的基础上提出了公司中长期发展目标规划。全省领导干部大会召开之后，通过认真学习袁纯清书记重要讲话精神，我们又按照转型跨越的新要求对规划进行了调整和优化。

汾酒集团未来的发展思路，可以概括为“六个明确”：

明确了发展的指导思想：创建和谐，凝聚力量，奋起直追，再铸辉煌。

明确了汾酒的战略定位：国酒之源，清香之祖，文化之根。国酒之源，就是中国白酒酿造历史的源头是汾酒，杏花村享有中华白酒“祖庭”之誉；清香之祖，就是汾酒是清香酒的鼻祖；文化之根，就是汾酒是中国酒文化的根脉所在。

明确了“三步走”赶超战略：追赶，超越，领先。追赶，是追赶新观念、追赶新思维、追赶新管理方式、追赶新目标；超越，是超越困惑、超越自我；领先，是文化领先、渠道领先，最后实现品牌领先。

明确了三大任务：抓销售，抓队伍，抓管理。就是5年内销售收入上百亿，为此着力打造一支有核心竞争力的员工队伍，并按照现代企业制度的要求，建立符合实际的管理秩序。

明确了中长期发展目标：在2009年完成销售收入37.88亿元的基础上，到2015年汾酒荣获巴拿马万国博览会中国白酒品牌甲等大奖100周年之际，实现销售收入100亿元的发展目标；到2020年再翻一番，销售收入实现200亿元。

明确了2010年的公司经营方针：夯实基础，创新管理，深度营销，加速发展。

中长期发展规划中提出的发展思路和具体目标，完全符合袁纯清书记关于“跳起来摘桃子”的要求，与省委、省政府关于山西要实现转型发展、跨越发展的宏伟设想一脉相承。只要不折不扣地落到实处，汾酒转型就有出路、发展就可持续，汾酒集团就能在国内白酒业新一轮的赛跑中实现赶超跨越。

三、转型跨越发展必须以改革创新为保障

如何确保“再造一个新山西”宏伟目标的实现？袁纯清书记在讲话中指明了科学方法，即必须以改革创新的思维引领大发展，通过继续深化体制改革、创新经营机制、强化管理创新、开发人力资本，补齐短板，加长长板，为转型跨越发展提供强有力的保障。

汾酒集团新一届领导班子组建以来，在用“六个明确”理清发展思路的基础上，同步启动了“六大支撑”工程，大胆创新改革，真干大干实干。

关于体制机制的支撑。请国家人力资源和社会保障部劳动工资研究所专家成立项目组，对集团的生产经营架构进行规范化整合、优化，以人事、分配、用工三项制度改革为突破口，力求建立符合现代企业制度要求的“干部能上能下、员工能进能出、收入能高能低”的人力资源管理新秩序。并通过人事制度改革创新，匡正了用人导向，打破了论资排辈，优化了干部队伍年龄与知识结构。与之相配套的薪酬分配与劳动用工改革，目前也在筹划实施中。

关于人才支撑的问题。集团选拔了有发展潜质的50名管理人才和28名技术人才，分别到清华大学、江南大学进行为期半年的脱产培训，为下一步的加速发展储备人才。

关于科技质量的支撑。集团成立了新酒体委员会，开展新酒体的设计，制定了相关管理制度，不断提升科技质量水平。

关于文化的支撑。我们设想，从汾酒的酒文化、企业文化、品牌文化三个方面对汾酒文化再度挖掘、凝练和提升，让文化在未来汾酒发展中发挥关键性作用。

关于市场营销的支撑。从营销队伍建设到管理体制创新等方面都做了大量工作，尤其是在产品线的调整上，基本形成了布局合理的高、中、低产品线。

关于项目的支撑。如果规模上不去，做大做强汾酒就是一句空话。为此，2010年4月29日，汾酒集团启动了新建酿酒车间、大型综合物料库工程的建设，可增加原酒产量4000余吨，并使汾酒生产过程的仓储、物流状况得到很大改善。我们还将开工建设万吨储酒库，以打破储酒能力不足、尤其是老酒储存能力不足的发展瓶颈。省政府明确提出以汾酒为龙头整合山西白酒资源，我们正加紧起草实施方案，争取在全省白酒资源的整合上有所突破。企政联手共同打造17.5平方公里的杏花村酒业集中发展区，是我们谋求转型发展，做大做强汾酒产业的又一大举措，将全力以赴。

领导与专家论坛

在转型发展跨越发展中建功立业创先争优

袁纯清

先进性是我们党的本质属性，是党组织和广大党员的应有追求。创先争优活动，是学习实践科学发展观活动的继续和延展，是党的先进性建设的有力抓手，也是以党建促发展、促和谐的战略之举。我们要认真贯彻落实胡锦涛总书记和习近平、李源潮等中央领导同志的一系列重要讲话精神，结合我省实际，创造性地开展活动，不断取得实效。

第一，要把创先争优活动落实到转型发展、跨越发展上。落实科学发展观，对山西这样的资源型省份来说，最紧迫最重要的就是要全力抓好经济的全面转型。因此说，转型发展、跨越发展是全省工作的主题和主线，是时代赋予各级党组织和广大党员的神圣使命，也为开展创先争优活动提供了广阔平台。要结合活动的开展，找准本地区、本单位、本岗位服务转型发展、跨越发展的着力点，把基层党组织和广大党员的积极性和主动性调动起来，在转型发展、跨越发展的主战场建功立业、创先争优。要增强转型的责任感、跨越的紧迫感，解放思想、更新观念，勇于思考、勇于探索、勇于创新，以知难而进、奋发有为的状态抢抓机遇、迎接挑战，探求转型的新思路新办法，拿出跨越的真招硬招实招，力争在转型跨越上走在前头、做得最好。要围绕加快推进工业新型化、农业现代化、市域城镇化、城乡生态化，围绕以煤为基、以煤兴产、以煤兴业、多元发展，围绕大气魄开放引进，围绕依托资源优势发展战略性新兴产业，加大深化改革、整合资源、激活要素的力度，推进全省发展由资源驱动向创新驱动转变，把党的组织资源转化为发展资源，把党的政治优势转化为发展优势。

第二，要把创先争优活动落实到服务人民群众、促进社会和谐上。群众观点是马克思主义的基本观点，群众路线是我们党的根本组织路线。依靠广大人民群众，服务广大人民群众，是深入开展创先争优活动的必然要求。当前社会利益多元化，不同的群体有不同的利益诉求。我省的工业化和城镇化在加速推进，经济与社会、人口与环境、资源与土地的不协调、不可持续问题突出，煤炭资源整合等经济转型带来利益格局的调整，不同行业、不同人群的收入分配差距在拉大，引发社会矛盾的“燃点”在降低。各级党组织和广大党员处于问题和矛盾的第一线，对此要有清醒的认识。要强化宗旨观念，创新群众工作方法，把解决实际问题与做好思想政治工作结合起来，面对面、心贴心地与群众对话，了解所思所盼，弘扬和谐文化，疏导不良情绪，让群众感受到党组织的温暖，把问题和矛盾消解在基层和萌芽状态。要顺应人民群众对改善生活质量的新期待，在完善基本公共服务的基础上，把民生工程的重点转向提高人的素质和人的健康水平、人的幸福指数上来，帮助群众解决后顾之忧，通过再分配促进社会公平。要创新服务方式、拓宽服务领域、强化服务功能，让帮助群众排忧解难成为党员的一种自觉和经常性工作。积极推广“党员与群众结对帮扶”“党员承诺制”“党员责任区”“无职党员设岗定责”等做法，群众有什么需要，党员就要有什么承诺，作出什么承诺，就要兑现什么承诺，对干得好的要表扬，对表现差的要批评，调动党员服务群众的积极性和责任感，促进社会管理的法制化、规范化、科学化。

第三，要把创先争优活动落实到加强基层组织、夯实执政基础上。一个基层党组织就是一个战斗堡垒，一名优目前，汾酒集团正朝着既定目标大步跨越：2010年1月~7月，公司实现销售收入34.9亿元，完成全年计划的77.55%，同比增长74.91%；实现利润6.58亿元，完成全年计划的95.36%，同比增长63.26%。汾酒人将从这一个良好的开端出发，踏着三晋转型跨越发展的铿锵鼓点，解放思想，放胆争先，努力拼搏，奋勇赶超，在山西转型跨越发展中作出应有的贡献。

（作者分别为山西杏花村汾酒集团有限责任公司董事长、总经理，党委书记、副董事长）

山西杏花村汾酒集团杏花春酒业务洽谈会在北京人民大会堂召开。

秀共产党员就是一面鲜艳旗帜。有了好班子、好干部，就能带动一方、富裕一方、和谐一方。面对经济社会转型的大背景，基层党组织建设也要加快转型。要进一步创新党组织的设置方式和活动方式，在以地域、单位为主设置党组织的基础上，因地制宜、灵活多样地设置党组织，不断扩大基层党组织的覆盖面，确保每一个党员都有明确的组织关系和正常的组织生活，组织流动党员参加创先争优活动。比如，在农民专业合作社、外出务工人员集中点建立党组织，在企业兼并重组整合中要搞好党员组织关系的结转，进一步加大非公有制经济组织和新社会组织的党组织组建力度，等等。要把创先争优作为基层党建的经常性要求，加强薄弱环节，增强组织功能，发挥政治核心作用。要构建城乡统筹的基层党建新格局，有效整合城乡人才、智力、信息、经费等资源，发挥城市基层党组织的带动优势，实现城乡基层党建工作的全面协调发展。要深入挖掘各级基层党组织和广大党员在转型跨越中创先争优的先进典型，广泛宣传他们的先进事迹，用身边事教育身边人，充分激发基层党组织和广大党员的热情和动力，通过党员带群众、党内带党外，形成比学习、比工作、比奉献和学先进、赶先进、当先进的浓厚氛围，使创先争优成为全社会的价值取向，使各级基层党组织和广大党员成为全社会的行动标杆。

第四，要把创先争优活动落实到增强本领、改进作风上。基层党组织能不能发挥战斗堡垒作用，党员能不能发挥先锋模范作用，关键是看有没有过硬的本领，有没有良好的作风。共产党人的先进性，既体现在政治上、信念上，又体现在知识上、本领上、发展上。科学发展观的真谛，就是用科学的思想和方法指导发展。当前，对各级基层党组织和广大党员来说，首先要提高谋转型、促跨越的本领。为此，要来一个学习知识的竞赛、本领提高的竞赛，努力建设学习型党组织，充分利用党校、教育实践基地、党建学习频道等平台，组织基层党员干部进行政治理论、文化知识和致富技能方面的学习和培训，用别人的眼光来开阔自己的视野，用别人的创新来丰富自己的路径，用别人的经验来提高自己的本领。要把落实创先争优活动总体要求和落实基层党组织“五个好”、优秀共产党员“五带头”具体要求统一起来，围绕所承担的任务、所从事的工作，制定符合群众愿望的活动载体，研究制定提升素质、改进工作的措施，把创先争优活动的成效体现在职责明确、能力提升上。要结合学习弘扬右玉精神，在作风建设上出台一些管用的硬措施，教育引导广大党员干部践行正确政绩观，坚定强省富民信念，旗帜鲜明地反对歪风邪气，真正做到求真务实、真抓实干。

第五，要把创先争优活动落实到完善制度、健全机制上。创先争优活动是提高党建科学化水平的重要契机和动力。要尊重基层首创精神，延伸、拓展学习实践科学发展观活动，把好做法好经验用制度的形式巩固下来、坚持下去，努力在抓党建促发展、促转型、促和谐上形成一套长效机制。要以点带面推动工作，通过上下协调联动，把各级领导干部的联系点建设成为创先争优、转型跨越的先行区、示范点，为面上工作提供借鉴。要坚持“党建带群建，群建促党建”，做到党组织创先争优活动与工会、共青团、妇联等群团组织创先争优活动同部署、同推进、同考核。要适时组织党员和群众，对活动开展情况进行评议，把群众意见作为检验活动成效的重要标准，提高公信度和影响力。要加强对党建规律的研究，按照党章的要求，健全基层党建工作制度，增强制度的权威性和约束力，通过创先争优活动的常态化、长效化、规范化，推动党建工作的科学化。

目前，创先争优活动正处于关键时期。各级党组织要从全局和战略高度，按照中央和省委的统一部署和要求，切实加强对创先争优活动的组织领导。各级党组织一把手要切实履行第一责任人的职责，坚持书记抓、抓书记。书记是主帅，主帅动起来了，就有号召力、说服力。党员领导干部要下功夫抓好联系点的创先争优工作。组织部门要负起组织领导和开展活动的双重职责，带头搞好创先争优活动。要加强分类指导，强化监督检查，及时解决活动中遇到的困难和问题，确保活动健康有序有效推进，用群众满意度检验活动成效。

（作者系中共山西省委书记）

深入推进依法治省　保障转型跨越发展

袁纯清

今年12月4日，是我国现行宪法颁布实施28周年纪念日暨全国第10个法制宣传日。从2001年12月4日至今，法制宣传日见证了新世纪10年来我国社会主义法治建设取得的成就，也记录了我省依法治省和“法治山西”建设的历程。在纪念法制宣传日之际，我们更加深刻地认识到，发展是第一要务，稳定是第一责任，法治是第一保障。推进依法治省、建设“法治山西”，是全面落实依法治国方略的具体实践，是提高执政能力和领导水平的重要途径，是促进经济社会发展和社会和谐稳定的必然选择。我省转型跨越的过程，是经济社会又好又快发展的过程，也是法律不断健全、法制不断进步、依法治省水平不断提升的过程。各级各部门要把推进依法治省各项工作自觉放在转型跨越发展的大格局中来思考、谋划和推进。

第一，要全面提高依法治省水平。在依法治省这个系统工程中，有法可依是基础和前提，政府依法行政是关键，司法公正是生命线，宣传教育是重要手段，社会管理体制改革是重点任务，加强监督是重要保障。要结合山西实际做好地方立法工作，制定和完善有关规范市场主体、保护知识产权、保障公平竞争、加强信用管理等方面的法规规章，加强社会领域的立法，抓好转型跨越发展亟需的地方性法规的立法工作。加大法规规章清理力度，使地方性法规能够适应不断发展变化的客观实际。坚持科学立法、民主立法，健全立法程序，创新立法方法，完善公众参与立法的机制、程序和方法，使我省地方性法规体系更科学、更合理、更完善。建立和完善司法、执法责任追究制，深入推进公正廉洁执法，确保各项执法活动在规范有序的轨道上运行，杜绝“以言代法”、“以权压法”、“以情乱法”。坚持司法为民、执法为民宗旨，推广“阳光执法”，高度重视涉及教育、医疗、就业、社保、住房等民生领域的执法和案件审理，有效保障公民的合法权益。加快政府职能转变，以贯彻落实《国务院关于加强法治政府建设的意见》为抓手，以提高依法行政能力为着力点，深化行政管理体制改革，严格按照法定权限和程序行使权力、履行职责，建设阳光政府、法治政府、服务政府、责任政府。健全完善行政决策机制，把维护广大人民群众根本利益作为决策的出发点、落脚点，将公众参与、专家论证、风险评估、合法性审查和集体讨论决定作为重大决策的必经程序，保证人民群众的意见建议得到充分表达，合理诉求得到应有重视，合法权益得到切实保障。要严格行政问责，对有令不行、有禁不止、行政不作为、违法行政等行为，特别是导致重大责任事故、重大事件或者其他严重后果的，要依法依纪严肃追究责任。

第二，要为转型跨越发展创造良好的法治环境。转型跨越发展是全省工作的主旋律，对包括依法治省在内的各项工作提出了新的要求。要牢固树立市场经济就是法治经济，抓法治建设就是抓经济发展的理念，把依法治省贯穿于经济社会发展各个方面，认真解决法治建设中不适应、不符合转型跨越发展的突出问题，注重从法治层面破解转型跨越发展的体制机制矛盾。着眼于绿色发展、清洁发展、安全发展，通过法治的途径和手段促进经济结构调整和经济发展方式转变，特别是要在推进产业升级、加强节能减排、改善生态环境等方面取得明显成效；通过法治的途径和手段化解社会矛盾、协调利益关系、加强社会管理，优化投资发展环境，为转型跨越发展营造民主团结的政治环境、公平竞争的经济环境、和谐稳定的社会环境。要把依法治省规划纳入“十二五”国民经济和社会发展总体规划，做到经济发展与法治建设互促互动。要充分认识到，工业新型化、农业现代化、市域城镇化、城乡生态化，是转型发展的根本举措，是跨越发展的主要依托，也是统筹兼顾、有机统一、互促互动的战略布局。依法治省工作要紧紧围绕这一中心任务展开，通过富有成效的法治建设，体现好以煤为基、以煤兴产、以煤兴业、多元发展的要求，着力促进传统产业循环化、高端化，大力发展装备制造、现代煤化工、节能环保、现代物流、新能源新材料、文化旅游等新兴产业，加快推进农业产业化、县域工业化，推进新农村建设和农民增收，实施好“一核一圈三群”的城镇化发展思路，强化规划的引领力和建设的创新性，促进绿化山西、气化山西、净化山西、健康山西的建设，不断增强发展的协调性，提高全省人民的幸福指数，充分发挥法治建设在转型跨越发展中的促进和保障作用。

第三，要着力维护社会和谐稳定。“十二五”时期是我省的大发展期，首先要成为大稳定期。要推进社会管理创新，以发展社会事业和解决民生问题为重点，完善公共服务体系，改进公共服务方式。以法治城市和法治县区创建活动为抓手，扎实推进地方、行业、基层依法治理，突出抓好基层民主自治管理。加强矛盾纠纷调处工作，完善信访、调解、综治三位一体的联动机制，努力把矛盾纠纷解决在基层、化解在萌芽状态。加强和改进信访工作，从源头上预防信访问题，从根本上减少信访问题，下大力气解决群众合理诉求尤其是民生困难，实现“十二五”时期社会矛盾明显缓解。健全突发公共事件预警和应急机制，提高快速反应和处置能力。加强社会治安综合治理特别是基层基础工作，加大对严重刑事犯罪和多发性犯罪的严打严防严控力度，推进“平安三晋”建设，增强人民群众的安全感。

第四，要不断提高干部群众的法律素质。广大干部群众是推动转型跨越发展的主体，也是推进依法治省进程的主体。要进一步加强各级领导干部、公务员、青少年的学法用法工作，教育引导各级干部牢固树立社会主义法治理念，牢固树立在宪法和法律范围内活动的观念，牢固树立国家一切权力属于人民的观念，牢固树立尊重和保障人权的观念，熟悉和掌握履行职责所需要的法律知识，增强依法行政的意识和能力，善于运用法律思维和法律手段解决经济、社会发展中面临的问题，正确行使人民赋予的权力。以“法律六进”活动为载体，深入开展法制宣传教育，全面落实普法教育“三个纳入一个结合”的要求，充分发挥互联网等新兴媒体在法制宣传教育中的作用，构建大普法格局，培育社会主义法治文化。通过内容丰富、形式多样的普法活动，教育广大人民群众学法、懂法，守法、用法，使全民的法律素质不断提高。

转型跨越发展给山西经济社会发展带来了新的机遇，也为“法治山西”建设提供了开阔的舞台。各地各部门要深入贯彻党的十七届五中全会精神和省委九届十一次全会精神，进一步解放思想、增强信心，振奋精神、奋发进取，合力推进依法治省和“法治山西”建设，为实现转型跨越发展、再造一个新山西作出更大贡献！

（作者系中共山西省委书记）

深入推进三项重点工作 为我省“三个发展”提供更加有力的法治保障

杜玉林

当前，我省经济平稳较快发展，社会大局保持稳定。同时，我们也必须清醒地看到，我国仍处于深刻变革之中，人民内部矛盾凸显、刑事犯罪高发、对敌斗争复杂的基本态势没有改变，社会稳定领域中的新情况、新问题不断出现，可以预料和难以预料的风险和挑战进一步加大，维稳形势不会宽松，维稳压力不会减轻，维稳任务依然繁重。

当前和今后一个时期，全省政法机关要以邓小平理论和“三个代表”重要思想为指导，深入贯彻落实科学发展观，全面贯彻落实党的十七大、十七届四中全会精神，按照全国政法工作电视电话会议的部署，紧紧围绕一条主线：维护社会和谐稳定，深入推进三项重点工作：社会矛盾化解、社会管理创新、公正廉洁执法，大力加强两项建设：基层基础建设和政法队伍建设，推动政法工作全面发展进步，把政法工作提高到新水平，确保国家安全和社会和谐稳定，为我省转型发展、安全发展、和谐发展提供更加有力的法治保障。

一、深入推进社会矛盾化解，打牢社会和谐稳定的基础

面对当前社会矛盾凸显的状况，各级政法机关要进一步集中力量，打一场排查化解矛盾的攻坚战，进一步形成依法有序表达诉求、及时有效解决问题的社会环境，努力化解老矛盾，有效预防新矛盾，切实打牢社会和谐稳定的基础。

深入推进社会矛盾化解，一要抓源头。各级党委、政府要坚持以人为本、全面协调可持续发展，让人民群众共享发展成果，把发展成果更多地落实到保障和改善民生上，决不能侵犯人民群众的合法权益。要从源头上预防和减少社会矛盾的发生，作决策、上项目，不仅要进行经济效益评估，看要不要干，而且要进行社会稳定风险评估，看能不能干。对符合社会公共利益、人民群众长远利益的好事要办，但不能草率决策、简单蛮干。二要清积案。全省政法机关要认真贯彻落实中办发[2009]22号文件精神，按照省联席会议开展“信访积案化解年”活动的要求，以解决重复进京非正常上访老户积案为重点，以确保“事要解决、人要回去、案结事了”为目标，继续引深“三争做”活动，组织开展“涉法涉诉信访积案化解大会战”。省、市、县三级都要成立领导机构，制定方案，认真组织实施。在会战中，要按照晋政法[2009]44号文件的要求，加强联调机制建设，组建联调办、联调中心，确保联调工作的顺利开展。要进一步促进涉法涉诉信访救助资金制度的落实，切实解决好信访群众的实际困难。要依法打击违法上访，维护正常的信访秩序。要着力抓好初信初访工作，引深“三争做”活动，落实首办责任制。要在案结事了上下功夫，防止简单地认定为无理访，简单地予以终结，导致初信初访变为重信重访。三要强调解。要健全党委、政府主导的维护群众权益机制，深入开展社会矛盾“大排查”，完善人民调解、行政调解、司法调解三位一体的“大调解”工作体系，把劳动争议、医疗纠纷、食品安全、环境保护等领域的专业性调解仲裁组织建设好，把工会、共青团、妇联等各方面力量调动好，形成依靠基层党政组织、行业管理组织、群众自治组织，共同及时有效化解社会矛盾的机制，做到哪里有人群，哪里就有调解组织；哪里有矛盾，哪里就有调解工作。各级政法机关要着力把调解优先的原则贯穿于执法办案之中，把调解作为处理民商事案件、刑事附带民事案件、执行案件、一般治安案件的优先选择，贯穿于立案、裁决、审判、执行、申诉、信访等各个环节，通过办案，既解开当事人之间的“法结”，又打开当事人之间的“心结”，真正实现定纷止争、案结事了。要大张旗鼓地表彰一批“调解能手”，调动广大调解组织、调解工作者的积极性。

二、深入推进社会管理创新，完善社会管理体系

深入推进社会管理创新，从根本上改变管理薄弱、服务缺失的状况，不仅是对政法机关执法能力的考验，也是对我们党执政能力的考验，是各级党委、政府及有关部门的共同任务。

要大力推进六项创新：一要推进流动人口服务管理创

新。要按照公平对待、服务至上、合理引导、完善管理的原则，把流动人口服务管理纳入经济社会发展规划，特别要结合城镇化建设，积极稳妥地推进户籍管理制度改革，放宽中小城市落户条件，着力解决流动人口就业、居住、就医、子女上学等困难，探索“以证管人、以房管人、以业管人”的服务管理新模式。二要推进特殊人群帮教管理创新。要认真贯彻落实中办、国办即将转发的《关于进一步加强刑满释放解除劳教人员安置帮教工作的若干意见》，做好服刑在教人员的教育改造和职业技能培训，为安置帮教打好基础；加强衔接管控，建立监狱、劳教所与司法所和家庭、单位、社区的衔接机制，防止脱管漏管；加强对刑释解教人员的教育，帮助他们解决就业、就学、生活等实际困难，促进他们顺利融入社会。对社会闲散青少年，要千方百计解决就学、就业问题。三要推进治安重点地区综治创新。要以城中村、城乡结合部为重点，整治先行、服务到位、管理落实，把这些地方纳入城乡规划，完善基础设施，改善生活环境，健全基层组织，延伸公共服务，努力使其成为经济发展、环境改善、安全和谐的地方。对容易为犯罪分子藏身落脚的中小旅馆、出租房屋等重点部位，容易滋生“黄赌毒”丑恶现象的歌舞娱乐、洗浴按摩和发廊等重点场所，要完善长效机制，落实工作责任，实行挂牌督办，开展集中整治，限期改变面貌。要着力推进综治工作进矿山，强化对煤矿和非煤矿山的治安管理。四要推进虚拟社会建设管理创新。要坚持建设与管理并重，法律、行政、经济、技术手段并用，明确电信运营企业、用户的法律责任，严格管理，依法办网，加强自律，倡导诚信，既推动信息畅通又维护网络安全，努力构建健康文明、安全有序的网络环境，最大限度地发挥网络积极作用，最大限度地遏制网络消极影响。要深入开展整治互联网和手机媒体淫秽色情及低俗信息专项行动，全面净化互联网和手机媒体环境，坚决遏制网络淫秽色情等有害信息严重危害青少年身心健康，坚决遏制网络黑客攻击、网络病毒严重威胁网络运行安全，坚决遏制网络欺诈、网络盗窃直接危害公共财产安全等现象，努力建立良好的网络文明风尚。五要推进社会组织管理服务创新。对省内社会组织，要完善分类管理制度，探索加强日常监管的有效办法，严把登记准入关和年检核准关，依法规范其行为，引导他们增强服务社会意识，强化服务社会功能，真正承担起社会责任。六要推进民爆危险物品管理创新。要认真总结近年来我省民爆危险物品安全管理专项整治的成功经验，不断探索创新，建立安全监管长效机制。继续坚持“五个紧紧依靠”：紧紧依靠基层组织、紧紧依靠相关部门、紧紧依靠法律武器、紧紧依靠科技手段、紧紧依靠人民群众，加大严查、严控、严堵、严打力度，加强宣传教育，实行重奖重罚，严格责任查究，确保“不流失、不炸响”。

三、深入推进公正廉洁执法，切实提高执法公信力

公正廉洁执法是政法工作的生命线，也是提高执法公信力的关键。特别是在开放、透明、信息化条件下，政法机关的执法活动越来越成为社会各界和新闻媒体关注的焦点，不适应社会主义民主法治要求的执法方式、执法行为很容易成为群体性事件的导火索，执法不公不廉很容易引起民怨甚至激起民愤。

各级政法机关要深入推进公正廉洁执法，着力解决制约公正廉洁执法的突出问题，切实提高执法公信力。一要在思想政治建设上取得新进步。各级政法机关要深入贯彻落实党的十七届四中全会精神，坚持以党建带队建、抓班子带队伍，充分发挥党组织的战斗堡垒作用和党员干警的先锋模范作用。要深入开展中国特色社会主义理论体系教育、社会主义法治理念教育、职业道德教育、纪律作风教育和廉洁从政教育，确保广大政法干警始终坚持“三个至上”，切实做到“四个在心中”。二要在规范执法行为上取得新进步。要深化执法培训，提高执法能力。省政法机关从今年开始要抓好对基层庭科所队长的集中培训，并形成制度，长期坚持下去；继续下大力气抓好岗位培训，尽快提高一线政法干警把握运用法律政策能力、群众工作能力、信息化实战应用能力、突发事件处置能力、舆论引导能力，切实解决说不过、追不上、打不赢、判不明和案结事不了的问题。要细化执法标准，强化执法管理。对容易发生执法偏差、人民群众反映比较强烈的几类案件，要建立案例指导制度，规范自由裁量权的行使。要细化执法、执勤、处突工作规范，确保政法干警熟练掌握遇到什么情况，应该说什么、做什么和怎么说、怎么做，做到既严格公正廉洁执法，又理性平和文明规范执法。要扩大执法公开，加强执法监督。要树立以公开促公正、以透明保廉明的思想，大力推进“阳光执法”，除法律规定保密的情况外，执法依据、程序、流程、结果都要公之于众，自觉接受公众监督。要加快工作进度，建立执法信息网上录入、执法流程网上管理、执法活动网上监督、执法质量网上考核的执法办案新机制，讯问、拘押、庭审、监管场所实行全程录音录像，着力解决刑讯逼供、裁判不公等问题。三要在促进警民和谐上取得新进步。要毫不动摇地把群众工作作为一项最基础的工作、把提高群众工作能力作为一项基本功来抓，把走访联系群众制度化、规范化，使亲民、爱民、为民成为广大政法干警的自觉行动。在当前利益多元化、矛盾复杂化的情况下，紧密结合各自的职责任务，大兴密切联系群众之风，深入问题多、治安乱的地方，与普通群众交朋友，与困难群众结对子，为上访群众解怨气。要切实改进执法理念、执法态度、执法方式，真正把人民群众当亲人，认真分析人民群众不满意的执法问题集中在哪些领域和环节，拿出过硬措施加以整改。要多做一些顺民意、解民忧、惠民生的实事、好事，多推出一些符合实际的便民利民措施，进一步提升服务标准和服务水平，积极回应人民群众的新期待，努力满足人民群众的新要求。四要在宣传舆论引导上取得新进步。要进一步转变观念。高度重视网络舆情引导工作，重视网络、学习网络、运用网络、管理网络，抛

弃对网络舆情“轻而视之”、“敬而远之”、“居高临下”的观念，纠正面对突发涉警涉法事件“拖、压、捂、盖”的错误做法，以开放的胸怀、开明的姿态、阳光的心态面对网络舆情，树立网上网下两个战场的理念，树立舆情就是警情的理念，把涉警涉法负面舆情同现实中的警情一样对待，“枪杆子”、“笔杆子”都要用好，立足于抓早、抓苗头，努力化解在萌芽状态，既要打好执法办案攻坚战，也要打好舆论引导战、新闻宣传战。要进一步创新机制。建立健全政法舆情研判工作机制、舆论处置整体联动机制、应对舆论炒作的快速反应机制，完善新闻发布制度和政法宣传舆论工作联席会议制度，第一时间发布权威信息，占领舆论制高点，夺取话语权，争取主动权。要进一步形成合力。要将新闻舆论引导人才、网络监控处置人才、法学理论专业人才等各方面力量纳入政法舆论引导工作机制。要建立业余网络评论员队伍，对重大突发事件、重大典型案件，组织具有针对性的网评文章，澄清事实真相，及时加以引导。五要在党风廉政建设上取得新进步。要深入学习贯彻中央《关于进一步从严管理干部的意见》，从严管班子、从严带队伍。要进一步健全落实党风廉政建设责任制，完善纪委、政法委、组织部等部门在政法机关党组织和党员干部监督工作中的协作配合机制。要严格执行“五条禁令”、“五个严禁”、“六条警规”等硬性规定，教育监督政法干警守牢“底线”、不踩“红线”、不越“警戒线”。要紧紧抓住人民群众反映强烈的腐败问题，深入推进“八项治理”，以“零容忍”的态度，严肃查处违法违纪行为，坚决清除害群之马，进一步纯洁政法队伍。

四、要切实加强对三项重点工作的领导，夯实基层基础

深入推进三项重点工作，解决影响社会和谐稳定的源头性、根本性、基础性问题，事关经济社会发展的全局，需要各级党委、政府组织各方面力量共同努力。各级党委、政府必须充分认识维护社会和谐稳定的极端重要性，牢固树立发展是政绩、稳定也是政绩的理念，更加自觉、更加主动地落实稳定这个第一责任，坚持一手抓改革发展、一手抓维护稳定，一手抓经济建设、一手抓平安创建，在发展中求稳定，在稳定中促发展。当前，要把三项重点工作作为全面推进政法维稳工作的重要抓手，加强领导、精心组织、务求实效。一是思想认识要到位。三项重点工作不仅是政法机关面临的重大课题，而且是党委政府面临的重要任务。深入推进三项重点工作，不是一般化的工作部署，而是要为社会和谐稳定、为国家长治久安提供制度保证。各级党委、政府一定要从巩固党的执政地位、实现社会持续稳定、保障人民安居乐业的战略高度，不断深化认识，积极主动、扎扎实实地把三项重点工作抓紧抓好。二是组织领导要到位。要把三项重点工作摆上重要议事日程，结合制定“十二五”规划，对三项重点工作进行科学规划，明确各部门、各单位的职责任务，形成工作合力。要深入调查研究，提出本地推进三项重点工作的整体方案、阶段性任务措施和目标，逐项分解任务，逐一落实到位。要及时总结推广典型经验，充分发挥典型的示范带动作用，重点突破，整体推进。三是检查考核要到位。各级党委、政府要把深入推进三项重点工作纳入领导班子和领导干部绩效考核范围，最大限度地激发广大干部的积极性、主动性和创造性。要加强督促检查，对工作扎实、成效显著的，要予以表彰；对措施不力、成效不大的，要予以批评，确保三项重点工作的扎实推进。

推进三项重点工作，重心在基层，关键在基础。近年来，在各级党委、政府和有关部门的高度重视、大力支持下，全省政法机关全面推进基层基础建设，在基础设施建设、经费保障、装备配备等方面取得了长足的进步，但基层基础薄弱的局面尚未从根本上得到改观。因此，我们必须进一步打牢固本强基的思想，坚持“面向基层、服务基层、建设基层”，把加强基层基础建设作为长期任务，坚持不懈、一以贯之地抓下去。加强基层基础建设，关键在于进一步强化基层政法综治组织建设，切实发挥其服务发展、保障民生、化解矛盾、维护稳定的一线平台作用。为此，要广泛开展“机关服务基层”活动：一是在领导精力上要倾注基层。要设身处地地为基层着想，竭尽全力地为基层解愁，对基层提出的应该解决、能够解决的问题，要抓紧解决。二是在警力配置上要充实基层。要通过精简机关、争取编制等途径，把有限的警力资源投向基层，着力解决基层人员不足、人才短缺，法官、检察官断档等问题，切实做精机关、做强基层、做实一线。三是在财力物力上要投向基层。要全面落实县级政法机关公用经费保障标准，进一步加强基础设施建设、装备建设和信息化建设。四是在各类待遇上要优待基层。要从干部选拔、晋职晋级、评功授奖等方面向基层倾斜，着力解决压职压级问题，使基层政法干警乐意在基层、扎根在基层。五是在工作导向上要服务基层。要深入基层、了解基层，充分考虑基层的实际情况，增强决策、部署、指导的科学性、针对性、实效性。要最大限度地为基层减负减压，对不必要的文件、会议要坚决砍掉，对不必要的检查、考核要坚决取消，确保基层把主要精力放在干工作、抓落实上。要勇于为基层撑腰作主，对打击报复、诬告陷害政法干警的行为，要坚决依法处理。

（作者系中共山西省委常委、政法委书记、省人大常委会副主任）

突出重点　整体推进
认真扎实地做好今年宣传思想文化工作

胡苏平

2010年我省宣传思想文化工作的基本思路是：按照中央、省委对宣传思想文化工作的总体部署和要求，深入贯彻落实科学发展观，紧紧围绕省委省政府的重大决策部署，以理论武装为先导，以建设学习型党组织为抓手，以改革创新为动力，以满足人民群众精神文化需求为目的，以建设文化强省为目标，着力围绕中心、服务大局，为应对国际金融危机、推进“三个发展”、建设新基地新山西做贡献，在深化理论学习，推动马克思主义中国化、时代化、大众化上取得新进展，在正确引导舆论、应对突发事件、提升山西形象上取得新成效，在深化文化体制改革、加快文化产业发展、推进文化大发展大繁荣上迈出新步伐，在加强社会主义核心价值体系建设、振奋精神、凝聚力量上开创新局面，在加强对外宣传和文化交流、增强山西文化软实力上取得新成果，在加强宣传思想文化队伍建设、提高工作的科学化水平上实现新突破。

具体要做好以下几方面工作：

一、紧紧围绕经济建设这个中心，在服务“三个发展”方面见成效

当前我省发展压力依然很大。宣传思想文化战线的所有工作都要紧紧围绕经济建设这个中心，围绕省委省政府的重大决策，既充分彰显自身的特点和优势，又相互配合，形成合力，积极为经济社会发展出智出力、鼓劲造势，提供强大的精神动力、思想保证和舆论支持。

一是要深入宣传中央、省委关于进一步深化改革、应对危机、促进转型的精神。把今年经济工作的总体要求、主要任务、工作重点和政策措施讲到位。要深入宣传我省应对国际金融危机的一系列措施，宣传各地各部门落实“五个更加注重”要求的新举措新成效，宣传干部群众创造的新经验新典型，切实把全省人民的思想行动进一步统一到中央和省委省政府对经济形势的科学判断上来，统一到今年经济工作的总体要求和目标任务上来。同时，要抓好“十一五”时期我省经济社会发展新成就的宣传。

二是要突出对转型发展的宣传。转型发展是推进“三个发展”的核心和关键，在转变经济发展方式、实现我省经济社会又好又快发展中起着根本性和决定性作用。因此，做好经济宣传必须紧紧围绕转型发展这个核心。要大力宣传转型发展的重要性、必要性和紧迫性，大力宣传转型发展的正确思路、科学方法和有效措施，大力宣传转型发展的实践进程、宝贵经验和优秀典型，重点要突出我省“十大产业振兴规划”、煤炭资源整合、改造提升传统产业、培育发展新兴产业的意义和新鲜经验，进一步推动我省加快经济发展方式转变和经济结构调整。

三是要做好重大工程重大项目的宣传。重大工程和重大项目是我们应对金融危机、推进三个发展的重要举措，在推进经济结构调整和经济发展方式转变中发挥着重大作用。因此，所有宣传力量都要关注、支持、服务重大工程重大项目的建设，形成宣传合力，为工程项目的顺利实施创造良好的舆论文化环境。我省的主要新闻媒体都要开设专版专栏，设置专题，深入宣传报道工程的意义和价值、进展和成效，做法和经验，营造有利于工程项目建设的浓厚氛围。

二、强化中国特色社会主义理论体系的学习宣传研究，在建设学习型党组织方面见成效

建设马克思主义学习型政党是党的十七届四中全会提出的一项重大战略任务。建设学习型党组织是建设马克思主义学习型政党的基础工程。中央已经明确，建设学习型党组织的任务由宣传部门牵头负责。我们要肩负起这一重要职责，创新工作思路，采用多种形式，通过强化中国特色社会主义理论体系的学习宣传研究，更好地用中国特色社会主义理论武装党员干部，教育人民群众，推进马克思主义中国化、时代化、大众化。

一是要提高思想认识，增强做好工作的责任感和使命感。要充分认识现代科学技术日新月异，使得知识更新速度越来越快，无论是一个国家、一个民族，还是一个政党，如果不加强学习、不与时俱进，必然落后于时代。通过学习提高全党的思想理论素养，提高工作的科学化水平，就能够为党的执政能力建设和党的先进性建设注入强大动力。

作为牵头部门，我们要明确任务，把握重点，抓住关键，探索方法，以高度负责的态度，积极认真地做好组织、指导和服务工作。宣传部门的干部首先要增强学习的紧迫感和自觉性，先学一步，率先垂范。中央办公厅已经印发了《关于推进学习型党组织建设的意见》，省委宣传部也要牵头起草我省贯彻落实的实施意见。各级党委宣传部都要结合本地本部门实际，做好学习型党组织建设的组织指导、督促检查工作，切实把这项任务落到实处。

二是要突出重点，把学习党的理论创新成果作为首要任务。要紧紧抓住提高理论素养这个关键，以县处级以上领导干部为重点，推动各级党组织坚持用中国特色社会主义理论体系武装头脑、深入学习实践科学发展观、学习践行社会主义核心价值体系、学习掌握现代化建设所必需的各方面知识、学习工作实践中的成功经验。提高战略思维、创新思维、辩证思维能力，更好地用党的理论创新成果指导实践、推动工作。

三是要创新方式方法，扎实有效地推动工作。紧紧围绕用中国特色社会主义理论体系武装全党、教育人民的总目标，努力在引深学习、广泛普及、深化研究上下功夫。既要坚持运用过去的有效做法和成功经验，又要结合实际，不断地探索和创新。要进一步抓好各级党委中心组的理论学习，加强学习督查，适当时候召开市、县(区、市)党委中心组学习经验交流会。要会同组织部门，做好规划，选好主题，区别类型、区分层次、分期分批地对各级党员干部进行培训。要注重运用报刊、广播、电视等传统媒体和互联网等新兴媒体，积极宣传建设学习型党组织的好经验好典型，营造推动学习型党组织建设的浓厚氛围。要通过编写通俗读本，出版重点图书，摄制电视理论专题片等方式，宣传普及理论成果。省社科联要加大社科理论研究的普及和转化工作。省社科院、各级党校、有关高校要通过课题研究、研讨会、座谈会等方式，加强对重大现实问题和理论问题的研究，加强对经济建设、文化建设、社会建设、党的建设的研究，推出更多有价值、有影响的研究成果。总之，要通过引深学习、宣传普及、深化研究等工作，促进党员能力不断提升、素养不断提高、先锋模范作用充分发挥，使党组织的创造力、凝聚力、战斗力不断增强。

三、牢牢把握正确的舆论导向，在提升舆论引导能力方面见成效

坚持团结稳定鼓劲、正面宣传为主，进一步健全完善定位明确、特色鲜明、功能互补、覆盖广泛的舆论宣传格局，不断提高新形势下舆论引导能力和水平。

一是要形成主流舆论强势。要始终把发展主流媒体作为战略重点，加大支持力度，扩大覆盖面和影响力。全省各级各类主流媒体都要大力宣传党的主张，弘扬社会正气，通达社情民意，引导社会热点，疏导群众情绪，开展舆论监督，坚决维护改革发展稳定的大局。继续开展打击“假记者、假记者站、假新闻、假报刊”专项行动。要始终以正确的舆论引导人，在重大主题和重要活动的宣传中，坚持正确导向、反映群众心声，维护稳定大局，切实承担起传播先进文化、弘扬民族精神、反映时代潮流的使命，激励和鼓舞全省人民为建设社会主义现代化的新山西而奋斗。

二是加强新兴媒体的建设和管理。目前，全国网民达3.6亿，我省网民接近千万。互联网等已成为思想文化信息的集散地和社会舆论的放大器，其传播速度之快，传播手段之先进，传播能力之强大，深刻影响着社会舆论。我们要高度重视互联网的建设、运用、管理，努力使互联网成为传播社会主义先进文化的前沿阵地、提供公共文化服务的有效平台、促进人们精神生活健康发展的广阔空间。

2009年，张宝顺书记曾多次就加强对互联网问题的研究作出重要批示，我们要按照书记的要求，着力加强对我省互联网等新兴媒体的建设、管理和应用。当前，要重点办好黄河新闻网、山西新闻网等网站，推进网络文化建设工程，打造特色鲜明、品位高雅的网络文化品牌，不断丰富内容，提高质量，唱响网上主旋律，使互联网等新兴媒体成为我们推动改革发展、维护社会稳定的有力武器。今年，要认真组织、精心策划好全国、全省“两会”，“上海世博会”，我省经济结构调整、发展方式转变，推动“三个发展”等网上宣传，形成网上主流舆论。要加强互联网制度机制建设，制定《山西省关于加强和改进互联网管理工作的实施意见》、《山西省互联网新闻信息服务管理规定》，建立和完善长效监管机制。要加强互联网、手机等新兴媒体的队伍建设，建立专兼结合、数量充足、反应灵敏的互联网宣传从业队伍，加强对他们的培训。要采取措施，推进各县(市、区)成立网络宣传管理部门。特别注意联系和团结网上“意见领袖”、“网络推手”等群体，加强网络论坛、社区、博客播客、社交网站等的建设和管理，进一步推动文明上网、文明用网，营造和谐的网络环境。

三是进一步提高应对突发公共事件的新闻应急处置能力。前几年，我省突发事件频发，一些省外境外媒体借机炒作，严重影响了我省的形象。去年，我们下功夫建立了应对突发公共事件新闻报道应急机制，成功引导了主流舆论。今年，我们要在巩固去年成绩的基础上，进一步提高应对突发公共事件新闻应急处置能力。要把各级主流媒体作为主力军和主渠道，重视并发挥中央驻晋主要媒体、兄弟省市主要媒体以及互联网、手机等新兴媒体在应对突发公共事件中的重要作用，做到早介入、早发布、早引导，形成强大的宣传声势，实现主流舆论、利我信息的大面积覆盖。要整合社会力量，通过官方民间、网内网外等全方位、立体化行动，形成立体应对的格局。要加强与职能部门沟通，促进各市、各单位建立网络新闻发言人制度，要善待媒体、善用媒体、善管媒体。省、市、县三级突发公共事件新闻应急处置工作领导组要进一步发挥作用，全面贯彻落实中办和省里下发的应对突发公共事件新闻报道的实施办法和预案，继续健全完善全省突发公共事件新闻应急处置工作机制，保证突发事件发生时，信息畅通、响应

及时、责任明确、措施到位，以权威准确的正面消息第一时间先声夺人，开通大道、堵住小道，最大限度地挤压负面信息的传播空间，做到关键时刻不失语，重大问题不缺位。要建立舆情预警机制和舆情信息工作长效机制，在抓住主流声音、突出重点工作的同时，拓展舆情关注的视野，加强对敏感事件和社会热点的舆情追踪、分析研判，及时发现苗头性、倾向性问题，尽可能地把一些突发事件消灭在萌芽状态。

四、大力推进社会主义核心价值体系建设，在提升精神文明创建水平方面见成效

社会主义核心价值体系建设是宣传思想文化工作的基础工程。要按照面向基层、服务群众，抓好基层、打好基础的要求，通过各种载体和手段，把工作延伸到基层，进一步提高公民思想道德建设和文明和谐创建工作水平，使社会主义核心价值体系日益深入人心，变为广大干部群众的自觉行动。

一要扎实开展公民思想道德建设。要以提高公民道德素质和社会文明程度为目标，围绕培育社会公德、职业道德、家庭美德和个人品德，深入推进公民道德建设工程，深入学习宣传"双百"人物和道德模范的感人事迹和崇高精神，组织道德模范先进事迹报告团深入全省各地巡回宣讲，使道德模范的先进事迹进机关、进企业、进学校、进军营、进社区、进农村，在全社会营造见贤思齐、崇德向善的良好风尚。以倡导"太行精神"、"晋商精神"和"右玉精神"为重点，在全社会大力弘扬以改革创新为核心的时代精神和以爱国主义为核心的民族精神，探索用社会主义核心价值体系引领多样化社会思潮的有效途径。加强爱国主义教育示范基地的建设，做好八路军太行纪念馆、徐帅故居等重点教育基地的改陈布展工作，推进我省15个国家级爱国主义教育基地图片、文字等信息上传人民网，30个省级爱国主义教育基地上传黄河网。

二要不断深化未成年人思想道德建设和大学生思想政治教育。青少年关系着党和国家的前途命运，关系着民族的未来，关系着千家万户的喜怒哀乐。为此，必须高度重视、着力抓好未成年人思想道德建设和大学生思想道德教育。要认真贯彻全国未成年人思想道德建设经验交流会议精神，继续开展整治互联网低俗之风专项行动、网吧集中整治专项行动、荧屏声频净化专项行动、校园周边环境综合治理专项行动，继续开展"扫黄打非"行动，进一步净化社会文化环境，促进未成年人健康成长。适时召开全省高校思想政治教育工作会议，制定加强和改进高校教师思想政治工作、国有企业和国有控股企业思想政治工作的实施意见。

三要继续深化群众性文明和谐创建活动。要适应社会结构出现的新特点，适应人们思想出现的新变化，围绕扩大覆盖面、增强影响力，切实加强基层思想政治工作，使思想政治教育真正深入到农村、企业、社区、高校等基层群众之中。要以重大节庆活动为抓手，深入推进文明城市、文明村镇、文明行业的创建活动，大力加强农村精神文明建设，适时召开全省农村精神文明建设经验交流会。深化文化科技卫生"三下乡"、科教文体法律卫生"四进社区"、"送欢乐到基层"、"百城万店无假货"等活动。目前，我省已有太原、长治、晋城等三市成为创建全国文明城市的先进城市，新闻媒体要广泛宣传这些城市的好经验好做法，用典型的力量推动面上的工作。各地也要积极创建、申报，争取早日跨入创建全国文明城市先进城市的行列。

五、继续深化文化体制改革，在做大做强文化产业方面见成效

要进一步理清思路，明确目标，以文化体制改革推动文化产业发展，用文化产业发展的成效检验文化体制改革的成效，积极促进文化资源优势向经济优势和发展优势转变，实现自然人文资源大省向经济强省和文化强省跨越。

一是继续深化文化体制改革工作。当前，全国文化体制改革已经进入从试点向面上推开、在重点难点问题上取得突破的关键阶段。中央明确要求，今年的文化体制改革，要在总结经验的基础上，进一步增强时不我待的紧迫感，按照已经确定的"路线图"和"时间表"，重点突破、全面推进，取得决定性进展。就目前的情况看，2009年，我省改革的试点市和非试点市的市、县两级都完成了三局合一、局台分离、两台合一、文化市场综合执法机构的组建等改革任务，所以，今年中央要求的这方面的改革任务我省已经提前完成。今年，文化体制改革的主要任务就是要以点带面、继续向纵深推进。要全面推进电影放映单位、文艺院团和非时政类报刊等的转企改制。已经完成改革任务的部门和单位，要理顺内部关系，加强内部管理，建立科学高效的运行机制；已经转企改制的单位，要按照现代企业制度，完善法人治理结构，创新机制，规范运行，增强实力。整合全省有线广播电视网络资源，制定出台实施方案，2010年底实现全省"一张网"，推动我省广播电视由单向向双向、由模拟向数字、由看电视向用电视的转变，努力提高我省广电产业的整体实力和竞争力，为下一步推进电信、广播电视网、互联网"三网融合"，实现三网互联互通、资源共享打基础、做准备。山西出版集团、英语周报、语文报要在转企改制的基础上，积极推进上市工作，进一步增强实力，提高市场竞争力。

二是要推动文化产业大发展。从目前全省文化产业发展的现状看，整体呈现出资源好、开发差，品牌好、效益差，产品好、产业差的特点，我省文化产业发展的空间和潜力很大。特别是最近几年，省委省政府高度重视文化产业，将文化产业列为全省十大产业之一，可以说，我省文化产业发展面临前所未有的机遇。特别是最近几年，各地各部门都程度不同地做了许多工作，大致形成了发展文化产业的基本思路，大力发展文化产业已经成为全省各地推动转型发展、提升地区综合实力的共识和举措。形势很好，基础不错，前景看好。我们要认真贯彻落实国务院颁发的

《文化产业振兴规划》和《山西省文化产业发展规划纲要(2009——2015年)》，明确我省“十二五”时期文化产业发展的指导思想、发展目标、总体布局、重点行业和政策措施。要继续办好平遥国际摄影大展、太原晋商文化艺术节；进一步扩大五台山佛教文化艺术节、关公文化艺术节的影响；认真筹备黄河壶口文化艺术节、太行山红色文化艺术节、大同云冈文化艺术节。分别在汾河之滨及五台山、太行山等地精心打造《人说山西好风光》、《五台山畅想》、《印象太行山》等一批舞台艺术作品和旅游演艺项(节)目。全力打造华夏之根、佛教文化、黄河之魂、晋商家园、边塞风情、关公故里、古建瑰宝、抗战文化等“八大文化品牌”，加快形成“五大特色文化产业区”的发展格局。

三是实施重大项目带动战略。以培育文化产业市场主体为目标，认真抓好重大工程，筛选重点项目，规划建设一批文化产业园区和基地。加快山西出版传媒产业园区、山西数字出版传媒大厦、山西日报报业集团印报基地、瓦窑文化创意产业园建设步伐，加快推进山西日报传媒(集团)有限责任公司的组建，推进山西新华物流配送中心投入使用，印制复制中心早日竣工。加强重点文物和非物质文化遗产保护与开发、建设大遗址保护区，推进山西南部早期建筑保护等工程。转企后的文化单位要精心打造有市场潜力、有发展前景的文化产品，努力提高产品的质量和水平，扩大市场占有率，增强市场竞争力，实现利润最大化。文化企业要积极参加招商引资活动，充分吸纳社会资本，加大股份制改造力度，不断壮大实力。有条件的企业要积极“走出去”，到国际文化市场中竞争发展。上半年举办山西省文化产业投融资峰会和项目对接洽谈会，为引入社会资本进入文化产业搭建桥梁。下半年举办山西省首届文化产品博览交易会。要研究制定扶持民营文化企业发展的优惠政策，引导和鼓励民营文化项目建设，形成多种所有制文化经济发展的格局。要积极培育文化市场，引导和扩大居民的文化消费，重点扶持好重大文化产业项目。今年，我们要实施“一市一业一品一节一剧”工程，就是要求每个市都要拿出一个基础好、潜力大、效益高、带动性强、有广阔发展前景的重点项目；拿出一个具有鲜明地域特色、民族风格突出、市场前景看好，能够走向全国、走向世界的拳头文化产品；拿出一个依托本市人文资源、植根当地特色文化，传得响、叫得开，能够树立和彰显本市文化形象的品牌节庆活动；拿出一台集思想性、艺术性、观赏性于一体，群众参与广、社会影响大的大型综合文化演艺节目，充分发挥这些项目、产品、节庆活动和演艺节目在我省文化产业发展中的示范引领作用。

六、大力繁荣文化事业，在保障人民群众基本文化权益上见成效

要大力繁荣发展文化事业，丰富人民群众的文化生活，完善公共文化服务体系，不断满足人民群众日益增长的精神文化需求，努力保障人民群众的基本文化权益。

一是加强文化基础设施建设。继续推进广播电视“村村通”、文化信息资源共享、社区和乡镇综合文化站、农家书屋、农村电影放映工程的建设。以山西大剧院、山西省图书馆新馆等省城十大公共设施建设为龙头，带动市、县两级博物馆、图书馆、影剧院“三馆一院”建设和万村千乡文化设施建设。努力推进文化惠民工程，形成支持公共文化服务体系建设的投入保障机制，突出政府主导，公共财政支持，落实鼓励企业、个人捐赠兴办公益性文化事业的政策。

二是推出文化艺术精品。要继续巩固发展我省文艺精品创作生产的良好态势，今年，要组织优秀作家艺术家围绕“八大文化品牌”做好文化产品生产的规划，推出一批重点图书，锤炼一批艺术精品，打造一批文化品牌。按照中央相关部署，省委宣传部将牵头制定庆祝中国共产党成立90周年、辛亥革命100周年重点文艺作品创作和出版规划。省文化厅、省广播电视局(台)、省新闻出版局(集团)、省作协等部门和单位要提前介入、早做打算，围绕主题制定方案，采取措施狠抓落实。据统计，今年我省预计生产电影27部，生产电视剧24部共计767集，专题片8部，舞台剧23台。我看了创作规划一览表，各地各部门的积极性很高，主题选得不错，内容也十分丰富。当前首先要做好对获奖优秀文艺作品的宣传推介工作，做好对去年摄制完成的节目的推广播映，推动创作、拍摄《晋阳秋》、《关公》、《大河东去》、《夺宝》、《红军东征》等一批重点影视作品，做好《三晋文库》的编纂。要积极推荐优秀文化作品参加中宣部“五个一工程”奖的评选，做好“2007—2009年度赵树理文学奖”、“杏花奖”的评选工作，不断规范完善评奖办法，不断加强文艺评论工作，完善优秀作品不断涌现的体制机制，努力推动我省文化精品创作实现可持续发展。

三是广泛开展群众性文化活动。要充分利用民族传统文化节日，开展纪念性的群众文化活动，在欢乐喜庆中，传承和弘扬民族优秀文化。尤其要继续办好“我们的节日——清明节”、“长治端午文化节”、“中国晋城国际围棋文化节”、“中国侯马新田春秋古都文化节”、“中国和顺牛郎织女节”、“芮城永乐宫书画艺术节”，大力开展各种主题文化活动和会展活动，进一步提升山西的良好形象。要把开展基层群众文化活动与群众性精神文明创建活动紧密结合起来，与科技文化卫生“三下乡”等活动紧密结合起来，繁荣发展企业文化、农村文化、校园文化、社区文化、广场文化。要通过歌咏比赛、书画比赛、演讲比赛、知识竞赛等各种形式，丰富人民群众的精神文化生活，提升人们的生活品位，陶冶人们的生活情趣，满足人们的文化需求。

七、加大对外宣传力度，在提升我省形象方面见成效

对内凝聚力量、对外提升形象，一个非常重要的方面

就是要统筹对内对外宣传。要在做好对内宣传的同时，进一步加强对外宣传，努力做好对外宣传工作。

一要认真组织对外大型经贸活动的宣传。组织好中国(深圳)文博会、上海世博会、中国投资贸易洽谈会(厦门)、春季和秋季广交会、第五届中国中部投资博览会(南昌)、中国高新技术产业博览会(深圳)等的对外宣传。围绕重大经贸活动举办新闻发布会，协调中央媒体和境外媒体，以及活动所在地的媒体和赴会的省内记者等，引导报刊、广播、电视、网络等媒体协同作战，把握主题，突出重点，形成对外宣传的合力。要大力宣传我省改革开放取得的重大成就，宣传我省“转型发展、安全发展、和谐发展”的最新成果，宣传我省灿烂的历史文化和丰富的旅游资源，进一步提高知名度，增强辐射力，为我省扩大开放、招商引资创造良好氛围。

二要积极开展对外文化交流和文化外宣活动。加快实施文化“走出去”战略。最近几年，我省创作生产了一大批文化艺术精品，但是这些艺术精品在省外和海外的影响还不够大，需要我们精心策划、精心组织、精心包装，使其走出省门，走出国门，在国内外文化市场上展示魅力、产生影响，力争在较短的时间内使国内主要城市、世界主要国家有山西的声音、山西的画面。不仅要获得良好的经济效益，而且要为宣传山西、扩大山西的知名度、提升山西的形象做贡献。尽快组织大型说唱剧《解放》赴省内外巡回以及赴港澳台的演出，进一步组织《立秋》、《一把酸枣》等文艺精品赴海外演出；认真制作对外宣传影视片，积极开展与相关国家、地区、友好城市间影视节目的交流；进一步推动晋版图书走出去，促进我省社会科学、武术、中医药等图书向欧美地区输出，组织优秀图书参加各类博览展销，不断扩大版权贸易。全省各级各类文化部门和单位都要积极开展对外文化交流与合作，通过对口联系，与有关国家和地区的演艺团体、文化名人、民间团体加强互访，举办各类型的文化展览和文化交流活动。省外宣办要继续与中国黄河电视台、山西大学等相关单位合作，策划制作大型历史文献纪录片《风云会馆》；与凤凰卫视欧洲台、美洲台中国事务中心等联合制作大型旅游电视外宣栏目《中华文明看山西》；与中国黄河电视台联合制作电视外宣片《新晋商的崛起》等对外宣传文化产品。

三要加强外宣阵地建设，不断壮大对外传播力量。在运用好中国黄河电视台斯科拉电视台、香港凤凰卫视、香港亚洲电视、中央电视台国际部、中国国际广播电台、新华社对外部、《人民日报》海外版、《中国日报》等原有对外渠道的基础上，进一步开辟新的外宣渠道。中国黄河电视台要加快“黄河国际电视孔子学院”建设步伐。要积极与美国五洲电视台合作，通过“美国五洲电视台”中“热点中国”、“记录中国”、“中国旅游”等重点栏目，使更多的海内外华人华侨和外国友人了解我省的历史文化、风光名胜、民俗风情、经济建设和社会事业发展的成就，让世界更加客观、全面地了解山西、关注山西。各市也要加大对外宣传力度，精心制作一批旅游宣传广告，加大对外推介宣传的力度。

八、加强宣传文化队伍建设，在提高宣传文化工作的科学化水平方面见成效

做好宣传思想文化工作关键靠班子、靠队伍、靠人才。这是近年来宣传思想文化工作能够经受重大考验、在关键时刻发挥重要作用、完成繁重任务的有力保证，也是我们做好今年工作的有力保证。

一是要加强领导班子建设。目前，全省宣传思想文化战线基本完成了相关部门和单位领导班子的配备。今年，省文联、省作协、省社科联、省政研会、省记协等五个部门面临着换届。这项工作涉及面广，工作量大，是宣传文化系统有重要社会影响的几件大事。我们要会同省委组织部等有关部门，成立专门机构，认真做好指导和协调工作，确保顺利选举，平稳换届。全省宣传思想文化战线各级领导班子一定要讲党性、重品行、做表率。要按照中央要求，以建设学习型领导班子为目标，抓住提高思想政治素质这个关键，切实加强思想政治建设和作风建设，以良好的工作作风和较强的业务水平，创造性地开展工作。宣传文化系统的领导同志要在实践中积极探索，不断提高科学决策的能力，提高改革创新的能力，提高把握宣传思想文化工作规律的能力。

二是要加强对宣传干部的培训。要加强宣传干部对现代经济、法律、科技等方面基本知识的了解和掌握，对文化产业、现代传媒、网络技术、新兴媒体发展的了解和掌握。要与北京大学、清华大学联合，分层次、分类别、分领域地举办宣传干部的学习培训班，制定我省加强城乡基层宣传思想工作队伍建设的实施意见，进一步拓展和深化“三项学习教育”活动。这里，我要特别强调对新闻工作者的教育培训问题。当前，新闻媒体在经济社会发展中的作用越来越重要，新闻工作者队伍也在不断壮大。总体上看，这支队伍的素质是好的，能力是强的，但是，距离党和人民的要求、时代发展的要求还有不少的差距。个别记者政治上不敏感，责任意识、大局意识不强。因此，我们要高度重视、切实加强新闻工作者的教育和管理，不断提高他们的政治素质和业务素质，增强他们的政治意识、责任意识和大局意识。

三是要加大人才选拔和培养力度。各市、县委宣传部都要通过实践锻炼、轮岗交流、压担子等方式，促进宣传干部全面成长，使他们成为具有多方面能力、能够应对复杂局面、承担文化改革发展重任的优秀人才。贯彻落实《山西省宣传文化系统“四个一批”人才选拔培养的实施意见》，组建“四个一批”人才专家审核组，选拔我省“四个一批”人才和优秀经营管理人才，并以此带动宣传思想文化战线各门类优秀人才更快更好地成长。组织省直宣传文化系统业务骨干到国内外开展学习培训、考察调研和到基层挂职锻炼等。研究制定加强宣传文化系统体制外人才队

伍的培养引导、管理服务的实施办法，完善人才培养、选拔、考核、激励等机制，加强外向型宣传文化人才的培养。

今年是实施“十一五”规划的最后一年，是夺取应对国际金融危机冲击全面胜利、保持经济平稳较快发展的关键一年，宣传思想文化工作围绕中心、服务大局的任务很重，自身改革发展的任务也很重，全省宣传思想文化战线一是要加强学习，努力提高工作的科学化水平。要适应形势发展要求，全方位、多方面、宽领域地获取各种知识。牢固树立现代科学理念，系统掌握科学知识，特别是有关网络等新媒体的知识。要把学习和实践紧密结合起来，不断增强实践能力，做到学用结合，学以致用。在学习和实践的互动中，提升我们的综合素质。当前形势下，特别要注重通过学习，提高我们正确引领舆论、掌控舆论的能力，使我们能够更加有效地应对各种突发事件，应对各种复杂局面，更加有力地推动工作。二是要与时俱进，努力推动工作创新。要创新思想观念，转变就宣传做宣传、关起门来搞宣传的习惯性思维和做法，紧跟时代发展步伐，适应大众文化需求，在更加宽广的视野下审视、推动宣传思想文化工作。特别要把围绕中心、服务大局作为宣传思想文化工作的重中之重，使我们的工作更加贴近经济建设这个中心。要大胆探索、积极推进宣传思想文化工作体制机制创新、内容方式创新，不断增强工作的动力和活力，在创新中提升工作的质量和水平，使我们的工作更好地体现时代性、把握规律性、富于创造性。如果说去年我们宣传思想文化工作的重中之重是文化体制改革的话，那么，今年我们就是要在文化产业发展方面取得突破。明年再开工作会，要表彰的就是文化产业先进单位了。三是要进一步转变作风，抓好工作落实。要以求真务实的作风、精益求精的态度，走出去、沉下去，深入基层，深入实际，深入群众，尽可能地把工作往实里做，往深里做。要注重调查研究，加强督导检查，及时解决问题，善于总结经验，努力探索规律，不断提高宣传思想文化工作的科学化水平，努力推动全省宣传思想文化工作跨上新的台阶。

（作者系中共山西省委常委、宣传部部长）

在服务新基地新山西建设中推动社科理论研究大发展大繁荣

胡苏平

在我省改革开放和现代化建设中，社科理论研究成果在引导人们树立正确的理想信念和价值追求方面，在服务党和政府科学决策方面，在推动经济社会发展方面，在提升文化软实力方面，在促进学科体系建设和学术观点创新方面，都发挥着不可替代的重要作用。我省的社科理论工作者一定要认清使命，积极投身改革开放和现代化建设的伟大实践，不断提高社科理论研究的学术水平，努力在为新基地新山西建设提供理论支撑、思想保证和智力支持的过程中，推动我省社科理论的大发展大繁荣。

一、认清形势，把握大局，切实增强做好社科理论工作的责任感和使命感

今年是继续应对国际金融危机冲击、保持经济平稳较快发展的关键一年，也是全面实现“十一五”规划目标、为“十二五”发展奠定良好基础的一年。社科理论工作面临许多新情况、新课题、新要求。我们一定要清醒认识形势的变化，准确把握发展大局，进一步增强责任感和使命感。

一是坚持和巩固马克思主义的指导地位，需要社科理论工作者提供坚强的思想保证。当今时代正处在经济转轨、社会转型的加速期。经济体制的深刻变革、社会结构的深刻变动、利益格局的深刻调整，带来了思想观念的深刻变化，不同思想观念相互混杂、相互交织、相互影响的特点更加突出。今年，尽管敏感时间节点不像往年那样多，但是引发人们思想观念冲突的因素仍然存在，形成杂音噪音的诱发点也不会少；西方敌对势力加紧利用各种渠道进行思想文化渗透，也会在一些干部群众中产生影响；社会生活中正确与错误、先进与落后的思想共存，拜金主义、享乐主义、极端个人主义的影响仍然很大，各种非马克思主义的社会意识有所滋长；一些干部作风不正、腐败现象蔓延，一些与群众切身利益密切相关的问题和矛盾，都很容易造成人们情绪上的波动和思想上的困惑，引发人们的偏激言论和非理性行为。所有这些，都会直接影响人们对马克思主义的信仰，对中国特色社会主义的信念，以及对中国共产党的信任。在这种形势下，巩固全党全国人民团结奋斗的共同思想基础、促进社会和谐稳定的任务更加艰巨，

特别需要社科理论工作者及时了解、深入分析不同阶层、不同群体人们思想观念的真实情况和社会思想意识的动态变化，分析社会思潮的运动进程和变化规律，认真探索用社会主义核心价值体系引领社会思潮的有效办法。我们一定要始终保持清醒的头脑，始终坚持正确的导向，自觉用马克思主义的立场、观点、方法对各种现象和思潮做出有说服力的解答，把干部群众的思想和行动统一到加快科学发展、建设新基地新山西的伟大实践上来，更好地在全社会凝魂聚气、强基固本。

二是推动我省经济社会又好又快发展，需要社科理论工作者提供有力的智力支持。围绕中心、服务大局，为党委政府科学决策提供高质量的咨询服务，是社科界的职责所在。当前，虽然应对国际金融危机已经取得了阶段性成效，经济增长明显下滑的态势得到了遏制，经济形势总体回升向好。但是，后国际金融危机时期全球经济环境更加严峻、竞争更加激烈的形势，必然对我国、对我省经济社会发展带来持续、巨大的负面影响。山西在大力调整经济结构，加快经济发展方式转变，实现转型发展、安全发展、和谐发展的进程中，各个方面面临的困难和问题将会更多、更大，各条战线科学发展的任务也会更加繁重。在这样的背景下，社科理论研究工作如何准确定位，充分发挥自身的特点和优势，以经济建设为中心，紧紧围绕经济社会发展的重大理论问题和实践问题进行认真的思考和深入的研究，积极为各级领导科学决策提供份量重、价值大、有影响的研究成果，为推动全省的经济建设、政治建设、文化建设、社会建设、生态文明建设和党的建设提供理论支撑、智力支持和决策咨询，既是社科理论界面临的重大课题，也是义不容辞的重要职责。我们必须高度重视，认真找准服务决策的研究课题，积极搭建服务决策的研究平台，努力创新服务决策的手段途径，发挥好党和政府“思想库”、“智囊团”的作用，不断为破解发展难题、推动科学发展贡献聪明才智，不断提高服务决策的能力和水平。

三是满足干部群众的精神需求，需要社科理论工作者提供优质的文化服务。伴随着经济社会的迅猛发展，广大人民群众的精神文化需求正在日益增长。人们既需要通过科学理论解疑释惑、认识世界，也需要通过文化熏陶增长见识、提高素质，还需要通过休闲娱乐放松身心、愉悦精神，需求的多元化、多样化、多变化、多层化更加明显。近年来，我省社科理论界充分发挥各个学科的优势，推出了一批适应干部群众多层次、多方面精神文化需求的社科成果，不仅内容丰富，而且形式多样，受到了干部群众的欢迎。但是，必须清醒地看到，我们的工作与干部群众的期盼和要求还有相当大的差距。一定要坚持以人为本，高度关注干部群众多方面的精神需求，认真研究他们的所思、所想、所求，积极从群众中汲取智慧和力量，通过各种方法、手段、途径，努力把科学思想、科学知识、科学精神、科学方法传播给广大干部和群众。只有这样，我们才能把社会科学知识转化为干部群众改造自然、改造社会的强大力量。

二、围绕中心，突出重点，切实加强对改革开放和现代化建设中重大理论问题和实践问题的研究

理论联系实际是马克思主义的一个基本原则，是我们党一贯倡导的优良学风，也是繁荣发展哲学社会科学的根本途径。理论的生命力源于实践，理论的作用在于指导实践。社会科学研究只有紧密联系实际，正确回答和解决当前改革开放和现代化建设中的重大理论和实际问题，才能体现自身的重要价值，发挥出重要作用。可以说，经济社会发展的任务有多繁重和艰巨，社科理论研究的任务就有多繁重和艰巨。当前和今后一个时期，要突出加强以下九个方面内容的研究：

一要加强对中国特色社会主义理论体系的研究。中国特色社会主义理论体系是马克思主义在当代中国发展的最新成果，是我们战胜各种风险挑战、实现党和国家事业新发展的强大思想武器。社科理论工作者既要坚持用马克思主义中国化的最新成果指导研究工作，又要把马克思主义中国化的最新成果作为研究的重大课题和首要任务。要紧密联系改革开放和现代化建设的实际，加强对马克思主义基本观点的研究，加强对中国特色社会主义理论体系的历史地位、科学内涵、精神实质和重大意义的研究，加强对中国特色社会主义理论体系实践和应用的研究，既要从总体上、全局上进行研究，又要分学科、分领域进行研究，不断推进马克思主义中国化、时代化、大众化。特别是要下功夫抓好科学发展观的研究，针对干部群众的思想认识、实践难题，深入研究，解疑释惑，统一思想，努力为科学发展观向实践的转化提供思想保证和智力支持，引导广大干部群众不断增强高举中国特色社会主义伟大旗帜、坚持中国特色社会主义道路、坚持中国特色社会主义理论体系的自觉性和坚定性。

二要加强对社会主义核心价值体系的研究。建设社会主义核心价值体系，是我们党在思想文化建设上的重大理论创新和重大战略任务，鲜明回答了在新的历史条件下，我们党用什么样的精神旗帜团结带领全体人民开拓前进、中华民族以什么样的精神风貌屹立于世界民族之林的重大问题。当前，国内社会思想多元多样多变的趋势日益明显，用社会主义核心价值体系引领社会思潮的任务更加紧迫。关于社会主义核心价值体系的基本内容，中央已经进行了准确定位。当前的任务是，必须在借鉴、吸收我国传统价值观和西方价值观合理成分的基础上，对我国社会主义核心价值观做进一步的提炼概括，努力形成具有中国特色、符合社会主义本质、能够被全国各族人民所认同，易懂、易记、简洁、通俗的社会主义核心价值观，使它们像中国传统文化中的“仁义礼智信”、像西方社会中的“自由平等博爱”一样简明扼要，为广大干部群众所认知认同，并使之转化为人们的精神信仰和价值追求。

三要加强对省情和山西发展战略的研究。发展战略事关发展的长远和全局，在发展中起着根本性和关键性的作用。我省要实现又好又快发展，必须在深刻认识省情的基础上，深化对发展战略的研究。可喜的是，在理论工作者和实际工作者的共同努力下，我省的战略定位更加科学，战略目标更加明确，特别是走出“四条路子”、实现“三个跨越”的战略思路和“安全发展、转型发展、和谐发展”的战略重点的提出，使我省的发展战略更加明晰。但是，每条路子如何去走，转型、安全、和谐发展如何去实现，还有诸多理论难题和实践难题亟须去破解。社科理论工作者必须进一步深化对山西省情和发展战略的研究，努力推出一批结合实际紧、针对性强、指导作用大的研究成果。

四要加强对转变经济发展方式的研究。长期以来，粗放落后的经济发展方式已经成为制约山西经济社会发展的瓶颈。得天独厚的煤炭资源虽然为我省创造了丰厚的财富，但也为我省的发展带来许多深层次的矛盾和问题，比如，产业结构单一化、重型化、初级化问题，高耗能、高污染、不可持续问题，经济效益不高、竞争力不强问题，等等。国际金融危机的强烈冲击，导致我省经济快速下滑的沉痛教训，更使我们清醒地看到，山西加快经济发展方式转变面临的问题更复杂，难度更大，要求更紧迫。如何解决好高消耗、高污染、高排放、低效益的问题，切实把粗放型的发展方式转变为集约型的发展方式；解决好加快经济发展与生态环境的矛盾，加快建设资源节约型、环境友好型社会；解决好发展路径单一、资源依赖过度、发展成本偏大的问题，加快实现由单一结构向多元结构转变，由低端产业向高端产业跨越，由高碳经济向低碳发展努力，由粗放增长向绿色崛起迈进等，都需要我们深入研究，做出科学的阐释和解答。

五要加强对改革开放的研究。改革开放不足、市场化进程滞后是山西经济社会发展的最大障碍。解决当前我省经济社会发展中存在的体制性、结构性矛盾和问题，必须坚持改革开放之路。只有通过改革，才能破解发展难题；只有通过开放，才能赢得发展机遇。近年来，我省虽然加大了改革发展的力度，加快了改革开放的进程，但与东部发达地区乃至周边兄弟省市相比还存在不小的差距。尤其是在改革开放的市场环境、体制环境、政策环境、文化环境、社会环境和国际环境都发生了深刻变化的情况下，改革开放的难度进一步加大，成本进一步提高。别人的经验只能参考和借鉴，绝不能照抄照搬。这就要求社科理论工作者紧密结合山西实际，针对现实环境展开研究，探索出一条加快山西改革开放的新路子。

六要加强对我省文化强省战略的研究。山西具有深厚的人文底蕴和丰厚的历史文化资源，如何把文化资源优势转化为产业优势、经济优势和发展优势，推动我省文化大发展大繁荣，实现自然人文资源大省向经济强省和文化强省的跨越，是社科理论研究的又一重大课题。去年以来，我省文化体制改革加快推进，取得重大阶段性成果；文化产业蓬勃发展，特别是在金融危机的冲击下逆势上扬，成绩令人瞩目。但是，我省文化强省建设进程中的许多难题还没有真正破解。今年全省宣传部长会议提出要按照我省文化产业发展规划纲要，全力打造华夏之根、佛教圣地、黄河之魂等八大文化品牌，加快形成“五大特色文化产业区”的发展格局，提出按照“一策一业一品一节一剧”思路，推进全省各市文化产业的发展。社科理论工作者要围绕这些思路和设想，加大对我省文化产业、产品的研究力度，为我省的文化产业沿着正确方向加快发展提供学理支撑和决策咨询。此外，在继续深化文化体制改革方面，在大力繁荣文化事业、保障人民群众基本文化权益方面，都有许多重大的理论和实践课题需要继续做深入的研究和探索。

七要加强对省委省政府的新决策新部署的研究。省委省政府在今年的工作部署中，紧密结合我省实际，紧紧围绕“三个发展”，提出了建设低碳绿色新型能源基地、文化旅游强省、新型材料和装备制造基地的发展目标，提出了保持经济平稳较快发展、加快经济发展方式转变、统筹推进特色城镇化和新农村建设、深化改革开放、保障和改善民生的工作要求，提出了2010年全省经济社会发展的一系列预期指标。完成省委省政府的新决策新部署意义重大、任重道远。要通过对这些新决策新部署的研究宣传，进一步统一全省干部群众的思想认识，进一步探索规律，为实现省委省政府的工作目标提供思想理论支持。

八要加强对干部群众普遍关心的热点难点问题的研究。要牢固树立以人为本的理念，把人民群众最关心、最直接、最现实的问题作为研究的重点。对物价、住房、股市等经济领域的热点，对反腐、维权、政府机构改革等政治领域的热点，对教育、医疗、就业以及贫富差距等社会领域的热点，都要密切关注，给以深入细致的研究，既要分析这些问题存在的现状和原因，又要科学地提出解决这些问题的对策和建议，拿出有理有据、有说服力、有价值的研究成果，为广大干部群众认识和解决这些问题提供正确的理论支持，从而破除人们思想上的疑虑和困惑，统一思想、理顺情绪、化解矛盾，把干部群众的思想和行动统一到加快科学发展、构建和谐社会、全面建设小康社会的伟大实践上来。

九要加强对党的建设重大问题的研究。办好中国的事情，关键在党。坚持中国特色社会主义道路，推进社会主义现代化，实现中华民族伟大复兴，必须毫不动摇地坚持中国共产党的领导。当今世界正处在大发展大变革大调整时期，世情、国情、党情都发生了深刻变化，长期执政的考验、改革开放的考验、市场经济的考验、外部环境的考验都对党的建设提出了新的更高的要求。党的十七届四中全会深刻分析形势，总结历史经验，提出了加强和改进新形势下党的建设的重大任务。如何加强指导服务，有效推进学习型党组织建设，提高建设学习型党组织的针对性和实效性；如何以党内民主带动人民民主，以党的坚强团结保证全国各族人民的大团结；如何更有效地预防腐败，不断取得反腐败斗争的新成效，同样需要广大社科理论工作者总结实践经验，探索客观规律，拿出有针对性的好办法好措施。

三、改革创新，与时俱进，努力提高社科理论研究工作的科学化水平

深入研究新情况新问题，努力把握新特点新规律，以科学理论作指导，以改革创新作动力，以科学制度作保障，以科学方法去推进，不断增强社科理论研究工作的前瞻性、主动性、针对性、实效性，进一步提高科学化水平，是社科理论部门、单位和研究工作者必须解决的一个重大课题。当前最重要的是要解决好五个问题：

一要树立先进的研究理念。理念就是旗帜，理念就是方向。当前先进的研究理念，就是中国特色社会主义理论体系所要求的理念，就是科学发展观所要求的理念。全省社会科学工作者一定要坚持用科学发展观指导研究，坚持理论联系实际，把坚持先进的研究理念同坚持崇高的学术追求有机统一起来，破除把马克思主义教条化的传统教条主义的束缚，破除照抄照搬西方理论的现代教条主义的束缚，努力使我们的研究成果紧跟时代步伐，适应人民要求，反映客观真理，体现时代性、把握规律性、富于创造性。

二要形成良好的研究机制。良好的社科研究机制是快出成果、出好成果的重要保障。各高等院校、各级党校、各级社科联、各社科理论单位，都要以改革创新的精神，研究探索适合自身情况的研究机制，尤其要在健全研究管理机制、课题引导机制、成果评奖机制、成果转化机制、人才配置机制上下功夫，用良好的机制推动社科理论研究的繁荣和发展。

三要运用科学的研究方法。科学的研究方法是研究结论科学正确的根本保障。社会科学的具体研究方法有很多。但最根本的科学研究方法，就是辩证唯物主义和历史唯物主义的方法，就是一切从实际出发，理论联系实际、实事求是的方法，社科理论工作者只有下功夫掌握和运用好这个最根本的研究方法，才能真正提升自己的科研能力和水平。当前学术理论界存在的研究问题不全面、不深入，心浮气躁、急功近利，甚至弄虚作假、剽窃抄袭的不良风气，同科学的研究方法是完全背离的，必须采取强有力的措施解决这些问题。在具体的研究方法上，一定要与时俱进，不断创新，特别要密切关注科学技术的发展，适时运用新的技术方法研究社会科学，使我们的研究成果更具客观性、真理性和生命力。

四要营造和谐的研究环境。和谐的研究环境，是推出优秀研究成果的重要条件，必须通过改革创新，不断改善研究环境。一方面要改善软环境。要认真贯彻“双百”方针，坚持研究无禁区、宣传有纪律，在法律范围内，保障学术自由，鼓励不同学术观点之间的自由讨论、相互切磋。另一方面要改善硬环境。要通过各种渠道，争取更多的研究经费，改善科研条件，更新科研手段，强化科研设施，使更多的优秀人才和优秀成果不断涌现。

五要培育优秀的研究人才。社会科学的人才队伍建设，事关我省社会科学事业的繁荣发展大局。总体上看，我省社会科学队伍的整体素质是比较好的，推出了很多优秀成果，涌现出一批优秀人才。但是，与形势和任务的要求相比，还有不小的差距。因此，必须按照政治强、业务精、作风正的原则，紧紧抓住培养人才、吸引人才、用好人才三个环节，抓育人，抓管理，把好人才关；重实绩，重贡献，推行聘任制；下任务，压担子，强化责任制；办实事，办好事，调动积极性。

（作者系中共山西省委常委、宣传部部长）

铭记历史　弘扬传统　履行使命

——纪念中国人民抗日战争胜利65周年

方文平

胡锦涛同志指出，只有铭记历史，特别是铭记我们党领导人民创造的中国革命史，才能深刻了解过去、全面把握现在、正确创造未来。中国人民抗日战争和世界反法西斯战争的伟大胜利，是20世纪人类历史上的重大事件，对于中华民族发展和世界文明进步都具有重大而深远的影响。抗日战争胜利65周年之际，重温那段血与火的悲壮历史，对于传承革命精神、汲取科学智慧、保持忧患意识、激发精神动力具有非常重要的意义。

中国人民抗日战争伟大胜利，是近代中国反抗外来侵略的第一次彻底胜利。1840年鸦片战争到1949年新中国成立的100多年间，积贫积弱的中国屡战屡败、饱受欺侮。特别是日本帝国主义的野蛮入侵，把中华民族推到了生死存

亡的边缘。觉醒的中国人民团结起来，英勇反抗，谱写了波澜壮阔的抗战史诗。1945年9月2日，日本政府在投降书上正式签字，抗日战争取得了伟大胜利，中华民族洗雪了百年屈辱，实现了由衰败走向振兴的重大转折。中国人民抗日战争是世界反法西斯战争的重要组成部分，为世界反法西斯战争胜利做出了巨大贡献。中国人民抗日战争开辟了世界反法西斯战争的东方主战场，抗击和牵制了三分之二的日本陆军，并有力地支援了太平洋战场美英盟军的作战，对日本军国主义彻底覆灭起到了决定性的作用。同时，中国军民伤亡3500万人，为世界反法西斯战争的胜利付出了巨大的民族牺牲，为人类文明进步事业做出了彪炳千古的历史贡献。中国人民抗日战争使中国共产党领导的抗日武装力量在历练中壮大，为夺取新民主主义革命胜利奠定了基础。中国共产党领导的抗日武装力量是团结抗战的中流砥柱。战略防御阶段，中国共产党开辟了广阔的敌后战场，及时挽住了抗战的颓势；战略相持阶段，敌后战场成为抗日主战场；战略反攻阶段，中国共产党领导的抗日武装力量，以摧枯拉朽之势痛击日寇，加速了日寇覆灭进程。特别是平型关大捷，打破了日军不可战胜的神话；黄土岭一战，让日军哀叹“名将之花凋谢在太行山上”；百团大战，极大地振奋了全国军民争取抗战胜利的信心。经过抗战洗礼，中国共产党领导的人民军队发展到132万人，民兵268万余人，建立了19块根据地，新民主主义革命的星星之火渐成燎原之势。

山西是华北抗战的战略支点和八路军抗战的起点，在夺取抗日战争伟大胜利中具有重要地位、发挥了重大作用、做出了突出贡献。山西作为华北抗战的主战场，书写了抗战史上的光辉篇章。在民族危机空前严峻、山西局势岌岌可危的形势下，山西军民戮力同心、英勇战斗，先后组织了忻口战役、太原保卫战、沁源围困战、奇袭阳明堡机场和神头岭伏击战、黄崖洞保卫战等著名战役。作为八路军坚持抗战的“立足点”，我党首先在山西创建了敌后抗日根据地，并以山西为依托，创建了晋察冀、晋绥、晋冀鲁豫三大抗日根据地，为开展持久抗战奠定了坚实基础。山西是著名革命老区，为抗战胜利做出了巨大牺牲。抗战时期，广大山西人民积极参军、踊跃支前，先后有70万热血青年参加八路军、山西青年抗敌决死队、山西新军等抗日武装，还有山西工人武装自卫队、成成中学师生抗日义勇军等群众性抗日武装数百万人。英雄的山西抗战军民以惊人的胆识和无穷的智慧，沉重打击了日本侵略者，消灭日伪20多万人，有100余万抗战军民浴血疆场乃至献出生命，谱写了人民战争的壮丽凯歌。山西是一片红色沃土，铸就了伟大的抗战精神。在空前惨烈的抗日战争中，众多抗战英烈为国家存亡和民族绝续，抛头颅、洒热血，出生入死、前仆后继，既有左权、郝梦龄、刘家骐、郑廷珍、姜玉贞等爱国将领壮烈殉国，也有李林等女英雄慷慨就义，更有千千万万抗日无名烈士的无字丰碑。他们面对凶残的敌人，泰山压顶不弯腰，生死较量不战栗，千难万险不放弃，铸就了光耀千秋的“太行精神”和“吕梁精神”，至今仍激励着山西儿女勇往直前、阔步前进!

前事不忘，后事之师。抗日战争带给我们的启示尤为深刻、弥足珍贵。我们要认真贯彻胡锦涛同志关于用我党我军的光荣历史和优良传统，教育青年一代，教育广大官兵，教育人民群众的要求，引导广大官兵铭记历史，不忘国耻，牢记责任，不辱使命。

纪念抗日战争胜利，就是要弘扬伟大爱国主义精神，不断增强民族自信心和民族自豪感。爱国主义是民族精神的核心，是中华民族不断发展壮大的重要思想基础。艰苦卓绝的抗日战争中，正是在爱国主义的旗帜下，国共两党捐弃前嫌、共赴国难，极大地鼓舞了全国军民的抗战斗志；正是在爱国主义的旗帜下，爱国将士义无反顾、喋血疆场，谱写出一曲曲气壮山河的杀敌壮歌；正是在爱国主义的旗帜下，全国各族人民和海外侨胞万众一心、同仇敌忾，汇聚成了奔腾咆哮的抗日巨流。当前，要全面建设小康社会、实现中华民族伟大复兴，就必须坚持不懈地抓好爱国主义教育，大力弘扬和培育以爱国主义为核心的民族精神，不断增强广大军民的民族自尊心、自信心和自豪感；必须大力宣扬爱国奉献、艰苦奋斗的先进典型，坚持用社会主义荣辱观引领风尚，激发广大民众自强不息、奋发进取的内在动力；必须深入开展创先争优、岗位建功活动，自觉把拳拳爱国之情转化为争创一流、争当先进的工作标准，转化为爱岗敬业、扎实工作的实际行动。

纪念抗日战争胜利，就是要继承革命优良传统，大力培育当代革命军人核心价值观。抗战形成的万众一心，团结一致，不畏强暴，不屈不挠，前仆后继，同仇敌忾，一致对外，捍卫领土，追求民族解放的伟大精神，是中华民族的宝贵精神财富，是我军继往开来、发展壮大的不竭动力，同时也是当代革命军人核心价值观的重要渊源。我们纪念抗日战争胜利65周年，就是要大力弘扬伟大的抗战精神，继承革命前辈的光荣传统，保持我军的优良作风，用实际行动践行当代革命军人核心价值观。要持续加强党的创新理论武装，特别是要把学习实践科学发展观活动向深度和广度拓展，切实打牢官兵听党话、跟党走的思想根基；要持续抓好战斗精神培育，坚持从难从严从实战需要出发，在复杂恶劣的环境中摔打锻炼部队，锤炼官兵“一不怕苦、二不怕死”的革命意志，切实把听党指挥、服务人民、英勇善战的优良传统发扬光大；要持续兴起大抓军事训练热潮，着眼有效履行新世纪新阶段我军历史使命，进一步加强使命课题演练，抓好应急力量建设，做到随时准备有任务、随时准备拉出去、随时准备起作用。

纪念抗日战争胜利，就是要发扬人民战争的传统优势，把握打赢信息化条件下局部战争的主动权。胡主席强调，“无论武器装备怎样发展、战争形态怎样变化，人民战争都不会过时，兵民是胜利之本永远是颠扑不破的真理。”特别是省军区部队，发端于人民战争的伟大实践，根植于人民群众的广袤沃土，人民战争是我们克敌制胜的重要法宝，必须很好地加以继承和发扬。各级要根据形势任务的发展变化，认真研究探索信息化条件下局部战争的特点和规律，不断创新人民战争的内容和形式，积极发展信息化条件下人民战争的战略战术；要充分调动各方面的积极因素，紧紧依靠人民办国防，大力加强国防动员建设和后备力量质量建设，坚持实行精干的常备军和强大的后备力量相结合，不断增强国家战争潜力和国防潜力；要以舆论宣传和鼓动、信息和技术支前、科技和人才动员等为重点，建立健全人民战争条件下国防动员机制，进一步整合人民战争资源，拓展人民战争空间，发掘人民战争潜力，为打赢未来信息化条件下局部战争提供坚实的保证。

纪念抗日战争胜利，就是要始终保持忧患意识，不断增强全民国防观念。天下虽安，忘战必危。今天，虽然战争的硝烟早已灰飞烟灭，但我们绝不能忘记法西斯侵略者给中国人民带来的深重灾难，绝不能忘记落后挨打和有国无防的惨痛教训，绝不能忘记建设祖国和巩固国防的崇高使命!特别是近年来，随着国际形势的复杂变化和我国社会的深刻变革，影响我国安全的不确定、不稳定因素明显增多，我国正面临着国内安全与国际安全、生存安全与发展安全、传统安全与非传统安全相互交织的严峻考验。我们要紧紧围绕维护国家的安全统一，深入开展以居安思危、关注国防为主要内容的国防安全观教育，引导广大干部群众认清我国面临的安全形势，强化国防观念和忧患意识；要充分挖掘山西红色教育资源优势，积极借助社会媒体开辟国防教育专栏，不断拓展国防教育的渠道和手段，扩大国防教育宣传的覆盖面和影响力；要积极推广国防教育社会化的成功经验，广泛开展国防法规进班子、国防课程进学校、国防技能进营连、国防知识进社区、国防宣传进农村的“五进入”活动，在全社会营造热爱国防、关心国防、支持国防、建设国防的浓厚氛围。

纪念抗日战争胜利，就是要努力走开军民融合式发展路子，实现富国和强军的高度统一。寓军于民、军民融合，是实现富国和强军相统一的必然要求。抗战时期，人民把军队当亲人，军队把人民当靠山，军民一致、军政一致，凝聚了夺取抗战胜利的强大合力。新形势下，军地双方以“双服务”活动为载体，省军区和驻晋部队积极开展植树造林、捐资助学和支援新农村建设等活动，各级党委政府和人民群众不遗余力地为省军区和驻晋部队办实事、解难事、做好事，军政军民团结不断巩固发展。当前，推进山西转型发展、跨越发展任重而道远，加强国防后备力量建设现实而紧迫，各级必须站在国家安全和发展战略全局的高度，进一步强化军民融合发展的理念，拓展军民融合的广度和深度，自觉把国防后备力量建设统筹纳入到经济社会发展大局中，努力推动国防建设和经济建设良性互动；要认真贯彻省委、省政府和省军区联合出台的《关于推进军民融合式发展的意见》，进一步加强组织领导，健全融合机制，搭建融合平台，提升融合效益；要进一步研究深化“双服务”、“四帮建”、“九位一体”、“一训双促”等活动的措施办法，不断总结经验，巩固扩大成果，努力把我省军民融合式发展提高到一个新的层次和水平。

（作者系中共山西省委常委、省军区司令员）

构建山西农村金融服务体系的思考

李雁红

建立健全农村金融服务体系，推动农村金融改革创新，促进金融支持和服务“三农”是深入贯彻落实科学发展观，统筹城乡发展和建设新基地新山西的重要内容。构建和完善管理科学、富有效率的农村金融服务体系，有助于解决当前我省农村金融服务与“三农”实际需求之间存在的问题。

一、山西农村金融服务体系的现状及问题

农村金融是现代农村经济的核心。近年来，我省以“科学发展观”为指导，采取有力措施加大金融改革力度，积极推进机制和服务方式创新，改善金融生态环境，着力构建多层次广覆盖可持续的农村金融服务体系。下工夫解决城乡金融资源配置失衡问题，引导银行机构调整信贷投向，缓解了农业生产资金紧张问题。特别是我省实施“三千三百惠农工程”以来，累计投放支农贷款2316.15亿元。重点支持4411个农副产品加工转化企业，2297个农民专业合作社，1646个省级信用村和777个信用市场，有341.76万农户得到了信贷服务，占到全省农户总数的57.47%。由于我国“二元经济”结构导致城乡金融发展的不平衡。一方面，近年来我省国有银行推行市场化改革和集约化经营，将大量的无盈利或微利的基层分支机构撤出农村地区，致使部分农村地区出现了金融服务空白。我省现有银行机构中为县域以下地区提供金融服务的主要集中在农村信用社、农业银行和邮储银行，其农业贷款中农村信用社就占了全

省农业贷款总额的99%。另一方面，目前国家对金融支农的扶持政策仅限于农村信用社和村镇银行，对其它金融机构则没有相应的政策，也导致了金融机构支农动力不足。金融资源按照盈利和安全的目标在经济发达、投资环境好的地区配置，农村资金大规模地涌向城市或经济发达地区，出现了金融资源的“马太效应”，农村金融服务严重不足。主要表现在：

1、政策性金融功能不全，农村信用社“独木难支”。我省农村信用社发放的农户贷款呈现出点多面广、额度较小、笔数较多等特点，面对千家万户分散生产的农户，管理成本较大，省农村信用社经营机制、内控制度不健全、法人治理结构不完善，自我发展、自我约束机制还没有形成，需要进一步改革突破。截至2009年9月底，全省农信社不良贷款高达375亿元，占比达到24.97%，农信社共有企业贷款户43105户，其中不良户达30348户，占70.4%。197万自然人贷款户，不良贷款户达91万户，占46.2%。由于历史包袱重，服务手段落后等原因，致使作为农村金融主力军的农村信用社在农村金融市场上有着明显的局限性，金融服务能力和水平不到位。今后随着新农村建设的推进，农民对外经济联系的加强以及农村劳动力的转移，农民收入渠道呈多元化趋势，农户的经济活动和金融需求日趋复杂。但是我省相关职能部门尚未出台配套管理办法，使农信社在创新农村信贷产品时面临抵押登记无据可依等困难，很大程度上制约了农村信用社金融产品的创新。农发行作为唯一的农业政策性金融机构，具体业务主要分为两大部分，一部分是商业贷款，另一部分则是农业开发贷款。由于体制原因目前农发行成了专注于粮棉油流通领域的政策性银行，仅在农产品收购、储备、调销等纯政策性方面发挥扶持作用，支持农业开发、农村基础设施建设等方面还处于起步和探索阶段。农业银行为迎接外资银行挑战又采取了一系列改革措施，比如撤并低效网点，分流精减员工，提升经营层次等，贷款向优质客户、大客户倾斜的同时逐渐远离了农村中小客户。对农业综合开发、农业产业化、农村基础设施建设等方面的信贷业务还没有运作起来。对改善农业生产条件和促进农民增收的作用乏力，对农村经济的支持作用明显不足。邮政储蓄银行现行的管理模式是按照现代企业公司管理模式进行运作，以股东利益最大化为追求目标。一方面，在经验、人才、经营能力上的欠缺使其支农能力大打折扣。另一方面，邮政储蓄凭借“无风险收益”的优势在农村遍设网点，吸收农村资金，其大部分资金并未在服务“三农”中发挥作用，加剧了农村资金的体外循环。

2、农村金融机构不足，民间借贷亟待规范。目前我省已设立小额贷款公司131家，注册资本金71亿元，贷款金额35.24亿元，并成立了2家村镇银行，95家统一法人社，1家农村合作银行，努力拓宽了民间资本回流农村渠道。但对于全省13.5万家中小企业和工商户来说，得到贷款支持的不到5%，许多中小企业只能依靠民间商息融资，不仅使企业财务成本增加，且干扰了正常的金融秩序和区域金融稳定，并由于其缺乏法律规范和监管约束，在社会资金匮乏的地区，其交易中极易产生欺诈、违约、社会暴力等违法行为和大量的民事纠纷，增加了农民债务负担和农村金融体系的风险。

3、农村保险业支农功能不健全，风险补偿机制缺失。农业作为一种弱势产业受自然条件、市场环境和政策因素影响较大。农业保险作为促进农村经济平稳发展，推动农村金融市场深化的重要工具，是农村金融不可缺少的组成部分。在计划经济年代，保险公司对农业保险的成本和盈利考虑较少，各地根据需要开办了多项种植业、养殖业保险，但近几年由于我国还未建立国际上较为通行的由政府主导，各种金融机构参与的农业保险体系，涉农贷款缺乏相应的财政、税收、资金支持的配套扶持政策，带有一定政策性色彩的支农贷款风险缺乏相应的风险补偿机制，限制了支农贷款的持续快速增长。目前我省尚未开展农业政策性保险和保障基金的试点工作，我省农业保险保费占全省保费收入尚不足0.5%。

4、农村金融生态环境欠佳。农村信用环境较差，部分农民缺乏信用意识，甚至有部分债务人恶意赖账。农村金融法治环境较差，司法执行难，对拖逃债务人的处罚难以落实，导致债权人的合法权益受到侵害，在一定程度上制约了农村金融服务的发展。截至2009年上半年，全省农村信用社共有企业贷款户44250户，贷款693.37亿元。其中不良户31907户，占比72.1%，不良贷款167.1亿元，占比24.1%。自然人贷款户2010190户，贷款743.77亿元，其中不良户960793户，占比47.8%，不良贷款215.99亿元，占比29.1%。

5、农村信用担保体系建设滞后。农村金融中介环境较差，信用中介服务体系不健全，缺少能提供信用担保服务的机构。目前我省政策性中小企业信用担保机构虽已发展到138家，注册资本金45.8亿元，但大部分县市还没有建立起贷款担保公司或中心，以农户出资为主的农户担保中心尚未出现。广大农户及中小企业难以找到合适的担保单位。现有的县域中小企业担保中心也因规模小，风险担保能力差，得不到金融机构的足够认可。加上农村耕地、宅基地所有权归集体所有，农户只有使用权或经营权，土地只能用于耕种和居住，不能用于买卖或抵押，使得各种生产要素包括林权、土地承包经营权、房屋产权等难以市场化,从而不利于金融机构抵押贷款的发放。

二、构建农村金融服务体系的建议

健全农村金融服务体系层次，必须满足多层次融资需求。反过来说，若要满足多层次的农村融资需求，就必须相应地构建出多层次的农村金融服务体系。构建多层次农村金融服务体系，既要考虑区域性，又要注意农户与中小企业的层次区别。

1、进一步加强对金融工作的领导。政府要统一管理小额贷款公司、村镇银行、农民金融互助组织，协调商业银行更好地为山西经济服务，着力打造多层次、广覆盖、可持续的农村金融体系，满足多样化的农村金融服务需求。健全政策性金融支持体系，通过建立中央、省级财政金融支农风险基金，对商业性金融的政策性金融业务提供财政贴息和其他补偿。建立财政资金配套机制，实现财政资金与信贷资金互动，发挥财政资金的扶助作用，引导商业性金融机构信贷资金向农业领域配置；由政府主管部门牵头建立农业风险基金，制定农业贷款风险补偿制度；开发农业贷款补偿保险品种，按照农业保险的业务比重对商业性保险公司给予相应的保费补贴，减免涉农保险营业税等扶持政策。

2、加强农村金融生态环境建设。建立良好的农村金融生态环境，为金融支农服务创造良好宽松的外部环境，进一步调动金融单位服务“三农”的积极性是农村金融服务体系建设不可或缺的重要内容。一是要以中小企业和个人用户信用档案建设为重点，不断健全诚信系统，建立政府主导，企业、金融机构、评级机构参加的信用评价体系，扎实推进信用户、信用村、信用乡（镇）建设。二是政府要加大对依法维护债权工作的支持力度，严厉打击逃废银行债务行为，加大对失信行为的惩处，运用法律手段和行政措施对破坏金融生态的行为予以制裁，保护银行的合法权益。另外，新闻媒体和金融单位也要加强对金融政策的宣传，普及金融知识。特别是要注重加强正面报道，积极引导广大农民树立诚信意识，合理运用信用评价结果，对有信用的农户实行优先放贷，利率优惠的政策。引导和强化农民诚信意识，合理运用金融手段解决生产和生活中的困难。不断提高农民的金融意识和信用意识，为农村金融服务创造良好的生态和社会环境，以保障“三农”金融稳健运行。

3、建立政策性和商业性农业保险体系。建议设立中国农业保险公司，承办农村种、养业的洪水、地震、台风、蝗虫等灾害保险外还可开办农村所有财险业务和人寿险业务。降低涉农贷款风险。农业保险总的原则应是政府政策扶持,公司商业运作。鼓励商业性保险公司开办涉农保险，可免缴营业税，并根据业务品种给予保费补贴。农业生产客观上存在水灾、旱灾、虫灾等多种自然灾害的风险,农业保险是高风险的保险业务，具有准公共物品的性质，建立政策性农业保险制度是各个国家支持农业的普遍做法。世界上大多数国家普遍建立了农村保险合作社，即由农民，农村经济单位自愿出资形成的非盈利性的合作保险组织，这种合作保险组织以劳动联合为基础，以资本联合为纽带，以互保共济为目标，对这类管理严格运作规范的农村互助保险组织，政府也可以予以经济补贴。要加快建立全国范围的政策性农业保险网络，健全政策性农业保险制度，建立政策性农业保险机构，建立健全洪水、干旱等面积大、影响大、灾害发生频繁的专项巨灾保险机制和再保险机制，对政策性农业保险，商业性涉农保险，以及互助性保险实行与一般商业保险有区别的再保险，以分散农业保险的经营风险，帮助农业保险发挥对农村经济的补偿作用。有效增强农业抵御和防范风险的能力,化解农村金融机构的信贷风险，发挥保险在农村信贷中的保障作用。

4、建立主体多元化的信用担保体系。创新担保方式，推进机制和服务方式创新，积极探索支持“三农”的途径，大力推广和发展农村各类“联保”模式。因地制宜，探索农村宅基地、经济林权、土地使用权等抵押方法抑制交易风险，推进综合业务经营试点。财政要加大支持力度，综合运用资本注入，风险补偿和奖励补助等多种形式。成立由政府引导，市场化运作的行业担保机构，提高担保机构对“三农”的融资担保能力，鼓励建立民间出资的商业化担保公司和会员出资的会员制担保公司，发展壮大农村互助担保组织。推进农村抵押担保制度创新。扩大农村动产和不动产抵押范围，依法开展权属清晰，风险可控的大型农用生产设备，林权，四荒地使用权等抵押贷款和应收账款、仓单、可转让股权、专利权、商标、专用权等权利质押贷款。规范农房抵押贷款业务，允许有两套或两套以上住房的农民用第二套住房作抵押。原则上作抵押的农房必须坐落在集镇范围内，方便流通。建立企业联保机制，推行小企业联保，生产经营户联保、农户多户联保以及“公司+农户”“公司+中介组织+农户”“公司+专业市场+农户”等联保形式，为县域中小企业贷款和农户贷款提供担保。加强诚信建设，建立符合农村实际的诚信体系，尽快建立农户信用档案和信用数据库。继续开展农村信用工程建设,积极开展信用村、信用农户、信用企业、信用个体户评选，通过实施贷款利率优惠、扩大贷款额度等激励措施，促进农民和中小企业提高信用意识。同时加强企业及个人信用行为的规范与约束，建立和完善守信激励机制和失信惩罚机制。

5、建立多层次广覆盖可持续的农村金融体系。农村信贷涉及多领域、多层次、多类型的金融需求，既有一般农户的小额信贷需求，也有产业化龙头企业的大规模资金需求。因此，要细分农贷市场，发展多种形式的金融组织，培育多元化农村金融主体，建立有序竞争的、多层次、广覆盖的农村金融体系。巩固和稳定在县域的分支机构，赋予县域支行更大的经营自主权。农业银行要重点处理好“面向三农”和商业运作的关系，加大对“三农”资金的投入比例，充分利用在县域的资金、网络和专业等方面优势，合理布点，通过改善经营、增加业务种类、提高收益，努力成为商业银行服务“三农”的支柱。农业发展银行在继续做好粮棉油收购融资基础上，大力开展有政策指导资本约束与“三农”相关的业务。用中长期信贷扶持农业基础设施，扶持建设优质粮食产业工程、大型商品粮生产基地、农业技术改造和农业结构调整。真正使其成为政策性金融服务“三农”的骨干。农村信用社继续发挥主力军作用。要深化改革，明晰产权，尽快理顺省信用社同县信用社的管理体制，壮大县域金融力量，改善县域金融服务，使得农村信用社真正成为自主经营、自负盈亏的市场主体，完善农村信用社的服务功能。邮政金融机构要加快建立符合“三农”需求特点的零售业务体系。将其吸收的资金全额用在当地经济发展上，根据改革进程和风险管控能力，积极扩大涉农业务范围，促进邮政储蓄资金回流农村，直接为“三农”提供资金支持，逐步发展为服务“三农”的重要力量。加大金融改革力度，促进建立和发展各类农村金融机构。积极稳妥做好调整放宽农村地区银行业金融机构市场准入政策试点工作，大力培育适合“三农”特点的村镇银行，统一法人社、农村合作银行。在有效防范金融风险的前提下，鼓励和支持发展适合农村需求特点的多种所有制金融组织，引导民间金融，培育多种形式的小额信贷组织。进一步完善银社团贷款制度。支持农村信用社大力发展农户小额信用贷款和农户联保贷款，满足分散农户和农村小企业发展生产的资金需求。

（作者系山西省政协副主席）

煤企整合重组：山西科学发展的战略抉择

李旺明

目前，山西正在全力推进煤炭企业整合重组，这是省委、省政府深化对煤炭领域深层次矛盾认识的主动选择，是践行科学发展观、整体推进转型发展、安全发展、和谐发展(以下简称“三个发展”)的自觉行动。由于这是一场利益关系大调整的深刻变革，必定触动方方面面的利益神经，受到这样那样的误解和非议。因此，坚定不移地推进这项改革，必须正本清源，进一步深化对煤企整合重组重要性、紧迫性的认识。

推进煤企整合重组是践行科学发展观的必然要求

上世纪八九十年代，“有水快流”的煤炭发展政策使得乡村煤矿如雨后春笋般涌现出来，占据了全省煤炭的半壁江山。然而，小煤矿的快速发展所造成的煤炭行业“多、小、散、乱、弱”的问题，成为矿难频发、生态破坏、环境污染、资源浪费的根源，区域经济也因此陷入“因煤而兴、因煤而衰”的资源诅咒之中。同时，长期依赖煤炭的单一产业结构，也让山西“三个发展”特别是转型发展步履艰难。

矿难是小煤矿与生俱来的痼疾，使山西的安全发展严重受损。近几年，全省煤矿每年发生一次死亡10人以上的特大事故十多起，几乎都发生在中小煤矿。2007年，全省小煤矿百万吨死亡率是国有重点煤矿的17.8倍。这就意味着小煤矿每产1吨煤要付出十几倍于大矿的生命代价。小煤矿由于环境治理能力不足、责任意识不强、增长方式粗放，每年造成的资源浪费、环境污染、生态破坏及地表塌陷等损失至少在300余亿元以上，成为山西被中科院多次列为可持续发展能力不足省份的主要原因。多年来，由于煤炭行业准入标准太低，山西大量的资金、技术、人才等生产要素以及各级官员、省内外投资商的注意力、兴奋点都沉淀和局限于煤炭行业，使其他产业的发展缺乏必要的基础和动力，全省产业结构初级化、“一煤独大”的问题十分突出，产业结构调整、经济转型发展进展缓慢。

进入新世纪以来，省委、省政府用科学发展观的要求重新审视煤炭行业的现状，提出“不要带血的GDP，不要污染的GDP”。针对煤炭行业存在的深层次问题，先后开展了“关井压产、淘汰落后、整合资源”、“关小、改中、上大”等工作，取得了一定进展。但这次整合重组前，全省2840座煤矿中，30万吨以下的小煤矿仍占到70．42%，其中15万吨及以下的小矿占59．08%。2008年，在学习实践科学发展观活动中，省委从山西实际出发，提出了“三个发展”这一具有山西特色的践行科学发展观的具体路线，并认识到要走好“三个发展”路子，必须首先在煤炭行业科学发展上取得突破，于是作出了煤炭资源整合和煤矿兼并重组的战略决策，这就为山西转型发展明确了方向，为安全发展奠定了基础，使和谐发展具备了可能。

推进煤企整合重组是落实国家煤炭产业布局和政策的重大举措

山西是全国的重要能源基地，煤炭产业始终受到党中央、国务院的高度重视，近几年国家出台的有关煤炭产业的重大政策，都把山西作为重中之重予以发展，对煤炭资源整合和煤炭企业重组作出部署。2005年，国务院《关于促进煤炭工业健康发展的若干意见》明确要求：“坚持发展先进生产能力和淘汰落后生产能力相结合的原则，一方面加快现代化大型煤炭基地建设，培育大型煤炭企业和企业集团，促进中小型煤矿重组联合改造，另一方面继续依法关闭布局不合理、不具备安全生产条件、浪费资源、破坏生态环境的小煤矿”；2006年，国务院把山西作为全国唯一的煤炭工业可持续发展政策试点省，要求山西加快培育和发展大型煤炭集团，鼓励大型集团公司采取收购、兼并、控股等多种形式整合地方煤矿特别是乡镇煤矿，推进煤炭资源整合；2007年，《国家煤炭产业政策》提出在全国建设13个大型煤炭基地，山西晋北、晋中、晋东三大基地位列其中，并要求“在大型煤炭基地内，一个矿区原则上由一个主体开发，一个主体可以开发多个矿区”，“鼓励以现有大型煤炭企业为核心，打破地域、行业和所有制界限，以资源、资产为纽带，通过强强联合和兼并、重组中小型煤矿，发展大型煤炭企业集团”；2009年，国家14部委又联合出台了《关于深化煤矿整顿关闭工作的指导意见》，进一步提出了“小煤矿淘汰关闭一批、资源整合扩能改造一批、大集团兼并重组一批”的要求。可见，这次煤炭资源整合、煤炭企业重组，既是实施省委“三个发展”战略的具体行动，也是贯彻落实国家关于煤炭工业发展方针政策的重大举措。

推进煤企整合重组是顺应煤炭产业国际发展趋势的适时之举

山西提出煤炭资源整合，提高煤炭产业集中度，符合世界煤炭产业发展的大潮流、大趋势。从国际上看，大的资源性行业基本上都以大企业为主，比如，世界铁矿石资源基本集中于巴西的淡水河谷、澳大利亚的必和必拓、力拓几家集团。煤炭企业向着集团化和产业集中高效生产的方向发展，有利于资源开采和节约，也有利于环境保护和改善。煤炭工业是典型的高危行业和资源、资本密集型产业，必须走大企业主导、规模化生产、集约化发展的路子。然而，山西煤炭产业的集中度却非常低，与煤炭产业发展规律相背离，同发达国家的发展水平有相当差距。目前美国年产煤10亿吨左右，而矿井总数仅为1458座。而我国煤炭年产量28亿吨，却有2万多个煤矿。山西的煤炭产量占到全国的四分之一，小煤矿星罗棋布，大型矿井则少之又少，年产上千万吨的矿井仅有2座。目前，发达国家的煤炭企业已经形成了开采的规模经济和强大的企业竞争力。澳大利亚排前5位的煤炭公司的煤炭产量占总产量的71%，南非排前4位的煤炭企业的市场集中度为62%，美国排前4位的煤炭企业产量占全国的70%。向世界先进生产力看齐，加快煤炭资源整合，提高煤炭产业的集中度，已是大势所趋，非办不可。

推进煤企整合重组是提高煤炭产业整体素质的有效手段

长期以来，煤炭行业“多、小、散、乱、弱”的格局，严重制约着山西的经济社会发展。从资源利用上看，山西大型国有煤炭集团的回采率为65%以上，而小煤矿仅为10%至15%。这就意味着每采1吨煤要破坏和浪费6吨以上的资源。按山西中小煤矿年产3.5亿吨煤计算，每年要破坏和浪费约20亿吨宝贵资源。大批小矿的存在，使煤炭行业技术进步维艰。或受利益驱动、或受资源条件限制，小煤矿短期行为严重，投资不足，矿井素质低，实行机械化开采作业的寥寥无几；职工素质普遍较低，且稳定性很差；缺乏人才，管理水平很低。这种状况的存在，是山西煤炭行业整体素质不高的主要因素，也是煤炭行业先进生产力与原始生产力并存的重要原因。因此，推进煤炭资源整合，把原来过多、过小的主体进行重组，就显得十分必要和紧迫。重组后的煤企将依靠大型煤炭集团雄厚的技术实力、先进的管理理念，把粗放落后的生产方式转变为集约先进的生产方式，全面实现机械化开采，从根本上提高煤炭产业的技术创新能力、管理水平和整体素质。

推进煤企整合重组是实现多种所有制优势互补的重要载体

在这次煤企整合重组中，山西并没有简单地以所有制划线，而是从实际出发，按照煤炭高危行业安全生产的要求，以提高煤炭产业发展水平为目标，不仅支持大型国有煤炭企业作为整合的主体，同样支持符合条件的民营企业成为整合主体，实现所有制优势互补。在整合主体的选择上，坚持优进劣退、强进弱退、大进小退原则，以生产力水平作为最主要的标准。社会上流传的所谓“国进民退”的说法，是对山西煤企整合重组缺乏全面了解，完全是一种误解。从目前的进展情况看，整合后在全省保留的1000多座矿井中，民营企业约占30%，国有企业约占20%，混合所有制约占50%，形成了以股份制为主要形式的主体多元化、企业现代化、发展集约化的办矿格局。

推进煤企整合重组是加强廉政建设的重要途径

长期以来，由于种种原因，山西煤炭行业存在着许多问题，特别是由此滋生的腐败现象严重制约着煤炭产业的健康发展。社会上广为流传着小煤矿的“五大害”，即破坏生态、污染环境、浪费资源、草菅人命、腐蚀干部，在一定程度上反映了社会对小煤矿的诟病。“有水快流”的办矿体制，使得小煤矿产权和隶属关系错综复杂，煤矿事故背后的腐败问题，特别是官煤勾结、权钱交易等问题，引发社会议论，群众反映强烈。煤炭资源整合和煤炭企业重组，有利于解决煤炭资源开采权流转的混乱局面和煤矿企业“多、小、散、乱、弱”的格局，有利于从办矿体制上铲除滋生腐败的环境和土壤，有利于从产前办证、产中安全、产后监督全过程有效防止和减少腐败问题的发生，为山西和谐发展提供产业支持和环境保障。

（作者系中共山西省委副秘书长、省委政研室主任）

省直机关要做学习型领导班子学习型党组织建设的表率

刘传旺

党的十七届四中全会提出了建设学习型党组织的要求，最近中共中央办公厅又下发了《关于推进学习型党组织建设的意见》，这是推进党的十六届四中全会提出的“努力建设学习型政党”重大问题贯彻落实的新举措和新部署。推进学习型党组织建设，是建设马克思主义学习型政党的基础工程。按照党中央的要求，把省直机关各级党组织建设成为学习型党组织，把各级领导班子建设成为学习型领导班子，把每个党员建设成为学习型党员，对于提高党的执政能力，保持和发展党的先进性，不断提高机关党的建设科学化水平，更好地为推进转型、安全、和谐发展服务，具有十分重要的意义。我认为，建设学习型党组织要着重把握好以下基本要求和主要环节。

一、树立学习理念

理念的先进是根本的先进。建设学习型党组织，首先必须超越传统的学习理念，树立与时代发展相适应的学习理念。建设学习型党组织，基础是抓好党员的学习。党员个人的学习搞好了，才能为建设学习型党组织提供条件；学习型党组织大量涌现，马克思主义学习型政党才能建成。这就要求机关党组织和广大党员干部切实增强学习的紧迫感和自觉性。1939年，毛泽东同志在延安的一次演讲中说过：年老的也要学习，我如果再过十年死了，那么就要学九年零三百五十九天，至死方休。据有关资料介绍，当今时代，每年知识更新速度高达20%以上，现在一个本科大学生刚刚毕业，所学知识折旧率就已达40%，5年之内就基本折旧完毕；而两千年来人类知识的99.4%是20世纪80年代以后获得的。联合国教科文组织的埃德加·富尔先生有一句很精辟的话：“未来的文盲，不再是不识字的人，而是没有学会怎样学习的人”。所以，无论什么人，不加强学习，知识就要老化、思想就要僵化、能力就要退化，就难以适应生存的需要，更无法实现全面发展。因此，对开放社会的发展而言，机关党员干部要有一种“本领恐慌”意识，时刻对自己在学识、眼界、能力等方面的不适应保持警醒，牢固确立党组织全员学习、党员终身学习的理念，自觉强化“学无止境、学用相融”，“没有终点、只有起点”，“没有毕业、只有毕生”的终身学习理念，凝智聚力的团队学习理念，与时俱进的创新学习理念，“工作学习化、学习工作化”的学用一体化理念。每个机关党员干部主动学习的意愿、态度及能力，是建立学习型党组织的主要条件。机关党组织要积极营造重视学习、崇尚学习、坚持学习的浓厚氛围，积极营造实现工作学习化和学习工作化的环境，让学习与工作合二为一，学习中有工作、工作中有学习，学习是工作的基础、工作是学习的深化，学习促进工作、工作促进学习，工作中有新知识新思路，学习的成果也是工作的成果。实践证明：一个好的思路、好的方法、好的决策，必须靠深厚的理论功底和知识阅历作基础，否则，即使工作勤勤恳恳、做了一些实实在在的事情，也会缺乏质量和创新。“远飞者当换其新羽”，机关党员干部要把学习作为第一位政治责任、作为人生第一需要，牢固树立学习速度应大于变化速度的观念，把学得快、学得好、学得多作为新时期机关党员干部学习的一种追求，把愿学习、会学习、能学习作为新时期机关党员干部能力的一种标准，努力形成思想在学习中凝聚、人才在学习中涌现、事业在学习中兴旺的生动局面。

二、明确学习内容

要按照中办《意见》中规定的五个方面学习内容，突出重点，增强针对性。一是认真学习马克思主义经典著作，全面系统地学习中国特色社会主义理论体系，努力掌握蕴含其中的科学世界观方法论。要学好哲学。哲学是智慧之学，是党员干部特别是领导干部的必修课。当年钱学森曾对科技人员说，假设你用马克思主义哲学指导工作，那就会如虎添翼。对于从事机关工作的同志来说，尤其应当重视学习政治理论特别是马克思主义哲学。二是深入学习实践科学发展观，深刻理解科学发展观对各方面工作提出的新要求，把开展学习实践科学发展观活动的成功经验和有效做法运用到经常性工作中去。当前特别要组织党员干部学习好胡锦涛总书记在全党深入学习实践科学发展观活动总结大会上的重要讲话，切实把机关广大党员干部的思想统一到胡锦涛总书记重要讲话精神上来，努力在以科学理论指导党的建设、以科学制度保障党的建设、以科学方法推进党的建设上取得新的成效，不断提高机关党的建设科学化水平。三是广泛开展社会主义核心价值体系学习教育，要把社会主义核心价值体系体现到党员干部教育管理全过程，融入到党员干部日常工作学习生活中。要组织党员多读党史。党史是革命理想教育最好的教科书，要在回顾党的光辉历程中，不断深化对历史发展规律和党的领导必然性的认识，增强学习贯彻中国特色社会主义理论体系的自觉性和坚定性。四是学习岗位、专业技能和现代化建设所必需的各方面知识。党员领导干部要不断优化知识结构、促进知识结构转型升级，使党员干部成为本领域本行业的行家里手。五是认真学习领会党中央、国务院以及省委、省政府的重大决策部署、重要会议精神，认真学习世情国情党情省情和社情知识，自觉把思想和行动统一到中央和省委的部署要求上来。认真学习党章党规、国家法律法规，认真学习加强党风党纪和反腐倡廉建设的重要精神，自觉加强党性修养，增强法制观念和纪律意识。六是学习总结实践中的成功经验，善于学习借鉴其他地区部门单位的好做法好经验，不断研究新情况、解决新问题，在推动实际问题的解决中深化规律性认识，提高分析问题、解决问题的能力。

三、创新学习方式

灵活的学习方式、有效的学习方法，是建设学习型党组织的重要途径。机关党组织要在坚持过去一些行之有效的方式方法的同时，对传统学习方式方法进行改造升级。建设学习型党组织，应着眼于适应时代发展的要求，着眼于满足党员干部的学习需求，不断探索符合实际、行之有效、适应党员新需求的学习方式，努力把机关党组织的学习要求变为党员干部的内在需要，不断激发党员干部的学习动力，不断丰富和提升传统学习方式，积极引进和创造新的学习方式，以学习方式创新提升学习型党组织建设的科学化水平。《学习时报》刊登过一篇《关于机关干部政治学习的一项调查》，调查显示：多数人认为机关组织的集中学习活动效果差，对自己没有帮助，机关党委发的学习辅导书就在那里放着，自己不会主动去看。主要原因是机关组织的学习活动忽视了作为学习活动主体的党员干部对学习的需求。许多人反映，现在机关学习不以干部的需求为出发点，而是以完成上级布置的学习任务为中心，学习内容陈旧、方式单一，激励机制不健全、甚至缺乏。因此，要提高机关党员干部学习的积极性，增强学习效果，就必须改进学习方式。当前最重要的就是要强化以党员干部学习需求为中心的观念，改变党员干部被动学习的局面，这就要从学习目的、内容、方式上做积极地改变。目前，中央和国家机关正在加快推进司局级干部自主选学工作，省直工委也正在开展调查研究，借鉴中央和国家机关的经验和做法，推行省直机关处级干部自主选学试点工作，不断完善建设学习型党组织的实践模式。我们要充分运用学习讲坛、专题讲座、报告会、研讨会、知识竞赛、参观考察等机关党员干部喜闻乐见的形式，开展各种形式的学习活动。要把学习与思考结合起来，提倡自主式学习；把学习与运用结合起来，提倡反馈式学习；把学习与创新结合起来，提倡探究式学习；把学习与协作结合起来，提倡合作式学习。要结合党和国家重大政策出台、重大活动开展和重大节庆日纪念日等契机，不断丰富和完善建设学习型党组织的有效形式和工作抓手。要充分发挥省直党校、行政学院和各厅局、各部门、各行业党校、干校在教育培训中的主渠道、主阵地作用，不断整合各种资源，坚持研究式学习、开放式学习、互动式学习，积极运用现代信息技术和网络技术，建立合作学习的大平台。要把组织学习同党性锻炼结合起来，把搞好党员学习作为完善党的组织生活的有机组成部分，使机关党组织真正成为党员增强党性修养、提高思想觉悟的大熔炉，成为党员学习新知识、增长新本领的大学校。

四、健全学习制度

建设学习型党组织，是一项持久的、有组织有计划的学习活动，要保证学习的常态化，把学习的“软任务”变成真正的“硬约束”，最根本的还是靠制度作保证，做到用制度管学、促学。中央下发的《意见》中，把学习制度建设放在重要位置，对集体学习、个人自学、调查研究、培训、主题教育、学习考核和成果转化等一系列学习制度作出了明确规定。省直工委按照中办《意见》和省委的部署要求，很快出台《省直工委关于推进学习型党组织建设的实施意见》，对省直机关开展学习型党组织建设活动进行全面部署。各机关党委要加强学习制度建设，建立健全符合实际、行之有效的学习制度，推进机关党员干部学习教育的科学化、制度化、规范化，努力形成促进党员干部学习的长效机制。要健全和完善党组(党委)中心组、党支部学习制度、党务干部培训制度、调查研究制度、机关党员轮训制度、党员个人自学制度，明确要求制订学习计划和目标，强化机关党员干部的日常学习，激发个人自学的内在动力。要建立健全主题教育制度，形成运用重大节庆日、纪念日组织党员干部学习的工作机制。要建立健全学习考核制度，把学习情况作为民主评议党员、考核评价领导班子和党员领导干部的重要内容，把理论素养、学习态度和学习能力作为选拔任用领导干部的重要依据，形成注重学习的用人导向。要建立健全学习成果转化制度，通过集体交流、媒体宣传等多种形式，促进学习教育成果的运用。衡量学习型党组织建设的成效，不仅要看党员干部读了多少本书，更要看善不善于运用学到的理论指导实践、推动工作，有效解决改革发展稳定中的实际问题。学习就是工作，学习就是解决问题，要把学习型党组织建设的出发点和落脚点放在解决实际问题上。工作中遇到突出问题，就带着这些问题去学习、去研究，积极探求解决问题的途径和办法，真正把学习型党组织建设的成效转化为谋划工作的思路，转化为领导科学发展的本领，体现到保持经济平稳较快发展、全面完成今年的各项工作任务上来，体现到切实加强机关党的自身建设上来，从而不断增强建设学习型党组织的动力、活力和持久力。

五、加强组织领导

省直机关是全省各项工作的指挥中枢，省直机关党组织的学习状况和学习效果，直接影响机关党员干部的思想政治素质、工作能力水平以及党和政府的形象。建设学习型党组织，省直机关要率先垂范，各部门各单位党组(党委)要把建设学习型党组织工作摆在突出位置，切实抓紧抓好。要认真落实抓学习、促学习的工作责任制，按照中办《意见》的要求制订具体实施方案，明确学习重点，突出自身特色，确保建设学习型党组织的任务落到实处。党员领导干部要带头学习，发挥示范带动作用，努力成为建设学习型党组织和学习型领导班子的精心组织者、积极促进者、自觉实践者。要进一步加强和改进党组(党委)中心组学习，把领导班子建设成为学习型领导班子，以学习型领导班子建设带动学习型党组织建设。各机关党组织要在党组(党委)的统一领导下，抓好学习型党组织建设工作。要把贯彻落实中办《意见》和省委部署要求同贯彻落实省直工委《实施意见》结合起来，积极开展各种形式的学习型党组织建设活动。充分发挥机关党组织的积极性、主动性、创造性，动员广大党员投身到学习型党组织建设中来，努力使建设学习型党组织的任务覆盖到省直机关每个基层党组织、每个党员。部门党组(党委)要加大对机关党组织学习的投入，加强硬件建设，提供必要的设施设备等保障，积极为机关党员学习教育创造良好条件。机关党组织要定期对机关学习情况进行督促检查，要把学习型党组织建设开展情况纳入机关党的工作责任制和创先争优活动的考核评比、纳入文明和谐单位评比的重要内容。各机关党委应在每年1月底以前，向省直工委专题报送上一年度学习情况总结和本年度学习计划。省直工委将加强对省直机关各单位学习型党组织建设情况的督促检查，适时召开学习经验交流会，宣传先进典型，推广成功经验。把学习作为党组织建设的主要特征、党组织活动的主要内容、提高战斗力的重要途径，在创新学习理念的同时推动机关党建工作理念的创新，在创新学习方式的同时推动机关党建工作方式的创新，在创新学习制度的同时推动机关党建工作制度的创新，从而不断提高机关党的建设科学化水平，推进省直机关党的建设走在全省基层组织建设的前头。

建设学习型党组织关键在落实，“一步实际行动胜过一打纲领”。让我们行动起来，切实把建设学习型党组织的任务落实到每个基层党组织、每个党员，特别是党员领导干部，以学习提升工作的质量，以学习提高发展的能力，以学习应对执政的考验，真正达到“使党员的学习能力不断提升、知识素养不断提高、先锋模范作用充分发挥，使党组织的创造力、凝聚力、战斗力不断增强”的目的。

（作者系中共山西省直机关工委书记）

关于提高反腐倡廉建设科学化水平的几点理解和思考

刘　巩

如何有效地提高反腐倡廉建设科学化水平，是当前各级党组织特别是纪检监察机关和广大纪检监察干部贯彻落实党的十七届四中全会精神迫切需要加深理解，并在工作实践中认真探索的重大现实课题。就个人的理解和思考，我认为应在以下五个方面狠下功夫。

一、坚持以科学理论为指导，努力提高反腐倡廉建设理论化水平

恩格斯说过，一个民族想要站在科学的高峰，就一刻也不能没有理论思维。理论来源于实践，同时又指导实践，只有用科学的理论来指导行动，才能在新情况、新形势和新任务面前头脑清醒，行动科学正确。

坚持以科学理论为指导，首要的就是一定要坚持把马克思主义的基本原理同中国具体实际和时代特征结合起来，不断推进马克思主义中国化、时代化、大众化。中国特色社会主义理论体系坚持和发展了马克思列宁主义、毛泽东思想，凝结了几代中国共产党人带领人民不断探索实践的智慧和心血，是马克思主义中国化的最新理论成果，是党最可宝贵的政治和精神财富，是我们党必须长期坚持的指导思想，是在新的历史起点深入推进反腐倡廉建设的科学指南。要始终坚持用中国特色社会主义理论体系指导反腐倡廉建设实践，切实提高战略思维、创新思维、辩证思维能力，着力提高理论素养和解决实际问题的能力，不断增强工作的原则性、系统性、预见性、创造性，这是提高反腐倡廉建设科学化水平的最基本要求。

坚持以科学理论为指导，必须注重执政党建设基本经验的理解和把握。毛泽东同志指出，“共产党是靠总结经

验吃饭的"。党的十七届四中全会通过的《中共中央关于加强和改进新形势下党的建设若干重大问题的决定》从六个方面阐述和总结了党执政60年的基本经验，对执政党自身建设的根本、方向、主线、核心、动力和保证作了高度概括，这些规律性的总结和认识，就是马克思主义中国化、时代化、大众化的成果，就是坚持以科学理论为指导的基本遵循。同时我们在工作实践中，必须注意经常深入开展调查研究，坚持运用马克思主义立场、观点、方法及时总结反腐倡廉实践中创造的新鲜经验，努力探索和把握反腐倡廉建设的客观规律。科学化基本的含义是符合规律、遵循规律。要把调查研究作为探求规律的基本方法和重要途径，掌握大量的第一手资料，反复分析研究思考，准确把握纷繁复杂表象下的内在规律，不断提高认识规律、把握规律的能力。逐步归纳总结，形成规律性认识，进行规律性把握。要尊重规律、按规律办事，要坚持实事求是、与时俱进，发展而非停滞地把握规律，不断提高按照客观规律谋划反腐倡廉建设的能力和水平。

坚持以科学理论为指导，必须不断地解放思想，努力提高反腐倡廉建设理论化水平，用发展着的马克思主义科学理论指导反腐倡廉建设新的实践。实践永无止境，创新永无止境，科学理论的发展也永无止境。真正的马克思主义从不自我封闭，从不保守僵化，而是敢于和善于在开放中不断地完善和发展自己。胡锦涛总书记在党的十七大报告中指出："中国特色社会主义理论体系是不断发展的开放的理论体系"。要把科学理论与创新实践紧密结合起来，紧密结合新的历史条件和时代任务，在实践创新基础上不断加强反腐倡廉建设理论研究和理论创新，不断作出新的理论概括，不断丰富和发展中国特色社会主义理论体系，不断丰富和发展中国特色社会主义反腐倡廉理论，为反腐倡廉建设新的实践和提高反腐倡廉建设科学化水平提供理论指导。

二、坚持科学判断形势，努力提高反腐倡廉建设的时代化水平

形势，即事物的发展阶段、表现形态和发展趋势。科学判断形势、正确把握形势，是制定科学决策的前提。反腐倡廉建设作为党的建设的重要组成部分，事关中国特色社会主义事业的兴衰成败，对反腐倡廉形势的科学判断是我们必须始终认真对待的严肃问题，是增强针对性、体现时代性，提高反腐倡廉建设科学化的基本要求。

新中国成立伊始，针对党内可能出现腐败的风险，我党及时成立了党的纪律检查委员会，加强纪律教育，检查处理党员违反党纪的行为。改革开放以后，针对"双轨制"带来的腐败现象快速增多的形势，坚持"两手抓"，一手抓改革开放，一手抓惩治腐败，积极开展以打击走私投机、贪污受贿等严重经济犯罪活动为重点的专项斗争。上世纪90年代，针对新旧体制转换加快，腐败现象蔓延较猛的形势，把查办案件和纠正不正之风作为反腐败主要突破口，侧重于"治标"和"遏制"。党的十五大以来，针对腐败现象总体上得到有效遏制，一些深层次矛盾和问题逐渐暴露的问题，在坚持惩治腐败为主的基础上，不断加大治本力度。党的十六大以来，针对腐败现象滋生蔓延的土壤和条件在短期内难以消除，腐败现象在一些领域易发多发的新形势，提出"标本兼治、综合治理、惩防并举、注重预防"的战略方针，以完善惩治和预防腐败体系为重点加强反腐倡廉建设。正是由于党中央对反腐倡廉形势的科学判断和准确把握，才作出了一系列反腐倡廉科学决策，保证了反腐倡廉建设始终沿着正确的方向健康发展。从我们党60年的反腐倡廉发展可以看出，科学判断形势始终是提高反腐倡廉建设科学化的重要基础。

科学判断反腐倡廉形势，要用历史的眼光。要深刻分析我国几千年封建社会带给人们的利己主义、特权思想影响，充分认识腐败现象赖以存在的思想基础和社会根源。要充分认识我国处于并将长期处于社会主义初级阶段的历史现状，体制机制制度还不健全，完善的法治环境和有效的监督机制还没有完全形成，拜金主义、享乐主义和极端个人主义等腐朽思想对党员干部的侵蚀不可低估，消除腐败现象滋生蔓延的土壤和条件还需要一定的时间和过程。

科学判断反腐倡廉形势，要坚持辩证思维，坚持"两点论"。既要看到成绩，也要看到问题；既不能盲目乐观，也不能悲观失望。当前的反腐倡廉形势可以概括为两句话，即：成效显著，必须坚定信心；问题严峻，必须坚定决心。应当看到，党风廉政建设和反腐败斗争方向更加明确，思路更加清晰，力度不断加大，领域不断拓宽。特别是以完善惩治和预防腐败体系为重点整体推进反腐倡廉建设，在查办大案要案、解决群众反映强烈的突出问题、推进改革和制度建设、强化对权力运行的制约和监督等方面取得重要进展，消极腐败现象得到进一步遏制，为改革发展稳定提供了坚强保证。同时也要看到，在改革开放和发展社会主义市场经济条件下，经济体制深刻变革，社会结构深刻变动，利益格局深刻调整，思想观念深刻变化，导致腐败滋生的各方面因素将长期存在，社会上形形色色的腐朽落后思想对党员干部的侵蚀不可低估，腐败现象在一些领域仍然易发多发，高中级领导干部腐败案件时有发生，一些重点领域和关键环节违纪违法案件频发，涉案金额巨大，情节严重，影响恶劣，窝案、串案、案中案明显增多，利用职权为特定关系人谋取非法利益问题突出。这表明，当前反腐败斗争正处于有利条件与不利因素并存、成效明显与问题突出并存的局面，反腐倡廉建设形势依然严峻、任务依然艰巨。坚决反对腐败，防止党在长期执政条件下腐化变质，是关系执政党生死存亡的必须始终抓好的重大政治任务。

科学判断反腐倡廉形势，要用全面的观点、发展的观点。党的十七届四中全会指出，坚持把推进党的建设伟大工程同推进党领导的伟大事业紧密结合起来。反腐倡廉形势必须放在中国特色社会主义事业的全局中去认识和把握，

必须放在党的建设全局中去认识和把握，使反腐倡廉建设与改革发展的伟大实践相适应，与改革发展的重要步骤相一致，与改革发展的重大举措相配套。坚持用发展的观点看待反腐倡廉形势，正确把握不同发展阶段腐败现象的特点和规律，坚持用发展的思路和改革的办法解决滋生腐败的深层次矛盾和问题，以创新思路寻求治本办法。

三、坚持科学布局、统筹安排，努力提高反腐倡廉建设的战略化水平

在科学理论指导、科学判断形势的基础上，运用科学的战略思维方式，制定反腐倡廉战略方针，对反腐倡廉任务作出科学合理的战略布局和统筹安排，是提高反腐倡廉建设科学化水平的重要环节，起着承前启后、统筹全局的枢纽作用。

要科学制定反腐倡廉战略方针。党的十六大以来，随着形势的变化和反腐倡廉建设的发展，党中央在继续加大惩治腐败力度的同时，对如何从源头上防治腐败，从战略的角度继续进行了深入的思考，确立了“标本兼治、综合治理、惩防并举、注重预防”的反腐倡廉战略方针。这是凝聚着我们党长期执政以来特别是改革开放以来反腐倡廉的成功经验，是推进反腐倡廉建设必须长期坚持的基本方针。坚持反腐倡廉战略方针，最重要的是正确处理坚决惩治腐败与有效预防腐败的关系，围绕建立健全惩治和预防腐败体系，将治标与治本、惩治与预防贯穿于反腐倡廉全过程，贯穿市场经济体系建设的全过程，在坚决惩治腐败的同时加大教育、监督、改革、制度创新力度，更有效地预防腐败，做到治标与治本、惩治与预防两手抓、两手都要硬。

要围绕中心、科学谋划。反腐倡廉建设事关党和国家工作大局，反腐倡廉建设任务必须紧紧围绕和服务党领导的伟大事业，按照党的政治路线来谋划和部署；必须围绕党的中心任务，按照党的建设总目标来谋划和部署。要通过加强反腐倡廉建设，服务、保障和促进经济建设、政治建设、文化建设、社会建设以及生态文明建设；要通过加强反腐倡廉建设，保障和促进党的思想建设、组织建设、作风建设、制度建设。就当前来讲，就是要紧紧围绕贯彻落实科学发展观、紧紧围绕落实“三保”措施以及扩大内需促进经济平稳较快发展的一揽子政策措施，加强监督检查，提供有力保证；要紧紧围绕加强党的执政能力建设和先进性这条主线，科学谋划反腐倡廉各项工作任务，努力形成拒腐防变教育长效机制、反腐倡廉制度体系、权力运行监控机制。

要统筹兼顾，合理布局。要立足当前、着眼长远，把阶段性任务与战略性目标结合起来，把解决当前突出问题和群众关注的热点问题与实现总体目标结合起来，统筹安排布局反腐倡廉各项任务，努力增强反腐倡廉建设的科学性、整体性、系统性和前瞻性。统筹协调加强思想道德建设与加强制度建设、严肃查办大案要案与切实解决损害群众切身利益的问题、廉政建设与勤政建设、加强对干部的监督与发挥干部主观能动性等各项工作，切实提高反腐倡廉建设的效率和水平。

要整体部署、突出重点。要在整体部署教育、制度、监督、改革、纠风、惩处等各项工作的基础上，坚持什么问题突出就重点解决什么问题，什么领域问题突出就重点加强什么领域的反腐倡廉工作，以重点工作和重点领域的突破带动全局工作的开展。当前和今后一个时期，要努力在四个方面取得突破：一是加强对中央重大决策部署落实情况的监督检查，保证政令畅通；二是扎实有效地推进领导干部作风建设，保持党同人民群众的血肉联系；三是以加强领导干部特别是主要领导干部监督为重点，健全权力运行制约和监督机制；四是深化重要领域和关键环节改革，推进反腐倡廉制度创新，就山西来讲，就是要突出抓好煤焦领域反腐败专项斗争和工程建设领域突出问题专项治理，并以此为突破口，加快构建具有山西特点的惩治和预防腐败体系。

四、坚持运用科学方法，努力提高反腐倡廉建设的实效化水平

战略决策的落实需要科学的方法，特别是反腐败斗争的长期性、复杂性、艰巨性，决定了反腐倡廉建设不可能仅靠简单机械的办法推进就能取得明显成效。掌握和运用科学的方法推进工作、破解难题，是增强反腐倡廉建设成效，是提高反腐倡廉建设科学化水平的必然要求。

运用科学方法推进反腐倡廉建设，要学好用好哲学。毛泽东同志一直强调哲学方法论的功能，他指出，哲学是一种方法，是一种架子，不懂得这个架子，办事就要差一些，想问题就要差一些。贺国强同志一直强调纪检监察干部要学点哲学。马克思主义哲学是科学的方法论，它能够使我们客观地而不是主观地、全面地而不是片面地、联系地而不是孤立地、发展地而不是静止地看问题，把促进科学发展、社会和谐与加强党的建设以及反腐倡廉建设有机统一起来，使之相互促进、相互支撑，实现良性互动；它能够使我们准确地抓住主要矛盾，正确处理中心与全面、重点与非重点的关系，善于抓住和解决牵动全局的主要工作、事关长远的重大问题，把工作的着力点真正放至解决改革发展稳定中的重要问题上，放到解决群众生产生活中的紧迫问题上，放到解决反腐倡廉建设中的突出问题上；它能够使我们兼顾各方，综合平衡，既善于调动各方面推进反腐倡廉建设的积极性和能动性，实现重点突破，又注重整体推进，增强反腐倡廉建设的系统性和协调性。

运用科学方法推进反腐倡廉建设，要善于总结、与时俱进。要及时总结工作中的经验教训、成败得失，不断完善工作思路、明确工作重点、改进工作方法，做到打一仗进一步，不断提高驾驭工作全局、开拓工作局面的能力。要始终坚持以人为本，深入实际调查研究，在思想上尊重群众、在感情上贴近群众、在行动上密切联系群众，坚持

问政于民、问计于民、问需于民，依靠群众广泛参与来推进反腐倡廉建设。要坚持开放思维、发展思维，从变化了的实际出发，善于运用网络等现代科技手段，推进反腐倡廉建设的内容、形式、载体的创新，不断提高反腐倡廉工作实效。

运用科学方法推进反腐倡廉建设，要坚持和完善反腐倡廉领导体制和工作机制。反腐倡廉建设是一项复杂艰巨的系统工程，也是全党全社会的共同任务，必须坚持在党统一领导下，建立健全反腐倡廉体制机制，形成工作合力。要充分发挥纪委的组织协调作用，把握全局、研究政策、加强指导、强化督查；党委、政府及其职能部门要把反腐倡廉各项任务贯穿于制定经济、文化、社会发展政策的全过程，融入本部门本行业的实际工作中。形成党政齐抓共管、部门各负其责，各方面协作配合、协调推进、共同参与的反腐倡廉工作格局。

五、坚持科学推进制度创新，努力提高反腐倡廉建设的制度化水平

制度建设带有根本性、全局性、稳定性和长期性，既是反腐倡廉建设的战略重点，也是推动反腐倡廉建设的重要保障。邓小平同志讲过，反腐败还是法制靠得住些。要抓住社会转型和发展战略机遇期的有利时机，加快推进制度创新，提高制度建设的科学化水平，是提高反腐倡廉建设科学化水平的紧迫课题。

科学推进制度创新，要善于学习借鉴。要充分学习借鉴国内外反腐倡廉制度建设的先进成果，在学习借鉴的基础上推进创新。特别是一些发达的法制国家，由于在反腐败制度建设上起步较早，积累的经验比较丰富，这些成果同样是人类社会进步的共同财富和文明结晶，我们更应当深入研究，大胆借鉴，在学习借鉴中探索总结制度建设的内在规律，更好地推进反腐倡廉制度建设和制度创新。要着力提高制度建设的科学性、前瞻性、系统性和严密性，由单项制度建设转向体系化制度建设，努力使各项制度彼此衔接、相互协调，形成科学完备的制度体系，从而发挥制度整体效能。

科学推进制度创新，要适应经济社会发展和反腐倡廉建设实践。随着社会经济的发展，新情况、新问题不断出现，反腐倡廉制度也要不断完善和创新。要把制度建设放在完善社会主义市场经济体制的大前提下、构建惩治和预防腐败体系的大格局中来把握，把反腐倡廉的要求寓于各项政策和措施之中；针对不同地方、不同领域的特点，有的放矢地进行制度创新和改革，使它与政治、经济、社会等方面的改革相配套，更好地体现时代要求。要突出制度的可行性，既注重制度的配套完备，又注重便于执行、易于操作，行得通、管得住。要坚持实践性原则，把反腐倡廉制度建设和创新根植于实践，一方面积极鼓励基层创新，充分发挥人民群众的首创精神；另一方面要坚持任何制度设计都要靠实践去证明其可行性，制度要靠实践去检验。要注重针对实践中发现的一般性问题制定针对性制度，对实践证明成熟有效的措施和办法要及时转化为更具指导性和约束性的法规制度，对实践证明不完善的制度要及时完善，对实践证明不科学、无效果的制度要及时废止。

科学推进制度创新，要与国家法律法规相统一。反腐倡廉制度是依法治国的重要组成部分，要按照依法治国的总体思路，在制度建设规划上与国家法制建设的总体目标和具体安排相配套，在制度规定上与国家相关法律规范相协调，自觉地把反腐倡廉制度建设纳入法制化的轨道。

（作者系中共山西省纪委常务副书记）

关于文明和谐机关创建的若干问题

贾明建

在新的形势下如何理解文明和谐机关创建的内涵及其主要内容，文明和谐创建过程中需要注意和解决哪些突出问题，是加强和改进新形势下机关文明和谐创建的一项紧迫任务。

一、必须正确理解文明和谐机关创建的内涵及主要内容

所谓文明和谐机关创建，主要是指机关干部职工的公民意识教育和思想道德、科学文化建设，包括思想道德建设、科学文化建设的“文明创建”和符合社会主义和谐社会总要求的“和谐创建”。二者相互联系、相互渗透、相互作用、相互促进。这里，思想道福建设和科学文化建设容易理解，“公民意识教育”需要给予解释说明。所谓“公民意识教育”，十七大报告明确指出：“加强公民意识教育，树立社会主义民主法治、自由平等、公平正义理念”。我们认为，“公民意识教育”就是指以树立社会主义民主法治、自由平等、公平正义理念为主要内容的公民教育。因为，树立社会主义民主法治、自由平等、公平正义理念

是构建社会主义和谐社会的内在要求，也就必然是构建文明和谐机关题中之义。构建社会主义和谐社会的总要求是民主法治、公平正义、诚信友爱、充满活力、安定有序、人与自然和谐相处。显然，树立社会主义民主法治、自由平等、公平正义理论与构建社会主义和谐社会的总要求是完全一致的。因为，只有广泛发扬民主，大力弘扬法治精神，充分尊重干部职工的民主、自由、平等权利，才能调动各方面的积极性、主动性和创造性，使社会、单位充满生机和活力；同时，只有切实维护和实现公平正义，各方面的社会关系才能协调，整个社会、单位才能安定有序，人们的心情才能舒畅，才能形成全体干部职工各尽所能、各得其所而又和谐相处的良好局面。所以，构建文明和谐机关，必须自觉地树立社会主义民主法治、自由平等、公平正义理念并使之落实到创建文明和谐机关的各个环节和全部工作之中。

由此，我们可以认为：文明和谐机关创建的主要内容，就是要“强化一个意识，提升两大素质”，即强化公民意识，提升思想道德素质和科学文化素质。它的切入点，就是要抓好“三大教育”，即公民意识教育、思想道德教育、科学文化教育。当前，我省文明和谐创建工作中，思想道德建设和科学文化建设抓得颇有成效，“两大素质”的提升也有了长足的进步。突出的问题是“公民意识”的强化不够，也缺乏教育的手段。致使民主法治、自由平等、公平正义的理念无从谈起，构建社会主义和谐社会的总要求也就没能真正落实到文明和谐的创建活动中。这是务必引起重视的一个大问题。

二、必须进一步明确文明和谐机关创建的主线

文明和谐机关创建，必须确立明确的主题和主线，这是搞好文明和谐机关创建的首要问题。前不久全国党建会议提出：机关党建工作要“以党的执政能力建设和先进性建设为主线”。这是中央对机关党建工作的总要求。今年，中央文明委一次会议也明确提出“两个着力”：“着力建设社会主义核心价值体系，着力深化精神文明创建活动”。

党的十六届六中全会《关于构建社会主义和谐社会若干重大问题的决定》，第一次鲜明提出“建设社会主义核心价值体系”这个重大命题和战略任务。“社会主义核心价值体系”，主要指马克思主义指导思想，中国特色社会主义共同理想，以爱国主义为核心的民族精神和以改革创新为核心的时代精神，社会主义荣辱观。这四个方面的内容，相互联系、相互贯通，共同构成了社会主义核心价值体系的主要内容。其中，马克思主义是其“灵魂”，共同理想是其“主题”，民族精神和时代精神是其“精髓”，荣辱观是其“基础”。

当前，关键是要坚持以科学发展观为指导，以更加开阔的思路，从文明和谐机关创建的整体出发，科学思考、规划和落实建设社会主义核心价值体系的工作，真正把社会主义核心价值体系(以下简称价值体系)作为基础工程和灵魂工程，作为主线纳入文明和谐机关创建的全过程，纳入文明和谐机关创建的目标和任务体系，使文明和谐机关创建工作的开展，紧紧围绕这一目标和任务，努力为其创造文化条件、整合有效资源、提供有力保障。

首先，文明和谐机关创建要为建设“价值体系”创造文化条件。社会主义先进文化是“价值体系”深厚的生命之源。我们必须善于从先进文化发展的高度思考“价值体系”问题，立足改革开放和现代化建设的实践，善于汲取、总结和创新文化，不断丰富机关干部职工的精神世界，增强人们的精神力量，为建设“价值体系”提供先进的文化基础。文化建设、文化创新在省直文明和谐创建中搞的很有特色，总的感觉是：一是廉政文化有声有色，二是企业文化形式多样，三是职工文化生动活泼。现在关键是要把这些文化建设和创新，自觉地纳入为“价值体系”创造文化条件上来，变为一种有意识、有目的行为。

其次，文明和谐机关创建要为建设“价值体系”整合有效资源。从根本上说，文明和谐创建中的各个部门、行业，都是建设“价值体系”的有效资源，都共同具有建设“价值体系”的重要价值，有效地发挥它们在建设“价值体系”中的重要作用，将会有力地推动“价值体系”建设的步伐。因此，我们必须善于有效地整合这些宝贵的资源，真正发挥好这些不同部门、行业在建设“价值体系”中所担负的职责，这也是将建设“价值体系”纳入文明和谐创建全过程的重要体现和内在要求。

最后，文明和谐机关创建要为建设“价值体系”提供良好的外部环境。文明和谐机关创建是一个永无止境的过程，在这一创建过程中，必须注重加强对建设“价值体系”的舆论宣传，为其创建良好的舆论氛围；必须结合群众性创建活动，不断扩大建设“价值体系”工作的群众基础；必须注重加强创建制度建设，通过制度建设发挥其在建设“价值体系”中的规范、引导作用。

三、必须高度重视文明和谐机关创建的活动载体

文明和谐机关创建必须重视“活动载体”，这是引深文明和谐机关创建工作的关键之举。因为只有抓住“活动载体”，才能增强创建活动的认同感，提高创建活动的参与度，扩大创建活动的覆盖面和影响力。这里的关键是如何确定活动载体，拓展活动载体。

从目前我省文明和谐机关创建的实践来看，总体上说“活动载体”得到了一定程度的重视，也体现了一定的多样性。当前存在的主要问题，一是载体的确立不科学。主要是脱离创建主线和主题。二是载体的内涵不丰富。主要是忽略了思想性和政治性。三是载体的形式不灵活。主要是缺乏特色和创新。这就要求我们，一是必须重视对中央和省委关于当前和今后一个时期加强和改进机关党建的总体要求及搞好精神文明建设的方针、政策的分析和研究，科

学确立文明和谐创建活动的载体，不断增强活动载体的丰富内涵。二是必须重视活动载体的创新。要注意结合部门、行业的自身实践，确立自己富有鲜明特色和活力的活动载体。

不久前，胡锦涛同志明确提出“机关党建工作必须适应新形势、新任务的要求，走在党的基层组织建设的前头”。全国机关党建工作会议还提出，机关党建工作要“以开展讲党性、重品行、作表率活动为载体”，并且指出“当前和今后一个时期，特别要扎实开展好讲党性、重品德、作表率活动，切实解决机关党员、干部在思想、工作、生活作风方面存在的突出问题。”我们认为，要把中央关于“走在前头”的要求落到实处，就必须把这一要求具体体现到机关党的思想、组织、作风、制度和反腐倡廉建设工作中，也必须体现到文明和谐创建工作中。这就要求各文明和谐单位一定要围绕“两个主线”即机关党建工作和文明和谐创建工作的各自主线，结合机关党建工作这一活动载体，从自身实际出发，科学确立具有单位特色的活动载体，并要学会灵活地运用这项活动把本部门、本行业的文明和谐创建活动统揽起来，并赋予活动以新的特色和新的内涵，从而形成文明和谐机关创建工作的一个总抓手和大品牌。

四、必须注重提高文明和谐机关创建的自主创新能力

文明和谐机关创建，必须坚持以科学发展理念为指导，把自主创新自觉融入到创建工作的全过程，并作为推动文明和谐创建的战略基点，大力提高“原始性创新能力、集成创新能力和引进消化吸收再创新能力”，引导机关干部职工紧紧围绕文明和谐创建的主线和主题，结合部门和行业特点，探求富有特色和生机的文明和谐创建之路。

当前，一是要增强文明和谐创建的自主创新意识。增强自主创新意识，关键是要激发“原始性创新意识”，提高“原始性创新能力”。这是探求富有特色和生机的文明和谐创建之路的基础。二是要提高科学寻求“创建结合点”的能力。既要学会善于把文明和谐创建的“一般要求”和部门的具体实际有机结合，融会贯通，灵活运用；又要学会善于把文明和谐创建中的一切积极成果与部门的文明和谐创建个体活动有机结合，合理吸取，科学创新。这里的关键是提高“集成创新能力”和“引进消化吸收再创新能力”。这是探求富有特色和生机的文明和谐创建之路的关键。三是要反对和避免把文明和谐创建“单一化或模式化、教条化”；要反对和避免把文明和谐创建搞成“一篮子工程”。“单一化或模式化、教条化”，使文明和谐创建失去了蓬勃发展的生机和活力；“一篮子工程”使文明和谐创建迷失方向，误入歧途。

五、必须积极推动文明和谐创建成果的有机转化

科学概括和充分利用文明和谐创建工作中形成的一系列积极成果，并积极推动文明和谐创建成果的有机转化，是推动机关物质文明建设、政治文明建设、精神文明建设和社会文明建设的强大动力，也是不断提升文明和谐创建水平的有效途径。但是，“成果转化”又是现阶段文明和谐创建工作面临的一个迫切问题。

当前，突出的问题主要表现在“两个缺乏”。一是缺乏转化意识，没有形成促进“成果转化”的自觉意识；二是缺乏科学思维，没有形成促进“成果转化”的科学方法，致使文明和谐创建过程中形成的许多积极成果都没有得到科学的概括和合理的应用。这就要求我们既要注意引导和强化文明和谐创建“成果转化”的辩证思维和自觉意识，又要在文明和谐创建中注意研究和探讨促进“成果转化”的科学方法，切实分析、概括和科学运用好“创建成果”，真正实现经济建设、政治建设、文化建设和社会建设的“统筹兼顾”、“良性互动”和“协调、永续发展”。目前，省直机关有些部门已经意识到“成果转化”问题。如，省地税局围绕“优化政务环境，改进机关作风”，适时率先提出“涉税事项首办负责制和限时办结制”；围绕加强行政效能建设，制定了提高地税部门“公信力和执行力”的“实施意见”，推进了行政审批制改革等。省财政厅提出“以财政文化提升财政形象，以财政形象展现财政文化”等思路。这些思路都是在积极利用文明和谐创建成果来推进其他建设，但仍有待于进一步深化总结。

六、必须着力构建文明和谐机关创建的长效机制

文明和谐机关创建的持续发展，必须有科学、规范的机制保障。当前，我省文明和谐机关创建最突出的问题，是缺乏科学、规范的规章制度。这将会制约和影响我省文明和谐创建跨入制度化、规范化、科学化轨道的步伐。

如何构建文明和谐机关创建的长效机制，我们认为，主要应在健全和完善“五项机制”即领导机制、管理机制、监督机制、考评机制、共建机制上下功夫，从五个层面真正建立健全一整套科学、规范的保障机制。其目的是通过机制建设，推进省直创建上档次、上水平。

1、要建立制度化的领导机制。一是要建立健全文明和谐机关创建领导机构。重点抓好“一把手工程”。二是要形成领导班子定期研究文明和谐创建的制度。要坚持每年至少研究1—2次文明和谐创建问题，切实解决文明和谐创建工作中的难点、热点和重点问题。

2、要建立系统化的管理机制。文明和谐机关创建重在建设、重在管理，管理重在系统、规范。现在文明和谐机关创建中的突出问题是：忙于创建，疏于管理。最近，省直文明委就加强对文明和谐机关创建工作的管理提出了一系列措施，如，电子档案管理、设创建平台、监督平台等。各部门要结合本单位文明和谐创建的实际，抓紧制定适合本单位实际的管理机制，并逐步使之系统化。

3、要建立科学化的考评机制。“考评科学化”是推进

文明和谐创建健康发展的重要环节。最近，我们结合省直系统文明和谐创建的特点，坚持“分类指导，分类考评”的原则，制定了“三大考评指标体系”，即党政机关指标体系、事业单位指标体系、企业单位指标体系，分别用于考评省直机关相应创建对象创建工作的进展和绩效，指标体系全部依托于《创建管理规定》中对文明和谐单位标准的具体要求，从六个层面进行科学考评，总分值均为100分。“三大考评指标体系”有关指标分值的采集，主要采用听取汇报、材料审核、实地考察、组织座谈、网络调查、整体观察等方法，以期达到考评科学、公平、公正之目的。

4、要建立规范化的监督机制。要加强对文明和谐机关创建的日常监督和社会监督。就创建具体部门来说，一是各主管单位文明委、文明办要增强监督意识，加强对下属单位创建和管理工作的日常监督；二是要自觉把强化监督和行风建设结合起来。就省直文明和谐创建管理部门来说，省直文明办要通过网络平台、定期检查或不定期抽查等方式，加强对各文明和谐单位创建工作的监督管理；另外，还要注意理顺监督渠道，要通过设立长期举报监督电话、聘请监督员等途径，进一步强化社会监督力度，并要定期向新闻媒体、纪检、公检法、审计、计生等部门了解申报单位有无一票否决的情况，真正形成社会监督合力。

5、要建立社会化的共建机制。文明和谐机关创建要靠全体干部职工的共同建设，也需要社会相关行业和部门的支持、协作和监督。今年，中央文明委一次会议再次提出：“加强精神文明建设是全社会的共同责任”。必须“加强组织领导，加强统筹协调”，一定要确保“形成齐抓共管的生动局面”。这就要求我们，一方面要激励广大干部职工“共建共享”；另一方面，要提倡社会相关行业和部门积极支持、监督文明和谐机关建设，努力形成文明和谐创建人人有责，文明和谐成果人人共享的生动局面。

（作者系中共山西省直机关工委副书记、省直文明委常务副主任）

大力实施支持我省低碳经济的财政政策

郑建国

低碳经济是一种以能源高效利用和清洁能源开发为基础，以低能耗、低污染、低排放为基本特征，顺应可持续发展理念的经济社会发展模式，在一定程度上讲是一次新的产业革命。低碳经济的基础是建立低碳能源系统、技术体系和产业结构，对世界经济格局、人类生活方式、社会发展进步将产生巨大影响。党中央、国务院高度重视低碳经济发展，在去年召开的中央经济工作会议上将发展低碳经济作为调整优化产业结构、转变经济发展方式的重要内容进行了强调和部署，释放出加快发展低碳经济的政策信号。作为煤炭大省和全国重要的能源基地，我省经济具有典型的高碳特征，化石能源煤炭以及与此密切关联的焦炭、冶金、电力等支柱产业，多数是高耗能高排放产业。近年来，我省从实现经济社会可持续发展的战略高度着力推动转型发展，从“走出四条路子、实现三个跨越”到“转型发展、安全发展、和谐发展”，先后制定出台了一系列调结构、促转型的政策措施，着力解决产业结构单一化、重型化、初级化问题和高耗能、高污染、不可持续等问题，为加快低碳经济发展奠定了良好基础。

作为政府调控经济的重要手段，财政在推动低碳经济发展的进程中肩负着重大职责和光荣使命。近年来山西财政在推动低碳经济发展方面开展了有益的探索，付出了积极的努力。先后设立产业发展专项资金、节能减排和淘汰落后产能专项资金、自主创新专项资金、新能源与节能环保产业发展专项资金等多个专项资金，通过以奖代补、拨款补助、财政贴息、财政担保等方式，支持运用高新技术和先进适用技术改造提升煤、焦、冶、电等传统产业，推动煤化工等依托资源优势的新兴产业发展壮大，鼓励以文化旅游业和现代物流业为主的各类服务业加快发展，支持实施节能减排重点工程建设和生态环境综合治理，切实发挥了财政资金“四两拨千斤”的引导带动作用；研究建立了省对县级生态转移支付制度，对壶关、右玉等6个生态建设较好、努力程度较高的县(市、区)多年来实施生态建设保护给予了转移支付补助，丰富和完善了省对县级财政转移支付体系，调动了县级政府加强生态建设，改善和保护生态环境的积极性；不断加大与国际金融组织和外国政府合作力度，积极争取国际金融组织与外国政府在旅游、节能减排、清洁发展机制方面的贷赠款，充分利用其资金及技术优势推动我省旅游事业发展和加强环保治理。

2009年，省财政筹措资金50多亿元，大力支持了我省实施节能减排和淘汰落后产能工程，积极推进了蓝天碧水工程和造林绿化工程，支持汾河流域、太原西山地区和大同、阳泉等城市的生态环境治理修复。同时，采取“以奖促治”、“以奖代补”等方式支持农村生态环境治理，对全省主要河流实行跨界断面水质考核生态补偿。全省节能减排事业发展不断深入，生态环境得到明显改善。“十一五”前三年，万元GDP能耗累计下降13.32%，完成“十一五”节能总目标(22%)的57.5%，能耗累计降幅位居全国第五。2009年，全省11个重点城市空气质量优良率达到85%以上，10个重点城市和20个县(市)空气质量达到国家二级标准；二氧化硫排放量较上年下降3.6%，提前一年完成了“十一五”减排目标，化学需氧量排放量较上年下降2.7%。

当前，加快发展低碳经济已经成为我国经济战略总体布局中的关键环节。山西省委、省政府在部署2010年全省经济工作时指出：“要把发展低碳经济和绿色经济作为战略取向，从全局高度及早加以谋划、加以推进，培育低碳产业，推广低碳生产，倡导低碳消费。”为更好地贯彻落实国家和我省关于加快低碳经济发展的一系列决策部署，为更好地促进低碳经济发展，省财政将在今年的工作中认真落实好国家出台的各项相关政策，同时结合省情，进一步加大资金支持和政策引导力度，多措并举，支持推进我省经济走出一条“低消耗、低排放、高效益”的低碳发展之路。

一、继续加大支持淘汰落后产能和节能减排力度，从源头上降低“高碳”排放

一是要继续支持煤炭资源整合、煤矿兼并重组，用先进技术改造提升煤炭产业。加大对煤矿技术改造支持，提升煤矿安全生产水平。要深入研究煤炭资源整合过程中存在或潜在的问题，如涉及金融企业债权债务风险、“两权”价款返退等，注重政策配套，兼顾各方利益，妥善解决好相关问题，支持我省煤炭资源整合和煤矿兼并重组工作健康有序推进。二是大力支持节能减排。2010年是我省完成“十一五”约束性目标的最后一年，省财政将继续大力支持重点行业和企业的节能降耗。要在认真落实已经出台的节能价格支持政策的基础上，重点研究出台差别电价征收使用管理办法，着力运用经济手段推进节能工作。三是大力支持淘汰落后产能。要按照“关小上大、产能置换”的原则，支持完成淘汰落后钢铁100万吨、焦化500万吨、水泥1000万吨、小火电100万千瓦、电石铁合金20万吨的任务。通过综合运用经济等多种手段，确保完成万元生产总值综合能耗下降4.6%，二氧化硫、化学需氧量排放量分别下降2%和3%的任务，促进经济社会可持续发展。

二、调整完善各项财税优惠政策，支持我省新能源发展，增加“低碳”产业比重

一是要通过整合各类政府性能源资金，采取贷款贴息、信用保费补贴、以奖代补、应用推广补贴、投资补助、创业风险投资等多种扶持方式，切实推进我省新能源产业的发展。1、管好用好“创业风险投资引导基金”和“自主创新专项资金”两项资金的基础上，探索建立“新能源产业发展专项资金”，重点推动煤层气、天然气、焦炉煤气、煤制气“四气”产业一体化、集约化发展。2、要支持新能源产业发展技术支撑体系建设。对新组建的全省性、分领域的新能源产业技术联盟给予适当补助支持。对企业，高等院校和科研院所组建的新能源技术中心、研发中心、工程中心和检验中心，凡达到国家级标准的，省财政再给予国家补助一倍资金的支持，达到省级的，按规定给予补助。凡是为新能源产业技术创新提供场所服务和技术服务的孵化器、公共技术支撑服务平台、软硬件设备购置和专用软件开发等，将给予适当补助。3、加大对新能源示范工程的扶持力度。对“太阳能屋顶工程”中建材型、构件型光电建筑一体化项目，按照中央财政补贴标准同比例予以奖励；对“金太阳示范工程”中获得中央认定扶持的并网光伏发电项目，除中央财政补助外，省财政再增加10%的投资补助；对“可再生能源建筑应用示范工程”中中央认定的省级示范城市和县级示范城市，按中央补助资金的50%给予补助；其他省级示范城市和县级示范城市省财政分别给予不超过3000万元和1000万元的补助；对“太阳能LED路灯照明工程”中供电系统采用太阳能光电而照明系统采用LED光源的城乡道路照明工程，给予单体造价50%的补贴。

二是要认真落实各项税收优惠政策，支持新能源产业发展，1、对认定为高新技术企业的新能源企业，自项目认定之日起五年内上缴的企业所得税、营业税、增值税的地方收入部分，由当地政府安排专项资金给予扶持。拥有自主知识产权的项目，除享受上述优惠外，第六年至第八年上缴的企业所得税、营业税、增值税地方收入部分的50%，由当地政府安排专项资金给予扶持。2、对利用风力生产的电力实行增值税即征即退50%的政策；对以垃圾为燃料生产的电力热力实行增值税即征即退政策。新能源企业为开发新技术、新产品、新工艺发生的研发费用，未形成无形资产计入当期损益的，在按照规定据实扣除的基础上，按照研发费用的50%加计扣除，形成无形资产的按照无形资产成本的150%摊销。3、企业研发、制造国家所确定的16个重大技术装备各关键领域装备而进口的关键零部件和国内不能生产的原材料所缴纳的进口关税和进口环节增值税实行先征后退，所退税款作为国家投入转作国家资本金。

三是采取财政贴息等手段，对各类金融机构支持新能源予以支持，吸引更多资金向新能源产业倾斜。对金融机构给予新能源项目的贷款，省财政给予贴息支持，促进金融机构加大对新能源企业的信贷支持力度。由省财政厅牵头，集中省市财力，吸纳社会资本，成立贷款担保基金，优先向新能源企业提供流动资金贷款担保。积极支持新能源企业利用法人资本、民间资金、国外资金等多元化融资渠道，广泛引导风险投资机构、创业投资资本等进入新能源企业。优先支持技术先进、发展潜力大的新能源企业在境内外上市。此外，还要加大与外国政府和国际金融组织的合作力度，做好贷款项目申报工作，积极争取国际金融组织和外国政府在农村沼气等清洁能源利用方面的贷赠款。

三、加大资金投入，积极推进生态兴省战略，增加更多“森林碳汇”

继续推进实施蓝天碧水工程、造林绿化工程、生态环境治理修复“2+10”工程(其中，“2”是指汾河流域生态环境治理修复与保护工程，太原西山地区综合整治工程；“10”是指大同口泉矿区、阳泉桃河流域、长治浊漳河、晋城丹河流域、朔州桑干河上游、忻州南云中河、吕梁三川河流域、晋中潇河、临汾塔儿山及二峰山、运城盐湖等重点生态环境综合整治工程)和“十一五”环保规划，积极完善生态转移支付制度，切实强化财政转移支付政策对生态环境建设的导向性作用。此外，要进一步加大对我省旅游业的支持力度，通过发展新兴产业、实现产业结构多元化来减少我省经济发展对“高碳”经济的依赖，促进我省经济社会的可持续发展。

（作者系山西省财政厅厅长）

调结构　转方式　上水平 加快推进山西工业新型化进程

洪发科

2010年7月29日，省委召开了全省领导干部大会，袁纯清书记代表省委所作的《以转型发展为主线　为实现山西经济社会跨越发展努力奋斗》的重要讲话，明确提出了“以工业新型化、农业现代化、市域城镇化、城乡生态化为重点、加快推进转型发展和跨越发展”的重大战略，为我省经济社会的发展指明了方向。如何加快推进全省工业新型化，实现工业经济的转型跨越发展，将是今后一个时期，全省经信系统必须面对的一个重大课题。

一、山西推进工业新型化的必要性和紧迫性

为加快我国工业化进程，党的十六大报告中明确提出了“新型工业化”的概念，并把它作为我国在新世纪头20年改革和经济建设的首要任务来抓。在此基础上，袁书记立足山西省情，提出的工业新型化发展战略，是对“新型工业化”概念的具体细化，具有很强的指导性和针对性，是我省工业经济今后的主要发展方向。

（一）加快工业新型化是山西工业转型跨越发展的必然选择。所谓工业新型化，从趋势上讲，是信息化与工业化融合、从粗放能耗增长到集约节能型发展的工业化；从驱动上讲，是依靠科技进步、劳动者素质提高、管理创新的工业化；从产业上讲，是第一、第二、第三产业协调发展的工业化；从形态上讲，是资源消耗低、环境污染少、可持续的工业化；从经济学角度讲，是投入产出比高、经济效益好、增长速度快的工业化；从目标上讲，是落后生产力得到淘汰，先进生产力得到发展，绿色发展、清洁发展、安全发展的工业化。2010年，我省人均地区生产总值21544元，按2010年平均汇率计算达到3900美元；第一、第二和第三产业增加值占全省GDP的比重分别为6.2%、56.8%和37.0%；城市化率为46%。按国际上通行的标准来衡量，从总体上看，我省已步入工业化中期阶段。

纵观发达国家和地区的发展历程，在工业化中期阶段，其经济发展一般都呈现以下几个特征：一是结构调整在推动工业发展、加速经济增长方面起核心作用；二是在生产的诸要素中，资本和技术进步是推动经济增长的主要力量；三是在各类需求中，中间需求（或者生产需求、投资需求）的增长是总需求增长的主角。而目前，由于历史和资源禀赋原因，山西长期以来形成了以能源原材料生产为主的经济格局，工业增长对煤炭资源的依赖性过大，高投入、高消耗、高污染的粗放型经济增长方式还没有得到根本转变，发展的可持续性较差，只有积极推进工业新型化，通过大力调整工业结构、加大技术创新力度、着力做大产业规模、不断提升产业素质等有效措施，才能确保在“十二五”乃至更长的时期工业经济量的做大和质的提升，最终实现我省工业经济的转型跨越发展。

（二）山西推进工业新型化面临的主要挑战。进入新世纪新阶段以来，我省工业经济发展取得了显著成就。全省全部工业增加值由2000年的749亿元上升到2010年的4586.4亿元，占GDP的比重达50.4%。全省规模以上工业完成增加值4446.3亿元，增长23.2%。但横向比较，我省与兄弟省份的发展差距不断拉大，“十五”末的2005年，山西工业增加值在全国排名14位，2009年排全国名第17位，先后被内蒙古、陕西、天津超过。同时，国际金融危机对我省工业经济的冲击，也暴露出我省工业经济长期存在的一

些深层次矛盾和问题。

一是支柱产业单一。2010年，四大传统支柱产业（煤炭、冶金、焦炭、电力）实现销售收入10175.4.0亿元，占全省工业的80.2%；销售收入上千亿的行业仅有煤炭、冶金、焦炭三个；全省轻重工业之比为1:21，“畸重型”特征十分明显。

二是产业集中度不高。目前全省大中型企业有987户，仅有11户工业企业入围2010年中国企业500强，除太重外全部集中在煤炭、冶金等传统行业，落后产能比例大，企业数量多，“多、小、散、同”现象突出。

三是初级产品比重大。我省大多数工业产品属于基础性的上游产品，产业链条短，高附加值产品少，具有较强市场竞争力的名牌产品不多。2010年，全省生铁产量3355.4万吨，粗钢产量3048.7万吨，钢材产量2862.0万吨，粗钢对生铁的转化率为90.6%，钢材对粗钢的转化率为93.9%；电解铝产量80.6万吨，氧化铝产量358.9万吨，氧化铝对电解铝的转化率仅为22.5%。装备制造业缺乏带动性强的整机产品和规模效应突出的产品。

四是技术改造投入不足。近年来，我省在工业技术改造投资力度明显不足。“十一五”期间，全省累计完成固定资产投资达到20269.9亿元，年均增速达到27.2%，全省全社会工业投资累计完成9535.8亿元，年平增速仅18.1%，低于同期全社会固定资产投资9.1个百分点。2010年，全省工业投资完成2509亿元，同比增长22.8%，低于同期全社会固定资产投资3.4个百分点。

五是企业技术创新能力不强。尽管全省已拥有国家级企业技术中心18户，省级企业技术中心112户，省级行业技术中心9户，但70%以上的大中型企业还没有建立起自己的研发机构。2009年，全省企业科技投入平均只占销售收入的0.55%；全省各类科技人员41.7万人，分布在工商企业的不足30%，民营企业科技人才更是严重缺乏。而深圳在2003年前就做到了90%以上的科技投入来自企业，90%以上的研发机构和科技人员在企业。

六是工业能源资源消耗强度大。2009年，山西万元GDP能耗2.364吨标准煤，万元GDP电耗1921.93千瓦时，规模以上工业万元工业增加值能耗4.55吨标准煤，分别位居全国各省（市、区）第3、5、2位；山西万元GDP的二氧化硫、COD、烟尘和粉尘排放量分别是全国平均值的2.61、1.23、3.47、3.72倍。高耗能行业能源消费过度集中，煤炭、电力、焦炭、冶金、化工、建材六大高耗能行业能源消费量占全部工业消费量的90%以上，占全社会消费总量的75%以上。

总体来看，山西工业经济结构畸重、产业层次较低、技术水平落后、能源消耗较大，经济发展的可持续性不强。因此，加快转变经济发展方式，全力推进工业新型化，已成为山西工业经济实现转型跨越发展的必然选择。

二、山西推进工业新型化的总体思路和发展途径

为切实加快我省工业新型化进程，根据十七届五中全会精神和省委、省政府关于山西经济社会发展的新决策、新部署，我们明确了推进工业新型化的总体思路和发展途径。

（一）总体思路。袁纯清书记在“7.29”讲话中，对实现我省工业新型化提出了围绕传统产业实行循环化，实现高碳产业低碳发展；围绕煤炭装备制造业高端化，实现由采掘文明向制造文明的转变；围绕煤炭运销形成的巨大运力发展现代物流业，实现经济运行效率大幅提升；围绕煤焦冶电等高耗能产业的清洁生产发展节能环保产业，实现环境压力向发展动力的转化；围绕能源资源优势做大新能源新材料产业，把一个优势变成两个乃至多个优势；围绕煤炭及关联产业发展高新技术产业，力争在高科技领域占有一席之地；围绕发挥传统产业优势加快文化旅游产业转型发展步伐，培育新的经济支撑点等七条重点发展路径，为我省推进工业新型化指明了方向。

按照袁书记的讲话精神，结合我省实际，“十二五”时期，山西推进工业新型化的总体思路是：以转型发展为主线，以赶超发展为目标，以实现“传统产业循环化、优势产业规模化、新兴产业高端化、支柱产业多元化”为奋斗方向，着力实施创新引领、大企业带动、大项目支撑、园区化承载、低碳化推进、招商引资推动等六大发展战略，全面延伸产业链条，培育新的经济增长点，优存量、扩增量、提质量，构建新型、多元、稳固的现代工业产业体系，全力打造国家新型能源和工业基地，努力实现工业经济的转型跨越发展。

“十二五”时期山西工业经济发展的总体目标是：到2015年，全省规模以上工业销售收入达到2.6万亿元左右；工业增加值达到9000亿元左右，工业年均增长超过15%，实现总量翻一番的目标。

（二）发展途径。加快推进工业新型化，实现我省“十二五”时期的工业发展目标，需要通过传统产业循环化、优势产业规模化、新兴产业高端化等有效途径着力推进。

——传统产业循环化。循环经济是一种以资源的高效利用和循环利用为核心，以“减量化、再利用、资源化”为原则，以低消耗、低排放、高效率为基本特征，符合可持续发展理念的经济增长模式，是对“大量生产、大量消费、大量废弃”的传统增长模式的根本变革。对山西工业而言，“十二五”时期，要有效解决传统产业发展方式粗放、产业和产品层次较低的问题，必须把发展循环经济放在突出的位置，强化“全循环、抓高端”的理念，着力抓好技术、产业、利润三大链条，坚持从企业的小循环入手，向行业中循环拓展，形成区域大循环，构建具有山西特色的工业循环经济发展模式。逐步构建具有山西特色的循环

经济发展模式。

——优势产业规模化。山西工业的突出问题是总量规模不大。煤炭、冶金、焦化、电力等传统产业受国家产业政策和市场需求的影响，已经进入了一个相对稳定的发展阶段，“十二五”时期，做大山西工业经济总量，关键要大力发展现代煤化工、装备制造、新型材料、特色食品等我省具有相对优势的产业，积极建设一批百万吨级的新型煤化工项目和产业集群，打造一批煤机成套、重型机械、纺织机械、液压元器件等重大装备制造业基地，提升一批化工新材料、新型建筑材料等资源深加工类新材料和特殊钢、镁合金、电子信息材料等高成长性新材料生产水平，扩大一批酒类、食醋、乳品、小杂粮加工、肉类加工、等传统特色食品产业规模，使我省的优势产业迅速做大做强，成为我省新的支柱产业。

——新兴产业高端化。战略性新兴产业代表着工业产业未来的发展方向，在我省具有较强的发展潜力，是我省新的经济增长点。“十二五”期间，要重点发展新能源、节能环保、生物医药、电子信息等产业基础好、发展潜力大、带动作用强的战略性新兴产业，加快新能源技术的研发和应用，拓展节能环保装备的应用领域和应用深度，努力打造集研发创新、中试孵化、规模生产、营销物流、人才培育、产业服务为一体的现代生物医药产业体系，全力推进信息技术与传统产业结合，提高传统产业自动化、智能化和管理现代化水平，力争把山西建设成国内外具有较强竞争力的新兴产业发展基地。

三、山西加快工业新型化进程的政策措施

“十二五”时期是我省全面建设小康社会的关键阶段，也是工业化跃升期、城镇化加速期、节能环保攻坚期、新技术革命成长期。为加快我省工业化新型进程，结合山西工业经济发展客观实际，我省应重点实施六大战略。

一是实施创新引领战略，提升企业核心竞争力。通过加强企业技术中心建设、实施产学研合作、加快两化融合、注重人才引进等方式，大力开发煤炭的清洁开采、煤炭传统产业的提升和循环、新型煤化工、新能源新材料、高端制造、电子信息、生物医药、生态环保等转型发展中的关键、共性、适用技术及技术装备，实施一批自主创新及高新技术成果产业化项目，有效增强我省企业核心竞争力。

二是实施大企业带动战略，改善企业组织结构。大力扶持“百强潜力企业”发展，有关部门对百强潜力企业在规划、立项、重组、土地、环评、水电、资金、科技、人才等方面给予倾斜支持，对百强潜力企业实施计划单列、适度放权等政策，对百强潜力企业的重点项目设立“绿色通道”，加快项目建设和达产达效进度，在“十二五”时期将百强潜力企业培育成为带动我省工业经济转型跨越发展的主力舰队。

三是实施大项目支撑战略，培育新的经济增长点。围绕国家产业政策、产业链条延伸、产业转移趋势，按照“投产一批、在建一批、开工一批、谋划一批”的思路，在冶金、焦化、电力和装备制造、煤化工、新材料、食品加工等产业谋划实施一批重大技术改造项目，并储备和发展一批低能耗高附加值的节能、低碳、新能源及可再生能源新项目，积极帮助企业落实项目建设条件，加大资金、政策扶持力度，确保早日建成投产，使重大项目的规划实施真正落到实处，形成推动工业经济转型跨越发展的强大支撑。

四是实施园区化承载战略，优化产业发展布局。依托现有的重点企业和40个重点工业园区，一方面按照新型工业化的要求，培育和创建一批国家和省级钢铁、装备制造、煤化工等具有传统优势的新型工业化产业示范基地；另一方面，积极推进山西杏花村酒业、定襄锻造、祁县玻璃器皿、阳泉耐火材料、运城金属镁、晋中汽车等一批产业特色鲜明、基础实力雄厚的特色产业集中发展区建设，积极打造特色产业基地。同时，以县级工业园区为承载，做大一县一区或多区。通过实现板块化发展、园区化承载、集群化推进，在全省形成上下游紧密衔接的产业链，为工业经济的转型跨越发展奠定坚实基础。

五是实施低碳化推进战略，增强工业发展的可持续性。加强节能降耗，合理控制能源消费总量，抑制高耗能产业过快增长，提高能源利用效率；强化节能目标责任考核，完善节能法规和标准，健全节能市场化机制和对企业的激励与约束；实施重点节能工程，推广先进节能技术和产品，加快推行合同能源管理，抓好工业、建筑、交通运输等重点领域节能。大力发展循环经济，实施煤炭、冶金、焦化、电力、化工、建材六大行业循环经济推进计划，强化废渣、废气、废水“三废”资源综合利用，鼓励产业废物循环利用全面推进生产、流通、消费各环节循环经济发展。

六是实施招商引资推动战略，拓宽工业发展项目资金渠道。紧紧抓住外资西进、内资西移这一历史机遇，树立“发现即发展”、“开放即发展”、“招商即发展”等观念，把招商引资作为抓住战略机遇期的重大举措长期坚持，主动融入环渤海，与长三角、珠三角地区加强互动，进一步拓展发展半径。以传统产业循环化、优势产业规模化、新兴产业高端化为重点，积极引进具有国际先进水平、能提升产业层次和技术水平的合作项目和省外乃至国外的大企业、大集团来我省投资。鼓励企业以企招企、以商招商，进行定点式、跟进式、持续式的精细化招商引资，在全省掀起策划、引进、建设项目的高潮。

（作者系山西省经信委党组书记、主任）

大力弘扬右玉精神　加快推进扶贫开发

刘昆明

右玉县地处毛乌素沙漠边缘，生存条件恶劣，干旱高寒、风大沙多，是我省35个国家扶贫开发工作重点县之一。60多年来，右玉县的十八任县委书记带领全县干部群众挑战恶劣的生态环境，坚持不懈植树造林，坚定信念描绘绿色发展蓝图，将昔日的不毛之地建成名副其实的塞上绿洲，培育和创造了执政为民、尊重科学、百折不挠、艰苦奋斗的右玉精神。

省委袁纯清书记指出：要在全省大力学习弘扬右玉精神，激励和动员广大干部，转变作风，顽强拼搏，创先争优，把全省领导干部大会的部署落到实处，加快转型发展、跨越发展步伐。当前和“十二五”期间，是省委、省政府团结带领全省人民实现经济社会转型跨越发展的关键阶段，大力学习和弘扬右玉精神，持之以恒抓紧抓好扶贫开发，对于加快贫困地区经济社会发展步伐，促进全省实现转型跨越发展和全面小康社会建设的宏伟目标具有十分重要的现实意义。

一、学习弘扬右玉精神，要敢于不畏艰难，牢固树立坚定正确的政绩观

面对风沙肆虐的恶劣环境，右玉县十八任县委书记坚持不懈植树造林，矢志不移改善生态，实施在任期内难以获得明显效果的“慢功夫”，坚定信念接力传递。60年来，带领干部群众改善生态的卓著政绩，骄傲地写在山川大地，深刻地印在百姓心底。右玉大地上逶迤起伏的绿色海洋，就是他们坚韧不拔、久久为功奋斗成果的巍峨丰碑，也是他们“为官一任、造福一方”执政历程的辉煌展示，更是他们“一任接着一任干、一张蓝图绘到底”制胜法宝的生动阐释。

我们学习弘扬右玉精神，就是要像右玉县的历任县委书记那样，敢于面对困难，坚持长期奋斗，牢固树立坚定正确的政绩观，有久久为功信念，以持之以恒态度，凭一以贯之精神，坚定不移地加快推进扶贫开发事业，为全省实现转型跨越发展和全面建设小康社会奠定坚实基础。一是要认清发展现状。改革开放以来，在全省各级党委、政府和广大干部群众的共同努力下，我省扶贫开发工作扎实推进，贫困地区经济社会发展取得显著成效。但从总体上讲，我省仍然是一个农业自然条件差、农民收入水平低、农村面貌较落后的欠发达省份。贫困地区经济社会发展总体水平明显滞后，制约贫困地区和贫困人口发展的深层次矛盾依然存在。贫困人口规模大，解决温饱不稳定，返贫现象十分严重；贫困地区产业基础薄弱，农民增收缺乏有效支撑，自我发展能力不足；城乡区域发展不平衡，收入差距继续拉大，相对贫困日趋突出。所有这些，都决定了贫困地区是影响制约全省实现转型跨越发展的最大短板，决定了扶贫开发是一项的长期历史任务。二是要明确奋斗目标。党的十七大提出2020年基本消除绝对贫困现象，全面建设小康社会的奋斗目标；十七届三中全会提出要把扶贫开发作为一项长期历史任务持之以恒抓紧抓好，并决定实行新的扶贫标准，对农村低收入人口全面实施扶贫政策；十七届五中全会进一步提出要努力扭转城乡、区域、行业和社会成员之间收入差距扩大趋势，坚定不移走共同富裕道路，使发展成果惠及全体人民。党中央的明确要求，既是我们深入推进扶贫开发的努力方向，也是要进一步做好扶贫工作的奋斗目标，任重道远，艰巨神圣。三是要担当扶贫重任。扶贫开发工作不仅要着眼于帮助贫困群众解决温饱、巩固温饱、增收脱贫，更要致力于推动贫困地区加快发展，缩小差距、促进和谐。特别是“7.29”全省领导干部大会提出要实现经济社会转型跨越发展、再造一个新山西的宏伟目标，对扶贫工作提出了新的更高要求。与富裕地区相比，贫困地区基础薄弱，条件落后，扶贫工作的新目标新突破，要求我们一定要充分认识扶贫开发工作的艰巨复杂性，做好长期奋斗、久久为功的思想准备；一定要始终坚持以民为本的理念，勇于担当扶贫重任，把帮助贫困群众脱贫致富作为最高追求，把促进贫困地区加快发展作为最大政绩；一定要在实际工作中扭住扶贫不放松，坚定信念接力传递，不追显绩务求实效，不慕虚荣多做贡献，以坚持不懈的奋斗和扎实进取的成效，促进贫困地区跨越发展。

二、学习弘扬右玉精神，要切实转变工作作风，牢固树立艰苦奋斗的苦乐观

右玉县自然环境恶劣、条件十分艰苦、财力也很贫乏。60年来，十八任县委书记带领全县干部群众以资金不足义务补、物质不足精神补、白天不足晚上补的扎实作风，以

觉悟加义务、铁锹加窝头、苦干加巧干的坚韧劲头，以领导率先干、干部带头干、干群同心干的奋斗精神，一锹一锹的挖、一棵一棵的栽、一片一片的治，坚持不懈植树造林，矢志不移改善生态。2009年，右玉县财政收入达到2.8亿元，绿色生态产业产值占到全县GDP总值的一半，农民人均纯收入70%以上来源于生态产业，可持续发展增长速度连续三年全省第一，实现了经济社会和生态的全面协调发展。同时，右玉县干部群众培育树立起来的艰苦奋斗精神，成为右玉精神的重要内涵。

我们学习弘扬右玉精神，就是要像右玉县的干部群众那样，无论环境多么困难，条件多么艰苦，都要牢固树立艰苦奋斗的苦乐观，保持扎实进取的工作状态，发扬吃苦奉献的忘我精神，敢于干常人不愿干不敢干的事情，以奋发有为的意志和扎实艰苦的干劲推动全省扶贫开发取得新成就。一是要扎实工作作风。扶贫开发工作区域是贫困地区，服务对象是贫困人口，所处环境艰苦、条件困难。组织开展好每一项扶贫工作，需要付出更多的艰辛，在当前扶贫开发新的形势下，要求扶贫工作瞄准贫困区域和贫困对象，有针对性地落实帮扶措施，做到进村入户，帮助贫困群众实现增收致富。要求我们切实把扶贫工作摆在突出位置，树立良好形象，深入基层调查研究，了解贫困群众所思所盼，因地制宜、因户制宜，用扎扎实实的工作作风推动各项帮扶措施落到实处。二是要发扬实干精神。右玉县60多年植树造林改善生态的伟大实践表明，无论什么工作，取得成绩必须来自苦干实干，绝对不能硬等硬熬，扶贫工作更是如此。在艰巨复杂的扶贫开发任务面前，只有紧紧抓住全省转型跨越发展的重大战略机遇，解放思想，拼搏进取，发挥主观能动性，发扬苦干实干精神，着力推进各项工作，才能在转型跨越发展中切实加快贫困地区发展步伐，帮助贫困群众实现脱贫致富；才能以贫困地区的大发展和贫困人口生产生活的大改善赢得人民群众的拥护和信任；才能不坐失发展机遇，影响全省转型跨越发展步伐。三是要乐于艰苦创业。艰苦奋斗是我们党一贯倡导的优良作风，我们在贫困地区从事扶贫开发工作，同样需要克服工作条件艰苦、资金投入缺乏等重重困难，继续保持和发扬艰苦奋斗的作风，在工作中精打细算，讲求实效，把有限的扶贫资金用在刀刃上，最大限度地发挥扶贫资金的投入效益。以艰苦奋斗的优良作风，带动广大贫困群众艰苦创业，增收致富；以同甘共苦的人格力量，带领贫困群众谋取发展，共同创造美好幸福的新生活；以贫困面貌的深刻变化，带头增强成就感、自豪感，使艰苦奋斗精神在加快推进扶贫开发过程中发扬光大。

三、学习弘扬右玉精神，要抢抓转型跨越机遇，牢固树立民生为本的发展观

近年来，右玉县把改善民生作为经济社会发展的头等大事，紧紧围绕解决事关群众切身利益的重大工程，坚持公共财政向民生事业、向农村、向困难群体“三倾斜”。2009年县财政收入2.8亿元，但用于民生工程和社会事业的支出就高达2.3亿元。全省领导干部大会召开后，我们认真学习领会袁纯清书记重要讲话精神，按照全省实施赶超战略、实现转型跨越发展的部署，着眼改善贫困民生，研究进一步加大扶贫开发力度、促进贫困地区加快发展的措施，并制定了“十二五”期间扶贫开发工作目标，即：全省贫困地区农民人均纯收入达到5800元，实现翻番，年均增幅13.5%，超过全省年均增长水平；全省农村低收入人口人均纯收入增加1600元，实现翻番。

我们学习弘扬右玉精神，就是要以科学发展观为指导，以促进贫困地区加快发展为主线，以增加贫困人口收入、改善贫困地区民生为目标，在扶贫开发中牢固树立民生为本的发展观，着力推动扶贫开发各项工作措施落到实处，为完成扶贫开发目标任务，促进全省转型跨越发展和全面建设小康社会建设发挥决定性作用。一是着力实施片区开发工程。将全省57个贫困县划分成六个大片区，采取“以片规划、突出产业、集中投入、分步实施、整体推进”的办法，瞄准集中连片贫困村组织以产业开发为核心的片区开发工程。按照“一村一品”、“一县一业”的区域化布局思路，以设施农业、养殖小区、园区经济为主要载体，提高区域产业发展水平，实现扶贫产业的规模化布局、专业化生产、产业化经营，使60万贫困人口受益。提高区域产业发展水平，提升片区经济社会发展层次。二是培育壮大扶贫龙头企业。在现有国家级扶贫龙头企业基础上，再选择确定一批省级扶贫龙头企业。通过贷款贴息、加大原料基地建设、新产品开发、品牌培育等方面的扶持力度，支持发展潜力大和带动贫困群众能力强的龙头企业提档升级、做大做强。经过5年努力，力争每个市有1–2个年销售收入超3亿元的农产品加工扶贫龙头企业，每个县有1–2个年销售收入超5000万元的农产品加工扶贫龙头企业，全省贫困地区农产品加工企业年销售收入达到300亿元左右。培育壮大一批扶贫专业合作组织，建立完善的特色产品产、加、销产业体系。三是加大移民扶贫力度。按照统筹城乡发展要求，扩大移民对象范围，提高补助标准，出台移民扶贫分类扶持办法，补助重点向最困难群众倾斜。抓住加快城镇化建设机遇，按照县城吸引、小城镇发展和中心村集聚的总体思路，促进移民扶贫和城镇化建设相结合。“十二五”期间，通过移民搬迁，帮助25万贫困群众从根本上改变生存发展环境，并支持搬迁群众发展产业、稳定就业，加快实现脱贫致富。四是继续实施整村推进。对57个贫困县内片区开发规划没有覆盖和移民搬迁不能涉及的贫困村，以及其它农业县（市、区）的贫困村，实施以发展特色优势产业、改善生产生活条件、增强自我发展能力为主要内容的整村推进规划。通过开展产业技术培训和加强产业基础设施建设，夯实贫困村产业发展的物质技术基础；通过改善生活设施和村容村貌，帮助贫困村从根本上改变贫困落后面貌。五是扎实抓好科教扶贫。瞄准贫困地区农村初、高中毕业生，着力促进劳动力转移培训由短期培训向中长

期职业技能培训转变，稳定提高贫困家庭劳动力就业创业能力。对在乡青壮年贫困劳动力，围绕产业开发需求开展实用技术培训、科技项目示范和新技术推广，帮助他们掌握生产经营技术，参与市场竞争，提高增收致富本领。教育扶贫要进一步增加投入，完善机制，扩大覆盖面，实施好“万人助学”工程，特别是对贫困县考入全日制一、二本公办高等院校的农村贫困家庭学生逐步做到保入学、全覆盖，使在校的受助贫困生规模年均保持在万人以上，帮助更多农村贫困家庭学生奠定稳定脱贫和长远发展基础。

六是深入开展社会扶贫。充分发挥170家省级定点扶贫单位的示范作用，实行包乡、包片、包村帮扶，目标责任量化管理，推进定点扶贫重点由基础设施建设向产业开发转变。出台全省规模以上各类企业结对帮扶贫困村办法，广泛动员企业力量参与扶贫开发，实现扶贫开发和企业发展双赢互惠。力争“十二五”期末，定点扶贫和企业结对帮扶的贫困村人均增收2000元以上。

（作者系山西省扶贫开发办公室主任）

山西粮食安全再思考

姚高宽

近年来，国际粮食市场和粮食价格波动加剧，部分国家发生了粮食危机，粮食问题与金融危机交织在一起，成为世界各国关注的焦点。我国把粮食安全摆上战略性、基础性地位，坚持立足国内实现粮食基本自给的方针，高度重视粮食流通，确保了全国粮食安全。然而，在全球经济一体化的背景下，国内粮食市场与世界粮食市场的关联更加紧密；我国粮食仍处于紧平衡状态，粮食流通体制发生深刻变化，影响粮食安全的因素日趋复杂；粮食安全保障水平与实现科学发展、构建和谐社会的要求还有不小的差距。因此，我们要不断增强忧患意识，时刻绷紧粮食安全这根弦。

粮食安全再认识

粮食安全是一个世界性的永恒话题。对粮食安全的认识需从三个方面再深化：

首先，科学界定粮食安全内涵。1974年11月在联合国粮农组织第一次世界粮食首脑会议上，首次提出粮食安全概念，即“保证任何人在任何时候都能得到为了生存和健康所需要的足够粮食”。1983年，联合国粮农组织根据世界粮食的新情况，将上述定义为“确保所有的人在任何时候能够买得到也能够买得起他们所需的基本食物”。1996年11月在第二次世界粮食首脑会议上，对粮食安全内涵作了新的表述：“只有当所有人在任何时候都能在物质上和经济上获得足够、安全和富有营养的粮食，来满足其积极和健康生活的膳食需求及食物爱好时，才实现了粮食安全”。2001年世界粮食安全委员会对“粮食安全”概念的界定是，“所有人在任何时候都能够在物质上和经济上取得足够的、富有营养和安全的食物”。这些不同表述，说明了人们对粮食安全问题的认识是在实践中不断深化的。

其次，准确把握粮食安全三个层面。在新的形势下提升粮食安全保障水平，要结合全国和全省的实际，全方位、深层次地深化对粮食安全认识。在粮食购销市场化条件下，粮食安全至少包含三个层次的安全，即粮食生产安全、粮食流通安全、粮食消费安全。粮食生产安全是基础保障，粮食流通安全是重要保障，粮食消费安全是最终保障。实现粮食安全，不仅要重视粮食生产，因为“生产决定消费”，而且要重视粮食流通，因为“没有流通就没有消费”，还要重视粮食消费，因为“消费是终端环节”。这“三个层面”的“安全”缺一不可，只有实现高度有机的统一，才能确保粮食安全。

再次，廓清粮食安全糊涂认识。当前，由于粮食流通体制市场化改革还不到位，加之受计划经济体制的影响，粮食安全分担机制还不够健全，粮食安全目标的实现尚缺乏全面、协调、有力的支撑和保障。较为突出的问题是：在政策构筑体系中，支持流通安全的政策偏少；在投入中，强调了粮食产业的市场性，弱化了粮食产业的基础性、公益性和带动农民致富的关联性，导致公共财政投入的减少；在工作中，不少地方政府在重视粮食生产安全的同时，忽视了粮食流通安全和粮食消费安全；有些地方政府认为市场上有的是粮食，粮食安全和地方政府关系不大；有的认为粮食是弱质产业，利润率低，热衷于抓工业项目，对粮食生产没有足够重视；更有一些人认为，粮食安全是国家的事，地方政府无法负责。这些认识都是不全面、不正确的。我们应该树立粮食安全是国家安全的基础，粮食安全，匹夫有责!要深刻认识粮食流通市场出现的新变化，着眼粮食“三个层面”安全的新认识，重新考量粮食安全问题，健全粮食安全分担机制，加强统筹协调，系统整体推进，切实提高粮食安全保障能力和水平。

全省粮食安全态势

在省委、省政府的正确领导下，我省粮食生产得到了长足发展。经过去年的全省清仓查库，基本摸清了全省粮食库存的家底。由于我省粮食消费需求一直呈刚性增长，加之全省特殊固有的矛盾，粮食供需平衡任务艰巨，粮食安全面临严峻挑战。通过三年来对粮食安全的调查，全省粮食安全的现状和问题，表现在三个方面矛盾之中：

一是粮食需求不断增长与生产能力提高有限之间的矛盾。改革开放31年来，全省粮食总产量从70亿公斤跃上100亿公斤台阶，特别是近几年粮食连续获得好收成。尽管如此，我省粮食供需缺口呈逐年扩大态势，年粮食总产量基本在100亿公斤左右徘徊，粮食消费量通常年份也达到110亿公斤以上，高的年份达到120亿公斤以上。消费呈刚性增长而粮食生产能力的提高十分有限。全省山区丘陵占到总面积80%以上，南旱北寒，始终受到“十年九旱，年年春旱”的困扰，每增加10亿公斤的产量，都是很不容易的。

二是较大的粮食流通量与落后的粮食流通方式之间的矛盾。我省粮食生产难以满足消费需求，年平均缺口为10—20亿公斤。粮食产需品种结构严重失衡，小麦不足，玉米有余，稻谷、食油几乎全部靠外调，山西城乡居民口粮自给率仅有50%。无论是丰年或是歉年，口粮口油供需缺口将长期存在，这是省情决定将难以改变的现实，呈现出矛盾的特殊性。据统计，我省小麦和稻谷年均缺口35亿公斤，食用油年均缺口5.5亿公斤，年均近30—40亿公斤的玉米需要外销。我省虽不是粮食生产大省，但粮食流通量却不小，排全国第12位。通过粮食流通调剂余缺，调节生产与消费，促农增收，保障粮食安全的任务十分艰巨。然而，我省现代粮食物流发展缓慢，流通设施落后，粮食流通无序，与粮食现代物流的要求极不适应。我省至今尚未建成与国家对接的省级粮食物流中心，粮食物流规模化、集约化、现代化程度较低。这直接造成了粮食流通成本偏高和流通效率低下，增加了居民消费支出。据统计，我省每年小麦缺口25亿公斤，省外采购比本地收购的流通费用高0.137元/公斤、外购流通成本增加3.43亿元，稻谷缺口10亿公斤，运输费用增加0.22元/公斤、至少增加物流成本2.2亿元，这两项合计每年增加流通成本5.65亿元。如果加上5.5亿公斤食用油缺口，我省每年外调粮油流通成本至少增加7.5亿元以上。另据统计，粮油经采用包装运输，装包、标包、缝口、拆包、倒包是粮食“四散化”运输消耗劳动时间的3倍，进入市场成本高出0.03元/公斤左右，无疑增加了消费成本。

三是日益提高的粮油消费安全要求与令人堪忧的粮油质量卫生现状之间的矛盾。目前粮食质量安全隐患已渗透到粮食生产、流通、加工三个环节，直接影响消费者身心健康。据2008年省储粮检测中心对351个成品粮油采集样品中质量及卫生指标检测显示：全项目合格率为64.4%，小麦粉水分超标率为48.7%、大米水分超标率为19.3%，小麦粉过氧化苯甲酰(增白剂)和食用油溶剂残留两个项目的合格率分别为94.4%和87.5%，有部分小麦粉过氧化苯甲酰(增白剂)超过国家卫生标准4倍；食用植物油杂质、色泽、酸值超标严重，部分食用油溶剂残留超过国家卫生标准6.7倍。同时，由于粮油市场监管缺失，粮油质量安全信息公开发布机制缺位，粮油质量的可追溯体系不健全，还不能保证粮油食品供应链每一个环节的信息准确性和质量的可追究性。这一状况，令人堪忧，与保障人民群众身心健康的要求极不相符。

提升粮食安全保障水平新举措

粮食安全问题是一个国家战略问题。金融危机有周期性，总有过去的时候，但粮食安全问题时时刻刻摆在我们面前。“仓凛实，天下安；稻谷欠，天下乱”；“为政之首，首在足食”。这是中国历代治国安邦的根本。吃，是民生第一要求。在建设和谐社会的今天，让老百姓吃的安全、吃的放心、吃的健康，是提升粮食安全保障水平的着重点、出发点、落脚点。

第一，一刻不能放松粮食生产。粮食生产是粮食安全的最基础保障，是根本之根本。首先，要保护好现有耕地。我省的耕地面积已经由2000年的6513万亩减少到2008年的6079万亩，8年共减少434万亩，年均减少54.25万亩。粮食播种面积由2000年的4780万亩减到2007年的4542万亩，7年共减少237万亩，年均减少40万亩，到2008年播种面积出现了恢复性增加达到4667万亩。面对耕地不断减少的现状，我们必须坚守我省6000万亩耕地红线。其次，要调整粮食品种种植结构。我省小麦、玉米是两大作物，要稳定政策，增加投入，奖励生产大县、专业大村、生产大户，以保证粮食总产量。要发挥我省的优势，大力发展杂粮、小杂粮生产。因此，建议加大政策、资金、技术支持力度，通过建立基地、培育龙头，推进杂粮、小杂粮生产从“小而散”向规模化转变、从粗放向集约化转变，实现杂粮产业化，增加食品多样性。再次，要发展绿色无公害化生产。严格粮食生产标准，对种籽、土壤、肥料、灌溉、田间管理等粮食生产源头进行监控，尽量减少和避免化肥和农药的使用量，实现粮食绿色化生产，为餐桌提供安全无污染、健康营养的有机产品。

第二，高度重视粮食现代流通产业发展。从眼前和长远来看，必须在三个方面着力：其一、着力增加粮食物流产业发展投入。我们要抓住国家扶持粮食物流建设的有利时机，加快发展我省以粮食“四散化”为特征的现代物流，尽快使“山西省粮食物流中心”项目启动建设，在“十二五”期间完成我省粮食物流主要节点的建设，真正使我省粮食物流同全国大物流连接起来，降低物流成本，提高物流效率，推动全省粮食流通产业健康有序发展，提高粮食安全保障能力。其二、着力完善粮油专业市场建设。目前，我省还没有一家真正意义上的粮食批发交易专业市场，国有粮食企业吞吐量有限，不能起到“蓄水池”的作用。我们要通过政策扶持、财政支持、资金融通的办法，充分发挥“太原国家粮食交易中心”现代粮油网上交易功能和省市粮油批发市场、粮食储备企业的主渠道流通作用，确保粮食网上交易信息顺畅、物流其畅，实现网上交易便捷化、高效化、规范化。其三、着力强化粮油市场监管。建立健全省市县三级粮食检验监察队伍，严格粮食执法和粮油产品市场准入，打击劣质粮油产品经营行为，强化粮油市场检查监管，营造安全、放心的消费环境。

第三，大力实施好“放心粮油”工程。“放心粮油”工程是构建粮食安全体系的重要方面，是人民群众看得见、摸得着、得实惠的民生工程。对此，首先是建议各级政府要进一步加大对“放心粮油”工程的领导力度。今年省政府将“建设改造100家放心粮油配送中心、1000家放心粮油示范店、1万家放心粮油经销网点”列入省政府2010年为人民群众办的十件实事之一。全省各市县政府都应将“放心粮油”工程列入当地政府为民所办实事之一，做到责任上不推诿、工作上不懈怠、落实上抓扎实。二是建议政府职能部门通力配合。“放心粮油”工程是一项社会性、公益性系统工程，需要发改、财政、商务、物价、工商、质监等政府职能部门和新闻媒体、行业协会、市场中介等社会各界的支持，才能够形成“政府主导推动、粮食行业主抓、部门通力配合、社会各界支持、市场引导运营”的齐抓共管的工作合力，把第一民生工程切实办好。三是建立粮油产品质量安全可追溯制度。“放心粮油”工程在实施过程中，要建立质量安全可追溯机制，对粮油产品从生产、储备、加工、销售、消费各个环节进行信息收集和掌控，遇到的质量问题进行责任追究。因此，建议各级政府应投入一定的人力物力财力，及早将粮油产品可追溯的制度设计、体系构建、机制运行推动到位，使“放心粮油”工程持续造福三晋人民!

（作者系山西省粮食局党组书记、局长）

贯彻十七届五中全会精神　加快转变经济发展方式

张复明

党的十七届五中全会是在我国即将完成“十一五”规划目标任务、进入全面建设小康社会的关键时期召开的一次重要会议。全会提出了“以科学发展为主题，以加快转变经济发展方式为主线”的发展思路，为我国“十二五”发展指明了方向，对促进经济长期平稳较快发展、保持社会和谐稳定、全面建成小康社会具有重大的战略指导意义。

一、积极应对当前复杂的国内外经济发展形势

正确认识和分析形势是制定“十二五”规划的前提和基础。党的十七届五中全会强调，“以加快转变经济发展方式为主线，是推动科学发展的必由之路，符合我国基本国情和发展阶段性特征”，这是对国际国内形势准确判断基础上所作出的重大战略决策。

当前，世界经济形势复杂多变，国际金融危机还没有完全消退，全球经济二次探底的可能性依然存在。在全球性的金融危机面前，世界各国携手合作，采取了一系列应对政策和应急措施。一是加快调整经济结构，以美国为代表的西方国家大力推进新能源、新材料等低碳产业发展，积极构筑未来发展的新支点和新优势。二是全球治理结构面临重大调整，主要经济体的力量对比将进一步发生变化，大国博弈深度广度不断拓展，国际经济格局正经历深度变革。三是围绕市场、资源、人才、技术、标准的竞争更加激烈，传统产业的新发展，科技创新的新突破，受到前所未有的关注。四是哥本哈根世界气候大会对工业化国家和主要发展中国家的温室气体减排额度进行了严格限定，节能减排上升为全球共同行动，低碳经济、绿色经济、循环经济成为世界发展潮流。

与此同时，我国经济也进入了矛盾凸显期，在经济快速增长的同时，发展转型压力也显著增加。

一是为应对全球金融危机，我国采取了积极有效的措施，确保经济平稳运行，但宏观经济运行带有某种不确定性，保增长与控通胀处于“两难”状态。

二是欧元区经济的持续下滑和欧洲债务危机蔓延，主要经济体的流动性从注入和宽松走向中性和紧缩，将在很大程度上削弱我国的出口复苏，这都要求我们对发展方式作出战略性调整。

三是我国人均GDP已接近4000美元。国际经验表明，这一阶段居民消费升级将成为常态，住房和汽车等大额家庭消费逐步普及，教育、医疗、通信、旅游、文化等消费支出比例迅速增加。我国已经进入由投资拉动向消费拉动转变的新阶段，转型发展的任务十分迫切。如果不能对发

展方式做出及时调整，现代化进程的连续性就会中断。

四是我国发展的阶段性特征尚未根本改变。主要表现为生产力水平总体上还不高，自主创新能力还不强，长期形成的结构性矛盾和粗放型增长方式尚未根本改变，影响发展的体制机制障碍依然存在，城乡贫困人口和低收入人口数量依然庞大，农业基础薄弱和农村发展滞后的局面尚未改变，缩小城乡、区域发展差距和促进经济社会协调发展任务艰巨，社会建设和管理面临诸多新课题。传统的经济发展方式已经难以为继，如果不能加快转变经济发展方式，我国的现代化进程就会受到影响，经济高速增长的趋势也将阻断。

"十二五"时期是承前启后的重要时期，必须继续抓好和用好我国发展的重要战略机遇期。十七届五中全会指出"十二五"时期必须做好两个"紧密衔接"：一是与应对国际金融危机冲击的重大部署紧密衔接，二是与"十二五"时期的发展前景紧密衔接。前一个"紧密衔接"主要是继续巩固和扩大应对国际金融危机冲击成果，保持宏观经济政策的连续性和稳定性，促进经济平稳较快发展，防止经济大起大落。后一个"紧密衔接"要求我们着眼长远，高度重视发展的主流方向和趋势性特征，自觉把短期调控政策与中长期发展部署结合起来。

二、转变经济发展方式是科学发展的重要途径

十七届五中全会在目标选择上，强调保持经济平稳较快发展的同时，重视居民收入的普遍较快增加，还进一步明确了包容性增长的发展要求，将科学发展提升到了一个新的高度。

1、促进经济平稳较快发展。从今后五年经济社会发展主要目标来看，经济平稳较快发展仍然是首要目标。没有经济的较快发展，就无法解决发展中各类问题。改革开放30多年，我国GDP平均增速保持在9.6%以上，不少年份都是两位数增长。今年二季度，我国的GDP总量超过日本，成为世界第二大经济体。经济的快速增长提高了综合国力，改善了人民生活，也为下一步改革和发展奠定了坚实基础。但在经济快速增长的同时，也带来了一系列新的问题。我国经济总量占世界的7%左右，但每年耗用的煤炭接近世界的四成，石油对外依存度超过50%，二氧化碳排放占全球总量的18%。如果我们不加快经济发展方式转变，今后发展的代价就会越来越大，发展的空间就会越来越小，发展的道路就会越走越艰难。全会没有强调经济增长速度指标，外界猜测GDP增长目标可能将定为7.5%左右，低于"十一五"时期8%的目标值。这就为转变经济发展方式腾出了更多的精力和更大的空间。

经济平稳发展主要强调做好宏观调控，处理好保增长与控通胀的关系，防止大起大落。一是经济刺激政策退出问题。为应对金融危机，我国提出了4万亿的刺激计划，中央部委和地方省市积极跟进，2009年全年信贷规模超过2007年与2008年两年信贷之和。经济整体处于偏热的运行状态。过高的经济增长速度给生态、环境、资源带来较大压力，节能减排难度进一步增大。但如果刺激政策退出过早，在外部宏观环境没有根本好转的情况下，又可能导致经济收缩。二是银行加息政策问题。美国、日本等西方国家都采取宽松的货币政策，维持较低的利率水平。目前，我国CPI上涨过快，出现了实际上的存款负利率。如果存款负利率进一步扩大,则直接影响居民财富的重新配置行为，助推社会通胀预期。如果存款利率较低，将导致银行存贷息差过高，会进一步释放银行的放贷冲动，也不利于转变经济发展方式。三是房地产政策问题。房地产是我国经济增长的重要支柱，为抑制房地产泡沫化，遏制房价过快上涨，我国陆续出台了一系列房地产调控政策，房地产投资下滑迹象明显，消费增长呈微幅下降趋势。如果调控力度过大，房地产的全面萎缩会拖累就业、经济增长、金融等诸多领域。如果调控力度不够，泡沫化问题爆发最终会严重损害经济发展。

2、促进居民收入普遍较快增加。"十二五"时期，必须处理好经济较快增长和居民收入增长的关系。经济增长是做大蛋糕，居民收入增长是分好蛋糕。在经济蛋糕越做越大的同时，民生改善和经济增长不协调、收入分配和经济发展不匹配的现象越来越突出。城乡居民未能更加普遍、更加均等地享受到改革发展的成果，已经成为全面建设小康社会的突出问题。十七届五中全会所提出的我国"十二五"发展目标建议中，第一次将"分好蛋糕"与"做大蛋糕"摆到同等重要的位置，提出了"经济平稳较快发展"和"城乡居民收入普遍较快增加"两个要求，标志着以人为本、科学发展理念的进一步深化。

着力保障和改善民生，促进社会公共服务均等化。一是合理调整收入分配关系，努力提高居民收入在国民收入分配中的比重、劳动报酬在初次分配中的比重，提高低收入者收入，持续扩大中等收入群体，显著减少贫困人口，总体上提高人民生活质量和水平。二是着力解决好住房、教育、医疗等人民群众关心的热点问题，加强对重点领域的调控，防止和减少因房致贫、因学致贫、因病致贫的现象。三是积极推进教育、医疗、住房、治安、养老、基础设施、环境保护等方面的基本公共服务均等化。在把社会财富"蛋糕"做大的同时，通过合理的收入分配制度，切实把"蛋糕"分好，推动居民收入与GDP的同步增长，让人民群众更多地享受改革开放的成果。

3、倡导包容性增长。包容性增长概念是由亚洲开发银行在2007年首次提出的。2009年11月15日，国家主席胡锦涛在亚太经济合作组织会议上发表了题为《深化交流合作实现包容性增长》的重要讲话，强调"统筹兼顾，倡导包容性增长"。包容性增长谋求社会和经济协调发展、可持续发展，与单纯追求经济增长相对立。包容性增长的主要内容包括：让更多的人享受全球化成果；让弱势群体得到保护；加强中小企业和个人能力建设；在经济增长过程中保

持平衡；强调投资和贸易自由化，反对投资和贸易保护主义；重视社会稳定。

包容性增长强调保持较快经济增长的同时，要更多关注社会领域，使更多的老百姓能够享受到这种发展的成果。它作为一种价值导向，向全社会倡导这样一种理念，就是要让人民过上一种更有幸福感、更有尊严的生活。为此，必须摈弃增长至上和GDP崇拜，从根本上改变对地方政府的政绩考核方式，加快收入分配改革，加快社会保障建设，加快公共服务的均等化步伐，让全体人民共享经济发展成果。

三、转变经济发展方式必须贯穿经济社会发展全过程和各领域

十七届五中全会对转变经济发展方式进行了全面准确的概括，提出了要把“五个坚持”渗透到经济发展的全过程、各领域。

1、经济结构战略性调整是主攻方向。经济结构包括产业结构、投资结构、消费结构、所有制结构、需求结构、分配结构、技术结构、就业结构等诸多方面。经济结构调整就是运用经济、法律和行政等手段，改变现有的经济结构状况，使之更加合理化。

国际金融危机使世界经济秩序发生了新的变化。历史经验证明，谁能够在危机中把握未来的主流趋势，谁就能在新一轮国际竞争中掌握发展的主动权和话语权。二战后的日本、上世纪六七十年代的亚洲“四小龙”，无一不是抓住了当时经济格局变革和全球产业转移的机会，确立了发展的新优势，实现了工业化的腾飞和跃进。当前，我国经济发展存在着严重的结构性问题，在节能减排、环境保护方面面临着很大压力。但从某种意义上讲，压力也会变为动力。只要我们准确地把握经济发展的阶段性特征，适应发展形势的新变化，对经济结构进行战略性调整，就能够建立起现代产业体系和富有弹性的经济结构，就能够实现经济平稳较快发展，就能够顺利实现“十二五”规划的奋斗目标。

2、科技进步和创新是重要支撑。科学技术作为第一生产力，是经济社会发展中最活跃、最具革命性的因素。经过改革开放30多年的努力，我国科技事业取得了长足进步。但从总体上看，我国是一个经济大国，而不是科技大国，科技发展也很不平衡。一方面，我们在航天航空、生命工程等领域，拥有世界顶级的领先技术。另一方面，R&D占GDP的比重远远低于发达国家，工业生产仍然比较粗放。很多领域不掌握关键技术和核心技术，在重要的环节上依然受制于人。

“十二五”时期是我国加快转变经济发展方式的攻坚时期，要赢得发展先机和主动权，最根本的是要靠科技创新。要坚持自主创新、重点跨越、支撑发展、引领未来的方针，大力提升原始创新能力，不断增强集成创新和引进消化吸收再创新能力，加快推动知识、技术转移转化和高技术产业化步伐，建立起完整的科技创新体系，有效推进经济发展方式的根本性转变。

3、保障和改善民生是根本出发点和落脚点。经济发展的根本目的在于保障和改善民生，增进人民的福祉。我国是世界人口大国，虽然经济总量居世界第二位，但人均指标不足发达国家的十分之一，一些农村和边远地区经济社会面貌还很落后，按照联合国标准还有1.5亿人生活在贫困线以下，基尼系数长期处于国际警戒线之上。消除贫困、改善民生、促进社会公平正义，在新的历史时期显得尤为突出。

着力保障和改善民生是顺应人民过上更好生活的新期待。首先，要扩大内需，既要挖掘居民消费潜力，合理引导居民消费转型升级。更要提高居民收入，增强居民消费能力。其次，要建立健全基本公共服务体系，实现基本公共服务均等化。再次，要合理调整收入分配结构，更加注重社会公平正义。最后，要提高社会保障能力和水平，重视解决养老、教育、卫生等人民群众关心的热点问题。

4、资源节约型、环境友好型社会是重要着力点。我国是世界资源消耗大国，单位GDP能耗远高于世界平均水平，是美国的8.7倍，日本的15倍。在世界气候大会上，我国承诺在2005年单位国内生产总值二氧化碳排放强度比1990年下降46%的基础上，到2020年再下降40%至45%。在资源与环境约束日趋强化的背景下，把建设资源节约型、环境友好型社会作为重要的着力点，不仅是转变经济发展方式的必需，也是我国践行国际承诺的必需。

目前，我国经济增长还主要依靠资源、劳动力等普通生产要素的投入，经济增长的资源、环境代价很大。人们在享有改革开放成果的同时，被迫接受相伴而行的发展负效应。从国际社会发展的历程看，随着科学技术水平的不断提高，污染物、废弃物排放完全可以大幅度减少。节能减排的主要途径就是大力发展循环经济。“十二五”规划的制订，必须进一步提高循环经济重要性的认识，搞好循环经济发展规划的编制工作；必须加快完善促进循环经济发展的财税等政策，健全完善相关法律法规体系；必须大力推进重点领域的资源循环利用，加强循环经济的技术研发和推广应用，提高循环经济的运用与推广能力；必须加大生态保护执法力度，保证生态资源的合理有效开发，提高利用效率，降低环境恢复成本。

5、改革开放是强大动力。当前，我国经济发展面临着许多深层次的矛盾和问题，必须以更大决心和勇气攻坚克难，进一步深化改革和扩大开放，促进经济发展方式的根本转变。

我们已经进入改革的攻坚时期。既要深化国企改革，也要推进行政、财税、金融、资源性产品价格形成机制改革，还要深化收入分配制度改革和生产要素市场改革。改革必须直面我国经济发展的主要矛盾和问题，着眼于从体制机制上解决亿万人民福祉的问题。

开放是我国的基本国策，要坚定不移地坚持下去，要

优化对外贸易和利用外部资源的结构，创新外贸增长方式和利用外部资源的方式，加快对外贸易的转型升级，提高对外贸易的竞争力。要加快国内企业的国际化步伐，进一步拓展经济发展空间。要继续提高沿海和中部地区的开放水平，促进落后地区更大程度上融入经济全球化格局。

改革和开放是我国经济快速发展的两个轮子，是经济增长和经济发展方式转变的动力所在。“十二五”时期，唯有以更大决心和勇气，不失时机地推进改革开放，打好重要领域和关键环节的改革硬仗，才能适应国内外形势新变化，顺利推进全面建设小康社会的伟大事业。

（作者系山西省政府发展研究中心主任）

山西省经济发展方式转变和结构调整的思考

康志杰

一、我省经济发展方式转变和结构调整定位

山西作为一个煤炭资源开采为主的能源和原材料供应基地，为全国经济社会的可持续发展做出了突出贡献，但长期高强度的资源开发导致山西农业基础脆弱、第三产业发展缓慢、支柱产业单一粗放、第三产业内部轻重比例严重失调、生态环境严重破坏、资源利用程度低下、安全生产事故多发、城乡居民收入较低、社会事业发展滞后，资源型经济发展的深层次矛盾和问题日益严重。贯彻中央战略决策，结合山西省发展现状，加快经济发展方式转变，加快推进经济结构调整、产业结构调整、自主创新对实现山西经济社会与资源环境协调发展有着长远的战略性意义。

1、坚持改革创新，稳定发展。坚持以科学发展观为统领，把最广大人民群众的根本利益作为改革稳定关系的结合点，更加注重提高改革决策的科学性，增强改革措施的协调性。

2、应对危机与产业转型相结合。立足当前，着眼长远，既要着力解决我省产业当前面临的主要问题，保证经济增长，促进产业平稳发展，又要充分利用各种有利因素，加快我省产业结构优化升级，不断增强产业发展后劲。

3、自主创新与技术改造相结合。大力提高产业原始创新，集成创新和引进消化吸收再创新能力，着力突破制约产业转型升级的关键技术，加大技术改造力度，提升产品档次和质量。扩大产业技术投资。

二、围绕能源经济，加快转变经济发展方式

山西在全国区域经济格局中具有独特的地位，加快转变经济发展方式有利于我省摆脱资源型经济的脆弱性，消除山西自身结构性、体制性和机制性障碍，促进我省经济社会与资源环境协调发展。改变单一畸重的产业结构，有利于防范经济周期性震荡，确保资源性地区经济健康平稳发展。

山西作为全国能源基地的地位在今后相当长一段时期内不会改变。因此，结合山西省情，实施可持续发展战略，把山西建设成为一个新型清洁能源基地，实现其由煤炭大省向新型清洁能源大省的转变是加快山西省经济发展方式转变和结构调整的第一要务。

1、推进煤炭资源的集约开发，增加产业科技含量。创新是产业转型和经济发展的动力之源，技术进步不断改变劳动手段和劳动对象，促进劳动力素质的提高和产业结构的变化。因而当前山西应高度重视技术创新，不断提高采煤机械化和自动化水平，同时深入促进区域集团化重组和提高煤炭产业集中度，加快向集团化、集约型的转变，使之形成产业聚集，进一步凸显煤炭行业竞争优势，以此来全面带动我省经济发展方式转变和结构调整。煤炭企业应重点发展型煤、煤化工、煤层气等清洁能源产业，提高资源加工深度，使资源实现跨产业循环利用，以更好地发挥资源综合效益和经济效益。充分利用粉煤、焦粉、煤泥等做原料生产型煤、焦煤；大力发展以煤、煤焦油、焦炉煤气、煤层气为原料的化工系列产品，增加产品种类；重点发展煤焦油加工、焦炉煤气、煤层气化工等煤化工产品和以煤为原料的尿素、磷肥、新型三元复合肥等化肥产品。这样煤炭行业既延长了产业链条，又增加了企业的市场竞争能力；而同时煤炭生产中废弃物的再生利用，既节约了资源，又保护了环境，从而可以达到以煤炭企业促进全省能源经济转型的目的。

2、发展新型清洁能源，增强全国重要能源基地战略地位。山西在增加煤炭产业科技含量的同时，应充分利用地域资源优势，开发新能源，这也是加快山西省经济发展方式转变和结构调整，增强山西全国重要能源基地战略地位

的重要手段。根据山西省气候中心编制的《山西省风能资源评价报告》，山西省风能资源技术可开发量为759.5万千瓦，占风能资源总储量的13%。从空间分布来看，全省有60%的区域属风能资源一般可利用区，32%的区域属于风能资源较好可利用区、较丰富区和最佳区，8%的区域属于风能资源贫乏区。风电相对火电来讲，有环保、可持续发展、洁净等优点。丰富的风能资源，将给山西电力行业转型提供极为有利的条件。目前山西省共有5家风电场，投入运行的风力发电场1家。在全省的经济发展方式转变和结构调整中，大力推进山西风力发电产业也将是山西能源经济转型的又一个重要途径。

三、以三次产业结构发展为基础，推进产业结构调整

经过20多年的发展，山西产业结构调整力度不断加大。1980年，山西三次产业的比例为19：58.5：20.8，其中，第一产业低于全国水平11．1个百分点，第二、第三产业分别高于全国水平9.9和1.2个百分点，到1990年山西省三次产业结构演变为18.8：48.9：32.3，第一产业低于全国水平8.3个百分点，第二、第三产业高于全国水平7.3和1个百分点。1990年以后，山西省工业化进程明显加快，到1998年山西省三次产业结构演变为12.9：53.5：33.6。到2002年，山西省三次产业结构再演变为9.8：53.7：36.5，第一产业所占比重比1990年下降9个百分点，第二、第三产业所占比重比1990年上升4.8和4.2个百分点，与全国平均水平相比，第一产业低于全国平均水平4.7个百分点，第二、第三产业高于全国平均水平2和2.7个百分点。2007年，山西三次产业结构演变为4.7：60.0：35.3，第二产业比重提高，第一产业、第三产业发展步伐亟待加快，产业结构内部调整升级步伐较缓慢。

产业结构调整中，应按照巩固加强第一产业，优化提升第二产业，大力发展第三产业的思路，加快推进传统产业技术改造，加快发展战略性新兴产业，加快发展服务产业，促进三大产业在更高水平上协同发展，实现有单一支柱产业结构向新型多元稳固的现代产业体系的转变，全面提升产业技术水平和竞争力。

1、巩固发展现代农业。加快推进农业发展方式转变，创新农业科技、农业经营体系机制，大幅提高农业综合生产能力。以大同、运城、晋中三个示范区建设为突破，加快发展特色、高效、生态农业。构建优势区域、特色基地、示范园区衔接配套的现代农业产业布局体系。发展以优质杂粮、草食畜、干鲜果和蔬菜为主导的特色农业。大力培育农业产业优化龙头企业，推进农业产品加工龙头企业“513”工程建设，完善“公司+基地+农户”的模式，降低农业生产经营成本，提高农业可持续发展能力，全面提升现代化水平，推进社会主义新农村建设。

2、新兴产业规模化。全面推进新能源、新型设备制造业、现代煤化工、新型材料工业、特色食品工业等新兴产业和高新技术产业发展，力争新兴产业增速快于工业平均水平。继续大力发展以“肥、醇、炔、苯、油”为特色的煤化工产业，通过淘汰落后、联合重组、改造升级、优化布局，推进全行业规模化、集约化、园区化、精细化、清洁化。新型装备制造业重点抓好重型汽车整车和煤机成套设备制造两大龙头，形成以五大装备制造国家示范基地、五大新型装备制造基地和四大产业集群为主体的装备制造格局，构建我省装备制造技术自动化、设备成套化、制造集约化、服务网络化的新型装备制造产业体系。新型材料工业要建设新型精品原材料基地，促进优势材料行业升级换代，鼓励特色材料行业延伸加工，支持高新技术材料行业规模扩展，全面提升新型材料产业核心竞争力。食品产业要做大做强酒类、食醋等传统食品，做精做细小杂粮加工、干鲜果蔬加工等特色食品产业，培育壮大饮料制造、淀粉制品等现代食品，形成各类食品配套发展的食品产业格局。加快煤层气开发利用，以沁南、寿阳、吉县—大宁、柳林、临县区块等为重点，开展地面煤层气抽采和利用。积极发展水力发电、风力发电、太阳能发电、生物质能发电和生物柴油等新能源产业，努力提高新能源的利用能力。加快发展高新技术产业、信息和环保产业，推进医药和轻纺工业发展。

3、传统产业新型化。树立“绿色煤电”的理念，大力发展清洁煤电技术，加大煤炭转化力度，加大输电比重，建立绿色低碳能源基地。加快实施省政府发布的煤炭、焦化、冶金、电力等产业的调整和规划，坚持控制总量、淘汰落后，优化结构、调整布局，整合重组、集约生产，用高新技术和先进适用技术改造提升传统产业。加快建设晋北动力煤基地、晋中炼焦煤基地和晋东无烟煤基地。严格控制焦炭总量和新增量，积极推广使用清洁型热回收焦炉，培育一批采用国际先进炉型、产能达到千万吨级的特大型焦化企业，推进焦化产能向焦化集中区转移。以大型骨干企业为基础，以钢铁、氧化铝、电解铝、镁、铜生产基地及加工产业园区为载体，形成以精品原材料为主的新型冶金工业体系。积极推进坑口清洁电站建设，加快煤电一体化步伐，大力实施“晋电外送”战略。鼓励煤炭企业和电力企业合作，建设晋北、晋中、晋东三大煤电基地。大力推进以500千伏变电站为中心的“三纵四横”骨干网架构建设，积极推进1000千伏特高压输电工程。

4、加强现代服务业发展。力争服务业增加值增幅高于地区生产总值增幅，提升服务业占地区生产总值的比重。将山西发展成为中西部地区文化旅游强省、重要的物流中心以及现代化服务业发展重点地区。完善公共文化服务体系，加快文化体制改革步伐，激发文化产业活力，加快发展经营性文化产业，开拓文化市场，建设各类文化产业基地，形成各具特色的文化产业集群。进一步挖掘、整合文化、旅游资源，将深厚的文化底蕴融入旅游业发展、变文化旅游资源优势为产业优势，形成统一、开放、竞争、有序的现代旅游市场体系。打造特色精品线路，在提升完善

我省以文物观光游为主的传统旅游产品的基础上，开发生态旅游和工业旅游产品。积极推进物流业发展，完善城乡两大物流体系，重点建设太原、侯马、大同三大物流园区，建设太原、大同、运城、临汾、长治五大物流基地，建立晋城、阳泉等6个区域性物流中心，引导和支持资源型城市建设成为物流枢纽城市，加快推进"中国太原煤炭交易中心"建设。

四、以产业信息化来促进经济发展方式转变和结构调整

2010年2月24日，国务院召开常务会议，对进一步贯彻落实好重点产业调整和振兴规划进行了研究部署，提出了六个方面的要求。明确提出"推动电子信息、轻工、纺织等产业向中西部地区转移"。我省应以此为契机，快速发展电子信息产业。根据山西在全国和世界经济分工中的比较优势，应高度重视和进一步推动优势信息化产业，以产业信息化来促进经济发展方式转变和结构调整。

1、能源产业信息化。综合运用信息技术、自动化技术、监测监控和现代管理技术，推进煤炭、电力等能源产业的生产、营销和管理现代化。建立健全煤炭行业专业网络，实现生产和安全的远程实时监测。支持以信息技术提高煤炭资源回收率和资源转化率。支持与延伸产业链相应的信息系统的开发和建设。重点建设煤矿安全预警、监测监控、紧急救援和指挥系统，煤矿瓦斯等重大危险源监测监控信息系统，矿、县、市、省四级煤炭生产的信息反馈和实时管理等方面的建设项目。提升电力系统的可靠性、安全性和经济性，支持发电企业开发应用系统，促进电网调度与监控系统建设。

2、金属材料及其制品工业信息化。围绕产业升级加强技术创新，改进生产工艺，提高技术装备水平，促进深加工的延伸和发展，建设集约化新型冶金工业。在信息化基础较好的企业，进行核心生产过程自动化改造，突破智能化控制系统的难点，发展过程检测系统。支持铁、钢、铝深加工中信息技术的开发和应用。重点支持大型不锈钢和高炉全集成自动化及智能化系统项目，大中型铝电解槽控制技术研发项目的建设。支持骨干铝、镁、铜深加工项目采用节能、环保生产工艺的信息化改造，大中型普钢生产企业生产工艺大型化、自动化的建设项目。

3、装备制造业信息化。加速推进装备制造业信息化向深度和广度发展，全面提升装备制造业的规模和效益。支持在推广计算机辅助设计、制造系统中的二次开发和创新。大力开发融入信息技术的机电一体化产品。鼓励应用柔性和快速原型制造等技术。在装备制造业的技术引进项目中，突出信息技术的消化吸收再创新能力。重点支持汽车行业整车和煤炭机械成套设备生产的设计、研发、生产的信息化、自动化建设，支持重型机械、铁路机械、纺织机械、基础机械和电子信息等优势产品的生产企业实施综合自动化和管控一体化建设。支持铸件、锻件、汽车零部件、铝镁合金铸件深加工等产业集群的信息化改造。

4、化工医药产业信息化。推进化工行业信息化，加强化工生产过程的检测、控制。支持与焦油深加工相应的信息系统开发。鼓励化工企业、园区在环保设施中应用信息技术。重点支持大型煤化工项目的信息化建设，支持煤焦油加工和甲醇、乙炔精细化工产品，以及煤基合成油项目的新技术研发推广，培育一批在全国具有重要影响的煤化工骨干企业和国家级煤化工技术研发中心。促进中医药信息化，重点运用信息技术提升中医药研究开发和检测分析水平，促进中医药产品生产的连续化和自动化。

5、新型材料工业信息化。提高新型材料工业的生产和管理信息化水平，利用信息技术改造、优化生产过程中的产品设计、生产工艺和生产流程，开发先进适用的采购、生产、销售等信息管理系统，促进我省材料工业的规模扩张和集约化经营。重点支持大中型水泥生产企业采用先进生产工艺和利用工业废渣生产流程的信息化改造，支持以煤矸石、粉煤灰为原料的新型墙体材料生产项目的节能、环保信息化改造。支持有比较优势的铝镁合金材料、高岭土材料、钕铁硼永磁材料等生产项目的技术创新、产品上档的信息化建设。支持新型陶瓷材料、新型纤维材料和纳米材料等生产项目的信息化改造。

6、农业信息化。积极开展面向农业、农村、农民的信息咨询、技术服务。整合各涉农问题的网络系统和信息资源，加快农业科技和农产品市场信息服务网络建设。对农业信息服务网和农产品批发市场信息网，促进其扩张系统功能、向下延伸网络、完善运营机制。以实施"金农"工程为重点，建设全省农业信息资源数据中心和信息网络服务平台，重点开发农产品市场供求信息系统、农业生产资料市场信息系统、农业科技推广服务系统、动植物病虫害及疫情防治监测预警系统、农业生产和农村经济动态监测系统等应用系统的建设。有选择地建设一批农畜产品加工龙头企业、种养大户、农产品批发市场的信息化应用系统。

7、现代服务业信息化。大力推进现代旅游信息服务，依托现有的政府公益性网站，整合旅游信息资源，建设山西旅游服务公共信息平台，形成覆盖全行业的、多层面信息渠道和全省性的旅游信息平台。重点建设实用的旅游目的地营销系统和旅游服务信息、旅游资源和景点信息系统等。以信息化增强文化产业整体实力和竞争力。发展现代服务业的信息管理系统和电子商务。推进金融、保险、物流和法律等现代服务业信息化。提高物业管理、社区服务等新兴服务业的信息化水平。

经济发展方式转变和结构调整不是一般意义上的适应性调整，而是由山西能源经济和传统产业带动的、对经济的全局和长远发展具有重大影响的战略性调整；不是局部的调整，而是以提高经济的整体素质和竞争力，实现可持续发展目标的全面调整。正因为如此，不可能在短时间内完成，需要进行长期不懈的努力。

（作者系山西省重大项目稽察特派员办公室特派员）

理论联系实际是领导干部学习的根本方法

李高山

理论联系实际是我们党一贯倡导的优良学风，也是我们搞好学习的根本方法。它的要点一是要有理论，二是要运用理论解决实际问题。胡锦涛总书记曾概括为勤奋好学、学以致用。在学习中怎样具体地运用理论联系实际、勤奋好学、学以致用的方法呢?

1、要真学不要假学。真学的标志就是真信真懂真用。现在有的同志不重视理论学习，认为学习无用，强调工作忙，顾不上；觉得自己水平高，应付工作没问题，用不着学习。因而学习只是应付差事，装潢门面。这是需要克服的思想障碍。工作忙责任大恰恰更需要加强学习，而不应该成为顾不上学习的理由。十六大以来中央政治局几乎每个月集体学习一次，我们谁敢说自己工作比总书记忙，比总理忙?这是个认识问题、态度问题。你认为重要就能顾上，认为不重要就顾不上。时间对每个人都是公平的，主要看怎么安排怎么利用。水平高低也是相对的，任何个人的才能比之事业工作的需要来讲，都不敢说是富余的。而且学习还有个完善自己人格修养的问题，这更是无止境的。儒家学说里面有一个学习是为了自己的说法，一个人学习首先的着眼点应该放在自身素质的提高上，而不是首先放在作用于他人上。所谓的修身、齐家、治国、平天下。我们党突出强调改造客观世界与改造主观世界的统一，在改造客观世界的同时改造主观世界。这都讲的是学习要真学真信真懂真用。自己学习的东西首先要自己相信，首先把自己武装起来，然后去指导工作，去影响他人。这个问题很重要，现在也很突出，就是学用脱节，言行不一。人作为高级动物，除了物质生活，还有精神生活。精神生活不能空白，不是信这就是信那。比如，有信主义的有信金钱的，有信马列的也有信各种宗教甚至信鬼神的。我们党经过88年的奋斗，新中国经过60年的发展，认定了马克思主义符合人类社会发展的规律，符合人民群众的利益。我们把马克思主义同中国实际相结合形成自己的理论，叫做毛泽东思想，叫做中国特色社会主义理论体系。在这个理论的指导下，中国人民推翻帝国主义、封建主义、官僚资本主义的压迫站了起来，改革开放发展社会主义市场经济富了起来。改革开放30年可以说是中国近百年来近千年来发展最好的时期，也是当今世界各国改革最成功的范例。我们党认为自己的理论是正确的，应该坚信不疑，坚定不移。首先是领导干部要相信。如果我们一边做着一件事情，一边心里打鼓，似信非信，能不能做好?肯定做不好。所以我们对中国特色社会主义理论体系，特别是科学发展观要坚信不疑，坚定不移，真学真信，真懂真用，首先把自己武装起来。这样才能使工作更加自觉，也才能更好地在群众中形成主心骨。在当前工业化市场化进程中，社会上存在信仰缺失和信仰泛滥的情况，情绪躁动和情操缺失的情况，领导干部要有定力，要做群众的主心骨。

2、要实学不要空学。也就是联系实际学。大的方面要联系国际国内形势，本地区本单位情况，来加深对理论的理解。具体要联系自己的工作实际和思想实际。要联系工作实际，加强对实际问题的研究，增强实践能力。胡锦涛总书记讲，现在一些领导干部学用脱节很严重，不会用理论分析解决实际问题。我们在实际工作中都有很多问题，有很多困惑，很多困扰我们的东西。带着这些问题学习，进行深入的理论思考，把科学理论变成自己的思维方式，变成对客观形势的看法和把握，变成工作思路和措施，变成实践行动和干劲。这样走下来，理论就具体地指导实践了，理论的作用就显现了，运用理论研究解决实际问题就见效了。长期坚持形成习惯，领导水平和境界就提高了。现实当中，有的干部遇事很快能说出看法拿出办法，有的却不能，这是一个重要原因。联系实际学习要注意总结经验。每个同志都有自己的阅历，都有自己的经验和教训。每做完一件事情就及时进行总结，成功在什么地方，挫折在什么地方，从个别到一般，总结出几条经验教训，形成规律性的认识，成功的就坚持运用，失败的就不再重犯。这就把工作和学习统一起来了，把做好工作和提高自己统一起来了。去年我参加进修班一次课堂讨论，一位县委书记讲了一句话：个性问题讲宽容，共性问题讲公平。这句话总结得太好了，其实许多同志处理问题也是这么做的，经他这么一总结，就变成一个普遍适用的道理，会启发许多同志把问题处理得更好。联系实际学习还要联系思想实际，就是要敢于、善于改造自己，学习先把自己武装起来。十七大提出"讲党性、重品行、做表率"，"德才兼备、以德为先"，非常有针对性。我们想一想，这些年来在反腐败斗争中落马的干部，是因为才能方面出了问题还是品行方面出了问题?人民群众对一些干部有意见，主要是针对才能方面，还是品行方面?所以联系思想实际改造主观世界是当前一个突出问题。“讲党性、重品行、做表率”三句话说得太好了，“讲党性”是对共产党员提出的要求，“重品行”是对做一个好人提出的要求，“做表率”是对领导干部提出的要求，集中在领导干部身上，就是要做一个好人、好党员、好干部，给广大群众做好表率。这三句话讲全了，够一辈子用了。

3、要活学不要死学。理论是客观事物的反映，客观事物是普遍联系和永恒发展的，因而所有的理论都是相对的和相通的。民间有许多好话，如“隔行如隔山，隔行不隔理”，“理是直的，路是弯的”。我们出差走到一个陌生的城市，自己开着车找不见路，拐来拐去的，很紧张。住进宾馆往下一看，原来街道都是连通的，再往前走走就转回来了，只是因为在那个点上、在那个局部，看不清，不敢走。世上的道理都是这样。所谓的东方文化、西方文化，东方人从东往西看形成东方人对世界的看法，西方人从西往东看就形成西方文化，从西往东一直走就走回西边了，从东往西走又走回东边了。毛泽东过去说外国人并不神秘，我们看他们是外国人，他们看我们也是外国人。所有的事情都是联系着的，所有的道理都是相通的。事物是发展变化的，道理又总是相对的。我们讲“黄河东流去”，这没有问题，坐上飞机从高处看，从青海发源地到山东入海口确实是由西向东流入大海。但是在一些地段，比如我省的河曲偏关县城境内，黄河是向西流的。所以说任何事物都是规律性与特殊性的统一。规律只是部分，只是一种静态的把握，现象比规律丰富。我们既不能因为黄河向东流是规律就否认某一段向西流的客观存在，也不能因为有一段向西流的事实就否认向东流是规律。这就是我们学习理论要融会贯通。怎样融会贯通地学习?第一要有选择地学。现在是知识爆炸的时代，学无涯而生有涯。在知识的海洋里我们只能做一个鱼儿，到自己需要的地方去游动，而不能像海绵那样企图将海水吸干。第二要学立场、学观点、学方法，不能死学结论。结论都是在特定的条件下针对特定的情况从特定的角度得出来的，条件变了结论就不一样。比如正数运算1+1=2，离开正数运算这个范围，“1就可能大于2或小于2。毛泽东说过《共产党宣言》里没有中国的湖南、湖北，没有陈独秀、蒋介石，他就从中读出了“阶级斗争”四个字。邓小平也说过他看书不多，就是记住了毛泽东的“实事求是”四个字，过去搞革命靠这个，现在搞建设还靠这个。毛泽东看书是随手做批注，邓小平看书连个道道也不划，就是静静地看、静静地想。各是各的做法，主要是学立场、学观点、学方法，看出书背后的东西来。第三要有好的学习方法，在讨论中学，在研究中学。既要下苦功钻进去，又要大智慧跳出来。我看过一些话，身在事中，心在事外。这样许多事就想明白了。还有做人要公，处事要平。做人主要是推已及人、换位思考，就比较公道；做事主要是各方面能够接受，也就是俗话说的能摆平。还有在学习和认识问题的时候不能没有主见，否则没有自己的认知；在付诸行动的时候不能太有主见，要给别人留下空间。有的学者说，科学思维艺术行为，直线思维曲线行为，极端思维中庸行为，抽象思维具体行为。过去常说有理走遍天下，实际是合理走遍天下。这些道理是实际生活中的，很深刻。孔子在形容人的成熟程度时说，三十而立，四十不惑，五十知天命，六十耳顺，七十从心所欲不逾矩。他认为七十岁就成熟了，一方面随心所欲，想怎么做怎么做；另一方面怎么做都合乎规矩，应然和实然统一起来了，对立的两极贯通了。我们不一定能做到，但是应该向这方面努力。

4、要乐学不要苦学。学习是吸取知识的过程，像吃饭一样，应该是一种快乐。古人说至乐莫如读书。我们过去讲刻苦学习，这从用功的角度说是对的，但提升到一个比较高的境界，应该是快乐学习。论语的开篇就是“学而时习之，不亦乐乎”，学习了以后经常复习，养成一种习惯，难道不是快乐的事情吗?精神生活的最高层面是理论生活，理论兴趣应该是人的最高兴趣。领导干部在思想理论修养方面应该给自己提出更高的要求。我们应该把读书、求知当成一种乐趣，这几天看了一本书，把以前一直搞不清楚的一二个问题弄清了，感觉特别高兴。兴趣是可以培养的，兴趣长期坚持就能变成一种习惯，一天不看几页书就觉得难受。这样就会少一点应酬，少打一点麻将，多一些学习。吃饭很快乐，但有吃饱的时候，学习是补充精神营养，不存在学饱的时候，越学越觉得快乐无穷。

5、要勤学、常学、终身学习，不要忽冷忽热，一曝十寒。学习贵在自觉，难在坚持。古人说“勤学如春起之苗，不见其长，日有所增；辍学如磨刀之石，不见其损，日有所亏”。毛泽东也说过一句话：贵有恒何必三更起五更睡，最无益只怕一日曝十日寒。联合国教科文组织指出，学习和工作是人从生到死连续不断的过程，学习是一辈子都要面对的课题，学习是21世纪的生存概念。对于知识经济时代来说，需要终身学习才能跟上时代步伐。就是相对于已有的知识，也需要坚持终身学习。学习有个规律，学然后知不足，知不足然后学，常学常新，永无止境。已知的内涵越多未知的外延就越大。“学而优则仕”不一定，“仕而优则学”是一定的。现在很难找出像古代大思想家那样的通才，再博学多才的学者、专家都是相对的，没有一个全能的专家。水平越高的专家越谨慎，越是留有余地。比如到医院看病，小医院小大夫什么都敢看，敢动手，到了大医院反而不敢看了，要求你再做些检查，再到更大的医院去查查。因为他的经验和知识多，考虑得也比小医院复杂很多。我看过一篇文章叫《登山》，说登小山，欣欣然；登大山，茫茫然；登深山，惶惶然。一口气跑上一个小山头，环顾四周清晰可见，有种居高临下的感觉，很高兴；当登上一个较大的山脉之后，看到山外有山，就有种茫茫然的感觉；进入深山之后，方向感没有了，高峰深谷之间不时传出各种鸟兽的叫声，风声、水声、山谷回荡的声音，不知道前面还有多远，头皮发紧，有点害怕。作者用登山的感受来形容人在攀登知识理论高峰过程中不同阶段的状态，形容学习是无止境的。我曾去过一趟澳大利亚、新西兰，有三件事情推翻了我们过去的常识。比如春夏秋冬，四季轮回，春种夏长秋收冬藏。到了澳大利亚就不是这样，夏季高温干旱，草是黄的，冬季低温保湿，草是绿的。还有条条江河通大海，澳大利亚也不一样，本身没有河，河是海水倒流形成的，不是江河到大海，而是海水倒流形成河。俗话说人活脸、树活皮，树没有皮就不能活了。澳大利亚有一种桉树，是他们的国树，这种树就没有皮。这三件事情对我触动很大，我们通常认为正确的东西、常识性的东西，都有例外，不能把话说满。上党校是干部学习的一种形式，主要还是平时的学习。在党校应该利用这个相对安静的条件，多开展一些讨论、一些交流，把一个时期困扰我们的问题理出个头绪来，学习结束回去工作比以前自觉了，这就是学习的收获。党校学习应该作为学习的一个新起点，学习永无止境。有了终身学习的意识，时时是学习之机，处处是学习之所，坐在飞机上也可以学习。爱因斯坦说人的差别就在于业余时间，业余时间可以培养出科学家、政治家，也可以培养出懒汉、酒鬼和赌徒。我们应该利用好业余时间，不放过任何学习的机会。学习是对自己最好的投资。一个人有两样东西别人拿不走，永远是自己的，一个是知识，一个是健康。其他像权力、地位、金钱、社会关系，等等，都是变化的，唯有知识和健康是自己的。

总起来说，学习进步是一切进步的先导，学习落后是一切落后的根源。学比不学好，多学比少学好。学习方法是多样的，但真学、实学、活学、乐学、常学，这几条是相通的、管用的。

（作者系中共山西省委党校常务副校长）

更好地发挥文化建设在山西转型跨越发展中的重大作用

高健生

不久前，胡锦涛总书记在中共中央政治局第二十二次集体学习时的讲话中，全面分析了文化建设面临的新形势，对进一步深化文化体制改革，更好地推动社会主义文化大发展大繁荣提出了明确的要求。认真学习领会总书记讲话精神，结合中央政治局委员、中宣部部长刘云山同志近日在山西调研时关于文化建设和文化体制改革对促进山西经济社会发展重要作用的深刻阐述，结合山西推进转型跨越发展的要求，深入分析实现山西转型跨越发展对解放和发展文化生产力，推动文化事业大发展提出的强烈期待，认真思考文化建设促进山西转型跨越的一些深层次问题，具有突出的现实意义。

一、深刻认识实现山西转型跨越对推动文化发展提出的新期待

经历30多年改革发展，山西在取得经济社会发展重大成就的同时，如何破解产业结构单一、发展方式粗放和能源大省发展转型的难题，是全省面临的最现实最紧迫的课题，也是山西实现科学发展的关键所在。

由于这样的现实性与紧迫性，文化发展在实现山西转型跨越中的重要性就更为突出地表现了出来。正如省委书记袁纯清同志在全省领导干部大会上所指出的那样，必须围绕实现转型跨越，加快做大做强文化事业与文化产业，培育新的经济支撑点。从这样的意义上说，实现山西转型跨越事实上对推动文化的发展提出了新的期待。

——文化的发展是实现山西转型跨越的重要内容，文化生产力的创新发展构成山西转型跨越的突出标志。从根本上说，转型跨越就是改变传统的产业结构和发展方式，扩充发展内涵，提升发展质量，实现发展飞跃。就山西而言，就是要在更好地利用自然资源优势，提升传统产业层次的基础上，挖掘潜在资源，开发新的资源。由此决定了实现山西转型跨越，文化的发展和文化生产力的创新，本身就是转型跨越的题中应有之义。转型跨越实现了没有和实现到了什么样的程度，文化资源的挖掘开发和文化生产力的创新发展状况，就是明显的标志。如果在转型跨越发展的题目下，缺少了文化发展的内容，这样的转型就是不成功的，也是不可能的。所以，当实现山西转型跨越成为面对“十二五”发展新的历史机遇时的实践最强音时，文化的发展和文化生产力的创新就是这一强音中响亮的乐声。

——文化的发展是实现山西转型跨越的根本要求，培育新的经济支撑点呼唤文化事业与文化产业的异军突起。应该说，改革文化体制，发展文化产业，推动文化发展，不是今天才提出来的要求。改革开放以来，特别是进入

"十五"、"十一五"发展之后，山西文化事业和产业发展势头迅猛，推进文化强省的人气逐渐凝聚，全省上下投资文化产业的热情高涨，文化在经济发展中的比重明显增加。同时，不能忽视的问题在于，从实际的发展看，真正把文化发展与发展方式转变联系起来认识文化发展的价值，从提升发展质量意义上把握文化产业发展的作用，特别是在能源产业受某段时期经济形势影响表现出某种明显的经济效益时依然保持对文化发展的高度重视，还没有真正做到。2008年国际金融危机对山西发展造成的强烈冲击就是实证。怎么样防止类似的情形在今后的发展中重现，就必须在培育新的经济支撑点时，挖掘和发挥山西除却煤炭等自然资源优势之外的文化资源优势，并使之真正做大做强。可以说，在实际上我们具备实现文化发展的客观条件下，文化事业与文化产业的异军突起，已经成为山西在培育新的经济支撑点中转型跨越的内在呼唤。

——文化的发展是实现山西转型跨越的强大推力，实现转型跨越必须有思想文化发展提供的精神动力与可持续力支持。文化建设不仅是实现转型跨越的重要内容，不仅能够通过文化事业和文化产业发展，促进更多新经济增长点的迸发，更是社会凝聚力和创造力的重要源泉，能够为经济社会发展提供强大的文化支撑。从山西的情况看，在实现转型跨越紧迫性愈益突出的背景下，如何更好地坚定信念、明确思路，凝聚人心、形成共识，如何更为深入地分析形势、化解矛盾，趋利避害、把握规律，必须有思想文化工作的强力跟进。同时，山西得天独厚的文化底蕴和发展条件，使文化发展具有的再生型、科技型等特征表现得更为鲜明，其具备的可持续挖掘特性可能带来的长久性发展创新效应，以及其易于不断转化的特性可能产生的更大附加与连带价值等，都是破解我们在实现转型跨越中科技含量低、创新能力差等问题时不可多得的有利因素。而文化的真正发展，又会对经济社会的转型跨越产生强有力的推动作用，非常有利于形成山西转型跨越发展的良性循环。

二、以更具战略性的思维、更为宽阔的视野扩展促进文化发展繁荣的新思路

实现山西转型跨越，为文化的发展提出了前所未有的要求与任务，也提供了应当倍加珍惜的条件与机遇。认清使命，抓住机遇，更好地发挥文化建设对山西转型跨越的重要作用，需要积极探寻深化文化体制改革，推动文化产业发展，促进文化事业繁荣的新思路。

要站在时代发展、社会进步的大势上，探寻促进文化发展繁荣的新思路。更好地发挥文化建设对山西转型跨越的重要作用，首先要对文化发展在当今时代变化中所处重要地位有清晰的认识。在经济全球化的背景下，国际竞争日趋激烈中的文化发展，已经赋予文化的产业与产品以更为浓厚的综合国力抗衡的色彩。以占GDP比重20%以上的美国文化产业发展为突出代表的世界性发展潮流告诉我们，文化的发展已经不仅仅是单纯的文化语境和视野，国际性产业结构的升级换代，正更多地把文化产业推向经济社会发展的中轴区位，文化产业的崛起和文化产品的升级，不仅代表着文化发展的重大转型，更标志着现代发展方式的重大转型。因此，适应山西转型跨越发展要求的文化发展思路，必须从世界发展大势中，以登高望远的视野、开放包容的胸怀，一方面分析研究世界文化竞争、产业发展和产品开发的特点、趋向，理清辩证取舍、为我所用，广泛吸纳和融汇世界一切优秀文化成果的思路。另一方面，要从山西实际出发，从国际性产业结构升级换代的走向上，把握文化产业结构调整和文化产品升级的要求，逐步找到适合山西实际的文化发展路径。

要站在国家战略、发展转型的大略上，探寻促进文化发展繁荣的新思路。要清醒地认识到，更好地发挥文化建设对山西转型跨越重要作用的课题，是在我国社会推动发展方式转变的历史性转折过程中，在国家实施中部崛起战略进入关键时期的条件下提出和加以深入探讨的。换言之，推进发展方式转变和中部崛起战略意义上的山西文化事业，要确定好自身的发展定位，要考虑有利的条件和可能的困难，要把握发展的机遇和政策提供的空间，要开发有别于同为中部区域、同样对文化产业发展作为战略举措予以重视的其他省份的优势产品。实践表明，认识到文化发展对实现转型跨越的重要性，与真正实现文化发展对转型跨越的强力推动，二者间有联系但不等同。在转变发展方式已经成为30多年改革发展后社会共识、提升文化生产力早已走出启蒙时期的环境中，安居于表里山河中想思路，封闭于自我发展中谋发展，是难于挖掘出文化发展的潜力的，也不容易踏上符合文化发展规律的坦途。

要站在实践要求、群众期待的大局上，探寻促进文化发展繁荣的新思路。毫无疑问，山西具有的文化资源非常丰富，文化事业发展人才荟萃，文化产业发展潜力巨大，这构成了山西推进文化发展的重要优势。改革开放以来，特别是进入新世纪后，山西文化事业和文化产业发展，也取得了引人注目的成就。但是，正像袁纯清同志在全省领导干部大会讲话中所指出的那样，从总体上看，"山西欠发达的省情没有改变，转型发展的任务十分艰巨，发展的速度和质量与全省人民期盼相比还有不小差距"。这一点，文化的建设与发展也不例外。一方面，以山西转型跨越的实践要求来衡量，文化体制改革的任务依然艰巨，文化事业、文化产业发展的潜力还需要进一步的开发，文化产品的培育和扩张还处于破题的阶段，只有把文化建设发展放诸转型跨越的大局中来谋划，才能增强推进文化事业和文化产业发展的主动性、自觉性。另一方面，干部群众对促进山西文化资源转化为文化优势，实现文化强省有着热切期盼，特别是在文化产业发展已成为大势所趋，全国各地推进文化建设发展呈现千船竞发、百舸争流局面，与山西同属中部地区的其他省份开发中原文化、潇湘文化、草原文化、三秦文化、荆楚文化等渐成气候的情况下，推动文化建设发展就具有了更为广泛的群众基础和更加现实的内

在期盼。因此，促进文化发展繁荣的思路，必须深入分析实践发展对文化建设提出的新要求，切实顺应广大群众对文化建设提出的新期待。

要站在总结经验、认识规律的大观上，探寻促进文化发展繁荣的新思路。实现山西转型跨越，是伟大的实践创造活动；在转型跨越中促进文化建设的大发展，是艰辛的探索过程。只有把推动文化建设发展的无畏勇气与求实精神结合起来，才可能使促进文化发展繁荣的思路建立在科学、可行的基础上。从这样的意义上说，探寻促进文化发展繁荣的新思路，要善于总结经验、力争掌握规律，逐步赢得推进文化发展的主动权。结合山西文化建设实践看，改革开放以来，特别是进入新世纪后，山西文化事业和文化产业发展，既有过不懈的探索，取得有引人瞩目的成就；也有过发展的犹疑，并不缺乏足资借鉴的教训。在这样的发展过程中，无论文化体制的改革、文化事业的发展，还是文化产业的开发、文化产品的创造，都积累了丰富的经验，许多成功的做法、典型和方式，都具有总结、推广的价值。如果把这样的经验、做法，包括沉淀的教训上升到文化建设规律的高度加以分析认识，就一定能够在发展相对落后省份如何实现文化建设大发展，如何在资源型区域转型跨越中推动文化产业的转型跨越，如何在历史悠久、文化资源丰厚的条件下实现文化资源向文化优势的转化等一系列具有规律性的时代课题的解答中，获得一些具有规律性的答案，由此更为积极、主动和前瞻性地指导和推动文化建设的大发展。

三、支持和鼓励深化文化体制改革，促进文化产业发展和文化事业繁荣的新探索

结合山西实际，贯彻落实胡锦涛总书记在中共中央政治局第二十二次集体学习时讲话的精神，从根本上说，就是要进一步解放思想，鼓励探索，从关系山西加快经济社会发展速度、提升发展质量和全面建设小康社会奋斗目标实现的战略高度，更好地发挥文化建设在实现全省转型跨越中的作用，在深化文化体制改革，促进文化产业发展的实践中，推动文化事业的发展繁荣。

首先要解放思想，排除干扰，凝聚共识，坚定深化文化体制改革，促进文化产业发展和文化事业繁荣的信念。胡锦涛总书记在中共中央政治局第二十二次集体学习时的重要讲话，充分体现了党中央对社会主义文化建设的高度重视和对文化建设规律的科学把握，为我们促进文化建设的发展提供了战略思想上的指导。从山西的实践看，经过改革开放30多年的发展，推进文化事业和文化产业的发展是不是形成了社会的共识?在相当的程度上，回答应当是肯定的，尤其是当山西传统产业结构和产品遭受市场较大冲击，以及文化产业调整与产品开发见到某种成效时，这样的共识更为明显。但初步形成了的共识是否坚定，这样的共识是否像能源经济那样受到上上下下的关注与重视，特别是出现了传统产业受某段时期经济形势变化影响、煤炭能源价格和财政形势相对向好的情况时，人们会不会自然而然地把促进经济社会发展的希望重新寄托于对一时经济效益有立竿见影功效的单一经济结构之上，会不会对传统模式保持的惯性眷恋也表现出积重难返的故态，这是应当深入思考的。事实上，传统产业模式根深蒂固的影响，既在于对能源优势难于割舍的情怀，更在于在发挥煤炭等自然资源优势的同时，对文化产业、文化创意、文化产品等文化建设独到的优势及其对资源优势补充效应的若即若离。这样的状况必须加以改变。正是由于以上的原因，解放思想，排除干扰，坚定深化文化体制改革，促进文化产业发展和文化事业繁荣的信念，就显得尤为重要。只有具备坚定的文化发展与建设的信念，深刻认识树立文化也是生产力，文化发展既是转型跨越内在的发展要求，又能够推动转型跨越，才能够保证转型跨越发展中文化事业与产业的发展不再重复时快时慢、时重时轻的现象。

其次要明确重点，在深化文化体制改革、完善产业政策、健全文化市场体系的实践中，实施重大项目带动战略，找到提高文化产业竞争力的突破点。“十五”期间，山西文化产业发展保持了年均13%的增长速度，进入“十一五”后，发展态势基本得到了延续，2009年全省文化产业增加值总量达到250亿元，同比增长25%，占GDP的比重由2.8%上升到，3.45%左右。与此同时，根据省委、省政府《关于深化文化体制改革的实施意见》、《山西省文化产业发展规划纲要(2009—2015)》和《山西省人民政府关于加快服务业发展的实施意见》等文件，文化产业发展已经初具规模，文化建设的效能也初有显现。同时，相对于我省丰厚的文化资源和转型跨越的要求，文化体制的改革、文化政策的完善、文化市场体系的培育和文化产业的发展还存在较大的发展空间。如何准确把握文化产业发展的优势，提高文化产业竞争力，实现由人文资源大省向文化强省的跨越，一个非常关键的问题，就是找准重点、突出重点，在继续深化文化体制改革，完善产业政策、健全文化市场体系，从财政投入、税收优惠、融资投资、运行机制、社会保障等方面，为文化产业发展提供政策支持的同时，实施重大项目带动战略。就是在这样的意义上，省委书记袁纯清同志在全省领导干部大会上，根据省委常委会讨论的意见，提出了推进文化产业发展的“大片大作大戏表现、大集团运作、大景点支撑、大服务引领、大会展集聚”等五大发展战略，这是重大项目带动战略的具体体现，也是发挥文化建设在转型跨越发展中作用的基本要求，按照这样的战略，在重点突破基础上深化文化体制改革，完善产业政策、健全文化市场体系的实践，就一定能够从总体上提高山西文化产业竞争力。

第三要加大改革力度、真抓实干，努力营造有利于文化产业崛起和文化事业发展的良好环境。促进文化产业崛起，实现文化大发展，是一个系统工程，既要有真抓实干的推进力度，又必须有与之相适应的发展环境。从国内外文化建设发展的实践看，缺少了这两个方面，文化建设的

发展或者不可能，或者不会长久。因此，深化文化体制改革，促进文化产业发展和文化事业繁荣，一方面，要把深化文化体制改革，发展文化产业作为实现我省转型跨越的关键内容，既要有全省发展的整体战略和规划，有实施规划的具体目标、任务与措施，也要从扶持文化产业发展的相关政策，特别是在准入门槛、税收管理、投融资优惠、自然与社会资源调配、社会保障和政府投入等方面，有声有响地出台一些具体明确的鼓励措施，调动全社会参与文化建设的积极性，吸引更多的社会资本投入到文化及其产业的发展当中。另一方面，要努力营造有利于文化产业发展的良好环境，通过宣传、教育，形成全省上下深化文化体制改革、发展文化产业，全面提高山西文化产业竞争力的舆论环境；通过完善文化产业政策，营造从重点抓煤炭等自然资源，到自然资源与文化资源一起抓的政策环境；通过深化体制改革，逐步形成有利于健全完善科学合理、竞争力强、灵活高效的文化管理体制和文化产品生产经营机制的体制环境。总之，必须通过多种途径、采取多种措施，在营造有利于文化事业发展和文化产业崛起环境的实践探索中，进一步解放和发展文化生产力，努力在三晋大地转型跨越发展中使人们越来越多地能够感受和体会到文化建设的重大作用。

（作者系中共山西省委党校副校长）

推进“十二五”科学发展的根本指导

潘　峰

党的十七届五中全会的召开和公报的发布，国内外高度关注，全国上下备受鼓舞。胡锦涛总书记受中央政治局委托作的工作报告和审议通过的《中共中央关于制定国民经济和社会发展第十二个五年规划的建议》，科学总结了“十一五”时期尤其是党的十七届四中全会以来的工作，描绘了未来五年发展蓝图，成为推进“十二五”科学发展的根本指导。学习贯彻五中全会精神，就要深入领会和把握公报的精辟结论、科学论断、重大部署和基本要求。

领会一个“高度评价”

“十一五”时期我国经济社会发展取得了“巨大成就”，“国家面貌发生新的历史性变化”，各项建设“取得重大进展，谱写了中国特色社会主义事业新篇章”。

“十一五”是极不平凡的五年，也是全党全国人民经受住重重考验的五年。这五年我们紧紧抓住发展这个党执政兴国的第一要务，贯彻落实党的理论和路线方针政策，推动科学发展，促进社会和谐，实施正确而有力的宏观调控，充分发挥我国社会主义制度的政治优势，充分发挥市场在资源配置中的基础性作用，使国家面貌发生新的历史性变化；这五年我们有效应对国际金融危机巨大冲击，保持了经济平稳较快发展良好态势，并为长远可持续发展奠定了重要基础；这五年我们战胜了汶川特大地震等重大自然灾害，成功举办了北京奥运会和上海世博会，胜利完成了“十一五”规划确定的主要目标和任务。经过五年的努力奋斗，我国社会生产力快速发展，综合国力大幅提升，人民生活明显改善。

五年取得的成绩来之不易，积累的经验弥足珍贵，创造的精神财富影响深远。在今天国际金融危机影响仍未完全消退的情况下，看看我国经济可持续发展的质量和速度，看看城乡居民生活水平的普遍提高，看看干部群众意气风发的精神状态，我们就能够完全领会上述高度评价的客观正确性。这个高度评价使我们更加坚定地走中国特色社会主义道路，更有勇气和力量抓住机遇、迎接挑战、再创辉煌，更有信心夺取全面建设小康社会的新胜利。

确认一个“时期”方位

“‘十二五’时期是全面建设小康社会的关键时期，是深化改革开放、加快转变经济发展方式的攻坚时期”，也是“为全面建成小康社会打下具有决定性意义的基础”的时期。五中全会对“十二五”历史方位的科学论断，是我们认识“十二五”、筹划“十二五”、成就“十二五”的重要指导。

这一论断以如下科学认识为依据：随着世情、国情继续发生深刻变化，我们确实面临新情况、新形势，当前和今后一个时期，我国经济社会发展呈现新的阶段性特征；综合判断国际国内形势，我国仍处于可以大有作为的重要战略机遇期，我党关于时代主题和国际格局发展趋势的论断没有变，我国发展的大背景、历史方位没有变；在这个重要战略机遇期，我们既面临难得的历史机遇，也面对诸多可以预见和难以预见的风险挑战，即机遇与风险并存，有利条件与困难同在，关键在于我们的奋斗和创造；“十二五”的艰巨任务和使命，就是为全面建成小康社会打下具有决定性意义的基础，这个目标必须实现，而且通过努力完全能够实现。

我们离本世纪头20年全面建成小康社会还有两个五年计划，“十二五”既是对“十一五”成就的进一步巩固、发展和扩大，又是为全面建成小康社会和实现我国的现代化积累更丰硕的成果，打下更坚实的基础。立足于“十二五”历史方位，增强机遇意识和忧患意识，科学把握发展规律，主动适应环境变化，有效化解各种矛盾，更加奋发有为地推进我国改革开放和现代化建设，我们就能够再创新辉煌、续写新篇章。

把握一个“主题”和一条“主线”

“在当代中国，坚持发展是硬道理的本质要求，就是坚持科学发展”；“加快转变经济发展方式是我国经济社会领域的一场深刻革命，必须贯穿经济社会发展全过程和各领域”。我党带领全国人民经过全面探索和创新得出的这两条重要结论，成为“十二五”的主题和主线。作为主题和主线，就是要始终突出好、围绕好和落实好，指导“十二五”的全过程和每项工作。

突出好、落实好科学发展的主题，就必须做到“四个更加注重”：更加注重以人为本，更加注重全面协调可持续发展，更加注重统筹兼顾，更加注重保障和改善民生，促进社会公平正义。在即将过去的“十一五”，我们从社会主义初级阶段这个最大实际出发，面对新机遇和新挑战，集中解决发展中的新课题和新矛盾，更加自觉地走上了一条科学发展之路，取得了辉煌成就，积累了宝贵经验。“十二五”时期，我们要更加坚定地走科学发展之路，既要解决好长期积累的深层矛盾，又要解决好不断出现的新问题，保证“十二五”目标高质量、高标准地实现。这就要求牢牢把握发展是硬道理的战略思想，全面准确领会科学发展观的科学内涵、精神实质、根本要求，并坚定不移地落实在推动经济社会发展的各项工作中。

围绕好、落实好加快转变经济发展方式的主线，就必须做到“五个坚持”：坚持把经济结构战略性调整作为主攻方向，坚持把科技进步和创新作为重要支撑，坚持把保障和改善民生作为根本出发点和落脚点，坚持把建设资源节约型、环境友好型社会作为重要着力点，坚持把改革开放作为强大动力。我们必须认识到，加快转变经济发展方式是我国经济社会领域的一场深刻革命，是一项战略性全局任务，不仅需要发展理念的创新，推进生产方式、分配方式以及生活方式的变革，大力调整产业结构和协调配置消费、投资、出口三大需求，更要注重科技进步和创新，着力保障和改善民生。围绕好和落实好这条主线，关系到我国经济发展的质量和效益、内在动力和国际竞争力，关系到各种新旧矛盾和问题的成功解决，也关系到“十二五”目标的全面实现和社会主义现代化建设的光明前途。我们要全面把握“五个坚持”，在工作中坚决贯彻和体现，切实做到在发展中促转变，在转变中谋发展，实现经济社会的又好又快发展。

抓住一个“根本保证”

“党的领导是实现‘十二五’时期经济社会发展目标的根本保证，必须加强党的执政能力建设和先进性建设，不断提高党领导经济社会发展能力和水平”。历史和现实都已充分证明，党的领导是中国特色社会主义事业蓬勃发展的根本保证，是经济发展、社会进步、人民幸福和国家富强的根本保证，也是夺取全面建设小康社会新胜利的根本保证。

巩固和强化这个根本保证，必须加强党的执政能力建设和先进性建设，不断提高党领导经济社会发展的能力和水平。面对“十二五”关键时期和攻坚时期，面对更加宏伟的目标和艰巨任务，面对难得的历史机遇和可以预见、难以预见的风险挑战，我们党的职责比泰山还重。为此，五中全会向全党提出五个层面要求：各级党委要准确把握发展趋势，科学谋划发展蓝图，努力创新发展模式，加强对发展的统筹协调，切实提高发展质量；全体党员要坚定不移贯彻党的理论和路线方针政策，牢固树立科学发展理念；党的基层组织要切实加强自身建设，深入开展创先争优活动，带领广大群众推动经济又好又快发展；各级领导干部要坚持全心全意为人民服务的根本宗旨，坚持党的群众路线，始终保持同人民群众的血肉联系，树立正确政绩观，努力做出经得起实践、人民和历史检验的实绩；同时要加强反腐倡廉建设，大力弘扬党的光荣传统和优良作风，以优良党风凝聚党心民心，形成推进中国特色社会主义事业的强大力量。以上各层面要求又集中到当前的总体号召：全党必须增强党的意识、宗旨意识、执政意识、大局意识、责任意识，抓住机遇而不可丧失机遇，坚持聚精会神搞建设、一心一意谋发展；增强工作的原则性、系统性、预见性、创造性，大力发扬真抓实干的精神，把党和人民赋予的职责看得比泰山还重，紧紧依靠广大人民群众，以党同人民更加坚强的团结战胜前进道路上的一切艰难险阻，扎扎实实做好改革发展稳定各项工作。

按照上述要求和号召加强党的建设，党领导经济社会发展的能力和水平就会有更大提高，更值得全国人民信赖和依靠，从而形成更强大的力量，保证“十二五”目标的全面实现，保证全面建设小康社会和社会主义现代化建设事业的成功推进。

学习贯彻五中全会精神，重在统一认识和行动，提高主动性和自觉性，把五中全会精神转化成各项工作的有力指导，转化成新的工作理念、工作思路、工作力度和工作实效。我们要在推进山西转型跨越发展、再造一个新山西的进程中，大力解放思想、真抓实干、开拓创新、奋力争先，谋划“十二五”、开启“十二五”、打造“十二五”、成就“十二五”，为实现省委的战略思路和部署，为全面建成小康社会打下具有决定性意义的基础，作出新的更大贡献。

（作者系中共山西省委党校副校长）

勤政为民　公道为政　廉洁为“官”

中共山西省委党校理论研究中心

在7月29日召开的全省领导干部大会上，省委书记袁纯清作了题为《以转型发展为主线，为实现山西经济社会跨越发展努力奋斗》的重要讲话，描绘了“再造一个新山西”的宏伟蓝图，提出了“以转型发展为主线，以赶超发展为战略，以跨越发展为目标，推动又好又快发展”的战略新思路新目标。为此，要求各级领导干部实现“素质提升新跨越”。

“勤政为民、公道为政、廉洁为‘官’”，这是省委书记袁纯清同志来山西工作后在多个场合、反复强调的“为政之要”。它既是省委向全省人民作出的郑重承诺，更是对全省各级干部提出的明确要求，体现了实现山西转型跨越发展对各级干部的期盼和呼唤。

勤政为民：各级干部应有的精神状态和价值取向

勤政是领导干部最基本的素质，是“德”的境界、“能”的外化和“绩”的前提。干部不勤政，就是“庸官”、“懒官”。一个勤政的领导干部，必然是一个干事的干部，是一个“勤思勤为不懈怠，脚踏实地不漂浮，立说立行争朝夕”的干部。勤政的目的是为民，为民是我们党执政的根本价值取向。毛泽东同志曾经说过，共产党员最大的道德就是为人民服务。作为党员领导干部，要万事民为先，把实现好、维护好、发展好人民群众的根本利益作为自己思考问题和开展工作的根本出发点和落脚点，通过实实在在的工作，推动实实在在的发展，使老百姓获得实实在在的好处。这是领导干部最大的“公德”。

勤政为民，就得怀有强烈的责任感和事业心。责任感是一种担当，责任感是一种人生境界。领导干部是为人民服务的，要把群众呼声作为第一信号，把群众需要作为第一选择，把群众满意作为第一标准，做到民之所忧、我之所思，民之所思、我之所行。怀有强烈的责任感和事业心，当前要防止和克服平庸思想。现在有一些干部不思进取，不想干事，得过且过，碌碌无为。这种平庸大大降低了工作效率，丧失了许多机遇，影响了执政能力，削弱了党和政府在人民群众中的威信，其结果无异于腐败。各级领导干部要珍惜工作岗位，珍惜手中权力，在其位谋其政，尽心尽力，尽职尽责，始终保持蓬勃向上的精神状态，为党为人民干事创业、建功立业。要防止和克服畏难情绪。山西要实现能源资源大省的发展转型，实现绿色发展、清洁发展、安全发展，遇到的新问题新困难必然很多，但办法就在问题当中，办法总比困难要多。各级领导干部要破除畏难情绪，解放思想，开拓创新，坚定不移地推进发展方式的转变，始终坚持把发展作为第一要务，把安全作为第一责任，把关注民生作为第一要义，狠抓项目，调整结构，创新产业，扩大开放，确保民生，推动山西“华丽转身”。要防止和克服盲目自满思想。当前山西正处于全面建设小康社会的重要时期，处于加快经济发展方式转变和经济结构调整，推动科学发展、促进社会和谐的关键时期，改革发展稳定的任务十分繁重。领导干部不能满足于已经取得的成就，要以解放思想为先导，以改革创新为动力，以创先争优为抓手，以基层组织建设为重点，求真务实，真抓实干，保持全省经济社会发展的良好势头，维护全省团结和谐稳定的大好局面，推动全省经济社会又好又快发展。怀着责任感和事业心干工作，就要把工作当成事业来干，把自己每天的工作当做党的事业、人民事业中的一环来对待，在处理每一项工作时都要认真考虑是否符合群众利益，是否具有长远价值，是否能产生最佳效益。要主动领着工作走，而不能被动跟着工作走；遇到矛盾困难要迎着上，而不能绕开走；出现新情况新问题要勇于探索，提出新办法，打开新局面，而不能墨守成规，凭经验、惯性简单应付；工作中要少讲困难、多想办法，少说不能办、多说怎么办，少说空话、多干实事。凡事不仅要放在心上，更要抓在手里，既要认真想办法、出实招，又要身体力行，扑下身子抓落实，发挥出最佳状态，把工作干到最好。

勤政为民，不仅要有勤政之心，还要有勤政之能。在现代社会中，知识更新越来越快，陌生领域越来越多，对创新的要求越来越高。领导干部要履行好岗位职责，仅凭一腔热情是不够的，必须既有“干活”之心，还有“出活”之能。当前山西要破解能源资源大省发展转型的课题，每个领导干部都或多或少遇到了“本领恐慌”的问题。解决“本领恐慌”的问题，一要加强学习。领导干部要树立学习者生存、学习者发展的理念，把学习作为经常任务、自觉行为，干什么学什么、缺什么补什么，努力做到政治坚定、思想厚重、知识丰富、业务精通。二要注重实践。实践出真知，实践出能力；难中练本事，忙里长才干。要经常深入基层、深入群众，特别要到条件差、矛盾多、困难大的地方去调查研究、解决问题，在实践中提高自己的素质和能力。三要学会总结。每项工作之后都要认真总结，弄清楚哪些是成功的、应该继续坚持，哪些是不足的、需要予以弥补，哪些是失误的、需要加以改正，由个别上升到一般，得出几条规律性的认识，从而吃一堑长一智，干一事进一步，通过总结经验提升能力。

勤政为民贵在务实。求真务实是衡量领导干部工作态度、工作方法、工作作风和工作成效的重要标志。求真务实要力戒形式主义，讲话、办事都要从实际效果出发，多讲符合实际的话、有感而发的话、解决问题的话，少讲照本宣科的话、无害也无益的话、不着边际的话。要善谋事、能干事、办实事、干成事、不乱事，以实干的形象取信于民。求真务实要把全部心思和精力用在加快发展上，改变以会议落实会议、以文件落实文件的状况，不能好大喜功、急功近利，而要从实际出发，把心沉下来，把身子沉下去，按规律办事，扎扎实实抓好各项工作的落实。求真务实要心中装有人民群众，关心群众疾苦，真心诚意为老百姓排忧解难，使中央、省里的好政策、好措施落到实处，不能作风漂浮、工作不实，使一些本来可以缓解的矛盾进一步激化，使一些本来应该解决的问题久拖而得不到解决。

公道为政：各级干部应有的职业操守和政治品格

胡锦涛总书记讲过，公道正派，廉洁清正，严于律己，是每个领导干部必须恪守的职业道德，也是提高自身素质的基本要求。领导干部与普通群众最大的不同之处就在于手中掌握着权力，是代表人民掌握和运用权力的。领导干部公正用权，对人对事以公为先，不仅是职业操守的问题，更是反映着为政者的立场问题、觉悟问题、感情问题，是一种政治品格。

公道为政，就要坚持原则，秉公办事。人品千古事，得失寸心知。老百姓评价领导干部，首先是看领导干部公道不公道、正派不正派。领导干部的威信是高还是低，也与领导干部办事是否公道直接相关。“公正无私，一言而万民齐”。领导干部处理事情，要从大局着眼考虑问题，要以党的方针政策、国家的法律法规以及公共道德准则为标准，秉公办事，公平公正。特别是在利益分配上一定要公正，坚持权利与义务相统一、报酬与贡献相一致的原则，按照政策办事，不以私废公，不厚此薄彼。坚持原则可能要得罪人，但不坚持原则就要得罪人民群众。

用人公正是公道为政的核心。为政之要，在于用人。一个领导干部公道不公道、正派不正派，关键要看他在干部使用上是否公道正派。使用干部公道，可以对所有干部形成正向激励；使用干部不公道，就可能“提拔一个人，寒凉一批人的心”。公道使用干部，一要坚持“德才兼备、以德为先”。注重选拔德才兼备、实绩突出、群众公认的干部，注重选拔长期在条件艰苦的地方默默无闻、努力工作的干部，注重从基层一线选拔干部，真正把政治上靠得住、工作上有本事、作风上过得硬、人民群众信得过的干部选拔到各级领导岗位上来，不让老实人吃亏，不让投机钻营者得利。二要坚持“五湖四海”用干部。领导干部也是人，也有老乡、同学、战友。这些天然形成的人际交往，本是无可厚非的，但如果使用干部只盯着自己熟悉的这些人，便有可能异化为“小圈子”。邓小平同志曾经说过，小圈子害死人，很多失误就从这里出来，错误就从这里犯起。使用干部要坚持“五湖四海”，拓宽视野选拔干部，广辟途径培养干部。要靠制度选人，靠民意选人。不管自己认识不认识、熟悉不熟悉，只要德行好、有才干，就要积极使用。只有这样，才能海纳百川，广纳人才，建设高素质的干部队伍，推动党的事业不断发展。三是使用干部要注重“公信度”。干部选得准不准，先让群众审一审。提高选人用人公信度，要扩大干部工作中的民主，以公论选人才、凭德才用干部，把扩大民主贯穿于民主推荐、组织考察、酝酿决定的全过程，不断拓宽群众有序参与的渠道，真正实现由“少数人在少数人中选人”向“多数人在多数人中选人”转变，使能者上、庸者让、劣者下。

公道为政还要做到公开规范。公道不公道，群众最知道。领导干部能否公道为政，既取决于领导干部的党性和良心，还取决于是否有公开规范的制度作保障。公道为政不仅要求结果的公平公正，还要求程序的公开规范。越是法治社会，越是重视程序公正。就像一句法律名言所说的，“正义不仅要实现，而且要以看得见的方式实现”。公道为政要尊重人民群众的知情权，增加权力运行的透明度，这既是赢得人民群众信任的重要条件，也是使领导工作更能体现人民群众愿望和要求的保证。要以程序的公正保证结果的公正。要严格要求各级领导干部依法规范行使职权，按程序履行职责，最大限度减少行政审批中的随意性和暗箱操作。要用严密的程序保证各级领导干部不能违反规定审批审核项目，不能超越职权插手项目招投标、土地使用出让和工程建设等活动。

廉洁为“官”：各级干部应有的道德素养和为“官”底线

“廉者，政之本也”。廉洁为“官”是领导干部党性的本质要求和为“官”的起码底线。在中华民族传统中，“清廉”是老百姓对官员最高的褒奖，“贪腐”是老百姓对官员最大的不满。清正廉洁是为政之本、为“官”之要、品德之基，是各级领导干部必须具备的道德素养，也是人民群众对他们的起码要求。近年来，一些领导干部相继出现腐败问题，在人民群众中造成了恶劣影响。事实一再警示我们，领导干部能否保持清正廉洁的道德素养和为“官”底线，既是对领导干部的考验，也是对我们党的考验。

廉洁为“官’要注重自律。市场经济条件下，领导干部面临的诱惑很多，如果放纵私欲，就会迷失人生方向，成为权钱色的俘虏。有记者问曾经做过泥瓦匠的前联邦德国总理舒尔茨，“做国家元首与做泥瓦匠有什么不同?”舒尔茨回答说：“二者都必须是站在高处头不晕。”泥瓦匠登得越高，越危险，便越要小心；为官者亦如此，官当得越大，离危险越近，越要头脑清醒。一个干部能走上领导岗位，来之不易，应该倍加珍惜。如果为一己私利、为一时欲望断送一生清白，毁了政治前途，从指点江山到被人指点，代价就太惨重了。作为领导干部，在面临诱惑心神不定的时候，一定要想一想，是否对得起组织、对得起家人、对得起自己的半生努力？不要一念之差自己把自己打倒。要常修为政之德、常怀律己之心、常思贪欲之害，用党纪国法严格约束自己，守住信念防线、道德防线、法纪防线，做一个组织和群众信赖的人、同事和朋友敬重的人、亲属子女可以引以为荣的人、回顾人生能够问心无愧的人。

自律要守得住小节。现在有些干部认为小节无害，贪图安逸，情趣庸俗，出入低俗场所甚至色情场所，沉溺于灯红酒绿、吃喝玩乐。大量事实表明，道德情操与生活情趣是密切联系在一起的。一些领导干部走上犯罪道路，大多是从操守不严、品行不端、道德败坏开始的。对于领导干部来说，小事、小节并不小，小事、小节中有政治、有方向、有形象、有人格。“不矜细行，终累大德”，不拘小节，必失大节。一个在小节上过不了关的领导干部，也很难在大节上过得硬。领导干部在市场经济的考验面前，必须明是非、辨善恶、知廉耻、守法纪，对自己的“弱项”主动加锁，节制不良欲望，自觉做到不追求物质享受，不沉湎感官刺激。要培养健康情趣，“爱”之得当、“好”之有道。无论在任何情况下，都应耐得住清苦、抗得住诱惑、顶得住歪理、管得住“小节”，做到政治清醒、正气在身、为政以廉、洁身自好。

廉洁为“官”要自觉接受他律。《廉政准则》是党员领导干部廉洁从政的基础性规范，是当前新形势下党对党员领导干部的提醒和警示。《廉政准则》八个方面的52个“不准”，不仅包括党员领导干部行使权力过程中的行为规范，还涉及思想、生活、家庭和社会交往等方方面面，规范清楚、要求严格。《廉政准则》是一把“尺子”，是党员领导干部廉洁从政的标杆；《廉政准则》是一面“镜子”，可以“正衣冠、除尘埃”。党员领导干部要强化“准则”意识和守纪意识，时时用这把“尺子”衡量一下自己的行为，用这面“镜子”照一下自己的形象，严格执行“准则”、自觉维护“准则”，做到标准高于一般干部、行动先于一般干部、要求严于一般干部，时时自重、自省、自警、自励，用“准则’规范自己的从政行为，绝不“开口子”、“留空子”，决不放松要求，切实将勤政和廉政有机统一起来。

“勤政为民、公道为政、廉洁为‘官’”，是不可分割的统一整体。各级干部要深刻领会，自觉践行，着力提高思想政治素质，着力提高科学执政、民主执政、依法执政的本领，为推动山西实现转型跨越发展而努力奋斗！

（执笔人：王建军　吴　敏）

做好群众工作　打牢执政根基

白　云

我们党的根基在人民，血脉在人民，力量在人民。做好群众工作，是我党的优良传统和政治优势，也是动员群众推动科学发展、建设和谐社会的根本保证。在深入学习实践科学发展观活动中，阳泉市委坚持“三个结合”，积极探索新形势下开展群众工作的新特点和新途径，把群众工作落实到抓基层、打基础的全过程，执政能力和水平在实践中得到进一步提升。

一、坚持点与面结合，构建群众工作网络

党的工作重心在基层，基层群众的所思、所盼，所急，需要第一时间倾听、体察和解决。坚持以点带面，以点促面、以点拓面，建立健全党委领导下的上下沟通、左右协调、层层落实的群众工作网络，这是做好群众工作的有效平台。

深入联系点，以点带面。群众的需求最迫切，基层的呼声最实在。领导干部在基层一线选择联系点，畅通与群众联系和服务渠道，是做好基层基础工作的有效抓手。近年来，我们实行市委常委“八个一”(领办一个重点工程项目、帮扶一个新农村或社区、帮扶一户市属国有困难企业、联系一户非公有制企业、联系一所农村学校、联系一个敬老院、一名孤儿，一名老党员)联系点，县区四套班子成员“包乡镇街道”联系点、乡镇街道干部“驻村进社区”联系点制度，领导干部主动到点上了解掌握群众思想动态和生产生活情况，坚持从群众的小事、急事、难事做起，诚心诚意为群众办实事，尽心竭力解难事，坚持不懈做好事，切实解决一些实际困难和问题，及时送去党和政府的关怀

与温暖。在深入联系点中，领导干部与群众的接触面越广，结交的基层朋友越多，对基层的了解就越深入、越全面，与群众的关系越密切、越融洽，真正做到了对群众的意愿心中有底、对基层的发展心中有数、对工作的决策心中有谱。

发现闪光点，以点促面。群众和基层中蕴藏着巨大的创造潜力。不断发现、挖掘基层群众中的闪光点，是激发和保护基层群众干事创业积极性、主动性和创造性的具体表现。在实践中，我们抓住郊区枣园村党支部书记马玉田“宁愿苦干、不愿苦熬”，桃林沟村党支部书记李乃珠“创业不停步、追求不满足、求新不落伍、为民不懈怠”，平定县理家庄村原党支部书记王铁锁“扑倒身子干事、掏出心来为民”，西回村党支部书记田计罗“民不富心不安、村不富心不甘”等先进事迹和典型，广泛宣传引导，进一步增强基层干部与群众心连心、肩并肩共同建设美好家园的信心和决心，全市各级党组织紧紧把发展作为富民的第一要务，既关注“米袋子”、“菜篮子”，更关注“钱袋子”、“新房子”，认真总结和推广规模种植、特色养殖、龙头加工、民营企业等方面的典型，让科技走近百姓，让人才支撑产业，让发展惠及民众，有效刺激群众致富的兴奋点，形成了百姓创家业、能人创企业、干部创事业的生动局面。

推广示范点，以点拓面。就是以示范点为标杆明确方向，把示范效应转化为群体效应、社会效应，起到“点亮一盏灯，照亮一大片”的作用。近年来，我们在推进城乡一体化发展的过程中，采取“解剖麻雀”、重点指导的办法，在农村推广了桃林沟、温池、宁艾等31个建设社会主义新农村示范点；在城市社区推广了新华东街、小阳泉南社区、虎尾沟等12个”十星级”示范社区，引导其他基层组织不仅要收获感动，更要结合实际，自觉付诸实实在在的行动，极大地激发了基层农村和城市社区比学赶超、争先创优的热情和干劲，营造出“前有标兵、后有追兵，标兵大步前进、追兵穷追不舍”的竞赛氛围。

二、坚持情与理结合，丰富群众工作内涵

群众最认的是“理”，而不是权；最服的是“情”，而不是官。做群众工作就是要动之以情、晓之以理，情理交融、润物无声。各级领导干部只有用真情之心、亲情之举、热情之为，尽心竭力去服务群众、组织群众和引导群众，才能上下形成合力，共谋和谐发展。

面对面沟通，感染群众。面对面与群众沟通，设身处地地换位思考，和风细雨地讲解政策，就可以使许多疙瘩得到化解，许多怨气得到疏通。近年来，针对群众关注的国企改制、房屋拆迁、土地征用等问题，我市各级领导特别是县区委书记带头深入基层，接触群众，变“坐等接访”为“出门下访”，尤其是对一些重信重访案件，深入基层和家户一对一、面对面与群众交流，讲清政策，说明理由，谈通思想，最大限度地帮助群众解决实际困难，使矛盾得到及时有效化解，并突破了一批信访中的“缠访案”、“疑难案”。事实充分证明，这困难那困难，做通群众工作就不难。

心贴心办事，打动群众。把群众当父母，视百姓为亲人，时刻与群众同呼吸、共命运、心连心，真正做到想群众之所虑，急群众之所难，谋群众之所求，才能打动群众，与群众一道共克时艰。许多事实告诉我们，你对群众用心，群众就对你上心；你跟百姓有多近，百姓对你就多亲。近年来，我们以亲民便民为目标，以社区服务为平台，以为民办实事、做好事、解难事为切入点，90%以上的社区普遍建立了党员服务中心、爱心超市、社区卫生服务站等便民机构，积极开展家政、卫生、治安、就业、计生、社会救助、社会福利等多项服务，充分发挥维护稳定、服务群众等方面的积极作用，涌现出了像李冬花、杨艳荣等一批做群众工作的行家里手，他们秉持“只为成功找方法、不为困难找原因”的信念，把为群众优质服务作为第一标准，以“妈妈心、婆婆嘴，跑不断的两条腿”的真情实意，为辖区职工居民、下岗人员、困难家庭服务，义务干好群众联络员、政策宣传员、民情信息员、活动指导员、信访接待员、矛盾调处员，硬是靠真心打动、亲情感动、诚信互动，把一件件实事、好事办到群众的心坎上，用实际行动诠释着党的光辉形象。

实打实解困，温暖群众。群众在你心中有多重，你在群众心中就有多重。实打实地为民解困排忧，把党和政府的温暖送到千家万户，群众就会打心眼里拥护和依赖我们的党和政府，近年来，我们把工作重点更多地放在关注民生和倾斜于困难群体上。通过全力实施“八个全覆盖”(即：村通硬化路、中小学校舍安全改造、县乡村三级卫生服务体系、村通广播电视、农村安全饮水、农民新型养老保险、乡镇文化站、“万村千乡”市场工程全覆盖)惠民工程，群众行路难、上学难、看病难、吃水难等问题得到较好解决；通过大力推行职工养老、医疗、失业、工伤保险制度，加大采煤沉陷区治理和棚户区、城中村改造力度，深入开展困难职工援助、困难学生圆梦行动、扶贫济困、就业培训等活动，使更多百姓共享改革发展成果；通过倾力打造宜居家园，积极开展创建国家园林城市、国家环保模范城市和国家卫生城市“三城同创”活动，从更高层次上实现好、维护好、发展好群众的根本利益。

三、坚持权与责结合，创新群众工作机制

党和人民赋予你权力，也就给了你一份沉甸甸的责任。各级领导干部应把服务人民作为最大天职，把维护公平作为最优选择，把群众满意作为最高奖赏，正确把握权力与责任的有机统一，不断探索和完善联系群众、服务群众的长效机制。

服务常态制。领导干部服务群众不是短期化行为，而是长期性工作。只有把群众放在心上，群众才能让你坐在台上；只有坚持权为民所用，才能得到群众的支持和拥戴。在实际工作中，我们充分发挥工青妇等群团组织联系群众

最广泛、最直接、最亲和的优势，紧扣中心，拓展服务，广泛开展职工竞赛、青年志愿者行动、巾帼建功等经常性活动，起到了凝心聚力促发展、上下互动建和谐的作用，在党和群众之间架起了一座座理解与信任的“连心桥”；经常组织机关干部和专业人员进农村、进社区、进企业、进家庭，送去党的政策、先进文化、致富本领、文明习惯，给基层和群众带来了更多物质和精神上的实惠；积极开展调查研究，认真解决实际问题，市级干部要求每年下基层调研不少于2个月、县级干部不少于3个月，进一步加深了干部与群众的深厚感情，密切了党同群众的血肉联系；同时，我们还注重发挥基层党组织的先锋模范和战斗堡垒作用，发挥党员现身说法的先进示范、带头引领作用，使各级领导干部和广大党员真正成为群众的贴心人、主心骨、领头雁。

矛盾调处制。当前，我们正处于发展机遇期和矛盾凸现期，及时化解和调处矛盾纠纷，成为做好群众工作的第一责任。在具体实践中，一是健全诉求表达机制。我们把畅通渠道的过程变为密切联系群众的过程，保障群众话有处说、怨有处诉、难有处解、事有处办。通过建立各级领导干部每月定期接待日、设立社情民意通道、开通行风政风热线等渠道，为群众反映问题提供了更广的诉求空间。二是健全矛盾预防机制。我们通过实施初访责任制、信息报送制、干部走访制等制度，及时发现影响社会稳定的苗头性、倾向性问题，做到预测在先、引导在先、控制在先。三是健全纠纷调处机制。坚持谁主管、谁负责的原则，将矛盾纠纷的疏导化解落实到单位、领导和责任人，将人民调解、行政调解、司法调解有机结合起来，最大限度地使矛盾纠纷调处在基层，消化在基层，化解在萌芽状态，维护社会的公平正义与和谐稳定。实践也证明，只要权为人民，责任到位，各种矛盾纠纷就会得到有效解决，就会为基层发展提供有力保障。

政务公开制。公开铸造公信力，公开能更好地促进廉政勤政。我们坚持凡涉及群众利益的问题，都置于阳光下操作，并尽可能地做到全过程、全方位公开透明，形成用制度管人、管事、管财的有效机制，切实做到日常工作定期公开、重大问题全程公开、紧急问题及时公开，保证群众的知情权、参与权、表达权、监督权，这是我们做好抓基层、基础工作的一个着力点。目前，全市农村和城市社区凡涉及重大决策，都要经党员议事会、村民(居民)代表议事会讨论决定；凡群众关注的热点、难点问题都实行政务、村务、企务公示制，最大限度地增加透明度。全市农村还通过建立乡镇会计核算中心、推行村账乡理等制度，加强了对资源、资产、资金和资本的“四资”管理，极大地规范了农村收支程序。只有将权力置于阳光下运行，消极腐败现象才会被遏制，才能保证人民赋予的权力始终为人民谋利益。

(作者系中共阳泉市委书记)

把朔州建设成为最宜人居最宜发展城市

田喜荣

内陆欠发达地区，如何与经济发达地区和谐发展，缩短差距，走出一条符合自己实际的发展道路，是各界人士关注和思考的重要课题。地处晋西北高原的朔州市，近年来在这方面进行了可贵的探索。这个在改革大潮中诞生和发展起来的新型能源城市，历史上曾有“雁门关外野人家”之称。然而，建市20年，这里就由昔日“十山九秃头”的荒凉和贫瘠，一跃成为一座初具规模的生态能源城市，取得了骄人的业绩。今后一个时期，朔州的经济社会发展有何新的打算和构想，工作将怎样开展?最近，在科学分析国际、国内发展大势和全市发展潜力，考虑“十一五”与“十二五”规划有机衔接，考虑中央经济工作会议提出的“五个更加注重”和全省经济工作会议提出的“五个着力”总体要求，考虑我市保增长、促转变、惠民生多重需要后，市委审时度势，提出全市经济社会在新一轮发展中率先发展的战略目标。确定未来六年，我市率先发展的奋斗目标是：从今年开始，地区生产总值每年增长10--12%，到2015年，总量突破1000亿元，人均GDP超过1万美元；财政收入突破200亿元；城镇居民人均可支配收入达到3万元；农民人均纯收入达到1万元；林木绿化面积达到35%以上，城市绿化率达到50%以上；城乡居民100%享受养老、医疗保险。

率先发展是形势所迫、人民期望

率先发展，就是要比全国、全省发展速度快一步的发展，就是在经济、政治、文化、社会、生态等方面都要先人一步、胜人一筹，快人一拍，好人一些，它既要求又好又快，也要求更高更新。可以说，率先发展符合科学发展观的要求，是大势所趋、人心所向、条件所具。当前，朔州的发展已经踏上新的历史起点，主要经济指标增长速度从2006年以来连续四年在全省处于靠前位次。四年来，地区生产总值总量和人均值都翻了一番半；财政收入增长了2.2倍；全社会固定资产投资累计完成771亿元，是“十五”期间五年投资总额的3.24倍；城镇居民人均可支配收入和农民人均纯收入分别比“十五”末增长76.4%和64%。经过几年的不懈努力，我们谱写出一曲经济基础落后地区奋力赶超的精彩乐章，描绘出一幅财政实力薄弱条件下争先发展的靓丽画卷。可以说，朔州的发展，具备了稳定、持续、向上发展的好趋势，具备了发展质量、效益、后劲兼顾的好态势，具备了干部群众求先行、促发展、谋跨越的好气势。我们必须乘势而上，科学分析面临的困难和希望、挑战与机遇，充分考虑资源禀赋、国家政策、产业形态、发展短板等各种因素，在已有的发展基础上，进一步拔高工作标杆，提升发展境界，对朔州未来发展进行全新的谋划，瞄准全省、全国发展较快的城市，团结拼搏，奋力赶超，力争我市经济社会在新一轮发展中率先发展，向塞外最宜人居、最宜发展城市冲刺。

第一，国际形势所迫。上世纪80年代，我们曾专门讨论过中国的“球籍”问题。就是说，如果中国不加快发展，不奋力赶超，将会被开除“球籍”。由此在全国媒体和学术界掀起了将近两年时间的“球籍”问题大讨论。通过改革开放30年的发展，中国率先发展了，不仅保留住“球籍”，而且不断壮大，屹立在世界东方。全球舆论关注中国，一是在媒体上整版报道、发行专集，介绍中国的情况，对中国的发展进行正面评论和客观总结。二是发表负面报道，围堵中国，散布中国威胁论。特别是最近一段时间，英国、德国等欧洲国家、新加坡和美国的一些舆论，对中国的攻击比较激烈。如果说，过去30年中国是保“球籍”的问题，那么，接下来的30年就是中国如何以一个大国、以一个富国、以一个强国的姿态屹立在世界之林。但是，我们的国力仍然只有美国的三分之一。特别是在军事、能源和一些先进领域与美国的差距还是比较大的。科技上和德国、日本、英国仍然相差很多。所以，中国不强大、生产力不发展、经济力量不雄厚，是非常严峻的问题。最近，美国、欧洲、日本提出未来的雄伟构想，印度、巴西等国提出要赶超中国，如此等等，都是摆在我们面前应该引起高度关注的问题。朔州虽然在全国是一个比较小的内陆城市，但也应该立足全球、立足全国、立足全省审视自己的发展。每个地区前进一小步，中国就会迈出一大步。

第二，国内形势所逼。当前，当我们审视自己的发展，如果有朝一日处在最后的位次上，我们就相当于被开除出“籍”了。如果不发展，我们就会在全国、全省被人遗忘。去年，我市地区生产总值达到561亿元，人均近5330美元，在全省排在太原之后，但在总量上，我们仍然处于全省第七或者第八位，离全国千亿元“城市俱乐部”相差很远。去年，我市财政收入虽然在阳泉、忻州、运城之前，但总量仍然很小。所以，全国、全省发展的形势也逼迫我们加速发展，率先发展。

第三，人民群众期盼，朔州的现实、干部的使命和人民群众的期盼，要求我们必须率先发展。发展得越快，经济总量越大，企业就越多，人民的就业就越好。去年，我们的城乡居民收入都已经达到全国的平均水平，两项指标都超过全省平均水平1000元以上。人民群众希望我们进一步加快发展，给他们带来更多的实惠。城市基础设施建设、城乡居民养老、医疗卫生、教育等要想大发展，都需要我们加快发展、率先发展。只有发展了，才能满足广大人民群众的需要，才能为社会事业发展提供强大的物质力量。

当今世界，国与国之间、地区与地区之间的激烈竞争说到底是发展标准的竞争。有什么样的发展标准，就会有什么样的发展速度。发展标准必须与我们所处的历史方位和肩负的历史责任相匹配、相适应。市委清醒地认识到，尽管我市近年来发展的速度加快了，但是全市经济总量不大的状况并没有改变，全国各地咄咄逼人的竞争态势并没有改变，朔州赶超发展的压力并没有改变。处在这样的历史方位下，我们没有得过且过的资本，没有慢慢踱步的余地，更没有裹足不前甚至后退的空间。朔州有良好的发展基础，有独特的煤炭、电力、土地优势，有巨大的发展潜力，朔州人民不满足经济总量停留全省、全国中下游的发展位次上，迫切要求大踏步进位，在中部和全国争位。发达国家和地区发展的实践向我们昭示了一个真理：竞争无休止，胜负无定数，成事在人为，一切有可能!古人讲，“取法其上，得乎其中；取法其中，得乎其下”。我们必须保持清醒头脑，适应形势变化，立足现实基础，树立雄心壮志，确定更高目标，继续苦干实干，在新一轮发展中率先发展，奋力开拓朔州更加广阔的发展前景和美好的明天!

实现率先发展的奋斗目标，必须抓住关键，突出重点，按照保持工作连续性、稳定性和创新性相统一的原则，找准着力点

一是强力推进转型发展，优化产业结构，打牢实现率先发展的经济基础。率先发展，最重要的是在经济发展速度、经济发展质量、经济发展效益上率先，最关键的是必须与落后生产方式告别，与落后生产力决裂，最根本的是在转型发展的基础上加快发展，使率先发展具有持久力。经济率先发展的重点是在现有的产业布局的基础上，不断调整和优化产业结构。调整和优化产业结构的方法是煤炭和电力并重，其他产业跟上。通过调整，把一产调整到8%左右，把三产调整到35%左右，把二产调整到55--57%。在二产中，煤炭产业的比重应该下降到50%左右，不能太高；电力产业的比重应当占到15%以上；其他工业的所占比重在35%左右。这样，朔州的经济结构就比较合理了。全市共搞了九大产业规划，是当前和今后一个阶段指导我市产业结构调整和优化的总纲，要认真落实。在工作方法上，要抓住五个切入点。一要支持驻市骨干企业和大企业大集团进一步做大做强。二要加快园区建设和发展。三要

重视中小企业的发展，壮大民营经济。四要狠抓招商引资。五要提高自主创新能力。

二是坚持统筹城乡发展，繁荣农村经济，打牢实现率先发展的体制基础。城乡二元结构，是制约我市快速发展的主要障碍之一。要紧紧抓住中央在我市实施城乡经济社会发展一体化制度建设试验项目基地的机遇，拿出更加有力的措施，在打破城乡二元结构上做出新的探索，推动先进生产力要素向农村流动、基础设施向农村延伸、公共服务向农村覆盖、现代文明向农村传播，全面构建新型工农和城乡关系，把我市打造成为城乡一体化发展的先行区，让“三农”工作在全市率先发展的大格局下实现率先突破。第一，实施“1555”新农村布局调整工程，着力推进城乡空间布局和产业布局一体化。富裕农民，必须减少农民；建设新农村，必须减少旧农村。因此，大力实施“1555”新农村布局调整工程，以市区为主体，建设容纳50万人口以上的中心城市一座；以县城为主体，建设容纳10万人口左右的卫星城市5座；以撤乡并镇为手段，建设容纳5000人的小城镇50个：以移民搬迁为抓手，建设容纳500人以上的中心村庄500个。围绕“1555”工程，统筹安排城镇建设、农田保护、产业集聚、村庄分布、生态涵养、文化传承等空间布局。同时，按照区域化布局、规模化种养、标准化生产、集约化管理、产业化开发的新思路，以设施农业、畜牧园区为重点，狠抓“一村一品、一乡一业”创建活动，积极培育奶牛、肉羊、瓜菜、杂粮、玉米、马铃薯、胡麻、甜菜等八大主导产业和特色农业板块。要大力发展设施农业，着力推进20万亩日光温室大棚建设，彻底改变农业靠天吃饭状况，让平川四县农民实现稳定增收。要继续加大畜牧业投入，加强畜牧业基础设施和防疫体系建设，快速向规模化、标准化、高效化方向发展。以平鲁、右玉两个山区县为主，带动全市育肥养殖，发展肉羊300万只。以平川四县为主，带动全市发展20万头奶牛。用三年左右的时间，实现90%以上的奶牛入园入区饲养。继续加大扶持力度，突出特色，有目的、有计划地推进农业产业化经营龙头企业三大方阵建设，不断发展壮大食品工业。加强农产品流通体系建设，加快培育农村经纪人、农产品运销大户和专业合作社，进一步完善利益联结机制，提高农民进入市场的组织化程度和参与市场竞争的能力。加快中低产田改造和基本农田保护，完善配套水利设施，引进推广新机具，着力提高农业机械装备水平。第二，全面推进“五个全覆盖”工程，着力推进城乡基础设施建设和公共服务一体化。高标准、高质量完成省委、省政府“五个全覆盖”工程，着力推进城市基础设施和公共服务向农村延伸，实现一体化发展。加快县乡公路建设，构建高速公路、等级公路、乡村道路互联互通的城乡公路网络体系。完善健全市、县、乡、村和社区四级医疗网络体系建设，建立健全一体化、多层次的城乡居民医疗保险制度，做到小病不出乡村、大病不出市县。加快“三电合一”工程、农村饮水安全工程和城乡生态环境建设工程。第三，进一步完善强农惠农政策，让农民最大限度得到更多实惠。各级财政要加大对“二农”工作的投入，逐步提高土地出让金、耕地占用税新增收入和煤炭可持续发展基金用于“三农”的比例。认真落实国家粮食直补、良种补贴、农机具购置补贴、农资综合补贴等政策。继续做好机关、企业结对帮建新农村工作。在实施移民搬迁、整村推进、产业开发、劳动力转移和教育培训五大扶贫开发工程的同时，推进扶贫工作由整村推进向集中连片开发转变。加强农民工外出务工和返乡创业服务工作，大力发展农村二、三产业，做到“输出一个、致富一家”，“一人创业、致富一方”。

三是实施三大优先战略，带动民生改善，打牢实现率先发展的群众基础。天下顺治在民富，天下和静在民乐。实现率先发展的根本目的，在于让广大人民群众共享改革发展成果。坚持教育优先发展。教育是根本的民生，是老百姓解除后顾之忧、解决后继有人、摆脱代际延续贫穷的治本之策，必须优先发展。要在领导精力、政策资金、推进力度上体现优先，在师资力量、教学质量、均衡发展上检验优先，优先推进我市教育在全省率先发展。重点抓好高等师范专科学校、山西能源学院建设，争取早日完工、早日挂牌、早日招生，提高我市高等教育毛入学率。每个县区至少要抓好一所重点高中，打造省内名校。加快初中向县城及其周边集中的速度，基本消灭农村初中学校，实现真正意义上的城乡一体化发展。乡镇要集中精力办好小学寄宿制教育，解决山区小村、山庄窝铺无学可上、上不好学的问题，并在选好校长、留住教师、提高教学质量上下功夫。坚持生态优先发展。生态是长远的民生，是一项重要的基础产业和具有特殊功能的公益事业。当前，全球正在酝酿以低碳为核心的“绿色革命”，世界主要经济体已经把发展循环经济、减少排放和发展绿色经济、增加森林碳汇作为抢占未来发展制高点的战略取向。从长远看，朔州面临的挑战绝不仅是下游产业拉动不足，而且还面临着循环经济、绿色经济带来的新的高门槛。按燃煤计算，我市2009 年的碳排放量为2017万吨，而全市森林碳汇能力约为1.77亿吨。由此可见，植树造林是解决这一问题的最好途径。目前，植树造林在我市已经成为一道靓丽的风景线，也成为各级各部门领导的自觉行动。在今后的发展中，我们要继续按照每年植树33万亩的速度，坚持不懈抓下去，使我市的森林覆盖率达到35%左右，让绿色成为我市发展的主色调。坚持安全优先发展，安全是现实的民生。安全工作好比是实数中的“1”，其他各项工作都是“1”后面的“0”，有了安全这个“1”，后面的“0”才有意义，“0”越多，数值越大；如果没有“1”，后面的“0”再多，也没有任何意义。因此，各级要牢固树立安全发展理念，时刻绷紧安全生产这根弦，抓好各个领域的安全工作，尤其要抓好煤炭生产扩张期的安全监管，做到硬件上消除投入欠账，制度上堵塞盲点漏洞，管理上及时排查隐患，工作上严格落实责任，不放松一时，不放过一处，确保各个生产环节和各种安全隐患都在可控范围之内。

四是加快两宜城市建设，提高幸福指数，打牢实现率先发展的社会基础。建设“两宜”城市，是实现率先发展的社会基础。没有经济基础，不可能有城市建设，不可能有植树造林，也就没有宜居城市。宜居，为经济发展提供了可能；经济发展，为宜居提供了物质保障。宜居、宜发展，相辅相成，互为依托、互为条件。当今世界，地区之间的竞争主要表现为城市之间的竞争，城市功能、品位和对经济要素的承载、集聚、辐射能力，越来越决定着一个地方经济发展的进程。近年来，我市经济快速发展，在应对危机中一路上扬，很大程度上取决于全市上下把建设“两宜”城市作为各项工作的总目标，形成了吸引资本、人才、项目和其他生产要素的创业洼地。一句话，我们靠建设“两宜”城市引来了资金、人才、管理等多种发展要素。要充分认识到，建设“两宜”城市是一项只有起点、没有终点的工作，重在持续、重在提升、重在创新，要不断满足人民群众的新期待和投资创业者的新需求，充实建设内容，提高建设水平。要进一步提高城市建设管理水平，营造最宜居、最宜发展的硬环境。坚持发展要有大理念、规划要有大手笔、融资要有大思路、建设要有大动作、管理要有大氛围的城建理念，切实从完善功能、提高城市品位入手，继续加大建设力度，提高城市建设水平，不犯后悔病、不当复印机、不欠子孙账。要不断提高城市管理水平，做到环境脏乱差彻底整治、违法建筑坚决拆除、市容环境根本改善、市区形象整洁靓丽。要进一步提高政府公信力服务力，打造最宜人居、最宜发展的软环境。经济发展的规律告诉我们，任何资本和发展要素，总是首先流向环境好的地区和适宜创业的洼地。建设最宜发展城市，主要是加强城市的软环境建设。好的发展环境，既是建设“两宜”城市的题中之意，也是实现率先发展的有力支撑。要在深入贯彻落实我市过去出台的一系列建设发展软环境政策的基础上，不断根据变化了的新情况，抓好政策的完善配套，重点在提高政府的公信力和服务力上下功夫，重点在整治吃、拿、卡、要上下功夫，重点在解决冷、硬、推、拖突出问题上下功夫。市直各单位特别是有资源分配和行政执法权力的单位，要自觉服从和服务于全市最宜人居、最宜发展城市建设和率先发展大局，认真研究本单位、本部门创优环境的各项政策措施，真正与市委、市政府做到方向一致，目标一致，上下联动，形成合力。要进一步提高城市居民文明素质，提升最宜人居、最宜发展城市的软实力。城市居民素质，是建设最宜人居、最宜发展的重要内涵，是城市软实力的主要标志之一。提高市民文明素质，主要靠加强思想文化宣传工作。要切实围绕“两宜”城市建设总目标和创建国家级文明和谐城市，通过多种途径和手段，加强对市民的思想教育、文化教育，积极推进以社会主义核心价值体系为根本的和谐文化建设，大力弘扬社会主义荣辱观，引导人们用和谐的思维认识事物，用和谐的态度对待问题，用和谐的方式处理矛盾。

在全社会营造崇尚和谐、维护和谐的文明之风，为实现率先发展打牢共同的思想文化基础。坚持正确的舆论导向，以成就鼓舞斗志，以发展凝聚人心，唱响科学发展、率先发展的主旋律。要进一步提高社会公共保障能力，增强最宜居、最宜发展城市的凝聚力。关注民生、保障民生、改善民生体现了历史唯物主义的深刻命题，体现了落实科学发展观和构建社会主义和谐社会的核心内容，体现了率先发展的最终目的。要始终把民生保障问题放在更加突出的位置，坚持新增财力向困难群众、农村、基层和公共社会事业倾斜，让公共财政的阳光直接照在老百姓身上。要实施更加积极的就业政策，鼓励和支持自主创业和自主就业，实现广大人民群众充分就业。要加大廉租房和经济适用房建设力度，让更多的中低收入家庭和贫困家庭有房可住。要全面落实社会保障各项政策，关爱困难群众和困难群体，努力构筑惠及全民的社会保障体系。要加快发展卫生事业，加大卫生投入，全面推进新型农村合作医疗、社区卫生机构建设和大病统筹，努力使老百姓有地方看病、能够看得起病。加快发展文化、体育等社会事业，不断满足人民群众日益增长的精神文化需求。

五是确保社会和谐稳定，完善社会管理，打牢实现率先发展的法治基础。当前，我市正处于改革发展的关键期，也是社会矛盾的多发期。各级党委、政府和领导干部要牢固树立“发展是硬道理，是第一要务；稳定是硬任务，是第一责任”的思想，切实做好维护社会稳定的各项工作。要紧紧围绕中央提出的社会矛盾化解、社会管理创新、公正廉洁执法三项重点，推进政法工作全面进步。要在全市乡镇一级建立起以社会治安综合治理为主的化解矛盾纠纷工作平台。要扎实开展社会矛盾百日大排查活动、清理积案百日攻坚“双百”活动，把大量的社会矛盾和问题解决在基层，消灭在萌芽，有效减少不安定因素，提高社会和谐稳定度。要切实抓好“六项工程”建设，加强对流动人口的管理服务、特殊人群的帮教服务、重点地区的综合治理、网络虚拟社会的建设管理工程、社区的管理服务工程和社会组织的管理服务。要创新组织领导、投入保障、协作联动、干部管理、责任落实、考核奖惩“六大机制”，强化职业道德建设、强化执法人员培训、强化执法评查监督、强化办案责任追究，不断推进执法工作规范化。要不断完善社会治安防控体系，严密防范和严厉打击境内外敌对势力的渗透破坏活动，有效维护社会大局和谐稳定。要深入开展“大接访”、“大走访”、“大调解”活动，努力解决影响社会稳定的源头性、根本性、基础性问题，健全利益调节体制机制，下功夫解决群众反映强烈的问题，有效预防和及时处置群体性事件、突发公共事件和敏感事件。要深入推进“五五”普法，加强法律宣传和法制教育，为实现经济社会在全省率先发展创造良好法治环境。

六是加强改进党的建设，提高干部素质，打牢实现率先发展的组织基础。不断加强和改进党的建设，始终是我们党要解决好的重大课题，是我们战胜各种艰难险阻的重要法宝。要深入贯彻落实党的十七届四中全会、省委九届十次全会精神和市委的《实施意见》，全面加强党的思想、组织、作风、制度建设和反腐倡廉建设，不断提高党建科学化水平，为实现我市在新一轮发展中率先发展提供坚强的政治和组织保障。要切实加强党的思想建设。紧紧围绕推进马克思主义中国化、时代化、大众化和建设马克思主义学习型政党的要求，营造浓厚学习氛围。把理论武装与党性锻炼结合起来，把坚定理想信念与提高道德修养结合起来，把理论研究与实践探索结合起来，抓好党委中心组学习和理论普及，着力建设学习型党组织和学习型领导班子，坚持用中国特色社会主义理论体系特别是科学发展观武装头脑，加强社会主义核心价值体系的学习教育，进一步优化知识结构，提高综合素质，增强创新能力。要切实加强党的制度建设。紧紧围绕积极发展党内民主、坚决维护党的集中统一的要求，坚持和完善党的领导制度，保障党员的主体地位和民主权利，完善党代表大会制度和党内选举制度，健全党内民主决策机制，严守党的纪律特别是政治纪律。要切实加强干部队伍建设。紧紧围绕建设善于推动科学发展、促进社会和谐的高素质干部队伍的要求，坚持德才兼备、以德为先的用人标准，完善干部选拔任用机制，加大培养选就优秀年轻干部的力度，健全干部管理机制，加强干部宏观管理，提高干部队伍运用科学发展观干事创业的水平。重点解决干部队伍建设的年轻化、知识化、专业化问题。要切实加强基层基础工作。紧紧围绕培养“好带头人”、配备“好班子”、建设“好阵地”和构建城乡统筹的基层党建新格局的要求，树立重视基层、关心基层、服务基层的导向，以农村、社区、企业为重点，扎实做好强基固本工作，扩大党组织覆盖面，推进基层党组织工作创新，增强党员队伍的生机和活力，夯实党执政的组织基础。要切实加强党的作风建设。紧紧围绕大兴“四种风气”的要求，以领导干部为重点，以保持党同人民群众的血肉联系为核心，加强党性修养，解决突出问题，大力弘扬右玉精神，把作风建设考核结果作为选拔任用干部的重要依据，使党的优良作风转化为推动率先发展的动力、凝聚率先发展的力量。要切实加强反腐倡廉建设。紧紧围绕加快推进惩治和预防腐败体系建设的要求，加强领导干部廉洁自律工作，加大查处违纪违法案件工作力度，健全权力运行制约和监督机制，切实纠正损害群众利益的突出问题和行业不正之风，深入推进煤焦领域反腐败斗争，以反腐倡廉的实际成效取信于民。需要特别强调的是，农村是基层组织建设的重点和难点，农村基层阵地我们不牢牢掌握，其他各种势力就会乘虚而入，与我们争夺人心、争夺群众、争夺阵地，进而危及党的执政基础。按照省委要求，在大学生村干部实现全覆盖的基础上，从现在起用一年左右的时间，启动农村基层阵地建设“全覆盖”。我市目前已经全面完成了这“两个全覆盖”，关键是要在发挥作用上做文章。要认真汲取“11·17”事件的教训，深刻反思我市在基层组织建设中存在的问题，切实把基层组织工作做到位、做扎实。同时，要努力扩大学习实践活动的成果，抓好重点村、难点村、矛盾突出村的整治，拓宽农村基层干部来源，完善选聘大学生村干部工作，鼓励转业退伍军人到乡村任职，不断为农村基层组织输送新鲜血液，使农村基层组织真正成为带领农民群众建设美好家园、创造幸福生活的坚强战斗堡垒。

未来六年的率先发展蓝图，既体现了朔州人的豪迈气概和果敢精神，同时也展现了朔州市腾飞的美好前景。我相信在朔州前几年快速发展的基础上，这个美好前景是一定可以实现的

第一，从我市近年来经济发展的轨迹看，我们有条件、有基础完成这一任务。2006年以来，我市GDP总量以年均80亿元的速度稳定增长，年均增长速度保持在12．5%以上。随着金融危机影响的消退，我市地区生产总值年均绝对值增量将逐步提高，年均递增100亿元以上，年均增长速度也在12%左右，高于全省和全国平均增长水平。按照这一发展轨迹，我们利用六年时间实现地区生产总值突破1000亿元目标是完全有希望的，而且是留有充分余地的。据中国社科院预测，到2010年底，我国人均GDP将达到4000美元。而我市去年人均GDP达到3．6万元以上，约5330美元，超过了全国平均水平，我们完全有条件快步跨入国内先进城市行列。

第二，从我市自身具备的条件看，我们有把握、有底气完成这一任务。从电力方面看，全市电力总装机容量已经达到455.1万千瓦，“十二五”末电力装机容量将达到1300万千瓦左右，可望在现有基础上翻一番还要多。从煤炭方面看，全市有38座煤矿已经完成机械化改造。2010年煤炭总产量6000万吨多一点。加上中煤、同煤现有矿井和正在建设的东露天煤矿、麻家梁煤矿，再有两年时间，煤炭产量将在去年1.27亿吨的基础上再翻一番，达到2.5亿吨左右。从其他产业和项目的发展上看，2006年以来，有300多个非煤非电招商引资项目落地，这些企业必将为朔州经济发展提供有力支持。还有，我们正在争取一些大项目落户朔州。平朔露天煤矿三年规划在我市投资1200亿元，金海洋集团每年投资100亿元。未来三年，我们市里争取的项目和自己安排的项目，投资大概在1600亿元左右。再加上外来投资，全市的经济发展后劲充足。从朔州的后发优势看，一是我们建市晚，条条框框少。这几年的煤矿机械化改造，就是不受条条框框约束的典型范例。二是包袱小，包袱少，这是我们可以轻装上阵的一个后发因素。三是基础设施不足，能拉动投资，这也是发展的后发优势。四是企业少、污染少、环保空间大、土地空间大、生产要素空间大。五是资源开发迟，后劲足。有些地方煤都快挖完了，我们才刚刚开始挖，后劲很足。全市430亿吨的煤炭储量，还能开采150年左右。所以，煤炭资源开采后劲很足。山阴县搞了6个年产30万吨以上的碳酸钙生产企业，把石灰的用途也变了，石灰作为化工原材料往出卖，增值不小。所以说，朔州的后发优势不仅有，而且还很多。

第三，从我市面临的发展机遇看，我们有信心、有决心完成这一任务。当前，我们面临着许多难得的机遇。一是有国际形势变化的大气候。金融危机之后，一些主要经济体采取了很多措施，世界经济形势持续好转，需求开始增长了。去年，我国的出口额超过了德国，成为世界第一大出口国；汽车产销量超过美国，成为世界第一大国。国际形势的变化，有利于中国经济的发展。二是有国内争先恐后发展的大态势。最近一段时间，国内电力需求量很快上升，同比增长20--30%，电煤全国只有8天的储量，最危急的地方只有4天的储量。加上国家对养老保险、失业保险、医疗、卫生、教育加大支持，有利于改变过去的分配格局，广大老百姓将得到更多的收入，这是一个非常好的信号。去年，全国消费品零售总额增幅大约在15—20%之间；今年，全国的消费品零售总额继续增长，内需拉动的作用将会大幅度提高。所以，国内的形势也有利于我们这样的煤电能源大市快速发展。此外，国家继续扩大内需、刺激消费、加快基础设施建设这一罕见的历史机遇，应对气候变化、走低碳经济发展道路这一宝贵的历史机遇，我市进入全国新一轮城乡经济社会发展一体化制度建设试验区这一难得的历史机遇，特别是国家经济增长重心西移这一重大历史机遇，都将为我市率先发展创造良好的条件。

实现率先发展，建设“两宜”城市，责任重大，使命光荣。只要我们认清形势，坚定信心，振奋精神，团结拼搏，乘势而上，狠抓落实，我们的目标就一定能够达到。朔州这片神奇的土地曾得到历史的厚爱，大自然的偏袒。我深信在不久的将来，朔州必将以最宜人居、最宜发展城市的崭新面貌在黄土地上崛起。

（作者系中共朔州市委书记）

打造世界遗产品牌　拉动旅游产业发展

李永胜

五台山列入《世界遗产名录》，这是五台山走向世界的里程碑，也应成为以五台山为龙头的旅游产业跨越发展的分水岭。站在新的起点，为了打造世界遗产这一品牌，我们要以战略性眼光，科学规划，精心运作，乘势而上，充分释放世界遗产这一顶尖品牌的含金量，尽快使五台山跻身国际一流旅游观光目的地。因此，必须做好以下四项工作。

一、加强保护管理，加快后续建设，巩固提升五台山文化景观遗产的品牌地位和价值

申遗成功，绝不意味着从此一劳永逸、高枕无忧，而是开启了新的漫漫征程。在第33届世界遗产大会上，已列入世遗名录的德国易北河，因修建大桥破坏了原有风貌，而被予以除名。前车之鉴不远，我们一定要认真汲取教训，正确处理管理保护与开发利用的关系，妥善保护好文化景观的独特价值，实现资源永续利用。一是要准确把握、全力保护五台山的核心价值。五台山品牌的内涵，应定义为以五台山为主体的自然资源及以佛教文化为主体的文化资源的有机统一体。从物质层面看，清凉胜境是其核心价值；从文化层面看，佛教圣地是其核心价值，正是这种珠联璧合使五台山申遗成功。为此，一定要坚定不移地还原清幽环境，维护原始生态，坚定不移地整理保护佛教文化，保持其独特性与完整性，避免核心价值的削弱和流失。二是要加快申遗后续工程建设。申遗启动以来，五台山基础设施及申遗工程项目27个，总投资15亿元，完成投资9亿元，实际到位资金仅5亿元，这4亿元的缺口严重影响旅游后勤服务基地建设的进展，影响拆迁户的回迁安置，影响景区的和谐稳定。这是迫在眉睫的难题，需要省市县齐抓共管，扎实推进，决不可因此拖了遗产保护与开发的后腿。三是要加强世界遗产地保护力度。要始终把保护遗产放在第一位，在加强保护的前提下进行开发，按照世界遗产公约的规定，依据五台山总体规划，严格建设保护管理，坚决杜绝破坏性建设，完善文物保护措施，健全寺庙管理制度，加大生态环境保护力度，实施“蓝天碧水绿地”工程，再现五台山晨钟暮鼓、幽雅脱俗的本真面貌。

二、整合各类景观，繁荣文化事业，打造覆盖全县、联动开发的大旅游格局

五台历史悠久，人文厚重，旅游资源极其丰富，除佛教圣地五台山外，有国家级文物保护单位10处、省级9处、市县级75处，各类自然人文景观遍布全县。长期以来，由于被五台山的巨大光环所掩盖，大多“养在深闺人未识”，造成资源的闲置与浪费。鉴于此，我们要坚持全县一盘棋、

山上山下一体化，主打五台山品牌，整合各类景点，挖掘开发精品文化，形成全县大旅游圈，促进文化与旅游良性互动、相得益彰，倾力打造文化名县、旅游大县、经济强县。

一要发挥世遗效应，凸显佛教文化。五台山相传为文殊菩萨的道场，为全国唯一的藏传佛教与汉传佛教并存的佛教圣地。自东汉永平11年(公元68年)开始建庙，境内现有历代不同风格寺庙113处、宝塔150余座，佛光寺为亚洲第一古建，南禅寺为我国现存最早的木结构建筑，殿堂、楼阁、亭、坊、壁等辉煌建筑巧夺天工，彩塑、壁画、雕刻、碑文、楹联、佛经、字画等艺术珍品数目繁多。历经两千年的历史积淀，五台山佛教文化底蕴深厚、博大精深，被誉为“中国古建艺术宝库”、“中国佛教造像艺术展览馆”、“中国佛教音乐奇葩”。1985年五台山正式对外开放以来，我们始终致力于整理、保护和弘扬佛教文化，先后成功举办了6届佛教文化节和20届国际旅游月，申遗进程中，不断扩大对外宣传与交流，使五台山佛教文化在国内外的影响力与日俱增。佛教文化是五台山品牌的核心文化内涵，必须始终突出其主体地位，充分发挥世遗品牌效应，办好佛教文化节，深度挖掘、全面展示佛教文化艺术的独特魅力，加强与其他佛教名山的合作与交流，取长补短，兼收并蓄，共存共赢。

二要整合革命遗址，提升红色文化。五台革命遗址较多，主要有五台山毛主席路居馆、金岗库晋察冀军区司令部旧址、松岩口白求恩纪念馆、南茹村八路军总部旧址、永安村徐向前元帅纪念馆、县城革命烈士陵园等。要着力整合红色资源，开发红色景点，推出红色旅游精品线路，融入全县大旅游格局。历年来我县多方筹资整修革命遗址，去年又新上投资963万元的徐帅纪念馆项目，投资1224万元的晋察冀军区司令部旧址新展馆建设布展项目，投资500万元的南茹村八路军总部旧址布展和全民抗战纪念碑建设项目，红色景点必将成为我县新的旅游产品。

三要开发自然景观，推出山水文化。除广为人知的人文景观之外，五台还有许多开发前景极为广阔的自然景观，主要有南梁沟、驼梁、太子城、写字崖、五龙池、龙凤洞等独特景点和充满现代气息的西龙池工业旅游景区。我们要乘五台山申遗成功的东风，积极推进大旅游格局建设，抓紧编制《五台县旅游发展总体规划》，丰富提升五台山品牌，整合开发旅游资源，推动全县旅游布局优化升级，其中，山水风光精品线路的开发就是十分重要的一环。

四要创作文艺精品，弘扬名人文化。五台西汉置县，至今已有两千多年的历史，历代名人辈出，影响较大，尤其是被誉为“近代放眼看世界第一人”的徐继畬、共和国唯一的北方籍元帅徐向前。五台南茹村为八路军抗战出征后总部第一个驻扎地，金岗库为第一个敌后抗日根据地晋察冀军区司令部所在地，松岩口为国际共产主义战士白求恩战斗过的地方，毛泽东、刘少奇、周恩来、朱德、任弼时、邓小平、聂荣臻、叶剑英、贺龙等老一辈无产阶级革命家都在五台留下了光辉的足迹。“山不在高，有仙则名”，要发展旅游、争创名县，就要致力弘扬名人文化，发挥名人效应，助推旅游发展。我们已先后出版了《人民公仆徐向前》、《五台名人传略》、《现代伟人在五台》等书籍及大型旅游画册《五台圣境》，北路梆子戏曲《徐向前回家》，作为“十大元帅联谊会徐帅故乡行”活动的亮点，正加紧筹办。

五要传承民俗遗产，提炼乡土文化。五台民间文化丰富多彩，有砚台、剪纸、刺绣、根雕、泥塑等传统优秀文化产品，有五台山佛乐、赛戏、五台山鼓吹“八大套”、民间小调秧歌等17类非物质文化遗产，还有农村4大会、8小会和72个普通庙会，各类乡土文化极其丰厚。要精心包装、提炼弘扬传统文化，坚持城乡统筹发展，构建公共文化服务体系，发展群众性文化活动。县城建成老干部活动中心和宣传文化活动中心，19个乡镇都建起文化活动站，建起村级文化室、图书室168个，群众自发组织宣传文艺队260余支，整理出版了《五台书画集》、《五台山撷趣》等书籍，将温氏澄泥砚等传统文化珍品成功推向市场。河边归燕、槐荫春绿、东冶秋黄、石窟跃鱼、山城夜月、阁道穿云、茹湖落雁、龙湾烟雨为五台古八景，要通过包装打造、挖掘内涵、加强宣传，着力扩大传统文化的影响，为民俗旅游增添新亮点。

三、创新体制机制，壮大文化产业，完善“吃住行游购娱”旅游配套设施

旅游文化产业发展严重滞后，一直是我县的薄弱环节，“吃住行游购娱”六大要素，特别是“购”和“娱”两个要素相当欠缺，成为制约旅游经济效益的瓶颈。对此，要坚持改革创新文化体制机制，确立“政府主导、社会参与、文化搭台、市场运作”的思路，延伸旅游文化产业链条，大力培育旅游纪念品加工业、旅游文化娱乐业和高档酒店服务业等三项产业，让旅游文化产业真正成为强县富民的朝阳产业。

一是围绕旅游纪念品加工业，制定优惠政策，发挥能人效应，发展商会组织，联系千家万户；形成产业链条。东冶大朴村为央视热播电视剧《喜耕田的故事》拍摄地，我们紧抓这一良机，注册了喜耕田新型农业合作社，并促成与“山西省民间文化遗产杰出传人”段万林合作，通过“葫芦文化”的包装，做大做强“五台山佛米”、“喜耕田小米”、“五台山小杂粮”等系列文化旅游产品。扶持五台山椒业有限公司、五台山土特产品有限公司等农副产品加工企业，通过精包装、再加工、创品牌，成为具有地方特色的旅游产品。二是围绕旅游文化娱乐业，努力解决五台山旅游“白天看庙、晚上睡觉”的问题。我们要挖掘、提炼佛教文化和地方文化，整理完善五台山佛乐、跳布扎、道情、赛戏等传统文艺形式，融入现代元素，打造文艺精品，满足游客文化审美需要。五台山妙吉祥演艺中心、五峰宾馆演艺中心演出具有浓郁地方特色的文艺节目，深受

游客青睐，下一步县城也要举办类似的大型文艺演出，全方位展示我县厚重独特的传统文化，不断繁荣旅游文化娱乐产业。三是围绕建设高档酒店服务业，着力推进“一心三区”项目(游客接待中心、旅游接待服务区、移民商住区、行政管理服务区)建设。目前移民商住区一期工程已完工，游客接待中心主体工程也已基本完工，在旅游后勤服务基地周边还要建设3个五星级酒店，总投资近10亿元，按照建设总体规划，我们准备在2025年前投资25亿，启动73项工程，其中50项工程要在2010年底完成。届时，五台山游客接待将形成“吃住行游购娱”一条龙、一站式服务，五台旅游文化产业必将跨上新台阶。

四、搞好经营促销，优化旅游环境，以世遗品牌形象闯市场、创效益

我们要把资源整合、产品整合、服务整合紧密结合起来，经营促销“世遗”这一独特的品牌，开发利用其应有价值，进一步优化市场环境，提高旅游安全指数，塑造五台山国际品牌形象。

一是创新营销方式，扩大营销成效。五台山开放20多年来，成就有目共睹，但发展进程中也存在许多局限与弊端，其潜在价值及发展空间依然非常巨大。为此，要以更高的眼界、更大的魄力、创新的方式对五台山品牌促销进行科学策划，不惜重金，不遗余力，不拘一格。一是要扩大品牌张力，发挥联动效应。要把实施五台山品牌战略渗透到企业发展中，从商标注册、产品冠名、营销策划都要有意识地突出这一品牌，从企业文化的发展到企业形象的塑造都要明确地融入这一品牌文化，提升产品知名度与美誉度，发挥综合性品牌效应，形成核心竞争力，逐步培育壮大具有比较优势的企业集群。二是要创新营销理念，扩大市场效应。旅游营销是弹性营销、创意营销，除常规的宣传促销模式外，可以选择具有市场前景的优秀影视剧目进行赞助，争取使五台山成为取景点或拍摄地，借光影而传名，可以积极争取世界佛学会和世界遗产大会在五台山召开，借以扩大五台山品牌的影响力，还可邀请国内外名人、明星及主流媒体记者作客五台山，在观光游览之余或签名题字、或吟诗作赋、或撰写文章，借助名人效应，扩大市场影响，拓展发展空间。由著名导演、解放军艺术学院院长张继钢设计编导的五台山旅游演艺节目和第七届五台山佛教文化艺术节，已列为山西省文化产业发展“五个一工程”重点项目，我们要全力支持，积极配合，加快五台山旅游演艺中心“祈福宫”的建设。

二是优化市场环境，维护安全稳定。打造国际旅游观光目的地，要做到游客引进来、留得住、可持续，为此，必须大力整治旅游环境，维护文明和谐秩序。要加大执法力度，严格监督管理，坚决打击无证经营、哄抬物价、私自带团、欺诈游客等违法违规行为，完善旅游咨询服务网络，建立旅游投诉机制，一旦发现问题，及时解决处理。要不断引深文明和谐景区创建活动，引导旅游从业人员自觉守法、诚信经营、文明服务。要继续深化“平安景区”创建活动，完善防控工作机制，提高安全防范能力，严密防范境外敌对势力的渗透破坏，严厉打击民族分裂势力、宗教极端势力、“法轮功”等邪教活动，全力维护景区安全稳定。

（作者系中共五台县委书记、五台山风景名胜区党委书记）

2010年8月，五台山国家地质公园开园揭碑仪式在五台山风景区举行。

人　事　变　动

省　委

5月28日　袁纯清同志任省委委员、常委、书记
5月28日　免去张宝顺同志省委书记、常委、委员职务
8月19日　免去申维辰同志省委常委、委员职务
9月25日　金道铭同志任省委副书记
9月25日　免去薛延忠同志省委副书记、常委职务
9月25日　陈川平同志任省委常委
10月21日　张少华同志任省委委员、常委
10月21日　免去方文平同志省委常委、委员职务
11月14日　免去黄进明同志省委副秘书长职务
11月25日　免去吴保安同志省委副秘书长职务

省委工作部门、派出机构

1月19日　省委统战部岳纪安同志退休
2月25日　王建明同志任省委政法委员会委员
3月25日　尹桂郁同志任省直属机关工作委员会委员
3月26日　郭宏魁同志任省委巡视组副厅级巡视专员（正式任职）
3月26日　苗伟同志任省委政法委秘书长（正式任职）
3月26日　李增贵同志任省综治委办公室副主任（正式任职）
3月26日　马文革同志任省委政策研究室副主任（正式任职）
4月11日　杨司同志任省委政法委员会委员
9月21日　免去李海渊同志省委宣传部副部长兼省精神文明建设指导委员会办公室主任职务
9月21日　王虎胜同志兼任中共山西省非公有制经济组织工作委员会书记
9月21日　郭海刚同志兼任中共山西省非公有制经济组织工作委员会副书记
9月21日　赵建华同志兼任中共山西省非公有制经济组织工作委员会副书记
9月21日　涂国强同志兼任中共山西省非公有制经济组织工作委员会纪委书记
11月14日　免去刘传旺同志省直属机关工作委员会书记职务
11月14日　刘传旺同志任省机构编制委员会办公室主任
11月14日　免去张高宏同志省机构编制委员会办公室主任职务
11月14日　李仁和同志任省直属机关工作委员会书记
11月14日　李斌同志任省委办公厅副厅级督察专员（正式任职）
11月14日　李定武同志任省委巡视组副厅级巡视专员（正式任职）
11月14日　董赤凡同志任省委巡视组副厅级巡视专员（正式任职）
11月25日　张健同志任省委组织部副部长
11月25日　曾广超同志任省委政法委员会委员
11月25日　免去谢玉久同志省委政法委员会委员职务
12月7日　免去刘伯琴同志省委组织部副巡视员职务，退休
12月21日　邢顺喜同志任省委巡视工作办公室主任
12月21日　丁敬耀同志任省委巡视工作办公室副主任
12月21日　免去丁敬耀同志省委巡视工作办公室主任职务
12月21日　林富强同志任省委巡视组副组长
12月21日　常宝童同志任省委巡视组副组长
12月21日　赵晶同志任省高校工委巡视员
12月21日　李云平同志任省委统战部副部长（正式任职）
12月21日　贾文儒同志任省委巡视组副厅级巡视专员（正式任职）

省委部门管理机构

1月15日　免去郭真喜同志省委省政府信访局副局长职务，

退休

5月21日　李全顺同志任省委保密委员会办公室（省国家保密局）副主任（副局长）

9月21日　李福明同志兼任省精神文明建设指导委员会办公室主任

9月21日　郭玉福同志兼任省对外宣传办公室（省政府新闻办公室）主任

9月21日　免去王拉英同志省对外宣传办公室主任职务，退休

9月21日　免去李月虎同志省委省政府信访局副局长职务

9月21日　李月虎同志任省委省政府信访局巡视员

11月14日　黄进明同志任省委台湾工作办公室（省政府台湾事务办公室）主任

11月14日　免去李仁和同志省委老干部局局长职务

11月14日　任兔平同志任省国家密码管理局局长

11月14日　杨忠同志任省国家密码管理局副局长

11月14日　李东强同志任省国家密码管理局副局长

11月14日　石昌龄同志任省国家密码管理局总工程师

11月14日　侯建新同志任省委机要局（省国家密码管理局）密码督查专员（试用期一年）

11月14日　张华同志任省委保密委员会办公室（省国家保密局）主任（局长）（正式任职）

11月25日　吴保安同志任省密码工作领导小组专职副组长

11月25日　陈跃钢同志任省委老干部局局长

12月7日　免去李月虎同志省委省政府信访局巡视员职务，退休

12月21日　王进军同志任省委省政府信访局副局长（试用期一年）

12月21日　张建平同志任省委省政府信访局副局长（试用期一年）

12月21日　冯云龙同志任省委人才工作领导组办公室主任（正式任职）

12月21日　武俊平同志任省委“610”办公室副主任（正式任职）

省人大

1月30日　申联彬同志当选省人大常委会副主任

1月30日　杜玉林同志当选省人大常委会副主任

1月31日　申联彬同志任省人大常委会党组书记

1月31日　杜玉林同志任省人大常委会党组副书记

1月31日　张宝顺同志不再兼任省人大常委会党组书记职务

5月28日　根据中共中央组织部干任字[2010]108号通知精神，范堆相同志退休

7月16日　张宝顺同志辞去省人大常委会主任职务

7月29日　袁纯清同志当选省人大常委会主任

9月29日　谢克昌同志辞去省人大常委会副主任职务

11月14日　李渊同志任省人大常委会副秘书长（正式任职）

省人大专门委员会、工作机构

1月20日　乔锦瑞同志任省人大常委会城乡建设环境保护工作委员会副主任

1月20日　王玉明同志任省人大常委会研究室副主任

3月31日　免去武锦福同志省人大常委会内务司法委员会副主任委员职务

5月27日　张崇慧同志任省人大常委会民族宗教侨务外事工作委员会副主任

9月21日　免去李生茂同志省人大常委会城乡建设环境保护工作委员会巡视员职务，退休

12月21日　乔锦瑞同志任省人大常委会城乡建设环境保护工作委员会副主任（正式任职）

12月21日　王玉明同志任省人大常委会研究室副主任（正式任职）

省政府

1月13日　余瑞卿同志任省政府副秘书长（挂职）

1月14日　免去申联彬同志省政府党组副书记职务

1月20日　免去申联彬同志副省长职务

6月12日　李小鹏同志任省政府党组副书记

11月26日　高建民同志任副省长

11月26日　免去陈川平同志副省长职务

12月7日　高建民同志任省政府党组成员

12月7日　免去陈川平同志省政府党组成员职务

省政府组成部门

1月13日　冉金刚同志任省政府办公厅巡视员

1月13日　高建军同志任省政府研究室副主任（试用期一年）

1月13日　刘致远同志任省经济和信息化委员会副主任

1月13日　祝晋英同志任省财政厅副巡视员

1月13日　路长青同志任省住房和城乡建设厅副巡视员

1月13日　杨俊威同志任省交通运输厅副巡视员

1月13日　张华龙同志任省商务厅副厅长

1月13日　免去樊计宽同志省司法厅巡视员职务

1月13日　免去张建军同志省文化厅副厅长职务

1月13日　免去贾雪峰同志省政府外事侨务办公室副主任职务

1月13日　柳全忠同志任省公安厅副巡视员

1月15日　省人口和计划生育委员会刘金莲同志退休
1月19日　省农业厅杨文宪同志退休
1月20日　免去杜玉林同志省公安厅厅长职务
2月25日　免去孙玉仁同志省经济和信息化委员会党组成员职务
2月26日　免去孙玉仁同志省纪委派驻省经济和信息化委员会纪检组组长职务，退休
3月26日　胡景善同志任省发展和改革委员会经济师（正式任职）
3月26日　王野彬同志任省发展和改革委员会总工程师（正式任职）
3月26日　黄保国同志任省国家安全厅副厅长（正式任职）
4月12日　杨司同志任省公安厅党委书记
4月12日　免去杜玉林同志省公安厅党委书记职务
4月27日　因新中同志任省监察厅副厅长
4月27日　刘予强同志任省监察厅副厅长（试用期一年）
4月27日　免去潘中赋同志省经济和信息化委员会巡视员职务
5月21日　常光明同志任省林业厅副厅长（正式任职）
5月21日　谢璞同志任省纪委派驻省林业厅纪检组组长（正式任职）
5月27日　杨司同志任省公安厅厅长
7月9日　省煤炭工业厅赵国源同志退休
7月9日　戴子平同志任省煤炭工业厅党组成员
7月9日　免去徐安崇同志省纪委派驻省发展和改革委员会纪检组长职务
7月9日　免去段进存同志省发展和改革委员会党组成员职务，退休
7月9日　免去史富泉同志省纪委派驻省教育厅纪检组组长、省高校纪工委书记职务
7月9日　免去史富泉同志省教育厅党组成员职务
7月9日　李跃珍同志任省人口和计划生育委员会党组成员
7月9日　何青同志任省纪委派驻省煤炭工业厅纪检组组长
7月9日　杨茂林同志任省煤炭工业厅党组成员
7月9日　何青同志任省煤炭工业厅党组成员
7月21日　徐安崇同志任省发展和改革委员会副主任
7月21日　史富泉同志任省教育厅巡视员
7月21日　郑晓琴同志任省教育厅副巡视员
7月21日　王有明同志任省国土资源厅副巡视员
7月21日　葛建生同志任省国土资源执法监察总队总队长（试用期一年）
7月21日　杨茂林同志任省煤炭工业厅副厅长
7月21日　免去段进存同志省发展和改革委员会副主任职务
7月21日　免去马保光同志省国土资源执法监察总队总队长职务
7月21日　蒋木勤同志任省人口和计划生育委员会副巡视员
7月21日　免去李跃珍同志省人口和计划生育委员会助理巡视员职务
9月20日　邢文奇同志任省发展和改革委员会党组成员
9月20日　赵庆华同志任省教育厅党组成员
9月20日　李广同志任省农业厅党组成员
9月20日　免去赵振田同志省交通运输厅党组成员职务
9月21日　邢文奇同志任省纪委派驻省发展和改革委员会纪检组组长
9月21日　赵庆华同志任省纪委派驻省教育厅纪检组组长、省高校纪工委书记
9月21日　王高勇同志任省委农村工作领导组办公室副主任
10月20日　李亚新同志任省政府办公厅巡视员
11月14日　周礼仁同志任省纪委派驻省经济和信息化委员会纪检组组长
11月14日　免去郭树峰同志省经济和信息化委员会党组副书记职务
11月14日　冀明德同志任省经济和信息化委员会党组成员
11月14日　周礼仁同志任省经济和信息化委员会党组成员
11月14日　免去李顺元同志省国家安全厅党委委员职务
11月14日　张江汀同志任省水利厅党组成员
11月14日　刘大山同志任省环境保护厅总工程师（正式任职）
11月14日　贾明进同志任省农业厅总农艺师（正式任职）
11月14日　穆锦清同志任省农业厅总畜牧师（正式任职位）
11月14日　郭立同志任省文化厅副厅长（正式任职）
11月14日　省经济和信息化委员会郭树峰同志退休
11月14日　省国土资源厅王有明同志退休
11月30日　王进龙同志任省民政厅党组成员
12月7日　李永林同志任省林业厅党组书记
12月7日　免去耿怀英同志省林业厅党组书记职务
12月7日　免去廉兴有同志省公安厅党委委员职务
12月7日　免去王华善同志省司法厅党委委员职务，退休
12月7日　省国土资源厅马保光同志退休
12月21日　王云同志任省教育厅党组成员
12月21日　免去赵晶同志省教育厅党组成员职务
12月21日　张新伟同志任省科技厅党组成员
12月21日　免去郭殿生同志省司法厅纪委书记职务
12月21日　杨凤英同志任省司法厅党委委员
12月21日　免去郭殿生同志省司法厅党委委员职务
12月21日　郭燕平同志任省住房和城乡建设厅党组成员
12月31日　冀明德同志任省经济和信息化委员会副主任
12月31日　免去郭树峰同志省经济和信息化委员会副主任职务

12月31日　张江汀同志任省水利厅水土保持局局长
12月31日　李文银同志任省水利厅副巡视员
12月31日　免去李顺元同志省国家安全厅副厅长职务（挂职）
12月31日　免去李文银同志省水利厅水土保持局局长职务
12月31日　免去王有明同志省国土资源厅副巡视员职务
12月31日　廉兴有同志任省公安厅巡视员
12月31日　免去廉兴有同志省公安厅副厅长职务
12月31日　免去王华善同志省司法厅副厅长职务
12月31日　张新伟同志任省科技厅副厅长
12月31日　杨凤英同志任省司法厅副厅长
12月31日　郭殿生同志任省司法厅巡视员
12月31日　郭燕平同志任省住房和城乡建设厅副厅长（试用期一年）
12月31日　免去邢顺喜同志省监察厅副厅长职务

省政府直属特设机构

5月21日　朱晓明同志任省政府国有资产监督管理委员会党委书记
5月21日　免去张崇慧同志省政府国有资产监督管理委员会党委书记职务
6月2日　朱晓明同志任省政府国有资产监督管理委员会主任
6月2日　免去张崇慧同志省政府国有资产监督管理委员会主任职务

省政府直属机构

1月13日　林玉平同志任省新闻出版局（版权局）局长
1月13日　荆红社同志任省统计局总统计师（试用期一年）
1月13日　免去梁如成同志省广播电影电视局总工程师职务
1月13日　免去高可同志省文物局副局长职务
4月26日　杨随亭同志任省粮食局党组成员
5月21日　王东春同志任省政府机关事务管理局副局长（正式任职）
5月21日　孙富忠同志任省政府机关事务管理局副局长（正式任职）
5月21日　牛桂珍同志任省政府机关事务管理局副局长（正式任职）
6月2日　杨随亭同志任省粮食局副局长
7月9日　免去武强同志省质量技术监督局党组成员职务
7月9日　免去刘晋英同志省安全生产监督管理局党组副书记职务
7月9日　免去姚允民同志省纪委派驻省粮食局纪检组组长职务
7月9日　免去姚允民同志省粮食局党组成员职务
7月9日　免去郝中树同志省宗教事务局（省民族事务委员会）党组成员职务
7月21日　张岐云同志任省质量技术监督局副局长
7月21日　刘晋英同志任省安全生产监督管理局巡视员
7月21日　刘德政同志任省安全生产监督管理局副局长
7月21日　张英保同志任省安全生产监督管理局副巡视员
7月21日　牛建华同志任省安全生产监督管理局副巡视员
7月21日　姚允民同志任省粮食局巡视员
7月21日　免去武强同志省质量技术监督局副局长职务
7月21日　免去张岐云同志省质量技术监督局总工程师职务
7月21日　免去刘晋英同志省安全生产监督管理局副局长职务
7月21日　免去刘德政同志省安全生产监督管理局总工程师职务
7月21日　郝中树同志任省宗教事务局（省民族事务委员会）巡视员
7月21日　免去郝中树同志省宗教事务局（省民族事务委员会）副局长（副主任）职务
9月20日　免去邢文奇同志省质量技术监督局党组成员职务
9月20日　免去赵庆华同志省旅游局党组成员职务
9月21日　免去邢文奇同志省纪委派驻省质量技术监督局纪检组组长职务
9月21日　免去赵庆华同志省纪委派驻省旅游局纪检组组长职务
9月21日　省工商局石清礼同志退休
10月20日　李光明同志任省广播电影电视局副局长
10月20日　免去刘英魁同志省广播电影电视局副局长职务
10月20日　免去石清礼同志省工商行政管理局巡视员职务
11月14日　郑慧敏同志任省质量技术监督局党组成员
11月14日　董晓林同志任省广播电影电视局副局长（正式任职）
12月7日　免去朱小琪同志省纪委派驻省统计局纪检组组长职务
12月7日　免去朱小琪同志省统计局党组成员职务
12月7日　免去裴洪涛同志省纪委派驻省人民防空委员会办公室纪检组组长职务
12月7日　免去裴洪涛同志省人民防空委员会办公室党组成员职务
12月21日　张亥生同志任省纪委派驻省质量技术监督局纪检组组长（试用期一年）
12月21日　张亥生同志任省质量技术监督局党组成员
12月21日　姚十保同志任省纪委派驻省旅游局纪检组组长（试用期一年）
12月21日　姚十保同志任省旅游局党组成员

12月21日 侯文禄同志任省宗教事务局（省民族事务委员会）党组成员

12月21日 杨随亭同志任省粮食局党组书记

12月21日 免去姚高宽同志省粮食局党组书记职务

12月21日 薛愿兵同志任省纪委派驻省粮食局纪检组组长（试用期一年）

12月21日 薛愿兵同志任省粮食局党组成员

12月21日 梁若皓同志任省政府机关事务管理局党委委员

12月21日 荆红社同志任省统计局总统计师（正式任职）

12月31日 郑慧敏同志任省质量技术监督局副局长（挂职）

12月31日 朱小琪同志任省统计局巡视员

12月31日 裴洪涛同志任省人民防空委员会办公室巡视员

12月31日 段维民同志任省人民防空委员会办公室副巡视员

12月31日 侯文禄同志任省宗教事务局（省民族事务委员会）副局长（副主任，试用期一年）

12月31日 杨随亭同志任省粮食局局长

12月31日 梁若皓同志任省政府机关事务管理局副局长（试用期一年）

12月31日 免去姚高宽同志省粮食局局长职务

省政府部门管理机构

1月13日 尹新平同志任省交通战备办公室专职副主任（试用期一年）

1月13日 王克建同志任省中小企业局局长

1月13日 免去冉金刚同志省政府参事室（文史馆）主任（馆长）职务

1月18日 高奇同志任省监狱管理局副局长（试用期一年）

1月18日 石玉泉同志任省监狱管理局总工程师（试用期一年）

1月18日 免去李扁屯同志省监狱管理局总工程师职务

1月22日 高云同志任省无线电管理局局长

1月22日 免去刘金莲同志省计划生育协会专职副会长职务

3月26日 省中小企业局潘中赋同志退休

5月21日 闫龙江同志任省纪委派驻省中小企业局纪检组组长

5月21日 闫龙江同志任省中小企业局党组成员

7月21日 李跃珍同志任省计划生育协会专职副会长（试用期一年）

7月9日 戴子平同志任省煤矿工会主席（试用期一年）

9月20日 免去陈晓东同志省中小企业局党组成员职务

10月20日 免去陈晓东同志省中小企业局副局长职务

11月14日 李建国同志任省物价局党组成员

11月14日 武晨阳同志任省中小企业局党组成员

11月25日 郭保民同志任省政府金融办公室筹备组组长

11月25日 王华同志任省政府金融办公室筹备组副组长

11月25日 高向新同志任省政府金融办公室筹备组副组长

12月4日 李建国同志任省物价局副局长（试用期一年）

12月4日 武晨阳同志任省中小企业局副局长（试用期一年）

12月21日 尹新平同志任省交通战备办公室专职副主任（正式任职）

12月21日 高奇同志任省监狱管理局副局长（正式任职）

12月21日 石玉泉同志任省监狱管理局总工程师（正式任职）

12月21日 高建军同志任省政府研究室副主任（正式任职）

12月31日 孟希雄同志任省政府应急管理办公室专职副主任（试用期一年）

12月31日 免去孙跃进同志省政府应急管理办公室专职副主任职务

省政协

5月28日 根据中共中央组织部干任字[2010]108号通知精神，边鸣涛同志退休

省政协专门委员会、工作机构

1月15日 毛金明同志任省政协经济和人口资源环境委员会副主任

1月15日 免去章思勇同志省政协学习宣传委员会主任职务

1月15日 免去刘万彪同志省政协办公厅副巡视员职务，退休

9月21日 免去刘秀同志省政协民族和宗教委员会副巡视员职务，退休

12月21日 蒋福新同志任省政协调研室副主任（正式任职）

省纪委

5月28日 康建成同志任省纪委委员、常委

5月28日 孟萧同志任省纪委委员、常委

省纪委工作机构

2月26日 郝权同志任省纪委副厅级室主任（试用期一年）

3月26日 孔玉林同志任省纪委副厅级室主任（正式任职）

3月26日 孙锡平同志任省纪委副厅级室主任（正式任

职）
3月26日　卫洪平同志任省纪委副厅级室主任（正式任职）
5月28日　免去因新中同志省纪委副厅级室主任职务
5月28日　免去康建成同志省纪委副厅级室主任职务
5月28日　免去孟萧同志省纪委副厅级室主任职务
9月21日　免去潘少音同志省纪委副厅级室主任职务，退休
11月14日　免去周礼仁同志省纪委副厅级室主任职务
11月14日　孙兴武同志任省纪委副厅级室主任（正式任职）
12月7日　免去王保华同志省纪委副厅级检查员职务，退休

省高级人民法院

3月25日　冯强同志任省高级人民法院党组成员
5月21日　免去吴晓弘同志省高级人民法院副巡视员职务，退休
12月7日　孙继东同志任省高级人民法院巡视员
12月7日　免去任连友同志省高级人民法院副厅级审判员职务，退休

省人民检察院

1月30日　王建明同志当选省人民检察院检察长
5月21日　免去孙有怀同志省人民检察院副厅级检察员职务，退休
9月20日　谢鹏程同志任省人民检察院党组成员
9月29日　谢鹏程同志任省人民检察院副检察长、检察委员会委员
9月29日　免去杨玉顺同志省人民检察院检察员职务
9月29日　免去靳川盛同志省人民检察院检察员职务
9月29日　免去王小霞同志省人民检察院检察员职务

省直属事业单位

1月13日　张晓光同志任省地方志办公室副主任
1月13日　雷天才同志任省万家寨引黄工程总公司（管理局）副经理（副局长）
1月13日　尹桂郁同志任省直机关行政学院院长
1月13日　赵凯同志任省直机关行政学院副巡视员
1月13日　免去陈川生同志省机械设备成套局总工程师职务
1月14日　山西日报报业集团章勇思同志退休
1月18日　免去赵凯同志省直机关行政学院副院长职务
1月18日　吕安峥同志任省政府工程建设事务管理局副局长
1月18日　吴俊福同志任省政府工程建设事务管理局副局长
1月18日　项仲昆同志任省政府工程建设事务管理局总工程师
1月22日　免去申联彬同志山西行政学院院长职务
2月26日　免去卢海明同志省委党史办公室副主任职务，退休
3月25日　省政府驻北京办事处崔永柱同志退休
5月21日　蒋世欣同志任省高速公路管理局党委书记
7月21日　李小鹏同志任山西行政学院院长
7月21日　武建森同志兼任山西煤炭基本建设局局长
7月21日　免去赵国源同志山西煤炭基本建设局局长职务
9月21日　边新文同志任省委前进期刊总社社长
9月21日　免去赵振田同志省公路局党委书记职务，退休
9月21日　李海渊同志任山西广播电视台党委书记
9月21日　陈晓东同志任省政府驻北京办事处党组书记
9月21日　免去李亚新同志省政府驻北京办事处党组书记职务
10月14日　免去陈运生同志省公路局党委委员职务，退休
10月20日　陈晓东同志任省政府驻北京办事处主任
10月20日　李海渊同志任山西广播电视台台长、总编
10月20日　刘英魁同志任山西广播电视台副台长
10月20日　张敬民同志任山西广播电视台副总编
10月20日　王树勋同志任山西广播电视台副台长
10月20日　邢书良同志任山西广播电视台副总编
10月28日　免去陈运生同志省公路局副局长职务
11月14日　免去李日彪同志省地质矿产勘查开发局党委委员职务
11月14日　张乃晨同志任省农机局（省农机发展中心）党组成员
11月14日　免去戴建功同志省农机局（省农机发展中心）党组副书记职务
11月14日　秦炎平同志任省测绘局党组成员
11月14日　免去陈睿同志省测绘局党组成员职务
11月14日　曾宪琪同志任省投资咨询和发展规划院党组书记
11月14日　赵新利同志任省投资咨询和发展规划院党组成员
11月14日　免去李刚同志省政府驻广州办事处党组副书记职务，退休
12月4日　张培增同志任省农机局（省农机发展中心）副局长（副主任）
12月4日　张乃晨同志任省农机局（省农机发展中心）总工程师
12月4日　孔令礼同志任省测绘局副局长
12月4日　秦炎平同志任省测绘局总工程师

12月4日　赵新利同志任省投资咨询和发展规划院副院长
12月4日　免去戴建功同志省农机局（省农机发展中心）副局长（副主任）职务
12月4日　免去张培增同志省农机局（省农机发展中心）总工程师职务
12月4日　免去陈睿同志省测绘局副局长职务
12月4日　免去孔令礼同志省测绘局总工程师职务
12月7日　免去康明章同志中国煤炭博物馆党委书记职务，退休
12月21日　杨玉堂同志任省委党史办公室副巡视员
12月21日　曲剑午同志任中国（太原）煤炭交易中心党组副书记
12月21日　免去郭文奇同志中国（太原）煤炭交易中心党组书记职务
12月21日　王云同志任省招生考试管理中心党组书记
12月21日　免去赵晶同志省招生考试管理中心党组书记职务
12月21日　李润山同志任禹门口水利工程管理局党委书记
12月31日　李日彪同志任省地质矿产勘查开发局巡视员
12月31日　陈小萍同志任省地质矿产勘查开发局副巡视员
12月31日　戴建功同志任省农机局副巡视员
12月31日　陈睿同志任省测绘局副巡视员
12月31日　曾宪琪同志任省投资咨询和发展规划院院长
12月31日　免去李日彪同志省地质矿产勘查开发局副局长职务
12月31日　免去康明章同志中国煤炭博物馆馆长职务
12月31日　亢巨福同志任省政府发展研究中心副巡视员
12月31日　李润山同志任禹门口水利工程管理局局长
12月31日　曲剑午同志任中国（太原）煤炭交易中心副主任
12月31日　高保旺同志任省机械设备成套局正局级调研员
12月31日　王云同志任省招生考试管理中心主任
12月31日　张希亮同志任省民航机场集团公司（管理局）副总经理（副局长）
12月31日　免去郭文奇同志中国（太原）煤炭交易中心主任职务
12月31日　免去高保旺同志省机械设备成套局副局长职务
12月31日　免去赵晶同志省招生考试管理中心主任职务
12月31日　免去王云同志省招生考试管理中心副巡视员职务

群团组织

1月15日　免去王悦同志省文联副巡视员职务，退休
1月19日　省残疾人联合会张子泉同志退休
2月26日　免去郭振德同志省科学技术协会巡视员职务，退休
2月26日　免去张玉洁同志省残疾人联合会巡视员职务，退休
3月26日　赵沂旸同志任省总工会经费审查委员会主任（正式任职）
3月26日　免去王宁同志省作家协会副巡视员职务，退休
5月21日　关原成同志任省科学技术协会巡视员
5月21日　谢文智同志任省科学技术协会副巡视员
5月21日　免去崔忠同志省科学技术协会副巡视员职务
5月21日　侯晋川同志任省科学技术协会党组成员
5月21日　崔忠同志任省科学技术协会党组成员
5月21日　郝建新同志任省科学技术协会党组成员
5月21日　免去关原成同志省科学技术协会党组成员职务
5月21日　免去齐润阁同志省供销合作社联合社党组成员职务，退休
7月26日　王君同志兼任山西省红十字会名誉会长
9月21日　免去盖贵良同志省总工会副巡视员职务，退休
11月14日　郝保平同志任省残疾人联合会巡视员
11月14日　免去郝保平同志省残疾人联合会党组成员职务
11月14日　王世平同志任省残疾人联合会副巡视员
12月7日　杨秀芳同志任省归国华侨联合会副巡视员
12月21日　张红星同志任省供销合作社联合社党组纪检组组长（试用期一年）
12月21日　张红星同志任省供销合作社联合社党组成员

省管国有企业

1月15日　曹晨明同志任山西能源交通投资有限公司党委书记
1月22日　曹晨明同志任山西能源交通投资有限公司董事长
5月21日　免去朱晓明同志晋城市无烟煤矿业集团有限责任公司党委书记职务
7月9日　武华太同志任晋城无烟煤矿业集团有限责任公司党委书记
9月21日　齐峰同志任山西出版传媒集团有限责任公司党委书记
9月21日　王宇鸿同志任山西出版传媒集团有限责任公司党委副书记
9月21日　邓国帅同志任山西出版传媒集团有限责任公司党委副书记
9月21日　李文芳同志任山西出版传媒集团有限责任公司纪委书记
9月21日　高之岩同志任省农村信用社联合社副主任（正式任职）
10月20日　齐峰同志任山西出版传媒集团有限责任公司董事长
10月20日　王宇鸿同志任山西出版传媒集团有限责任公司

董事
11月14日　免去袁东生同志省国信投资（集团）公司党委委员职务，退休
12月21日　赵润廷同志任省国信投资（集团）公司纪委书记
12月21日　赵润廷同志任省国信投资（集团）公司党委委员
12月21日　曹煜同志任省国信投资（集团）公司党委委员
12月31日　免去袁东生同志省国信投资（集团）公司副总经理职务
12月31日　曹煜同志任省国信投资（集团）公司副总经理

高等院校

1月13日　张文栋同志任太原理工大学校长
1月13日　高策同志任山西大学副校长
1月13日　李晋平同志任太原理工大学副校长
1月13日　马福昌同志任太原理工大学正校级调研员
1月13日　胡柏彦同志任太原理工大学副校级调研员
1月13日　弓永华同志任山西农业大学副校长
1月13日　薛耀文同志任山西师范大学副校长
1月13日　郝勇东同志任山西师范大学副校长
1月13日　柴跃生同志任太原科技大学副校长
1月13日　张记龙同志任中北大学副校长
1月13日　免去张文栋同志中北大学校长职务
1月13日　免去谢克昌同志太原理工大学校长职务
1月13日　免去马福昌同志太原理工大学常务副校长（正校级）职务
1月13日　免去胡柏彦同志太原理工大学副校长职务
1月13日　张如山同志任山西财经大学副校长
1月13日　卢庆山同志任山西财经大学副校长
1月13日　宋晓亮同志任长治医学院副院长
1月13日　韩泽春同志任忻州师范学院副院长
1月13日　张策同志任山西大同大学副校长
1月13日　梁永平同志任运城学院副院长
1月13日　李慎明同志任运城学院副院长
1月13日　李国臣同志任太原工业学院副院长
1月13日　免去李华荣同志山西中医学院副院长职务
1月13日　免去安建平同志运城学院副院长职务
1月13日　周晓明同志任山西中医学院副院长
1月13日　张永德同志任山西中医学院副院长
1月13日　冀来喜同志任山西中医学院副院长

1月15日　贾锁堂同志任中北大学党委副书记
1月15日　申建设同志任长治医学院党委书记
1月15日　郭泽光同志任山西财经大学党委副书记
1月15日　免去申建设同志山西财经大学党委副书记职务
1月15日　免去贾锁堂同志山西大学党委委员职务
1月18日　李华荣同志任山西生物应用职业技术学院院长
1月18日　张震云同志任山西生物应用职业技术学院副院长
1月18日　何洋同志任山西体育职业学院副院长
1月18日　王志勇同志任山西体育职业学院副院长
1月18日　阎德义同志任山西体育职业学院正院级调研员
1月18日　杜庆先同志任山西林业职业技术学院副院长
1月18日　免去周晓明同志山西生物应用职业技术学院院长职务
1月18日　免去沈广晋同志山西体育职业学院副院长职务
1月22日　贾锁堂同志任中北大学校长
1月22日　马培生同志任山西财经大学副校长
1月22日　王晞星同志任山西中医学院副院长
1月22日　免去贾锁堂同志山西大学副校长职务
1月22日　免去郭泽光同志山西财经大学副校长职务
2月4日　免去董山虎同志山西水利职业技术学院纪委书记、党委委员职务，退休
2月4日　免去王连生同志山西水利职业技术学院党委委员职务
2月4日　免去王彦炯同志忻州职业技术学院党委书记职务，退休
2月25日　田建安同志任山西青年管理干部学院党委书记
2月25日　李伟同志任山西青年管理干部学院党委副书记
2月25日　免去任月勤同志山西青年管理干部学院党委书记职务
2月25日　王毅同志任山西国际商务职业学院党委副书记、纪委书记
2月25日　齐春仙同志任山西轻工职业技术学院党委书记
2月26日　任月勤同志任山西煤炭管理干部学院党委书记
2月26日　黄庆学同志任太原科技大学党委副书记
2月26日　免去鲍善冰同志太原科技大学党委副书记职务
2月26日　免去李伟同志山西广播电视大学党委副书记职务
2月26日　太原理工大学路振光同志退休
3月15日　免去王连生同志山西水利职业技术学院副院长职务
3月18日　李伟同志任山西青年管理干部学院院长
3月18日　鲍善冰同志任太原电力高等专科学校校长
3月18日　李和平同志任山西机电职业技术学院院长
3月18日　胡忠爱同志任山西财政税务专科学校副校长
3月18日　康万林同志任山西青年管理干部学院副院长
3月18日　任树琴同志任山西政法管理干部学院副院长
3月18日　单红龙同志任山西艺术职业学院副院长
3月18日　岳建民同志任山西艺术职业学院副院长
3月18日　尹雪峰同志任山西国际商务职业学院副院长
3月18日　安亮山同志任山西戏剧职业学院副院长
3月18日　免去李忱同志太原电力高等专科学校校长职务

3月18日 免去田建安同志山西青年管理干部学院院长职务
3月18日 杨志家同志任太原城市职业技术学院院长
3月18日 王春玲同志任太原旅游职业学院院长
4月27日 李忱同志任太原科技大学副校长
4月27日 免去路振光同志太原理工大学副校长职务
5月17日 张文才同志任山西交通职业技术学院党委副书记
5月17日 李振兴同志任山西水利职业技术学院党委副书记
5月17日 免去解爱国同志山西水利职业技术学院党委副书记职务
5月17日 山西体育职业技术学院阎德义同志退休
5月31日 张文才同志任山西交通职业技术学院院长
5月31日 李振兴同志任山西水利职业技术学院院长
5月31日 解爱国同志任山西水利职业技术学院正院级调研员
5月31日 王枝茂同志任山西轻工职业技术学院院长
5月31日 免去解爱国同志山西水利职业技术学院院长职务
5月31日 免去阎德义同志山西体育职业学院正院级调研员职务
7月9日 张惠元同志任太原理工大学党委副书记
7月9日 冯向先同志任长治医学院党委副书记
7月9日 吴生彦同志任太原师范学院纪委书记、党委委员
7月9日 冯锋同志任山西大同大学党委副书记
7月9日 免去王照奎同志山西财贸职业技术学院党委书记职务，退休
7月9日 免去景周管同志山西警官职业学院党委副书记职务，退休
7月19日 免去景周管同志山西警官职业学院副院长职务
7月21日 免去冯向先同志长治医学院副院长职务
7月21日 免去吴生彦同志晋中学院副院长职务
7月21日 免去冯锋同志山西大同大学副校长职务
8月31日 杨广耀同志任阳泉煤炭专科学校党委书记
8月31日 免去王建功同志阳泉煤炭专科学校党委书记职务
8月31日 崔毅同志任山西职业技术学院党委书记
8月31日 免去宋有春同志山西职工医学院党委委员职务，退休
9月16日 韩保清同志任阳泉煤炭专科学校校长
9月16日 丁怀民同志任山西职业技术学院院长
9月16日 免去霍世平同志阳泉煤炭专科学校校长职务
9月16日 免去丁怀民同志山西综合职业技术学院院长职务
9月16日 免去宋有春同志山西职工医学院副院长职务
9月21日 山西医科大学程牛亮同志退休
10月14日 赵晓春同志任山西体育职业学院党委书记
10月14日 免去贾登民同志山西水利职业技术学院党委副书记职务，退休
10月14日 免去贾山泉同志山西交通职业技术学院党委副书记兼纪委书记职务，退休
10月20日 免去程牛亮同志山西医科大学副校长职务
12月7日 王卫东同志任山西职工医学院党委书记
12月7日 成宏同志任山西建筑职业技术学院党委副书记
12月7日 周尚文同志任山西建筑职业技术学院党委委员
12月7日 免去王世新同志山西建筑职业技术学院党委委员职务
12月7日 免去高文安同志山西建筑职业技术学院党委委员职务
12月7日 免去于世玮同志山西建筑职业技术学院党委副书记职务，退休
12月7日 何乔锁同志任山西旅游职业学院党委副书记
12月7日 赵贤松同志任山西旅游职业学院党委副书记
12月7日 李双喜同志任山西旅游职业学院纪委书记、党委委员
12月7日 赵娟同志任山西旅游职业学院党委委员
12月7日 李晋平同志任山西财贸职业技术学院党委书记
12月7日 免去李晋平同志省财政税务专科学校党委副书记、纪委书记职务
12月7日 王俊刚同志任山西医科大学汾阳学院党委书记
12月7日 免去王俊刚同志山西青年管理干部学院党委副书记职务
12月7日 免去张国同志山西警官高等专科学校党委副书记、纪委书记职务，退休
12月21日 李富明同志任山西财经大学纪委书记
12月21日 免去原梅生同志山西财经大学党委副书记职务
12月21日 免去赵润廷同志山西财经大学纪委书记职务
12月21日 王宝儒同志任太原科技大学纪委书记
12月21日 免去安德智同志太原科技大学纪委书记职务
12月21日 王宝儒同志任太原科技大学党委委员
12月21日 免去安德智同志太原科技大学党委委员职务
12月21日 安建平同志任中北大学纪委书记
12月21日 免去王宝儒同志中北大学纪委书记职务
12月21日 安建平同志任中北大学党委委员
12月21日 免去王宝儒同志中北大学党委委员职务
12月21日 免去安建平同志运城学院党委副书记职务
12月21日 霍世平同志任太原工业学院党委副书记
12月21日 免去杨广耀同志太原工业学院党委副书记职务
12月21日 安德智同志任山西广播电视大学党委副书记
12月21日 丁怀民同志任山西经济管理干部学院党委副书记
12月21日 李富明同志任山西财经大学党委常委
12月21日 免去赵润廷同志山西财经大学党委常委职务
12月21日 免去杨凤英同志省政法管理干部学院党委书记

职务
12月31日　郭泽光同志任山西财经大学校长
12月31日　王建功同志任太原理工大学副校级调研员
12月31日　王学英同志任忻州师范学院正院级调研员
12月31日　丁怀民同志任山西经济管理干部学院院长
12月31日　免去原梅生同志山西财经大学校长职务

各　市

太原市

9月28日　陈川平同志任太原市委委员、常委、书记
9月28日　免去申维辰同志太原市委书记、常委、委员职务
11月14日　吴清海同志任太原市委委员、常委、副书记
11月14日　邹天敬同志任太原市委委员、常委
12月7日　免去李永林同志太原市委副书记、常委、委员职务

大同市

4月26日　免去王雁峰大同市委常委、委员职务
5月21日　免去苑吉同志大同市委常委、委员职务，退休
5月21日　免去阎文照同志大同市委常委、委员职务，退休
9月21日　免去张正奎同志大同经济技术开发区管委会主任职务，退休
11月14日　赵向东同志任大同市委委员、常委
11月14日　马斌同志任大同市委常委
11月14日　雷雪峰同志任大同经济技术开发区管委会主任
12月21日　卫国同志任大同市委委员、常委

朔州市

4月26日　申守文同志退休
7月9日　樊田发同志退休
9月20日　李发同志退休
9月20日　白贵芳同志退休
11月14日　李根田同志任朔州市委委员、常委
11月14日　免去赵向东同志朔州市委常委、委员职务

忻州市

2月26日　阮全进同志任忻州市委委员、常委
2月26日　免去高山同志忻州市委常委、委员职务
4月26日　梁洁同志任忻州市委常委
12月7日　史虎生同志退休
12月21日　免去王学英同志忻州市委常委职务

吕梁市

7月9日　常泽春同志任吕梁市委委员、常委
7月9日　免去曾广超同志吕梁市委常委、委员职务
9月20日　董宗祥同志退休

晋中市

4月26日　李增才同志任晋中市纪委副书记
4月26日　程锡景同志任晋中市委常委
4月26日　畅志仁同志任晋中市委常委
4月26日　免去杨随亭同志晋中市委常委、委员职务

阳泉市

4月26日　免去王海俊同志阳泉市纪委副书记职务，退休
11月14日　免去高全怀同志阳泉市委常委、委员职务，退休

长治市

3月26日　李年善同志任长治市委委员、常委
3月26日　免去马和平同志长治市委常委、委员职务，退休
4月26日　王玉圣同志任长治市委常委
11月14日　李志平同志任长治市委委员、常委
11月14日　免去乔解民同志长治市委常委、委员职务

晋城市

2月26日　朱晓东同志任晋城市委委员、常委
2月26日　免去王云国同志晋城市委常委、委员职务
3月26日　贾联亭同志任晋城市委常委
3月26日　刘爱军同志任晋城市委常委
3月26日　免去赵学梅同志晋城市委常委、委员职务
4月29日　免去师建平同志晋城市委常委职务

临汾市

7月9日　刘小才同志任临汾市纪委副书记
7月9日　樊奋强同志任临汾市纪委副书记
7月9日　免去王晓春同志临汾市纪委副书记职务

运城市

12月21日　姜东俊同志任运城市纪委副书记

人　物

一、年度职务变动的省级领导简历

张宝顺

张宝顺

张宝顺，男，汉族，1950 年 2 月生，河北省秦皇岛市人，在职大学学历、经济学硕士。1971 年 4 月加入中国共产党，1968 年 11 月参加工作。

1968 年 11 月在秦皇岛港务管理局参加工作，历任局团委书记、局党委副书记；1978 年 12 月起历任共青团中央青工部副处长、副部长；1982 年 12 月任共青团中央书记处候补书记兼工农青年部部长；1985 年 11 月任共青团中央书记处书记、中国青年企业家协会会长、全国青联副主席；1991 年 11 月任共青团中央书记处书记、兼任全国青联主席（1991 年 11 月明确为中央机关副部长级）；1993 年 4 月任新华通讯社副社长、党组成员；1998 年 3 月任新华通讯社副社长、党组副书记；2001 年 9 月任中共山西省委副书记；2004 年 1 月任中共山西省委副书记、山西省副省长、代省长；2004 年 2 月任中共山西省委副书记、省长；2005 年 6 月任中共山西省委书记、省长；2005 年 7 月任山西省委书记；2006 年 1 月任中共山西省委书记、省人大常委会主任；2010 年 5 月任中共安徽省委书记。

十六届中央候补委员，十七届中央委员，十六大、十七大代表，十四届中纪委委员，八届全国政协常委、委员，九届全国政协委员，十届、十一届全国人大代表。山西省八次、九次党代会代表，山西省八届、九届省委委员，山西省九届、十届、十一届人大代表。

袁纯清

袁纯清

袁纯清，男，汉族，1952 年 3 月生，湖南省汉寿县人，在职研究生学历，管理学博士学位，1971 年 10 月加入中国共产党，1971 年 10 月参加工作。

参加工作后在湖南省汉寿县公安局、常德地区公安局工作；1977 年入北京大学法律系法律专业学习，担任校团委副书记、学生会主席；毕业后历任共青团中央学校部干事、副处长，学联办公室主任；1985 年任共青团中央学校部副部长；1987 年任共青团中央学校部部长（期间：1987 年 9 月至 1990 年 7 月在中国政法大学法律系政治学专业学习，获法学硕士学位）；1992 年任共青团中央书记处书记、全国青联副主席（期间：1994 年 9 月至 1997 年 7 月在湖南大学国际商学院管理科学与工程专业学习，获管理学博士学位）；1995 年兼任共青团中央直属机关党委书记；1997 年任中央纪委常委、秘书长兼中央纪委、监察部机关党委书记（期间：1999 年 4 月至 2001 年 5 月在北京大学经济学院理论经济学专业做博士后研究工作）；2001 年 3 月任陕西省委副书记；2004 年 1 月任陕西省委副书记，西安市委书记，同年 2 月兼任西安市人大常委会主任；2006 年 6 月任陕西省委副书记、代省长；2007 年 2 月任陕西省委副书记、省长；2010 年 5 月任山西省委书记；2010 年 7 月任山西省人大常委会主任。

十六届中央候补委员，十七届中央委员，十六大、十七大代表，十五大当选为中纪委委员，十届、十一届全国人大代表，八届全国政协委员，陕西省九届、十届、十一届省委委员，陕西省十次、十一次党代会代表，陕西省十届、十一届人大代表，山西省九届省委委员，山西省十一届人大代表。

薛延忠

薛延忠

薛延忠，男，汉族，1954 年 2 月生，山西省孝义市人，中央党校在职研究生学历，1981 年 9 月加入中国共产党，1969 年 10 月参加工作。

参加工作后任山西省七二五厂班组长、制版工序负责人、团支部书记；1976 年入山西大学中文系学习，毕业后任省计委综合处、政治处干事，机关团支部书记；1983 年任省委办公厅秘书；1986 年后任省委组织部调研室副主任，经济干部处副处长、处长；1992 年任省工商局副局长、党组成员；1995 年任省工商局局长、党组书记；1998 年任吕梁地委副书记、行署专员；1999 年任省委副秘书长、办公厅主任；2000 年任中共山西省委常委、秘书长兼办公厅主任；2001 年任中共山西省委常委、组织部部长；2004 年任中共山西省委副书记；2006 年 10 月任中共山西省委常委、省政府党组副书记，同年 11 月任中共山西省委常委、常务副省长，省政府党组副书记；2007 年任中共十七届中央候补委员，山西省委常委、常务副省长，省政府党组副书记，省行政学院院长；2008 年 4 月任中共山西省委副书记、5 月任省委党校校长，同时不再担任副省长、山西省行政学院院长职务；2009 年 1 月任政协第十届山西省委委员、主席、党组书记；2010 年 9 月不再担任省委副书记、常委职务。

十六届、十七届中央候补委员，十六大、十七大代表，山西省七次、八次、九次党代会代表，山西省七届、八届、九届省委委员，山西省九届、十届、十一届人大代表，山西省十届政协委员。

申联彬

申联彬

申联彬，男，汉族，1950 年 3 月生，山西省黎城县人，中央党校在职研究生学历，1970 年 4 月加入中国共产党，1969 年 10 月参加工作。

参加工作后在黎城县程家山公社邮电所、县半导体材料厂工作，后任黎城县西仵公社党委委员、团委书记，西仵公社党委第二书记，黎城县勇进渠水利工程总指挥；1977 年后任共青团晋东南地委副书记、书记，地直机关党委副书记，长治市市直机关党委副书记；1987 年任襄垣县委副书记、县长；1990 年任襄垣县委书记；1992 年任长治市委常委、秘书长；1995 年任长治市委副书记；1996 年任长治市委副书记、市长；1998 年任晋城市委书记；2000 年任山西省副省长、省政府党组成员；2001 年任山西省委常委、秘书长、办公厅主任；2002 年不再兼任省委办公厅主任；2006 年 10 月任省委常委；2008 年 5 月任省委常委、山西省副省长（常务），省政府党组副书记，山西行政学院院长；2010 年 1 月任省人大常委会副主任、党组书记，不再担任副省长、省政府党组副书记、山西行政学院院长职务。

九届、十届、十一届全国人大代表；山西省七届、八届、九届省委委员；山西省六次、八次、九次党代会代表；山西省九届、十届、十一届人大代表；十一届全国人大代表。

申维辰

申维辰

申维辰，男，汉族，1956年5月生，山西省潞城市人，在职研究生学历，经济学硕士学位，1979年1月加入中国共产党，1969年8月参加工作。

参加工作后任潞城县黄池乡政府电话员，1972年入山西大学体育系学习；1975年后历任潞城县总工会干事、县委办公室干事、城关公社党委副书记、革委会主任、县委办公室副主任；1983年4月任潞城县委常委、纪委副书记，同年11月任共青团晋东南地委书记；1984年任共青团山西省委副书记；1988年任省体委副主任、党组副书记(主持工作)；1989年任省体委主任、党组书记；1994年任晋中地委副书记(正厅级)；1995年任晋中行署专员；1998年任晋中地委书记；2000年5月任晋中市委书记，同年9月任山西省委宣传部部长；2001年任山西省委常委、宣传部部长；2006年1月任山西省委常委、太原市委书记；2010年9月任中宣部副部长。

九届全国人大代表，省六次、七次、八次党代会代表，省九届、十届人大代表，七届省政协常委。

杜玉林

杜玉林

杜玉林，男，汉族，1950年6月生，山西省河曲县人，中央党校在职研究生学历，1969年7月加入中国共产党，1972年9月参加工作。

参加工作后历任忻县地委秘书处干事，地直党委干事，保德县桥头公社党委书记，1977年后任繁峙县委常委、组织部部长，工交部部长；1984年任代县副县长(期间：1985年4月至1986年1月挂职任江苏省如皋县县长助理)；1986年7月任代县县委副书记，同年11月任代县县委书记：1990年任雁北地委委员、组织部部长；1993年任大同市委副书记；1995年任大同市委副书记、市长；1998年任临汾地委书记；2000年任山西省委政法委书记；2001年任山西省委常委、政法委书记；2006年兼任省公安厅厅长、党委书记；2010年1月任省人大常委会副主任、党组副书记，不再担任山西省公安厅厅长职务。

九届、十一届全国人大代表，山西省七次、八次、九次党代会代表，山西省七届、八届、九届省委委员，山西省八届、九届、十届、十一届人大代表。

金道铭

金道铭

金道铭，男，满族，1953年12月生，北京市人，在职研究生学历，管理学博士学位，1975年9月加入中国共产党，1970年7月参加工作。

参加工作后在北京市东城区城建局当工人，后历任共青团北京市东城区委干部、组织组组长、副书记，共青团北京市委组织部副部长、部长，青工部部长，监察部办公厅部长办公室主任、办公厅外事办主任；1990年任监察部办公厅副司级监察专员；1993年1月任中央纪委监察综合室副局级检查员、监察专员，同年4月任综合室副主任；1994年任中央纪委外事局局长；1997年1月任中央纪委副秘书长，同年9月兼任五室主任；1998年兼任中央纪委办公厅主任；2002年任中央纪委驻交通部纪检组组长、党组成员；2003年兼任交通部直属机关党委书记，部党校校长；2006年8月任山西省委常委、纪委书记；2010年9月任山西省委副书记、纪委书记。

十五大、十六大、十七大当选为中纪委委员，十七大代表，山西省九次党代会代表，山西省八届、九届省委委员，山西省十届、十一届人大代表。

方文平

方文平

方文平，男，汉族，1950年10月生，北京市人，中央党校函授本科学历，1970年3月加入中国共产党，1968年2月参加工作。

1968年参军入伍后历任三十八军炮兵团战士、班长；三十八军火箭炮团司令部作训股参谋；一一四师炮兵团司令部作训股参谋；北京军区炮兵司令部训练处参谋；炮兵第十四师司令部作训科长；1983年任六十五军司令部作训处副处长，炮兵处处长；六十五集团军司令部炮兵指挥部主任；1992年任二十七集团军副参谋长；1996年任二十七集团军八十师师长；1998年任二十七集团军后勤部部长；2000年任河北省军区参谋长；2005年任山西省军区司令员；2006年任山西省委常委、省军区司令员；2010年10月任北京军区党委巡视组巡视专员，不再担任山西省委常委职务。

河北省十届人大代表。

高建民

高建民

高建民，男，汉族，1960年11月生，山西省盂县人，在职研究生学历，法学博士学位，1982年12月加入中国共产党，1977年12月参加工作。

参加工作后在盂县建材厂当工人；1978年入山西大学中文系汉语言文学专业学习；毕业后历任榆次市委办公室干事，共青团榆次市委副书记，榆次市委副秘书长兼市委办公室主任；共青团晋中地委副书记；共青团山西省委调研室主任、办公室主任；1993年任共青团山西省委副书记（期间：1993年10月至1994年10月挂职任团中央宣传部副部长，1994年挂职任晋城市郊区区委副书记）；1995年任共青团山西省委副书记、党组副书记；1996年任共青团山西省委书记、党组书记；2001年任晋中市委副书记（正厅级）；2006年2月任朔州市委书记，10月任山西省委常委、宣传部部长；2008年12月任山西省委常委、秘书长；2010年11月任山西省委常委、副省长、省政府党组成员。

九届省委委员，省八次、九次党代会代表，省九届人大常委会委员，省九届、十届、十一届人大代表。

陈川平

陈川平

陈川平，男，汉族，1962年2月生，山西省平陆县人，在职研究生学历，理学硕士学位，高级工程师，1985年3月加入中国共产党，1982年8月参加工作。

1979年入沈阳冶金机械专科学校机械系铸造专业学习；参加工作后历任太原钢铁公司机械厂铸铜工段技术员、副段长，二铸钢车间副主任、主任，机械厂副厂长，第一炼钢厂副厂长、厂长；1994年任太原钢铁（集团）公司生产处处长；1995年任太原钢铁（集团）公司副总经理；1997年任太原钢铁（集团）有限公司常务副总经理、董事、党委常委；2000年任太原钢铁（集团）有限公司总经理、董事、党委常委；2001年任太原钢铁（集团）有限公司董事长、党委常委；2008年1月任山西省副省长、省政府党组成员；2010年9月任中共山西省委常委、太原市委书记、副省长，同年11月不再担任副省长职务。

十七届中央候补委员，十七大代表，十届全国人大代表，省八次、九次党代会代表，八届省委候补委员，九届省委委员，省十一届人大代表。

张少华

张少华

张少华，男，汉族，1954年12月生，山西省河曲县人，在职研究生学历，1975年5月加入中国共产党，1972年12月参加工作。

参加工作后，历任三十八集团军一一三师三三八团战士、三十八集团军一一三师三三八团政治处组织股副连职干事、三十八集团军一一三师三三八团三营八连政治指导员、三十八集团军一一三师政治部组织科正连职干事、三十八集团军一一三师坦克团政治处宣传股股长。1983年10月任三十八集团军政治部组织处副营职干事；1986年10月任三十八集团军政治部组织处正营职干事；1988年6月任三十八集团军一一三师政治部组织科科长（期间：1983年6月—1987年9月，在河北大学中文专业学习）；1991年7月任总政治部干部部第二任免局副团职干事；1992年12月任总政治部干部部第二任免局正团职干事；1996年6月任总政治部干部部第二任免局副师职干事（期间：1994年9月—1997年7月，在南京政治学院经济管理专业学习）；1999年1月任总政治部干部部第二任免局副局长；2000年9月任总政治部干部部老干部局副局长（正师职）；2004年5月任总政治部干部部第二任免局局长（期间：2001年9月—2004年6月，在军事科学院军事战略学专业在职研究生班学习）；2005年8月任北京卫戍区政治部主任（期间：2007年3月—2008年1月，在国防大学联合战役指挥员班学习）；2008年8月任山西省军区政治委员；2010年10月任中共山西省委常委、省军区政委。

王建明

王建明

王建明，男，汉族，1962年12月生，福建省漳州市人，在职研究生学历，法学博士学位，1983年11月加入中国共产党，1984年8月参加工作。

参加工作后历任最高人民检察院监所检察厅干部（期间：1984年8月至1986年3月在湖北省蒲圻县人民检察院锻炼；1986年3月至9月在湖北省武汉市人民检察院锻炼）、劳改检察处副处长、监狱（劳改）检察处处长、厅长助理；1997年任最高人民检察院监所检察厅副厅长；1999年任最高人民检察院审查批捕厅副厅长；2000年任最高人民检察院侦查监督厅副厅长；2001年任最高人民检察院反贪污贿赂总局副局长（正厅级）；2004年任最高人民检察院反贪污贿赂总局局长；2005年任最高人民检察院检委会委员、反贪污贿赂总局局长；2007年任最高人民检察院检委会副部级专职委员、反贪污贿赂总局局长；2009年6月任山西省人民检察院党组书记，同年7月任山西省人民检察院代检察长；2010年1月任山西省人民检察院检察长、党组书记。

山西省十一届人大代表。

二、年度去世的省级领导生平

王庭栋

中国共产党优秀党员、忠诚的共产主义战士，山西省第七届人民代表大会常务委员会主任王庭栋同志因病医治无效，于2010年12月21日9时50分逝世，享年88岁。

王庭栋同志1923年6月出生于山西省平定县城东门街。1937年12月参加革命工作。1938年4月加入中国共产党。历任平定县路西抗日政府教育科、路西县委机关事务员、秘书，冀西特委（地委）秘书，邢西县委宣传部长；1943年12月后分别担任邢西、武安、博爱、沁阳县委书记，独立营、独立团政委，地委委员；1949年11月后任新乡地委委员、秘书长，平原省委政研室副主任、办公厅主任，河南省委副秘书长，省委候补委员，代理秘书长；1958年8月被错误定为右倾机会主义分子，下放劳动；1961年12月平反后任河南省委农工部副部长；1962年5月后任新乡地委第二书记、省委委员；1967年"文革"中受冲击、被关押；1968年1月任河南省革委会常委；1970年4月后任山西省革委会副主任，省委常委，省委副书记；1977年3月任山西省委书记、省革委会副主任；1983年3月任省委常委、农村政策研究室主任；1985年5月任省人大常委会副主任兼农村工委主任；1988年1月任省人大常委会主任、党组书记。1995年12月离职休养。

王庭栋同志是中共十一大、十四大代表，第七届、八届全国人大代表，中国农经学会第三、四、五届副理事长，第六、七、八届顾问。

抗日战争爆发之际，王庭栋同志在平定初级中学读书，受抗日救亡思想的影响，于1937年初加入牺盟会，参加宣传、募捐、游行等抗日活动。县城沦陷之后，主动找到平西抗日县政府参加革命。

在县政府、牺盟工作团、县委工作期间，他认真学习马列主义理论书籍，不断提高思想觉悟，光荣加入了中国共产党。在担任县委宣传部长、县委书记、地委委员期间，深入宣传党的政策，开办训练班，发展党员，充分调动广大农民群众的革命积极性，为建立和保卫根据地发挥了重要作用。作为独立营、独立团政委，大力发展地方武装，带领基干民兵积极参加"百团大战"。解放战争时期，他与农民同吃、同住、同劳动，积极开展保家乡、度灾荒，减租清债、反恶霸运动，得到广大农民群众的拥护。他不畏艰险，不怕牺牲，坚持斗争，为民族独立和人民解放作出了积极贡献。

新中国成立后，王庭栋同志在担任新乡地委委员兼秘书长，平原省委政研室副主任、办公厅主任，河南省委副秘书长期间，深入基层开展调查研究工作，充分发挥参谋助手作用，起草、阅批了大量的文件、电报等材料和来信来访，切实加强机关干部作风建设，形成了讲政治、钻业务的良好风气。在抢先公社化、大刮浮夸风中，他坚持真理、敢讲真话，被错误定为右倾机会主义分子和反党集团成员，下放生产队劳动。平反后担任河南省委农工部副部长、新乡地委第二书记期间，他坚持社会主义方向，纠正不利于巩固社会主义集体经济的错误观点和做法，狠抓生产队劳动管理、技术管理和财务管理，狠抓高产稳产农田基本建设和集体多种经营基本建设，努力改善农业生产条件，有效克服了连续自然灾害造成的困难局面，受到省委的好评。

调回山西工作后，王庭栋同志认真贯彻执行中央关于解决山西问题的指示，在党的领导下作了大量的群众工作和干部思想工作，在较短时间内解放了大批干部，促进军民团结，社会生产、生活秩序逐步稳定，有力促进了工农业生产。

党的十一届三中全会之后，王庭栋同志坚决拥护党的政治路线和思想路线，全面落实党的政策，平反冤假错案，复查纠正了大量的历史遗留问题。关心支持知识分子和科技人员，大力培养选拔优秀干部，为稳定山西形势、调动广大干部群众积极性、推进各项工作发挥了积极作用。经过深入研究和思考，亲自撰写了不少有理论高度、有实践指导意义的调研报告。大力支持农村改革的先进典型，加强基层政权建设，推进农业产业化经营，提高农民组织化程度，努力解决人畜饮水问题，扎实推进“三北”防护林建设，全力扶持发展乡镇企业，组织开展扶贫开发，加大科技兴农力度，为建立富有山西特色的生态与经济协调发展新格局作出了重要贡献。

在担任省人大常委会副主任、主任期间，王庭栋同志坚持人大工作为稳定大局服务，服从和服务经济建设中心，不断完善人民代表大会制度，正确行使立法权、决定权、监督权和任免权，主持审议了《关于建设万家寨引黄工程的决议》《山西省国防教育条例》等有深远影响的地方性条例，有力促进了我省的民主法制建设。充分发挥人大代表的监督作用，闭会期间组织代表对“一府两院”工作进行评议，直言批评、推动工作、肯定成绩、理解困难，产生了良好效果。组织创办《人民代表报》，成为人大工作的宣传阵地和学习交流阵地，加强了地方人大之间的横向联系，得到全国人大的充分肯定。

退出领导岗位后，他老而弥坚，壮心不已，坚持学习，关心党的事业和国家建设，关注全省改革开放和现代化建设，积极参加中国农经学会、省农业合作化史编辑委员会等社会活动和力所能及的工作，受到中央有关部门和省委的肯定。今年在北京住院期间，仍然十分关心山西的转型跨越发展，积极向有关部门提出建议。

在七十多年的革命生涯中，无论是在革命战争年代还是在和平建设年代，王庭栋同志始终坚信马列主义，坚信党的领导，在思想上、政治上、行动上自觉同党中央保持一致，积极献身共产主义事业，为实现国家富强、人民富裕和民族复兴不懈奋斗。他具有较高的政策理论水平和丰富的领导经验，求真务实，作风深入，平易近人，全省各地都留下了他的足迹。他牢记全心全意为人民服务的宗旨，处处以群众利益为重，事事为基层百姓着想，廉洁奉公，勤政为民，一身正气，两袖清风。他教育子女和身边工作人员不搞特殊，始终保持共产党员的本色，赢得了广大干部群众的拥护和爱戴。

王庭栋同志的一生，是忠诚革命事业的一生，是全心全意为人民服务的一生，是为共产主义事业鞠躬尽瘁的一生。他虽然离开了我们，但他坚持原则、实事求是、荣辱不惊、恪尽职守、鞠躬尽瘁、无私奉献的坚强党性和优良作风永远值得我们学习和怀念，他的革命精神和高风亮节永存！

薛　军

中国共产党优秀党员，山西省第十届人民代表大会常务委员会副主任、党组副书记薛军同志，因病医治无效，于2010年2月19日9时38分在太原逝世，享年68岁。

薛军同志1942年11月出生于山西省柳林县王家沟乡兴隆湾村。1966年1月加入中国共产党。1962年10月在离石县李家湾高等小学参加工作，1969年9月毕业于山西省委党校政治系党政管理专业，高级统计师。历任离石铁厂革委会副主任、吕梁地区计委干事、地区统计局副局长、局长；1983年9月任吕梁地委委员、组织部部长；1985年7月任省统计局副局长（主持工作）；1986年10月任省统计局局长、党组书记；1992年4月任朔州市委副书记，同年7月任朔州市委书记；1995年12月任山西省副省长；2000年1月任山西省委常委、副省长、省政府党组副书记；2001年10月不再担任省委常委职务；2003年1月任山西省人大常委会副主任、党组副书记；2008年1月退出领导岗位；2009年5月退休。

薛军同志是中共十六大代表，第八届全国人大代表，七届、八届省委委员，省六次、七次、八次、九次党代会代表，省九届、十届、十一届人大代表。

薛军同志对党和人民的事业满腔热情，积极上进。担任离石铁厂和吕梁地区统计局领导职务期间，艰苦奋斗，勤奋敬业，认真负责，作风务实，取得了较好成绩。担任吕梁地委组织部长期间，认真贯彻党的组织路线和干部路线，平反了大量冤假错案。坚持党性，任人唯贤，积极推行干部队伍“四化”建设，选拔了一大批德才兼备、年富力强的领导干部，为吕梁经济社会发展提供了坚强组织保证。

主持省统计局工作期间，薛军同志积极推进全省统计工作改革，提出并实施“提供决策依据、参与宏观调控、实施监测预警”等工作思路，充分发挥统计整体功能，所主持的山西投入和产出法研究和应用达到全国创新水平。山西在全国率先颁布了地方统计法规，统计年报连续四年全国综合评比第一名，省统计局先后获得了多项国家级表彰奖励。

担任朔州市委书记期间，薛军同志团结带领市委一班人，抢抓机遇，深化改革，扩大开放，制定了“确立大思路，实施大动作，实现大突破”的发展战略。加强和改善党的领导，大力推进政府机构改革，坚持正确的干部导向，积极推行组织工作“双层双向”目标管理，激发了广大干部干事创业的热情，形成了推进改革发展的整体合力。抓住煤炭、电力、建材三大支柱产业，以理顺产权关系为重点，以股份制为基本形式，积极推进工业企业改革。在农村改革上，在全省率先实施土地拍卖，有效促进农业产业化、产品商品化、要素市场化，积极探索举龙头、建基地、联农户的农业产业化模式。城市建设加快推进，地区生产总值翻了两番，综合经济实力在全国新建地级市的排名大幅提升，人民生活水平明显提高，促进了朔州经济社会的全面发展。

担任副省长和常务副省长期间，薛军同志认真贯彻落实中央和省委的指示精神，主持制定了山西省 21 世纪议程、山西经济发展战略，在推进经济结构调整、国有企业改组、民营经济发展、投融资体制改革、对外贸易发展等方面提出了对策措施，为省委、省政府决策提供了重要依据。组织领导了数十项重大建设项目，促进了全省能源产业和基础设施建设的快速发展。组织实施政府采购、会计集中核算和国库集中支付改革，充分发挥财政的调控和保障作用，形成了公开透明、操作规范、高效快捷的财政审批新模式。积极组织企业上市融资，推动资本市场发展，取得明显成效。加强环保工作，突出整顿和治理，大力取缔污染严重的土、小企业，推进重点区域污染治理，使全省生态环境得到较大改善。组织行政执法部门查处假冒伪劣产品，整顿经济秩序，净化市场环境。大力推进旅游产业快速发展，形成了以五台山为龙头、太原为中心的旅游发展格局，全省旅游业总收入有很大增长。分管的其他工作也都有新的发展，为山西经济社会发展作出了重要贡献。

担任省人大常委会副主任期间，薛军同志紧紧围绕新型能源和工业基地建设以及全省经济社会发展的需要，积极推进地方立法工作，主持制定了规范焦炭产业发展的地方法规。有计划、有重点地组织开展执法检查活动，使全省立法、监督等工作取得较大进展。他经常听取人大代表的意见和建议，积极协调有关部门解决人大代表关注的热点难点问题。

退出领导岗位后，薛军同志始终以一个共产党员的标准严格要求自己。退休后仍担任了一些社会职务，经常深入基层调查研究，主动为推进山西的各项工作建言献策，奉献余热。

薛军同志具有坚定的共产主义信念，忠于党和人民，忠诚于中国特色社会主义事业。他认真学习马克思主义、毛泽东思想、邓小平理论和“三个代表”重要思想，深入贯彻落实科学发展观，坚持执行党的路线方针政策。他政治立场坚定，政治敏锐性和政治鉴别力强，在大是大非面前头脑清醒，自觉与党中央保持一致。他熟悉宏观经济，思想解放，实事求是，思路开阔，有较强的理论功底和较高的政策水平。他兢兢业业，敢于负责，勇于开拓，为人正派，办事公道，襟怀坦白，顾全大局。他平易近人，联系群众，克己奉公，赢得了广大干部群众的尊敬和好评。薛军同志的一生是革命的一生，奋斗的一生，全心全意为人民服务的一生！

薛军同志虽然离开了我们，但他的高尚品德、革命精神和优良作风，永远值得我们学习和铭记！

冯素陶

中国共产党优秀党员、中国民主同盟老一辈代表人之一,山西省人大常委会原副主任、山西省政协原副主席、民盟山西省委原主委、全国政协原常委、民盟中央原顾问冯素陶同志因病医治无效,于2010年4月7日零时45分在太原逝世,享年105岁。

冯素陶同志曾任中国陶行知研究会顾问、山西省教育基金会名誉理事长、山西省陶行知研究会名誉会长。

冯素陶同志1906年2月8日出生于云南省楚雄州禄丰县。1920年考入云南省立第一中学,曾担任学生自治会负责职务并主编进步刊物《滇潮》。1924年远赴上海,考入南京大学,同年参加由中国共产党人张伯简发起成立的“新云南社”。自此,他开始接触中国共产党,了解马克思主义。

冯素陶同志积极投入中国共产党领导的五卅运动,并参加党领导的“新滇社”工作。1926年经中共党员王德三、李鑫介绍,加入了中国共产党。广州起义失败后,他前往上海,参加了“中国社会科学家联盟”,为他的马克思主义理论修养打下了坚实的基础。1933年经上海地下党安排,任“中国领土保障大同盟”(亦称反帝大同盟)秘书长,利用公开身份从事反帝爱国运动。1935年在河南开封北仓女中任教期间,巧妙地把共产主义理论、苏联革命文学同教学工作结合起来,在许多青少年学子的心里播下了理想的火种,从而为延安输送了大批革命知识青年。1937年8月他在上海任“抗战干部训练班”学员队队长,为抗战培养了一批优秀骨干。1937年秋出任云南大学及附中教员,并主编《战时知识》。1938年任云南文化界抗敌协会主席;1940年任昆明文化界宪政联合会理事会召集人;1942年在昆明参加中共领导的西南学术研究会和中国农村经济研究会。在抗战的艰苦岁月里,他在大后方激情澎湃地宣传抗战、传播民主,为坚定抗战信念和后来云南的民主运动作出了积极贡献。

1944年7月,经地下党员周新民介绍,冯素陶同志于昆明加入中国民主同盟。1945年任民盟中央委员、云南省支部常委、组织部长。后由于国民党当局的迫害,被迫流亡香港。

1949年,中华人民共和国成立前夕,他随民盟总部回到北京,满怀热情地投入到建设新中国的事业中。1950年,他担任西南军政委员会文教部视导处长。1953年返京就任北京农业大学政治经济学教授,同时担任民盟中央文教委员会常务副主任;1957年,任中央社会主义学院副教务长;1958年10月,受中央统战部和民盟中央委派,他来到山西担任民盟山西省委主任委员;1959年任山西省政协副主席。从此,他把自己的全部心血倾注在三晋大地。在山西的岁月里,他心系人民,勤奋工作,为山西各项事业的发展作出重要贡献,虽遭遇十年浩劫,但始终坚定理想信念,矢志不渝。

1979年11月,冯素陶同志当选为山西省人大常委会副主任,分管教育、科学、文化、卫生工作。为改变山西乡村教育落后面貌,他多次深入乡村学校调查研究,倡导成立山西陶行知研究会,以中国乡村教育的先行者陶行知的教育理念、道德情操指导山西的乡村教育改革。他关心政府决策的民主化、科学化进程,提议成立了“山西省科技决策咨询委员会”,对山西省的科技教育、文化卫生、公共决策的发展进步产生了重要影响。

冯素陶同志对党始终满怀深情,对党的正确领导坚信不移。1988年春,经过组织同意,他第二次向党旗宣誓,光荣加入中国共产党。

1995年离休后,冯素陶同志仍坚持学习,关心国家大事,深入学习实践邓小平理论、“三个代表”重要思想和科学发展观。他关心机关建设,积极捐资助学,撰写历史资料和革命回忆录。始终坚持参加人大机关和党支部组织的各项活动,政治立场坚定,党性观念强,多次被省直机关工委、省人大机关评为优秀党员。

冯素陶同志对党和人民的事业忠心耿耿、兢兢业业、鞠躬尽瘁。他一生作风民主、坚持原则，为人正派、克己奉公。他的高尚品德、革命精神和优良作风，为我们树立了榜样，赢得了广大党员、干部群众的尊敬和好评。

冯素陶同志在盟内享有很高的声誉。他热心盟务、投身盟务、无私奉献，善于和党内外、盟内外的各方面人士通力合作，通过党派工作的实践和探索，为我国统一战线和多党合作事业作出了突出贡献。

冯素陶同志的一生，是全心全意为人民服务的一生，是光明磊落、襟怀坦荡的一生，是任劳任怨、清正廉洁的一生。他的逝世，使我党失去了一个好党员、好干部，使我们失去了一个好同志、好战友、好领导。

冯素陶同志虽然离开了我们，但他追求崇高理想、忠诚于党的事业的坚定信念，严于律己、关心群众、艰苦朴素的优良作风永远值得我们学习，他的革命精神和高风亮节永远值得我们铭记！

刘砚青

中国共产党优秀党员，山西省第七届人民代表大会常务委员会副主任刘砚青同志因病医治无效，于2010年5月19日23时05分在太原逝世，享年87岁。

刘砚青(原名刘俊田)同志，1923年12月出生于山西省平定县河底村。1940年8月参加革命工作，1941年2月加入中国共产党。参加工作后任晋察冀边区平定县公安局、冀晋行署公安局、二专署公安处干事、秘书；1947年7月后任盂县公安局副局长、局长，县委社会部部长，忻县专署公安处秘书科科长；1952年8月后任省公安厅秘书，省检察院人事处处长、研究室主任，省直总党委讲师团副主任、宣传部部长、党委常委；1971年10月后任山西人民出版社编辑部负责人、副总编；1975年1月任省出版局副局长；1983年4月任省人民检察院检察长、党组书记；1988年1月任省人大常委会副主任。1993年1月不再担任省人大常委会副主任职务；1995年12月离职休养，2004年1月中央批准享受省长级医疗待遇。

刘砚青同志是五届省委委员，省五次、六次党代表大会代表，七次党代表大会特邀代表，省六届、七届、八届人大代表。

抗日战争时期，刘砚青同志坚持战斗在公安一线，负责侦察、搜集辖区沿线敌伪军情报、铲除特务汉奸的工作，与敌斗智斗勇，多次遇险，处变不惊，义无反顾，为抗日战争胜利和民族解放作出了贡献。

解放战争时期，刘砚青同志积极组织干部群众参加取缔反动组织等斗争。在担任忻县地区取缔一贯道反动组织副总指挥期间，认真贯彻省委有关政策，彻底摧毁了该地区的反动组织，维护了社会稳定，并编写了《反动组织一贯道的滔天罪行》一书，受到忻县地委、专署公安处的赞扬和肯定。

新中国成立后，刘砚青同志在省公安厅、省检察院、省直总党委任职期间，为维护社会稳定和加强党的建设做了大量富有成效的工作。他与其他同志一道编写了《学习中共八届八中全会文件讲座》等理论书籍，对宣传指导全省的社会主义建设发挥了重要作用。在担任出版系统领导职务期间，认真规划全省的出版印刷布局，组织筹建和改造了山西省美术印刷厂、新华印刷厂，使我省的图书印刷能力和水平大幅提高，出版事业上了一个新台阶。在担任省检察院检察长、党组书记期间，认真贯彻党的十一届三中全会以来的路线方针政策，配合公安、法院、司法部门，直接参与和指挥依法从重从快打击严重刑事犯罪活动，为遏制犯罪分子的嚣张气焰、推动全省社会治安稳定好转作出了突出贡献。同时加强社会治安综合治理，对免诉人员进行回访考察，建立帮教组织，为预防和减少犯罪做了大量工作。在打击经济犯罪活动中，他深入一线调查研究、解决问题，总结概括出了符合实际的工作经验。按照最高人民检察院和省委的要求，提议并发布通告，督促一大批经济犯罪人员投案自首。在担任省人大常委会副主任期间，他组织并积极参加人大代表评议“一府两院”工作，是山西省人大评议工作的主要发起者和组织者之一。高度重视群众来信来访工作，亲自接待、受理了大量来信来访。他总结推广了浮山县人大开展的“代表向选民述职，选民评议代表”的经验，产生了广泛影响。他勤于思考，笔耕不辍，组织编写或亲自撰写了大量理论文章和专题调研报告。主编的《法律工作者丛书》《法官手册》《检察官手册》《警官手册》等书，推动了全省的普法工作。撰写的《坚持和完善人民代表大会制度的理论和实践》《严格执法是加强法制建设关键》等文章在全国性刊物上发表。

退出领导岗位后，刘砚青同志始终以一个共产党员的标准严格要求自己，积极参加党的组织活动，仍担任一些社会职务，继续奉献余热。他经常深入基层，调查研究，撰写了多篇调查报告，为最高人民检察院及省人大工作提供参考。

刘砚青同志认真学习马列主义、毛泽东思想、邓小平理论、“三个代表”重要思想和科学发展观，政治立场坚定，具有坚定的共产主义信念，忠于党，忠于人民，忠于党的事业。在战争年代不畏艰险，不怕牺牲，经受了严峻考验。在领导岗位上讲党性、顾大局，讲原则、守纪律，坚决贯彻执行党的路线方针政策，实事求是，公道正派，有强烈的革命事业心和高度的政治责任感。他统揽全局，虑事周全，胸怀坦荡，作风民主。他继承和发扬党的优良传统，生活俭朴，平易近人，一身正气，两袖清风，严格要求家属、子女和身边工作人员，始终保持共产党人的政治本色。他尊重知识、尊重人才，关心同志、爱护干部，严以律己，宽以待人，赢得了广大干部群众的拥护和爱戴。

刘砚青同志的一生是革命的一生，奋斗的一生，全心全意为人民服务的一生！他的去世，使党失去了一位忠诚的老党员、老战士，干部群众失去了一个好战友、好领导。他虽然离开了我们，但他坚持原则、恪尽职守、鞠躬尽瘁、艰苦朴素的坚强党性和优良作风永远值得我们学习和怀念。

三、缅怀文章

辉煌人生　昭昭在目
——深切缅怀王庭栋同志

李玉明

几个月没有同尊敬的王庭栋主任见面了，十分想念。万万没有料到，2010年12月21日上午电话上传来噩耗：王庭栋主任今天9时50分在北京301医院去世了！这噩耗如晴天霹雳，使我两手颤抖，视眼模糊，悲恸万分。

王庭栋同志20年来先后担任三晋文化研究会顾问、名誉会长，对弘扬三晋文化多有指导，贡献卓越。我和刘泽民、罗广德、刘在文、田中仁、杨子荣等怀着沉痛悼念王庭栋同志的心情敬献一副挽联：

一生为党赢得光辉齐日月，

廉洁奉公永留清白在人间。

在这里我们聚焦他一些耀眼的亮点，深刻感悟王庭栋同志昭昭在目的辉煌人生，是为纪念，启迪后人。

少年革命

王庭栋同志1937年12月，年仅14岁即投入抗日救亡、争取民族独立、人民解放的伟大革命斗争中。在抗日战争、解放战争中，他一直在太行区工作，历任平定路西县委、冀西特委、冀西地委秘书，邢西、武安、博爱、沁阳等县县委书记兼独立团政委。在艰难困苦的环境中他一贯坚持敢于斗争，敢于胜利的精神，在血与火的战斗中奉献青春年华，为党为人民作出巨大贡献，在艰难困苦中锻炼成为优秀的省级领导干部，在2005年山西省委、省政府热烈庆祝抗战胜利60周年活动中，荣获中共中央、国务院、中央军委颁发，胡锦涛同志题写章名的纪念章和“抗战功臣”荣誉称号，令人十分钦佩！

“减租清债有困难找小王”

王庭栋同志一贯关心群众。他长期同农民群众同吃、同住、同劳动、同度大灾荒、同控诉地主恶霸的罪行、同参战、同搞土地改革，和农民群众同甘苦共患难，同求翻身解放，和广大人民群众同呼吸、共命运，血肉相连。王庭栋同志深情地说，搞革命工作，只要你全心全意为人民服务，就会获得群众拥护。因而在战争年代太行区邢西、武安一带广为流传的一句话：“减租清债有困难找小王”。这就是当时人民群众对王庭栋同志十分信赖和爱戴的心声。

关心农民，敢说真话，遭受打击

王庭栋同志一贯重视调查研究，了解民情，关注民生，敢说真话。1958年8月，他任河南省委秘书长期间，省委主要领导人“左”倾思想严重，要抢先实行公社化，大刮浮夸风，实行粮食高估产、高征耕,给农民留的口粮过低,大部分农民吃不饱,患浮肿病,发生饿死人的严重问题。王庭栋同志对此既痛心又忧心。他同省委另两位负责人潘复生、杨钰同志提出反对意见,极力主张给农民一天至少留下一斤口粮,同时要求改变三斤红薯顶一斤粮的规定,要改为五斤红薯顶一斤粮,不然农民吃不饱,影响农业生产。因此被错误的打成"右倾机会主义分子"和"反党集团"。这就是1958年"大跃进"中发生于河南的"潘、杨、王反党"事件。王庭栋同志被下放生产队劳动改造。在劳动期间王庭栋同志和社员打成一片,早出晚归参加劳动,并在党员干部中反复强调坚持社会主义方向,纠正一切不利于巩固社会主义集体经济的错误观点和做法,深受广大农民的拥护爱戴。当时河南人民对于能够实事求是,敢同不顾农民死活的官僚主义分子进行坚决斗争的潘、杨、王十分拥护,许多人赞扬他们的正义行为。大部分人反对批判他们的所谓错误。南阳县就有人公开说,"王庭栋同志是真正关心人民的好干部,谁要叫我说他们不好,批判他们,除非把我杀了。"广大农民心中明亮,都站在真理一边。这正是中国农民胸怀伟大的表现。

提出"精神救灾"的口号

王庭栋同志一贯勤劳俭朴。上世纪80年代夏天,晋东南地区阳城、沁水两县发生了暴雨洪水灾害。时任省委副书记王庭栋同志带领潘瑞征、栗茂林、我、孙英等人去阳城县救灾。当时王庭栋已年过花甲,但在救灾期间,他不辞劳苦,天天深入灾区查看灾情,调查研究。他确认发生洪灾的深层原因是,山西十年九旱,沁河几近干涸,沿河两岸的人就在河滩建房盖屋,还有的建了工厂。因不期而遇的洪水猛涨便冲毁建筑物,有的造成家破人亡的惨状。他同时发现在抢险救灾中涌现出不少英勇无畏救灾的先进集体和模范个人。于是王庭栋同志一方面指示省财政拨出一批救灾资金,另一方面特别提出"精神救灾"的口号,就是要用救灾中的英勇精神、先进事迹,鼓舞群众生产自救的积极性。于是他决定由省里掏钱,以省委、省政府救灾工作团的名义召开大会,隆重表彰奖励救灾先进集体和模范个人。在制作奖旗奖状时,我起草了"生产救灾,助人为乐"的词句,王庭栋看了说,遭了大灾,还乐什么呢!便当即动手写下"自力更生,战胜灾害"的题词。他满怀激情在大会上讲话,提出两点:一是要求县、乡、村迅速作出规划,治理河道,筑堤打坝,保护人民的生命财产,同时要保护和开发利用沿河岸的土地。二是为救灾先进集体和模范个人颁发奖旗、奖状,热情洋溢地赞扬他们奋不顾身抢险救灾的勇敢精神和思想品质。他说:毛主席说"人总是要有一点精神的"。物的力量有限,精神力量无穷。不怕困难就等于战胜困难,有了互相帮助的精神,就可以创造出人定胜天的奇迹。你们的模范事迹就充分说明了这一点。他的讲话赢得大家热烈不断的鼓掌。这次会议在阳城县起了很好的轰动效应,鼓舞了全县人民生产自救的积极性。阳城县的领导同志称赞:王书记的工作精神,就是我们做好工作的榜样。

热心公益,捐献老宅

王庭栋同志一贯热心公益事业。平定县委、县政府修复了石评梅故居并建立石评梅纪念馆,在县城公园树立一座汉白玉石评梅雕像。2002年9月,县委书记吴学斌邀请王主任和我参加竣工庆典。在参观中我得知王庭栋的宅院和石评梅的宅院是隔壁邻居,只要打开一道门就能连成一个大院。他对石评梅生平事迹十分了解。他盛赞石评梅是中国弘扬五四精神的第一批女性文学群体中与冰心、沅君等齐名的一位拓荒者,也是享誉京城的女作家,她与我党山西籍早期党员、山西党的创始人高君宇结成"革命情侣"。高君宇29岁去世后,石评梅把高的遗骸埋葬在他们生前在陶然亭散步、谈理想、谈爱情时选定的锦秋墩下:"我是宝剑,我是火花/我愿生如闪电之耀亮/我愿死如彗星之迅忽……我无力挽住你迅忽如彗星之生命,我只有把剩下的眼泪流到你的坟头,直到我不能看你的时候。"石评梅在墓碑上亲手写下这样的诗句。当年仅26岁的石评梅去世以后,在周恩来总理倡导下,终于实现了石评梅与高君宇"生前未能相依共处,愿死后得并葬荒丘"的宿愿。"革命情侣,生死相从,堪称英烈,世何尊崇。"许德珩为平定石评梅纪念馆题写了这四句诗。

在庆典会上,王庭栋同志当场宣布把他的宅院捐献出来,供县里举办纪念石评梅活动的场所。这一举动赢得全场人员的高度盛赞。他在会上作了热情洋溢和充满自豪的讲话,他说,石评梅是平定县早期的北大优秀生,是平定县妇女解放和革命先驱,是平定县的光荣和骄傲。他高度赞扬了石评梅追随时代前进的选择,颂扬了高石之恋的革命精神和纯真爱情。还赞扬了平定县委修建石评梅纪念馆是远见卓识之举。王庭栋同志的这些举动获得全场掌声,全县喝彩。真可谓"高风传乡里,亮节昭后人"。

谦虚和善,以情待人

王庭栋同志一贯谦虚,无论对老对少,都表现出一种令人钦佩的亲和力。

他和王谦是平定老乡,比王谦小六岁,王谦是1936年参加革命,他是七七事变后投身抗日战争,也是"37式"的老革命。但他对王谦十分尊崇。他在悼念王谦同志的纪念册上写下这样的悼词:

王谦书记、老大哥:你对共产主义信仰是坚定不移。

你对国家和人民无限忠诚。

你始终保持了浩然正气,正大光明。你做事大公无私,做人言行一致,风范长存。

老弟王庭栋 2007年7月20日

还有,王庭栋和黄志刚是同时代人,工作经历和职务基本相同。但他在缅怀黄志刚同志纪念集上写下这样的话:

我同黄志刚老领导在山西相处,对我教育最深的是——马克思主义理论研究的深厚功底,共产主义信念坚定不移,无私的人格魅力,正直不阿的崇高风范!

缅怀黄志刚同志

王庭栋 2009年7月

王庭栋同志对他的下级和一般干部更是平等看待,平易近人,和气待人,所以人们喜欢和他来往、交谈。王庭栋同志说和同志们聊天,可以了解许多群众心声,社会信息,也是一种调查研究的方式。有一位下级干部要向他辞别时,他惋惜地要求他以后多来交谈。那位同志说我没有交通工具,来往困难。王庭栋说,你打车来,打车费我给你出……这样没有官架子的领导干部,大家自然感到亲切,平易近人。

谦恭下士,为我祝寿

王庭栋同志一贯礼贤下士。特别令我感动和不安的是他作为上级领导和长者给我过生日的事情。2009年3月,我80岁生日,我的子女、亲朋好友已经给我举办过隆重的祝寿活动。按照民间传统习惯,一般是敬老不敬小,拜上不拜下。我过生日除家人以外,只约有几位好友,其中有比我大十岁的刘江兄长和比我大一两岁的张捷夫、刘在文参加,我于心不安,当场致歉道谢。当时,王庭栋主任已为我送了厚礼,实属感激不尽。不料,过后,王庭栋主任硬是坚持要再举办一次。于是在晋祠宾馆又为我举办了一个祝寿活动。他在聚会上致辞说:今天很高兴参加三晋文化研究会和省旅游学会、五台山研究会一起举办的这个庆祝活动。共同祝贺玉明同志八十华诞,很有意义。我这两三年很关心这个事情,每年问刘在文,玉明到底什么时候过生日,不办这事总觉得放不下。

这几年,我最感动的是两件事:一是玉明无论做什么工作,特别是离休后,坚持事必躬亲,亲自动手,很了不起,表现了他的责任心,也表现了一个老党员、老干部对党、对事业的无限忠诚。亲自动手是最好的落实,我一闭眼就想到玉明同志在那里笔耕不辍,改稿子的样子。二是玉明真诚团结大家,参加三晋文化研究工作的同志都是兢兢业业,拿出这么多成果,没有一个真诚团结、和谐的集体是不行的。

这是我在这几年的接触中体会最深刻的两点。

玉明同志得到了大家拥护是有好原因的,应祝他健康长寿!

居高声自远。庭栋同志长我六岁,又是"37式"抗战老八路,正省级革命老领导为我祝寿并讲了那么多溢美之言,实在令我感激和不安。我笑着对他说,按老百姓的话说这是上拜下,折阳寿!刘泽民同志说,上拜下更长寿。确实王主任此举我们全家深感荣幸,更是我的福气。说明王主任心中还有我这个下级。人逢喜事精神爽,心中愉悦,有助健康,这是一种精神享受。

王庭栋主任谦恭下士,品德高尚,我深感荣幸和激动。

勤奋好学,亲自动手

王庭栋同志一贯勤奋学习马克思理论、毛泽东思想,勤于动脑动手是他的特长。他参加各种大小会议,都在桌子上认真记笔记,每次会议都是有准备的讲话发言,每次发言稿都是自己思考,自己动手写成,从不让别人代劳。他的讲话、发言都是有观点、有事实,切中议题,言简意赅,很少东拉西扯讲长话、空话、套话。听他的讲话受教育,有启发,人都爱听。他在会上的笔记是记观点,记名言,写感悟。回到家中还要抄到日记本上。我对王庭栋同志说过,待百年以后,把你的日记出版了,就是一部很实际、很生动的近代史。他谦虚地说,我只是随便记事,备忘,不会有那么大的价值。然而,我始终相信我对他的日记看法不错。

关注农民、农业、农村是他一生的追求

王庭栋同志关心三农是一贯的。战争年代他长期担任县委书记,都是和农民打交道,当他被打成所谓"反党集团成员",下放生产队当社员,生活劳动比农民还艰苦。后来,他在河南省许昌地委农村部工作,又担任河南省农村工作部副部长,1969年底调山西工作后为省委副书记,长期分管农业并兼任农村政策研究室主任。晚年他还积极参加"中国农业经济学会"活动,不断建言献策。他当全国人大代表期间到全国各地考察三农问题并提出相关的建议。他的经历决定了他对农村非常了解,对农民很有感情,他常说中国革命主要力量是依靠农民,关心农民就是关心革命,他以农民忧而忧,以农民乐而乐。他认为天地良心,能为农民办实事,敢为农民说真话是自己的责任。1972年周恩来总理提出反对极左思潮时,我任省委政策调研室农村工作组组长,曾先后和李梦陵、乔炳林等同志在交城、左云进行调查研究,分别写出《关于交城社员自留地问题的调查报告》、《左云县批极左认真落实林业政策的调查报告》,王庭栋书记审阅后认为切中时弊,有普遍意义,随即和省委副书记张平化同志批示,以山西省委文件转发全省各地县参照执行,促进了有关农村政策的落实。党的十一届三中全会以后,他大胆支持农村改革的先进典型,积极推进农村"统分结合,双层经营"新体制的建立和完善,大大解放了农村生产力,促进了农业增产,农民增收,终于解决了农民吃饱饭的问题。王庭栋任省人大主任期间,主持审议了《关于建设万家寨引黄工程的决议》,还主持制定了《关于山西省保护基本农田的条例》、《关于山西省农业投资条例》,对保护耕地、增加农业投资、发展农业生产力起了促进作用。

关注弘扬三晋文化

王庭栋同志离休以后担任了名人协会等多种社会职任,尤其是担任三晋文化研究会顾问、名誉会长期间,对弘扬三晋传统文化十分关心,基本上是开会必到,每次活动都参加,而且提出许多有指导意义的宝贵意见。比如他在三晋文化研究会第二届理事会上的讲话中说,三晋文化研究会这个民间团体,在宣传山西历史文化方面已经出版了几千万字的书,这些书我都有,很有历史文化价值和现实意义。现在有人动不动就说什么山西要打出娘子关,这就是说山西是封闭保守的,不对。我们三晋文化研究会一定要把三晋文化当中那种伟大的创造精神发扬出来,只有创新才会灿烂,这是三晋文化的一个重要特色。我们要十分珍爱和发扬三晋文化中浩然正气的丰富内涵和道德自觉,抵制现在文化上的媚俗之风。要一如既往地加强和提高五千年文明史的文化自觉,加强弘扬文化自信,更好的为山西现实服务,为山西文化大发展大繁荣多做好事实事,做出新贡献!

1998年,他专门为我们题词:

弘扬三晋文化,强壮黄土骨气。

这是老领导的愿望,也是我们三晋文化研究会的追求。

人有志气永不老,革命人生无黄昏

惊悉王庭栋老领导去世,我感到很突然。2010年4月20日,我们一起到上海参观世界博览会期间,因为走路太多，我让他坐轮椅，他不坐，坚持步行参观。从此以后，我们三晋文化研究会请他参加的多次活动他均未到场，深为遗憾。直到6月底，方知他在北京301医院体检治疗。10月间，我们三晋文化研究会副会长田中仁同志带着慰问信专程赴京探望。

尊敬的庭栋主任：

您好，很长时间不见您，非常想念。得知近日您因身体欠佳，到北京住院治疗，同志们深表关切。

现由田中仁同志代表三晋文化研究会全体同仁前往医院看望您，向您表示亲切的慰问，祝您早日康复。

最近的一段时间，我会举办了一些活动，如吕梁市三晋文化研究会召开了第一届理事大会；《三晋石刻大全·忻州市宁武县卷》出版座谈会在宁武县隆重召开；召开了纪念史纪言同志诞辰100周年座谈会；忻州市忻府区成立了三晋文化研究会；召开了纪念抗日战争胜利65周年座谈会，您是抗战老战士，本想邀请您参加，共话山西人民为夺取抗日战争胜利和中华民族解放事业所作的巨大贡献与牺牲，因您住院未能参会，甚感遗憾。现将我会近期的简报给您送去，请审阅。

衷心盼望您安心养病，早日康复再见。

我还委托在山西驻京办事处工作的儿子张建平去医院看望。他们看后都告诉我说，王主任身体还好，和我们说了许多话，他还天天坚持在医院散步，气色也很好……这使我非常放心，盼着他病好回来，见面交谈，参加活动……

不料，哀哉！竟成永诀！

山高水长，世人敬仰

万万没想到，我尊敬的老领导王庭栋同志竟于年底离开他的亲人和他一生追求的革命事业。12月21日上午，杜兰同志和他的子女们都陪着灵车由京返并途中，我去他家帮助设置灵堂，当即敬献了一幅挽联：

功著晋豫音容逝

名垂青史德泽存

我们满含眼泪为他送上唁电，寄托我们的哀思。

我们尊敬的老领导王庭栋同志逝世，我们万分悲恸。谨致以沉痛的哀悼！并向杜兰同志和子女转达我们深切问候，尚祈勉节哀思。

王庭栋同志是坚定的马克思主义者和忠诚的共产主义战士，是党和国家杰出的省部级领导干部。他把毕生的精力无私奉献给中国革命和社会主义事业。庭栋同志一生为人正派、坚持原则、光明磊落、大公无私、清正廉洁，在世人心目中留下了深刻的印象。他是我们尊敬和爱戴的好领导，我们铭记在心。

王庭栋同志离休后仍发挥余热，积极关心支持三晋文化研究工作，多年来一直担任三晋文化研究会的名誉会长，每次会议都亲临参加，为三晋文化研究建言献策，做出贡献，大家深受感动。

王庭栋同志的逝世，使党和国家失去了一位优秀领导干部，我们失去了一位老领导、好领导，我们永远怀念王庭栋同志！

王庭栋同志一贯热爱家乡。下午，我去他家等侯接灵，方知灵车绕回平定城内东门大街他老宅门前探望，灵车还在阳泉市大街上绕行，回到太原，又从省委东门进入他住宅门前，陪护王老灵车的儿子打开救护车后门哭着说：“爸，你回到咱家门口了，您看看吧……”顿时车上车下一片哀咽，我特别安慰杜兰同志，请她节哀保重！

第二天，我和刘在文同志又到王庭栋同志灵堂遗像前鞠躬吊唁。

可以告慰王庭栋同志英灵的是，2010年12月26日在沉痛悼念王庭栋同志送别仪式上，向遗体告别的现场人数有1000多人，加上中央机关和北京市、河南等省送花圈、发唁电的共2000多人。其中有中共山西省委、山西省人大常委会、山西省人民政府、山西省政协四大领导机关及省直等55个部门(单位)及其负责人，省委书记袁纯清、省长王君，省委全体常委薛延忠、金道铭、李小鹏等；省人大、省政府、省政协全体领导人；法检两长；离退休老领导李立功、阮泊生、卢功勋、郭裕怀等606人；还有河南省委、新乡、沁阳、济源、焦作市委，武安、博爱县委和河北邯郸市委等12个市、县、公司；还有送花圈的716人。

特别令人感动的是：中共中央总书记、中华人民共和国主席、中央军委主席胡锦涛，国务院总理温家宝，中央常委、国家副主席习近平，国务院副总理李克强、王岐山，中央政治局委员、中组部部长李源潮，中央政治局委员薄熙来，中央办公厅主任令计划和党和国家原领导人乔石、李鹏、朱镕基、李岚清、李德生、田纪云、任建新等都送了花圈。还有中央部委原领导人陶鲁笳、张仕波、杨贵、杜润生、高文、孙英、孙文盛、刘韵等等同志也都送了花圈。这在山西历史上是空前的。这充分说明老革命家王庭栋同志一生的丰功伟绩、高尚品德、革命风范的影响深远，获得中央高层领导和广大人民群众的赞许和尊重！

后人铭记即不朽，活在人心变永生。

王庭栋同志永垂不朽！

大事记要

中共山西省委大事记

1月

4日　省委召开2009年省级党政领导班子和领导干部年度考核测评暨“一报告两评议”会议，张宝顺同志主持会议并讲话，汤涛同志作工作报告。

6日　薛延忠同志赴省高校工委调研。

8日　省委召开常委会：一、听取中央农村工作会议精神，研究我省贯彻落实意见；二、听取全国宣传部长会议精神汇报，研究我省贯彻落实意见；三、听取全国统战部长会议精神汇报，研究我省贯彻落实意见；四、听取第十八次全国高校党建工作会议精神汇报，研究我省贯彻落实意见。

同日　全省组织部长会议召开，张宝顺、汤涛同志出席会议，张宝顺同志讲话，汤涛同志主持会议。

同日　省委向中央纪委、中央组织部报送《中共山西省委常委2009年度民主生活会情况报告》。

11日　省军区党委九届十六次全体（扩大）会议召开，张宝顺、方文平同志出席会议并讲话。

同日　王君同志在忻州原平市调研。

14日　全省政法工作会议召开，杜玉林同志出席会议并讲话，张建欣同志主持会议。

15日　省委召开常委会：一、讨论王君同志在省十一届人大三次会议上所作的《政府工作报告（讨论稿）》；二、听取省十一届人大三次会议、省政协十届三次会议筹备情况汇报，研究召开“两会”有关事宜；三、讨论《中共山西省委常委会2010年工作要点（讨论稿）》；四、听取中央纪委五次全会精神及我省贯彻意见的汇报；五、干部任免。

同日　省委下发《关于提名申联彬同志免职的通知》。

同日　省委印发《关于推荐山西省人大常委会副主任和山西省人民检察院检察长候选人的建议》。

17日　张宝顺、王君、李小鹏、牛仁亮同志会见国家发改委主任张平一行。

18日　张宝顺同志参加考核太原市2009年度党风廉政建设暨省管领导干部反馈会并讲话，申维辰、高建民同志出席反馈会。

20日　省委农村工作会议召开，张宝顺同志出席会议，王君同志出席会议并讲话，薛延忠同志主持会议，刘维佳同志作会议总结。

21日　全省宣传部长会议召开，张宝顺同志出席会议并讲话，胡苏平同志主持会议。

同日　省委印发《中共山西省委常委会2010年工作要点》。

23日　王君、张建欣同志会见国家工商总局局长周伯华同志一行。

23日至24日　中共中央政治局委员、中央书记处书记、中组部部长李源潮在我省太原、吕梁调研第三批学习实践科学发展观活动，张宝顺、王君、申维辰、高建民同志陪同调研。

24日　薛延忠同志出席省总工会第十一届五次全委（扩大）会议并讲话。

同日　薛延忠同志出席太原陆军预备役高炮旅党委一届五次全体（扩大）会议并讲话。

25日　省政协十届三次会议开幕，省委常委出席开幕式，薛延忠同志作工作报告，郭良孝同志主持会议。

26日　省十一届人大第三次会议开幕，张宝顺同志主持会议，王君同志作政府工作报告，省委常委出席开幕式。

28日　张宝顺、李政文、韩儒英、卫小春同志会见百度公司董事长兼首席执行官李彦宏一行。

同日　省委向中共中央上报《关于我省2009年工作情况的报告》。

29日　省政协十届三次会议闭幕，省委常委出席闭幕式，薛延忠同志主持会议并讲话。

29日至30日　中共中央政治局委员、国务委员刘延东同志在我省考察工作，张宝顺、王君、申维辰、胡苏平、张平同志陪同考察。

31日 省委、省政府召开会议，传达贯彻刘延东、李源潮同志考察山西重要讲话精神，张宝顺同志主持并提出贯彻意见，王君同志传达，省委常委出席会议。

同日 省十一届人大三次会议闭幕，张宝顺同志讲话，省委常委出席闭幕式，杨安和同志主持会议。

同日 全省党风廉政建设干部大会暨省纪委五次全会召开，张宝顺同志出席并讲话，王君同志主持，省委常委出席会议。

2 月

1日 省委向中共中央上报《关于山西省十一届人大三次会议选举结果的报告》。

1日至5日 省委常委分别带队赴各市慰问困难群众。

2日 全省高等学校党的建设工作会议召开，薛延忠同志出席会议并讲话，胡苏平同志主持会议，汤涛同志出席会议。

5日 我省举行纪念姬鹏飞同志诞辰100周年座谈会，薛延忠同志出席会议并讲话，李小鹏同志主持会议，高建民同志出席会议。

8日 我省召开劳模迎春联谊会，张宝顺、王君、薛延忠、申联彬同志出席会议，薛延忠同志代表省委、省政府致辞。

同日 我省举办2010年春节联欢晚会，省委常委以及省四大班子负责同志出席晚会，张宝顺同志致新春贺辞。

9日 省党政军迎春座谈会举行，张宝顺同志出席并讲话，王君同志主持，薛延忠、方文平、张少华、申联彬、杜玉林、李小鹏、高建民以及驻晋部队主要负责同志出席座谈会。

同日 省领导分别带队看望慰问原省级领导和已故老同志遗属，代表省委、省政府向各位老同志致以新春的问候和良好的祝愿。

同日 张宝顺、汤涛同志出席我省"百人计划"首批海外高层次人才颁证仪式，张宝顺同志讲话。

10日 省城各界人士迎春茶话会召开，省委常委出席茶话会，张宝顺同志讲话，薛延忠同志主持。

同日 王君、李小鹏、高建民同志出席太原至台北直航首航仪式，王君同志宣布直航航线开通。

同日 省委办公厅、省政府办公厅印发《关于做好2010年山西省劳动模范评选工作的通知》。

11日 省委、省政府举行2010年春节团拜会，省委常委出席团拜会，张宝顺同志主持，王君同志讲话。

12日 张宝顺、申维辰、胡苏平、高建民、郭海亮、陈川平同志赴山西焦煤西山煤电集团公司，看望慰问一线职工和棚户区改造住户，为他们送上新春的祝福。

同日 王君、申联彬、杜玉林、李小鹏、方文平、李政文、刘维佳同志在太原市看望慰问节日期间坚守工作一线的广大干部职工，向他们致以节日的问候和祝福。

同日 王君同志在太原看望慰问节日期间坚守在工作一线的干部职工。

同日 薛延忠、金道铭、汤涛、张平、张建欣同志在太原市看望慰问节日期间坚守工作一线的广大干部职工，向他们致以节日的问候和祝福。

14日 王君同志在大同市看望慰问节日期间坚守工作一线的广大干部职工，向他们致以节日的问候和祝福。

22日 省委中心组举行专题学习会，认真学习胡锦涛、温家宝、习近平、李克强同志在中央省部级主要领导干部深入贯彻落实科学发展观、加快经济发展方式转变专题研讨班上的重要讲话精神，研究我省加快经济发展方式转变的思路和措施。

23日 省委召开贯彻落实中央贯彻实施《中国共产党党员领导干部廉洁从政若干准则》会议精神电视电话会议，张宝顺同志讲话，王君同志主持会议，金道铭、胡苏平、高建民、汤涛同志出席会议。

同日 省委召开议军会，张宝顺同志主持会议并讲话，王君同志讲话，薛延忠、方文平、张少华、申联彬、申维辰、李小鹏、高建民等省领导出席会议。

24日 省委召开深入学习实践科学发展观活动总结电视电话会议，张宝顺同志讲话，王君、申联彬、胡苏平、高建民、汤涛同志出席会议，薛延忠同志主持会议，中央巡回检查组组长虞云耀出席并讲话。

同日 全省信访工作会议召开，薛延忠同志出席并讲话，高建民同志主持会议。

26日 省委召开常委会：一、听取关于2010年中央对台工作会议精神的汇报；二、听取关于撤销刘太平十届省政协委员、常委职务的情况汇报；三、干部任免；四、关于全国"两会"期间的工作安排。

同日 省委下发《关于贯彻实施<中国共产党党员领导干部廉洁从政若干准则>的通知》。

同日 省委向中共中央上报《关于2009年落实党风廉政建设责任制 推进惩治和预防腐败体系建设情况的报告》。

3 月

1日 在晋全国政协委员赴京出席全国政协十一届三次会议，高建民同志前往太原火车站送行并代表省委、省政府讲话。

2日 在晋全国人大代表启程赴京出席十一届全国人大三次会议，高建民同志到太原火车站送行并代表省委、省政府讲话。

12日 省委办公厅、省政府办公厅印发《关于进一步加强全省定点扶贫工作的通知》。

18日 省委召开传达贯彻十一届全国人大三次会议和全国政协十一届三次会议精神大会，张宝顺同志主持并讲话，王君、薛延忠、申联彬同志分别传达会议精神，在并省委常委出席会议。

19日 省委依法治省领导组召开会议，张宝顺同志主持会议并讲话，薛延忠、杜玉林、金道铭、胡苏平、高建民出席会议。

同日 省委、省政府召开动员大会，部署新一轮省直机关企事业单位定点扶贫工作，薛延忠同志出席会议并讲话。

同日 省委办公厅转发《省委宣传部2010年宣传思想文化工作要点的通知》。

22日 省委向中共中央上报《关于开展深入学习实践科学发展观活动的情况报告》。

23日 团省委十三届四次全体（扩大）会议召开，薛延忠同志出席会议并讲话。

24日 全省安全生产工作会议召开，王君同志出席会议并讲话，李小鹏同志主持会议，陈川平、张建欣同志出席会议。

同日 张宝顺、金道铭同志会见中纪委副书记张惠新一行。

同日 张宝顺、刘维佳同志会见中国气象局局长郑国光一行。

同日 张宝顺同志会见美国伊利诺伊州参议院议长亚裔顾问委员会主席尚摩西一行。

25日 省委中心组举行专题学习会，中国气象局党组书记、局长郑国光作专题报告，张宝顺同志主持并讲话，在并省委常委出席学习会。

同日 省委召开专题会议，听取关于"疫苗事件"处置工作进展情况的汇报，对下一步工作进行研究部署。

26日 省委召开常委会：一、通报2009年省级党政领导班子和领导干部考核反馈情况；二、干部任免。

同日 全省重点工程建设总结表彰暨动员大会召开，王君同志出席会议并讲话，金道铭同志出席会议，李小鹏同志主持会议。会前，张宝顺、王君等省领导接见受表彰同志。

同日 省委办公厅、省政府办公厅转发《关于建立重大社会决策、重大工程项目社会稳定风险评估机制的意见的通知》。

28日 中煤一建公司63工程处正在施工的王家岭煤矿发生透水事故，接到事故报告后，胡锦涛、温家宝同志作出重要指示，张德江副总理赶赴现场指导救援工作，张宝顺、王君、国务院副秘书长肖亚庆、国家安监总局局长骆琳、国家煤监局局长赵铁锤在现场组织抢险救援。

31日 省委、省政府、省军区下发《关于推进军民融合式发展的意见》。

同日 省委办公厅印发《关于做好和谐社会建设考评工作的通知》。

4 月

5日 王家岭煤矿"3·28"透水事故153名被困人员中115人成功获救，救援工作取得重大进展。

6日 全党深入学习实践科学发展观活动总结大会在北京召开。张宝顺、申联彬、金道铭、李小鹏、胡苏平、方文平、高建民、李政文、张少华、刘维佳、何永才、姬亚夫、谢玉久、张韧、黄献军等在山西分会场参加会议，薛延忠、汤涛同志在北京主会场参加会议，申维辰同志在太原分会场参加会议。

12日 省委召开常委会：一、学习胡锦涛总书记在全党深入学习实践科学发展观活动总结大会上的重要讲话精神，就贯彻落实会议精神进行部署；二、听取全国对口支援新疆工作会议精神汇报，研究我省贯彻落实意见；三、听取在党的基层组织和党员中深入开展创先争优活动部署会议精神汇报，研究我省贯彻落实意见；四、听取关于"3·28"透水事故抢险救援工作情况的通报；五、干部任免。

同日 张宝顺、张建欣同志会见武警部队司令员王建平一行。

同日 薛延忠、李政文同志会见中央统战部副部长陈喜庆一行。

同日 省委办公厅、省政府办公厅印发《关于2010年全省党风廉政建设和反腐败工作任务的分解意见》。

14日 省四大班子领导、驻并部队官兵和太原市干部群众共300余人，在太原市滨河东路参加省城党政军民义务植树活动。

同日 省委下发《关于认真学习贯彻胡锦涛总书记在全党深入学习实践科学发展观活动总结大会上重要讲话精神的通知》。

同日 省委办公厅、省政府办公厅印发《省管国有骨干企业领导人员管理暂行规定的通知》。

同日 省委办公厅、省政府办公厅转发《山西省2010年"扫黄打非"行动方案的通知》。

16日 中央第一地方巡视组巡视山西省工作动员会和山西省委工作汇报会在晋祠宾馆召开，张宝顺同志主持会议。

同日 省委、省政府向青海省委、省政府发去慰问电，代表全省3400万人民向青海玉树地震灾区人民表示亲切慰问，向遇难者表示沉痛哀悼，向英勇奋战的抢险救援人员表示崇高敬意，并向灾区捐赠500万元。

19日 省政府召开全省一季度经济形势分析会，分析当前经济形势，安排部署下一阶段工作。王君同志主持并讲话，李小鹏、陈川平、刘维佳、张建欣同志出席。

同日 张宝顺、胡苏平、张平同志会见来晋参加中国日报社山西记者站成立暨揭牌仪式的中国日报社总编辑朱灵一行。

20日 省委召开常委会：听取省政府关于一季度全省经济工作情况的汇报，分析当前经济形势，部署下一阶段经济工作。

21日 全省高校新任领导干部培训班开班仪式在省委党校举行，薛延忠、张平同志分别作辅导报告，汤涛同志主持。

21日至23日 张宝顺、王君同志率领山西省党政代表团赴新疆就贯彻落实中央决定、开展对口支援新疆工作进行考察调研。中共中央政治局委员、新疆维吾尔自治区党委书记王乐泉主持晋疆党政领导座谈会，共同商议对口援建工作。高建民同志一同考察调研。

22日 全省重点工程建设青年突击队竞赛誓师活动在山西科技馆新址建设工地举行，薛延忠同志为青年突击队授旗并宣布竞赛活动开始。

同日 省综治委召开2010年第一次全会，薛延忠同志主持会议并讲话，杜玉林同志就夯实综治基层基础、创新综治工作思路讲话，杨安和、张建欣同志出席会议。

23日 省委、省人大、省政府、省政协分别举行捐款活动，向玉树地震灾区奉献爱心。省领导到场或以其他方式带头捐款。

24日 全省第四届职业院校技能大赛闭幕，薛延忠、刘滇生同志出席闭幕式。

同日 省委召开全省高校工作座谈会，张宝顺同志出席并讲话，汤涛同志主持，周然同志出席会议。

25日 我省86名全国劳模和先进工作者赴京参加2010年全国劳动模范和先进工作者表彰大会。薛延忠同志代表省委、省政府讲话，郭海亮、陈川平同志一同到火车站送行。

26日 省委召开常委会：一、听取全国宣传部长座谈会精神汇报，研究我省贯彻落实意见；二、干部任免。

27日 省委办公厅、省政府办公厅印发《关于加快推进反腐倡廉制度建设的意见的通知》。

28日 我省举办"光荣属于你"五一文艺晚会，省四大班子领导同志，省法、检两长，省级老同志，各民主党派负责人，工商联负责人，工青妇负责人等与广大劳模一起欣赏了文艺演出。

同日 省委向中共中央、国务院上报《关于华晋焦煤公司王家岭煤矿"3·28"特别重大透水事故抢险救援情况的报告》。

29日 省委中心组举行学习报告会，邀请中央纪委案件审理室主任耿文清同志就贯彻落实《中国共产党党员领导干部廉洁从政若干准则》作专题报告。张宝顺同志主持并讲话，省四大班子领导同志，省法、检两长出席。

同日 山西省劳动模范表彰大会召开，张宝顺同志讲话，王君同志主持。省领导薛延忠、申联彬、杜玉林、金道铭、李小鹏、胡苏平、方文平、高建民、李政文、汤涛、郭海亮、陈川平、李雁红同志出席。

30日 张宝顺同志赴上海世博园，看望慰问我省参与世博会一线工作人员并参观山西馆。

5 月

3日 王君同志会见亚美尼亚共和国总统谢尔日·萨尔基相一行。

4日 我省举行纪念五四运动91周年大会，张宝顺、王君、申联彬、胡苏平、高建民、李政文同志等出席会议，薛延忠同志讲话。

5日至7日 王君、申维辰、胡苏平、张平同志就全省文化体制改革、文化事业和文化产业发展进行专题调研，并主持召开全省文化发展座谈会。

6日 王君、申维辰、胡苏平、张平同志在山西日报报业集团调研。

6日至7日 张宝顺、高建民同志在临汾市调研。

10日 张宝顺、李小鹏同志会见澳大利亚驻华大使芮捷锐一行。

11日 省直机关第三届职工运动会开幕，张宝顺、王君、高建民同志出席开幕式，薛延忠同志宣布开幕。

12日 张宝顺、杜玉林同志会见武警部队副司令员息中朝一行。

同日 薛延忠、高建民同志在柳林县调研。

13日 张宝顺、申维辰、陈川平同志会见富士康科技集团总裁郭台铭一行。

13日至15日 国务委员、公安部部长孟建柱在山西考察调研，张宝顺、王君、薛延忠、申维辰、杜玉林、高建民等省领导先后陪同调研或出席座谈会。

14日 省委印发《关于在基层党组织和党员中深入开展创先争优活动的实施意见的通知》。

同日 省委办公厅、省政府办公厅印发《山西省突发公共事件新闻报道应急预案的通知》。

同日 省委办公厅印发《关于进一步规范省、市党委同民主党派、无党派人士政治协商的实施意见的通知》。

18日 张宝顺同志率世博会山西活动周山西代表团抵达上海，中共中央政治局委员、上海市委书记俞正声同志会见代表团一行。

19日 中国2010上海世博会山西活动周开幕，中共中央政治局委员、上海市委书记俞正声同志出席开幕式，张宝顺同志宣布开幕。

21日 张宝顺、张平同志会见国家税务总局副局长钱冠林一行。

同日 省委召开常委会：一、传达中央新疆工作座谈会精神，研究我省贯彻落实意见；二、讨论《关于贯彻落实〈2010—2020年深化干部人事制度改革规划纲要〉的实施意见（审议稿）》；三、听取关于中纪委、中组部贯彻实施四项监督制度进一步提高选人用人公信度视频会议精神的汇报；四、听取全省科协工作情况及今后工作思路的汇报；五、干部任免。

24日 省委省政府召开会议，传达贯彻中央新疆工作座谈会精神，张宝顺同志主持会议并讲话，王君、李小鹏、高建民同志分别传达会议精神，薛延忠、申联彬、申维辰、金道铭、胡苏平、李政文、汤涛等领导出席会议。

同日 王君、李小鹏同志会见招商银行行长马蔚华一行。

同日 省委印发《关于推进学习型党组织建设的实施意见的通知》。

25日 省委省政府召开会议，传达贯彻孟建柱同志考察山西重要讲话精神，张宝顺同志主持并提出贯彻意见，王君同志传达，在并省委常委出席会议。

同日 在并省委常委在山西分会场出席全国人才工作会议第一次全会。

26日 省委印发《关于进一步加强新时期科协工作的意见》。

26日至27日 王君、张平同志就我省高等教育改革发展进行专题调研。

29日 王君、杜玉林同志在政法系统调研。

30日 省委召开常委会，宣布中央关于山西省委主要领导同志职务调整的决定。

31日 省委召开全省领导干部大会，宣布中央关于山西省委主要领导同志职务调整的决定，王君同志主持会议，中组部副部长张纪南、袁纯清、张宝顺同志分别讲话。

6 月

4日 袁纯清同志到省人大、省政府、省政协、省军区机关走访调研，看望机关干部，慰问部队官兵，并与领导班子座谈，王君、薛延忠、申联彬、杜玉林、李小鹏、高建民同志分别参加座谈会或陪同调研。

5日 袁纯清同志在太原市调研，申维辰、高建民同志一同参加调研。

7日 袁纯清同志分别听取省纪委、省委组织部、省委宣传部工作汇报，金道铭、胡苏平、高建民、汤涛分别参加汇报会。

8日 王君、牛仁亮同志在忻阜高速公路调研。

同日 省委办公厅、省政府办公厅印发《关于做好山西省第三届模范公务员集体和模范公务员评选表彰工作的通知》。

8日至9日 袁纯清同志在长治市调研，高建民同志一同参加调研。

8日至9日 王君、李小鹏、牛仁亮同志在忻州市调研。

9日至10日 薛延忠同志在晋中市调研。

10日 王君、薛延忠、杜玉林同志会见武警部队副司令员薛国强一行。

同日 省委印发《关于袁纯清、张宝顺同志任免职务的通知》。

10日至11日 袁纯清同志在吕梁市调研，高建民同志一同调研。

11日 省委召开会议，对在基层党组织和党员中深入开展创先争优活动以及在全省开展学习型党组织建设进行动员部署，薛延忠同志主持，胡苏平、汤涛分别进行部署。

12日 省委召开常委会：一、听取关于全国人才工作会议精神的汇报，研究部署我省贯彻意见；二、听取关于临时召开一次省人民代表大会会议补选省人大常委会主任的请示；三、干部任免；四、对省委、省政府领导同志就加快推进转型发展开展调研、联系指导重点工程建设两项工作进行部署。

同日 袁纯清同志听取省委政法委、省委统战部工作汇报，杜玉林、高建民、李政文同志出席汇报会。

同日 省委办公厅、省政府办公厅印发《关于进一步推进全省煤焦领域反腐败专项斗争集中整治阶段工作的意见的通知》。

13日 省委印发《中共山西省委关于贯彻落实2010—2020年深化干部人事制度改革规划纲要的实施意见》。

同日 省委办公厅、省政府办公厅转发《关于加强新形势下高校和企业宗教工作的意见的通知》。

14日 袁纯清、高建民同志会见中国光大集团董事长唐双宁一行。

17日 袁纯清同志主持召开座谈会，听取省发改委、省经信委、省科技厅、省财政厅、省国土资源厅、省国资委工作情况和“十二五”发展思路汇报，李小鹏、高建民、牛仁亮同志参加座谈会。

18日 省委召开深化干部人事制度改革电视电话会议，就贯彻落实中央2010—2020年深化干部人事制度改革《规划纲要》和我省《实施意见》作出部署。袁纯清同志出席并讲话，王君同志主持会议，申联彬、申维辰、金道铭、李小鹏、胡苏平、高建民、李政文同志出席会议，汤涛同志就落实我省《实施意见》作了说明和安排。

19日 王君同志在太原市进行调研。

20日至21日 袁纯清同志在忻州市调研，高建民同志一同进行调研。

21日至22日 全省造林绿化晋中现场会召开，袁纯清同志致信表示祝贺，王君同志出席会议并讲话，刘维佳同志主持会议。

21日至22日 王君同志在晋中市进行调研。

22日至23日 袁纯清同志在临汾市进行调研，高建民同志一同进行调研。

23日至24日 袁纯清同志在运城市进行调研，高建民同志一同进行调研。

24日 王君同志在大同市进行调研。

24日至28日 中央军委委员、国务委员梁光烈在我省考察国防动员建设，袁纯清、王君、方文平、张少华、申维辰、李小鹏、高建民同志分别陪同考察。

25日 省委中心组举行学习报告会，邀请住房和城乡建设部副部长仇保兴就“新型城镇化对山西意味着什么”

作专题报告，袁纯清同志主持并讲话，在并省委常委出席报告会。

26日 袁纯清、高建民、张平同志会见北京大学校长周其凤一行。

28日 薛延忠、高建民同志出席省城重点工程建设表彰会并颁奖。

同日 薛延忠、高建民同志出席省委办公厅机关工作人员集中开展保密宣传教育活动。

28日至29日 袁纯清同志在晋中市调研，高建民同志一同进行调研。

29日 省委、省政府印发《"法治山西"建设实施纲要的通知》。

30日 袁纯清同志在晋中市与基层党员座谈，共同庆祝建党89周年，高建民同志出席会议，汤涛同志主持会议。

6月30日至7月1日 袁纯清、高建民同志在阳泉市调研。

7　月

1日 我省隆重举行彭真生平暨中共太原支部旧址纪念馆揭牌仪式，八届全国人大常委会副委员长王汉斌、袁纯清、王君同志出席仪式并为纪念馆揭牌，薛延忠同志讲话，申联彬、张少华、刘建华出席仪式。

同日 袁纯清、高建民同志在大西铁路客运专线建设工地调研。

3日至4日 袁纯清、高建民同志在晋城市调研。

5日至6日 西部大开发工作会议在北京举行，袁纯清、王君、薛延忠、申联彬、杜玉林、金道铭、李小鹏、胡苏平、方文平、高建民、李政文、汤涛等在山西分会场出席会议，牛仁亮同志在北京主会场出席会议。

6日 山西省科学技术协会第七次代表大会隆重召开，袁纯清、王君、薛延忠、申联彬、李政文等出席会议，薛延忠同志讲话，袁纯清同志会前看望与会代表并合影留念，中国科协常务副主席、书记处第一书记、党组书记邓楠出席会议并讲话。

6日至7日 袁纯清、高建民同志在朔州市调研。

7日至8日 袁纯清、高建民同志在大同市调研。

9日 省委召开常委会：一、传达中办发电〔2010〕15号、16号文件；二、听取全国社会治安综合治理工作会议精神的汇报，研究我省贯彻落实意见；三、听取关于全国省区市贯彻落实干部人事制度改革《规划纲要》座谈会精神的汇报，研究我省贯彻落实意见；四、干部任免。

同日 省委办公厅、省政府办公厅印发《关于认真学习贯彻人民武装警察法的通知》。

同日 省委办公厅、省政府办公厅印发《关于坚决制止领导干部大办婚丧喜庆事宜和借机敛财行为的规定（试行）的通知》。

13日至14日 全国教育工作会议在北京举行，第一次全体会议以电视电话会议形式召开，我省设立分会场，袁纯清、薛延忠、申联彬、杜玉林、金道铭、李小鹏、胡苏平、方文平、高建民、李政文、汤涛等出席会议，王君、张平同志在主会场出席会议。

14日 袁纯清同志在中科院煤化所调研，并主持召开煤化工领域专家座谈会，高建民同志一同调研并参加座谈会。

15日 袁纯清同志主持召开大型资源型企业负责同志座谈会，听取情况汇报，商讨"十二五"期间发展思路和途径，高建民、陈川平同志出席座谈会。

同日 全国政协副主席、中央统战部部长杜青林在北京接见我省老八路曹忠贵和非公有制经济人士冯建新，李政文同志参加了接见。

同日 薛延忠同志率同省有关部门负责同志，在晋中介休市进行调研。

16日 省委举行"山西特聘专家"颁证仪式，为我省"百人计划"第二批入选者颁发"山西特聘专家"证书，并召开引进海外高层次人才座谈会，袁纯清同志出席会议并讲话，王君、李小鹏、汤涛、陈川平出席座谈会，高建民同志主持座谈会。

19日 袁纯清、高建民、陈川平同志在太原钢铁（集团）有限公司调研。

同日 王君同志主持召开专题会议，听取上半年经济运行情况汇报，分析当前经济形势，研究部署下半年经济工作，李小鹏、牛仁亮、陈川平、张平、刘维佳、张建欣同志出席会议。

20日 省委印发《关于推荐山西省人大常委会主任候选人的建议》。

22日 袁纯清、胡苏平同志在山西日报报业集团、山西广播电视台、黄河新闻网进行调研。

同日 袁纯清、李小鹏同志会见交通银行董事长胡怀邦一行。

同日 薛延忠同志在中南部铁路通道建设工地调研。

23日 省委召开常委会：一、听取省政府关于上半年经济形势的汇报，分析当前经济形势，研究下一步经济工作；二、讨论袁纯清同志在全省领导干部大会上的讲话（讨论稿）。

26日 袁纯清、胡苏平、高建民同志在人民日报山西分社、新华社山西分社进行调研，并与中央驻晋新闻单位负责同志进行座谈。

27日 袁纯清、王君、薛延忠、申联彬、李小鹏、高建民同志会见商务部部长陈德铭一行。

同日 省委中心组举行物联网发展现状和趋势学习报告会，在并省委常委出席报告会，袁纯清同志主持并讲话。

同日 省委办公厅印发《中国人民抗日战争胜利65周年纪念活动实施方案的通知》。

28日 山西省城镇化推进战略研究课题专家研讨会召开，袁纯清同志出席会议并听取部分专家发言，会前接见与会专家。

29日 省委召开全省领导干部大会，袁纯清同志作重要讲话，王君同志主持，薛延忠、申联彬、申维辰、杜玉林、金道铭、李小鹏、方文平、高建民、李政文、汤涛同志出席会议。

同日 省十一届人大四次会议召开，袁纯清同志当选山西省第十一届人民代表大会常务委员会主任。

29日至31日 中共中央政治局委员、中央书记处书记、中宣部部长刘云山在大同市、朔州市进行调研，袁纯清、王君、胡苏平、高建民、张平同志陪同调研或参加座谈会。

30日 省委向中共中央上报《关于山西省第十一届人民代表大会第四次会议选举结果的报告》。

同日 省委办公厅、省政府办公厅印发《关于全省上半年经济形势和下半年经济工作的意见的通知》。

31日 袁纯清、王君、薛延忠、方文平、张少华同志以及省四大班子领导、原省级老同志一同出席庆祝中国人民解放军建军83周年电影晚会。

8 月

1日 全省党管武装工作述职会议召开，袁纯清同志出席并讲话，王君、薛延忠、张少华、申维辰、李小鹏同志出席会议，方文平同志主持会议。

同日 袁纯清、王君、薛延忠、李小鹏同志和有关省领导分别带队慰问驻晋部队，向他们致以节日的祝贺。

同日 王君、李小鹏、李政文同志会见全国工商联党组副书记、副主席宋北杉一行。

2日至6日 袁纯清率山西省党政代表团赴内蒙古自治区、天津市进行学习考察，李小鹏、高建民、陈川平同志一同考察。

3日 薛延忠同志在长治市进行调研。

7日 袁纯清、王君、李小鹏、李政文、牛仁亮、陈川平同志会见出席中国（山西）装备制造业博览会的国家工业和信息化部部长李毅中及国家有关部委、兄弟省区和部分企业的负责同志。

8日 中国（山西）装备制造业博览会开幕，袁纯清、王君、薛延忠、申联彬、申维辰、李小鹏等省领导与国家有关部委、兄弟省区的负责同志出席开幕式，袁纯清同志宣布开幕，王君同志致辞，陈川平同志主持开幕式。

同日 山西省第13届省运会开幕，袁纯清、王君、薛延忠、申联彬、申维辰、张平、郭良孝等省领导出席开幕式，王君同志宣布开幕，张平同志致辞。开幕式前，袁纯清、薛延忠、申联彬、张平、郭良孝同志接见我省群先代表并合影留念。

9日 袁纯清、申维辰、李小鹏同志会见出席2010中国（太原）煤机装备产业国际论坛的中外嘉宾。

9日至13日 王君同志率山西省党政代表团赴山东省、河北省学习考察，李政文、牛仁亮、陈川平等一同考察。

11日 袁纯清、申维辰、李小鹏同志会见富士康集团董事长郭台铭一行并考察富士康（太原）科技工业园。

12日 袁纯清、申维辰、高建民同志在太原重型机械集团调研。

14日 袁纯清、申维辰、高建民、陈川平同志会见上海复星高科技（集团）有限公司董事长、上海市浙江商会会长郭广昌以及商会企业家代表团。

16日 省委向中共中央上报《关于谢克昌同志免职的请示》。

18日 袁纯清、王君、申维辰、胡苏平、张平同志会见出席中国作协七届十次主席团会议的中国作协主席铁凝及党组书记、副主席金炳华一行。

同日 袁纯清、申维辰、高建民同志在太原市调研。

同日 王君、陈川平同志在太重集团进行调研。

同日 王君、陈川平同志会见中冶集团董事长经天亮一行。

19日 袁纯清同志会见中国建材集团董事长、党委书记，中国医药集团董事长宋志平一行。

同日 山西省煤基合成油循环化规模化生产座谈会举行，中科院副院长江绵恒、阴和俊等专家和袁纯清、王君、牛仁亮同志出席座谈会，共商煤基合成油产业化大计，探索煤炭循环化利用的现实途径。

同日 省委办公厅、省政府办公厅印发《关于做好2010年军队转业干部安置工作的通知》。

20日 省委召开常委会：一、传达学习胡锦涛总书记在中央政治局第二十二次集体学习时的重要讲话、刘云山同志来晋考察重要讲话精神，传达学习全国文化体制改革工作会议精神，研究我省贯彻落实意见；二、传达全国教育工作会议精神，研究我省贯彻落实意见；三、传达全国党史工作会议精神，研究我省贯彻落实意见；四、听取关于制定《山西省年度目标责任考核试行办法》情况的汇报；五、听取全省前一阶段学习弘扬"右玉精神"情况和下一阶段工作安排的汇报；六、干部任免。

同日 我省与国家电网公司举行山西电网发展座谈会，袁纯清同志会见国家电网公司总经理刘振亚一行，王君同志出席座谈会，李小鹏、牛仁亮、陈川平同志参加会见或座谈。

21日 袁纯清、王君、方文平、高建民、张少华同志会见北京军区政委刘福连一行。

23日 省委、省人大、省政府、省政协分别举行捐款活动，向舟曲灾区奉献爱心，袁纯清、王君、薛延忠等省领导带头捐款。

同日 王君、李小鹏同志会见华泰汽车集团董事长张秀根一行。

24日 袁纯清、金道铭同志会见中纪委副书记黄树贤一行。

25日 省委举办宏观经济形势和山西发展战略思考报

告会，邀请著名经济学家厉以宁作报告，袁纯清同志出席报告会并会见厉以宁一行，王君同志出席报告会，薛延忠同志主持报告会，在并省委常委出席报告会。

同日 袁纯清、李政文、韩儒英同志会见百度网络在线有限公司董事长李彦宏。

26日 纪念抗日战争胜利65周年座谈会暨朱德与山西抗战学术研讨会在太原举行，袁纯清出席座谈会并讲话，薛延忠同志主持座谈会，方文平、高建民同志出席座谈会。

28日 省委召开兴起学习弘扬右玉精神新高潮大会，袁纯清同志出席并讲话，王君同志主持会议，薛延忠以及在并省委常委出席会议。

30日 袁纯清、金道铭同志会见中纪委副书记李玉赋一行。

同日 袁纯清、王君、薛延忠、李小鹏、高建民、汤涛、牛仁亮、陈川平、张平、刘维佳、张建欣同志分别带队，分赴我省9个市检查农村“五个全覆盖”工程推进情况。

31日 我省召开农村“五个全覆盖”工程检查推进会，袁纯清同志主持会议并讲话，王君同志出席会议并讲话，薛延忠、李小鹏、高建民、汤涛同志出席会议。

同日 袁纯清、薛延忠、令政策同志会见海外知名台商企业家参访团一行。

同日 王君、陈川平同志会见国家审计署审计长刘家义一行。

9 月

1日 薛延忠、李小鹏同志分别带队看望慰问抗日老战士，方文平、张少华同志参加慰问。

同日 袁纯清、王君同志专程拜会国家发改委主任张平、副主任彭森，就我省开展资源型经济转型综合配套改革试验工作进行了会谈。

同日 省委、省政府印发《山西省年度目标责任考核试行办法的通知》。

2日 袁纯清、王君、薛延忠、李政文、陈川平同志看望全国政协副主席、民进中央常务副主席罗富和一行。

2日至6日 省委、省政府召开重点调研课题研讨会，就事关山西经济社会发展全局的19个课题进行研究讨论，袁纯清、王君同志分别主持会议，省委常委、副省长、法检两长参加会议。

3日 王君、李小鹏、李政文同志出席山西省——民进企业家重点招商项目推介会暨项目签约仪式。

同日 中共中央政治局常委、全国政协主席贾庆林，全国政协副主席罗富和在北京观看大型说唱剧《解放》，袁纯清、王君、薛延忠、胡苏平、高建民、张平、卫小春等陪同观看。

5日至7日 最高人民检察院检察长曹建明一行在我省调研，袁纯清、王君、杜玉林、李小鹏同志出席座谈会或陪同调研。

7日 省委印发《关于提名谢克昌同志免职的通知》。

8日 薛延忠同志到双西小学看望慰问优秀教师马俊丽，并向全校教职员工致以节日问候。

9日 袁纯清同志到山西大学考察学科建设，看望广大师生，与教师进行座谈，向全省广大教师致以节日的祝贺和诚挚的问候。

同日 王君同志到太原理工大学看望慰问教师，向全省广大教师致以节日的祝贺和诚挚的问候。

10日 中央第一地方巡视组向山西省省级领导班子和领导干部反馈巡视情况，中央第一地方巡视组组长周声涛代表巡视组反馈情况，袁纯清同志主持会议并讲话，中央第一地方巡视组副组长张秀明和中央巡视工作领导小组办公室负责同志、省委常委和省人大、省政府、省政协党组成员出席会议。

同日 王君、陈川平同志会见中国电力投资集团副总经理李小琳一行。

13日 王君、李小鹏同志会见香港工商界知名企业家访问团一行。

14日 省军区召开大会，宣布省军区领导班子调整命令，北京军区政治部主任董万才宣布中央军委命令，袁纯清同志讲话，张少华同志主持会议。

14日至16日 袁纯清、李小鹏同志会见参加第三届中国（太原）国际能源产业博览会的国家开发投资公司董事长、党组书记王会生，华润集团有限公司董事长宋林，中国海洋石油总公司党组书记、总经理傅成玉，中电投集团公司党组书记、总经理陆启洲，大唐集团董事长、党组书记刘顺达，中国华能集团公司总经理、党组副书记曹培玺，中国华电集团公司总经理、党组副书记云公民，中国建材集团公司董事长、党委书记宋志平，中国电子科技集团公司总经理王志刚，中国国电集团公司党组书记、副总经理乔保平等企业负责人。

16日 第三届中国（太原）国际能源产业博览会隆重开幕，全国人大常委会副委员长陈昌智宣布开幕，王君同志主持开幕式，袁纯清、薛延忠和国家部委有关负责人出席开幕式。

17日 薛延忠同志会见台湾洪门国际总会主席刘沛勋一行。

18日 袁纯清、汤涛同志出席全省创先争优活动座谈会，袁纯清讲话，汤涛主持会议。

18日至19日 王君、李小鹏、张平同志在大同市调研。

19日 第九届中国民间艺术节暨第九届中国（大同）云冈文化艺术节开幕，王君同志宣布开幕，李小鹏、张平同志出席开幕。

21日 省委召开常委会：一、审议《山西省中长期人才发展规划纲要（2010—2020年）》（送审稿）；二、研究讨论《关于制定中央巡视组反馈意见整改方案的安排意见》；三、干部任免。

同日 袁纯清、王君、薛延忠、高建民、张少华、刘云海同志专程赴北京走访慰问北京军区首长和官兵，与北京军区首长座谈，共叙军地友谊，共话军民融合发展。国务委员兼国防部长梁光烈接见袁纯清、王君一行，北京军区司令员房峰辉出席座谈会，座谈会由北京军区政委刘福连主持。

同日 省委向中共中央上报《关于金道铭等4名同志职务任免的请示》。

同日 省委向中共中央上报《关于张少华、方文平同志职务任免的请示》。

23日 省委办公厅、省政府办公厅印发《各市和省直部门（单位）2010年度目标责任考核指标的通知》。

25日 中部论坛南昌会议召开，袁纯清、王君同志出席，王君同志作题为《加快科学发展，共促绿色崛起》的大会发言。

26日 袁纯清、李小鹏同志出席第五届中国中部投资贸易博览会开幕式。

同日 省委办公厅、省政府办公厅印发《关于全面推进乡镇机构改革的意见》。

29日 袁纯清、薛延忠、申联彬、高建民同志出席太重建厂六十周年大会。

同日 袁纯清、汤涛同志出席太原市领导干部大会并讲话，宣布申维辰同志不再担任太原市委书记，陈川平同志任省委常委、太原市委书记。

同日 省城举行庆祝新中国成立61周年电影晚会，薛延忠、申联彬、杜玉林、李小鹏、高建民、李政文、陈川平同志出席并观看电影《建国大业》。

同日 省委下发《关于金道铭等同志任免职务的通知》。

30日 省委、省政府印发《山西省中长期人才发展规划纲要（2010—2020年）的通知》。

10 月

9日 省委、省政府召开全省人才工作电视电话会议，袁纯清同志作重要讲话，王君同志主持会议，在并省委常委和副省长出席会议。

10日至12日 国务院副秘书长、国家机关事务管理局局长焦焕成，中办副主任、中直机关事务管理局局长张建平在我省进行工作调研，金道铭、高建民同志分别陪同调研。

10日至13日 袁纯清、王君、薛延忠、金道铭、李小鹏、高建民、陈川平、牛仁亮、张建欣同志带领省观摩检查组对大同、朔州、忻州三个市的重点工作和项目进行工作检查。

13日 袁纯清、李小鹏同志会见香港文汇报董事长、社长王树成一行。

同日 省委召开会议，听取对全省贯彻《中共中央关于加强人民政协工作的意见》和省委《实施意见》督查调研情况汇报，薛延忠同志出席会议，高建民同志主持会议。

14日 金道铭同志会见中国人民银行总行党委委员、纪委书记王洪章一行。

同日 金道铭、高建民同志在省信访局调研。

19日 省委召开常委会，传达党的十七届五中全会精神，研究部署我省贯彻落实意见。

同日 金道铭同志在团省委调研并与部分高校团委书记学生干部座谈。

20日至21日 全省学习弘扬右玉精神工作情况汇报会召开，金道铭同志出席并讲话。

21日 省委召开会议，传达中央巡视组对我省巡视情况的反馈意见，金道铭同志主持并讲话，高建民传达了反馈意见。

22日 袁纯清、王君同志带队对运城市重点工作和项目进行观摩检查。

23日 袁纯清、王君同志带队对临汾市重点工作和项目进行观摩检查。

同日 袁纯清、金道铭、牛仁亮同志会见以中纪委驻中科院纪检组原组长王庭大为组长的中央扩大内需促进经济增长政策落实暨治理工程建设领域突出问题检查组一行。

24日 袁纯清、王君同志带队对晋城市重点工作和项目进行观摩检查。

25日 袁纯清、王君、金道铭同志带队对长治市重点工作和项目进行观摩检查。

同日 晋城环城高速、阳翼高速建成通车，袁纯清、王君、金道铭、高建民、张建欣出席通车仪式，牛仁亮同志主持仪式。

27日 省委、省政府召开全省第五次民族团结进步表彰大会，袁纯清同志出席会议并讲话，王君同志主持会议，薛延忠、李政文同志出席会议，刘维佳同志宣读表彰决定。

同日 国家民族事务委员会党组书记、副主任杨传堂和袁纯清到山西大学附属中学看望西藏班师生。

29日 省委办公厅、省政府办公厅印发《关于进一步贯彻党政机关厉行节约要求从严控制一般性支出的通知》。

30日 袁纯清、王君、高建民同志在上海考察上海世博会山西馆，对山西馆全体工作人员表示感谢和慰问。

11 月

1日至4日 袁纯清、王君同志率领省观摩检查组赴阳泉、晋中、吕梁、太原市进行工作检查，省领导薛延忠、金道铭、李小鹏、高建民同志一同参加工作检查。

4日 全国厂务公开民主管理工作经验交流暨先进单位表彰电视电话会议召开，金道铭同志在山西分会场出席会议。

同日 省委下发《关于张少华等同志任免职务的通

知》。

5日 全省观摩检查总结座谈会召开，袁纯清同志主持会议并讲话，王君同志出席会议并讲话，薛延忠、金道铭、申联彬、杜玉林、李小鹏、高建民、李政文、汤涛、陈川平、张少华、张建欣出席会议。

同日 省委召开常委会：一、讨论关于落实中央巡视组反馈意见的整改措施；二、听取关于2009年度全省和谐社会建设考评结果的汇报；三、听取关于起草《关于在全省开展干部转变作风下乡住村“六个一”活动的通知》（讨论稿）的说明。

同日 省委印发《关于加强和改进新形势下党史工作的实施意见》。

6日 省委办公厅印发《关于在各市建立党委新闻发言人制度的通知》。

9日 金道铭同志在运城市盐湖区调研。

同日 省委向中央巡视工作领导小组上报《关于落实中央巡视组反馈意见的整改方案》。

同日 省委印发《关于落实中央巡视组反馈意见的整改措施及责任分解意见的通知》。

9日至10日 全省反腐倡廉建设创新经验交流大会召开，金道铭同志出席并讲话。

10日 袁纯清、胡苏平同志接见我省“长江韬奋奖”获得者席殿晋、“中国新闻奖”获得者安洋、刘杰、王华等人。

同日 袁纯清、王君同志看望全国政协副主席、农工党中央常务副主席陈宗兴一行，李政文同志一同看望。

同日 全省加强农廉网建设工作推进会召开，金道铭同志出席并讲话。

11日 省委召开巡视工作汇报座谈会，专题听取省委巡视工作情况汇报。袁纯清同志出席会议并讲话，金道铭同志主持会议，汤涛同志出席会议。

同日 王君同志会见国家人力资源和社会保障部副部长何宪一行。

同日 全省清理整顿市场中介组织涉煤涉焦执业活动中突出问题工作动员部署电视电话会议召开，金道铭同志出席并讲话，张建欣同志主持会议。

14日 省委召开常委会：一、研究讨论《中共山西省委关于制定国民经济和社会发展第十二个五年规划的建议（送审稿）》；二、听取关于全省民营经济转型跨越发展大会筹备情况的汇报；三、听取关于全国市县乡党委换届工作座谈会精神的汇报，研究《山西省市县乡党委换届工作方案（讨论稿）》；四、听取关于召开山西省第十一届人民代表大会第五次会议和政协第十届山西省委员会第四次会议有关安排的报告；五、干部任免。

15日至17日 全国人大常委会副委员长、全国妇联主席陈至立一行带领全国人大常委会节约能源法执法检查组在我省进行执法检查，袁纯清、王君同志先后陪同检查。16日，陈至立副委员长与我省妇女代表座谈，袁纯清同志出席并讲话，金道铭同志主持座谈会，申联彬同志出席会议。

16日 省委办公厅印发《关于进一步加强领导干部监督管理的意见的通知》。

17日 袁纯清、王君同志会见国家质检总局局长蒲长城和供销总社理事会副主任戴公兴一行。高建民、汤涛、陈川平同志参加会见。

同日 王君、李小鹏同志会见中国人民银行副行长马德伦一行。

18日至20日 中共中央政治局委员、中央政法委副书记、中央综治委副主任王乐泉一行在太原、晋中等地考察，袁纯清、王君、金道铭、杜玉林、陈川平、张建欣、左世忠、王建明同志先后陪同考察调研或参加座谈会。

19日 山西省民营经济转型跨越发展成果展览开展，王君同志宣布开展并巡展，申联彬、高建民、李政文同志出席开幕式并巡展。

同日 省委、省政府召开民营经济转型跨越发展大会，袁纯清同志出席并讲话，李小鹏同志主持会议并作总结讲话，李政文同志宣读表彰决定，薛延忠、金道铭、申联彬、高建民等省领导出席会议。

22日 王君同志在太原市调研，并主持召开专题会，陈川平、牛仁亮、张建欣同志一同参加调研并出席专题会。

23日 省委依法治省领导组召开会议，袁纯清同志主持会议并讲话，王君、金道铭、申联彬、杜玉林、胡苏平、汤涛同志出席会议。

同日 金道铭同志在太原市调研，陈川平同志参加调研。

25日 袁纯清、国土资源部部长徐绍史、王君同志出席国土资源部与山西省政府举行“创新矿业用地管理机制合作协议”签字仪式，李小鹏同志主持签字仪式。签字仪式前，袁纯清、王君同志会见徐绍史部长一行。

同日 省委召开常委会：一、研究讨论《中共山西省委九届十一次全体会议筹备方案》，讨论《中共山西省委关于制定国民经济和社会发展第十二个五年规划的建议（送审稿）》、《关于制定国民经济和社会发展第十二个五年规划建议的说明》和省委常委会工作报告；二、干部任免。

26日 省委中心组举行学习报告会，袁纯清同志主持并讲话，省四大班子领导出席报告会。上海公共行政与人力资源研究所名誉所长、研究员沈荣华同志作“迈向世界人才强国的若干重大问题”的报告。

27日 大型电视纪录片《忠诚》座谈会举行，袁纯清在会前会见了参会的老领导和老同志，高建民、张少华同志出席座谈会并参加会见。

28日至30日 中共山西省委九届十一次全体会议召开，省委常委会主持会议。

29日 袁纯清同志会见国务院稳定物价保障群众基本生活督查组一行。

同日 袁纯清、胡苏平、张平同志会见国家文物局局长单霁翔一行。

同日 省委召开常委会，听取省委九届十一次全会分组讨论情况的汇报。

同日 省委办公厅下发《关于在全省开展干部下乡住村活动的通知》。

12 月

1日 袁纯清、金道铭、高建民同志会见以最高人民法院审判委员会专职委员、立案一庭庭长刘学文为组长的中央信访工作督导组一行。

2日 袁纯清、李小鹏同志会见国家开发银行董事长陈元一行。

同日 省委办公厅转发《省委政法委关于政法机关服务转型发展跨越发展的指导意见的通知》。

3日 袁纯清、高建民同志会见中国保利集团党委书记、董事长陈洪生一行。

同日 省委办公厅转发《关于全省行业性专业性矛盾纠纷调解工作的意见的通知》。

5日 袁纯清、胡苏平、高建民同志会见国家旅游局局长邵琪伟和出席"9+10"区域旅游合作交流会代表。

6日 袁纯清、王君、李小鹏同志分别会见吉利集团董事长李书福一行。

同日 袁纯清、金道铭、高建民同志在省信访局调研。

7日 省委召开常委会：一、传达全国学习型党组织建设工作座谈会和全国宣传部长座谈会精神汇报，研究我省贯彻落实意见；二、研究《山西省各市、省直部门（单位）2010年度目标责任考核工作实施方案》；三、讨论推荐"国防动员建设年度人物"名单；四、听取关于全国用群众工作统揽信访工作经验交流会精神和中央信访工作督导组反馈意见的汇报，研究我省贯彻落实意见；五、干部事宜。

同日 省委依法治省领导组召开全省第二届"十大法治人物"暨法治建设先进集体表彰大会，金道铭同志出席会议并讲话，杜玉林、胡苏平等省领导出席会议，张建欣同志主持会议。

8日 全省党史工作会议召开，袁纯清、中央党史研究室主任欧阳淞出席会议并讲话，胡苏平、汤涛同志出席会议，高建民同志主持会议，会前，参会领导接见与会代表。

同日 金道铭同志出席全省反腐倡廉制度建设经验交流会并讲话。

9日 山西省与铁道部举行工作会谈，并签署加快山西铁路建设发展会议纪要，袁纯清、王君、铁道部部长刘志军、李小鹏、铁道部副部长陆东福同志参加会谈并出席签字仪式。

10日 中央宣讲团在我省举行党的十七届五中全会精神报告会，中央宣讲团成员、国务院研究室副主任宁吉喆作专题辅导报告，金道铭同志主持报告会，省委中心组成员，省人大、省政协负责同志，省级老同志等出席报告会。

同日 省委办公厅、省政府办公厅下发《关于对国家公职人员逾期拖欠农村信用社贷款进行集中清理的通知》。

14日 省委召开会议，传达中央经济工作会议精神，袁纯清同志主持会议，传达胡锦涛同志重要讲话，并提出贯彻中央经济工作会议精神的意见，王君同志传达温家宝总理重要讲话，省四大班子负责同志出席会议。

同日 全国党的基层组织党务公开工作电视电话会议召开，袁纯清、汤涛、陈川平同志分别在省分会场和太原市分会场出席会议。

17日 山西省妇联建会60周年纪念大会召开，袁纯清、王君同志发贺信表示祝贺，薛延忠、金道铭、胡苏平、王雅安、张建欣同志出席会议，胡苏平同志讲话。

19日 金道铭同志在吕梁市调研。

同日 袁纯清、王君同志在全国政法工作会议山西分会场出席会议，杜玉林、陈川平、张建欣等省领导分别在主会场或分会场出席会议。

20日 省对口支援茂县灾后恢复重建领导组召开会议，薛延忠同志主持会议并讲话。

21日 省委召开常委会：一、听取省政府党组关于全省经济工作情况的汇报，分析当前经济形势，研究明年经济工作；二、听取我省对口支援四川茂县灾后恢复重建工作的汇报；三、听取全国组织部长会议暨人才工作座谈会精神汇报，研究我省贯彻落实意见；四、研究关于做好市县乡领导班子换届工作的有关政策规定；五、干部事项。

22日 我省首批援疆干部人才离晋赴疆，临行前隆重举行欢送座谈会，袁纯清同志出席并讲话，王君同志主持座谈会，汤涛、牛仁亮同志出席座谈会。

同日 王君、高建民同志会见上海绿地集团党委书记、董事长兼总裁张玉良。

同日 省委办公厅印发《关于2010—2020年干部教育培训改革实施意见》的通知》。

23日 袁纯清、高建民同志在长治市调研。

24日 全省高速公路2010年建成1000公里、总里程突破3000公里暨太原至佳县高速公路通车仪式举行，袁纯清、王君、李小鹏、薛延忠、申联彬、张少华出席通车仪式，李小鹏同志主持。

同日 袁纯清、胡苏平同志接见省委宣讲团成员。

25日 袁纯清、王君、汤涛同志出席全省组织部长会议，袁纯清同志讲话，王君同志主持，汤涛同志作工作报告。

25日至26日 薛延忠、牛仁亮同志赴茂县看望慰问奋战在援建工作第一线的广大干部职工。

26日 山西省援建四川茂县竣工项目交付仪式在茂县举行，薛延忠、牛仁亮同志出席并讲话。

27日 袁纯清、胡苏平、高建民、张平同志接见纪念人民音乐家施光南诞辰70周年音乐会的部分演职人员并观看演出。

27日至28日 全省经济工作会议召开，在并省委常委出席会议。

28日 全省人口与计划生育工作会议召开，袁纯清、王君、薛延忠、高建民、陈川平、安焕晓、张建欣同志出席会议，王君同志讲话，高建民同志主持会议。

29日 2011省城军民迎新年音乐会在太原举行，省四大班子领导、驻并部队军政主官观看音乐会。

同日 省委印发《关于推荐山西省人大常委会委员候选人的建议》。

同日 省委印发《关于调整山西省政协常委的建议》。

31日 袁纯清、高建民、陈川平同志看望慰问节日期间坚守工作岗位的一线干部职工和官兵，向他们致以节日的祝福。

同日 王君、牛仁亮、张建欣同志在太原市深入基层单位看望慰问干部职工，向他们致以节日的祝福。

同日 金道铭同志在太原市调研，陈川平同志陪同调研。

太原市迎泽公园

附 录

山西省2010年国民经济和社会发展主要指标完成情况

2010年，是山西发展进程中极不寻常的一年。面对复杂多变的经济形势，面对经济结构深层次矛盾的困扰，面对保增长保民生保稳定的繁重任务和安全生产的巨大压力，全省上下认真贯彻中央各项决策部署，创新发展思路，加大工作力度，着力推动转型发展和跨越发展，全年全省国民经济总体保持了平稳较快发展，各项社会事业取得新的进步。

一、综　　合

经济增长：初步核算，全年全省地区生产总值9088.1亿元，比上年增长13.9%。其中，第一产业增加值563.5亿元，增长6.1%；第二产业增加值5161.2亿元，增长18.6%；第三产业增加值3363.4亿元，增长9.1%。第三产业中，金融保险业增加值448.3亿元，增长6.5%；交通运输、仓储和邮政业增加值654.1亿元，增长7.1%；批发和零售业增加值675.5亿元，增长18.4%；房地产业增加值192.0亿元，增长5.5%。

人均地区生产总值26385元，按2010年平均汇率计算达到3900 美元。

第一、第二和第三产业增加值占全省生产总值的比重分别为6.2%、56.8%和37.0%，对经济增长的贡献率分别为3.0%、70.3%和26.7%。

价格：居民消费价格比上年上涨3.0%，其中食品价格上涨8.5%。商品零售价格上涨2.3%。固定资产投资价格上涨3.7%。工业品出厂价格上涨9.5%，其中生产资料价格上涨9.7%，生活资料价格上涨4.9%。原材料、燃料、动力购进价格上涨9.0%。农业生产资料价格上涨2.0%。房屋销售价格上涨3.0%。其中，新建商品住宅价格上涨2.3%，二手住宅价格上涨4.8%，房屋租赁价格上涨2.4%。

就业：全年全省城镇新增就业49.6万人，完成全年计划40 万人的124%；创业就业11.9万人，完成全年计划10万人的119%；城镇下岗失业人员再就业18.3万人，完成全年计划15万人的122%；就业困难人员再就业5.2万人。年末城镇登记失业率3.6%，低于4.2%的年度控制目标。

二、农　　业

种植面积：全年全省农作物种植面积376.4万公顷，比上年增长1.9%。其中，粮食种植面积323.9万公顷，增长2.9%；油料种植面积15.7万公顷，减少7.6%；棉花种植面积5.9万公顷，减少16.3%。在粮食种植面积中，玉米种植面积154.9万公顷，增长6.7%；小麦种植面积72.9万公顷，增长0.1%。

粮食产量：全年粮食总产量1085.1万吨，比上年增产15.2%。其中，玉米766.0万吨，增产17.1%；小麦232.2万吨，增产10.0%。

畜禽及水产品产量：全年全省猪牛羊肉总产量63.6万吨，比上年增长4.1%。其中，猪肉产量53.1万吨，增长4.8%；牛肉产量4.9万吨，增长1.5%；羊肉产量5.6万吨，增长0.4%。牛奶产量73.2万吨，增长1.0%。禽蛋产量70.5万吨，减少6.4%。水产品产量3.1万吨，与上年持平。

林业生产：年末全省森林面积221.1万公顷，森林覆盖率14.1%。全年木材产量4.8万立方米，比上年减少17.0%。全年完成造林29.1万公顷，比上年减少17.7%。退耕还林工程完成配套荒山荒地造林面积6.4万公顷。全年完成天然林资源保护工程造林面积6.2万公顷，比上年减少18.4%。

农业机械：年末全省农业机械总动力2809.2万千瓦，比上年增长5.8%。机械耕地面积256.0万公顷，机械播种面积218.2万公顷，机械收获面积102.7万公顷，分别比上年增长8.1%、9.6%和19.3%。全省农机化经营总收入97.7亿元，增长11.5%。

三、工业和建筑业

工业：全年全部工业增加值4586.4亿元，比上年增长19.8%，占第二产业比重88.9%，比上年上升0.8个百分点。其中，规模以上工业企业完成增加值4446.3亿元，比上年增长23.2%。

全社会原煤产量7.4亿吨，比上年增长20.4%。规模以上工业企业原煤产量7.3亿吨，比上年增长26.8%；焦炭产量8476.3万吨，比上年增长11.1%；钢材产量2862.0万吨，比上年增长25.0%。

规模以上工业实现主营业务收入12690.9亿元，比上年增长41.2%。其中，四大传统支柱产业实现主营业务收入10175.4亿元，增长42.5%，煤炭、焦炭、冶金和电力工业分别实现主营业务收入5038.3亿元、1434.9亿元、2592.6亿元和1109.6亿元，分别增长51.8%、31.8%、43.3%和20.5%；新兴产业中，装备制造业、医药工业和食品工业分别实现主营业务收入1042.4亿元、92.1亿元和392.0亿元，分别增长44.6%、19.5%和40.1%。

规模以上工业实现利税1688.9亿元，比上年增长56.4%；实现利润844.8亿元，增长98.3%。

建筑业：全年全省建筑业实现增加值574.8亿元，比上年增长9.1%。具有建筑业资质等级的总承包和专业承包建筑业企业实现利润总额35.9亿元，增长17.4%；上缴税金63.4亿元，增长17.1%。

四、固定资产投资

固定资产投资：全年全社会固定资产投资6352.6亿元，比上年增长26.2%。按城乡分，城镇投资5816.0亿元，增长26.4%；农村投资536.6亿元，增长23.7%。按产业分，第一产业投资282.6亿元，增长28.2%；第二产业投资2617.5亿元，增长21.0%；第三产业投资3452.5亿元，增长30.3%。按登记注册类型分，国有投资3190.8亿元，增长28.1%；非国有投资3161.8亿元，增长24.3%。

城镇固定资产投资建成投产项目8187个，项目建成投产率59.9%；新增固定资产2996.0亿元，固定资产交付使用率51.5%。

房地产开发：全年房地产开发投资592.2亿元，比上年增长24.1%。按工程用途分，住宅投资457.5亿元，增长21.1%；商业营业用房投资60.8亿元，增长38.9%。

五、能　　源

能源生产：全年全省一次能源生产折标准煤6.3亿吨，比上年增长20.6%；二次能源生产折标准煤3.0亿吨，增长11.8%。

能源外调：全年全省向省外运输煤炭5.1亿吨，比上年增长14.8%，外运煤炭占原煤产量比重69.1%；向省外输送电力685.2亿千瓦小时，增长14.0%，外输电量占发电量比重31.9%；向省外运输焦炭6121.0万吨，增长13.1%，外运焦炭占焦炭产量比重72.2%。

能源投资：城镇投资中，能源工业投资完成1512.8亿元，比上年增长24.1%。其中，煤炭工业投资931.2亿元，增长55.5%；焦炭工业投资95.6亿元，下降6.8%；电力工业投资362.9亿元，下降11.2%。

煤炭资源整合：2010年全省煤炭资源整合、煤矿兼并重组工作取得重大阶段性成果。截至2010年底，全省矿井总数已减少到1053座，办矿主体已减少到130个，70%的矿井生产规模达到年产90万吨以上，年产30万吨以下的煤矿全部淘汰，保留矿井全部实现机械化开采。

六、国内贸易

消费品零售：全年全省社会消费品零售总额3207.9亿元，比上年增长18.4%。其中，城镇消费品零售额2559.5亿元，增长18.9%；乡村消费品零售额648.3亿元，增长16.7%。

七、对外经济

进出口贸易：全年全省海关进出口总额125.8亿美元，比上年增长46.8%。其中，进口额78.7亿美元，增长37.3%；出口额47.1亿美元，增长66.0%。

全年出口煤炭192.0万吨，比上年增长20.1%，出口金额3.4亿美元，增长69.3%；出口焦炭166.1万吨，增长630.3%，出口金额7.0亿美元，增长637.5%；出口镁及其制品9.8万吨，增长34.5%，出口金额2.8亿美元，增长38.8%；出口机电产品12.1亿美元，增长9.2%。

全年进口铁矿砂及其精矿2435.4万吨，比上年下降8.8%，进口金额28.7亿美元，增长32.1%；进口机电产品20.0亿美元，增长107.9%。

招商引资：全年全省新设立外商直接投资企业52家。按全口径统计实际使用外商直接投资金额15.1亿美元，比上年增长11.5%，其中，纳入商务部口径统计的7.1亿美元，增长44.8%。

全年全省对外经济合作新签合同额10.0亿美元，比上年增长49.9%；完成营业额7.2亿美元，下降37.1%。

八、交通、邮电和旅游

交通运输：全省公路线路年末里程13.2万公里，其中，高速公路3002.5公里。

年末全省民用汽车保有量304.9万辆（包括三轮汽车和低速货车57.0万辆），比上年末增长15.3%。其中，私人汽车213.3万辆，增长20.5%。本年新注册汽车48.4万辆，比上年增长27.7%。年末轿车保有量121.8万辆，比上年末增长25.3%。其中，私人轿车103.0万辆，增长28.8%。

邮电：全年全省完成邮电业务总量727.6亿元，比上年增长15.9%。其中，邮政业务总量39.4亿元，增长9.2%；电信业务总量688.2亿元，增长16.3%。局用交换机总容量545.8万门。固定电话用户年末为720.7万户。其中，城市电话用户488.1万户，农村电话用户232.6万户。新增移动电话用户267.3万户，年末达到2225.1万户。年末全省固定及移动电话用户总数2945.8万户，比上年末增加229.2万户。电话普及率85.1部/百人。其中，固定电话和移动电话普及率分别为20.8部/百人和64.3部/百人。全省宽带接入用户342.1万户，增长22.2%。

旅游：全年全省接待海外旅游者130.3万人次，接待国内旅游者1.3亿人次，分别增长22.0%和17.8%；旅游外汇收入4.7亿美元，国内旅游收入1052.3亿元，旅游总收入1083.5亿元，分别增长22.9%、21.5%和21.4%。

九、财政、金融、证券和保险

财政：全年全省财政总收入1810.7亿元，比上年增长17.8%。一般预算收入969.7亿元，增长20.3%。税收收入692.7亿元，增长19.1%，国内增值税、营业税、企业所得税、个人所得税、资源税和城建税共计完成税收619.9亿元，增长18.8%。

一般预算支出1928.4亿元，比上年增长23.9%。其中，农林水事务支出增长2.1%，教育支出增长17.8%，社会保障和就业支出增长29.2%，医疗卫生支出增长12.1%，环境保护支出增长18.5%，文化体育与传媒支出增长9.0%，公共安全支出增长23.5%。

金融：年末全省金融机构本外币各项存款余额18639.8亿元，比年初增长18.3%。各项贷款余额9728.7亿元，增长22.9%。人民币消费贷款316.3亿元，增长44.4%。其中，个人住房贷款255.7亿元，增长51.4%。全年累计现金收入26113.4亿元，累计现金支出26472.2亿元，货币净投放358.9亿元。

年末全省农村金融合作机构（农村信用社、农村合作银行、农村商业银行）人民币贷款余额1799.4亿元，增长21.2%。

证券：全年山西辖区证券市场各类证券成交额10775.8亿元，比上年下降12.2%。其中，股票成交额10486.5亿元，下降9.2%；基金成交额78.2亿元，增长9.3%；债券成交额6.7亿元，下降57.7%。年末投资者资金账户累计开户数142.2万户，比上年末增长11.6%。

保险：全年全省保费收入365.3亿元，比上年增长26.3%。其中，寿险业务保费收入253.6亿元，增长23.3%；健康险业务保费收入13.8亿元，增长14.8%；意外伤害险业务保费收入4.9亿元，增长12.3%；财产险业务保费收入92.9亿元，增长38.5%。支付各类赔款及给付79.9亿元，增长1.7%。其中，寿险业务给付32.5亿元，下降19.2%；健康险业务赔款及给付4.7亿元，增长17.3%；意外伤害险业务赔款1.4亿元，增长12.0%；财产险业务赔款41.3亿元，增长24.7%。

十、教育和科学技术

教育：年末全省普通高等学校65所，比上年增加2所；成人高等学校14所，比上年减少1所。全省高等教育毛入学率28.1%，高中阶段毛入学率86.8%。全省独立设置的成人高等学校在校学生1.8万人，成人中等专业学校在校学生5.7万人，成人技术培训学校培训结业职工和农民共计187.4万人次。全年扫盲班结业4513人次。

科学技术：全年全省受理专利申请7927件，比上年增长16.2%。受理发明专利申请3046件,比上年增长25.8%。全年全省授予专利权4752件，比上年增长47.3%。授予发明专利权739件，比上年增长22.4%。全年新登记科技成果440项。获得国家科学技术奖10项。其中，通用项目9项，专业项目1项。国家认定企业技术中心18家。省级企业技术中心111家。按照国家新的高新技术企业认定办法，截至2010年底，全省累计认定高新技术企业200家。

全年全省22个省级以上经济技术开发区和高新技术开发区科工贸总收入2667.5亿元，比上年增长24.3%；区内生产总值833.1亿元，增长22.7%；税收收入86.8亿元，增长17.9%；进出口总额24.5亿美元，增长36.0%；引进国内资金471.8亿元，增长141.9%。

年末全省共有省、市、县产品质量监督检验和计量检定技术机构126个，国家检测中心3个，省授权行业建立的检验所（站)35个，监督抽查了1113家企业38类5520种产品和商品。全年完成强制检定计量器具62万台件。

全省有气象台站121个。全省开展12121电话天气自动答询的台站共计121个。全省气象系统开展人工影响天气业务的单位97个，防雹、增雨累计受益面积107万平方公里。全省有天气预报服务Intel网站30个，卫星云图接收站13个。

全省有专业综合地震台站10个，省级测震台网中心1个，省级地震前兆台网中心1个，数字测震台网6个，数字测震子台45个，流动地震台网1个。全年M1.0–M1.9级地震239次，M2.0–M2.9级地震49次，M3.0–M3.9级地震4次，M4.0–M4.9级地震3次，最大震级M4.8级。

全年全省编印专题地图5286幅，电子地图2317幅，地图集30册。

十一、文化、卫生和体育

文化：年末全省共有群众艺术馆12个，文化馆119个，博物馆86个。全省文化系统共有艺术表演团体157个。广播电台7座，电视台9座，广播电视台108座。有线电视用户424.0万户。广播人口覆盖率93.3%，电视人口覆盖率97.5%。全省公共图书馆126个，档案馆131个。全省报纸出版19.5亿份，各类杂志出版200种、3847.8万册，各类图书出版2634种、14080万册。山西电影制片厂全年完成电影故事片6部，电视剧2部32集。

卫生：年末全省共有卫生机构(含诊所)11889个。其中，妇幼保健院（所、站）133个。全省卫生机构(含诊所)共有床位15.6万张。全省卫生机构共有卫生技术人员19.1万人。全省共有115个县（市、区）开展了新型农村合作医疗试点工作，2164.6万农民参加了合作医疗。

体育：全年我省运动员在国内外重大比赛中获金牌41枚、银牌77枚、铜牌92枚（包括非奥运项目比赛），破全国纪录2人2次2项，破省纪录8人8次5项。其中，青少年破省纪录6人6次3项。全年全省销售中国体育彩票8.2亿元，比上年增长1.9%。

十二、人民生活和社会保障

人民生活：全年城镇居民人均可支配收入15647.7元，比上年增长11.8%；城镇居民人均消费性支出9792.7元，增长4.7%。全年农村居民人均纯收入4736.3元，增长11.6%；农村居民人均生活消费支出3663.9元，增长10.9%。城镇占调查总户数20%的低收入家庭人均可支配收入6975.5元，增长13.3%；农村占人口20%的低收入者收入1616.0元，增长13.6%。城镇居民家庭恩格尔系数（即居民家庭食品消费支出占家庭消费支出的比重）31.2%，农村居民家庭恩格尔系数37.5%。

社会保障：年末参加城镇基本养老保险591.0万人；参加农村社会养老保险491.0万人；参加城镇医疗保险935.1万人；参加失业保险305.7万人；参加工伤保险325.3万人，其中农民工105.1万人；参加生育保险220.8万人。

全年全省纳入城市最低生活保障的居民91.5万人，发放城市低保资金18.2亿元，比上年增加0.7亿元；纳入农村最低生活保障的居民132.1万人，比上年增加11.1万人，发放农村低保资金11.1亿元，比上年增加1.3亿元。

年末全省各类福利院床位数5.6万张，收养3.4万人。城镇建立各种社区服务设施2064个。其中，综合性社区服务中心266个。全年销售社会福利彩票16.0亿元,筹集社会福利资金5.3亿元，接收社会捐赠款1.7亿元。

五个全覆盖工程：农村“五个全覆盖工程”深入推进，全年累计完成投资289.3亿元。截至2010年底，两年全覆盖实现程度为139.0%。其中，建制村通水泥（油）路全覆盖率为100.0%，中小学校舍安全改造全覆盖率为269.8%，村级卫生室全覆盖率为100.0%，村通广播电视全覆盖率为104.8%，农村饮水安全全覆盖率为120.5%。

十三、资源、环境和安全生产

资源：全年全省实际建设占用耕地5754.6公顷。土地整理、复垦、开发补充耕地4013.3公顷。当年净减少耕地900公顷。

年末全省7座大型水库蓄水总量5.02亿立方米，比上年末减少0.03亿立方米。当年全省解决农村饮水安全未达标人口316.4万人，全省农村饮水安全人口全部达标。

全省自然保护区总数46个，自然保护区面积115.4万公顷，占全省国土面积的7.4%；全省国家级生态示范区14个。

环境：全年全省11个重点城市空气质量二级以上天数平均为347天，比上年增加0.9%。

黄河、海河流域山西段监测的101个断面中，Ⅰ～Ⅲ类水质断面比例为34.7%，Ⅳ类水质断面比例为7.9%，Ⅴ类水质断面比例为5.9%，劣Ⅴ类水质断面比例为51.5%。全省城市集中式生活饮用水源地水质达标率为74.5%。

年末全省城市污水处理率76%，提高0.8个百分点；城市生活垃圾无害化处理率65%，提高2.1个百分点；集中供热普及率81.8%，提高3.8个百分点。

全年全省各类自然灾害造成直接经济损失123.4亿元，比上年下降18.2%。全年农作物受灾面积198.3万公顷，下降31.5%。其中，绝收34.8万公顷，下降45.5%。全年全省发生森林火灾17起，因森林火灾造成受害森林面积164.3公顷，比上年下降74.2%。

安全生产：全年共发生各类安全生产事故11326起，同比下降9.4%；安全生产事故死亡2635人，下降16.1%；重大以上事故起数和死亡人数分别下降40.0%和52.8%。全年全省煤炭百万吨死亡率为0.188，比控制指标（0.351）低0.163。

治理车辆非法超限超载：全省非法超限超载率控制在0.2%以内，高速公路全部杜绝了非法超限超载车辆，长途运输中的非法超限超载车辆基本消除。全省国省干线公路桥涵受损由2009年的73座下降到2010年的17座，下降了76.7%。全省在运行的137个公路超限检测站全部实现了不停车检测，经政府公示的9750个货运源头企业被全部纳入监管范围。

公报注释：

1.本公报部分数据为初步统计数据。

2.地区生产总值、各产业增加值绝对数按现价计算，增长速度按可比价计算。

3.部分数据因四舍五入的原因，存在与分项合计不等的情况。

4.规模以上工业企业是指年主营业务收入500万元及以上的全部法人工业企业；限额以上批发零售企业是指年销售额2000万元及以上的批发企业和年销售额500万元及以上的零售企业。

5.根据国家统计局规定，节能降耗指标单独发布。

6.由于第六次人口普查尚未结束，2010年全省人口相关数据延后公布。

太原市2010年国民经济和社会发展主要指标完成情况

2010年，面对复杂多变的国内外经济环境，太原市委、市政府团结带领全市人民以邓小平理论和“三个代表”重要思想为指导，深入贯彻落实科学发展观，按照省委、省政府的决策部署，努力推进经济社会健康发展。经过一年的奋力拼搏，全市经济摆脱了世界金融危机的影响，回归平稳较快增长轨道，各项社会事业取得新的进步，为促进经济社会转型跨越发展奠定了良好的基础。

一、综　合

经济增长：初步统计，2010年全市实现地区生产总值（GDP）1778.05亿元，比上年增长11.0%。其中，第一产业增加值31.37亿元，增长4.9%；第二产业增加值798.49亿元，增长12.0%；第三产业增加值948.19亿元，增长10.5%。第三产业中，交通运输、仓储和邮政业增加值142.47亿元，增长5.5%；批发零售及住宿餐饮业增加值303.44亿元，增长16.4%；金融保险业增加值177.96亿元，增长12.9%；房地产业增加值46.76亿元，增长5.3%。

产业结构：2010年三次产业比重依次为1.8%、44.9%、53.3%，分别拉动经济增长0.1、5.0和5.9个百分点。与上年相比，第一产业比重下降0.1个百分点，第二产业比重提高1.2个百分点，第三产业比重下降1.1个百分点。“十一五”时期，全市努力克服世界金融危机等不利因素的影响，实现了“保增长”目标，经济回升速度逐步加快。

价格：2010年居民消费价格（CPI）比上年上涨3.0%，其中，食品价格上涨8.4%，非食品价格上涨0.4%。服务项目价格上涨2.4%。商品零售价格上涨2.6%。工业品出厂价格（PPI）上涨12.0%。原材料、燃料、动力购进价格上涨9.2%。

就业：年末全市从业人员176.05万人，其中，城镇从业人员126.93万人，农村从业人员49.12万人。城镇新增就业10.82万人。4.60万名下岗失业人员实现再就业。其中，就业困难人员再就业1.34万人。年末城镇登记失业率控制在3.4%。

二、农　业

农业产值：2010年全市农林牧渔业总产值57.29亿元，比上年增长4.9%。其中，农业产值34.04亿元，增长2.6%；林业产值4.70亿元，增长5.5%；牧业产值16.27亿元，增长6.9%；渔业产值0.36亿元，增长19.7%；农林牧渔服务业产值1.92亿元，增长27.0%。

种植面积：全年农作物总播种面积11.35万公顷，比上年减少0.17万公顷。粮食播种面积8.48万公顷，比上年减少0.07万公顷。其中，夏粮播种面积0.26万公顷，秋粮播种面积8.22万公顷。蔬菜种植面积2.29万公顷，药材种植面积0.13万公顷。

畜禽及水产品产量：年末大牲畜存栏5.39万头，猪出栏49.63万头。肉类产量5.00万吨，增长7.8%。禽蛋产量3.64万吨，下降5.6%。牛奶产量9.76万吨，增长0.2%。水产品养殖面积0.23万公顷，水产品产量2780吨，增长15.4%。

造林：全年造林面积1.90万公顷。零星植树1000.78万株。新增育苗面积0.08万公顷。

农机及化肥施用：2010年末全市拥有农业机械总动力120.29万千瓦。全年农用化肥施用量（折纯）26470吨。

三、工业和建筑业

工业：2010年全部工业增加值596.88亿元，比上年增长12.5%。规模以上工业增加值577.65亿元，增长15.4%。在规模以上工业中，中央企业增加值81.40亿元，增长13.7%；省属企业增加值327.24亿元，增长8.0%；市属企业增加值22.12亿元，增长31.3%；县属及以下企业（含无主管企业）增加值146.89亿元，增长32.7%。

全市十大工业行业中，增加值比上年增长的有9个。

全年工业产品销售率为98.3%，比上年下降0.2个百分点。其中，国有控股工业企业产品销售率为99.2%，非国有工业企业产品销售率为98.2%。

全年工业经济效益综合指数为185.32，比上年提高25.3点。利税总额162.11亿元，增长18.9%。利润总额67.98亿元，增长32.0%。亏损企业亏损额24.12亿元，下降19.1%。

建筑业：2010年全市建筑业增加值201.60亿元，比上年增长10.4%。具有建筑业资质等级的总承包和专业承包建筑业企业总产值1289.61亿元，增长11.6%；利税总额53.89亿元，增长14.9%；利润总额16.61亿元，增长14.8%；上缴税金37.28亿元，增长15.0%。

全市房屋建筑施工面积3329.78万平方米，其中，实行招标投标承包工程施工面积3164.38万平方米。房屋建筑竣工面积616.07万平方米，房屋面积竣工率为18.5%。

四、固定资产投资

固定资产投资：2010年全社会固定资产投资916.48亿元，比上年增长17.2%（含年初列入计划的由上级统计部门直接收报的太原铁路枢纽西南环线等3个项目的全社会固定资产投资为948.06亿元，比上年增长21.2%）。其中，城镇固定资产投资852.29亿元，增长16.7%；农村固定资产投资64.19亿元，增长24.8%。

在城镇固定资产投资中：中央项目固定资产投资87.37亿元，增长0.8%；省属项目固定资产投资197.35亿元，增长22.7%；市属项目固定资产投资567.57亿元，增长17.5%。

第一产业投资8.87亿元，增长0.8%；第二产业投资242.34亿元，增长11.8%，其中，工业投资228.05亿元，增长15.4%；第三产业投资601.08亿元，增长19.0%。三次产业投资的比重依次为1.1%、28.4%和70.5%。

国有投资435.61亿元，增长6.0%，非国有投资416.68亿元，增长30.3%。

房地产开发：全年房地产开发投资241.09亿元，比上年增长46.1%。商品住宅投资185.16亿元，增长58.6%，其中，经济适用住房投资14.0亿元，增长192.9%。分户型看，90平方米以下住房投资42.36亿元，占住宅投资的比重为22.9%。

全年商品房竣工面积129.58万平方米，商品房销售额186.37亿元，其中，现房销售额24.29亿元，占13.0%；期房销售额162.09亿元，占87.0%。

建设项目及新增能力：年内城镇新开工项目885个，比上年减少193个。其中，亿元以上项目268个，增加36个。城镇以上固定资产投资建成投产项目883个，项目建成投产率为49.7%；新增固定资产325.28亿元，固定资产交付使用率为53.2%。

五、能　源

能源生产：2010年全市一次能源生产折标准煤2696.33万吨，比上年增长7.8%；二次能源生产折标准煤4604.28万吨，增长11.7%。

能源投资：全社会能源工业投资98.94亿元，比上年增长15.8%。其中，煤炭工业投资46.23亿元，增长46.2%；焦炭工业投资13.55亿元，增长2.3倍；电力工业投资27.40亿元，下降30.4%。

用电：全年全社会用电量217.31亿千瓦时，增长14.9%。其中，农业用电1.60亿千瓦时，增长19.9%；工业用电165.10亿千瓦时，增长14.5%；建筑业用电2.40亿千瓦时，增长44.9%；第三产业用电26.92亿千瓦时，增长10.2%；城乡居民生活用电21.11亿千瓦时，增长19.5%，城乡居民人均生活用电577.57千瓦时。万元GDP电耗1493.66千瓦时。

六、国内贸易

消费品零售：2010年全市社会消费品零售总额825.85亿元，比上年增长18.0%。亿元限额以上贸易企业零售额394.06亿元，比上年增长26.8%，在全市社会消费品零售总额中所占比重为47.7%。

七、对外经济

进出口贸易：2010年全市外贸进出口总额79.12亿美元，比上年增长33.6%。其中，出口额31.38亿美元，增长61.4%；进口额47.74亿美元，增长20.0%。

在出口产品中，煤炭、焦炭、金属镁分别为3.36、3.76、1.95亿美元，三类产品占出口总额的比重为28.9%。不锈钢材、机电产品、高新技术产品分别为8.00、6.93、3.25亿美元，三类产品占出口总额的比重为57.9%。

有贸易往来的国家和地区达到154个。其中，年进出口额在千万美元以上的国家和地区47个，比上年增加7个。

招商引资：全年新设立外商及港澳台商直接投资企业19家。外商及港澳台商直接投资新签合同（协议）39项，项目总投资11.19亿美元。合同外资额6.90亿美元，增长149.5%。直接到位外资2.83亿美元，增长8.3%。

八、交通、邮电和旅游

交通运输：2010年末全市公路线路里程6181公里，其中高速公路222公里。公路密度88.5公里/百平方公里。

年末全市民用汽车保有量60.53万辆（包括三轮汽车和低速货车8598辆），比上年末增长18.5%，其中，私人汽车46.06万辆，增长23.0%。本年新注册汽车10.34万辆，增长15.5%。年末轿车保有量30.93万辆，增长23.9%，其中，私人轿车26.45万辆，增长27.1%；本年新注册轿车6.18万辆，增长14.0%。

邮电：全年完成邮电业务总量145.29亿元，比上年增长11.2%，其中，邮政业务总量5.87亿元，下降15.8%；电信业务总量139.42亿元，增长12.7%。新增局用电话交换机0.40万门，总容量为145.37万门。年末市话到达151.30万户，其中，无线市话23.71万户。农话6.88万户。移动电话用户486.02万户，增加76.18万户。全市固定及移动电话用户总数达到644.20万户。每百人拥有电话176部，其中，固定电话和移动电话普及率分别达到43部/百人和133部/百人。计算机互联网用户102.96万户，净增加18.76万户，其中，宽带网用户95.91万户，增加17.85万户。

旅游：2010年全市接待海内外游客2022.85万人次，比上年增长7.2%。其中，国内游客1994.53万人次，增长9.3%；海外游客28.32万人次，增长25.6%。在海外游客中，外国人19.76万人次，香港同胞4.95万人次，澳门同胞0.60万人次，台湾同胞3.01万人次。全年旅游总收入230.40亿元，增长18.0%；国内旅游收入219.27亿元，增长17.8%；旅游外汇收入1.64亿美元，增长22.4%。

九、财政、金融和保险

财政：2010年全市财政总收入321.89亿元，比上年增长15.1%。其中，市级财政完成186.63亿元，增长11.9%；县（区）级财政完成135.26亿元，增长20.0%。

全市一般预算收入138.48亿元，增长17.8%。其中，税收收入111.55亿元，增长19.3%，增值税、营业税、资源税、企业所得税、个人所得税五大税种税收82.00亿元。

全年执行一般预算支出189.64亿元，比上年增长18.6%。农业、教育、科技等各项重点支出以及事关民生的支出得到较好保障，其中，农林水事务支出8.81亿元，增长21.2%；教育支出35.95亿元，增长25.1%；科学技术支出4.70亿元，增长26.3%；社会保障和就业支出29.62亿元，下降6.8%；医疗卫生支出10.12亿元，下降1.5%；环境保护支出8.22亿元，增长58.7%；文化体育与传媒支出2.51亿元，增长4.2%；城乡社区事务支出26.89亿元，增长25.1%；一般公共服务支出19.75亿元，增长30.3%。

金融：截至2010年末全市金融机构本外币各项存款余额7008.28亿元，比年初增长18.1%；本外币各项贷款余额5125.10亿元，增长21.3%。人民币各项存款余额6965.19亿元，增长18.2%；人民币各项贷款余额5054.75亿元，增长21.7%。在人民币贷款中，中长期贷款余额3511.36亿元，增长36.4%；短期贷款余额1347.13亿元，增长9.6%。全年金融机构现金收入6052.05亿元，现金支出5871.16亿元，净回笼货币180.89亿元。

保险：全年原保险保费收入85.80亿元，增长23.8%。

其中，寿险业务保费收入58.49亿元，增长24.0%；健康险保费收入5.08亿元，下降3.2%；意外伤害险业务保费收入1.28亿元，增长19.6%；财产险业务保费收入20.94亿元，增长32.6%。支付各类赔款及给付16.94亿元，下降3.2%。其中，寿险业务给付5.62亿元，下降24.3%；健康险业务赔款及给付2.18亿元，增长21.3%；意外伤害险业务赔款0.31亿元，增长20.0%；财产险业务赔款8.81亿元，增长10.2%。

十、城市建设

基础设施建设：2010年开工重点建设项目118项，改造小街小巷70条。其中，实施城市主次干道工程35项、桥梁工程2项，祥云桥、南中环桥、滨河东路北延、并州东西街改造、平阳路改造等工程全面完工；滨河西路南延、府东街东延、胜利东街打通、长风商务区路网、龙城南北街及其路网等工程顺利推进。实施城市配套工程77项，部分工程建成投用。实施2项防洪治污工程、2项节能减排工程。

截至2010年末全市共完成天然气置换工程36万户，新增天然气用户4万户。集中供热扩网1106万平方米，集中供热普及率达到88.2%。燃气普及率达到98.6%。城市污水处理率达到83.9%，提高13.9个百分点。完成城市公共供水1.9亿立方米。年末公交运营线路网长度635.50公里，年客运量4.15亿人次。

城市绿化：2010年全市建成区共实施园林绿化工程39项，晋商博物馆、陶园、滨河东路北延绿化、长风西大街道路绿化等24项工程全面竣工。创建省级园林化单位3个，省级园林化小区2个；创建市级园林化单位13个，市级园林绿化先进单位25个。全市共有综合性公园26个，专类园11个，带状公园3个，街头游园59个，社区游园43个，街旁绿地46块。建成区绿化覆盖面积8759公顷，园林绿地面积7611公顷，公园绿地面积2576公顷。建成区绿化覆盖率36.8%，绿地率32.0%，人均公园绿地面积9.59平方米。

十一、教育和科学技术

教育：2010年末共有高等院校36所（其中，高职院校24所），中等专业学校30所，技工学校（包括技工部）46所，普通中学230所，职业中学22所，小学607所，幼儿园784所。

全市幼儿园入园率保持在94%以上，城区达到98%；小学学龄儿童入学率达100%，巩固率达101.5%；初中生入学率达94.7%，巩固率保持在96.6%。高中阶段毛入学率为96.0%。

百校兴学：2010年全市“百校兴学”工程项目学校577所。截至年末，已竣工项目学校528所，建筑面积168.98万平方米；在建项目学校49所，建筑面积18.87万平方米。全市确定的390所中小学校舍安全工程项目已全部竣工并交付使用。

科学技术：年末共有独立科研机构107所，工作人员1.39万人。全年安排科技发展项目283项，技术市场共登记技术合同577项，成交金额7.65亿元。全年研究与试验发展（R&D）经费支出53.52亿元，比上年增长15.1%，占地区生产总值的比重为3.0%。国家认定企业技术中心达到3家。省级企业技术中心达到29家。按照国家新的高新技术企业认定办法，截至2010年底，全市累计认定高新技术企业达到128家。全年共鉴定422项科技成果，获得国家科技奖励5项，其中，国家技术发明奖1项，国家科技进步奖4项。科技成果转化率达到50.4%。全年共申请专利5019件，比上年增加1008件。每10万人专利申请数达到143项，比上年增加28项。高新技术产业增加值占地区生产总值的比重为7.6%。

截至2010年末，高新区、经济区、民营区共有入区企业3988家。全年实现科工贸总收入1495亿元，增长23.5%。

十二、文化、卫生和体育

文化：2010年末全市共有艺术表演团体14个，演职人员1448人。群艺文化馆12个，博物馆12个。公共图书馆馆藏图书398万册。国家综合档案馆11个，馆藏档案资料64.55万卷（件、册）。广播电视台3座，广播节目12套，中、短波广播发射台和转播台1座。电视节目22套，一百瓦以上电视发射和转播台10座。全市广播人口覆盖率为99.2%，电视人口覆盖率为99.6%。2010年，晋剧《傅山进京》入选国家十大舞台艺术精品工程剧目并荣获第九届中国艺术节“文华优秀剧目奖”；晋剧《龙兴晋阳》荣获“第三届中国戏剧节·曹禺剧本奖”提名奖；话剧《饭·局》荣获第七届全国戏剧文化奖·话剧“金狮奖”优秀剧目奖；太重鼓乐团在首届全国“韩城杯”锣鼓大赛中，荣获“金鼓王”奖，在“第二届中国（莱芜）长勺鼓乐大赛”，独揽一鼓作气击鼓奖、最佳编导奖、最佳领鼓奖三项大奖。非物质文化遗产保护力度加大，共列入国家级保护项目15项、省级保护项目33项。继续实施农村电影放映工程，全年放映1.2万场次，放映数字化达到100%，实现了一村一月放映一场电影的目标。

卫生：年末共有卫生机构2527个（不含村卫生室），医疗床位27771张。每千人拥有医疗床位7.6张。各类卫生技术人员39930人，其中，执业（助理）医师16066人，注册护士16469人。每千人拥有医生4.4人。城乡公共卫生体系进一步完善，社区卫生服务网络覆盖率达到99.3%。县乡两级医疗卫生机构基础设施达标率为83.9%。新型农村合作医疗覆盖全市所有行政村，实际参加合作医疗的农民99.71万人，参合率达到98.0%。

体育：2010年在国内外各项体育比赛中，太原选手共获得金牌22枚、银牌23枚、铜牌20枚。全市50%以上的乡镇建成了文体活动广场，87%的行政村建设了体育活动场地。全市共安装620余条全民健身路径。

十三、环境保护和安全生产

环境质量：市区二级以上空气质量天数为304天。全年减排二氧化硫5029吨、化学需氧量1239吨。市区大气中可吸入颗粒物0.089毫克/Nm²，二氧化硫浓度0.068毫克/Nm²，二氧化氮浓度0.020毫克/Nm²，分别下降16.0%、9.3%和9.1%。空气污染综合指数2.27%，下降0.31点。全市饮用水源地水质达标率保持100%，汾河出境断面综合污染指数下降2.3%。市区区域环境噪声年均值53.1分贝、交通噪声年均值65.0分贝，保持全国先进水平。

气温降水和用水量：2010年平均气温为8.3～11.5℃，降水量为317～395mm。地下水水位比上年上升1.7%。全年全社会用水量5.66亿立方米，比上年增长6.7%。其中，生活用水量1.33亿立方米，生产用水量3.80亿立方米，生态用水量0.53亿立方米。

安全生产：2010年亿元GDP生产安全事故死亡率为0.15人，下降11.8%。全年共发生火灾1497起，道路交通事故1617起，分别下降35.0%和11.1%。

十四、人民生活和社会保障

人民生活：2010年城市居民人均可支配收入为17258元，比上年增长10.6%；城市居民人均消费支出12106元，增长3.4%。农村居民人均纯收入7611元，增长11.5%；农民人均生活消费支出3879元，增长5.2%。城市居民与农村居民收入比为2.27∶1。城市居民家庭恩格尔系数为30.6%，农村居民家庭恩格尔系数为33.8%。

截至2010年末，城乡居民储蓄存款余额2386.79亿元，比年初增长14.5%。其中，城镇居民储蓄存款余额2225.97亿元，增长13.8%；农村居民储蓄存款余额160.82亿元，增长24.2%。

城镇住宅施工面积2727.80万平方米，比上年增长32.6%，住宅竣工面积348.13万平方米。城镇居民人均住房建筑面积为27.46平方米，增加1.62平方米。农村新建住宅建筑面积168.62万平方米，农村人均住房面积为35.14平方米，增加1.25平方米。

社会保障：城镇基本社会保障覆盖率达到91.1%，比上年提高0.4个百分点。全市企业职工参加养老保险的人数为73.30万人。参加基本医疗保险的人数为196.80万人。参加失业保险的人数为75.71万人。参加工伤保险的人数为63.00万人，其中，参保农民工13.10万人。参加生育保险的职工人数为63.00万人。城市居民最低生活保障继续加强，城市低保覆盖人口达到7.13万人；农村低保覆盖人口达到6.92万人。

年末全市共有各类收养类单位41个，床位4642张，收养3991人。救济农村五保户4491户，农村临时救济人员11342人次。

（谢　洋）

大同市2010年国民经济和社会发展主要指标完成情况

2010年，在国家调控宏观经济、全国经济持续稳定增长的形势下，全市上下深入贯彻落实省委袁纯清书记讲话精神，紧紧围绕“转型发展、绿色崛起”战略目标，加快经济发展方式转变步伐，狠抓转型项目优化产业结构集聚潜能，打造工业园区构筑洼地载体提升势能，加快推进文化名城、旅游名都、生态名邑、经济强市建设进程，经济社会发展取得了新的突破，地区生产总值增速加快，经济总量跃上新台阶，经济实力明显增强，为“十二五”规划的顺利实施奠定了坚实基础：全市农业生产喜获丰收、工业增速明显加快、固定资产投资保持较快增长、消费市场持续平稳运行、财政收入稳定增长，国民经济运行呈现持续平稳较快增长的良好态势。

经济运行的主要特征：

一、增速加快总量增加，经济实力显著增强

2010年，继上年战胜严重的国际金融危机冲击，成功实现“V”型反转回升之后，全市地区生产总值增速进一步加快，经济总量持续攀升，首次突破600亿元大关，达到了694.33亿元，同比增长14.1%，比上年大幅提高了11.8个百分点；初步预计，人均生产总值将突破两万元人民币(超过3000美元)，经济实力显著增强，标志着大同市转型跨越发展步入了一个新阶段。

二、粮食生产喜获丰收，农业经济平稳增长

2010年，全市粮食生产克服了初春低温冷害、初夏持续晴热高温以及阶段性干旱等不利因素，在相关部门及全市人民的共同努力下，确保了粮食的丰收。全市粮食总产量达到了16.71亿斤，创历史新高，同比增长65.01%。

三、工业生产增速加快，企业效益持续增长

2010年，全市规模以上工业完成现价总产值731.75亿元，同比增长38.2%；实现增加值285.1亿元，同比增长25.7%。主营业务收入809.3亿元，同比增长51.6%。实现利税93.15亿元，同比增长49.5%；实现利润28.4亿元，同比增长115.3%。

工业生产运行特点：

1、工业经济增长稳定性增强，呈现快速回升平稳增长态势。2010年，工业总产值完成731.75亿元，同比增长38.2%，月均现价产值61亿元，比去年的44亿元，月净增17亿元；工业增加值285.1亿元，同比增长25.7%，月均增加

值23.8亿元，比去年的18.7亿元，月净增5.1亿元。纵观全年的工业走势，上半年呈现快速恢复性增长态势，下半年呈现逐步放缓但更加稳健的增长态势。

2、工业效益大幅增长，支柱行业形势喜人。随着全市工业经济的稳步回升，工业企业经济效益也实现了大幅的增长，工业综合效益指数达到178.1，六大行业除电力行业外全部实现盈利，其中涨幅较大的煤炭行业实现利润同比增长46.6%；医药行业实现利润同比增长56.4%。

3、重点产品继续强劲增长，重点行业拉动作用明显。2010年，全市原煤产量达到9403.1万吨，同比增长32.0%。其中，大同煤矿集团为8121.2万吨，同比增长34.0%；地方原煤为1281.9万吨，同比增长20.4%。洗煤产量3322.5万吨，同比增长34.1%。发电量348.3亿度，同比增长32.0%。水泥达407.9万吨，同比增长153.4%。电力机车243台，同比增长120.9%，汽车变速箱12.3万台，同比增长99.5%。

六大产业稳步推进，其中煤炭、装备制造业、冶金、电力、建材五大产业分别完成增加值191.2亿元、25.6亿元、17.1亿元、16.3亿元和14.3亿元，贡献率分别为64.0%、14.9%、9.3%、5.0%和9.8%。

四、固定资产投资快速增长，重点建设项目进展顺利

2010年，全社会固定资产投资完成576.7亿元，同比增长21.4%，其中，城镇固定资产投资完成558.5亿元，同比增长22.0%，房地产开发投资完成90.6亿元，同比增长8.3%。

固定资产投资主要特点：

1、三次产业投资全面增长。第一产业投资完成22.8亿元，同比增长6.2%，比重为4%，直接拉动全市投资增长0.9个百分点；第二产业投资完成149.8亿元，同比增长5.9%，比重为26%，直接拉动全市投资增长5.6个百分点；第三产业投资404.1亿元，同比增长29.4%，比重为70%，直接拉动全市投资增长15个百分点。投资结构进一步得到优化，全市固定资产投资对工业的依赖正在减弱，产业结构调整的成果开始显现,呈现出三次产业共同发展的良好态势。

2、国有投资增势快于非国有投资。全市国有投资完成392亿元，同比增长33.1%，非国有投资完成184.7亿元，同比增长2.3%。国有投资增速快于非国有投资30.8个百分点，快于全社会固定资产投资11.7个百分点。

3、地方项目投资增幅快于中央项目。2010年，全市中央项目投资完成16亿元，同比下降53.9%，占全部投资总量的2.8%；省项目投资完成137.3亿元，同比增长14.4%，占全部投资总量的23.8%；市地方项目投资完成423.4亿元，同比增长32.2%，占全部投资总量的73.4%。市地方项目投资完成额分别比中央和省项目投资多完成407.4亿元和286.1亿元，增速高分别86.1%和17.8%，比重高70.6%和49.6%。市地方项目投资额度大、增速快、占比高，是全市固定资产投资保持强劲增长的最主要因素。

4、全市重大、重点建设项目顺利推进。全市重大、重点建设项目共完成投资485.8亿元，重大项目投资完成额占全市投资总额的90.9%，直接拉动全市投资增长19.4个百分点。

5、房地产开发投资保持平稳增长态势。全市房地产开发完成投资90.6亿元，比上年同期增长8.3%。其中，商品住宅开发投资69.7亿元，下降6.6%；商品商业营业用房开发投资6.4亿元，增长39.1%；商品办公楼开发投资0.6亿元，下降73.9%。商品房屋施工面积1108.7万平方米，增长72.2%；其中，新开工面积507.8万平方米，下降3.8%。商品房销售面积80.5万平方米，增长39.3%；商品房销售额24.0亿元，增长47.2%。

6、交通运输业投资成为全市投资的最大亮点。全市交通运输业投资57.4亿元，同比增长284.4%。其中，荣乌高速完成23.9亿元、大呼高速完成10.4亿元、天大高速完成17.5亿元、同源高速完成9.2亿元、广源高速完成10.2亿元，飞机场改扩建工程完成0.5亿元。交通运输业的强劲增长成为本年全市投资的最大亮点。

五、消费市场平稳发展，对外贸易快速增长

2010年，全市累计完成社会消费品零售额303.01亿元，同比增长18.43%，比去年加快3.92个百分点。

消费市场运行特点：

1、从区域发展变化看，城镇居民对消费市场的信心进一步提升，消费预期进一步增强，消费基础更加稳固。城镇市场在全社会经济形势不断好转的情况下，呈现出了良好的发展势头，共完成零售额246.65亿元，比去年增长17.3%。

2、农村市场继续着良好的发展态势，不断提升着应有的市场份额。在家电下乡产品的拉动下，农村消费品市场完成零售总额56.36亿元，比去年增长23.72%。

3、从行业发展变化看，今年全市批发零售业市场发展势头较好，扭转了去年发展相对落后的状况。批发业零售额完成47.78亿元，比去年同期增长17.84%，比去年同期的增长速度加快了7.7个百分点。零售业零售额完成215.75亿元，比去年增长19.49%，比去年加快了8.65个百分点。

4、从规模上看，今年全市限额以上企业呈现出了加速发展的势头，限额以上企业共完成零售额110亿元，比去年同期增长33.51%，高于全市15.07个百分点。

2010年，全市进出口总额完成5.68亿美元，同比增长191.1%，高于全省144.3个百分点。其中，进口4.43亿美元，增长446.6%，出口1.25亿美元，增长9.6%。

六、财政收入稳定增长，金融存贷运行平稳

2010年，全市财政收入完成138.42亿元，同比增长14.49%，一般预算收入完成55.18亿元，同比增长15.88%。

全市金融机构人民币各项存款余额1658.46亿元，较年初增加176.5亿元。其中，城乡居民储蓄存款余额945.44亿元；各项贷款余额597.21亿元，较年初增加140.7亿元，其

中，短期贷款250.7亿元，较年初增加62亿元，中长期贷款315.6亿元，较年初增加67.9亿元。

七、价格指数高位运行，居民收入平稳增长

2010年，全市居民消费价格指数（CPI）累计上涨2.9%。其中，12月当月上涨4.4%，环比回落1.6个百分点。

居民消费八大类价格呈现“五升三降”态势，其中，食品类上涨7.5%，医疗保健和个人用品上涨3.8%，居住类上涨2.8%，烟酒及用品类上涨2.6%，娱乐教育文化用品及服务类上涨1.8%；衣着类下降2.0%，交通通信类下降2.4%，家庭设备用品及维修服务类下降1.9%。

全市城镇居民人均可支配收入达到16103元，比上年增长10.4%。农民人均纯收入突破4000元大关，达到了4063元，比上年增长13.2%。

（大同市统计局）

朔州市2010年国民经济和社会发展主要指标完成情况

2010年是全面完成“十一五”规划的收官之年，也是宏观经济发展环境极为复杂的一年。一年来全市人民在市委、市政府的正确领导下，以科学发展观为统领，以转型发展、跨越发展为目标，大力弘扬右玉精神，上下同心，真抓实干，圆满完成了全年各项工作任务，经济发展取得显著成就，各项社会事业长足进步，为顺利实现“十一五”各项奋斗目标画上了一个圆满的句号。

一、综　　合

初步核算，全年全市地区生产总值完成670.1亿元，比上年增长13.8%。其中，第一产业增加值40.5亿元，增长8.0%；第二产业增加值379.0亿元，增长16.0%；第三产业增加值250.6亿元，增长11.9%。第三产业中，金融保险业增加值13.5亿元，增长19.3%；交通运输、仓储和邮政业增加值77.6亿元，增长9.1%。“十一五”期间，全市生产总值年均增长达到14.6%。

二、农　　业

种植面积：全年全市农作物种植面积33.2万公顷，比上年增长2.1%。其中，粮食种植面积26.6万公顷，增长1.9%；油料种植面积3.0万公顷，增长5.8%。

粮食产量：全年粮食总产量89.7万吨，比上年增产24.3%。其中，玉米72.6万吨，增长25.7%。

畜禽产量：全年全市肉类总产量6.68万吨，比上年增长35.9%。

林业生产：全年完成营造林34.66万亩，新造林地抚育16.5万亩，新育苗1.3万亩，义务植树265万株。

农业机械：年末全市农业机械总动力206万千瓦，比上年末增长6%。机械耕地面积23.8万公顷，机械播种面积17.8万公顷，机械收获面积6.2万公顷，分别比上年增长6.55%、12.47%和38.44%。

三、工业

全年规模以上工业企业完成增加值360.09亿元，比上年增长18.1%。其中，轻工业完成增加值12.91亿元，增长28.66%；重工业完成347.18亿元，增长17.66%。

全年全市原煤产量1.6亿吨，比上年增长26.1%。

全年规模以上工业企业主营业务收入743亿元，比上年增长31.73%。

规模以上工业实现利税192.86亿元，比上年增长52.88%；实现利润107.19亿元，增长65.82%。

四、固定资产投资

全年全社会固定资产投资373.95亿元，比上年增长24.02%。其中，按城乡分，城镇投资361亿元，增长25.4%；农村投资12.95亿元，下降5.09%。按产业分，第一产业投资9.98亿元，下降19.81%；第二产业投资237.45亿元，增长36.11%；第三产业投资126.52亿元，增长10.34%。按登记注册类型分，国有投资225.13亿元，增长35.50%；非国有投资148.82亿元，增长22.25%。“十一五”期间全市累计完成固定资产投资1145.39亿元，年均增长39%。

五、能　　源

能源生产：全年全市一次能源生产折标准煤1.14亿吨，比上年增长26.10%；二次能源生产折标准煤0.0258亿吨，增长13.26%。

能源外调：全年全市向省外运输煤炭（含精煤）1.19亿吨，比上年增长12.63%，外运煤炭（含精煤）占原煤产量的比重为74.40%。

能源投资：城镇投资中，能源工业投资完成184.36亿元，比上年增长46.06%。其中，煤炭工业投资120.77亿元，增长53.79%，一批高产、高效矿井建成投产；电力工业投资57.79亿元，增长21.18%。

节能减排：全年全市万元GDP综合能耗为1.868吨标准煤，比上年下降7.23%，“十一五”期间累计降幅达到25.11%，年均降幅达到5.62%，顺利完成预定目标。

全年全市二氧化硫排放量14.1万吨，比上年减少0.70%；化学需氧量（COD）排放量1.14万吨，比上年增长2.43%。

六、国内贸易

消费品零售：全年全市社会消费品零售总额139.6亿

元，比上年增长18.3%。其中，城镇消费品零售额110.0亿元，增长19.9%；乡村消费品零售额29.6亿元，增长13.0%。"十一五"期间全市累计完成社会消费品零售总额517.2亿元，年均增长20.89%。

七、对外经济

进出口贸易：全年全市海关进出口总额12502万美元，比上年增长10.2%。其中，进口额11535万美元，增长7.1%；出口额967万美元，增长68.4%。

招商引资：全年全市新批准外资企业1个，合同利用外资804 万美元。全年共有164个招商引资项目正在投资、建设和筹备中，招商引资项目累计到位资金168.33亿元，增长148.05%。其中，省外境内资金163.87亿元，增长154.46%。外商投资项目到位资金6558.84万美元。

八、财政、金融

财政：全年全市财政总收入132.5亿元，比上年增长20.46%。一般预算收入55.75亿元，增长20.62%。其中，税收收入113.03亿元，增长19.64%，国内增值税、营业税、企业所得税、个人所得税、资源税和城建税共计完成108.78亿元，分别增长24.32%、25.09%、14.63%、-13.12%、19.51%和27.73%。

全年一般预算支出90.13亿元，比上年增长24.92%。其中，农林水事务支出增长33.54%，教育支出增长15.81%，社会保障和就业支出增长1.13%，医疗卫生支出增长9.56%，环境保护支出增长26.8%，文化体育与传媒支出增长0.45%，公共安全支出增长19.61%。

金融：年末全市金融机构本外币各项存款余额769.32亿元，比年初增加127.51亿元，增长19.87%，其中，人民币各项存款余额764.12亿元，比年初增加124.25亿元，增长19.42%；全市金融机构本外币各项贷款余额210.11亿元，比年初增加15.58亿元，增长8.01%，其中，人民币各项贷款余额197.68亿元，比年初增加18.71亿元，增加10.45%。全年累计现金收入1241.29亿元，累计现金支出1283.54亿元，收支相抵净投放现金42.25亿元，同比多投放3.82亿元。

（朔州市统计局）

忻州市2010年国民经济和社会发展主要指标完成情况

一、综　　合

经济增长：初步核算，全年全市地区生产总值435.4亿元，比上年增长18.7%。其中，第一产业增加值47.2亿元，增长4.2%；第二产业增加值195.1亿元，增长28.7%；第三产业增加值193.2亿元，增长13.9%。第三产业中，金融业增加值23.7亿元，增长23.2%；交通运输、仓储邮政业增加值39.2亿元，增长11.8%；批发和零售业增加值25.2亿元，增长22.7%；住宿和餐饮业增加值10.5亿元，增长8.2。房地产业增加值12.8亿元，增长10.1%。

第一、第二和第三产业增加值占全市生产总值的比重分别为10.8%、44.8%和44.4%，对经济增长的贡献率分别为5.3%、63.1%和31.6%。

价格：居民消费价格比上年上涨2.8%，其中，食品价格上涨7.4%，商品零售价格上涨1.6%；工业品出厂价格上涨11.8%，其中，生产资料价格上涨11.7%，生活资料价格上涨13.8%，原材料、燃料、动力购进价格上涨6.5%；房屋销售价格上涨8.1%，其中，新建商品住宅价格上涨7.9%，二手住宅价格上涨8.6%，房屋租赁价格上涨3.1%。

就业：年末全市就业人员135.3万人。城镇新增就业人员3.48万人，完成全年目标（3万人）的116%。应届高校毕业生就业0.21万人，就业率79%。下岗再就业人数达到1.54万人，其中，就业困难对象再就业人数0.56万人。年末城镇登记失业率3.3%，控制在了3.95%的目标范围之内。

二、农　　业

种植面积：全年全市农作物种植面积47.0万公顷，比上年增长0.9%。其中，粮食种植面积42.1万公顷，增长0.9%；油料种植面积3.5万公顷，与上年持平。在粮食种植面积中，玉米种植面积 23.8万公顷，增长3.5%。

粮食产量：全年粮食总产量147.9 万吨，比上年增长29.5%。其中，玉米116.3 万吨，增长14.0%。

畜禽及水产品产量：全年全市猪牛羊肉总产量7.7万吨，比上年增长0.7 %。其中，猪肉产量5.1万吨，增长7.2%；牛肉产量0.8万吨，下降9.2%；羊肉产量1.8万吨，下降10.9%；牛奶产量6.8万吨，增长6.5%；禽蛋产量4.1万吨，增长2.5%；水产品产量0.2万吨，与上年持平。

林业生产：全年木材产量0.8万立方米，比上年减少31.5 %。全年完成造林3.9万公顷，比上年减少24.9%。退耕还林工程完成配套荒山荒地造林面积0.2万公顷。全年完成天然林资源保护工程造林面积0.6万公顷，比上年增长66.6%。

农业机械：年末全市农业机械总动力216.1万千瓦，比上年末增长8.0 %。机械耕地面积27.9万公顷，机械播种面积21.8万公顷，机械收获面积5.1万公顷，分别比上年增长14.0%、12.4 %和85.9%。全市农机化经营总收入达到78860万元，同比增长 13.3%。

三、工业和建筑业

工业：全年全部工业增加值176亿元，比上年增长30.8%，在二产中所占比重为90.2%，比上年增加2个百分点。其中，规模以上工业企业完成工业增加值165.3亿元，比上年增长42.0%。

全年规模以上工业企业原煤产量3207.3万吨，比上年增长13.9%；焦炭产量169.5万吨，比上年增长13.1%。

规模以上工业主营业务收入377.9亿元，比上年增长59.3%。其中，五大传统支柱产业实现主营业务收入296.5亿元，增长67.2%，煤炭开采和洗选业、黑色金属矿采选业、有色金属冶炼及压延加工业、通用设备制造业和电力、热力生产供应业分别实现主营业务收入105.9亿元、63.5亿元、33.0亿元、51.6亿元和42.5亿元，分别增长34.6%、360.9%、39.8%、64.7%和41.9%。

规模以上工业实现利税74.1亿元，比上年增长68.2%；实现利润45.2亿元，增长92.8%；亏损企业亏损额6.2亿元，下降20.7%。

建筑业：全年全市建筑业实现增加值19亿元，比上年增长14.5%。具有建筑业资质等级的总承包和专业承包建筑业企业实现利润总额1.28亿元，增长24.3%；上缴税金1.17亿元，增长9.3%。

四、固定资产投资

固定资产投资：全年全社会固定资产投资424.4亿元，比上年增长20.3%。按城乡分，城镇投资417.2亿元，增长20.3%；农村投资7.1亿元，增长24.1%。按产业分，第一产业投资12.6亿元，增长73.7%；第二产业投资236.1亿元，增长22.1%；第三产业投资175.8亿元，增长15.6%。按登记注册类型分，国有投资249.2亿元，增长32.6%；非国有投资175.2亿元，增长6.4%。

城镇固定资产投资建成投产项目1615个，项目建成投产率为64.2%；新增固定资产211.8亿元，固定资产交付使用率为50.8%。

房地产开发：全年房地产开发投资18.1亿元，比上年增长25.6%。按工程用途分，住宅投资16.0亿元，增长22.8%；办公楼投资0.09亿元，下降10.6%；商业营业用房投资1.6亿元，增长108.9%。

五、能　　源

能源生产：全年全市一次能源生产折标准煤2408.3万吨，比上年增长102.1%；二次能源生产折标准煤652.3万吨，增长1.8%。

能源外调：全年全市向省外运输煤炭811.4万吨，比上年增长23.8%，外运煤炭占原煤产量的比重为25.3%；向省外运输焦炭137.5万吨，增长89.4%，外运焦炭占焦炭产量的比重为81.1%。

能源投资：城镇投资中，能源工业投资完成133亿元，比上年增长23.4%。其中，煤炭工业投资64.7亿元，增长108.7%；焦炭工业投资1.8亿元，下降57.1%；电力工业投资66.5亿元，下降8.4%。

煤炭资源整合：2010年全市通过煤炭资源整合，彻底改变了煤炭工业多小散乱的状况，全市矿井总数减少61.1%，平均单井规模增长了3倍多，煤炭总产能增加30%，基本实现了以大集团经营为主，安全生产有保障的目标。

六、国内贸易

消费品零售：全年全市社会消费品零售总额161.7亿元，比上年增长22.8%。其中，城镇消费品零售额108.2亿元，增长25.6%；城区消费品零售额83.0亿元，增长26%；乡村消费品零售额53.5亿元，增长17.4%。

七、对外经济

进出口贸易：全年全市海关进出口总额12654万美元，比上年增长24.4%。其中，进口额122万美元，下降55.6%；出口额12532万美元，增长26.6%。

全年出口机电产品9673万美元，增长19.6%。

全年出口钢材55726吨，比上年增加24.6%，出口金额8598万美元，增幅17.4%；出口粘土及其他耐火矿物21334吨，比上年增长124%，出口金额685万美元，增长121.7%；出口活性炭1056吨，比上年增长23.9%，出口金额49万美元，增长18.1%。

全年进口机电产品17万美元，下降70.7%。进口金属加工机床2台，进口金额6万美元。

招商引资：全年全市新设立外商直接投资企业1家。按全口径统计实际使用外商直接投资金额3万美元。其中，纳入商务部口径统计的为3万美元。

八、交通、邮电和旅游

交通运输：全市公路线路年末里程16650公里。

年末全市民用汽车保有量达到27.3万辆（包括三轮汽车和低速货车2.6万辆），比上年末增长11.9%。其中，私人汽车13.8万辆，增长18.9%。本年新注册汽车3.4万辆，比上年增长41.7%。年末轿车保有量6.1万辆，比上年末增长17.3%，其中，私人轿车5.2万辆，增长23.8%。

邮电：全年全市完成邮电业务收入16亿元，比上年增长56.8%。其中，邮政业务收入1.5亿元，增长15.4%；电信业务收入14.5亿元，增长62.9%。固定电话用户年末达到59.3万户。新增移动电话用户17.4万户，年末达到183.5万户。年末全市固定及移动电话用户总数达到242.8万户，比上年末增加80.1万户。全市宽带接入用户达到30.1万户，增长10.6%。

旅游：全年全市接待海外旅游者14.6万人次，接待国内旅游者1037.5万人次，分别增长19.2%和17.5 %；旅游外汇收入5080万美元，国内旅游收入103.0亿元，旅游总收入106.3亿元，分别增长21.2%、23.6%和23.0%。

九、财政、金融和保险

财政：全年全市财政总收入90.2亿元，比上年增长21.3%。一般预算收入42.3亿元，增长26.2%。其中，税收收入26.0亿元，增长22.1%。国内增值税、营业税、企业所得税、个人所得税、资源税和城建税共计完成税收23亿元。

一般预算支出执行128.6亿元，比上年增长26.0%。其中，农林水事务支出增长62.8%，教育支出增长18.8%，社会保障和就业支出下降1.5%，医疗卫生支出增长17.9%，环境保护支出增长16.9%，文化体育与传媒支出增长27.9%，公共安全支出增长29.3%。

金融：年末全市金融机构本外币各项存款余额964.9亿元，比年初增长19.9%。各项贷款余额352.4亿元，增长19.8%。人民币消费贷款6.1亿元，增长78.8%，其中，个人住房贷款3.1亿元，增长54.3%。全年累计现金收入1653.8亿元，累计现金支出1695.0亿元，货币净投放41.2亿元。

年末全市农村金融合作机构（农村信用社、农村合作银行、农村商业银行）人民币贷款余额144.0亿元，增长22.2%。

保险：全年全市保费收入20.5亿元，比上年增长31.4%。其中，寿险业务保费收入13.3亿元，增长23.1%；健康险和意外伤害险业务保费收入0.33亿元，增长10%；财产险业务保费收入7.2亿元，增长50%。支付各类赔款及给付2.9亿元，下降21.6%。其中，寿险业务给付1.3亿元，下降7%；健康险和意外伤害险业务赔款及给付0.18亿元，增长80%；财产险业务赔款0.27亿元，下降87.7%。

十、教育和科学技术

教育：年末全市高等院校达到2所。全市高中阶段毛入学率达到86.9%。全市独立设置的成人中等专业学校在校学生56016人。全年扫盲班结业422人。

科学技术：全年全市受理专利申请368件，比上年增长36%。受理发明专利申请124件，比上年增长75%。全年有10个项目列入国家各类科技计划，获得国家资助1560万元。全年共取得72项科技成果。省级企业技术中心达到9家。按照国家新的高新技术企业认定办法，截至2010年底，全市累计认定高新技术企业达到7家。

全年经济技术开发区科工贸总收入33.1亿元，比上年增长27.1%；区内生产总值9.88亿元，增长25.1%；税收收入1.4亿元，增长33%；进出口总额188.8万美元，增长62.8%；引进国内资金56.2亿元，增长8.9倍。

年末全市共有省、市、县产品质量监督检验所12个，监督抽查了609家企业8类16种产品和商品。全市共有法定计量技术机构14个，全年完成强制检定计量器具4.53万台件。

全市有气象台站15个。全市开展12121电话天气自动答询的台站共计15个。全市气象系统开展人工影响天气业务的单位16个，防雹、增雨受益覆盖面积2.5万平方公里。全市有天气预报服务Intel网站1个，卫星云图接收站16个。

全市有专业综合地震台站1个，全年M1.0–M1.9级地震155次，M2.0–M2.9级地震28次，M3.0–M3.9级地震2次，M4.0–M4.9级地震0次，最大震级ML3.8级。

十一、文化、卫生和体育

文化：年末全市共有艺术表演团体16个，群众艺术馆1个，文化馆14个，博物馆12个。广播电台11座，电视台2座，广播电视台1座。有线电视用户18万户。广播人口覆盖率88.2%，电视人口覆盖率91.9%。全市共有公共图书馆14个。年末全市共有档案馆16个。全市报纸出版1302万份，各类杂志出版1种、3.6万册。

卫生：年末全市共有卫生机构(含诊所)1032个，其中妇幼保健院（所、站）15个。全市卫生机构(含诊所)共有床位10891张，其中，医院床位6093张，卫生院床位3501张。卫生技术人员13659人。全市共有14个县（市、区）开展了新型农村合作医疗试点工作，213.6万农民参加了合作医疗，参合率95%。

体育：全年我市运动员在国内外重大比赛中获金牌48枚、银牌22枚、铜牌31枚（包括非奥运项目比赛），破省纪录1人1次1项，其中青少年破省纪录1人1次1项。全年全市销售中国体育彩票2684万元，比上年增长34.2%。

十二、人民生活和社会保障

人民生活：全年城镇居民人均可支配收入为13683元，比上年增长12.2%；城镇居民人均消费性支出8906元，下降2.2%。农村居民人均纯收入3446元，增长13.8%；农村居民人均生活消费支出3042元，增长11.0%。城镇占调查总户数20%的低收入家庭人均可支配收入6503元，增长13.1%；农村占人口20%的低收入者收入1184元，增长15.5%。城镇居民家庭恩格尔系数（即居民家庭食品消费支出占家庭消费支出的比重）29.6%，农村居民家庭恩格尔系数43.4%。城镇单位在岗职工平均工资24402元，增长17.3%。

社会保障：年末参加城镇基本养老保险的人数为28.9万人；参加农村社会养老保险的人数为28.8万人；参加城镇基本医疗保险的人数为57.8万人；参加失业保险的人数为19.5万人；参加工伤保险的人数为14.0万人，其中，农民工5万人；参加生育保险的人数为18.9万人。

全年全市纳入城市最低生活保障的居民11.2万人，比上年增加3220人，发放城市低保资金21255万元，比上年增加1733.4 万元；纳入农村最低生活保障的居民20.1万人，比上年增加3万人，发放农村低保资金13371.2万元，比上年增加982.8万元。

年末全市各类福利院床位数262张，收养人数98人。城镇建立各种社区服务设施4个，其中，综合性社区服务中心1个。全年销售社会福利彩票7079万元,筹集社会福利资金2700万元，直接接收社会捐赠款871万元。

十三、资源、环境和安全生产

资源：年末全市7座中型水库蓄水总量1710万立方米，比上年末增加616万立方米。年末全市农村饮水安全未达标人口52.9万人，当年解决农村饮水安全人口31.8万人。

环境：全年城区环境空气质量Ⅱ级以上天数总计达到361天，比上年增加3天，增长0.84%。

全年全市河流监测的14个断面中，有93%的断面受到不同程度的污染。其中，重度污染（劣Ⅴ类）的断面3个，占监测断面总数的23%；轻度污染（Ⅳ类）的断面5个，占监测断面总数的38.5%；水质优良（Ⅰ～Ⅲ类）的断面5个，占监测断面总数的38.5%。与上年相比，全市地表水水质总体有所好转。其中，水质优良的断面同比增长24.2%，重度污染的断面减少了41.2个百分点，轻度污染的断面增长了17.1个百分点。

年末全市城市污水处理率达到93.91%，提高0.51个百分点；集中供热普及率达到81.05%，提高1.05个百分点。

全年农作物受灾面积15333公顷，下降49%。其中，绝收1500公顷，下降30%。全年全市发生森林火灾1起，因森林火灾造成受害森林面积0.87公顷。

安全生产：全年共发生各类安全生产事故429起，同比下降19.5%；安全生产事故死亡181人，比上年下降3.7%。全年全市煤炭百万吨死亡率0.0514，下降53.3%。

（忻州市统计局）

吕梁市2010年国民经济和社会发展主要指标完成情况

2010年，吕梁市紧紧围绕转型跨越发展的总体要求，抓住扩大经济总量、转变发展方式“两个关键”，坚持工业新型化、农业现代化、市域城镇化、城乡生态化“四化并举”，深入实施“七大系统工程”，各项主要经济指标继续保持较快增长，圆满完成了“十一五”规划的各项目标任务。

一、综　　合

国民经济较快增长，全年全市地区生产总值845.5亿元，比上年增长21%。其中，第一产业增加值43亿元，增长2.2%，比上年下降1.5个百分点；第二产业增加值588.2亿元，增长26.5%，比上年上升27.6个百分点；第三产业增加值214.3亿元，增长11 %，比上年下降0.7个百分点。第三产业中，金融保险业增加值25.8亿元，增长12.8%；交通运输、仓储和邮政业增加值57.8亿元，增长10.7%；批发和零售业增加值27.7亿元，增长26.8%；房地产业增加值13亿元，增长5.1%。

人均地区生产总值23435元，按2010年平均汇率计算达到3463 美元。

第一、第二和第三产业增加值占全市生产总值的比重分别为5.1%、69.6%和25.3%，经济增长的贡献率分别为0.4%、84.3%和 15.3%。

居民消费价格比上年上涨3.4%，其中，食品价格上涨9.9%。商品零售价格上涨3.3%。工业品出厂价格上涨13.04%，其中，生产资料价格上涨12.87%，生活资料价格上涨19.22%。原材料、燃料、动力购进价格上涨10.00%。

二、农业和农村经济

农业生产保持了平稳发展，全年全市农作物种植面积40.8万公顷，比上年减少0.47%。其中，粮食种植面积35.9万公顷，增长0.36%；油料种植面积3.8万公顷，减少7.27%；棉花种植面积234.7公顷，减少4.13%。在粮食种植面积中，玉米种植面积15.3万公顷，增长4.55%；小麦种植面积1.2万公顷，减少18.6%。全年粮食总产量104.3万吨，比上年增产17.72%。其中，玉米72.5万吨，增产22.03 %；小麦4万吨，减产10.68 %。

全年全市肉类总产量11.4万吨，比上年增长16.4%。其中，猪肉产量5.9万吨，增长17.7 %；牛肉产量1.9万吨，增长54.6%；羊肉产量0.7万吨，下降11%。牛奶产量3.2万吨，增长48.6%。禽蛋产量8.8万吨，增长9.4%。水产品产量1300吨，增长2.36%。

全年实现林业产业产值9.1亿元，林业产业增加值5亿元。

年末全市农业机械总动力251.3万千瓦。机械耕地面积17.8万公顷，机械播种面积15.6万公顷，机械收获面积6.6万公顷。全市农机化经营总收入达到8亿元

三、工业和建筑业

工业生产较快增长。全年全部工业增加值596亿元，比上年增长26.8%，在二产中所占比重为96.7%，比上年增长0.7个百分点。其中，规模以上工业企业完成增加值552.3亿元，比上年增长38.1%。

经济效益稳步提高。规模以上工业销售收入1395.3亿元，比上年增长71.1%。其中，四大传统支柱产业实现销售收入1175.4亿元，增长72.65%，煤炭、焦炭、冶金和电力工业分别实现销售收入692.7亿元、294.1亿元、169.8亿元和18.8亿元，分别增长93.5%、44.0%、71.7%和-4.3%；新兴产业中，机电行业和医药工业分别实现销售收入16.4亿元和2.3亿元，分别增长39.4%和57.2%。

规模以上工业实现利税275.8亿元，比上年增长109.0%；实现利润159.5亿元，增长184.7%。

建筑业发展较快。全年全市建筑业实现增加值196002万元，比上年增长18.4%。具有建筑业资质等级的总承包和专业承包建筑业企业实现利润总额8460万元，增长14.05%；上缴税金7637万元，增长5.29%。

四、固定资产投资

固定资产投资平稳较快增长。全年固定资产投资435.8

亿元，比上年增长24.07 %。其中，按城乡分，城镇投资380.1亿元，增长23.22%；农村投资35.9亿元，增长20.99%。按产业分，第一产业投资9.9亿元，增长23.75%；第二产业投资229.5亿元，增长39.68%；第三产业投资196.4亿元，增长9.72%。按登记注册类型分，国有投资160.6亿元，增长12.62%；非国有投资275.2亿元，增长31.93%。

城镇固定资产投资建成投产项目627个，项目建成投产率为58.1%；新增固定资产181.2亿元，固定资产交付使用率为47.7%。

重点工程建设成效显著。2010年，全市486个重点工程项目，累计完成投资208.83亿元；完成年度计划的170.47%。重点工程项目完成投资占全市固定资产投资的比重为47.9%。

全年房地产开发投资19.71亿元，比上年增长50.96%。按工程用途分，商品住宅投资16.96亿元，增长55.01%；办公楼投资52万元，增长-97.45%；商业营业用房投资1.88亿元，增长35.92%。

五、能　源

能源生产、外调、投资良性发展。全年全市一次能源生产折标准煤6773万吨，比上年增长70.75%。全年全市向省外运输煤炭0.0149亿吨，比上年下降11.19%，外运煤炭占原煤产量的比重为1.5%；向省外运输焦炭857.26万吨，下降31.04%，外运焦炭占焦炭产量的比重为45.3%。城镇投资中，能源工业投资完成140.4亿元，比上年增长49.4%。其中，煤炭工业投资105.7亿元，增长55.2%，一批高产、高效矿井建成投产；焦炭工业投资15.4亿元，增长21.3%；电力工业投资19.3亿元，增长46.2%。

六、国内贸易和对外经济

消费品市场繁荣活跃。全年全市社会消费品零售总额222.5亿元，比上年增长18.6 %。其中，城镇消费品零售额174.3亿元，增长18.3%；乡村消费品零售额48.2亿元，增长19.8%。

进出口贸易发展迅速。全年全市海关进出口总额7.25亿美元，比上年增长155.6%。其中，出口增长231.7%，进口增长124.3%。全年出口焦炭357138吨，增长1829.5%，出口金额15456万美元，增长2304.9 %；出口金属镁259万吨，下降67.6%，出口金额68万美元，下降66.5%；出口机电产品2492 万美元，增长7.2%；出口高新技术产品258万美元，下降6.3%。全年进口铁矿砂及其精矿285.25万吨，比上年增长79.9%，进口金额3.48亿美元，增长170.9%；进口机电产品2080万美元，下降39.3%；进口高新技术产品186万美元，下降66.7%。

招商引资有了新进展。全年全市新设立外商直接投资企业2家；实际使用外商直接投资金额1.83亿美元，比上年增长101%；其中纳入商务部口径统计的为1.22亿美元，增长344%。

七、交通、邮电和旅游

交通运输事业发展加快。全年全市交通运输、仓储和邮政业增加值57.8亿元，比上年增长10.7%。公路线路年末里程15995.6公里，其中高速公路324.2公里。

年末全市民用汽车保有量达到21.26万辆（包括三轮汽车和低速货车2.89万辆），比上年末增长15.15%。其中，私人汽车24.9万辆，增长22.3%。年末轿车保有量9.16万辆，比上年末增长21.71%，其中。私人轿车7.8万辆，增长24.2%。

邮电事业发展迅速。全年全市完成邮电业务总量54.64亿元，比上年增长-2.7%。其中，邮政业务总量2.29亿元，下降 24.4%；电信业务总量52.35亿元，下降1.4%。固定电话用户年末达到58.8万户。新增移动电话用户57.66万户，年末达到228.5万户。年末全市固定及移动电话用户总数达到287.3万户，比上年末增加53.3万户。电话普及率达到79.4部/百人，其中，固定电话和移动电话普及率分别达到16.3部/百人和63.2部/百人。全市宽带接入用户达到26.6万户，增长26.5%。

旅游收入出现新增长。全年全市接待入境旅游者32394人次，接待国内旅游者652.3万人次，分别增长26.8 %和28.7%；旅游外汇收入1186.9万美元，国内旅游收入51.0亿元，旅游总收入51.9亿元，分别增长34.0%、30.2%和30.3%。

八、财政、金融

财政收入运行良好。全年全市财政总收入196.2亿元，比上年增长18.6%。一般预算收入73.0亿元，增长22.2%。其中，税收收入174.4亿元，增长17.0%，国内增值税、营业税、企业所得税、个人所得税、资源税共计完成税收157.2亿元。

一般预算支出执行148.4亿元，比上年增长25.9%。其中，农林水事务支出增长20.2%，教育支出增长16.9%，社会保障和就业支出增长8.0%，医疗卫生支出增长17.0%，住房保障支出增长137.3%，公共安全支出增长28.5%。

金融运行总体平稳。年末全市金融机构本外币各项存款余额1134.98亿元，比年初增长23.75%。各项贷款余额409.49亿元，增长54.97 %。

九、教育、科技、文化、卫生

教育方面：年末全市普通高中在校学生88751人，中等职业教育在校学生34070人，初中在校学生212378人，普通小学在校学生39027人，特殊教育在校学生923人。

科学技术：全年全市共受理各项专利申请590件，比上年增长46.8%。全市技术市场共签订技术合同11份，成交金额0.5亿元。全年全市3 个省级以上经济技术开发区和高新技术开发区，区内生产总值237.3亿元，增长42.95%。

文化方面：年末全市共有艺术演出团体52家，印刷企业83家，打字复印点145家，图书报刊、电子出版物发行单位139家，歌舞娱乐场所30家，互联网上网服务营业场所387家。《中阳剪纸》成为我市首个入选联合国教科文组织非物质文化遗产名录项目；市歌舞剧院编创的群舞《核桃熟了》荣获第七届"荷花杯"全国舞蹈比赛"十佳称号"；舞蹈《金针花开》在山西省小荷花杯比赛中荣获金奖。市晋剧院白卫卫荣获"第四届中国红梅荟萃金奖。

卫生方面：年末全市共有卫生机构（不含乡村诊所）663个。其中，妇幼保健院（所、站）14个。全市卫生机构(含诊所)共有床位1.2万张。其中，医院和卫生院床位1.2万张。卫生技术人员1.9万人。全市共有115个村开展了新型农村合作医疗试点工作，267万农民参加了合作医疗，参合率98.3%。

十、人民生活和社会保障

人民生活有了提高。全年城镇居民人均可支配收入15278.11元，比上年增长10.75%；城镇居民人均消费性支出8144.71元，增长0.48 %。农村居民人均纯收入3890.3元，增长13.6%；农村占人口20%的低收入者收入1262元，增长10.7%。城镇居民家庭恩格尔系数（即居民家庭食品消费支出占家庭消费支出的比重）36.98 %，农村居民家庭恩格尔系数39.1%。城镇单位在岗职工平均工资31633元，增长22.2%。

社会保障覆盖面加大。年末参加城镇基本养老保险人数为19.6万人；参加城镇基本医疗保险的人数为51.4万人；参加失业保险的人数为14.4万人；参加工伤保险的人数为14.4万人，其中，参保农民工8.4万人；参加生育保险的人数为7.6万人。

全年全市纳入城市最低生活保障的居民10.8万人，比上年增加1545人；发放城市低保资金1.9709亿元，比上年增加0.1485亿元。纳入农村最低生活保障的居民19.6万人，比上年增加3.4155万人；发放农村低保资金1.52亿元，比上年增加0.158亿元。全年全市共发放低保资金3.49亿元，比上年增加0.31亿元。

年末全市各类福利院床位数385张，收养各类人员430人。城镇建立各种社区服务设施5个，其中，综合性社区服务中心2个。全年销售社会福利彩票0.9亿元,筹集社会福利资金0.09亿元，直接接收社会捐赠款63万元。

（薛 斌）

晋中市2010年国民经济和社会发展主要指标完成情况

一、综 合

经济增长：初步核算，全年全市地区生产总值763.8亿元，比上年增长14.0%。其中，第一产业增加值65.0亿元，增长9.0%；第二产业增加值419.6亿元，增长18.0%；第三产业增加值279.2亿元，增长9.7%。第三产业中，金融保险业增加值23.5亿元，增长15.1 %；交通运输、仓储和邮政业增加值78.5亿元，增长 8.4%；批发和零售业增加值54.2亿元，增长15.0%；房地产业增加值16.8亿元，增长11.2%。

人均地区生产总值24275元，按2010年平均汇率计算达到3609 美元。

第一、第二和第三产业增加值占全市生产总值的比重分别为8.5%、54.9%和36.6%，对经济增长的贡献率分别为4.6%、68.1%和27.3%。

价格：全市居民消费价格比上年上涨3.0%。其中，食品价格上涨7.8%，商品零售价格上涨2.7%。工业品出厂价格上涨8.7%。其中，生产资料价格上涨9.2%，生活资料价格上涨3.8%。原材料、燃料、动力购进价格上涨10.1%。农业生产资料价格上涨0.6%。

就业：年末全市就业人员161.62万人。城镇新增就业人员4.63万人，完成全市目标（3.2万人）的145%。下岗再就业人数达到1.52万人，其中，就业困难对象再就业人数0.42万人。年末城镇登记失业率1.78%，控制在了4%的目标范围之内。

二、农 业

种植面积：全年全市农作物种植面积501.8万亩，比上年减少1.2%。其中，粮食种植面积433.0万亩，减少0.3%；油料种植面积6.0万亩，减少19.7%；棉花种植面积0.3万亩，减少20.9%。在粮食种植面积中，玉米种植面积314.6万亩，增长2.9%；小麦种植面积36.9万亩，减少6.1%。

粮食产量：全年粮食总产量161.7万吨，比上年增产16.9%。其中，玉米138.2万吨，增产21.1%；小麦9.1万吨，减产6.9%。

畜禽及水产品产量：全年全市猪牛羊肉总产量11.4万吨，比上年增长0.9%。其中，猪肉产量9.4万吨，增长1.8%；牛肉产量1.1万吨，减少5.3%；羊肉产量0.9万吨，减少1.1%。牛奶产量13.8万吨，增长5.3%。禽蛋产量12.3万吨，减少5.7%。

农业机械：年末全市农业机械总动力321.1万千瓦，比上年末增长6.0%。机械耕地面积28.3万公顷，机械播种面积23.1万公顷，机械收获面积8.9万公顷，分别比上年增长5.1%、5.3%和22.8%。全市农机化经营总收入达到15.6亿元，同比增长11.0%。

三、工　业

工业：全年全部工业增加值380.3亿元，比上年增长18.1%，在二产中所占比重为90.6%，比上年增加0.3个百分点。其中，规模以上工业企业完成工业增加值369.3亿元，比上年增长23.0%。

全社会原煤产量8032.2万吨，比上年增长26.2%。规模以上工业企业原煤产量占全社会原煤产量的100.0%；焦炭产量869.5万吨，比上年下降1.2%；钢材48.4万吨，比上年增长236.5%。

规模以上工业主营业务收入1021.0亿元，比上年增长41.8%。其中，四大传统支柱产业实现主营业务收入804.7亿元，增长41.3%，煤炭、焦炭、冶金和电力工业分别实现主营业务收入491.1亿元、198.9亿元、83.9亿元和30.9亿元，分别增长50.2%、21.6%、43.9%和50.0%；新兴产业中，装备制造业、医药工业和食品工业分别实现主营业务收入93.8亿元、7.9亿元和36.4亿元，分别增长53.0%、22.4%和24.6%。

规模以上工业实现利税115.7亿元，比上年增长58.2%；实现利润35.1亿元，增长249.9%；亏损企业亏损额24.9亿元，下降1.3%。

四、固定资产投资

固定资产投资：全年全社会固定资产投资495.0亿元，比上年增长25.0%。按城乡分，城镇投资465.8亿元，增长24.4%；农村投资29.2亿元，增长35.8%。按产业分，第一产业投资37.5亿元，增长109.7%；第二产业投资263.2亿元，增长15.5%；第三产业投资194.3亿元，增长29.4%。按登记注册类型分，国有投资199.9亿元，增长34.5%；非国有投资295.1亿元，增长19.3%。

城镇固定资产投资建成投产项目984个，项目建成投产率为66.6%；全社会新增固定资产288.4亿元，其中，城镇新增固定资产262.6亿元。

房地产开发：全年房地产开发投资29.8亿元，比上年增长43.2%。按工程用途分，住宅投资23.2亿元，增长26.1%；商业营业用房投资3.0亿元，增长93.9%；办公楼投资1.1亿元，增长202.1%；其他投资2.5亿元，增长407.4%。

五、能　源

能源外调：全年全市向省外运输煤炭3985.3万吨，比上年增长37.4%。其中，通过铁路直接售予外省1705.7万吨，增长21.5%；通过公路运往河北省2261.3万吨，运往山东省18.3万吨。外运煤炭占原煤产量的49.6%。全年全市向省外运输焦炭644.4万吨，比上年增长9.7%。其中，通过公路直接售予外省189.8万吨，增长13.7%；通过铁路直接售予外省454.7万吨，增长8.1%。外运焦炭占焦炭产量的比重为74.1%。

能源投资：城镇投资中，能源工业投资完成180.1亿元，比上年增长12.2%。其中，煤炭工业投资132.7亿元，增长40.0%；焦炭工业投资4.2亿元，下降64.1%；电力工业投资43.3亿元，下降19.9%。

六、国内贸易

消费品零售：全年全市社会消费品零售总额277.6亿元，比上年增长18.5%。其中，城镇消费品零售额189.4亿元，增长18.2%；乡村消费品零售额88.2亿元，增长19.3%。

七、对外经济

进出口贸易：全年全市海关进出口总额23000万美元，比上年增长43.7%。其中，进口额728万美元，下降26.7%；出口额22272万美元，增长48.3%。

全年出口焦炭6734万美元，增长300.7%；出口玛钢管件3362 万美元，下降12.0%；出口钉丝976.0万美元，增长38.2%；出口机电产品8375.8万美元，增长31.3%，出口玻璃器皿3135万美元，增长1.6%。

招商引资：全年全市新签外商投资项目5个，比上年减少3 个，项目投资总额9721.2万美元，比上年增长1.5倍。按全口径统计当年实际利用外商直接投资金额6535.6万美元，比上年下降7.3%。

八、交通、邮电和旅游

交通运输：全市公路线路年末里程14562公里，比上年增加245公里，增长1.7%；全市高速公路292公里，比上年增加18公里。全市公路密度为88.8公里/百平方公里。

年末全市民用汽车保有量达到27.86万辆（包括三轮汽车和低速货车2.93万辆），比上年末增长21.0%，其中，私人汽车23.16万辆，增长23.1%。本年新注册汽车5.59万辆，比上年增长27.7%。年末轿车保有量12.15万辆，比上年末增长30.4%，其中，私人轿车10.9万辆，增长32.8%。

邮电：全年全市完成邮电业务总量65.9亿元，比上年增长24.3%。其中，邮政业务总量2.6亿元；电信业务总量63.3亿元，增长28.7%。固定电话用户年末达到77.1万户。其中，城市电话用户43.5万户，农村电话用户33.6万户。新增移动电话用户22.1万户，年末达到190.9万户。年末全市固定及移动电话用户总数达到268.0万户，比上年末增加17.5万户。电话普及率达83.8部/百人，其中，固定电话和移动电话普及率分别达到24.1部/百人和59.7部/百人。全市宽带接入用户达到29.7万户，增长21.2%。

旅游：全年全市接待海外旅游者21.5万人次，接待国内旅游者1349.7万人次，分别增长26.3%和20.7%；旅游外汇收入6382.8万美元，国内旅游收入109.4亿元，旅游总收入113.7亿元，分别增长38.8%、25.5%和26.3%。

九、财政、金融和保险

财政：全年全市财政总收入147.1亿元，比上年增长17.2%。一般预算收入64.8亿元，增长12.1%。其中，税收收入42.6亿元，增长29.0%，国内增值税、营业税、企业所得税、个人所得税、资源税和城建税共计完成税收36.1亿元。

一般预算支出执行120.1亿元，比上年增长16.5%。其中，农林水事务支出增长34.8%，教育支出增长12.5%，社会保障和就业支出下降12.1%，医疗卫生支出增长10.2%，环境保护支出增长40.2%，文化体育与传媒支出增长13.2%，公共安全支出增长23.3%。

金融：年末全市金融机构人民币各项存款余额1245.6亿元，比年初增长17.0%。各项贷款余额469.6亿元，增长29.6%。全年累计现金收入3592.9亿元，累计现金支出3730.1亿元，货币净投放137.2亿元。

保险：全年全市保费收入30.8亿元，比上年增长18.9%。其中，寿险业务保费收入22.4亿元，增长12.6%；健康险和意外伤害险业务保费收入1.2亿元，增长71.4%；财产险业务保费收入7.1亿元，增长34.0%。支付各类赔款及给付6.9亿元，增长1.5%。其中，寿险业务给付2.3亿元，减少32.4%；健康险和意外伤害险业务赔款及给付0.4亿元，增长100.0%；财产险业务赔款及给付4.1亿元，增长28.1%。

十、教育和科学技术

教育：年末全市高等院校达到7所，普通中学242所，在校生195993人；小学883所，在校生237159人；幼儿园465所，在园幼儿94737人。全市小学六年巩固率99.71%，初中三年巩固率101.31%。

科学技术：全年全市受理专利申请618件，比上年增长28.5%。受理发明专利申请160件，比上年增长63.3%。全年全市授予专利权324件。按照国家新的高新技术企业认定办法，截至2010年底，全市累计认定高新技术企业达到11家，创造高技术产业总产值32.0亿元。

十一、文化、卫生和体育

文化：年末全市共有艺术表演团体18个，群众艺术馆、文化馆12个，艺术表演场所11个。电视台11座，广播电台节目10套。有线电视用户39.6万户。广播人口覆盖率92.9%，电视人口覆盖率98.87%。全市共有公共图书馆11个。年末全市公共图书馆图书总藏量达1057万册。

卫生：年末全市共有卫生机构(含诊所)1069个，其中，妇幼保健院（所、站）12个。全市卫生机构(含诊所)共有床位12268张，其中，医院床位7881张，卫生院床位3556张。卫生技术人员15170人。全市11个县（市、区）全部开展了新型农村合作医疗试点工作，214.1万农民参加了合作医疗，参合率95.94%。

体育：2010年末全市拥有各级体育机关12个，体育场馆27个，全市共有运动员960人，其中二级运动员106人；有二级裁判员112人。举办县级以上综合运动会55次，举办单项比赛243次，举办全民健身活动182次，参加人数达到18.7万人次，其中，千人以上健身活动72次。

十二、人民生活和社会保障

人民生活：全年城镇居民人均可支配收入为16379.0元，比上年增长12.0%；城镇居民人均消费性支出10105.7元，增长4.8%。其中，市区城镇居民人均可支配收入为17393.7元，增长13.1%，市区城镇居民人均消费性支出11976.8元，增长10.1%。农村居民人均纯收入5808.7元，增长11.8%，农村居民人均生活消费支出3666.2元，增长24.2%。城镇占调查总户数20%的低收入家庭人均可支配收入7758.5元，增长10.1%；农村占人口20%的低收入者收入1735.5元，增长9.6%。城镇居民家庭恩格尔系数（即居民家庭食品消费支出占家庭消费支出的比重）30.9%，农村居民家庭恩格尔系数32.4%。城镇单位在岗职工平均工资29024.0元，增长21.8%。

社会保障：年末参加城镇基本养老保险的人数为33.28万人。其中，职工参保人数为23.1万人；参加农村社会养老保险的人数为41.9万人；参加城镇基本医疗保险的人数为37.92万人；参加失业保险的参保职工人数为23.96万人；参加工伤保险的人数为20.08万人；参加生育保险的人数为13.0万人。

全年全市纳入城市最低生活保障的居民5.6万人，比上年减少0.54万人，发放城市低保资金11102万元，比上年增加1850 万元；纳入农村最低生活保障的居民9.08万人，比上年减少 1.14万人，发放农村低保资金7635万元，比上年增加561万元。

年末全市各类社会福利单位96个，比上年增加11个。年末福利院床位数4355张，比上年增加1197张；收养各类人员人数3134人，比上年增加761人。

五个全覆盖工程：截至2010年底，两年全覆盖实现程度达153.15%。其中，建制村通水泥（油）路全覆盖率为200%，中小学校舍安全改造全覆盖率为218.13%，村级卫生室全覆盖率为100%，村通广播电视全覆盖率为120.5%，农村饮水安全全覆盖率为127.11%。

十三、资源、环境和安全生产

资源：全年全市耕地保有量363.1千公顷。全市森林面积达到253.6千公顷，当年造林30.4千公顷，其中，退耕造林面积9.1千公顷。全年全市总用水量5.84亿立方米，其中，工业用水量1.04亿立方米。2010年万元地区生产总值用水量76.5立方米，比上年减少14.0%；万元工业增加值用水量28.0立方米，比上年减少16.5%。

全市自然保护区总数为5个，自然保护区面积达到127.5千公顷，占全市国土面积的7.8%。

环境：全年全市11个县（区、市）空气质量Ⅱ级以上天数总计达到3900天，比上年增加119天，增长3.1%，市城区空气质量Ⅱ级以上天数达到360天，比上年增加12天，增长3.4%。市城区综合污染指数为1.52，比上年下降18.3%。

全年全市河流监测的6个断面中，有3个断面受到重度污染，占监测断面总数的50%；水质优良（Ⅰ～Ⅲ类）的断面3个，占监测断面总数的50%。与上年相比，全市地表水水质总体有所好转，其中水质优良的断面保持2个，与上年持平；轻度污染的断面减少1个，好转为水质良好的Ⅲ类水质断面。

年末全市城市污水处理率达到96%；城市生活垃圾无害化处理率达到31%；市城区集中供热普及率达到80%。

安全生产：全市生产安全事故死亡人数371人，比上年下降0.3%；煤炭生产安全事故死亡人数由上年的29人减少为8人；煤炭生产百万吨死亡率为0.07，比上年同期下降30%；亿元GDP生产安全事故死亡率0.49，比上年同期下降15.5%。工矿商贸企业就业人员10万人死亡率为2.63，道路交通万车死亡率8.73。（王爱婕）

阳泉市2010年国民经济和社会发展主要指标完成情况

2010年，全市人民在市委、市政府的正确领导下，坚持以科学发展为指导，以转型发展和跨越发展为主线，紧紧围绕“统筹城乡、率先转型、全面崛起、富民强市”的战略思路，团结奋斗，顽强拼搏，全面完成了年度及“十一五”的各项目标任务，国民经济保持了平稳较快发展态势，各项社会事业取得了新的成就，为整个“十一五”时期国民经济的发展划上了一个圆满的句号，也为“十二五”的发展奠定了良好基础。

一、综　合

经济实力不断增强：初步核算，全年全市地区生产总值429.4亿元，比上年增长14.2%。其中，第一产业增加值6.6亿元，增长3.1%，比上年增幅回落3.7个百分点；第二产业增加值255.3亿元，增长17.0%，比上年增幅提高13.0个百分点；第三产业增加值167.5亿元，增长10.5%，比上年增幅回落1.9个百分点。第三产业中，金融保险业增加值18.5亿元，增长18.2%；交通运输、仓储和邮政业增加值36.6亿元，增长16.0%；批发和零售业增加值32.2亿元，增长14.5%；房地产业增加值12.8亿元，增长10.0%。

人均地区生产总值32141元，按2010年平均汇率计算达到4748 美元。

第一、第二和第三产业增加值占全市生产总值的比重分别为1.5%、59.5%和39.0%，对经济增长的贡献率分别为0.7%、70.7%和28.6%。

市场物价上涨较快：居民消费价格比上年上涨2.8%。其中，食品价格上涨9.9%，商品零售价格上涨3.0%；工业品出厂价格上涨8.91%。其中，生产资料价格上涨9.17%，生活资料价格上涨1.24%。原材料、燃料、动力购进价格上涨11.80%。

劳动就业工作状况进一步好转：年末全市就业人员63.26万人。其中，城镇就业人员23.74万人，城镇新增就业岗位2.15万个；下岗失业人员再就业人数达到1.4万人，其中，就业困难对象再就业人数3550人。年末城镇登记失业率3.78%。

二、农　业

粮食种植面积继续增加：全年全市农作物种植面积5.9万公顷，比上年增长4.0 %。其中，粮食种植面积5.5万公顷，增长1.9%；油料种植面积0.04万公顷，下降7.6%。在粮食种植面积中，玉米种植面积4.7万公顷，增长3.4%。

粮食取得较好收成：全年粮食总产量20.8万吨，比上年减产5.2%。其中，秋粮总产量20.7万吨，比上年减少1.08万吨，减产5.1%；夏粮总产量为0.1万吨，比上年减少0.08万吨，减产19.8%。其中，玉米19.1万吨，减产2.5 %。

畜禽及水产品产量继续增长：全年全市肉类总产量1.4万吨，比上年增长25.4%。其中，猪肉产量1.1万吨，增长23.4 %；牛肉产量0.03万吨，增长58.9 %；羊肉产量0.07万吨，增长82%。牛奶产量0.8万吨，增长43.2%。禽蛋产量2.3万吨，增长19.3%。水产品产量0.05万吨，下降2.9%。

林业发展取得新成效：全年完成退耕还林和荒山荒地造林面积0.95万公顷，造林合格面积0.95万公顷。年末全市森林覆盖率达25.96%。

农业生产条件不断改善：年末全市农业机械总动力121.51万千瓦，比上年末增长0.28%。机械耕地面积4.1万公顷，比上年增长8.5%；机械播种面积3.5万公顷，机械收获面积0.3万公顷，分别比上年下降2.9%和7.1%。全市农机化经营总收入达到5.7亿元，同比增长3.2%。

三、工业和建筑业

工业生产高速增长：全年全部工业增加值227.8亿元，比上年增长18.7%，在二产中所占比重为89.2%，比上年上升1.0个百分点。其中，规模以上工业企业完成增加值226.8亿元，比上年增长23%。

工业经济效益稳健增长：规模以上工业销售收入782.3亿元,比上年增长42.7%。其中，三大传统支柱产业实现销售收入726.4亿元，增长44.5%，煤炭、冶金和电力工业分别实现销售收入689.6亿元、6.71亿元和30.1亿元，分别增长46.6%、62.9%和11.3%。

规模以上工业实现利税110亿元，比上年增长30.4%；实现利润46.1亿元，增长47.2%。

建筑业生产稳步增长：全年全市建筑业实现增加值27.55亿元，比上年增长2.7%。具有建筑业资质等级的总承包和专业承包建筑业企业实现利润总额4.6亿元，增长10.8%；上缴税金4.4亿元，增长19.6%。

四、固定资产投资

固定资产投资继续快速增长：全年全社会固定资产投资298.37亿元，比上年增长23.1%。其中，按城乡分，城镇以上投资271.02亿元，增长22.7%；农村投资27.35亿元，增长26.5%。按产业分，第一产业投资15.39亿元，增长67.1%；第二产业投资130.37亿元，增长33.8%；第三产业投资152.61亿元，增长12.3%。按登记注册类型分，国有投资202.33亿元，增长7.62%；非国有投资96.04亿元，增长76.4%。

全年房地产开发投资43.34亿元，比上年增长35.5%。按工程用途分，商品住宅投资34.83亿元，增长37.2%；办公楼投资1.30亿元，下降15.3%；商业营业用房投资5.49亿元，增长59.1%。

重点工程建设取得新进展：2010年，全市199个重点工程项目中，有172个项目开工建设，开工率86.4%，有49个项目竣工，累计完成投资233亿元，同比增长20.1%，比2009年提高1.4个百分点。重点工程项目完成投资占全市全社会投资的比重为78.1%，对全市全社会投资的贡献率为69.1%，拉动全市全社会投资增长15.9个百分点。

五、能　源

能源工业发展迅速：全年全市一次能源生产折标准煤4147万吨，比上年增长7.7%；二次能源生产折标准煤262万吨，增长34.2%。

能源外输量持续增加：全年全市向省外运输煤炭4590万吨，比上年增长2.0%，外运煤炭占原煤产量的比重为80.2%；向省外运输焦炭42.1万吨，下降5.8%，外运焦炭占焦炭产量的比重为71%。

能源投资不断增加：城镇投资中，能源工业投资完成94.22亿元，比上年增长38.4%。其中，煤炭工业投资82.75亿元，增长41.0%，一批高产、高效矿井建成投产；焦炭工业投资1.09亿元，下降44.6%；电力工业投资5.99亿元，下降48.4%。

六、国内贸易

国内市场持续升温：全年全市社会消费品零售总额160.47亿元，比上年增长18.3%。其中，城镇消费品零售额137.62亿元，增长17.7%；乡村消费品零售额22.85亿元，增长22.2%。

七、对外经济

外贸进出口高速增长：全年全市海关进出口总额29145万美元，比上年增长211.5%。其中，出口增长144.3%，进口增长302.2%。

全年全市新设立外商直接投资企业2家；实际使用外商直接投资金额10789万美元，比上年增长20%。

八、交通、邮电和旅游

交通运输业稳步发展：全年全市交通运输、仓储和邮政业增加值36.6亿元，比上年增长16.0%。公路线路年末里程0.54万公里，其中高速公路108公里。

2010年，全市共完成货物运输总量7594.8万吨，同比增长12.0%。其中，铁路完成4066.5万吨，同比增长3.2%；公路完成3528.3万吨，同比增长20.5%。共完成货物运输周转量183.9亿吨公里，同比增长5.3%。其中，铁路完成159.2亿吨公里，同比增长3.3%；公路完成24.7亿吨公里，同比增长24.2%。

全年全市共完成旅客运输总量2678.0万人次，同比增长3.3%，其中，铁路完成177.7万人次，同比增长7.5%；公路完成2500.3万人次，同比增长3.0%。共完成旅客运输周转量14.7亿人公里，同比增长6.5%。其中，铁路完成8.9亿人公里，同比增长7.2%；公路完成5.8亿人公里，同比增长4.9%。

年末全市民用汽车保有量达到11.82万辆（包括三轮汽车和低速货车0.96万辆），比上年末增长20.8%。其中，私人汽车8.19万辆，增长26.9%。年末轿车保有量5.01万辆，比上年末增长29.1%。其中，私人轿车4.11万辆，增长32.2%。

邮电通信业继续快速增长：全年全市完成邮电业务总量26.72亿元，比上年增长14.9 %。其中，邮政业务总量1.45亿元，下降19.9%；电信业务总量25.27亿元，增长17.9%。局用交换机总容量为32.2万门。固定电话用户年末达到33.8万户。其中，城市电话用户26.9万户，农村电话用户6.9万户。新增移动电话用户2.8万户，年末达到102.8万户。年末全市固定及移动电话用户总数达到136.6万户，比上年末增加3.6万户。电话普及率达到99.85部/百人，其中固定电话和移动电话普及率分别达到24.73部/百人和75.12部/ 百人。全市宽带接入用户达到19.6万户，增长23.3%。

旅游业迅速发展：全年全市接待海外旅游者2.3万人次，接待国内旅游者823万人次，分别增长68%和22%；旅游外汇收入682.7万美元，国内旅游收入57.53亿元，旅游总收入57.99亿元，分别增长30%、30%和23%。

九、财政、金融和保险

财政收入继续大幅增长：全年全市财政总收入100.2亿元，比上年增长28.3%。一般预算收入37.7亿元，增长26.6%。其中，税收收入31.2亿元，增长28.8%，国内增值税、营业税、企业所得税、个人所得税、资源税和城建税共计完成税收26.7亿元，分别增长20.6% 、19.1%、64.3%、38.9%、7.0%和34.5%。

一般预算支出执行59.6亿元，比上年增长21.7%。其中农林水事务支出增长35.3%，教育支出增长12.5%，科学技术支出增长20.6%，社会保障和就业支出增长4.0%，医疗卫生支出增长9.6%，环境保护支出下降9.0%，文化体育与传媒支出增长20.9%，城乡社区事务支出增长131.4%，公共安全支出增长23.7%。

金融存贷款不断增加：年末全市金融机构本外币各项存款余额878.0亿元，比年初增长25.6%。各项贷款余额369.2亿元，增长26.0%。全年累计现金收入1138.1亿元，累计现金支出1160.8亿元，货币净投放22.7亿元。

保险事业发展迅速：全年全市保费收入16.46亿元，比上年增长10.7%。其中，寿险业务保费收入11.35亿元，增长5.0%；健康险和意外伤害险业务保费收入0.44亿元，增长2.3%；财产险业务保费收入4.67亿元，增长28.5%。支付各类赔款及给付3.57亿元，下降21.1%。其中，寿险业务给付1.60亿元，下降39.8%；健康险和意外伤害险业务赔款及给付0.09亿元，下降1.5%；财产险业务赔款1.88亿元，增长6.3%。

十、教育和科学技术

教育事业全面发展：年末全市高等院校达到2所。全市独立设置的成人高等学校在校学生3628人，成人中等专业学校在校学生807人，农村劳动力转移培训3.57万人，农民实用技术培训12.72万人。

科学研究和技术创新取得新进展：全年全市共受理各项专利申请406件，比上年增长32%。全市技术市场共签订技术合同20份，成交金额4272万元。全年有27个项目列入省级科技计划，获得国家资助381万元；有2个项目列入国家级科技计划，获得国家资助120万元。

全年共取得市级以上科研成果53项，其中，市级44项，省级9项。

十一、文化、卫生和体育

文化事业健康发展：年末全市共有艺术表演团体11个，群众艺术馆1个，文化馆5个。广播电视电台4座，有线电视用户32.9万户。广播人口覆盖率100%，电视人口覆盖率100%。全市共有公共图书馆6个，馆藏图书510千册。年末全市共有档案馆7个。《阳泉日报》发行量为611.83万份。

卫生条件继续改善：年末全市共有卫生机构(含诊所)522个，其中妇幼保健院（所、站）6个。全市卫生机构(含诊所)共有床位7017张，其中医院和卫生院床位6453张。卫生技术人员9133人。全市3个农业县（区）全部开展了新型农村合作医疗试点工作，56.15万农民参加了合作医疗，参合率90.9%。

体育事业取得新成绩：全年我市运动员在国内外重大比赛中获金牌12枚、银牌13枚、铜牌3枚（包括非奥运项目比赛）。全年全市销售中国体育彩票2038万元，比上年增长27.2%。

十二、人民生活和社会保障

人民生活不断改善：全年城镇居民人均可支配收入为17083.8元，比上年增长20.0%；城镇居民人均消费性支出10256.12元，增长19.99%。农村居民人均纯收入6560元，增长13.1%；农村居民人均生活消费支出4047元，增长3.9%。城镇占调查总户数20%的低收入家庭人均可支配收入8400.56元，增长28.39%；农村占人口20%的低收入者收入2914元，增长15.7%。城镇居民家庭恩格尔系数（即居民家庭食品消费支出占家庭消费支出的比重）33.76%，农村居民家庭恩格尔系数35.7%。城镇单位在岗职工平均工资42371元，增长22.0%。

社会保障进一步发展：年末参加基本养老保险人数为22.62万人，参加基本医疗保险的人数为54.85万人，参加失业保险的人数为19.82万人，参加工伤保险的人数为13.51万人，参加生育保险的人数为7.3万人。

全年全市纳入城市最低生活保障的居民4.28万人，比上年减少420人，发放城市低保资金8172.36万元，比上年增加294.45万元；纳入农村最低生活保障的居民4.05万人，比上年增加0.41万人，发放农村低保资金3229万元，比上年减少368.37万元。全年全市共发放低保资金11401.36万元，比上年减少73.92万元。

年末全市各类福利院床位数169张，收养各类人员169人。城镇建立各种社区服务设施114个，其中居委会社区服务站55个。全年销售社会福利彩票9185万元,筹集社会福利资金2631万元，直接接收社会捐赠款1224.4万元。

十三、环境和安全生产

环境工作成绩突出：全年全市环境空气质量Ⅱ级以上天数总计达到348天，优良率达95.3%，超额完成省下达的280天任务。

年末全市城市污水处理率达到82.99%，提高0.75个百分点；城市生活垃圾无害化处理率达到100%，提高8.98个百分点；集中供热面积1829.22万平方米，增长11.5%，集中供热普及率达到90.33%，提高4.45个百分点。

全年全市各类自然灾害造成直接经济损失1.63亿元，比上年有较大幅度下降。全年农作物受灾面积4.99万公顷，下降1.6%，其中，绝收0.72万公顷，上升3.2%。

安全生产成效显著：全年全市生产安全事故死亡94人，比上年增长9.3%。全年全市地方煤矿百万吨死亡人数为0.65人，增长91.2 %。

（高丽芳）

长治市2010年国民经济和社会发展主要指标完成情况

2010年是长治经济社会发展的“十一五”收官之年，全市人民在市委、市政府的正确领导下，深入贯彻落实科学发展观，坚定信心，攻坚克难，着力推进长治的转型跨越发展，全市经济保持了平稳较快发展，各项社会事业取得新的进步。

一、综 合

初步核算，全市生产总值920.2亿元，比上年增长13.7%。其中，第一产业增加值40.2亿元，增长8%；第二产业增加值601.7亿元，增长16.7%；第三产业增加值278.3亿元，增长9.8%。三次产业比例由上年的4.5：62.8：32.7调整为4.4：65.4：30.2。

全年居民消费价格比上年上涨2.4%，其中，食品类价格上涨7.9%；工业品出厂价格上涨8%；原材料、燃料、动力购进价格上涨8.3%。

年末全社会从业人员158.41万人，比上年增加2.91万人。其中，第一产业从业人员64.47万人，减少0.54万人；第二产业从业人员43.53万人，增加1.74万人；第三产业从业人员50.41万人，增加1.71万人。全年新增城镇就业岗位5.2万个，年末城镇登记失业率为1.77%，比上年下降0.39个百分点。

全年实现财政总收入198亿元，比上年增长11.3%。其中，一般预算收入77.9亿元，增长12.0%。全市一般预算支出135.9亿元，比上年增长20.7%。其中，社会保障和就业支出增长3.4%，医疗卫生支出增长24.9%，科技、教育、农业支出比上年分别增长22.3%、17.3%、28.4%。

二、农林牧渔业

全年粮食种植面积255.5千公顷，减少0.4%；油料种植面积2千公顷，减少16.1%；蔬菜种植面积18.2千公顷，增长0.3%。

全年粮食产量143万吨，同比增长22.7%。其中，夏粮4.9万吨，下降30.7%；秋粮138.1万吨，增长26.1。油料产量0.3万吨，减产14%；蔬菜产量81.3万吨，增长2.2%。

全年肉类总产量6.62万吨，增长10.6%。其中，猪牛羊肉5.96万吨，增长11.1%。禽蛋产量7.33万吨，增长0.6%。奶产量1.38万吨，增长0.7%。

全年农林牧渔业总产值68.6亿元，增长11.3%。其中，农业总产值45.2亿元，增长17.3%；林业总产值4.1亿元，下降16%；牧业总产值17亿元，增长5.7%；渔业总产值0.28亿元，增长1.4%。

三、工业和建筑业

全年规模以上工业增加值572.87亿元,增长19.2%。其中，轻工业增加值增长59.1%，重工业增长18.7%。产品销售率96.4%。

主要工业产品产量中，原煤比上年增长17.19%，发电量增长1.45%，生铁增长26.7%，焦炭下降3.8%，钢材增长18.7%。

全年工业经济效益综合指数为242.28，比上年提高17.43个点。规模以上工业企业主营业务收入1349.25亿元，比上年增长35.3%。实现利税208.45亿元，增长44.2%。其中，实现利润121.14亿元，增长62.1%。亏损企业亏损额37.25亿元，比上年增长56.5%。

全年全社会建筑业实现增加值25.3亿元，比上年增长19%。全市具有资质等级的总承包和专业承包建筑业企业实现利润1.61亿元，增长198.15%；上缴税金2.14亿元，增长40.79%。

四、固定资产投资

全年全社会固定资产投资561.1亿元，比上年增长26.5%。其中，城镇投资534亿元，增长25.7%。城镇投资中，国有投资250.9亿元，增长4.4%，非国有投资283.1亿元，增长53.3%；农村投资27亿元，增长44.5%。分产业看，第一产业投资26.8亿元，增长94.2%；第二产业投资325.1亿元，增长31.5%，其中，钢铁投资23.24亿元，增长18.5%；第三产业投资182.2亿元，增长11.1%，其中，教育投资增长89.8%。

全年房地产开发投资完成32.76亿元，比上年增长23.6%。其中，住宅投资25.99亿元，增长17.23%。商品房销售额32.17亿元，增长9.72% 。其中，住宅销售额为27.89亿元，增长9.97%。

五、能 源

城镇能源工业投资中，煤炭投资144.21亿元，增长154.97%；电力工业投资24.09亿元，下降26.53%。全年共向省外运输煤炭3156.97万吨，比上年增长13.53%；向省外运输焦炭843.65万吨，增长2.75%。全市采区煤炭资源回采率达到80.3%。

六、国内外贸易

全年社会消费品零售总额272.6亿元，比上年增长18.4%。分城乡看，城镇消费品零售额230.2亿元，增长18%；乡村消费品零售额42.4亿元，增长20.3%。分行业看，批发和零售业零售额242.5亿元，增长19.1%，其中，限额以上批发和零售业零售额71.9亿元，增长20.9%；住宿和餐饮业零售额30.1亿元，增长13%。

在限额以上批发和零售业零售额中，汽车类零售额比上年增长9.6%，服装类增长10.1%，粮油、食品、饮料和烟酒类增长11.2%，家用电器和音像器材类增长33.4%，家具类增长35.3%，石油及制品类增长35.5%。

全年进出口总额37208万美元，比上年增长33.2%。其中，出口4297万美元，增长77.8%；进口32911万美元，增长29%。

全年新批外商直接投资企业8家。合同利用外商投资10612.1万美元，增长257%；实际利用外商直接投资13892.6万美元，增长27%。

七、交通、邮电和旅游

全年民航客运量39.1万人，比上年增长15%，旅客周转量34877万人公里；货邮运输量2100吨，货邮周转量187.32万吨公里，运输总周转量437.92万吨公里。公路客运量3431.5万人，比上年增长4.6%，旅客周转量22.75亿人公里；货运量5437.37万吨，比上年增长4.2%，货物周转量76.56亿吨公里。

年末全市民用汽车保有量达到24.24万辆（包括三轮汽车和低速货车4.23万辆），比上年末增长12.3%。其中，年末私人汽车保有量19.12万辆，增长16.5%。民用轿车保有量10.05万辆，增长28.7%。其中，私人轿车8.4万辆，增长33.5%。

全年完成邮电业务总量56.91亿元，比上年增长12.8%。其中，邮政业务总量18446万元，下降13.7%；电信业务总量55.07亿元，增长14%。年末固定电话用户达到61.55万户，其中，城市电话用户40.93万户，农村电话用户20.62万户。年末移动电话用户达到195.07万户。年末全市固定电话、移动电话及小灵通用户总数达到260.11万户。年末全市互联网用户累计达29.95万户，比上年增长24.9%。

全年共接待国内外游客1058.98万人次，增长18.1%。国内旅游总收入88.77亿元，增长19.1%。全年入境人数8.43万人次，比上年增长17.1%。其中，外国人4.89万人次，增长18.8%；香港、澳门和台湾同胞3.54万人次，增长14.8%。在入境旅游者中，过夜人数8.43万人次，增长17.1%。旅游外汇收入1644.75万美元，增长20.2%。

八、金融和保险

年末全市金融机构本外币各项存款余额1367.63亿元，比年初增长20.9%。其中，居民储蓄存款726.88亿元，增长14.1%。全市金融机构本外币各项贷款余额631.17亿元，比年初增长32.7%。其中，个人消费贷款14.79亿元，增长51.2%。

年末全市共有保险公司14家。全年保险公司保费收入27.48亿元。其中，寿险业务保费收入19.47亿元，健康险和意外伤害险业务保费收入0.99亿元，财产险业务保费收入7.02亿元。支付各类赔款及给付4.89亿元。其中，寿险业务给付1.63亿元；健康险和意外伤害险业务给付0.24亿元；财产险业务赔款3.02亿元。

九、教育和科学技术

年末全市有独立招生的高等院校6所，全年招收普通高等教育本、专科学生12596人，在校大学生37218人，毕业学生11499人。全市各类中等职业教育学校47所，全年招生15285人，在校学生46842人，毕业学生12777人。全市普通中学232所，其中，完全中学37所，普通高中13所，普通初中147所，九年一贯制学校35。全年高中招生28719人，在校学生82393人，毕业学生25989人。全年初中招生50813人，在校学生151518人，毕业学生53740人。全市普通小学1471所，全年招生40284人，在校学生247069人，毕业学生50900人。特殊教育在校学生734人。幼儿园在园幼儿72074人。

全年全市共受理各项专利申请770件，比上年增长15.4%。全年全市科学技术成果118项。其中，有46项技术获得省部级以上科学技术成果奖，比上年增加8项。全年签订技术合同225项，增长2.3%；成交金额22936万元，增长10.4%。

全市共有产品质量检验机构11家，对13种产品进行了监督抽查。全年38户企业完成了产品认证。全市共有法定计量技术机构12个，全年强制检定计量器具7.6万台件。

十、文化、卫生和体育

年末全市共有艺术表演团体20个，文化馆14个，博物馆1个。公共图书馆14个，公共图书馆藏书量128万册。档案馆6个，已开放各类档案5954卷。全市广播电台11座，电视台12座，广播、电视综合人口覆盖率分别达到94.31%和97.18%。年末全市有线电视用户达到40.26万户，其中，接收数字信号用户12.22万户。由我市歌舞团编排的舞蹈《花开时节》荣获全国舞蹈“荷花奖”铜奖；潞安大鼓《割肉还娘》荣获全国曲艺“牡丹奖”演员奖。

年末全市共有医疗卫生机构5009个。其中，医院、卫生院243个，妇幼保健机构14个，疾病预防控制中心（防疫站）14个。病床位12831张。其中，医院、卫生院12741张。卫生技术人员13418人。其中，执业医师和执业助理医师5587人，注册护士4847人，药剂人员680人。乡镇卫生院142个，床位2587张，卫生技术人员1879人。全市县乡村三级卫生机构达标率93.65%，全市新型农村合作医疗参合率93.82%。

全市运动员在各类体育比赛中获得世界冠军2项，创亚洲纪录1项，全国冠军12个，全省冠军67个。

十一、城市建设、资源、环境和安全生产

年末全市城市建成区面积5930万平方米。年末建成区绿化覆盖率48.01%，比上年提高0.2个百分点。年末城市交

通运营车辆621辆，出租汽车1800辆。市区有公园4座，总面积127公顷。

全年城市供水总量8108.5万吨，人均日生活用水量154.9升。全年液化气供气总量5557吨，天然气供应量1855.9万立方米，煤气供气总量1.15亿立方米。其中，生活用煤气4407.2万立方米。燃气普及率83%，比上年提高0.2个百分点。市区集中供热面积由上年的1854万平方米提高到2555 万平方米。其中，住宅供热面积1788万平方米，比上年增加307万平方米。市区污水处理能力22.5万吨/日，全年污水处理量5520万吨。生活垃圾年清运量18.8万吨，无害化处理率达到100%。

本年度全市检查验收合格造林面积18.1千公顷。其中，退耕还林配套荒山荒地造林面积5.7千公顷。义务植树609万株。全市有自然保护区2个，面积46.8千公顷，占全市总面积的3.37%。

年末全市大中型水库蓄水总量2.35亿立方米，比上年下降1000万立方米。全年总用水量3.78亿立方米。其中，生活用水增长2.3%，工业用水下降7.7%。全年曾有3.94万人、1.12万头大牲畜因干旱发生临时性饮水困难。

全年全市空气质量Ⅱ级以上天数达356天，比上年增加2天，占全年天数的97.5%。全市达Ⅲ类水质标准的断面比例47.8%。城市集中式饮用水源地辛安泉水质达标率达到100%。

全市亿元GDP生产安全事故死亡人数为0.28人，比上年下降3.4%；煤矿百万吨死亡人数为0.025人，比上年下降93.24%。全年发生火灾事故119件，比上年上升75%，直接损失468.4万元。全年共发生道路交通事故450起，比上年下降6.44%，造成240人死亡、404人受伤，直接财产损失116.7万元。

十二、人民生活和社会保障

全年农村居民人均纯收入5960元，比上年增长11.7%；城镇居民人均可支配收入17122.7元，比上年增长10.5%。全年全市在岗职工平均工资33418元，较上年增加4645元，增长16.14%。

年末全市城镇居民人均住宅建筑面积达到33.5平方米，农村居民人均住宅建筑面积达到36.5平方米。

年末城镇参加基本养老保险人数为40.25万人，比上年增加6.84万人。其中，职工30.87万人，离退休人员9.38万人。参加基本医疗保险职工人数为46.6万人，比上年增加1.64万人。参加失业保险职工人数为25.45万人,全年领取失业保险金9210人。

年末全市各类收养性社会福利单位162所，床位11340张，收养各类人员6494人。城镇建立各种社区服务设施262处。全年销售奖券12816.4万元，直接接受社会捐赠款1185.2万元。全年城市最低生活保障人数54776人，农村最低生活保障人数125903人。

（李江涛）

晋城市2010年国民经济和社会发展主要指标完成情况

2010年，面对极为复杂的内外部经济环境和各种重大挑战，全市上下深入贯彻落实科学发展观，加快转变经济发展方式，有效巩固和扩大了应对国际金融危机冲击成果，国民经济持续保持平稳健康增长态势，民生继续得到改善，各项社会事业取得新发展。

一、综　合

经济增长：初步核算，2010年全市生产总值730.5亿元，比上年增长13.7%。其中，第一产业增加值30.7亿元，增长13.7%；第二产业增加值464.6亿元，增长15.6%；第三产业增加值235.2亿元，增长10.5%。第三产业中，金融保险业增加值26.9亿元，增长11.0%；交通运输、仓储和邮政业增加值56.3亿元，增长8.1%；批发和零售业增加值38.5亿元，增长12.4%；房地产业增加值13.4亿元，增长10.2%。第一、第二和第三产业增加值占全市生产总值的比重分别为4.2%、63.6%和32.2%。

价格：居民消费价格比上年上涨2.5%。其中，食品价格上涨8.7%。商品零售价格上涨1.8%。工业品出厂价格上涨6.4%。其中，生产资料价格上涨6.4%，生活资料价格上涨6.8%。原材料、燃料、动力购进价格上涨11.1%。

就业：年末全市新增城镇就业岗位4.25万个，占省政府下达年度目标（2.38万个）的178.6%。农村剩余劳动力输出与就地转移2.15万人，占省下达年度目标（1.83万人）的117.5%。下岗失业人员再就业5775人，占全年目标（5500人）的105%。其中，就业困难人员再就业1677人，占全年目标（1379人）的121.6%。组织开展各类技能培训4.05万人次。完成创业培训3870人，占全年目标（2100人）的184.3%。举办各类大中专毕业生和劳动力专场招聘会150余场，提供就业岗位5万多个，接待各类求职人员近20万人次，通过洽谈会求职成功2.8万人，通过网络应聘就业5600余人。年末城镇登记失业率2.4%，低于省控目标（4.2%）1.8个百分点。

二、农　业

种植面积：全年全市农作物种植面积218.2千公顷，比上年增长2.9%。其中，粮食种植面积207.5千公顷，增长2.9%；油料种植面积3.9千公顷，增长8.3%；棉花种植面积0.3千公顷，减少6.7%。在粮食种植面积中，玉米种植面积84.5千公顷，增长1.4%；小麦种植面积66.7千公顷，增长

4.5%。

粮食产量：全年粮食总产量91.5万吨，比上年增产30.7%。其中，玉米53.1万吨，增产36.9%；小麦24.6万吨，增产11.8%。

畜禽及水产品产量：全年全市猪牛羊肉总产量9.5万吨，比上年增长12.0%。其中，猪肉产量8.8万吨，增长10.9%；牛肉产量0.1万吨，下降17.9%；羊肉产量0.5万吨，增长56.7%。牛奶产量0.3万吨，下降34.1%。禽蛋产量3.5万吨，减少26.2%。水产品产量0.1万吨，增长7.4%。

林业生产：年末全市森林面积336.3千公顷，森林覆盖率达35.7%。全年木材产量0.3万立方米，比上年减少42.8%。全年完成造林7.2千公顷，比上年增长21.6%。退耕还林工程完成配套荒山荒地造林面积2.2千公顷。全年完成天然林资源保护工程造林面积0.7千公顷，比上年下降37.6%。

农业机械：年末全市农业机械总动力225.3万千瓦，比上年末增长6.1%。机械耕地面积155.8千公顷，机械播种面积121.7千公顷，机械收获面积83.4千公顷，分别比上年增长8.0%、11.6%和22.8%。全市农机化经营总收入达到13.7亿元，同比增长11.1%。

三、工业和建筑业

工业：全年全部工业增加值443.9亿元，比上年增长15.6%，在二产中所占比重为95.5%，比上年增加0.2个百分点。其中，规模以上工业企业完成工业增加值435.7亿元，比上年增长19.3%。

规模以上工业企业原煤产量8434万吨，比上年增长14.6%；焦炭产量84.15万吨，增长10.5%；钢材151.74万吨，增长23.2%。

规模以上工业主营业务收入1000.1亿元，比上年增长39.1%。其中，四大传统支柱产业实现主营业务收入869.2亿元，增长36.7%，煤、化、冶、电分别实现主营业务收入625.7亿元、90.6亿元、86.8亿元和66.2亿元，分别增长55.0%、-4.5%、20.9%和1.4%。新兴产业中，装备制造业实现主营业务收入63.7亿元，比上年增长79.9%；石油和天然气开采业实现25.1亿元，增长64.3%；石油加工、炼焦及核燃料加工业实现14.3亿元，增长25.3%；食品饮料及加工业实现10.3亿元，增长52.4%。

规模以上工业实现利税218.9亿元，比上年增长22.0%；实现利润141.6亿元，增长24.7%；亏损企业亏损额12.4亿元，增长33.9%。

建筑业：全年全市建筑业实现增加值20.8亿元，比上年增长15.2%。年末全市具有资质等级的总承包和专业承包建筑业企业共有71家，完成总产值34.0亿元，比上年增长9.8%；房屋建筑施工面积181.5万平方米，比上年增长5.4%；签订的合同额为47.8亿元，比上年增长28.5%；实现利润总额1.6亿元，增长21.1%；上缴税金1.1亿元，增长12.4%。

四、固定资产投资

固定资产投资：全年固定资产投资432.6亿元，比上年增长22.2%。按城乡分，城镇投资389.3亿元，增长23%；农村投资43.3亿元，增长15.4%。按产业分，第一产业投资13.2亿元，增长33.4%；第二产业投资210.6亿元，增长12.5%；第三产业投资208.8亿元，增长33.1%。按登记注册类型分，国有投资179.5亿元，增长1.7%；非国有投资253.1亿元，增长42.6%。

城镇固定资产投资建成投产项目779个，项目建成投产率为59.9%，新增固定资产217.4亿元。

房地产开发：全年房地产开发投资32.4亿元，比上年增长21.9%。按工程用途分，住宅投资27亿元，增长22.2%；商业营业用房投资3.2亿元，增长14.5%。

五、能　源

能源生产：全年全市一次能源生产折标准煤6139.1万吨，比上年增长6.2%；二次能源生产折标准煤331.9万吨，增长2.9%。

能源外调：全年全市向省外运输煤炭6293万吨，比上年下降0.8%，外运煤炭占原煤产量的比重为74.1%；向省外输送电力177.9亿千瓦小时，下降0.3%，外输电量占发电量的比重为87.4 %；向省外运输焦炭28.8万吨，增长32.3%，外运焦炭占焦炭产量的比重为37.8%。

能源投资：固定资产投资中，能源工业投资完成126.1亿元，比上年下降7.6%。其中，煤炭工业投资80.1亿元，下降14.6%；石油和天然气开采业投资11.0亿元，下降10.8%；石油加工、炼焦及核燃料加工业投资7325万元。下降81.5%；电力、热力的生产和供应业投资34.3亿元，增长29.2%。

六、国内贸易

消费品零售：全年全市社会消费品零售总额191.1亿元，比上年增长18.5%。其中，城镇消费品零售额178.3亿元，增长19.0%；乡村消费品零售额12.8亿元，增长12.7%。

七、对外经济

进出口贸易：全年全市海关进出口总额5.32亿美元，比上年增长122%。其中，进口额3.2亿美元，增长168.5%；出口额2.12亿美元，增长76%。

全年出口煤炭763吨，比上年下降81.9%，出口金额32万美元，下降54.6%；出口钢材3.8万吨，增长20.2%，出口金额2677万美元，增长12.0%；出口电器及电子产品15454万美元，增长100.8%；出口计算机与通信技术产品11638万美元，增长118.0%。

全年进口集成电路8901万美元，增长125.4%；进口机械设备10516万美元，增长175.7%；进口电器及电子产品15044万美元，增长152.6%；进口电子技术产品12147万美元，增长134.3%；进口计算机集成制造技术产品5898万美元，增长561.9%。

招商引资：全年全市新设立外商直接投资企业1家。按全口径统计实际使用外商直接投资金额1.31亿美元，比上年下降32.6%。其中，纳入商务部口径统计的为5933万美元，增长1001.37%。

八、交通、邮电和旅游

交通运输：全市公路线路年末里程8447公里。其中，高速公路287公里。

年末全市民用汽车保有量达到19.4万辆（包括三轮汽车和低速货车3.1万辆），比上年末增长16.7%。其中，私人汽车15.1万辆，增长19.3%。本年新注册汽车4.1万辆，比上年增长20.3%。年末轿车保有量8.9万辆，比上年增长28.1%。其中，私人轿车7.6万辆，增长31.4%。

邮电：全年全市完成邮电业务总量39.4亿元，比上年增长10.7%。其中，邮政业务总量1.5亿元，下降26.7%；电信业务总量37.9亿元，增长13.0%。固定电话用户年末达到43.3万户。新增移动电话用户42.3万户，年末达到167.4万户。年末全市固定及移动电话用户总数达到210.6万户，比上年末增加40.6万户。全市宽带接入用户达到18.0万户，增长37.3%。

旅游：年末全市共有成规模的旅游景区（点）49处，其中有皇城相府1个国家级5A级景区，王莽岭、珏山青莲寺、蟒河和柳氏民居4个国家级4A级景区,7个2A级景区，7个国家级工农业旅游示范点。共有星级饭店25家。其中，五星级1家、四星级10家、三星级6家、二星级8家。全年全市接待海外旅游者5.1万人次，接待国内旅游者1047万人次，分别增长20.2%和19.5%；旅游外汇收入1658万美元，国内旅游收入75.5亿元，旅游总收入76.4亿元，分别增长3.4%、19.9%和20.0%。

九、财政、金融、证券和保险

财政：全年全市财政总收入153.2亿元，比上年增长12.6%。一般预算收入55.5亿元，增长15.4%。其中，税收收入43.2亿元，增长15.0%，国内增值税、营业税、企业所得税、个人所得税、资源税和城建税共计完成税收37.9亿元。

一般预算支出执行89.5亿元，比上年增长17.0%。其中，农林水事务支出增长25.4%，教育支出增长15.8%，社会保障和就业支出增长0.7%，医疗卫生支出增长23.4%，环境保护支出增长30.8%，文化体育与传媒支出增长2.9%，公共安全支出增长20.9%。

金融：年末全市金融机构本外币各项存款余额1326.7亿元，比年初增长19.7%；各项贷款余额526.2亿元，增长23.0%。人民币各项存款余额1324.9亿元，增长19.7%；各项贷款余额522.9亿元，增长22.4%。其中，个人消费贷款11.1亿元，增长45.5%。全年累计现金收入1458.9亿元，累计现金支出1493.1亿元，货币净投放34.2亿元。

年末全市农村金融合作机构（农村信用社、陵川县太行村镇银行、泽州浦发村镇银行）人民币贷款余额126.4亿元，增长20.6%。

证券：全市共有证券营业部3家，从业人员52人。年末开户数29458户，累计存入资金40.3亿元，比上年增长3.5%，入市资金32.0亿元，下降9.1%。全年营业收入8547万元，比上年下降26.9%；利润总额5470万元，下降35.2%。

保险：全年全市保费收入28.0亿元，比上年增长21.9%。其中，寿险业务保费收入20.6亿元，增长19.4%；财产险业务保费收入7.4亿元，增长29.8%。财产险赔案共计11万件。其中，9.9万件为已决赔案，赔付金额为3.06亿元，赔付率达41.4%。寿险累计给付保险金2.3亿元。

十、教育和科学技术

教育：年末全市共有各级各类学校1506所。其中，高等学校2所，中专2所，普通中学160所，职业中学20所，小学828所，特殊教育学校4所，幼儿园484所，教师进修学校6所。在校学生43.04万人，当年招生11.62万人,毕业11.56万人。全市独立设置的成人高等学校在校学生4071人，成人技术培训学校培训结业职工和农民共计39.12万人次。小学学龄儿童入学率100%，初中三年巩固率99.9%，高中阶段毛入学率92.07%。

科学技术：全年全市组织实施各类科技项目279项（其中国家级7项、省级35项、市级237项）。在国家级项目中，列入国家级火炬计划1项，国家中小创业创新基金项目1项、成果计划3项，星火计划2项；在省级项目中，列入省级火炬计划3项，星火计划10项，农业攻关与社会发展6项，成果推广10项，工业攻关4项，软科学及基础平台建设2项。全年共受理专利申请660件，比上年增长6%。受理发明专利申请135件，比上年下降60%。全年全市授予专利权283件，比上年增长43%。授予发明专利权18件，比上年增长13%。全年共取得28项科技成果。国家认定企业技术中心1家。省级企业技术中心及工程技术研究中心达到9家。按照国家新的高新技术企业认定办法，截至2010年底，全市累计认定高新技术企业达到7家。

十一、文化、卫生和体育

文化：年末全市共有艺术表演团体11个，新创作首演剧目4个；演出场次2325场，演出收入818万元；全市共有艺术表演场馆5个，群众艺术馆、文化馆7个，公共图书馆6个，总藏量27.6万册。博物馆8个。广播电台1座，电视台2座。广播综合人口覆盖率97.5%，电视人口综合覆盖率达98.6%。

卫生：年末全市共有各级医疗卫生机构2704个，医院和卫生院床位8418张，卫生专业技术人员14338人，每千人拥有病床3.66张，每千人拥有医生数4.11人。全市6个县

（市、区）全部开展了新型农村合作医疗试点工作，新型农村合作医疗参合率95.46%。村卫生室覆盖率100%，县乡村三级医疗机构达标率97.1%。全年各县（市、区）的儿童"五苗"全程接种率以乡镇为单位均达到了95%以上。碘盐覆盖率、合格碘盐食用率分别达到了99%和97%以上，各种地方病得到了有效控制。全市乡镇卫生监督站覆盖率达到100%。

体育：年末全市拥有各级各类体育场馆1613个，体育锻炼标准达标人数达33.66万人。全年全市运动员在国内外重大比赛中获金牌42枚、银牌35枚、铜牌27枚（包括非奥运项目比赛），破省纪录2人2次2项，其中，青少年破省纪录2人2次2项。全市销售中国体育彩票5043万元，比上年下降11.5%。

十二、人民生活和社会保障

人民生活：全年城镇居民人均可支配收入为17353元，比上年增长14.5%；城镇居民人均消费性支出10586元，增长11.8%。农村居民人均纯收入5899元，增长12.2%；农村居民人均生活消费支出3853元，增长5.5%。城镇占调查总户数20%的低收入家庭人均可支配收入6379元，增长9.8%；农村占人口20%的低收入者收入3122元，增长12.8%。城镇居民家庭恩格尔系数（即居民家庭食品消费支出占家庭消费支出的比重）27.5%，农村居民家庭恩格尔系数38.8%。城镇单位在岗职工平均工资40029元，增长17.0%。

社会保障：年末全市企业养老保险参保15.79万人，占省下达任务（150200人）的105.1%，比上年增长6.7%。企业退休人员纳入社区管理人数达3.2万人，纳入社区管理服务率达70.3%，超过省下达社区管理服务率（55%）15.3个百分点。机关事业养老保险参保5.6万人，占年计划（52030人）的107.1%；医疗保险参保50.7万人，占省下达任务（47万人）的107.6%；失业保险参保20.5万人，占省下达任务（20.21万人）的101.2%；工伤保险参保20.4万人，占省下达任务（20万人）的102.1%；女工生育保险参保14.6万人，占年目标（13.1万人）的111.5%；农村养老保险参保78.33万人，占省下达任务（77.1万人）的110.2%。

年末城镇低保人数31244人，比上年减少644人；农村低保人数79095人，比上年增加1126人；农村集中供养五保户1549人，户数1544户；农村医疗救助84363人。优抚对象13479人，享受定期抚恤2276人，享受定期补助7700人。全市收养性单位59个，比上年增加6个，床位数4462张，收养人数2255人。社区服务中心1个，社区服务站61个。全市福利企业48个，残疾职工数813人。福利彩票发行单位1个，收入总计238.3万元。全年直接接收捐赠款1208万元，受益25356人。

十三、资源、环境和安全生产

资源环境：全市自然保护区总数5个，自然保护区面积达到15.6万公顷，占全市土地面积的16.5%；全市国家级生态示范区2个。

全年市区环境空气质量二级以上天数达到354天，比上年增加2天。其中，一级天数达到104天，比上年增加1天。空气综合污染指数控制在1.76,比上年下降0.08,降幅为8.5%。二氧化硫排放量9.81万吨，下降4.8%。化学需氧量1.64万吨，下降0.7%。全市集中式饮用水源地水质达标率达100%。

城市污水处理率达到95%，城市生活垃圾无害化处理率达到94.5%，集中供热普及率达到81%，建成区绿化覆盖率达到45.8%。

安全生产：全年全市共发生各类生产安全事故838起，同比减少44起，下降5%；事故死亡218人，同比减少42人，下降16.2%，占省政府下达我市控制指标265人的82.3%。亿元GDP生产安全事故死亡率由"十五"期末0.96下降到"十一五"期末的0.3，年均下降13.7%，占年均下降8%规划指标的171%。煤炭生产百万吨死亡率由"十五"期末0.675下降到"十一五"期末的0.13，超额完成了0.8的规划指标。

（晋城市统计局）

临汾市2010年国民经济和社会发展主要指标完成情况

2010年，面对后危机时代的影响和极为复杂的经济运行环境，全市人民在市委、市政府的坚强领导下，认真贯彻落实中央、省、市各项决策部署，全力加强经济调控，加快推进项目建设，千方百计谋转型，齐心协力求跨越，全市经济发展向好态势逐步稳固，实现了较快增长，各项主要经济指标全面完成或超额完成省下达目标任务，为全市"十一五"国民经济发展划上了一个比较圆满的句号。2011年，尽管宏观经济环境仍然存在一些不稳定不确定因素，全市经济运行中还存在一些矛盾和问题，但同时，促进全市经济实现转型跨越、先行发展的有利条件和积极因素不断增多，经济运行活力增强，全市经济在又好又快的发展道路上迈出新步伐，取得新成效。

一、综　　合

经济增长：2010年，全市地区生产总值892.1亿元，比上年增长16.9%。其中，第一产业增加值66.5亿元，增长9.9 %；第二产业增加值521.3亿元，增长21%；第三产业增加值304.3 亿元，增长10.6%。第三产业中，金融保险业增加值28亿元，增长21.2%；批发和零售业增加值54.5亿元，增长16.5%；交通运输、仓储和邮政业增加值74.3亿元，增长 11.5%；房地产业增加值19.2亿元，增长5.1%。

第一、第二和第三产业增加值占全市生产总值的比重分别为7.5%、58.4%和34.1%，对经济增长的贡献率分别为3.0%、75.6%和21.4%。

价格：居民消费价格比上年上涨2.4%，其中食品价格上涨 7.1%；商品零售价格上涨2.5%；工业品出厂价格上涨10.2%，其中生产资料价格上涨10.3 %，生活资料价格上涨3.1%；原材料、燃料、动力购进价格上涨12.0%；农业生产资料价格上涨4.7%。

就业：年末全市就业人员202.2万人。城镇新增就业人员 5.1万人，完成全年目标（3.98万人）的130 %。下岗再就业人数达到1.07万人，其中就业困难对象再就业人数3540人。年末城镇登记失业率3.1%，控制在了4.2%的目标范围之内。

二、农　　业

种植面积：全年全市农作物种植面积840.3万亩，比上年减少0.7%。其中，粮食种植面积763.3万亩，增长0.9%；油料种植面积21.2万亩，减少11.3%；棉花种植面积6.1万亩，减少31.4%。在粮食种植面积中，玉米种植面积299.2万亩，增长2.5 %；小麦种植面积370.3万亩，减少0.4%。

粮食产量：全年粮食总产量207.4万吨，比上年增产24.4%。其中，玉米107.8万吨，增产47.2%；小麦86.7万吨，增产7%。

畜禽及水产品产量：全年全市猪牛羊肉总产量100658吨，比上年增长15.6%。其中，猪肉产量88509吨，增长16.3%；牛肉产量5482吨，增长17.2%；羊肉产量6667吨，增长6%。牛奶产量32978吨，增长19.7%。禽蛋产量83251吨，增长10.6%。水产品产量4550吨，增长5.1%。

林业生产：年末全市森林面积878万亩，森林覆盖率达28.9%。全年木材产量4328立方米，比上年减少26.2%。全年完成造林66.4万亩。退耕还林工程完成配套荒山荒地造林面积8.9万亩。全年完成天然林资源保护工程造林面积9.5万亩，比上年增长28.4%。

农业机械：年末全市农业机械总动力405.1万千瓦，比上年末增长5.1%。机械耕地面积540.4万亩，机械播种面积532.2万亩，机械收获面积351.9万亩，分别比上年增长5.3%、5%和8.8%。全市农机化经营总收入达到10.8亿元，同比增长11.5 %。

三、工业和建筑业

工业：全年全部工业增加值476.7亿元，比上年增长21.9%，在二产中所占比重为91.4%。其中，规模以上工业企业完成工业增加值465.15亿元，比上年增长30.1%。

全社会原煤产量3740.54万吨，比上年增长42%。规模以上工业企业原煤产量3662.24万吨，比上年增长46%；焦炭产量1813.53万吨，比上年增长6.6 %；钢材719.81万吨，比上年增长61%。

规模以上工业主营业务收入1417.5亿元，比上年增长43.1%。其中煤炭、炼焦、黑色金属冶炼及压延加工、有色金属冶炼及压延加工、化学制品制造五大行业分别实现主营业务收入415.7亿元、316.5亿元、466.4亿元、40.3亿元和40.1亿元，分别增长59.2%、33.3%、40%、40.5%和27.9%。新兴产业中，装备制造业和食品工业分别实现主营业务收入52.7亿元和6.7亿元，分别增长19.8%和71%。

规模以上工业实现利税144.1亿元，比上年增长96.5%；实现利润65亿元，比上年增长319.4%；亏损企业亏损额20.2亿元，比上年下降38.6%。

建筑业：全年全市建筑业实现增加值44.6亿元，比上年增长11.5%。具有建筑业资质等级的总承包和专业承包建筑业企业实现利润总额2.9亿元，增长52.6%；上缴税金5.1亿元，增长15.9%。

固定资产投资：全年全社会固定资产投资545.6亿元，比上年增长30.2%。按城乡分，城镇投资506.7亿元，增长25.3%；农村非农户投资23.8亿元，增长63%。按产业分，第一产业投资22.8亿元，增长52.1%；第二产业投资264.2亿元，增长25.2%；第三产业投资258.6亿元，增长34.1%。按登记注册类型分，国有及国有经济控股351.6亿元，增长38.4%；非国有投资193.9亿元，增长17.4%。

城镇固定资产投资建成投产项目880个，项目建成投产率为75.8%；新增固定资产367.9 亿元，固定资产交付使用率为72.6 %。

房地产开发：全年房地产开发投资31.4 亿元，比上年下降19.4%。按工程用途分，住宅投资25.5亿元，下降24.6%；办公楼投资0.23亿元，下降71.2%；商业营业用房投资3.5亿元，增长14.9%。

重点工程建设：2010年全市市级重点建设工程216项，计划总投资1004.2亿元，其中当年计划投资387.1亿元，全年完成投资331亿元，项目开工率97%，投资完成率85.5%。

四、能　　源

能源生产：全年全市一次能源生产折标准煤2671.87万吨，比上年增长41.97%，二次能源生产折标准煤4830.01万吨，比上年下降0.8%。

能源外调：全年全市向省外运输煤炭847.06万吨，比上年下降36.23%，其中：向省外运输原煤172.36万吨，比上年下降31.28%；洗精煤547.3万吨，下降23.48%,其他洗煤127.4万吨，下降64.84%;外运焦炭1071.12万吨，同比下降3.48%。

能源投资：全市能源工业投资完成179.23亿元，比上年增长20.71%。其中，煤炭工业投资96.53亿元，增长46.26%；电力工业投资76.65亿元，增长5.72%；焦化工业投资5.08亿元，下降49.20%。

煤炭资源整合：积极推进煤炭资源整合，加快复工复产和矿井改造步伐。2010年协议签订率达到99%，煤矿数量由392座减少到129座，办矿主体减少90%以上；产能由

8976万吨提高到1亿吨左右，增长12.4%；单井平均产能由22万吨/年提高到90万吨/年。

五、国内贸易

消费品零售：全年全市社会消费品零售总额306.5亿元，比上年增长18.7%。其中，城镇消费品零售额248.0亿元，增长19.3%；乡村消费品零售额58.5亿元，增长16.1%。

六、对外经济

进出口贸易：全年全市海关进出口总额65100万美元，比上年增长83.3%。其中，进口额50550万美元，增长88.4%；出口额14550万美元，增长67.5%。

全年出口焦炭7.36万吨，比上年增长2.7倍，出口金额2959万美元，增长2.4倍；出口钢材1.17万吨，增长29.4%，出口金额939万美元，增长28.2%；出口机电产品7203万美元，增长72.8%；出口工程机械零件2886万美元，增长59.4%；出口高新技术产品172万美元，增长87.8%。煤炭、金属镁产品无出口。

全年进口铁矿砂及其精矿379.8万吨，比上年增长6.1%，进口金额47375万元，增长80.7%；进口机电产品1317万美元，增长16.4倍。

外来投资：2010年全市外来投资实际到位172.45亿元人民币，同比增长105. 02%。其中省外投资到位金额167.22亿元人民币，境外直接投资到位金额7757万美元。

七、交通、邮电和旅游

交通运输：公路线路年末里程17105公里，其中高速公路208 公里。

年末全市民用汽车保有量达到26.8万辆（包括三轮汽车和低速货车3.1万辆），比上年末增长6.7%，其中私人汽车21.6万辆，增长16.4%。年末轿车保有量13.6万辆，比上年末增长25%，其中私人轿车12.1万辆，增长24%。

邮电：全年全市完成邮电业务总量65.5亿元，比上年增长15.6%。其中，邮政业务总量4.3亿元，增长8.6%；电信业务总量61.2亿元，增长16.1%。年末，全市固定电话70.6万部，减少10.2万部，下降10.2%；移动电话290.1万部，增长36.2%，本年新增77.1万部；已通电话的行政村达到2861个，占全市行政村的96.4%；全市固定电话和移动电话普及率每百人分别达到16.34部和67.17部。全市宽带接入用户达到55.2万户，增长46.74%。

旅游：全年全市接待海外旅游者10.06万人次，接待国内旅游者1172.23万人次，分别增长21.01%和18.59%；旅游外汇收入2077.16万美元，国内旅游收入96.02亿元，旅游总收入97.47亿元，分别增长21.97%、22.46%和22.45%。

八、财政、金融、证券和保险

财政：全年全市财政总收入160.3亿元，比上年增长16.4%。一般预算收入75.4亿元，增长19.9%。在一般预算收入中，税收收入41.8亿元，增长16.1%，其中国内增值税、营业税、企业所得税、个人所得税、资源税和城建税共计完成税收35亿元，同比增长16.9%。

一般预算支出执行159.7亿元，比上年增长21.8%。其中农林水事务支出增长27.2%，教育支出增长22.4%，社会保障和就业支出增长1.7%，医疗卫生支出增长16.5%，环境保护支出减少2.6%，文化体育与传媒支出增长21.5%，公共安全支出增长17.9%。

金融：年末全市金融机构本外币各项存款余额1325.4亿元，比年初增长16.5%。各项贷款余额536.6亿元，增长23.7%。人民币消费贷款12.5亿元，增长59.6%，其中个人住房贷款10.2亿元，增长53.8%。全年累计现金收入2379.3亿元，累计现金支出2426.6亿元，货币净投放47.3亿元。

年末全市农村金融合作机构（农村信用社、农村合作银行、农村商业银行）人民币存款余额500.3亿元，比年初增长22.7%，贷款余额323.0亿元，增长16.4%。

证券：全年全市辖区证券市场各类证券成交额756.39亿元，比上年增长23.5%。年末股票市场累计开户数7.86万户，比上年末减少1.26%。

保险：全年全市保费收入28.84亿元，比上年增长3.7%。其中，寿险业务保费收入21.31亿元，增长2.2%；财产险业务保费收入7.53亿元，增长26.83%。支付各类赔款及给付6.7亿元，减少14.1%。其中，寿险业务给付3.2亿元，减少30.18%；财产险业务赔款3.5亿元，增长15.46%。

九、教育和科学技术

教育：年末全市高等院校达到4所。高中阶段毛入学率达到86.51%。，成人中等专业学校在校学生947人。校舍安全工程进展顺利，安全工程规划改造面积122.48万平方米，改造项目学校562所，总投入资金13.6亿元

科学技术：全年全市受理专利申请495件，比上年增长32.4%。受理发明专利申请123件，比上年增长10.8%。全年有7个项目列入国家各类科技计划。全市累计认定高新技术企业达到11家，民营科技企业总数达到57家。年末，全市省级企业技术中心10个，市级企业技术中心6个，县以上政府部门研究机构7个（包括县级2个），其中自然科学技术领域6个，从业人员85人，科技活动人员78人；科技信息和文献机构1个，从业人员15人，科技活动人员13人。

年末全市共有市、县产品质量监督检验所17个，市授权行业建立的检定机构5个，监督抽查了175家企业3大类产品和商品。全市共有法定计量技术机构17个，全年完成强制检定计量器具47962台件。

全市有气象台（站）17个。全市开展121电话天气自动答询的台（站）共计17个。全市气象系统开展人工影响天气业务的单位17个，防雹、增雨受益覆盖面积120万平方公里。全市有天气预报服务Intel网站17个，卫星云图接收站17个。

全市有专业综合地震台站17个，市级地震台网中心1

个，数字测震地震台网1个，数字测震子台5个。

十、文化、卫生和体育

文化：年末全市共有艺术表演团体18个，群众艺术馆1个，文化馆17个，博物馆14个。广播电视台17座。有线电视用户521250户。广播人口覆盖率96%，电视人口覆盖率98.01%。全市共有公共图书馆17个，档案馆23个。目前，全市共有12个县级图书馆和6个文化馆达到国家三级标准以上。

我市曲沃县碗碗腔小戏《人约黄昏后》、翼城县民间舞蹈《浑身板》、侯马市器乐合奏《蒲县梆子腔》三个项目夺取"群星大奖"。2010年，在第三批国家非物质文化遗产评选中，我市国家级非遗项目达到18个，省级项目54个，市级项目156个，县级项目371个，我市已成为名副其实的非物质文化遗产大市。

卫生：年末全市共有卫生机构(含诊所)1158个，其中妇幼保健院（所、站）18个。全市卫生机构共有床位1.7万张，其中医院床位1.1万张，卫生院床位3856张。卫生技术人员2.3万人。全市各县（市、区）均开展了新型农村合作医疗工作，298万农民参加了合作医疗，参合率93.47%。

体育：全年我市青少年运动员在省十三运比赛中获金牌40.5枚、银牌28.25枚、铜牌29.5枚，青少年破全省纪录1人1次1项。全年全市销售中国体育彩票1.12亿元。

十一、人民生活和社会保障

人民生活：全年城镇居民人均可支配收入为13831元，比上年增长12.9%；城镇居民人均消费性支出9466元，增长12.2%。农村居民人均纯收入5287元，增长11.3%；农村居民人均生活消费支出3381元，增长9.65%。城镇占调查总户数20%的低收入家庭人均可支配收入7370元，增长19%；农村占人口20%的低收入者收入2408元，增长11.53%。城镇居民家庭恩格尔系数（即居民家庭食品消费支出占家庭消费支出的比重）31%，农村居民家庭恩格尔系数36.5%。城镇单位在岗职工平均工资26601元，增长9.8%。

社会保障：年末参加城镇基本养老保险的人数为36.4万人；参加农村社会养老保险的人数为28.9万人；参加城镇基本医疗保险的人数为92.3万人；参加失业保险的人数为26万人；参加工伤保险的人数为28.7万人，其中农民工13.9万人；参加生育保险的人数为15万人。

全年全市纳入城市最低生活保障的居民8.6万人，发放城市低保资金19562.2万元，比上年增加35.6万元；纳入农村最低生活保障的居民12.9万人，比上年增加0.4万人，发放农村低保资金14719.2万元，比上年增加1042.2万元。

年末全市各类收养性单位床位数2661张，收养人数1945人。城镇建立各种社区服务设施121个，其中综合性社区服务中心33个。全年销售社会福利彩票2.2亿元，直接接收社会捐赠款967万元。

城市建设：2010年我市围绕建设和谐宜居城市的工作思路，大力开展省级园林城市创建活动，加快古城公园、汾河生态治理工程建设进度，提高道路绿地、庭院绿地及居住区绿地建设标准，不断提升城市生态品位。目前，市区古城公园竣工向市民开放，侯马、霍州、曲沃、襄汾等县市建成13个生态文化特色公园；市区建成博浩源、教授花园2个社区公园，各县市建成16个社区公园；市区建成区新增绿化面积408.57万平方米，绿化覆盖率提高10.93个百分点，达到42.33%，全市建成区新增绿化面积658.09万平方米，绿化覆盖率提高7个百分点，达到33.47%,建制镇镇区新增绿化面积11万平方米，绿化覆盖率提高1.1个百分点，达到22.65%。

2010年，在全市计划启动的147项市政公用设施项目中，目前已竣工103项，累计完成投资22亿元，全市人均城市道路面积达到10.43平方米。市区提前完成了车站街、迎春北街、向阳路、五一东路东段等4项旧城道路改造工程，滨河西路北延道路工程、古城公园南路工程全线竣工通车，五一东路立交桥工程、鼓楼西汾河大桥西延道路工程正在紧张施工建设。各县（市、区）也加大了道路桥梁建设力度，霍州霍东大道、侯马东环路、翼城丹桥路、洪洞虹通北路、蒲县锦绣大道等一大批工程的竣工通车，全面拉开了城市框架，为优化功能布局，扩大城市规模奠定了基础。

五个全覆盖工程：截至2010年底，两年全覆盖实现程度达100%。其中，建制村通水泥（油）路全覆盖率为100%，中小学校舍安全改造全覆盖率为100%，村级卫生室全覆盖率为100%，村通广播电视全覆盖率为100%，农村饮水安全全覆盖率为100%。

十二、资源、环境和安全生产

资源：全年全市实际建设占用耕地498.62公顷。因各种原因调整减少耕地579.26公顷，土地整理、复垦、开发补充耕地580.50公顷，占补相抵，当年净增加耕地1.24公顷。

年末全市7座中型水库蓄水总量4728万立方米，当年解决农村饮水安全人口50.88万人。

全市自然保护区3个，自然保护区面积61.43万亩，占全市国土面积的2%。

环境：全年全市17个县（市、区）城市环境空气质量均达到国家二级标准，比上年增加了1个。

汾河临汾段入境断面为灵石南关断面，出境断面为新绛站里断面，石滩、甘亭、临汾、柴庄四个断面是汾河流经临汾所设的四个监测断面。2010年出境新绛站里断面比入境灵石南关断面COD下降44.3%、NH3-N下降41.7%。全市集中式生活饮用水源地水质达标率为100%。

年末全市城市污水处理率达到76.6%，提高24.8个百分点；城市生活垃圾无害化处理率达到52%，提高19.9个百分点；市区集中供热普及率达到81.46%，提高36.26个百分点。

全年森林火灾受害率控制在0.3‰以内，达到了国家要求标准。全市林业有害生物成灾率仅3.2‰，严格控制在国家要求的5‰以内。

安全生产：全年共发生各类安全生产事故1038起，同比下降5%；安全生产事故死亡333人，比上年下降9.8%，比省下达年度控制指标（382人）少49人，低12.8%。全年无死亡10人以上重大事故。全年亿元GDP生产安全事故死亡率0.37人，比上年减少0.11人。

（陈波轶）

运城市2010年国民经济和社会发展主要指标完成情况

2010年，在市委、市政府的正确领导下，全市上下坚持以科学发展观为指导，认真贯彻十七届五中全会精神，围绕省委、省政府转型发展、跨越发展的决策部署，紧扣促转变、保增长这一主线，面对复杂多变的经济形势，奋力拼搏、扎实工作，克服后金融危机影响。全市经济实力大幅提升，结构调整取得积极进展，人民生活明显得到改善，全市国民经济总体保持了平稳较快增长，全年经济目标圆满完成，各项社会事业取得了新发展。

一、综　合

经济增长：初步核算，全年全市地区生产总值827.0亿元，比上年增长15.6%。其中，第一产业增加值135.5亿元，增长10.0%；第二产业增加值370.9亿元，增长21.2%；第三产业增加值320.6亿元，增长9.6%。第三产业中，金融业增加值22.9亿元，增长9.7%；交通运输、仓储和邮政业增加值80.3亿元，增长12.3%；批发和零售业增加值62.9亿元，增长11.5%；房地产业增加值21.4亿元，增长5.1%。

人均地区生产总值16168元，按2010年平均汇率计算达到2388 美元。

第一、第二和第三产业增加值占全市生产总值的比重分别为16.4%、44.8%和38.8%，对经济增长的贡献率分别为7.9%、69.7%和22.4%。

价格：居民消费价格比上年上涨3.0%，其中，食品价格上涨9.5%。商品零售价格上涨2.7%。工业品出厂价格上涨5.2%，其中，生产资料价格上涨5.6%，生活资料价格上涨3.1%。原材料、燃料、动力购进价格上涨9.7%。农业生产资料价格上涨0.5%。

就业：全年全市城镇新增就业人员5.42万人，完成全年目标（4.51万人）的120.2%。城镇下岗失业人员再就业1.45万人，就业困难人员再就业0.42万人。年末城镇登记失业率2.03%，低于4.2%年度控制目标。

二、农　业

种植面积：全年全市农作物种植面积789.7千公顷，比上年增长2.3%。其中，粮食种植面积652.5千公顷，增长4.4%；棉花种植面积57.3千公顷，下降13.4%；油料种植面积12.3千公顷，下降3.1%。在粮食种植面积中，小麦种植面积339.4千公顷，增长3.0%；玉米种植面积253.6千公顷，增长7.5%。水果面积126.0千公顷，增长9.9%。

粮食产量：全年粮食总产量266.6万吨，比上年增产20.0%。其中，小麦108.4万吨，增产20.2%；玉米146.8万吨，增产23.1%。

畜禽及水产品产量：全年全市肉类总产量93076吨，比上年增长11.1%。其中，猪肉产量64561吨，增长3.4%；牛肉产量6375吨，增长55.2%；羊肉产量5831吨，增长70.1%。牛奶产量47289吨，增长44.9%。禽蛋产量15.9万吨，增长24.7%。水产品产量11250吨，增长0.1%。

林业生产：全年全市完成造林23623公顷，造林合格21470公顷，比上年增长23.9%。全市退耕还林工程完成配套荒山荒地造林面积4607公顷。完成天然林资源保护工程造林面积5334公顷，比上年增长17.6%。年末实有封山育林面积37339公顷，零星（四旁）植树1320万株。

农业机械：年末全市农业机械总动力605.3万千瓦，比上年增长6.0%。机械耕地面积51.4万公顷，机械播种面积46.8万公顷，机械收获面积34.1万公顷，分别比上年增长7.8%、11.4%和14.0%。全市农机化经营总收入达到9.5亿元，同比增长14.5%。

三、工业和建筑业

工业：全年全部工业增加值318.9亿元，比上年增长21.6%，在二产中所占比重为86.0%，比上年减少0.9个百分点。其中，规模以上工业企业完成工业增加值294.1亿元，比上年增长36.5%。产品销售率93.3%，比上年下降2.7个百分点。

规模以上工业企业焦炭产量1170.7万吨，比上年增长30.4%；水泥797.8万吨，比上年增长53.4%；钢材403.2万吨，比上年增长21.2%；发电量211.2亿千瓦时，比上年增长2.8%；氧化铝179.1万吨，比上年增长38.5%。

全年全市规模以上工业主营业务收入1179.1万元，比上年增长48.1%。其中，五大支柱行业实现主营业务收入841.0亿元，增长52.6%。有色金属冶炼及压延加工业、黑色金属冶炼及压延加工业、炼焦业、化学原料及化学制品制造业、电力热力生产和供应业分别实现主营业务收入256.5亿元、256.7亿元、185.9亿元、100.0亿元和41.9亿元，分别增长48.8%、72.4%、50.5%、51.3%和4.3%。新兴产业中，机电装备制造业、医药制造业、食品制造业分别实现主营业务收入121.1亿元、21.4亿元、62.3亿元，分别增长55.0%、-2.8%、38.8%。规模以上工业企业实现利税53.1亿元，比上年增长489.0%；实现利润14.0亿元，增长155.9%。

建筑业：全年全市具有资质等级的建筑企业140个，其中，有工作量的建筑企业114个，实现建筑业增加值52.0亿元，比上年增长17.0%。具有建筑业资质等级的总承包和专业承包建筑企业实现利润总额2.4亿元，增长34.8%；上缴税金2.5亿元，增长39.9%。

四、固定资产投资

固定资产投资：全年全社会固定资产投资596.6亿元，比上年增长23.9%。按城乡分，城镇投资549.9亿元，增长23.2%；农村投资46.7亿元，增长33.1%。按产业分，第一产业投资48.5亿元，增长74.7%；第二产业投资313.7亿元，增长23.1%；第三产业投资234.4亿元，增长17.9%。按登记注册类型分，国有投资190.9亿元，增长19.8%；非国有投资405.7亿元，增长25.9%。

全市全社会固定资产投资施工项目1819个，增长41.6%。其中，城镇施工项目1469个，增长49.7%。城镇固定资产投资建成投产项目1036个，增长42.1%，项目建成投产率为70.5%；城镇新增固定资产523.5亿元，增长75.6%，固定资产交付使用率为95.2%。

房地产开发：全年房地产开发投资33.2亿元，比上年下降17.3%。按工程用途分，住宅投资22.7亿元，下降23.0%；商业营业用房投资4.8亿元，下降20.6%。

五、能　　源

能源生产：全年全市二次能源生产折标准煤2392.7万吨，比上年增长26.9%。

能源消费：全年全市工业生产消费原煤2747.0万吨，同比增长2.8%；洗精煤1598.1万吨，增长30.2%；焦炭271.0万吨，增长27.1%；电力226.5亿千瓦时，增长9.2%。

能源投资：城镇投资中，能源工业投资完成50.5亿元，比上年增长62.1%。其中，煤炭工业投资22.5亿元，增长116.1%；焦炭工业投资19.5亿元，增长36.2%；电力工业投资5.5亿元，增长17.8%。

煤炭资源整合：2010年全市煤炭资源整合、煤矿兼并重组工作取得重大阶段性成果。截至2010年底，全市矿井总数已由53座减少到18座，产能由925万吨/年扩大为1200万吨/年。年产30万吨以下的煤矿全部淘汰。

六、国内贸易

消费品零售：全年全市社会消费品零售总额354.7亿元，比上年增长18.4%。其中，城镇消费品零售额237.0亿元，增长19.2%；乡村消费品零售额117.7亿元，增长16.9%。

七、对外经济

进出口贸易：全年全市海关进出口总额104482万美元，比上年增长26.8%。其中，出口额28327万美元，增长80.4%；进口额76155万美元，增长14.2%。

全年出口焦炭17.5万吨，比上年增长32764.6%，出口金额7043万美元，增长35451.4%；出口金属镁2.0万吨，下降2.7%，出口金额5761万美元，增长2.3%；出口机电产品2148万美元，下降2.4%；出口高新技术产品94万美元，增长144.7%；出口纺织品3809万美元，增长55.4%；出口玻璃制品1802万美元，增长17.1%；出口农产品2550万美元，增长89.1%。

全年进口铁矿砂及其精矿242.4万吨，比上年减少20.6%，进口金额31204万美元，下降7.6%；进口铜矿砂及其精矿12.7万吨，比上年减少15.0%，进口金额23422万美元，增长6.9%；进口铬矿砂及其精矿14.1万吨，比上年增长9.5%，进口金额4210万美元，增长76.5%；进口锰矿砂及其精矿7.0万吨，比上年下降19.2%，进口金额1806万美元，增长21.5 %；进口机电产品12047万美元，增长526.2%；进口高新技术产品6023万美元，增长1605.8%。

招商引资：全年全市新设立外商直接投资企业9家。按全口径统计实际使用外商直接投资金额15545.1万美元，比上年下降12.2%。其中，纳入商务部口径统计的为5545.1万美元，增长32.0%。

全年全市对外经济合作新签合同额2756.3万美元，比上年下降5.0%。

八、交通、邮电和旅游

交通运输：全市公路线路年末里程15109公里。其中，国道、省道1749公里（包括高速公路490公里），县道、乡道、村道及专用道13360公里。公路密度达到106.5公里/百平方公里。全市公路客运量5662万人，比上年增长19.2%；公路货运量4932万吨，比上年增长8.7%。公路旅客运输周转量21.4亿人公里，比上年增长9.1%；公路货物运输周转量130.1亿吨公里，比上年增长6.1%。

运城机场共开通了运城——北京、上海、广州、天津、重庆、深圳、成都、沈阳、昆明、武汉、南京、海口、厦门、三亚和太原十五条航线。全年客运量61.9万人，比上年增长23.6%；货运量1950吨，增长69.6%。飞机起降6820架次，增长11.2%。

年末全市民用车辆保有量79.4万辆，比上年末增长17.5%。民用汽车保有量达到31.3万辆（包括三轮汽车和低速货车4.4万辆），比上年末增长22.3%。其中，私人汽车24.9万辆，增长24.5%。本年新注册汽车11.6万辆，比上年增长11.1%。年末轿车保有量12.6万辆，比上年末增长24.8%。其中，私人轿车11.2万辆，增长24.4%。年末摩托车保有量38.2万辆，比上年末增长15.1%。年末拖拉机保有量8.7万辆，比上年末增长10.1%。

邮电：全年全市完成邮电业务总量66.9亿元，比上年增长11.6%。其中，邮政业务总量2.3亿元，增长2.1%。电信业务总量64.6亿元，增长13.9%。年末全市固定及移动电话用户总数达到383.1万户，比上年末增加20.9万户。其中，固定电话80.2万户，移动电话302.9万户。电话普及率达到75.0部/百人，其中，固定电话和移动电话普及率分别达到15.6部/百人和59.4部/百人。全市宽带接入用户达到39.8万户，增长9.6%。

旅游：全年全市接待海外旅游者12.0万人次，接待国内旅游者1570.2万人次，分别增长16.2%和24.1%。旅游外汇收入2768.4万美元，国内旅游收入101.2亿元，旅游总收入103.0亿元，分别增长19.0%、18.5%和18.3%。

九、财政、金融、证券和保险

财政：全年全市财政总收入80.3亿元，比上年增长26.1%。一般预算收入35.5亿元，增长35.3%。其中，税收收入71.0亿元，增长23.7%。国内增值税、营业税、企业所得税、个人所得税、资源税和城建税共计完成税收63.0亿元，分别增长14.2%、57.8%、41.0%、-7.1%、25.7%和17.5%。

一般预算支出134.5亿元，比上年增长30.2%。其中，农林水事务支出增长38.6%，教育支出增长14.3%，社会保障和就业支出增长7.3%，医疗卫生支出增长25.2%，环境保护支出增长49.7%，文化体育与传媒支出增长52.4%，公共安全支出增长27.1%。

金融：年末全市金融机构本外币各项存款余额953.2亿元，比年初增长14.8%。各项贷款余额501.5亿元，增长3.9%。人民币各项存款余额951.6亿元，比年初增长14.9%；各项贷款余额499.9亿元，比年初增长4.2%。人民币个人消费贷款28.8亿元，增长40.0%。全年累计现金收入2201.2亿元，累计现金支出2206.8亿元，货币净投放5.6亿元，同比下降27.9%。

年末全市农村金融合作机构（农村信用社、农村合作银行）人民币贷款余额194.7亿元，增长16.3%。

证券：全年运城辖区证券市场各类证券成交额551.4亿元，比上年增长27.3%。其中，股票成交额549.1亿元，增长27.4%；基金成交额2.3亿元，增长5.9%；债券成交额433.9万元，下降56.6%。年末投资者资金帐户累计开户数8.2万户，比上年末增长30.8%。

保险：年末全市共有保险公司23家，全年保费收入36.4亿元，比上年增长31.2%。其中，人身险保费收入27.7亿元，增长27.1%；财产险业务保费收入8.7亿元，增长47.6%。在人身险中，寿险业务保费收入26.2亿元，增长27.1%；健康险和意外伤害险业务保费收入1.5亿元，增长27.7%。支付各类赔款及给付6.8亿元，增长18.0%。其中，人身险业务给付2.9亿元，下降7.1%；财产险业务赔款3.9亿元，增长46.6%。

十、教育和科学技术

教育：年末全市拥有高等院校4所，在校学生20424人，教职工1805人。其中，专任教师1203人。中等职业学校在校学生70797人，普通中学在校学生39.7万人，小学在校学生41.1万人。全市中小学专任教师5.6万人。高中阶段毛入学率96.0%。

科学技术：全年全市受理专利申请481件，比上年增长20.6%；受理发明专利申请127件，比上年增长17.0%。全市授予专利权395件，授予发明专利权52件。全年有57个项目列入国家各类科技计划，获得国家资助1918万元。全年共取得21项科技成果，获得省级科技奖励7项。其中，省级科技进步二等奖3项，三等奖4项。全市累计认定省级企业（集团）技术中心达到16家，比上年增长33.0%。

运城、风陵渡、绛县3个省级经济技术开发区全年实现科工贸总收入312.8亿元，比上年增长40.5%；税收收入5.0亿元，增长27.2%；进出口总额6061.3万美元，增长20.4%。

年末全市共有产品质量监督检验所14个，共有法定计量技术机构13个，全年完成强制检定计量器具43877台件。

全市有气象台站14个，开展12121电话天气自动答询台站13个。全市气象系统开展人工影响天气业务单位14个，防雹、增雨受益覆盖面积1.4万平方公里。全市有天气预报服务Intel网站14个，卫星云图接收站14个。

全市有市级地震台网中心1个，数字测震台网1个，数字测震子台5个。县级地震监测台（站）13个。全年小震活动201次，其中，3级以上地震4次。

十一、文化、卫生和体育

文化：年末全市共有艺术表演团体16个，群众艺术馆1个，文化馆13个。公共图书馆13个，馆藏图书116.4万册。博物馆19个，档案馆14个。市级以上重点文物保护单位173处，其中，国家级44处，省级92处，市级37处。拥有广播电视台13座，有线电视用户39.2万户。广播人口覆盖率95.2%，电视人口覆盖率97.2%。在全国第十五届“群星奖”评比活动中，我市选送的绛州鼓乐《牛斗虎》获音乐类“群星奖”。稷山高台花鼓荣膺第二届中国秧歌节“最佳风采”称号。在全国小戏、小品、曲艺大赛中，小品《闯娃村长》获剧本二等奖。《刘胡兰》、《妈妈的手擀面》等八个节目在山西省第十五届“群星奖”评比中获二等奖，《河东风情》等三个节目获三等奖。

卫生：年末全市共有卫生机构(含诊所)1870个，其中，妇幼保健院（所、站）14个。全市卫生机构(含诊所)共有床位25648张，卫生技术人员25528人。全市13个县（市、区）开展了新型农村合作医疗试点工作，农民参加新型农村合作医疗参合率达到95.8%。

体育：全年全市运动员在省级重大比赛中获金牌22枚、银牌18枚、铜牌22枚。全年全市销售中国体育彩票9977万元，比上年下降14.0%。

十二、人民生活和社会保障

人民生活：全年城镇居民人均可支配收入14203.6元，比上年增长12.2%；城镇居民人均消费性支出8422.8元，增长4.5%;城镇占调查总户数20%的低收入家庭人均可支配收入7277.7元，增长12.6%；城镇居民家庭恩格尔系数（即居民家庭食品消费支出占家庭消费支出的比重）31.0%。中心城市（盐湖区）城镇居民人均可支配收入14951.6元，比上年增长11.4%；城镇居民人均消费性支出9050.2元，增长0.9%;城镇占调查总户数20%的低收入家庭人均可支配收入5955.3元，增长17.1%；城镇居民家庭恩格尔系数29.2%。农村居民人均纯收入4684.7元，增长14.0%；农村居民人均生活消费支出3053.8元，增长3.8%；农村占人口20%的低收入者收入1900.0元，增长11.2%；农村居民家庭恩格尔系数37.6%。全市城镇单位在岗职工平均工资23690.0元，增长11.8%。

社会保障：年末参加城镇基本养老保险43.4万人，参加农村社会养老保险87.1万人，参加城镇基本医疗保险73.6万人，参加失业保险24.6万人。参加工伤保险21.8万人，其中，农民工6.8万人。参加生育保险12.5万人。

全年全市纳入城市最低生活保障的居民8.8万人，发放城市低保资金1.8亿元。纳入农村最低生活保障的居民16.5万人，发放农村低保资金1.3亿元。

年末全市各类福利院床位数4254张，收养2033人。城镇建立各种社区服务设施94个。全年销售社会福利彩票18959万元,筹集社会福利资金1728万元，接收社会捐赠592.3万元。

十三、资源、环境和安全生产

资源：全年全市实际建设占用耕地384.3公顷。土地整理、复垦、开发补充耕地600.4公顷，当年净增耕地216.1公顷。

年末全市4座中型水库库容量9055万立方米。全年解决农村饮水安全人口53.8万人。

全市拥有省级自然保护区1个，自然保护区面积达到86861公顷，占到全市国土面积6.1%。

环境：全年市区空气质量二级以上优良天数达到360天，超额完成省政府下达的280天目标任务。综合污染指数1.53，同比下降0.14个百分点。全市污染物二氧化硫、化学需氧量排放总量分别完成了省定12.9万吨和7.5万吨目标。

年末全市城市污水处理率达到90.0%，比上年提高5.0个百分点；城市生活垃圾无害化处理率达到95.0%，提高10.0个百分点；集中供热普及率达到88.0%，提高2.0个百分点。

全年全市各类自然灾害造成直接经济损失51.2亿元。农作物受灾面积46.2万公顷，其中，绝收11.2万公顷。

安全生产：全年共发生各类安全生产事故719起，同比下降26.0%；安全生产事故死亡217人，比上年下降14.2%。

全年全市发生道路交通事故507起，下降33.2%，造成219人死亡，576人受伤，直接经济损失164.0万元。

（运城市统计局、国家统计局运城调查队）

山西省2010年党组织情况

2010年，全省各级党组织深入贯彻落实中央和省委的决策部署，着眼于巩固党的执政基础，提高党的执政能力，保持和发展党的先进性，狠抓党员队伍建设，党员队伍不断壮大，结构逐步优化，质量明显提升，党员队伍的活力进一步增强,有力促进了全省转型跨越发展。截至2010年底，全省党员总数已达224万，比上年度净增4.8 万。

近年来，我省不断强化发展党员宏观指导，党员队伍的结构逐步优化。截至2010年底，35岁及以下青年党员48.9万名，占总数的21.8%；女党员44.8万名，占总数的20%，比上年提高0.7个百分点；大专以上学历的党员73.6万名，占总数的32.9%，比上年提高1.4个百分点；初中及以下学历的党员87.8万名，占总数的39.2%，比上年下降1个百分点。

党员队伍结构改善的同时，党员的分布和构成更趋合理。全省工人、农牧渔民党员98.7万名，占总数的44.1%；机关干部、企事业单位管理人员、专业技术人员、军人、武警72.3万名，占总数的32.3%。

发展党员工作是加强党员队伍建设的一项基础性工作。近年来我省各级党组织坚持贯彻落实发展党员“十六字”方针，加强发展党员工作宏观指导，不断规范发展程序，严格工作制度，强化民主监督，党员队伍不断壮大，党的阶级基础得到进一步巩固，党组织的凝聚力、战斗力和社会影响力有了新的提高。2010年，全省共发展党员7万名，新党员的结构、分布进一步优化。其中，35岁及以下党员5.3万名，占总数的75.7%，比上年提高0.9个百分点；女党员2.4万名，占总数的34.3%，与上年持平；高中以上学历的6.1万名，占总数的87.1%，比上年提高1个百分点。在发展党员工作中，各级党组织突出党员质量，坚持慎重发展，强调真正从思想上入党，确保了新发展党员的质量。2010年发展的党员中，各行各业的先进模范人物0.6万人，占总数的8.6%，共青团员2.3万人，占总数的32.9%。同时入党积极分子队伍也不断壮大，2010年全省入党申请人达88.9万人，其中被党组织确定为入党积极分子的31.9万人，列为发展对象的9.6万人。

在做好发展党员工作的同时，各级党组织积极贯彻“党要管党，从严治党”的方针，不断加强党员的教育和管理工作。组织党员深入学习党的十七大和十七届三中、四中、五中全会精神，积极开展创先争优活动，认真落实中央《2009—2013 年全国党员教育培训工作规划》和《山西省2009—2013 年党员教育培训工作实施意见》，党员的素质得到明显提升，党员的先锋模范作用得到充分发挥，为推动我省转型跨越发展作出了积极贡献。（中共山西省委组织部）

图书在版编目（CIP）数据

中共山西年鉴·2011/中共山西省委主办；中共山西省委党史办公室编. —北京：中央文献出版社，2011.12

ISBN 978—7—5073—3444—9

Ⅰ.①中… Ⅱ.①中… Ⅲ.①中国共产党—工作—山西省—2011—年鉴 Ⅳ.①D 235.25—54

中国版本图书馆CIP数据核字（2011）第240344号

书　　名：中共山西年鉴（2011）

主　　办：中共山西省委
编　　者：中共山西省委党史办公室
责任编辑：王春明
出　　版：中央文献出版社
社　　址：北京市西城区前毛家湾1号
邮　　编：100017
印　　刷：太原鑫天地印业有限公司
开　　本：1/16
字　　数：2352千字
印　　张：59.6875
印　　数：1-2900册
版　　次：2011年12月第1版
印　　次：2011年12月第1次印刷

ISBN 978—7—5073—3444—9
定　　价：350.00元（精装）